BAND 3
WÖRTERBUCH

BAND 3
WÖRTERBUCH

Reader's Digest

DEUTSCHLAND · SCHWEIZ · ÖSTERREICH

Dieses Buch entstand in Zusammenarbeit zwischen dem Falken Verlag
und Reader's Digest Deutschland · Schweiz · Österreich,
Verlag Das Beste GmbH Stuttgart, Zürich, Wien

© 2001 Falken Verlag
Sonderausgabe für Reader's Digest Deutschland · Schweiz · Österreich
Verlag Das Beste GmbH, Stuttgart, Zürich, Wien
Reader's Digest Deutschland · Schweiz · Österreich

Falken Verlag
Projektkoordination: Herta Winkler
Herstellungskoordination: Harald Kraft
Producing: Sabine Vogt dtp, Freising
Druck: Druckerei Parzeller GmbH & Co. KG, Fulda

Reader's Digest Deutschland · Schweiz · Österreich
Projektbetreuung
Koordination: Erwin Tivig
Grafik: Peter Waitschies
Bildredaktion: Christina Horut
Prepress: Andreas Engländer

Das Werk einschließlich aller seiner Teile ist urheberrechtlich geschützt. Jede Verwendung
außerhalb der engen Grenzen des Urheberrechtsgesetzes ist ohne Zustimmung der Verlage
unzulässig und strafbar. Das gilt insbesondere für Vervielfältigungen, Übersetzungen,
Mikroverfilmungen und die Verarbeitung in elektronischen Systemen.

ISBN 3 87070 924 3

Inhalt

- 6 **Einleitung**
- 7 **Das Substantiv (Hauptwort)**
  - 7 Der Artikel (Geschlechtswort)
  - 7 Die Deklination des Substantivs (Beugung des Hauptworts)
- 8 **Das Adjektiv (Eigenschaftswort)**
  - 9 Die Deklination des Adjektivs
  - 10 Die Steigerung des Adjektivs
- 11 **Das Adverb (Umstandswort)**
- 12 **Das Pronomen (Fürwort)**
- 13 **Das Verb (Zeitwort)**
  - 13 Die Konjugation des Verbs (Beugung des Zeitworts)
  - 16 Der Konjunktiv (Möglichkeitsform)
  - 17 Aktiv und Passiv
- 19 **Die neuen Rechtschreibregeln auf einen Blick**
  - 19 Laut-Buchstaben-Zuordnungen
  - 20 Schreibung der Fremdwörter
  - 20 Worttrennung am Zeilenende (Silbentrennung)
  - 21 Groß- und Kleinschreibung
  - 21 Getrennt- und Zusammenschreibung
  - 22 Der Gebrauch des Bindestrichs
  - 22 Zeichensetzung (Interpunktion)
  - 23 Benutzungshinweise
- 24 **Wörterverzeichnis**

Einleitung

Im Grammatikteil dieses Wörterbuchs wird man nicht alles finden. Dafür gibt es ausführliche Sprachlehren und Lexika. Da dieses Wörterbuch der deutschen Gegenwartssprache die wichtigsten Hauptwörter, Eigenschaftswörter, Umstandswörter und Zeitwörter enthält, wird jedoch erklärt, wie man sie grammatisch richtig gebraucht und wie ihre unterschiedlichen Formen entstehen, die sie im Satz annehmen. Daneben finden Sie hier die wichtigsten Regeln der neuen deutschen Rechtschreibung.

Das Substantiv (Hauptwort)

Das wichtigste Merkmal des Substantivs ist die *Großschreibung*. Es ist gleichzeitig das hervorstechendste und eindeutigste Merkmal: *Jedes Hauptwort wird in der Regel großgeschrieben.* Das Substantiv besitzt ein *grammatisches Geschlecht,* das durch ein Geschlechtswort (den Artikel) sichtbar gemacht wird.
Beim Geschlecht (Genus) eines Hauptworts unterscheidet man zwischen „männlich", „weiblich" und „sächlich". Erkennbar wird dieses Geschlecht erst durch den Artikel.

Der Artikel (Geschlechtswort)

| Beispiele:
der Mann, die Frau, das Papier
In der Mehrzahl (Plural) lautet der Artikel immer „die".
| Beispiele:
die Eltern, die Steine, die Männer, die Frauen
Die Artikel „der, die, das" werden verwendet, sofern es sich um ganz bestimmte Dinge oder Menschen handelt (auf die man notfalls sogar deuten kann). Deshalb nennt man sie *bestimmte Artikel.* Meint man andererseits irgendwelche Sachen oder jemand Unbestimmten, so verwendet man den *unbestimmten Artikel.*
| Beispiele:
ein Mann, eine Frau, ein Haus
Auch hier wird das Geschlecht durch den Artikel angezeigt. Oft fehlt jedoch der Artikel, dann zeigt allein sein Fehlen die Unbestimmtheit an:
| Beispiele:
Männer, Frauen, Häuser
Das grammatische Geschlecht muss nicht mit dem tatsächlichen Geschlecht übereinstimmen, *das* Mädchen (ein Mädchen ist tatsächlich weiblich), *der* Mond, *die* Sonne (sie sind in Wirklichkeit Sachen).

Die Deklination des Substantivs (Beugung des Hauptworts)

Die Hauptwörter und ihre Artikel werden nicht nur in ihren Grundformen gebraucht. Je nachdem, was mit ihnen im Satz ausgesagt werden soll, übernehmen sie eine andere Aufgabe und erfahren eine Veränderung: Sie wer-

Das Substantiv

den *gebeugt*. Diese Veränderung ist systematisch und richtet sich nach der Art ihrer Grundform und nach ihrem Geschlecht. Man kann auf vier bestimmte Weisen nach dem Substantiv im Satz fragen; die Antwort besteht immer in der Nennung des Substantivs und seines Artikels *in der gebeugten Form*.

| Beispiel:
„Der Clown schenkt dem Kind des Schaffners den Bonbon."
Wer schenkt dem Kind den Bonbon? Der Clown.
Wessen Kind schenkt der Clown den Bonbon? Des Schaffners.
Wem schenkt der Clown den Bonbon? Dem Kind.
Wen (oder *was*) schenkt der Clown dem Kind? Den Bonbon.

Diese vier Fragen fragen nach den vier Fällen, in denen Substantive stehen können. Der Einfachheit halber werden diese Fälle nach ihren Fragewörtern benannt:

1. Werfall (Nominativ),
2. Wessenfall (Genitiv),
3. Wemfall (Dativ),
4. Wenfall (Akkusativ).

Weil man mit „wer", „wem" oder „wen" nur nach Personen und nicht nach Sachen fragen kann, ergänzt man die Frage durch ein „oder was" und sagt (ohne darauf zu achten, dass das holprig klingt): „Wer oder was …, wem oder was …, wen oder was …"

Dass jeder die Substantive beim Sprechen in die vier Fälle setzt, hat einen praktischen Grund. Der Gesprächspartner versteht auf Anhieb, was der andere meint. Niemand wüsste nämlich, was gemeint wäre, wenn nur die Grundformen der Hauptwörter verwendet würden: „Der Clown schenkt das Kind der Schaffner das Bonbon."

Die Beugung in die vier Fälle wird auch *Deklination* genannt. Da die Deklination systematisch vorgenommen wird, kann man sie in einem Schema darstellen:

Fragewort	Fall	männlich (m)	weiblich (w)	sächlich (s)
wer/was?	Nominativ	der Mann	die Frau/Hand	das Haus
wessen?	Genitiv	des Mannes	der Frau/Hand	des Hauses
wem/was?	Dativ	dem Mann	der Frau/Hand	dem Haus
wen/was?	Akkusativ	den Mann	die Frau/Hand	das Haus

Da die meisten Substantive nicht nur in der Einzahl (im Singular) vorkommen, macht man das Gleiche für die Mehrzahl (den Plural):

Fragewort	Fall	männlich (m)	weiblich (w)	sächlich (s)
wer/was?	Nominativ	die Männer	die Frauen/Hände	die Häuser
wessen?	Genitiv	der Männer	der Frauen/Hände	der Häuser
wem/was?	Dativ	den Männern	den Frauen/Händen	den Häusern
wen/was?	Akkusativ	die Männer	die Frauen/Hände	die Häuser

An diesem Überblick erkennt man, welche Abweichungen von der Grundform sich ergeben. Der Artikel ändert sich (des, der, das, dem, den), die Substantive erhalten Endungen (-es, -er, -en, -ern) und in den Substantiven verändern sich die Selbstlaute zu Umlauten (a, ä). Im Plural ist die Artikeldeklination einfach. Sie lautet immer „die, der, den, die".

Das Substantiv

Die Häufigkeit der Fehler im Gebrauch der deklinierten Formen ist leicht zu erklären. Die meisten Fehler entstehen bei der Bildung des 2. Falles in der Einzahl (Genitiv Singular) und in weitaus geringerem Maße beim Setzen in die Mehrzahl. Schaut man sich die Deklinationstabelle an, so erkennt man sofort, warum sich das so verhält: Es sind diejenigen Formen, bei denen hauptsächlich eine Veränderung des Wortes eintritt. Bei vielen Wörtern war es früher notwendig, auch im Dativ und Akkusativ eine Endung anzuhängen:

> der Mensch
> des Menschen
> dem Menschen
> den Menschen

Heute ist es erlaubt oder gebräuchlich, die endungslose Grundform auch im 3. und im 4. Fall zu nehmen, sodass der Genitiv als einziger Fall aus der Reihe tanzt:

> der Mensch
> des Menschen
> dem Mensch
> den Mensch

Die Neigung nimmt aber zu, den Genitiv ganz aus dem Spiel zu lassen und stattdessen einfach den Dativ zu benutzen – was schlicht falsch ist.
Vor allem bei Fremdwörtern gehen viele ähnlich vor, wenn sie den Plural bilden wollen. Sie bilden ihn nach bekannten Einzelformen oder hängen wahllos ein „s" an: „der Artikel" wird zu „die Artikels", „der Saurier" wird zu „die Sauriers" oder gar zu „die Saurusse".
Die richtigen Formen lauten „die Artikel" und „die Saurier".
In diesem Wörterbuch werden daher die Endungen der Hauptwörter für den 2. Fall Einzahl und den 1. Fall Mehrzahl angegeben.

| Beispiel:

Kind, das, -es, -er

Hauptwort | Artikel (sächlich) | Endung Genitiv Singular | Endung Nominativ Plural

Der Eintrag im Wörterbuch, das eigentliche Hauptwort, steht immer im 1. Fall Einzahl (Nominativ Singular).

Das Adjektiv (Eigenschaftswort)

Ein Adjektiv bezeichnet eine „Eigenschaft" des Hauptworts, das ja für Sachen oder Personen steht:
| Beispiele:
  der *gute* Mann, der *rote* Ball
Damit ist schon gesagt, dass die Eigenschaftswörter keine Hauptwörter sind, wenn sie Substantiven zugeordnet sind. Sie können aber selbst zu Hauptwörtern werden:

| Beispiel:
„der *gute* Mann" wird zu „der *Gute*".
Wenn die Adjektive nicht direkt vor dem Hauptwort stehen, sondern weiter hinten im Satz, so erfahren sie keine Veränderung, sie stehen also in der Grundform.
| Beispiel:
Der Mann ist *groß*.

Das Adjektiv

Die Deklination des Adjektivs

Steht das Adjektiv direkt vor dem Hauptwort, dann wird es ebenfalls gebeugt, wenn das Hauptwort in die vier Fälle gesetzt wird.
Dabei unterscheidet man zwei Möglichkeiten der Deklination. Sie richten sich danach, ob der bestimmte Artikel bzw. „dieser, jener, jeder" vor dem Adjektiv steht oder nicht.

| Beispiele:
bestimmter Artikel
dieser
jener   + Adjektiv
jeder   + Substantiv

Einzahl:
Fall	männlich	weiblich	sächlich
Nominativ	der kräftige Mann	die kluge Frau	das muntere Kind
Genitiv	des kräftigen Mannes	der klugen Frau	des munteren Kindes
Dativ	dem kräftigen Mann	der klugen Frau	dem munteren Kind
Akkusativ	den kräftigen Mann	die kluge Frau	das muntere Kind

Mehrzahl:
Fall	männlich	weiblich	sächlich
Nominativ	die kräftigen Männer	die klugen Frauen	die munteren Kinder
Genitiv	der kräftigen Männer	der klugen Frauen	der munteren Kinder
Dativ	den kräftigen Männern	den klugen Frauen	den munteren Kindern
Akkusativ	die kräftigen Männer	die klugen Frauen	die munteren Kinder

Bemerkenswert ist hierbei, dass die Endungen stets „-e" bzw. „-en" sind. Ausnahmen gibt es wie überall. Es ist jedoch nicht notwendig sie hier anzuführen, da sie für den normalen Gebrauch meist keine Rolle spielen.

Der andere Fall der Adjektivdeklination tritt ein, wenn sowohl ein Artikel als auch ein hinweisendes Fürwort „dieser, jener, jeder" fehlen:
| Beispiel:
Adjektiv + Substantiv

Einzahl:
Fall	männlich	weiblich	sächlich
Nominativ	edler Wein	reine Seide	rotes Blut
Genitiv	edlen Weines	reiner Seide	roten Blutes
Dativ	edlem Wein	reiner Seide	rotem Blut
Akkusativ	edlen Wein	reine Seide	rotes Blut

Mehrzahl:
Fall	männlich	weiblich	sächlich
Nominativ	edle Weine	kluge Frauen	alte Bücher
Genitiv	edler Weine	kluger Frauen	alter Bücher
Dativ	edlen Weinen	klugen Frauen	alten Büchern
Akkusativ	edle Weine	kluge Frauen	alte Bücher

Das Adjektiv

Das Adjektiv übernimmt die Endung des (fehlenden) Artikels, der sonst vor ihm stehen würde:

der edle Wein	- edler Wein	die edlen Weine	- edle Weine
des edlen Weines	- edlen Weines	der edlen Weine	- edler Weine
dem edlen Wein	- edlem Wein	den edlen Weinen	- edlen Weinen
den edlen Wein	- edlen Wein	die edlen Weine	- edle Weine

Lediglich beim Genitiv hat sich das „-en" gegenüber dem bereits seit langer Zeit veralteten „-es" durchgesetzt.
Zusätzlich können die beiden Deklinationsmöglichkeiten gemischt vorkommen, wenn der unbestimmte Artikel (ein, einer, eine …) vor dem Adjektiv steht:
| Beispiel:
unbestimmter Artikel + Adjektiv + Substantiv

Einzahl: Fall	männlich	weiblich	sächlich
Nominativ	ein neuer Schuh	deine liebe Mutter	sein altes Buch
Genitiv	eines neuen Schuhes	deiner lieben Mutter	seines alten Buches
Dativ	einem neuen Schuh	deiner lieben Mutter	seinem alten Buch
Akkusativ	einen neuen Schuh	deine liebe Mutter	sein altes Buch

Mehrzahl: Fall	männlich	weiblich	sächlich
Nominativ	meine neuen Schuhe	unsere lieben Mütter	ihre alten Bücher
Genitiv	meiner neuen Schuhe	unserer lieben Mütter	ihrer alten Bücher
Dativ	meinen neuen Schuhen	unseren lieben Müttern	ihren alten Bücher
Akkusativ	meine neuen Schuhe	unsere lieben Mütter	ihre alten Bücher

Generell sollte man sich merken, dass bei einer Aneinanderreihung von Adjektiven jedes die gleiche Endung hat:
| Beispiel:
„… dem lieben, guten, einsamen Autor …"
„… der böse, finstere, dreckige Schuft …"

Die Steigerung des Adjektivs

Eigenschaften kann man vergleichen und bewerten. Eigenschaftswörter müssen daher einen unterschiedlichen Bewertungsgrad ausdrücken können. Grammatikalisch geschieht das durch die Bildung von Vergleichsstufen:
a) Grundstufe: schnell
b) Vergleichsstufe oder 1. Steigerungsstufe: schneller
c) Höchststufe oder 2. Steigerungsstufe: schnellst
Die Grundstufe entspricht der Grundform: schnell. Die 1. Steigerungsstufe bildet man durch das Anhängen von „-er": schneller, die 2. Steigerungsstufe wird durch das Anfügen von „-(e)st" gebildet: schnellst.
An beide wird dann die entsprechende Deklinationsendung angehängt.

Das Adverb

| Beispiele:
  der schnelle Sprinter
  der schnellere Sprinter
  der schnellste Sprinter
Ausnahmen bei der Bildung der Steigerungsformen werden im Wörterbuch angegeben.
Problematisch ist nur, dass viele Steigerungen nicht das Grundwort steigern.
| Beispiele:
  gut, besser, best
  viel, mehr, meist
  oder gar: schlecht, besser, gut
Häufig verwenden die Steigerungsstufen als Grundstufe ihr eigentliches Gegenteil.
| Beispiel:
  jung, älter, alt

Die Steigerungsformen dienen also grundsätzlich zum *Vergleich* von Eigenschaften.
Es gibt andererseits eine Steigerungsstufe, die keinen Vergleich anstellt, sondern einen sehr hohen Grad einer Eigenschaft ausdrückt, den *Elativ*.
| Beispiele:
  der *leiseste* Zweifel
  modernste Technik
  bei *schönstem* Wetter
Oft ist es möglich, diese Form durch das Grundwort und „sehr, höchst, ungemein" auszudrücken.
| Beispiele:
  das *äußerst* hohe Risiko
  das *sehr* gefährliche Unternehmen
  eine *höchst* angenehme Umgebung

Das Adverb (Umstandswort)

Im vorigen Kapitel wurde gesagt, dass Adjektive Eigenschaften von Substantiven bezeichnen. Jedem ist klar, dass Eigenschaften generell nie gleich sind, sie müssen selbst noch einmal genau bestimmt werden. Außerdem haben nicht nur Personen und Sachen, sondern auch Handlungen oder Geschehnisse „Eigenschaften". Es gibt eine Wortklasse, die die besonderen *Umstände* angibt, unter denen ein Geschehen stattfindet.
Diese *Umstandswörter* (Adverbien) stehen meist beim Verb (Zeitwort), da dieses das Geschehen ausdrückt.
| Beispiel:
  Sie fahren rücksichtslos.
  ▼   ▼
  Verb   Adverb

Allerdings können die Adverbien auch, da sie ja ganz allgemein die „näheren Umstände" bestimmen, bei einem Hauptwort stehen oder bei einem Adjektiv, sogar bei einem anderen Adverb.
| Beispiele:
  die *besonders* guten Leistungen
  ▼   ▼   ▼
  Adverb Adjektiv Substantiv

  das Buch *da*
  ▼   ▼
  Subst. Adverb

  deutlich schreiben
  ▼   ▼
  Adverb   Verb

  sehr *oft* tanzen
  ▼   ▼   ▼
  Adverb Adverb Verb

Nach der Art der bezeichneten Umstände lassen sich vier Gruppen von Umstandswörtern unterscheiden:
1. Adverbien des Ortes.
  Sie antworten auf die Fragen *wo*? hier, dort, oben, nirgends, überall ...
  wohin? dorthin, abwärts, überallhin ...
  woher? dorther, heraus ...

Das Adjektiv

2. **Adverbien der Zeit.**
   Sie antworten auf die Fragen
   wann? jetzt, damals, donnerstags, bald …
   wie lange? seitdem, noch, immer …
   wie oft? oft, häufig, manchmal, wieder …
3. **Adverbien der Art und Weise.**
   Sie bestimmen *Art des Verhaltens* (wie?): gern, eilends …
   Zahl und Maß: etwas, mehr, genug, zweimal …
   Grad und Intensität: so, sehr …
   Möglichkeit: vielleicht, sicherlich, durchaus, kaum …
4. **Adverbien des Grundes.**
   Sie antworten auf die Frage
   warum? deshalb, folglich, dadurch …

Es ist jedoch nicht notwendig sich diese Unterscheidungen einzupauken und zu versuchen, jedes Umstandswort genau in eine Gruppe einzuordnen. In vielen Fällen ist eine solche Einordnung ohnehin strittig, und es gibt Doppelfunktionen. Ein Adverb erkennt man auch einfacher:

Es ist *unveränderlich,* das heißt, es kann nicht dekliniert werden. Wie sollte auch eine deklinierte Form von „sehr", von „oft" oder von „draußen" aussehen?

| Beispiel:
  der *sehr* schnelle Wagen
  des *sehr* schnellen Wagens
  dem *sehr* schnellen Wagen
  den *sehr* schnellen Wagen

Das einzige Wort, das sich bei den vier Komponenten dieses Deklinationsbeispiels nicht verändert, ist das Adverb „sehr".

Eine Steigerung ist nur bei solchen Adverbien möglich, die aus anderen Wortarten (zum Beispiel Adjektiven) abgeleitet werden, und bei „oft, bald, viel, wenig, gern". Die Steigerung geschieht auf die gleiche Weise wie beim Adjektiv.

| Beispiel:
  schnell, schneller, am schnellsten

Alle ursprünglichen Adverbien lassen sich nicht steigern (da, dort, unten, jetzt …).

Das Pronomen (Fürwort)

Das Fürwort kann *für* ein Haupt- oder Eigenschaftswort stehen (ich, niemand, etwas …), es kann aber auch ein Haupt- oder Eigenschaftswort begleiten (mein, dieser, welcher …).
Viele Fürwörter können mehrere Funktionen erfüllen.
Es gibt drei verschiedene Gruppen von Pronomen:
1. Anstelle des Substantivs können stehen: *bestimmte Fürwörter*
   ich, du, er, sie, es, sich.

Die Pronomen werden auf die gleiche Weise wie die Wörter, für die sie stehen, oder wie die Wörter die sie begleiten, dekliniert:

| Beispiele:
  ich   wir
  meiner   unser
  mir   uns
  mich   uns

unbestimmte Fürwörter
irgendwer, jemand, etwas, jeder, man.

| Beispiel:
  „Er schreibt ein Buch." für
  „Der Autor schreibt ein Buch."
  „Jemand klopft an die Tür." für
  „Ein Mensch klopft an die Tür."

2. Es gibt *hinweisende Fürwörter:*
   der, dieser, derselbe, solch
   und *Fragewörter:* wer, was (für ein) welcher?

3. Die dritte Gruppe sind die *zuordnenden Fürwörter:* mein, dein, seine
Diese Pronomen ordnen nur der 1., 2. und 3. Person Einzahl zu:
| Beispiele:
mein Vater, dein Buch, seine Hand
Daneben gibt es die Zuordnung eines ganzen Gliedsatzes zu einer Sache oder Person:
| Beispiel:
„Der Spieler tritt gegen den Ball."
„Er trägt das Trikot der Nationalmannschaft."
Daraus wird:
„Der Spieler, *der* das Trikot der Nationalmannschaft trägt, tritt gegen den Ball."

Der zweite Satz wurde dabei dem Hauptwort „Spieler" zugeordnet, auf das er sich ja bezieht. Er ist jetzt ein so genannter *Relativsatz* zu dem Hauptwort.
Verbunden wurde der Relativsatz mit dem Hauptwort durch das *Relativpronomen „der"*.
Am häufigsten werden als Relativpronomen „der, die, das" verwendet, für die man „welcher, welche, welches" einsetzen kann, ohne dass sich eine Bedeutungsänderung ergibt.
Das macht deutlich, dass man nie „dass" als Relativpronomen verwenden kann; es ist unmöglich dafür „welches" einzusetzen.

Das Verb (Zeitwort)

Etwa ein Viertel aller Wörter unserer Sprache sind Verben.
Verben drücken eine Tätigkeit, einen Zustand oder einen Vorgang aus. Sie bilden im Satz den *Aussagekern.*
Das Verb als Satzzentrum bindet und regiert die anderen Satzglieder.
In seiner Grundform (Infinitiv) wird es im Satz selten verwendet, da es nach verschiedenen Bedingungen verändert wird. Das Verb wird gebeugt; man spricht dabei von der *Konjugation* des Verbs, um diese Beugung von der des Haupt- oder Eigenschaftswortes zu unterscheiden.

Die Konjugation des Verbs (Beugung des Zeitworts)

Die Bedingungen der Konjugation sind:
1. Die Person:
ich
du
er, sie, es

Der Infinitiv, die Grundform des Zeitworts, lautet zum Beispiel „singen". Dass niemand hinter die Personen den Infinitiv setzen kann, wird auf den ersten Blick deutlich:
1. ich singen
2. du singen
3. er, sie, es singen
Richtig ist die Verwendung der gebeugten Form:
1. ich singe
2. du singst
3. er, sie, es singt
Die Veränderungen gegenüber dem Infinitiv sind zahlreich:
singen - ich singe (es fehlt das „n")
singen - du singst
(statt der Endung „-en" steht „-st")
singen - er singt (statt des „-en" steht nun „-t")
Alle drei Personen (er, sie, es fasst man zu einer Personengruppe zusammen, da sie die gleiche Verbform besitzen) stehen mit den oben genannten Beispielen aber nur in der Einzahl.

Das Verb

Zweckmäßigerweise konjugiert man auch in der Mehrzahl:
1. wir singen
2. ihr singt
3. sie singen

Die Veränderungen gegenüber dem Infinitiv sind:
singen - wir singen (keine Veränderung)
singen - ihr singt (statt „-en" steht „-t")
singen - sie singen (keine Veränderung)

Die Veränderungen des Verbs sind vor allem Veränderungen der Endungen, der Kern bleibt im Wesentlichen unverändert. Dieser Wortkern wird *Stamm* genannt. Um das klarzumachen, wird „sing/en" noch einmal konjugiert:
1. Person Einzahl: ich sing/*e*
2. Person Einzahl: du sing/*st*
3. Person Einzahl: er, sie, es sing/*t*
1. Person Mehrzahl: wir sing/*en*
2. Person Mehrzahl: ihr sing/*t*
3. Person Mehrzahl: sie sing/*en*

Diese Zuordnung von Person und entsprechender Endung zu dem Stamm des Verbs läuft also ganz regelmäßig ab:
ich .../e
du .../st
er, sie, es .../t
wir .../en
ihr .../t
sie .../en

Das Verb kann aber mehr. In den bisher genannten Beispielen drückt es etwas aus, was in der Gegenwart stattfindet. Die zweite Bedingung der Konjugation ist:

2. Die Zeit

Logisch überlegt gibt es drei Zeiten: Vergangenheit, Gegenwart und Zukunft. Normalerweise genügt das und so sind die gebräuchlichsten grammatischen Zeitstufen oder Zeitformen auch:

das *Perfekt* (die Vergangenheit):
 ich habe gesagt
das *Präsens* (die Gegenwart):
 ich sage
das *Futur* (die Zukunft):
 ich werde sagen

Aber das sind nur die gebräuchlichsten, mit denen man im Alltag meist auskommt. Jedoch lässt sich mit diesen Formen vieles nicht ausdrücken. Wie kann man jemandem deutlich machen, dass zu einem bestimmten Zeitpunkt in der Vergangenheit eine Handlung abgeschlossen war? Oder dass ein Geschehen lange her ist und nicht etwa bis eben gedauert hat? Oder dass morgen um diese Zeit etwas Bestimmtes geschehen sein wird?

Um das ausdrücken zu können, benötigt man noch die folgenden drei anderen grammatischen Formen:

Die *3. Vergangenheit* (auch *Vorvergangenheit* oder *Plusquamperfekt* genannt), die ausdrückt, dass ein Geschehen in der Vergangenheit abgeschlossen wurde, dass es weiter zurückliegt.

Beispiel:
 „Du *hattest gesagt* ..."

Die *1. Vergangenheit* (auch *Präteritum* oder *Imperfekt* genannt). Mit ihr erzählt man eine vergangene, abgeschlossene Handlung.

Beispiel:
 „Er *sah* den Hirsch auf sich zukommen, *legte* das Gewehr an und *schoss* daneben."

Die *vollendete Zukunft* (auch *Futur II* genannt). Mit ihr drückt man aus, dass in der Zukunft eine Handlung abgeschlossen oder ein Geschehen vergangen sein wird.

Beispiel:
 „Morgen um diese Zeit *wirst* du *angekommen sein*."

Die Zeitformen können wie beim Präsens in Tabellenform dargestellt werden:

Das Verb

3. Vergangenheit (Plusquamperfekt)		
ich	hatte	
du	hattest	
er, sie, es	hatte	gesagt
wir	hatten	
ihr	hattet	
sie	hatten	
ich	war	
du	warst	
er, sie, es	war	geflogen
wir	waren	
ihr	wart	
sie	waren	

2. Vergangenheit (Perfekt)		
ich	habe	
du	hast	
er, sie, es	hat	gespielt
wir	haben	
ihr	habt	
sie	haben	
ich	bin	
du	bist	
er, sie, es	ist	gefahren
wir	sind	
ihr	seid	
sie	sind	

1. Vergangenheit (Imperfekt)			
ich	spielte	ich	sprach
du	spieltest	du	sprachst
er, sie, es	spielte	er, sie, es	sprach
wir	spielten	wir	sprachen
ihr	spieltet	ihr	spracht
sie	spielten	sie	sprachen

Gegenwart (Präsens)	
ich	singe
du	singst
er, sie, es	singt
wir	singen
ihr	singt
sie	singen

Futur I (Zukunft)		
ich	werde	
du	wirst	
er, sie, es	wird	fliegen
wir	werden	
ihr	werdet	
sie	werden	

Futur II (vollendete Zukunft)		
ich	werde	
du	wirst	
er, sie, es	wird	geflogen
wir	werden	sein
ihr	werdet	
sie	werden	
ich	werde	
du	wirst	
er, sie, es	wird	gekauft
wir	werden	haben
ihr	werdet	
sie	werden	

Das Partizip Perfekt

Die beiden Vergangenheitsformen Perfekt und Plusquamperfekt werden gebildet, indem man bei den meisten Verben den Verbstamm mit der Vorsilbe „ge-" und mit der Endung „-t" ausstattet.
Diese Wortform mit dem Namen Partizip Perfekt verwendet man dann unverändert bei jeder Person:
| Beispiele:
  ge-sag-t, ge-spiel-t.
Bei manchen Verben, den so genannten starken Verben, sieht das Partizip Perfekt jedoch anders aus:
| Beispiele:
  ge-sproch-en, ge-schwomm-en usw.
Die Vorsilbe „ge-" bleibt gleich, die Endung ist nicht mehr „-t", sondern „-en", und der Verbstamm ändert seinen Selbstlaut, den Vokal: „sprech-en" zu „-sproch-": „schwimm-en" zu „-schwomm-".

Das Verb

Diese Klasse der Verben ändert den Vokal auch im Imperfekt.
| Beispiele:
stehlen, stahl, gestohlen
sterben, starb, gestorben
singen, sang, gesungen
bergen, barg, geborgen
Im Wörterbuch sind diese Formen bei den entsprechenden Verben immer angegeben.

Zusammengesetzte Zeiten
Weiter fällt auf, dass zur Bildung dieser Zeiten *Hilfsverben* benötigt werden: „haben", „sein" und „werden". Bei den zusammengesetzten Zeiten werden nur die Hilfsverben gebeugt und das eigentliche Verb wird in der Partizipform angehängt. Das Partizip wird dann nicht mehr verändert.
Dies ist auch der Grund, weshalb von den Vergangenheitsformen das Perfekt am gebräuchlichsten ist. Im Vergleich zu dem genauso aussagekräftigen Imperfekt ist es leichter zu bilden.
| Beispiel:
„Hast du gestern ‚Tatort' gesehen?"
anstatt
„Sahst du gestern ‚Tatort'?"
Man muss sich nur die gebeugten Formen von zwei Hilfsverben merken, die dann immer wieder verwendet werden, und nur eine Form der sonst benötigten Verben. Die Zukunftsformen sind ebenfalls zusammengesetzte Zeiten:

Futur I: Person + gebeugte Formen von „werden" + Infinitiv
Futur II: Person + gebeugte Formen von „werden" + Partizip Perfekt + „haben"/"sein"

Der Konjunktiv (Möglichkeitsform)

Bisher wurde immer nur die Wirklichkeit ausgedrückt. Wenn man aber etwas bezweifelt, wenn etwas nicht sicher ist, wenn etwas sein kann, wenn die *Möglichkeit* ausgedrückt werden soll, verwendet man den Konjunktiv, die Möglichkeitsform.

3. Vergangenheit

ich	hätte	
du	hättest	
er, sie, es	hätte	gesehen
wir	hätten	
ihr	hättet	
sie	hätten	

2. Vergangenheit

ich	habe	
du	habest	
er, sie, es	habe	gesehen
wir	haben	
ihr	habet	
sie	haben	

1. Vergangenheit | **Gegenwart**

ich	sähe	ich	sehe
du	sähest	du	sehest
er, sie, es	sähe	er, sie, es	sehe
wir	sähen	wir	sehen
ihr	sähet	ihr	sehet
sie	sähen	sie	sehen

Futur I

ich	werde	
du	werdest	
er, sie, es	werde	sehen
wir	werden	
ihr	werdet	
sie	werden	

Das Verb

Futur II		
ich	werde	
du	werdest	
er, sie, es	werde	gesehen
wir	werden	haben
ihr	werdet	
sie	werden	

Es ist häufig einfacher, die Möglichkeit mit „würde" zu umschreiben.
| Beispiele:
„ich würde sehen" für „ich sähe"
„du würdest sehen" für „du sähest"
Der Konjunktiv wird vor allem in der indirekten Rede, der Redeerwähnung, verwendet.
| Beispiele:
Er sagte, er habe nichts damit zu tun.
Sie meinte, sie würde das nie lernen.
Er fragte, ob sie bald käme.

Aktiv und Passiv

Mit allen genannten Formen der Konjugation ist bisher eine Handlungs- oder Zustandsform beschrieben worden, die voraussetzt, dass der Handlungsträger *aktiv* ist.
| Beispiele:
Ich baue ein Haus.
Der Lehrer lobt das Kind.
Der Lkw rast gegen die Leitplanke.
In diesen Fällen ist immer jemand oder etwas aktiv: *ich* baue, *der Lehrer* lobt, *der Lkw* rast.
Es kommt jedoch vor, dass man seine Aufmerksamkeit nicht auf diese „Aktiven" richtet, sondern auf das Haus, das Kind, die Leitplanke, also auf die „Beteiligten" der Handlung, mit denen dabei etwas geschieht, die etwas *erleiden*.
| Beispiele:
Das Haus wird von mir gebaut.
Das Kind wird vom Lehrer gelobt.
Die Leitplanke wird vom Lkw demoliert.
Das von der Tätigkeit (bauen, loben, demolieren) getroffene Ziel (Haus, Kind, Leitplanke) wird hier der Träger der Handlung. Die hier verwendete Verbform wird daher die *Leideform*, das *Passiv*, genannt.

Wirklichkeitsform (Indikativ) Passiv

3. Vergangenheit		
ich	war	
du	warst	
er, sie, es	war	gesehen
wir	waren	worden
ihr	wart	
sie	waren	

2. Vergangenheit		
ich	bin	
du	bist	
er, sie, es	ist	gesehen
wir	sind	worden
ihr	seid	
sie	sind	

1. Vergangenheit		
ich	wurde	
du	wurdest	
er, sie, es	wurde	gesehen
wir	wurden	
ihr	wurdet	
sie	wurden	

Gegenwart		
ich	wurde	
du	wirst	
er, sie, es	wird	gesehen
wir	werden	
ihr	werdet	
sie	werden	

Das Verb

Futur I		
ich	werde	
du	wirst	
er, sie, es	wird	gesehen
wir	werden	werden
ihr	werdet	
sie	werden	

Futur II		
ich	werde	
du	wirst	
er, sie, es	wird	gesehen
wir	werden	worden sein
ihr	werdet	
sie	werden	

Möglichkeitsform (Konjunktiv) Passiv

3. Vergangenheit		
ich	wäre	
du	wärest	
er, sie, es	wäre	gesehen
wir	wären	worden
ihr	wäret	
sie	wären	

2. Vergangenheit		
ich	sei	
du	seiest	
er, sie, es	sei	gesehen
wir	seien	worden
ihr	seiet	
sie	seien	

1. Vergangenheit		
ich	würde	
du	würdest	
er, sie, es	würde	gesehen
wir	würden	
ihr	würdet	
sie	würden	

Gegenwart		
ich	werde	
du	werdest	
er, sie, es	werde	gesehen
wir	werden	
ihr	werdet	
sie	werden	

Futur I		
ich	werde	
du	werdest	
er, sie, es	werde	gesehen
wir	werden	werden
ihr	werdet	
sie	werden	

Futur II		
ich	werde	
du	werdest	
er, sie, es	werde	gesehen
wir	werden	worden sein
ihr	werdet	
sie	werden	

Die neuen Rechtschreibregeln auf einen Blick

Am 1. Juli 1996 wurde in Wien eine zwischenstaatliche Erklärung zur Neuregelung der deutschen Rechtschreibung unterzeichnet. Die neuen Regeln und Schreibweisen sind mittlerweile in allen Schulen und Behörden in Kraft getreten. Bis zum 31. Juli 2005 gelten die bisher gültigen Schreibungen an den Schulen nicht als falsch, sondern lediglich als überholt.

Laut-Buchstaben-Zuordnungen

Es kommt zu keiner grundlegenden Änderung des historisch gewachsenen Schriftbildes. Eine tiefgreifende Veränderung gegenüber der bisherigen Regelung gibt es bei der Schreibung der s-Laute. Neuerdings wird das *ß* (scharfes s oder Eszett) nur noch nach langen Vokalen (Selbstlauten) und nach Diphthongen (Doppellauten) geschrieben. Nach kurzen Vokalen steht anstelle von *ß* immer *ss*:

bisherige Schreibweisen:	neue Schreibweisen:
Haß	Hass
Fluß	Fluss
er muß	er muss
Schluß	Schluss

Die Unterscheidung zwischen *das* und *daß* bleibt bestehen. Die Konjunktion (Bindewort) *daß* wird jedoch mit ss geschrieben: *dass*.
Wegen der folgerichtigen Durchführung der Stammschreibung wird die Schreibweise von einigen Wörtern verändert:

bisherige Schreibweisen:	neue Schreibweisen:
belemmert	belämmert
behende	behände
überschwenglich	überschwänglich
Bendel	Bändel
Gemse	Gämse
aufwendig	aufwendig oder aufwändig
Quentchen	Quäntchen
schneuzen	schnäuzen
verbleuen	verbläuen
nume*r*ieren	num*m*erieren
pla*z*ieren	pla*tz*ieren
Karame*l*	Karame*ll*
To*l*patsch	To*ll*patsch
Ti*p*	Ti*pp*

Beim Zusammentreffen von drei gleichen Konsonanten (Mitlauten) an der Wortfuge bleiben alle drei erhalten:

bisherige Schreibweisen:	neue Schreibweisen:
Schi*ff*ahrt	Schi*fff*ahrt
Werksta*tt*ür	Werksta*ttt*ür
Flane*ll*appen	Flane*lll*appen

Diese Wörter sind auch mit Bindestrich korrekt: *Schiff-Fahrt, Stoff-Fetzen, Werkstatt-Tür, Flanell-Lappen.*
Auch bei der Endung *-heit* bleibt jetzt das vorausgehende *-h* erhalten:

bisherige Schreibweisen:	neue Schreibweisen:
Roheit	Rohheit
Zäheit	Zähheit
Ausnahme bleibt:	
Hoheit	Hoheit

Schreibung der Fremdwörter

Bei der Fremdwortschreibung kommt es bei einem kleinen Teil der Wörter zu einer „sanften Eindeutschung". Es sind auch einige „eingedeutschte" Schreibweisen zugelassen, ohne dass die bisherigen ihre Gültigkeit verlieren. Grundsätzlich gilt, dass die Wortbestandteile „graph", „phon" und „phot" auch „graf", „fon" und „fot" geschrieben werden können. Zusammengesetzte Fremdwörter werden jetzt zusammengeschrieben; bei Substantiven kann jedoch zur besseren Lesbarkeit auch ein Bindestrich gesetzt werden. Bestandteile der Zusammensetzung, die Substantive sind, werden groß geschrieben. Beispiele:

bisherige Schreibweisen:	neue Schreibweisen:
Gra*ph*ologe	Grafologe/ Gra*ph*ologe
Saxo*ph*on	Saxofon/ Saxophon
Orthogra*ph*ie	Orthografie/ Orthogra*ph*ie
Del*ph*in	Delfin/ Del*ph*in
Jo*gh*urt	Jogurt/ Jo*gh*urt
Pan*th*er	Panter/ Pan*th*er
Thunfisch	Tunfisch/ Thunfisch
Exposé	Exposee/ Exposé
Varieté	Varietee/ Varieté
Doublé	Doublee/ Doublé
essen*ti*ell	essenziell/ essen*ti*ell
substan*ti*ell	substanziell/ substan*ti*ell
Katarrh	Katarr/ Katarrh
Myrrhe	Myrre/ Myrrhe
Science-fiction	Siencefiction/ Sience-Fiction

Worttrennung am Zeilenende (Silbentrennung)

Die Worttrennung erfolgt nach der neuen Rechtschreibung immer nach Sprechsilben. Neuerdings darf aus diesem Grund auch *st* wie *sp, sk, pf* usw. getrennt werden:

bisherige Trennungen:	neue Trennungen:
mei-*st*ens	meis-*t*ens
We-*st*e	Wes-*t*e
Mu-*st*er	Mus-*t*er
Fen-*st*er	Fens-*t*er

Am Wortende wird *ck* nicht mehr in *k-k* aufgelöst, sondern wie *ch* und *sch* auf die nächste Zeile gesetzt:

bisherige Trennungen:	neue Trennungen:
Zu*k*-ken	Zu-*ck*en
tro*k*-ken	tro-*ck*en
ba*k*-ken	ba-*ck*en
ki*k*-ken	ki-*ck*en

Die Trennungen von Fremdwörtern ist statt wie früher nur nach Sprachsilben jetzt auch nach Sprechsilben möglich:

bisherige Trennungen:	neue Trennungen:
Si-gnal	Sig-nal/Si-gnal
Päd-agogik	Pä-dagogik/ Päd-agogik
par-allel	pa-rallel/ par-allel
Ma-gnet	Mag-net/ Ma-gnet
Heliko-pter	Helikop-ter/ Heliko-pter
mö-*bl*iert	möb-*l*iert/ mö-*bl*iert

Die neuen Rechtschreibregeln

Groß- und Kleinschreibung

Die Großschreibung von allen Substantiven (Nomen, Hauptwörtern) wurde beibehalten. Es wurde die „modifizierte Großschreibung" eingeführt, die für die Schreibgemeinschaft eine Reihe von Erleichterungen beinhaltet. Nach einem Doppelpunkt wird immer mit einem großen Anfangsbuchstaben fortgefahren, wenn der darauf folgende Satz als Ganzsatz aufgefasst wird:

bisherige Schreibweisen:	neue Schreibweisen:
Zugegeben: *er* wird sich ändern ...	Zugegeben: *Er* wird sich ändern ...
Sie ist vorsichtig und zuverlässig: *man* kann ihr ruhig ...	Sie ist vorsichtig und zuverlässig: *Man* kann ihr ruhig ...

Wendungen wie *im Großen und Ganzen* („*im Allgemeinen*") und *des Näheren* („*genauer*"), substantivierte Adjektive (Eigenschaftswörter) in festen Verbindungen wie *im Dunkeln tappen* („*nicht Bescheid wissen*") und Ordnungszahlen werden immer mit einem großen Anfangsbuchstaben geschrieben:

bisherige Schreibweisen:	neue Schreibweisen:
im allgemeinen	im Allgemeinen
es ist das *beste*	es ist das *Beste*
auf dem trockenen sitzen („in finanzieller Verlegenheit sein")	auf dem Trockenen sitzen
den *kürzeren* ziehen („Nachteile haben")	den *Kürzeren* ziehen
jeder *dritte*	jeder *Dritte*

Tageszeiten mit den Adverbien (Umstandswörtern) *gestern, vorgestern, heute, morgen* und *übermorgen* werden nun großgeschrieben:

bisherige Schreibweisen:	neue Schreibweisen:
heute *m*ittag	heute *M*ittag
gestern *a*bend	gestern *A*bend

Feste Fügungen aus Adjektiv (Eigenschaftswort) und Substantiv (Nomen, Hauptwort) werden nur noch großgeschrieben, wenn es sich um Eigennamen handelt; ansonsten klein:

bisherige Schreibweisen:	neue Schreibweisen:
das *S*chwarze Brett	das *s*chwarze Brett
die *E*rste Hilfe	die *e*rste Hilfe

Getrennt- und Zusammenschreibung

In diesem Bereich kommt es zu einer „Rückbesinnung" auf einen alten Grundsatz:
Die Getrenntschreibung ist der Regelfall; die Zusammenschreibung bildet die Ausnahme.
Die wichtigsten Änderungen:

bisherige Schreibweisen:	neue Schreibweisen:
radfahren	Rad fahren
kopfstehen	Kopf stehen
teppichklopfen	Teppich klopfen
eislaufen	Eis laufen
aber:	
soviel	so viel
nahegehen	nahe gehen
übrigbleiben	übrig bleiben
irgend etwas	irgendetwas
irgend jemand	irgendjemand

Der Gebrauch des Bindestrichs

Jetzt erhalten Ableitungen mit Ziffern einen Bindestrich:

bisherige Schreibweisen:	neue Schreibweisen:
5mal	5-mal
18jährig	18-jährig
10teilig	10-teilig
2silbig	2-silbig
8tonner	8-Tonner
100prozentig	100-prozentig
4zylinder	4-Zylinder

Beim Zusammentreffen dreier gleicher Vokale (Selbstlaute) darf der Bindestrich weiterhin gesetzt werden; die Zusammenschreibung des Wortes ist nun aber im Gegensatz zu früher ebenfalls zulässig:

bisherige Schreibweisen:	neue Schreibweisen:
Kaffee-*Ersatz*	Kaffeeersatz/ Kaffee-*Ersatz*
See-*Enge*	Seeenge/ See-*Enge*
Zoo-Orchester	Zooorchester/ Zoo-Orchester

Zeichensetzung (Interpunktion)

Nach der neuen Rechtschreibregelung müssen auch Hauptsätze, die mit *und* bzw. *oder* verbunden sind, nicht mehr durch ein Komma getrennt werden. Der Schreiber kann jedoch das Satzzeichen verwenden, um die Gliederung des Satzes zu verdeutlichen:

bisherige Kommasetzung:	neue Kommasetzung:
Peter liest die Zeitung, und Hans spielt mit dem Auto.	Peter liest die Zeitung(,) und Hans spielt mit dem Auto.

Bei der direkten (wörtlichen) Rede steht nach dem schließenden Anführungszeichen neuerdings ein Komma, wenn es sich um einen Frage- oder Ausrufesatz handelt:

bisherige Kommasetzung:	neue Kommasetzung:
„Warum darf ich das nicht?" fragte er.	„Warum darf ich das nicht?", fragte er.
„Geh endlich!" sagte sie.	„Geh endlich!", sagte sie.

Benutzungshinweise

Das vorliegende Wörterbuch verzeichnet alle Wörter nach den neuen amtlichen Schreibweisen und entspricht damit dem Schulgebrauch. Die veränderte Rechtschreibung oder Silbentrennung eines Haupteintrags (= halbfett gedruckt) nach den neuen amtlichen Regeln ist durch die rote Schrift gekennzeichnet. Die Wörterbucheinträge sind nach festen Schemata aufgebaut, die dem Benutzer den Gebrauch des Wörterbuches erleichtern sollen.

Hauptwort (Substantiv)

| Beispiel:
Kla-vier, das; -es, -e: *Tasteninstrument*

Der Haupteintrag, hier das Hauptwort selbst, erscheint halbfett gedruckt. Die Worttrennung ist durch Bindestriche zwischen den Silben gekennzeichnet. Bei Fremdwörtern, deren Aussprache ein Problem darstellen kann, ist das Wort in der so weit wie möglich angenäherten Aussprache in eckigen Klammern wiederholt.
Der Artikel des Hauptwortes folgt in normaler Schriftstärke.
Dem Artikel folgen die Endungen, die das Hauptwort bei der Deklination in den Genitiv Einzahl (im Beispiel: des Klavieres) und in den Nominativ Mehrzahl (im Beispiel: die Klaviere) annehmen kann. Falls sich außer der reinen Endung noch etwas ändert, ist dies ebenfalls angegeben. Bei Wörtern ohne Mehrzahl- oder Einzahlformen befindet sich an dieser Stelle ein entsprechender Vermerk. In kursiver Schrift folgen Worterklärungen, Synonyme und unter Umständen Angaben zu grammatischen Besonderheiten.

Zeitwort (Verb)

| Beispiel:
re-prä-sen-tie-ren: *darstellen, vertreten*

Das Verb erscheint in seiner Infinitivform als Haupteintrag; die Worttrennung wird wie beim Hauptwort gekennzeichnet. Dahinter stehen in kursiver Schrift Worterklärungen und Synonyme. Bei Verben, die in den verschiedenen Zeitformen ihren Stamm verändern, werden die Formen des Imperfekts (Präteritum) und das Partizip Perfekt angegeben.

| Beispiel:
es-sen, aß, gegessen: ...
wer-fen, warf, geworfen ...

Rückbezügliche Verben sind mit dem rückbezüglichen Fürwort „sich" versehen.

| Beispiel:
pfle-gen, sich: ...

Adjektive, Adverbien, Pronomen

Diese Wortarten sind ebenfalls in ihrer ungebeugten Form aufgeführt. Ungewöhnliche Steigerungsformen sind vermerkt, ebenso Worterklärungen und Synonyme.

Umgangssprache

Wörter, die nicht der Hochsprache angehören, sondern hauptsächlich in Dialekten oder in der Umgangssprache gebraucht werden, sind entsprechend gekennzeichnet. Sie sind nicht falsch oder schlecht, sollten aber in Briefen vermieden werden.

a, A

a, A, das; -/-s,-/-s: *erster Buchstabe des Alphabets; Vokal, Selbstlaut; das A und O: die Hauptsache; von A bis Z: von Anfang bis Ende*
a: *Abkürzung für Ar*
a, A, das; -/-s,-/-s: *der sechste Ton der Grund-Tonleiter: der Kammerton a, Ä*
ä, Ä, das; -/-s,-/-s: *Umlaut aus a, A*
à: *je, zu, zu je; 1 Kilo à 3 Mark*
a.: *Abkürzung für „am"; Frankfurt a. Main*
a.; A.: *Abkürzung für „anno, Anno"*
a. a.: *Abkürzung für „ad acta"*
AA: *Abkürzung für „Auswärtiges Amt"*
AA: *Abkürzung für „Anonyme Alkoholiker"*
Aal, der; -s,-e: *schlangenförmiger Speisefisch*
aa-len: *faul sein, sich ausruhen*
aal-glatt: *sehr gewandt*
Aar, der; -s/-es,-e: *dichterisch für Adler*
Aas, das; -es, Äser: *umgangssprachlich für „niederträchtiger Mensch"*
Aas, das: -es, -e: *Tierleiche*
Aas-gei-er, der; -s,
aa-sig, aasiger, am aasigsten: *widerlich, gemein*
Aas-kä-fer, der; -s,
ab: *ab und zu, von nun ab; ab- und zunehmen; ab heute, ab Hamburg, ab 100 Stück*
A-ba-kus, der; -,-: *Deckplatte bei griech. Säulen*
A-ba-kus, der; -,-: *Rechenbrett*
Ab-än-de-rung, die; -,-en: *Veränderung, Umwandlung*
Ab-art, die; -,-en: *Abweichung von der Art*
ab-ar-tig: *abweichend*
Ab-bau, der; -s, keine Mehrzahl: *Rückgang von Kräften*
Ab-bau, der; -s, keine Mehrzahl: *Gewinnung von Erdschätzen*
Ab-bau, der; -s, keine Mehrzahl: *Herabsetzung, Verminderung*
ab-bau-en: *beseitigen, zerlegen*
Ab-bé, der; -s,-s: *Geistlicher in Frankreich*

ab-be-ru-fen: *in eine andere Position beordern*
ab-be-ru-fen
Ab-be-ru-fung, die; -,-en: *Order in eine andere Position; auch Umschreibung für „Tod"*
ab-be-stel-len: *eine Bestellung widerrufen*
Ab-be-stel-lung, die; -,-en: *Widerrufen einer Bestellung*
Ab-bild, das; -es,-er: *genaue Wiedergabe*
ab-bil-den: *bildlich darstellen*
Ab-bil-dung, die; -,-en: *Bild, Illustration*
Ab-bit-te, die; -,-n: *Entschuldigung*
ab-bla-sen: *eine Veranstaltung absagen*
ab-bla-sen: *entgasen*
ab-blen-den
ab-blit-zen, - lassen: *abweisen*
Ab-brand, der; -es, Ab-brän-de: *gasförmige Rückstände, die beim Schmelzen von Metallen entstehen*
Ab-brand, der; -es, Ab-brän-de: *Vernichtung durch Feuer*
Ab-bre-vi-a-tur, die; -,-en: *lateinisch für „Abkürzung"*
ab-brö-ckeln: *losbrechen*
ab-bro-cken: *abbrechen*
Ab-bruch, der; -s, Ab-brü-che: *schroffer Abhang*
Ab-bruch, der; -s, Ab-brü-che: *Vernichtung eines Gebäudes*
Ab-bruch, der; -s. Ab-brü-che: *jähe Beendigung*
Ab-bu-chung, die; -,-en: *Abschreibung*
Abc, das; -s,-s: *Folge aller Buchstaben von A bis Z*
Abc-Sch-üt-ze, der; -,n,-n: *Schulanfänger*
ABC-Waf-fen, die; keine Einzahl: *Sammelbegriff für atomare, biologische und chemische Waffen*
Ab-dach, das; -es, Ab-dä-cher: *schräges Dach*
Ab-dampf, der; -es, Ab-dämp-fe: *abgelassener Dampf*
ab-damp-fen: *umgangssprachlich für „wegfahren"*
Ab-dan-kung, die; -,-en: *schweizer. für „Trauergottesdienst"*
Ab-dan-kung, die; -,-en: *Rücktritt von einem Amt*
ab-de-cken: *vor äußeren Einflüssen schützen*
ab-de-cken: *Tisch abräumen*

abgebrannt

Ab-de-cker, der; -s,-: *Tierkadaververwerter, Schinder*
Ab-de-rit, der; -en,-en: *Bewohner der Stadt Abdera; übertragen für „Schildbürger"*
Ab-dich-tung, die; -,-en
ab-ding-bar: *für „durch Vereinbarung ersetzbar"*
Ab-do-men, das; -s,-/Ab-do-mi-na: *Unterleib, Bauch*
ab-drän-gen: *gewaltsam beiseite drängen*
ab-dre-hen
Ab-druck, der; -s, Ab-drü-cke
ab-dru-cken: *reproduzieren*
ab-drü-cken: *eine Waffe abfeuern*
Abel: *biblischer Männername*
A-bend, der; -s,-e: *eines Abends, es wird Abend, zu Abend essen, Guten Abend!, morgen Abend, Dienstagabend*
A-bend-brot, das; -s, keine Mehrzahl: *regional für „Abendessen"*
A-bend-däm-me-rung, die; -,-en: *Zeit nach Sonnenuntergang*
A-bend-es-sen, das; -s,-: *Nachtmahl*
A-bend-land, das; -es, keine Mehrzahl: *das westliche Europa*
A-bend-mahl, das; -s,-e: *kirchliche, sakramentale Handlung*
a-bends: *von morgens bis abends, spätabends, dienstagabends, auch dienstag abends*
A-bend-stern, der; -s, keine Mehrzahl: *der Planet Venus*
A-ben-teu-er, das; -s,-: *Wagnis, aufregende Handlung*
A-ben-teu-er-lust, die; -, keine Mehrzahl: *Wagemut*
A-ben-teu-rer, der; -s,-: *Abenteuerlustiger, auch für „zwielichtiger Geschäftsmann"*
a-ber: *nochmals, abermals*
a-ber: *er sah sie, aber sie ihn nicht; tausend und abertausend; auch Abertausend kleiner Vögel; Großschreibung: Wenn und Aber*
A-ber-glau-be, der; -ns, -n: *Irrglaube*
a-ber-gläu-bisch: *irrgläubig*
ab-er-ken-nen: *Jemand bekam einen Titel aberkannt. Er erkennt ab oder Er aberkennt. Er erkannte ab oder Er aberkannte.*
Ab-er-ken-nung, die; -,-en: *Wegnahme, Fortfall*
a-ber-ma-lig, a-ber-mals

Ab-er-ra-ti-on, die; -,-en: *Begriff aus der Optik und Biologie: Abweichung*
A-ber-witz, der; -es, A-ber-wit-zig-keiten: *Unverstand, Wahnwitz*
a-ber-wit-zig: *unverständig, irre*
ab-fa-ckeln: *Beseitigen überflüssiger Gase durch Abbrennen*
ab-fah-ren: *wegfahren*
ab-fah-ren: *umgangssprachlich für „von etwas begeistert sein"*
Ab-fahrt, die; -,-en: *Möglichkeit zum Verlassen der Autobahn*
Ab-fahrt, die; -,-en: *Wegfahrt*
Ab-fahrt, die; -,-en: *Skilauf*
Ab-fall, der; -s, Ab-fäl-le: *Müll, Unbrauchbares*
Ab-fall, der; -s, Ab-fäl-le: *Treulosigkeit, Frontwechsel*
ab-fäl-lig: *verächtlich*
ab-fan-gen, fing ab, abgefangen
ab-fär-ben
ab-fas-sen: *einen Text entwerfen*
Ab-fas-sung, die; -,-en: *Vorgang des Text-Entwerfens*
ab-fer-ti-gen
Ab-fer-ti-gung, die; -,-en: *Bedienung, Erledigung*
ab-fin-den: *entschädigen*
ab-fin-den, sich: *sich bescheiden, sich zufrieden geben*
Ab-fin-dung, die; -,-en: *Entschädigung*
ab-flau-en: *nachlassen*
ab-flau-en: *sich legen*
ab-flie-gen, flog ab, abgeflogen
ab-flie-ßen, floss ab, abgeflossen
Ab-flug, der; -es, Ab-flü-ge: *Wegfliegen eines Vogels, Flugzeugstart*
Ab-fluss, der; Ab-flus-ses, Ab-flüs-se
Ab-fol-ge, die; -,-n: *Reihenfolge*
ab-fra-gen, frug/fragte ab, abgefragt
Ab-fuhr, die; -,-en: *Zurückweisung*
ab-füh-ren: *in Polizeigewahrsam nehmen*
ab-füt-tern
Abfüt-te-rung, die; -,-en
Ab-ga-be, die; -,-en: *Steuern*
Ab-gang, der; -es, Ab-gän-ge: *Ausscheiden, auch: Verlust*
ab-gän-gig: *österr. für „vermisst"*
Ab-gas, das; -es,-e: *Verbrennungsrückstände*
ab-ge-ben, gab ab, abgegeben
ab-ge-brannt: *umgangssprachlich für „mittellos"*
ab-ge-brannt: *vom Feuer vernichtet*

25

abgebrüht

ab-ge-brüht: *mit heißem Wasser übergossen*
ab-ge-brüht: *umgangssprachlich für „abgestumpft, dickfellig"*
ab-ge-dro-schen: *zu oft gebraucht*
ab-ge-feimt: *mit allen Wassern gewaschen, gewissenlos, niederträchtig*
ab-ge-grif-fen
ab-ge-hackt: *von Pausen unterbrochen*
ab-ge-här-tet: *widerstandsfähig*
ab-ge-hen, *ging ab, abgegangen: fehlen*
ab-ge-ho-ben: *schwer verständlich, auch: elitär*
ab-ge-kar-tet: *insgeheim abgesprochen*
ab-ge-klärt: *besprochen*
ab-ge-klärt: *weise, vernünftig*
ab-ge-lebt: *gestorben*
ab-gel-ten, *galt ab, abgegolten: einer Verpflichtung nachkommen, auch: bezahlen*
Ab-gel-tung, *die; -,-en: Entschädigung, Gegenleistung*
ab-ge-macht: *vereinbart*
ab-ge-neigt: *für „Bedenken haben"*
Ab-ge-neigt-heit, *die; -, keine Mehrzahl: Widerwille*
Ab-ge-ord-ne-te, *der/die; -n,-n: Parlamentsmitglied, Delegierte(r)*
ab-ge-ris-sen: *verwahrlost*
ab-ge-sandt: *weggeschickt, geschickt*
Ab-ge-sand-te, *der/die; -n,-n: Delegierte(r)*
Ab-ge-sang, *der; -es, Ab-ge-sän-ge: abschließender Strophenteil, auch abfälliger Nachruf*
ab-ge-schie-den: *einsam, abgelegen*
ab-ge-schlos-sen: *verschlossen*
ab-ge-schmackt: *albern, geistlos, peinlich*
ab-ge-spannt: *müde, abgearbeitet*
ab-ge-spannt: *ausgeschirrt*
ab-ge-stan-den: *schal*
ab-ge-stor-ben: *gefühllos, verdorrt*
ab-ge-stumpft: *gleichgültig*
ab-ge-tan: *erledigt, nicht mehr bedeutsam*
ab-ge-win-nen, *gewann ab, abgewonnen*
ab-ge-zehrt: *dürr, mager, elend*
Ab-glanz, *der; -es, keine Mehrzahl: Widerschein*
Ab-gott, *der; -es, Ab-göt-ter: Götze, auch für jemand, der leidenschaftlich verehrt wird, Idol*

ab-gra-ben, *grub ab, abgegraben*
Ab-gren-zung, *die; -,-en: Distanzierung*
Ab-gren-zung, *die; -,-en: Einfriedung, Umzäunung*
Ab-grund, *der; -es, Ab-grün-de: tiefe Schlucht*
ab-gu-cken
Ab-guss, *der; -es, Ab-güs-se: Waschbecken*
Ab-guss, *der; -es, Ab-güs-se: in Form Gegossenes*
ab-ha-cken
ab-ha-ken: *erledigen*
ab-half-tern
ab-hal-ten, *hielt ab, abgehalten: veranstalten*
ab-hal-ten, *hielt ab, abgehalten: hindern*
ab-han-deln: *ein Thema abhandeln*
ab-han-den kommen: *verloren gehen*
Ab-hand-lung, *die; -,-en: Arbeit über ein Thema*
Ab-hang, *der; -es, Ab-hän-ge: Böschung, Neigung*
ab-hän-gen, *hing ab, abgehangen: angewiesen sein*
ab-hän-gen: *vom Haken nehmen, herunternehmen*
Ab-hän-gig-keit, *die; -,-en: Unfreiheit, auch: Sucht*
ab-här-ten
Ab-här-tung, *die; -,-en*
ab-hau-en: *umgangssprachlich für „verschwinden, weglaufen"*
ab-häu-ten: *Haut oder Fell abziehen*
ab-he-ben, *hob ab, abgehoben: Geld von einem Konto abheben*
ab-he-ben, *sich: hob sich ab, sich abgehoben: sich unterscheiden*
ab-hef-ten: *ablegen*
ab-hel-fen, *half ab, abgeholfen*
ab-het-zen, *sich*
Ab-hil-fe, *die; -,-n: helfende Tat; Abhilfe schaffen für „Missstände beheben"*
ab-hold: *einer Sache abhold sein; nicht mögen*
ab-ho-len
Ab-ho-lung, *die; -,-en*
Ab-hol-zung, *die; -,-en: Rodung von Bäumen*
ab-hö-ren: *das Telefon abhören*
ab-hö-ren: *den Brustkorb/die Lungen untersuchen*
A-bi-tur *(auch Ab-i-tur), das; -es,-e: Reifeprüfung*

abnehmen

A-bi-tu-ri-ent (auch Ab-i-tu-ri-ent), der; -en,-en: *Absolvent des Gymnasiums*
A-bi-tu-ri-en-tin (auch Ab-i-tu-ri-en-tin), die; -, -nen: *Absolventin des Gymnasiums*
ab-kan-zeln: *heruntermachen, scharf tadeln*
ab-kap-seln: *absondern, abschließen*
ab-kau-fen
Ab-kehr, die; -, keine Mehrzahl: *Abwendung*
ab-keh-ren, sich: *sich abwenden*
Ab-klatsch, der; -es,-e: *schlechte Nachahmung*
ab-knöp-fen: *umgangssprachlich für „(Geld) abnehmen"*
ab-ko-chen
Ab-kom-me, der; -n,-n: *Nachkomme*
ab-kom-men, kam ab, abgekommen: *einen Plan aufgeben; vom Weg abkommen*
Ab-kom-men, das: -s,-: *Vereinbarung*
ab-kömm-lich: *verfügbar, entbehrlich*
ab-krat-zen: *säubern, entfernen; derb für „sterben"*
ab-küh-len, sich -;
Ab-kunft, die; -, Ab-künf-te: *Herkunft, Abstammung*
ab-kür-zen
Ab-kür-zung, die; -,-en: *Einsparung; Abkürzung: Abk.*
ab-la-den, lud ab, abladen
Ab-la-ge, die; -,-en: *Aufbewahrung*
Ab-la-ge-rung, die; -,-en: *Schicht, Bodensatz*
Ab-lass, der; Ab-las-ses, Ab-läs-se: *im Mittelalter übliche Streichung des Sündenregisters durch Geldbuße*
ab-las-sen: *abfließen lassen*
Ab-lauf, der; -s, Ab-läu-fe: *Folge der Geschehnisse*
Ab-lauf, der; -s, Ab-läu-fe: *Abflussrinne*
Ab-laut, der; -es, -e; *Selbstlautwechsel in Zeitworten: tun, tat; geben, gab; springen, sprang, gesprungen*
Ab-le-ben, das; -s, keine Mehrzahl: *Sterben*
ab-le-ben: *sterben*
ab-le-gen: *etwas zu den Akten legen*
ab-le-gen: *vom Ufer ablegen*
ab-le-gen: *Bekleidung ausziehen*
Ab-le-ger, der; -s,-: *Pflanzenschössling*
ab-leh-nen
Ab-leh-nung, die; -,-en: *Zurückweisung*
ab-lei-ten: *ablenken; einen Blitz ableiten*
ab-lei-ten: *abzweigen*

ab-lei-ten: *folgern, schlussfolgern; eine Formel ableiten*
Ab-lei-tung, die; -,-en: *systematische Veränderung von Worten*
Ab-lei-tung, die; -,-en: *mathematischer Begriff: Herleitung*
ab-len-ken
Ab-len-kung, die; -,-en: *Zerstreuung*
ab-le-sen
ab-leug-nen: *etwas bestreiten*
ab-lich-ten
Ab-lich-tung, die; -,-en: *Fotokopie*
ab-lie-fern
Ab-lie-fe-rung, die; -,-en
ab-lis-ten
ab-lö-sen: *etwas von der Unterlage trennen*
ab-lö-sen: *auswechseln*
Ab-lö-sung, die; -,-en: *Entsatz, Schichtwechsel*
ab-ma-chen: *etwas abtrennen*
ab-ma-chen: *etwas vereinbaren*
Ab-ma-ge-rung, ; -,-en
Ab-marsch, der; -es, Ab-mär-sche
ab-mar-schie-ren
ab-mel-den
Ab-mel-dung, die; -,-en
ab-mes-sen
Ab-mes-sung, die; -,-en: *Maße*
Ab-mon-ta-ge, die; -,-en: *Abbau*
ab-mon-tie-ren: *etwas zerlegen, abbauen*
ab-mü-hen, sich: *sich anstrengen*
ab-murk-sen: *umgangssprachlich für „umbringen"*
ab-mus-tern: *Seemannssprache: das Schiff verlassen*
Ab-mus-te-rung, die; -,-en: *Berufsaufgabe*
ab-na-beln: *die Nabelschnur des Neugeborenen durchtrennen*
ab-nä-hen: *enger machen*
Ab-nä-her, der; -s,-: *Naht zum Verengen*
Ab-nah-me, die; -,-n: *Entgegennahme, Kauf*
Ab-nah-me, die; -,-n: *Brauchbarkeitserklärung: Abnahme durch den TÜV*
Ab-nah-me, die; -,-n: *Gewichtsverlust*
ab-neh-men, nahm ab, abgenommen: *bei der technischen Prüfung durchlassen*
ab-neh-men, nahm ab, abgenommen: *glauben*
ab-neh-men, nahm ab, abgenommen: *entgegennehmen, abkaufen*

abnehmen

ab-neh-men, nahm ab, abgenommen: *entfernen*
Ab-neh-mer, der; -s,-: *Kunde*
Ab-nei-gung, die; -,-en
ab-nib-beln: *umgangssprachlich für „sterben"*
ab-nip-peln: *umgangssprachlich für „sterben"*
ab-norm: *nicht dem Gewöhnlichen entsprechend*
ab-nor-mal: *nicht normal*
Ab-nor-mi-tät, die; -,-en
ab-nö-ti-gen
ab-nut-zen
Ab-nut-zung, die; -,-en
A-bon-ne-ment [Abonnemong], das; -s,-s: *ständiger Bezug von Zeitungen oder Theaterkarten*
A-bon-nent, der; -en,-en: *Dauerbezieher einer Zeitung*
a-bon-nie-ren: *bestellen*
ab-ord-nen: *berufen, schicken*
Ab-ord-nung, die; -,-en: *Delegation, Gruppe von Beauftragten*
Ab-ort (auch A-bort), der; -es,-e: *Fehlgeburt*
Ab-ort (auch A-bort), der; -es,-e: *Klosett*
ab-or-tieren (auch a-bor-tie-ren): *fehlgebären*
ab-pfei-fen, pfiff ab, abgepfiffen: *Zeichen für die Beendigung eines Spieles geben*
ab-plat-ten: *abflachen*
Ab-plat-tung, die; -,-en: *Abflachung einer Rundung*
Ab-prall, der; -es,-e
ab-pral-len: *zurückschnellen*
ab-prot-zen: *Geschütz in Stellung bringen*
ab-prot-zen: *derb für „Notdurft verrichten"*
ab-ra-ckern: *sich mühen, plagen*
Ab-ra-ham (auch A-bra-ham): *biblischer Name*
ab-rah-men: *Rahm abschöpfen, auch für „Gewinn erzielen"*
A-bra-ka-da-bra (auch Ab-ra-ka-dab-ra), das; -s,-s: *Zauberwort*
Ab-ra-si-on, die; -,-en: *Abtragung von Küstengestein durch die Brandung*
Ab-raum, der; -es, keine Mehrzahl: *Bergmannssprache für Deckgestein über Lagerstätten; auch für Schutt*
A-b-ra-xas: *Zauberwort*

ab-re-a-gie-ren, sich: *sich durch Handlung beruhigen*
ab-rech-nen
Ab-rech-nung, die; -,-en
Ab-re-de, die; -,-n: *etwas in Abrede stellen, bestreiten*
ab-rei-ben, rieb ab, abgerieben
Ab-rei-bung, die; -,-en: *umgangssprachlich für „Prügel beziehen"*
Ab-rei-se, die; -,-n
ab-rei-sen
ab-rei-ßen, riss ab, abgerissen
Ab-reiß-ka-len-der, der; -s,-
ab-rich-ten: *Tiere dressieren*
Ab-rich-tung, die; -,-en: *Dressur von Tieren*
Ab-rieb, der; -s,-e: *Materialschwund*
ab-rie-geln: *etwas absperren*
Ab-ruf, der; -es,-e: *auf Abruf; Bestellung mit noch zu vereinbarender Lieferung*
ab-run-den: *etwas ergänzen*
ab-rupt: *plötzlich, heftig*
ab-rüs-ten: *Verringern von Waffenbeständen*
Ab-rüs-tung, die; -,-en: *Verringerung von Streitmächten und Waffenbeständen*
ab-sa-cken: *nachlassen*
ab-sa-cken: *in den Untergrund einsinken*
ab-sa-cken: *sinken*
ab-sa-gen
ab-sah-nen: *Rahm abschöpfen, auch für „Gewinn erzielen"*
Ab-satz, der; -es, Ab-sät-ze: *Verkauf von Waren*
Ab-satz, der; -es, Ab-sät-ze: *Schuhabsatz*
Ab-satz, der; -es, Ab-sät-ze: *Textabschnitt*
ab-schaf-fen
Ab-schaf-fung, die; -,-en
ab-schal-ten
ab-schät-zig: *geringschätzig, verächtlich*
Ab-schaum, der; -es, keine Mehrzahl: *Minderwertiges, Schlechtes*
ab-schei-den, schied ab, abgeschieden: *sterben*
ab-schei-den, schied ab, abgeschieden: *Absetzen von Stoffen in Flüssigkeiten*
Ab-scheu, der/die; -es/-, keine Mehrzahl: *Ekel, Verachtung*
ab-scheu-lich: *grässlich*
ab-schie-ben, schob ab, abgeschoben: *ausweisen, zwangsweise entfernen*
ab-schie-ben, schob ab, abgeschoben: *umgangssprachlich für „sich entfernen, gehen, sich davonmachen"*

absprechen

Ab-schied, der; -es,-e
Ab-schieds-be-such, der; -es,-e
ab-schie-ßen, schoss ab, abgeschossen: *umgangssprachlich für „von einer Position verdrängen"*
ab-schie-ßen, schoss ab, abgeschossen: *totschießen*
ab-schir-men: *niemanden heranlassen*
Ab-schir-mung, die; -,-en: *Absperrung*
ab-schlach-ten: *auf grausame Weise töten*
Ab-schlag, der; -es, Ab-schlä-ge: *Fußball: Abstoß vom Tor*
Ab-schlag, der; -es, Ab-schlä-ge: *Vorauszahlung*
ab-schla-gen, schlug ab, abgeschlagen: *jemandem etwas versagen*
ab-schla-gen, schlug ab, abgeschlagen: *Harn lassen*
ab-schlä-gig: *ablehnend*
ab-schläm-men: *Wasser von Schlamm befreien*
Ab-schlepp-dienst, der; -es,-e
ab-schlep-pen: *etwas davontragen, auch für „jemanden mit nach Hause nehmen"*
ab-schlep-pen: *ein Auto abschleppen*
ab-schlie-ßen, schloss ab, abgeschlossen: *verschließen*
ab-schlie-ßen, schloss ab, abgeschlossen: *einen Vertrag vereinbaren*
Ab-schluss, der; Ab-schlus-ses, Ab-schlüsse: *Vertragsabschluss, Erledigung*
ab-schme-cken: *eine Speise würzen*
ab-schnal-len: *umgangssprachlich für „sehr erstaunt sein"*
ab-schnal-len: *etwas Festgeschnalltes lösen*
ab-schnei-den
Ab-schnitt, der; -es,-e: *Teil*
ab-schnü-ren: *unterbinden*
ab-schöp-fen
ab-schre-cken: *mit kaltem Wasser übergießen*
ab-schre-cken: *durch Drohung hindern*
ab-schrei-ben, schrieb ab, abgeschrieben: *von einer Vorlage abschreiben*
ab-schrei-ben, schrieb ab, abgeschrieben: *etwas als verloren erachten*
ab-schrei-ben, schrieb ab, abgeschrieben: *schriftlich absagen*
ab-schup-pen: *von Schuppen befreien*
ab-schür-fen
Ab-schür-fung, die; -,-en
Ab-schuss, der; Ab-schus-ses, Ab-schüs-se

ab-schüs-sig
ab-schwei-fen: *vom Thema abkommen*
Ab-schwei-fung, die; -,-en
ab-schwel-len, schwoll ab, abgeschwollen
ab-schwen-ken
ab-schwö-ren, schwor ab, abgeschworen: *sich lossagen*
ab-seh-bar
ab-se-hen von: *einen Plan aufgeben, etwas unberücksichtigt lassen*
ab-sei-len: *mit einem Seil herablassen*
ab-sei-len, sich: *umgangssprachlich für „sich davonmachen"*
ab-seits: *abseits stehen*
Ab-seits, das; -,-: *Sportbegriff; im Abseits stehen*
Ab-sen-der, der; -s,-
ab-sen-tie-ren, sich: *veraltet für „sich entfernen"*
Ab-senz, die; -,-n: *österr. und schweizer.: Abwesenheit, Fehlen*
ab-set-zen: *ein Medikament nicht mehr nehmen*
ab-set-zen, sich: *sich zurückziehen*
ab-set-zen: *von der Steuer absetzen*
Ab-sicht, die; -,-en
ab-sicht-lich
Ab-sinth, der; -es,-e: *Wermutbranntwein*
ab-sit-zen: *von einem Pferd absteigen*
ab-sit-zen: *eine Strafe verbüßen*
ab-so-lut: *bedingungslos, durchaus; auch: absoluter Ablativ, absolute Musik*
Ab-so-lu-ti-on, die; -,-en: *Lossprechung von Sünden*
Ab-so-lu-tis-mus, der; -, keine Mehrzahl: *uneingeschränkte Herrschaft eines Monarchen*
Ab-sol-vent, der; -en,-en: *jemand, der eine Schule mit der Prüfung verlässt*
ab-sol-vie-ren: *erledigen, ableisten*
ab-son-der-lich
Ab-son-der-lich-keit, die; -,-en
ab-son-dern sich: *sich beiseite begeben*
Ab-son-de-rung, die; -,-en: *Sekret, Ausfluss*
ab-sor-bie-ren: *aufsaugen, völlig aufnehmen*
ab-spei-sen
ab-spens-tig machen
Ab-sper-rung, die; -,-en
Ab-spra-che, die; -,-en: *Abmachung, Übereinkunft*
ab-spre-chen, sich: *sich abstimmen*

abspringen

ab-sprin-gen: *hinunterspringen*
ab-sprin-gen: *umgangssprachlich für „nicht mehr mitmachen"*
Ab-sprung, der; -es, Ab-sprün-ge: *Markierung des Hoch- oder Weitsprungbeginns*
Ab-sprung, der; -es, Ab-sprün-ge: *den Absprung schaffen*
ab-spü-len
ab-stam-men: *herkommen*
Ab-stam-mung, die; -,-en: *Herkunft*
Ab-stand nehmen: *etwas unterlassen*
Ab-stand, der; -es, Ab-stän-de: *Zahlung für Abtretung oder Übernahme*
Ab-stand, der; -es, Ab-stän-de: *Distanz, Entfernung*
ab-stat-ten
ab-stau-ben: *vom Staub befreien*
ab-stau-ben: *umgangssprachlich für „ergattern, Gewinn erzielen"*
ab-ste-chen, stach ab, abgestochen
Ab-ste-cher, der; -s,-: *Ausflug, kleiner Umweg*
Ab-stei-ge, die; -,-n: *schlechtes Hotel*
ab-stei-gen, stieg ab, abgestiegen: *sich in einem Hotel einquartieren*
ab-stei-gen, stieg ab, abgestiegen: *von etwas heruntertreten*
ab-stel-len: *etwas absetzen*
ab-stel-len: *ein Auto stehen lassen*
ab-stel-len: *etwas unterbinden*
Ab-stell-gleis, das; -es,-e
Ab-stell-raum, der; -es, Ab-stell-räu-me
Ab-stieg, der; -es,-e: *Verschlechterung*
Ab-stieg, der; -es,-e: *Herunterkommen, Herabsteigen, Heruntersteigen (vom Berg)*
ab-stil-len
abs-ti-nent: *enthaltsam*
Abs-ti-nenz, die; -, keine Mehrzahl: *Enthaltsamkeit*
Abs-ti-nenz-ler, der; -s,-: *Enthaltsamer*
Ab-stoß, der; -s, Ab-stö-ße: *Stoß, der von einer Sache weggerichtet ist; im Fußball auch: Abschlag vom Tor*
ab-sto-ßen, stieß ab, abgestoßen: *etwas loswerden*
ab-sto-ßen, sich: *sich von etwas wegstoßen*
ab-sto-ßend: *ekelerregend*
ab-stot-tern: *in Raten abbezahlen*
abs-tra-hie-ren: *verallgemeinern*
abs-trakt, abstrakter, am abstraktesten: *begrifflich, nicht gegenständlich*

Abs-trak-ti-on, die; -,-en: *Begriffsbildung, Verallgemeinerung*
Abs-trak-tum, das; -s, Abs-trak-ta: *allgemeiner Begriff; auch: Hauptwort, das etwas Nichtgegenständliches bezeichnet*
abs-trus: *unsinnig, verworren*
Ab-stu-fung, die; -,-en: *Skala, Nuancierung*
ab-stump-fen
Ab-sturz, der; -es, Ab-stür-ze
ab-stür-zen
Ab-sud, der; -es,-e: *durch Sieden gewonnener Kräuterauszug*
ab-surd: *unsinnig, widersinnig*
Ab-sur-di-tät, die; -,-en: *Widersinnigkeit, Sinnwidrigkeit*
Abs-zess, der; Abs-zes-ses, Abs-zes-se: *Eiteransammlung im Körper*
Abs-zis-se, die; -,-n: *waagerechte Gerade im Koordinatensystem*
Abt, der; -es, Äb-te: *Klostervorsteher*
ab-tau-en
Ab-tei, die; -,-en: *Kloster*
Ab-teil, das; -s,-e
ab-tei-len
Ab-tei-lung, die; -,-en: *Untergruppe*
Ab-tei-lung, die; -,-en: *Dienststelle*
ab-teu-fen: *Bergmannssprache: einen Schacht niederbringen*
ab-tip-pen
Äb-tis-sin, die; -,-nen: *Klostervorsteherin*
Ab-tö-nung, die; -,-en: *Farbnuance*
ab-tra-gen
ab-träg-lich: *nachteilig, schädlich*
Ab-tra-gung, die; -,-en: *schichtweise Wegnahme*
ab-trei-ben: *Schwangerschaft unterbrechen*
ab-trei-ben: *das Vieh von der Alm heruntertreiben*
Ab-trei-bung, die; -,-en: *Schwangerschaftsunterbrechung*
ab-tren-nen
Ab-tren-nung, die; -,-en
ab-tre-ten, trat ab, abgetreten: *etwas abgeben*
Ab-tre-ter, der; -s,-: *Fußmatte*
Ab-tre-tung, die; -,-en: *Abgabe*
Ab-trieb, der; -es,-e: *Viehabtrieb von der Alm*
Ab-tritt, der; -es,-e: *Abort*
ab-trock-nen
ab-trün-nig
ab-tun, tat ab, abgetan

Acker

ab-wä-gen: *bedenken*
ab-wan-deln
Ab-wan-de-rung, die; -,-en
Ab-wand-lung, die; -,-en
Ab-wär-me, die; -, keine Mehrzahl: *nicht genutzte Wärme*
ab-wärts: *hinunter*
Ab-wasch, der; -es, keine Mehrzahl: *Abspülen des Geschirrs*
Ab-was-ser, die; -s, Ab-wäs-ser
ab-wech-seln
ab-wech-selnd
Ab-wechs-lung, die; -,-en
Ab-weg, der; -es,-e: *Irrweg, Irrtum; auf Abwege geraten*
Ab-wehr, die; -, keine Mehrzahl: *Rückweisung eines Angriffs*
Ab-wehr, die; -,-en: *militärischer Geheimdienst*
ab-weh-ren
ab-wei-chen, wich ab, abgewichen
ab-wei-chen, weichte ab, abgeweicht: *durch Einweichen ablösen*
Ab-wei-chung, die; -,-en
ab-wei-sen, wies ab, abgewiesen
Ab-wei-sung, die; -,-en: *Zurückweisung*
ab-wen-den, wandte ab, abgewandt: *etwas abwenden, etwas verhindern*
ab-wen-den, sich; wandte/wendete sich ab, sich abgewendet: *den Rücken kehren, wegdrehen*
ab-wer-ben, warb ab, abgeworben
Ab-wer-bung, die; -,-en
ab-wer-fen, warf ab, abgeworfen: *Kleidung ablegen*
ab-wer-fen, warf ab, abgeworfen: *Abwerfen eines Reiters*
ab-wer-fen, warf ab, abgeworfen: *Spielkarten abgeben*
ab-wer-fen, warf ab, abgeworfen: *Gewinn bringen*
Ab-wer-tung, die; -,-en: *Wertverminderung einer Währung*
ab-we-send
Ab-we-sen-heit, die; -,-en
ab-wi-ckeln: *Kabel abwickeln*
ab-wi-ckeln: *etwas erledigen*
Ab-wick-lung, die; -,-en: *Erledigung*
ab-wim-meln: *jemanden loswerden, auch: schlechte Spielkarten abwerfen*
ab-wra-cken: *verschrotten, ausschlachten*
ab-zah-len
Ab-zah-lung, die; -,-en: *Rate*

ab-zap-fen: *Flüssigkeit entnehmen*
Ab-zäu-nung, die; -,-en: *Einfriedung*
Ab-zei-chen, das; -s,-: *Merkmal, Orden*
ab-zeich-nen, sich: *besser erkennbar werden*
ab-zeich-nen: *etwas unterschreiben*
ab-zeich-nen, sich: *in Aussicht stehen*
ab-zeich-nen: *nach einer Vorlage zeichnen*
ab-zie-hen, zog ab, abgezogen: *ein Rasiermesser abziehen, schärfen*
ab-zie-hen, zog ab, abgezogen: *vervielfältigen*
ab-zie-hen, zog ab, abgezogen: *sich zurückziehen*
Ab-zug, der; -es, Ab-zü-ge: *Kamin*
Ab-zug, der; -es, Ab-zü-ge: *Rückzug*
Ab-zug, der, -es, Ab-zü-ge: *Minderung*
Ab-zwei-gung, die; -,-en
ach!: *Ausruf der Verwunderung*
Ach, das; -s, keine Mehrzahl: *das Ach und Weh, mit Ach und Krach*
A-chat, der; -es,-e: *Halbedelstein*
A-che, die; -, keine Mehrzahl: *Flussname*
A-chill, Achilles, Achilleus: *griechischer Sagenheld*
A-chil-les-fer-se, die; -,-n: *verwundbare Stelle*
A-chro-mat, der; -en,-en: *farbfehlerfreies Objektiv*
Ach-se, die; -,-n
Ach-sel, die; -,-n: *Schulter*
acht: *Zahlwort; acht Uhr, acht Teile, halb acht, wir sind zu acht, sieben und eins macht acht, im Jahre acht*
Acht, die; -, keine Mehrzahl: *Ausschließung, Ächtung; in Acht und Bann*
Acht, die; -,-en, Zahlwort: *die Acht, der Achte*
Acht, die; -, keine Mehrzahl: *Aufmerksamkeit, Fürsorge; Acht geben auf etwas*
äch-ten: *aus der Gemeinschaft ausstoßen*
ach-ten auf
Ach-ter-bahn, die; -,-en
Ach-ter-deck, das; -s,-s: *hinterer Teil eines Schiffes*
ach-tern: *Seemannssprache: hinten*
acht-los: *nachlässig*
acht-sam: *aufmerksam*
Ach-tung, die; -, keine Mehrzahl: *Aufmerksamkeit, Wertschätzung*
Äch-tung, die; -,-en: *Ausschließung*
äch-zen: *wehklagen*
A-cker, der; -s, Äcker: *Feld*

Ackerbau

A-cker-bau, der; -s, keine Mehrzahl
a-ckern: umgangssprachlich für „schwer arbeiten"
ad ab-sur-dum führen: als unsinnig, widersinnig entlarven
A-da-gio [Adahdschjo], das; -s,-s: langsames Tonstück
A-dam: biblische Gestalt, der „erste Mensch"
A-dap-ter (auch Ad-ap-ter), der; -s,-: Verbindungsstück
a-dap-tie-ren (auch ad-ap-tie-ren): anpassen
A-dap-ti-on (auch Ad-ap-ti-on), die; -,-en: Anpassung an Umwelteinflüsse, auch Anpassung der Augen an Lichtreize
a-dä-quat (auch ad-ä-quat): angemessen
ad-die-ren: zusammenzählen
Ad-di-ti-on, die; -,-en: Hinzufügung, Zusammenzählung
A-de-bar, der; -s,-e: veraltet für „Storch"
A-del, der; -s, keine Mehrzahl: Gesellschaftsklasse
a-de-lig: von Adel
A-dept (auch Ad-ept), der; -en,-en: Eingeweihter, Schüler eines Alchimisten
A-der, die; -,-n: Blutgefäß
A-der-lass, der; Aderlas-ses, Ader-läs-se
Ad-hä-si-on, die; -,-en: Anziehung, Anhaftung
ad-hä-siv: haftend
a-di-eu! [adjö]: Grußwort: Auf Wiedersehen!
Ad-jek-tiv, das; -s,-e: Eigenschaftswort
ad-jus-tie-ren: genau einrichten
Ad-ju-tant, der; -en,-en: Offizier
Ad-ler, der; -s,-: Raubvogel
Ad-mi-nis-tra-ti-on, die; -,-en: Verwaltung
ad-mi-nis-tra-tiv: die Verwaltung betreffend
Ad-mi-ral, der; -s,-e: Offizier der Marine
A-do-les-zenz, die; -, keine Mehrzahl: Pubertät
A-do-nis, ; -,-se: schöner Mann
a-dop-tie-ren (auch ad-op-tie-ren): an Kindes statt annehmen
A-dop-ti-on (auch Ad-op-ti-on), die; -,-en
A-dres-sant (auch Ad-res-sant), der; -en, -en: Absender
A-dres-sat (auch Ad-res-sat), der; -en,-en: Empfänger
A-dres-se (auch Ad-res-se), die; -,-n: Anschrift

a-drett (auch ad-rett): sauber, ordentlich
Ad-vent, der; -s, keine Mehrzahl: „Ankunft", Zeit vor Weihnachten
Ad-verb, das; -s, Ad-ver-bi-en: Umstandswort
ad-ver-bi-al: das Adverb betreffend
Ad-vo-kat, der; -en,-en: Rechtsbeistand
A-e-ro-dy-na-mik [Ährodünamik], die; -, keine Mehrzahl: Lehre von der Bewegung der Gase
a-e-ro-dy-na-misch [ährodünahmisch]: windschlüpfrig
Af-fä-re, die; -,-n: Angelegenheit, unangenehmer Vorfall
Af-fe, der; -n,-n
Af-fekt, der; -s,-e: im Affekt; Erregungszustand, Gemütsbewegung
af-fir-ma-tiv: bestätigend, zustimmend
Af-front, der; -s,-s: Schmähung, Beleidigung
Af-gha-ne, der; -n,-n: Einwohner Afghanistans
Af-gha-ne, der; -n,-n: Windhundrasse
Af-ri-ka (auch A-fri-ka) -s, keine Mehrzahl: Kontinent
Af-ter, der; -s,-
A-gent, der; -en,-en: Vertreter, Handlungsreisender
A-gent, der; -en,-en: Spion
A-gen-tur, die; -,-en: Handels- oder Pressevertretung
Ag-gre-gat, das; -s,-e: Maschinensatz
Ag-gre-gat-zu-stand, der; -es, -zuständen: von der Temperatur abhängige Erscheinungsform der Stoffe: fest, flüssig, gasförmig
Ag-gres-si-on, die; -,-en: Angriff
Ag-gres-si-on, die; -,-en: Angriffslust
ag-gres-siv: angriffslustig
a-gil: lebhaft
A-go-nie, die; -,-n: Todeskampf, auch: Bewusstlosigkeit, Ohnmacht
Agri-kul-tur, die; -, keine Mehrzahl: Ackerbau und Viehzucht, Landwirtschaft
Ahn, der; -en,-en: Vorfahr
ahn-den: bestrafen, rächen
äh-neln: gleichen
ah-nen: etwas voraussehen
ähn-lich: annähernd gleich sein
Ähn-lich-keit, die; -,-en
Ah-nung, die; -, keine Mehrzahl: Kenntnis, Wissen
Ah-nung, die; -,-en: Voraussicht, Befürchtung

Älchen

a-hoi!: Seemannsruf
A-horn, der; -s,-e: Laubbaum
Äh-re, die; -,-n: Kornähre
Air-port [Ährport], der; -s,-s: Flughafen
A-ka-de-mie, die; -,-n: Hochschule
A-ka-de-mi-ker, der; -s,-: Hochschulabsolvent
A-ka-de-mi-ke-rin, die; -,-nen: Hochschulabsolventin
a-ka-de-misch: die Hochschule betreffend
Ak-kla-ma-ti-on, die; -,-en: Zuruf, Beifall
ak-kla-mie-ren
ak-kli-ma-ti-sie-ren: anpassen
Ak-kli-ma-ti-sie-rung, die; -, keine Mehrzahl: Anpassung an die Atmosphäre
Ak-kom-mo-da-ti-on, die; -, keine Mehrzahl: Anpassung (der Augen)
ak-kom-mo-die-ren: anpassen
Ak-kord, der; -es, keine Mehrzahl: Leistungslohn, Stücklohn, Bezahlung nach der Stückzahl
Ak-kord, der; -es,-e: melodischer Zusammenklang
Ak-kor-de-on, das; -s,-s: Handharmonika
ak-kre-di-tie-ren: bevollmächtigen, beglaubigen
Ak-kre-di-tiv, das; -es,-va: Beglaubigungsschreiben
Ak-ku, der; -s,-s: Speicher, Batterie, Kurzform für Akkumulator
Ak-ku-mu-la-ti-on, die; -, keine Mehrzahl: Vorgang des Ansammelns
Ak-ku-mu-la-tor, der; -s,-en: Batterie, Speicher
ak-ku-rat: genau, sorgfältig
Ak-ku-ra-tes-se, die; -, keine Mehrzahl: Genauigkeit
Ak-ku-sa-tiv, der; -s,-e: Wen-Fall
Ak-ne, die; -, keine Mehrzahl: Hautausschlag
ak-qui-rie-ren: anschaffen, erwerben; Kunden gewinnen, werben
Ak-qui-si-teur [Akwisitör], der; -s,-e: Anzeigenkundenwerber
Ak-qui-si-ti-on, die; -,-en: Anschaffung, Erwerbung, Kundenwerbung
A-kri-bie (auch Ak-ri-bie), die; -, keine Mehrzahl: äußerste Sorgfalt
A-kro-bat (auch Ak-ro-bat), der; -s,-en
A-kro-ba-tik (auch Ak-ro-ba-tik), die; -, keine Mehrzahl
a-kro-ba-tisch (auch ak-ro-ba-tisch)
Akt, der; -es,-en: reg. für „Akte"

Akt, der; -es,-e: Aufzug, Teil eines Theaterstückes
Akt, der; -es,-e: Darstellung des nackten Körpers
Akt, der; -es,-e: Handlung
Ak-te, die; -,-n: Urkunde, Schriftstücke
Ak-tie, die; -,-n: Wertpapier, Gewinnanteilschein
Ak-ti-en-ge-sell-schaft, die; -,-en
Ak-ti-on, die; -,-en: Handlung
Ak-ti-o-när, der; -s,-e: Anteilseigner
ak-tiv: rege, tätig, im Dienst
Ak-tiv, das; -s,-e: Tatform
Ak-ti-va, die; -, keine Einzahl: Summe aller Guthaben
Ak-ti-vist, der; -en,-en: tätiger Mensch
ak-tu-a-li-sie-ren: auf den neuesten Stand bringen
Ak-tu-a-li-tät, die; -,-en: Gegenwartsbezogenheit, Bedeutung für die Gegenwart
ak-tu-ell: zeitgemäß, zeitnah
A-ku-punk-tur, die; -, keine Mehrzahl: Heilbehandlung mit Nadelstichen
A-kus-tik, die; -,-en: Lehre vom Schall
a-kus-tisch
a-kut: dringend, heftig; akute Krankheit, akute Not, akute Gefahr
Ak-zent, der; -es,-e: Betonungszeichen
Ak-zent, der; -es,-e: Nachdruck
Ak-zent, der; -es,-e: Tonfall, Aussprache
ak-zen-tu-ie-ren: hervorheben, klar sprechen
Ak-zept, das; -es,-e: angenommener Wechsel
ak-zep-ta-bel: annehmbar
ak-zep-tie-ren: annehmen
A-larm, der; -es,-e: Warnung, Warnsignal
A-laun, das; -s, keine Mehrzahl: blutstillendes Salz
Alb, ; -, keine Mehrzahl: die Schwäbische Alb
Alb, der; -es,-en: Elf, Naturgeist
Al-ba-tros, der; -,-se: großer Meeresvogel
Al-be-do, die; -, keine Mehrzahl: Rückstrahlungsvermögen
al-bern: einfältig, töricht
Al-bern-heit, die; -,-en: Dummheit
Al-bi-no, der; -s,-s: Lebewesen mit fehlender Pigmentbildung
Al-bi-on, das; -s, keine Mehrzahl: (kelt.) England
Al-bum, das; -s, Alben: Sammelmappe, Fotomappe
Äl-chen, das; -s,-: Fadenwurm

33

Alchimie

Al-chi-mie, die; -,-n: *Goldmacherkunst, Aberglaube*
Ale [Ail], das; -s, keine Mehrzahl: *englische Biersorte*
a-lert: *munter, quicklebendig*
A-le-xan-dri-ner, der; -s,-: *Versmaß*
Al-ge, die; -,-n: *niedere Wasserpflanze*
Al-ge-bra (auch Al-geb-ra), die; -, keine Mehrzahl: *mathematisches Teilgebiet*
Al-go-rith-mus, der; -, Al-go-rith-men: *in der EDV: schematischer Ablauf der Rechenoperationen*
Al-go-rith-mus, der; -, Al-go-rith-men: *Rechenverfahren*
a-li-as: *für „anders, sonst, auch"*
A-li-bi, das; -s,-s: *Nachweis der Abwesenheit vom Tatort*
A-li-men-te, die; -, keine Einzahl: *Unterhaltszahlungen*
Al-ka-li, das; -s,-en: *laugenartige chemische Verbindung*
Al-ko-hol, der; -s,-e: *organische chemische Verbindung; auch für „alkoholhaltige Getränke"*
Al-ko-ho-li-ker, der; -s,-: *Trunksüchtiger*
al-ko-ho-li-siert: *betrunken*
Al-ko-ho-lis-mus, der; -, keine Mehrzahl: *Alkoholsucht*
Al-ko-hol-spie-gel, der; -s,
Al-ko-ven, der; -s,-: *Nische, Nebenraum*
All, das; -s, keine Mehrzahl: *Weltraum, Universum*
Al-lah: *arabisch für „Gott"*
al-le
Al-lee, die; -,-n: *baumumsäumte Straße*
Al-le-go-rie, die; -,-n: *Sinnbild*
Al-le-gro (auch Al-leg-ro), das; -s, Al-le-gri (auch Al-leg-ri): *lebhaftes Tonstück*
al-lein: *ohne jemanden; auch: einsam*
al-lein: *nur*
Al-lein-gang, er; -es, Al-lein-gän-ge
Al-lein-herr-schaft, die; -,-en: *Diktatur*
al-le-mal: *jederzeit, ohne weiteres*
al-len-falls
al-lent-hal-ben
al-ler-art: *allerlei*
al-ler-bes-te
al-ler-dings
Al-ler-gie (auch All-er-gie), die; -,-n: *krankhafte Reaktion auf bestimmte Stoffe, Überreaktion*
Al-ler-gi-ker (auch All-er-gi-ker), der; -s,-
al-ler-gisch (auch all-er-gisch): *empfindlich, anfällig*

al-ler-hand
al-ler-höchst
al-ler-lei: *allerart*
al-ler-meist
al-ler-nächst
al-ler-or-ten: *überall*
Al-ler-see-len: *katholischer Totengedenktag*
al-ler-seits
al-ler-we-nigs-tens: *zumindest*
Al-ler-wer-tes-te, der; -n,-n: *scherzhaft für „Hintern"*
al-les: *jedes, insgesamt; alles Gute, alles in allem, vor allem; allemal, allerorts, alltags, alljährlich*
al-le-samt
Al-les-fres-ser, der, -s,-
Al-les-wis-ser, der, -s,-: *Klugschnabel*
al-le-weil
al-le-zeit, *allzeit*
all-ge-mein
All-ge-mein-be-fin-den, das; -s, keine Mehrzahl
All-ge-mein-bil-dung, die; -, keine Mehrzahl
All-ge-mein-heit, die, -, keine Mehrzahl
All-ge-mein-zu-stand, der, -es, keine Mehrzahl
All-ge-walt, die; -,-en: *umfassende Macht*
all-ge-wal-tig: *machtvoll*
all-mäh-lich
al-lons [alloñ]: *los, gehen wir*
Al-lo-path, der; -en,-en: *auf herkömmliche Art behandelnder Arzt*
Al-lo-tria (auch Al-lot-ria), die; -s, keine Einzahl: *Unfug*
All-tag, der; -s,-e: *Wochentag, Arbeitstag*
all-täg-lich: *gewöhnlich*
Al-lü-re, die; -,-n: *Gangart des Pferdes*
Al-lü-ren, die; -, keine Einzahl: *schlechtes Benehmen, Eingebildetheit*
Al-lu-vi-um, das; -s, keine Mehrzahl: *jüngste Entwicklungsstufe der Erdoberfläche, auch: Schwemmland*
all-wis-send
all-wö-chent-lich
all-zeit, *allezeit*
all-zu: *allzu früh, allzu spät, allzu oft, allzu selten, allzu bald, allzu viele Bedenken, allzu schwer*
Alm, die; -,-en: *Bergweide*
Al-ma Ma-ter, die; -,-: *Umschreibung für „Universität"*
Al-ma-nach, der; -s,-e: *Jahrbuch, Kalender*

Amerika

Al-mo-sen, das; -s,-: *Spende, milde Gabe*
a-lo-gisch: *unlogisch, nicht folgerichtig*
Alp, der; -s,-e: *unheimliches Fabelwesen*
Alp, die; -,-en: *Alm, Gebirgswiese*
Al-pa-ka, das; -s,-s: *südamerikanisches Kamel, das zur Wollgewinnung gehalten wird; auch die Wollart*
Al-pen, die; -, keine Einzahl: *Gebirge*
Al-pha-bet, das; -s,-e: *Buchstabenfolge von A bis Z*
al-pha-be-tisch: *in der Reihenfolge von A bis Z*
al-pin: *das Hochgebirge betreffend*
Al-pi-num, das; -s, Al-pi-na: *Steingarten mit Gebirgspflanzen*
Al-rau-ne, die; -,-n: *mythische Fabelgestalt*
als: *als ob, größer als, älter als, heißer als; alsbald, alsdann*
als-bald
als-dann
al-so
alt, älter, am ältesten; jung, älter, alt: *betagt; Alt und Jung; die Alten, das Alte*
Alt, der; -s,-e: *Altstimme, tiefe weibliche Stimmlage*
Al-tar, der; -es, Al-tä-re
Al-te, das; -n, keine Mehrzahl: *das Althergebrachte, das Betagte*
Al-te, der/die; -n,-n: *betagter Mensch; umgangssprachlich für „Elternteil, Chef"*
Al-te Welt, die; -n -, keine Mehrzahl: *Europa, im Gegensatz zu Amerika, der „Neuen Welt"*
Al-ter, das; -s,-: *Bejahrtheit*
Al-ter E-go, das; -, keine Mehrzahl: *das andere Ich*
al-tern: *alt werden*
Al-ter-na-ti-ve, die; -,-n: *Entscheidung zwischen zwei Möglichkeiten; auch: Auswahlmöglichkeit, Gegenmodell*
al-ter-nie-ren: *abwechseln*
Al-ters-heim, das; -es,-e
Al-ters-schwä-che, die; -, keine Mehrzahl: *körperlicher Abbau im Alter*
Al-ter-tum, das; -s, keine Mehrzahl: *Geschichte, Vergangenheit*
Al-ter-tü-mer, die; -, keine Einzahl: *Antiquität, Gegenstände aus dem Altertum*
al-ter-tüm-lich: *veraltet, antiquiert*
alt-frän-kisch: *altmodisch, konservativ*
alt-ge-dient
alt-ge-wohnt
alt-klug

ält-lich
Alt-ma-te-ri-al, das; -s, Alt-ma-te-ri-a-li-en: *Schrott, Abfall*
Alt-meis-ter, der; -s,
Alt-me-tall, das; -s,-e
alt-mo-disch: *veraltet*
Alt-schnee, der; -s, keine Mehrzahl: *Schnee vom vorigen Jahr*
Alt-stadt, die; -,-städ-te: *Stadtkern, ältester Stadtteil*
alt-vä-ter-lich
Alt-wa-re, die; -,-n: *Schrott*
Alt-wa-ren-händ-ler, der; -s,-: *Trödler*
Alt-was-ser, das; -s,-: *ehemaliger Flussarm mit stehendem Wasser*
Alt-wei-ber-som-mer, der; -s,-: *schönes, sonniges Frühherbstwetter*
A-lu, das; -s, keine Mehrzahl: *Kurzform für „Aluminium"*
A-lu-mi-ni-um, das; -s, keine Mehrzahl: *Leichtmetall; Zeichen: Al*
am: *an dem; bei Ortsnamen und Datumsangaben: Heidelberg am Neckar, am Samstag*
A-mal-gam, das; -s,-e: *Quecksilberlegierung, wird zum Plombieren von Zähnen verwendet*
Am-bi-ti-on, die -,-en: *Ehrgeiz, Bestrebung*
am-bi-ti-ös: *ehrgeizig, sehr strebsam*
am-bi-va-lent: *doppeldeutig*
Am-bi-va-lenz, die; -,-en: *Doppeldeutigkeit*
Am-boss, der; Am-bos-ses, Am-bos-se
am-bu-lant: *wandernd, nicht sesshaft; auch: ambulante Behandlung, der Patient wird nicht stationär aufgenommen*
Am-bu-lanz, die; -,-en: *Krankenwagen*
Am-bu-lanz, die; -,-en: *Abteilung eines Krankenhauses für ambulante Behandlung*
A-mei-se, die; -,-n: *Insekt*
A-mei-sen-bär, der; -en,-en
A-mei-sen-säu-re, die; -, keine Mehrzahl
A-me-li-o-ra-ti-on, die; -,-en: *Verbesserung (des Ackerbodens)*
a-me-li-o-rie-ren: *verbessern*
a-men: *so sei es; auch: zu allem ja und amen sagen (auch zu allem Ja und Amen sagen)*
A-men, das; -s, keine Mehrzahl: *feierlicher Gebetsschluss; auch: feierliche Bestätigung; sein Amen geben*
A-me-ri-ka, das; -s,-s: *Erdteil*

Amerikaner

A-me-ri-ka-ner, der; -s,-: *Bewohner Amerikas*
a-me-ri-ka-nisch
A-me-thyst, der; -es,-e: *Halbedelstein*
A-mi, der; -s,-s: *Kurzwort für „Amerikaner"*
Am-me, die; -,-n
Am-men-mär-chen, das; -s,-: *unglaubwürdige Geschichte*
Am-mo-ni-ak, das; -s, keine Mehrzahl: *gasförmige Verbindung von Stickstoff und Wasserstoff*
Am-ne-sie, die; -,-n: *Gedächtnisschwund*
Am-nes-tie, die -,-n: *Begnadigung, Straferlass*
am-nes-tie-ren: *begnadigen*
A-mö-be, die; -,-n: *Urtierchen*
A-mok, der; -, keine Mehrzahl: *Zustand des Amoklaufens, blindwütiges Morden in einem Anfall von Geistesgestörtheit*
A-mok-läu-fer, der; -s,-: *blindwütig und sinnlos Mordender*
A-mor, der; -s, keine Mehrzahl: *römischer Liebesgott*
a-mo-ra-lisch: *ohne Moral, unmoralisch*
A-mo-ret-te, die; -,-n: *steinerner geflügelter Liebesgott*
a-morph: *formlos*
A-mor-phie, die; -,-n: *formloser Zustand*
A-mor-ti-sa-ti-on, die; -,-en: *allmähliche Tilgung, Abtragung einer Schuld, Abschreibung des Einkaufswerts*
a-mor-ti-sie-ren: *tilgen, sich rentieren*
Am-pel, die; -,-n: *Hängelampe, Wohnzimmerlampe*
Am-pel, die; -,-n: *hängende Vase*
Am-pel, die; -,-n: *Verkehrszeichen*
Am-pere, das; -s,-: *Einheit der elektrischen Stromstärke, benannt nach dem franz. Physiker Ampère, Zeichen A*
Am-phi-bie, die; -,-n: *Tier, das im Wasser und an Land lebensfähig ist*
Am-phi-bi-en-fahr-zeug, das; -s,-e: *Fahrzeug, das sich auf dem Wasser und dem Land fortbewegen kann*
Am-phi-the-a-ter, das; -s,-: *antikes Theater*
Am-pho-re, die; -,-n: *antikes Tongefäß*
Amp-li-tu-de, die; -,-n: *Höhe einer Schwingung*
Am-pul-le, die; -,-n: *Glasröhrchen*
Am-pu-ta-ti-on, die; -,-en: *operative Entfernung eines Körpergliedes*
am-pu-tie-ren: *Körperglied abnehmen*

Am-sel, die; -,-n: *Vogelart*
Amt, das; -es, Äm-ter: *Stellung im öffentlichen Dienst*
Amt, das; -es, Äm-ter: *Behörde*
Amt, das; -es, Äm-ter: *Aufgabe, Beruf*
am-tie-ren
amt-lich: *offiziell*
Amt-mann, der; -es,-män-ner
Amts-deutsch, das; -s, keine Mehrzahl: *Fachsprache der Behörden*
Amts-ge-richt, das; -es,-e: *unterste deutsche Gerichtsinstanz*
Amts-schim-mel, der; -s, keine Mehrzahl: *scherzhafte Bezeichnung für die umständliche Verwaltungsarbeit*
A-mu-lett, das; -s,-e: *mythisches Schutzmittel, das als Schmuckstück um den Hals getragen wurde*
a-mü-sant: *belustigend, unterhaltend*
A-mü-se-ment [Amüsmon], das; -s,-s: *Vergnügen, Spaß*
a-mu-sisch: *ohne künstlerische Begabung*
an: *an dem Baum, an den Freund, an und für sich; Zusammenschreibung: anbei, aneinander, bergan, anhängen, ansehen*
A-na-bo-li-ka, die; -, keine Einzahl: *das Muskelwachstum fördernde Hormone*
A-na-chro-nis-mus, der; -, A-na-chro-nismen: *unzeitgemäße Erscheinung, überholte Einrichtung*
a-na-chro-nis-tisch: *unzeitgemäß; auch: nicht richtig in die Zeit eingeordnet*
A-na-gramm, das; -s,-e: *Buchstabenversetzrätsel*
a-nal: *den Anus betreffend*
An-al-ge-ti-kum, das; -s, An-al-ge-ti-ka: *schmerzstillendes Mittel*
a-na-log: *in der EDV: dem zeitlichen Ablauf in der Realität entsprechend; im Gegensatz zu „digital"*
a-na-log: *gleichwertig, ähnlich, entsprechend*
A-na-lo-gie, die; -,-n: *Ähnlichkeit*
An-al-pha-bet, der; -en,-en: *des Lesens und Schreibens Unkundiger*
A-na-ly-se, die; -,-n: *wissenschaftliche Untersuchung; Zerlegung in die Bestandteile*
a-na-ly-sie-ren: *wissenschaftlich untersuchen*
A-nä-mie (auch An-ämie), die; -,-en: *Blutarmut*
a-nä-misch (auch an-ä-misch): *blutarm*

anfachen

A-nam-ne-se (auch A-na-mne-se), die; -,-n: *Krankheitsvorgeschichte*
A-na-nas, die; -,-se: *tropische Frucht*
A-nar-chie (auch An-ar-chie), die; -, keine Mehrzahl: *herrschaftsloser Zustand*
a-nar-chisch (auch an-ar-chisch): *gesetzlos, herrschaftslos*
A-nar-chist (auch An-ar-chist),der; -en, -en: *Vertreter des Anarchismus*
a-nar-chis-tisch (auch an-archis-tisch)
A-näs-the-sie (auch An-äs-the-sie), die; -,-n: *Betäubung, Empfindungslosigkeit*
a-näs-the-sie-ren (auch an-äs-the-sieren): *betäuben*
A-näs-the-ti-kum (auch An-äs-the-tikum), das; -s, A-näs-the-ti-ka: *Betäubungsmittel*
A-na-to-mie, die; -, keine Mehrzahl: *Lehre vom Körperbau der Lebewesen*
A-na-to-mie, die; -,-n: *Institut für anatomische Studien eines Krankenhauses*
a-na-to-misch: *den Körperbau betreffend*
An-bah-nung, die; -,-en
an-bän-deln: *anbiedern*
An-bau, der; -s, keine Mehrzahl: *Ackerbau, Pflanzenzucht*
An-bau, der; -s, An-bau-ten: *Nebengebäude*
An-be-ginn, der; -s, keine Mehrzahl: *veraltet für „Anfang"*
an-bei: *beigelegt, beigefügt*
an-bei-ßen, biss an, angebissen
an-be-lan-gen: *betreffen, siehe auch: anlangen*
an-bel-len
an-be-rau-men: *einen Termin festsetzen*
An-be-tracht: *in Anbetracht dessen, dass . . .; Berücksichtigung*
An-be-tung, die; -,-en
an-bie-dern, sich: *sich beliebt machen*
an-bie-ten, bot an, angeboten: *vorschlagen*
an-bie-ten, bot an, angeboten: *feilbieten, zum Verkauf anbieten; zur Verfügung stellen*
an-bie-ten, bot an, angeboten: *darreichen*
an-bin-den, band an, angebunden
An-blick, der; -s,-e: *das Aussehen*
an-bli-cken: *ansehen*
an-bre-chen, brach an, angebrochen: *beginnen, anfangen*
an-brin-gen, brachte an, angebracht: *herbeibringen*
an-brin-gen, brachte an, angebracht: *befestigen*
An-bruch, der; -s, An-brü-che: *Beginn*
An-dacht, die; -,-en: *Gebetsstunde*
an-däch-tig: *feierlich, besinnlich*
An-dan-te, das; -s,-s: *mäßig langsames Tonstück*
an-dan-te: *mäßig langsam*
an-dau-ernd: *fortwährend*
An-den-ken, das; -s,-: *Erinnerung, auch für „Erinnerungsstück"*
an-de-re: *nicht dieselben; Kleinschreibung: alles andere, kein anderer, niemand anders, nichts anderes, eines anderen belehren, sich eines anderen besinnen, unter anderem; Zusammenschreibung: woanders, ein andermal; aber: die Suche nach dem Anderen (nach einer neuen Welt)*
an-de-rer-seits
än-dern: *abwandeln*
an-dern-teils
an-ders
an-ders-ar-tig
an-ders den-kend
an-ders-gläu-big
an-ders-wo
an-dert-halb: *eineinhalb*
an-dert-halb-fach
Än-de-rung, die; -,-en
an-der-wei-tig: *sonst noch, darüber hinaus*
an-deu-ten: *hinweisen*
An-deu-tung, die; -,-en: *Hinweis, Anspielung*
An-drang, der; -es, keine Mehrzahl
an-dre-hen: *jemandem etwas aufschwatzen*
an-e-cken: *Anstoß erregen*
an-e-cken: *sich stoßen*
an-eig-nen, sich: *etwas in Besitz nehmen*
An-eig-nung, die; -,-en: *In-Besitznahme*
an-ein-an-der
A-nek-do-te (auch An-ek-do-te), die; -,-n: *heitere Geschichte*
an-er-bie-ten, sich: *sich bereit erklären*
An-er-bie-ten, das; -s,-: *Angebot*
an-er-ken-nen
An-er-ken-nung, die; -,-en: *Dank, Lohn, Respekt*
An-er-ken-nung, die; -,-en: *Beglaubigung, Bestätigung*
an-fa-chen: *schüren*

anfahren

an-fah-ren, fuhr an, angefahren: dagegenfahren
an-fah-ren, fuhr an, angefahren: heftig anreden
an-fah-ren, fuhr an, angefahren: losfahren
An-fall, der; -s, An-fäl-le
an-fal-len, fiel an, angefallen: vorliegen
an-fal-len, fiel an, angefallen: überfallen
an-fäl-lig
An-fang, der; -, An-fän-ge: Beginn
an-fan-gen, fing an, angefangen: beginnen
An-fän-ger, der; -s,-: Lernender, Ungeschulter, Neuling
an-fangs: zuerst
an-fas-sen, fasste an, angefasst
an-fecht-bar: zweifelhaft
An-fech-tung, die; -,-en: Anrufung eines Gerichts gegen die Gültigkeit einer Rechtshandlung
An-fech-tung, die; -,-en: Versuchung, Ablenkung
an-fein-den
An-fein-dung, die; -,-en: Gehässigkeit, Bösartigkeit
an-fer-ti-gen: herstellen, zubereiten
An-fer-ti-gung, die; -,-en: Herstellung, Fabrikation
an-feuch-ten
an-feu-ern: ermuntern
an-fle-hen
an-flie-gen, flog an, angeflogen
An-flug, der; -s, An-flü-ge: Landung
an-for-dern
An-for-de-rung, die; -,-en
An-fra-ge, die; -,-en: Erkundigung
an-fra-gen: nachfragen, sich erkundigen
an-freun-den, sich: Freundschaft schließen
An-fuhr, die; -,-en
an-füh-ren: zitieren
an-füh-ren: leiten
an-füh-ren: täuschen
An-füh-rer, der; -s,-: Befehlshaber, auch: Rädelsführer
An-ga-be, die; -, keine Mehrzahl: Großsprecherei, Prahlerei
An-ga-be, die; -,-n: Auskunft, Mitteilung
an-ge-ben, gab an, angegeben: prahlen
an-ge-ben, gab an, angegeben: mitteilen
an-ge-ben, gab an, angegeben: beim Zoll deklarieren
An-ge-ber, der: -s,-: Großsprecher, Prahler

An-ge-bin-de, das; -s,-: veraltet für „Geschenk"
an-geb-lich
an-ge-bo-ren
An-ge-bot, das; -es,-e: Offerte, Vorschlag
an-ge-bracht: wünschenswert, angemessen, zweckmäßig
an-ge-brannt: versengt, festgebacken
an-ge-dei-hen, gedieh an, angediehen: widerfahren
an-ge-dei-hen lassen: jemandem etwas zukommen lassen; auch: jemandem etwas zufügen
an-ge-du-selt: umgangssprachlich für „leicht betrunken"
an-ge-fres-sen
an-ge-führt: angegeben
an-ge-führt: getäuscht, zum Narren gehalten
an-ge-griffen: erschöpft, leidend
an-ge-hei-ra-tet: per Heirat erworben
an-ge-hei-tert: leicht betrunken
an-ge-hen: betreffen
an-ge-hen: jemanden angehen: jemanden tätlich angreifen, auch: jemanden anbetteln
an-ge-hö-rig: zugehörig, verwandt
An-ge-hö-ri-ge, der/die; -n,-n: Verwandter, Mitglied, Zugehöriger
an-ge-klagt: beschuldigt
An-ge-klag-te, der/die; -n,-n: Beschuldigte(r)
an-ge-knackst
an-ge-krän-kelt
An-gel, die; -,-n: Türangel
An-gel, die; -,-n: Angelrute, Fischfanggerät
an-ge-le-gen: am Herzen liegend
an-ge-le-gen: wünschenswert
an-ge-le-gen: nahebei
An-ge-le-gen-heit, die; -,-en: Sache
an-ge-le-gent-lich: nachdrücklich
an-geln: fischen
An-gel-punkt, der; -es,-e: Kern- oder Hauptpunkt
An-gel-sach-se, der; -n,-n: Angehöriger eines germanischen Volksstammes
an-gel-säch-sisch: die Angelsachsen betreffend
an-ge-mes-sen: passend
an-ge-nä-hert: ungefähr
an-ge-nom-men: vorausgesetzt, vermutet
an-ge-nom-men: empfangen

Animierkneipe

an-ge-nom-men: *akzeptiert*
An-ger, der; -s,-: *freier Grasplatz im Dorf, Arbeitsplatz des Abdeckers (Schindanger)*
an-ge-raucht: *angesengt*
an-ge-regt: *lebhaft*
an-ge-regt: *vorgeschlagen, verursacht*
an-ge-säu-selt: *umgangssprachlich für „leicht betrunken"*
an-ge-schla-gen: *in schlechter Verfassung, müde, krank*
an-ge-schla-gen: *versehrt*
an-ge-se-hen: *geachtet, geschätzt*
An-ge-sicht, das; -s,-er: *Gesicht*
an-ge-sichts: *bezüglich, in Anbetracht*
an-ge-spannt: *aufmerksam, konzentriert*
an-ge-spannt: *bedenklich*
an-ge-stammt
an-ge-stellt: *bedienstet*
An-ge-stell-te, der/die; -n,-n: *Bedienstete(r)*
an-ge-stie-felt kommen: *umgangssprachlich für „herbeischreiten"*
an-ge-strengt
an-ge-wandt: *verwendet, angewendet*
an-ge-wen-det: *verwendet, angewandt*
an-ge-wie-sen: *abhängig*
an-ge-wöh-nen
an-ge-zeigt
An-gi-na, die; -, An-gi-nen: *Entzündung der Rachenmandeln*
An-gi-na pec-to-ris, die; -,-: *Herzkrampf*
an-glei-chen
An-glei-chung, die; -,-en: *Anpassung*
Ang-ler, der; -s,-: *Fischer*
ang-li-ka-nisch: *die englische (anglikanische) Kirche betreffend*
Ang-list, der; -en,-en: *Kenner der englischen Sprache*
Ang-li-zis-mus, der; -, Ang-li-zis-men: *typisch englische Redewendung*
An-go-ra-wol-le, die; -, keine Mehrzahl:
an-grei-fen, griff an, angegriffen
An-grei-fer, der; -s,-
an-gren-zen: *an etwas grenzen, eine gemeinsame Grenze haben*
Angst, die; -, Ängs-te: *Furcht, Bedrückung; Angst haben, in tausend Ängsten schweben; Kleinschreibung: angst und bange sein*
Angst-geg-ner, der; -s,-
ängs-ti-gen
ängst-lich
Ängst-lich-keit, die; -,-en
Angst-schweiß, der; -es, keine Mehrzahl

an-ha-ben: *bekleidet sein*
an-ha-ben: *jemandem etwas anhaben wollen*
An-halt, der; -es,-e: *Anhaltspunkt, Stütze*
an-hal-ten, hielt an, angehalten
an-hal-tend: *dauernd, ständig*
An-hal-ter, der; -s,-: *Autostopper, Mitfahrer; auch: per Anhalter fahren*
an-hand: *mittels, mit Hilfe von; siehe auch „an Hand"*
an Hand: *veraltet für „anhand"*
an-hand ge-ben, gab anhand, anhand gegeben: *etwas zur Verfügung stellen*
An-hang, der; -, keine Mehrzahl: *Anhängerschaft; Fans*
An-hang, der; -s, keine Mehrzahl: *Familie*
An-hang, der; -s, An-hän-ge: *Anfügung, Fußnote*
An-hän-ger, der; -s,-: *Schmuckstück*
An-hän-ger, der; -s,-: *Gesinnungsgenosse, Freund*
An-hän-ger, der; -s,-: *LKW-Anhänger*
An-hän-ger-schaft, die; -,-en: *Anhang, Gesinnungsgemeinschaft, Freunde*
an-hän-gig: *anhängiges Verfahren, für „schwebendes" Verfahren, zur Entscheidung anstehendes Verfahren*
an-häng-lich
An-hauch, der; -es, keine Mehrzahl: *Anflug, Schimmer*
an-hau-chen
an-häu-fen
An-häu-fung, die; -,-en,
an-he-ben, hob an, angehoben: *beginnen*
an-he-ben, hob an, angehoben: *hochheben*
an-hef-ten: *beifügen*
an-hef-ten: *mit großen Stichen annähen*
an-hei-melnd: *gemütlich*
an-heim stel-len: *etwas jemandes Entscheidung überlassen*
an-hei-schig, sich - machen: *sich erbieten, bereit erklären*
An-hieb, auf: *sofort*
An-hö-he, die; -,-n: *Hügel, leichte Bodenerhebung*
A-ni-lin, das; -s, keine Mehrzahl: *Ausgangsstoff für die chemische Herstellung von Farben und Heilmitteln*
a-ni-ma-lisch: *tierisch*
a-ni-mie-ren: *anregen*
A-ni-mier-knei-pe, die; -,-n: *Bar, Spelunke*

Animiermädchen

A-ni-mier-mäd-chen, das; -s,-: *Bardame*
A-ni-mo-si-tät, die; -,-en: *feindliche Einstellung, Erbitterung*
A-ni-mus, der; -, keine Mehrzahl: *„Seele", scherzhaft für Ahnung*
An-kauf, der; -s, An-käu-fe: *Erwerb*
an-kau-fen
An-ker, der; -s,-: *Teil der Uhrhemmung*
An-ker, der; -s,-: *Teil des Elektromotors, der stromführende Wicklungen trägt*
An-ker, der; -s,-: *Schiffsanker*
an-kern
an-ket-ten
An-ket-tung, die; -,-en
An-kla-ge, die; -,-: *Beschuldigung*
an-kla-gen
An-klä-ger, der; -s,-: *Beschuldiger, auch Staatsanwalt*
An-klang, der; -s, An-klän-ge. *Zustimmung, freundliche Reaktion*
An-klang, der; -s, An-klän-ge: *ähnliche Melodie, Erinnerung*
An-klei-de-ka-bi-ne, die; -,-n: *Umkleideraum*
an-knüp-fen
An-knüp-fung, die; -,-en
an-kom-men, kam an, angekommen
An-kömm-ling, der; -s,-e
an-krei-den: *zur Last legen*
an-kün-di-gen
An-kün-di-gung, die; -,-en
An-kunft, die; -, An-künf-te
an-kur-beln: *in Gang setzen, in Schwung bringen*
An-kur-be-lung, die; -,-en
an-la-chen
An-la-ge, die; -,-n: *Kurzwort für „Stereoanlage"*
An-la-ge, die -,-n: *einem Brief beigefügte Schriftstücke*
An-la-ge, die; -,-n: *Aufbau, Plan*
An-la-ge, die; -,-n: *Maschinenpark, Gruppe von Nutzbauten*
An-la-ge, die; -,-n: *Geldanlage*
An-la-ge, die; -,-n: *Park, Grünfläche*
An-la-ge, die; -,-n: *Begabung*
an-lan-gen: *betreffen, siehe auch: anbelangen*
An-lass, der; An-las-ses, An-läs-se: *Anstoß, Grund*
an-las-sen, sich, ließ sich an, hat sich angelassen: *etwas beginnt*
an-las-sen, ließ an, angelassen: *anwerfen*
An-las-ser, der; -s,-

an-läss-lich: *bei dieser Gelegenheit*
an-las-ten
An-lauf, der; -s, An-läu-fe
an-lau-fen: *verfärben, beschlagen*
an-lau-fen: *loslaufen*
an-lau-fen: *in Schwung kommen, auch beschleunigen*
an-läu-ten: *telefonieren, anrufen*
an-leh-nen: *etwas oder sich gegen etwas lehnen*
an-leh-nen: *sich beziehen auf*
An-leh-nung, die; -,-en: *Nachahmung, auch: Bezugnahme auf etwas*
An-lei-he, die; -,-n: *Geldaufnahme*
an-lei-nen
an-lei-ten: *lehren*
An-lei-tung, die; -,-en: *Gebrauchsanweisung*
An-lei-tung, die; -,-n: *Lehre, Führung*
An-lern-ling, der; -s,-e: *kurzfristig Ausgebildeter*
An-lie-gen, das; -s,-: *Bitte, Wunsch*
An-lie-ger, der; -s,-: *Nachbar, Anwohner*
An-marsch, der; -es, An-mär-sche
an-mar-schie-ren
an-ma-ßen
an-ma-ßend: *überheblich, hochnäsig*
An-ma-ßung, die; -,-en: *unmäßige Forderung*
An-mel-dung, die; -,-en: *Anmeldung eines Termins*
An-mel-dung, die; -,-en: *polizeiliche Registrierung*
An-mel-dung, die; -,-en: *Erhebung eines Anspruchs*
an-mer-ken: *kennzeichnen*
an-mer-ken: *bemerken*
An-mer-kung, die; -,-en: *Randbemerkung*
an-mus-tern: *Seemannssprache für „anwerben", auch für: zum Militär einberufen werden*
An-mus-te-rung, die; -,-en: *Seemannssprache für „Anwerbung"*
An-mut, die; -, keine Mehrzahl: *Liebreiz*
an-mu-tig
an-nä-hernd: *ungefähr, fast*
An-nä-he-rung, die; -,-en: *Herannahen*
An-nä-he-rung, die; -,-en: *Anbiederung*
An-nä-he-rung, die; -,-en: *Annäherung der Standpunkte*
An-nah-me, die; -,-n: *Entgegennahme*
An-nah-me, die; -,-n: *Akzeptierung*
An-nah-me, die; -,-n: *Vermutung*

anrichten

An-na-len, die; -, keine Einzahl: geschichtliche Jahrbücher
an-nehm-bar
an-neh-men, nahm an, angenommen: entgegennehmen
an-neh-men, nahm an, angenommen: vermuten
An-nehm-lich-keit, die; -,-en: Vorzug, Bequemlichkeit
an-nek-tie-ren: in Besitz nehmen, besetzen
An-nex, der; -es,-e: Zubehör, Anhängsel
An-ne-xi-on, die; -,-en: Aneignung
an-no: im Jahre; anno dazumal, anno 1983, anno Tobak, anno Domini
An-non-ce [Anohnße], die; -,-n: Zeitungsanzeige, Inserat, auch: Ankündigung
an-non-cie-ren: ankündigen, inserieren
an-nul-lie-ren: rückgängig machen
An-nul-lie-rung, die; -,-en: Nichtigkeitserklärung, Widerruf
A-no-de, die; -,-n: positive Elektrode, Pluspol
an-öden: langweilen
a-no-mal: unregelmäßig, regelwidrig; auch: unnatürlich
A-no-ma-lie, die; -,-n: Unregelmäßigkeit, Regelwidrigkeit, auch: Unnatürliches
a-no-nym (auch an-o-nym) [anonüm], ohne Namensnennung
A-no-ny-mi-tät (auch An-o-ny-mi-tät) [Anonümität], die; -,-en: Verschweigung des Namens
A-no-ny-mus (auch An-o-ny-mus), der; -, A-no-ny-mi (auch An-o-ny-mi)/ A-no-ny-men (auch An-o-ny-men): Ungenannter
A-no-rak, der; -s,-s: Windjacke mit Kapuze
an-ord-nen: befehlen, verfügen
an-ord-nen: arrangieren
An-ord-nung, die; -,-en: Arrangement
An-ord-nung, die; -,-en: Befehl, Erlass
an-or-ga-nisch: unbelebt
a-nor-mal: nicht normal, regelwidrig
an-pas-sen
An-pas-sung, die; -,-en
an-pei-len: anvisieren, als Ziel nehmen
An-pfiff, der; -es,-e: Signal zum Spielbeginn
An-pfiff, der; -es,-e: Rüffel
an-pflan-zen: Pflanzen einsetzen, anbauen
An-pflan-zung, die; -,-en: landwirtschaftliche Bestellung des Bodens

an-pflau-men: umgangssprachlich für „anschnauzen", auch: verspotten
An-pö-be-lei, die; -,-en: rüde Belästigung
an-pö-beln: rüde belästigen
An-prall, der; -s,-e
an-pral-len
an-pran-gern: öffentlich anklagen
an-prei-sen, pries an, angepriesen
An-prei-sung, die; -,-en
An-pro-be, die; -,-n
an-pro-bie-ren
an-pum-pen: umgangssprachlich für „sich Geld leihen"
an-rai-nen: angrenzen
An-rai-ner, der, -s,-: Anlieger, Grenznachbar
An-rai-ner-staat, der; -s,-en: angrenzender Staat, Nachbarstaat
an-ran-zen: umgangssprachlich für „hart anfahren, heftig zurechtweisen"
an-ra-ten: empfehlen
an-rech-nen
An-recht, das; -s,-e: Anspruch
An-re-de, die; -,-n: Begrüßung
an-re-den: ansprechen
an-re-gen: vorschlagen
an-re-gend: interessant, ermunternd
an-rei-chern: vermehren, erhöhen; auch: konzentrieren
an-rei-sen
an-rei-ßen, riss an, angerissen: marktschreierisch Käufer anlocken
an-rei-ßen, riss an, angerissen: Saiten anzupfen
an-rei-ßen, riss an, angerissen: einritzen, vorzeichnen
an-rei-ßen, riss an, angerissen: zu verbrauchen beginnen
an-rei-ßen, riss an, angerissen: umgangssprachlich für „auf dreiste Art Frauen ansprechen"
An-rei-ßer, der; -s,-: marktschreierischer Kundenwerber
an-rei-ße-risch: marktschreierisch
an-rei-ße-risch: umgangssprachlich für „dreiste Art, Frauen anzusprechen"
An-reiz, der, -es,-e: Verlockung
an-rei-zen: verlocken
An-rem-pe-lei, die; -,-en: herausforderndes Benehmen
an-rem-peln: anstoßen
An-rich-te, die; -,-n: niedriger, breiter Schrank für Geschirr
an-rich-ten, etwas: Schaden verursachen

anrichten

an-rich-ten: *Speisen auftragen*
an-rü-chig: *übel, fragwürdig*
An-rü-chig-keit, die; -,-en: *übler Ruf*
An-ruf, der; -s,-e: *lauter Zuruf, Begrüßung*
An-ruf, der; -s,-e: *Telefongespräch*
an-ru-fen, rief an, angerufen
An-ru-fer, der, -s,-: *Telefonpartner*
ans: *an das*
An-sa-ge, die; -,-n: *mündliche Ankündigung*
An-sa-ger, der; -s,-: *Moderator, Funk- und Fernsehsprecher*
an-sam-meln: *horten*
An-samm-lung, die; -,-en: *Anhäufung*
An-samm-lung, die; -,-en: *Menschenmenge*
an-säs-sig: *wohnhaft, auch: niedergelassen*
An-satz, der; -es, An-sät-ze: *Mathematik: Schema einer Rechnung*
An-satz, der; -es, An-sät-ze: *Ausgangspunkt, wissenschaftliche Grundlage*
An-satz, der; -es, An-sät-ze: *Keim, Beginn, erstes Anzeichen*
An-satz, der, -es, An-sät-ze: *Chemie: Zusammenstellung eines Präparats*
an-schaf-fen: *umgangssprachlich für „der Prostitution nachgehen"*
an-schaf-fen: *beschaffen, kaufen*
An-schaf-fung, die; -,-en
an-schau-en: *ansehen, betrachten*
an-schau-lich: *bildhaft*
An-schau-ung, die; -,-en: *Betrachtungsweise, Meinung*
An-schein, der; -, keine Mehrzahl: *es hat den Anschein, vermutlich*
an-schei-nend: *sicherlich, offenbar, vermutlich*
An-schlag, der; -es, An-schlä-ge: *Kostenaufstellung*
An-schlag, der; -es, An-schlä-ge: *Plakat, Aushang*
An-schlag, der; -es, An-schlä-ge: *Gewehr im Anschlag, Schussbereitschaft*
An-schlag, der; -es, An-schlä-ge: *Attentat*
An-schlag, der; -es, An-schlä-ge: *Anschlag einer Taste*
an-schla-gen, schlug an, angeschlagen: *annageln, anbringen*
an-schla-gen, schlug an, angeschlagen: *Gewehr in Anschlag bringen*
an-schlie-ßen, schloss an, angeschlossen: *verbinden*

an-schlie-ßen, schloss an, angeschlossen: *sichern, festschließen*
An-schluss, der; An-schlus-ses, An-schlüs-se: *Verbindung, auch: Bekanntschaft*
an-schmieg-sam: *zärtlich*
an-schmieg-sam: *elastisch*
An-schmieg-sam-keit, die; -, keine Mehrzahl: *Zärtlichkeit*
An-schmieg-sam-keit, die; -, keine Mehrzahl: *Elastizität*
an-schnal-len
An-schnau-zer, der; -s,-: *umgangssprachlich für „heftiges Anreden, Schelte"*
an-schnei-den, schnitt an, angeschnitten: *den ersten Schnitt machen, auch: ein Thema anschneiden*
An-schnitt, der; -es,-e: *erster Schnitt*
an-schrei-en, schrie an, angeschrien
An-schrift, die; -,-en: *Adresse*
an-schul-di-gen: *beschuldigen*
An-schul-di-gung, die; -,-en: *Vorwurf, Beschuldigung*
an-schwär-zen: *bezichtigen, auch: verleumden*
an-schwei-ßen
an-schwel-len, schwoll an, angeschwollen
An-schwel-lung, die; -,-en
an-schwem-men: *ablagern*
An-schwem-mung, die; -,-en: *Ablagerung am Ufer*
an-se-hen, sah an, angesehen: *betrachten*
An-se-hen, das; -s, keine Mehrzahl: *Ruf, Wertschätzung*
an-sehn-lich
an-set-zen: *zum Springen ansetzen, zum Sprechen ansetzen*
an-set-zen: *eine Bowle ansetzen*
an-set-zen: *anstückeln*
An-sicht, die; -,-en: *Anblick*
An-sicht, die; -,-en: *Meinung, Anschauung*
an-sie-deln: *niederlassen*
An-sied-lung, die; -,-en: *Ortschaft, Niederlassung, veraltet auch für Kolonie*
An-sin-nen, das; -s,-: *Bitte, Zumutung*
an-sons-ten: *andernfalls*
an-sons-ten: *im Übrigen*
an-sons-ten: *sonst, normalerweise*
An-span-nung, die; -, keine Mehrzahl: *Anschirren von Pferden*
An-span-nung, die; -,-en: *Anstrengung, Konzentration*

an-spie-len: *andeuten*
An-spie-lung, die; -,-en: *Andeutung*
An-sporn, der; -es, keine Mehrzahl: *Anreiz, Antrieb*
an-spor-nen: *anreizen, anfeuern*
An-spra-che, die; -,-n
an-spre-chen, sprach an, angesprochen
an-spre-chend
An-spruch, der; -es, An-sprü-che: *Forderung, Anrecht*
an-spruchs-los
an-spruchs-voll
An-stalt, die; -,-en: *öffentliche Einrichtung*
An-stand, der; -s, An-stän-de: *Hochsitz, Jagdsitz*
An-stand, der; -s, keine Mehrzahl: *Sitte und Moral, Manieren*
an-stän-dig: *ehrbar*
an-stands-hal-ber
an-statt
an-ste-cken, sich: *durch Erregerübertragung erkranken*
an-ste-cken: *in Brand setzen*
an-ste-cken: *feststecken, befestigen*
an-ste-cken: *eine Krankheit übertragen*
an-ste-ckend: *übertragbar*
an-ste-hen: *in einer Warteschlange stehen*
an-ste-hen: *noch zu erledigen*
an-stel-le: *statt; siehe auch „an Stelle"*
an Stel-le: *statt; siehe auch „anstelle"*
an-stel-len: *einen Arbeitsplatz geben*
an-stel-len, sich: *sich hintereinander aufstellen*
an-stel-len, sich: *sich zieren, unwillig sein*
an-stel-len, etwas: *etwas begehen*
an-stel-lig: *geschickt*
An-stel-lung, die; -,-en: *Engagement, Einstellung*
an-steu-ern: *auf etwas zusteuern*
An-stich, der; -es,-e: *Öffnung eines Bierfasses*
An-stieg, der; -es,-e: *Steigung, Aufstieg*
an-stif-ten: *veranlassen*
An-stif-tung, die; -,-en: *Veranlassung*
An-stoß, der; -es, An-stö-ße: *Anlass*
An-stoß, der; -es, An-stö-ße: *Beginn eines Ballspiels*
An-stoß erregen: *Ärgernis erregen*
an-stö-ßig: *unbotmäßig, unsittlich*
an-strei-chen: *bemalen*
an-strei-chen: *kennzeichnen*
an-stren-gen, sich

an-stren-gen: *einen Prozess anstrengen*
an-stren-gend: *kräftezehrend*
An-strich, der; -es,-e: *Farbüberzug*
An-sturm, der; -es, An-stür-me: *Andrang*
an-stür-men: *vorandrängen*
An-su-chen, das; -s,-: *Verlangen, Bitte*
An-ta-go-nis-mus (auch Ant-a-go-nismus), der; -, An-ta-go-nis-men: *Gegensatz, Widerspruch*
An-ta-go-nist (auch Ant-a-go-nist), der; -en,-en: *Gegner, Widersacher*
Ant-ark-tis, die; -, keine Mehrzahl: *Südpolargegend*
ant-ark-tisch
An-teil, der; -es,-e: *Teilhaberschaft, Mitbesitz*
An-teil haben/nehmen: *Mitgefühl haben*
An-ten-ne, die; -,-n
An-tho-lo-gie, die; -,-n: *Textsammlung, Sammelband*
An-thra-zit, der; -s, keine Mehrzahl: *Kohle*
Anth-ro-po-lo-ge (auch An-thro-po-loge), der; -n,-n: *Wissenschaftler auf dem Gebiet der Menschenkunde*
Anth-ro-po-lo-gie (auch An-thro-po-logie), die; -, keine Mehrzahl: *Menschenkunde*
Anth-ro-po-so-phie (auch An-thro-poso-phie), die; -, keine Mehrzahl: *Lehre Rudolf Steiners*
an-ti: *Szenesprache für „schlecht, negativ, negativ eingestellt"*
an-ti: *gegen; als Vorsilbe verwendet*
An-ti: *gegen; als Vorsilbe verwendet*
An-ti-al-ko-ho-li-ker, der; -s,-: *Gegner des Alkoholgenusses*
an-ti-au-to-ri-tär: *gegen den Einsatz von Autorität*
An-ti-ba-by-pil-le, die; -,-n: *hormonales Empfängnisverhütungsmittel*
An-ti-bi-o-ti-kum, das; -s, An-ti-bi-o-ti-ka: *Wirkstoff gegen Krankheitserreger*
An-ti-dot, das; -es,-a: *Gegengift*
An-ti-fa-schis-mus, der; -, keine Mehrzahl: *Widerstand gegen den Faschismus*
An-ti-fa-schist, der; -en,-en: *Gegner des Faschismus*
an-ti-fa-schis-tisch: *gegen den Faschismus*
an-tik: *altertümlich*
An-ti-ke, die; -, keine Mehrzahl: *klassisches Altertum*

Antimilitarismus

An-ti-mi-li-ta-ris-mus, der; -, keine Mehrzahl: *Gegnerschaft des Militarismus*
An-ti-mi-li-ta-rist, der; -en,-en: *Gegner des Militarismus*
an-ti-mi-li-ta-ris-tisch
An-ti-pa-thie, die; -,-n: *Widerwille, Abneigung*
An-ti-po-de, der; -n,-n: *auf dem gegenüberliegenden Teil der Erde lebender Mensch: auch für „Gegner"*
An-ti-pol, der; -s,-e: *Gegenpol*
An-ti-qua, die; -, keine Mehrzahl: *Lateinschrift*
An-ti-quar, der; -s,-e: *Händler mit Altertümern und alten Büchern*
an-ti-qua-risch
an-ti-quiert: *veraltet*
An-ti-se-mit, der; -en,-en: *Judengegner*
an-ti-se-mi-tisch: *gegen das Judentum eingestellt*
An-ti-the-se, die; -,-n: *Gegenmeinung, Entgegenstellung*
an-ti-the-tisch: *gegenüberstellend, entgegenstellend*
An-ti-zi-pa-ti-on, die; -,-en: *Vorwegnahme*
an-ti-zi-pie-ren: *vorwegnehmen*
Ant-litz, das; -es,-e: *hochsprachlich für „Gesicht"*
An-trag, der; -es, An-trä-ge: *Heiratsangebot*
An-trag, der; -es, An-trä-ge: *Gesuch, schriftliche Eingabe*
an-trei-ben, trieb an, angetrieben
An-trieb, der; -s,-e: *antreibende Kraft*
An-trieb, der; -s,-e: *Motor*
An-tritt, der; -s,-e: *Amtsantritt*
An-tritt, der; -s,-e: *kraftvolle Beschleunigung eines Sprinters oder Radfahrers*
an-tun, tat an, angetan: *zufügen*
an-tur-nen [antöhrnen]: *Szenesprache für „in Erregung versetzen"*
Ant-wort, die; -,-en
ant-wor-ten
A-nus, der; -,-se: *Darmausgang*
an-ver-trau-en
an-wach-sen, wuchs an, gewachsen: *zunehmen*
An-walt, der; -s, An-wäl-te: *Advokat*
An-wand-lung, die; -,-en: *Eingebung*
An-wär-ter, der; -s,-: *jemand, der Anspruch auf ein Recht hat*
An-wart-schaft, die; -,-en: *Rechtsanspruch*
an-wei-sen, wies an, angewiesen: *überweisen*
an-wei-sen, wies an, angewiesen: *anordnen*
an-wei-sen, wies an, angewiesen: *unterweisen, unterrichten*
an-wen-den, wandte/wendete an, angewandt/angewendet: *Gebrauch machen von*
An-wen-dung, die; -,en: *Gebrauch*
an-wer-ben, warb an, angeworben
An-wer-bung, die; -,-en
An-we-sen, das; -s,-: *Haus, Gebäude*
an-we-send
An-we-sen-de, der/die; -n,-n
An-we-sen-heit, die; -, keine Mehrzahl
an-wi-dern: *mit Ekel erfüllen*
An-woh-ner, der; -s,-: *Nachbar, Anlieger*
An-wurf, der; -es, An-wür-fe: *Beleidigung, Schmähung*
An-zahl, die; -, keine Mehrzahl: *Menge, Quantität*
An-zah-lung, die; -,-en: *erste Rate, Teilsumme*
an-zap-fen: *Flüssigkeit entnehmen*
An-zap-fung, die; -,-en
An-zei-chen, das; -s,-: *Symptom*
an-zeich-nen: *kennzeichnen, aufzeichnen*
An-zei-ge, die; -,-n: *Ankündigung, Inserat*
An-zei-ge, die; -,-n: *Meldung, Mitteilung*
an-zei-gen: *inserieren, ankündigen*
an-zei-gen: *melden*
an-zet-teln: *anstiften*
An-zett-ler, der; -s,-: *Anstifter*
an-zie-hen, sich; zog sich an, sich angezogen: *Kleidung anziehen*
an-zie-hen, zog an, angezogen: *straffen, spannen*
an-zie-hen, zog an, angezogen: *Kleidung anziehen*
an-zie-hend: *magnetisch*
an-zie-hend: *attraktiv*
An-zie-hung, die; -,-en: *Sympathie*
An-zie-hung, die; -,-en: *Magnetismus*
An-zie-hungs-kraft, die; -, -kräf-te: *Schwerkraft*
An-zucht, die; -,-en: *junger Pflanzenwuchs*
An-zug, der; -es, An-zü-ge: *Oberbekleidung*
an-züg-lich: *spöttisch, spitzfindig*
an-zün-den: *in Brand setzen*
An-zün-dung, die; -,-en

Aquamarin

an-zwei-feln
Ä-on, das; -s,-en: *Zeitraum, Weltalter, Ewigkeit*
A-or-ta, die; -, A-or-ten: *Hauptschlagader*
A-pa-na-ge [Apanahsch], die; -,-n: *Unterhaltssumme, die Regenten ausgesetzt ist*
a-part: *reizvoll, eigenartig*
A-part-heid, die; -, keine Mehrzahl: *die Farbigen diskriminierende Rassentrennung in Südafrika*
A-pa-thie, die; -,-en: *Teilnahmslosigkeit*
a-pa-thisch: *teilnahmslos*
a-per: *südd., schweizer., österr. für „abgetaut, schneefrei"*
A-per-çu [Aperßü], das; -s,-s: *geistreiche Bemerkung*
A-pe-ri-tif, der; -s,-s: *appetitanregendes alkoholisches Getränk*
a-pern: *südd., schweizer., österr. für „schneefrei werden"*
Ap-fel, der; -s, Äp-fel
Ap-fel-si-ne, die; -,-n: *Orange, Südfrucht*
A-pho-ris-mus, -, A-pho-ris-men: *treffende, knapp formulierte Bemerkung*
a-pho-ris-tisch
A-phro-di-sia-kum (auch Aph-ro-di-si-a-kum), das; -s, A-phro-di-si-a-ka: *angeblich potenzförderndes Mittel*
a-phro-di-sisch (auch aph-ro-di-sisch): *den Geschlechstrieb anregend*
A-plomb (auch Ap-lomb) [Aploñ], der; -s, keine Mehrzahl: *Sicherheit, Nachdruck*
APO (Apo), die; -, keine Mehrzahl: *Kurzwort für „Außerparlamentarische Opposition"*
a-po-dik-tisch: *unwiderlegbar, sicher*
A-po-ka-lyp-se, die; -,-n: *Weltuntergang, Katastrophe*
a-po-ka-lyp-tisch: *katastrophal, grauenhaft*
A-po-lo-get, der; -en,-en: *Verteidiger, Verfechter*
a-po-lo-ge-tisch
a-po-plek-tisch (auch a-pop-lek-tisch): *zum Schlaganfall neigend*
A-po-ple-xie (auch A-pop-le-xie), die; -,-n: *Schlaganfall*
A-pos-tel (auch A-po-stel), der; -s,-: *Jünger, Sendbote*
a-pos-to-lisch (auch a-po-stolisch)
A-pos-troph (auch A-po-stroph), der; -es, -e: *Auslassungszeichen*
a-pos-tro-phie-ren (auch a-po-stro-phieren): *betonen, hervorheben*

A-po-the-ke, die; -,-n: *Heilmittelhandlung*
A-po-the-ke, die; -,-n: *umgangssprachlich für „teures Lokal oder Geschäft"*
A-po-the-ker, der; -s,-: *Arzneimittelkundiger*
A-po-the-o-se, die; -,-en: *Vergöttlichung, Verklärung*
Ap-pa-rat, der; -es,-e: *Gerät, Vorrichtung; auch: Telefon*
Ap-pa-ra-tur, die; -,-en: *Gesamtheit von Apparaten*
Ap-par-te-ment [Apartmoñ], das; -s,-s: *kleine Wohnung*
Ap-peal [Eppiel], der; -s, keine Mehrzahl: *Anreiz, Anziehungskraft*
Ap-pell, der; -s,-e: *Aufruf, dringende Aufforderung*
Ap-pell, der; -s,-e: *Musterung*
Ap-pel-la-ti-on, die; -,-en: *Anrufung eines höheren Gerichtes*
ap-pel-lie-ren: *dringend auffordern oder bitten*
Ap-pen-dix, der; -,-e/Ap-pen-dizes: *Wurmfortsatz, Blinddarm*
Ap-pen-di-zi-tis, die; -, Ap-pen-di-zi-tiden: *Blinddarmentzündung*
Ap-pe-tit, der; -es, keine Mehrzahl: *Esslust*
ap-pe-tit-lich: *den Appetit anregend*
ap-plau-die-ren: *Beifall klatschen*
Ap-plaus, der; -es, keine Mehrzahl: *Beifall*
ap-pli-ka-bel: *anwendbar*
Ap-pli-kant, der; -en,-en: *Bewerber*
Ap-pli-ka-ti-on, die; -,-en: *Aufnäharbeit*
ap-pli-zie-ren: *aufnähen, anfügen, auftragen*
ap-por-tie-ren: *herbeibringen*
ap-pre-tie-ren: *Stoff glätten*
Ap-pre-tur, die; -,-en: *Gewebeglättung*
Ap-pro-ba-ti-on, die; -,-en: *Zulassung als Arzt*
ap-pro-bie-ren: *zulassen (als Arzt)*
A-près-Ski (auch Ap-rès-Ski) [Apräschie], das; -s,-s: *Kleidung, die man nach dem Skilaufen trägt; auch: Geselligkeit nach dem Wintersport*
A-pri-ko-se (auch Ap-ri-ko-se), die; -,-n: *Frucht*
a-pro-pos (auch ap-ro-pos): *übrigens, nebenbei bemerkt*
A-quä-dukt, der; -es,-e: *römische Brückenwasserleitung*
A-qua-ma-rin, der; -s,-e: *Halbedelstein*

Aquaplaning

A-qua-pla-ning, das; -s, keine Mehrzahl: Kfz: *Verlust der Bodenhaftung bei Wasserglätte*
A-qua-rell, das; -s,-e: *mit Wasserfarben gemaltes Bild*
A-qua-ri-um, das; -s, A-qua-ri-en: *Fischbecken*
Ä-qua-tor, der; -s, keine Mehrzahl: *größter Breitenkreis*
ä-qua-to-ri-al: *am Äquator liegend*
A-qua-vit, der; -s,-e: *Kümmelbranntwein*
ä-qui-va-lent: *entsprechend, angemessen*
Ä-qui-va-lent, das; -es,-e: *Gegenwert, Ausgleich*
Ä-qui-va-lenz, die; -,-en: *Gleichzeitigkeit, Gleichwertigkeit*
Ar, das/der; -s,-e: *Flächenmaß: 100 Quadratmeter*
Ä-ra, die; -, Ä-ren: *Zeitalter, Epoche*
A-ra-ber, der; -s,
A-ra-bes-ke, die; -,-n: *Pflanzenornament*
A-ra-bes-ke, die; -,-n: *heiteres Musikstück*
A-ra-bes-ke, die; -,-n: *Balletthaltung*
Ar-beit, die; -,-en: *Physik: Ergebnis aus Kraft mal Weg*
Ar-beit, die; -,-en: *Beschäftigung, Tätigkeit, Erwerb*
ar-bei-ten: *leisten, schaffen, tätig sein*
Ar-bei-ter, der; -s,-: *Werktätiger*
ar-beits-los: *ohne Arbeitsstelle*
Ar-beits-lo-sig-keit, die; -, keine Mehrzahl
Ar-beits-recht, das; -s,-e
ar-cha-isch: *aus sehr früher Zeit stammend, auch: altertümlich*
Ar-chä-o-lo-ge, der; -n,-n: *Altertumsforscher*
Ar-chä-o-lo-gie, die; -, keine Mehrzahl: *Altertumsforschung*
ar-chä-o-lo-gisch
Ar-che Noah, die; -, keine Mehrzahl: *biblisches Schiff, mit dem Noah alle Gattungen vor der Sintflut rettete*
Ar-che-typ, der; -s,-en: *Urbild, Urform; Muster, Vorbild*
Ar-chi-pel, das; -s,-e: *Inselgruppe*
Ar-chi-tekt, der; -en,-en
ar-chi-tek-to-nisch
Ar-chi-tek-tur, die; -,-en: *Baukunst*
Ar-chiv, das; -s,-e: *Sammlung, Aufbewahrungsraum*
Ar-chi-var, der; -s,-e: *Archivbetreuer*
ar-chi-vie-ren: *systematisch aufbewahren*

ARD, die; -, keine Mehrzahl: *Arbeitsgemeinschaft der öffentlich-rechtlichen Rundfunkanstalten der Bundesrepublik Deutschland*
A-re-na, die; -, A-re-nen: *Kampfplatz, Sportplatz*
arg, ärger, am ärgsten: *schlimm, peinlich*
Är-ger, der; -s, keine Mehrzahl: *Zorn, Unwille, Verdruss*
är-ger-lich
är-gern
Är-ger-nis, das; -ses,-se: *Anstoß, Gefühlsverletzung*
Arg-list, die; -, keine Mehrzahl: *Tücke*
arg-los: *vertrauensvoll*
Ar-gu-ment, das; -es,-e: *Beweis, Einwand*
Ar-gu-men-ta-ti-on, die; -,-en: *Begründung, Beweisführung*
ar-gu-men-tie-ren: *begründen, beweisen*
Ar-gus-au-gen, die; -, keine Einzahl: *sehr scharfe Augen, auch: sehr scharfer Blick*
ar-gus-äu-gig: *scharf blickend, alles sehend*
Arg-wohn, der; -s, keine Mehrzahl: *Misstrauen, Verdacht*
arg-wöh-nisch: *misstrauisch*
A-ri-e, die; -,-n: *Einzelgesangsstück der Oper*
A-ris-to-krat, der; -en,-en: *Angehöriger des Adels*
A-ris-to-kra-tie, die; -,-n: *Vorherrschaft des Adels*
a-ris-to-kra-tisch: *adlig*
A-rith-me-tik, die; -,-en: *Zahlenlehre*
a-rith-me-tisch: *rechnerisch*
Ar-ka-de, die; -,-n: *Bogengang*
Ark-tis, die; -, keine Mehrzahl: *Gegend um den Nordpol*
ark-tisch: *nordpolar*
arm, ärmer, am ärmsten: *mittellos*
Arm, der; -es,-e
Arm, der; -es,-e: *Flussarm*
Ar-ma-tur, die; -,-en: *Bedienungsteil von Maschinen*
Ar-ma-tu-ren-brett, das; -es,-er: *Schalttafel*
Arm-brust, die; -, Arm-brüs-te: *mittelalterliche Waffe*
Ar-mee, die; -,-n: *Streitmacht*
Är-mel, der; -s,-
arm-se-lig: *jämmerlich, dürftig*
Ar-mut, die; -, keine Mehrzahl: *Mittellosigkeit*

aspirieren

Ar-muts-zeug-nis, das; -ses,-se: *Beweis der Unfähigkeit*
Ar-ni-ka, die; -, keine Mehrzahl: *Heilpflanze*
A-ro-ma, das; -s, A-ro-men: *Duft*
a-ro-ma-tisch: *würzig*
Ar-rak, der; -s,-e/-s: *Reisbranntwein*
Ar-ran-ge-ment [Aroñschemoñ], das; -s,-s: *Anordnung, Übereinkunft*
ar-ran-gie-ren [aroñschieren]: *einrichten, ordnen*
Ar-rest, der; -es,-e: *Beschlagnahme, Haft*
Ar-res-tant, der; -en,-en: *Häftling*
ar-re-tie-ren: *sperren, festmachen*
ar-re-tie-ren: *verhaften, festnehmen, anhalten*
ar-ri-viert: *vorwärts gekommen, anerkannt, erfolgreich*
ar-ro-gant: *hochmütig, anmaßend, selbstherrlich*
Ar-ro-ganz, die; -, keine Mehrzahl: *Überheblichkeit, Anmaßung*
Arsch, der; -es, Är-sche: *umgangssprachlich für „Gesäß, Hintern"*
Ar-sen, das; -s, keine Mehrzahl: *chemischer Grundstoff, Zeichen As*
Ar-se-nal, das; -s,-e: *Gerätelager, Waffenlager, Zeughaus*
Ar-se-nik, das; -s, keine Mehrzahl: *giftige Arsenverbindung*
Art, die; -,-en: *Wesen, Beschaffenheit*
Art, die; -,-en: *Weise, Eigenart, Eigentümlichkeit*
Art, die; -,-en: *Benehmen, Verhalten*
Art, die; -,-en: *Brauch, Gewohnheit*
Art, die; -,-en: *Gattung, Sorte; auch biol.: Species*
Ar-te-fakt, das; -es,-e: *Kunsterzeugnis*
Ar-te-rie, die; -,-n: *Schlagader*
ar-te-ri-ell
Ar-te-ri-o-skle-ro-se, die; -, keine Mehrzahl: *Arterienverkalkung*
art-fremd
art-gleich
Arth-ri-tis (auch Ar-thri-tis), die; -, Ar-thri-ti-den (auch Arth-ri-ti-den): *Gelenkentzündung*
Arth-ro-se (auch Ar-thro-se), die; -, -n: *Gelenkerkrankung*
ar-ti-fi-zi-ell: *künstlich*
ar-tig: *brav, folgsam*
Ar-ti-kel, der; -s,-: *Ware, Gegenstand*
Ar-ti-kel, der; -s,-: *Abhandlung, Aufsatz*
Ar-ti-kel, der; -s,-: *Geschlechtswort*

Ar-ti-ku-la-ti-on, die; -,-en: *Aussprache*
ar-ti-ku-lie-ren: *aussprechen*
Ar-til-le-rie, die; -,-n: *Geschütze, auch: mit Geschützen ausgerüstete Truppe*
Ar-til-le-rist, der; -en,-en: *Soldat*
Ar-ti-scho-cke, die; -,-n: *südliches Gemüse*
Ar-tist, der; -en,-en: *Varieté- oder Zirkuskünstler*
Ar-tis-tik, die; -, keine Mehrzahl: *große Geschicklichkeit*
art-ver-wandt
Arz-nei, die; -,-en: *Medikament*
Arzt, der; Arz-tes, Ärz-te: *Heilkundiger*
ärzt-lich: *von Seiten des Arztes*
As, das; As-ses, As-se: *umgangssprachlich: Könner*
As-best, das; -es, keine Mehrzahl: *mineralische Faser*
A-sche, die; -,-n: *Verbrennungsrückstand*
A-schen-bahn, die; -,-en: *Rennstrecke*
A-schen-be-cher, der; -s,-
A-scher-mitt-woch, der; -s, keine Mehrzahl: *Beginn der Fastenzeit*
asch-grau
ä-sen: *Wild äst*
a-sep-tisch: *keimfrei*
A-si-at, der; -en,-en: *Bewohner Asiens*
a-si-a-tisch
A-si-en: *der asiatische Kontinent*
As-ke-se, die; -, keine Mehrzahl: *Enthaltsamkeit*
As-ket, der; -en,-en: *Büßer, enthaltsam Lebender*
as-ke-tisch: *enthaltsam*
Äs-ku-lap-stab, der; -es, keine Mehrzahl: *Wahrzeichen der Heilkundigen*
a-so-zi-al: *gemeinschaftsfeindlich, gemeinschaftsschädigend*
As-pa-ra-gus, der; -, keine Mehrzahl: *Gemüse- und Zierpflanze; Spargel*
As-pekt, der; -es,-e: *Ansicht, Gesichtspunkt*
As-pekt, der; -es,-e: *Stellung der Planeten*
As-phalt, der; -s,-e: *pechartiger Straßenbelag*
as-phal-tie-ren: *mit Asphalt belegen*
As-pik, der/das; -s,-e: *Gelatinegallert*
As-pi-rant, der; -en,-en: *Anwärter, Bewerber*
As-pi-ra-ti-on, die; -,-en: *Ehrgeiz, Bestrebung*
as-pi-rie-ren: *mit Hauchlaut aussprechen; österr. auch für „auf eine Stelle bewerben"*

Ass

Ass, das; As-ses, As-se: *Spielkarte*
As-sel, die; -,-n: *Kerbtier*
As-ses-sor, der; -s,-en: *Beisitzer, Beamtenlaufbahnanwärter*
As-si-mi-la-ti-on, die; -,-en: *Angleichung*
as-si-mi-lie-ren: *angleichen, aufnehmen*
As-sis-tent, der; -en,-en: *Gehilfe, Mitarbeiter*
As-sis-tenz, die; -,-en: *Mitarbeit, Unterstützung*
as-sis-tie-ren: *unterstützen, helfen*
as-sor-tie-ren: *mit Waren versehen, vervollständigen*
As-so-zi-a-ti-on, die; -,-en: *Geschäftsverbindung*
As-so-zi-a-ti-on, die; -,-en: *Verbindung, Vorstellungsverknüpfung*
as-so-zi-a-tiv: *verbindend, verknüpfend*
as-so-zi-ie-ren: *verknüpfen*
Ast, der; -es, Äs-te: *starker Zweig*
Äs-thet, der; -en,-en: *Freund des Schönen*
Äs-the-tik, die; -,-en: *Lehre vom Schönen*
äs-the-tisch: *schön*
Asth-ma, das; -s, keine Mehrzahl: *Atemnot*
Asth-ma-ti-ker, der; -s,-: *an Atemnot Leidender*
asth-ma-tisch: *kurzatmig*
a-stral (auch ast-ral): *die Gestirne betreffend*
ast-rein: *umgangssprachlich für „in Ordnung"*
As-tro-lo-ge (auch Ast-ro-lo-ge), der; -n,-n: *Sterndeuter*
As-tro-lo-gie (auch Ast-ro-lo-gie), die; -,-en: *Sterndeuterei*
as-tro-lo-gisch (auch ast-ro-lo-gisch)
As-tro-naut (auch Ast-ro-naut) der; -en,-en: *Weltraumfahrer, Kosmonaut*
As-tro-nau-tik (auch Ast-ro-nau-tik), die; -, keine Mehrzahl: *Raumfahrt*
as-tro-nau-tisch (auch ast-ro-nau-tisch): *die Raumfahrt betreffend*
As-tro-nom (auch Ast-ro-nom), der; -en,-en: *Himmelsforscher*
As-tro-no-mie (auch Ast-ro-no-mie), die; -,-n: *Wissenschaft von den Gestirnen*
as-tro-no-misch (auch ast-ro-no-misch): *zahlenmäßig sehr hoch*
as-tro-no-misch (auch ast-ro-no-misch): *die Astronomie betreffend*
A-syl, das; -s,-e: *Obdach, Schutz*
A-sym-me-trie (auch A-sym-met-rie), die; -,-n: *Ungleichheit, Ungleichmäßigkeit*

a-sym-me-trisch (auch a-sym-met-risch): *ungleichmäßig*
a-syn-chron: *nicht im Takt*
A-te-li-er, das; -s,-s: *Künstlerwerkstatt*
A-tem, der; -, keine Mehrzahl:
A-the-is-mus, der; -, keine Mehrzahl: *Leugnung der Existenz Gottes*
A-the-ist, der; -en,-en: *Ungläubiger*
a-the-is-tisch
Ä-ther, der; -s,-: *„Urstoff" in der Philosophie*
Ä-ther, der; -s,-: *Luft, dichterisch für „Himmel"*
Ä-ther, der; -s,-: *Betäubungsgas*
ä-the-risch: *flüchtig, zart, fein*
Ath-let, der; -en,-en: *Hochleistungssportler*
Ath-le-tik, die; -, keine Mehrzahl: *Hochleistungssport*
ath-le-tisch: *kräftig*
At-lan-tik, der; -s, keine Mehrzahl: *Atlantischer Ozean*
at-lan-tisch
At-las, der; -, keine Mehrzahl: *oberster Halswirbel*
At-las, der; -, keine Mehrzahl: *Gebirge in Nordafrika*
At-las, der; -, keine Mehrzahl: *schwerer Seidenstoff*
At-las, der; -, Atlanten: *Kartenwerk*
at-men: *Luft holen*
At-mos-phä-re (auch At-mo-sphä-re), die; -,-n: *Lufthülle*
At-mos-phä-re (auch At-mo-sphä-re), die; -,-n: *Stimmungslage*
at-mos-phä-risch (auch at-mo-sphärisch)
A-toll, das; -s,-e: *Korallenriff*
A-tom, das; -s,-e: *kleinster Materieteil eines Elementes*
a-to-mar: *das Atom, die Kernenergie betreffend*
A-tom-bom-be, die; -,-n: *Vernichtungswaffe*
A-tom-re-ak-tor, der; -s,en: *Atommeiler, Kernkraftwerk*
a-to-nal: *nicht tonal, zwölftonig*
At-ta-ché, der; -s,-s: *Botschaftsangehöriger*
At-ta-cke, die; -,-n: *Angriff*
at-ta-ckie-ren: *angreifen*
At-ten-tat, das; -s,-e: *Mordanschlag*
At-ten-tä-ter, der; -s,-: *Meuchelmörder*
At-test, das; -es,-e: *ärztliches Gutachten*

Auffassung

at-tes-tie-ren: *bescheinigen*
At-trak-ti-on, *die; -,-en: Anziehungskraft*
At-trak-ti-on, *die; -,-en: Glanznummer*
at-trak-tiv: *anziehend*
At-trap-pe, *die; -,-n: funktionslose Nachbildung*
At-tri-but, *das; -es,-e: Eigenschaftswort*
At-tri-but, *das; -es,-e: Eigenschaft, Merkmal*
a-ty-pisch: *nicht kennzeichnend, nicht regelgerecht*
at-zen: *füttern*
ät-zen: *beizen, mit Säure zerstören*
ät-zend: *beißend, auch: verletzend*
ät-zend: *Szenesprache für „schlecht, miserabel, grässlich, schauderhaft"*
au!: *Ausruf des Schmerzes*
Au, *Aue, die; -,-(e)n: Wiese, feuchte Niederung, regional auch: flache Flussinsel*
Au-ber-gi-ne *[Ohberschiene], die; -,-n: Gemüseart, Eierfrucht*
auch: *gleichfalls, ebenso, zugleich*
Au-di-enz, *die; -,-en: Empfang, Unterredung*
au-di-o-vi-su-ell: *das Hören und Sehen betreffend*
Au-di-to-ri-um, *das; -s, Au-di-to-ri-en: Hörerschaft*
auf: *auf dem Tisch, auf den Tisch; auf Grund, auch aufgrund, aufs Neue, auf einmal, auf und davon; das Auf und Ab*
auf-bah-ren
Auf-bah-rung, *die; -,-en*
Auf-bau, *der; -s,-ten: Gebäudeteil, Schiffsteil*
Auf-bau, *der; -s, keine Mehrzahl: Wiedererrichtung*
auf-bau-en: *wiedererrichten, zusammenfügen*
auf-bäu-men, *sich: sich heftig aufrichten, sich heftig wehren*
auf-bäu-men, *sich: ein Pferd stellt sich auf die Hinterbeine*
auf-bau-schen: *maßlos übertreiben*
auf-be-rei-ten: *bearbeiten (veredeln), auffrischen, gebrauchsfähig machen*
auf-bes-sern: *erhöhen, verbessern*
auf-be-wah-ren
Auf-be-wah-rung, *die; -,-en*
auf-bie-ten, *bot auf, aufgeboten: anstrengen, etwas bieten*
Auf-bie-tung, *die; -,-en: Anstrengung*
auf-bin-den, *band auf, aufgebunden: einen Bären aufbinden, foppen*
auf-bin-den, *band auf, aufgebunden: befestigen*
auf-blä-hen
auf-bla-sen, *sich; blies sich auf, sich aufgeblasen: sich wichtig machen, angeben*
auf-bla-sen, *blies auf, aufgeblasen: mit Luft füllen*
auf-bli-cken: *verehren*
auf-bli-cken: *nach oben sehen*
auf-brau-sen: *wütend werden*
auf-brau-sen: *sprudeln, aufwallen*
auf-brau-send: *jähzornig*
auf-bre-chen, *brach auf, aufgebrochen: Boden umpflügen*
auf-bre-chen, *brach auf, aufgebrochen: sich in Bewegung setzen, fortfahren*
auf-bre-chen, *brach auf, aufgebrochen: gewaltsam öffnen; Jägersprache auch: ausweiden*
Auf-bruch, *der; -s, Auf-brü-che: Abreise*
auf-bür-den: *auferlegen*
auf-drän-gen: *aufnötigen, dringend anbieten*
auf-drän-gen, *sich: sich jemandem aufnötigen*
auf-dring-lich: *penetrant*
Auf-druck, *der; -es, Auf-dru-cke: Beschriftung, Muster*
auf-drü-cken
auf-ei-nan-der *(auch auf-ein-an-der): aufeinander aufpassen; aufeinander legen, aufeinander prallen, aufeinander treffen; Großschreibung: das Aufeinandertreffen*
Auf-ent-halt, *der; -s,-e: Wohnort, Verweilen*
auf-er-le-gen: *aufbürden, gebieten*
Auf-er-ste-hung, *die; -, keine Mehrzahl: biblisches Wiedererwachen vom Tode*
auf-fah-ren, *fuhr auf, aufgefahren: zusammenstoßen*
auf-fah-ren, *fuhr auf, aufgefahren: hinauffahren*
auf-fah-ren, *fuhr auf, aufgefahren: hochschrecken*
Auf-fahrt, *die; -,-en: Zusammenstoß von Fahrzeugen*
Auf-fahrt, *die; -,-en: Anstieg am Berg*
Auf-fahrt, *die; -,-en: Rampe*
auf-fal-len, *fiel auf, aufgefallen*
auf-fäl-lig: *ins Auge springend, ungewöhnlich anzusehen*
auf-fas-sen: *begreifen*
Auf-fas-sung, *die; -,-en: Meinung, Urteil*

Auffassungsgabe

Auf·fas·sungs·ga·be, die; -, keine Mehrzahl: *Lernfähigkeit, Begreifen*
auf·fin·den, fand auf, aufgefunden: *entdecken*
auf·for·dern: *ersuchen*
Auf·for·de·rung, die; -,-en: *Ersuchen*
auf·fors·ten: *Anpflanzen von Bäumen*
Auf·fors·tung, die; -,-en: *Anpflanzung von Bäumen*
auf·fri·schen: *erneuern, verjüngen*
Auf·fri·schung, die; -,-en: *Erneuerung, Verjüngung*
auf·füh·ren: *spielen, darstellen*
auf·füh·ren, sich: *sich benehmen*
Auf·füh·rung, die; -,-en: *Theatervorstellung*
auf·fül·len: *bis zum Rand füllen*
Auf·fül·lung, die; -,-en: *Wiederauffüllung*
Auf·ga·be, die; -,-en: *Verzicht, Resignation, Rückzug*
Auf·ga·be, die; -,-en: *Pflicht, Herausforderung, etwas zu Lösendes*
Auf·gang, der; -es, Auf·gän·ge: *Sonnenaufgang, Emporkommen*
Auf·gang, der; -es, Auf·gän·ge: *Rampe, Treppe*
auf·ge·ben, gab auf, aufgegeben: *verzichten, zurückziehen*
auf·ge·ben, gab auf, aufgegeben: *beauftragen*
auf·ge·bla·sen: *mit Luft gefüllt*
auf·ge·bla·sen: *überheblich, angeberisch*
Auf·ge·bot, das; -es,-e: *standesamtlicher Aushang*
auf·ge·don·nert: *zurechtgemacht*
auf·ge·dun·sen: *aufgeschwemmt, gebläht*
auf·ge·hei·tert: *freundlich*
auf·ge·hen, ging auf, aufgegangen: *anschwellen; der Teig geht auf*
auf·ge·hen, ging auf, aufgegangen: *der Mond/die Sonne geht auf*
auf·ge·hen, ging auf, aufgegangen: *emporkommen*
auf·ge·hen, ging auf, aufgegangen: *sich öffnen*
auf·ge·hen, ging auf, aufgegangen: *an Umfang zunehmen*
auf·ge·hen, ging auf, aufgegangen: *sich über etwas klar werden, einfallen*
auf·ge·klart: *wolkenlos*
auf·ge·klärt: *vorurteilslos, weise*
auf·ge·klärt: *eingeweiht, belehrt*

auf·ge·kratzt: *lebhaft*
auf·ge·legt: *gelaunt*
auf·ge·räumt: *gut gelaunt*
auf·ge·räumt: *ordentlich*
auf·ge·regt: *unruhig*
auf·ge·schlos·sen: *geöffnet*
auf·ge·schlos·sen: *vorurteilsfrei, auch: fortschrittlich*
auf·ge·schmis·sen: *umgangssprachlich für „hilflos, im Stich gelassen"*
auf·ge·schos·sen: *groß, hoch gewachsen*
auf·ge·ta·kelt: *Seemannssprache: unter vollen Segeln, auch: übermäßig zurechtgemacht*
auf·ge·weckt: *munter, schlagfertig, gewitzt*
auf·ge·wor·fen: *erhöht, aufgestülpt*
auf·glie·dern
Auf·guss, der; Auf·gus·ses, Auf·güs·se: *Sud*
auf·hal·sen: *aufbürden*
auf·hän·gen, hing auf, aufgehangen
auf·he·ben, hob auf, aufgehoben: *annullieren, zurücknehmen, rückgängig machen*
auf·he·ben, hob auf, aufgehoben: *vom Boden aufheben*
Auf·he·ben, das; -, keine Mehrzahl: *Aufhebens machen*
auf·hei·tern
auf·het·zen: *aufwiegeln*
Auf·het·zung, die; -,-en: *Aufwiegelung*
auf·hö·ren
auf·kau·fen: *alles kaufen*
Auf·käu·fer, der; -s,-: *Großeinkäufer*
auf·kla·ren: *wolkenlos werden*
auf·klä·ren: *ausspionieren, in Erfahrung bringen*
auf·klä·ren: *einweihen, belehren*
Auf·klä·rung, die; -, keine Mehrzahl: *humanistische philosophische Strömung*
Auf·klä·rung, die; -, keine Mehrzahl: *Spionage, Informationsbeschaffung*
Auf·klä·rung, die; -, keine Mehrzahl: *Einweihung, Belehrung*
auf·knüp·fen: *entknoten*
auf·knüp·fen: *aufhängen*
auf·kom·men, kam auf, aufgekommen: *näher kommen*
auf·kom·men, kam auf, aufgekommen: *einstehen, bürgen*
auf·kom·men, kam auf, aufgekommen: *auftauchen*
auf·krem·peln: *hochrollen*

aufrufen

Auf-la-ge, die; -,-n: *Steuer, Zwangsabgabe*
Auf-la-ge, die; -,-n: *Menge von gedruckten Büchern*
auf-las-sen, ließ auf, aufgelassen: *übertragen (von Rechten)*
auf-las-sen, ließ auf, aufgelassen: *steigen lassen*
auf-las-sen, ließ auf, aufgelassen: *Stilllegen (eines Schiffes)*
Auf-lauf, der; -es, Auf-läu-fe: *im Ofen überbackene Speise*
Auf-lauf, der; -es, Auf-läu-fe: *Gedränge, Ansammlung von Menschen*
auf-lau-fen, lief auf, aufgelaufen: *summieren, sich sammeln*
auf-lau-fen, lief auf, aufgelaufen: *stranden; auch: anstoßen*
auf-le-gen: *hinlegen*
auf-le-gen: *drucken*
auf-leh-nen, sich: *sich empören, widerstehen*
Auf-leh-nung, die; -,-en: *Widerstand, Empörung*
auf-lö-sen: *verflüssigen*
auf-lö-sen: *entwirren, aufklären, Ergebnis bekannt geben*
Auf-lö-sung, die; -,-en: *Zerlegung, auch: Tod*
Auf-lö-sung, die; -,-en: *Ergebnis, Entwirrung*
auf-ma-chen: *öffnen*
auf-ma-chen: *eröffnen, beginnen, gründen*
Auf-ma-cher, der; -s,-: *Schlagzeile, wichtigster Bericht*
Auf-ma-chung, die; -,-en: *Ausstattung, Herrichtung*
Auf-marsch, der; -es, Auf-mär-sche: *Fronterrichtung*
Auf-marsch, der; -es, Auf-mär-sche: *Truppenparade, Festzug*
auf-mar-schie-ren: *paradieren, bereitstellen*
auf-mer-ken: *aufhorchen*
auf-merk-sam
Auf-merk-sam-keit, die; -, keine Mehrzahl: *Sammlung, Konzentration*
Auf-merk-sam-keit, die; -,-en: *kleines Geschenk*
auf-mö-beln: *umgangssprachlich für „aufmuntern, herrichten"*
auf-mu-cken: *umgangssprachlich für „aufbegehren"*

auf-mun-tern
Auf-mun-te-rung, die; -,-en: *Ermunterung*
auf-müp-fig: *widersetzlich*
Auf-nah-me, die; -,-n: *Fotografie, Abbild*
Auf-nah-me, die; -, keine Mehrzahl: *Empfang*
Auf-nah-me, die; -,-n: *Schallplattenaufnahme*
auf-neh-men, nahm auf, aufgenommen: *festhalten, fixieren; auch: auf Band oder Schallplatte aufnehmen*
auf-neh-men, nahm auf, aufgenommen: *in Empfang nehmen*
auf-neh-men, nahm auf, aufgenommen: *begreifen, mitbekommen*
auf-op-fern, sich: *sich stark für etwas einsetzen*
auf-op-fernd: *entsagungsvoll*
Auf-op-fe-rung, die; -,-en: *Entsagung, Verzicht*
auf-päp-peln: *sorgsam aufziehen, pflegen*
auf-pas-sen
Auf-pas-ser, der; -s,-: *Wächter*
auf-put-schen
auf-rap-peln, sich: *mühsam auf die Beine kommen*
auf-rau-en: *rau machen*
auf-räu-men
Auf-räu-mung, die; -,-en
auf-rech-nen: *verrechnen, tilgen*
Auf-rech-nung, die; -,-en: *Abrechnung, Verrechnung*
auf-recht-er-hal-ten
auf-re-gen
Auf-re-gung, die; -,-en
auf-rei-ßen, riss auf, aufgerissen: *zerreißen, öffnen*
auf-rei-ßen, riss auf, aufgerissen: *umgangssprachlich für „jemanden dreist ansprechen, kennenlernen"*
auf-rei-ßen, riss auf, aufgerissen: *schematisch darstellen*
auf-rich-tig: *ehrlich*
Auf-rich-tig-keit, die; -, keine Mehrzahl: *Ehrlichkeit*
Auf-riss, der; Auf-ris-ses, Auf-ris-se: *Schema*
Auf-ruf, der; -es,-e: *Appell*
auf-ru-fen, rief auf, aufgerufen: *appellieren*
auf-ru-fen, rief auf, aufgerufen: *den Namen aufrufen*

Aufruhr

Auf-ruhr, der; -s,-e: *Empörung, Revolte, Unruhe*
Auf-rüh-rer, der; -s,-: *Anstifter, Anführer der Unruhe, Rebell, Aufständischer*
auf-run-den
auf-rüs-ten: *Streitmacht verstärken*
Auf-rüs-tung, die; -,-en: *Gerüstbau*
Auf-rüs-tung, die; -,-en: *Verstärkung der Streitmacht*
aufs: *auf das*
auf-säs-sig: *widerspenstig, trotzig*
Auf-säs-sig-keit, die; -,-en: *Trotz*
Auf-satz, der; -es, Auf-sät-ze: *schriftliche Abhandlung*
auf-scheu-chen
auf-schie-ben, schob auf, aufgeschoben: *verzögern*
Auf-schlag, der; -s, Auf-schlä-ge: *Preiserhöhung*
Auf-schlag, der; -s, Auf-schlä-ge: *Kleidungsbesatz*
Auf-schlag, der; -s, Auf-schlä-ge: *Aufprall*
auf-schla-gen, schlug auf, aufgeschlagen: *ein Ei aufschlagen*
auf-schla-gen, schlug auf, aufgeschlagen: *Buch öffnen*
Auf-schluss, der; Auf-schlus-ses, Auf-schlüs-se: *Erschließung von Bodenschätzen*
Auf-schluss, der; Auf-schlus-ses, Auf-schlüs-se: *Auskunft, Erklärung*
auf-schluss-reich: *lehrreich*
auf-schnei-den, schnitt auf, aufgeschnitten: *mit dem Messer öffnen*
auf-schnei-den, schnitt auf, aufgeschnitten: *prahlen, übertreiben*
Auf-schnei-der, der; -s,-: *Prahler*
Auf-schnitt, der; -s, keine Mehrzahl: *Wurst- oder Käsescheibenmischung*
Auf-schrei, der; -es,-e
auf-schrei-ben, schrieb auf, aufgeschrieben
auf-schrei-en, schrie auf, aufgeschrien
Auf-schrift, die; -,-en: *Inschrift, Aufdruck*
Auf-schub, der; -s, Auf-schü-be: *Verzögerung*
Auf-schwung, der; -es, Auf-schwün-ge: *seelischer Auftrieb*
Auf-schwung, der, -es, Auf-schwün-ge: *Turnübung am Reck*
Auf-schwung, der, -es, Auf-schwün-ge: *wirtschaftliche Blüte*
auf-se-hen, sah auf, aufgesehen: *hochblicken*

Auf-se-hen, das; -s, keine Mehrzahl: *Sensation, Eklat, Aufmerksamkeit*
Auf-se-her, der; -s,-: *Aufpasser*
auf sein: *offen stehen*
auf sein: *aus dem Bett heraus sein*
auf-set-zen: *abfassen*
auf-set-zen: *hinstellen*
auf-set-zen: *landen*
Auf-sicht, die; -, -en: *Überwacher, Überwachung*
auf-spie-len: *zum Tanz aufspielen*
auf-spie-len, sich: *sich wichtig machen*
Auf-stand, der; -es, Auf-stän-de: *Aufruhr, Revolte, Rebellion*
auf-stän-disch: *rebellisch*
Auf-stän-di-sche, der; -n,-n: *Rebell, Aufrührer*
auf-sta-peln: *übereinander türmen*
auf-ste-hen, stand auf, aufgestanden
auf-stei-gen, stieg auf, aufgestiegen: *Karriere machen*
auf-stei-gen, stieg auf, aufgestiegen: *emporsteigen*
Auf-stel-lung, die; -,-en: *Liste, Kostenrechnung*
Auf-stel-lung, die; -,-en: *Errichtung, Formation*
Auf-stieg, der; -es,-e: *Emporklettern, Anstieg*
auf-stö-bern: *finden, entdecken*
auf-sto-ßen, stieß auf, aufgestoßen: *rülpsen, auch: etwas Ärgerliches bemerken*
Auf-strich, der; -s,-e: *Beginn eines Buchstabens*
Auf-strich, der; -s, keine Mehrzahl: *Brotbelag*
Auf-takt, der; -es,-e: *Beginn*
auf-tan-ken: *volltanken*
auf-tei-len
auf-ti-schen: *darbieten, aufdecken*
Auf-trag, der; -es, Auf-trä-ge*
auf-tra-gen, trug auf, aufgetragen: *eine Schicht auftragen*
Auf-trag-ge-ber, der; -s,-,
auf-trags-ge-mäß: *vereinbarungsgemäß*
auf-trei-ben, trieb auf, aufgetrieben: *entdecken, finden*
auf-tre-ten, trat auf, aufgetreten: *erscheinen*
auf-tre-ten, trat auf, aufgetreten: *aufstampfen*
Auf-trieb, der; -s,-e: *der Schwerkraft entgegenwirkende Kraft*

ausbrechen

Auf-trieb, der; -s,-e: *Viehauftrieb auf die Alm*
Auf-trieb, der; -s,-e: *Ermunterung*
Auf-tritt, der; -s,-e: *Szene auf der Bühne, Erscheinen auf der Bühne*
auf-trump-fen: *sich brüsten*
Auf-wand, der; -s, keine Mehrzahl: *Bemühung, Leistung*
auf-␣wän-dig (auch auf-wen-dig): *kostspielig, teuer*
auf-wär-men: *(Essen) wieder warm machen; auch: bereits Erledigtes, Altes wieder zur Sprache bringen*
auf-wärts: *hinauf*
auf-we-cken: *wach machen*
auf-wei-sen, wies auf, aufgewiesen: *besitzen, haben, vorweisen können*
auf-wen-dig (auch auf-wän-dig): *kostspielig, teuer*
auf-wer-fen, warf auf, aufgeworfen: *zur Sprache bringen*
auf-wer-fen, warf auf, aufgeworfen: *aufschütten*
Auf-wer-tung, die; -,-en: *Zugewinn an Wert*
Auf-wie-ge-lei, die; -,-en: *Hetzerei*
auf-wie-geln: *aufhetzen*
Auf-wieg-ler, der; -s,-: *Aufrührer, Hetzer*
auf-zeich-nen: *notieren, mitschneiden*
Auf-zeich-nung, die; -,-en: *Notizen*
Aug-ap-fel, der; -s,-äp-fel: *Auge, auch: etwas besonders Behütetes*
Au-ge, das; -s,-n: *Sehorgan*
Au-gen-arzt, der; -es,-ärz-te
Au-gen-blick, der; -es,-e: *Moment, auch: Gegenwart (im Augenblick)*
au-gen-blick-lich: *sofort*
Au-gen-op-ti-ker, der; -s,-: *Brillenhersteller*
au-gen-schein-lich: *offenbar*
Au-gen-wei-de, die; -, keine Mehrzahl: *erfreulicher Anblick*
Au-gust, der; -s, keine Mehrzahl: *achter Monat des Jahres*
Au-gust, der dumme- -s,-e: *Clown*
Auk-ti-on, die; -,-en: *Versteigerung*
Auk-ti-o-na-tor, der; -s,-en: *Versteigerer*
Au-la, die; -, Au-len: *Versammlungs- und Festhalle*
Au-pair-Mäd-chen (auch Au-pair-mäd-chen), das; -s,-: *Hausgehilfin, die für Kost und Logis im Ausland arbeitet*
Au-ra, die; -, Auren oder Aurae: *Ausstrahlung, Wirkung eines Menschen*

Au-re-o-le, die; -,-n: *Heiligenschein*
Au-ri-kel, die; -,-n: *Primelart*
aus: *vorbei, nicht aus noch ein wissen*
Aus, das; -, keine Mehrzahl: *Raum außerhalb eines Spielfeldes*
aus-ar-bei-ten: *abhandeln, gründlich darstellen*
Aus-ar-bei-tung, die; -,-en: *Abhandlung, gründlicher Aufsatz*
aus-ar-ten: *übersteigern*
Aus-ar-tung, die; -,-en: *Übersteigerung, Übertreibung*
aus-ba-den: *die Folgen tragen müssen*
aus-bag-gern
Aus-bag-ge-rung, die; -,-en
aus-ba-lan-cie-ren: *ins Gleichgewicht bringen*
aus-bal-do-wern: *umgangssprachlich für „ausfindig machen, auskundschaften"*
Aus-bau, der; -s,-ten: *Vollendung eines Baues*
Aus-bau, der; -s,-ten: *Demontage*
Aus-bau-chung, die; -,-en: *Rundung*
aus-bau-en: *ein Haus innen ausbauen, fertig stellen*
aus-bau-en: *demontieren*
aus-be-din-gen, sich; bedang sich aus, sich ausbedungen: *sich ausbitten*
aus-be-dun-gen: *abgesprochen, vereinbart*
aus-bes-sern
Aus-bes-se-rung, die; -,-en: *Reparatur*
aus-bes-se-rungs-be-dürf-tig: *schadhaft*
Aus-beu-te, die; -,-n: *Ertrag, Reingewinn*
aus-beu-ten: *ausnutzen*
Aus-beu-ter, der; -s,-: *Ausnutzer, Wucherer*
aus-bil-den: *lehren, schulen*
Aus-bil-der, der; -s,-: *Unterrichter*
Aus-bil-dung, die; -,-en: *Lehre, Studium*
aus-blei-chen, blich aus, ausgeblichen: *verblassen, Farbe entziehen*
Aus-blick, der; -s, Aus-bli-cke: *Fernsicht, Aussicht*
aus-bli-cken: *in die Ferne schauen*
aus-boo-ten: *an Land bringen*
aus-boo-ten: *hinauswerfen*
Aus-boo-tung, die; -,-en: *das An-Land-Bringen*
Aus-boo-tung, die; -,-en: *Hinauswurf*
aus-bre-chen, brach aus, ausgebrochen: *eruptieren*
aus-bre-chen, brach aus, ausgebrochen: *heftige Reaktion: in Lachen ausbrechen*

aus-bre-chen, brach aus, ausgebrochen: entkommen
aus-brei-ten, sich: vermehren
aus-brei-ten: verteilen, flach hinlegen
Aus-brei-tung, die; -,en: Vorkommen
Aus-brei-tung, die; -,-en: Vermehrung, Vergrößerung
Aus-brei-tung, die; -,-en: Ausdehnung
Aus-bruch, der; -s, Aus-brü-che: Anfall, Wutausbruch
Aus-bruch, der; -s, Aus-brü-che: Entkommen
Aus-bruch, der; -, Aus-brü-che: Entladung, Explosion
Aus-buch-tung, die; -,-en: Verbreiterung, Ausbauchung
Aus-bund, der; -es, Aus-bün-de: Maximum: Ausbund an Fleiß, Ausbund an Faulheit
aus-bür-gern: des Landes verweisen
Aus-bür-ge-rung, die; -,-en: Aberkennung der Staatsbürgerschaft
Aus-dau-er, die; -, keine Mehrzahl: Geduld, Zähigkeit
aus-dau-ernd: zäh, geduldig
Aus-deh-nung, die; -,-en: Ausweitung
Aus-deh-nung, die; -,-en: Größe, Weite
Aus-deh-nung, die; -,-en: Verbreiterung, Vergrößerung
Aus-druck, der; -s, Aus-dru-cke: Liste, Computerausdruck
Aus-druck, der; -s, Aus-drü-cke: Gesichtsausdruck, Miene
Aus-druck, der; -s, Aus-drü-cke: Redensart, Stil
aus-dru-cken: drucken, printen, plotten
aus-drü-cken: ausquetschen
aus-drü-cken: formulieren
aus-drück-lich: nachdrücklich
aus-düns-ten: verströmen, entgasen
Aus-duns-tung, die; -,-en: Geruch
Aus-düns-tung, die; -,-en: Geruch
aus-ei-nan-der (auch aus-ein-an-der): getrennt
Aus-ei-nan-der-set-zung (auch Aus-ein-an-der-set-zung), die; -,-en: Streit, Diskussion, Disput
aus-er-ko-ren: ausgewählt
aus-er-le-sen: ausgesucht, kostbar, beste Qualität
aus-er-wählt: auserlesen, ausgewählt
Aus-er-wähl-te, der/die; -n,-n: Gewählter
aus-fah-ren, fuhr aus, ausgefahren: Fahrgestell ausfahren

aus-fah-ren, fuhr aus, ausgefahren: spazieren fahren
Aus-fahrt, die; -,-en: Abfahrt von der Autobahn, Garagenausfahrt
Aus-fahrt, die; -,-en: Fahrt
Aus-fall, der; -s, Aus-fäl-le: Beleidigung
Aus-fall, der; -s, Aus-fäl-le: Verlust
aus-fal-len, fiel aus, ausgefallen: nicht stattfinden
aus-fäl-len, fällte aus, ausgefällt: in Flüssigkeit gelöste Stoffe in unlösbare überführen
aus-fal-lend: beleidigend
Aus-falls-er-schei-nung, die; -, -en: Mangelkrankheit, Systemfehler
aus-fe-gen: säubern, auskehren
Aus-fe-ger, der; -s,-: Straßenkehrer
Aus-fe-ger, der; -s,-: kleiner Besen
aus-fer-ti-gen
Aus-fer-ti-gung, die; -,-en: Ausstellung, Abfassung, Herstellung eines Schriftstücks
aus-fin-dig machen: finden
aus-flie-gen, flog aus, ausgeflogen: Verlassen des Nestes, einen Ausflug machen
aus-flie-ßen, floss aus, ausgeflossen: Wegfließen von Flüssigkeit
aus-flip-pen: Szenesprache für „unter Drogen stehen"
aus-flip-pen: Szenesprache für „einer Sache nicht gewachsen sein, unverständlich handeln"
aus-flip-pen: Szenesprache für „aus den gesellschaftlichen Normen ausbrechen"
Aus-flucht, die; -, Aus-flüch-te: Umschweife, Ausrede, Vorwand
Aus-flug, der; -s, Aus-flü-ge
Aus-fluss, der; Aus-flus-ses, Aus-flüs-se: krankhafte Absonderung von Flüssigkeit
Aus-fuhr, die; -,-en: Export
aus-führ-bar: machbar
aus-füh-ren: in die Tat umsetzen
aus-füh-ren: exportieren
aus-füh-ren: zum Ausgehen einladen
aus-führ-lich: detailliert
Aus-füh-rung, die; -,-en: Umsetzung in die Tat
Aus-füh-rung, die; -,-en: Machart
Aus-füh-rung, die; -,-en: Erklärung, Darlegung
aus-fül-len: Zeit vertreiben
aus-fül-len: eintragen
aus-fül-len: genau hineinpassen
Aus-ga-be, die; -,-n: Verteilung
Aus-ga-be, die; -,-n: Buchform

aushängen

Aus-gang, der; -s, Aus-gän-ge: *Resultat, Endergebnis*
Aus-gang, der; -s, Aus-gän-ge: *Tür*
aus-ge-baucht: *gerundet*
aus-ge-ben, gab aus, ausgegeben: *verteilen*
aus-ge-ben, gab aus, ausgegeben: *bezahlen*
aus-ge-bil-det: *geschult*
aus-ge-bil-det: *stark entwickelt*
aus-ge-bleicht: *verbleicht*
aus-ge-bli-chen: *verblichen*
aus-ge-bufft: *umgangssprachlich für „raffiniert, gerissen"*
Aus-ge-burt, die; -,-en: *Erzeugnis der Hölle, Schlimmes, Böses*
aus-ge-dehnt: *erweitert, vergrößert*
aus-ge-dehnt: *groß, weit*
aus-ge-dient: *alt, verbraucht, ausgemustert*
aus-ge-dorrt: *vertrocknet*
aus-ge-dörrt: *vertrocknet*
aus-ge-fal-len: *ungewöhnlich*
aus-ge-gli-chen: *harmonisch, ruhig, gleichmäßig*
aus-ge-hen, ging aus, ausgegangen: *erlöschen*
aus-ge-hen, ging aus, ausgegangen: *enden*
aus-ge-hen, ging aus, ausgegangen: *nicht mehr vorhanden sein, nichts mehr haben*
aus-ge-hen, ging aus, ausgegangen: *fortgehen, das Haus verlassen; auch: sich amüsieren gehen*
aus-ge-hun-gert: *sehr hungrig*
aus-ge-kocht: *raffiniert, clever*
aus-ge-kocht: *durch Kochen sterilisiert*
aus-ge-las-sen: *übermütig, fröhlich*
Aus-ge-las-sen-heit, die; -, keine Mehrzahl: *Fröhlichkeit, Übermütigkeit*
aus-ge-mer-gelt: *mager, dürr*
aus-ge-nom-men: *außer*
aus-ge-nom-men: *umgangssprachlich für: ausgeplündert, ausgebeutet, betrogen*
aus-ge-picht: *gerissen*
aus-ge-prägt: *deutlich, unübersehbar, typisch*
aus-ge-pumpt: *entkräftet*
aus-ge-pumpt: *erschöpft, leergepumpt*
aus-ge-rech-net: *errechnet*
aus-ge-rech-net: *unerwartet, unerwünscht*

aus-ge-schlos-sen sein, werden: *vor verschlossener Tür stehen; auch: nicht integriert sein*
aus-ge-schlos-sen: *unmöglich, kommt nicht in Frage*
aus-ge-schlos-sen: *nicht inbegriffen*
aus-ge-spro-chen: *deutlich, zweifellos*
aus-ge-spro-chen: *gesagt*
aus-ge-steu-ert: *ausgemustert, keinen Anspruch mehr habend*
aus-ge-steu-ert: *mit Mitgift versehen*
aus-ge-steu-ert: *eingeregelt*
aus-ge-wach-sen: *erwachsen, ausgesprochen groß*
aus-ge-zehrt: *abgemagert, dürr, schwindsüchtig*
aus-ge-zeich-net: *geehrt*
aus-ge-zeich-net: *mit einem Preisschild versehen*
aus-ge-zeich-net: *hervorragend*
aus-gie-big: *ausführlich, reichlich*
aus-gie-ßen, goss aus, ausgegossen: *entleeren*
Aus-gleich, der; -s,-e: *Schlichtung*
Aus-gleich, der; -s,-e: *Entschädigung, Ersatz*
Aus-gleich, der; -s,-e: *Vergeltung, Ersatz*
Aus-gleich, der; -s,-e: *Glättung, Einebnung*
aus-gra-ben, grub aus, ausgegraben: *freischaufeln, wieder ans Licht holen*
Aus-gra-bung, die; -,-en: *Freilegung von Überresten*
Aus-guck, der; -s,-e: *Aussichtsplattform, erhöhter Sitz*
aus-gu-cken: *nach etwas Ausschau halten*
Aus-guss, der; Aus-gus-ses, Aus-güs-se; *Abfluss, Waschbecken*
Aus-guss, der; Aus-gus-ses, Aus-güs-se: *Tülle*
aus-ha-cken: *jäten*
aus-ha-cken: *gewaltsam entfernen, verstümmeln*
aus-ha-ken: *enthaken, aus den Angeln heben*
aus-hal-ten, hielt aus, ausgehalten: *ertragen, auch: versorgen*
aus-hän-di-gen: *übergeben*
Aus-hän-di-gung, die; -,-en: *Übergabe*
Aus-hang, der; -es, Aus-hän-ge: *Plakat, Bekanntgabe*
aus-hän-gen, hing aus, ausgehangen: *Plakat anschlagen*

55

ausheben

aus-he-ben, hob aus, ausgehoben: *gewaltsam für das Militär mustern*
aus-he-ben, hob aus, ausgehoben: *ein Nest leeren*
Aus-he-bung, die; -,-en: *gewaltsame Musterung*
aus-he-cken: *sich ausdenken, heimlich planen*
aus-hei-len: *verheilen, genesen*
Aus-hei-lung, die; -,-en: *Genesung*
aus-hel-fen, half aus, ausgeholfen: *leihen*
aus-hel-fen, half aus, ausgeholfen: *einspringen*
Aus-hil-fe, die; -,-n: *Hilfskraft, Lückenbüßer*
aus-hilfs-wei-se: *vorübergehend*
aus-höh-len
Aus-höh-lung, die; -,-en: *Vertiefung, Loch*
aus-ho-len: *ausfragen*
aus-ho-len: *Schwung holen*
aus-hor-chen: *ausfragen*
Aus-hub, der; -es, keine Mehrzahl: *ausgehobene Erde*
aus-hun-gern: *durch Nahrungsentzug gefügig machen*
Aus-hun-ge-rung, die; -,-en
aus-käm-men: *Haar glätten*
aus-ken-nen, sich: *Bescheid wissen*
aus-klam-mern: *vermeiden, nicht berücksichtigen*
Aus-klang, der; -s, Aus-klän-ge: *Ende, Schluss*
aus-klei-den: *entkleiden, ausziehen*
aus-klin-gen, klang aus, ausgeklungen: *verklingen, enden*
aus-klop-fen
Aus-klop-fer, der; -s,-: *Klopfsauger, Teppichklopfer*
aus-knei-fen, kniff aus, ausgekniffen: *umgangssprachlich für „ausreißen"*
aus-knip-sen: *ausschalten*
Aus-kom-men, das; -s,-: *hinreichendes Einkommen*
aus-kom-men, kam aus, ausgekommen: *zurechtkommen*
aus-kos-ten: *genießen*
aus-kra-men: *hervorsuchen*
aus-krat-zen: *herauskratzen, leer löffeln*
Aus-krat-zung, die; -,-en: *Ausschabung*
aus-küh-len: *abkühlen, erkalten*
Aus-küh-lung, die; -,-en: *Abkühlung, auch: Erkältung*
aus-kund-schaf-ten: *erkunden, spionieren*
Aus-kunft, die; -, Aus-künf-te: *Mitteilung, Erklärung*
Aus-kunf-tei, die; -,-en: *Detektei*
aus-ku-rie-ren: *vollständig heilen*
aus-la-den, lud aus, ausgeladen: *eine Einladung rückgängig machen*
aus-la-den, lud aus, ausgeladen: *entladen*
aus-la-dend: *weit herausragend*
Aus-la-ge, die; -,-n: *Schaufenster, Vitrine*
Aus-la-gen, die; -, keine Einzahl: *Zahlungen, Kosten; auch: Vorschuss*
Aus-land, das; -es, keine Mehrzahl
Aus-län-der, der; -s,-: *Angehöriger eines anderen Staates*
aus-län-disch
aus-las-sen, ließ aus, ausgelassen: *österr. loslassen*
Aus-lauf, der; -es, Aus-läu-fe: *Bewegung*
aus-lau-fen, lief aus, ausgelaufen: *leer laufen, wegrinnen*
aus-lau-fen, lief aus, ausgelaufen: *enden*
Aus-läu-fer, der; -s,-: *Vorgebirge*
Aus-läu-fer, der; -s,-: *Trieb, Spross*
aus-lau-gen: *mit Lauge auswaschen*
aus-lau-gen: *entkräften*
aus-lee-ren: *entleeren*
aus-le-gen: *auskleiden, ausrollen*
aus-le-gen: *Geld leihen*
aus-le-gen: *ausbreiten*
Aus-le-gung, die; -,-en: *Interpretation, Deutung*
aus-lei-hen, lieh aus, ausgeliehen: *leihweise vergeben*
Aus-le-se, die, -,-n: *Vorgang des Heraussuchens, Auswahl*
Aus-le-se, die; -,-n: *guter Wein*
Aus-le-se, die; -,-n: *Elite*
aus-le-sen, las aus, ausgelesen: *fertig lesen*
aus-le-sen, las aus, ausgelesen: *heraussuchen, auswählen*
Aus-lie-fe-rer, der; -s,-
aus-lie-fern, sich: *sich ergeben*
aus-lie-fern: *übereignen*
Aus-lie-fe-rung, die; -,-en: *Übergabe*
aus-lö-schen: *vernichten, ausrotten*
aus-lö-schen: *wegwischen*
aus-lö-schen: *ausmachen*
aus-lo-sen: *durch Los bestimmen*
aus-lö-sen: *verursachen*
Aus-lö-ser, der; -s,-

ausrichten

aus-lüf-ten
aus-ma-chen: *vereinbaren*
aus-ma-chen: *auslöschen, ausknipsen*
aus-mah-len: *fein zermahlen*
Aus-maß, *das; -es,-e: Ausdehnung, Menge, Anzahl*
aus-mer-geln: *Kräfte entziehen, entkräften*
aus-mer-zen: *ausrotten, eliminieren*
aus-mes-sen, *maß aus, ausgemessen: Daten feststellen, Größe messen*
aus-mes-sen, *maß aus, ausgemessen; hin und her gehen*
aus-mus-tern: *aussortieren, verschrotten*
Aus-mus-te-rung, *die; -,-en: Feststellung der Untauglichkeit, auch: Verschrottung*
Aus-nah-me, *die; -,-n: Abweichung von der Regel*
aus-nahms-los: *ohne Ausnahme, insgesamt*
aus-nahms-wei-se: *gegen die Regel*
aus-neh-men, *nahm aus, ausgenommen: ausschließen, nicht meinen*
aus-neh-men, *nahm aus, ausgenommen: ausweiden*
aus-neh-men, *nahm aus, ausgenommen: ausbeuten, ausnutzen*
aus-nut-zen: *ausbeuten, ausnehmen*
aus-nut-zen: *Vorteil beanspruchen*
aus-nüt-zen: *siehe: ausnutzen*
Aus-nut-zung, *die; -,-en: Ausbeutung*
Aus-nut-zung, *die; -,-en: Grad der Beanspruchung*
aus-peit-schen: *schlagen*
aus-pfei-fen, *pfiff aus, ausgepfiffen: mit Pfiffen Missfallen ausdrücken*
aus-plau-dern: *Geheimnisse verraten*
aus-plün-dern: *berauben*
Aus-plün-de-rung, *die; -,-en: Beraubung*
aus-pols-tern: *ausstopfen, polstern*
Aus-pols-te-rung, *die; -,-en: Fütterung*
aus-po-sau-nen: *überall herumerzählen*
aus-prä-gen: *verdeutlichen*
Aus-puff, *der; -s,-e: Abgasrohr*
aus-pum-pen: *leer pumpen*
aus-punk-ten: *nach Punkten besiegen*
aus-put-zen: *beim Fußball: die Gefahr durch einen Angreifer beseitigen*
aus-put-zen, *sich: sich fein machen*
aus-put-zen: *österr. für „sauber machen"*
Aus-put-zer, *der; -s,-: Fußball: letzter Spieler vor dem Torwart*
aus-quar-tie-ren: *aus einer Unterkunft in eine andere verlegen*

aus-quar-tie-ren: *hinauswerfen*
aus-quet-schen: *auspressen*
aus-quet-schen: *ausfragen*
aus-ra-deln, *auch aus-rä-deln: mit einem Rädchen übertragen, ausschneiden*
aus-ra-die-ren
aus-ran-gie-ren: *ausmustern, ablegen, aussortieren*
aus-ra-sie-ren
aus-ras-ten: *zornig werden, Wut empfinden*
aus-ras-ten: *südd., österr. für ausruhen*
aus-rau-ben, *auch aus-räu-bern*
aus-räu-chern: *durch Räuchern von Ungeziefer befreien; auch: jemanden durch Qualm zum Aufgeben zwingen*
aus-rau-fen: *herausreißen, ich könnte mir (vor Wut) die Haare ausraufen*
aus-räu-men: *entleeren*
Aus-räu-mung, *die; -,-en: Leerräumung eines Raumes*
aus-rech-nen: *errechnen*
Aus-rech-nung, *die; -,-en: Lösung einer Rechnung*
Aus-re-de, *die; -,-n: Ausflucht*
aus-re-den: *jemanden von etwas abbringen, umstimmen*
aus-re-den: *fertig reden*
aus-reg-nen, *sich: langandauernd regnen*
aus-rei-ben, *rieb aus, ausgerieben: österr. auch für scheuern*
Aus-reib-tuch, *das; -s, -tü-cher: österr. für Scheuertuch*
aus-rei-chen: *genügen*
aus-rei-chend: *sie hat mit (der Note) „ausreichend" bestanden, er hat nur ein knappes Ausreichend bekommen*
aus-rei-fen
Aus-rei-fung, *die, -,-en*
Aus-rei-se, *die; -,-n: Grenzübertritt*
aus-rei-sen: *Grenze überschreiten, Land verlassen*
aus-rei-ßen, *riss aus, ausgerissen: herausreißen*
aus-rei-ßen, *riss aus, ausgerissen: weglaufen, sich davonmachen*
Aus-rei-ßer, *der; -s,-*
aus-rei-ten, *ritt aus, ausgeritten*
aus-rei-zen, *die Karten ausreizen*
aus-ren-ken: *herausdrehen, auskugeln, sie hat sich den Arm ausgerenkt*
Aus-ren-kung, *die; -,-en: Verrenkung*
aus-rich-ten: *weitersagen*
aus-rich-ten: *einstellen, ordnen*

57

Ausrichtung

Aus-rich-tung, die; -,-en: *Orientierung, Aufstellung*
aus-rin-gen: *umgangssprachlich für auswringen*
aus-rin-nen, rann aus, ausgeronnen: *auslaufen, tröpfeln, ausscheiden*
aus-rip-pen, Tabakblätter -: *von den Rippen lösen*
Aus-ritt, der; -s,-te
aus-ro-den: *Waldbestand lichten*
aus-rol-len
aus-rot-ten: *vernichten*
Aus-rot-tung, die; -,-en: *Vernichtung*
aus-rü-cken: *umgangssprachlich für „ausreißen"*
aus-rü-cken: *eine Armee rückt aus, verlässt die Garnison*
Aus-ruf, der; -es,-e: *Schrei*
aus-ru-fen, rief aus, ausgerufen
Aus-ru-fe-zei-chen, das; -s,-: *Satzzeichen; steht hinter Ausrufen, Befehlen, Betonungen*
aus-ru-hen
aus-rup-fen: *herausreißen*
aus-rüs-ten: *mit Gerätschaften versehen*
Aus-rüs-tung, die; -,-en: *Gerätschaft*
Aus-saat, die; -,-en: *Ausgesätes, Samen*
aus-sä-en: *Samen streuen*
Aus-sa-ge, die; -,-n: *Bekundung*
aus-sa-gen: *bekunden*
Aus-satz, der; -es, keine Mehrzahl: *Lepra*
aus-sät-zig: *leprös, an Lepra erkrankt; auch: gemieden, verpönt*
aus-schach-ten: *ausheben*
Aus-schach-tung, die; -,-en: *Ausgrabung*
aus-scha-len: *mit Brettern verschalen; auch: Verschalung entfernen*
aus-schal-ten: *ausknipsen, abstellen*
aus-schal-ten: *von einer Position oder Funktion entfernen, jemanden nicht hinzuziehen*
Aus-schal-tung, die; -,-en: *Ausschluss*
Aus-schal-tung, die; -,-en: *Stromunterbrechung, Abstellen*
Aus-scha-lung, die; -,-en: *Verschalung*
Aus-schank, der; -es, keine Mehrzahl: *Ausgabe von Getränken*
Aus-schau, die; -, keine Mehrzahl: *Ausschau halten*
aus-schau-en: *aussehen, erscheinen*
aus-schau-en: *umsehen*
aus-schei-den, schied aus, ausgeschieden: *austreten*
aus-schei-den, schied aus, ausgeschieden: *absondern*
Aus-schei-dung, die; -,-en: *Auswahlwettkampf*
Aus-schei-dung, die; -,-en: *Körperabsonderung*
aus-schen-ken: *Getränke ausgeben*
aus-sche-ren: *seitlich aus einer Reihe ausschwenken*
aus-schif-fen: *von Bord gehen*
Aus-schif-fung, die; -,-en
aus-schlach-ten: *verwerten*
Aus-schlach-tung, die; -,-en: *Teileverwertung*
Aus-schlag, der; -es, Aus-schlä-ge: *Pendelbewegung*
Aus-schlag, der; -es, Aus-schlä-ge: *Entscheidungsgrund*
Aus-schlag, der; -es, Aus-schlä-ge: *Ekzem, Hauterkrankung*
aus-schla-gen, schlug aus, ausgeschlagen: *nicht annehmen, ablehnen*
aus-schla-gen, schlug aus, ausgeschlagen: *treten*
aus-schla-gen, schlug aus, ausgeschlagen: *innen verkleiden*
aus-schla-gen, schlug aus, ausgeschlagen: *austreiben, Knospen entfalten*
aus-schlag-ge-bend: *entscheidend*
aus-schläm-men: *Schlamm aus etwas entfernen*
aus-schlie-ßen, schloss aus, ausgeschlossen: *Mitgliedschaft aberkennen*
aus-schließ-lich: *allein, nur*
Aus-schluss, der; Aus-schlus-ses, Ausschlüs-se: *Verbot, Teilnahmeverweigerung, Geheimhaltung: unter Ausschluss der Öffentlichkeit*
Aus-schluss, der; Aus-schlus-ses, Ausschlüs-se: *Aberkennung der Mitgliedschaft*
aus-schmü-cken: *herausputzen; auch: mit erfundenen Details ausstatten*
Aus-schmü-ckung, die; -,-en
aus-schnei-den, schnitt aus, ausgeschnitten: *heraustrennen*
Aus-schnitt, der; -es,-e: *Halsausschnitt*
Aus-schnitt, der; -es,-e: *Teilstück; herausgetrenntes Stück*
aus-schrei-ben, schrieb aus, ausgeschrieben: *zu Ende schreiben*
aus-schrei-ben, schrieb aus, ausgeschrieben: *ausfüllen (Formular), ausstellen (Rezept), eine Ziffer in Worten schreiben*

aussondern

aus-schrei-ben, schrieb aus, ausgeschrieben: *ein Angebot öffentlich bekannt geben*
Aus-schrei-bung, die; -,-en: *Angebotsveröffentlichung*
aus-schrei-ten, schritt aus, ausgeschritten: *lange Schritte machen*
Aus-schrei-tung, die; -,-en: *Tätlichkeit, Auseinandersetzung, Gewalttätigkeit*
Aus-schu-lung, die; -,-en: *Schulentlassung*
Aus-schuss, der; Aus-schus-ses, keine Mehrzahl: *fehlerhafte Ware, fehlerhaftes Produkt*
Aus-schuss, der; Aus-schus-ses, Aus-schüs-se: *Gremium, Komitee*
aus-schüt-teln
aus-schüt-ten: *Gewinn verteilen*
aus-schüt-ten: *auskippen, ausgießen*
Aus-schüt-tung, die; -,-en: *Gewinnverteilung, Dividendeverteilung*
aus-schwe-feln: *mit Schwefel ausräuchern*
Aus-schwe-fe-lung, die; -,-en: *Ausräucherung mit Schwefel*
aus-schwei-fen: *vom Thema abkommen*
aus-schwei-fen: *in alle Richtungen ausschweifen*
aus-schwei-fend: *umständlich*
aus-schwei-fend: *unmäßig, genusssüchtig*
aus-schwei-gen, sich: *schwieg sich aus, sich ausgeschwiegen: Stillschweigen bewahren, nichts sagen, nichts verraten*
aus-schwit-zen: *etwas mit dem Schweiß zusammen absondern*
aus-se-hen, sah aus, ausgesehen: *einen Anblick bieten*
Aus-se-hen, das; -s, keine Mehrzahl: *Anblick, äußere Erscheinung*
aus-sei-hen: *durch ein Tuch sieben*
au-ßen: *außerhalb, draußen; von außen, von innen und außen*
Au-ßen, der; -,-: *im Sport: Außenspieler, er spielt Außen (als Außenspieler)*
aus-sen-den, sendete (sandte) aus, ausgesendet (-gesandt)
Au-ßen-han-del, der; -s, keine Mehrzahl: *Export*
Au-ßen-mi-nis-ter, der; -s,-
Au-ßen-mi-nis-te-ri-um, das; -s, -mi-nis-te-ri-en: *Ministerium des Äußeren*
Au-ßen-po-li-tik, die; -, keine Mehrzahl: *zwischenstaatliche Beziehungen*

au-ßen-po-li-tisch
Au-ßen-sei-ter, der; -s,-: *Eigenbrötler*
Au-ßen-welt, die; -,-en: *Umwelt*
au-ßer: *bis auf; außer dem Kind, außer den Einkauf zu tätigen . . .*
au-ßer: *außerhalb; außer Landes gehen; außer Dienst; außer Acht lassen*
au-ßer-dem
au-ßer-dienst-lich
äu-ße-re
au-ßer-ehe-lich
au-ßer-ge-wöhn-lich
Au-ßer-kraft-set-zung
äu-ßer-lich: *oberflächlich, außen*
Äu-ßer-lich-keit, die; -,-en: *Nebensächliches, Unwesentliches*
äu-ßern, sich: *bemerken, aussprechen*
au-ßer-or-dent-lich: *überdurchschnittlich, ungewöhnlich*
äu-ßerst: *sehr, in hohem Grade*
au-ßer-stan-de (auch au-ßer Stan-de): *nicht in der Lage*
Äu-ßers-te, das; -n, keine Mehrzahl: *das Letzte, der höchste Grad; das Äußerste erwarten, aufs Äußerste vorbereitet sein, bis zum Äußersten gehen*
Äu-ße-rung, die; -,-en: *Bemerkung, Erwähnung*
aus-set-zen: *preisgeben, ausliefern*
aus-set-zen: *Belohnung aussetzen*
aus-set-zen: *beanstanden*
aus-set-zen: *unterbrechen, pausieren*
aus-set-zen: *Pflanzen versetzen, ins Freie pflanzen*
Aus-set-zung, die; -,-en: *Bekanntgabe einer Belohnung*
Aus-set-zung, die; -,-en: *Preisgabe*
Aus-set-zung, die; -,-en: *Pause, Unterbrechung*
Aus-sicht, die; -,-en: *Erwartung, Ziel, Hoffnung*
Aus-sicht, die; -,-en: *Weitblick, Panorama*
aus-sichts-los: *hoffnungslos, chancenlos*
aus-sichts-reich: *zu Hoffnungen berechtigend, favorisiert*
aus-sie-ben
aus-sie-deln
aus-sit-zen, saß aus, ausgesessen: *in der Hoffnung, dass sich etwas von allein erledigt, untätig bleiben*
aus-söh-nen: *versöhnen*
Aus-söh-nung, die; -,-en: *Versöhnung*
aus-son-dern: *heraussuchen, ausmustern*

Aussonderung

Aus-son-de-rung, die; -,-en: *Ausmusterung, Herausnahme*
aus-sor-gen: *materielle Vorsorge treffen für das ganze Leben*
aus-sor-tie-ren
aus-spä-hen: *nach etwas Ausschau halten*
aus-span-nen: *ausschirren*
aus-span-nen: *ausruhen, entspannen*
Aus-span-nung, die; -,-en: *Erholung*
Aus-span-nung, die; -,-en: *Ausschirrung*
aus-spa-ren: *umgehen, freilassen*
Aus-spa-rung, die; -,-en: *Freilassung, Umgehung*
Aus-spa-rung, die; -,-en: *Nische, freier Platz*
aus-sper-ren: *Eintritt verweigern*
Aus-spra-che, die; -,-n: *Akzent, Dialekt*
Aus-spra-che, die; -,-n: *klärende Unterhaltung, Unterredung*
aus-spre-chen, sprach aus, ausgesprochen: *sagen*
aus-spre-chen, sich; sprach sich aus, sich ausgesprochen: *sich unterhalten*
Aus-spruch, der; -es, Aus-sprü-che: *geflügeltes Wort, Zitat*
aus-spü-len
aus-staf-fie-ren: *ausstatten, ausschmücken*
Aus-staf-fie-rung, die; -,-en: *Ausrüstung*
Aus-staf-fie-rung, die; -,-en: *Schmuck*
Aus-stand, der; -es, Aus-stän-de: *Streik, Arbeitsniederlegung*
aus-stat-ten: *ausrüsten, einrichten*
Aus-stat-tung, die; -,-en: *Einrichtung, Ausrüstung*
aus-ste-chen, stach aus, ausgestochen: *den Rang ablaufen, in den Schatten stellen*
aus-ste-chen, stach aus, ausgestochen: *mit einem Messer ausstechen*
aus-stei-gen, stieg aus, ausgestiegen: *umgangssprachlich: nicht mehr mitmachen*
aus-stei-gen, stieg aus, ausgestiegen: *etwas verlassen*
aus-stel-len: *zur Schau stellen*
aus-stel-len: *Schriftstücke anfertigen*
Aus-stel-lung, die; -,-en: *Anfertigung eines Schriftstücks*
Aus-stel-lung, die; -,-en: *Schau, Zurschaustellung*
aus-ster-ben, starb aus, ausgestorben
Aus-steu-er, die; -,-n: *Mitgift*
aus-steu-ern: *Unterstützung einstellen*
aus-steu-ern: *austarieren, einjustieren*
Aus-steu-e-rung, die; -,-en: *Beendigung der Unterstützung*
Aus-stieg, der; -es,-e: *Verlassen eines Raumes*
Aus-stieg, der; -es,-e: *Ausgang, Öffnung*
aus-stop-fen
Aus-stoß, der; -es, Aus-stö-ße: *Produktionsmenge*
Aus-stoß, der, -es, Aus-stö-ße: *Verstoßung*
aus-sto-ßen, stieß aus, ausgestoßen: *hinauskatapultieren, hinauswerfen*
aus-sto-ßen, stieß aus, ausgestoßen: *produzieren*
aus-sto-ßen, stieß aus, ausgestoßen: *verbannen, Mitgliedschaft aberkennen*
aus-strah-len: *Energie abgeben*
aus-strah-len: *senden*
Aus-strah-lung, die; -,-en: *Energieabgabe*
Aus-strah-lung, die; -,-en: *Wirkung eines Menschen*
Aus-strah-lung, die; -,-en: *Sendung*
aus-streu-en: *verstreuen*
aus-streu-en: *verbreiten (Gerücht)*
Aus-streu-ung, die; -,-en: *Verbreitung*
Aus-streu-ung, die; -,-en: *Verstreuung, Verteilung*
Aus-tausch, der; -es, keine Mehrzahl: *wechselseitige Mitteilung*
Aus-tausch, der; -es, keine Mehrzahl: *Leistung auf Gegenseitigkeit*
aus-tau-schen: *wechseln, vertauschen*
aus-tei-len: *verteilen, zuteilen*
Aus-ter, die; -,-n: *Edelmuschel*
aus-til-gen: *vernichten, ausrotten*
Aus-til-gung, die; -,-en: *Vernichtung*
aus-tra-gen, trug aus, ausgetragen: *Zeitungen austragen, verteilen*
aus-tra-gen, trug aus, ausgetragen: *ein Kind austragen*
aus-tra-gen, trug aus, ausgetragen: *einen Streit ausfechten*
Aus-tra-li-en, -s, keine Mehrzahl: *Kontinent*
aus-trei-ben, trieb aus, ausgetrieben: *wegjagen; auch: gewaltsam von etwas abbringen*
aus-tre-ten, trat aus, ausgetreten: *Verein verlassen*
aus-tre-ten, trat aus, ausgetreten: *die Toilette aufsuchen*

Autobahn

Aus-tria (auch Aust-ria): *Österreich*
Aus-tritt, der; -es,-e: *Rücktritt von der Mitgliedschaft*
aus-trock-nen
Aus-trock-nung, die; -,-en: *völliger Flüssigkeitsverlust*
aus-tüf-teln: *sich ausdenken, ersinnen*
aus-üben: *eine Arbeit verrichten*
Aus-üben-de, der; -n,-n: *Arbeitender*
Aus-übung, die; -,-en: *Verrichtung, Erfüllung*
aus-ufern: *sich verbreitern, ausschweifen*
Aus-ver-kauf, der; -es, Aus-ver-käu-fe: *Verramschung; auch: Pleite*
aus-wach-sen, wuchs aus, ausgewachsen: *voll ausreifen; auch: zu groß werden*
aus-wach-sen, wuchs aus, ausgewachsen: *entarten, fehlentwickeln*
Aus-wach-sen, das; -s, keine Mehrzahl: *zum Auswachsen, ärgerlich*
Aus-wahl, die; -, keine Mehrzahl: *Wahlmöglichkeit*
Aus-wahl, die; -, keine Mehrzahl: *Elite, das Allerbeste*
aus-wäh-len: *aussuchen*
Aus-wan-de-rer, der; -s,-: *Emigrant*
aus-wan-dern: *in ein anderes Land ziehen, emigrieren*
Aus-wan-de-rung, die; -,-en: *Emigration*
aus-wär-tig: *von außerhalb, fremd*
aus-wärts: *fremd, von außen*
aus-wärts: *nach außen gerichtet*
aus-wech-seln: *austauschen*
Aus-wechs-lung, die; -,-en: *Austausch*
Aus-weg, der; -es,-e: *Lösung*
aus-wei-chen, wich aus, ausgewichen: *beiseite treten, etwas vermeiden*
aus-wei-den: *ausnehmen*
Aus-weis, der; -es,-e: *Pass, Papiere, Legitimation*
aus-wei-sen, wies aus, ausgewiesen: *wegschicken*
aus-wei-sen, sich: *wies sich aus, sich ausgewiesen: sich zu erkennen geben, sich legitimieren*
Aus-wei-sung, die; -,-en: *Verweisung des Landes*
aus-wei-ten: *vergrößern, ausdehnen*
Aus-wei-tung, die; -,-en: *Dehnung*
Aus-wei-tung, die; -,-en: *Vergrößerung*
aus-wen-dig: *im Kopf, im Gedächtnis haben*
aus-wer-ten: *Schlüsse ziehen*
aus-wer-ten: *verwerten*
Aus-wer-tung, die; -,-en: *Ziehen von Schlüssen*
Aus-wer-tung, die; -,-en: *Verwertung, Nutzbarmachung*
aus-wir-ken, sich: *Folgen haben*
Aus-wir-kung, die; -,-en: *Folge, Ergebnis*
aus-wi-schen
aus-wrin-gen, wrang aus, ausgewrungen: *ausquetschen*
Aus-wuchs, der; -es, Aus-wüch-se: *Missstand, Übertreibung*
Aus-wuchs, der; -es, Aus-wüch-se: *Missbildung*
Aus-wurf, der; -es, Aus-wür-fe: *ausgehusteter Schleim*
Aus-wurf, der; -es, Aus-wür-fe: *Auswurf eines Vulkans: Lava*
aus-zah-len: *Geld überweisen, übergeben*
aus-zah-len, sich: *sich lohnen*
aus-zäh-len: *Kampfunfähigkeit ermitteln*
Aus-zeh-rung, die; -,-en: *Schwindsucht, Tuberkulose*
aus-zeich-nen: *hervorheben*
aus-zeich-nen: *mit einem Preis versehen*
Aus-zeich-nung, die; -,-en: *Preisangabe*
Aus-zeich-nung, die; -,-en: *Hervorhebung, Ehrung*
aus-zie-hen, zog aus, ausgezogen: *wegziehen, Wohnung verlassen*
aus-zie-hen, sich: *zog sich aus, sich ausgezogen: Kleidung ablegen*
aus-zie-hen, zog aus, ausgezogen: *Kleidung ablegen*
Aus-zug, der; -es, Aus-zü-ge: *Aufgabe einer Wohnung, Wohnungsräumung*
Aus-zug, der; -es, Aus-zü-ge: *Abschnitt eines Buches*
Aus-zug, der; -es, Aus-zü-ge: *Klavierbearbeitung eines Musikstückes*
Aus-zug, der; -es, Aus-zü-ge: *Abmarsch*
Aus-zug, der; -es, Aus-zü-ge: *Sud, Extrakt*
Aus-zugs-mehl, das; -es, keine Einzahl: *Mehlqualität*
au-tark (oder: aut-ark): *nabhängig, abgeschlossen*
Au-tar-kie, die; -, keine Mehrzahl: *wirtschaftliche Unabhängigkeit und Abgeschlossenheit*
au-then-tisch: *echt, verbürgt*
Au-then-ti-zi-tät, die; keine Mehrzahl: *Echtheit, Rechtsgültigkeit*
Au-to, das; -s,-s: *Kraftfahrzeug*
Au-to-bahn, die; -,-en: *Schnellstraße*

Autobiographie

Au-to-bi-o-gra-fie (auch Au-to-bi-o-gra-phie), die; -,-n: *selbstverfasste Lebensbeschreibung*
au-to-bi-o-gra-fisch (auch au-to-bi-o-gra-phisch): *selbst erlebt*
Au-to-di-dakt, der, -en,-en: *durch Selbststudium sich Bildender*
au-to-di-dak-tisch: *selbst geschult*
Au-to-fah-rer, der; -s,-
au-to-gen: *selbstwirkend, selbsttätig*
au-to-ge-nes Schwei-ßen: *Schweißen mit einer heißen Stichflamme*
au-to-ge-nes Trai-ning: *Selbstentspannung, Meditationstechnik*
Au-to-gramm, das; -es,-e: *eigenhändige Unterschrift*
Au-to-mat, der; -en,-en: *selbstständig arbeitende Maschine*
Au-to-ma-tik, die; -,-en: *automatisches Getriebe*
Au-to-ma-ti-on, die; -, keine Mehrzahl: *selbsttätige Fertigung*
au-to-ma-tisch: *selbstständig, selbsttätig*
Au-to-ma-ti-sie-rung, die; -,-en: *Einführung automatisierter Arbeitsvorgänge*
Au-to-mo-bil, das; -s,-e: *Kraftfahrzeug*
au-to-nom: *selbstständig, unabhängig, eigengesetzlich*
Au-to-no-mie, die; -,-n: *Eigengesetzlichkeit, Unabhängigkeit*
Au-to-pi-lot, der; -en,-en: *automatische Steuerung bei Fahrzeugen und Flugzeugen*
Au-top-sie (auch Aut-op-sie), die; -,-n: *Leichenöffnung*
Au-tor, der; -s, Au-to-ren: *Schriftsteller, Verfasser*
au-to-ri-sie-ren: *ermächtigen, gestatten*
Au-to-ri-tät, die; -,-en: *Fachvertreter*
Au-to-ri-tät, die; -, keine Mehrzahl: *anerkanntes Ansehen*
Au-to-ri-tät, die; -,-en: *Obrigkeit, maßgebende Institution*
Au-to-sug-ges-ti-on, die; -,-en: *Selbstbeeinflussung*
au-to-sug-ges-tiv
A-van-cen [Avoñßen], die; -, keine Einzahl: *veraltet für: Vorsprung, Gewinn; auch: jemandem Avancen machen, jemandem den Hof machen*
a-van-cie-ren: *aufsteigen*
A-vant-gar-de [Avontgard], die; -,-n: *Vorhut (einer Idee, einer Bewegung, eines Stils)*
A-vant-gar-dis-mus, der; -, keine Mehrzahl: *Eintreten für neue Ideen*
A-vant-gar-dist, der; -en,-en: *Vorkämpfer*
a-vant-gar-dis-tisch
a-van-ti: *los! vorwärts!*
A-ver-si-on, die; -,-en: *Abneigung, Widerwille*
a-vi-sie-ren: *ankündigen, melden*
A-vo-ca-do, die; -,-s: *südamerikanische Frucht*
A-xi-om, das; -s,-e: *keines Beweises bedürfender Grundsatz*
Axt, die; -, Äx-te: *Beil*
A-za-lee, die; -,-n: *Zierpflanzenart*
A-zi-mut, der/das; -s,-e: *Winkelgröße, auch: Höhe über dem Horizont*
A-zo-ren, die; -, keine Einzahl: *Inselgruppe im Atlantik*
A-zur, der; -s, keine Mehrzahl: *Himmelsblau*
a-zurn: *himmelblau*

B

b, B, das; -,-: *zweiter Buchstabe des Alphabets*
b, das; -,-: *Musik: um einen halben Ton erniedrigtes h*
b, das; -,-: *Musik: Erniedrigungszeichen um einen halben Ton*
b.: *Abkürzung für „bei(m)"*
Baal, der; -s, keine Mehrzahl: *semitische Gottheit*
Baas, der; -es,-e: *niederdeutsch für „Meister, Chef"*
bab-beln: *regional für „schwatzen, plappern"*
Ba-bel, das; -s,-: *Babylon; übertragen auch für: Durcheinander*
Ba-by [Bähbie], das; -s, -s: *Säugling; auch: Liebling*
Ba-by-lon, das; -s,-e: *Babel, übertragen auch für: Durcheinander*
ba-by-lo-nisch: *verwirrt, babylonisches Sprachengewirr*
ba-by-sit-ten [bäbiesitten]
Ba-by-sit-ter [Bäbiesitter], der; -s,-: *Kinderhüter*
Bac-chus, er; -, keine Mehrzahl: *Gott des Weines*
Bach, der; -es, Bä-che
Ba-che, die; -,-n: *weibliches Wildschwein*
Back, die; -,-en: *Tischgemeinschaft an Bord*
Back-bord, das; -es,-e: *linke Seite des Schiffes*
Bäck-chen, das; -s,-
Ba-cke, die; -,-n: *Wange*
ba-cken, er bäckt, buk, gebacken: *Teig im Ofen backen*
Bä-cker, der; -s,-
Bä-cke-rei, die; -,-en: *Betrieb, in dem Backwaren hergestellt und verkauft werden; österr. auch: Gebäck*
Back-fisch, der; -es,-e: *fritierter Fisch*
Back-fisch, der; -es,-e: *Teenager*
Back-hen-del, das; -s,-n: *österr. für „Brathähnchen"*
Back-obst, das; -es, keine Mehrzahl: *Dörrobst*
Back-pfei-fe, die; -,-n: *Ohrfeige*
Back-pflau-me, die; -,-n
Back-pul-ver, das; -s, keine Mehrzahl
Back-stein, er; -es,-e: *Ziegelstein*
Ba-con [Bäiken], der; -s, keine Mehrzahl: *Frühstücksspeck*
Bad, das; -es, Bä-der: *Kurort*
Bad, das; -es, Bä-der: *Badezimmer*
Bad, das; -es, Bä-der: *Reinigung*
Ba-de-an-stalt, die; -,-en
Ba-de-an-zug, der; -es, -zü-ge
Ba-de-meis-ter, der; -s,-
Ba-de-müt-ze, die; -,-n
ba-den: *schwimmen*
Ba-de-ort, der; -es,-e: *Kurort*
baff: *verblüfft*
Ba-ga-ge [Bagahsch], die; -,-n: *Gepäck*
Ba-ga-ge [Bagahsche], die; -,-n: *umgangssprachlich für „Gesindel", auch: „Familienanhang"*
Ba-ga-tel-le, die; -,-n: *Kleinigkeit, Lappalie*
ba-ga-tel-li-sie-ren: *herunterspielen, als Nebensächlichkeit behandeln*
Bag-ger, der; -s,-
bag-gern: *ausheben*
Ba-gno (auch Bag-no) [Banjo], der; -s,-s: *schwerer Kerker*
Bahn, die; -, keine Mehrzahl: *sich Bahn brechen, sich freien Weg verschaffen*
Bahn, die; -,-en: *Bundesbahn, Eisenbahn*
Bahn, die; -,-en: *Stoffbahn*
Bahn, die; -,-en: *Weg, Fahrdamm*
Bahn, die; -,-en: *Geschossbahn, physikalischer Weg eines Körpers*
bahn-bre-chend: *revolutionär, neuartig, bedeutsam*
bah-nen: *Weg frei machen*
Bahn-hof, der; -es,-hö-fe
Bahn-hofs-mis-si-on, die; -,-en
Bahn-über-gang, der; -es, -gän-ge
Bah-re, die; -,-n: *Trage*
Bai [Bäi], die; -,-en: *Meeresbucht*
bai-risch: *vergleiche „bayrisch"*
Bai-ser [Beseh], das; -s,-s: *Eischaumgebäck*
Bais-se [Bähß], die; -,-n: *starkes Fallen (von Börsenkursen)*
Ba-jaz-zo, der; -s,-s: *Possenreißer, Hanswurst, Clown*
Ba-jo-nett, das; -es,-e: *Seitengewehr*
Ba-jo-nett-ver-schluss, der; -schlus-ses, -schlüs-se: *leicht lösbare Verbindung*
Ba-ju-wa-re, der; -n,-n: *scherzhaft für Bayer*

Ba-ke, die; -,-n: *feststehendes Seezeichen*
Ba-ke-lit, das; -s,-e: *Kunststoff*
Bak-ka-rat [Bakara], das; -s, keine Mehrzahl: *Kartenspiel*
Bak-schisch, das; -,-e: *Trinkgeld*
Bak-te-rie, die; -,-n: *Bakterium; Kleinstlebewesen, Krankheitserreger*
bak-te-ri-ell: *die Bakterien betreffend*
Bak-te-ri-o-lo-ge, der; -n,-n: *Wissenschaftler der Bakteriologie*
Bak-te-ri-o-lo-gie, die; -, keine Mehrzahl: *Wissenschaft von den Bakterien*
bak-te-ri-o-lo-gisch: *die Bakteriologie betreffend, mit ihrer Hilfe*
bak-te-ri-zid: *bakterientötend*
Ba-la-lai-ka, die, -,-s/Ba-la-lai-ken: *russische Gitarre*
Ba-lan-ce [Balonß], die; -,-n: *Gleichgewicht*
ba-lan-cie-ren [balonßieren]: *Gleichgewicht halten*
bald, eher, am ehesten: *in Kürze*
Bal-da-chin, der; -s,-e: *Betthimmel, auch Schirmdach über Altären usw.*
Bäl-de, in: *binnen kurzem, bald*
bal-dig
bal-digst: *so bald wie/als möglich*
bald-mög-lichst: *möglichst bald, binnen kurzem*
bal-do-wern: *ausbaldowern*
Bald-ri-an (auch Bal-dri-an), der; -s, keine Mehrzahl: *Heilpflanze, wirkt beruhigend*
Balg, der, -es, Bäl-ge: *abgezogene Tierhaut*
Balg, der, -es, Bäl-ger: *Schlingel, umgangssprachlich für „unartiges Kind"*
bal-gen, sich: *raufen*
Bal-ge-rei, die; -,-en: *Rauferei*
Bal-kan, der; -s, keine Mehrzahl: *Südosteuropa*
Bal-kan-halb-in-sel, die; -, keine Mehrzahl
Bal-ken, der; -s,-: *Holzträger*
Bal-kon, der; -s,-e: *erster Rang im Theater*
Bal-kon, der; -s,-e: *offener Gebäudevorbau*
Ball, der, -es, Bäl-le: *Lederkugel*
Ball, der, -es, Bäl-le: *Tanzveranstaltung*
Bal-la-de, die; -,-n: *episches dramatisches Gedicht*
bal-la-desk: *balladenhaft*
Bal-last, der; -es, keine Mehrzahl: *Beschwerung*
Bal-len, der; -s,-: *Haufen*

Bal-len, der; -s,-: *Hand- oder Fußballen*
bal-len: *zusammendrücken; auch: konzentrieren, zusammenhäufen*
Bal-le-ri-na, die; -, Bal-le-ri-nen: *Vortänzerin im Ballett*
bal-lern: *umgangssprachlich für „schießen, knallen"*
Bal-lett, das; -s,-e: *Bühnentanzgruppe*
Bal-lett, das; -s,-e: *Bühnentanz*
Bal-lis-tik, die; -, keine Mehrzahl: *Lehre von der Bewegung geworfener oder abgeschossener Körper*
Ball-jun-ge, der; -n,-n
Bal-lon [Ballohn/Ballong], der; -s,-e: *gasgefüllter Ball, auch: bauchiges Glasgefäß*
Bal-lung, die; -,-en: *Zusammendrängung, Häufung, Stauung*
Bal-lungs-zen-trum, das; -s, -zen-tren: *dichte Besiedlung*
Bal-sa, das; -, keine Mehrzahl: *leichtes Holz*
Bal-sam, der; -s,-e: *linderndes Gemisch aus Harzen und ätherischen Ölen; auch übertragen: Wohltat, Erfrischung*
bal-sa-misch: *lindernd, würzig, wohltuend*
Bal-te, der; -n,-n: *Einwohner des Baltikums*
Bal-ti-kum, das; -s, keine Mehrzahl: *Küstengebiet an der Ostsee*
bal-tisch
Ba-lus-tra-de (auch Ba-lust-ra-de), die; -,-n: *Brüstung, auf Säulen ruhendes Geländer*
Balz, die; -,-en: *Paarungszeit der Vögel*
bal-zen: *werben*
Bam-bi-no, der; -s,-s/Bam-bi-ni: *kleines Kind*
Bam-bus, der; -/-ses,-se: *tropisches Riesengras*
Bam-mel, der; -s, keine Mehrzahl: *umgangssprachlich für „Angst"*
bam-meln: *umgangssprachlich für „hängen, baumeln"*
ba-nal: *abgeschmackt, alltäglich, abgedroschen*
Ba-na-li-tät, die; -,-en: *Alltägliches, Phrase*
Ba-na-ne, die; -,-n: *tropische Frucht*
Ba-na-nen-ste-cker, der; -s,-: *kleiner, schmaler Stecker*
Ba-nau-se, der; -n,-n: *Spießer, Mensch ohne tieferes Empfinden, ohne künstlerisches Verständnis*

Barke

ba-nau-sisch: *spießig, ungebildet*
Band, der; -es, Bän-de: *Buch*
Band [Bänd], die; -,-s: *Musikgruppe*
Band, das; -es, Bän-der: *Stoffstreifen*
Ban-da-ge [Bandahsche], die; -,-n: *Stützverband*
Ban-da-geur [Bandahschör], der; -s,-e: *Hersteller von Verbänden*
ban-da-gie-ren: *fest umwickeln*
Ban-de, die; -,-n: *Umrandung eines Billardtisches*
Ban-de, die; -,-n: *(kriminelle) Gruppe*
Ban-de-ro-le, die; -,-n: *Steuerband*
bän-di-gen: *zähmen, beruhigen*
Bän-di-ger, der; -s,-: *Dompteur*
Ban-dit, der; -en,-en: *Räuber, Wegelagerer*
Band-schei-be, die; -,-n
Band-wurm, der; -es,-wür-mer
ban-ge: *ängstlich, furchtsam; angst und bange, Bange machen*
ban-gen: *zagen, Angst haben*
Ban-gig-keit, die; -,-en
Ban-jo [Bändscho], das; -s,-s: *Gitarre mit rundem Klangkörper*
Bank, die; -, Ban-ken: *Geldinstitut*
Bank, die; -, Bän-ke: *Sitzgelegenheit*
Bän-kel-sän-ger, der; -s,-: *Moritatensänger, Jahrmarktsänger*
Ban-ker [Banker/Bänker], der; -s,-: *Bankier, höherer Bankangestellter*
Ban-kert, der; -s,-e: *veraltet für „uneheliches Kind", heute für „freches Kind"*
Ban-kett, das; -s,-e: *Festmahl*
Ban-ket-te, die; -,-n: *Randstreifen neben einer Straße*
Ban-ki-er [Bankieh], der; -s,-s: *Banker*
Bank-no-te, die; -,-n: *Geldschein*
bank-rott: *zahlungsunfähig*
Bank-rott, der; -es,-e: *schuldhafte Zahlungsunfähigkeit*
Bank-rot-teur [Bankrottör], der; -s,-e: *Person, die Bankrott macht*
Bann, der; -es,-e: *Ausschluss aus einer Gemeinschaft*
Bann-bul-le, die; -,-n: *päpstliches Dokument, in dem über jemanden der Bann verhängt wird*
Ban-ner, das; -s,-: *Fahne*
Bann-kreis, der; -es,-e: *Kreis, dessen Betreten verboten ist*
Bann-mei-le, die; -,-n: *Bannbezirk von einer Meile um einen Ort*
Ban-tam: *Ort auf Java*

Ban-tam-ge-wicht, das; -es,-e: *Gewichtsklasse in der Schwerathletik*
Bap-tis-mus, der; -, keine Mehrzahl: *freireligiöse Sekte, die nur die Erwachsenentaufe zulässt*
Bap-tist, der; -en,-en: *Anhänger des Baptismus*
bar: *in Geldscheinen und Münzen; er bezahlt bar*
bar: *bloß, nackt, ohne; barfuß, barhäuptig, bar jeder Vernunft*
Bar, die; -,-s: *Schanktisch, Theke*
Bar, die; -,-s: *Gaststätte*
Bar, das; -s,-s: *Einheit zur Messung des Luftdrucks*
Bär, der; -en,-en: *Raubtier*
Ba-ra-cke, die; -,-n: *Hütte, Schuppen*
Bar-bar, der; -en,-en: *unkultivierter Mensch*
Bar-ba-rei, die; -,-en: *Kulturlosigkeit, auch: Grausamkeit*
bar-ba-risch: *grausam, unmenschlich*
Bar-be-cue [Barbikju], das; -s,-s: *Grillfest*
bär-bei-ßig: *mürrisch, grimmig*
Bar-bier, der; -s,-e: *Bart- und Haarpfleger, Herrenfriseur*
Bar-chent, der; -s,-e: *Baumwollflanell*
Bar-da-me, die; -,-n: *Bedienung in einer Bar*
Bar-de, der; -n,-n: *Sänger, Dichter von Minneliedern*
Bä-ren-dienst, der; -es,-e: *schlechter Dienst*
Bä-ren-haut, die; -,-häu-te: *Bärenfell, auch: auf der Bärenhaut liegen für „faulenzen"*
Bä-ren-müt-ze, die; -,-n: *hohe Fellmütze*
bä-ren-stark
Ba-rett, das; -es,-e: *flache Kopfbedeckung*
bar-fuß: *ohne Schuhe, mit bloßen Füßen*
Bar-geld, das; -es,-er: *Geldscheine und Münzen*
bar-geld-los: *durch Scheck oder Überweisung zahlen, ohne Bargeld*
bar-häup-tig: *ohne Hut*
Ba-ri-ton, der; -s,-e: *Männerstimme zwischen Tenor und Bass; auch: Sänger mit dieser Stimmlage*
Bark, die; -,-en: *Segelschiff*
Bar-ka-ro-le, die; -,-n: *Gondellied*
Bar-kas-se, die; -,-n: *größtes Beiboot auf Kriegsschiffen*
Bar-ke, die; -,-n: *Boot, Gondel*

Bärlapp

Bär-lapp, der; -s,-e: *moosartige Pflanze*
Bär-me, die; -, keine Mehrzahl: *regional für „Hefe"*
barm-her-zig: *mildtätig, mitfühlend*
ba-rock: *verschnörkelt, üppig, überladen*
Ba-rock, der/das; -s, keine Mehrzahl: *Kunststil des 17. und 18. Jahrhunderts; auch: Zeitalter des Barocks*
Ba-ro-me-ter, der/das; -s,-: *Luftdruckmessgerät*
ba-ro-met-risch: *den Luftdruck betreffend*
Ba-ron, der; -s,-e: *Adelstitel: Freiherr*
Ba-ro-ness, die; -,-en: *Adelstitel: Freifräulein*
Ba-ro-nin, die; -,-nen: *Adelstitel: Freifrau*
Bar-ras, der; -, keine Mehrzahl: *Militärdienst, Kommiss*
Bar-ren, der; -s,-: *Turngerät*
Bar-ren, der; -s,-: *Metallblock oder -stange*
Bar-ri-e-re, die; -,-n: *Schranke, Schlagbaum, künstliches Hindernis*
Bar-ri-ka-de, die, -,-n: *Sperre, Hindernis*
bar-ri-ka-die-ren
barsch: *unfreundlich, kurz angebunden*
Barsch, der; -es,-e: *Fisch*
Bar-schaft, die; -,-en: *Besitz an Bargeld*
Bart, der; -es, Bär-te: *Haarwuchs im Gesicht*
Bart, der; -es, Bär-te: *das Schloss bewegender Schlüsselteil*
Bar-te, die; -,-n: *zerfaserte Hornplatte im Maul des Walfisches*
Bart-flech-te, die; -,-n: *Hautausschlag*
bär-tig: *im Gesicht behaart*
Bart-stop-pel, die; -,-n
Ba-salt, der; -es,-e: *Gestein*
Ba-sal-tem-pe-ra-tur, die; -,-en: *morgens vor dem Aufstehen gemessene Körpertemperatur*
Ba-sar, der; -s,-e: *orientalischer Markt*
Ba-sar, der; -s,-e: *Wohltätigkeitsveranstaltung*
Ba-se, die; -,-n: *alkalisch reagierende chemische Verbindung*
Ba-se, die; -,-n: *Kusine, auch: Tante*
Base-ball [Bäisbohl], der; -s, keine Mehrzahl: *Schlagballspiel*
Ba-se-dow, der, -s,-s: *Kurzform für „Basedowkrankheit"; Überfunktion der Schilddrüse*
ba-sie-ren: *die Grundlage haben in, beruhen auf*
Ba-si-li-ka, die; -, Ba-si-li-ken: *Kirche*
Ba-si-li-kum, das; -s, keine Mehrzahl: *Gewürzpflanze*
Ba-si-lisk, der; -en,-en: *Fabeltier mit tödlichem Blick*
Ba-si-lis-ken-blick, der; -es,-e: *lähmender, tödlicher Blick*
Ba-sis, die; -, keine Mehrzahl: *Grundzahl*
Ba-sis, die, -, Ba-sen: *militärischer Stützpunkt*
Ba-sis, die; -, Ba-sen: *Grundlage*
Ba-sis, die; -, Ba-sen: *Unterbau*
Bas-ken-müt-ze, die; -,-n: *flache Kopfbedeckung*
Bas-ket-ball, der; -s, keine Mehrzahl: *Korbballspiel; auch: der Ball dazu*
Bas-re-li-ef [Barelief], das; -s,-s: *Flachrelief*
Bass, der; Bas-ses, Bäs-se: *tief tönendes Streichinstrument*
Bass, der, Bas-ses, Bäs-se: *tiefe Männerstimme*
Bass, der, Bas-ses, Bäs-se: *tiefste Tonschwingungen*
Bass, der; Bas-ses, Bäs-se: *Sänger mit Bassstimme*
Bas-set [Bäßet], der; -s,-s: *Hunderasse*
Bas-sin [Baßän], das, -s,-s: *Wasserbecken*
Bass-schlüs-sel, der; -s,-: *Notenschlüssel: F-Schlüssel auf der 4. Linie*
Bast, der; -es,-e: *Pflanzenfaser*
Bast, der; -es,-e: *Haut am noch unfertigen Geweih*
bas-ta: *umgangssprachlich für „genug!"*
Bas-tard, der; -es,-e: *Mischling, auch abwertend: uneheliches Kind*
Bas-tei, die; -,-en: *Bollwerk, Festungsbau*
Bas-te-lei, die; -,-en: *spielerisch-handwerkliche Freizeitbeschäftigung*
bas-teln: *anfertigen, zusammensetzen*
Bas-til-le [Bastihje], die; -, keine Mehrzahl: *Festungsbau in Paris*
Bas-ti-on, die; -,-en: *Festungsbau, Bastei*
Bast-ler, der; -s,-
Bas-to-na-de, die; -,-n: *Prügelstrafe, Stockschläge auf die Fußsohlen*
Ba-tail-lon [Bataijoñ/Battalljohn], das; -es,-e: *Truppenabteilung*
Ba-tik, die; -,-en: *Stofffärbeverfahren*
ba-ti-ken: *Stoff färben*
Ba-tist, der; -es,-e: *feines Gewebe*
Bat-te-rie, die; -,-n: *Artillerieeinheit*
Bat-te-rie, die; -,-n: *Zusammenschaltung von mehreren gleichartigen Geräten*

Bat-te-rie, die; -,-n: *elektrischer Akkumulator*
Bat-zen, der; -s,-: *Klumpen, Haufen*
Bau, der; -es, Bau-ten: *Gebäude*
Bau, der, -es, keine Mehrzahl: *umgangssprachlich für „Gefängnis, enger Raum"*
Bau, der; -es, keine Mehrzahl: *Kurzwort für „Baustelle"; auf dem Bau arbeiten*
Bau, der; -es,-e: *Bergmannssprache für „Stollen"*
Bau, der; -es,-e: *Tierwohnung*
Bauch, der; -es, Bäu-che: *Unterleib, auch: Wanst*
Bauch-fell, das; -es,-e: *Schutzhaut um die Baucheingeweide*
bäuch-lings: *auf dem Bauch liegend*
Bauch-red-ner, der; -s,-: *Varietékünstler, der ohne Lippenbewegungen sprechen kann*
Bauch-spei-chel-drü-se, die, -,-n: *Pankreas, Verdauungssäfte produzierende Drüse*
Bauch-tanz, der; -es,-tän-ze: *orientalischer Fruchtbarkeitstanz*
Bauch-weh, das; -s, keine Mehrzahl: *Schmerzen im Unterleib*
Baud [Boo], das; -s,-: *Einheit für die Übertragungsgeschwindigkeit von Daten*
bau-en: *erbauen, errichten*
Bau-er, der/das; -s,-: *Vogelkäfig*
Bau-er, der; -n,-n: *Spielkarte, Schachfigur*
Bau-er, der; -n,-n: *Landwirt*
Bau-ern-fän-ger, der; -s,-: *Gauner, Trickbetrüger*
Bau-ern-schläue, die; -, keine Mehrzahl
bau-fäl-lig: *abbruchreif, verfallen*
Bau-haus, das; -es, keine Mehrzahl: *Kunstschule*
Baum, der; -es, Bäu-me
bau-meln: *hin- und herschwingen, schaukeln*
bäu-men, sich: *sich heftig wehren*
Baum-gren-ze, die; -,-n
Baum-kro-ne, die; -,-n: *Baumwipfel*
Baum-ku-chen, der; -s,-: *Kuchenart*
Baum-schu-le, die; -,-n: *Baumanpflanzung*
Baum-stamm, der; -es, -stäm-me
Baum-wol-le, die; -, keine Mehrzahl: *pflanzliche Faser*
baum-wol-len: *aus Baumwolle*
Bau-plan, der; -es, -plä-ne
Bausch, der; -es, Bäu-sche: *Wulst, Verdickung, Knäuel*

bau-schen: *blähen, wölben*
bau-spa-ren: *prämienbegünstigtes Sparen zur Wohnungsbauförderung*
Bau-spa-rer, der; -s,-
Bau-spar-kas-se, die; -,-n: *Sparkasse zum Bausparen*
Bau-stel-le, die; -,-n
Bau-stil, der; -es,-e: *Art und Weise des Bauens, Architekturform*
Bau-werk, das; -es,-e
Bau-xit, das; -s,-e: *Aluminiummineral*
Ba-va-ria, die; -, keine Mehrzahl: *Frauengestalt, Sinnbild für Bayern*
ba-ye-risch: *Bayern betreffend*
Bay-er, der; -n,-n: *Einwohner Bayerns*
Bay-ern: *Freistaat, Bundesland der Bundesrepublik Deutschland*
Bay-reuth: *Stadt am Roten Main, Sitz der Wagner-Festspiele*
bay-risch: *Bayern betreffend*
Ba-zi, der; -,-: *umgangssprachlich neckend für „Bayer"*
Ba-zil-lus, der; -, Ba-zil-len: *Krankheitserreger*
be-ab-sich-ti-gen: *die Absicht haben, vorhaben*
be-ach-ten: *befolgen, berücksichtigen*
be-acht-lich: *ansehnlich*
be-a-ckern: *Bestellen von Äckern, auch: gründlich durcharbeiten*
Be-am-ter, der; Be-am-ten, Be-am-ten: *Inhaber eines öffentlichen Amtes*
Be-am-tin, die; -,-nen: *Inhaberin eines öffentlichen Amtes*
be-ängs-ti-gend: *Furcht erregend*
be-an-spru-chen: *verlangen*
Be-an-spru-chung, die; -,-en: *Anspruchserhebung*
Be-an-spru-chung, die; -,-en: *Überforderung, Stress*
be-an-stan-den: *rügen, Mängel reklamieren*
Be-an-stan-dung, die; -,-en: *Mängelrüge*
be-an-tra-gen: *Antrag stellen, vorschlagen, fordern*
be-ant-wor-ten: *erwidern*
Be-ant-wor-tung, die; -,-en: *Erwiderung*
be-ar-bei-ten: *herrichten, durcharbeiten*
Be-ar-bei-ter, der; -s,-: *zuständiger Beamter, Fachmann*
Beat [Biet], der; -s, keine Mehrzahl: *moderne Musikrichtung; Schlagrhythmus im Jazz*

Beatles

Bea-tles, die; -,-: *Liverpooler Beatband*
Beau [Boh], der; -,-s: *Schönling, Geck*
Beau-fort-ska-la [Bohfohrskala], die; -,-ska-len: *12-gradige Skala der Windstärken*
be-auf-sich-ti-gen: *aufpassen, bewachen*
Be-auf-sich-ti-gung, die; -,-en: *Bewachung, Überwachung*
be-auf-tra-gen: *Auftrag erteilen*
Be-auf-trag-te, der; -n,-n: *Bevollmächtigter, Auftragsausführender*
be-äu-gen: *ansehen, prüfend betrachten*
be-bau-en: *Feld bestellen*
be-bau-en: *Haus auf einem Grundstück errichten*
Be-bau-ung, die; -,-en: *Bestand an Gebäuden in einem Gebiet*
Be-bau-ung, die; -,-en: *das Bebauen*
Be-ben, das; -s,-: *Erderschütterung, Zittern*
be-ben: *zittern, erschüttert werden*
be-bil-dern: *mit Bildern versehen*
be-brillt: *Brille tragend*
Bé-cha-mel-so-ße [Beschamehlsoße], die; -, -n: *Butter-Mehl-Soße*
Be-cher, der; -s,-: *Trinkgefäß*
be-chern: *fleißig trinken*
be-cir-cen [bezirzen]: *umgangssprachlich für „jemanden verführen, überreden"*
Be-cken, das; -s,-: *flache Schüssel*
Be-cken, das; -s,-: *Schlaginstrument*
Be-cken, das, -s,-: *Bassin*
Be-cken, das; -s,-: *Beckenknochen*
Beck-mes-ser, der; -s,-: *Nörgler, kleinlicher Mensch*
Beck-mes-se-rei, die; -,-en: *kleinliche Kritik*
be-da-chen: *mit einem Dach versehen*
be-dacht: *erpicht auf etwas*
be-dacht: *bedächtig, ruhig, überlegt*
Be-dacht, der; -s, keine Mehrzahl: *mit Bedacht: überlegt*
be-dacht-sam: *mit Überlegung*
Be-dacht-sam-keit, die; -,-en: *Überlegtheit, Bedächtigkeit*
Be-da-chung, die; -,-en: *Dach*
be-dan-ken: *Dank sagen*
be-dan-ken, sich: *ablehnen*
be-dan-ken, sich: *danksagen*
Be-darf, der; -es, keine Mehrzahl: *Bedürfnis, erforderliche Menge*
Be-darfs-fall, im: *wenn nötig*
be-dau-er-lich: *leider, beklagenswert*

be-dau-ern: *beklagen, bemitleiden*
be-dau-ern: *bereuen*
be-de-cken: *überdecken, zudecken*
be-de-cken, sich: *sich zudecken, auch: sich verhüllen; auch: Hut aufsetzen*
be-den-ken: *erwägen*
be-denk-lich: *fragwürdig; auch: besorgniserregend*
Be-denk-zeit, die; -,-en: *Zeit zum Nachdenken*
be-dep-pert: *umgangssprachlich für „verdutzt, ratlos"*
be-deu-ten: *zu verstehen geben*
be-deu-ten: *darstellen, beinhalten*
be-deu-tend: *wichtig, berühmt*
be-deut-sam: *beachtlich, wichtig*
Be-deu-tung, die; -,-en: *Wert, Wichtigkeit*
Be-deu-tung, die; -,-en: *Sinn*
be-deu-tungs-los: *unwichtig*
be-deu-tungs-voll: *wichtig*
be-die-nen: *eine Maschine bedienen*
be-die-nen: *aufwarten*
be-die-nen, sich: *zugreifen, sich versorgen, benutzen*
be-die-nen: *beim Kartenspiel Karte gleicher Farbe zugeben*
Be-diens-te-te, der/die; -n,-n: *Diener(in)*
Be-die-nung, die; -,-en: *Aufwartung*
Be-die-nung, die; -,-en: *Kellner(in), Ober*
be-din-gen, bedang/bedingte, bedungen: *ausmachen, bestimmen; auch: einschränken*
be-dingt durch: *abhängig von*
be-dingt: *eingeschränkt*
Be-din-gung, die; -,-en: *Voraussetzung, Einschränkung*
be-din-gungs-los: *uneingeschränkt*
be-drän-gen: *nötigen, in die Enge treiben*
Be-dräng-nis, die; -,-se: *Not, Bedrückung*
be-dro-hen: *einschüchtern, ängstigen*
be-droh-lich: *beängstigend*
Be-dro-hung, die; -,-: *Gefahr*
be-dru-cken: *aufdrucken*
be-drü-cken: *ängstigen, Sorgen machen*
Be-drü-ckung, die; -,-en: *Sorge, Furcht*
Be-du-i-ne, der; -n,-n: *Wüstennomade*
be-dür-fen: *bedarf, bedurfte, bedurft: brauchen, nötig haben*
Be-dürf-nis, das; -ses,-se: *Notwendigkeit, dringender Wunsch*
Be-dürf-nis-an-stalt, die; -,-en: *öffentliche Toilette*

befremdend

be-dürf-nis-los: *bescheiden*
Be-dürf-nis-lo-sig-keit, die; -,-en: *Zufriedenheit, Bescheidenheit*
be-dürf-tig: *arm*
Be-dürf-tig-keit, die; -,-en: *Not*
be-du-selt: *umgangssprachlich für „beschwipst, angetrunken"*
Beef-steak [Biefstäik], das; -s,-s: *kurzgebratenes Rinderlendenstück*
be-eh-ren: *die Ehre geben*
be-ei-den: *beschwören*
Be-ei-di-gung, die; -,-en: *Schwur*
be-ei-len, sich: *hasten, schnell machen*
be-ein-dru-cken: *imponieren*
be-ein-druckt
be-ein-flus-sen: *Einfluss geltend machen*
Be-ein-flus-sung, die; -,-en: *Einfluss, Einwirkung*
be-ein-träch-ti-gen: *mindern, schaden*
Be-ein-träch-ti-gung, die; -,-en: *Minderung, Schädigung*
Beel-ze-bub, der; -s, keine Mehrzahl: *Herr aller Teufel*
be-en-den: *abschließen, erledigen*
Be-en-di-gung, die, -,-en: *Schluss*
be-engt: *gedrängt*
be-er-ben: *Erbschaft antreten, Nachlass übernehmen*
be-er-di-gen: *bestatten, begraben*
Be-er-di-gung, die; -,-en: *Begräbnis, Bestattung*
Bee-re, die; -,-n: *Strauchfrucht*
Beet, das; -es,-e: *kleine bebaute Gartenfläche*
be-fä-hi-gen: *in die Lage versetzen, ermächtigen*
be-fä-higt: *begabt*
Be-fä-hi-gung, die; -,-en: *Ermächtigung*
Be-fä-hi-gung, die; -,-en: *Begabung*
be-fahr-bar: *ausgebaut*
Be-fall, der; -es, keine Mehrzahl: *Erkrankung (besonders Pflanzen)*
be-fal-len: *erkrankt, erfasst von*
be-fan-gen: *voreingenommen, parteiisch*
be-fan-gen: *schüchtern*
Be-fan-gen-heit, die; -,-en: *Schüchternheit*
Be-fan-gen-heit, die; -, keine Mehrzahl: *Parteilichkeit, Voreingenommenheit*
be-fas-sen, sich: *sich beschäftigen mit*
be-feh-den, sich: *bekämpfen*
Be-fehl, der; -es,-e: *Anordnung, Kommando*
be-feh-len, befahl, befohlen: *anordnen*
Be-fehls-ge-walt, die, -,-en: *Kommando*
Be-fehls-ha-ber, der; -s,-: *Kommandant, Anführer*
be-fein-den: *anfeinden, bekämpfen*
be-fes-ti-gen: *festmachen*
be-fes-ti-gen: *verschanzen, armieren*
Be-fes-ti-gung, die; -,-en: *Schanze, Festung*
Be-fes-ti-gung, die; -,-en: *Anbringung*
be-feuch-ten: *benetzen, anfeuchten*
Be-feuch-tung, die; -,-en: *Benetzung*
be-feu-ern: *mit Brennmaterial beschicken, anheizen*
Beff-chen, das; -s,-: *Halskrause am Talar*
be-fie-dert: *mit Federn bedeckt*
be-fin-den, sich; befand sich, sich befunden: *sich aufhalten*
be-fin-den, befand, befunden: *beurteilen*
Be-fin-den, das; -s, keine Mehrzahl: *Zustand*
be-flag-gen
Be-flag-gung, die; -,-: *Fahnenschmuck*
be-fle-cken: *beschmutzen; auch: entehren*
Be-fle-ckung, die; -,-en: *Beschmutzung; auch: Entehrung*
be-flei-ßi-gen, sich: *mit Eifer betreiben, schnell machen*
be-flis-sen: *eifrig, bemüht, devot*
be-flü-geln: *begeistern, anspornen*
be-fol-gen: *einer Bitte/einem Auftrag nachkommen*
be-för-dern: *höher einstufen, einen höheren Dienstgrad verleihen*
be-för-dern: *transportieren*
Be-för-de-rung, die, -,-en: *Transport*
Be-för-de-rung, die; -,-en: *Dienstgraderhöhung, Höherbewertung*
be-frach-ten: *beladen*
be-fra-gen: *fragen, ausfragen, Auskunft erheischen*
Be-fra-gung, die; -,-en: *Stellen von Fragen; auch: Verhör*
be-frei-en: *erlösen, entlassen*
Be-frei-er, der; -s,-: *Retter*
Be-frei-te, der; -n,-n: *Geretteter, Entlassener*
Be-frei-ungs-krie-ge, die; -,
be-frem-den: *in Erstaunen versetzen*
Be-frem-den, das; -s, keine Mehrzahl: *unwilliges Erstaunen*
be-frem-dend: *befremdlich*

befremdet

be-frem-det: *erstaunt, unangenehm berührt*
be-fremd-lich: *befremdend*
Be-frem-dung, die; -,-en: *Verwunderung*
be-freun-den, sich: *sich anfreunden, Freundschaft schließen*
be-frie-den: *beruhigen; auch: unterdrücken*
be-frie-di-gen: *zufrieden stellen*
be-frie-digt: *zufrieden gestellt*
Be-frie-di-gung, die; -,-en: *Genugtuung*
Be-frie-di-gung, die; -,-en: *Zufriedenstellung, Zufriedenheit*
Be-frie-dung, die; -,-en: *Beruhigung; auch: Unterdrückung*
be-fris-ten: *zeitlich begrenzen*
Be-fris-tung, die; -,-en: *Terminsetzung*
be-fruch-ten: *besamen*
Be-fruch-tung, die; -,-en: *Besamung*
be-fu-gen: *ermächtigen*
Be-fug-nis, die; -,-se: *Ermächtigung, Amtsgewalt*
be-fum-meln: *anfassen, betasten*
Be-fund, der; -es,-e: *Untersuchungsergebnis, Diagnose*
be-fürch-ten: *Schlimmes ahnen*
Be-fürch-tung, die; -,-en: *schlimme Vorahnung, Vermutung*
be-für-wor-ten: *empfehlen, gutheißen*
Be-für-wor-tung, die; -,-en: *Empfehlung, Fürsprache*
be-gabt: *talentiert*
Be-ga-bung, die; -,-en: *Talent, Gabe, Befähigung*
be-gat-ten: *befruchten, sich paaren*
Be-gat-tung, die; -,-en: *Beischlaf, Befruchtung*
be-ge-ben, sich; begab sich, sich bege-ben: *irgendwohin gehen*
be-ge-ben, sich; begab sich, sich bege-ben: *sich ereignen*
Be-geb-nis, das; -ses,-se: *Ereignis, Geschehen*
be-geg-nen, sich: *sich treffen, zusammentreffen*
be-geg-nen: *treffen*
Be-geg-nung, die; -,-en: *Treffen, Zusammentreffen*
be-geh-bar
be-ge-hen, beging, begangen: *ein Fest begehen, veranstalten*
be-ge-hen, beging, begangen: *auf etwas gehen*
be-geh-ren: *wünschen*

Be-geh-ren, das; -s, keine Mehrzahl: *Wunsch, Begierde*
Be-ge-hung, die; -,-en: *Rundgang, Kontrollgang*
be-gei-fern: *schmähen, übel reden*
Be-gei-fe-rung, die; -,-en: *Schmähung*
be-geis-tern, sich: *mit Begeisterung erfüllen; sich sehr freuen*
be-geis-tern: *anfeuern, anspornen*
Be-geis-te-rung, die; -,-en: *Freude, Eifer*
Be-gier-de, die; -,-n: *Gier, Begehren*
be-gie-rig: *gespannt, voller Begierde*
be-gie-ßen, begoss, begossen: *umgangssprachlich für „Alkoholika trinken"*
be-gie-ßen, begoss, begossen: *benetzen*
Be-ginn, der; -s,-e: *Anfang*
be-gin-nen, begann, begonnen: *anfangen*
be-glau-bi-gen: *bestätigen*
Be-glau-bi-gung, die; -,-en: *Einsetzung in ein Amt, Akkreditierung*
Be-glau-bi-gung, die; -,-en: *Bestätigung*
be-glei-chen, beglich, beglichen: *bezahlen, tilgen, ausgleichen*
Be-glei-chung, die; -,-en: *Tilgung, Erstattung*
be-glei-ten: *zum Gesang Instrument spielen*
be-glei-ten: *mitgehen, mitfahren*
Be-glei-tung, die; -,-en: *Musikbegleitung*
Be-glei-tung, die; -,-en: *Eskorte*
Be-glei-tung, die; -,-en: *Partner, Mitfahrer*
be-glot-zen: *umgangssprachlich für „starr oder genau ansehen"*
be-glü-cken: *erfreuen*
Be-glü-ckung, die; -,-en: *Freude, auch: Überraschung*
be-glück-wün-schen
be-gna-den: *reich beschenken*
be-gna-det: *bevorzugt, mit besonderen Gaben ausgestattet*
be-gna-di-gen: *Strafe erlassen*
Be-gna-di-gung, die; -,-en: *Straferlass*
be-gnü-gen, sich: *zufrieden sein, sich bescheiden*
be-gra-ben, begrub, begraben: *bestatten*
Be-gräb-nis, das; -ses,-se: *Bestattung, Beerdigung*
be-gra-di-gen: *gerade richten, gerade machen*
Be-gra-di-gung, die; -,-en: *Geradelegung, Bereinigung*

behindern

be-grei-fen, begriff, begriffen: *anfassen, betasten*
be-grei-fen, begriff, begriffen: *verstehen, erfassen*
be-gren-zen: *eingrenzen, einschränken*
be-grenzt: *eingeschränkt, absehbar*
Be-grenzt-heit, die; -,-en: *Beschränkung, Eingeschränktheit*
Be-gren-zung, die; -,-en: *Einschränkung, Begrenztheit*
Be-griff, der; -es,-e: *Bedeutung, Vorstellung*
be-griff-lich: *abstrakt*
be-griffs-stut-zig
Be-griffs-ver-mö-gen, das; -s, keine Mehrzahl: *Verstand, Einsicht*
be-grün-den: *erklären, Gründe darlegen*
Be-grün-dung, die; -,-en: *Erklärung, Darstellung der Gründe*
be-grü-ßen: *billigen, für richtig halten*
be-grü-ßen: *willkommen heißen*
be-grü-ßens-wert
Be-grü-ßung, die; -,-en: *Gruß*
be-gu-cken: *umgangssprachlich für „ansehen"*
be-güns-ti-gen: *fördern, bevorzugen*
Be-güns-ti-gung, die; -,-en: *Bevorzugung*
be-gut-ach-ten: *prüfen, Urteil abgeben*
Be-gut-ach-ter, der; -s,-: *Prüfer, Beurteilender*
be-gü-tert: *wohlhabend, vermögend*
be-gü-ti-gen: *schlichten, besänftigen*
be-haart: *haarig*
Be-haa-rung, die; -,-en: *Haarwuchs, Haarkleid, auch: Fell*
be-hä-big: *bequem, besonnen, geruhsam, langsam*
Be-hä-big-keit, die; -,-en: *behäbiges Wesen*
be-haf-tet: *belastet (mit einem Leiden)*
be-ha-gen
Be-ha-gen, das; -s,-: *Wohlgefühl*
be-hag-lich: *gemütlich*
Be-hag-lich-keit, die; -,-en: *Annehmlichkeit, Gemütlichkeit*
be-hal-ten, behielt, behalten: *bewahren, nicht weggeben*
be-hal-ten, sich; behielt sich, sich behalten: *sich merken*
be-hän-de: *flink, gewandt; auch: anstellig*
be-han-deln: *ärztlich versorgen*
be-han-deln: *verfahren, umgehen*

Be-hand-lung, die; -,-en: *ärztliche Versorgung*
Be-hand-lung, die; -,-en: *das Behandeltwerden*
be-hän-gen: *schmücken, ausstatten*
Be-har-ren, das; -s, keine Mehrzahl: *Beharrung*
be-har-ren: *darauf bestehen*
be-harr-lich: *beständig; auch: eigensinnig, stur*
Be-harr-lich-keit, die; -, keine Mehrzahl: *Hartnäckigkeit, Ausdauer*
Be-har-rung, die; -, keine Mehrzahl: *das Beharren*
Be-har-rungs-ver-mö-gen, das; -s,-: *Ausdauer, Zähigkeit*
Be-har-rungs-ver-mö-gen, das; -s,-: *physikalisch: Trägheit, Vermögen eines Körpers, an einem Fleck zu bleiben*
be-hau-en: *zurechtschlagen*
be-haup-ten: *erklären, auf Standpunkt beharren*
be-haup-ten, sich: *sich durchsetzen*
Be-haup-tung, die; -,-en: *Aussage*
Be-hau-sung, die; -,-en: *Wohnung, Heim*
be-he-ben, behob, behoben: *aufheben, beseitigen*
be-hei-ma-tet: *ansässig*
be-hei-zen: *erwärmen*
Be-hei-zung, die; -,-en: *Erwärmung*
Be-helf, der; -es,-e: *Ersatz, Aushilfe*
be-hel-fen, sich; behalf sich, sich beholfen: *zurechtkommen, notdürftig auskommen*
be-helfs-mä-ßig: *aushilfsweise*
be-hel-li-gen: *belästigen, stören*
Be-hel-li-gung, die; -,-en: *Störung, Belästigung*
be-her-ber-gen: *aufnehmen, Unterkunft gewähren*
be-herr-schen, sich: *sich in der Gewalt haben, sich zügeln, zusammennehmen*
be-herr-schen: *regieren, vorherrschen*
be-herr-schen: *können, meistern, in der Gewalt haben*
be-herr-schen: *dominieren, unterdrücken*
be-her-zi-gen: *zu Herzen nehmen, gedenken, befolgen*
Be-her-zi-gung, die; -,-en
be-herzt: *tapfer, mutig*
be-hilf-lich sein: *helfend eingreifen*
be-hin-dern: *von etwas abhalten, erschweren*

Behinderung

Be-hin-de-rung, die; -,-en: *Hindernis*
Be-hin-de-rung, die; -,-en: *körperliches Gebrechen*
Be-hör-de, die; -,-n: *Amt, Dienststelle*
be-hörd-lich: *amtlicherseits*
be-host: *mit Hosen bekleidet*
be-hufs: *zum Zweck, zwecks*
be-hü-ten: *beschützen, bewahren*
be-hut-sam: *sorgsam, vorsichtig*
Be-hut-sam-keit, die; -,-en: *Vorsicht, Sorgsamkeit*
bei: *bei dem, bei weitem, bei alledem, bei der Hand sein; auch: beim*
bei-be-hal-ten: *nicht ändern*
Bei-be-hal-tung, die; -,-en: *Fortsetzung*
Bei-blatt, das; -es,-blät-ter: *Anlage, Beilage*
bei-brin-gen, brachte bei, beigebracht: *herbeibringen, beschaffen*
bei-brin-gen, brachte bei, beigebracht: *lehren*
Beich-te, die; -,-n: *Geständnis, Bekenntnis der Sünden*
beich-ten: *bekennen, gestehen*
Beicht-ge-heim-nis, das; -ses,-se: *Pflicht des Stillschweigens*
Beicht-kind, das; -es,-er
Beicht-stuhl, der; -es, -stüh-le
Beicht-va-ter, der; -s, -vä-ter
beid-äu-gig: *mit beiden Augen*
bei-de: *alle zwei, alle beide, beide Mal, beide Male*
bei-der-lei
beid-hän-dig: *mit beiden Händen*
bei-dre-hen: *Seemannssprache: Fahrt verlangsamen, anhalten, gegen den Wind drehen*
bei-ei-nan-der (auch bei-ein-an-der): *zusammen*
Bei-fah-rer, der; -s,-: *Mitfahrer*
Bei-fah-rer-sitz, der; -es,-e: *Sitz neben dem Fahrer*
Bei-fall, der; -es, keine Mehrzahl: *Applaus, Zustimmung*
bei-fäl-lig: *zustimmend, lobend*
bei-fü-gen: *hinzufügen*
Bei-fü-gung, die; -,-en: *Zusatz*
Bei-ga-be, die; -,-n: *Zugabe, Geschenk*
beige [behsch]: *gelblich, sandfarben*
bei-ge-ben, gab bei, beigegeben: *klein beigeben: sich fügen*
Bei-ge-ord-ne-te, der/die; -n,-n: *gewählter Gemeindebeamter, gewählte Gemeindebeamtin*

Bei-ge-schmack, der; -es, keine Mehrzahl: *untypischer, meist unangenehmer Nebengeschmack*
bei-ge-sel-len: *hinzugesellen*
Bei-hil-fe, die; -,-n: *Unterstützung, Stipendium*
bei-ho-len: *Seemannssprache: Segel einziehen*
Bei-klang, der; -es, Bei-klän-ge: *herauszuhörendes Gefühl*
Bei-klang, der; -es, Bei-klän-ge: *Nebengeräusch*
Bei-koch, der; -es, Bei-kö-che: *Hilfskoch*
Beil, das; -es,-e: *kleine Axt*
Bei-la-ge, die; -,-n: *Beiblatt*
Bei-la-ge, die; -,-n: *Zutat*
bei-läu-fig: *nebenher*
bei-le-gen: *schlichten*
bei-le-gen: *dazu legen*
Bei-le-gung, die; -,-en: *Schlichtung*
bei-lei-be nicht: *gewiss nicht*
Bei-leid, das; -es, keine Mehrzahl: *Mitleid, Anteilnahme*
bei-lie-gend: *angefügt*
beim: *bei dem*
bei-men-gen: *dazumischen, hinzugeben*
Bei-men-gung, die; -,-en: *Zutaten*
bei-mes-sen: *zumessen, zuschreiben*
Bein, das; -es, keine Mehrzahl: *Gebein, Knochen*
Bein, das; -es,-e: *Körperglied*
Bein, das; -es,-e: *Stütze*
bei-na-he: *fast*
Bei-na-me, der; -n,-n: *Spitzname, Zusatz*
be-in-hal-ten: *enthalten, eingeschlossen sein*
Bein-kleid, das; -es,-er: *Hose*
Bein-well, der; -s, keine Mehrzahl: *Heilpflanze*
bei-ord-nen: *hinzufügen*
bei-ord-nen: *zuordnen*
Bei-ord-nung, die; -,-en: *Zuordnung*
bei-pflich-ten: *zustimmen*
Bei-pflich-tung, die; -,-en: *Zustimmung*
Bei-rat, der; -es, Bei-rä-te: *Ausschuss*
be-ir-ren: *stutzen, verwirren*
bei-sam-men: *zusammen, gemeinsam*
Bei-sam-men-sein, das, -s, keine Mehrzahl: *Zusam-menkunft, Versammlung; Geselligkeit*
Bei-schlaf, der; -es, keine Mehrzahl: *Geschlechtsverkehr*
Bei-schlä-fer, der; -s,-: *amtssprachlich für „Geliebter"*

Bekräftigung

Bei-schlä-fe-rin, die; -,-nen: *amtssprachlich für „Geliebte"*
Bei-sein, das; -s, keine Mehrzahl: *Anwesenheit*
bei-sei-te: *nebenbei*
Bei-sel, das; -s,-n: *österr. für „Kneipe"*
Bei-set-zung, die; -,-en: *Begräbnis, Bestattung*
Bei-sit-zer, der; -s,-: *Kommissionsmitglied*
Bei-sit-zer, der; -s,-: *Nebenrichter*
Bei-piel, das; -es,-e: *Muster, Vorbild*
bei-spiel-haft: *lobenswert, vorbildlich*
bei-spiel-los: *ohne Parallele, unerhört, ohnegleichen*
bei-spiels-wei-se: *zum Beispiel*
bei-sprin-gen, sprang bei, beigesprungen: *helfen, unterstützen*
bei-ßen, biss, gebissen: *zuschnappen, mit den Zähnen fassen*
Beiß-zan-ge, die; -,-n: *Kneifzange*
Bei-stand, der; -es, Bei-stän-de: *österr. für „Trauzeuge"*
Bei-stand, der; -es, Bei-stän-de: *Hilfe, Unterstützung*
bei-ste-hen, stand bei, beigestanden
bei-steu-ern: *hinzugeben*
Bei-strich, der; -es,-e: *ungebräuchlich für „Komma"*
Bei-trag, der; -es, Bei-trä-ge: *Leistung, Beteiligung; auch: Mitgliedsbeitrag*
bei-tra-gen, trug bei, beigetragen: *zusteuern, mithelfen*
Bei-trei-ben, trieb bei, beigetrieben: *zwangsweise Geld einziehen*
Bei-trei-bung, die; -,-en: *Geldeinzug, Zwangsvollstreckung einer Geldforderung*
bei-tre-ten, trat bei, beigetreten: *eintreten, Mitglied werden*
Bei-tritt, der; -s,-e: *Erwerbung der Mitgliedschaft*
Bei-wa-gen, der; -s,-: *Seitenwagen*
Bei-werk, das; -es,-e: *Zugehöriges; auch: Unwichtiges*
bei-woh-nen: *beischlafen*
bei-woh-nen: *dabei sein*
Bei-ze, die; -,-n: *Beizjagd*
Bei-ze, die; -,-n: *Marinade*
Bei-ze, die; -,-n: *Gerbmittel, ätzende Flüssigkeit*
Bei-ze, die; -,-n: *Mittel zur Saatgutdesinfektion*
bei-zei-ten: *rechtzeitig, bald*

Beiz-jagd, die; -,-en: *Jagd mit abgerichteten Raubvögeln*
be-ja-hen: *zustimmen, bestätigen*
be-jahrt: *alt, betagt*
be-jam-mern: *beklagen*
be-ju-beln: *zujubeln, Begeisterung kundtun*
be-kämp-fen
Be-kämp-fung, die; -,-en: *Kampf, Vorgehen gegen etwas*
be-kannt: *vertraut, von vielen gewusst, nicht neu*
Be-kann-te, der/die; -n,-n: *Vertraute(r), kein(e) Unbekannte(r)*
be-kannt-lich: *wie man weiß*
be-kannt ma-chen: *öffentlich machen*
be-kannt ma-chen: *namentlich vorstellen*
Be-kannt-ma-chung, die; -,-en: *Veröffentlichung, Vorstellung*
Be-kas-si-ne, die; -,-n: *Sumpfhuhn*
be-keh-ren: *überzeugen*
Be-keh-rung, die; -,-en: *Übernahme anderer Religion*
be-ken-nen, bekannte, bekannt: *gestehen, zugeben*
Be-kennt-nis, das; -ses,-e: *Glaubensbekenntnis, Zugehörigkeit zu einer Religionsgemeinschaft*
Be-kennt-nis, das; -ses,-e: *Beichte, öffentliches Eingeständnis*
be-kla-gens-wert: *zu bemitleiden, bedauerlich*
Be-klag-te, der/die; -n,-n: *Angeschuldigte(r)*
be-kle-ben: *ankleben, aufkleben*
be-kle-ckern: *beschmutzen*
be-klei-den: *ankleiden*
be-klei-den: *ein Amt versehen*
Be-klem-mung, die; -,-en: *Angstzustand, Furcht, Atemnot*
be-klom-men: *angstvoll*
be-kloppt: *umgangssprachlich für „verrückt"*
be-knien: *oft und dringend bitten*
be-kom-men, bekam, bekommen: *erhalten*
be-kömm-lich: *wohltuend, zuträglich*
be-kös-ti-gen: *verpflegen*
Be-kös-ti-gung, die; -,-en: *Kost, Verpflegung*
be-kräf-ti-gen: *mit Nachdruck äußern*
be-kräf-ti-gen: *bestätigen*
Be-kräf-ti-gung, die; -,-en: *Bestätigung*

bekränzen

be-krän-zen: *schmücken*
be-kreu-zi-gen, sich: *das Kreuz schlagen*
be-krie-gen: *befehden, bekämpfen*
be-krit-teln: *nörgeln, mies machen*
be-krit-zeln: *beschmieren*
be-küm-mern: *traurig stimmen*
be-kun-den: *kundtun, zeigen, verkünden*
be-kun-den: *zu etwas stehen*
be-lä-cheln: *sich lustig machen über etwas oder jemanden*
be-la-chen: *auslachen*
be-la-den, belud, beladen: *voll laden, aufbürden*
Be-la-dung, die; -, keine Mehrzahl: *Fracht*
Be-la-dung, die; -, keine Mehrzahl: *das Beladen*
Be-lag, der; -es, Be-lä-ge: *dünner Überzug, Deckschicht*
Be-lag, der; -es, keine Mehrzahl: *Brotbelag*
be-la-gern: *von allen Seiten bedrängen*
Be-la-ge-rung, die; -,-en: *Einkreisung*
Be-la-ge-rungs-zu-stand, der; -es, -stän-de: *Notlage, Notstand*
be-läm-mern: *regional für „belästigen"*
be-läm-mert: *verwirrt*
be-läm-mert: *umgangssprachlich für „schlimm, übel"*
Be-lang, der, -es,-e: *von Belang sein, Interesse, Wichtigkeit, Angelegenheit*
be-lan-gen: *zur Verantwortung ziehen, anklagen*
be-lang-los: *unwichtig, nebensächlich*
be-las-sen, beließ, belassen
be-las-ten: *beladen, aufbürden*
be-las-ten: *beschweren*
be-las-ten: *durch Zeugenaussage bekräftigen*
be-läs-ti-gen: *aufdrängen, stören*
Be-läs-ti-gung, die; -,-en: *lästige Störung*
Be-las-tung, die; -,-en: *höchste Belastung, Gewicht, Traglast*
Be-las-tung, die; -,-en: *Stress*
Be-las-tung, die; -,-en: *Zeugenaussage*
Be-las-tung, die; -,-en: *Schulden, Verbindlichkeiten; auch: Abgaben*
Be-lau-bung, die; -, keine Mehrzahl: *Blattwerk, Laub*
be-lau-ern: *heimlich beobachten*
be-lau-fen, sich; belief sich, sich belaufen: *kosten*
be-lau-schen: *heimlich zuhören*
be-le-ben: *anregen, fördern, in Schwung bringen*
be-le-ben, sich: *lebhaft werden*
be-le-bend: *erfrischend, aufmunternd*
be-lebt: *lebhaft*
be-lebt: *verkehrsreich*
be-lebt: *lebendig*
Be-le-bung, die; -,-en: *Erfrischung, Ermunterung*
be-le-cken: *ablecken*
Be-leg, der, -es,-e: *Urkunde, Beweisstück, auch: Kassenbon*
be-le-gen: *Beweis erbringen*
be-le-gen: *mit einem Belag versehen*
be-le-gen: *reservieren*
be-leh-ren: *aufklären, bilden, unterrichten*
Be-leh-rung, die; -,-en: *Unterrichtung, Rat, Auskunft*
be-leibt: *dick, umfangreich, korpulent*
be-lei-di-gen: *verletzen, kränken, schmähen*
Be-lei-di-gung, die; -,-en: *Kränkung*
be-lei-hen: *verpfänden*
be-le-sen: *durch Lesen gut informiert*
Bel-e-ta-ge [Beletahsch], die; -,-n: *teuerste und schönste Wohnung im ersten Stock*
be-leuch-ten: *anstrahlen, erhellen*
be-leu-mun-det: *in gutem oder schlechtem Ruf stehen*
bel-fern: *umgangssprachlich für „schimpfen, zetern, zanken"*
be-lich-ten: *einen Film dem Licht aussetzen*
Be-lich-tung, die; -,-en: *Lichteinwirkung auf Filme*
Be-lich-tungs-zeit, die; -,-en
be-lie-big: *irgendein, nach Wunsch, nach Wahl*
be-liebt: *gern gesehen, bevorzugt*
be-lie-fern: *zusenden, liefern*
Bel-kan-to, der; -s, keine Mehrzahl: *Kunstgesang*
bel-len: *Lautgeben des Hundes, kläffen*
Bel-len, das; -s, keine Mehrzahl: *Lautgeben des Hundes, Kläffen*
Bel-le-tris-tik (auch Bel-let-ris-tik), die; -, keine Mehrzahl: *schöngeistige Literatur*
be-loh-nen: *für eine gute Tat entschädigen*
Be-loh-nung, die; -,-en: *Gabe, Geschenk zum Dank*
be-lüf-ten
be-lü-gen, belog, belogen: *beschwindeln*

Beratung

be-lus-ti-gen: *erheitern, unterhalten*
Be-lus-ti-gung, die; -,-en: *Vergnügung, Fest*
be-mäch-ti-gen, sich: *sich etwas aneignen*
be-mä-keln: *kritisieren, an etwas herumnörgeln*
be-ma-len
Be-ma-lung, die; -,-en
be-män-geln: *rügen, Mängel aufzeigen, tadeln*
be-män-teln: *verbergen, verhüllen, beschönigen*
be-merk-bar: *fühlbar, sichtbar*
be-mer-ken: *wahrnehmen*
be-mer-ken: *äußern, sagen*
be-mer-kens-wert: *beachtlich*
Be-mer-kung, die; -,-en: *Äußerung, Anmerkung*
be-mes-sen, *bemaß, bemessen*
Be-mes-sungs-grund-la-ge, die; -,-n
be-mit-lei-den: *bedauern, mitfühlen*
be-mit-lei-dens-wert: *zu bedauern, bemitleidenswürdig*
be-mit-lei-dens-wür-dig: *bemitleidenswert, zu bedauern*
be-mit-telt: *reich, wohlhabend*
Bem-me, die; -,-n: *regional für „Stulle, belegtes Brot"*
be-mo-geln: *umgangssprachlich für „betrügen"*
be-mü-hen: *Mühe, Arbeit bereiten; jemanden bemühen*
be-mü-hen, sich: *sich anstrengen*
Be-mü-hung, die; -,-en: *Anstrengung, Bestreben*
be-mut-tern: *versorgen, hätscheln*
Be-mut-te-rung, die; -,-en: *Fürsorge, Obhut*
be-nach-bart: *nebenan, angrenzend*
be-nach-rich-ti-gen: *unterrichten, mitteilen*
Be-nach-rich-ti-gung, die; -,-en: *Nachricht, Mitteilung*
be-nach-tei-li-gen: *zurücksetzen, schädigen*
Be-nach-tei-li-gung, die; -,-en: *Zurücksetzung, Schädigung*
Be-ne-fiz, das; -es,-e: *Wohltat, Wohltätigkeitsvorstellung*
Be-neh-men, das; -s, keine Mehrzahl: *Betragen, Handlungsweise, Anstand*
be-neh-men, sich; benahm sich, sich benommen: *sich betragen, sich verhalten*
be-nei-den: *missgönnen*
be-nei-dens-wert
Be-ne-lux-staat, der; -es,-en: *einer der durch Zollunion verbundenen Staaten Belgien, Niederlande, Luxemburg*
be-nen-nen: *namentlich aufführen, bezeichnen*
Be-nen-nung, die; -,-en: *Name, fachliche Bezeichnung*
be-net-zen: *anfeuchten*
Ben-gel, der; -s,-: *Holzschlegel, Prügel*
Ben-gel, der; -s,-: *ungezogener Junge*
be-nom-men: *betäubt, schwindelig*
Be-nom-men-heit, die; -,-en: *leichte Betäubung*
be-no-ten
be-nö-ti-gen: *brauchen, bedürfen*
Be-no-tung, die; -,-en
be-nut-zen: *benützen, verwenden, gebrauchen*
be-nüt-zen: *benutzen, verwenden, gebrauchen*
Be-nut-zer, der; -s,-: *Anwender*
Be-nut-zung, die; -,-en: *Gebrauch*
Ben-zin, das; -s,-e: *Leichtöl, Treibstoff*
Ben-zol, das; -s,-e: *Steinkohlenteerdestillat*
be-ob-ach-ten: *bemerken, feststellen, wahrnehmen*
be-ob-ach-ten: *betrachten*
Be-ob-ach-ter, der; -,-s,-: *Zuschauer*
Be-ob-ach-tung, die; -,-en: *Wahrnehmung, Feststellung*
be-or-dern: *befehlen; auch: bestellen*
be-pa-cken: *beladen*
be-pflan-zen: *Pflanzen einsetzen*
Be-pflan-zung, die; -,-en: *Bewuchs*
be-quem: *leicht zu handhaben*
be-quem: *komfortabel, gemütlich, behaglich*
be-que-men, sich: *sich fügen, sich anpassen*
Be-quem-lich-keit, die; -, keine Mehrzahl: *Faulheit*
Be-quem-lich-keit, die, -,-en: *Komfort, Behaglichkeit*
be-rap-pen: *umgangssprachlich für „bezahlen"*
be-ra-ten, beriet, beraten: *helfen, Rat erteilen*
Be-ra-ter, der; -s,-
be-rat-schla-gen: *besprechen, erwägen*
Be-ra-tung, die; -,-en: *gemeinsame Besprechung, Überlegung*

Beratung

Be-ra-tung, die; -,-en: *Erteilung eines Rates*
be-rau-ben: *bestehlen, plündern*
Be-rau-bung, die; -,-en: *Diebstahl, Raub, Plünderung*
be-rau-schen, sich: *sich betrinken*
be-rau-schen, sich: *sich betäuben*
be-rau-schend: *betäubend*
be-rau-schend: *begeisternd, entzückend*
be-rauscht: *betrunken*
be-rauscht: *entzückt, begeistert*
Ber-ber, der; -s,-: *Teppichart*
Ber-ber, der; -s,-: *Stadtstreicher*
Ber-ber, der; -s,-: *nordafrikanisches Volk*
be-re-chen-bar: *zu errechnen*
be-re-chen-bar: *voraussehbar*
be-rech-nen: *ausrechnen*
be-rech-nen: *kalkulieren, erwägen, berücksichtigen*
be-rech-nend: *eigennützig*
Be-rech-nung, die; -,-en: *Bedachtsein auf Vorteile*
Be-rech-nung, die; -,-en: *Rechnung, Ausrechnung*
be-rech-ti-gen: *ermächtigen*
be-rech-tigt: *befugt*
Be-rech-ti-gung, die; -,-en: *Recht, An-recht*
Be-rech-ti-gung, die; -,-en: *Vollmacht, Befugnis*
be-re-den: *besprechen, beraten*
be-red-sam: *gesprächig, beredt*
Be-red-sam-keit, die; -, keine Mehrzahl: *Redegewandtheit, Gesprächigkeit*
be-redt: *beredsam, gesprächig*
be-reg-nen: *berieseln, bewässern*
Be-reich, der; -es,-e: *Bezirk, Umgebung, Gebiet, Umkreis, Wirkungskreis*
be-rei-chern, sich: *Gewinn ziehen aus*
Be-rei-che-rung, die; -,-en: *Gewinn, Nutzen*
be-reift: *mit Rauhreif bedeckt*
Be-rei-fung, die; -,-en: *Reifen*
be-rei-ni-gen: *in Ordnung bringen, klären*
be-reit: *fertig*
be-reit: *willens, geneigt*
be-rei-ten: *es bereitet mir Schmerzen; verursachen*
be-rei-ten: *zurichten, zubereiten, herstellen*
be-reits: *schon*
Be-reit-schaft, die; -,-en: *Einheit der Polizei*
Be-reit-schaft, die; -, keine Mehrzahl: *Bereitsein, Verfügung*
be-reit-stel-len: *zur Verfügung halten*
Be-rei-tung, die; -,-en: *Zubereitung, Zurichtung, Herstellung*
be-reit-wil-lig: *entgegenkommend, dienstfertig, geneigt*
Be-reit-wil-lig-keit, die; -, keine Mehrzahl: *Bereitschaft, Geneigtheit, Dienstfertigkeit*
be-reu-en: *bedauern, sich schämen*
Berg, der; -es,-e: *Bodenerhebung*
Berg-bau, der; -es, keine Mehrzahl: *Gewinnung von Bodenschätzen*
Berg-be-stei-gung, die; -,-en
ber-gen, barg, geborgen: *enthalten; die Erde birgt viele Bodenschätze*
ber-gen, barg, geborgen: *retten, in Sicherheit bringen*
Berg-füh-rer, der; -s,-
Berg-kamm, der; -es, -käm-me
Berg-mann, der; Berg-man-nes, Berg-leu-te: *Bergarbeiter, Kumpel*
Berg-pre-digt, die; -, keine Mehrzahl: *eine Predigt Christi (Matthäus 5-7)*
Berg-schuh, der; -es,-e
Berg-stei-ger, der; -s,-
Ber-gung, die; -,-en: *Rettung*
Berg-wacht, die; -,-en: *Bergrettungsdienst*
Berg-werk, das; -es,-e: *Kohlen- oder Erzgrube*
Be-richt, der; -es,-e: *Darstellung, Referat, Mitteilung*
be-rich-ten: *erzählen, darstellen, mitteilen*
Be-richt-er-stat-ter, der; -s,-: *Reporter*
Be-richt-er-stat-tung, die; -,-en: *Reportage*
be-rich-ti-gen: *verbessern, korrigieren, richtig stellen*
Be-rich-ti-gung, die; -,-en: *Verbesserung, Richtigstellung, Korrektur*
be-rie-seln: *mit monotoner Musik oder Rede überschütten*
be-rie-seln: *benetzen, bewässern*
Be-rie-se-lungs-an-la-ge, die; -,-n
be-rin-gen: *mit einem Ring versehen*
be-rit-ten: *zu Pferde, reitend*
Ber-li-ner, der; -s,-: *Einwohner Berlins; auch: Pfannkuchen, Kreppel, Krapfen*
Bern-har-di-ner, der; -s,-: *Hundeart*
Bern-stein, der; -es, keine Mehrzahl: *fossiles Harz, Schmuck*

Bescheinigung

bers-ten, barst, geborsten: *aufplatzen, zerspringen, aufbrechen*
be-rüch-tigt: *verrufen, gefürchtet*
be-rü-cken: *betören, entzücken, bezaubern, verlocken*
be-rü-ckend: *betörend, bezaubernd*
be-rück-sich-ti-gen: *beachten, in Erwägung ziehen, Rücksicht nehmen*
Be-rück-sich-ti-gung, die; -,-en: *Rücksichtnahme, Beachtung, Einbeziehung, Anrechnung*
Be-ruf, der; -es,-e: *Erwerbstätigkeit*
be-ru-fen: *für etwas ausersehen, erwählt*
be-ru-fen, berief, berufen: *ernennen, in ein Amt einsetzen, bestellen*
be-ru-fen, sich; berief sich, sich berufen: *jemanden oder etwas als Zeugen oder Beweis nennen*
be-ru-fen, berief, berufen: *beschwören, heraufbeschwören, beschreien*
be-ruf-lich: *den Beruf betreffend*
be-rufs-bil-dend
Be-rufs-krank-heit, die, -,-en
Be-ru-fung, die; -,-en: *Erhebung einer Gegenklage*
Be-ru-fung, die; -,-en: *Sendung, innere Bestimmung, Aufgabe*
Be-ru-fung, die; -,-en: *Einberufung, Erwählung*
be-ru-hen, auf: *sich gründen auf, herrühren von*
be-ru-hi-gen, sich: *ruhig werden*
be-ru-hi-gen: *besänftigen, beschwichtigen*
Be-ru-hi-gung, die; -,-en
Be-ru-hi-gungs-mit-tel, das; -s,-
be-rühmt: *bekannt, angesehen*
Be-rühmt-heit, die; -, keine Mehrzahl: *Ruhm*
Be-rühmt-heit, die; -,-en: *bekannte Persönlichkeit oder Sehenswürdigkeit*
be-rüh-ren: *angrenzen, anstoßen*
be-rüh-ren: *Gefühle erwecken*
be-rüh-ren: *anfassen, streifen*
be-rüh-ren: *erwähnen*
be-rüh-ren: *angehen, betreffen*
Be-rüh-rung, die; -,-en: *Kontakt*
Be-rüh-rungs-punkt, der; -es,-e: *mathematischer Begriff*
Be-rüh-rungs-punkt, der; -es,-e: *Übereinstimmung*
be-sa-gen: *angeben, aussagen, zum Ausdruck bringen, bedeuten*
be-sagt: *bereits erwähnt*

be-sa-men: *befruchten*
be-sänf-ti-gen: *beruhigen*
Be-sänf-ti-gung, die; -,-en
Be-satz, der; -es, Be-sät-ze: *schmückende Schleifen, Bänder und Tressen*
Be-sat-zung, die; -,-en: *Mannschaft*
Be-sat-zung, die; -,-en: *Besatzungstruppen, Besatzungsmacht*
be-sau-fen, sich; besoff sich, sich besoffen: *umgangssprachlich für „sich betrinken"*
be-schä-di-gen: *Schaden zufügen*
Be-schä-di-gung, die; -,-en: *Zufügung von Schaden*
be-schaf-fen: *herbeibringen, besorgen, kaufen*
be-schaf-fen: *geartet, veranlagt; auch: zusammengesetzt aus*
Be-schaf-fen-heit, die, -, keine Mehrzahl: *Eigenart, Zustand; auch: Zusammensetzung*
be-schäf-ti-gen, sich: *etwas tun, sich die Zeit vertreiben*
be-schäf-ti-gen: *Arbeit geben, zu tun geben*
Be-schäf-ti-gung, die; -,-en: *Zeitvertreib*
Be-schäf-ti-gung, die; -,-en: *Beruf, Arbeit, Tätigkeit*
be-schal-len: *akust. Verstärkeranlage einsetzen*
be-schä-men: *demütigen*
be-schämt: *reuig, schamhaft*
be-schat-ten: *Schatten werfen*
be-schat-ten: *verfolgen*
be-schau-lich: *gemütlich, behaglich*
Be-schau-lich-keit, die; -, keine Mehrzahl: *Ruhe, Gemütlichkeit*
Be-scheid, der; -es,-e: *Antwort, Nachricht, Auskunft, behördliche Entscheidung*
be-schei-den: *mäßig, mittelmäßig*
be-schei-den: *genügsam, anspruchslos, einfach, zurückhaltend*
be-schei-den, sich; beschied sich, sich bescheiden: *sich zufrieden geben, sich begnügen*
Be-schei-den-heit, die, -, keine Mehrzahl: *Zurückhaltung, Einfachheit, Genügsamkeit*
be-schei-nen, beschien, beschienen: *bestrahlen, beleuchten*
be-schei-ni-gen: *bezeugen, schriftlich bestätigen*
Be-schei-ni-gung, die; -,-en: *Bestätigung, Beglaubigung*

bescheißen

be-schei-ßen, beschiss, beschissen: *umgangssprachlich für „betrügen"*
be-schen-ken
be-sche-ren: *Geschenke austeilen*
Be-sche-rung, die; -,-en: *Austeilen von Geschenken; auch: schlimme Überraschung*
be-scheu-ert: *umgangssprachlich für „dumm"*
be-schi-cken: *zugeben, auffüllen*
be-schie-ßen, beschoss, beschossen: *Schüsse abgeben*
be-schil-dern: *mit Schildern versehen*
be-schimp-fen
Be-schimp-fung, die; -,-en
be-schir-men: *beschützen*
Be-schir-mung, die, -,-en: *Schutz*
Be-schiss, der; Be-schis-ses, Be-schis-se: *umgangssprachlich für „gemeiner Betrug"*
be-schis-sen: *umgangssprachlich für „schlecht, schlimm"*
be-schis-sen: *umgangssprachlich für „betrogen"*
Be-schlag, der; -es, Be-schlä-ge: *schützendes Metallteil an Türen, Fenstern, Möbeln*
be-schla-gen, beschlug, beschlagen: *ein Segel befestigen*
be-schla-gen, beschlug, beschlagen: *mit einem Beschlag versehen (Hufeisen)*
be-schla-gen: *informiert, mit Fachwissen ausgestattet*
Be-schlag-nah-me, die; -,-n: *behördliche Verwahrung*
be-schlag-nah-men: *in Gewahrsam nehmen*
be-schleu-ni-gen: *antreiben, vorantreiben*
be-schleu-ni-gen: *Geschwindigkeit vergrößern*
Be-schleu-ni-gung, die; -,-en: *Geschwindigkeitszuwachs*
be-schlie-ßen, beschloss, beschlossen: *einen Entschluss fassen*
Be-schluss, der; Be-schlus-ses, Be-schlüs-se: *Abgesprochenes, Vereinbartes, Vorsatz*
be-schmie-ren: *bestreichen (Brot)*
be-schmie-ren: *beschmutzen*
be-schmut-zen: *verunreinigen*
Be-schmut-zung, die; -,-en: *Verunreinigung*
be-schnei-den, beschnitt, beschnitten: *einengen, schmälern*

be-schnei-den, beschnitt, beschnitten: *verkürzen*
Be-schnei-dung, die; -,-en: *religiöse, kultische Verkürzung der Vorhaut*
Be-schnei-dung, die; -,-en: *Schmälerung, Einengung*
be-schnup-pern
be-schö-ni-gen: *verbrämen, schönen*
Be-schö-ni-gung, die; -,-en: *Verharmlosung, Vertuschung, Schönung*
be-schrän-ken: *eingrenzen, mindern, schmälern*
be-schrankt: *mit einer Schranke versehen*
be-schränkt: *einfältig*
be-schränkt: *begrenzt, knapp*
be-schränkt: *eingeengt*
Be-schrän-kung, die; -,-en: *Begrenzung, Eingrenzung*
Be-schrän-kung, die, -,-en: *Entbehrung*
be-schrei-ben, beschrieb, beschrieben: *beschriften*
be-schrei-ben, beschrieb, beschrieben: *darstellen, erklären*
Be-schrei-bung, die; -,-en: *Erklärung, Darstellung*
be-schrif-ten: *beschreiben, mit Inschrift versehen*
Be-schrif-tung, die; -,-en: *Inschrift, Aufschrift*
be-schul-di-gen: *anklagen, vorwerfen*
Be-schul-di-gung, die; -,-en: *Anklage, Vorwurf*
be-schum-meln: *umgangssprachlich für „täuschen, betrügen"*
Be-schuss, der; Be-schus-ses, Be-schüs-se: *Beschießung*
be-schüt-zen: *hüten, bewahren*
Be-schüt-zer, der; -s,-: *Hüter*
be-schwat-zen: *bereden, überreden*
Be-schwer-de, die; -,-n: *Klage*
be-schwe-ren, sich: *sich beklagen*
be-schwe-ren: *belasten*
Be-schwer-lich-keit, die; -,-en: *Mühsal*
be-schwich-ti-gen: *beruhigen, besänftigen*
Be-schwich-ti-gung, die; -,-en: *Beruhigung, Besänftigung*
be-schwin-deln: *belügen*
be-schwingt: *beflügelt, leichtfüßig*
Be-schwingt-heit, die, -, keine Mehrzahl: *Schwung, Auftrieb*
be-schwipst: *leicht betrunken, angeheitert*

be-schwö-ren, beschwor, beschworen: *Geister oder Unheil bannen*
be-schwö-ren, beschwor, beschworen: *dringlich bitten*
be-schwö-ren, beschwor, beschworen: *beeiden*
Be-schwö-rung, die; -,-en: *dringende Bitte*
Be-schwö-rung, die; -,-en: *Bannspruch*
Be-schwö-rung, die; -,-en: *Eid*
be-see-len: *beleben*
be-sei-ti-gen: *fortschaffen, abschaffen*
Be-sei-ti-gung, die; -,-en: *Entfernung*
Be-sen, der; -s,-: *Gerät zum Ausfegen*
Be-sen, der; -s,-: *Gerät zum Schaumschlagen*
be-ses-sen: *toll, närrisch*
be-ses-sen: *begeistert, gepackt*
Be-ses-sen-heit, die; -,-en: *Faszination, Vernarrtheit*
Be-ses-sen-heit, die; -,-en: *Tollheit*
be-set-zen: *einen Platz belegen*
be-set-zen: *Schmuckborte aufnähen*
be-set-zen: *einen Schauspieler für eine Rolle einsetzen*
be-set-zen: *mit Truppen ein Land okkupieren*
be-setzt: *belegt, nicht frei*
Be-set-zung, die; -,-en: *Rollenbelegung*
Be-set-zung, die; -,-en: *Okkupation, Truppenbelegung*
be-sich-ti-gen: *ansehen, in Augenschein nehmen*
Be-sich-ti-gung, die; -,-en: *Rundgang*
be-sie-deln: *ansässig werden*
Be-sied-lung, die; -,-en: *Einwohnerschaft*
Be-sied-lung, die; -,-en: *Bebauung*
be-sie-geln: *beschließen, bestätigen*
Be-sie-ge-lung, die; -,-en: *Bestätigung, Abmachung*
Be-sieg-te, der/die; -n,-n: *Unterlegene(r)*
be-sin-nen, besann, besonnen: *nachdenken, überlegen*
be-sin-nen, sich; besann sich, sich besonnen: *sich erinnern*
be-sinn-lich: *nachdenklich, beschaulich*
Be-sin-nung, die; -,-en: *Bewusstsein*
Be-sin-nung, die; -,-en: *Verstand, Erinnerungsvermögen*
be-sin-nungs-los: *ohnmächtig*
Be-sitz, der; -es, keine Mehrzahl: *Eigentum*
be-sit-zen, besaß, besessen

Be-sit-zer, der; -s,-: *Eigentümer*
Be-sitz-er-grei-fung, die; -,-en: *Aneignung*
be-sitz-los
Be-sitz-lo-sig-keit, die; -, keine Mehrzahl: *Armut*
Be-sitz-tum, das; -es,-tü-mer
be-sof-fen: *umgangssprachlich für „betrunken"*
be-soh-len: *Schuhsohlen erneuern*
be-sol-den: *bezahlen, entlohnen*
Be-sol-dung, die; -,-en: *Entlöhnung, Bezahlung*
Be-son-de-re, das; -n, keine Mehrzahl: *Seltenes, Außergewöhnliches*
be-son-de-re
Be-son-der-heit, die, -,-en: *Eigenart*
be-son-ders: *vor allem*
Be-son-nen-heit, die; -,-en: *Überlegung, Umsicht*
be-sonnt: *von der Sonne beschienen, heiter*
be-sor-gen: *beschaffen*
be-sor-gen: *erledigen*
Be-sorg-nis, die; -,-se: *Furcht, Sorge*
be-sorg-nis-er-re-gend
Be-sor-gung, die; -,-en: *Einkauf*
be-spie-geln: *im Spiegel betrachten*
be-spie-len: *Schallplatte oder Tonband aufnehmen*
be-spit-zeln: *belauern, aushorchen*
be-spre-chen, besprach, besprochen: *bereden, diskutieren, erörtern, beraten*
be-spre-chen, besprach, besprochen: *kommentieren, rezensieren*
Be-spre-chung, die; -,-en: *Kommentar, Rezension*
Be-spre-chung, die; -,-en: *Unterredung, Beratung, Erörterung*
be-spren-gen: *berieseln*
be-sprin-gen, besprang, besprungen: *begatten (bei größeren Tieren)*
be-sprit-zen: *benetzen*
Bes-se-mer-bir-ne, die; -,-n: *feuerfester Stahlkörper zum Reinigen von Roheisenschmelze*
bes-ser: *mehr als gut, es ist besser, am besten, besser gehen; Großschreibung: das Beste, eines Besseren belehren, Wendung zum Besseren*
be-stal-len: *in ein Amt einsetzen*
Be-stal-lung, die; -,-en: *Einsetzung*
Be-stand, der; -es, keine Mehrzahl: *Fortdauer*

Bestand

Be-stand, der; -es, Be-stän-de: *Waren-vorrat, Anzahl*
be-stan-den: *bewachsen*
be-stan-den: *Prüfung bestanden*
Be-stän-dig-keit, die; -, keine Mehrzahl: *Treue, Dauer*
Be-stands-auf-nah-me, die; -,-en: *Inventur*
Be-stand-teil, der; -es,-e: *Einzelteil, Zutat, Ingredienz*
be-stär-ken: *unterstützen, bestätigen*
Be-stär-kung, die, -,-en: *Bekräftigung*
be-stä-ti-gen: *anerkennen, als wahr erklären*
Be-stä-ti-gung, die; -,-en: *Anerkennung, Beglaubigung*
be-stat-ten: *beerdigen, beisetzen*
Be-stat-tung, die; -,-en: *Beerdigung, Beisetzung*
Be-stat-tungs-in-sti-tut, das; -es,-e
be-stäu-ben: *Pflanzen befruchten*
Be-stäu-bung, die; -,-en: *Pflanzenbefruchtung*
be-ste-chend: *verlockend, begeisternd*
be-stech-lich: *käuflich*
Be-ste-chung, die; -,-en: *Beeinflussung durch Geschenke*
Be-steck, das, -es,-e: *Essgerät*
Be-steck, das; -es,-e: *Seemannssprache: Position eines Schiffes auf See*
Be-steck, das; -es,-e: *ärztliches Werkzeug*
be-ste-hen, bestand, bestanden: *vorhanden sein, dauern*
be-ste-hen aus, bestand aus, bestanden aus: *zusammengesetzt aus*
be-ste-hen, bestand, bestanden: *auf etwas bestehen, mit Nachdruck vertreten*
be-ste-hen, bestand, bestanden: *Prüfung mit Erfolg durchlaufen*
be-steh-len, bestahl, bestohlen: *unrechtmäßig wegnehmen, berauben*
be-stel-len: *anfordern, ausrichten*
Be-stel-ler, der; -s,-: *Anforderer*
Be-stel-lung, die, -,-en: *Order, Anforderung*
bes-ten-falls: *günstigstenfalls*
bes-tens: *unübertrefflich*
be-steu-ern: *Abgaben auferlegen*
Be-steu-e-rung, die; -,-en: *Steuerauflage*
bes-tia-lisch: *viehisch, grausam*
Bes-tie, die; -,-n: *wildes Tier*
Bes-tie, die; -,-n: *Unmensch*
be-stim-men
be-stimmt: *sicher, nachdrücklich*
be-stimmt: *festgelegt*
Be-stimmt-heit, die; -, keine Mehrzahl: *Nachdruck, Festigkeit*
Be-stim-mung, die; -,-en
Be-stim-mungs-ort, der; -es,-e
be-stirnt: *mit Sternen übersät*
be-stra-fen
Be-stra-fung, die; -,-en
be-strah-len: *bescheinen*
Be-strah-lung, die; -,-en: *Behandlung mit Strahlung*
Be-strah-lung, die; -,-en: *Einwirken von Strahlen*
be-stre-ben: *anstreben, eifern*
Be-stre-ben, das; -s,-: *Zielsetzung*
be-strei-chen, bestrich, bestrichen: *beschmieren, auftragen*
be-strei-ten, bestritt, bestritten: *ableugnen, widerrufen*
be-strei-ten, bestritt, bestritten: *finanzieren, aufkommen für, bezahlen*
be-streu-en: *(Pulver) verteilen*
be-stri-cken: *bezaubern*
be-stri-ckend: *liebreizend*
Best-sel-ler, der; -s,-: *Verkaufsschlager*
be-stü-cken: *versehen mit, ausrüsten*
be-stür-men: *eindringlich bitten, fordern*
Be-such, der; -es,-e: *Aufenthalt als Gast*
Be-such, der; -es,-e: *Besuchen, Aufsuchen*
Be-such, der; -es,-er: *Gast*
be-su-chen: *aufsuchen, zu Gast sein*
Be-su-cher, der; -s,-: *Gast*
Be-suchs-zeit, die, -,-en
be-su-deln: *beschmutzen*
Be-su-de-lung, die; -,-en: *Beschmutzung*
be-tagt: *alt*
Be-tagt-heit, die; -, keine Mehrzahl: *Alter*
be-tas-ten: *anfassen, abtasten*
be-tä-ti-gen, sich: *sich beschäftigen, arbeiten*
be-tä-ti-gen: *bedienen*
Be-tä-ti-gung, die; -,-en: *Beschäftigung*
be-täu-ben: *bewusstlos machen, berauschen, narkotisieren*
Be-täu-bung, die; -,-en: *Berauschung, Bewusstlosigkeit, Narkose*
Be-te, die; -,-n: *Rote Bete, Rote Rübe*
be-tei-li-gen: *Anteil haben*
be-tei-li-gen, sich: *teilnehmen an*
Be-tel, der; -s, keine Mehrzahl: *Genussmittel aus der Betelnuss*
be-ten: *zu Gott sprechen, meditieren*
be-teu-ern: *versichern, schwören*

Beute

Be-teu-e-rung, die; -,-en: *Versprechen, Versicherung*
be-ti-teln: *einen Namen geben, mit einer Überschrift versehen*
be-ti-teln: *tituieren, mit einem Namen anreden*
Be-ton [Betong], der; -s,-s: *Baustoff aus Zement, Sand und Wasser*
be-to-nen: *hervorheben*
be-to-nie-ren: *aus Beton herstellen, Beton mischen*
Be-to-nung, die; -,-en: *Hervorhebung*
be-tö-ren: *bezaubern, für sich gewinnen*
be-tö-rend: *reizend, sinnverwirrend*
Be-tracht, der; -es, keine Mehrzahl: *nur noch in feststehenden Wendungen: in Betracht ziehen, außer Betracht bleiben, für „Erwägung"*
be-trach-ten: *ansehen*
be-trächt-lich: *ansehnlich, viel*
Be-trach-tung, die; -,-en: *Gedankenfolge, Überlegung*
Be-trach-tung, die; -,-en: *Ansehen, Anschauen*
Be-trach-tungs-wei-se, die; -,-n: *Standpunkt, Blickwinkel*
Be-trag, der; -es, Be-trä-ge: *Geldsumme*
be-tra-gen, betrug, betragen: *ausmachen, kosten*
be-tra-gen, sich; betrug sich, sich betragen: *sich benehmen*
Be-tra-gen, das; -s, keine Mehrzahl: *Benehmen*
be-traut mit: *einen Auftrag erhalten haben, beauftragt sein*
Be-treff, der; -s,-e: *Amtsdeutsch: Beziehung*
be-tref-fen, betraf, betroffen: *angehen*
be-trei-ben, betrieb, betrieben: *antreiben (Maschine)*
be-trei-ben, betrieb, betrieben: *leiten, führen; ausüben*
Be-tre-ten, das; -s, keine Mehrzahl: *Eintritt, Begehen einer Fläche*
be-tre-ten, betrat, betreten: *eintreten, auftreten*
be-tre-ten: *verlegen*
be-treu-en: *beaufsichtigen, pflegen, versorgen*
Be-treu-er, der; -s,-: *Pfleger*
Be-trieb, der; -es, keine Mehrzahl: *Treiben, Geschäftigkeit*
Be-trieb, der; -es,-e: *Firma, Unternehmen, Fabrik*

Be-trieb-sam-keit, die; -,-en: *reges Treiben, Betrieb, Geschäftigkeit*
Be-triebs-aus-flug, der; -es, -flü-ge
Be-triebs-kli-ma, das; -s, -kli-ma-ta
Be-triebs-rat, der; -es,-rä-te: *Arbeitnehmervertretung im Betrieb*
Be-triebs-wirt-schaft, die; -, keine Mehrzahl
be-trof-fen: *beeindruckt*
be-trüb-lich: *traurig, beklagenswert*
Be-trug, der; -es, keine Mehrzahl: *Gaunerei*
be-trü-gen, betrog, betrogen: *hinters Licht führen*
Be-trü-ger, der; -s,-: *Gauner*
be-trü-ge-risch: *täuschend*
be-trun-ken
Bett, das; -es,-en: *Schlafstätte*
Bett-de-cke, die; -,-n
Bet-tel, der; -s, keine Mehrzahl: *Plunder, Kram*
bet-teln: *erbitten*
bet-ten: *ein Lager bereiten*
bett-lä-ge-rig: *krank*
Bett-ler, der; -s,-
Bett-tuch, das; -es, -tü-cher
Bett-vor-le-ger, der; -s,-
Bett-wä-sche, die; -,-n
be-tucht: *reich*
be-tu-lich: *behäbig*
be-tu-lich: *geschäftig, zuvorkommend*
Be-tu-lich-keit, die; -,-en: *Geschäftigkeit*
Be-tu-lich-keit, die; -,-en: *Behäbigkeit*
beu-gen: *neigen, biegen*
beu-gen, sich: *sich fügen*
beu-gen: *Grammatik: Oberbegriff für „deklinieren, konjugieren"*
Beu-gung, die; -,-en
Beu-le, die; -,-n: *Delle*
be-un-ru-hi-gen: *ängstigen*
be-un-ru-higt: *besorgt*
Be-un-ru-hi-gung, die; -,-en: *Sorge, Furcht*
be-ur-kun-den: *schriftlich niederlegen, protokollieren*
Be-ur-kun-dung, die; -,-en: *Protokoll, Niederschrift*
be-ur-lau-ben: *freistellen*
Be-ur-lau-bung, die; -,-en: *Freistellung, Befreiung vom Dienst*
be-ur-tei-len: *prüfen, bewerten*
Be-ur-tei-lung, die; -,-en: *Prüfung, Bewertung*
Beu-te, die; -,-n: *Raub, Erjagtes*

Beutelschneider

Beu·tel·schnei·der, der; -s,-: *Taschendieb, Gauner*
be·völ·kern: *besiedeln, bewohnen*
Be·völ·ke·rung, die; -,-en: *Einwohner*
be·voll·mäch·ti·gen: *ermächtigen, befugen*
Be·voll·mäch·tig·te, der/die; -n,-n: *Befugte(r), Ermächtigte(r)*
Be·voll·mäch·ti·gung, die; -,-en: *Vollmacht*
be·vor: *ehe*
be·vor·mun·den: *gängeln*
Be·vor·mun·dung, die; -,-en: *Gängelung*
be·vor·rech·tigt
be·vor·tei·len: *vorziehen, begünstigen*
be·vor·zu·gen: *vorziehen*
be·wa·chen: *aufpassen auf*
Be·wa·chung, die; -,-en: *Wache*
be·waff·nen: *mit Waffen ausrüsten, rüsten*
Be·waff·nung, die; -,-en: *Waffenausrüstung, Rüstung*
be·wah·ren: *hüten, erhalten*
be·wäh·ren, sich: *sich als geeignet erweisen*
be·wahr·hei·ten, sich: *sich als wahr erweisen*
be·währt: *erprobt*
Be·wäh·rung, die; -,-en: *Bewährungsfrist*
Be·wäh·rung, die; -,-en: *Fähigkeitsnachweis*
Be·wal·dung, die; -,-en: *Baumbestand*
be·wäl·ti·gen: *fertig werden mit, überwinden*
be·wäl·ti·gen: *erledigen, ausführen*
Be·wäl·ti·gung, die; -,-en: *Erledigung, Ausführung*
Be·wäl·ti·gung, die; -,-en: *Überwindung*
be·wan·dert: *erfahren, gut informiert*
Be·wandt·nis, die; -,-se: *Beschaffenheit, auch: Zweck*
be·wäs·sern: *berieseln, mit Wasser versorgen*
Be·wäs·se·rung, die; -,-en
be·we·gen: *in Bewegung setzen*
be·we·gen: *erregen*
Be·weg·grund, der; -es,-grün·de: *Motiv, Ursache*
Be·we·gung, die; -,-en: *Ortsveränderung*
Be·we·gung, die; -,-en: *Erregung, Gemütsbewegung*
Be·we·gungs·frei·heit, die; -,-en
Be·we·gungs·the·ra·pie, die; -,-n

be·wehrt: *befestigt*
be·weih·räu·chern: *hoch loben*
Be·weih·räu·che·rung, die; -,-en: *übertriebenes Lob*
be·wei·nen: *betrauern*
Be·weis, der; -es,-e: *Nachweis, Bestätigung*
Be·weis·auf·nah·me, die; -,-n: *gerichtliche Überprüfung*
be·weis·bar: *nachweisbar, überprüfbar*
be·wei·sen, bewies, bewiesen: *einen Beweis führen, nachweisen*
be·weis·kräf·tig: *glaubwürdig*
be·wen·den lassen: *sich begnügen mit, auf sich beruhen lassen*
be·wer·ben, sich; bewarb sich, sich beworben: *bemühen um; auch: sich anbieten*
Be·wer·ber, der; -s,-: *Stellungssuchender*
Be·wer·bung, die; -,-en: *Stellungssuche*
be·wer·fen, bewarf, beworfen: *auf etwas werfen, schleudern*
be·werk·stel·li·gen: *zuwege bringen, fertig stellen*
Be·werk·stel·li·gung, die; -,-en: *Erledigung, Fertigstellung*
be·wer·ten: *werten, abschätzen, einschätzen*
Be·wer·tung, die; -,-en: *Einschätzung, Abschätzung*
be·wil·li·gen: *genehmigen*
Be·wil·li·gung, die; -,-en: *Erlaubnis, Genehmigung*
be·wim·peln: *mit Fähnchen versehen*
be·wir·ken: *durchsetzen*
be·wir·ten
be·wirt·schaf·ten: *Grundstück, Acker bestellen*
be·wirt·schaf·ten: *Haushalt führen*
be·wirt·schaf·ten: *Gastwirtschaft betreiben*
Be·wirt·schaf·tung, die; -,-en: *Betriebs- oder Haushaltsführung*
Be·wirt·schaf·tung, die; -,-en: *Landwirtschaft betreiben*
Be·wir·tung, die; -,-en
be·wohn·bar
be·woh·nen
Be·woh·ner, der; -s,-: *Einwohner*
be·wölkt: *wolkig*
Be·wöl·kung, die; -, keine Mehrzahl: *Wolken; auch: Aufzug von Wolken*
Be·wuchs, der; -es, keine Mehrzahl: *Pflanzenbestand*

Bigamist

Be-wun-de-rer, der; -s,-: *Verehrer, Fan*
be-wun-dern: *anerkennen, hochachten*
be-wun-derns-wert
Be-wun-de-rung, die; -, keine Mehrzahl: *Verehrung*
be-wur-zeln: *Wurzeln ziehen, Wurzeln bekommen*
be-wusst: *willentlich, vorsätzlich*
Be-wusst-lo-sig-keit, die; -,-en: *Ohnmacht*
Be-wusst-sein, das; -s, keine Mehrzahl: *Besinnung, geistige Klarheit*
be-zah-len: *erstatten, begleichen*
Be-zah-lung, die; -,-en: *Abgeltung, Begleichung*
be-zäh-men, sich: *sich beherrschen, sich mäßigen, sich zurückhalten*
be-zau-bernd: *entzückend, liebreizend*
be-zeich-nen: *hinweisen, nennen*
be-zeich-nend: *vielsagend, von großer Bedeutung*
Be-zeich-nung, die; -,-en: *Name, Kennzeichnung*
be-zeu-gen: *versichern, beschwören*
Be-zeu-gung, die; -,-en: *Versicherung, Beschwörung, Erweis*
be-zich-ti-gen: *beschuldigen, anschuldigen*
Be-zich-ti-gung, die; -,-en: *Anschuldigung*
be-zieh-bar: *einzugsbereit*
be-zie-hen, bezog, bezogen: *ein Bett frisch beziehen*
be-zie-hen, sich - auf: *verweisen auf*
Be-zie-her, der; -s,-: *Abonnent*
Be-zie-hung, die; -,-en: *Verhältnis; auch: Freundschaft*
Be-zie-hungs-kis-te, die, -,-n: *Szenesprache für „Zweierbeziehung"*
be-zie-hungs-wei-se: *oder*
be-zif-fern: *mit Zahlen versehen, in Zahlen ausdrücken*
Be-zif-fe-rung, die; -,-en: *Nummerierung, Bezeichnung mit Ziffern*
Be-zirk, der; -es,-e: *Bereich, Gegend, Distrikt*
Be-zug, der; -es, Be-zü-ge: *Gehalt, Lohn*
Be-zug, der; -es, Be-zü-ge: *Überzug*
Be-zug, der; -es, Be-zü-ge: *Abonnement*
Be-zug, der; -es, Be-zü-ge: *Hinweis, Verweis, Hinsicht, Beziehung*
Be-zug, der; -es, keine Mehrzahl: *Vorgang des Wohnungsbeziehens*
be-züg-lich

Be-zugs-schein, der; -es,-e: *Berechtigungsschein zum Einkauf von knappen Waren*
be-zu-schus-sen: *subventionieren, beisteuern*
be-zwe-cken: *beabsichtigen, hinzielen auf*
be-zwei-feln: *Bedenken haben, anzweifeln, nicht glauben*
be-zwin-gen, bezwang, bezwungen: *besiegen, überwältigen*
Be-zwin-ger, der; -s,-: *Sieger; auch: Erstbesteiger eines Berges*
Bi-bel, die; -,-n: *Heilige Schrift*
Bi-ber, der; -s,-
Bib-li-o-gra-fie (auch Bib-li-o-gra-phie), die; -,-n: *Bücherverzeichnis*
Bib-li-o-thek (auch Bi-bli-o-thek), die; -, -en: *Bücherei, Büchersammlung*
Bib-li-o-the-kar (auch Bi-bli-o-the-kar), der; -s,-e
Bib-li-o-the-ka-rin (auch Bi-bli-o-the-ka-rin), die; -,-nen
bib-lisch (auch bi-blisch): *die Bibel betreffend*
Bi-det [Bideh], das; -s,-s: *Sitzwaschbecken*
bie-der: *brav, ehrsam, einfältig*
Bie-der-mann, der; -es,-män-ner: *einfältiger Mensch*
Bie-der-mei-er, das; -s, keine Mehrzahl: *Kunststil der Mitte des 19. Jahrhunderts*
bie-gen, bog, gebogen: *krümmen, runden, beugen*
bieg-sam: *weich*
bieg-sam: *beweglich, gelenkig*
Bie-gung, die; -,-en: *Krümmung, Kurve*
Bie-ne, die; -,-n: *Imme, Honig sammelndes Insekt*
Bie-nen-stich, der; -es,-e: *Kuchenart*
Bie-nen-stich, der; -es,-e: *Stich der Biene*
Bi-en-na-le, die; -,-n: *alle zwei Jahre stattfindende Veranstaltung*
Bier, das; -es,-e: *alkoholisches Getränk, Gerstensaft*
Bier-brau-e-rei, die; -,-en: *Brauerei*
Bier-sei-del, das; -s,-: *Bierkrug*
Bie-se, die; -,-n: *Ziernaht, Zierfalte*
Biest, das; -es,-er: *Vieh*
bie-ten, bot, geboten: *darreichen, anbieten*
Bi-ga-mie, die; -,-n: *Mehrfachehe*
Bi-ga-mist, der; -en,-en: *jemand, der in Bigamie lebt*

bi-gott: *blindgläubig, engherzig gläubig*
bi-gott: *scheinheilig*
Bi-got-te-rie, die; -,-n: *Scheinheiligkeit*
Bi-got-te-rie, die; -,-n: *Frömmelei, überbetonte Frömmigkeit*
Bi-ki-ni, der; -s,-s: *zweiteiliger Badeanzug*
Bi-lanz, die; -,-en: *Gegenüberstellung von Soll und Haben, Jahresabschluss*
bi-lan-zie-ren: *ausgleichen, abschließen*
bi-la-te-ral: *zweiseitig*
Bild, das; -es,-er: *Abbild, Fotografie, Illustration*
Bild, das; -es,-er: *Gemälde*
bil-den, sich: *Wissen erweitern, aneignen*
bil-den: *gestalten, formen*
Bild-flä-che, die; -,-n
bild-lich: *gleichnishaft, übertragen*
Bil-dung, die; -, keine Mehrzahl: *Wissen, Erziehung*
Bil-dungs-lü-cke, die; -,-n
Bil-ge, die; -,-n: *Kielraum*
Bil-ge-was-ser, das; -s,-: *Leckwasser, das sich in der Bilge sammelt*
Bil-lard [Billjard], österr. [Bijahr], das; -s, keine Mehrzahl: *Kugelspiel*
Bil-let [Biljet], österr. [Bijeh], das; -s,-s: *Fahrkarte, Eintrittskarte*
Bil-li-ar-de, die; -,-n: *tausend Billionen*
bil-lig, *billiger, am billigsten*
Bil-li-on [Billjohn], die; -,-en: *eine Million Millionen*
Bi-me-tall, das; -es,-e: *zwei zusammenhängende Metallstreifen mit verschiedenen Ausdehnungsfähigkeiten*
bim-meln: *läuten, klingeln*
Bims-stein, der; -es,-e: *leichtes vulkanisches Gestein*
bi-när: *aus zwei Einheiten bestehend (0 und 1)*
Bi-när-code, der; -s,-s: *EDV: aus zwei Elementen (0 und 1) bestehender Code*
Bin-de, die; -,-n: *Verbandsstreifen, Stoffstreifen*
Bin-de-ge-we-be, das; -s, keine Mehrzahl
Bin-de-haut, die; -,-häu-te
bin-den, band, gebunden: *(Personen) fesseln*
bin-den, band, gebunden: *schnüren*
Bin-der, der; -s,-: *Krawatte, Schlips*
Bin-de-rei, die; -,-en: *Werkstatt, in der etwas gebunden wird*
Bin-de-strich, der; -es,-e
Bind-fa-den, der; -s, -fä-den

Bin-dung, die; -,-en: *enge Beziehung*
Bin-dung, die; -,-en: *Schnürung, Skibindung*
bin-nen: *innen, innerhalb*
Bin-nen-land, das; -es,-länder: *Hinterland einer Küste*
Bin-nen-schiff-fahrt (auch Binnen-Schiff-Fahrt), die; -,-en: *Schifffahrt auf Flüssen und Binnenseen*
Bin-nen-see, der; -s,-n
Bin-se, die; -,-n: *grasähnliche Pflanze*
Bin-sen-wahr-heit, die; -,-en: *Selbstverständlichkeit*
Bin-sen-weis-heit, die; -,-en: *Banalität*
Bi-o-che-mie, die; -, keine Mehrzahl: *Lehre von den chemischen Vorgängen im Organismus*
Bi-o-che-mi-ker, der; -s,-: *Wissenschaftler der Biochemie*
Bi-o-gra-fie (auch Bi-o-gra-phie), die; -,-n: *Lebensbeschreibung*
bi-o-gra-fisch (auch bi-o-gra-phisch): *selbst erlebt*
Bi-o-lo-gie, die; -, keine Mehrzahl: *Lehre von der belebten Natur*
bi-o-lo-gisch: *die lebendige Natur betreffend*
Bi-o-top, der/das; -es,-e: *einheitlicher Lebensraum mit bestimmten Pflanzen- und Tierarten*
bi-po-lar: *zweipolig*
Bir-ke, die; -,-n: *Laubbaum*
Bir-ne, die; -,-n: *Frucht*
Bir-ne, die; -,-n: *Glühbirne, Lampe*
bis: *von . . . bis: vier bis fünf*
bis: *hin, nach; bis München, bis zum Bahnhof*
Bi-schof, der; -s, Bi-schö-fe: *Geistlicher*
Bi-se-xu-a-li-tät, die; -, keine Mehrzahl: *auf beide Geschlechter gerichtete Sexualität*
Bi-se-xu-a-li-tät, die; -, keine Mehrzahl: *Zweigeschlechtlichkeit*
bi-se-xu-ell: *mit beiden Geschlechtern verkehrend*
bi-se-xu-ell: *zweigeschlechtlich*
bis-her: *seit*
Bis-kuit [Biskwit], der/das; -es,-s/-e: *leichtes Gebäck*
bis-lang: *seither, solange, bis jetzt*
Biss, der; -es,-e: *Verletzung durch Beißen*
Biss, der; -es,-e: *Hineinbeißen*
biss-chen: *ein wenig*
Bis-sen, der; -s,-: *Happen*

bleiben lassen

bis-sig: *gehässig, scharfzüngig*
bis-sig: *beißwütig*
Bis-tro (auch Bist-ro), das; -s,-s: *kleines Restaurant*
Bis-tum, das; -s, Bis-tü-mer: *Amtsbezirk eines katholischen Bischofs*
bis-wei-len: *manchmal*
Bit, das; -s,-s: *Kurzwort für „binary digit"; EDV-Maßeinheit für den Informationsgehalt, entsprechend einer Binärziffer (0 und 1); Zeichen: bit*
bit-te: *Höflichkeitsformel: entschuldigen Sie bitte, bitte einen Kaffee*
Bit-te, die; -,-n: *Anliegen, Ersuchen*
bit-ten, bat, gebeten: *ersuchen*
bit-ter: *sehr herb, gallig*
bit-ter: *verbittert, unfroh*
bit-ter: *hart, schmerzlich*
bit-ter-bö-se: *zornig*
Bit-ter-keit, die; -,-en: *Erbitterung, Zorn*
bit-ter-lich
Bitt-stel-ler, der; -s,-: *Bittender*
Bi-tu-men, das; -s,-: *teerartige Masse*
Bi-wak, das; -s,-s/e: *Feldnachtlager*
bi-wa-kie-ren: *zelten*
bi-zarr: *seltsam, kurios, auch: verzerrt*
Bi-zeps, der; -,-e: *Oberarmmuskel*
blaf-fen: *kurz bellen; umgangssprachlich auch: schnauzen*
Bla-ge, die; -,-n: *umgangssprachlich für „kleines, unartiges Kind"*
blä-hen: *aufblasen*
Blä-hung, die; -,-en: *Verdauungsbeschwerden*
bla-ken: *rußen, flackern*
bla-ma-bel: *beschämend, peinlich*
Bla-ma-ge [Blamahsche], die; -,-n: *Bloßstellung, unangenehmer Vorfall*
blan-chie-ren [blonschieren]: *mit heißem Wasser übergießen, bleichen*
blank: *blitzsauber, poliert*
blank: *umgangssprachlich für „pleite"*
blan-ko: *leer, nicht ausgefüllt*
Blan-ko-scheck, der; -s,-s: *Scheck, bei dem der Betrag nicht eingesetzt ist*
Blan-ko-voll-macht, die; -,-en: *uneingeschränkte Vollmacht*
Bla-se, die; -,-n: *Körperorgan zur Flüssigkeitsaufnahme*
Bla-se, die; -,-n: *Hohlraum in Glas oder Gestein*
Bla-se, die; -,-n: *Hautschwellung*
Bla-se-balg, der; -es, Bla-se-bäl-ge: *Gebläse*

bla-sen, blies, geblasen: *pusten*
bla-sen, blies, geblasen: *wehen*
Blä-ser, der; -s,-: *Musiker, der ein Blasinstrument spielt*
bla-siert: *hochnäsig*
Bla-siert-heit, die; -,-en: *Hochnäsigkeit, Snobismus*
bla-sig: *schaumig*
Blas-mu-sik, die; -,-en
Blas-phe-mie, die; -,-n: *Gotteslästerung*
blas-phe-misch: *lästerlich*
blass, blasser/blässer, blasseste/blässeste: *bleich*
Bläs-se, die; -,-n: *Bleichheit*
Blatt, das; -es, Blät-ter: *Bogen Papier*
Blatt, das; -es, Blät-ter: *Zeitung*
Blatt, das; -es, Blät-ter: *Baum- oder Strauchblatt*
Blat-tern, die; -, keine Einzahl: *Pocken*
blät-tern: *umwenden*
Blat-ter-nar-be, die; -,-n: *Pockennarbe*
Blät-ter-teig, der; -es,-e: *vielschichtiges Feingebäck*
blau: *umgangssprachlich für „betrunken"*
blau, blauer, blaueste: *Farbe; der Blaue Planet (Erde), die blaue Blume, der blaue Dunst, blauer Aal*
Blau, das; -s,-: *blaue Farbe*
blau-blü-tig: *adelig*
Blau-licht, das; -es,-er: *Signallicht*
blau-ma-chen: *schwänzen*
Blau-säu-re, die; -, keine Mehrzahl: *Zyankali*
Blau-strumpf, der; -es, Blau-strümpfe: *abschätzig für „intellektuelle, emanzipierte Frau"*
Blech, das; -es,-e: *ausgewalztes Metall*
Blech, das; -es,-e: *Sammelbezeichnung für Blechblasinstrumente im Orchester*
ble-chen: *umgangssprachlich für „zahlen"*
ble-chern: *aus Blech, auch: scheppernd*
ble-cken: *fletschen*
Blei, das; -es,-e: *Schwermetall, Zeichen: Pb*
Blei, der; -es,-e: *Süßwasserfisch, Brachse*
Blei, das; -es,-e: *Richtblei, Bleibeschwerung*
Blei, das; -es,-e: *Zollplombe*
Blei-be, die; -,-n: *Quartier, Unterkunft, Behausung*
blei-ben, blieb, geblieben: *verharren, dableiben*
blei-ben las-sen: *unterlassen, nicht tun*

bleich: *blass, farblos*
Blei-che, die; -,-n: *Blassheit, Farblosigkeit, veraltet für „Rasen zum Wäschebleichen"*
blei-chen, blich, geblichen: *entfärben*
Bleich-ge-sicht, das; -es,-er: *Weißer*
blei-ern: *bleischwer, auch: bleigrau*
Blei-stift, der; -es,-e: *Schreibstift*
Blen-de, die; -,-n: *Iris*
Blen-de, die; -,-n: *Verzierung oder Gliederung einer Mauer*
Blen-de, die; -,-n: *Kleidersaum*
blen-den: *jemanden täuschen, angeben*
blen-den: *jemandem die Augen ausstechen*
blen-den: *schmerzhaft ins Auge strahlen*
Blend-werk, das; -es,-e: *Täuschung, Betrug*
Bles-se, die; -,-n: *weißer Stirnfleck bei Tieren*
bles-sie-ren: *verletzen, beschädigen*
Bles-sur, die; -,-en: *Verletzung, Beschädigung*
Blick, der; -es,-e: *Sicht*
Blick, der; -es,-e: *kurzes Hinschauen, auch: Ausdruck der Augen*
bli-cken: *sehen, schauen*
blind: *ohne Sehvermögen*
blind: *angelaufen, undurchsichtig*
Blind-darm, der; -es,-där-me: *Appendix*
Blin-de, der/die; -n,-n
Blind-flug, der; -es,-flü-ge: *Instrumentenflug*
blin-ken: *glitzern*
Blin-ker, der; -s,-: *Signallampe*
blin-zeln: *zwinkern*
Blitz, der; -es,-e: *elektrische Entladung*
Blitz-ab-lei-ter, der; -s,-
blit-zen: *plötzlich aufleuchten, entladen*
Blitz-licht, das; -es,-er
blitz-sau-ber: *umgangssprachlich für „sehr sauber"*
blitz-schnell
Bliz-zard [Blissed], der; -s,-s: *Schneesturm*
Block, der; -s, Blö-cke: *Klotz*
Block, der; -s, Blö-cke: *Machtblock, Militärblock*
Block, der; -s, Blö-cke: *Fußball: Abwehrreihe*
Block, der; -es, Blö-cke: *Schreibblock, Notizblock*
Block, der; -s,-s: *Häuserblock, Wohnblock*
Blo-cka-de, die; -,-n: *Sperre*
Block-bil-dung, die; -,-en: *Vorgang des Sichzusammenrottens*

blo-ckie-ren: *sperren, drosseln*
Block-schrift, die; -,-en: *Druckschrift*
blö-de: *umgangssprachlich für „dumm, albern, beschränkt"*
blö-deln: *albern handeln, Unsinn machen*
Blöd-mann, der; -es,-män-ner: *umgangssprachlich für „Dummkopf"*
Blöd-sinn, der; -es, keine Mehrzahl: *Quatsch, Unsinn*
blö-ken: *schreien*
blond: *hellhaarig*
Blon-di-ne, die; -,-n
bloß: *nackt, kahl, bar*
bloß: *nur*
Blö-ße, die; -,-n: *freie, kahle Stelle, Lichtung*
Blö-ße, die; -,-n: *schwache Stelle*
Blö-ße, die; -,-n: *Nacktheit*
bloß-stel-len: *blamieren, entlarven*
Blou-son [Bluso~n], der; -s,-s: *Windjacke*
blub-bern: *Blasen werfen, glucksen*
Blue Jeans (auch Blue-jeans) [Bluh Dschiens], die; -, keine Einzahl: *Hosenart*
Bluff [Blöff], der; -s,-s: *Täuschung, Schwindel*
bluf-fen [blöffen]: *täuschen, beschwindeln*
blü-hen: *Blüten tragen*
Blu-me, die; -,-n: *Aroma des Weines, auch: Bierschaum*
Blu-me, die; -,-n: *blütentragende Pflanze*
Blu-se, die; -,-n: *Bekleidungsstück für den Oberkörper*
Blut, das; -es, keine Mehrzahl: *Körperflüssigkeit*
Blü-te, die; -,-n: *falscher Geldschein*
Blü-te, die; -,-n: *Aufschwung, Höhe einer Kultur*
Blü-te, die; -,-n: *blühender Teil der Pflanze*
blu-ten: *Blut verlieren*
Blü-ten-staub, der; -es, keine Mehrzahl: *Pollen*
Blu-ter, der; -s,-: *Mensch, dessen Blut nicht gerinnt*
Blut-ge-fäß, das; -es,-e: *Ader*
blut-jung: *sehr jung*
Blut-ra-che, die; -, keine Mehrzahl: *Form der Selbstjustiz, Vendetta*
blut-rüns-tig: *mordgierig*
Blut-schan-de, die; -, keine Mehrzahl: *Geschlechtsverkehr zwischen engen Verwandten*
Bö(e), die; -,-en: *heftiger Windstoß*

Boot

Boa, die, -,-s: *Pelzstola*
Boa, die; -,-s: *Riesenschlange*
Bob, der; -s,-s: *Schlitten*
Bob-sleigh [Bobslei]; der; -s,-s: *Rennschlitten*
Boc-cia [Botscha], die/das; -,-s: *Kugelspiel*
Bock, der; -es, Bö-cke: *männliches Tier*
Bock, der; -es, Bö-cke: *Turngerät*
Bock, der; -es, Bö-cke: *Szenesprache: Lust, Spaß, Bock haben, Böcke haben, keinen Bock haben, kein Bock, null Bock*
Bock, der; -es, Bö-cke: *Kutschbock*
Bock, der; -es, Bö-cke: *umgangssprachlich für „Fehler"*
bock-bei-nig: *steif, eigensinnig*
bo-ckig: *starrsinnig, eigenwillig, unwillig*
bocks-bär-tig: *spitzbärtig*
Bocks-beu-tel, der; -s,-: *Frankenwein, auch: Frankenweinflasche*
Bocks-horn, das; -es,-hör-ner: *ins Bockshorn jagen: Angst machen*
Bo-de-ga, die; -,-s: *spanische Weinschenke*
Bo-den, der; -s, Bö-den: *Dachgeschoss*
Bo-den, der; -s, Bö-den: *Erde, Grund*
bo-den-los: *unerhört*
bo-den-los: *abgründig*
Bo-den-schät-ze, die; -, keine Einzahl: *Rohstoffe*
bo-den-stän-dig: *sesshaft*
Bo-dy-buil-ding [Bodibilding], das; -s, keine Mehrzahl: *Muskeltraining*
Bo-fist (auch Bo-vist), der; -es,-e: *Pilzart*
Bo-gen, der; -s, Bö-gen: *Papierblatt*
Bo-gen, der; -s, Bö-gen: *Schusswaffe*
Bo-gen, der; -s, Bö-gen: *Kurve, Krümmung*
Bo-gen-lam-pe, die; -,-n: *Lichtbogenlampe*
Bo-he-me [Bohähm]; die; -, keine Mehrzahl: *unbürgerliche Künstlerwelt*
Bo-he-mi-en [Bohämiäñ], der; -,-s: *Künstler, Angehöriger der Boheme*
Boh-le, die; -,-n: *Brett, Diele*
Boh-ne, die; -,-n: *Hülsenfrucht*
Boh-nen-stan-ge, die; -,-n: *Stützpfahl für Bohnen*
Boh-nen-stan-ge, die; -,-n: *umgangssprachlich für „langer, dünner Mensch"*
Boh-nen-stroh, das; -s, keine Mehrzahl
Boh-ner-be-sen, der; -s,-: *schwere Bürste*
boh-nern: *blank bürsten*
boh-ren: *drängen, insistieren*
boh-ren: *aushöhlen*

Boh-rer, der; -s,-: *Bohrwerkzeug*
Bohr-turm, der; -s,-tür-me: *Bohrgestell*
Boh-rung, die; -,-en: *Loch*
bö-ig: *windig*
Boi-ler, der; s,-: *Heißwasserbereiter*
Bo-je, die; -,-n: *schwimmendes Seezeichen*
Bo-le-ro, der; -s,-s: *Umhang*
Bo-le-ro, der; -s,-s: *spanischer Tanz*
Bol-le, die; -,-n: *Zwiebel*
Böl-ler, der; -s,-: *Kracher; veraltet für „kleiner Mörser"*
Boll-werk, das; -es,-e: *Festung*
Bol-sche-wik, der; -en,-i/en: *Mitglied der kommunistischen Partei der Sowjetunion; umgangssprachlich auch für „Sowjetbürger"*
Bol-sche-wis-mus, der; -, keine Mehrzahl: *Doktrin des leninistischen Marxismus*
bol-sche-wis-tisch: *den Bolschewismus betreffend*
bol-zen: *umgangssprachlich für „Fußball spielen"*
bol-zen: *rangeln, stoßen*
Bol-zen, der; -s,-: *Eisenstift; auch: Geschoss*
Bom-bar-de-ment [Bombardemeñ], das; -s,-s: *Bombenabwurf*
bom-bar-die-ren: *beschießen, mit Bomben bewerfen*
bom-bas-tisch: *schwülstig, prunkvoll, überladen*
Bom-be, die; -,-n: *umgangssprachlich für „sehr kräftiger Schuss"*
Bom-be, die; -,-n: *Sprengkörper*
Bon [Bong], der; -s,-s: *Gutschein, Kassenbon*
Bon-bon [Bongbong], der/das; -s,-s: *Zuckerware*
Bon-mot [Bongmoh], das; -s,-s: *geistreicher, treffender Ausspruch*
Bo-nus, der; Bo-nus-ses/-, Bo-nus-se/Bo-ni: *Gewinnanteil, auch: Sondervergütung*
Bon-ze, der; -n,-n: *umgangssprachlich für „überheblicher, einflussreicher Funktionär"*
Bon-ze, der; -n,-n: *buddhistischer Priester, Funktionär*
Boo-gie-Woo-gie [Buhgie-Wuhgie], der; -/-s,-/-s: *Jazztanz*
Boom [Buhm], der; -s,-s: *Wirtschaftsaufschwung, Hochkonjunktur*
Boot, das; -es,-e

Bor

Bor, das; -s, keine Mehrzahl: *chemisches Element, nicht metallisch; Zeichen: B*
Bo-ra, die; -,-s: *kalter Fallwind*
Bord, das; -es,-e: *Rand, Einfassung*
Bord, das; -es,-e: *Gestell, Regal, Brett*
Bord, das; -es,-e: *Schiffsdeck*
Bor-dell, das; -s,-e: *Freudenhaus*
bör-deln: *umbiegen, mit einem Rand versehen*
bor-gen: *verleihen*
bor-gen: *entleihen*
Bor-ke, die; -,-n: *Baumrinde*
bor-niert: *engstirnig, beschränkt*
bor-niert: *eingebildet, hochmütig*
Borschtsch, der; -, keine Mehrzahl: *russische Kohlsuppe*
Bör-se, die; -,-n: *Wertpapier- und Warenmarkt; auch: Ort dafür*
Bör-se, die; -,-n: *Geldbeutel, Portemonnaie*
Bör-sen-spe-ku-lant, der, -en,-en
Bors-te, die; -,-n: *starres, steifes Haar*
bors-tig: *mit Borsten versehen, struppig, zerzaust*
Bor-te, die; -,-n: *Besatz, Saum, Tresse*
bös-ar-tig: *lebensgefährlich (Krankheit)*
bös-ar-tig: *tückisch, hinterhältig*
Bös-ar-tig-keit, die; -, keine Mehrzahl: *Gefährlichkeit (Krankheit)*
Bös-ar-tig-keit, die; -, keine Mehrzahl: *gemeines Verhalten*
Bö-schung, die; -,-en: *Abhang, Hang*
bö-se: *schlimm, arg*
bö-se: *zornig*
bos-haft: *schadenfroh, hinterlistig*
Bos-heit, die; -,-en: *Schadenfreude, Hinterlistigkeit, Spottsucht*
Bos-kop (auch Bos-koop), der; -s,-: *Winterapfelsorte*
Boss, der; -es,-e: *Chef, Arbeitgeber*
bos-seln: *umgangssprachlich für „handwerklich sorgfältig arbeiten, basteln"*
Bo-ta-nik, die; -, keine Mehrzahl: *Pflanzenkunde*
Bo-ta-ni-ker, der; -s,-: *Pflanzenkundler*
bo-ta-ni-sie-ren: *Pflanzen sammeln*
Bo-te, der; -n,-n: *Überbringer*
bot-mä-ßig: *pflichtgemäß, gehorsam*
Bot-schaft, die; -,-en: *Nachricht, Neuigkeit, Verkündung*
Bot-schaft, die; -,-en: *diplomatische Vertretung im Ausland*
Bött-cher, der; -s,-: *Fassbinder, Hersteller von Fässern*

Bot-tich, der; -s,-e: *großes, offenes Holzgefäß, Zuber*
Bou-clé (auch Bou-clé oder Buk-lee) [Buklehr], der; -s,-s: *Webeteppich aus Bouclézwirn*
Bou-clé (auch Bou-clé oder Buk-lee) [Bukleh], das; -s,-s: *frotteeartiger Effektzwirn*
Bou-doir [Buduahr], das; -s,-s: *privates Damenzimmer*
Bouil-lon [Bujong/Bulljong], die; -,-s: *Fleischbrühe*
Bou-le-vard [Bulwahr], der; -s,-s: *Prachtstraße*
Bou-le-vard-pres-se, die; -, keine Mehrzahl: *Sensationszeitschriften und -zeitungen*
Bou-le-vard-stück, das; -es,-e: *unterhaltendes Bühnenstück*
Bou-le-vard-the-a-ter, das; -s,-: *kleines Theater für leichte Unterhaltungsstücke*
Bour-geois [Burschwahs], der; -,-: *wohlhabender Bürger*
Bour-geoi-sie [Burschwahsie], die; -, keine Mehrzahl: *Bürgertum, Bürger-klasse*
Bou-tique [Butik], die; -,-n: *kleiner Modeladen*
Bo-vist (auch Bo-fist), der; -es,-e: *Pilzart*
Bo-wie-mes-ser, das; -s,-: *Messer mit langer Klinge*
Bow-le [Bohle]; die; -,-n: *alkoholisches Getränk aus Sekt, Wein und Früchten; auch: Gefäß dafür*
Bow-ling [Bouling], das; -s, keine Mehrzahl: *amerikanisches Kegeln*
Box, die; -,-en: *Montageplatz bei Autorennen*
Box, die; -,-: *Abteil im Pferdestall*
Box, die; -,-en: *Behältnis, Kasten, Fach*
bo-xen: *faustkämpfen*
Bo-xen, das; -s, keine Mehrzahl: *sportlicher Faustkampf*
Bo-xer, der; -s,-: *Hundeart*
Bo-xer, der; -s,-: *Faustkämpfer*
Box-kalf [Boxkahf], das; -s,-s: *Kalbsleder*
Boy, der; -s,-s: *Junge; auch: Hoteldiener, Laufbursche*
Boy-kott, der; -s,-e: *Ächtung, Abbruch der Handelsbeziehungen*
boy-kot-tie-ren: *ausschließen, nicht zulassen, ächten*
brach: *unbestellt, unbebaut, ungenutzt*
Brach-feld, das; -es,-er: *unbestelltes Feld*
Bra-chi-al-ge-walt, die; -,-n: *rohe Gewalt*
brach-lie-gen: *unbenutzt sein*

Brezel

bra-ckig: *mit Salzwasser vermischt, nicht trinkbar*
Brack-was-ser, *das; -s,-: Mischung von Süß- und Salzwasser*
Brah-ma, *das; -s, keine Mehrzahl: Grundbegriff der indischen Weltdeutung*
Brah-ma, *der; -s, keine Mehrzahl: indische Gottheit*
Brah-ma-ne, *der; -n,-n: Angehöriger der obersten Hindukaste, Priester*
Braille-schrift [Brahjschrift], *die; -, keine Mehrzahl: Blindenschrift*
bra-mar-ba-sie-ren: *großsprechen, prahlen, angeben*
Bran-che [Brohsche], *die; -,-n: Wirtschaftszweig, Geschäftszweig; auch: Fach*
Brand, *der; -es, Brän-de: umgangssprachlich für „Durst"*
Brand, *der; -es, Brän-de: Feuer, Feuersbrunst*
Brand, *der; -es, keine Mehrzahl: Wundentzündung, Absterben von Hautzellen*
Brand-mal, *das; -es,-e*
brand-mar-ken: *öffentlich bloßstellen, anprangern*
brand-schat-zen: *in Brand stecken, verwüsten*
brand-schat-zen: *in Brand setzen*
Brand-stif-tung, *die; -,-en*
Bran-dung, *die; -,-en: Überstürzen der Wellen am Ufer*
Bran-dy [Brändie], *der; -s,-s: Branntwein*
Brannt-wein, *der; -es,-e: alkoholisches Getränk*
bra-ten, *briet, gebraten: in heißem Fett garen*
Bra-ten, *der; -s,-: gebratenes Fleisch*
Brä-ter, *der; -s,-: Topf zum Braten*
Brat-sche, *die; -,-n: Streichinstrument*
Brat-schist, *der; -en,-en: Bratschenspieler*
Brauch, *der; -es, Bräu-che: Sitte, Gewohnheit*
brau-chen: *anwenden, gebrauchen*
brau-chen: *benötigen*
Brauch-tum, *das; -es, -tü-mer: Gesamtheit der Volksbräuche*
Braue, *die; -,-n: Augenbraue*
brau-en: *Bier zubereiten*
Brau-er, *der; -s,-: Facharbeiter in der Brauerei*
Brau-e-rei, *die; -,-en: Bierherstellung; auch: Bierfabrik*
braun: *erdfarben*
Braun, *das; -s, keine Mehrzahl: braune Farbe*
Bräu-ne, *die; -, keine Mehrzahl: braune Färbung*
bräu-nen: *braun färben, braun werden*
braun ge-brannt: *gebräunt*
Braun-koh-le, *die; -, keine Mehrzahl*
Brau-se, *die; -,-n: Duschbad*
Brau-se, *die; -,-n: Brauselimonade*
brau-sen: *schnell fahren, vorbeibrausen*
Braut, *die; -, Bräu-te: Verlobte*
Bräu-ti-gam, *der; -s,-e: Verlobter*
brav: *artig, anständig*
bra-vo!: *sehr gut!*
BRD, *die; -, keine Mehrzahl: Bundesrepublik Deutschland*
bre-chen, *brach, gebrochen: sich übergeben*
bre-chen, *brach, gebrochen: sich lossagen*
bre-chen, *brach, gebrochen: zerbrechen*
Bre-cher, *der; -s,-: Sturzsee*
Brech-stan-ge, *die; -,-n*
Bre-douil-le [Bredullje], *die; -,-n: Verlegenheit, Bedrängnis*
Brei, *der; -es,-e: Mus, dickflüssige Masse*
brei-ig: *musförmig, dickflüssig*
breit: *seitlich ausgedehnt*
Brei-te, *die; -,-n: seitliche Ausdehnung*
breit-schla-gen: *überreden*
Brem-se, *die; -,-n: Stechfliege*
Brem-se, *die; -,-n: Hemmung*
brem-sen: *Geschwindigkeit vermindern*
brenn-bar
bren-nen, *brannte, gebrannt: du branntest; in Flammen stehen*
Bren-ne-rei, *die; -,-en: Schnapsbrennerei*
Brenn-nes-sel, *die; -,-n: Nesselgewächs*
Brenn-holz, *das; -es, keine Mehrzahl*
Brenn-punkt, *der; -es,-e: Zentrum des Geschehens*
Brenn-punkt, *der; -es,-e: Sammelpunkt von Strahlen*
brenz-lig: *schwierig, gefährlich*
brenz-lig: *angebrannt*
Bre-sche, *die; -,-n: Lücke; eine Bresche schlagen: Widerstand brechen, sich durchschlagen; in die Bresche springen: zu Hilfe eilen, aushelfen*
Brett, *das; -es,-er: Bohle, Planke*
Bre-vier, *das; -s,-e: Gebetbuch*
Bre-zel, *die; -,-n: Backwerk*

Bridge

Bridge [Bridsch], das; -es, keine Mehrzahl: *Kartenspiel*
Brie, der; -s, keine Mehrzahl: *Weichkäseart*
Brief, der; -es,-e: *schriftliche Mitteilung*
Brief-kas-ten, der; -s, -käs-ten
brief-lich: *schriftlich, per Brief*
Brief-mar-ke, die; -,-n
Brief-ta-sche, die; -,-n
Brief-trä-ger, der; -s,-
Brief-um-schlag, der; -es, -schlä-ge
Brief-wech-sel, der; -s,-: *Korrespondenz*
Bries, das; -es, keine Mehrzahl: *innere Brustdrüse bei jungen Schlachttieren*
Bri-ga-de, die; -,-n: *(DDR) Arbeitsgruppe*
Bri-ga-de, die; -,-n: *Heeresabteilung*
Brigg, die; -,-s: *Zweimaster*
Bri-kett, das; -s,-s: *Presskohle*
bril-lant [brilljant]: *glänzend, großartig*
Bril-lant [Brilljant], der; -en,-en: *geschliffener Diamant*
Bril-le, die; -,-n: *Sehhilfe*
Bril-le, die; -,-n: *Toilettensitz*
Bril-len-schlan-ge, die; -,-n: *Kobra*
bril-lie-ren: *glänzen, Eindruck machen*
Brim-bo-ri-um, das; -s, keine Mehrzahl: *leeres Geschwätz, unnütze Aufregung*
brin-gen, brachte, gebracht: *umgangssprachlich für „leisten"*
brin-gen, brachte, gebracht: *herbeibringen*
bri-sant: *gefährlich, explosiv, auch: aktuell*
Bri-sanz, die; -,-en: *Sprengkraft*
Bri-sanz, die; -, keine Mehrzahl: *Aktualität*
Bri-se, die; -,-n: *leichter Wind, Hauch*
Bri-te, der; -n,-n: *Engländer, Einwohner des britischen Empire*
bri-tisch: *englisch*
Broad-way [Brohdwäi], der; -s, keine Mehrzahl: *Hauptgeschäfts- und Theaterstraße in New York*
brö-ckeln: *auseinander fallen*
bro-cken: *abbrechen*
Bro-cken, der; -s,-: *abgebrochenes Stück, Bissen*
bro-cken-wei-se: *stückweise, zögernd, stammelnd*
bro-deln: *sieden, wallen*
Bro-kat, der; -es,-e: *schwerer, gemusterter Seidenstoff*
Brom, das; -s, keine Mehrzahl: *chemisches Element, Nichtmetall; Zeichen: Br*

Brom-bee-re, die; -,-n: *Strauchfrucht*
bron-chi-al: *die Bronchien betreffend*
Bron-chie, die; -,-n: *Luftröhrenast, meist Mehrzahl*
Bron-chi-tis, die; -, keine Mehrzahl: *Entzündung der Bronchien*
Bron-ze [Bronße], die; -,-n: *Kupfer-Zinn-Legierung*
Bro-sa-me, der; -n,-n: *Krume, Brotbröckchen; auch: lächerlich kleine Spende*
Bro-sche, die; -,-n: *Anstecknadel*
bro-schie-ren: *heften, Druckbogen in einen Papierumschlag einleimen*
bro-schiert: *geheftet*
Bro-schü-re, die; -,-n: *Buch mit weichem Einband*
Brö-sel, der; -s,-: *Krümel*
Brot, das; -es,-e: *Gebäck*
Bröt-chen, das; -s,-: *Semmel*
brot-los: *ohne Verdienst, erwerbslos*
Brot-zeit: *die; -,-en: Vesper*
Brow-ning [Brauning], der; -s,-s: *Revolver*
Bruch, der; -es, Brü-che: *Gewebebruch, Knochenbruch*
Bruch, der; -es, Brü-che: *Zerbrochenes, Ausschuss*
Bruch, der; -es, Brü-che: *Riss*
Bruch, der; -es, Brü-che: *Verhältnis zweier ganzer Zahlen*
Bruch, der; -es, Brü-che: *Moor, Sumpfland*
brü-chig: *morsch*
bruch-stück-haft: *unvollständig*
Bruch-teil, der, -es,-e: *Stück*
Brü-cke, die; -,-n: *Übergang*
Bru-der, der; -s, Brü-der: *männlicher Geschwister*
brü-der-lich: *gemeinschaftlich, wie unter Brüdern*
Bru-der-schaft, die; -,-en: *enge Verbindung, Orden*
Brü-he, die; -,-n: *trübe Flüssigkeit*
Brü-he, die; -,-n: *Fleischbrühe*
brü-hen: *mit heißem Wasser übergießen*
brum-men: *umgangsprachlich für „eine Strafe verbüßen"*
brum-men: *summen, tief tönen, leise dröhnen*
Brum-mer, der, -s,-: *umgangssprachlich für „Fliege"*
brü-nett: *dunkelhaarig*
Brunft, die; -, keine Mehrzahl: *Paarungszeit des Wildes*
Brun-nen, der; -s,-: *Wasserstelle*

Bummel

Brunst, die; -, Brüns-te: *Paarungszeit des Wildes, Brunft*
brüsk: *jäh, barsch, unfreundlich*
brüs-kie-ren: *kränken, beleidigen*
Brust, die; -, Brüs-te: *Busen*
Brust, die; -, Brüs-te: *Rumpf*
brüs-ten, sich: *sich rühmen, prahlen*
Brust-korb, der; -es,-kör-be: *Rumpf*
Brüs-tung, die; -,-en: *Geländer*
Brut, die; -, keine Mehrzahl: *umgangssprachlich für „Bande, Gesindel"*
Brut, die; -, keine Mehrzahl: *Nachkommenschaft bei Tieren*
bru-tal: *roh, grausam, rücksichtslos*
Bru-ta-li-tät, die; -,-en: *Gewalttätigkeit*
brü-ten: *angestrengt nachdenken*
brü-ten: *auf den Eiern sitzen*
brut-to: *alles inbegriffen, mit Verpackung, ohne Abzüge*
Brut-to-ein-kom-men, das; -s,-: *Gehalt, Lohn ohne Abzug von Steuern und sonstigen Abgaben*
Brut-to-re-gis-ter-ton-ne, die; -,-n: *Rauminhalt eines Schiffes*
brut-zeln: *schmurgeln, braten*
Bub(e), der; -en,-en: *Bild im Kartenspiel*
Bub(e), der; -en,-en: *Junge, Knabe*
Buch, das; -es, Bü-cher: *Druckerzeugnis, Band*
Buch-bin-de-rei, die; -,-en
Buch-druck, der, -es,-e: *Herstellung eines Buches*
Bu-che, die; -,-n: *Laubbaumart*
Buch-ecker, die; -,-n: *Frucht der Buche*
bu-chen: *auf einem Konto eintragen*
Buch-füh-rung, die; -,-en: *Gesamtheit der Buchungsvorgänge*
Buch-hal-ter, der; -s,-: *Buchführer*
Buch-ma-cher, der; -s,-: *Vermittler von Rennwetten*
Büch-se, die; -,-n: *Dose*
Buch-se, die; -,-n: *Steckdose, Hohlzylinder zur Aufnahme eines Kolbens oder Zapfens*
Buch-sta-be, der; -n,-n: *Letter, Teil des Alphabets*
buch-stäb-lich: *wortgetreu*
Bucht, die; -,-en: *Meeresbucht*
Bucht, die; -,-en: *gekennzeichneter Parkplatz*
Bu-ckel, der; -s,-: *Höcker*
Bu-ckel, der; -s,-: *Bergrücken*
bu-ckeln: *dienern*
buck-lig: *mit einem Höcker versehen, gekrümmt, verwachsen*

Bück-ling, der; -s,-e: *geräucherter Hering*
Bück-ling, der; s,-e: *Verneigung*
Bud-del, die; -,-n: *regional und umgangssprachlich für „Flasche"*
bud-deln: *umgangssprachlich für „graben"*
Bud-dha, der; -s,-s: *indischer Religionsstifter; auch: Kultfigur*
Bud-dhis-mus, der; -, keine Mehrzahl: *Lehre Buddhas*
Bud-dhist, der; -en,-en: *Anhänger der Lehre Buddhas*
Bu-de, die; -,-n: *leichte Hütte*
Bu-de, die; -,-n: *umgangssprachlich für „Zimmer"*
Bud-get [Büdscheh], das; -s,-s: *Haushaltsplan, Menge der Haushalts-mittel*
Bü-fett, das; -s,-e: *siehe auch „Buffet"*
Büf-fel, der; -s,-: *wildes Rind*
büf-feln: *umgangssprachlich für „lernen"*
Buf-fet [Büfeh], das; -s,-s: *Anrichtetisch, Schanktisch; auch: kalte Platten*
Büf-fet [Büfeh], das; -s,-e: *österr. für „Buffet"*
Bug, der; -es,-e/Bü-ge: *Schiffsvorderteil*
Bug, der; -es,-e/Bü-ge: *Schulterstück des Rindes*
Bü-gel, der; -s,-: *Henkel, Tragegriff*
Bü-gel, der; -s,-: *Kleiderbügel*
Bü-gel-ei-sen, das; -s,-: *Plätteisen*
bü-geln: *plätten*
bug-sie-ren: *befördern, schleppen*
buh-len: *werben, streben, wetteifern*
Buh-ne, die; -,-n: *Wellenbrecher, künstlicher Damm*
Büh-ne, die; -,-n: *Theaterpodium*
Bu-kett, das; -es,-e: *Blumenstrauß*
Bu-kett, das; -es,-e: *Duft, Aroma, Blume des Weines*
Bu-let-te, die; -,-n: *Fleischkloß, Frikadelle*
Bull-au-ge, das; -s,-n: *Schiffsfenster*
Bull-dog, der; -s,-s: *Zugmaschine, Traktor*
Bull-dog-ge, die; -,-n: *Hunderasse*
Bull-do-zer, der; -s,-: *Zugmaschine, Baggermaschine, Raupenfahrzeug*
Bul-le, der; -n,-n: *männliches Rind*
Bul-le, die; -,-n: *päpstliche Urkunde*
Bul-le-tin [Bülltän], das; -s,-s: *amtliche Bekanntmachung, gemeinsame Erklärung*
Bul-le-tin [Bülltän], das; -s,-s: *Krankheitsbericht*
Bu-me-rang, der; -s,-e/-s: *Wurfholz*
Bum-mel, der; -s,-: *Spaziergang*

Bummelei

Bum-me-lei, die; -,-en: *mutwillige Verzögerung*
bum-sen: *aufprallen, knallen*
bum-sen: *umgangssprachlich für „Geschlechtsverkehr haben"*
Bund, der; -es, keine Mehrzahl: *Kurzwort für „Bundeswehr"*
Bund, der; -es, Bün-de: *Gebundenes, Strohbund*
Bund, der; -es, Bün-de: *Zusammenschluss, Vereinigung, Bündnis*
Bund, der; -es, Bün-de: *Hosenbund*
Bun-des-bahn, die; -, keine Mehrzahl: *kurz für Deutsche Bundesbahn*
Bun-des-haus, das; -es, keine Mehrzahl: *Sitz von Bundesrat und Bundestag*
Bun-des-rat, der; -es, keine Mehrzahl: *Ländervertretung der Bundesrepublik Deutschland*
Bun-des-re-pub-lik (auch Bun-des-re-pu-blik), die; -, keine Mehrzahl: *kurz für „Bundesrepublik Deutschland"*
Bun-des-tag, der; -es, keine Mehrzahl: *Volksvertretung der Bundesrepublik Deutschland*
Bun-des-wehr, die; -, keine Mehrzahl
bün-dig: *kurz und überzeugend*
bün-dig: *in einer Ebene liegend, abschließend*
Bund-schuh, der; -es,-e: *Schnürschuh, Bauernstiefel*
Bun-ga-low [Bungaloh], der; -s,-s: *einstöckiges Haus mit Flachdach*
Bun-ker, der; -s,-: *Behälter zur Aufnahme von Massengut*
Bun-ker, der; -s,-: *Schutzraum*
bunt: *farbig*
Bunt-sand-stein, der; -es,-e: *Gestein*
Bür-de, die; -,-n: *Last, Sorge*
Bu-re, der; -n,-n: *Südafrikaner, Nachkomme der holländischen Siedler*
Burg, die; -,-en: *Festung*
Bür-ge, der; -n,-n: *Haftender*
bür-gen: *für jemanden eintreten*
Bür-ger, der; -s,-: *Einwohner; auch: Angehöriger der Klasse des Bürgertums*
Bür-ge-rin, die; -,-nen: *Einwohnerin*
bür-ger-lich: *das Bürgertum betreffend*
Bür-ger-meis-ter, der; -s,-: *Stadtoberhaupt*
Bürg-schaft, die; -,-en: *Sicherheitsleistung*
bur-lesk: *possenhaft*
Bur-les-ke, die; -,-n: *Posse, Schwank*

Bur-nus, der; -ses,-se: *weiter Kapuzenmantel*
Bü-ro, das; -s,-s: *Amtszimmer, Arbeitszimmer*
Bü-ro-krat, der; -en,-en: *Amtsangehöriger; auch: engstirnig nach Vorschriften handelnder Mensch*
bü-ro-kra-tisch: *engstirnig, buchstabengetreu nach Vorschrift handelnd*
Bur-sche, der; -n,-n: *Halbwüchsiger*
Bur-schen-schaft, die; -,-en: *studentische Verbindung*
bur-schi-kos: *derb, die Männlichkeit herauskehrend*
Bürs-te, die; -,-n: *Reinigungsgerät mit Borsten*
bürs-ten
Bür-zel, der; -s,-: *Steiß*
Bus, der; Bus-ses, Bus-se: *Omnibus, Autobus*
Busch, der; -es, keine Mehrzahl: *tropischer Wald*
Busch, der; -es, Bü-sche: *Strauch*
Bu-sen, der; -s,-: *Brust*
Busi-ness [Bisneß], das; -, keine Mehrzahl: *Geschäft, Geschäftsleben*
Busi-ness-man [Bisneßmän], der; -s, -men: *Geschäftsmann*
Bus-sard, der; -s,-e: *Raubvogel*
Bu-ße, die; -,-n: *Strafe, Reue*
bü-ßen: *bereuen*
Bü-ßer, der; -s,-: *Reuiger*
buß-fer-tig: *zur Buße bereit*
Büs-te, die; -,-n: *Plastik, die Kopf und Schultern zeigt*
Büs-te, die; -,-n: *weibliche Brust*
Büs-ten-hal-ter, der; -s,-
But-ler [Batler], der; -s,-: *herrschaftlicher Diener*
Butt, der; -s,-e: *Fischart*
Bütt, die; -,-en: *Karnevalspodium*
Büt-te, die; -,-n: *Bottich, Kübel; auch: auf dem Rücken tragbares Gefäß*
Büt-tel, der; -s,-: *verächtlich für „Staatsdiener"*
Büt-ten-pa-pier, das; -es,-e: *handgeschöpftes Papier*
Büt-ten-red-ner, der; -s,-: *Karnevalssprecher*
But-ter, die; -, keine Mehrzahl: *aus Sahne hergestelltes Speisefett*
But-zen-schei-be, die; -,-n: *altes, in Blei gefaßtes Fenster*
bye-bye! [bai bai]: *Abschiedsgruß*

C

c, C, *das; -,-* dritter Buchstabe des Alphabets; Konsonant, Mitlaut
c, C, *das; -,-:* Musik: erster Ton der Grundtonleiter
ca.: *Abkürzung für „circa"*
Ca-che-nez [Kachenee], *das; -/-:* rechteckiges Halstuch
Ca-chou [Kaschu], *das; -/-:* Lakritze
Cad-mi-um, *das; -s, keine Mehrzahl:* Metall; Zeichen Cd
Ca-fé [Kafe], *das; -s/-s:* Kaffeehaus, Konditorei
Cais-son [Käßoñ], *der; -s/-s:* Tauchkasten für Unterwasserarbeiten
Call-girl [Koolgörl], *das; -s/-s:* Prostituierte
Cal-va-dos, *der; -,-:* französischer Apfelbranntwein
Ca-lyp-so, *der; -s/-s:* Musik der farbigen Einwohner Mittelamerikas, langsame Rumba
Ca-mem-bert [Kamo~bär], *der; -s/-s:* französischer Weichkäse
Ca-mouf-la-ge (auch Ka-mou-fla-ge) [Kamuflasch], *die; -,-n:* Tarnung
Camp [Kämp], *das; -s,-s:* Biwak, Feldlager
Cam-per [Kämper], *der; -s,-*
Cam-ping [Kämping], *das; -s,-:* Zelten
Cam-pus, *der; -,-:* Gelände einer Universität
Ca-nas-ta, *das; -s, keine Mehrzahl:* südamerikanisches Kartenspiel
Can-can, *der; -s,-s:* galoppartiger Modetanz des 19. Jahrhunderts
Can-na-bis, *der; -, keine Mehrzahl:* Hanf; andere Bezeichnung für Haschisch
Can-nel-lo-ni, *die; -s,-s:* italienische Speise; überbackene gefüllte Nudelröllchen
Ca-ñon [Känjen], *der; -s,-s:* tief eingeschnittenes Flusstal
Cant [Känt], *der; -s,-:* Heuchelsprache
Cape [Käip], *das; -s,-s:* ärmelloser weiter Umhang
Cap-puc-ci-no, *der; -s,-/-s:* starker Kaffee mit Sahnehaube und Kakaopulver
Car-te blan-che [Kart blonch], *die; -,-s -s:* uneingeschränkte Vollmacht
Car-toon [Kartuhn], *der; -s,-s:* karikaturistische Zeichnung, meist satirischen, gesellschaftskritischen Inhalts
Catch-as-catch-can [Kätsch äs kätsch kän]: Freistilringkampf, bei dem alle Griffe erlaubt sind
Ce-dil-le [ßedije], *die; -,-n:* kommaartiges, unter einem Buchstaben stehendes Zeichen mit verschiedenen Aussprachebedeutungen
Cel-list [Tschellist], *der; -en,-en:* Cellospieler
Cel-lo [Tschello], *das; -s,Cel-li:* Kurzform für Violoncello, Kniegeige
Cel-lo-phan, *das; -s,-e:* weiche, dehnbare, durchsichtige Kunststofffolie; zersetzt sich unter Freisetzung giftiger Stoffe
Cel-si-us: Temperatureinheit beim 100-gradigen Thermometer
Cem-ba-lo [Tschembalo], *das; -s,-los/-li:* Klavier, bei dem die Saiten angerissen werden
Cer-cle [ßerkle], *der; -s,-s:* geschlossene Gesellschaft, spiritistische Sitzung
Ce-vap-ci-ći, [Tschevaptschitschi] *die; -,-:* gegrillte Hackfleischröllchen
Cha-conne [Schakonn], *die; -,-s:* gravitätischer Tanz, Musikstück
Chag-rin (auch Cha-grin) [Chagrä], *das; -s, keine Mehrzahl:* künstlich genarbtes Leder
Chai-se-longue [Schäslonge], *die; -,-s:* Sofa, Liege
Cha-let [schaleh], *das; -s,-s:* kleines Schweizerhaus
Cha-mä-le-on, *das; -s,-s:* tropische Baumeidechse, die ihre Farbe der Umgebung anpasst
Cham-bre sé-pa-rée [Schombre sehparee], *das; - -,-s -s:* Sonderraum, abgetrenntes Zimmer
cha-mois: bräunlicher Farbton
Cha-mois [Schamoa], *das; -, keine Mehrzahl:* Ziegen-, Schaf-, Gämsenleder
Cham-pag-ner (auch Cham-pa-gner) [Schampanjer], *der; -s, keine Mehrzahl:* französischer Schaumwein
Cham-pig-non (auch Cham-pi-gnon) [Schampinjon], *der; -s,-s:* Edelpilz
Cham-pi-on [Tschämpjen], *der; -s,-s:* Sieger, Spitzensportler
Chan-ce [Schonße], *die; -,-n:* gute Gelegenheit
Chan-son [Schongson], *das; -s,-s:* französisches Lied

Chansonnette

Chan-son-net-te (auch Chan-so-net-te), die; -,-ten: *kleines Lied, Sängerin*
Chan-so-ni-er (auch Chan-son-ni-er) [Schosonjiee], der; -s,-s: *Sänger*
Cha-os [Kaoß], das; -: *ungeordneter Zustand*
cha-o-tisch: *ungeordnet, durcheinander*
Cha-rak-ter, der; -s,-e: *Wesenszug, Eigenart*
cha-rak-te-ris-tisch: *typisch, bezeichnend*
Char-ge [Scharsch], die; -,-n: *Dienstrang, kleine Bühnenrolle*
char-gie-ren: *einen Reaktor mit Brennstoff beschicken*
char-gie-ren: *eine Nebenrolle spielen*
Cha-ris-ma, das; -s, Cha-ris-men/Cha-ris-ma-ta: *„Gnadengabe"; besondere Ausstrahlungskraft eines Menschen*
Cha-ri-té, die; -,-s: *Krankenhaus, Pflegeanstalt*
Charles-ton [Tschalsten], der; -,-s: *Modetanz der 20er Jahre im Foxtrottrhythmus*
char-mant: *bezaubernd, reizend*
Charme, der; -s, keine Mehrzahl: *liebenswürdig-gewinnende Wesensart*
Char-meur [Scharmör], der; -s,-e: *Komplimentemacher*
Char-ta, die; -,-s: *Verfassungsurkunde*
char-tern: *mieten, anheuern*
Chas-sis [Schassi], das; -,-: *Fahrgestell, Montagerahmen*
Chauf-feur [Schofför], der; -s,-e: *Fahrer*
chauf-fie-ren: *ein Auto lenken*
Chaus-see, die; -,-n: *Landstraße*
Chau-vi, der; -s,-s: *Szenesprache für „Frauenfeind"*
Chau-vi-nis-mus [Schowinismus], der; -,-men: *extrem patriotische, nationalistische Haltung; Ablehnung alles Fremden*
Chau-vi-nist, der; -en,-en: *Nationalist*
che-cken: *prüfen*
che-cken: *umgangssprachlich für „verstehen"*
chee-rio! [tschierioo]: *Hallo! Prost!*
Chef, der; -s,-s: *Vorgesetzter, Leiter*
Che-mie, die; -, keine Mehrzahl: *Naturwissenschaft, die die Eigenschaften, Zusammensetzungen und Umwandlungen von Stoffen untersucht*
Che-mi-ka-lie, die; -,-n: *industriell hergestellter Stoff*
Che-mi-ker, der; -s,-: *Wissenschaftler*
Che-mi-sett, die; -s,-s/-e: *Hemdbrust an Frack- und Smokinghemden*

Che-rub, der; -s,-im/-i-nen: *Engel, Wächter des Paradieses*
che-va-le-resk: *ritterlich*
Che-vi-ot [Schävjot], der; -s,-s: *Kammgarngewebe*
Chev-reau (auch Che-vreau) [Schevro], das; -s, keine Mehrzahl: *Ziegenleder*
Chi-an-ti, der; -,-s: *italienischer Rotwein*
Chic (auch Schick), der; -es, keine Mehrzahl: *modische Eleganz*
Chi-co-rée (auch Schi-ko-ree), der; -s,-s: *Salat- und Gemüsepflanze*
Chif-fon, der; -s,-s: *Schleiergewebe aus Seide*
Chiff-re, die; -,-n: *Ziffer, Kennwort*
Chi-lis, die; -, keine Einzahl: *südamerikanische Paprikaart, aus denen der Cayennepfeffer hergestellt wird*
Chin-chil-la, das; -,-s: *südamerikanisches Nagetier mit wertvollem Pelz*
Chi-nin, das; -s, keine Mehrzahl: *Alkaloid der Chinarinde, Malariamittel*
Chip, der; -s,-s: *Spielmarke*
Chip, der; -s,-s: *in Fett gebackene Kartoffelscheiben*
Chip, der; -s,-s: *in der Mikroelektronik verwendetes Siliciumplättchen, das integrierte Schaltkreise trägt*
Chip-pen-dale [Tschippendäl], das; -s, keine Mehrzahl: *englischer Möbelstil*
Chi-ro-man-tie, die; -,-n: *Handlesekunst*
Chi-ro-prak-tik, die; -,-en: *Einrenken verschobener Wirbelkörper*
Chi-rurg (auch Chir-urg), der; -en, -en: *Facharzt für Operationen*
Chi-rur-gie (auch Chir-ur-gie), die; -,-n: *operative Behandlung von Krankheiten*
Chi-rur-gie (auch Chir-ur-gie), die; -,-n: *chirurgische Abteilung eines Krankenhauses*
Chi-tin, das; -s, keine Mehrzahl: *hornartiger, harter Stoff, aus dem Panzer der Insekten bestehen*
Chlor, das; -s, keine Mehrzahl: *chemischer Grundstoff; Zeichen: Cl*
Chlo-rid, das; -s,-e: *chemische Verbindung des Chlors mit anderen Stoffen*
Chlo-ro-form, das; -s, keine Mehrzahl: *Betäubungsmittel*
chlo-ro-for-mie-ren: *mit Chloroform betäuben*
Chlo-ro-phyll, das; -s, keine Mehrzahl: *Blattgrün; ermöglicht Pflanzen die Energiegewinnung aus Sonnenlicht*

Cornedbeef

Choke, der; -s,-s: *Luftklappe am Vergaser*
Cho-le-ri-ker, der; -s,-: *reizbarer, jähzorniger Mensch*
cho-le-risch: *jähzornig*
Chor, der; -es, Chö-re: *Musikstück für mehrstimmigen Gesang*
Chor, der; -es, Chö-re: *Altarraum in Kirchen*
Chor, der; -es, Chö-re: *Gesangsgruppe*
Cho-ral, der; -s, Cho-rä-le: *Kirchenlied*
Cho-re-o-gra-fie (auch Cho-re-o-graphie), die; -,-n: *künstlerische Gestaltung des Balletts*
Christ, der; -en,-en: *Angehöriger der christlichen Region*
Christ-baum, der; -es,-bäu-me: *Weihnachtsbaum*
Chris-ten-tum, das; -s, keine Mehrzahl: *auf Jesus Christus zurückgehende Religion*
Christ-kind, das; -es, keine Mehrzahl
christ-lich
Christ-met-te, die; -,-n: *Mitternachtsgottesdienst am Heiligen Abend*
Chrom, das; -s, keine Mehrzahl: *Metall, Zeichen: Cr*
Chro-ma-tik, die; -, keine Mehrzahl: *musikwissenschaftlicher Begriff; Veränderung der sieben Grundtöne durch Versetzungszeichen um einen Halbton nach unten oder oben*
Chro-ma-tik, die; -, keine Mehrzahl: *Farbenlehre*
Chro-mo-som, das; -s,-e: *Kernschleife im Zellkern; Sitz der Erbanlagen*
Chro-nik, die; -,-en: *Aufzeichnung geschichtlicher Ereignisse*
chro-nisch: *dauernd, ständig, anhaltend*
Chro-nist, der; -en,-en: *Geschichtsschreiber*
chro-no-lo-gisch: *dem Zeitablauf entsprechend*
Chro-no-me-ter, das; -s,-: *Zeitmesser; Uhr mit hoher Ganggenauigkeit*
Cid-re, auch Ci-dre, der; -s,-: *französischer Apfelwein*
Ci-ty, die; -,-s: *Geschäftsviertel einer Großstadt; Innenstadt*
Clan [Klähn], der; -s,-s: *Sippe, Familienverband*
Clea-ring, das; -s,-s: *Verrechnungsverfahren*
cle-ver, cleverer, am cleversten: *gewitzt, abgebrüht*

Clinch [Klintsch], der; -es, keine Mehrzahl: *Umklammerung, Zweikampf, Konflikt*
Cli-que, die; -,-n: *Gruppe, Sippenschaft; auch Interessengemeinschaft*
Clou [Kluh], der; -s,-s: *Höhepunkt des Geschehens; Zugnummer einer Darbietung*
Clown [Klaun], der; -s,-s: *Spaßmacher, Hanswurst*
Cock-pit, das; -s,-s: *Pilotenkanzel im Flugzeug*
Cock-tail [Kocktäil], der; -s,-s: *alkoholisches Mischgetränk*
Code [Kohd], der; -s,-s: *Verschlüsselungssystem bei der Datenübermittlung*
Code [Kohd], der; -s,-s: *Zeichensystem*
Co-dex, der; -/-es,-e/-di-zes: *Gesetzessammlung*
Cœur [Köhr], das; -s/-,-s/-: *Herzfarbe im französischen Kartenspiel*
Cog-nac (auch Co-gnac) [Konjak], der; -s,-s: *französischer Weinbrand*
Coif-feur [Koffös], der; -s,-e: *Friseur*
Col-la-ge [Kollasch], die; -,-en: *ein aus verschiedenartigen Teilen oder Motiven zusammengestelltes Kunstwerk*
Com-bo, die; -,-s: *Jazzkapelle mit 4 bis 5 Instrumenten*
Come-back (auch Comeback) [Kämbäck], das; -s,-s: *Wiederauftreten berühmter Persönlichkeiten nach längerer Pause*
Co-mic, der; -s,-s: *Bilderfortsetzungsgeschichte mit Sprechblasen*
Co-mic-strip (auch Co-mic Strip), der; -s,-s: *siehe auch „Comic"*
Com-mis, der; -,-: *Handlungsreisender*
Com-pi-ler [Kompailer], der; -s,-: *Übersetzerprogramm eines Computers, das ein in einer Computersprache geschriebenes Programm in Maschinensprache umwandelt*
Com-pu-ter [Kompjuter], der; -s,-: *elektronische Datenverarbeitungsanlage, Rechner*
Con-fé-ren-ci-er, der; -s,-s: *Ansager im Kabarett; witziger Plauderer bei Veranstaltungen*
Con-tai-ner, der; -s,-: *normierter Großbehälter für den Gütertransport*
Co-py-right [Kopirait], das; -s,-s: *Urheberschutz, Verlagsrecht*
Cor-ned-beef (auch Cor-ned Beef) [Kornd bief], das; -, keine Mehrzahl: *Rindfleisch in Büchsen*

Corner

Cor-ner, die; -,-s: österr. für „Eckball" beim Fußball
Cor-pus De-lic-ti, das; -, Cor-po-ra De-lic-ti: Beweisstück
Couch, die; -,-s: Liegesofa, Ruhebett
Cou-leur [Kuhlöhr], die; -,-en/-s: geistig-weltanschauliche Prägung einer Person
Cou-leur [Kuhlöhr], die; -,-s: Trumpf im Kartenspiel
Count-down (auch Countdown) [Kauntdaun], der; -,-s: Herunterzählen beim Start
Coup, der; -,-s: Überraschungserfolg
Cou-pé (auch Ku-pee), das; -,-s: Eisenbahnabteil
Cou-pon [Kupong], der; -,-s: Gutschein, Wertpapierabschnitt
Cou-ra-ge, die; -, keine Mehrzahl: Beherztheit, Entschlossenheit
cou-ra-giert: beherzt, energisch
Cou-sin [Kuhsähn], der; -,-s: Vetter
Cou-si-ne [Kuhsiene], die; -,-en: Base
Cou-tu-ri-er [Kuhturieh], der; -,-s: Modeschöpfer

Cow-boy [Kauboi], der; -,-s: Kuhhirte in Amerika
Cre-do, das; -,-s: Glaubensbekenntnis
Creme, die; -,-s: pastenartige Masse
Crew [Kruh], die; -,-s: Mannschaft eines Schiffs oder eines Flugzeugs
Crou-pi-er [Kruhpieh], der; -,-s: Spielbankangestellter, der den äußeren Ablauf des Spiels überwacht
Cup [Kap], der; -,-s: Ehrenpokal bei Sportereignissen
Cu-rie, das; -,-: Maßeinheit der Radioaktivität, benannt nach dem französischen Physikerehepaar Curie; Zeichen: Ci
Cur-ry [Körie], der/das; -,-: scharfe indische Gewürzmischung
Cur-sor [Körser], der; -,-s: Anzeiger auf dem Bildschirm
cut-ten [katten]: Filme zusammenschneiden
Cut-ter [Katter], der; -,-: Schnittmeister für Filme und Tonbänder
Cut-te-rin [Katterin], die; -,-nen: Schnittmeisterin für Filme und Tonbänder

dämmern

d, D, das; -,-: *vierter Buchstabe des Alphabets; Konsonant, Mitlaut*
d, D, das; -,-: *Musik: zweiter Ton der Grundtonleiter*
d: *Abkürzung für „Dezi..."*
d: *Abkürzung für „Durchmesser"*
da: *weil; da er krank war, konnte er nicht kommen*
da: *unter diesen Umständen, in diesem Fall; da haben Sie recht!*
da: *zeitlich: zu dieser Zeit, in diesem Augenblick; da sagte er plötzlich ...*
da: *örtlich: hier; dort; da, wo der Pfeffer wächst; da sehen Sie Niedernhausen*
da-bei: *hinweisend: er bleibt dabei, er kann dabei nichts finden*
da-bei: *im Begriff sein etwas zu tun; er ist dabei die Koffer zu packen*
da-bei: *gleichzeitig, außerdem*
da-bei: *bei alledem*
da-bei: *nahe, daneben*
da-bei-blei-ben, blieb dabei, dabeigeblieben
da-blei-ben, blieb da, dageblieben
Dach, das; -es, Dä-cher: *Gebäudedach, Hausdach*
Dach-de-cker, der; -s,-
Dach-first, der; -es,-e: *oberste Dachkante*
Dach-gar-ten, der; -s,-gär-ten
Dach-or-ga-ni-sa-ti-on, die; -,-en
Dachs, der; -es,-e: *Marderart*
Dach-scha-den, der; -s, keine Mehrzahl: *umgangssprachlich für „geistiger Defekt"*
Dachs-hund, der; -es,-e: *Dackel, Teckel*
Dach-stuhl, der; -es,-stüh-le: *Tragegerüst des Daches*
Dach-zie-gel, der; -s,-: *Dachpfanne*
Da-ckel, der; -s,-: *Dachshund, Teckel*
Da-da-is-mus, der; -, keine Mehrzahl: *Kunstrichtung der 20er Jahre*
da-durch: *solcherart, deswegen*
da-für: *für dies*
da-für-hal-ten, hielt dafür, dafürgehalten: *meinen*
da-ge-gen: *jedoch, gegen, hingegen*
Da-guer-reo-ty-pie [Dagerrotüpie], die; -,-n: *frühe Art der Fotografie*

da-heim: *zu Hause*
Da-heim, das; -s, keine Mehrzahl: *das Zuhause*
da-her: *von dort her*
da-her: *deshalb, deswegen, darum*
da-her: *umgangssprachlich für „so ist das also"*
da-hin: *fort, dorthin*
da-hin-flie-gen, flog dahin, dahingeflogen
da-hin-ter: *hinter etwas*
da-hin-ter kom-men, kam dahinter, dahinter gekommen: *entdecken, erfassen, ausfindig machen*
da-hin-ter ste-cken: *auf sich haben, als Absicht oder Urheber verborgen sein*
da-hin-ter ste-hen, stand dahinter, dahinter gestanden: *unterstützen, helfen*
Dah-lie, die; -,-n: *Blumenart*
Da-ka-po, das; -s,-s: *Musik: Wiederholung*
Dak-ty-los-ko-pie (auch Dak-ty-lo-sko-pie), die; -,-n: *Fingerabdruckverfahren*
da-las-sen, ließ da, dagelassen: *zurücklassen*
Dal-les, der; -, keine Mehrzahl: *jiddisch; umgangssprachlich für „Armut, Not, Geldmangel"*
dal-li!: *umgangssprachlich für „schnell!, los!"*
da-ma-lig: *einstmals, vordem*
da-mals: *einst*
Da-mast, der; -es,-e: *Stoffart*
Da-me, die; -, keine Mehrzahl: *Brettspiel*
Da-me, die; -,-n: *vornehme Frau*
Da-me, die; -,-n: *stärkste Figur im Schach*
Da-me, die; -,-n: *Bild im Kartenspiel*
Dä-mel, der; -s,-: *umgangssprachlich für „Dummkopf"*
Dam-hirsch, der; -es,-e
da-mit: *zu diesem Zweck*
da-mit: *mit etwas*
däm-lich: *umgangssprachlich für „dumm, blöde"*
Damm, der; -es, Däm-me: *Fahrbahn*
Damm, der; -es, Däm-me: *aufgeschütteter Wall*
Damm-bruch, der; -es,-brü-che
däm-men: *stauen, auch: einschränken*
Däm-mer, der; -s, keine Mehrzahl: *poetisch für „Dämmerung"*
däm-me-rig: *halbdunkel, schwach hell*
däm-mern: *hell oder dunkel werden*

dämmern

däm-mern: *ahnen, schwanen*
Däm-me-rung, die; -,-en: *Lichtwechsel*
Däm-mer-zu-stand, der, -s,-stän-de: *Bewusstseinstrübung*
Däm-mung, die; -,-en: *Isolierung*
Da-mok-les-schwert (auch Da-mo-kles-schwert), das; -es, keine Mehrzahl: *übertragen für „ständig drohende Gefahr"*
Dä-mon, der; -s,-en: *böser Geist*
Dä-mo-nie, die; -,-n: *unüberschaubare Gefährlichkeit, unheimlicher Eindruck; auch: Bosheit*
dä-mo-nisch: *unheimlich, teuflisch, böse*
Dampf, der; -es, Dämp-fe: *Übergangszustand von flüssigen in den gasförmigen Zustand; auch: Abgas, Qualm*
Dampf-bü-gel-ei-sen, das; -s,-
Dampf-druck, der; -es,-drü-cke: *Kraft des komprimierten Dampfes*
damp-fen
dämp-fen: *bügeln*
dämp-fen: *Tonstärke mindern*
dämp-fen: *dünsten*
Dampf-er, der; -s,-: *Dampfschiff*
Dämp-fer, der; -s,-: *Vorrichtung zum Abschwächen*
Dämp-fer, der; -s,-: *Mäßigung*
Dampf-ham-mer, der; -s,-häm-mer: *mit Dampf betriebener Schmiedehammer*
Dampf-ma-schi-ne, die; -,-n
Dampf-schiff-fahrt, die; -,-en
Dampf-wal-ze, die; -,-n
Dam-wild, das; -es, keine Mehrzahl
da-nach: *hinterher, dann, später*
da-nach: *nach etwas*
da-nach: *umgangssprachlich für „so, entsprechend"; er sieht ganz danach aus*
Da-na-er-ge-schenk, das; -es,-e: *Unglück bringendes Geschenk*
Dan-dy [Dändie], der; -s,-s: *Geck, Modenarr*
da-ne-ben: *dicht dabei, nebendran*
da-ne-ben-be-neh-men, sich; benahm sich daneben, sich danebenbenommen: *sich schlecht, unpassend benehmen*
da-ne-ben-ge-hen, ging daneben, danebengegangen: *das Ziel verfehlen, misslingen*
da-ne-ben-grei-fen, griff daneben, danebengegriffen: *vorbeigreifen, einen Fehlgriff tun*
da-ne-ben-hau-en: *vorbeihauen; auch: sich irren*

da-ne-ben-schie-ßen, schoss daneben, danebengeschossen: *vorbeischießen; auch: sich irren*
dank: *wegen; dank seiner Faulheit ...*
Dank, der; -es, keine Mehrzahl: *Anerkennung*
dank-bar
Dank-bar-keit, die; -,-en
dan-ken: *anerkennen*
dan-ken: *(dankend) ablehnen*
dan-kens-wert
dan-kens-wer-ter-wei-se
Dan-ke-schön, das; -s, keine Mehrzahl
dank-sa-gen: *sich bedanken*
Dank-sa-gung, die; -,-en
dann: *wenn, darauf*
da-ran-set-zen (auch dar-an-set-zen): *wagen, aufs Spiel setzen*
da-rauf fol-gend (auch dar-auf folgend): *nächst, nächstfolgend*
da-rauf-hin (auch dar-auf-hin): *dann*
da-rauf-hin (auch dar-auf-hin): *demzufolge, anschließend*
dar-bie-ten, bot dar, dargeboten: *vorweisen, vorführen*
Dar-bie-tung, die; -,-en: *Vorführung*
dar-brin-gen, brachte dar, dargebracht: *schenken, auch: opfern*
Dar-brin-gung, die; -,-en: *Schenkung, Übergabe; auch: Opfer*
dar-le-gen: *erklären, erläutern*
Dar-le-gung, die; -,-en: *Abhandlung, Erklärung, Erläuterung*
Dar-le-hen, das; -s,-: *Anleihe, Kredit*
Dar-ling, der; -s,-s: *Liebling*
Darm, der; -es, Där-me: *Verdauungskanal*
Darm-flo-ra, die; -,-flo-ren: *Darmbakterien*
Darm-sai-te, die; -,-n
Dar-re, die; -,-n: *Trockenvorrichtung*
dar-rei-chen: *überreichen*
Dar-rei-chung, die; -,-en: *Übergabe*
dar-ren: *trocknen*
dar-stel-len: *wiedergeben, erläutern*
dar-stel-len: *vorführen; auch: bedeuten*
Dar-stel-ler, der; -s,-: *Schauspieler*
da-run-ter (auch dar-un-ter): *unter etwas*
da-run-ter (auch dar-un-ter): *dazwischen*
Dar-wi-nis-mus, der; -, keine Mehrzahl: *Abstammungs- und Entwicklungslehre; benannt nach dem Begründer Darwin*

Deck

das: *bestimmter Artikel: das Haus, das Kind*
das: *Relativpronomen; das beste Buch, das ich kenne*
das: *hinweisendes Fürwort: dies, dieses, dasjenige; das habe ich nicht gesagt*
da sein: *anwesend, gegenwärtig, vorhanden sein*
Da-sein, *das; -s, keine Mehrzahl: Existenz, Leben*
Da-seins-be-rech-ti-gung, *die; -,-en*
Da-seins-kampf, *der; -es,-kämp-fe*
dass: *Bindewort*
das-sel-be: *hinweisendes Fürwort; genau das, eben das*
Da-tei, *die; -,-en: Speichereinrichtung bei der Datenverarbeitung*
Da-ten, *die; -, keine Einzahl: Angaben*
Da-ten-bank, *die; -,-en: Gesamtheit gespeicherter Daten*
Da-ten-er-fas-sung, *die; -,-en: Vorgang des Datensammelns in der Datenverarbeitung*
Da-ten-trä-ger, *der; -s,-: Mittel, auf denen Daten gespeichert werden*
Da-ten-ver-ar-bei-tung, *die; -, keine Mehrzahl: Sammeln, Sichten, Speichern und Auswerten von Informationen (EDV)*
Da-ten-ver-ar-bei-tungs-an-la-ge, *die; -,-n: Computer*
da-tie-ren: *mit Zeitangabe versehen*
Da-tie-rung, *die; -,-en: Angabe des Datums*
Da-tiv, *der; -s,-e: dritter Fall, Wemfall*
da-to: *heute; drei Monate dato: binnen dreier Monate*
Dat-tel, *die; -,-n: Frucht der Dattelpalme*
Dat-tel-pal-me, *die; -,-n: tropischer Baum*
Da-tum, *das; -s, Da-ten: Zeitangabe*
Da-tums-an-ga-be, *die; -,-n*
Da-tums-gren-ze, *die; -,-n*
Da-tums-stem-pel, *der; -s,-*
Dau-be, *die; -,-n: Seitenbrett eines Fasses*
Dau-er, *die; -, keine Mehrzahl*
Dau-er-bren-ner, *der; -s,-*
dau-er-haft
Dau-er-lauf, *der; -es,-läu-fe*
dau-ern: *Leid tun*
dau-ern: *unverändert bleiben*
dau-ern: *währen, anhalten*
dau-ernd: *ständig*
Dau-er-wel-le, *die; -,-n*
Dau-er-zu-stand, *der; -es,-stän-de*

Dau-men, *der; -s,-: Greiffinger*
Dau-men-schrau-be, *die; -,-n: Folterwerkzeug*
Däum-ling, *der; -s,-e: Märchengestalt*
Däum-ling, *der; -s,-e: Handschuhfinger*
Dau-ne, *die; -,-n: Flaumfeder*
Dau-nen-bett, *das; -es,-en*
Dau-nen-de-cke, *die; -,-n*
dau-nen-weich
Daus: *Teufel; nur noch in: ei der Daus!*
Daus, *der; -es,-e/Däu-ser: zwei Augen im Würfelspiel; auch: As im Kartenspiel*
da-von: *von diesem*
da-von: *weg, entfernt, von dort*
da-von-ge-hen, *ging davon, davongegangen: weggehen, sich entfernen*
da-von-kom-men, *kam davon, davongekommen: gerettet werden, unverletzt bleiben*
da-von-lau-fen, *lief davon, davongelaufen: weglaufen*
da-vor: *vor diesem*
da-zu: *zusätzlich*
da-zu-ge-hö-ren
da-zu-ler-nen
da-zu-mal: *damals*
da-zwi-schen: *inmitten*
da-zwi-schen-re-den
da-zwi-schen-tre-ten, *trat dazwischen, dazwischengetreten: vermittelnd eingreifen*
DDR, *die; -, keine Mehrzahl: Deutsche Demokratische Republik (1949–1990)*
Dea-ler [Diehler], *der; -s,-: Rauschgifthändler*
De-ba-kel, *das; -s,-: Misserfolg, Zusammenbruch, Katastrophe*
De-bat-te, *die; -,-n: Erörterung, Verhandlung, Streitgespräch*
de-bat-tie-ren: *erörtern, mündlich verhandeln, streiten*
De-bet, *das; -s,-s: Schuld; im Bankwesen: Soll*
de-bil: *schwächlich*
De-bi-li-tät, *die; -, keine Mehrzahl: körperliche und geistige Schwäche*
De-büt, *das; -s,-s: erstes Auftreten; Einführen junger Leute in die Gesellschaft*
De-bü-tant, *der; -en,-en*
De-bü-tan-tin, *die; -,-nen*
debü-tie-ren: *zum ersten Mal auftreten*
de-chiff-rie-ren *(auch de-chif-frie-ren): entschlüsseln, entziffern*
Deck, *das; -s,-s: Stockwerk im Schiff*

Deckadresse

Deck-ad-res-se, die; -,-n
Deck-bett, das; -es,-en: *Federbett*
Deck-blatt, das; -es,-blät-ter: *Außenblatt der Zigarre*
De-cke, die; -,-n: *Überwurf, Zudecke*
De-cke, die; -,-n: *Auflageschicht (Schneedecke)*
De-cke, die; -,-n: *oberer Abschluss eines Raumes*
De-cke, die; -,-n: *Fell*
De-ckel, der; -s,-
de-cken: *bei Tieren: begatten*
de-cken: *den Bedarf befriedigen*
de-cken: *schützen, sichern, bewachen*
de-cken: *bedecken, zudecken*
de-cken: *verhüllen, verbergen*
Deck-far-be, die; -,-n
Deck-man-tel, der; -s,-män-tel: *Vorwand*
Deck-na-me, der; -ns,-n: *Pseudonym*
De-ckung, die; -,-en: *Sicherheit für eine Bankforderung*
De-ckung, die; -,-en: *deckende Schicht*
De-ckung, die; -,-en: *Bewachung der Gegner im Mannschaftsspiel*
De-ckung, die; -,-en: *Schutz vor feindlichem Feuer*
de-ckungs-gleich: *kongruent, in der Form übereinstimmend*
De-duk-ti-on, die; -,-en: *Ableitung des Besonderen aus dem Allgemeinen*
de-duk-tiv
de-du-zie-ren: *ableiten, herleiten*
de facto: *den Tatsachen entsprechend*
De-fä-tis-mus, der; -, keine Mehrzahl: *Schwarzseherei, Untergangsstimmung*
De-fä-tist, der; -en,-en: *Schwarzseher, Miesmacher*
de-fä-tis-tisch
de-fekt: *mangelhaft, fehlerhaft, beschädigt, schadhaft*
De-fekt, der; -es,-e: *Mangel, Fehler, Gebrechen, Schaden*
de-fen-siv: *abwehrend, passiv, verteidigend*
De-fen-si-ve, die; -,-n: *Abwehr, Verteidigung, Passivität*
De-fi-lee, das; -s,-s: *Vorbeimarsch, Parade*
de-fi-lie-ren: *vorbeimarschieren*
de-fi-nie-ren: *erklären, eindeutig bestimmen, festlegen*
De-fi-ni-ti-on, die; -,-en: *Begriffsbestimmung, Erklärung*
de-fi-ni-tiv: *eindeutig, bestimmt*

De-fi-zit, das; -es,-e: *Mangel, Fehlbetrag, Verlust*
de-fi-zi-tär: *ein Defizit ergebend*
De-flo-ra-ti-on, die; -,-en: *Entjungferung*
de-flo-rie-ren: *entjungfern*
De-for-ma-ti-on, die; -,-en: *Form- und Gestaltveränderung*
De-for-ma-ti-on, die; -,-en: *Missbildung, Verunstaltung*
de-for-mie-ren: *verunstalten, verformen*
def-tig: *kräftig, grob*
def-tig: *fett (Essen)*
De-gen, der; -s,-: *Hieb- und Stoßwaffe*
De-ge-ne-ra-ti-on, die; -,-en: *Rückbildung*
de-ge-ne-rie-ren: *sich zurückbilden*
de-ge-ne-riert: *in der Entwicklung zurückgeblieben*
De-gra-da-ti-on, die; -,-en: *Physik: Zerstreuung von Energie*
De-gra-da-ti-on, die; -,-en: *Verschlechterung*
de-gra-die-ren: *im Rang herabsetzen*
De-gra-die-rung, die; -,-en: *strafweise Rückversetzung*
de-gres-siv: *nachlassend, abnehmend, sinkend*
dehn-bar: *elastisch*
Dehn-bar-keit, die; -,-en: *Elastizität*
deh-nen: *Ton verlängern*
deh-nen: *ausweiten, verlängern*
Deh-nung, die; -,-en: *Streckung, Ausweitung*
Deh-nungs-fu-ge, die; -,-n
de-hyd-rie-ren (auch de-hy-drie-ren): *Wasser entziehen*
De-hyd-rie-rung (auch De-hy-drie-rung), die; -,-en
Dei-bel, der; -s,-: *umgangssprachlich für „Teufel"*
Deich, der; -es,-e: *Schutzdamm gegen Hochwasser*
Deich-bruch, der; -es,-brü-che
Deich-kro-ne, die; -,-n: *oberste Kante des Deiches*
Deich-sel, die; -,-n: *Wagenstange*
deich-seln: *umgangssprachlich für „etwas hinkriegen"*
deik-tisch: *hinweisend, zeigend*
dein, deine, deiner: *besitzanzeigendes Fürwort; dein Arm, deine Beine, das ist deiner; Kleinschreibung auch in Briefen*
dei-ner-seits: *von dir aus, von deiner Seite*

Demokratie

dei-nes-glei-chen: *Leute wie du*
dei-net-we-gen: *um dich, für dich*
De-ka-de, die; -,-n: *Jahrzehnt*
de-ka-dent: *angekränkelt, kulturell verfallen*
De-ka-denz, die; -, keine Mehrzahl: *kultureller Verfall*
De-kan, der; -s,-e: *Leiter einer Hochschulfakultät; hoher Kirchenbeamter*
De-ka-nat, das; -es,-e: *Amt und Bezirk eines Dekans*
De-kla-ma-ti-on, die; -,-en: *kunstgerechter Vortrag*
de-kla-mie ren: *ausdrucksvoll vortragen; umgangssprachlich fur „übertrieben sprechen"*
De-kla-ra-ti-on, die; -,-en: *offizielle Erklärung*
De-kla-ra-ti-on, die; -,-en: *Zoll- oder Steuererklärung, Inhaltsangabe*
de-kla-rie-ren: *eine Deklaration abgeben*
de-kla-rie-ren: *den Inhalt angeben*
de-klas-sie-ren: *herabsetzen*
de-klas-siert
De-klas-sie-rung, die; -,-en
De-kli-na-ti-on, die; -,-en: *Winkelabstand vom Himmelsäquator*
De-kli-na-ti-on, die; -,-en: *Missweisung des Kompasses*
De-kli-na-ti-on, die; -,-en: *grammatische Beugung*
de-kli-nie-ren: *beugen, abwandeln*
de-ko-die-ren: *entziffern, dechiffrieren*
De-kolle-tee (auch De-kolle-té), das; -s,-s: *tiefer Kleidausschnitt*
de-kolle-tiert
De-kor, das/der; -s,-s/-e: *Verzierung, Ausschmückung, Muster (auf Stoff oder Tapete)*
De-ko-ra-teur, der; -s,-e: *Ausstatter*
De-ko-ra-ti-on, die; -,-en: *Auszeichnung*
De-ko-ra-ti-on, die; -,-en: *Schmuck, Ausschmückung*
De-ko-ra-ti-on, die; -,-en: *Kulisse*
de-ko-rie-ren: *ausstatten, ausschmücken*
De-kret, das; -es,-e: *Verfügung, Erlass, Beschluss*
de-kre-tie-ren: *verfügen*
De-le-ga-ti-on, die; -,-en: *Abordnung*
de-le-gie-ren: *abordnen; auch: übertragen*
De-le-gier-te, der; -n,-n: *Mitglied einer Delegation, Beauftragter*
de-lek-tie-ren: *sich ergötzen, genießen*
Del-fin (auch Del-phin), der; -es, -e: *Zahnwal*
de-li-kat: *heikel*
de-li-kat: *köstlich, wohlschmeckend*
de-li-kat: *empfindlich, zartfühlend*
De-li-ka-tes-se, die; -,-n: *erlesene Speise, Feinkost*
De-likt, das; -es,-e: *strafbare Handlung*
De-lin-quent, der; -en,-en: *Missetäter, Verbrecher*
De-li-ri-um, das; -s, De-li-ri-en: *Verwirrungszustand, Wahnvorstellung, Rauschzustand*
de-li-zi-ös: *delikat, fein, köstlich*
Del-le, die; -,-n: *kleine Beule*
Del-ta, das; -s,-s: *verzweigte Flussmündung*
De-ma-go-ge, der; -n,-n: *Aufrührer, Volksverhetzer, mit Sprache manipulierender Volksverführer*
De-ma-go-gie, die; -, keine Mehrzahl
de-ma-go-gisch: *hetzerisch, die Wahrheit verfälschend*
De-mar-ka-ti-on, die; -,-en: *Abgrenzung, Grenzziehung*
De-mar-ka-ti-ons-li-nie, die; -,-n
de-mas-kie-ren: *die Maske abnehmen, das wahre Gesicht zeigen*
De-mas-kie-rung, die; -,-en
dem-ent-ge-gen: *dagegen, hingegen*
De-men-ti, das; -s,-s: *Richtigstellung, Widerruf*
de-men-tie-ren: *widerrufen, berichtigen; auch: leugnen, bestreiten*
dem-ent-spre-chend: *demgemäß, dem angemessen*
dem-ge-gen-ü-ber: *andererseits*
dem-ge-mäß: *demzufolge, dementsprechend*
De-mis-si-on, die; -,-en: *Abdankung, Rücktritt*
De-mis-si-on, die; -,-en: *Entlassung, Verabschiedung*
de-mis-si-o-nie-ren: *abdanken, zurücktreten*
dem-nach: *folglich*
dem-nächst: *bald*
De-mo-bi-li-sie-ren: *abrüsten*
De-mo-bi-li-sie-rung, die; -,-en: *Abrüstung*
De-mo-krat, der; -en,-en: *Anhänger der Demokratie*
De-mo-kra-tie, die; -,-n: *Volksherrschaft*

de-mo-kra-tisch: *nach den Prinzipien der Demokratie*
de-mo-lie-ren: *mutwillig zerstören*
De-mons-trant (auch De-mon-strant), der; -en,-en: *Teilnehmer einer Demonstration*
De-mons-tra-ti-on (auch De-mon-stra-ti-on), die; -,-en: *Vorführung, Beweisführung*
De-mons-tra-ti-on (auch De-mon-stra-ti-on), die; -,-en: *Massenkundgebung*
de-mons-tra-tiv (auch de-mon-stra-tiv): *anschaulich, darstellend*
de-mons-tra-tiv (auch de-mon-stra-tiv): *betont, auffällig*
de-mons-tra-tiv (auch de-mon-stra-tiv): *hinweisend (grammatisch)*
de-mons-trie-ren (auch de-mon-strie-ren)
De-mon-ta-ge, die; -,-n: *Abbau, Auseinandernahme von Maschinen*
de-mon-tie-ren: *abbauen*
de-mo-ra-li-sie-ren: *die Sitte zersetzen*
de-mo-ra-li-sie-ren: *entmutigen*
De-mo-ra-li-sie-rung, die; -,-en
De-mos-ko-pie (auch De-mo-sko-pie), die; -,-n: *Meinungsforschung, Meinungsumfrage*
de-mos-ko-pisch (auch de-mo-sko-pisch)
De-mut, die; -, keine Mehrzahl: *Unterwürfigkeit, tiefe Bescheidenheit*
de-mü-tig: *unterwürfig*
de-mü-ti-gen: *erniedrigen, beschämen*
de-na-tu-rie-ren: *vergällen, ungenießbar machen*
den-geln: *Sense schärfen*
Denk-art, die; -,-en: *Gesinnung*
denk-bar: *ziemlich, sehr; denkbar einfach*
denk-bar: *möglich, machbar*
den-ken, dachte, gedacht: *geistig arbeiten, überlegen*
den-ken, dachte, gedacht: *beabsichtigen, gedenken*
den-ken, dachte, gedacht: *im Sinn haben, ersinnen*
den-ken, dachte, gedacht: *glauben, meinen, annehmen, sich vorstellen*
Denk-feh-ler, der; -s,-: *logischer Fehler*
Denk-mal, das; -es,-mä-ler/-ma-le
Denk-pau-se, die; -,-n
Denk-schrift, die; -,-en: *Festschrift*
Denk-sport, der; -es, keine Mehrzahl: *Lösen von Rätseln*
Denk-wei-se, die; -,-n: *Denkart*
denk-wür-dig: *der Erinnerung wert*
Denk-zet-tel, der; -s,-: *nachhaltige Lehre, Strafe*
denn: *weil*
denn: *bloß (verstärkend)*
den-noch: *doch, trotzdem*
den-tal: *die Zähne betreffend*
Den-tist, der; -en,-en: *Zahnarzt, Zahntechniker*
De-nun-zi-ant, der; -en,-en: *Verräter*
De-nun-zi-a-ti-on, die; -,-en: *Anschwärzung, Anzeige aus niedrigen Beweggründen*
de-nun-zie-ren: *verraten, anschwärzen*
De-o-do-rant, das; -s,-s: *Desodorant*
De-o-spray [Deospräi], das; -s,-s: *Deodorant*
De-pe-sche, die; -,-n: *Eilnachricht, Telegramm, Funkspruch*
de-plat-ziert: *unangebracht, fehl am Platze, unpassend*
De-po-nie, die; -,-n: *Stelle zum Ablagern von Müll*
de-po-nie-ren: *hinterlegen, zur Aufbewahrung geben*
De-por-ta-ti-on, die; -,-en: *Zwangsverschickung, Verbannung*
de-por-tie-ren: *verbannen*
De-por-tier-te, der; -n,-n: *Verbannter*
De-po-si-tum, das; -s, De-po-sita/De-po-si-ten: *hinterlegte Wertsachen und -papiere*
De-pot, das; -s,-s: *Ansammlung, Ablagerung*
De-pot, das; -s,-s: *Lager, auch: Archiv, Magazin*
Depp, der; -s/-en,-e/-en: *umgangssprachlich für „Narr, Dummkopf"*
De-pres-si-on, die; -,-en: *gedrückte Stimmung, Niedergeschlagenheit*
De-pres-si-on, die; -,-en: *wirtschaftliche Flaute, Krise*
de-pres-siv: *zu Depressionen neigend, niedergeschlagen*
de-pri-miert: *bedrückt, verstimmt*
De-pu-tat, das; -es,-e: *Entlöhnung in Naturalien*
De-pu-ta-ti-on, die; -,-en: *Abordnung, Ausschuss*
De-pu-tier-te, der; -n,-n: *Abgeordneter, Mitglied einer Deputation, Abgesandter*
der: *bestimmter Artikel; der Mann, der Baum*
der: *Relativpronomen; er war der Erste, der die Erde umkreiste*

desto

der: *hinweisendes Fürwort; der, den ich gesehen habe*
der-art: *von dieser Beschaffenheit, so*
derb: *grob, ungeschlacht*
Derb-heit, die; -,-en: *Grobheit*
Der-by [Döhbi], das; -s,-s: *Pferderennen*
der-einst: *früher einmal, einstmals; auch scherzhaft für später, in ferner Zukunft*
der-ge-stalt: *derart*
der-glei-chen: *solche, ähnliche Dinge*
der-je-ni-ge: *hinweisendes Fürwort; derjenige, der das genommen hat, soll sich melden*
der-ma-ßen: *derart*
Der-ma-to-lo-ge, der; -n,-n: *Facharzt für Hautkrankheiten*
Der-ma-to-lo-gie, die; -, keine Mehrzahl
der-ma-to-lo-gisch
der-sel-be: *hinweisendes Fürwort; der, eben der*
der-weil: *unterdessen, mittlerweile*
der-zeit: *früher, damals*
der-zeit: *jetzt, augenblicklich*
des: *Genitiv Einzahl vom Artikel „der" und „das"; das Buch des Schülers, die Seite des Buches*
Des, das; -,-: *Musik: um einen halben Ton erniedrigtes D*
De-sas-ter, das; -s,-: *Unheil, Unglück*
des-avou-ie-ren [desavuiehren]: *bloßstellen, im Stich lassen, blamieren*
De-sen-si-bi-li-sa-ti-on, die; -,-en
de-sen-si-bi-li-sie-ren: *weniger empfindlich machen*
De-sen-si-bi-li-sie-rung, die; -,-en
De-ser-teur [Desertöhr], der; -s,-e: *Fahnenflüchtiger*
de-ser-tie-ren: *widerrechtlich die Truppe verlassen*
des-glei-chen: *das gleiche, so, ebenso*
des-glei-chen: *ebenso, auch*
De-sign [Disain], das; -s,-s: *Muster, Modell*
De-sign [Disain], das; -s,-s: *Plan, Entwurf*
De-sign [Disain], das; -s,-s: *Form, Gestaltung*
De-sig-ner (auch De-si-gner) [Disainer], der; -s,-: *Formgestalter für Industrieprodukte*
de-sig-nie-ren (auch de-si-gnie-ren): *bezeichnen, bestimmen*
de-sig-nie-ren (auch de-si-gnie-ren): *im Voraus bestimmen*
Des-il-lu-si-on, die; -,-en: *Ernüchterung, Enttäuschung*
des-il-lu-si-o-nie-ren: *ernüchtern, Illusion nehmen*
Des-in-fek-ti-on, die; -,-en: *Entseuchung, Beseitigung von Krankheitserregern*
Des-in-fek-ti-ons-mit-tel, das; -s,-
des-in-fi-zie-ren: *entseuchen, sterilisieren*
Des-in-te-res-se (auch Des-in-ter-es-se), das; -s, keine Mehrzahl: *Interesselosigkeit, Gleichgültigkeit*
des-in-te-res-siert (auch des-in-ter-es-siert): *gleichgültig, interesselos*
Des-krip-ti-on (auch De-skrip-tion), die; -,-en: *Beschreibung*
des-krip-tiv (auch de-skrip-tiv), *beschreibend, ohne Analyse*
De-so-do-rant (auch Des-o-do-rant), das; -s,-s: *Deodorant, geruchtilgendes Mittel*
de-so-do-rie-ren (auch des-o-do-rie-ren): *schlechte Gerüche überdecken*
de-so-lat: *einsam, öde, hoffnungslos*
Des-or-ga-ni-sa-ti-on, die; -, keine Mehrzahl: *Auflösung, Zerrüttung; mangelhafte Organisation*
des-pek-tier-lich (auch de-spek-tier-lich): *respektlos, geringschätzig, verächtlich*
Des-pe-ra-do (auch De-spe-ra-do), der; -s,-s: *Bandit, Draufgänger*
des-pe-rat (de-spe-rat): *hoffnungslos, verzweifelt*
Des-pot, der; -en,-en: *Gewaltherrscher*
des-po-tisch: *herrisch, rücksichtslos, gewalttätig, willkürlich*
Des-po-tis-mus, der; -, keine Mehrzahl: *Gewaltherrschaft*
des-sen: *Genitiv Einzahl vom Relativpronomen „der, das"; das Haus, dessen Tür offen steht*
des-sen un-ge-ach-tet: *dennoch, trotzdem*
Des-sert [Dessehr], das; -s,-s: *Nachspeise, Nachtisch*
Des-sin [Dessähn], das; -s,-s: *Muster, Entwurf*
Des-sous [Dessuh], das; -,-: *Unterwäsche*
Des-til-la-tion (auch De-stil-la-ti-on), die; -,-en: *Verdampfung und anschließende Kondensation von Flüssigkeit*
Des-til-le (auch De-stil-le), die; -,-n: *umgangssprachlich für „Kneipe"*
des-til-lie-ren (auch de-stil-lie-ren): *chemisch trennen*
des-to: *umso; desto besser; Zusammenschreibung: nichtsdestoweniger*

Destruktion

Des-truk-ti-on (auch De-struk-ti-on), die; -,-en: *Zerstörung*
des-truk-tiv (auch de-struk-tiv): *zerstörerisch*
De-tail [Detail], das; -s,-s: *Einzelheit*
de-tail-liert: *genau*
De-tek-tei, die; -,-en: *Ermittlungsbüro*
De-tek-tiv, der; -s,-e
De-ter-mi-nan-te, die; -,-n: *Entwicklungsfaktor*
de-ter-mi-nie-ren: *festlegen, bestimmen; auch: begrenzen*
De-to-na-ti-on, die; -,-en: *Explosion*
de-to-nie-ren: *explodieren*
Deut: *keinen Deut wert sein; nichts wert sein*
deu-teln: *spitzfindig auslegen*
deu-ten: *auslegen, erklären, erläutern*
deu-ten: *zeigen, hinweisen*
deut-lich: *genau, klar erkennbar*
deut-lich: *nachdrücklich, eindeutig*
deutsch
Deutsch, das; -en, keine Mehrzahl: *die deutsche Sprache*
Deut-sche, der/die; -n,-n: *Einwohner Deutschlands*
Deutsch-kun-de, die; -, keine Mehrzahl
Deutsch-land
Deutsch-leh-rer, der; -s,-
Deutsch-un-ter-richt, der; -es, keine Mehrzahl
Deu-tung, die; -,-en: *Erklärung, Auslegung*
De-vi-se, die; -,-n: *Motto, Wahlspruch*
De-vi-sen, die; -, keine Einzahl: *Zahlungsmittel in ausländischer Währung*
de-vot: *unterwürfig, ergeben*
Dext-ro-se (auch Dex-tro-se), die; -, keine Mehrzahl: *Traubenzucker*
De-zem-ber, der; -s,-: *zwölfter Monat des Jahres*
De-zen-ni-um, das; -s, De-zen-ni-en: *Jahrzehnt*
de-zent: *zurückhaltend, unaufdringlich, schicklich, gedämpft*
De-zent-ra-li-sa-ti-on, die; -,-en: *Auseinanderlegung*
de-zent-ra-li-sie-ren: *verwaltungstechnisch auseinander legen*
De-zer-nat, das; -s,-e: *Behörde*
De-zer-nat, das; -s,-e: *Amts- und Geschäftsbereich*
De-zer-nent, der; -en,-en: *Leiter eines Dezernats*

De-zi-bel, das; -s,-: *Maßeinheit für die Dämpfung von Schwingungen; auch umgangssprachlich für „Lautstärkemaßeinheit"*
de-zi-die-ren: *entscheiden*
de-zi-diert: *entschieden, bestimmt*
De-zi-mal-sys-tem, das; -s,-e: *Zehnersystem*
De-zi-mal-zahl, die; -,-en: *rechts vom Komma eines Dezimalbruchs stehende Zahl*
de-zi-mie-ren: *verringern, einschränken*
Dia, das; -s,-s: *Diapositiv, Lichtbild*
Di-a-be-tes, der; -,-: *Zuckerkrankheit*
Di-a-be-ti-ker, der; -s,-
di-a-bo-lisch: *teuflisch, böse*
Di-a-dem, das; -s,-e: *Stirnreif, Schmuck*
Di-ag-no-se (auch Di-a-gno-se), die; -,-n: *Krankheitserkennung*
Di-ag-nos-ti-ker (auch Di-a-gnos-ti-ker), der; -s,-
di-ag-nos-ti-zie-ren (auch di-a-gnos-ti-zie-ren): *Krankheit feststellen*
di-a-go-nal: *schräg laufend*
Di-a-go-na-le, die; -,-n: *Verbindungsgerade zwischen gegenüberliegenden Ecken eines Rechtecks*
Di-a-gramm, das; -s,-e: *Schaubild, zeichnerische Darstellung von Zahlenwerten*
Di-a-gramm, das; -s,-e: *Stellungsbild beim Schach*
Di-a-kon, der; -s/-en,-en: *Kirchendiener*
Di-a-ko-nis-se, die; -,-n: *Kranken- und Gemeindeschwester*
Di-a-lekt, der; -es,-e: *Mundart*
di-a-lek-tal: *mundartlich*
Di-a-lek-tik, die; -, keine Mehrzahl: *Finden der Wahrheit durch Aufweis und Überwindung von Widersprüchen*
di-a-lek-tisch: *mundartlich*
di-a-lek-tisch: *die Dialektik betreffend; auch: spitzfindig*
Di-a-log, der; -es,-e: *Wechselrede, Unterhaltung; Zwiesprache*
Di-a-ly-se, die; -,-n: *Trennung von Stoffen nach der Größe ihrer Moleküle*
Di-a-mant, der; -en,-en: *Edelstein*
Di-a-phrag-ma, das; -s, Di-a-phrag-men: *Medizin: Scheidewand*
Di-a-phrag-ma, das; -s, Di-a-phrag-men: *Zwerchfell*
Di-a-po-si-tiv, das; -es,-e: *Dia, Lichtbild*
Di-a-pro-jek-tor, der; -s,-en: *Diaskop*
Di-a-ri-um, das; -s, Di-a-ri-en: *Tagebuch*

Differential

Di-ar-rhö [Diaröh], die; -,-en: *Durchfall*
Di-as-kop (auch Di-a-skop), das; -s,-e: *Diaprojektor*
Di-as-po-ra (auch Di-a-spo-ra), die; -, keine Mehrzahl: *„Zerstreuung", Gebiete, in denen eine religiöse Minderheit lebt; auch: die Minderheit selbst*
Di-ät, die; -,-en: *Schonkost*
Di-ä-ten, die; -, keine Einzahl: *Geldbezüge für Abgeordnete, Tagegelder*
dich: *Akkusativ von „du"; er kennt dich, ich habe dich gesehen; Kleinschreibung in Briefen*
dicht: *eng beieinander*
dicht: *undurchlässig*
dicht: *schwer durchdringlich (Unterholz)*
dicht be-haart
dicht be-sie-delt
dicht be-völ-kert
dich-ten: *schriftstellern, Verse schreiben*
Dich-ter, der; -s,-: *Poet, Schriftsteller*
dich-te-risch: *künstlerisch*
dicht ge-drängt
dicht-hal-ten, hielt dicht, dichtgehalten: *umgangssprachlich für „nichts verraten"*
dicht-hal-ten, hielt dicht, dichtgehalten: *undurchlässig sein*
Dicht-kunst, die; -, keine Mehrzahl: *künstlerisches Schaffen, Poesie*
Dich-tung, die; -,-en: *abdichtendes Zwischenstück an Verbindungen*
Dich-tung, die; -,-en: *schriftstellerisches Werk*
dick: *wohlbeleibt, breit*
dick-bau-chig
dick-bäu-chig
Dick-darm, der; -es,-där-me
dick-fel-lig: *stur, abgebrüht*
Dick-häu-ter, der; -s,-: *Elefant, Nashorn; übertragen auch: dickfelliger Mensch*
Di-ckicht, das; -s: *Unterholz, Gestrüpp*
Dick-kopf, der; -es,-köp-fe: *eigensinniger Mensch*
dick-wan-dig
Dick-wanst, der; -es,-wäns-te
Dick-wurz, die; -,-en: *regional für „Runkelrübe"*
Di-dak-tik, die; -, keine Mehrzahl: *Unterrichtslehre*
di-dak-tisch: *unterrichtsbezogen, lehrhaft*
die: *Geschlechtswort; die Frau, die Mutter; die Straßen, die Bälle*
die: *rückbezügliches Fürwort; welche*

Dieb, der; -es,-e: *Stehler*
die-bisch: *stehlsüchtig*
die-bisch: *umgangssprachlich für „verschmitzt"; sich diebisch freuen*
Dieb-stahl, der; -es,-stäh-le: *Raub*
Die-le, die; -,-n: *Brett, Planke*
Die-le, die; -,-n: *Vorraum*
die-nen: *zu Diensten sein*
die-nen: *nützen*
Die-ner, der; -s,-
Die-ne-rin, die; -,-nen
dien-lich: *nützlich*
Dienst, der; -es,-e: *Ausübung des Berufs*
Diens-tag, der; -es,-e: *zweiter Arbeitstag der Woche*
diens-tags: *am Dienstag*
Dienst-al-ter, das; -s,-
Dienst-an-wei-sung, die; -,-en
dienst-be-flis-sen: *übereifrig, dienstbereit*
Dienst-be-reit-schaft, die; -,-en
Dienst-bo-te, der; -n,-n: *Hausangestellter*
Dienst-eid, der; -es,-e
Dienst-grad, der; -es,-e: *Rang*
Dienst-leis-tung, die; -,-en
Dienst-leis-tungs-ge-wer-be, das; -s, keine Mehrzahl
Dienst-rang, der; -es,-rän-ge: *Rang*
Dienst-rei-se, die; -,-n
Dienst-stel-le, die; -,-n: *Behörde*
Dienst-weg, der; -es,-e: *vorgeschriebener Instanzenweg*
dies: *hinweisendes Fürwort; diese, dieser, dieses*
dies-be-tref-fend
dies-be-züg-lich
die-sel-be: *rückbezügliches Fürwort*
die-sig: *dunstig, neblig*
dies-mal
dies-seits: *auf dieser Seite*
Dies-seits, das; -, keine Mehrzahl: *die Welt, das irdische Leben; Gegensatz: Jenseits*
Diet-rich, der, -es,-e: *Nachschlüssel*
dif-fa-mie-ren: *in Verruf bringen, verleumden*
dif-fa-mie-rend: *verleumdend, beleidigend*
Dif-fa-mie-rung, die; -,-en: *Verleumdung, üble Nachrede*
dif-fe-rent: *ungleich, verschieden*
Dif-fe-ren-ti-al, das; -es,-e: *Ausgleichsgetriebe*

105

Differenz

Dif-fe-renz, die; -,-en: *Unterschied, Fehlbetrag*
Dif-fe-renz, die; -,-en: *Meinungsverschiedenheit*
dif-fe-ren-zie-ren: *unterscheiden, abstufen*
dif-fe-rie-ren: *abweichen, sich unterscheiden*
dif-fi-zil: *schwierig*
dif-fus: *unklar, verschwommen*
Dif-fu-si-on, die; -,-en: *Zerstreuung*
Dif-fu-si-on, die; -,-en: *Vermischung, Verschmelzung*
di-gi-tal: *EDV: mittels Ziffern, in Ziffern*
di-gi-ta-li-sie-ren: *EDV: Informationen durch Ziffern oder im Binärcode darstellen*
di-gi-ta-li-siert: *EDV: mit Binärzahlen dargestellt*
Di-gi-tal-uhr, die; -,-en: *Uhr mit Ziffernanzeige*
Dig-ni-tät (auch Di-gni-tät), die; -,-en: *Würde; auch: Würdenträger*
Dik-tat, das; -es,-e: *Vorsprache eines Textes zum Mitschreiben*
Dik-tat, das; -es,-e: *aufgezwungene Verpflichtung*
Dik-tat, das; -es,-e: *Niederschrift eines vorgesprochenen Textes*
Dik-ta-tor, der; -s,-en: *Gewaltherrscher*
dik-ta-to-risch
Dik-ta-tur, die; -,-en: *Gewaltherrschaft*
dik-tie-ren: *zwangsweise auferlegen*
dik-tie-ren: *vorsprechen*
Di-lem-ma, das; -s,-s: *Zwangslage, missliche Lage*
Di-let-tant, der; -en,-en: *Nichtfachmann, Amateur; auch: Pfuscher*
di-let-tan-tisch: *laienhaft, sachunkundig, stümperhaft*
Di-let-tan-tis-mus, der; -, keine Mehrzahl: *Oberflächlichkeit, Spielerei*
di-let-tie-ren: *aus Neigung betreiben*
Dill, der; -s,-e: *Gewürzpflanze*
Di-men-si-on, die; -,-en: *Ausdehnung, Ausmaß, Bereich*
di-men-si-o-nal: *die Ausdehnung bestimmend*
Dim-mer, der; -s,-: *stufenloser Helligkeitsregler*
Di-ner [Dineh], das; -s,-s: *Essen*
Ding, das; -es,-e: *Gegenstand, Sache*
ding-fest machen: *verhaften, einsperren*
Din-ghi, Din-gi, das; -s,-s: *kleines Beiboot; auch: kleines Segelboot*

di-nie-ren: *feierlich speisen*
Din-ner, das; -s,-/-s: *abendliche Hauptmahlzeit*
Di-no-sau-ri-er, die; -s,-: *Urweltechse*
Di-o-de, die; -,-n: *Elektronenröhre, Zweipolröhre, Gleichrichterröhre*
Di-opt-rie (auch Di-op-trie), die; -,-n: *Messeinheit für die Brechkraft von Linsen*
Di-o-xid (auch Di-o-xyd), das; -es,-e: *Oxid mit zwei Sauerstoffatomen*
Di-ö-ze-se, die; -,-n: *Bistum*
Diph-the-rie [Difterie], die; -, keine Mehrzahl: *Infektionskrankheit; Rachenbräune*
Diph-thong (auch Di-phthong) [Diftong], der; -es,-e: *Doppellaut aus zwei verschiedenen Vokalen*
Dip-lom (auch Di-plom), das; -es, -e: *Zeugnis*
Dip-lo-mat (auch Di-plo-mat), der; -en, -en: *Staatsmann, höherer Beamter des auswärtigen Dienstes*
Dip-lo-mat (auch Di-plo-mat), der; -en, -en: *übertragen für „geschickt verhandelnder Mensch, gewandter Mensch"*
dip-lo-ma-tisch (auch di-plo-ma-tisch): *zur Diplomatie gehörig, zwischenstaatlich*
dip-lo-ma-tisch (auch di-plo-ma-tisch): *geschickt, gewandt, überlegt*
Dip-lom-in-ge-ni-eur (auch Di-plom-in-ge-ni-eur), der; -s,-e: *Techniker mit Hochschulbildung*
Di-pol, der; -s,-e: *Antenne für Funk und Fernsehen*
Di-pol, der; -s,-e: *Anordnung von einander entgegengesetzten, gleich großen elektrischen und magnetischen Ladungen*
dip-pen: *eintauchen*
dir: *Dativ von „du"; wasch dir die Hände; wie du mir, so ich dir; Kleinschreibung in Briefen*
di-rekt: *gerade, unmittelbar*
Di-rek-ti-on, die; -,-en: *Leitung, Verwaltung, Vorstand*
Di-rek-ti-ve, die; -,-n: *Weisung, Richtlinie, Anweisung*
Di-rek-tor, der; -s,-en: *Leiter, Vorstand*
Di-rekt-ri-ce (auch Di-rek-tri-ce), die; -,-n: *Abteilungsleiterin, vor allem in Modehäusern*
Di-rekt-über-tra-gung, die; -,-en: *Liveübertragung*
Di-ri-gent, der; -en,-en: *Leiter eines Orchesters oder Chors*

di-ri-gie-ren: *leiten*
Di-ri-gis-mus, der; -, keine Mehrzahl: *staatliche Lenkung*
di-ri-gis-tisch
Dirndl, das; -s,-: *Trachtenkleid*
Dir-ne, die; -,-n: *Prostituierte*
Dir-nen-haus, das; -es,-häu-ser: *Bordell*
Dis-count [Diskaunt], der; -s,-s: *Warenabgabe zu niedrigen Preisen*
Dis-har-mo-nie, die; -,-n: *Missklang, Unstimmigkeit, Uneinigkeit*
dis-har-mo-nisch: *uneins*
dis-har-mo-nisch: *misstönend*
Dis-kant, der; -es,-e: *oberste Stimmlage*
Disk-jo-ckei (auch Disc-jo ckey) [Diskdschocki], der; -s,-s: *Plattenaufleger*
Dis-kont, der; -es,-e: *Zinssatz*
dis-kon-tie-ren: *Wechsel vor der Fälligkeit kaufen*
Dis-kont-satz, der; -es,-sät-ze: *Zinssatz*
Dis-ko-thek, die; -,-en: *Tanzlokal*
Dis-ko-thek, die; -,-en: *Schallplattensammlung*
Dis-kre-dit, der; -es,-e: *schlechter Ruf, Misstrauen*
dis-kre-di-tie-ren: *in Verruf bringen, verleumden*
dis-kre-pant: *unstimmig, zwiespältig, widersprüchlich*
Dis-kre-panz, die; -,-en: *Zwiespalt, Missverhältnis, Widerspruch*
dis-kret: *verschwiegen, zurückhaltend, taktvoll*
Dis-kre-ti-on, die; -,-en: *Verschwiegenheit*
dis-kri-mi-nie-ren: *herabsetzen, herabwürdigen*
Dis-kri-mi-nie-rung, die; -,-en: *Herabsetzung, Herabwürdigung*
Dis-kurs, der; -es,-e: *Erörterung, Abhandlung*
Dis-kus, der; Dis-kus-ses, Dis-kus-se: *Wurfscheibe*
Dis-kus-si-on, die; -,-en: *Streitgespräch, Meinungsaustausch*
dis-ku-ta-bel: *erörternswert, annehmbar*
dis-ku-tie-ren: *erörtern, durchsprechen*
dis-pa-rat: *ungleichartig, unvereinbar*
Dis-pa-ri-tät, die; -,-en: *Ungleichheit*
Dis-pens, der; -es,-e: *Ausnahmebewilligung, Befreiung von einer Verpflichtung*
dis-pen-sie-ren: *befreien, beurlauben*
Dis-per-si-on (auch Di-sper-sion), die; -,-en: *feinste Verteilung kleinster Teilchen*

Dis-po-nent, der; -en,-en: *Angestellter mit beschränkter Vollmacht, Verfügungsbefugter*
dis-po-ni-bel: *verfügbar*
dis-po-nie-ren: *ordnen, einteilen, verfügen*
dis-po-niert
Dis-po-si-ti-on, die; -,-en: *physische und psychische Veranlagung und Empfänglichkeit*
Dis-po-si-ti-on, die; -,-en: *Verfügungsgewalt*
Dis-po-si-ti-on, die; -,-en: *Anordnung, Plan, Einteilung, Gliederung*
Dis-put, der; -es,-e: *Streitgespräch, wissenschaftlicher Meinungsaustausch*
dis-pu-tie-ren: *leidenschaftlich erörtern*
Dis-qua-li-fi-ka-ti-on, die; -,-en: *Untauglichkeitserklärung; auch: Ausschluss von Wettkämpfen*
dis-qua-li-fi-zie-ren: *untauglich erklären*
dis-qua-li-fi-zie-ren: *vom Wettkampf ausschließen*
Dis-qua-li-fi-zie-rung, die; -,-en: *Ausschluss*
Dis-sens, der, -es,-e: *Meinungsverschiedenheit, Abweichung*
Dis-ser-ta-ti-on, die; -,-en: *wissenschaftliche Arbeit, Doktorarbeit*
Dis-si-dent, der; -en,-en: *Abweichler*
dis-so-nant: *misstönend*
Dis-so-nanz, die; -,-en: *Missklang, Unstimmigkeit*
Dis-tanz (auch Di-stanz), die; -,-en: *Abstand, Entfernung*
dis-tan-zie-ren (auch di-stan-zie-ren), sich: *abrücken, fern halten*
Dis-tel, die; -,-n: *Unkraut, Stachelpflanze*
dis-tin-guiert (auch di-stin-guiert) [distingiert]: *vornehm*
Dis-tink-ti-on (auch Di-stink-ti-on), die; -,-en: *Auszeichnung, hoher Rang*
Dis-tri-bu-ti-on, die; -,-en: *Verteilung, Aufteilung*
Dis-trikt (auch Di-strikt), der; -es,-e: *Bereich, Bezirk, Landstrich*
Dis-zip-lin (auch Dis-zi-plin), die; -,-en: *Fachgebiet in Sport und Wissenschaft*
Dis-zip-lin (auch Dis-zi-plin), die; -, keine Mehrzahl: *Selbstbeherrschung; Zucht, Ordnung*
dis-zip-li-na-risch (auch dis-zi-pli-narisch): *mit Hilfe einer Disziplinarstrafe; auch: streng*

dis-zip-li-nie-ren (auch dis-zi-pli-nie-ren): maßregeln
dis-zip-li-niert (auch dis-zi-pli-niert): beherrscht, wohlerzogen
dis-zip-lin-los (auch dis-zi-plin-los)
Dis-zip-lin-lo-sig-keit (auch Dis-zi-plin-lo-sig-keit), die; -,-en
di-to: dasselbe, gleichfalls, ebenso
Di-va, die; -,-s/Di-ven: gefeierte Künstlerin
di-ver-gent: auseinander strebend
Di-ver-genz, die; -,-en: Auseinanderstreben, Meinungsverschiedenheit
di-ver-gie-rend: auseinander strebend, abweichend
di-vers: verschieden
Di-ver-si-on, die; -,-en: Ablenkung, Richtungsänderung
Di-ver-ti-men-to, das; -s, Di-ver-ti-men-ti: unterhaltsames Musikstück
Di-vi-dend, der; -en,-en: die zu teilende Zahl, Zähler eines Bruches
Di-vi-den-de, die; -,-n: auf eine Aktie entfallender Gewinnanteil
di-vi-die-ren: teilen
Di-vi-na-ti-on, die; -,-en: Ahnung, Ahnungsvermögen
Di-vis, der; -es,-e: Bindestrich
Di-vi-sor, der; -s,-en: teilende Zahl, Nenner eines Bruches
Di-wan, der; -s,-e: niedriges Liegesofa
Di-xie-land [Diksiëländ], der; -s, keine Mehrzahl: Jazzart
Do-ber-mann, der; -s, -män-ner: Hundeart
doch: dennoch, gleichwohl, trotzdem
doch: tatsächlich, wahrhaftig, wirklich
doch: aber
Docht, der; -es,-e: Kerzenfaden
Dock, das; -s,-s: Anlage zum Trockenlegen von Schiffen
Dog-ge, die; -,-n: Hundeart
Dog-ma, das; -s, Dog-men: Glaubenssatz, Lehrsatz
dog-ma-tisch: an ein Dogma gebunden
dog-ma-tisch: unkritisch, starr an einem Dogma festhaltend
Doh-le, die; -,-n: Vogelart
Do it your-self [Duh it jurself], das; -, keine Mehrzahl: mach es selbst; handwerkliche Selbsthilfe
dok-tern: Hilfsmittel nach Gutdünken anwenden
Dok-tor, der; -s,-en: akademischer Titel, Arzt

Dok-to-rand, der; -en,-en: Anwärter auf den Doktortitel
Dokt-rin (auch Dok-trin), die; -,-en: Lehre; Lehrsatz, starre Lehrmeinung
dokt-ri-när (auch dok-tri-när): auf einer Doktrin beruhend, engstirnig
Do-ku-ment, das; -es,-e: Urkunde, amtliche Bescheinigung, Beweisstück
Do-ku-men-tar-film, der; -es,-e: auf Originalaufnahmen aufgebauter Film
Do-ku-men-ta-ti-on, die; -,-en: Sammlung von Dokumenten
Do-ku-men-ta-ti-on, die; -,-en: Beweisführung mit Dokumenten
do-ku-men-tie-ren: festhalten, aufzeichnen
do-ku-men-tie-ren: durch Dokumente belegen, beweisen
Dol-by-Sys-tem, das; -es,-e: (geschütztes Warenzeichen) Rauschunterdrückungssystem bei Tonbandgeräten
Dolch, der; -es,-e: spitzes Messer
Dol-de, die; -,-n: Blütenstand
doll: regional und umgangssprachlich für „toll, unglaublich"
Dol-lar, der; -s,-s: amerikanische Währungseinheit
dol-met-schen: übersetzen
Dol-met-scher, der; -s,-: Übersetzer
Dom, der; -s,-e: Kirche
Dom, der; -s,-e: gewölbte Decke
Do-mä-ne, die; -,-n: Arbeits- und Wissensgebiet
Do-mä-ne, die; -,-n: Staatsgut
Do-mes-tik, der; -en,-en: Dienstbote, Diener
Do-mes-ti-ka-ti-on, die; -,-en: Zähmung
do-mes-ti-zie-ren: ans Haus gewöhnen, zähmen
do-mi-nant: vorherrschend
Do-mi-nanz, die; -,-en: Vorherrschen eines Merkmales
do-mi-nie-ren: vorherrschen, beherrschen
Do-mi-ni-ka-ner, die; -, keine Einzahl: Mönchsorden
Do-mi-ni-ka-ner, der; -s,-: Mönch
Do-mi-no, das; -s,-s: Steinspiel
Do-mi-no, der; -s,-s: Maskenanzug
Do-mi-zil, das; -s,-e: Wohnsitz
Domp-teur [Domptöhr], der; -s,-e: Tierbändiger
Domp-teu-se [Domptöhse], die; -,-n: Tierbändigerin

Dramatik

Don Juan [Don Chuan], der; -s,-s: *Frauenheld, Verführer*
Don-ner, der; -s,-: *rollendes Krachen*
Don-ners-tag, der; -es,-e: *vierter Arbeitstag der Woche*
don-ners-tags
Don-ner-wet-ter, das; -s,-: *Schelte*
Don-ner-wet-ter, das; -s,-: *Gewitter*
Don-ner-wet-ter, das; -s,-: *Ausruf der Anerkennung oder des Zorns*
doof: *umgangssprachlich für „dämlich, blöde"*
do-pen: *aufputschen*
Do-ping, das; -s, keine Mehrzahl: *unerlaubte Anwendung von Aufputschmitteln vor Wettkämpfen*
Dop-pel, das; -s,-: *Zweitschrift*
Dop-pel, das; -s,-: *Spiel von je zwei Spielern gegeneinander*
dop-pel-deu-tig
Dop-pel-gän-ger, der; -s,-: *Mensch, der einem anderen stark ähnelt*
Dop-pel-kopf, der; -es, keine Mehrzahl: *Kartenspiel*
Dop-pel-punkt, der; -es,-e: *Kolon*
dop-pelt: *zweifach*
Dop-pel-ver-die-ner, der; -s,-
Dop-pel-zim-mer, das; -s,-: *Hotelzimmer mit zwei Betten*
dop-pel-zün-gig: *falsch, heuchlerisch*
Dorf, das; -es, Dör-fer: *ländliche Siedlung*
dörf-lich: *nach Art des Dorfes, das Dorf betreffend*
Dor-mi-to-ri-um, das; -s, Dor-mi-to-ri-en: *Schlafsaal*
Dorn, der; -es,-e: *Werkzeug zum Stechen von Löchern*
Dorn, der; -es,-en: *stechende Spitzen an Pflanzen; auch: Pflanzen mit Dornen*
dor-nig: *stachelig, auch: beschwerlich*
dör-ren: *austrocknen*
Dörr-fleisch, das; -es, keine Mehrzahl: *getrocknetes Fleisch*
Dörr-obst, das; -es, keine Mehrzahl
Dorsch, der; -es,-e: *Fischart*
dort: *da, drüben, nicht hier*
dort-her
dort-hin
Do-se, die; -,-n: *kleiner Behälter, Büchse*
dö-sen: *abwesend, in Gedanken versunken sein; auch: im Wachen träumen*
do-sie-ren: *sorgfältig abmessen, zuteilen*
Do-sis, die; -, Do-sen: *Menge, zugemessene Arzneigabe*

Dos-si-er [Doßi'eh], das; -s,-s: *Aktenbündel*
Do-ta-ti-on, die; -,-en: *Schenkung, Mitgift, Zuwendung*
do-tie-ren: *schenken, zuwenden, ausstatten*
do-tie-ren: *einen Kristall mit einer Metallegierung beschichten*
Dot-ter, der/das; -s,-: *Eigelb*
Dot-ter-blu-me, die; -,-n
dot-ter-gelb
dot-ter-weich
Dou-ane [Duahn], die; -,-n: *Zoll*
dou-beln [duhbeln]: *Rolle eines Anderen spielen*
Doub-le (auch Dou-ble) [Duhbel] das; -s,-s: *Ersatzspieler in gefährlichen Rollen*
down [daun]: *tiefgestimmt, gedrückt*
Do-zent, der; -en,-en: *Hochschullehrer, Vortragender*
Do-zen-tur, die; -,-en: *Lehrauftrag*
do-zie-ren: *Vorlesung halten; auch: belehrend reden*
Dra-che, der; -n,-n: *Fabeltier*
Dra-chen, der; -s,-: *Fluggerät*
Dra-gee (auch Dra-gée) [Draschéh], das; -s,-s: *Pille, Bonbon*
Dra-go-ner, der; -s,-: *berittener Soldat*
Draht, der; -es, Dräh-te: *Metallfaden*
Draht, der; -es, Dräh-te: *Fernsprechleitung*
drah-ten: *depeschieren*
drah-tig: *forsch, zackig*
drah-tig: *sehnig; auch: fest, hart*
draht-los: *über Funk*
Draht-seil-bahn, die; -,-en
Draht-ver-hau, der; -es,-e
Draht-zie-her, der; -s,-: *Hintermann*
Drai-si-ne, die; -,-n: *kleines Schienenfahrzeug*
dra-ko-nisch: *streng, hart, unerbittlich*
drall: *stämmig, stramm, rund, fest; auch: pausbäckig*
Drall, der; -s,-e: *Drehung*
Drall, der; -s,-e: *Windung der Züge bei Feuerwaffen*
Dra-ma, das; -s, Dra-men: *aufregendes, meist trauriges Geschehen*
Dra-ma, das; -s, Dra-men: *Schauspiel, Bühnendichtung*
Dra-ma-tik, die; -, keine Mehrzahl: *Spannung, Lebendigkeit, bewegter Ablauf*
Dra-ma-tik, die; -, keine Mehrzahl: *dramatische Dichtkunst, Bühnendichtkunst*

dramatisch

dra-ma-tisch: *Drama oder Dramatik betreffend*
dra-ma-tisch: *spannend, bewegt, mitreißend*
dra-ma-ti-sie-ren: *zu einem Drama umarbeiten*
dra-ma-ti-sie-ren: *aufbauschen, übertreiben*
Dra-ma-turg, der; -en,-en: *Mitarbeiter der Theaterleitung*
Dra-ma-tur-gie, die; -, keine Mehrzahl: *Schauspielkunde; Bearbeitung eines Schauspiels*
dran: *umgangssprachlich für „daran"*
Drän, der; -s,-e/-s: *Entwässerungsgraben*
Drä-na-ge (auch Drai-na-ge) [Dränahsche], die; -,-n: *Entwässerung*
Drang, der; -es, Drän-ge (selten): *Wunsch, Trieb, Sehnsucht*
Drang, der; -es, Drän-ge (selten): *Druck, Bedrängung, Gedränge*
Drang, der; -es, Drän-ge (selten): *Not, Eile, Drängendes, Bedrängendes*
Drang, der; -es, Drän-ge (selten): *dringendes körperliches Bedürfnis*
drän-geln: *schubsen, sich vordrängeln*
drän-gen: *pressen, drücken*
drän-gen: *bedrängen, antreiben, bestürmen*
drän-gend: *hartnäckig auf etwas dringend*
Drang-sal, die; -,-e: *Leiden, Not, Qual*
drang-sa-lie-ren: *quälen, plagen, schikanieren*
drä-nie-ren: *trockenlegen*
Dra-pe-rie, die; -,-n: *Faltenwurf, Ausschmückung*
dra-pie-ren: *in Falten legen*
dra-pie-ren: *schmücken, ausschmücken*
<u>dras-tisch:</u> *sehr wirksam*
<u>dras-tisch:</u> *deutlich, nachdrücklich, unverblümt*
Drauf-ga-be, die; -,-n
Drauf-gän-ger, der; -s,-: *forscher Mensch*
drauf-gän-ge-risch
drauf-ge-hen, ging drauf, draufgegangen: *umgangssprachlich für „verloren gehen, verbraucht werden"*
drauf-ge-hen, ging drauf, draufgegangen: *umgangssprachlich für „sterben"*
drauf-le-gen: *umgangssprachlich für „zusätzlich zahlen"*
drauf-zah-len: *umgangssprachlich für „Verlust erleiden"*

drau-ßen: *außerhalb, außen*
drech-seln: *(Holz) abdrehen*
Drechs-le-rei, die; -,-en: *Drechslerhandwerk; auch: Drechslerwerkstatt*
Dreck, der; -s, keine Mehrzahl: *Schmutz; verächtlich auch: Kleinigkeit*
Dreck-ar-beit, die; -,-en: *unangenehmste Arbeit*
Dreck-ei-mer, der; -s,-: *Abfalleimer*
Dreck-fink, der; -s,-en: *schmutziger Mensch*
<u>dre-ckig:</u> *umgangssprachlich für „gemein, niederträchtig"*
<u>dre-ckig:</u> *verschmutzt*
Dreck-schwein, das; -s,-e: *umgangssprachlich für „schmutziger Mensch, unangenehmer Mensch"*
Dreck-spatz, der; -es,-en: *umgangssprachlich für „schmutziges Kind"*
Dreh-ar-beit, die; -,-en: *Filmaufnahme*
Dreh-bank, die; -,-bän-ke: *Werkzeugmaschine*
Dreh-buch, das; -s,-bü-cher: *Filmmanuskript*
dre-hen, sich: *eine Drehbewegung ausführen*
dre-hen, sich: *umgangssprachlich für „sich handeln um"*
dre-hen: *umgangssprachlich für „hinbiegen"*
dre-hen: *flechten, winden*
dre-hen: *um eine Achse oder einen Punkt bewegen, wenden, kreisen lassen*
dre-hen: *drechseln, auf der Drehbank bearbeiten*
dre-hen: *verdrehen, verändern*
dre-hen: *rund formen*
Dre-her, der; -s,-: *Handwerker*
Dreh-im-puls, der; -es,-e: *Kraft, die eine Drehung aufrechterhält*
Dreh-mo-ment, das; -es,-e: *Schwungkraft*
Dreh-or-gel, die; -,-n: *Leierkasten*
Dreh-schei-be, die; -,-n: *Töpferscheibe*
Dreh-strom, der; -s,-strö-me: *Dreiphasenstrom*
Dreh-zahl, die; -,-en: *Umdrehungsgeschwindigkeit*
drei: *Zahlwort*
Drei-eck, das; -s,-e: *von drei Seiten begrenzte Fläche*
Drei-ei-nig-keit, die; -, keine Mehrzahl: *Dreifaltigkeit*
drei-er-lei: *drei verschiedene Dinge*
drei-fach: *dreimal*

Druck

Drei-fal-tig-keit, die; -, keine Mehrzahl: *Dreieinigkeit*
Drei-fel-der-wirt-schaft, die; -, keine Mehrzahl: *landwirtschaftliche Methode*
Drei-fuß, der, -es,-fü-ße: *Gestell mit drei Füßen, Schuhmachersitz*
drei-hun-dert
Drei-kä-se-hoch, der; -s,-s: *kleines Kind*
drei-mal
drei-ma-lig
Drei-mas-ter, der; -s,-: *Segelschiff*
Drei-rad, das; -s,-rä-der
Drei-spitz, der; -es,-e: *Hut mit drei Ecken*
Drei-sprung, der; -s,-sprün-ge: *Weitsprungart*
drei-ßig
dreist: *frech, vorlaut, anmaßend*
Dreis-tig-keit, die; -,-en: *Frechheit, dreistes Verhalten*
drei-zehn
dre-schen, drosch, gedroschen: *Körner durch Schlagen aus der Ähre lösen*
dre-schen, drosch, gedroschen: *umgangssprachlich für „verhauen"*
Dresch-fle-gel, der; -s,-
Dresch-ma-schi-ne, die; -,-n
Dress, der; -es,-es: *Sportbekleidung*
dres-sie-ren: *Speisen appetitlich anrichten*
dres-sie-ren: *abrichten, zähmen*
Dres-sing, das; -s,-s: *Salatsoße, Geflügelfüllung*
Dress-man [Dreßmän], der; -s, -men: *männliches Mannequin*
Dres-sur, die; -,-en: *Tierzähmung, Tierschulung*
drib-beln: *Ball mit kurzen Fußstößen vorantreiben*
Dribb-ling, das; -s,-s: *Umspielen des Gegners beim Fußball*
Drift, die; -,-en: *Meeresströmung*
drif-ten: *treiben, vom Wasser mitgeführt werden*
Drill, der; -s, keine Mehrzahl: *militärische Schulung, strenge Erziehung*
Drill-boh-rer, der; -s,-: *Bohrer mit Drehgewinde*
dril-len: *streng erziehen*
dril-len: *scharf exerzieren*
dril-len: *rasch drehen, wirbeln*
Dril-lich, der; -s,-e: *festes Gewebe*
Dril-ling, der; -s,-e: *Haken mit drei Zinken*
Dril-ling, der; -s,-e: *Jagdflinte mit drei Läufen*
Dril-ling, der; -s,-e: *eines von drei zugleich geborenen Geschwistern*
drin: *darin*
drin-gen, drang, gedrungen: *sich einen Weg bahnen, drängen*
drin-gen, drang, gedrungen: *etwas verlangen, auf etwas bestehen*
drin-gend: *eilig, drängend, sehr wichtig, nachdrücklich; inständig*
Drink, der; -s,-s: *Trunk, alkoholisches Getränk*
drit-te: *dritter, drittes*
Drit-tel, das; -s,-: *dritter Teil*
drit-tens
dro-ben: *oben, dort oben*
Dro-ge, die; -,-n: *Rauschgift; auch: Grundstoff für Arzneien*
dro-gen-süch-tig: *dem Rauschgift verfallen*
Dro-ge-rie, die; -,-n
Dro-gist, der; -en,-en: *Inhaber einer Drogerie*
Droh-brief, der; -es,-e
dro-hen: *Furcht einflößen*
dro-hen: *bevorstehen; ein Gewitter droht*
Droh-ne, die; -,-n: *männliche Biene; umgangssprachlich für „Nichtstuer, Schmarotzer"*
dröh-nen: *laut schallen, nachhallen*
Dro-hung, die; -,-en: *Ankündigung eines Unheils*
drol-lig: *niedlich, komisch*
Dro-me-dar, das; -s,-e: *einhöckeriges Kamel*
Drop-out [Dropaut], der; -s,-s: *Aussteiger aus der Gesellschaft, Außenseiter*
Drops, der; -,-: *Fruchtbonbon*
Drosch-ke, die; -,-n: *Pferdewagen*
drö-seln: *drehen, zwirbeln*
Dros-sel, die; -,-n: *Reglerart*
Dros-sel, die; -,-n: *Vogelart*
dros-seln: *würgen*
dros-seln: *bremsen, verringern, hemmen*
drü-ben: *auf der anderen Seite*
drü-ber: *darüber*
Druck, der; -es, keine Mehrzahl: *Schriftbild*
Druck, der; -es, keine Mehrzahl: *Händedruck*
Druck, der; -es, keine Mehrzahl: *das Drucken*
Druck, der; -es, keine Mehrzahl: *dringende Notwendigkeit*

Druck

Druck, der; -es, keine Mehrzahl: *Zeitnot, Eile*
Druck, der; -es, Drücke: *Belastung, Schwere, Last*
Druck, der; -es, keine Mehrzahl: *Bedrängnis, Zwang, Bedrückung, Belastung*
Druck, der; -es, Drucke: *Erzeugnis des Druckens, Auflage, Ausgabe; auch: Kunstdruck*
Druck-buch-sta-be, der; -n,-n
Drü-cke-ber-ger, der; -s,-: *Feigling, Faulenzer*
druck-emp-find-lich
drü-cken: *pressen, einengen*
Dru-cker, der; -s,-: *Buchdrucker*
Dru-cker, der; -s,-: *Ausgabegerät bei Computern*
Dru-cke-rei, die; -,-en
Dru-cker-schwär-ze, die; -,-n: *Farbstoff*
Druck-er-zeug-nis, das; -ses,-se: *Gedrucktes, Buch, Zeitung, Zeitschrift*
Dru-cker-zeug-nis, das; -ses,-se: *Zeugnis eines Druckers*
Druck-feh-ler, der; -s,-
Druck-knopf, der; -es,-knöp-fe
Druck-luft, die; -, keine Mehrzahl: *unter hohem Druck stehende Luft*
Druck-mit-tel, das; -s,-: *Mittel zum Erpressen, Zwangsmittel*
druck-reif: *fertig*
Druck-sa-che, die; -,-n
druck-sen: *nichts sagen wollen, beim Sprechen zögern*
drum: *darum, deshalb*
Drum-mer [Drammer], der; -s,-: *Schlagzeuger*
Drums [Drams], die; -,-: *Schlagzeug*
drun-ten: *unten*
Drü-se, die; -,-n: *Organ zur Absonderung von Körpersäften*
dry [drai]: *trocken, herb*
Dschun-gel, der; -s,-: *Urwald*
Dschun-ke, die; -,-n: *chinesisches Segelschiff*
du: *persönliches Fürwort; jemanden du nennen, du zueinander sagen; Kleinschreibung auch als Höflichkeitsanrede in Briefen; jemandem das Du anbieten*
Du-a-lis-mus, der; -, Du-a-lis-men: *Zweiheit, Gegensätzlichkeit; Widerstreit von zwei einander entgegengesetzten Kräften*
Du-al-sys-tem, das; -,-e: *auf der Zahl 2 beruhendes Zahlensystem*

Dü-bel, der; -s,-
dü-beln
du-bi-os: *zweifelhaft, verdächtig*
Dub-let-te (auch Du-blet-te), die; -,-n: *doppelt Vorhandenes; Doppeltreffer*
du-cken, sich: *sich niederbeugen, sich bücken*
Duck-mäu-ser, der; -s,-: *Drückeberger, Unterwürfiger*
duck-mäu-se-risch
Du-de-lei, die; -,-en: *monotone Musik*
du-deln: *eintönig musizieren, monoton leiern*
Du-del-sack, der; -s,-säcke: *Musikinstrument*
Du-ell, das; -s,-e: *Zweikampf*
du-el-lie-ren: *Zweikampf austragen*
Du-ett, das; -s,-e: *Zweigesang*
Duff-le-coat [Daffelkout] (auch Duf-fle-coat), der; -s,-s: *Kapuzenmantel*
Duft, der; -s, Düf-te: *Geruch, Aroma*
duf-te: *umgangssprachlich für „gut, ausgezeichnet, prima"*
duf-ten: *wohlriechen*
duf-tig: *fein, zart, leicht*
Duk-tus, der; -, keine Mehrzahl: *Schriftart, persönliche Handschrift*
Duk-tus, der; keine Mehrzahl: *Formgebung*
dul-den: *ertragen*
Dul-der-mie-ne, die; -,-n: *Mitleid fordernder Gesichtsausdruck*
Duld-sam-keit, die; -,en: *Toleranz, Nachsicht*
Dul-dung, die; -,-en: *Gewährenlassen, stillschweigendes Hinnehmen*
Dum-dum, das; -s,-s: *Geschoss mit Sprengwirkung*
dumm, dümmer, am dümmsten: *ungebildet, nicht intelligent*
dumm-dreist: *frech*
Dumm-kopf, der; -es,-köp-fe
dümm-lich: *albern*
Dum-my [Dammie], der; -s,-s: *Attrappe*
Dum-my [Dammie], der; -s,-s: *lebensgroße Puppe*
Dum-my [Dammie], der; -s,-s: *Sandsack zum Boxtraining*
dumpf: *drückend, schwül*
dumpf: *gedämpft*
Dum-ping [Damping], das; -s, keine Mehrzahl: *Unterbieten eines Preises*
dun: *norddeutsch für „betrunken"*
Dü-ne, die; -,-n: *Sandhügel*

Durcheinander

Dung, der; -es, keine Mehrzahl: *tierische Fäkalien*
dün-gen: *Dünger ausbringen*
Dün-ger, der; -s,-: *ertragsteigernde Zusätze für den Boden*
dun-kel: *finster*
dun-kel: *ungewiss, verschwommen*
Dun-kel, das; -s, keine Mehrzahl: *Finsternis*
Dün-kel, der; -s,-: *Stolz, Eingebildetheit, Überheblichkeit*
dun-kel-häu-tig: *farbig*
Dun-kel-kam-mer, die; -,-n: *Fotoentwicklungsraum*
dun-keln: *dämmern*
Dun-kel-zif-fer, die; -,-n: *Daten, die statistisch nicht erfasst sind*
dün-ken, dünkte/deuchte, gedünkt/gedeucht: *glauben, sich einbilden*
dünn: *wässrig*
dünn: *mager, fein*
Dünn-darm, der; -es,-där-me: *Teil des Darmes*
Dünn-druck, der; -es,-e: *Buch mit dünnen Seiten*
dün-ne-ma-chen, sich: *umgangssprachlich für „sich davonmachen"*
dünn-flüs-sig
dünn-wan-dig
Dunst, der; -es, Düns-te: *Nebel, Ausdünstung, Lufttrübung*
düns-ten: *garen*
Dunst-glo-cke, die; -,-n: *Stadtsmog*
Dunst-kreis, der; -es,-e: *Einflussbereich*
Duo, das; -s,-s: *Musikstück für zwei Instrumente; auch: die beiden ausführenden Musiker*
dü-pie-ren: *täuschen, foppen, hinters Licht führen*
Du-pli-kat, das; -es,-e: *Zweitausfertigung*
du-pli-zie-ren: *verdoppeln*
Du-pli-zi-tät, die; -,-en: *doppeltes Vorkommen, doppeltes Auftreten*
Dur, das; -,-: *„harte" Tonart in der Musik*
du-ra-bel: *dauerhaft, beständig*
durch: *Verhältniswort mit Wen-Fall; durch die Umstände, durch ihn*
durch-ar-bei-ten: *sorgfältig bearbeiten*
durch-at-men
durch-aus: *gewiss, bestimmt*
durch-ba-cken: *gar backen*
durch-be-ben: *erzittern, durchzucken*
durch-bei-ßen, biss durch, durchgebissen

durch-bil-den: *gründlich formen*
durch-bla-sen, blies durch, durchgeblasen: *freipusten*
durch-blät-tern: *oberflächlich lesen*
Durch-blick, der; -s,-e: *Ausblick durch ein Fenster*
Durch-blick, der; -s,-e: *Übersicht, großes Wissen*
durch-bli-cken: *überblicken, begreifen, verstehen*
durch-blu-tet: *mit Blut versorgt*
Durch-blu-tung, die; -,-en
Durch-blu-tungs-stö-rung, die; -,-en
durch-boh-ren
durch-bo-xen: *durchsetzen*
durch-brau-sen: *schnell durchfahren*
durch-bre-chen, brach durch, durchgebrochen: *entzweibrechen*
durch-bre-chen, durchbrach, durchgebrochen: *einen Weg bahnen, Hindernis überwinden*
durch-bren-nen, brannte durch, durchgebrannt: *ausglühen (Sicherung, Glühbirne)*
durch-bren-nen, brannte durch, durchgebrannt: *ausreißen*
durch-brin-gen, brachte durch, durchgebracht: *retten, helfen, durchsetzen*
durch-brin-gen, brachte durch, durchgebracht: *vergeuden*
Durch-bruch, der; -es, Durch-brü-che: *Bahnschaffen, Gelingen*
Durch-bruch, der; -es, Durch-brü-che: *nachträglich in Mauerwerk geschlagene Öffnung*
durch-den-ken, dachte durch, durchgedacht: *reiflich überlegt*
durch-drän-gen: *einen Weg bahnen*
durch-dre-hen: *die Nerven verlieren*
durch-dre-hen: *durch den Wolf drehen*
durch-drin-gen, durchdrang, durchgedrungen: *erfüllen; bis ins Innerste durchdringen*
durch-drin-gen, durchdrang, durchgedrungen: *hindurchgelangen*
durch-drin-gend: *schrill*
durch-drü-cken: *durchsetzen*
durch-drü-cken: *ganz strecken (Knie)*
durch-drü-cken: *einen Abdruck erzeugen*
durch-ei-len: *hastig hindurchgelangen*
durch-ei-nan-der (auch durch-ein-an-der): *konfus*
Durch-ei-nan-der (auch Durch-ein-an-der), das; -s, keine Mehrzahl: *Chaos*

113

durch-e-xer-zie-ren (auch durch-ex-er-zie-ren): *durchüben, durchproben*
durch-fah-ren, durchfuhr, durchgefahren: *durchreisen, durcheilen*
Durch-fahrt, die; -,-en: *freie Fahrt*
Durch-fall, der; -s,-fäl-le: *Verdauungsstörung*
durch-fal-len, fiel durch, durchgefallen: *nicht bestehen*
durch-fal-len, fiel durch, durchgefallen: *durch ein Loch fallen*
durch-fech-ten, focht durch, durchgefochten: *etwas zum Erfolg bringen*
durch-fe-gen: *mit dem Besen säubern*
durch-fe-gen: *hindurchbrausen*
durch-fin-den, fand durch, durchgefunden: *zurechtfinden*
durch-flie-ßen, durchfloss, durchgeflossen
durch-flu-ten: *flutend, strömend durchdringen*
durch-flu-ten: *erfüllen*
durch-for-schen: *erforschen, erkunden*
durch-fors-ten: *Bestand lichten*
Durch-fors-tung, die; -,-en: *Bestandsaufnahme*
durch-fra-gen, sich
durch-fres-sen, sich; fraß sich durch, sich durchgefressen: *umgangssprachlich für „sich bei anderen satt essen"*
durch-fres-sen, durchfraß, durchgefressen: *zerfressen*
durch-frie-ren, fror durch, durchgefroren: *völlig gefrieren*
durch-führ-bar: *machbar*
durch-füh-ren: *erledigen, verwirklichen*
Durch-füh-rung, die; -,-en: *Erledigung, Verwirklichung*
durch-fur-chen: *durchfurchte Stirn*
durch-füt-tern: *mühsam miternähren; auch: unentgeltlich miternähren*
Durch-gang, der; -s,-gän-ge: *Tor, Tür*
Durch-gang, der; -s,-gän-ge: *Wahlvorgang*
durch-gän-gig: *allgemein, immer*
Durch-gangs-stra-ße, die; -,-n
Durch-gangs-ver-kehr, der; -es, keine Mehrzahl
durch-ge-ben, gab durch, durchgegeben: *weiterleiten, übermitteln, mitteilen*
durch-ge-hen, ging durch, durchgegangen: *hindurchgehen, durchqueren*
durch-ge-hen, ging durch, durchgegangen: *ausbrechen, in Panik verfallen*
durch-ge-hen, ging durch, durchgegangen: *gebilligt werden*
durch-ge-hend: *immer*
durch-geis-tigt: *feinsinnig, weise, klug*
durch-grei-fen, griff durch, durchgegriffen: *durch etwas hindurchgreifen*
durch-grei-fen, griff durch, durchgegriffen: *Ordnung schaffen*
durch-hal-ten, hielt durch, durchgehalten: *aushalten, ertragen, ausdauern*
Durch-hal-te-pa-ro-le, die; -,-n
durch-hän-gen, hing durch, durchgehangen: *nicht straff gespannt*
durch-hän-gen, hing durch, durchgehangen: *ohne Elan sein*
durch-he-cheln: *umgangssprachlich für „klatschen, hinter dem Rücken über jemanden reden"*
durch-käm-men: *durchsuchen*
durch-kämp-fen: *überwinden, ausharren, durchhalten*
durch-kau-en: *umgangssprachlich für „durcharbeiten, durchnehmen"*
durch-klin-gen, klang durch, durchgeklungen: *andeutungsweise zu hören sein*
durch-kne-ten: *walken*
durch-kom-men, kam durch, durchgekommen: *überleben*
durch-kom-men, kam durch, durchgekommen: *durch etwas hindurchkommen, sich durch etwas hindurchzwängen*
durch-kom-men, kam durch, durchgekommen: *sich retten, bestehen, überstehen*
durch-kos-ten: *gründlich auskosten*
durch-kreu-zen: *ein Gewässer durchsegeln; auch: diagonal ein Gelände durchqueren*
durch-kreu-zen: *durchstreichen; auch: Ausführung eines Plans verhindern*
durch-la-den, lud durch, durchgeladen: *das Gewehr spannen*
Durch-lass, der; Durch-las-ses, Durch-läs-se: *enger Durchgang*
durch-las-sen, ließ durch, durchgelassen: *passieren lassen*
durch-läs-sig: *undicht*
Durch-laucht, die; -,-en: *Ehrentitel*
durch-lau-fen, lief durch, durchgelaufen: *ungehindert hindurchlaufen*
durch-lau-fen, durchlief, durchlaufen: *ungehindert absolvieren, auch: durchfluten; es durchläuft mich heiß und kalt*
durch-le-sen, las durch, durchgelesen

durchsickern

durch-leuch-ten: *eine Röntgenaufnahme machen; auch: eingehend erörtern*
durch-leuch-ten: *hindurchscheinen*
Durch-leuch-tung, die; -,-en: *Schirmbilduntersuchung*
durch-lie-gen, sich; lag sich durch, sich durchgelegen: *sich wund liegen*
durch-lö-chern
durch-lüf-ten
durch-ma-chen: *ertragen müssen, durchstehen müssen*
durch-mes-sen, durchmaß, durchmessen: *raschen Schrittes durchqueren*
Durch-mes-ser, der; -s,-: *Stärke des Querschnitts*
durch-näs-sen: *durchfeuchten*
durch-neh-men, nahm durch, durchgenommen: *einen Lehrstoff behandeln*
durch-num-me-rie-ren: *durchgängig mit einer Nummer versehen*
durch-pau-sen: *durchschreiben, Kopie erzeugen*
durch-peit-schen: *umgangssprachlich für „mit Mehrheit, gegen Widerstand durchsetzen"*
durch-prü-geln: *verhauen*
durch-pul-sen: *rhythmisch erschüttern*
durch-que-ren: *sich durch einen Raum hindurchbewegen*
durch-rech-nen: *Rechnung ausführen*
Durch-rei-se, die; -,-n: *kurzer Reiseaufenthalt*
durch-rei-sen: *auf einer Reise durchqueren*
durch-rei-ßen, riss durch, durchgerissen
durch-rin-gen, sich; rang sich durch, sich durchgerungen: *einen Entschluss fassen*
durchs: *durch das, hindurch*
Durch-sa-ge, die; -,-n
durch-sa-gen: *ausrufen*
durch-sa-gen: *weitersagen, dem Nebenmann mitteilen*
durch-schau-en: *hindurchblicken*
durch-schau-en: *das Wesen erkennen, etwas erkennen, sich über etwas klar werden*
durch-schei-nen, schien durch, durchgeschienen: *durch etwas hindurchschimmern*
durch-schei-nend: *lichtdurchlässig*
durch-scheuern
durch-schim-mern: *hindurchscheinen*
durch-schla-fen, schlief durch, durchgeschlafen: *ohne Unterbrechung schlafen*
Durch-schlag, der; -es, Durch-schlä-ge: *Zweitschrift*
durch-schla-gen, schlug durch, durchgeschlagen: *zerteilen*
durch-schla-gen, durchschlug, durchgeschlagen: *durch etwas hindurchdringen, durchdringen*
durch-schla-gen, schlug durch, durchgeschlagen: *nachhaltig wirken, deutlich hervortreten*
durch-schla-gend: *erfolgreich, sensationell*
Durch-schlag-pa-pier, das; -es,-e
Durch-schlags-kraft, die; -,-kräf-te: *Wucht, Impuls*
durch-schleu-sen: *heimlich durch Kontrollen bringen*
Durch-schlupf, der; -es,-e: *kleine Öffnung zum Hindurchkriechen*
durch-schlüp-fen
durch-schme-cken: *als Beigeschmack schmecken*
durch-schnei-den, schnitt durch, durchgeschnitten: *zerteilen*
durch-schnei-den, durchschnitt, durchschnitten: *quer durch etwas verlaufen; die Bahnlinie durchschneidet das Land*
Durch-schnitt, der; -es,-e: *Mittelwert, Querschnitt*
durch-schnitt-lich: *zirka, gemittelt, ungefähr*
Durch-schnitts-ge-schwin-dig-keit, die; -,-en
Durch-schnitts-tem-pe-ra-tur, die; -,-en
Durch-schrift, die; -,-en: *Kopie, Zweitschrift*
Durch-schuss, der; Durch-schus-ses, Durch-schüs-se: *Abstand der Zeilen im gedruckten Text*
Durch-schuss, der; Durch-schus-ses, Durch-schüs-se: *Schuss, bei dem das Geschoss den Körper/Gegenstand durchschlägt*
durch-schwit-zen: *nass schwitzen*
durch-set-zen: *erreichen, sich behaupten*
durch-set-zen: *vermischen, sprenkeln*
Durch-sicht, die; -,-en: *prüfende Betrachtung, Überprüfung*
durch-sich-tig: *durchscheinend, lichtdurchlässig*
durch-si-ckern: *allmähliches Austreten von Flüssigkeit*
durch-si-ckern: *allmähliches Bekanntwerden von Nachrichten*

durch-spre-chen, sprach durch, durchgesprochen: *erörtern, beraten*
durch-star-ten: *beim Landen erneut beschleunigen und an Höhe gewinnen*
durch-ste-hen, stand durch, durchgestanden: *aushalten*
durch-stö-bern: *ohne Plan durchsuchen*
durch-strei-chen, strich durch, durchgestrichen: *durchkreuzen, ungültig machen*
durch-strö-men: *durchfließen*
durch-su-chen: *nach etwas suchen*
Durch-su-chung, die; -,-en: *Fahndung*
Durch-su-chungs-be-fehl, der; -es,-e
durch-trän-ken: *mit Flüssigkeit vollsaugen*
durch-tren-nen: *zerteilen*
durch-tre-ten, trat durch, durchgetreten: *bis zum Anschlag bewegen*
durch-tre-ten, trat durch, durchgetreten: *Schuhe abnutzen*
durch-trie-ben: *gerissen, gewitzt*
Durch-trie-ben-heit, die; -,-en: *Gerissenheit; auch: Tücke*
durch-wach-sen: *durchsetzt*
Durch-wahl, die; -,-en: *Wahl der Telefonnummer ohne Vermittlung*
durch-wäh-len
durch-wan-dern
durch-weg: *ausschließlich*
durch-wegs: *durchweg; österr. auch: nur so*
durch-wei-chen: *völlig weich werden*
durch-wei-chen: *ganz weich machen*
durch-wet-zen: *durchscheuern*
durch-wüh-len, sich: *sich hindurcharbeiten*
durch-wüh-len: *rücksichtslos durchsuchen*
durch-zäh-len: *nachzählen*
Durch-zug, der; -es, Durch-zü-ge: *Durchmarsch, Durchwanderung*
Durch-zug, der; -es, Durch-zü-ge: *Saum, umgebogene Kante*
Durch-zug, der; -es, keine Mehrzahl: *Luftzug*
dür-fen, darf, durfte, gedurft: *das Recht haben, können*
dürf-tig: *karg, arm*
Dürf-tig-keit, die; -,-en: *Kargheit, Armut*
dürr: *mager, knochig*
dürr: *trocken, verdorrt*
Dür-re, die; -,-n: *Trockenheit, Unfruchtbarkeit*

Durst, der; -es, keine Mehrzahl: *Verlangen nach Flüssigkeit*
dürs-ten: *es dürstet ihn; Durst haben; auch: sich nach etwas sehnen*
durs-tig
Durst-stre-cke, die; -,-n: *entbehrungsreiche Zeit*
Du-sche, die; -,-n: *Brause*
du-schen, sich: *sich abbrausen*
Dü-se, die; -,-n: *Antriebsaggregat*
Dü-se, die; -,-n: *Rohr mit abnehmendem Querschnitt*
Du-sel, der; -s, keine Mehrzahl: *umgangssprachlich für „Glück"*
Dü-sen-flug-zeug, das; -es,-e: *durch Düsentriebwerke angetriebenes Flugzeug, Jet*
Dü-sen-jä-ger, der; -s,-: *schnelles Kampfflugzeug*
Dü-sen-trieb-werk, das; -es,-e: *Antriebsaggregat*
Dus-sel, der; -s,-: *umgangssprachlich für „Dummkopf"*
düs-ter: *trüb; auch: ungewiss*
dus-ter: *finster, dunkel*
Düs-ter-nis, die; -,-se: *Finsternis, Dunkelheit*
Dutt, der; -(e)s,-e/-s: *Haarknoten*
Dut-zend, das; -s,-e: *zwölf Stück*
dut-zend-wei-se: *in Gruppen von zwölf Einheiten; übertragen auch: viel, reichlich*
du-zen, sich: *du zueinander sagen*
Duz-freund, der; -es,-e: *guter Freund*
Dy-na-mik, die; -, keine Mehrzahl: *Schwung, Triebkraft*
Dy-na-mik, die; -, keine Mehrzahl: *Lehre von den Kräften*
dy-na-misch: *schwungvoll, lebhaft, voll innerer Kraft*
Dy-na-mit, das; -s, keine Mehrzahl: *Sprengstoff*
Dy-na-mo, der; -s,-s: *Stromerzeuger, Generator*
Dy-nas-tie, die; -,-n: *Herrscherhaus, Fürstengeschlecht*
dy-nas-tisch
Dy-sen-te-rie (auch Dys-en-te-rie), die; -,-n: *Harnruhr*
Dys-pep-sie, die; -,-n: *Verdauungsschwäche*
dys-pep-tisch: *schwer verdaulich, auch: schwer verdauend*
D-Zug [Deh-Zug], der; -s, D-Zü-ge: *Schnellzug*

e, E, das; -,-: *fünfter Buchstabe des Alphabets; Vokal, Selbstlaut*
e, E, das: -,-: *Musik: dritter Ton auf der Grundtonleiter*
E: *Abkürzung in der Geographie und Meteorologie für „Osten"*
E: *Abkürzung für „Eilzug"*
E: *Abkürzung für „Europastraße"*
Earl [Öhrl], der; -s,-s: *englischer Grafentitel*
Eau de Co-log-ne (auch Eau de Co-logne) [Oh de Kolonje], das; keine Mehrzahl: *Kölnischwasser, Parfüm*
Eau de Toi-lette [Oh de toalett], das; -,-, Eaux de Toi-lette: *Duftwasser*
Eau de vie [Oh de Wie], das; -,-, keine Mehrzahl: *Weinbrand*
Eb-be, die; -,-n: *Tiefwasser*
Eb-be, die; -,-n: *umgangssprachlich für „Tiefstand, Geldmangel"*
e-ben: *vor kurzem, gerade jetzt, soeben*
e-ben: *glatt, flach, plan, gleichmäßig*
E-ben-bild, das; -es,-er: *getreues Abbild, große Ähnlichkeit*
e-ben-bür-tig: *gleichwertig, genauso gut*
e-ben-da
e-ben-dort
E-be-ne, die; -,-n: *Flachland*
E-be-ne, die; -,-n: *Fläche gleicher Höhe*
E-be-ne, die; -,-n: *gleiche Stufe in der Hierarchie*
e-ben-er-dig: *in Bodenhöhe, zu ebener Erde*
e-ben-falls: *auch, gleichfalls*
E-ben-maß, das; -es,-e: *Formschönheit*
e-ben-mä-ßig: *gleichmäßig geformt, wohlgeformt*
e-ben-so: *geradeso, genauso*
E-ber, der; -s,-: *männliches Schwein*
E-ber-e-sche, die; -,-n: *Baumart*
eb-nen: *Hindernisse beseitigen, glätten*
Ec-cle-sia, die; -, keine Mehrzahl: *Kirche*
e-chauf-fie-ren [ehschoffieren], sich: *ereifern, erhitzen, sich aufregen*
E-cho, das; -s,-s: *Widerhall*
E-cho, das; -s,-s: *Anklang, Resonanz*
E-cho-lot, das; -es,-e: *Unterwasser-Entfernungsmessgerät*
Ech-se, die; -,-n: *Schuppenkriechtier, Saurier*
echt: *unverfälscht*
echt: *umgangssprachlich für „sehr, außerordentlich"*
Echt-heit, die; -, keine Mehrzahl
Eck-ball, der; -es,-bäl-le
Eck-bank, die; -,-bän-ke
E-cke, die; -,-n: *Winkel, Knick*
E-cke, die; -,-n: *Kurzwort für Eckball*
E-cken-ste-her, der; -s,-: *Nichtstuer*
Eck-haus, das; -es,-häu-ser
e-ckig: *unbeholfen*
e-ckig: *kantig, auch: zerknittert, geknickt*
Eck-stein, der; -es,-e: *Prellstein, Grenzstein*
Eck-stein, der; -es,-e: *Karo*
Eck-stoß, der; -es,-stö-ße: *Eckball beim Fußball*
Eck-zahn, der; -es,-zäh-ne: *Hauer*
Ed-da, die; -, keine Mehrzahl: *Sammlung altnordischer Dichtungen*
E-de-ka: *Kurzwort für „Einkaufsgenossenschaft deutscher Kolonialwarenhändler"*
e-del: *fein, auserlesen*
E-del-gas, das; -es,-e: *chemisch träges Gas*
E-del-mann, der; -es, E-del-leu-te: *Adeliger*
E-del-me-tall, das; -es,-e
E-del-mut, der; -es, keine Mehrzahl: *Großmut*
e-del-mü-tig: *großmütig, gnädig*
E-del-stahl, der; -es,-stäh-le: *hochwertige Eisenlegierung*
E-del-stein, der; -es,-e: *kostbarer Kristall*
E-del-weiß, das; -,-: *geschützte Hochgebirgspflanze*
E-den, das; -s, keine Mehrzahl: *Paradies*
e-die-ren: *herausgehen*
E-dikt, das; -es,-e: *Erlass, Verordnung*
E-di-ti-on, die; -,-en: *Buch- oder Textausgabe*
E-di-tor, der; -s,-en: *Verleger, Herausgeber*
E-feu, der; -s, keine Mehrzahl: *immergrünes Rankengewächs*
Ef-fekt, der; -es,-e: *Wirkung, Erfolg, Eindruck, Ergebnis*
Ef-fek-ten, die; keine Einzahl: *Wertpapiere*

Effektenbörse

Ef-fek-ten-bör-se, die; -,-n: *Wertpapierbörse*
Ef-fekt-ha-sche-rei, die; -,-en: *Bemühen um spektakuläre Wirkungen*
ef-fek-tiv: *wirksam*
ef-fek-tiv: *tatsächlich, wirklich*
ef-fekt-voll: *wirkungsvoll*
Ef-fet [Effeh], der; -s,-s: *seitliche Drehung einer angestoßenen Kugel*
Ef-fi-zi-enz, die; -,-en: *Wirksamkeit*
e-gal: *gleichgültig, einerlei*
e-gal: *gleichförmig*
e-ga-li-sie-ren: *ausgleichen, angleichen*
E-ga-li-tät, die; -, keine Mehrzahl: *Gleichheit, Gleichrangigkeit*
E-gel, der; -s,-: *wurmförmiges Tier*
Eg-ge, die; -,-n: *Gerät zum Lockern des Ackerbodens*
eg-gen: *Boden lockern*
E-go-is-mus, der; -, E-go-is-men: *Ichsucht, Selbstsucht*
e-go-is-tisch: *selbstsüchtig, eigensüchtig*
E-go-zent-rik (auch E-go-zen-trik), die; -, keine Mehrzahl: *Ichbezogenheit*
E-go-zent-ri-ker (auch E-go-zen-tri-ker), der; -s,-: *ichbezogener Mensch*
e-go-zent-risch (auch e-go-zen-trisch): *ichbezogen*
eh: bayr. und österr. *sowieso, ohnehin; er macht das eh*
eh: *früher, damals; nur noch in „seit eh und je, wie eh und je"*
eh: *ehe*
e-he: *bevor*
E-he, die; -,-n: *Lebensgemeinschaft*
E-he-bett, das; -es,-en
E-he-bruch, der; -s,-brü-che
e-he-dem: *einst*
E-he-frau, die; -,-en: *Gattin*
E-he-le-ben, das; -s, keine Mehrzahl
E-he-leu-te, die; -, keine Einzahl: *Gatten*
e-he-lich
e-he-li-chen: *heiraten*
e-he-los
e-he-ma-lig: *einstig, früher*
e-he-mals: *früher*
E-he-mann, der; -es,-män-ner: *Gatte*
E-he-paar, das; -es,-e
e-her: *früher, vorzeitig*
E-he-ring, der; -es,-e
e-hern: *metallen; auch: unbeugsam*
E-he-schei-dung, die; -,-en
E-he-schlie-ßung, die; -,-en: *Heirat*
e-hes-tens: *frühestens*

ehr-bar: *ehrenwert*
Ehr-be-griff, der; -es,-e: *Auffassung von Ehre*
Eh-re, die; -, keine Mehrzahl: *innerer Wert, Ehrgefühl, Sittlichkeit*
Eh-re, die; -,-n: *Auszeichnung, Anerkennung, Ruhm*
eh-ren: *anerkennen, auszeichnen, rühmen*
Eh-ren-amt, das; -es,-äm-ter
eh-ren-amt-lich: *unentgeltlich*
Eh-ren-bür-ger, der; -s,-
Eh-ren-ge-richt, das; -es,-e
Eh-ren-sa-che, die; -,-n
eh-ren-wert: *achtbar, anständig, redlich*
eh-ren-wert: *ehrbar*
Eh-ren-wort, das; -es,-e: *feierliche Bekräftigung*
Ehr-furcht, die; -, keine Mehrzahl: *Respekt*
ehr-fürch-tig: *respektvoll*
Ehr-geiz, der; -es, keine Mehrzahl: *Bestreben vorwärts zu kommen*
ehr-gei-zig
ehr-lich: *wahrhaftig, aufrichtig, redlich, rechtschaffen*
ehr-lich: *umgangssprachlich für „bestimmt"*
Ehr-lich-keit, die; -, keine Mehrzahl
Eh-rung, die; -,-en: *Auszeichnung*
ehr-wür-dig
Ehr-wür-dig-keit, die; -, keine Mehrzahl
Ei, das; -es,-er: *Kurzwort für „Vogelei, Hühnerei"*
Ei, das; -es,-er: *weibliche Fortpflanzungszelle*
Ei-be, die; -,-n: *Baumart, Taxus*
Ei-che, die; -,-n: *Baumart*
Ei-chel, die; -,-n: *Frucht der Eiche*
Ei-chel, die; -,-n: *Teil des Penis*
Ei-chel-hä-her, der; -s,-: *Vogelart*
ei-chen: *Einstellen eines Messgerätes*
ei-chen: *aus Eichenholz bestehend*
Eich-hörn-chen, das; -s,-: *Nagetier*
Eich-kat-ze, die; -,-n: *Eichhörnchen*
Ei-chung, die; -,-en: *das Eichen*
Eid, der; -es,-e: *feierliche Versicherung, Beteuerungsformel*
Ei-dam, der; -s,-e: *veraltet für „Schwiegersohn"*
Ei-dech-se, die; -,-n: *Echse*
ei-des-statt-lich: *einen Eid vertretend*
Ei-de-tik, die; -, keine Mehrzahl: *plastisches Erinnerungsvermögen*

einäschern

Ei-de-ti-ker, der; -s,-: *jemand, der zu eidetischen Erinnerungen fähig ist*
ei-de-tisch: *bildhaft, anschaulich; die Eidetik betreffend*
Eid-ge-nos-sen-schaft, die; -, keine Mehrzahl: *Schweiz*
eid-ge-nös-sisch: *schweizerisch*
Ei-dot-ter, der; -s,-: *Eigelb*
Ei-er, die; -, keine Einzahl: *umgangssprachlich für „Geld"*
Ei-er-kopf, der; -es,-köp-fe: *Intellektueller*
Ei-er-li-kör, der; -s,-e
ei-ern: *sich ungleichmäßig drehen*
Ei-er-stock, der; -es,-stöcke: *weibliche Keimdrüse*
Ei-er-uhr, die; -,-en: *Sanduhr*
Ei-fer, der; -s, keine Mehrzahl: *Zielstrebigkeit, Fleiß*
Ei-fe-rer, der; -s,-: *Fanatiker*
Ei-fer-sucht, die; -, keine Mehrzahl: *Streben nach Alleinbesitz, Missgunst*
Ei-fer-sucht, die; -, keine Mehrzahl: *Furcht vor Nebenbuhlern oder Zurücksetzung*
Ei-fer-süch-te-lei, die; -,-en: *kleinliche Missgunst*
ei-fer-süch-tig
Eif-fel-turm, der; -es, keine Mehrzahl: *Turm in Paris*
eif-rig: *fleißig, zielstrebig*
Ei-gelb, das; -s,-e: *Dotter*
ei-gen: *peinlich genau, sorgsam*
ei-gen: *einer Sache innewohnend (als Eigenschaft)*
ei-gen: *zugehörig*
ei-gen: *wunderlich, sonderbar*
ei-gen-ar-tig: *seltsam*
Ei-gen-bröt-ler, der; -s,-: *Sonderling, Einzelgänger*
ei-gen-bröt-le-risch
ei-gen-hän-dig: *selbst*
Ei-gen-heim, das; -es,-e: *eigenes Haus*
Ei-gen-heit, die; -,-en: *besondere Eigenschaft*
Ei-gen-ka-pi-tal, das; -es, keine Mehrzahl
Ei-gen-le-ben, das; -s,-: *vom Erzeuger unabhängiges Leben*
Ei-gen-lie-be, die; -, keine Mehrzahl:
Ei-gen-lob, das; -es,-e: *Selbstlob*
ei-gen-mäch-tig: *unbefugt, aus eigenem Antrieb*
Ei-gen-nutz, der; -es, keine Mehrzahl: *persönlicher Vorteil*

ei-gens: *nur, extra*
Ei-gen-schaft, die; -,-en: *Merkmal, Qualität*
Ei-gen-schafts-wort, das; -es, -wörter:
Ei-gen-sinn, der; -es, keine Mehrzahl: *Starrsinn, Sturheit*
ei-gen-sin-nig: *starrsinnig*
ei-gent-lich: *ursprünglich, in Wirklichkeit*
Ei-gen-tor, das; -es,-e
Ei-gen-tum, das; -s, keine Mehrzahl: *Besitz*
Ei-gen-tü-mer, der, -s,-: *Besitzer*
ei-gen-tüm-lich: *seltsam, bemerkenswert*
Ei-gen-tums-woh-nung, die; -,-en
ei-gen-wil-lig: *nach eigenen Grundsätzen handelnd; auch: unorthodox*
eig-nen, sich: *passend, brauchbar, tauglich sein*
eig-nen: *jemandem zugehören, zueignen*
Eig-nung, die; -,-en: *Tauglichkeit, Befähigung*
Eig-nungs-prü-fung, die; -,-en
Ei-klar, das; -s,-: *österr. für Eiweiß*
Ei-land, das; -es,-e: *veraltet für „Insel"*
Ei-le, die; -, keine Mehrzahl: *Hast*
ei-len: *hasten*
eil-fer-tig: *dienstfertig, dienstbeflissen, auch: überstürzt*
ei-lig: *dringend, keinen Aufschub duldend*
Eil-zug, der; -es,-zü-ge: *Schnellzug*
Ei-mer, der; -s,-: *Traggefäß*
ein: *hinweisende Gegenüberstellung; das eine oder andere, dann kommt eines zum anderen*
ein: *Zahlwort; ein Mann, ein Bier, ein Kilo Weizen, ein Apfel*
ein: *Umstandswort; nicht ein noch aus wissen*
ein: *unbestimmtes Fürwort; einer von uns, gehen wir einen heben (Schnaps), jemandem eins auswischen*
ein: *unbestimmtes Geschlechtswort; ein Mann, ein Baum, ein Haus, eine Frau, ein Kind*
Ein-ak-ter, der; -s,-: *Bühnenstück in einem Akt*
ei-nan-der: *(auch ein-an-der) gegenseitig*
ein-ar-bei-ten: *anlernen*
ein-ar-bei-ten: *einfügen*
ein-ar-bei-ten: *verlorene Zeit einarbeiten*
Ein-ar-bei-tung, die; -,-en: *Anlernung*
ein-ar-mig
ein-ä-schern: *verbrennen*

Einäscherung

Ein-ä-sche-rung, die; -,-en: *Verbrennung*
ein-äu-gig
Ein-bahn-stra-ße, die; -,-n
Ein-band, der; -es,-bän-de: *Deckel und Rücken eines Buches*
Ein-bau, der; -es, keine Mehrzahl: *Vorgang des Einfügens*
Ein-bau, der; -es,-ten: *eingebautes Teil*
ein-bau-en: *einfügen*
Ein-baum, der; -es,-bäu-me: *primitives Kanu*
Ein-bau-mö-bel, das; -s,-
ein-be-hal-ten, behielt ein, einbehalten: *behalten*
ein-be-ru-fen, berief ein, einberufen: *zu einer Versammlung bitten*
ein-be-ru-fen, berief ein, einberufen: *zum Militär einziehen*
Ein-be-ru-fung, die; -,-en: *Ladung, Aufforderung*
ein-be-zie-hen, bezog ein, einbezogen: *hinzunehmen*
ein-bil-den, sich: *glauben, sich fälschlich vorstellen*
Ein-bil-dung, die; -,en: *Vorstellungskraft, Phantasie*
ein-bin-den, band ein, eingebunden: *mit einem Einband versehen*
ein-blen-den: *Szene in einen Film einfügen*
ein-bleu-en: *nachdrücklich klar machen*
Ein-blick, der; -s,-e: *Einsicht*
Ein-blick, der; -s,-e: *Kenntnis durch eigenen Augenschein*
ein-bre-chen, brach ein, eingebrochen: *unbefugt eindringen*
Ein-bre-cher, der; -s,-: *Dieb*
Ein-bren-ne, die; -,-n: *süddt. für Mehlschwitze*
ein-bro-cken: *verursachen*
ein-bro-cken: *krümeln, bröseln*
Ein-bruch, der; -es, -brü-che: *unbefugtes Eindringen*
Ein-bruch, der; -es,-brü-che: *Beginn (der Dämmerung)*
Ein-bruch, der; -es,-brü-che: *plötzliche Veränderung*
ein-buch-ten: *Vieh in den Stall bringen; umgangssprachlich für „einsperren"*
Ein-buch-tung, die; -,-en: *Wölbung nach innen*
ein-bür-gern: *aufnehmen*
Ein-bür-ge-rung, die; -,-en
Ein-bu-ße, die; -,-n: *Verlust*
ein-bü-ßen: *Verlust erleiden*
ein-cre-men
ein-däm-men: *mit einem Damm versehen, stauen*
ein-däm-men: *verringern, abgrenzen*
ein-de-cken: *ein Dach decken*
ein-de-cken, sich: *Vorräte anlegen*
Ein-de-cker, der; -s,-: *Flugzeug mit einfacher Tragfläche*
ein-deu-tig: *klar, unmissverständlich*
Ein-deu-tig-keit, die; -,-en: *Derbheit, anzügliche Bemerkung*
Ein-deu-tig-keit, die; -,-en: *eindeutige Beschaffenheit*
ein-deut-schen: *in die deutsche Sprache aufnehmen und ihr anpassen*
ein-di-cken: *binden*
ein-drin-gen, drang ein, eingedrungen: *hineingelangen*
ein-dring-lich: *drängend, nachdrücklich*
Ein-dring-lich-keit, die; -, keine Mehrzahl
Ein-dring-ling, der, -s,-e
Ein-druck, der; -s,-drücke: *Abdruck*
Ein-druck, der; -s,-drücke: *Wirkung*
ein-drü-cken: *nach innen drücken, zerstören*
ein-drucks-voll: *beeindruckend*
ein-eb-nen: *glätten, abtragen*
ein-ei-ig: *aus einer Eizelle entstanden*
Ei-ner, der; -s,-: *Fahrzeug mit Einmannbesatzung*
ei-ner-lei: *gleichgültig, uninteressant*
Ei-ner-lei, das; -s, keine Mehrzahl: *Einförmigkeit, Alltagstrott*
ei-ner-seits: *so gesehen*
ein-fach: *schlicht, unkompliziert*
ein-fach: *einmal*
Ein-fach-heit, die; -, keine Mehrzahl: *Schlichtheit, Unkompliziertheit*
ein-fah-ren, fuhr ein, eingefahren: *einbringen*
ein-fah-ren, fuhr ein, eingefahren: *in die Garage einfahren, hineinfahren*
ein-fah-ren, fuhr ein, eingefahren: *in ein Bergwerk einfahren*
Ein-fahrt, die; -,-en: *Tor, Torweg, breiter Eingang*
Ein-fall, der; -s,-fäl-le: *Eingebung, Idee*
ein-fal-len, fiel ein, eingefallen: *eine Idee haben, sich erinnern*
ein-fal-len, fiel ein, eingefallen: *zusammenstürzen*
ein-falls-reich: *ideenreich*

Eingeweide

Ein-falls-reich-tum, der; -es, keine Mehrzahl: *Ideenreichtum*
Ein-falls-win-kel, der; -s,-: *Auftreffwinkel*
Ein-falt, die; -, keine Mehrzahl: *Torheit, Dummheit*
Ein-falt, die; -, keine Mehrzahl: *Arglosigkeit, Gutgläubigkeit*
ein-fäl-tig: *dumm*
ein-fäl-tig: *arglos*
Ein-falts-pin-sel, der; -s,-: *Dummkopf, argloser Mensch*
Ein-fa-mi-li-en-haus, das; -es,-häuser
ein-fan-gen, fing ein, eingefangen
ein-fär-ben: *bunt färben*
ein-far-big
ein-fas-sen: *mit einer Fassung versehen*
ein-fas-sen: *umrahmen, umschließen, umgeben*
ein-fas-sen: *umsäumen*
Ein-fas-sung, die; -,-en
ein-fet-ten: *einschmieren, einölen*
ein-fin-den, sich; fand sich ein, sich eingefunden: *eintreffen, kommen*
ein-flech-ten, flocht ein, eingeflochten: *erwähnen, einwerfen*
ein-flö-ßen: *zu trinken geben*
ein-flö-ßen: *bewirken, hervorrufen, erwecken*
Ein-fluss, der; Ein-flus-ses, Ein-flüs-se: *Macht*
Ein-fluss, der; Ein-flus-ses, Ein-flüs-se: *Mündung*
ein-fluss-reich
ein-flüs-tern: *eingeben, beschwatzen*
ein-for-dern: *fordern*
ein-för-mig: *gleichmäßig, monoton*
ein-frie-den: *umzäunen*
Ein-frie-dung, die; -,-en: *Zaun*
ein-frie-ren, fror ein, eingefroren: *zum Stillstand bringen*
ein-frie-ren, fror ein, eingefroren: *tiefkühlen*
ein-fü-gen: *eingliedern, einarbeiten*
ein-fü-gen: *einschieben*
ein-füh-len, sich: *mitfühlen*
Ein-füh-lung, die; -,-en: *Anteilnahme, Interesse*
Ein-füh-lungs-ver-mö-gen, das; -s, keine Mehrzahl
Ein-fuhr, die; -,-en: *Import*
ein-füh-ren: *anlernen, mit etwas oder jemandem bekannt machen*
ein-füh-ren: *importieren*
ein-füh-ren: *eindringen lassen, einstecken*
Ein-füh-rung, die; -,-en: *Einleitung*
Ein-fuhr-ver-bot, das; -es,-e
ein-fül-len: *auffüllen, hineingießen, hineinschütten*
Ein-ga-be, die; -, keine Mehrzahl: *Input, das Eingeben von Daten in eine Maschine*
Ein-ga-be, die; -,-n: *Antrag, Gesuch*
Ein-gang, der; -s,-gän-ge: *Tür, Einlass*
Ein-gang, der; -s,-gän-ge: *Wareneingang, Ankunft von Sendungen*
Ein-gangs-be-stä-ti-gung, die; -,-en: *Empfangsbestätigung*
ein-ge-bil-det: *in der Phantasie bestehend*
ein-ge-bil-det: *arrogant, selbstherrlich*
Ein-ge-bo-re-ne, der/die; -n,-n: *Einheimischer, Ureinwohner*
Ein-ge-bung, die; -,-en: *Intuition*
ein-ge-denk: *in Erinnerung*
ein-ge-fal-len: *elend, mager, verhärmt*
ein-ge-fal-len: *zusammengefallen, zusammengestürzt*
ein-ge-fleischt: *unverbesserlich, an der Gewohnheit hängend*
ein-ge-hen, ging ein, eingegangen: *umgangssprachlich für „den Kürzeren ziehen"*
ein-ge-hen, ging ein, eingegangen: *sterben*
ein-ge-hen, ging ein, eingegangen: *aufhören, erlöschen*
ein-ge-hen, ging ein, eingegangen: *ankommen, eintreffen*
ein-ge-hen, ging ein, eingegangen: *enger, kleiner werden*
ein-ge-hend: *gründlich*
Ein-ge-mach-te, das; -n, keine Mehrzahl: *Konserviertes*
ein-ge-mein-den: *eingliedern*
Ein-ge-mein-dung, die; -,-en
ein-ge-nom-men
ein-ge-rech-net
ein-ge-schränkt: *begrenzt, vermindert*
ein-ge-schrie-ben: *in eine Liste eingetragen*
ein-ge-ses-sen: *ansässig*
ein-ge-stan-de-ner-ma-ßen
Ein-ge-ständ-nis, das; -ses,-se
ein-ge-ste-hen, gestand ein, eingestanden: *bekennen, zugeben*
Ein-ge-wei-de, die; -, keine Einzahl: *Innereien, innere Organe*

eingeweiht

ein-ge-weiht
Ein-ge-weih-te, der; -n,-n: *Vertrauter*
ein-ge-wöh-nen: *anpassen*
Ein-ge-wöh-nung, die; -,-en
ein-ge-zo-gen: *einberufen*
ein-ge-zo-gen: *beschlagnahmt*
ein-glei-sig: *mit nur einem Gleis*
ein-glie-dern: *integrieren*
Ein-glie-de-rung, die; -,-en
ein-gra-ben, grub ein, eingegraben: *vergraben*
ein-gra-vie-ren: *einritzen*
ein-grei-fen, griff ein, eingegriffen: *operieren*
ein-grei-fen, griff ein, eingegriffen: *einschreiten, sich einmischen*
ein-grei-fen, griff ein, eingegriffen: *fassen, greifen*
ein-gren-zen
Ein-griff, der; -s,-e: *Operation*
Ein-griff, der; -s,-e: *Beeinflussung*
ein-ha-ken: *eingreifen, sich einmischen*
ein-ha-ken: *durch Haken verbinden*
ein-ha-ken, sich: *sich einhängen*
Ein-halt ge-bie-ten: *zur Beendigung auffordern, hindern*
ein-hal-ten, hielt ein, eingehalten: *befolgen*
ein-hal-ten, hielt ein, eingehalten: *aufhören, innehalten, zögern*
ein-hal-ten, hielt ein, eingehalten: *vereinbarungsgemäß erfüllen*
Ein-hal-tung, die; -, keine Mehrzahl: *Befolgung*
ein-han-deln: *kaufen, eintauschen*
ein-hän-dig: *mit einer Hand*
ein-hei-misch: *ansässig, auch: inländisch*
ein-heim-sen: *gewinnen, horten*
ein-hei-ra-ten
Ein-heit, die; -,-en: *Zusammengehöriges*
ein-heit-lich
Ein-heit-lich-keit, die; -, keine Mehrzahl
Ein-heits-preis, der; -es,-e
ein-hei-zen: *umgangssprachlich für „bedrängen"*
ein-hei-zen: *heizen*
ein-hel-lig: *einmütig*
Ein-hel-lig-keit, die; -,-en
ein-her: *daher, heran, umher*
ein-ho-len: *einkaufen*
ein-ho-len: *hereinziehen*
ein-ho-len: *erreichen*
Ein-horn, das; -s,-hör-ner: *Fabeltier*
ei-nig: *einverstanden, eines Sinnes*

ei-ni-ge: *nicht wenige, etliche*
ei-ni-ge: *gering, ein wenig, etwas*
ein-i-geln, sich: *sich abkapseln*
ei-ni-ge Mal: *mehrmals*
ei-ni-gen, sich: *zu einem gemeinsamen Beschluss kommen, übereinkommen*
ei-ni-ger-ma-ßen: *ziemlich*
Ei-nig-keit, die; -, keine Mehrzahl: *Eintracht*
Ei-ni-gung, die; -,-en: *Übereinkunft*
ein-imp-fen: *einflößen, einspritzen*
ein-jäh-rig
ein-kal-ku-lie-ren: *mit berücksichtigen*
ein-kap-seln: *mit einer festen Hülle umgeben*
Ein-kap-se-lung, die; -,-en
Ein-kauf, der; -es,-käu-fe: *Erwerb*
ein-kau-fen: *erwerben*
Ein-käu-fer, der; -s,-
Ein-kehr, die; -,-en: *Selbstbesinnung*
Ein-kehr, die; -,-en: *Rast*
ein-keh-ren: *rasten, ein Gasthaus besuchen*
ein-kel-lern: *im Keller lagern*
Ein-kel-le-rung, die; -,-en
ein-ker-ben: *mit einer Kerbe versehen*
ein-ker-kern: *einsperren*
Ein-ker-ke-rung, die; -, keine Mehrzahl
ein-kes-seln: *umzingeln*
Ein-kes-se-lung, die; -,-en
ein-kla-gen: *durch Klage erzwingen, eintreiben*
ein-klam-mern: *in Klammern einschließen*
Ein-klang, der; -es,-klän-ge: *Übereinstimmung, Harmonie*
ein-klei-den: *Kleidung kaufen*
Ein-klei-dung, die; -,-en
ein-klem-men: *zwischen etwas klemmen, festklemmen*
ein-ko-chen: *einmachen*
Ein-kom-men, das; -s,-: *Einkünfte*
Ein-kom-mens-steu-er-er-klä-rung, die; -,-en
ein-kom-mens-steu-er-pflich-tig
Ein-kom-men-steuer (Einkommenssteuer), die; -,-n
Ein-kom-mens-ver-hält-nis-se, die; -, keine Einzahl
ein-krei-sen: *im Kreis umgeben, umzingeln*
Ein-krei-sung, die; -,-en
Ein-künf-te, die; -, keine Einzahl: *Einnahmen*

Einprägsamkeit

ein-la-den, lud ein, eingeladen: *aufladen*
ein-la-den, lud ein, eingeladen: *zum Besuch einladen*
Ein-la-dung, die; -,-en
Ein-la-ge, die; -,-n: *Suppeneinlage*
Ein-la-ge, die; -,-n: *Fußbetteinlage*
Ein-la-ge, die; -,-n: *Geldbetrag auf einem Sparkonto*
Ein-la-ge, die; -,-n: *Zwischenspiel, Zwischenakt*
Ein-la-ge, die; -,-n: *herausnehmbares Innenteil*
Ein-lass, der; Ein-las-ses, Ein-läs-se: *Tür, Öffnung*
Ein-lass, der; Ein-las-ses, Ein-läs-se: *Zutritt, Eintritt*
ein-las-sen, ließ ein, eingelassen: *hereinlassen*
ein-las-sen, ließ ein, eingelassen: *fest einfügen*
ein-las-sen, ließ ein, eingelassen: *einfüllen, einlaufen lassen*
ein-las-sen, sich; ließ sich ein, sich eingelassen: *auf etwas eingehen, etwas mitmachen, nicht ablehnen*
Ein-lauf, der; -es,-läu-fe: *Klistier, auch: künstliche Ernährung*
Ein-lauf, der; -es,-läu-fe: *Ankunft (von Sportlern im Ziel; von einem Schiff in den Hafen)*
ein-le-ben, sich: *sich eingewöhnen*
Ein-le-ge-ar-beit, die; -,-en: *Intarsienarbeit*
ein-lei-ten: *vorbereiten, verursachen, beginnen*
Ein-lei-tung, die; -,-en: *Vorwort, Einführung*
ein-len-ken: *nachgeben*
ein-leuch-tend: *verständlich*
ein-lie-fern: *übergeben, einweisen*
Ein-lie-fe-rung, die; -,-en
Ein-lie-ger-woh-nung, die; -,-en: *kleine Zweitwohnung in einem Einfamilienhaus*
ein-lo-chen: *umgangssprachlich für „einsperren"*
ein-lö-sen: *erfüllen, halten*
ein-lul-len: *jemand in Sicherheit wiegen*
ein-ma-chen: *umgangssprachlich für „unterkriegen"*
ein-ma-chen: *einkochen, konservieren*
Ein-mach-glas, das; -es,-glä-ser: *Weckglas*
ein-mah-nen: *eintreiben*
ein-mal: *einst*

ein-mal: *nur ein einziges Mal*
ein-mal, auf: *gleichzeitig, plötzlich*
Ein-mal-eins, das; -, keine Mehrzahl: *kleines Einmaleins: Multiplikationen der Zahlen von 1 bis 10; großes Einmaleins: Multiplikation der Zahlen zwischen 10 und 20*
ein-ma-lig: *ohne Wiederholung*
Ein-ma-lig-keit, die; -,-en
Ein-marsch, der; -es,-mär-sche: *Einzug in geschlossener Formation*
ein-mar-schie-ren
ein-mi-schen, sich: *eingreifen; dazwischenreden*
ein-mo-to-rig
ein-mün-den: *münden*
ein-mü-tig: *einer Meinung, gleichgesinnt*
Ein-mü-tig-keit, die; -,-en
Ein-nah-me, die; -,-n: *Gewinn*
Ein-nah-me, die; -,-n: *Erstürmen einer Festung*
Ein-nah-me, die; -,-n: *Einnehmen von Medizin*
ein-neh-men, nahm ein, eingenommen: *einziehen*
ein-neh-men, nahm ein, eingenommen: *erobern*
ein-neh-men, nahm ein, eingenommen: *Raum ausfüllen*
ein-neh-men, nahm ein, eingenommen: *schlucken, zu sich nehmen*
ein-neh-men, nahm ein, eingenommen: *gewinnen*
ein-neh-mend: *angenehm, sympathisch*
ein-ni-cken: *kurz einschlafen*
Ein-öde, die; -,-n: *Wüste, einsames Gebiet*
ein-ord-nen: *an die richtige Stelle bringen*
ein-ord-nen: *klassifizieren, einschätzen*
Ein-ord-nung, die; -,-en: *Einschätzung, Einstufung*
ein-pa-cken: *verpacken*
ein-pas-sen: *einfügen*
ein-pau-ken: *eindrillen, auch: sich einprägen*
ein-pfer-chen: *zusammendrängen*
Ein-pha-sen-strom, der; -es,-strö-me
ein-pla-nen
ein-pö-keln: *in Salz einlegen*
ein-po-lig
ein-prä-gen: *etwas in Metall einprägen*
ein-prä-gen: *merken*
ein-präg-sam: *deutlich*
Ein-präg-sam-keit, die; -, keine Mehrzahl

einquartieren

ein-quar-tie-ren: *mieten, beziehen*
Ein-quar-tie-rung, die; -,-en: *Unterbringen von Gästen*
ein-ras-ten
ein-räu-men: *zugeben*
ein-räu-men: *ausstatten, möblieren*
Ein-räu-mung, die; -,-en
ein-re-den: *auf jemanden einreden, bereden*
ein-rei-ben, rieb ein, eingerieben
Ein-rei-bung, die; -,-en
ein-rei-chen: *übergeben, eingeben*
ein-rei-hen: *an der richtigen Stelle einordnen*
ein-rei-hen, sich: *einscheren*
Ein-rei-se, die; -,-n
Ein-rei-se-er-laub-nis, die; -,-se
ein-rei-sen: *in ein Land einreisen*
Ein-rei-se-vi-sum, das; -s,-vi-sa
ein-rei-ßen, riss ein, eingerissen: *zur Gewohnheit werden, sich verbreiten*
ein-rei-ßen, riss ein, eingerissen: *zerreißen*
ein-rei-ßen, riß ein, eingerissen: *zu reißen beginnen*
ein-rei-ßen, riss ein, eingerissen: *niederreißen, abreißen*
ein-ren-ken: *in Ordnung bringen*
ein-ren-nen, rannte ein, eingerannt
ein-rich-ten: *einräumen, möblieren*
ein-rich-ten, sich: *sich abfinden, sich arrangieren*
Ein-rich-tung, die; -,-en: *Mobiliar, Ausstattung*
ein-sa-cken: *umgangssprachlich für „Geld einstecken"*
ein-sam: *allein, verlassen, öde*
Ein-sam-keit, die; -,-en *Verlassenheit*
ein-sam-meln
Ein-satz, der; -es,-sät-ze: *Engagement*
Ein-satz, der; -es,-sät-ze: *Beginn einer Stimme oder eines Instruments*
Ein-satz, der; -es,-sät-ze: *Dienst, auch: Kampfeinsatz*
Ein-satz. der; -es,-sät-ze: *Geldeinlage*
Ein-satz, der; -es,-sät-ze: *auswechselbarer Teil*
ein-satz-be-reit
Ein-satz-be-reit-schaft, die; -, keine Mehrzahl
ein-schal-ten: *anknipsen*
ein-schal-ten, sich: *sich einmischen*
Ein-schal-tung, die; -,-en
ein-schät-zen: *beurteilen*

Ein-schät-zung, die; -,-en
ein-schen-ken: *eingießen*
ein-sche-ren: *einreihen*
ein-schie-ben: *einfügen*
ein-schif-fen: *an Bord gehen*
Ein-schif-fung, die; -,-en
ein-schla-fen, schlief ein, eingeschlafen
ein-schlä-fern: *töten (bei Tieren)*
Ein-schlä-fe-rung, die; -,-en
ein-schla-gen, schlug ein, eingeschlagen: *einwickeln, umhüllen, einpacken*
ein-schla-gen, schlug ein, eingeschlagen: *prügeln, schlagen, auf jemanden einschlagen*
ein-schla-gen, schlug ein, eingeschlagen: *Erfolg haben, wirken*
ein-schla-gen, schlug ein, eingeschlagen: *zerbrechen, zerschlagen*
ein-schla-gen, schlug ein, eingeschlagen: *bei einem Handel zustimmen*
ein-schla-gen, schlug ein, eingeschlagen: *hineinschlagen*
ein-schla-gen, schlug ein, eingeschlagen: *eine Richtung wählen*
ein-schlä-gig: *dazugehörig, bezüglich*
ein-schlei-chen, sich; schlich sich ein, sich eingeschlichen
ein-schlep-pen: *unbemerkt hereinbringen*
ein-schlie-ßen, schloss ein, eingeschlossen: *einsperren, umschließen*
ein-schließ-lich: *inbegriffen*
Ein-schluss, der; Ein-schlus-ses, Einschlüsse
ein-schmei-cheln, sich: *sich anbiedern*
ein-schnei-dend: *bedeutsam*
Ein-schnitt, der; -es,-e: *Pause, Absatz, Zäsur*
Ein-schnitt, der; -es,-e: *Einkerbung*
Ein-schnitt, der; -es,-e: *einschneidende Veränderung, Wandlung*
ein-schnü-ren: *drücken, einengen*
ein-schnü-ren: *mit einer Schnur umwickeln*
ein-schrän-ken: *begrenzen, mindern*
Ein-schrän-kung, die; -,-en
ein-schrei-ben, schrieb ein, eingeschrieben: *hineinschreiben, auch: immatrikulieren*
Ein-schrei-ben, das; -s,-: *Einschreibesendung*
ein-schrei-ten, schritt ein, eingeschritten: *vorgehen, etwas unternehmen*
ein-schrump-fen: *kleiner werden*

einträchtig

Ein-schrump-fung, die; -,-en
Ein-schub, der; -es,-schü-be: *Ergänzung, Dazwischengeschobenes*
ein-schüch-tern: *ängstigen, jemandem Angst machen*
ein-schu-len: *in die Schule aufnehmen*
Ein-schu-lung, die; -,-en
ein-seg-nen: *konfirmieren, Segen erteilen*
Ein-seg-nung, die; -,-en: *Konfirmation*
ein-se-hen, sah ein, eingesehen: *verstehen, zu einer Erkenntnis kommen*
ein-se-hen, sah ein, eingesehen: *lesen, zur Kenntnis nehmen*
ein-se-hen, sah ein, eingesehen: *hineinsehen, hineinschauen, überblicken*
Ein-se-hen, das; -s, keine Mehrzahl: *Verständnis*
ein-sei-tig: *parteiisch, unausgewogen*
ein-sei-tig: *fachgebunden*
Ein-sei-tig-keit, die; -,-en
ein-sen-den, sandte/sendete ein, eingesandt/eingesendet: *zuschicken*
Ein-sen-der, der; -s,-
ein-set-zen: *arbeiten lassen, anwenden*
ein-set-zen: *bestimmen, ernennen*
ein-set-zen: *einfügen*
ein-set-zen, sich: *hilfreich unterstützen*
Ein-sicht, die; -,-en: *Vernunft, Einsehen*
Ein-sicht, die; -,-en: *Prüfung*
ein-sich-tig: *verständnisvoll*
Ein-sicht-nah-me, die; -,-n
Ein-sie-de-lei, die; -,-en: *Eremitage, Klause*
Ein-sied-ler, der; -s,-: *Eremit, Klausner*
ein-sil-big: *wortkarg*
Ein-sil-big-keit, die; -,-en
ein-span-nen: *mit viel Arbeit belegen, jemanden für sich beanspruchen*
ein-span-nen: *Zugtier einspannen*
Ein-span-nung, die; -,-en
ein-spa-ren: *rationalisieren, auch: nicht verbrauchen*
Ein-spa-rung, die; -,-en: *Kürzung*
ein-sprit-zen: *injizieren*
Ein-sprit-zung, die; -,-en: *Injektion*
Ein-spruch, der; -es,-sprü-che: *Veto, Gegenklage, Widerspruch*
ein-spu-rig: *mit nur einer Spur*
einst: *einmal, ehemals*
Ein-stand, der; -es,-stän-de: *Aufnahme einer Arbeit*
ein-ste-chen, stach ein, eingestochen
ein-ste-cken: *ertragen, hinnehmen*

ein-ste-cken: *umgangssprachlich für „einnehmen"*
ein-ste-cken: *hineinstecken*
ein-ste-cken: *an sich nehmen, in die Tasche stecken*
ein-stei-gen, stieg ein, eingestiegen: *umgangssprachlich für „einbrechen"*
ein-stei-gen, stieg ein, eingestiegen: *umgangssprachlich für „sich beteiligen"*
ein-stei-gen, stieg ein, eingestiegen: *hineinsteigen, hineinklettern*
ein-stel-len: *zur Benutzung fertig machen, einrichten (Fernrohr), in eine bestimmte Stellung bringen*
ein-stel-len: *ruhen lassen, aufhören mit*
ein-stel-len: *hineinstellen, unterstellen, unterbringen*
ein-stel-len: *in Arbeit nehmen*
ein-stel-len, sich: *sich richten nach, sich anpassen*
ein-stel-len, sich: *erscheinen, kommen, sich einfinden*
Ein-stel-lung, die; -,-en
ein-stim-mig: *ohne Gegenstimme, übereinstimmend*
Ein-stim-mig-keit, die; -,-en: *Übereinstimmung*
ein-stö-ckig: *mit einer Etage*
Ein-strah-lung, die; -,-en: *Lichteinwirkung*
ein-stu-die-ren: *einüben, lernen*
ein-stu-fen: *klassifizieren, einschätzen*
Ein-stu-fung, die; -,-en: *Einordnung*
Ein-sturz, der; -es,-stür-ze: *Zusammenbruch*
ein-stür-zen: *zusammenfallen*
einst-wei-len: *zunächst, bis auf weiteres*
einst-wei-lig: *zunächst, einstweilen*
Ein-tags-flie-ge, die; -,-en: *kurzlebiges Insekt*
Ein-tän-zer, der; -s,-: *Gigolo*
ein-tau-chen: *untertauchen*
ein-tau-schen
ein-tei-len: *haushalten*
ein-tei-len: *unterteilen*
ein-tei-lig: *aus einem Teil bestehend*
Ein-tei-lung, die; -,-en
ein-tö-nig: *monoton*
Ein-topf, der; -es,-töp-fe
ein-top-fen: *Pflanzen in einen Topf setzen*
Ein-tracht, die; -, keine Mehrzahl: *Verträglichkeit, Harmonie*
ein-träch-tig: *harmonisch*

Eintrag

Ein-trag, der; -es,-trä-ge
ein-tra-gen, trug ein, eingetragen: *in eine Liste eintragen*
ein-träg-lich: *Gewinn bringend*
Ein-tra-gung, die; -,-en
ein-tref-fen, traf ein, eingetroffen: *ankommen*
ein-tref-fen, traf ein, eingetroffen: *geschehen*
ein-trei-ben, trieb ein, eingetrieben: *einziehen*
Ein-trei-bung, die; -,-en
ein-tre-ten, trat ein, eingetreten: *betreten*
ein-tre-ten, trat ein, eingetreten: *vorkommen, Wirklichkeit werden*
ein-tre-ten, trat ein, eingetreten: *beitreten*
Ein-tritt, der; -s,-e
Ein-tritts-kar-te, die; -,-n: *zur Teilnahme berechtigende Karte*
ein-ü-ben: *einstudieren*
ein-ver-lei-ben: *vereinnahmen, einfügen*
ein-ver-lei-ben, sich: *essen*
Ein-ver-nah-me, die; -,-n: *Zeugenverhör*
Ein-ver-neh-men, das; -s,-: *Einigung, Übereinstimmung*
ein-ver-stan-den sein: *zustimmen, billigen*
Ein-ver-länd-nis, das; -ses,-se: *Übereinkunft, Zustimmung*
ein-wach-sen, wuchs ein, eingewachsen: *in etwas hineinwachsen*
ein-wach-sen: *mit Wachs einreiben*
Ein-wand, der; -es,-wän-de: *Bedenken, Widerspruch*
Ein-wan-de-rer, der; -s,-: *Immigrant*
ein-wan-dern: *immigrieren*
ein-wand-frei: *vollkommen, tadellos*
ein-wärts: *nach innen*
ein-wech-seln: *Geld wechseln*
ein-we-cken: *einmachen, einkochen*
Ein-weg-pa-ckung, die; -,-en: *Wegwerfpackung*
ein-wei-hen: *eröffnen, enthüllen*
Ein-wei-hung, die; -,-en
ein-wei-sen, wies ein, eingewiesen: *überweisen*
ein-wei-sen, wies ein, eingewiesen: *Platz zuweisen*
ein-wei-sen, wies ein, eingewiesen: *in ein Amt einführen*
Ein-wei-sung, die; -,-en

ein-wen-den, wandte/wendete ein, eingewandt/eingewendet: *widersprechen*
ein-wer-fen, warf ein, eingeworfen: *in ein Gespräch einfügen*
ein-wer-fen, warf ein, eingeworfen: *in etwas hineinwerfen*
ein-wi-ckeln: *einpacken*
ein-wil-li-gen: *zustimmen*
Ein-wil-li-gung, die; -,-en: *Zustimmung, Erlaubnis*
ein-wir-ken: *Wirkung ausüben*
Ein-woh-ner, der; -s,-: *Bewohner, Einheimischer*
Ein-woh-ner-mel-de-amt, das; -es, -ämter
Ein-woh-ner-schaft, die; -,-en: *Einwohner, Bevölkerung*
Ein-zahl, die; -, keine Mehrzahl: *Singular*
ein-zah-len
Ein-zah-lung, die; -,-en: *Geldanweisung*
Ein-zah-lungs-schein, der; -es,-e
ein-zäu-nen: *mit einem Zaun umgeben*
Ein-zäu-nung, die; -,-en
ein-zeich-nen: *markieren*
Ein-zel, das; -s,-: *Ballspiel nur eines Spielers gegen einen anderen*
Ein-zel-gän-ger, der; -s,-: *ungeselliger Mensch*
Ein-zel-haft, die; -, keine Mehrzahl: *gesonderte Verwahrung*
Ein-zel-han-del, der; -s, keine Mehrzahl: *Handel mit dem Verbraucher*
Ein-zel-han-dels-ge-schäft, das; -es,-e
Ein-zel-händ-ler, der; -s,-
Ein-zel-heit, die; -,-en: *Detail*
ein-zeln: *allein, nicht zugleich*
Ein-zel-teil, das; -es,-e: *einzelnes Teil*
Ein-zel-zim-mer, das; -s,-: *Hotelzimmer mit einem Bett*
ein-zie-hen, zog ein, eingezogen: *rekrutieren*
ein-zie-hen, zog ein, eingezogen: *Krallen, Schwanz einziehen*
ein-zie-hen, zog ein, eingezogen: *einbauen, dazwischensetzen (Wand)*
ein-zie-hen, zog ein, eingezogen: *aus dem Verkehr ziehen*
ein-zie-hen, zog ein, eingezogen: *einsaugen, versickern*
ein-zie-hen, zog ein, eingezogen: *eintreiben, einkassieren*
ein-zie-hen, zog ein, eingezogen: *hineinziehen, einführen*

ein-zie-hen, zog ein, eingezogen: *beziehen (Wohnung)*
ein-zie-hen, zog ein, eingezogen: *einholen (Flagge)*
ein-zig: *allein, alleinig; der Einzige, ein Einziger*
ein-zig-ar-tig: *unvergleichlich*
Ein-zim-mer-woh-nung, die; -,-en
Ein-zug, der; -es, -zü-ge: *Geldeintreibung*
Ein-zug, der; -es, -zü-ge: *feierlicher Einmarsch*
Ein-zug, der; -es, -zü-ge: *Bezug einer Wohnung*
Ein-zugs-ge-biet, das; -es,-e: *Versorgungsgebiet einer Stadt*
Eis, das; -es, keine Mehrzahl: *Speiseeis*
Eis, das; -es, keine Mehrzahl: *gefrorenes Wasser*
Eis-bahn, die; -,-en
Eis-bär, der; -en,-en: *in der Arktis lebende Bärenart*
Eis-bein, das; -es,-e: *Schweinshaxe*
Eis-berg, der; -es,-e
Eis-beu-tel, der; -s,-
Eis-blu-me, die; -,-n: *Eiskristalle am Fenster*
Eis-bre-cher, der; -s,-: *Spezialschiff*
Eis-creme, die; -, keine Mehrzahl: *Speiseeis*
Eis-die-le, die; -,-n: *kleine Gaststätte, in der Eis verkauft wird*
Ei-sen, das; -s, keine Mehrzahl: *Metall, Zeichen: Fe*
Ei-sen-bahn, die; -,-en: *Zug, Schienenfahrzeug*
Ei-sen-bahn-ver-kehr, der; -s, keine Mehrzahl
Ei-sen-bahn-wag-gon, der; -s,-s
ei-sern: *stählern*
ei-sern: *hart, unnachgiebig*
Eis-gang, der; -es, -gän-ge: *Aufbrechen der Eisdecke*
eis-ge-kühlt
Eis-hei-li-gen, die; keine Einzahl: *die Heiligen der Tage 12., 13. und 14. Mai: Pankratius, Servatius, Mamertus; plötzlicher Kälteeinbruch in diesen Tagen*
Eis-ho-ckey, das; -s, keine Mehrzahl: *Hockey mit Schlittschuhen auf einer Eisbahn*
ei-sig: *kalt*
Ei-sprung, der; -es, -sprün-ge: *Ovulation*
Eis-re-vue [Eisrewüh], die; -,-n: *Eisballett, Tanzshow auf dem Eis*
Eis-schnell-lauf, der; -s, keine Mehrzahl
Eis-zap-fen, der; -s,-
Eis-zeit, die; -,-en: *Kälteperiode*
ei-tel: *selbstgefällig, putzsüchtig*
ei-tel: *nichtig*
Ei-tel-keit, die; -,-en: *Selbstgefälligkeit*
Ei-ter, der; -s,: *weiße Blutkörperchen, Absonderung einer entzündeten Wunde*
ei-te-rig: *entzündet*
ei-tern
Ei-weiß, das; -es,-e: *Eiklar*
E-ja-ku-la-ti-on, die; -,-en: *Samenerguss*
E-kel, das; -s: umgangssprachlich für „*unangenehmer Mensch*"
E-kel, der; -s: *Abscheu*
E-kel er-re-gend
e-kel-haft
e-keln, sich: *Abscheu empfinden*
E-klat (auch Ek-lat) [Eklah], der; -s,-s: *Skandal, Krach, Aufsehen*
e-kla-tant (auch ek-la-tant): *offensichtlich, auch: skandalös*
ek-lig: *abscheulich*
E-klip-tik, (auch Ek-lip-tik), die; -, keine Mehrzahl: *scheinbare Sonnen- und Planetenbahnen am Himmel*
E-kra-sit (auch Ek-ra-sit), das; -s, keine Mehrzahl: *Sprengstoff*
Eks-ta-se (auch Ek-sta-se), die; -,-n: *Verzückung*
eks-ta-tisch (auch ek-sta-tisch): *verzückt*
Ek-zem, das; -s,-e: *Hautausschlag*
E-la-bo-rat, das; -es,-e: *Ausarbeitung, schriftliche Darlegung; auch: Machwerk*
E-lan, der; -s, keine Mehrzahl: *Schwung, Begeisterung*
e-las-tisch: *biegsam, nachgiebig, federnd, dehnbar*
E-las-ti-zi-tät, die; -, keine Mehrzahl: *Spannkraft, Nachgiebigkeit, Anpassungsfähigkeit*
Elch, der; -es,-e: *skandinavisches Wild*
El-do-ra-do, das; -s,-s: *sagenhaftes Goldland in Südamerika; auch: Paradies*
E-le-fant, der; -en,-en: *Dickhäuter*
E-le-fan-ti-a-sis, die; -, E-le-fan-ti-a-si-en: *krankhafte Verdickung der Haut*
e-le-gant: *vornehm, modisch, gut gekleidet*
E-le-ganz, die; -, keine Mehrzahl
E-le-gie, die; -,-n: *wehmütige Dichtung*
e-le-gisch: *wehmütig, trübsinnig*
e-lekt-ri-fi-zie-ren (auch e-lek-tri-fi-zie-ren): *auf elektrischen Betrieb umstellen*

Elektrik

E-lek-trik (auch E-lek-trik), die; -,-en: *Gesamtheit einer elektrischen Anlage*
E-lekt-ri-ker (auch E-lek-tri-ker), der; -s, -: *Elektrotechniker*
e-lekt-risch (auch e-lek-trisch): *die Elektrizität betreffend*
e-lekt-ri-sie-ren (auch e-lek-tri-sie-ren): *mit Elektrizität aufladen*
E-lekt-ri-zi-tät (auch E-lek-tri-zi-tät), die; -, keine Mehrzahl: *elektrische Energie, elektrischer Strom*
E-lekt-ri-zi-tät (auch E-lek-tri-zi-tät), die; -, keine Mehrzahl: *physikalisches Phänomen der Anziehung und Abstoßung geladener Teilchen*
E-lekt-ri-zi-täts-werk (auch E-lek-tri-zi-täts-werk), das; -es,e: *Kraftwerk*
E-lekt-ro-de (auch E-lek-tro-de), die; -,-n: *Metall- oder Kohlekörper zum Zu- oder Ableiten von elektrischem Strom*
E-lekt-ro-herd (auch E-lek-tro-herd), der; -es,-e
E-lekt-ro-ly-se (auch E-lek-tro-ly-se), [Elektrolüse], die; -,-n: *Zersetzung chemischer Verbindungen durch elektrischen Strom*
E-lekt-ro-mag-net (auch E-lek-tro-magnet), der; -en,-en: *durch elektrischen Strom aktivierter Magnet*
e-lekt-ro-mag-ne-tisch (auch e-lek-tro-ma-gne-tisch)
E-lekt-ro-mo-tor (auch E-lek-tro-mo-tor), der; -s,-en
E-lekt-ron (auch E-lek-tron), das; -s,-en: *negativ geladenes Elementarteilchen, Teil des Atoms*
E-lekt-ro-nen-ge-hirn (auch E-lek-tro-nen-ge-hirn), das; -es,-e: *umgangssprachlich für „Computer"*
E-lekt-ro-nen-mi-kros-kop (auch E-lek-tro-nen-mik-ro-skop), das; -es, -e: *Mikroskop, das mit Elektronenstrahlen arbeitet*
E-lekt-ro-nik (auch E-lek-tro-nik), die; -,-en: *umgangssprachlich für „Hardware"*
E-lekt-ro-nik (auch E-lek-tro-nik), die; -, keine Mehrzahl: *Gebiet der Elektrotechnik*
e-lekt-ro-nisch (auch e-lek-tro-nisch)
E-lekt-ro-tech-nik (auch E-lek-tro-tech-nik), die; -, keine Mehrzahl: *Lehre von der praktischen Anwendung des elektrischen Stroms*
E-lekt-ro-tech-ni-ker (auch E-lek-tro-tech-ni-ker), der; -s,-: *Elektriker*

E-le-ment, das; -es,-e: *Grundstoff*
e-le-men-tar: *grundlegend, ursprünglich*
E-le-men-tar-teil-chen, das; -s,-: *Teilchen, aus denen Atome bestehen*
e-lend: *miserabel, armselig*
E-lend, das; -s, keine Mehrzahl: *Not, Unglück, Drangsal*
E-lends-quar-tier, das; -s,-e
E-lends-vier-tel, das; -s,-
elf: *Zahl*
Elf, die; -,-en: *Mannschaft im Fußball*
Elf, der; -en,-en: *Märchengestalt*
El-fen-bein, das; -s, keine Mehrzahl: *Schnitz- und Schmuckmaterial aus Elefantenzähnen*
El-fen-bein-turm, der; -es,-tür-me: *Sinnbild für „Weltabgeschiedenheit, Weltfremdheit"*
El-fer, der; -s,-: *umgangssprachlich für „Elfmeter"*
Elf-me-ter, der; -s,-: *Strafstoß im Fußball*
e-li-mi-nie-ren: *entfernen, ausscheiden, aussondern*
e-li-tär: *zur Elite gehörig; auch: überheblich*
E-li-te, die; -,-n: *das Beste, die Besten, Auslese*
E-li-xier, das; -s,-e: *Pflanzenessenz, Heilmittel*
E-li-xier, das; -s,-e: *Zaubertrank*
Ell-bo-gen (Ellenbogen), der; -s,-: *Gelenk zwischen Ober- und Unterarm*
El-le, die; -,-n: *altes Längenmaß*
El-le, die; -,-n: *Unterarmknochen*
El-lip-se, die; -,-n: *Kegelschnittkurve*
El-lip-se, die; -,-n: *Auslassungssatz*
el-lip-tisch: *in der Form einer Ellipse*
Elms-feu-er, das; -s,-: *elektrische Lichterscheinung*
E-lo-ge [Elohsche], die; -,-n: *Lob, Lobrede, Schmeichelei*
e-lo-quent: *beredt, beredsam*
E-lo-quenz, die; -, keine Mehrzahl: *Beredsamkeit*
e-lo-xie-ren: *Aluminium mit einer Oxidschutzschicht überziehen*
El-rit-ze, die; -,-n: *kleiner Süßwasserfisch*
Els-ter, die; -,-n: *Rabenvogel*
el-ter-lich
El-tern, die; -, keine Einzahl: *Vater und Mutter*
El-tern-abend, der; -s,-e
El-tern-haus, das; -es,-häu-ser: *Vaterhaus*
el-tern-los

Empörung

e‑ly‑sisch [elühsisch]: *paradiesisch*
E‑ly‑si‑um [Elühsium], das; ‑s, keine Mehrzahl: *Paradies*
E‑Mail, [Ihmehl], die; ‑,‑s: *elektronische Nachricht über Computer*
E‑mail‑le [Email/Emai], das; ‑,‑n: *Glasschmelzüberzug auf Metall*
e‑mail‑lie‑ren [emaljieren/emajieren]: *mit flüssigem Glas überziehen*
E‑man‑zi‑pa‑ti‑on, die; ‑,‑en: *Befreiung aus der Abhängigkeit, Gleichstellung; auch: Gleichberechtigung der Frauen*
e‑man‑zi‑pa‑to‑risch
e‑man‑zi‑pie‑ren, sich: *unabhängig werden*
Em‑bar‑go, das; ‑s,‑s: *Ausfuhrverbot*
Emb‑lem (auch Em‑blem), das; ‑s,‑e: *Kennzeichen, Sinnbild*
emb‑le‑ma‑tisch (auch em‑ble‑ma‑tisch): *sinnbildlich*
Em‑bo‑lie, die; ‑,‑a: *Aderverschluss durch Blutgerinnsel*
Emb‑ryo (auch Em‑bryo), der; ‑s,‑s: *Leibesfrucht, Lebewesen vor der Geburt*
emb‑ry‑o‑nal (auch em‑bryo‑nal): *unentwickelt, unvollendet, unreif*
E‑me‑rit, der; ‑en,‑en: *im Ruhestand lebender Professor oder Geistlicher*
e‑me‑ri‑tie‑ren: *in den Ruhestand treten*
E‑mig‑rant (auch E‑mi‑grant), der; ‑en,‑en: *Auswanderer, Exilant*
E‑mig‑ra‑ti‑on (auch E‑mi‑gra‑ti‑on), die; ‑,‑en: *Auswanderung*
e‑mig‑rie‑ren (auch e‑mi‑grie‑ren): *auswandern*
e‑mi‑nent: *wichtig, hervorragend, außerordentlich*
E‑mi‑nenz, die; ‑,‑en: *Titel der Kardinäle*
E‑mir, der; ‑s,‑e: *arabischer Stammesfürst*
E‑mi‑rat, das; ‑es,‑e: *arabisches Fürstentum*
E‑mis‑si‑on, die; ‑,‑en: *Abgabe von Stoffen an die Umwelt*
E‑mis‑si‑on, die; ‑,‑en: *Ausgabe neuer Wertpapiere*
e‑mit‑tie‑ren: *aussenden, in Umlauf bringen*
Em‑men‑ta‑ler, der; ‑s,‑: *Einwohner des Emmentals*
Em‑men‑ta‑ler, der; ‑s, keine Mehrzahl: *Käsesorte*
E‑mo‑ti‑on, die; ‑,‑en: *Gefühlsbewegung, Gemütsbewegung, Empfindung*

e‑mo‑ti‑o‑nal: *gefühlsmäßig*
Emp‑fang, der; ‑es, Emp‑fän‑ge: *offizielle Einladung, Unterredung*
Emp‑fang, der; ‑es, Emp‑fän‑ge: *Annahme, Erhalt*
Emp‑fang, der; ‑es, Emp‑fän‑ge: *Begrüßung, Aufnahme*
Emp‑fang, der; ‑es, keine Mehrzahl: *Aufnahme, Übernahme von Funksendungen*
emp‑fan‑gen, empfing, empfangen: *Funksendungen aufnehmen*
emp‑fan‑gen, empfing, empfangen: *erhalten, annehmen, entgegennehmen*
emp‑fan‑gen, empfing, empfangen: *schwanger werden*
emp‑fan‑gen, empfing, empfangen: *begrüßen*
Emp‑fän‑ger, der; ‑s,‑: *Radio*
Emp‑fän‑ger, der; ‑s,‑: *Adressat*
emp‑fäng‑lich: *aufnahmebereit, aufnahmewillig, zugänglich*
Emp‑fäng‑nis, die; ‑,‑se
emp‑fäng‑nis‑ver‑hü‑tend
emp‑fangs‑be‑rech‑tigt
Emp‑fangs‑be‑rech‑ti‑gung, die; ‑,‑en
emp‑feh‑len, empfahl, empfohlen: *raten, anpreisen*
emp‑feh‑len, sich: *sich verabschieden; auch umgangssprachlich für „heimlich davongehen"*
emp‑feh‑lens‑wert: *ratsam, lobenswert*
Emp‑feh‑lung, die; ‑,‑en: *Rat, Anraten*
Emp‑feh‑lung, die; ‑,‑en: *Referenz, günstige Auskunft*
emp‑fin‑den, empfand, empfunden: *spüren, fühlen*
emp‑find‑lich: *leicht verletzbar*
Emp‑find‑lich‑keit, die; ‑,‑en: *Verletzlichkeit, Sensitivität*
Emp‑find‑sam‑keit, die; ‑,‑en: *empfindsames Wesen, Verletzlichkeit*
Emp‑fin‑dung, die; ‑,‑en: *Gefühl*
Em‑pha‑se, die; ‑,‑n *Nachdruck, Eindringlichkeit*
em‑pha‑tisch: *nachdrücklich, leidenschaftlich*
Em‑pi‑rie, die; ‑, keine Mehrzahl: *auf Erfahrung beruhende Erkenntnis*
em‑pi‑risch: *erfahrungsgemäß*
em‑por: *hinauf, aufwärts*
Em‑po‑re, die; ‑,‑n: *erhöhter Sitzraum*
em‑pö‑ren, sich: *sich erregen*
em‑pö‑ren, sich: *sich auflehnen*
Em‑pö‑rung, die; ‑,‑en: *Zorn, Aufstand*

emsig

em-sig: *fleißig, eifrig*
Em-sig-keit, die; -, keine Mehrzahl: *Eifrigkeit*
e-mul-gie-ren: *eine Emulsion bilden*
E-mul-si-on, die; -,-en: *cremige Flüssigkeit (zur Körperpflege)*
E-mul-si-on, die; -,-en: *lichtempfindliche Schicht auf Filmen*
En-de, das; -s, -n: *Schluss, letztes Stück*
End-ef-fekt, der; -s,-e: *im Endeffekt: als Ergebnis, in Wirklichkeit*
En-de-mie, die; -,-n: *in bestimmten Gebieten ständig vorkommende Krankheit*
en-de-misch: *einheimisch, nur in einem eng begrenzten Gebiet vorkommend*
en-den: *zu Ende gehen*
End-er-geb-nis, das; -ses,-se: *Resultat*
end-gül-tig: *unwiderruflich, unumstößlich*
End-gül-tig-keit, die; -, keine Mehrzahl: *endgültige Beschaffenheit*
En-di-vie, die; -,-n: *Salatpflanze*
End-kampf, der; -es,-kämp-fe: *Endausscheidung, Endrunde*
End-lauf, der; -es,-läu-fe: *Finallauf*
end-lich: *vergänglich*
end-lich: *begrenzt*
end-lich: *schließlich, zuletzt; nach langem Warten*
end-los: *unendlich, unbegrenzt*
End-lo-sig-keit, die; -, keine Mehrzahl: *Unbegrenztheit*
en-do-gen: *von innen kommend, im Innern entstehend*
en-do-krin: *nach innen, mit innerer Sekretion ins Blut abgesondert*
End-run-de, die; -,-n
End-spiel, das; -es,-e
End-spurt, der; -es,-e: *letzte Anstrengung*
End-sta-ti-on, die; -,-en: *letzte Station, Ziel*
End-sum-me, die; -,-n: *Ergebnis*
En-dung, die; -,-en: *letzter Buchstabe, letzte Silbe eines Wortes*
E-ner-gie, die; -,-n: *Tatkraft, Nachdruck*
E-ner-gie, die; -,-n: *Physik: Fähigkeit, Arbeit zu leisten*
e-ner-gisch: *tatkräftig, nachdrücklich, entschlossen*
e-ner-vie-ren: *entnerven*
eng: *dicht, nahe beieinander, schmal, knapp*
En-ga-ge-ment [Añgaschemañ], das; -s,-s: *Anstellung, Verpflichtung*
En-ga-ge-ment [Añgaschemañ], das; -s, keine Mehrzahl: *Einsatz, Begeisterung*
en-ga-gie-ren [añgaschieren]: *verpflichten, anstellen*
en-ga-gie-ren [añgaschieren], sich: *sich einsetzen*
en-ga-giert [añgaschiert]: *sich stark einsetzend, kritisch (engagierte Literatur)*
en-ga-giert [añgaschiert]: *angestellt*
En-ge, die; -,-n: *schmaler Fluss- oder Meeresarm*
En-ge, die; -,-n: *Gedrängtheit, Bedrängnis, Knappheit*
En-gel, der; -s,-
en-gel-haft
En-gels-ge-duld, die; -, keine Mehrzahl: *große Geduld*
En-ger-ling, der; -s,-e: *Käferlarve*
eng-her-zig: *kleinlich*
Eng-her-zig-keit, die; -, keine Mehrzahl
Eng-land, -s, keine Mehrzahl: *Teil von Großbritannien*
Eng-län-der, der; -s,-: *Werkzeug*
Eng-län-der, der; -s,-: *Bewohner Englands*
eng-lisch: *England betreffend*
Eng-lisch, das; -en, keine Mehrzahl: *die englische Sprache*
eng-ma-schig: *fein*
Eng-pass, der; -pas-ses,-päs-se: *schmaler Weg*
Eng-pass, der; -pas-ses,-päs-se: *Mangel*
eng-stir-nig
En-kel, der; -s,-: *Kindeskind*
En-ke-lin, die; -,-nen: *Kindeskind*
En-kla-ve, die; -,-n: *fremdes Staatsgebiet, das vom eigenen umschlossen ist*
en masse [añ mass]: *in Massen, in großer Zahl*
en-nu-yie-ren [añüjieren]: *stark langweilen, ärgern, lästig werden*
e-norm: *ungewöhnlich, außerordentlich*
En-quete [Ankeht], die; -,-n: *veraltet für „amtliche Untersuchung"*
en-ra-gie-ren [añraschieren]: *sich erregen, aufregen*
En-sem-ble [Añsañble], das; -s,-s: *Künstlergemeinschaft, Schauspielertruppe*
ent-ar-ten: *aus der Art schlagen, degenerieren*
Ent-ar-tung, die; -,-en
ent-äu-ßern: *verkaufen, loswerden*
Ent-äu-ße-rung, die; -,-en
ent-beh-ren: *vermissen, nicht haben*

entgleisen

ent-behr-lich: *nicht notwendig*
Ent-beh-rung, die; -,-en: *Mangel, Not*
ent-bin-den, entband, entbunden: *gebären*
ent-bin-den, entband, entbunden: *befreien, entpflichten*
Ent-bin-dung, die; -,-en: *Geburt*
Ent-bin-dung, die; -,-en: *Befreiung, Entpflichtung*
ent-blät-tern: *vom Laub befreien*
Ent-blät-te-rung, die; -, keine Mehrzahl
ent-blö-den, sich nicht: *sich erfrechen*
ent-blö-ßen: *berauben, wegnehmen*
ent-blö-ßen: *entkleiden*
ent-bren-nen, entbrannte, entbrannt: *entfachen, begeistern*
ent-bren-nen, entbrannte, entbrannt: *beginnen (Kampf)*
ent-de-cken: *offenbaren, verraten*
ent-de-cken: *aufspüren, finden*
Ent-de-cker, der; -s,-
Ent-de-ckung, die; -,-en: *Erfindung, Findung*
En-te, die; -,-n: *Vogelart*
En-te, die; -,-n: *Falschmeldung*
ent-eh-ren: *der Ehre berauben*
Ent-eh-rung, die; -,-en
ent-eig-nen: *Besitz wegnehmen*
Ent-eig-nung, die; -,-en
ent-ei-len: *davoneilen, weglaufen*
ent-ei-sen, enteiste, enteist: *vom Eis befreien*
ent-ei-se-nen, enteisente, enteisent: *vom Eisen befreien*
ent-ei-sent
Ent-ei-se-nung, die; -,-en
ent-eist
Ent-ei-sung, die; -,-en
En-tente [Añtañt], die; -,-n: *Staatenbündnis, Einverständnis*
ent-er-ben: *Erbschaft entziehen*
Ent-er-bung, die; -,-en
En-ter-ha-ken, der; -s,-
En-te-rich, der; -s,-e: *männliche Ente*
en-tern: *Mast erklettern, Schiff betreten*
En-ter-tai-ner [Entertehner], der; -s,-: *Unterhalter*
ent-fa-chen: *anzünden*
ent-fal-len, entfiel, entfallen: *vergessen*
ent-fal-len, entfiel, entfallen: *wegfallen*
ent-fal-ten: *auseinanderfalten, aufblühen*
Ent-fal-tung, die; -,-en: *Entwicklung*
ent-fer-nen: *wegnehmen, wegbringen*

ent-fer-nen, sich: *fortgehen, weggehen*
ent-fernt: *abgelegen, entlegen, abseits, fern*
Ent-fer-nung, die; -,-en: *Abschaffung, Wegschaffung*
Ent-fer-nung, die; -,-en: *Distanz, Abstand*
ent-fet-ten
Ent-fet-tung, die; -,-en
Ent-fet-tungs-kur, die; -,-en: *Abmagerungskur*
ent-flammt: *in Flammen stehend*
ent-flammt: *begeistert*
ent-flech-ten, entflocht, entflochten: *auflösen, lösen*
Ent-flech-tung, die; -,-en
ent-flie-hen, entfloh, entflohen
ent-frem-den: *auseinanderleben*
Ent-frem-dung, die; -,-en: *Fremdwerdung, Entfernung von den Ursprüngen*
ent-füh-ren
Ent-füh-rer, der; -s,-
Ent-füh-rung, die; -,-en
ent-ga-sen: *gasfrei machen*
Ent-ga-sung, die; -,-en
ent-ge-gen: *zuwider, entgegengesetzt*
ent-ge-gen: *auf etwas oder jemanden hin*
ent-ge-gen-ge-setzt: *gegenteilig*
ent-ge-gen-kom-men: *helfen, erleichtern*
ent-ge-gen-kom-men: *sich nähern*
Ent-ge-gen-kom-men, das; -s, keine Mehrzahl
ent-ge-gen-kom-mend
ent-ge-gen-neh-men, nahm entgegen, entgegengenommen
ent-geg-nen: *erwidern, antworten*
Ent-geg-nung, die; -,-en: *Antwort, Erwiderung*
ent-ge-hen, entging, entgangen: *nicht bemerken, nicht auffallen*
ent-ge-hen, entging, entgangen: *entkommen, aus dem Wege gehen*
ent-geis-tert: *verblüfft, erstaunt*
Ent-geis-te-rung, die; -, keine Mehrzahl
Ent-gelt, das; -es,-e: *Lohn, Gehalt, Bezahlung*
ent-gel-ten, entgalt, entgolten: *bezahlen, belohnen*
ent-gif-ten
Ent-gif-tung, die; -,-en
ent-glei-sen: *sich schlecht benehmen, aus der Rolle fallen*
ent-glei-sen: *aus den Schienen springen*

131

Entgleisung

Ent-glei-sung, die; -,-en: *schlechtes Benehmen*
Ent-glei-sung, die; -;en: *Eisenbahnunfall*
ent-hal-ten, enthielt, enthalten: *beinhalten*
ent-hal-ten, sich; enthielt sich, sich enthalten: *verzichten*
ent-halt-sam: *abstinent*
Ent-halt-sam-keit, die; -, keine Mehrzahl: *Askese, Zurückhaltung, Verzicht, Abstinenz*
Ent-hal-tung, die; -,-en: *Stimmenthaltung, Verzicht*
ent-haup-ten
Ent-haup-tung. die; -,-en
ent-he-ben, enthob, enthoben: *entbinden, entpflichten*
Ent-he-bung, die; -,-en: *Entbindung, Entpflichtung*
ent-hem-men
ent-hemmt
Ent-hem-mung, die; -, keine Mehrzahl
ent-hül-len: *sichtbar machen*
ent-hül-len: *preisgeben, einweihen*
Ent-hül-lung, die; -,-en: *Sichtbarmachung*
Ent-hül-lung, die; -,-en: *Preisgabe, Verrat, Einweihung*
En-thu-si-as-mus, der; -, keine Mehrzahl: *Begeisterung, Schwärmerei*
En-thu-si-ast, der; -en,-en: *Begeisterter*
en-thu-si-as-tisch: *begeistert, schwärmerisch*
ent-jung-fern: *deflorieren*
Ent-jung-fe-rung, die; -,-en: *Defloration*
ent-kal-ken: *vom Kalk befreien*
ent-kei-men
Ent-kei-mung, die; -,-en
ent-ker-nen
Ent-ker-nung, die; -,-en
ent-klei-den: *ausziehen*
Ent-klei-dung, die; -,-en
ent-kom-men, entkam, entkommen: *fliehen*
Ent-kom-men, das; -s, keine Mehrzahl: *Flucht, Davonkommen*
ent-kor-ken
ent-kräf-ten: *der Kräfte berauben*
ent-kräf-ten: *widerlegen*
Ent-kräf-tung, die; -,-en: *Widerlegung*
Ent-kräf-tung, die; -,-en: *Kraftlosigkeit, Erschöpfung*
ent-kramp-fen: *lösen*
Ent-kramp-fung, die; -,-en

ent-la-den, entlud, entladen: *detonieren*
ent-la-den, entlud, entladen: *Energie verlieren*
ent-la-den, entlud, entladen: *abladen, ausladen*
Ent-la-dung, die; -,-en
ent-lang: *längs*
ent-lang-lau-fen, lief entlang, entlanggelaufen
ent-lar-ven: *Maske abnehmen*
Ent-lar-vung, die; -,-en
ent-las-sen, entließ, entlassen: *aus dem Dienst weisen, kündigen*
ent-las-sen, entließ, entlassen: *herauslassen*
Ent-las-sung, die; -,-en: *Kündigung*
ent-las-ten: *erleichtern*
Ent-las-tung, die; -,-en
ent-lau-sen: *von Läusen befreien*
Ent-lau-sung, die; -,-en
ent-le-digen, sich: *loswerden*
ent-lee-ren: *ausleeren*
Ent-lee-rung, die; -,-en
ent-lei-ben, sich: *veraltet für „sich töten"*
Ent-lei-bung, die; -,-en
ent-lei-hen, entlieh, entliehen: *ausleihen, borgen*
Ent-lei-hung, die; -,-en
ent-lo-ben: *Verlobung lösen*
ent-lo-cken: *hervorrufen, hervorbringen*
ent-loh-nen: *bezahlen, Lohn zahlen*
Ent-loh-nung, die; -,-en: *Gehalt, Lohn, Bezahlung*
ent-lüf-ten: *Luft herauslassen*
Ent-lüf-ter, der; -s,-
Ent-lüf-tung, die; -,-en: *Entfernung von Luft*
ent-mach-ten: *der Macht berauben, absetzen*
Ent-mach-tung, die; -,-en: *Absetzung, Machtberaubung*
ent-man-nen: *kastrieren*
Ent-man-nung, die; -,-en: *Kastration*
ent-menscht: *unmenschlich, viehisch*
ent-mi-li-ta-ri-sie-ren: *Truppen abziehen, abrüsten*
Ent-mi-li-ta-ri-sie-rung, die; -,-en: *Truppenabzug, Abrüstung*
ent-mün-di-gen: *unter Vormundschaft stellen*
Ent-mün-di-gung, die; -,-en: *Kuratel*
ent-mu-ti-gen: *mutlos machen*
Ent-mu-ti-gung, die; -,-en

Entspannung

Ent-nah-me, die; -,-n: *Herausnahme*
ent-neh-men, entnahm, entnommen: *herausnehmen*
ent-neh-men, entnahm, entnommen: *schließen, verstehen*
ent-nervt: *erschöpft, nervlich überanstrengt*
En-to-mo-lo-ge, der; -n,-n: *Insektenkenner*
En-to-mo-lo-gie, die; -, keine Mehrzahl: *Insektenkunde*
ent-pflich-ten: *entbinden, entlassen*
Ent-pflich-tung, die; -,-en
ent-pup-pen, sich: *das wahre Gesicht zeigen*
ent-rah-men: *den Rahm abschöpfen*
Ent-rah-mung, die; -, keine Mehrzahl
ent-ra-ten, entriet, entraten: *verzichten*
ent-rät-seln: *Rätsel lösen, Wahrheit herausfinden*
Ent-rät-se-lung, die; -,-en
ent-rech-ten: *der Rechte berauben, tyrannisieren*
Ent-rech-tung, die; -,-en
Ent-re-cote (auch En-tre-cote) [Añtrekoht], das; -s,-s: *Zwischenrippenstück*
ent-rei-ßen, entriss, entrissen: *mit Gewalt wegnehmen*
ent-rich-ten: *bezahlen, Abgabe leisten*
Ent-rich-tung, die; -,-en
ent-rin-nen, entrann, entronnen: *entkommen, einer Gefahr entgehen*
Ent-rin-nen, das; -s, keine Mehrzahl
ent-ros-ten: *vom Rost befreien*
ent-rü-cken: *wegnehmen, entziehen, an einen anderen Ort versetzen*
ent-rüm-peln: *Gerümpel entfernen*
Ent-rüm-pe-lung, die; -,-en
Ent-rüm-pe-lungs-ak-ti-on, die; -,-en
ent-rüs-ten, sich: *sich empören, sich aufregen*
ent-rüs-tet: *empört, aufgebracht*
Ent-rüs-tung, die; -, keine Mehrzahl
ent-saf-ten
ent-sa-gen: *verzichten*
Ent-sa-gung, die; -,-en
ent-sa-gungs-voll
ent-schä-di-gen: *ersetzen*
Ent-schä-di-gung, die; -,-en
ent-schär-fen: *Zündung aus Sprengkörpern entfernen*
ent-schär-fen: *(Lage) entspannen, bereinigen*
Ent-schär-fung, die; -,-en

ent-schei-den, entschied, entschieden: *auswählen, Entscheidung treffen*
Ent-schei-dung, die; -,-en: *Entschluss, Wahl*
Ent-schei-dungs-spiel, das; -es,-e
ent-schie-den: *bestimmt, nachdrücklich*
ent-schlei-ern: *enthüllen*
Ent-schlei-e-rung, die; -,-en: *Enthüllung*
ent-schlie-ßen, entschloss, entschlossen: *beschließen*
ent-schlie-ßen, sich; entschloss sich, sich entschlossen: *einen Entschluss fassen*
Ent-schlie-ßung, die; -,-en: *Beschluss*
ent-schlos-sen: *gewillt*
Ent-schlos-sen-heit, die; -, keine Mehrzahl: *fester Wille, Zielbewusstheit*
Ent-schluss, der; Ent-schlus-ses, Ent-schlüs-se: *Entscheidung, Willensakt*
ent-schlüs-seln: *dechiffrieren*
ent-schluss-fä-hig
ent-schul-di-gen: *verzeihen*
ent-schul-di-gen, sich: *um Verzeihung bitten*
Ent-schul-di-gung, die; -,-en
ent-schwe-feln: *vom Schwefel befreien*
Ent-schwe-fe-lung, die; -,-en
ent-see-len: *töten*
ent-seelt: *tot*
ent-sen-den, entsandte, entsandt: *schicken*
Ent-sen-dung, die; -,-en
Ent-set-zen, das; -s, keine Mehrzahl: *Grauen, Schreck*
ent-setz-lich: *schrecklich, fürchterlich*
ent-setzt: *erschrocken*
ent-seu-chen: *desinfizieren*
Ent-seu-chung, die; -,-en: *Befreiung von Krankheitserregern*
ent-si-chern: *die Sicherung lösen*
ent-sie-geln
Ent-sie-ge-lung, die; -,-en
ent-sin-nen sich, entsann sich, sich entsonnen: *sich erinnern*
ent-sor-gen: *Abfälle beseitigen*
Ent-sor-gung, die; -,-en: *Abfallbeseitigung*
ent-span-nen: *Spannung entfernen, Beziehungen verbessern*
ent-span-nen, sich: *ruhen, sich ablenken, zerstreuen*
Ent-span-nung, die; -,-en: *Verbesserung der Beziehungen*
Ent-span-nung, die; -,-en: *Ablenkung, Ruhe*

Entspannungspolitik

Ent-span-nungs-po-li-tik, die; -, keine Mehrzahl
ent-spre-chen, entsprach, entsprochen: *Folge leisten, bewilligen*
ent-spre-chend: *demgemäß, demzufolge*
ent-spre-chend: *angemessen*
ent-sprin-gen, entsprang, entsprungen
ent-stam-men: *herkommen, abstammen*
ent-stau-ben
ent-ste-hen, entstand, entstanden: *werden, sich bilden, formen*
Ent-ste-hung, die; -,-en: *Bildung, Werden*
Ent-ste-hung, die; -,-en
Ent-ste-hungs-ge-schich-te, die; -,-n
ent-stei-nen: *von Steinen befreien*
ent-stel-len: *falsch darstellen*
ent-stel-len: *verunstalten*
ent-stellt: *verunstaltet*
Ent-stel-lung, die; -,-en: *Verunstaltung*
Ent-stel-lung, die; -,-en: *falsche Wiedergabe*
ent-stö-ren
Ent-stö-rung, die; -,-en: *Störschutz*
ent-täu-schen
ent-täu-schend
ent-täuscht
Ent-täu-schung, die; -,-en
ent-thront: *entmachtet*
Ent-thro-nung, die; -,-en
ent-völ-kern: *Bevölkerung dezimieren, menschenleer werden*
Ent-völ-ke-rung, die; -,-en
ent-waff-nen: *Waffen abnehmen, wehrlos machen*
Ent-waff-nung, die; -,-en
ent-war-nen: *Ende eines Alarms bekannt geben*
Ent-war-nung, die; -,-en
ent-wäs-sern: *von Wasser befreien, trockenlegen*
Ent-wäs-se-rung, die; -,-en
ent-we-der: *nur in entweder – oder*
ent-wei-chen, entwich, entwichen: *entfliehen*
ent-wei-chen, entwich, entwichen: *ausströmen, austreten (Gase)*
ent-wen-den: *stehlen*
ent-wer-fen, entwarf, entworfen: *einen Entwurf herstellen, flüchtig skizzieren*
ent-wer-ten: *wertlos machen, abwerten, herabsetzen*
Ent-wer-tung, die; -,-en: *Wertverminderung, Abwertung*

ent-wi-ckeln: *ausbilden, heranbilden*
ent-wi-ckeln: *Bilder auf einem Film sichtbar machen*
ent-wi-ckeln: *gestalten, entfalten, wirksam machen*
ent-wi-ckeln: *zeigen, darlegen*
ent-wi-ckeln, sich: *entstehen, wachsen, werden*
Ent-wick-lung, die; -,-en: *Wachstum, Werden*
Ent-wick-lung, die; -,-en: *Filmentwicklung*
ent-wick-lungs-fä-hig
Ent-wick-lungs-hil-fe, die; -,-n: *Unterstützung eines wenig entwickelten Landes durch einen Industriestaat*
ent-wir-ren: *auflösen, auseinanderziehen, Klarheit, Ordnung schaffen*
Ent-wir-rung, die; -,-en
ent-wöh-nen: *abgewöhnen*
Ent-wöh-nung, die; -,-en
Ent-wöh-nungs-kur, die; -,-en: *medizinische, psychologische Behandlung von Drogensüchtigen*
ent-wür-di-gend: *beschämend, verletzend*
Ent-wür-di-gung, die; -,-en: *Demütigung, Verletzung der Würde*
Ent-wurf, der; -es,-wür-fe: *Skizze, Planung*
ent-wur-zeln: *heimatlos machen*
ent-wur-zeln: *mit den Wurzeln herausreißen*
ent-wur-zelt: *heimatlos, verfemt*
Ent-wur-ze-lung, die; -,-en
ent-zie-hen, entzog, entzogen: *wegnehmen, abgewöhnen*
ent-zie-hen, sich; entzog sich, sich entzogen: *sich befreien, entkommen*
Ent-zie-hungs-kur, die; -,-en
ent-zif-fern: *aufschlüsseln, erkennen*
Ent-zü-cken, das; -s, keine Mehrzahl: *Entzückung, Begeisterung*
ent-zü-ckend: *reizend, begeisternd*
Ent-zü-ckung, die; keine Mehrzahl: *Entzücken, Begeisterung*
Ent-zug, der; -es, keine Mehrzahl: *die Entziehung*
Ent-zugs-er-schei-nung, die; -,-en
ent-zün-den: *verursachen, entflammen*
ent-zün-den: *anzünden, in Brand setzen*
ent-zün-den, sich: *infizieren*
Ent-zün-dung, die; -,-en: *Infektion*
ent-zwei: *zerbrochen, kaputt*

erbosen

ent-zwei-en, sich: *uneins werden, einen Bruch herbeiführen*
En-zi-an, der; -s,-e: *alkoholisches Getränk aus der Enzianwurzel*
En-zi-an, der; -s,-e: *Alpenblume*
En-zyk-li-ka (auch En-zy-kli-ka), die; -, En-zy-kli-ken (auch En-zyk-li-ken): *päpstliches Rundschreiben*
En-zyk-lo-pä-die (auch En-zy-klo-pä-die), die; -,-n: *Gesamtheit allen Wissens, Lexikon*
En-zym [Enzühm], das; -s,-e: *Ferment*
E-pau-let-te [Epolett], die; -,-n: *Schulterstück bei Uniformen*
E-pi-de-mie, die; -,-n: *Seuche, Massenerkrankung*
e-pi-de-misch: *seuchenhaft*
E-pi-der-mis, die; -, E-pi-der-men: *Oberhaut*
E-pi-di-as-kop (auch E-pi-di-a-skop), das; -s,-e: *Lichtbildwerfer*
e-pi-go-nal
E-pi-go-ne, der; -n,-n: *Nachahmer*
E-pi-gramm, das; -s,-e: *kurzes Sinn- oder Spottgedicht*
e-pi-gram-ma-tisch: *kurzgefasst, geistreich*
E-pik, die; -, keine Mehrzahl: *erzählende Dichtkunst*
E-pi-ker, der; -s,-: *erzählender Dichter*
E-pi-lep-sie, die; -,-n: *Fallsucht*
E-pi-lep-ti-ker, der; -s,-: *an Fallsucht Erkrankter*
e-pi-lep-tisch
E-pi-log, der; -es,-e: *Nachwort, Schlusswort*
E-pi-pha-nie, die; -,-n: *Fest der Erscheinung Christi am 6. Januar*
e-pisch: *erzählend*
E-pis-kop (auch E-pi-skop), das; -es,-e: *Bildwerfer*
e-pis-ko-pal (auch e-pi-sko-pal): *bischöflich*
E-pis-ko-pal-kir-che (auch E-pi-sko-pal-kir-che), die; -,-n: *Bischofskirche*
E-pis-ko-pat (auch E-pi-sko-pat), das; -s,-e: *Bischofswürde*
E-pi-so-de, die; -,-n: *Zwischenspiel, nebensächliches Erlebnis*
e-pi-so-disch: *vorübergehend, zwischendurch*
E-pis-tel (auch E-pi-stel), die; -,-n: *längerer Brief, Strafpredigt*
E-pi-taph, das; -s,-e: *Grabschrift*

E-pi-zen-trum (auch E-pi-zent-rum), das; -s,-zen-tren (auch zent-ren): *Erdbebenzentrum*
e-po-chal: *epochemachend, bedeutsam*
e-po-chal: *typisch für einen bestimmten Zeitraum*
E-po-che, die; -,-n: *Zeitabschnitt*
E-pos, das; -, Epen: *Prosadichtung, langes, erzählendes Gedicht*
E-qui-pa-ge [Ekipahsch], die; -,-n: *Kutsche*
E-quipe [Ekihp], die; -,-n: *Mannschaft*
er: *männliches Fürwort*
er-ach-ten: *für etwas halten, meinen*
Erb-an-la-ge, die; -,-n: *vererbte Eigenschaft*
er-bar-men: *Mitleid hervorrufen*
er-bar-men, sich: *hilfreich eingreifen*
Er-bar-men, das; -, keine Mehrzahl: *tiefes Mitgefühl*
er-bärm-lich
er-bar-mungs-los: *mitleidlos, unerbittlich*
Er-bar-mungs-lo-sig-keit, die; -, keine Mehrzahl
er-bau-en: *aufbauen, errichten*
er-bau-en, sich: *sich an etwas erfreuen*
Er-bau-er, der; -s,-: *Errichter von Bauwerken*
er-bau-lich: *erfreulich*
Er-be, der; -n,-n: *jemand, der etwas erbt*
Er-be, das; -s, keine Mehrzahl: *Erbschaft, Hinterlassenschaft*
er-be-ben: *erzittern*
er-ben: *Erbfolge antreten*
er-beu-ten: *Beute machen, als Beute an sich bringen*
Erb-fol-ge, die; -,-n: *Reihenfolge der Erbberechtigung*
er-bie-ten, sich; erbot sich, sich erboten: *bereit erklären*
Er-bie-ten, das; -s,-: *Anerbieten*
er-bit-tern
er-bit-tert: *enttäuscht, zornig*
Er-bit-te-rung, die; -,-en: *Groll, Zorn*
er-blas-sen: *bleich werden*
Erb-las-ser, der; -s,-: *Vererbender*
er-blei-chen: *erblassen*
erb-lich: *vererbbar*
Erb-lich-keit, die; -,-en
er-bli-cken: *wahrnehmen, entdecken; auch: erkennen*
er-blin-den: *blind werden*
er-bo-sen: *erzürnen, ärgern*

135

er-bo-sen, sich: *zornig werden, böse werden*
er-bö-tig: *diensteifrig, beflissen*
Erb-pacht, die; -, keine Mehrzahl
er-bre-chen, sich; erbrach sich, sich erbrochen: *sich übergeben*
er-bre-chen, erbrach, erbrochen: *gewaltsam öffnen, aufbrechen*
Er-bre-chen, das; -s, keine Mehrzahl
Erb-recht, das; -es,-e: *das Erbe betreffendes Recht*
er-brin-gen, erbrachte, erbracht
Erb-schaft, die; -,-en: *Erbe, Hinterlassenschaft*
Erb-schafts-steu-er, die; -,-n
Erb-se, die; -,-n: *Hülsenfrucht*
Erb-sün-de, die; -, -n
Erb-teil, das; -es,-e: *Erbe, Anteil am Erbe*
Erd-ach-se, die; -, keine Mehrzahl: *Rotationsachse der Erde*
er-dacht: *ausgedacht, ersonnen*
Erd-ap-fel, der; -s,-äp-fel: *Kartoffel*
Erd-ball, der; -es, keine Mehrzahl: *Erdkugel, Globus*
Erd-be-ben, das; -s,-: *Erderschütterung*
Erd-bee-re, die; -,-n: *Frucht*
Erd-bo-den, der; -s, keine Mehrzahl
Er-de, die; -, keine Mehrzahl: *Planet Erde, Terra*
Er-de, die; -, keine Mehrzahl: *Erdkrume, Boden*
Er-de, die; -, keine Mehrzahl: *Elektrik: Verbindung zum Boden, Erdung*
er-den: *Elektrik: Verbindung zur Erde herstellen*
Er-den, die; -, keine Einzahl: *Oxide der Erdmetalle*
er-denk-bar: *erdenklich, vorstellbar, ausdenkbar, möglich*
er-denk-lich: *erdenkbar, vorstellbar, ausdenkbar, möglich*
Erd-gas, das; -es, keine Mehrzahl
Erd-ge-schoss, das; -schos-ses, -schos-se: *Parterre*
er-dich-ten: *ausdenken*
Erd-ku-gel, die; -, keine Mehrzahl: *Erde, Erdball*
Erd-kun-de, die; -, keine Mehrzahl: *Geographie*
Erd-nuss, die; -,-nüs-se: *tropische Hülsenfrucht*
Erd-o-ber-flä-che, die; -, keine Mehrzahl
Erd-öl, das; -s, keine Mehrzahl: *Rohöl*
Erd-öl-boh-rung, die; -,-en

er-dol-chen: *erstechen*
Erd-reich, das; -es, keine Mehrzahl
er-dreis-ten, sich: *sich erfrechen, unverschämt sein*
Erd-rin-de, die; -, keine Mehrzahl: *Erdkruste*
er-dros-seln: *erwürgen*
Er-dros-se-lung, die; -,-en
er-drü-cken: *in übergroßem Maße belasten*
er-drü-cken: *ersticken*
er-drü-ckend: *niederschmetternd*
Erd-rutsch, der; -es,-e: *Absacken von Erdhängen*
Erd-teil, der; -es,-e: *Kontinent*
er-dul-den: *erleiden*
er-ei-fern, sich: *sich aufregen*
er-eig-nen, sich: *stattfinden, geschehen, sich zutragen*
Er-eig-nis, das; -ses,-se: *Begebenheit, Vorkommnis*
er-ei-len
E-rek-ti-on, die; -,-en: *Versteifung, Anschwellen des Penis*
E-re-mit, der; -en,-en: *Einsiedler*
E-re-mi-ta-ge [Eremitahsch], die; -,-n: *Einsiedelei*
E-ren (Ern), der; -,-: *oberdeutsch: Hausflur*
er-fah-ren, erfuhr, erfahren: *empfangen, erhalten; er erfuhr eine gute Pflege*
er-fah-ren, erfuhr, erfahren: *erleben, erleben müssen*
er-fah-ren, erfuhr, erfahren: *Kenntnis erhalten, zu wissen bekommen, mitgeteilt bekommen*
er-fah-ren: *reich an Erfahrung, bewährt*
Er-fah-rung, die; -,-en: *Erlebnis, Summe des Erlebten; auch: durch eigene Anschauung erworbenes Wissen*
Er-fah-rungs-aus-tausch, der; -es, keine Mehrzahl
er-fah-rungs-ge-mäß
er-fas-sen: *ergreifen, in die Hand nehmen*
er-fas-sen: *berühren, beeinflussen, überkommen*
er-fas-sen: *in Listen, Statistiken aufnehmen*
er-fas-sen: *verstehen, begreifen*
Er-fas-sung, die; -,-en
er-fin-den, erfand, erfunden: *etwas Neues schaffen*
er-fin-den, erfand, erfunden: *sich ausdenken*

Erhabenheit

Er-fin-der, der; -s,-: *Schöpfer von etwas Neuem*
er-fin-de-risch: *einfallsreich*
Er-fin-dung, die; -,-en: *etwas Neues, erfundene Sache*
Er-fin-dung, die; -,-en: *Schwindel, Lüge; auch: nicht Wirkliches*
Er-folg, der; -es,-e: *positives Ergebnis, Wirkung, Folge, erfolgreiche Sache*
er-fol-gen: *auf etwas folgen, nachkommen, als Folge von etwas geschehen*
er-folg-los
Er-folg-lo-sig-keit, die; -,-en
er-folg-reich
Er-folg ver-spre-chend
er-for-der-lich: *nötig, unerlässlich, unentbehrlich*
er-for-dern: *fordern, bedürfen*
Er-for-der-nis, das; -ses,-se: *Bedingung, Voraussetzung*
er-for-schen: *wissenschaftlich ergründen, genau kennen zu lernen suchen*
Er-for-scher, der; -s,-
er-fra-gen: *durch Fragen ermitteln*
er-fre-chen, sich: *sich erdreisten*
er-freu-en: *eine Freude bereiten*
er-freu-en, sich: *etwas genießen, sich über etwas freuen*
er-freu-lich: *Freude bereitend, angenehm*
er-freu-li-cher-wei-se
er-frie-ren, erfror, erfroren: *durch Kälte sterben oder absterben*
Er-frie-ren, das; -s, keine Mehrzahl: *Sterben, Absterben durch Kälte*
Er-frie-rung, die; -,-en: *Versehrung durch Kälte*
er-fri-schen: *frisch machen*
Er-fri-schung, die; -,-en: *Erquickung, Belebung*
Er-fri-schung, die; -,-en: *kühlendes Getränk, kleine Speise*
er-fül-len: *voll machen, füllen*
er-fül-len: *einhalten, verwirklichen*
er-fül-len: *ausfüllen, stark beschäftigen, in Anspruch nehmen*
er-fül-len: *ausführen*
er-fül-len: *nachgeben, befriedigen*
er-fül-len, sich: *wahr werden, in Erfüllung gehen*
Er-fül-lung, die; -, keine Mehrzahl: *das Erfülltwerden*
Er-fül-lung, die; -, keine Mehrzahl: *das Erfüllen, Verwirklichung*
Er-fül-lung, die; -, keine Mehrzahl: *Tilgung einer Schuld*
Er-fül-lungs-ort, der; -es,-e: *vereinbarter Ort, an dem eine bestimmte Leistung zu erbringen ist*
Erg, das; -s, keine Mehrzahl: *physikalische Arbeitseinheit*
er-gän-zen: *vervollständigen, hinzufügen*
Er-gän-zung, die; -,-en
er-gat-tern: *erwischen, erhaschen*
er-gau-nern: *auf unehrliche Weise gewinnen, erhalten*
er-ge-ben, ergab, ergeben: *abwerfen, Ertrag bringen*
er-ge-ben, ergab, ergeben: *Erkenntnis bringen, zeigen, beweisen, erweisen*
er-ge-ben: *fügsam, widerspruchslos, untertänig, hörig*
er-ge-ben, ergab, ergeben: *Lösung erbringen*
er-ge-ben, sich; ergab sich, sich ergeben: *die Waffen strecken, sich fügen, sich unterwerfen*
Er-geb-nis, das; -ses,-se: *Lösung*
Er-geb-nis, das; -ses,-se: *Erfolg, Resultat, Ertrag, Folge*
er-geb-nis-los
er-gie-big: *ertragreich, ausgiebig*
Er-gie-big-keit, die; -, keine Mehrzahl: *Ertragreichtum*
er-gie-ßen, ergoss, ergossen: *strömen lassen, fluten lassen*
er-göt-zen: *freuen, begeistern*
er-götz-lich
Er-göt-zung, die; -,-en
er-grei-fen, ergriff, ergriffen: *nach etwas greifen, packen, in die Hand nehmen*
er-grei-fen, ergriff, ergriffen: *festnehmen, gefangen nehmen*
er-grei-fen, ergriff, ergriffen: *innerlich bewegen, erschüttern*
er-grei-fen, ergriff, ergriffen: *wählen (einen Beruf)*
er-grei-fend: *erschütternd, Mitleid erregend*
Er-grif-fen-heit, die; -, keine Mehrzahl: *Erschütterung, innere Bewegung*
Er-guss, der; Er-gus-ses, Er-güs-se: *das Sichergießen, Ausströmen*
er-ha-ben: *majestätisch, feierlich, großartig*
er-ha-ben: *über den Dingen stehend*
er-ha-ben: *erhöht*
Er-ha-ben-heit, die; -, keine Mehrzahl

Erhalt

Er-halt, der; -es, keine Mehrzahl: *Empfang, Erhaltung*
Er-halt, der; -es, keine Mehrzahl: *Bewahrung*
er-hal-ten, erhielt, erhalten: *bewahren, konservieren*
er-hal-ten, erhielt, erhalten: *bekommen, kriegen*
er-hän-gen: *henken*
er-här-ten: *hart werden, hart machen*
er-här-ten: *bekräftigen, bestätigen*
Er-här-tung, die; -,-en
er-he-ben, erhob, erhoben: *loben, rühmen*
er-he-ben, erhob, erhoben: *emporheben*
er-he-ben, erhob, erhoben: *Eintrittsgeld verlangen*
er-he-ben, erhob, erhoben: *laut werden, anstimmen (Klage, Geschrei)*
er-he-ben, erhob, erhoben: *geltend machen*
er-he-ben, erhob, erhoben: *in feierliche Stimmung versetzen*
er-he-ben, sich; erhob sich, sich erhoben: *über etwas hinausragen*
er-he-hen, sich; erhob sich, sich erhoben: *sich auflehnen, sich widersetzen*
er-he-ben, sich; erhob sich, sich erhoben: *aufstehen*
er-heb-lich: *bedeutend, beträchtlich*
Er-he-bung, die; -,-en
er-hei-tern: *fröhlich stimmen*
Er-hei-te-rung, die; -,-en
er-hel-len: *erklären*
er-hel-len: *hell machen, beleuchten*
er-hit-zen: *in Zorn bringen*
er-hit-zen: *heiß machen*
er-hit-zen, sich: *in Eifer, in Zorn geraten*
er-hit-zen, sich: *heiß werden*
Er-hit-zung, die; -,-en
er-hö-hen: *hochstellen, vergrößern, steigern, heraufsetzen*
Er-hö-hung, die; -,-en: *das Erhöhen, Rangverbesserung*
Er-hö-hung, die; -,-en: *Hügel, Berg*
er-ho-len, sich: *sich ausruhen, gesund werden*
er-hol-sam
Er-ho-lung, die; -,-en: *Ausruhen, Ferien; Gesundung*
er-hö-ren: *gewähren*
e-ri-gie-ren: *sich aufrichten, anschwellen*
E-ri-ka, das; -s,-s/E-ri-ken: *Heidekraut*
er-in-ner-lich: *im Gedächtnis haftend*
er-in-nern: *ins Gedächtnis zurückrufen, mahnen*
er-in-nern, sich: *noch nicht vergessen haben*
Er-in-ne-rung, die; -,-en: *das Sicherinnern*
Er-in-ne-rung, die; -,-en: *Gedenken, Andenken*
Er-in-ne-rung, die; -,-en: *Mahnung*
er-ja-gen: *erhaschen, einholen*
er-ja-gen: *bei der Jagd erbeuten*
er-kal-ten: *kalt werden, auskühlen*
er-käl-ten, sich: *sich verkühlen*
Er-käl-tung, die; -,-en: *Krankheit durch Unterkühlung*
er-kenn-bar: *sichtbar, klar, deutlich*
er-ken-nen, erkannte, erkannt: *wahrnehmen, unterscheiden*
er-ken-nen, erkannte, erkannt: *wiedererkennen*
er-kennt-lich: *dankbar, zu Gegenleistungen bereit: sich erkenntlich zeigen*
Er-kennt-nis, die; -,-se: *Wissen*
Er-kennt-nis, die; -,-se: *das Erkennen, Ergebnis des Erkennens*
Er-ken-nungs-zei-chen, das; -s,-
Er-ker, der; -s,-: *Hausvorbau*
er-klä-ren: *klarmachen, erläutern, auseinander setzen*
er-klä-ren: *äußern, aussprechen*
er-klä-ren, sich: *veraltet für „eine Liebeserklärung machen"*
Er-klä-rung, die; -,-en: *Erläuterung, Auslegung, Ausdeutung*
Er-klä-rung, die; -,-en: *bindende Aussage*
er-kleck-lich: *beträchtlich, erheblich*
er-klet-tern: *besteigen*
er-klim-men, erklomm, erklommen: *erklettern, besteigen*
er-ko-ren: *ausgewählt, ausgesucht*
er-kran-ken
Er-kran-kung, die; -,-en
er-küh-nen, sich: *erdreisten, erfrechen*
er-kun-den: *ergründen, auskundschaften, erfragen*
Er-kun-dung, die; -,-en
er-lah-men: *ermüden, nachlassen*
Er-lah-mung, die; -,-en
er-lan-gen: *bekommen, erreichen, gewinnen*
Er-lass, der; Er-las-ses, Er-las-se: *behördliche Verfügung*
Er-lass, der; Er-las-ses, Er-las-se: *Schuldaufhebung, Vergebung*

Ernstfall

er-las-sen, erließ, erlassen: *von etwas befreien*
er-las-sen, erließ, erlassen: *verfügen, verordnen, anordnen, in Kraft treten lassen*
er-lau-ben: *gestatten, gewähren*
Er-laub-nis, die; -,-se
er-läu-tern: *erklären*
Er-läu-te-rung, die; -,-en
Er-le, die; -,-n: *Laubbaum*
er-le-ben: *erfahren*
Er-leb-nis, das; -ses,-se: *eindrucksvolles Ereignis*
er-le-di-gen: *ausführen, besorgen, zu Ende bringen, in Ordnung bringen*
er-le-di-gen: *umgangssprachlich für „zur Bedeutungslosigkeit verurteilen, umbringen"*
Er-le-di-gung, die; -,-en
er-le-gen: *Wild töten*
er-leich-tern: *leichter machen, von einer Last befreien*
er-leich-tert: *von Sorge befreit*
Er-leich-te-rung, die; -,-en
er-ler-nen: *lernen*
er-le-sen: *ausgesucht, sehr fein*
er-leuch-ten: *anstrahlen, erhellen*
Er-leuch-tung, die; -,-en: *Geistesblitz, gute Idee*
Erl-kö-nig, der; -s,-e: *getarntes Automodell*
Erl-kö-nig, der; -s,-e: *Elfenkönig*
er-lo-gen: *unwahr*
Er-lös, der; -es,-e: *Einnahme, Gewinn*
er-lö-schen: *zu brennen aufhören, zu bestehen aufhören*
er-lö-sen: *befreien*
Er-lö-ser, der; -s, keine Mehrzahl: *Christus, Heiland*
Er-lö-sung, die; -,-en
er-mäch-tigt: *befugt*
Er-mäch-ti-gung, die; -,-en: *Erlaubnis, Vollmacht, Befugnis*
er-mah-nen: *mahnen*
Er-mah-nung, die; -,-en
er-man-geln: *entbehren*
Er-man-ge-lung, die; -, keine Mehrzahl: *Entbehrung*
er-man-nen, sich: *sich zusammenreißen, sich zu etwas aufraffen*
er-mä-ßi-gen: *herabsetzen, verbilligen*
Er-mä-ßi-gung, die; -,-en
er-mat-ten: *ermüden, nachlassen*
Er-mat-tung, die; -,-en: *Erschöpfung*

er-mes-sen, ermaß, ermessen: *erfassen, begreifen, sich vorstellen, abschätzen, beurteilen*
Er-mes-sen, das; -s, keine Mehrzahl: *Urteil, Gutdünken*
Er-mes-sens-fra-ge, die; -,-n
er-mit-teln: *herausfinden, erkunden, suchen*
Er-mitt-lung, die; -,-en: *Nachforschung, Suche*
Er-mitt-lungs-ver-fah-ren, das; -s,-
er-mög-li-chen: *möglich machen*
Er-mög-li-chung, die; -,en
er-mor-den: *töten*
Er-mor-dung, die; -,-en
er-mü-den: *müde machen*
er-mü-den: *müde werden, ermatten*
Er-mü-dung, die; -,-en
Er-mü-dungs-er-schei-nung, die; -,-en
er-mun-tern: *aufmuntern, aufheitern, beleben*
Er-mun-te-rung, die; -,-en
er-mu-ti-gen: *Mut zusprechen*
Er-mu-ti-gung, die; -,-en
Ern, der; -s,-e: *oberdeutsch: Hausflur*
er-näh-ren: *mit Nahrung versorgen, verköstigen*
Er-näh-rung, die; -,-en: *Versorgung, Verköstigung*
Er-näh-rung, die; -, keine Mehrzahl: *Nahrung, auch: Nahrungsaufnahme*
er-nen-nen, ernannte, ernannt: *in ein Amt einsetzen*
Er-nen-nung, die; -,-en
er-neu-ern: *auffrischen, neu beleben*
er-neu-ern: *neu in Kraft treten*
er-neu-ern: *wiederholen*
er-neu-ern: *instand setzen, ausbessern, renovieren*
Er-neu-e-rung, die; -,-en
er-neut: *wieder*
er-nied-ri-gen: *herabsetzen, demütigen, degradieren*
Er-nied-ri-gung, die; -,-en: *Demütigung*
ernst: *aufrichtig*
ernst: *streng, sachlich, nicht heiter, würdevoll, gemessen*
ernst: *bedenklich, bedrohlich*
Ernst, der; -es, keine Mehrzahl: *Entschiedenheit, Strenge, Eifer, Zielstrebigkeit*
Ernst, der; -es, keine Mehrzahl: *Bedrohlichkeit*
Ernst-fall, der; -es,-fäl-le: *Augenblick der Bewährung*

139

Ernstfall

Ernst-fall, der; -es,-fäl-le: *Eintritt eines bedrohlichen Ereignisses*
ernst ge-meint
ernst-haft: *ernst*
Ernst-haf-tig-keit, die; -,-en
ernst-lich: *bedrohlich*
ernst-lich: *ernst, ohne Spaß, wirklich*
Ernst ma-chen
ernst mei-nen
Ern-te, die; -,-n: *Einbringen der Früchte*
Ern-te-dank-fest, das; -es,-e
Ern-te-fest, das; -es,-e
Ern-te-mo-nat, der; -s,-e
ern-ten: *mähen, sammeln, einbringen*
ern-ten: *bekommen, erhalten*
er-nüch-tern: *nüchtern machen, Begeisterung nehmen*
er-nüch-tert
Er-nüch-te-rung, die; -,-en
Er-o-be-rer, der; -s,-
er-o-bern: *erkämpfen, an sich reißen, unterwerfen*
Er-o-be-rung, die; -,-en
Er-o-be-rungs-lust, die; -,-lüs-te
e-ro-die-ren: *auswaschen, wegschwemmen, abtragen*
er-öff-nen: *der Öffentlichkeit zugänglich machen*
er-öff-nen: *einleiten, beginnen*
er-öff-nen: *förmlich öffnen (Testament)*
er-öff-nen: *mitteilen, kundtun*
er-öff-nen: *in Aussicht stellen*
Er-öff-nung, die; -,-en: *Beginn*
Er-öff-nung, die; -,-en: *erste Züge des Schachspiels*
Er-öff-nung, die; -,-en: *Mitteilung*
er-ör-tern: *diskutieren, eingehend besprechen*
Er-ör-te-rung, die; -,-en
E-ros, der; -, keine Mehrzahl: *Liebe*
E-ros-cen-ter, das; -s,-: *Bordell*
E-ro-si-on, die; -,-en: *Auswaschung, Abtragung*
E-ro-tik, die; -, keine Mehrzahl: *Sinnlichkeit, Liebeskunst*
e-ro-tisch
Er-pel, der; -s,-: *männliche Ente, Enterich*
er-picht: *begierig, versessen*
er-pres-sen: *nötigen*
Er-pres-ser, der; -s,-: *Nötiger*
Er-pres-sung, die; -,-en: *Nötigung*
er-pro-ben: *ausprobieren, auf die Probe stellen*
Er-pro-bung, die; -,-en

er-qui-cken: *erfrischen, laben*
Er-qui-ckung, die; -,-en: *Erfrischung, Labsal*
er-ra-ten, erriet, erraten: *herausfinden, enträtseln*
er-ra-tisch: *verstreut, verirrt*
er-rech-nen: *berechnen*
er-reg-bar: *reizbar*
er-re-gen: *aufregen*
Er-re-gung, die; -,-en: *Aufregung, Zorn*
er-reich-bar: *greifbar, anfassbar, in der Nähe*
er-reich-bar: *erzielbar*
er-rei-chen: *erwirken, erlangen, durchsetzen*
er-rei-chen: *ans Ziel gelangen*
er-rei-chen: *antreffen, in Verbindung treten mit*
er-ret-ten: *retten, erlösen*
er-rich-ten: *aufbauen*
er-rin-gen, errang, errungen: *durch Anstrengung erlangen*
er-rö-ten: *rot werden*
Er-run-gen-schaft, die; -,-en: *Erreichtes, Erworbenes, Anschaffung*
Er-run-gen-schaft, die; -,-en: *Neuerung; auch: geistiges Gut*
Er-satz, der; -es, keine Mehrzahl: *Entschädigung, Gegenwert, Wiedererstattung*
Er-satz, der; -es, keine Mehrzahl: *neues Teil, Austausch*
Er-satz-bank, die; -,-bän-ke: *Bank, auf der Ersatzspieler Platz nehmen*
Er-satz-dienst, der; -es,-e: *Zivildienst*
Er-satz-kas-se, die; -,-n: *Krankenkassenart*
Er-satz-mann, der; -es,-leu-te: *Auswechselspieler*
Er-satz-teil, das; -es,-e
er-sau-fen, ersoff, ersoffen: *umgangssprachlich für „ertrinken"*
er-säu-fen: *ertränken*
er-schaf-fen, erschuf, erschaffen: *schaffen, entstehen lassen*
Er-schaf-fung, die; -,-en: *Herstellung*
er-schal-len, erschallte/erscholl, erschallt/erschollen: *ertönen, klingen*
er-schau-dern
er-schau-ern
er-schei-nen, erschien, erschienen: *scheinen, wirken*
er-schei-nen, erschien, erschienen: *herausgegeben werden, in den Handel kommen*

ertappen

er-schei-nen, erschien, erschienen: *auftreten, sich zeigen, kommen*
Er-schei-nung, die; -,-en: *Vision, Traumbild, Gespenst*
Er-schei-nung, die; -,-en: *Veröffentlichung*
Er-schei-nung, die; -,-en: *Äußeres*
er-schie-ßen, erschoss, erschossen: *mit einer Schusswaffe töten*
Er-schie-ßung, die; -,-en
er-schlaf-fen: *Spannkraft verlieren, kraftlos werden*
Er-schlaf-fung, die; -,-en
er-schla-gen, erschlug, erschlagen: *totschlagen*
er-schlei-chen, erschlich, erschlichen: *listig, hinterhältig an sich bringen*
er-schlie-ßen, erschloss, erschlossen: *durch Schlussfolgerung feststellen*
er-schlie-ßen, erschloss, erschlossen: *öffnen, zugänglich, nutzbar machen*
Er-schlie-ßung, die; -,-en
er-schöp-fen: *Reserven aufbrauchen*
er-schöpft: *kraftlos*
er-schöpft: *verbraucht*
Er-schöp-fung, die; -,-en
er-schre-cken, erschrak, erschrocken: *in Schreck versetzen, einen Schreck bekommen*
Er-schre-cken, das; -s, keine Mehrzahl
er-schüt-tern: *ins Wanken bringen*
er-schüt-tern: *aufregen, stark erregen*
Er-schüt-te-rung, die; -,-en
er-schüt-te-rungs-frei
er-schwe-ren: *schwieriger machen, behindern*
Er-schwer-nis, die; -,-se: *Behinderung, Belastung, Hindernis*
Er-schwe-rung, die; -,-en: *Behinderung, Belastung*
er-schwing-lich: *mit den gegebenen Mitteln erwerbbar*
Er-schwing-lich-keit, die; -, keine Mehrzahl
er-setz-bar: *gleichwertig auswechselbar*
er-set-zen: *ausgleichen, auswechseln, vertreten, als Ersatz dienen, erneuern*
er-set-zen: *ausgleichen, erstatten, für Schaden aufkommen*
er-sicht-lich: *deutlich, klar, offenbar, sichtbar*
er-sin-nen, ersann, ersonnen: *ausdenken, erfinden*
er-spa-ren: *mit etwas verschonen*
er-spa-ren: *Geld zurücklegen*
Er-spar-nis, die; -,-se: *Minderverbrauch, Rücklage*
er-sprieß-lich: *günstig, nutzbringend, vorteilhaft*
erst: *nur, nicht länger als, nicht mehr als*
erst: *als erstes, zuerst, vorher*
erst: *gar, nun gar*
er-star-ken
er-star-ren
Er-star-rung, die; -,-en
er-stat-ten: *zurückgeben, ersetzen, bezahlen*
er-stat-ten: *Bericht erstatten*
Er-stat-tung, die; -,-en
er-stau-nen: *verwundern, sich wundern*
Er-stau-nen, das; -s, keine Mehrzahl: *Verwunderung, Befremden*
er-staun-lich
er-staun-li-cher-wei-se
ers-te, erster, erstes: *erstens, am ersten, fürs erste; zum ersten Mal; erst recht; das erste Mal*
er-ste-chen, erstach, erstochen: *erdolchen*
er-ste-hen, erstand, erstanden: *kaufen, erwerben*
er-ste-hen, erstand, erstanden: *entstehen, hervorkommen, aufstehen, wiederaufleben*
er-stel-len: *herstellen*
er-stel-len: *aufstellen*
Er-stel-lung, die; -,-en
erst-ge-bo-ren: *als erstes Kind zur Welt gekommen*
Erst-ge-bo-re-ne, der; -n,-n
Erst-ge-burt, die; -,-en
er-sti-cken: *durch Sauerstoffentzug töten*
er-sti-cken: *unterdrücken*
er-sti-cken: *Sauerstoff entziehen*
erst-klas-sig: *unübertrefflich, ausgezeichnet*
Erst-kläss-ler, der; -s,-: *Schulanfänger*
erst-mal: *zunächst, zuerst*
erst-ran-gig: *höchststehend, vordringlich*
er-stre-ben: *zu erreichen versuchen*
er-stre-bens-wert: *lohnend, nützlich*
er-stre-cken, sich: *betreffen*
er-stre-cken, sich: *sich räumlich oder zeitlich ausdehnen*
er-su-chen: *auffordern, bitten*
Er-su-chen, das; -s,-: *Aufforderung, Bitte*
er-tap-pen: *erwischen*

er-tei-len: *zuteilen, zuweisen, geben, gewähren*
Er-tei-lung, die; -,-en
er-tö-nen: *erklingen*
Er-trag, der; -es,-trä-ge: *Gewinn, Nutzen, Ausbeute, Ergebnis*
er-tra-gen, ertrug, ertragen: *aushalten, erdulden, erleiden*
er-träg-lich: *mittelmäßig*
er-träg-lich: *erduldbar*
er-trag-reich
Er-trags-stei-ge-rung, die; -,-en
er-trän-ken: *zum Ertrinken bringen*
er-trän-ken: *mit Alkohol betäuben*
er-trin-ken, ertrank, ertrunken: *den Wassertod sterben*
er-tüch-ti-gen: *leistungsfähig machen*
Er-tüch-ti-gung, die; -,-en
er-üb-ri-gen: *übrig lassen, ersparen*
er-üb-ri-gen, sich: *unnötig sein, überflüssig sein*
e-ru-ie-ren: *ermitteln, erforschen, herausfinden*
E-rup-ti-on, die; -,-en: *Vulkanausbruch*
e-rup-tiv: *hervorbrechend*
er-wa-chen: *aufwachen*
er-wach-sen: *der Kindheit entwachsen*
er-wach-sen, erwuchs, erwachsen: *entstehen*
Er-wach-se-ne, der/die; -n,-n
er-wä-gen, erwog, erwogen: *überlegen, bedenken, in Betracht ziehen*
Er-wä-gung, die; -,-en
er-wäh-nen: *gesprächsweise streifen, nennen*
er-wäh-nens-wert
Er-wäh-nung, die; -,-en
er-wär-men: *warm machen*
er-wär-men, sich: *sich für etwas begeistern, Anteil nehmen*
er-wär-men, sich: *warm werden*
Er-wär-mung, die; -,-en
er-war-ten: *warten, hoffen auf, rechnen mit*
Er-war-tung, die; -,-en
er-war-tungs-voll: *gespannt*
er-we-cken: *erregen, hervorrufen, verursachen*
er-we-cken: *aufwecken, beleben*
er-weh-ren, sich: *abwehren, fern halten*
er-wei-chen: *rühren, nachgiebig machen*
er-wei-chen: *weich machen*
er-wei-sen, erwies, erwiesen: *zeigen, bezeigen, leisten, zukommen lassen*

er-wei-tern: *ausbauen*
er-wei-tern: *weiter, größer machen*
er-wei-tern, sich: *sich ausdehnen, weiter werden*
Er-wei-te-rung, die; -,-en
Er-werb, der; -es, keine Mehrzahl: *Gewerbe, Beruf*
Er-werb, der; -es, keine Mehrzahl: *Lohn, Verdienst*
Er-werb, der; -es, keine Mehrzahl: *Anschaffung, Kauf*
er-wer-ben, erwarb, erworben: *erlernen*
er-wer-ben, erwarb, erworben: *kaufen, anschaffen*
er-wer-ben, erwarb, erworben: *verdienen, erringen, gewinnen*
Er-werbs-lo-sig-keit, die; -, keine Mehrzahl: *Arbeitslosigkeit*
er-werbs-tä-tig: *arbeitend*
Er-werbs-zweig, der; -es,-e
Er-wer-bung, die; -,-en: *Anschaffung, Kauf*
er-wi-dern: *antworten, entgegnen; auch: vergelten*
Er-wi-de-rung, die; -,-en
er-wie-se-ner-ma-ßen
er-wi-schen: *ertappen*
er-wünscht: *gewollt, gern gesehen, angenehm*
er-wür-gen: *erdrosseln*
Erz, das; -es,-e: *metallhaltiges Gestein*
Erz-a-der, die; -,-n: *erzführende Schicht*
er-zäh-len: *umgangssprachlich für „weismachen, schwindeln"*
er-zäh-len: *berichten, schildern*
Er-zäh-ler, der; -s,-: *jemand, der etwas erzählt, auch: Schriftsteller*
Erz-bi-schof, der; -s,-schö-fe
er-zei-gen, sich: *sich erweisen*
er-zen: *aus Erz bestehend, stählern, ehern, eisern*
Erz-en-gel, der; -s,-
er-zeu-gen: *verursachen, hervorrufen*
er-zeu-gen: *hervorbringen, herstellen, produzieren*
Er-zeu-ger, der; -s,-: *Hersteller, Fabrikant*
Er-zeu-ger, der; -s,-: *Vater*
Er-zeug-nis, das; -ses,-se: *Produkt*
Er-zeu-gung, die; -,-en: *Herstellung, Schaffung*
Erz-her-zog, der; -es,-zö-ge
er-zie-hen, erzog, erzogen: *aufziehen, ausbilden*
Er-zie-her, der; -s,-

Er-zie-hung, die; -,-en
Er-zie-hungs-me-tho-de, die; -,-n
er-zie-len: *erlangen, erreichen*
er-zür-nen: *in Zorn versetzen, reizen*
er-zwin-gen, erzwang, erzwungen: *gewaltsam durchsetzen*
es: *persönliches Fürwort*
Es-cha-to-lo-gie, die; -, keine Mehrzahl: *Lehre von den letzten Dingen, Lehre vom Weltende*
es-cha-to-lo-gisch
E-sche, die; -,-n: *Laubbaum*
E-sel, der; -s,-: *Grautier; umgangssprachlich für „Dummkopf"*
E-se-lei, die; -,-en
E-sels-brü-cke, die; -,-n: *Gedächtnisstütze*
E-sels-ohr, das; -s,-en: *Knick in Buchseiten*
Es-ka-la-ti-on, die; -,-en: *Steigerung, besonders im militärischen Einsatz*
es-ka-lie-ren
Es-ka-pa-de, die; -,-n: *Seitensprung, mutwilliger Streit*
Es-ki-mo, der; -s,-s
Es-kor-te, die; -,-en: *Begleitmannschaft, Geleit, Bedeckung*
es-kor-tie-ren
E-so-te-ri-ker, der; -s,-: *in eine Geheimlehre Eingeweihter, New-Age-Anhänger*
e-so-te-risch: *nur Eingeweihten zugänglich, geheim*
Es-pe, die; -,-n: *Zitterpappel*
Es-pe-ran-to, das; -s, keine Mehrzahl: *künstliche Welthilfssprache*
Esp-la-na-de (auch Es-pla-na-de), die; -,-n: *großer freier Platz*
Es-pres-so, der; -/-s, -s/Es-pres-si: *starker italienischer Kaffee*
Es-pres-so, das; -/-s,-/-s: *kleines italienisches Café*
Esp-rit (auch Es-prit) [Esprie], der; -s, keine Mehrzahl: *geistreicher Witz, geistreiches Wesen*
Es-say [Esseh], der/das; -s,-s: *kurze, geistvolle Abhandlung*
Es-say-ist [Essejist], der; -en,-en: *Verfasser von Essays*
ess-bar: *genießbar, bekömmlich*
Ess-be-steck, das; -s,-e
Es-se, die; -,-n: *Schornstein, Kamin*
Ess-ecke, die; -,-n
es-sen, aß, gegessen: *Nahrung zu sich nehmen*
Es-sen, das; -s,-: *Nahrungsaufnahme*

Es-sens-mar-ke, die; -,-n
Es-sens-zeit, die; -,-en
es-sen-ti-ell: *wesentlich, wesenhaft*
Es-senz, die; -, keine Mehrzahl: *Wesen, Wesenheit, Wesentliches*
Es-senz, die; -,-en: *konzentrierte Lösung, konzentrierter Aromastoff*
es-sen-zi-ell (auch es-sen-ti-ell): *wesentlich, wesenhaft, wichtig*
Es-sig, der; -s,-e: *saures Würz- und Konservierungsmittel*
Ess-tisch, der; -es,-e
Ess-zim-mer, das; -s,-
Es-tab-lish-ment (auch Es-ta-blish-ment) [Eständlischment], das; -s, keine Mehrzahl: *Schicht der bürgerlich Etablierten*
Es-ter, der; -s, keine Mehrzahl: *chemische Verbindung*
Es-tra-gon (auch Est-ra-gon), der; -s, keine Mehrzahl: *Gewürzpflanze*
Es-trich (auch Est-rich, der; -es,-e: *fugenloser Fußboden*
e-tab-lie-ren (auch e-ta-blie-ren) *gründen, errichten*
e-tab-lie-ren (auch e-ta-blie-ren), sich: *sich niederlassen, ein Geschäft gründen*
E-tab-lis-se-ment (auch E-ta-blis-sement) [Etablissmoñ], das; -s,-s: *Geschäft, Niederlassung*
E-tab-lis-se-ment (auch E-ta-blis-sement) [Etablissmoñ], das; -s,-s: *Vergnügungsstätte*
E-ta-ge [Etahsche], die; -,-n: *Stockwerk, Geschoss*
E-tap-pe, die; -,-n: *Abschnitt*
E-tap-pe, die; -,-n: *militärisch besetztes Hinterland*
E-tat [Etah], der; -s,-s: *Haushaltsplan, Haushalt*
e-te-pe-te-te: *umgangssprachlich für „zimperlich, affektiert"*
E-ter-nit, der/das; -s, keine Mehrzahl: *Faserzement*
E-thik, die; -,(-en): *Sittenlehre, Moral*
e-thisch, *sittlich, moralisch*
eth-nisch: *zu einem Volk gehörig*
Eth-no-lo-gie, die; -,-n: *vergleichende Völkerkunde*
E-tho-lo-gie, die; -, keine Mehrzahl: *Verhaltensforschung*
E-thos, das; -, keine Mehrzahl: *Gesamtheit der moralischen Gesinnung*
E-ti-kett, das; -s,-en/-s: *Warenzeichen, Preisschild*

Etikette

E-ti-ket-te, die; -, keine Mehrzahl: *gesellschaftliche Umgangsformen*
e-ti-ket-tie-ren: *mit einem Etikett versehen*
et-li-che: *einige, mehrere*
E-tü-de, die; -,-n: *Übungsstück in der Musik*
E-tui, das; -s,-s: *Futteral, Behälter*
et-wa: *vielleicht, am Ende, wohl gar*
et-wa: *ungefähr, annähernd*
et-wa-ig: *möglich, unvorhergesehen*
et-was: *ein wenig, ein bisschen*
et-was: *irgend eine Sache*
E-ty-mo-lo-gie [Etümologie], die; -, keine Mehrzahl: *Lehre von der Herkunft der Wörter*
euch: *persönliches Fürwort*
Eu-cha-ris-tie, die; -,-n: *Abendmahlsfeier*
Eu-dä-mo-nie, die; -, keine Mehrzahl: *Glückseligkeit*
eu-dä-mo-nis-tisch
eu-er: *besitzanzeigendes Fürwort; Kleinschreibung auch in Briefen*
Eu-ka-lyp-tus, der; -,-/Eu-ka-lyp-ten: *tropische Baumart*
Eu-le, die; -,-n: *Vogelart*
Eu-len-spie-gel, der; -s,-: *Schalk, Narr*
Eu-len-spie-ge-lei, die; -,-en: *Schelmenstreich*
Eu-nuch, der; -en,-en: *Kastrat, Haremswächter*
Eu-phe-mis-mus, der; -, Eu-phe-mismen: *sprachliche Verhüllung, beschönigende Bezeichnung*
eu-phe-mis-tisch: *beschönigend, verhüllend, umschreibend*
Eu-pho-rie, die; -, keine Mehrzahl: *Hochstimmung, Wohlbefinden*
eu-pho-risch
Eu-ra-si-en, das; -s, keine Mehrzahl: *Europa und Asien*
eu-rer-seits
eu-res-glei-chen
eu-ret-hal-ben
eu-ret-we-gen
eu-ret-wil-len
Eu-ro-pa, das; -s, keine Mehrzahl: *Kontinent*
Eu-ro-pä-er, der; -s,-
eu-ro-pä-isch
Eu-ro-päi-sche Ge-mein-schaft, die; -, keine Mehrzahl: *Abkürzung: EG*
Eu-ro-pa-meis-ter, der; -s,-
Eu-ro-vi-si-on, die; -, keine Mehrzahl; *Fernsehsendung in mehreren europäischen Ländern*
Eu-ter, der; -s,-: *Milchdrüse beim weiblichen Säugetier*
Eu-tha-na-sie, die; -, keine Mehrzahl: *Sterbehilfe*
Eu-tro-phie, die; -,-n: *Nährstoffreichtum, guter Ernährungszustand*
e-va-ku-ie-ren: *ein Gebiet räumen, Personen entfernen*
e-va-ku-ie-ren: *leer pumpen, luftleer machen*
E-va-ku-ie-rung, die; -,-en: *Aussiedlung, Zwangsräumung*
e-van-ge-lisch: *protestantisch; auch: zum Evangelium gehörend*
E-van-ge-list, der; -en,-en
E-van-ge-li-um, das; -s, E-van-ge-li-en: *die vier Schriften des Neuen Testaments*
e-va-po-rie-ren: *verdampfen, Flüssigkeit entziehen*
E-ven-tu-a-li-tät, die; -,-en: *Möglichkeit, unvorhergesehener Fall*
e-ven-tu-ell: *möglicherweise, gegebenenfalls, vielleicht*
E-ver-green [Evergrien], der/das; -s,-s: *langlebiger Schlager*
e-vi-dent: *offensichtlich, offenbar, augenscheinlich, einleuchtend*
E-vi-denz, die; -, keine Mehrzahl: *Offenkundigkeit, völlige Klarheit*
E-vo-lu-ti-on, die; -,-en: *stetig fortschreitende Entwicklung*
e-wig: *unsterblich*
e-wig: *zeitlos, endlos*
e-wig: *umgangssprachlich für „sehr lange, zu lange"*
e-wig: *unveränderlich, unvergänglich*
E-wig-keit, die; -,-en
e-xakt (auch ex-akt): *genau, sorgfältig, pünktlich, streng wissenschaftlich*
E-xakt-heit (auch Ex-akt-heit), die; -,-en
E-xal-ta-ti-on (auch Ex-al-ta-ti-on), die; -,-en: *Überspanntheit*
e-xal-tiert (auch ex-al-tiert)
E-xa-men (auch Ex-a-men), das; -s,-/E-xa-mi-na (auch Ex-a-mi-na) *Prüfung, Universitätsabschluss*
e-xa-mi-nie-ren (auch ex-a-mi-nie-ren): *prüfen*
Ex-change [Extschäindsch], die; -,-n: *Wechselstube; auch: Wechselverkehr; auch: Kurs*

explodieren

e-xe-ku-tie-ren (auch exe-ku-tie-ren): *hinrichten, Urteil vollstrecken*
E-xe-ku-ti-on (auch Exe-ku-ti-on), die; -,-en: *Hinrichtung, Vollstreckung*
E-xe-ku-ti-ve (auch Exe-ku-ti-ve), die; -, keine Mehrzahl: *vollziehende Staatsgewalt*
E-xem-pel (auch Ex-em-pel), das; -s,-: *Beispiel; auch Aufgabe, Rechenaufgabe*
E-xem-plar (auch Ex-em-plar), das; -es,-e: *Einzelstück, Muster*
e-xem-pla-risch (auch ex-em-pla-risch): *beispielhaft, musterhaft*
e-xem-pli-fi-zie-ren (auch ex-em-pli-fi-zie-ren): *am Beispiel erläutern*
e-xer-zie-ren (auch ex-er-zie-ren): *üben, militärisch drillen*
E-xer-zier-platz (auch Ex-er-zier-platz), der; -es,-plät-ze
E-xer-zi-ti-um (auch Ex-er-zi-ti-um), das; -s, E-xer-zi-ti-en (auch Ex-er-zi-tien): *geistliche Übung*
ex-hi-bie-ren: *ausstellen, zur Schau stellen, darstellen*
Ex-hi-bi-ti-o-nis-mus, der; -, keine Mehrzahl: *Neigung sich öffentlich zu entblößen*
Ex-hi-bi-ti-o-nist, der; -en,-en
ex-hi-bi-ti-o-nis-tisch
ex-hu-mie-ren: *Leichnam wieder ausgraben*
E-xil, das; -s, keine Mehrzahl: *Verbannung*
E-xil, das; -s, keine Mehrzahl: *Ort der Verbannung*
E-xil-re-gie-rung, die; -,-en: *von im Exil lebenden Politikern gebildete Gegenregierung*
e-xis-tent: *existierend, vorhanden, wirklich*
E-xis-ten-ti-a-lis-mus, der; -, keine Mehrzahl: *moderne philosophische Strömung*
e-xis-ten-ti-ell: *das Dasein betreffend*
E-xis-tenz, die; -,-en: *Dasein, Leben, Wirklichkeit*
E-xis-tenz, die; -,-en: *Mensch, Person*
E-xis-tenz, die; -, keine Mehrzahl: *Lebensunterhalt, Auskommen, Lebensgrundlage*
E-xis-tenz-be-rech-ti-gung, die; -,-en
E-xis-tenz-kampf, der; -es,-kämp-fe
E-xis-tenz-mi-ni-mum, das; -s, keine Mehrzahl: *Mindestmaß des Einkommens, mit dem ein Mensch leben kann*
e-xis-tie-ren: *leben, vorhanden sein*

E-xi-tus (auch Ex-i-tus), der; -, keine Mehrzahl: *Tod*
Ex-kla-ve, die; -,-n: *von fremdem Staatsgebiet umschlossener Landesteil*
ex-klu-siv: *abgeschlossen, ausschließlich*
Ex-klu-si-vi-tät, die; -, keine Mehrzahl: *Ausschließlichkeit*
Ex-kom-mu-ni-ka-ti-on, die; -,-en: *Ausschluss aus der Kirche*
ex-kom-mu-ni-zie-ren: *ausschließen*
Ex-kre-m-ent, das; -es,-e: *Ausscheidung*
Ex-kurs, der; -es,-e: *Abschweifung, Erörterung, Anhang*
Ex-kur-si-on, die; -,-en: *Ausflug, besonders unter wissenschaftlicher Leitung*
Ex-mat-ri-ku-la-ti-on (auch Ex-ma-tri-ku-la-ti-on), die; -,-en: *Abgang von einer Hochschule*
ex-mat-ri-ku-lie-ren (auch ex-ma-tri-ku-lie-ren): *von der Universität weisen*
E-xo-dus (auch Ex-o-dus), der; -, keine Mehrzahl: *Auszug aus einem Land*
e-xo-gen: *von außen kommend, von außen wirkend*
e-xor-bi-tant (auch ex-or-bi-tant): *erstaunlich, gewaltig*
e-xor-zie-ren (auch ex-or-zie-ren): *Geister austreiben*
E-xor-zis-mus (auch Ex-or-z-is-mus, der; -, E-xor-zis-men (auch Ex-or-zis-men): *Geisteraustreibung*
E-xot(e), der; -en,-en: *Mensch, Tier oder Pflanze aus einem fernen Land*
Ex-pan-der, der; -s,-: *Sportgerät*
ex-pan-die-ren: *ausdehnen*
Ex-pan-si-on, die; -,-en: *Ausdehnung*
ex-pa-tri-ie-ren: *ausbürgern*
Ex-pe-di-ti-on, die; -,-en: *Forschungsreise*
Ex-pe-di-ti-on, die; -,-en: *Versendung*
Ex-pe-ri-ment, das; -es,-e: *gewagtes Unternehmen*
Ex-pe-ri-ment, das; -es,-e: *wissenschaftlicher Versuch*
ex-pe-ri-men-tie-ren
Ex-per-te, der; -n,-n: *Sachverständiger, Fachmann*
Ex-per-ti-se, die; -,-n: *Sachverständigengutachten*
Ex-pli-ka-ti-on, die; -,-en: *Erklärung, Erläuterung*
ex-pli-zie-ren: *erklären*
ex-plo-die-ren: umgangssprachlich für *„in Zorn ausbrechen"*
ex-plo-die-ren: *bersten, platzen*

145

Explosion

Ex-plo-si-on, die; -,-en: *Detonation, Bersten*
Ex-port, der; -es,-e: *Warenausfuhr*
Ex-por-teur [Exportöhr], der; -s,-e: *Außenhandelskaufmann*
ex-por-tie-ren: *ausführen*
Ex-po-sé, das; -s,-s: *Zusammenfassung, Plan, Skizze*
Ex-press-gut, das; -es,-gü-ter: *schnell zu beförderndes Gut*
Ex-pres-si-o-nis-mus, der; -, keine Mehrzahl: *Kunstrichtung*
ex-pres-siv: *ausdrucksvoll, ausdrucksstark*
Ex-prop-ri-a-tion (auch Ex-pro-pri-a-ti-on), die; -,-en: *Enteignung*
ex-prop-ri-ie-ren (auch ex-pro-pri-ie-ren): *enteignen*
ex-qui-sit: *erlesen, köstlich*
ex-ten-siv: *ausgedehnt, umfassend*
ex-ten-siv: *räumlich*
Ex-te-ri-eur [Exteriöhr], das; -s,-e: *Außenseite, Äußeres, Erscheinung*
ex-tern: *von außen, auswärtig, außerhalb befindlich*
ex-ter-ri-to-ri-al: *außerhalb der Landeshoheit stehend*
Ex-ter-ri-to-ri-a-li-tät, die; -, keine Mehrzahl: *Unabhängigkeit von der Gerichtsbarkeit des Staates, in dem man sich aufhält*
ext-ra (auch ex-tra): *zusätzlich*
ext-ra (auch ex-tra): *besonders, gesondert, für sich*
ext-ra (auch ex-tra): *außerordentlich*
ext-ra (auch ex-tra): *außerdem, nebenbei*
ext-ra (auch ex-tra): *nur, eigens*
Ext-ra (auch Ex-tra), das; -s,-s: *Zubehör, Sonderleistung*
ex-tra-hie-ren: *herausziehen*
Ex-trakt, der; -es,-e: *Auszug*
Ex-trak-ti-on, die; -,-en: *Herstellung eines Extrakts*
Ex-trak-ti-on, die; -,-en: *Ziehen eines Zahnes*
ext-ra-or-di-när (auch ex-tra-or-di-när): *außergewöhnlich, außerordentlich*

Ext-ra-tour (auch Ex-tra-tour), die; -,-en: *eigenwilliges Verhalten*
ext-ra-va-gant (auch ex-tra-va-gant): *ungewöhnlich, ausgefallen; auch: überspannt*
Ext-ra-va-ganz (auch Ex-tra-va-ganz), die; -,-en
Ext-ra-wurst (auch Ex-tra-wurst), die; -, -würs-te: *umgangssprachlich für „Sonderbehandlung"*
ext-rem (auch ex-trem): *äußerst, maßlos, übertrieben*
ext-rem (auch ex-trem): *radikal*
Ext-re-mis-mus (auch Ex-tre-mis-mus), der; -, Ext-re-mis-men (auch Ex-tre-mis-men): *radikale Haltung*
Ext-re-mist (auch Ex-tre-mist), der; -en,-en: *Radikaler*
ext-re-mis-tisch (auch ex-tre-mis-tisch)
Ext-re-mi-tät (auch Ex-tre-mi-tät), die; -,-en: *Gliedmaß*
ex-zel-lent: *ausgezeichnet, vorzüglich, hervorragend*
Ex-zel-lenz, die; -,-en: *veraltete Anrede für höher gestellte Person*
Ex-zen-ter, der; -s,-: *Scheibe, deren Drehpunkt außerhalb des Mittelpunktes liegt*
Ex-zent-rik (auch Ex-zen-trik), die; -, keine Mehrzahl: *mit Komik dargebotene Artistik*
ex-zent-risch (auch ex-zen-trisch): *überspannt, zu merkwürdigen Einfällen neigend*
ex-zent-risch (auch ex-zen-trisch): *ausmittig*
Ex-zent-ri-zi-tät (auch Ex-zen-tri-zi-tät), die; -,en: *Abweichen vom Mittelpunkt*
Ex-zent-ri-zi-tät (auch Ex-zen-tri-zi-tät), die; -,-en: *Überspanntheit*
ex-zep-ti-o-nell: *außerordentlich, ausnahmsweise, ungewöhnlich*
ex-zer-pie-ren: *herausschreiben*
Ex-zerpt, das; -es,-e: *Buchauszug*
Ex-zess, der; Ex-zes-ses, Ex-zes-se: *Ausschweifung, Ausschreitung*
ex-zes-siv: *übertrieben, maßlos*

Fahne

f, F, das; -,-: *sechster Buchstabe des Alphabets; Konsonant, Mitlaut*
f, F, das; -,-: *Musik: vierter Ton auf der Grundtonleiter*
f.: *Musik: Abkürzung für „forte, laut, stark, kräftig"*
f.: *Abkürzung für „folgende"*
F: *Abkürzung für „Fahrenheit" (Temperatureinheit)*
Fa.: *Abkürzung für „Firma"*
Fa-bel, die; -,-n: *lehrhafte Dichtung, in der Tiere vermenschlicht werden*
Fa-bel, die; -,-n: *Grundplan einer Dichtung*
Fa-bel, die; -,-n: *erdichtete, unglaubliche Geschichte*
fa-bel-haft: *großartig, wunderbar, kaum glaublich*
Fa-bel-tier, das; -es,-e: *Fantasiegeschöpf*
Fab-rik (auch Fa-brik), die; -,-en: *Betrieb mit maschineller Massenherstellung, Werk*
Fab-ri-kant (auch Fa-bri-kant), der; -en,-en: *Fabrikbesitzer, Hersteller von Fabrikwaren*
fab-rik-neu (auch fa-brik-neu)
fab-ri-zie-ren (auch fa-bri-zie-ren): *in einer Fabrik herstellen; auch umgangssprachlich für „zurechtbasteln"*
fa-bu-lie-ren: *fantasievoll erzählen, Fabeln erdichten*
Fa-cet-te (auch Fas-set-te), die; -,-n: *Schlifffläche, Schliff*
Fa-cet-te (auch Fas-set-te), die; -,-n: *Einzelheit*
Fa-cet-ten-au-ge (auch Fas-set-ten-au-ge), das; -s,-n: *Netzauge der Insekten*
Fach, das; -es, Fä-cher: *Unterabteilung in Schrank, Regal, Kasten usw.*
Fach, das; -es, Fä-cher: *Wissensgebiet, Berufszweig, Spezialität, Branche*
Fach-ar-bei-ter, der; -s,-: *ausgebildeter Arbeiter, Handwerker*
Fach-arzt, der; -es, -ärz-te: *Spezialist*
Fach-aus-druck, der; -es,-drücke: *Fachwort, Terminus*
fä-cheln: *zuwedeln*
Fä-cher, der; -s,-: *Luftwedel*
Fach-ge-biet, das; -es,-e: *Fach, Wissensgebiet*
fach-ge-recht: *fachgemäß*
Fach-kennt-nis, die; -,-se: *Wissen, Spezialwissen*
Fach-kraft, die; -,-kräf-te: *Spezialist*
fach-kund-lich
fach-lich
Fach-mann, der; -es, Fach-leu-te: *Spezialist*
fach-män-nisch: *gekonnt*
fach-sim-peln
Fach-werk, das; -es,-e: *Balkengefüge, das mit Lehm oder Ziegeln ausgefüllt ist*
Fach-werk-bau, der; -es,-ten
Fach-werk-haus, das; -es, -häu-ser
Fach-zeit-schrift, die; -,-en: *Zeitschrift für ein Fachgebiet*
Fa-ckel, die; -,-n
fa-ckeln: *nur in der Wendung: „nicht lange fackeln"; nicht lange zögern*
Fa-ckel-zug, der; -es,-zü-ge: *Demonstration mit Fackeln*
fad: *geschmacklos, schal*
fad: *reizlos, langweilig, geistlos*
Fa-den, der, -s, Fä-den: *Garn, Schnur*
Fa-den-kreuz, das; -es,-e: *Zielvorrichtung*
fa-den-schei-nig: *abgerissen, abgetragen, abgenutzt, schäbig*
fa-den-schei-nig: *nicht stichhaltig, oberflächlich, leicht durchschaubar*
Fa-ding [Fäiding], das; -s, keine Mehrzahl: *An- und Abschwellen der Empfangsstärke elektromagnetischer Wellen*
Fa-gott, das; -es,-e: *Holzblasinstrument*
Fä-he, die; -,-n: *weiblicher Fuchs oder Wolf*
fä-hig: *in der Lage, imstande*
fä-hig: *befähigt, begabt, tüchtig*
Fä-hig-keit, die; -,-en: *Begabung, Können, Tüchtigkeit*
fahl: *blass, bleich, farblos*
Fähn-chen, das; -s,-: *abgerissenes Kleid, schäbiges Kleid*
fahn-den: *suchen*
Fahn-dung, die; -,-en: *Suche*
Fah-ne, die; -,-n: *nach Alkohol riechender Atem*
Fah-ne, die; -,-n: *Wolken- oder Dunststreifen*
Fah-ne, die; -,-n: *Banner*
Fah-ne, die; -,-n: *Korrekturabzug des nicht umbrochenen Buchtextes*

Fahneneid

Fah-nen-eid, der; -es,-e: *militärischer Diensteid*
Fah-nen-flucht, die; -, keine Mehrzahl: *Desertion*
fah-nen-flüch-tig: *desertiert*
Fah-nen-mast, der; -es,-mas-ten
Fah-nen-stan-ge, die; -,-n
Fähn-lein, das; -s,-: *Truppeneinheit, Gruppe militärisch organisierter Jugendlicher*
Fahr-aus-weis, der; -es,-e: *Führerschein, Fahrkarte*
Fahr-bahn, die; -,-en
Fahr-damm, der; -es, -däm-me: *Fahrspuren*
Fäh-re, die; -,-n: *Schiff zum Übersetzen*
fah-ren, fuhr, gefahren: *Auto fahren, Rad fahren, ich bin Rad gefahren; spazieren fahren: ein Fahrzeug benutzen, sich mit einem Fahrzeug fortbewegen*
fah-ren, fuhr, gefahren: *befördern, transportieren*
fah-ren, fuhr, gefahren: *führen, lenken, steuern*
Fah-ren-heit: *Grad Fahrenheit: Maßeinheit einer Temperaturskala; Zeichen: F*
fah-ren las-sen, ließ fahren, fahren gelassen: *verzichten, aufgeben, loslassen*
Fah-rer, der; -s,-: *Fahrzeugführer*
Fah-rer-flucht, die; -,-en
Fahr-er-laub-nis, die; -,-se: *Führerschein*
Fahr-gast, der; -es,-gäs-te
Fahr-geld, das; -es, keine Mehrzahl: *Fahrpreis*
Fahr-ge-stell, das; -s,-e: *Rahmen eines Fahrzeugs*
fah-rig: *zerstreut, nervös*
Fah-rig-keit, die; -, keine Mehrzahl: *fahriges Wesen*
Fahr-kos-ten (Fahrtkosten), die; -, keine Einzahl
fahr-läs-sig: *sorglos, unachtsam, nachlässig*
Fahr-läs-sig-keit, die; -,-en
Fahr-leh-rer, der; -s,-
Fahr-plan, der; -es, -plä-ne
fahr-plan-mä-ßig: *rechtzeitig, nach Fahrplan*
Fahr-preis, der; -es,-e: *Fahrkosten*
Fahr-schein, der; -es,-e: *Fahrberechtigung, Ticket*
Fahr-schu-le, die; -,-n: *Ausbildungsstätte für Autofahrer*
Fahr-schü-ler, der; -s,-: *Schüler einer Fahrschule*

Fahr-schü-ler, der; -s,-: *Schüler, der täglich mit einem öffentlichen Verkehrsmittel zur Schule fährt*
Fahr-spur, die; -,-en
Fahr-strei-fen, der; -s,-: *Fahrspur*
Fahr-stuhl, der; -es,-stüh-le: *Aufzug, Lift*
Fahrt, die; -,-en: *Reise*
Fähr-te, die; -,-n: *Spur*
Fahrt-wind, der; -es, keine Mehrzahl
Fahr-zeug, das; -es,-e: *Fortbewegungsmittel*
Fahr-zeug-hal-ter, der; -s,-
Faib-le (auch Fai-ble) [Fäibel], das; -s,-s: *Vorliebe, Neigung, Schwäche*
fair [fähr]: *ehrlich, anständig, sich an die Spielregeln haltend*
Fair-ness [Fährneß], die; -, keine Mehrzahl: *faires Verhalten, Anständigkeit*
Fair-play (auch Fair Play) [Fähr pläi], das; -s, keine Mehrzahl: *anständiges, den Spielregeln entsprechendes Spiel*
Fä-ka-li-en, die; keine Einzahl: *Kot*
Fa-kir, der; -s,-e: *indischer Asket, Gaukler*
Fak-si-mi-le, das; -s,-s: *originalgetreue Nachbildung*
fak-si-mi-lie-ren
Fak-ti-on, die; -,-en: *aktive oder radikale Parteiengruppierung*
fak-tisch: *tatsächlich, wirklich*
Fak-tor, der; -s,-en: *Zahl, die mit einer anderen multipliziert wird*
Fak-tor, der; -s,-en: *maßgebender Umstand, bestimmendes Element*
Fak-to-tum, das; -s, Fak-to-tums/Fak-to-ten: *Helfer für alle Arbeiten*
Fak-tum, das; -s, Fak-ta/Fak-ten: *Tatsache, Geschehnis, Unbestreitbares*
Fak-tur, die; -,-en: *Warenrechnung, Lieferschein*
Fak-tu-ra, die; -, Fak-tu-ren: *Warenrechnung, Lieferschein*
Fa-kul-tät, die; -,-en: *Gruppe zusammengehöriger Wissenschaften*
Fa-kul-tät, die; -. keine Mehrzahl: *Mathematik: Produkt aller natürlichen Zahlen*
Fa-kul-tät, die, -,-en: *Hochschulabteilung*
fa-kul-ta-tiv: *wahlfrei, nach Wahl*
Fal-ke, der; -n,-n: *Raubvogel*
Falk-ner, der; -s,-: *Abrichter von Raubvögeln*
Fall, der; -es, keine Mehrzahl: *Sinken des Wasserspiegels*
Fall, der; -es, keine Mehrzahl: *Niedergang, Untergang*

148

fangen

Fall, der; -es, Fäl-le: *grammatischer Kasus*
Fall, der; -es, Fäl-le: *Sturz*
Fall, der; -es, Fäl-le: *Vorkommnis, Ereignis*
Fall, der; -es, Fäl-le: *Umstand*
Fall, der; -es, Fäl-le: *Angelegenheit, Rechtsangelegenheit*
Fall-beil, das; -es,-e: *Hinrichtungsinstrument*
Fal-le, die; -,-n: *Vorrichtung zum Tierfang*
Fal-le, die; -,-n: *Hinterhalt*
Fal-le, die; -,-n: *umgangssprachlich für „Bett"*
fal-len, fiel, gefallen: *sinken, niedriger werden*
fal-len, fiel, gefallen: *stürzen*
fal-len, fiel, gefallen: *umkommen, im Krieg sterben*
fäl-len: *eine Entscheidung fällen, treffen*
fäl-len: *zum Fallen bringen*
fal-len las-sen, ließ fallen, fallen gelassen: *hinstürzen lassen*
fal-len las-sen, ließ fallen, fallen gelassen: *aufgeben, verzichten auf*
Fall-gru-be, die; -,-n: *verdeckte Grube als Falle*
fäl-lig: *an einem Termin fällig sein*
Fäl-lig-keit, die; -,-en: *Termin*
Fall-obst, das; -es, keine Mehrzahl
Fall-out [Fohlaut], der; -s, keine Mehrzahl: *radioaktiver Niederschlag nach einer atomaren Explosion*
Fall-reep, das; -s,-e: *Schiffsleiter*
Fall-rück-zie-her, der; -s,-: *besonders akrobatischer Fußballtrick*
falls: *im Falle, dass; wenn*
Fall-schirm, der; -es,-e
Fall-schirm-sprin-ger, der; -s,-
Fall-strick, der; -es,-e: *Vorrichtung, um jemand zu Fall zu bringen*
falsch: *künstlich*
falsch: *nicht richtig, unrichtig, fehlerhaft*
falsch: *gefälscht, nachgeahmt*
falsch: *verschlagen, hinterhältig, hinterlistig, doppelzüngig*
fäl-schen: *in betrügerischer Absicht nachmachen*
Fäl-scher, der; -s,-
Falsch-geld, das; -es, keine Mehrzahl
Falsch-heit, die; -, keine Mehrzahl: *Unaufrichtigkeit, Unehrlichkeit, Doppelzüngigkeit*
Falsch-heit, die; -,-en: *Unrichtigkeit, Unechtheit*
fälsch-lich: *unzutreffend*

Falsch-mel-dung, die; -,-en
Falsch-mün-zer, der; -s,-: *Falschgeldhersteller, Fälscher*
Fal-sett, das; -s, keine Mehrzahl: *Kopfstimme, Fistelstimme*
Fal-si-fi-kat, das; -es,-e: *Fälschung, gefälschter Gegenstand*
fal-si-fi-zie-ren: *als unrichtig erweisen*
fal-si-fi-zie-ren: *veraltet für „fälschen"*
Falt-boot, das; -es,-e: *zusammenlegbares Boot*
Fal-te, die; -,-n: *Runzel*
Fal-te, die; -,-n: *Knick, Bruch*
fal-ten: *in Falten legen, zusammenlegen*
fäl-teln: *plissieren*
Fal-ten-rock, der; -s,-rö-cke
Fal-ten-wurf, der; -es,-wür-fe
Fal-ter, der; -s,-: *Schmetterling*
fal-tig: *geknittert*
fal-tig: *runzlig*
Falz, der; -es,-e: *Verbindung zusammengepresster Blechränder*
Falz, der; -es,-e: *Faltlinie, Kniff, Bruch*
fal-zen: *knicken, mit einem Falz versehen*
Fa-ma, die; -, keine Mehrzahl: *Gerücht, Nachrede, Ruf*
fa-mi-li-är: *vertraut, zwanglos*
Fa-mi-lie, die; -,-n: *Verwandtschaft*
Fa-mi-li-en-an-ge-hö-ri-ge, der/die; -n,-n
Fa-mi-li-en-le-ben, das; -s, keine Mehrzahl
fa-mos: *großartig, herrlich*
Fan [Fän], der; -s,-s: *begeisterter Anhänger*
Fa-nal, das; -s,-e: *veraltet für „Feuerzeichen"; Zeichen für den Beginn großer Ereignisse*
Fa-na-ti-ker, der; -s,-: *Eiferer, Strenggläubiger*
fa-na-tisch: *besessen, übereifrig*
Fa-na-tis-mus, der; -, keine Mehrzahl: *übertriebener Eifer*
Fan-fa-re, die; -,-n: *Musikinstrument*
Fan-fa-re, die; -,-n: *Trompetensignal*
Fang, der; -es, Fän-ge: *Maul von Raubtieren*
Fang, der; -es, Fän-ge: *Raubvogelkralle*
Fang, der; -es, Fän-ge: *Beute, das Gefangene*
Fang, der; -es, Fän-ge: *das Fangen, Jagd*
fan-gen, fing, gefangen: *jagen, erfassen, ergreifen, packen*
fan-gen, fing, gefangen: *erbeuten*

Fänger

Fän-ger, der; -s,-
Fan-go, der; -s, keine Mehrzahl: *Mineralschlamm*
Fang-schuss, der; -schüs-se: *endgültiger Todesschuss*
Fan-ta-sie (auch Phantasie), die; -, keine Mehrzahl
fan-ta-sie-los (auch phantasielos): *ohne Fantasie, einfallslos*
Fan-ta-sie-lo-sig-keit (auch Phantasielosigkeit), die; -, keine Mehrzahl
fan-ta-sie-ren (auch phantasieren): *Unsinn reden*
fan-ta-sie-ren (auch phantasieren): *wie im Fieber reden*
Fan-tast (auch Phantast) der; -en,-en: *Träumer, Schwärmer, jemand, der überspannte Vorstellungen hat*
fan-tas-tisch (auch phantastisch): *wunderbar, herrlich*
fan-tas-tisch (auch phantastisch): *merkwürdig, seltsam*
fan-tas-tisch (auch phantastisch): *nicht wirklich, verstiegen, verschroben, überspannt*
Far-be, die; -,-n: *Farbstoff, Lack*
Far-be, die; -,-n: *Tönung, Buntheit*
Far-be, die; -,-n: *Spielkartenklasse*
farb-echt
far-ben-blind
far-ben-freu-dig: *bunt*
Far-ben-pracht, die; -, keine Mehrzahl
far-ben-präch-tig
Farb-fern-se-hen, das; -s, keine Mehrzahl: *Fernsehen in natürlichen Farben*
Farb-fern-seh-ge-rät, das; -es,-e
Farb-film, der; -es,-e: *farbempfindlicher Film*
far-big: *bunt*
far-big: *von dunkler Hautfarbe*
far-big: *lebendig, anschaulich*
Far-bi-ge, der; -n,-n: *Mensch mit dunkler Hautfarbe*
farb-lich: *die Farbe betreffend*
farb-los: *ohne Farbe, blass*
Farb-lo-sig-keit, die; -,-en
Farb-stift, der; -es,-e
Farb-ton, der; -es, -tö-ne: *Farbabstufung*
Far-ce [Farß], der; -,-n: *lächerlicher Streich, Verhöhnung*
Far-ce [Farß], die; -,-n: *Speisefüllung*
Farm, die; -,-en: *landwirtschaftlicher Besitz besonders in England und Übersee, meist mit Tierzucht*

Far-mer, der; -s,-: *amerikanischer Landwirt*
Farn, der; -es,-e: *Sporenpflanze*
Farn-kraut, das; -es,-kräu-ter
Fär-se, die, -,-n: *Kuh, die noch nicht gekalbt hat*
Fa-san, der; -es,-e/-en: *Hühnervogel*
Fa-sa-ne-rie, die; -,-n: *Fasanenzucht*
Fa-sching, der; -s,-e/-s: *Karneval, Fastnacht*
Fa-schis-mus, der; -, keine Mehrzahl: *autoritäre, nationalistische Bewegung*
Fa-schist, der; -en,-en
fa-schis-tisch
Fa-se-lei, die; -,-en: *törichtes Gerede*
fa-seln: *umgangssprachlich für „Unsinn reden"*
Fa-ser, die; -,-n: *feines Gebilde aus Pflanzengewebe, das zu Fäden versponnen wird*
Fa-ser, die; -,-n: *Bestandteil menschlichen und tierischen Gewebes*
Fa-ser, die; -,-n: *Fädchen*
fa-se-rig: *zerfasert, voller Fasern*
fa-sern: *zerfransen*
fa-ser-nackt: *völlig nackt*
Fa-shion [Fäschn], die; -, keine Mehrzahl: *Mode*
fa-shio-nab-le (auch fa-shio-na-ble) [fäschenebl]: *modisch, elegant*
Fass, das; -es, Fäs-ser: *bauchiges Holzgefäß für Flüssigkeiten*
Fas-sa-de, die; -,-n: *Außenansicht, Vorderfront, Schauseite*
fas-sen: *ergreifen, packen, nehmen*
fas-sen: *erwischen, fangen*
fas-sen: *einfassen, einrahmen*
fas-sen: *verstehen, begreifen*
fas-sen: *in sich aufnehmen, enthalten können*
fas-sen: *ineinander greifen, einhaken*
fas-sen, sich: *sich vorbereiten, sich einstellen*
fas-sen, sich: *sich beruhigen, sich beherrschen*
fas-sen, sich: *sich ausdrücken*
fas-sen: *ausdrücken, formulieren*
Fas-set-te (auch Facette), die; -,-n: *Schleiffläche, Schliff, Einzelheit*
fass-lich: *begreiflich*
Fas-son [Fassong], die; -,-s: *Form, Muster, Zuschnitt*
Fas-sung, die; -, keine Mehrzahl: *Beherrschung, Geistesgegenwart*

federig

Fas-sung, die; -,-en: *Wortlaut*
Fas-sung, die; -,-en: *Umrahmung*
fas-sungs-los: *bestürzt, außer sich*
Fas-sungs-lo-sig-keit, die; -, keine Mehrzahl
Fas-sungs-ver-mö-gen, das; -s,-: *Größe eines Hohlraums*
fast: *beinahe, annähernd*
fas-ten: *wenig oder gar nichts essen*
Fas-ten, das; -s, keine Mehrzahl
Fas-ten-zeit, die; -,-en
Fast-nacht, die; -, keine Mehrzahl: *Fasching*
Fast-tag, der; -es,-e
Fas-zi-na-ti-on, die; -, keine Mehrzahl: *Bezauberung, Bann*
fas-zi-niert: *bezaubert, gefesselt, begeistert*
fa-tal: *verhängnisvoll, unangenehm, peinlich*
Fa-ta-lis-mus, der; -, keine Mehrzahl: *Schicksalsglaube*
Fa-ta-list, der; -en,-en
fa-ta-lis-tisch
Fa-ta Mor-ga-na, die; - -, Fa-ta Morganas/ Fa-ta Mor-ga-nen: *Sinnestäuschung durch Luftspiegelung*
Fa-tum, das; -s,-s/Fa-ta: *Schicksal*
fau-chen: *zischen, schnauben*
fau-chen: *umgangssprachlich für „wütend schimpfen"*
faul: *träge, arbeitsunlustig*
faul: *verfault, moderig, verdorben*
faul: *umgangssprachlich für „bedenklich, verdächtig"*
fau-len: *sich zersetzen*
fau-len-zen: *faul sein, nichts tun*
Fau-len-zer, der; -s,-: *Nichtstuer*
Faul-heit, die; -, keine Mehrzahl: *Trägheit, Bequemlichkeit*
fau-lig: *faul werdend, angefault*
Fäul-nis, die; -,-se: *Zersetzung*
Faul-pelz, der; -es,-e: *Nichtstuer*
Faul-tier, das; -es,-e: *südamerikanisches Säugetier*
Fau-na, die; -, Fau-nen: *Tierwelt*
Faust, die; -, Fäus-te: *geballte Hand*
Faust-ball, der; -es, keine Mehrzahl: *Ballspiel*
faust-dick: *es faustdick hinter den Ohren hahen: pfiffig sein*
Fäus-tel, der; -s,-: *Hammer*
faus-ten: *mit der Faust einen Ball abwehren*

Faust-hand-schuh, der; -es,-e
faus-tisch: *nach Erkenntnis suchend*
Faust-kampf, der; -es, -kämp-fe: *Boxkampf*
Fäust-ling, der; -s,-e: *Fausthandschuh*
Faust-pfand, das; -es, -pfän-der: *Pfandgabe*
Faust-recht, das; -es, keine Mehrzahl: *gewaltsame Selbsthilfe; auch: Notwehr*
Faust-re-gel, die; -,-n: *Grundregel*
Faust-waf-fe, die; -,-n: *Pistole, Revolver*
Fau-teuil [Fotöi], der; -s,-s: *Lehnsessel*
Faux-pas [Fopah], der; -,-: *Taktlosigkeit, Verstoß gegen die guten Sitten*
fa-vo-ri-sie-ren: *bevorzugen, begünstigen*
Fa-vo-rit, der; -en,-en: *Günstling, Liebling*
Fa-vo-rit, der; -en,-en: *voraussichtlicher Sieger eines Wettkampfes*
Fax, das; -,-e: *Kurzform für Telefax*
Fa-xen, die; keine Einzahl: *dumme Späße*
Fa-yence [Fajohnß], die, -,-n: *Feinkeramik mit Zinnglasur*
Fa-zit, das; -s,-e/-s: *Schlussfolgerung, Zusammenfassung*
Fea-ture [Fietscher], das; -s,-s: *für Funk und/oder Fernsehen aufbereiteter Dokumentarbericht*
Feb-ru-ar (auch Fe-bru-ar), der; s,-e: *zweiter Monat des Jahres*
Fecht-bo-den, der; -s, -bö-den: *Übungsraum zum Fechten*
fech-ten, focht, gefochten: *mit dem Degen oder Florett kämpfen*
fech-ten, focht, gefochten: *kämpfen*
Fech-ter, der; -s,-
Fe-da-jin, der; -/-s,-/-s: *arabischer Untergrundkämpfer*
Fe-der, die; -,-n: *Vogelfeder*
Fe-der, die; -,-n: *Hartholzleiste; Nut und Feder*
Fe-der, die; -,-n: *Schreibfeder*
Fe-der, die; -,-n: *Sprungfeder*
Fe-der-ball, der; -es, -bäl-le: *Ballspiel; auch: Ball dazu*
Fe-der-bett, das; -s,-en: *mit Federn gefülltes Deckbett*
Fe-der-fuch-ser, der; -s,-: *kleinlicher, übergenauer Mensch*
fe-der-füh-rend: *zuständig*
Fe-der-ge-wicht, das; -es, keine Mehrzahl: *Gewichtsklasse in der Schwerathletik*
Fe-der-ge-wicht-ler, der; -s,-
fe-de-rig: *federartig*

151

fe-der-leicht: *sehr leicht*
fe-dern: *nachgeben und zurückschnellen*
Fe-de-rung, die; -,-en
Fe-der-vieh, das; -s, keine Mehrzahl: *Geflügel*
Fe-der-wei-ße, der; -n, keine Mehrzahl: *junger, angegorener Wein*
fed-rig
Fee, die; -,-n: *Märchengestalt*
Feed-back [Fiedbäck], das; -s, keine Mehrzahl: *Rückmeldung*
fe-en-haft: *zauberhaft*
Fe-ge-feu-er, das; -s,-: *Höllenfeuer*
fe-gen: *auskehren*
fe-gen: *umgangssprachlich für „rasen"*
Fe-ger, der; -s,-: *Besen*
Fe-ger, der; -s,-: *umgangssprachlich für „Geck"*
Feh-de, die; -,-n: *Streit*
Feh-de-hand-schuh, der; -s, keine Mehrzahl: *den Fehdehandschuh hinwerfen: übertragen: „Feindseligkeiten beginnen"*
fehl: *falsch*
Fehl-an-zei-ge, die; -,-n
fehl-bar: *schuldig*
Fehl-be-trag, der; -es, -be-trä-ge: *fehlende Geldsumme*
Fehl-di-ag-no-se, (auch Fehl-dia-gno-se),die, -,-n: *Falschdiagnose*
feh-len: *Unrecht tun, sündigen*
feh-len: *mangeln, vermissen*
feh-len: *nicht vorhanden sein, abwesend sein*
Feh-ler, der; -s,-: *Abweichung vom Richtigen, Unrichtigkeit*
Feh-ler, der; -s,-: *charakterlicher Mangel, Schwäche, Unzulänglichkeit*
feh-ler-frei
feh-ler-haft
feh-ler-los
Feh-ler-quel-le, die; -,-n: *Ursache*
Fehl-far-be, die; -,-n: *Zigarrenart*
Fehl-far-be, die; -,-n: *Spielkarte, die kein Trumpf ist*
fehl-far-ben: *missfarben*
Fehl-ge-burt, die; -, -en: *Abort*
fehl-ge-hen, ging fehl, fehlgegangen: *in die Irre gehen*
Fehl-griff, der; -es,-e: *falsche Auswahl, falsche Maßnahme*
Fehl-kons-truk-tion, (auch Fehl-konst-ruk-tion), die; -,-en: *schlechte, nicht funktionsgerechte Konstruktion*
Fehl-leis-tung, die; -,-en

Fehl-pass, der; -es, -päs-se: *falsche Ballabgabe im Fußball*
Fehl-schlag, der; -es, -schlä-ge: *Misserfolg*
fehl-schla-gen, schlug fehl, fehlgeschlagen
Fehl-start, der; -es/-s,-e: *falscher Start*
Fehl-tritt, der; -es,-e: *Vergehen, Verfehlung*
Fehl-zün-dung, die; -,-en: *Motoraussetzer*
Fei-er, die; -,-n: *Fest*
Fei-er-a-bend, der; -s,-e: *Dienst- oder Arbeitsschluss*
fei-er-lich: *festlich*
Fei-er-lich-keit, die; -,-en: *Festlichkeit, Fest*
fei-ern: *ein Fest feiern*
Fei-er-schicht, die; -,-en: *ausgefallene Schicht*
Fei-er-stun-de, die; -,-n
Fei-er-tag, der; -es,-e
fei-er-tags
feig
fei-ge: *ängstlich, furchtsam, kleinmütig*
Fei-ge, die; -,-n: *tropische Frucht*
Fei-gen-baum, der; -es, -bäu-me
Fei-gen-blatt, das; -es, -blät-ter: *übertragen: spärliche, schamhafte Verhüllung, auch: Vorwand*
Feig-heit, die; -,-en: *Ängstlichkeit, Furcht, Kleinmütigkeit*
Feig-ling, der; -s,-e: *ängstlicher, kleinmütiger, furchtsamer Mensch*
feil-bie-ten, bot feil, feilgeboten: *anbieten*
Fei-le, die; -,-n: *Raspel zur Oberflächenbearbeitung*
fei-len: *raspeln, glätten*
feil-hal-ten, hielt feil, feilgehalten: *feilbieten*
feil-schen: *zäh handeln*
fein: *umgangssprachlich für „schön, toll"*
fein: *sorgfältig (Arbeit)*
fein: *zart, zierlich, dünn*
fein: *erlesen, vorzüglich*
fein: *elegant, vornehm*
fein: *rein, wertvoll*
fein: *genau, scharf, empfindlich*
fein: *erfreulich, willkommen*
Fein-blech, das; -es,-e: *sehr dünnes Blech*
Feind, der; -es,-e: *Widersacher, Gegner, Gegenspieler*
feind-lich: *gegnerisch, böse gesinnt*

Fensterbrett

Feind-lich-keit, die; -,-en
Feind-schaft, die; -,-en: *Gegnerschaft, Hass*
feind-se-lig
Feind-se-lig-keit, die; -,-en
Fein-ein-stel-lung, die; -,-en
fein-füh-lig: *zartfühlend, taktvoll*
Fein-füh-lig-keit, die; -,-en
Fein-ge-fühl, das; -s, keine Mehrzahl: *Takt, Fingerspitzengefühl*
fein-glied-rig
Fein-heit, die; -,-en: *feine Beschaffenheit, Zartheit*
fein-kör-nig
Fein-kost, die; -, keine Mehrzahl: *Delikatessen*
fein ma-chen: *schick anziehen*
fein-ma-schig
Fein-me-cha-nik, die; -, keine Mehrzahl: *Herstellung von kleinen mechanischen Teilen*
Fein-me-cha-ni-ker, der; -s,-
fein-me-cha-nisch
Fein-schme-cker, der; -s,-: *jemand, der gutes Essen schätzt*
Fein-schnitt, der; -es, keine Mehrzahl: *fein geschnittener Pfeifentabak*
fein-sin-nig: *feinfühlig*
Fein-wasch-mit-tel, das; -s,-: *Waschmittel für empfindliche Stoffe*
feist: *fett*
fei-xen: *grinsen*
Fel-chen, der; -s,-: *Fischart*
Feld, das; -es,-er: *Kriegsschauplatz, Schlachtfeld, Front*
Feld, das; -es,-er: *Teil einer Fläche*
Feld, das; -es,-er: *Teilnehmergruppe eines Wettkampfes*
Feld, das; -es,-er: *Abteilung, Fach, Arbeitsgebiet*
Feld, das; -es,-er: *Acker*
Feld-ar-beit, die; -,-en: *Arbeit auf dem Acker*
Feld-bett, das; -es,-en: *zusammenklappbares Bett*
Feld-frucht, die; -, -früch-te: *Nutzpflanze*
Feld-herr, der; -en,-en: *veraltet für „Stratege"*
Feld-jä-ger, der; -s,-: *Polizei der Bundeswehr*
Feld-kü-che, die; -,-n: *fahrbarer Kochkessel zur Truppenverpflegung*
Feld-li-ni-en, die; -, keine Einzahl: *elektromagnetische Kraftlinien*

Feld-spat, der; -es,-e: *Mineralart*
Feld-stär-ke, die; -,-n: *Stärke der in einem elektromagnetischen Feld wirkenden Kraft*
Feld-ste-cher, der; -s,-: *kleines binokulares Fernglas*
Feld-we-bel, der; -s,-: *Unteroffizier*
Feld-weg, der; -es,-e
Feld-zug, der; -es, -zü-ge: *Kriegszug*
Fel-ge, die; -,-n: *der den Reifen tragende Teil des Rades*
Fell, das; -es,-e: *Pelz, Tierhaut*
Fel-la-che, der; -n,-n: *ägyptischer Bauer*
Fel-la-tio, die; -, keine Mehrzahl: *Reizung der männlichen Geschlechtsteile mit Mund und Zunge*
Fell-ei-sen, das; -s,-: *Reisesack, Rucksack*
Fels, der; -en,-en: *Gesteinsmasse*
Fels-block, der; -es,-blö-cke: *großes Stück Gestein*
Fel-sen, der; -,-: *Fels*
fel-sen-fest: *unerschütterlich*
fel-sig
Fels-in-schrift, die; -,-en
Fe-me, die; -,-n: *Freigericht, Notgericht, Selbsthilfe*
Fe-me-ge-richt, das; -es,-e: *Feme*
Fe-me-mord, der; -es,-e: *politischer Mord*
fe-mi-nin: *weiblich*
Fe-mi-ni-num, das; -s, Fe-mi-ni-na: *weibliches Substantiv, grammatisches weibliches Geschlecht*
fe-mi-ni-sie-ren: *verweiblichen*
Fe-mi-ni-sie-rung, die; -,-en
Fe-mi-nis-mus, der; -, keine Mehrzahl: *Frauenemanzipationsbewegung*
Fe-mi-nis-mus, der; -, Fe-mi-nis-men: *verweiblichtes Verhalten beim Mann*
Fe-mi-nis-tin, die; -,-nen: *Frauenrechtlerin*
fe-mi-nis-tisch: *frauenrechtlerisch, zum Feminismus gehörend*
Fen-chel, der; -s,-: *Heil- und Gemüsepflanze*
Fen-der, der; -s,-: *Stoßdämpfer, Puffer zwischen Schiffswand und Kai*
Fenn, das; -s,-e: *Sumpf- und Moorlandschaft*
Fens-ter, das; -s,-: *Licht- und Lüftungsöffnung in Gebäuden und Wagen*
Fens-ter, das; -s,-: *Fensterscheibe*
Fens-ter-bank, die; -,-bän-ke: *Fensterbrett*
Fens-ter-brett, das; -es,-er: *Fensterbank*

153

Fens-ter-glas, das; -es, -glä-ser
Fens-ter-la-den, der; -s, -lä-den: Schlagladen
fens-terln: bayrisch, nachts durchs Fenster bei der Geliebten einsteigen
Fens-ter-platz, der; -es,-plät-ze
Fens-ter-put-zer, der; -s,-
Fens-ter-rah-men, der; -s,-
Fens-ter-schei-be, die; -,-n
ferg-gen: schweizer.: abfertigen, wegbringen
Ferg-ger, der; -s,-: schweizer. für „Spediteur"
Fe-ri-en, die; keine Einzahl: Urlaubszeit
Fe-ri-en-heim, das; -s,-e
Fe-ri-en-rei-se, die; -,-n
Fer-kel, das; -s,-: junges Schwein
Fer-ke-lei, die; -,-en: umgangssprachlich für „schmutzige Angelegenheit, unanständiger Witz"
fer-keln: Junge werfen (beim Schwein)
Fer-ment, das; -es,-e: Enzym, zum Stoffwechsel benötigter, in Zellen gebildeter Stoff
Fer-men-ta-ti-on, die; -,-en: Gärung durch Fermente bei der Veredlung von Tabak oder Tee
fer-men-tie-ren: veredeln durch Fermentation
fern: weit weg, weit entfernt, abgelegen
fern-ab: entfernt
fern-blei-ben, blieb fern, ferngeblieben: nicht teilnehmen, wegbleiben
Fern-blick, der; -es,-e: weiter Ausblick
fer-ne: fern
Fer-ne, die; -,-n: weite Entfernung, weiter räumlicher oder zeitlicher Abstand
fer-ner: weiterhin, außerdem
Fer-ner, der; -s,-: regional für „Gletscher"
fer-ner-hin: weiterhin
Fern-fah-rer, der; -s,-: Lastkraftwagenfahrer
fern-ge-lenkt: ferngesteuert
Fern-ge-spräch, das; -es,-e: Telefongespräch über größere Entfernung
fern-ge-steu-ert: ferngelenkt
Fern-glas, das; -es,-glä-ser: optisches Instrument zur Betrachtung weit entfernter Objekte
fern hal-ten, hielt fern, fern gehalten: nicht herankommen lassen, nicht teilnehmen lassen
fern-her: weither, fern
Fern-last-wa-gen, der; -s,-
Fern-last-zug, der; -es,-zü-ge: Fernlastwagen mit Anhänger
fern-len-ken: fernsteuern
Fern-len-kung, die; -,-en
Fern-lenk-waf-fe, die; -,-n: ferngelenkte Rakete
Fern-licht, das; -es, keine Mehrzahl: aufgeblendetes Licht von Kraftfahrzeugen
fern lie-gen, lag fern, fern gelegen
Fern-mel-de-amt, das; -es,-äm-ter
Fern-mel-de-tech-nik, die; -, keine Mehrzahl
fern-münd-lich: über das Telefon, telefonisch
Fern-ost, ohne Artikel: Kurzwort für „der Ferne Osten, Ostasien"
fern-öst-lich
Fern-rohr, das; -es,-e: Teleskop, optisches Gerät zur Betrachtung weit entfernter Objekte
Fern-ruf, der; -es,-e: Ferngespräch
Fern-schrei-ben, das; -s,-: Telex, telegrafiertes Schreiben
Fern-schrei-ber, der; -s,-
Fern-seh-an-sa-ger, der; -s,-
Fern-seh-ap-pa-rat, der; -es,-e
Fern-seh-emp-fän-ger, der; -s,-
fern-se-hen, sah fern, ferngesehen: eine Fernsehsendung anschauen
Fern-se-hen, das; -s, keine Mehrzahl: funktechnische Übertragung bewegter Bilder
Fern-se-her, der; -s,-: umgangssprachlich für „Fernsehgerät"
Fern-seh-ge-rät, das; -es,-e
Fern-seh-ka-me-ra, die; -,-s: Aufnahmegerät
Fern-seh-pro-gramm, das; -s,-e
Fern-seh-sen-dung, die; -,-en
Fern-seh-ses-sel, der; -s,-
Fern-seh-spiel, das; -es,-e
Fern-seh-spot, der; -s,-s: Werbekurzfilm im Fernsehen
Fern-sicht, die; -, keine Mehrzahl: weiter Ausblick
fern-sich-tig
Fern-sich-tig-keit, die; -,-en: Sehschwäche
Fern-sprech-an-schluss, der, -es, -schlüs-se
Fern-sprech-au-to-mat, der; -en,-en: Fernsprecher, Telefon
Fern-spre-cher, der; -s,-: Fernsprechautomat, Telefon

festlegen

Fern-sprech-ge-bühr, die; -,-en
Fern-sprech-zel-le, die; -,-n: *Telefonzelle*
fern-steu-ern: *fernlenken*
Fern-steue-rung, die; -,-en
Fern-stra-ße, die; -,-n: *Autobahn*
Fern-ver-bin-dung, die; -,-en: *Eisenbahnverbindung zwischen entfernten Orten*
Fern-ver-kehr, der; -s, keine Mehrzahl: *Verkehr zwischen weit entfernten Orten*
Fern-weh, das; -s, keine Mehrzahl: *Sehnsucht nach der Ferne*
Fern-wir-kung, die; -,-en: *Wirkung auf große Distanz*
Fer-rit, der; -es,-e: *reine Eisenkristalle*
Fer-rit-an-ten-ne, die; -,-n: *stabförmige Eisenmagnetantenne*
fer-ro-mag-ne-tisch (auch fer-ro-ma-gne-tisch): *magnetisch wie Eisen*
Fer-ro-mag-ne-tis-mus (auch Fer-ro-ma-gne-tis-mus), der; -, keine Mehrzahl: *Eigenschaft von Eisen, dauernd magnetisch zu sein*
Fer-se, die; -,-n: *hinterer Teil des Fußes, Hacke*
Fer-sen-geld, das; -es, keine Mehrzahl: *nur in der Wendung „Fersengeld geben": davonlaufen*
fer-tig: *zu Ende, am Ende*
fer-tig: *bereit, gebrauchsbereit*
fer-tig: *vollendet, beendet*
fer-tig: *umgangssprachlich für „abgearbeitet, erschöpft"*
Fer-tig-bau-wei-se, die; -,-n: *Bauweise mit vorgefertigten Teilen*
fer-tig be-kom-men, bekam fertig
fer-tig brin-gen, brachte fertig, fertig gebracht: *können, zustande bringen*
fer-ti-gen: *herstellen*
Fer-tig-fa-bri-kat, das; -es,-e: *Ganzfabrikat*
Fer-tig-haus, das; -es,-häu-ser: *in Fertigbauweise gebautes Haus*
Fer-tig-keit, die; -,-en: *Gewandtheit, Geschicklichkeit, Übung, Können*
fer-tig ma-chen: *zu Ende bringen*
fer-tig ma-chen: *umgangssprachlich für „aufs Schärfste zurechtweisen"*
fer-tig ma-chen: *umgangssprachlich für „erledigen, peinigen, quälen, zermürben"*
fer-tig stel-len
Fer-tig-stel-lung, die; -,-en
Fer-ti-gung, die; -,-en: *Herstellung*
Fer-tig-wa-re, die; -,-n: *Ware, die nicht weiter verarbeitet wird*

fesch: *österr. für flott*
Fes-sel, die; -,-n: *Einschränkung, Zwang, Bindung*
Fes-sel, die; -,-n: *Kette oder Strick um Gliedmaße*
Fes-sel-bal-lon, der; -s,-e: *bemannter Luftballon*
fes-seln: *festbinden*
Fes-se-lung, die; -,-en
fest: *unzerreißbar*
fest: *hart, unzerbrechlich*
fest: *dicht zusammenhängend, dicht verbunden*
fest: *starr, steif*
fest: *dauernd, ständig (Wohnsitz)*
fest: *kräftig, widerstandsfähig, stark*
fest: *unerschütterlich, unverbrüchlich, unzertrennlich (Freundschaft, Vertrauen)*
fest: *nicht flüssig*
fest: *sicher, gesichert, unverändert, gleichbleibend (Einkommen, Preise)*
fest: *stabil, dauerhaft, derb, haltbar*
fest: *nachdrücklich*
Fest, das; -es,-e: *Feier*
Fest-akt, der; -es,-e
fest an-ge-stellt
fest-bin-den, band fest, festgebunden
fes-te: *umgangssprachlich für „fest, ordentlich, tüchtig"*
Fes-te, die; -,-n: *Festung*
Fest-es-sen, das; -s,-
fest-fah-ren, fuhr fest, festgefahren: *steckenbleiben, auch: nicht weiterkommen*
fest-hal-ten, hielt fest, fest gehalten: *fest in der Hand halten, gepackt haben*
fest-hal-ten, hielt fest, festgehalten: *ein Ereignis aufzeichnen*
fest-hal-ten, hielt fest, festgehalten: *jemanden zurückhalten*
fest-hal-ten, sich; hielt sich fest, sich festgehalten: *sich anklammern*
fest-hal-ten an, hielt fest an, festgehalten an: *auf etwas beharren, sich nicht überzeugen lassen*
fest-hef-ten: *anheften*
fes-ti-gen: *stabilisieren*
Fes-tig-keit, die; -,-en: *Stabilität*
Fes-ti-val, das; -s,-s: *große Veranstaltung*
Fest-land, das; -es, keine Mehrzahl: *größere Landmasse*
fest-le-gen: *endgültig bestimmen, langfristig anlegen*
fest-le-gen, sich: *sich binden*

fest-lich: *feierlich*
Fest-me-ter, der; -s,-: *Raummaß: ein Kubikmeter Holz*
Fest-nah-me, die; -,-n: *Verhaftung*
fest-neh-men, nahm fest, festgenommen: *verhaften*
Fest-preis, der; -es,-e: *festgelegter Preis*
Fest-schrift, die; -,-en: *Jubiläumsschrift, Denkschrift*
fest-set-zen: *bestimmen, verhaften*
Fest-set-zung, die; -,-en
fest-ste-hen, stand fest, festgestanden: *gewiß, sicher sein*
fest-ste-hen, stand fest, festgestanden: *beschlossen, angeordnet*
fest-ste-hen, stand fest, festgestanden: *bestimmt, festgelegt*
fest-stel-len: *wahrnehmen*
fest-stel-len: *fixieren*
fest-stel-len: *ermitteln, erforschen*
Fest-stel-lung, die; -,-en
Fes-tung, die; -,-en: *befestigter Ort, Burg*
fest-ver-zins-lich: *mit festem Zinssatz*
Fest-zug, der; -es,-zü-ge: *festlicher Umzug*
Fe-te, die; -,-n: *umgangssprachlich für „Feier, Fest"*
Fe-tisch, der; -es,-e: *Gegenstand religiöser oder sexueller Verehrung*
Fe-ti-schis-mus, der; -, keine Mehrzahl: *religiöse oder sexuelle Verehrung von Fetischen*
fett: *dick, breit, stark (Druckschrift)*
fett: *einträglich, Gewinn bringend, lohnend*
fett: *fetthaltig, fettreich*
fett: *dick, beleibt*
Fett, das; -es,-e: *Schmalz, ausgelassener Speck*
Fett, das; -es,-e: *halbfeste Substanz zum Schmieren von Maschinen*
Fett, das; -es, keine Mehrzahl: *Ansammlung von Fettgewebe im Körper*
Fett-au-ge, das; -s,-n: *geschmolzenes Fett*
fet-ten: *einschmieren, abschmieren*
Fett-fleck, der; -s,-e
fett ge-druckt: *dick gedruckt*
Fett-ge-halt, der; -es,-e: *Gehalt, Menge an Fett*
fet-tig: *mit Fett beschmiert, ölig*
Fett-le-be, die; -, keine Mehrzahl: *Wohlleben, üppig essen und trinken*
Fett-le-ber, die; -,-n: *durch Fettablagerung geschädigte Leber*

fett-lei-big
Fett-lei-big-keit, die; -, keine Mehrzahl
Fett-näpf-chen, das; -s,-: *in der Wendung „ins Fettnäpfchen treten": Anstoß erregen, etwas falsch machen*
fett-trie-fend: *von Fett tropfend*
Fett-wanst, der; -es,-e: *umgangssprachlich für „dicker Mensch"*
Fe-tus (auch Fö-tus), der; -ses, Fö-ten: *Embryo vom dritten Monat an*
Fet-zen, der; -s,-: *Lumpen, abgerissenes Kleidungsstück*
Fet-zen, der; -s,-: *abgerissenes Stück*
feucht: *nass*
Feuch-te, die; -,-n: *Feuchtigkeit*
feucht-fröh-lich: *fröhlich zechend*
Feuch-tig-keit, die; -,-en: *Feuchte, Nässe*
feu-dal: *prunkvoll, vornehm*
Feu-dal-herr-schaft, die; -, keine Mehrzahl: *Herrschaft durch den Adel*
Feu-da-lis-mus, der; -, keine Mehrzahl: *Lehnswesen, Adelsherrschaftssystem*
feu-da-lis-tisch
Feu-del, der; -s,-: *norddeutsch für „Lappen"*
Feu-er, das; -s,-: *Schießen*
Feu-er, das; -s,-: *Brand, Flammen*
Feu-er, das; -s,-: *Leuchtfeuer*
Feu-er, das; -s,-: *Schwung, innere Glut*
Feu-er-a-larm, der; -es,-e
feu-er-be-stän-dig: *feuerfest*
Feu-er-be-stat-tung, die; -,-en: *Leichenverbrennung*
Feu-er-ei-fer, der; -s, keine Mehrzahl: *Elan, Begeisterung*
feu-er-fest: *hitzebeständig*
Feu-er-ge-fahr, die; -,-en
feu-er-ge-fähr-lich: *leicht entzündbar*
Feu-er-lö-scher, der; -s,-
feu-ern: *umgangssprachlich für „jemanden entlassen"*
feu-ern: *umgangssprachlich für „schleudern, werfen"*
feu-ern: *Feuer machen, heizen*
feu-ern: *auf jemanden schießen*
feu-er-rot
Feu-ers-brunst, die; -,-brüns-te: *verheerendes, großflächiges Feuer*
Feu-er-schein, der; -es, keine Mehrzahl
feu-er-spei-end: *flammenwerfend*
Feu-er-stein, der; -s,-e: *Quarz, Flintstein*
Feu-er-stel-le, die; -,-n: *Herd, Brandstelle*
Feu-er-stoß, der; -es,-stö-ße: *schnelle Schussfolge*

Feu-er-über-fall, der; -s,-fäl-le: *Überfall mit Beschuss*
Feu-er-wa-che, die; -,-n: *Feuerwehrgebäude*
Feu-er-waf-fe, die; -,-n: *Schusswaffe*
Feu-er-wehr, die; -,-en: *Mannschaften und Geräte zur Feuerbekämpfung*
Feu-er-werk, das; -es,-e
Feu-er-werks-kör-per, der; -s,-
Feu-er-zan-gen-bow-le, die; -,-n: *heißes alkoholisches Getränk*
Feu-er-zeug, das; -es,-e: *Gerät zum Entzünden von Feuer*
Feuil-le-ton, das; -s,-s: *kultureller Teil der Zeitung*
Feuil-le-to-nist, der; -en,-en: *Mitarbeiter beim Feuilleton*
feuil-le-to-nis-tisch: *in der Art eines Feuilletons*
feuil-le-to-nis-tisch: *ansprechend, aber oberflächlich, nicht fundiert*
feu-rig: *leidenschaftlich, temperamentvoll*
feu-rig: *brennend, glühend*
Fez, der; -es, keine Mehrzahl: „*Spaß, Unsinn*"
Fi-a-ker, der; -s,-: *österr. für „Mietkutsche, Pferdedroschke"; auch: dessen Kutscher*
Fi-as-ko, das; -s,-s: *Misserfolg*
Fi-bel, die; -,-n: *Lehrbuch für Kinder*
Fi-ber, die; -,-n: *Faser*
Fich-te, die; -,-n: *Nadelbaum*
Fich-ten-na-del, die; -,-n
fi-cken: *umgangssprachlich für „Beischlaf ausüben"*
fi-del: *munter, lustig, vergnügt*
Fi-di-bus, der; -,/-ses,-/-se: *veraltet für „Pfeifenanzünder aus Holz oder Papier"*
Fie-ber, das; -s, keine Mehrzahl: *krankhaft erhöhte Körpertemperatur*
fie-ber-frei
fie-ber-haft: *angespannt, hastig*
fie-bern: *Fieber haben*
fie-bern: *angespannt, aufgeregt sein*
Fie-ber-fan-ta-sie (auch Fie-ber-phan-ta-sie), die; -,-n
fieb-rig: *mit Fieber*
Fie-del, die; -,-n: *umgangssprachlich für „Geige"*
fie-deln: *umgangssprachlich für „geigen"*
fie-pen: *winseln*
fies: *gemein*

figh-ten [faiten]: *kämpfen*
Figh-ter [Faiter], der; -s,-: *Kämpfer*
Fi-gur, die; -,-en: *Spielstein*
Fi-gur, die; -,-en: *gestaltete Form, Statue*
Fi-gur, die; -,-en: *Körperform, Gestalt*
fi-gür-lich: *bildlich, im übertragenen Sinne*
Fik-ti-on, die; -,-en: *Erdichtung; auch: Annahme, Unterstellung eines bestimmten Falles*
fik-tiv: *angenommen, erdichtet, auf Fiktion beruhend*
Fi-la-ment, das; -es,-e: *Staubfaden*
Fi-let [Fileh], das; -s,-s: *durchbrochene Wirkware*
Fi-let [Fileh], das; -s,-s: *Lendenstück (Fleisch); entgrätetes Rückenstück (Fisch); Bruststück (Geflügel)*
Fi-li-a-le, die; -,-n: *Zweigniederlassung*
Fi-li-al-lei-ter, der; -s,-
Fi-lig-ran (auch Fi-li-gran), das; -s,-e: *Geflecht feiner Drähte, Flechtwerk*
Fi-li-us, der; -/-ses,-se/Fi-lii: *scherzhaft: Sohn*
Film, der; -s,-e: *mit einer lichtempfindlichen Schicht überzogenes Material für fotografische Aufnahmen*
Film, der; -s,-e: *Abfolge von fotografierten Bildern*
Film, der; -s,-e: *dünnes Häutchen, dünne Schicht*
Film-a-te-li-er, das; -s,-s: *Filmaufnahmestudio*
fil-men: *einen Film drehen*
fil-men: *umgangssprachlich für „übers Ohr hauen"*
fil-misch: *den Film betreffend*
Film-ka-me-ra, die; -,-s
Film-re-gis-seur, der; -s,-e
Film-schau-spie-ler, der; -s,-
Film-star, der; -s,-s: *berühmter Filmschauspieler, berühmte Filmschauspielerin*
Fi-lou [Filuh], der; -s,-s: *Spitzbube, gerissener Mensch*
Fil-ter, der/das; -s,-: *Vorrichtung zum Trennen fester Stoffe von Flüssigkeiten oder von Luft*
Fil-ter, der/das; -s,-: *gefärbte Glasplatte, die bestimmte Lichtanteile zurückhält*
fil-tern: *zurückhalten, trennen oder klären*
Fil-ter-pa-pier, das; -s,-e
Fil-te-rung, die; -,-en

Filterzigarette

Fil-ter-zi-ga-ret-te, die; -,-n
Filz, der; -es,-e: *gepresster Faserstoff*
Filz, der; -es, keine Mehrzahl: *umgangssprachlich für „undurchschaubares Beziehungsgeflecht"*
fil-zen: *umgangssprachlich für „durchsuchen"*
Filz-hut, der; -es,-hü-te
Filz-schrei-ber, der; -s,
Fim-mel, der; -s,-: *umgangssprachlich für „Überspanntheit"*
Fim-mel, der; -s,-: *Spaltkeil, schwerer Hammer*
fi-nal: *beendend, abschließend*
Fi-na-le, das; -s,-: *Endrunde, Endspiel*
Fi-na-list, der; -en,-en: *Endspielteilnehmer*
Fi-nanz, die; -, keine Mehrzahl: *Geldwesen, Gesamtheit der Finanziers*
Fi-nanz-amt, das; -es, -äm-ter: *Steuerbehörde*
Fi-nanz-be-am-te, der; -n,-n
Fi-nan-zen, die; -, keine Mehrzahl: *Staatshaushalt*
Fi-nan-zen, die; -, keine Einzahl: *Geld, Geldmittel; Vermögen; Vermögenslage*
Fi-nanz-ho-heit, die; -, keine Mehrzahl: *Recht zur Erhebung und Verwendung von Steuern*
Fi-nan-zier [Finanzjeh], der; -s,-s: *Geldgeber, finanzkräftiger Geschäftsmann*
fi-nan-zie-ren: *mit Geld ausstatten, durch Geld ermöglichen*
Fi-nan-zie-rung, die; -,-en
fi-nanz-kräf-tig
Fi-nanz-mi-nis-ter, der; -s,-
Fin-del-kind, das; -es,-er: *ausgesetztes Kind*
fin-den, fand, gefunden: *erachten, halten für, meinen*
fin-den, fand, gefunden: *entdecken*
Fin-der, der; -s,-
Fin-der-lohn, der, -es, -löh-ne
fin-dig: *gewitzt, klug, schlau*
Fi-nes-se, die; -,-n: *Feinheit, Kniff, Trick, Kunstgriff*
Fin-ger, der; -s,-: *Endglied der Hand*
Fin-ger-ab-druck, der; -es, -drü-cke
fin-ger-fer-tig
Fin-ger-fer-tig-keit, die; -,-en: *Geschicklichkeit*
Fin-ger-glied, das; -es,-er
Fin-ger-hut, der; -es, -hü-te: *Metallkappe als Fingerschutz beim Nähen*

Fin-ger-hut, der; -es,-hü-te: *giftige Pflanze*
Fin-ger-kup-pe, die; -,-n: *Spitze des Fingers*
fin-gern: *herumspielen, betasten, fummeln*
Fin-ger-na-gel, der; -s, -nä-gel
Fin-ger-spit-zen-ge-fühl, das; -s, keine Mehrzahl: *Feinfühligkeit*
Fin-ger-zeig, der; -es,-e: *Hinweis, Wink*
fin-gie-ren: *vortäuschen, erdichten*
Fink, der; -en,-en: *Vogelart*
Fin-ne, der; -n,-n: *Einwohner Finnlands*
Fin-ne, die; -,-n: *Rückenflosse von Haien oder Walen*
Fin-ne, die; -,-n: *Larve des Bandwurms*
fins-ter: *dunkel*
Fins-ter-keit, die; -, keine Mehrzahl: *Dunkelheit*
Fins-ter-nis, die; -,-se: *Verfinsterung*
Fin-te, die; -,-n: *Täuschung, Vorwand*
Fin-te, die; -,-n: *Scheinangriff*
fin-ten-reich
firm: *bewandert, kenntnisreich*
Fir-ma, die; -, Fir-men: *Geschäft, Betrieb*
Fir-ma, die; -, Fir-men: *Geschäftsname*
Fir-ma-ment, das; -s, keine Mehrzahl: *Himmel*
Fir-men-in-ha-ber, der; -s,-
fir-mie-ren: *einen Geschäftsnamen führen*
Fir-mung, die; -,-en: *katholisches Sakrament*
Firn, der; -s, keine Mehrzahl: *vorjähriger Schnee*
Fir-nis, der; -ses,-se: *rasch trocknende Schutzflüssigkeit*
Fir-nis, der; -ses,-se: *Schutzanstrich mit rasch trocknender Flüssigkeit*
fir-nis-sen: *mit Firnis überstreichen*
First, der; Firs-tes, Firs-te: *oberste Dachkante*
Fisch, der; -es,-e: *Wasserlebewesen*
fi-schen: *Fische fangen, angeln*
Fi-scher, der; -s,-
Fisch-fang, der; -es,-fän-ge
Fisch-grä-te, die; -,-n: *Knochen des Fisches*
fi-schig
Fisch-kut-ter, der; -s,-: *Kutter*
Fisch-mehl, das; -s, keine Mehrzahl: *Futtermehl aus Fischen*
Fisch-ot-ter, der; -s,-: *Otterart*
Fisch-schup-pe, die; -,-n

Fisch-zucht, die; -,-en
Fi-si-ma-ten-ten, die; -, keine Einzahl: *umgangssprachlich für "Ausflüchte, Faxen"*
fis-ka-lisch: *zum Fiskus gehörend, den Fiskus betreffend*
Fis-kus, der; -, keine Mehrzahl: *Finanzverwaltung*
Fis-kus, der; -, keine Mehrzahl: *Staatsvermögen*
Fi-so-le, die; -,-n: *österr. für "Bohne"*
Fis-tel-stim-me, die; -,-n: *Kopfstimme*
fit: *leistungsfähig, gut trainiert, auch: gesund*
Fit-ness, die; -, keine Mehrzahl: *Leistungsfähigkeit*
fix: *flink, behende, schnell, rasch*
fix: *fest, feststehend, unverändert*
fi-xen: *sich Rauschgift spritzen*
fi-xen: *Wertpapiere auf Zeit verkaufen*
Fi-xer, der; -s,-: *Börsenspekulant*
Fi-xer, der; -s,-: *Süchtiger, der sich das Rauschgift spritzt*
Fix-ge-schäft, das; -es,-e: *Termingeschäft*
Fi-xier-bad, das; -es,-bä-der: *Lösung mit Fixiersalz zum Entwickeln von Filmen*
fi-xie-ren: *härten, festigen*
fi-xie-ren: *festsetzen*
fi-xie-ren: *jemanden starr ansehen, anstarren*
Fi-xie-rung, die; -,-en
Fix-stern, der; -es,-e: *feststehender Stern, ferne Sonne*
Fi-xum, das; -s, Fi-xa: *festes Einkommen, Gehalt*
Fjord, der; -es,-e: *langer, tiefer Meeresarm*
flach: *oberflächlich, platt, geistlos*
flach: *seicht*
flach: *eben*
Flä-che, die; -,-n: *Ebene, Platz*
Flä-che, die; -,-n: *zweidimensionales Gebilde*
Flachs, der; -es, keine Mehrzahl: *umgangssprachlich für "Neckerei, Schabernack"*
Flachs, der; -es, keine Mehrzahl: *Faserpflanze; auch: Gewebe daraus*
flach-sen: *umgangssprachlich für "necken"*
fla-ckern: *lodern, zucken, zittern*
Fla-den, der; -s,-: *dünnes, flaches Gebäck*
Fla-den, der; -s,-: *flacher Haufen Mist oder Dung*

Flag-ge, die; -,-n: *Fahne*
flag-gen: *Fahne, Flagge setzen*
Flagg-schiff, das; -es,-e: *Kriegsschiff mit Befehlszentrale*
flag-rant (auch fla-grant): *offenkundig*
Flair [Flähr], das; -s, keine Mehrzahl: *Ahnungsvermögen, Instinkt*
Flair [Flähr], das; -s, keine Mehrzahl: *Atmosphäre, Ausstrahlung, Fluidum*
Flak, die; -,-s: *Flugabwehrkanone*
Fla-kon [Flakoñ], der; -s,-s: *geschliffenes Glasfläschchen*
flam-bie-ren: *Speise mit Alkohol übergießen und entzünden*
Fla-min-go, der; -s,-s: *tropische Wasservogelart*
Flam-me, die; -,-n: *leuchtende Verbrennungserscheinung, hochschlagendes Feuer*
Flam-me, die; -,-n: *Angebetete, Geliebte, Schwarm*
flam-men: *lodern*
fläm-men: *absengen*
flam-mend: *brennend, feurig*
Flam-me-ri, der; -s,-s: *Süßspeise*
Fla-nell, der; -s,-e: *weicher, gerauter Stoff*
fla-nie-ren: *schlendern, bummeln*
Flan-ke, die; -,-n: *bei Ballspielen das Zuspielen des Balles quer über das Spielfeld*
Flan-ke, die; -,-n: *seitlicher Sprung über ein Sportgerät*
Flan-ke, die; -,-n: *seitlicher Rumpf*
flan-ken: *weiträumig zuspielen*
flan-ken: *seitlich springen*
flan-kie-ren: *schützend begleiten*
Flansch, der; -es,-e: *Ring am Ende eines Rohres, an dem es mit einem anderen verschraubt ist*
flan-schen: *verbinden*
flap-sig: *unreif, ungeschliffen*
Fla-sche, die; -,-n: *Verbindung mehrerer Rollen beim Flaschenzug*
Fla-sche, die; -,-n: *Gefäß mit engem Hals zum Aufbewahren von Flüssigkeiten*
Fla-sche, die; -,-n: *umgangssprachlich für "Versager"*
Fla-schen-hals, der; -es, -häl-se: *übertragen für "Engpass"*
Fla-schen-hals, der; -es, -häl-se: *enger Hals der Flasche*
Fla-schen-post, die; -, keine Mehrzahl
Fla-schen-zug, der; -es, -zü-ge: *Hebevorrichtung*

flatterhaft

flat-ter-haft: *unbeständig, unstet, wankelmütig*
flat-tern: *umgangssprachlich für „unsicher sein"*
flat-tern: *vom Wind bewegt werden*
flat-tern: *unsicher fliegen*
flau: *abgestanden, fade*
flau: *lustlos*
flau: *schwach, matt, kraftlos*
Flaum, der; -es, keine Mehrzahl: *zarter Haar- oder Federwuchs*
flau-mig: *weich, mit Flaum bedeckt*
flau-schig: *weich*
Flau-sen, die; -, keine Einzahl: *dummes Gerede, Ausflüchte, auch: dumme Gedanken*
Flau-te, die; -,-n: *Windstille*
Flau-te, die; -,-n: *Leistungsschwäche*
Flech-te, die; -,-n: *Zopf, geflochtenes Haar*
Flech-te, die; -,-n: *symbiotischer Organismus*
Flech-te, die; -,-n: *schuppiger Hautausschlag*
flech-ten, flocht, geflochten: *verschlingen, verknüpfen*
Fleck, der; -es,-e: *Stelle, Punkt, Platz*
Fleck, der; -es,-e: *verschmutzte, andersfarbige Stelle, Klecks, Tupfen; Makel*
Fle-cken, der; -s,-: *kleine Siedlung*
fle-ckig: *befleckt*
Fled-de-rer, der; -s,-
fled-dern: *ausplündern, berauben (vor allem bei Toten)*
Fle-der-maus, die; -,-mäu-se: *nachtfliegender Handflügler*
Fleet, der; -es,-e: *Wassergraben, Entwässerungsgraben*
Fle-gel, der; -s,-: *ungehobelter Mensch*
Fle-gel, der; -s,-: *Dreschgerät*
Fle-ge-lei, die; -,-en: *Ungehörigkeit, Unverschämtheit, Frechheit*
fle-gel-haft: *ungehobelt*
Fle-gel-jah-re, die; -, keine Einzahl: *Jahre der Pubertät*
fle-geln, sich: *sich nachlässig hinsetzen, sich lümmeln*
fle-hen: *dringend bitten*
fle-hent-lich: *dringlich*
Fleisch, das; -es, keine Mehrzahl: *essbare Teile der Früchte, Fruchtfleisch*
Fleisch, das; -es, keine Mehrzahl: *Weichteile des Körpers*
Fleisch-brü-he, die; -,-n

Flei-scher, der; -s,-: *Metzger, Fleischhauer*
Flei-sche-rei; die; -,-en: *Metzgerei, Ladengeschäft für Fleisch- und Wurstwaren*
Flei-sches-lust, die; -, keine Mehrzahl: *veraltet für „Sinnlichkeit, Sexualität"*
fleisch-lich: *übertragen: sinnlich*
fleisch-lich: *leiblich*
fleisch-los: *vegetarisch*
Fleisch-wolf, der; -es,-wöl-fe: *Gerät zum Zerkleinern von Fleisch, Wolf*
Fleiß, der; -es, keine Mehrzahl: *Eifer, Zielstrebigkeit, Arbeitsamkeit, tatkräftiges Streben*
flei-ßig: *eifrig, tatkräftig*
flek-tie-ren: *grammatischer Oberbegriff für „deklinieren und konjugieren", beugen*
flen-nen: *umgangssprachlich für „weinen, klagen"*
flet-schen: *Zähne blecken*
fle-xi-bel: *anpassungsfähig*
fle-xi-bel: *biegsam, nachgiebig, veränderbar*
Fle-xi-bi-li-tät, die; -, keine Mehrzahl: *flexible Beschaffenheit*
Fle-xi-on, die; -,-en: *grammatischer Oberbegriff für „Deklination und Konjugation", Beugung*
fli-cken: *ausbessern*
Flick-werk, das; -es,-e: *zusammengestückelte, stümperhafte Arbeit*
Flie-der, der; -s,-: *Zierstrauch*
Flie-ge, die; -,-n: *Mücke, Insekt*
Flie-ge, die; -,-n: *zur Querschleife gebundene Krawatte*
flie-gen, flog, geflogen: *durch die Luft schweben*
flie-gen, flog, geflogen: *umgangssprachlich für „entlassen werden"*
Flie-gen-ge-wicht, das; -es,-e: *umgangssprachlich für „leichter, kleiner Mensch"*
Flie-gen-ge-wicht, das; -es, keine Mehrzahl: *Gewichtsklasse in der Schwerathletik*
Flie-gen-pilz, der; -es,-e: *giftige Pilzart*
flie-hen, floh, geflohen: *ausreißen, sich retten, sich heimlich entfernen*
Flieh-kraft, die; -,-kräf-te: *bei drehender Bewegung nach außen wirkende Kraft, Zentrifugalkraft*
Flie-se, die; -,-n: *Keramik- oder Steinplatte, Kachel*
flie-sen: *mit Fliesen auslegen*
Flie-sen-le-ger, der; -s,-: *Handwerker*

Fluglotse

Fließ-band, das; -es,-bän-der: *sich konstant bewegendes Montageband*
flie-ßen, floss, geflossen: *rinnen, rieseln, strömen*
flie-ßend: *reibungslos*
flie-ßend: *strömend, rinnend*
Flim-mer-kis-te, die; -,-n: *umgangssprachlich für „Fernsehapparat"*
flim-mern: *flirren*
flink: *rasch, geschickt, gewandt, behende*
Flin-te, die; -,-n: *Gewehr*
Flip, der; -s,-s: *alkoholisches Getränk*
flip-pen: *herumflippen; Szenesprache für „ziellos sein"*
Flip-per, der; -s,-: *Spielautomat*
flir-ren: *flimmern*
Flirt [Flört], der; -s,-s: *Tändelei, Liebelei*
flir-ten [flörten]
Flitt-chen, das; -s,-: *abschätzig für „lebenslustige Frau"; leichtes Mädchen*
Flit-ter-wo-chen, die; -, keine Einzahl: *Zeit nach der Hochzeit, Hochzeitsreise*
Flitz-bo-gen, der; -s, -bö-gen: *Pfeil und Bogen als Kinderspielzeug*
flit-zen: *sich schnell bewegen*
floa-ten [flouten]
Floa-ting [Flouting], das; -s, keine Mehrzahl: *freigegebener Wechselkurs*
Flo-cke, die; -,-n: *lockere kleine Masse*
Floh, der; -s, Flö-he: *Ungeziefer*
flo-hen: *umgangssprachlich für „erbetteln", „schnorren"*
flö-hen: *nach Flöhen absuchen*
Flor, der; -s, keine Mehrzahl: *feines Gewebe*
Flor, der; -s, keine Mehrzahl: *Blütenpracht*
Flo-ra, die; -, Flo-ren: *Pflanzenwelt*
Flo-rett, das; -s,-e: *leichte Stichwaffe*
Flor-flie-ge, die; -,-n: *Insekt, Nützling*
flo-rie-ren: *geschäftlich Erfolg haben, gedeihen*
Flo-rist, der; -en,-en: *Blumenbinder, Blumenzüchter*
Flo-ris-tin, die; -,-nen: *Blumenbinderin, Blumenzüchterin*
Flos-kel, die; -,-n: *leere Redensart, Formel*
flos-kel-haft
Floß, das; -es, Flö-ße: *flaches Wasserfahrzeug aus zusammengebundenen Baumstämmen*
Flos-se, die; -,-n: *Schiffsruder*
Flos-se, die; -,-n: *Bewegungs- und Steuerorgan der Fische*

flö-ßen: *auf dem Wasser als Floß befördern*
Flö-te, die; -,-n: *Blasinstrument*
flö-ten
Flö-tist, der; -en,-en: *Flötenspieler*
flott: *schnell, flink, rasch*
flott: *im Wasser frei schwimmend*
flott: *schick*
Flot-te, die; -,-n: *größerer Schiffsverband, Gesamtheit aller Schiffe eines Landes*
flott-ma-chen: *reparieren, wieder in Gang setzen*
Flöz, das; -es,-e: *Erz oder Kohle führende Schicht*
Fluch, der; -es, Flü-che: *Verwünschung*
flu-chen: *verwünschen*
Flucht, die; -,-en: *das Fliehen, Enteilen, Entweichen*
fluch-ten: *in eine gerade Linie bringen*
flüch-ten: *fliehen, sich retten*
flüch-tig: *leicht verdunstend*
flüch-tig: *oberflächlich, ungenau*
flüch-tig: *auf der Flucht*
flüch-tig: *leichtfüßig, rasch, schnell*
flüch-tig: *vergänglich, vorübergehend, von kurzer Dauer*
Flüch-tig-keit, die; -, keine Mehrzahl
Flüch-tig-keits-feh-ler, der; -s,-
Flücht-ling, der; -s,-e: *Entflohener*
Flücht-lings-la-ger, das; -s,-
Flucht-punkt, der; -es,-e: *Treffpunkt von Linien in der Ferne*
Flucht-ver-such, der; -es,-e
Flucht-weg, der; -s,-e
Flug, der; -es, Flü-ge: *das Fliegen, Fortbewegung in der Luft; auch: Reise im Flugzeug*
Flug-bahn, die; -,-en: *ballistische Bahn eines geworfenen Körpers*
Flug-blatt, das; -es,-blät-ter: *Mitteilungsblatt*
Flü-gel, der; -s,-: *Schwinge*
Flü-gel, der; -s,-: *Seitenanbau eines Gebäudes, Seitentrakt*
Flü-gel, der; -s,-: *Klavier, Tasteninstrument*
Flug-gast, der; -es,-gäs-te
flüg-ge: *flugfähig, ausgeflogen; auch: selbstständig*
Flug-ha-fen, der; -s,-hä-fen: *Start- und Landeplatz von Flugzeugen*
Flug-ka-pi-tän, der; -s,-e: *Pilot*
Flug-lot-se, der; -n,-n: *Flugsicherheitstechniker*

Flugplatz

Flug-platz, der; -es,-plät-ze: *Flughafen*
flugs: *schnell, im Nu*
Flug-zeug, das; -es,-e
Flu-i-dum, das; -s, Flu-i-da: *Ausstrahlung einer Person, Wirkung*
Fluk-tu-a-ti-on, die; -,-en: *Schwankung, ständiger Wechsel*
fluk-tu-ie-ren: *schwanken, wechseln*
Flun-der, die; -,-n: *Fischart*
Flun-ke-rei, die; -,-en: *kleine Lüge, Lügengeschichte*
flun-kern: *schwindeln*
Flunsch, der; -es,-e: *Grimasse des Unmuts*
Flu-or, das; -s, keine Mehrzahl: *zu den Halogenen gehörendes gasförmiges Element; Zeichen: F*
Flu-o-res-zenz, die; -,en: *Aufleuchten durch Bestrahlung*
flu-o-res-zie-ren: *aufleuchten, glimmen*
Flur, die; -,-en: *Nutzland, landwirtschaftlich genutztes Gebiet*
Flur, der; -es,-e: *Vorraum einer Wohnung, Diele, Korridor*
Flur-be-rei-ni-gung, die; -,en: *Umlegung*
Flur-scha-den, der; -s,-schä-den: *Landschaftsschädigung*
Fluss, der; -es, Flüs-se: *das Fließen, Strömung*
Fluss, der; -es, Flüs-se: *fließendes Gewässer, Strom*
fluss-ab-wärts
fluss-auf-wärts
Fluss-bett, das; -s,-en
flüs-sig: *fließend, wässrig*
flüs-sig: *geschmolzen*
flüs-sig: *geläufig, glatt (Rede)*
Flüs-sig-keit, die; -,-en: *flüssiges Material*
Fluss-lauf, der; -es,-läu-fe
Fluss-re-gu-lie-rung, die; -,-en: *Eindeichung des Flusses, Begradigung, Vertiefung*
flüs-tern: *tuscheln, leise reden*
Flüs-ter-ton, der; -es,-tö-ne
Flut, die; -,-en: *große, bewegte, strömende Menge*
Flut, die; -,-en: *bewegte Wassermasse*
Flut, die; -,-en: *Hochstand des Meerwassers*
flu-ten: *fließen, strömen, wogen*
flu-ten: *anschwellen*
Flut-licht, das; -s, keine Mehrzahl: *helle Stadionbeleuchtung*
flut-schen: *umgangssprachlich für „rasch von der Hand gehen, gut vorangehen"*

Fock, die; -,-en: *Vorsegel vor dem Großmast*
Fö-de-ra-lis-mus, der; -, keine Mehrzahl: *Staatenbund mit weitgehender Selbstständigkeit der Einzelstaaten*
fö-de-ra-lis-tisch
Fö-de-ra-ti-on, die; -,-en: *Bündnis, Staatenbund, Bundesstaat*
Foh-len, das; -s,-: *junges Pferd, Füllen*
Föhn, der; -s, keine Mehrzahl: *warmer Fallwind*
Föhn (auch Fön), der; -s,-e: *Heißluftgebläse, Haartrockner*
föh-nen (auch fönen); *mit dem Föhn trocknen*
föh-nig
Föh-re, die; -,-n: *Kiefer*
fo-kal: *vom Fokus ausgehend*
Fo-kus, der; -,-se: *Brennpunkt eines optischen Systems*
fo-kus-sie-ren: *ein optisches Gerät scharf stellen*
Fol-ge, die; -,-n: *Reihe, Nacheinander, Sequenz*
Fol-ge, die; -,-n: *Fortsetzung*
Fol-ge, die; -,-n: *Ergebnis, Wirkung, Folgeerscheinung*
fol-gen: *gehorchen, sich fügen*
fol-gen: *hinterhergehen, nachgehen, nachfolgen*
fol-gend: *nachkommend*
fol-gen-der-ma-ßen: *so, wie folgt*
fol-gen-schwer
fol-ge-rich-tig: *logisch, konsequent*
fol-gern: *schließen*
Fol-ge-rung, die; -,-en: *Schluss, Ableitung*
Fol-ge-zeit, die; -,-en: *unmittelbar auf ein Ereignis folgende Zeit*
folg-lich: *demzufolge, infolgedessen, daher*
Folg-sam-keit, die; -,-en: *Gehorsam*
Fo-li-ant, der; -en,-en: *dickes Buch, Wälzer*
Fo-lie, die; -,-n: *dünne Kunststoff- oder Metallschicht*
Fol-klo-re (auch Folk-lo-re), die; -, keine Mehrzahl: *Sammelbezeichnung für Volkslieder, -tänze und -musik*
fol-klo-ris-tisch (auch folk-lo-ris-tisch)
Fol-li-kel, der; -s,-: *Bläschen, das die heranreifende Eizelle umgibt*
Fol-li-kel, der; -s,-: *Drüsenbläschen*
Fol-ter, die; -,-n: *Pein, Qual, Erpressung durch körperliche Peinigung*

fortfahren

Fol-ter-kam-mer, die; -,-n
Fol-ter-knecht, der; -es,-e: *Folterer*
fol-tern: *peinigen, quälen*
Fol-te-rung, die; -,-en
Fön vgl. Föhn
Fon (auch Phon), das; -s, keine Mehrzahl: *Maßeinheit der Lautstärke*
Fo-ne-tik (auch Pho-ne-tik), die; -, keine Mehrzahl: *Lehre von der Art und der Erzeugung der Laute*
fo-ne-tisch (auch pho-ne-tisch): *die Fonetik betreffend*
Fond [Foñ], der; -s,-s: *Rücksitz des Autos*
Fond [Foñ], der; -s,-s: *beim Braten, Schmoren oder Dünsten zurückbleibender Fleischsaft, der als Grundlage für Soßen oder Suppen dient*
Fonds [Foñ], der; -s,-s: *Grundlage*
Fonds [Foñ], der; -,-: *zweckbestimmter Geldvorrat*
Fon-due [Foñdüh], die; -,-s/das; -s, -s: *schweizerisches Käsegericht*
fö-nen vgl. föhnen
Fon-tä-ne, die; -,-n: *Springbrunnen*
fop-pen: *necken, zum Narren halten*
for-cie-ren: *steigern, gewaltsam vorantreiben*
För-de, die; -,-n: *schmale Meeresbucht*
För-der-band, das; -es, -bän-der: *Endlosfließband, laufendes Band*
För-de-rer, der; -s,-: *Helfer, Mäzen*
för-der-lich: *nützlich*
for-dern: *verlangen, herausfordern*
för-dern: *vorantreiben, beschleunigen*
för-dern: *ans Tageslicht bringen, Erz oder Kohle abbauen*
för-dern: *helfen, unterstützen, begünstigen*
For-de-rung, die; -,-en: *Anspruch*
For-de-rung, die; -,-en: *Wunsch, Verlangen*
For-de-rung, die; -,-en: *Rechnung, Verbindlichkeit*
För-de-rung, die; -,-en
Fo-rel-le, die; -,-n: *Fischart*
For-ke, die; -,-n: *Mistgabel, Heugabel*
Form, die; -,-en: *Gestalt, Umriss, Äußeres*
Form, die; -,-en: *körperlicher Zustand, Fitness*
Form, die; -,-en: *Benehmen, Manieren, guter Ton*
Form, die; -,-en: *Art, Erscheinungsweise*
Form, die; -,-en: *Gehäuse oder Gefäß zur Formgebung (Kuchenform, Gussform)*

For-ma-list, der; -en,-en
For-ma-li-tät, die; -,-en: *Förmlichkeit, Äußerlichkeit*
For-mat, das; -es,-e: *Gestalt, Größe, Maß, Ausmaß; Normgröße*
Form-blatt, das; -es,-blät-ter: *Formular*
For-mel, die; -,-n: *feststehender Ausdruck, Redensart*
For-mel, die; -,-n: *Rechensatz, Buchstabengleichung*
for-mell: *förmlich*
for-men: *gestalten, bilden*
Form-feh-ler, der; -s,-
förm-lich: *formell, in festgelegter Form*
form-los: *ohne Form*
form-los: *nicht vorgeschrieben, zwanglos*
Form-sa-che, die; -,-n: *Äußerlichkeit, bedeutungslose Kleinigkeit*
For-mu-lar, das; -s,-e: *Vordruck*
for-mu-lie-ren: *in eine endgültige sprachliche Form bringen, in Worte fassen*
form-voll-en-det
forsch: *wagemutig, draufgängerisch, schneidig*
for-schen: *untersuchen*
For-scher, der; -s,-
For-schung, die; -,-en: *Untersuchung*
For-schungs-in-sti-tut, das; -es,-e: *Forschungseinrichtung*
Forst, der; -es,-e: *veraltet für „Wald"*
Förs-ter, der; -s,-: *Forstbeamter*
Forst-haus, das; -es,-häu-ser: *Haus des Försters*
Forst-wirt-schaft, die; -, keine Mehrzahl
For-sy-thie, die; -,-n: *Zierstrauch*
fort: *vorwärts, weiter*
fort: *weg, weg von, entfernt von*
fort: *verschwunden, beseitigt*
fort: *abwesend, nicht da, nicht hier*
Fort, das; -s,-s: *Befestigungsanlage*
fort-an: *von nun an*
Fort-be-stand, der; -es, keine Mehrzahl: *Weiterbestehen*
Fort-bil-dung, die; -,-en: *Weiterbildung*
fort-blei-ben, blieb fort, fortgeblieben: *wegbleiben, ausbleiben, nicht kommen*
fort-brin-gen, brachte fort, fortgebracht: *wegbringen*
Fort-dau-er, die; -, keine Mehrzahl: *Weiterbestehen, Weitergang*
fort-fah-ren, fuhr fort, fortgefahren: *weitermachen*
fort-fah-ren, fuhr fort, fortgefahren: *wegfahren*

fortfallen

fort-fal-len, fiel fort, fortgefallen: *wegfallen, entfallen*
Fort-gang, der; -es,-gän-ge: *Weggang, Weitergang, Fortsetzung, Entwicklung*
Fort-ge-schrit-te-ne, der/die; -n,-n: *jemand, der kein Anfänger mehr ist*
fort-ge-setzt: *unaufhörlich, dauernd, immerzu*
Fort-kom-men, das; -s, keine Mehrzahl: *Karriere, Fortschritt*
fort-lau-fen, lief fort, fortgelaufen: *davonlaufen, weglaufen*
Fort-pflan-zung, die; -,-en: *Vermehrung*
Fort-schritt, der; -es,-e: *Weiterentwicklung, Vorwärtskommen, Verbesserung*
fort-schritt-lich: *modern, progressiv*
fort-set-zen: *weitermachen, fortfahren*
Fort-set-zung, die; -,-en: *Weiterführung nach Unterbrechung*
For-tu-na, die; -, keine Mehrzahl: *Göttin des Glücks*
fort-wäh-rend: *ständig, dauernd, anhaltend, immerzu*
Fo-rum, das; -s, Fo-ren: *übertragen für „Öffentlichkeit"*
fos-sil: *urweltlich, versteinert*
Fos-sil, das; -s,-e: *versteinerter Rest eines urweltlichen Lebewesens*
fö-tal: *den Fötus betreffend*
Fo-to (auch Photo), das; -s,-s: *Lichtbild*
Fo-to-ap-pa-rat (auch Photoapparat), der; -es,-e: *Kamera*
fo-to-gen (auch photogen): *sich gut fotografieren lassend, zum Fotografieren gut geeignet*
Fo-to-graf (auch Photograph), der; -en,-en
Fo-to-gra-fie (auch Photographie), die; -,-n: *Lichtbild*
Fo-to-gra-fie (auch Photographie), die; -, keine Mehrzahl: *Verfahren zur Herstellung von Lichtbildern*
fo-to-gra-fie-ren (auch photographieren): *aufnehmen, knipsen*
fo-to-gra-fisch (auch photographisch): *die Fotografie betreffend*
Fo-to-mo-dell, das; -s,-e: *Fotomannequin*
Fö-tus (auch Fetus), der; -, Fö-ten: *Embryo vom dritten Monat an*
foul [faul]: *regelwidrig, unsportlich*
Foul [Faul], das; -s,-s: *unsportliches Verhalten, unerlaubter körperlicher Einsatz*
fou-len [faulen]: *unfair angreifen, jemand körperlich unfair attackieren*

Fox-ter-rier, der; -s,-: *Hundeart*
Fox-trott, der; -s, keine Mehrzahl: *Tanzart*
Foy-er [Foajeh], das; -s,-s: *Wandelhalle im Theater*
Fracht, die; -, keine Mehrzahl: *Ladung, zu befördernde Ware*
Fracht-brief, der; -es,-e: *Frachtbegleitpapier*
Frach-ter, der; -s,-: *Frachtschiff*
Frack, der; -es,-s/Fräcke: *Gesellschaftsanzug*
Fra-ge, die; -,-n: *Erkundigung, Aufforderung zur Antwort*
Fra-ge, die; -,-n: *Problem, Zweifel, unsichere Sache*
Fra-ge-bo-gen, der; -s,-bö-gen: *Fragevordruck*
fra-gen: *um Antwort, Auskunft, Rat usw. bitten, sich erkundigen*
fra-gend: *unsicher, zweifelnd*
Fra-ge-zei-chen, das; -s,-: *Satzzeichen: ?*
fra-gil: *zerbrechlich, sehr zart*
frag-lich: *ungewiss, zweifelhaft*
Frag-ment, das; -es,-e: *Bruchstück, unvollendetes Werk*
frag-men-ta-risch: *unvollständig*
frag-wür-dig: *bedenklich*
Frak-ti-on, die; -,-en: *Gesamtheit der Abgeordneten einer Partei in einem Parlament*
frak-ti-o-nell: *die Fraktion betreffend*
Frak-ti-ons-mit-glied, das; -es,-er
Frak-ti-ons-sit-zung, die; -,-en
Frak-ti-ons-vor-sit-zen-de, der/die; -n,-n
Frak-ti-ons-zwang, der; -es, -zwän-ge: *Verpflichtung einer Fraktion zur einheitlichen Stimmabgabe*
Frak-tur, die; -,-en: *Bruch*
frank: *frei, offen, aufrichtig*
fran-kie-ren: *mit einer Briefmarke bekleben*
Fran-se, die; -,-n: *Zottel, Strähne*
Fran-zo-se, der; -n,-n: *Einwohner Frankreichs*
Fran-zö-sin, die; -,-nen: *Einwohnerin Frankreichs*
fran-zö-sisch
Fran-zö-sisch, das; -en, keine Mehrzahl: *französische Sprache*
frap-pant: *verblüffend, auffallend*
frap-pie-ren: *verblüffen, überraschen*

Freitag

Frä-se, die; -,-n: *Werkzeug zur spanabhebenden Formgebung*
frä-sen: *mit der Fräse bearbeiten*
Fraß, der; -es, keine Mehrzahl: *Tierfutter; auch umgangssprachlich für „schlechtes Essen"*
Fra-ter, der; -s, Frat-res (auch Fra-tres): *Ordensbruder, Mönch*
fra-ter-ni-sie-ren: *sich verbrüdern, gemeinsame Sache machen*
Fratz, der; -es,-e; österr.: -en,-en: *kleines Kind*
Frat-ze, die; -,-n: *verzerrtes Gesicht, Grimasse*
Frat-ze, die; -,-n: *Gesichtsmaske, Larve*
frat-zen-haft
Frau, die; -,-en: *weiblicher erwachsener Mensch*
Frau, die; -,-en: *Ehefrau, Gattin*
Frau-en-arzt, der; -es,-ärz-te: *Facharzt für Frauenkrankheiten*
Frauen-be-we-gung, die; -, keine Mehrzahl: *Emanzipationsbewegung der Frauen*
Frau-en-e-man-zi-pa-tion, die; -, keine Mehrzahl: *Kampf um die Gleichberechtigung der Frau*
Frau-en-kli-nik, die; -,-en
Frau-en-recht-le-rin, die; -,-nen: *Kämpferin für die Gleichberechtigung der Frauen*
Frau-en-zeit-schrift, die; -,-en: *Zeitung mit Themen für die Frau*
frau-lich: *weiblich*
frech: *trotzig, kühn, verwegen*
frech: *schamlos, zynisch*
frech: *dreist, unverschämt, anmaßend*
Frech-dachs, der; -es,-e: *übermütiger Mensch*
Frech-heit, die; -,-en: *Unverschämtheit, Anmaßung, Dreistigkeit*
Fre-gat-te, die; -,-n: *Kriegsschiff*
frei: *nicht besetzt, zur Verfügung stehend*
frei: *nicht gefangen, ungebunden*
frei: *unabhängig, uneingeschränkt, unbehindert, unbelastet*
frei: *ungeschützt, offen daliegend*
frei: *nicht wörtlich, ungenau (Übersetzung, Darstellung)*
frei: *freimütig, ungezwungen, offen*
frei: *kostenlos, unentgeltlich*
Frei-bad, das; -es,-bä-der: *Schwimmbad im Freien*
Frei-be-trag, der; -es,-be-trä-ge: *Betrag, der nicht der Besteuerung unterliegt*

Frei-beu-ter, der; -s,-: *Pirat*
Frei-bier, das; -es, keine Mehrzahl: *gestiftetes, kostenloses Bier*
frei-blei-bend: Kaufmannssprache: *ohne Verpflichtung*
Frei-bord, das; -es,-e: *über der Wasserlinie liegender Teil des Schiffes*
Frei-brief, der; -es,-e: *verbrieftes Vorrecht*
frei-en: *werben*
Frei-er, der; -s,-: *Werber, Verehrer*
Frei-frau, die; -,-en: *Baronin*
Frei-ga-be, die; -,-n: *Aufhebung einer Beschränkung*
frei-ge-ben, gab frei, freigegeben
frei-gie-big: *großzügig, generös*
frei-hal-ten, hielt frei, freigehalten: *Zeche bezahlen*
frei-hal-ten, hielt frei, freigehalten: *reservieren*
frei-hän-dig: *ohne die Hände*
Frei-heit, die; -,-en: *Unabhängigkeit von Zwang und Bevormundung*
Frei-heits-be-rau-bung, die; -,-en: *illegales Einsperren*
Frei-heits-stra-fe, die; -,-n: *Gefängnis*
Frei-herr, der; -en,-en: *Baron*
Frei-kör-per-kul-tur, die; -, keine Mehrzahl: *Nudismus, Nacktkultur*
frei-las-sen, ließ frei, freigelassen
Frei-las-sung, die; -,-en: *Entlassung*
frei le-bend: *wild lebend, in freier Wildbahn lebend*
frei-le-gen: *ausgraben, bloßlegen*
frei-lich: *selbstverständlich, gewiss, ja*
frei-lich: *allerdings*
Frei-licht-büh-ne, die; -,-n: *Bühne unter freiem Himmel*
Frei-los, das; -es,-e: *unentgeltliches Los*
Frei-mau-rer, der; -s,-: *Angehöriger einer Freimaurerloge*
Frei-mut, der; -es, keine Mehrzahl: *Offenheit*
frei-mü-tig: *offen, aufrichtig*
Frei-schär-ler, der; -s,-: *Partisan*
Frei-spruch, der; -es,-sprü-che: *Urteilsspruch, der von einer Schuld freispricht*
frei-stel-len: *entbinden, befreien*
frei-stel-len: *zur freien Entscheidung stellen*
Frei-stoß, der; -es, -stö-ße: *vom Schiedsrichter verhängter unbehinderter Schuss bei einer Regelwidrigkeit im Fußball*
Frei-tag, der; -es,-e: *fünfter Arbeitstag der Woche*

165

frei-tags
Frei-tod, der; -es,-e: *Selbstmord*
Frei-ü-bung, die; -,-en: *Turnübung ohne Geräte*
frei-wil-lig: *ohne Zwang, von sich aus, von selbst*
Frei-wil-li-ge, der/die; -n,-n
Frei-wurf, der; -es,-wür-fe: *vom Schiedsrichter verhängter unbehinderter Wurf bei einer Regelwidrigkeit im Handball*
Frei-zei-chen, das; -s,-: *Telefonzeichen*
Frei-zeit, die; -, keine Mehrzahl: *arbeitsfreie Zeit*
frei-zü-gig: *großzügig, viel Freiheit lassend*
Frei-zü-gig-keit, die; -,-en: *Großzügigkeit*
Frei-zü-gig-keit, die; -,-en: *Freiheit den Wohnort zu wählen*
fremd: *unbekannt, ungewohnt, unvertraut*
fremd: *andersartig, fremdartig, seltsam*
fremd-ar-tig
Frem-de, die; -, keine Mehrzahl: *unbekanntes Land, Ausland*
Frem-de, der/die; -n,-n: *Unbekannte(r)*
Frem-de, der/die; -n,-n: *Ausländer(in)*
Frem-den-füh-rer, der; -s,-
Frem-den-le-gi-on, die; -, keine Mehrzahl: *französische Kolonialtruppe*
Frem-den-le-gi-o-när, der; -s,-e
Frem-den-ver-kehr, der; -s, keine Mehrzahl: *Tourismus*
Frem-den-zim-mer, das; -s,-: *Gastzimmer*
fremd-ge-hen, ging fremd, fremdgegangen: *untreu sein*
Fremd-ling, der; -s,-e
Fremd-spra-che, die; -,-n
Fremd-wort, das; -es,-wör-ter: *aus einer anderen Sprache übernommenes Wort*
Fremd-wör-ter-buch, das; -es,-bü-cher: *Wörterbuch, in dem Fremdwörter erläutert werden*
fre-ne-tisch: *leidenschaftlich, heftig, rasend*
fre-quen-tie-ren: *häufig besuchen, benutzen, verkehren*
Fre-quenz, die; -,-en: *Anzahl der Schwingungen in einer Zeiteinheit*
Fre-quenz, die; -,-en: *umgangssprachlich für „Radioempfangsbereich"*
Fre-quenz, die; -,-en: *Häufigkeit*
Fres-ko, das; -s, Fres-ken: *Wandgemälde, auf feuchtem Kalkputz aufgetragen*

Fres-sa-li-en, die; -, keine Einzahl: *umgangssprachlich für „Nahrungsmittel"*
Fres-se, die; -,-n: *derb, umgangssprachlich für „Gesicht, Mund"*
fres-sen, fraß, gefressen: *zersetzen, ätzen*
fres-sen, fraß, gefressen: *weiter um sich greifen*
fres-sen, fraß, gefressen: *umgangssprachlich für „essen"*
fres-sen, fraß, gefressen: *Nahrung aufnehmen (bei Tieren)*
Fres-sen, das; -s, keine Mehrzahl: *Tierfutter; auch umgangssprachlich für „schlechtes Essen"*
Fres-se-rei, die; -,-en: *umgangssprachlich für „üppiges Essen, Lebensmittel"*
Fress-napf, der; -es,-näp-fe: *Futtergefäß*
Fress-sack, der; -s,-sä-cke: *umgangssprachlich für „Vielfraß"*
Frett-chen, das; -s,-: *Iltis*
Freu-de, die; -,-n: *Beglückung, Befriedigung, Frohsein*
Freu-den-haus, das; -es,-häu-ser: *Bordell*
Freu-den-mäd-chen, das; -s,-: *Prostituierte*
Freu-den-tau-mel, der; -s,-: *überschwengliches Glück*
freu-de-strah-lend
freu-dig: *erfreut, gern*
freud-los: *ohne Freude, ohne Spaß, trostlos*
freu-en, sich: *froh sein, Glück, Freude empfinden*
Freund, der; -es,-e: *Partner, Genosse, freundschaftlich Verbundener*
Freund-chen, das; -s,-: *mild warnende Anrede*
Freun-des-kreis, der; -es,-e: *Kreis von vertrauten Menschen*
Freun-din, die; -,-nen: *befreundete Frau, befreundetes Mädchen*
freund-lich: *wohlwollend, leutselig, herzlich*
freund-lich: *heiter, licht, ansprechend, heimelig*
freund-lich: *liebenswürdig*
Freund-lich-keit, die; -, keine Mehrzahl: *freundliches Wesen*
Freund-lich-keit, die; -,-en: *Nettigkeit, freundliche Handlung*
Freund-schaft, die; -,-en: *Zuneigung; auf Vertrauen oder Zuneigung gegründete Beziehung*

Fröhlichkeit

freund-schaft-lich: *in Freundschaft verbunden*
Freund-schafts-spiel, *das; -es,-e: Spiel außerhalb der Punktspiele*
Fre-vel, *der; -s,-: Versündigung, Verbrechen, Missetat*
fre-vel-haft
fre-veln: *sündigen, sich versündigen*
Frev-ler, *der; -s,-: Missetäter*
frev-le-risch: *frevelhaft*
Frie-de, *der; -ns, keine Mehrzahl: Frieden*
Frie-den, *der; -s,-*
Frie-dens-be-we-gung, *die; -, keine Mehrzahl: Bestrebung zur Erhaltung des Friedens auf Rechts- und nicht auf Machtgrundlage*
Frie-dens-lie-be, *die; -, keine Mehrzahl*
Frie-dens-no-bel-preis, *der; -es,-e: Nobelpreis, der jährlich für die bedeutendste Leistung zur Erhaltung des Völkerfriedens verliehen wird*
Frie-dens-pfei-fe, *die; -,-n: indianisches Kalumet, Tabakspfeife, die aus Anlass eines Friedensvertrags geraucht wurde*
Frie-dens-schluss, *der; -ses, -schlüs-se: Friedensvereinbarung*
Frie-dens-tau-be, *die; -,-n: Symbol für den Frieden*
Frie-dens-ver-hand-lung, *die; -,-en: Verhandlung über einen Friedensvertrag*
Frie-dens-ver-trag, *der; -es,-ver-trä-ge*
Frie-dens-wil-le, *der; -ns,-n*
Frie-dens-zeit, *die; -,-en: Zeit ohne Krieg, Zeit zwischen zwei Kriegen*
fried-fer-tig: *friedlich, friedenswillig, verträglich*
Fried-fer-tig-keit, *die; -, keine Mehrzahl: friedfertiges Wesen oder Verhalten*
Fried-hof, *der; -es,-hö-fe: Begräbnisplatz*
fried-lich: *still, harmonisch, ruhig*
fried-lich: *ohne Krieg, ohne Kampf, ohne Streit, gütlich*
fried-lich: *umgangssprachlich für „zufrieden, still"*
fried-lich: *friedfertig, verträglich*
Fried-lich-keit, *die; -, keine Mehrzahl*
fried-lie-bend
fried-los: *ruhelos, unruhig*
Fried-lo-sig-keit, *die; -, keine Mehrzahl: Ruhelosigkeit*
frie-ren, *fror, gefroren: gefrieren*
frie-ren, *fror, gefroren: Kälte empfinden*
Fries, *der; -es,-e: waagerechter Zierstreifen an einer Wand*

fri-gi-de: *gefühlskalt, liebesunfähig*
Fri-gi-di-tät, *die; -, keine Mehrzahl: Gefühlskälte*
Fri-ka-del-le, *die; -,-n: Bulette, Fleischklops*
Fri-kas-see, *das; -s,-s: klein geschnittenes Fleisch*
fri-kas-sie-ren: *in Stücke schneiden*
fri-kas-sie-ren: *umgangssprachlich für „jemanden verprügeln"*
Frik-ti-on, *die; -, keine Mehrzahl: Reibung*
frisch: *neu, jung (Gemüse)*
frisch: *sauber, rein, unbenutzt (Wäsche)*
frisch: *deutlich, gut erhalten (Farben)*
frisch: *unverbraucht, nicht abgestanden*
frisch: *kühl (Wetter)*
frisch: *lebhaft, gesund, blühend (Aussehen)*
frisch: *erneuert, unermüdet*
Frisch-ling, *der; -s,-e: junges Wildschwein*
Fri-seur (auch Fri-sör) [Frisör], *der; -s,-e: Haarschneider, Haarpfleger, Coiffeur*
Fri-seu-se, *die; -,-n: Haarschneiderin, Haarpflegerin*
fri-sie-ren: *Haare schneiden, Haare pflegen*
Frist, *die; -,-en: festgesetzter Zeitpunkt, Termin*
fris-ten: *hinausschieben*
fris-ten: *mühsam hinbringen, unterhalten (Leben)*
frist-ge-recht: *zu vereinbarter Frist*
frist-los: *sofort, ohne Wartezeit*
Fri-sur, *die; -,-en: Haartracht*
Frit-ta-te, *die; -,-n: österr. für „Omelett, Eierkuchen, Pfannkuchen"; auch als Suppeneinlage*
Frit-ten, *die; -, keine Einzahl: umgangssprachlich für „Pommes frites"*
frit-tie-ren: *in schwimmendem Fett braten*
fri-vol: *schlüpfrig, zweideutig*
Fri-vo-li-tät, *die; -,-en: Schlüpfrigkeit, Zweideutigkeit, Schamlosigkeit*
froh: *heiter, ausgeglichen, innerlich fröhlich*
froh: *erleichtert, beglückt, erfreut*
froh: *glücklich*
froh ge-launt
froh-ge-mut
fröh-lich: *heiter, unbeschwert, vergnügt*
Fröh-lich-keit, *die; -, keine Mehrzahl: Lustigkeit, Heiterkeit*

fromm

fromm: gläubig, gottesfürchtig
fröm-meln: fromm tun, Frömmigkeit zur Schau stellen
from-men: jemandem nützen
Fröm-mig-keit, die; -, keine Mehrzahl: Gläubigsein, Gottesfurcht
Frömm-ler, der; -s,-: Scheinheiliger
Fron, die; -,(-en): dem Lehnsherrn zu leistende Arbeit; auch: harte, mühsame Arbeit
Fron-ar-beit, die; -,-en: schwere, mühsame Arbeit, Zwangsarbeit
frö-nen: sich einer Tätigkeit rückhaltlos hingeben
Fron-leich-nam, der; -s, keine Mehrzahl: katholischer Feiertag
Fron-leich-nams-pro-zes-si-on, die; -,-en
Front, die; -,-en: Vorderseite, Stirnseite
Front, die; -,-en: Linie, an der feindliche Truppen zusammenstoßen, Kampflinie
fron-tal: von vorn
Fron-tal-zu-sam-men-stoß, der; -es, -stö-ße: Zusammenstoß zweier Fahrzeuge mit deren Stirnseiten
Front-an-trieb, der; -es,-e: Vorderradantrieb
Frosch, der; -es, Frö-sche: Lurchart
Frosch-mann, der; -es,-män-ner: Taucher
Frosch-pers-pek-ti-ve (auch Frosch-per-spek-ti-ve), die; -,-n: Ansicht von einem tief gelegenen Blickpunkt aus
Frost, der; -es, Frös-te: Temperatur unter dem Gefrierpunkt
Frost-beu-le, die; -,-n: chronische Entzündung durch Erfrieren
frös-teln: mit leichtem Schauder frieren
fros-tig: kalt
fros-tig: kühl, abweisend, betont zurückhaltend, unfreundlich
Frot-tee, der/das; -/-s,-s: Gewebe mit krauser Oberfläche
frot-tie-ren: kräftig trockenreiben
frot-zeln: hänseln
Frucht, die; -, Früch-te
frucht-bar: fortpflanzungsfähig
frucht-bar: ertragreich
fruch-ten: nützen, helfen, bewirken
Frucht-fleisch, das; -es, keine Mehrzahl: essbarer Teil einer Frucht
frucht-los: vergeblich
fru-gal: mäßig, einfach, bescheiden
früh: zeitig, anfänglich
Früh-auf-ste-her, der; -s,-
Früh-beet, das; -es,-e: gegen Kälte durch Glas und Mist geschütztes Beet für die erste Aussaat
Frü-he, die; -, keine Mehrzahl: Frühzeit, Tagesanbruch
frü-her: Steigerung von „früh"; vor dieser Zeit
frü-hes-tens: nicht eher als
Früh-ge-burt, die; -,-en: zu früh geborenes Baby
Früh-jahr, das; -s, keine Mehrzahl: Frühling, Lenz
Früh-kar-tof-fel, die; -,-n: früh reifende Kartoffelart
Früh-ling, der; -s, keine Mehrzahl: Frühjahr, Lenz
früh-mor-gens
früh-reif: vor der üblichen Zeit entwickelt
Früh-schicht, die; -,-en: Schicht von morgens bis mittags; auch: die Arbeiter, die während dieser Zeit arbeiten
Früh-schop-pen, der; -s,-: geselliger Trunk am Vormittag
Früh-stück, das; -s,-e: Morgenmahlzeit
früh-stü-cken: morgens essen
früh-zei-tig: früh, sehr bald; auch: vorher
Frust, der; -es, keine Mehrzahl: umgangssprachlich für „Unzufriedenheit"
Frus-tra-ti-on (auch Fru-stra-ti-on), die; -,-en: Enttäuschung, tiefe Unzufriedenheit
frus-triert (auch fru-striert): unzufrieden, enttäuscht
Fuchs, der; -es, Füch-se: hundeartiges Raubtier
fuch-sen: ärgern, keine Ruhe lassen
Fuch-sie, die; -,-n: Zierpflanze
Fuchs-schwanz, der; -es,-schwän-ze: kurze Säge
Fuchs-schwanz, der; -es,-schwän-ze: Schwanz des Fuchses
fuchs-teu-fels-wild: sehr zornig
Fuch-tel, die; -,-n: Degen mit breiter Klinge
fuch-teln: heftig schwenken
fuch-tig: umgangssprachlich für „zornig, wütend"
Fu-der, das; -s,-: altes Raummaß, Wagenladung
Fu-ge, die; -,-n: Verbindungsstelle, Naht, Öffnung zwischen Bauteilen, Spalt, Ritze
Fu-ge, die; -,-n: nach strengen Regeln aufgebautes Musikstück
fü-gen: aneinander passen

funktionieren

fü-gen, sich: *nachgeben, gehorchen*
füg-sam: *gehorsam*
Füg-sam-keit, die; -, keine Mehrzahl: *fügsames Wesen oder Verhalten*
Fü-gung, die; -,-en: *Walten des Schicksals*
fühl-bar: *spürbar, merklich*
füh-len: *empfinden, spüren, wahrnehmen*
fühl-los: *ohne Gefühl*
Füh-lung-nah-me, die; -,-n: *Aufnahme von Beziehungen*
füh-ren: *leiten, stützen*
füh-ren: *zum Verkauf anbieten*
füh-ren: *lenken, steuern (Fahrzeug)*
füh-ren: *befehligen*
füh-ren: *den Weg weisen*
Füh-rer-schein, der; -s,-e: *Fahrberechtigung*
Fuhr-park, der; -es,-e: *Gesamtheit aller Fahrzeuge eines Unternehmens*
Füh-rung, die; -,-en: *seitliche Führung, Schienen*
Füh-rung, die; -,-en: *Besichtigung mit sachkundiger Begleitung*
Füh-rung, die; -,-en: *Betragen, Verhalten*
Füh-rung, die; -,-en: *Leitung, Oberbefehl*
Füh-rungs-zeug-nis, das; -ses,-se: *polizeiliche Bescheinigung über Strafen*
Fuhr-un-ter-neh-men, das; -s,-
Fuhr-werk, das; -es,-e: *Kutsche*
fuhr-wer-ken: *umgangssprachlich für „energisch herumwirtschaften"*
Fül-le, die; -, keine Mehrzahl: *Menge, Umfang*
fül-len: *voll machen, etwas hineintun*
Fül-len, das; -s,-: *junges Pferd, Fohlen*
Fül-ler, der; -s,-: *Füllfederhalter*
Füll-fe-der-hal-ter, der; -s,-: *wieder füllbares Tintenschreibgerät*
Füll-horn, das; -es,-hör-ner: *Sinnbild des Reichtums*
Fül-lung, die; -,-en: *Inhalt*
Fül-lung, die; -,-en: *Tür- oder Fensterrahmen*
Fül-lung, die; -,-en: *Zahnplombe*
ful-mi-nant: *glänzend, prächtig, großartig, üppig*
fum-meln: *befühlen, betasten; auch: an etwas herumbasteln*
Fund, der; -es,-e: *Finden, Entdecken*
Fund, der; -es,-e: *Fundsache, Entdecktes*
Fun-da-ment, das; -es,-e: *Grundlage*
Fun-da-ment, das; -es,-e: *Grundmauer, Unterbau*
fun-da-men-tal: *grundlegend, wesentlich*
Fund-bü-ro, das; -s,-s: *Amt für Fundsachen*
Fund-gru-be, die; -,-n: *Ort, an dem viel zu finden ist*
fun-die-ren: *begründen, sicherstellen*
fun-diert: *gesichert, fest gegründet*
Fund-sa-che, die; -,-n: *gefundener Gegenstand*
Fun-dus, der; -,-: *Bestand, Grundlage, Grundstock, Mittel*
fünf: *Zahlwort*
fünf-e-ckig
fün-fer-lei
fünf-fach
Fünf-mark-stück, das; -es,-e
fünf-zehn
Fünf-zi-ger, der; -s,-
fun-gie-ren: *ein Amt verrichten, wirksam sein als*
Funk, der; -s, keine Mehrzahl: *Rundfunk*
Funk, der; -s, keine Mehrzahl: *drahtlose Nachrichtenübertragung*
Fun-ke, der; -ns,-n: *Eingebung, außerordentlicher Gedanke*
Fun-ke, der; -ns,-n: *Aufleuchten, Aufglimmen*
Fun-ke, der; -ns,-n: *kleine blitzartige Feuererscheinung*
fun-keln: *blitzen*
fun-kel-na-gel-neu
fun-ken: *senden*
Fun-ker, der; -s,-: *jemand, der Nachrichten sendet*
Funk-ge-rät, das; -es,-e: *Sende- und Empfangsgerät*
Funk-spruch, der; -es, -sprü-che: *über Funk übermittelte Nachricht*
Funk-stil-le, die; -, keine Mehrzahl: *Aussetzen, Ruhen des Funkverkehrs*
Funk-ti-on, die; -,-en: *Zweck*
Funk-ti-on, die; -,-en: *Amt, Aufgabe*
Funk-ti-on, die; -,-en: *Mathematik: gesetzmäßige und eindeutige Zuordnung der Elemente einer Zahlenmenge*
Funk-ti-on, die; -,-en: *Tätigkeit, Wirksamkeit*
funk-ti-o-nal: *auf einer Funktion beruhend, zweckmäßig*
Funk-ti-o-när, der; -s,-e: *Beauftragter eines Verbandes, einer Partei oder Gewerkschaft*
funk-ti-o-nie-ren: *störungsfrei arbeiten*

funktionslos

funk-ti-ons-los: *nutzlos*
Funk-turm, der; -es,-tür-me: *Turm mit Sende- und Empfangsgeräten*
Fun-zel, die; -,-n: *schlecht brennendes Licht, schwache Lampe*
für: *anstelle des, von, statt*
für: *zugunsten, pro*
Für-bit-te, die; -,-n: *Einsatz, Bitte für jemand*
Fur-che, die; -,-n: *Rille, Rinne*
Furcht, die; -, keine Mehrzahl: *Gefühl des Bedrohtseins, Angst*
furcht-bar: *schrecklich*
fürch-ten: *Angst haben*
fürch-ter-lich: *schrecklich*
furcht-los
furcht-sam: *ängstlich*
Fu-rie, die; -,-n: *Rachegöttin*
fu-ri-os: *wütend, hitzig, leidenschaftlich*
Fu-ri-o-so, das; -s,-s/Fu-ri-o-si: *leidenschaftliches Musikstück*
für-lieb neh-men, nahm fürlieb, fürlieb genommen: *begnügen*
Fur-nier, das; -s,-e: *dünnes Holzdeckblatt*
Fu-ror, der; -s, keine Mehrzahl: *Wut, Raserei*
Fu-ro-re, die; -, keine Mehrzahl: *Aufsehen*
Für-sor-ge, die; -, keine Mehrzahl: *organisierte Hilfstätigkeit für Bedürftige*
für-sorg-lich: *vorsorgend, pfleglich, liebevoll*
Für-spra-che, die; -, keine Mehrzahl: *Einsatz für jemand, Empfehlung*
Für-spre-cher, der; -s,-: *Rechtsbeistand*
Fürst, der; -en,-en: *Adliger, Regent*
fürst-lich: *prächtig, großzügig, üppig, verschwenderisch*
Furt, die; -,-en: *seichte Flussstelle*
Fu-run-kel, der/das; -s,-: *schmerzhaftes Hautgeschwür*
Für-wort, das; -s,-wör-ter: *Pronomen*
Furz, der; -es, Für-ze: *entweichende Blähung*
fur-zen: *einen Furz abgeben*
Fu-sel, der; -s,-: *schlechter Schnaps*
Fu-si-on, die; -,-en: *Zusammenschluss, Verschmelzung*
fu-si-o-nie-ren: *zusammenschließen, verschmelzen*
Fuß, der; -es, Fü-ße: *unterster Teil eines Bauwerkes, Sockel*
Fuß, der; -es, Fü-ße: *unterster Teil des Beines*
Fuß, der; -es, Fü-ße: *Ständer, Stütze*

Fuß-an-gel, die; -,-n: *Fußeisen; sinnbildlich auch: Versuch, jemand zu täuschen, zum Straucheln zu bringen*
Fuß-ball, der; -es, keine Mehrzahl: *Ballspiel*
Fuß-ball, der; -es,-bäl-le: *Lederball*
Fuß-ball-elf, die; -,-en: *Fußballmannschaft*
Fuß-bal-ler, der; -s,-: *Fußballspieler*
Fuß-ball-spiel, das; -s,-e: *Ballspiel*
Fuß-bo-den, der; -s,-bö-den: *untere Fläche eines Raumes*
Fus-sel, die/der; -/-s,-n: *kleine Faser, Fädchen*
fus-se-lig: *mit Fusseln bedeckt*
fu-ßen auf: *basieren auf, begründet sein auf, gründen*
Fuß-gän-ger, der; -s,-
Fuß-gän-ger-ü-ber-weg, der; -es,-e
fuß-krank: *mit wunden, kranken Füßen*
Fuß-no-te, die; -,-n: *Anmerkung*
Fuß-pilz, der; -es, keine Mehrzahl
Fuß-soh-le, die; -,-n
Fuß-spur, die; -,-en: *Fußstapfen*
Fuß-stap-fe, die; -,-n: *Fußspur*
Fuß-tritt, der; -s,-e: *heftiger Stoß mit dem Fuß*
Fuß-volk, das; -es, keine Mehrzahl: *bedeutungslose Masse der Angehörigen einer Organisation oder eines Staates*
futsch: *umgangssprachlich für „kaputt, entzwei, zerstört"*
futsch: *umgangssprachlich fur „verloren, vorbei"*
Fut-ter, das; -s,-: *innere Stoffschicht in Kleidungsstücken*
Fut-ter, das; -s, keine Mehrzahl: *Nahrung der Tiere*
Fut-te-ral, das; -s,-e: *Etui, Hülle*
fut-tern: *umgangssprachlich für „essen"*
füt-tern: *Tiere ernähren*
füt-tern: *einem Kind oder Kranken Nahrung einflößen*
füt-tern: *ausstopfen; ein Futter in ein Kleidungsstück einnähen*
Fut-ter-neid, der; -es, keine Mehrzahl: *Missgunst, Brotneid*
Füt-te-rung, die; -,-en: *das Füttern*
Fu-tur, das; -,-a: *grammatische Zeitform, mit der die Zukunft ausgedrückt wird*
Fu-tu-ris-mus, der; -, keine Mehrzahl: *Kunstrichtung*
Fu-tu-ro-lo-gie, die; -, keine Mehrzahl: *Zukunftsforschung*

Gallert

g, G, das; -,-: *siebter Buchstabe des Alphabets; Konsonant, Mitlaut*
g, G, das; -,-: *Musik: fünfter Ton der Grundtonleiter*
g: *Abkürzung für „Gramm"*
GG: *Abkürzung für „Grundgesetz"*
Ga-bar-di-ne, der; -s,-/-s: *fein gerippter Stoff*
Ga-be, die; -,-n: *Geschenk*
Ga-be, die; -,-n: *Veranlagung, Begabung, Talent*
Ga-be, die; -,-n: *Arzneimenge, Dosis*
Ga-bel, die; -,-n: *Geweihteil*
Ga-bel, die; -,-n: *Teil des Telefons, auf dem der Hörer ruht*
Ga-bel, die; -,-n: *Essgerät*
Ga-bel, die; -,-n: *Abzweigung*
Ga-bel, die; -,-n: *Schach: Angriff einer Figur auf zwei gegnerische Figuren*
Ga-bel, die; -,-n: *landwirtschaftliches Gerät mit Zinken*
Ga-bel, die; -,-n: *deichselartiger Teil des Fahrradrahmens zur Aufnahme des Vorderrades*
Ga-bel-früh-stück, das; -s,-e: *kleine Mittagsmahlzeit*
ga-beln: *aufgabeln, aufspießen*
ga-beln, sich: *sich verzweigen, abzweigen*
Ga-be-lung, die; -,-en: *Abzweigung, Verzweigung*
ga-ckern: *schnattern*
gaf-fen: *umgangssprachlich für „schauen"*
Gaf-fer, der; -s,-: *Neugieriger*
Gag [Gäg], der; -s,-s: *witziger, effektvoller Einfall, verblüffender Einfall*
Ga-ge [Gahsche], die; -,-n: *Künstlergehalt*
gäh-nen: *langsam und tief mit weit geöffnetem Mund Atem holen*
gäh-nen: *weit und drohend offen stehen, klaffen*
Ga-la, die; -, keine Mehrzahl: *Festkleid, Festuniform*
ga-lak-tisch: *die Galaxis betreffend*
Ga-lan, der; -s,-e: *vornehm auftretender Liebhaber*
ga-lant: *höflich, rücksichtsvoll, zuvorkommend*
Ga-la-xie, die; -,-n: *Milchstraße, große Sternansammlung*
Ga-la-xis, die; -, Ga-la-xi-en: *Galaxie, Milchstraße*
Ga-lee-re, die; -,-n: *Ruderkriegsschiff*
Ga-lee-ren-skla-ve, der; -n,-n: *versklavter Galeerenruderer*
Ga-lee-ren-stra-fe, die; -,-n: *Rudern auf einer Geleere als Sträflingsarbeit*
Ga-le-rie, die; -,-n: *oberster Rang im Theater*
Ga-le-rie, die; -,-n: *Kunst- und Gemäldehandlung, in der auch Ausstellungen veranstaltet werden*
Ga-le-rie, die; -,-n: *Empore*
Gal-gen, der; -,-: *kleiner beweglicher Kran*
Gal-gen, der; -,-: *Gerüst zum Strangulieren*
Gal-gen-frist, die; -,-n: *letzte Frist, letzter Aufschub*
Gal-gen-hu-mor, der; -s, keine Mehrzahl: *bittere Heiterkeit in einer unangenehmen Situation*
Gal-gen-strick, der; -es,-e: *umgangssprachlich für „durchtriebener Mensch, Gauner"*
Gal-gen-vo-gel, der, -s, -vö-gel: *umgangssprachlich für „Herumtreiber, gescheiterte Existenz"*
Ga-li-läa: *Landschaft in Palästina*
Ga-li-ons-fi-gur, die; -,-en: *Schmuckfigur am Schiffsbug*
gä-lisch: *das Gälische betreffend*
Gä-lisch, das; -en, keine Mehrzahl: *die gälische Sprache (Zweig des Keltischen)*
Gall-ap-fel, der; -s, -äp-fel: *apfelförmige Galle an Laubbaumblättern*
Gal-le, die; -, keine Mehrzahl: *Gallenabsonderung, Gallenflüssigkeit, Fett spaltendes Verdauungsferment*
Gal-le, die; -,-n: *Körperdrüse, Gallenblase*
Gal-le, die; -,-n: *Wucherung an Pflanzenteilen*
gal-le-bit-ter
Gal-len-bla-se, die; -,-n: *Galle, Körperdrüse*
Gal-len-stein, der; -es,-e: *fester Körper aus Gallenabsonderungen*
Gal-lert, das; -s,(-e): *zähe, durchsichtige Masse, auch: Sülze*

Gallien

Gal-li-en, das; -s, keine Mehrzahl: *römischer Name Frankreichs*
gal-lig: *mürrisch, zynisch*
gal-lig: *bitter*
gal-lisch: *Gallien betreffend*
Gal-li-zis-mus, der; -, Gal-li-zis-men: *französische Spracheigentümlichkeit*
Gal-lo-ne, die; -,-n: *Hohlmaß in England und Amerika*
Ga-lopp, der; -s, keine Mehrzahl: *schnelle Pferdegangart*
ga-lop-pie-ren: *im Galopp laufen oder reiten*
Ga-lo-sche, die; -,-n: *Gummiüberschuh*
Gal-va-ni-sa-ti-on, die; -,-en
gal-va-ni-sie-ren: *durch Elektrolyse mit einem Metallüberzug versehen*
Gal-va-ni-sie-rung, die; -,-en: *Galvanisation*
Gal-va-no-me-ter, das; -s,-: *Messinstrument für schwache elektrische Ströme*
Ga-ma-sche, die; -,-n: *Lederbeinbekleidung vom Fuß bis zum Knie*
Gam-be, die; -,-n: *Streichinstrument*
Gam-bist, der; -en,-en: *Gambenspieler*
Gam-bit, das; -s,-s: *Schacheröffnung mit Bauernopfer*
Gam-ma-strah-len, die; -, keine Einzahl: *energiereiche Strahlung, die beim radioaktiven Zerfall entsteht*
gam-me-lig: *verdorben, alt, nicht mehr brauchbar*
gam-meln: *umgangssprachlich für „schlecht werden, verfaulen"*
gam-meln: *faul sein, nicht arbeiten*
Gamm-ler, der; -s,-: *Herumtreiber*
Gams, die; -,-en: *Gämse*
Gams-bart, der; -es,-bär-te: *Gämsenhaar als Hutschmuck*
Gäm-se: *ziegenähnliches Horntier bergiger Regionen*
Gang [Gäng], die; -,-s: *organisierte Verbrecherbande, Bande*
Gang, der; -es, Gän-ge: *Fortbewegung zu Fuß*
Gang, der; -es, Gän-ge: *Besorgungsweg*
Gang, der; -es, Gän-ge: *Arbeitsabschnitt*
Gang, der; -es, Gän-ge: *Windung, Umdrehung eines Gewindes*
Gang, der; -es, Gän-ge: *Korridor, Flur*
Gang, der; -es, Gän-ge: *Gericht in einer Speisenfolge*
Gang, der; -es, Gän-ge: *Übersetzungsstufe eines Wechselgetriebes*

Gang-art, die; -,-en: *Art des Gehens*
gang-bar: *gehbar, machbar*
Gän-gel-band, das; -es,-bän-der: *Gürtel mit Schulterbändern, mit denen man Kinder gängelt; übertragen auch: Gängelei*
Gän-ge-lei, die; -,-en: *Bevormundung*
gän-geln: *bevormunden*
gän-gig: *im Umlauf befindlich, gültig (Geld, Marken)*
gän-gig: *allgemein üblich, gebräuchlich*
gän-gig: *viel gekauft, gut verkaufbar*
Gang-li-on, das; -s, Gang-li-en: *Nervenknoten*
Gang-rän (auch Gan-grän), das; -s,-e: *Brand, Gewebstod*
Gangs-ter [Gängster], der; -s,-: *Verbrecher, Gauner*
Gang-way [Gängwäi], die; -,-s: *Laufsteg*
Ga-no-ve, der; -n,-n: *Verbrecher, Gauner*
Gans, die; -, Gän-se: *Vogelart*
Gän-se-blüm-chen, das; -s,-: *Blumenart*
Gän-se-fe-der, die; -,-n
Gän-se-füß-chen, das; -s,-: *Anführungsstrich*
Gän-se-haut, die; -,-häu-te: *Hervortreten der Hauttalgdrüsen bei Kälteempfinden*
Gän-se-le-ber-pas-te-te, die; -,-n: *Pastete mit Füllung aus Gänseleber und Trüffeln*
Gän-se-marsch, der; -es, keine Mehrzahl: *Wanderung einer hinter dem anderen*
Gän-se-rich, der; -es,-e: *Ganter*
Gän-se-wein, der; -es, keine Mehrzahl: *scherzhaft für: Wasser*
Gan-ter, der; -s,-: *Gänserich*
ganz: *unversehrt, heil, unbeschädigt*
ganz: *voll, völlig, vollkommen*
ganz: *ungeteilt, gesamt*
Gan-ze, das; -n, keine Mehrzahl: *aufs Ganze gehen, als Ganzes gesehen, fürs Ganze, als Ganzes, im Ganzen*
Ganz-heit, die; -, keine Mehrzahl: *Vollständigkeit, Geschlossenheit*
Ganz-heit, die; -, keine Mehrzahl: *Unversehrtheit*
Ganz-heits-me-di-zin, die; -, keine Mehrzahl: *Behandlung des gesamten Menschen*
Ganz-heits-me-tho-de, die; -,-n: *Ganzwortmethode, Art des Lesenlernens*
ganz-jäh-rig: *das ganze Jahr über*
gänz-lich: *vollständig, völlig, ganz*
Ganz-tags-schu-le, die; -,-n: *Schulart*
gar: *überhaupt, durchaus*

Gästezimmer

gar: *vollends, erst*
gar: *sogar*
gar: *fertig zubereitet, fertig gekocht oder gebraten*
gar: *etwa, vielleicht, am Ende*
gar: *sehr, recht, ziemlich*
Ga-ra-ge [Garahsche], die; -,-n: *Autounterstellraum*
Ga-rant, der; -en,-en: *jemand, der etwas garantiert, Bürge, Gewährsmann*
Ga-ran-tie, die; -,-n: *Gewähr, Haftung, Bürgschaft*
ga-ran-tie-ren: *gewährleisten*
Gar-aus, der; -, keine Mehrzahl: *in der Wendung: jemand den Garaus machen, jemand töten, unschädlich machen*
Gar-be, die; -,-n: *Bündel, Strohbündel*
Gar-con [Garßoñ], der; -s,-s: *junger Mann, Junggeselle; auch: Kellner*
Gar-de, die; -,-n: *Leibwache, Elitetruppe*
Gar-de-ro-be, die; -,-n: *Umkleidekabine*
Gar-de-ro-be, die; -,-n: *Kleiderablage*
Gar-de-ro-be, die; -,-n: *gesamte Kleidung*
Gar-de-ro-ben-frau, die; -,-en
Gar-de-ro-bi-e-re [Garderobjehre], die; -,-n: *Garderobenfrau*
Gar-di-ne, die; -,-n: *Fenstervorhang*
Gar-di-nen-pre-digt, die; -,-en: *Strafpredigt*
Ga-re, die; -, keine Einzahl: *günstigster Zustand von Kulturboden*
gä-ren, gor, gegoren: *in Gärung übergehen, sich zersetzen*
ga-ren: *weich kochen*
gar ge-kocht: *gar gekochte Kartoffeln*
Gar-koch, der; -es, -kö-che: *Gastwirt einer Garküche*
Gar-kü-che, die; -,-n: *Gastwirtschaft, die Speisen frei Haus liefert*
Garn, das; -es,-e: *erfundene Geschichte*
Garn, das; -es,-e: *Faden, Zwirn*
Gar-nele, die; -,-n: *Krebsart*
gar-nie-ren: *verzieren, schmücken*
Gar-nie-rung, die; -,-en: *Verzierung*
Gar-ni-son, die, -,-en: *Truppenstandort; auch: dessen Truppenbesatzung*
Gar-ni-tur, die; -,-en: *Ausrüstung, Kleidung*
Gar-ni-tur, die; -,-en: *Besatz, Verzierung*
Gar-ni-tur, die; -,-en: *Satz zusammengehöriger Gegenstände, Reihe*
gars-tig: *böse, ungezogen*
gars-tig: *hässlich, abstoßend, ekelhaft*
Gars-tig-keit, die; -,-en

Gar-ten, der; -s, Gär-ten: *abgegrenztes Gelände zum Kleinanbau von Nutz- und Zierpflanzen*
Gar-ten-ar-beit, die; -,-en
Gar-ten-bau-aus-stel-lung, die; -,-en
Gar-ten-haus, das; -es,-häu-ser: *Laube*
Gar-ten-lau-be, die; -,-n: *Gartenhaus*
Gar-ten-lo-kal, das; -s,-e: *Ausflugsrestaurant*
Gar-ten-zwerg, der; -es,-e: *Zierfigur im Garten*
Gärt-ner, der; -s,-: *jemand, der berufsmäßig den Gartenbau ausübt*
Gärt-ne-rei, die; -,-en: *Gartenbauunternehmen*
Gärt-ne-rin, die; -,-nen
gärt-nern: *Gartenarbeit verrichten*
Gä-rung, die; -, keine Mehrzahl: *Erregung, Unruhe im Volk*
Gä-rung, die; -,-en: *Gären*
Gä-rung, die; -,-en: *chemischer Vorgang, Zersetzung*
Gar-zeit, die; -,-en: *Zeit, in der eine Speise gar wird*
Gas, das; -es, keine Mehrzahl: *Treibstoff, den man durch Druck auf das Gaspedal dem Motor zuführt; Gas geben, Gas wegnehmen*
Gas, das; -es, keine Mehrzahl: *Gaspedal, Gashebel*
Gas, das; -es,-e: *luftförmiger Stoff, Aggregatzustand*
Gas-druck, der; -es, -drü-cke: *Druck, den ein Gas ausübt*
Gas-he-bel, der; -s,-: *Gaspedal*
Gas-hei-zung, die; -,-en
Gas-herd, der; -es,-e
Gas-mas-ke, die; -,-n: *Schutzmaske gegen Giftgas*
Ga-so-lin, das; -s, keine Mehrzahl: *Leichtbenzin*
Ga-so-me-ter, der; -s,-: *Gastank, Gasbehälter*
Gas-pe-dal, das; -s,-e: *Gashebel*
Gäss-chen, das; -s,-: *kleine, enge Gasse*
Gas-se, die; -,-n: *schmale, enge Straße*
Gas-sen-hau-er, der; -s,-: *Schlager*
Gas-sen-jun-ge, der; -n,-n: *Junge, der sich häufig auf den Straßen herumtreibt*
Gast, der; -es, Gäs-te: *Besucher*
Gast-ar-bei-ter, der; -s,-: *Fremdarbeiter, ausländischer Arbeiter*
Gäs-te-zim-mer, das; -s,-: *Fremdenzimmer*

Gastfreundschaft

Gast-freund-schaft, die; -, keine Mehrzahl: *Gastlichkeit*
Gast-ge-ber, der; -s,-: *Einladender, Hausherr*
Gast-haus, das; -es, -häu-ser: *Wirtschaft*
Gast-hof, der; -es, -hö-fe: *Gasthaus*
gas-tie-ren: *ein Gastspiel geben*
gast-lich: *gastfreundlich*
Gast-mahl, das; -es,-e/-mäh-ler: *festliches Mahl mit Gästen*
Gas-tri-tis (auch Ga-stri-tis), die; -, keine Mehrzahl: *Magenschleimhautentzündung*
Gas-tro-nom (auch Ga-stro-nom), der; -en,-en: *Gastwirt*
Gas-tro-no-mie (auch Ga-stro-no-mie), die; -,-n: *Gaststättengewerbe*
Gas-tro-no-mie (auch Ga-stro-no-mie), die; -,-n: *feine Kochkunst*
Gast-spiel, das; -es,-e: *Auftritt eines oder mehrerer Schauspieler einer fremden Bühne*
Gast-stät-te, die; -,-n: *Gasthof, Wirtschaft*
Gast-wirt, der; -es,-e: *Eigentümer oder Pächter einer Gaststätte*
Gast-wirt-schaft, die; -,-en: *Wirtschaft, Lokal*
Gat-te, der; -n,-n: *Ehemann*
Gat-ten, die; -, keine Einzahl: *Eheleute*
Gat-ter, das; -s,-: *Zaun, Gitter*
Gat-tin, die; -,-nen: *Ehefrau*
Gat-tung, die; -,-en: *Gesamtheit nächstverwandter Arten*
Gat-tung, die; -,-en: *Gesamtheit von Dingen, die in wesentlichen Eigenschaften übereinstimmen*
Gau-be, die; -,-n: *Giebelvorbau, Erker*
Gau-cho [Gautscho], der; -s,-s: *südamerikanischer berittener Hirt*
Gau-di, die; -, keine Mehrzahl: *süddeutsch für „Gaudium"*
Gau-di-um, das; -s, keine Mehrzahl: *Spaß, Freude*
Gau-ke-lei, die; -,-en: *Vorspiegelung, Blendwerk*
gau-keln: *auf spielerische Art täuschen, etwas vortäuschen*
Gau-kel-spiel, das; -es,-e: *Gaukelei*
Gauk-ler, der; -s,-: *Jahrmarktskünstler, Taschenspieler, Zauberkünstler*
Gaul, der; -es, Gäu-le: *Pferd*
Gau-men, der; -s,-: *Geschmack*
Gau-men, der; -s,-: *Scheidewand zwischen Mund- und Nasenhöhle*
Gau-ner, der; -s,-: *Verbrecher*
Gau-ne-rei, die; -,-en: *Verbrechen, Betrügerei*
Gau-ner-spra-che, die; -,-n: *Rotwelsch*
Ga-vot-te, die; -,-n: *heiterer, mäßig schneller Tanz*
Ga-ze, die; -,-n: *durchsichtiger, schleierartiger Stoff*
Ga-zel-le, die; -,-n: *Antilopenart*
Ga-zet-te, die; -,-n; *veraltet für „Zeitung"*
ge-äch-tet: *verdammt, mit Acht belegt*
ge-ä-dert: *mit Adern durchzogen*
ge-ar-tet: *beschaffen, veranlagt*
Ge-äst, das; -es, keine Mehrzahl: *Gesamtheit der Zweige eines Baumes oder Strauches*
Ge-bäck, das; -s, keine Mehrzahl: *Backwerk, Gebackenes*
Ge-bälk, das; -es,-e: *Balkenwerk, Dachstuhl*
Ge-bär-de, die; -,-n: *ausdrucksvolle Bewegung, Geste*
ge-bä-ren: *zur Welt bringen*
Ge-ba-ren, das; -s,-: *Verhaltensweise, Auftreten*
Ge-bär-mut-ter, die; -,-müt-ter: *Uterus*
Ge-bäu-de, das; -s,-: *Bauwerk, Haus*
Ge-bein, das; -s,-e: *Knochen, Skelett*
Ge-bell, das; -s, keine Mehrzahl: *Lautgeben des Hundes*
ge-ben, gab, gegeben: *schenken*
ge-ben, gab, gegeben: *austeilen*
ge-ben, gab, gegeben: *ergeben, zum Ergebnis haben*
ge-ben, gab, gegeben: *reichen, hinreichen, übergeben*
ge-ben, gab, gegeben: *aufführen, ver_anstalten, stattfinden lassen*
ge-ben, gab, gegeben: *hergeben, gewähren*
Ge-ber, der; -s,-: *Schenkender, Überreichender, Spender*
Ge-bet, das; -es,-e: *Anruf Gottes, Meditation*
Ge-bet-buch, das; -es, -bü-cher: *Sammlung von Gebeten*
Ge-bets-tep-pich, der; -es,-e: *Teppich, auf dem Mohammedaner ihre Gebete verrichten*
Ge-biet, das; -es,-e: *Landstrich, Zone*
ge-bie-ten, gebot, geboten: *befehlen, herrschen*
Ge-bie-ter, der; -s,-: *Herrscher*
ge-bie-te-risch

Gedanke

ge-biets-wei-se: *beschränkt, stellenweise, regional*
Ge-bil-de, das; -s,-: *Machwerk, Gestaltetes*
ge-bil-det: *kenntnisreich, wohlerzogen, kultiviert*
Ge-bim-mel, das; -s, keine Mehrzahl: *Klingelei*
Ge-bin-de, das; -s,-: *Zusammengebundenes*
Ge-bin-de, das; -s,-: *Gesamtheit zusammengebundener Dinge*
Ge-bir-ge, das; -s,-: *Bergmassiv*
ge-bir-gig: *bergig, zerklüftet*
Ge-birgs-ket-te, die; -,-n: *Massiv*
Ge-biss, das; -es,-e: *Zähne*
Ge-biss, das; -es,-e: *Zahnersatz*
Ge-blaf-fe, das; -s, keine Mehrzahl: *Gebell*
Ge-blä-se, das; -s,-: *Winderzeuger, Verdichter*
Ge-blök, das; -es, keine Mehrzahl: *Laut der Schafe*
ge-blümt: *mit Blumenmuster verziert*
Ge-blüt, das; -s, keine Mehrzahl: *Abstammung, Herkunft*
ge-bo-ren: *zur Welt gekommen*
ge-bor-gen: *behütet, geschützt*
Ge-bor-gen-heit, die; -, keine Mehrzahl: *Sicherheit, Behütetsein*
Ge-bot, das; -es,-e: *Befehl, Anordnung, Verordnung*
Ge-bot, das; -es,-e: *Gesetz*
Ge-bot, das; -es,-e: *Preisangebot*
Ge-bots-schild, das; -es,-er: *Verkehrszeichen*
ge-bra-ten: *geschmort*
Ge-bräu, das; -s, keine Mehrzahl: *etwas Zusammengebrautes, schlechtes Getränk*
Ge-brauch, der; -es, keine Mehrzahl: *Benutzung, Anwendung*
ge-brau-chen: *verwenden, benutzen*
ge-bräuch-lich: *üblich, herkömmlich*
Ge-brauchs-an-wei-sung, die; -,-en: *Bedienungsanleitung*
ge-brauchs-fer-tig
Ge-brauchs-ge-gen-stand, der; -es, -stän-de: *Gegenstand des täglichen Gebrauchs*
Ge-brauchs-gut, das; -es,-gü-ter: *Gebrauchsgegenstand*
ge-braucht: *nicht mehr neu, benutzt*
Ge-braucht-wa-gen, der; -s,-: *Wagen aus zweiter Hand*

Ge-bre-chen, das; -s,-: *Versehrtheit, körperlicher Fehler*
ge-brech-lich: *morsch, alt, hinfällig*
Ge-brech-lich-keit, die; -, keine Mehrzahl
ge-bro-chen: *geknickt*
ge-bro-chen: *tief getroffen, des Lebensmutes beraubt*
ge-bro-chen: *mangelhaft, holperig, mit vielen Fehlern (Sprache sprechen)*
Ge-brü-der, die; -, keine Einzahl: *Brüder, die als (Geschäfts-)Partner auftreten*
Ge-brüll, das; -s, keine Mehrzahl: *Schreierei*
Ge-bühr, die; -,-en: *Abgabe, Preis*
Ge-bühr, die; -, keine Mehrzahl: *Schicklichkeit, Angemessenheit, Schuldigkeit*
ge-büh-ren: *zukommen, zustehen*
ge-büh-rend: *angemessen*
ge-büh-ren-pflich-tig: *nicht kostenlos*
ge-bühr-lich: *geziemend, gehörig*
ge-bun-den: *eingebunden, zusammengeknüpft*
Ge-burt, die; -,-en: *das Geborenwerden, Entbindung*
Ge-bur-ten-be-schrän-kung, die; -, keine Mehrzahl
Ge-bur-ten-kon-trol-le, die; -, keine Mehrzahl
Ge-bur-ten-zif-fer, die; -,-n
ge-bür-tig: *geboren*
Ge-burts-an-zei-ge, die; -,-n
Ge-burts-feh-ler, der; -s,-: *angeborener körperlicher Fehler*
Ge-burts-haus, das; -ses,-häu-ser
Ge-burts-jahr, das; -es,-e
Ge-burts-ort, der; -es,-e
Ge-burts-tag, der; -es,-e
Ge-burts-ur-kun-de, die; -,-n
Ge-büsch, das; -es, keine Mehrzahl: *Unterholz, mehrere zusammenstehende Büsche, Buschwerk*
Geck, der; -en,-en: *eitler Mann*
ge-cken-haft: *wie ein Geck, albern, eitel, stutzerhaft*
Ge-dächt-nis, das; -ses,-se: *Erinnerung, Andenken*
Ge-dächt-nis-lü-cke, die; -,-n: *Lücke in der Erinnerung*
Ge-dächt-nis-stüt-ze, die; -,-n: *Gedächtnishilfe*
Ge-dan-ke, der; -n,-ns: *Vorgang, Inhalt oder Ergebnis des Denkens*
Ge-dan-ke, der; -n,-ns: *Einfall, Idee*

Gedanke

Ge-dan-ke, der; -n,-ns: *geistige Vorstellung*
Ge-dan-ken-aus-tausch, der; -es, keine Mehrzahl: *Unterhaltung*
Ge-dan-ken-gang, der; -es, -gän-ge: *auf ein Ziel gerichtete Gedankenfolge*
ge-dan-ken-los: *zerstreut, unachtsam, unaufmerksam*
Ge-dan-ken-lo-sig-keit, die; -,-en
Ge-dan-ken-sprung, der; -es, -sprün-ge
Ge-dan-ken-strich, der; -es,-e: *Satzzeichen für Unterbrechung, Pause*
Ge-dan-ken-ü-ber-tra-gung, die; -, keine Mehrzahl: *Telepathie*
ge-dank-lich: *in Gedanken, die Gedanken betreffend*
Ge-därm, das; -es,-e: *Eingeweide*
Ge-deck, das; -s,-e: *Essbesteck und Serviette für eine Person*
Ge-deck, das; -s,-e: *feste Speisenfolge im Restaurant*
ge-dei-hen, gedieh, gediehen: *wachsen, sich entwickeln, vorankommen, fortschreiten*
ge-deih-lich: *zuträglich, vorteilhaft, ersprießlich, fördernd*
ge-den-ken, gedachte, gedacht: *sich erinnern*
ge-den-ken, gedachte, gedacht: *beabsichtigen, vorhaben*
Ge-denk-stät-te, die; -,-n: *Erinnerungsort, Denkmal*
Ge-dicht, das; -es,-e: *Sprachkunstwerk in Versen*
ge-die-gen: *rein, lauter, unvermischt, echt*
ge-die-gen: *haltbar, dauerhaft, sorgfältig, solide*
ge-die-gen: *umgangssprachlich für „wunderlich, merkwürdig"*
Ge-döns, das; -, keine Mehrzahl: *umgangssprachlich für „Getue, Aufhebens"*
Ge-drän-ge, das; -s, keine Mehrzahl: *Drängen, Gedrängtwerden*
ge-drängt: *kurzgefasst, knapp*
ge-druckt: *im Druckverfahren hergestellt*
ge-drückt: *gepresst, gequetscht*
ge-drückt: *niedergeschlagen, traurig*
Ge-drückt-heit, die; -, keine Mehrzahl
ge-drun-gen: *kräftig, untersetzt*
Ge-duld, die; -, keine Mehrzahl: *Langmut, Ausdauer; auch: Nachsicht*
ge-dul-den, sich: *langmütig, ausdauernd sein*
ge-dul-dig: *langmütig*
Ge-dulds-fa-den, der; -s,-fä-den: *übertragen für „Geduld"*
Ge-dulds-pro-be, die; -,-n: *Bewährungsprobe für die Geduld*
Ge-dulds-spiel, das; -es,-e: *verzwickte, langwierige Sache*
ge-dun-sen: *aufgequollen, schwammig*
ge-ehrt: *geachtet*
ge-eig-net: *brauchbar, passend, verwertbar*
Ge-fahr, die; -,-en: *Unheil, drohender Schaden*
ge-fähr-den: *in Gefahr bringen, aufs Spiel setzen*
Ge-fähr-dung, die; -,-en: *Bedrohtsein*
Ge-fah-ren-quel-le, die; -,-n: *Unruheherd, Ursache einer Gefahr*
Ge-fah-ren-zo-ne, die; -,-n: *gefährliches Gebiet*
ge-fähr-lich: *Gefahr bringend, gefahrvoll*
ge-fähr-lich: *gewagt, bedenklich*
ge-fahr-los: *ungefährlich, sicher*
Ge-fährt, das; -es,-e: *veraltet für „Fahrzeug"*
Ge-fähr-te, der; -n,-n: *Begleiter, Kamerad; auch: Ehepartner*
Ge-fähr-tin, die; -,-nen
Ge-fäl-le, das; -s,-: *Grad der Neigung, Höhenunterschied*
ge-fal-len, gefiel, gefallen: *angenehm sein, zusagen, anziehend sein*
Ge-fal-len, das; -s, keine Mehrzahl: *Freude, Wohlgefallen*
Ge-fal-le-ne, der; -n,-n: *im Krieg Getöteter*
Ge-fal-le-nen-denk-mal, das; -s, -mä-ler
ge-fäl-lig: *nett, zuvorkommend, hilfsbereit*
Ge-fäl-lig-keit, die; -,-en: *Entgegenkommen, Hilfsbereitschaft*
Ge-fall-sucht, die; -, keine Mehrzahl: *Eitelkeit*
ge-fan-gen: *eingesperrt, arretiert*
Ge-fan-ge-nen-la-ger, das; -s,-
ge-fan-gen hal-ten, hielt gefangen, gefangen gehalten
Ge-fan-gen-nah-me, die; -,-n: *Verhaftung, Festnahme*
ge-fan-gen neh-men, nahm gefangen, gefangen genommen: *verhaften, festnehmen*
Ge-fan-gen-schaft, die; -,-en: *Haft*
Ge-fäng-nis, das; -ses,-se: *Haftanstalt*

Ge-fäng-nis, das; -ses, keine Mehrzahl: *Haftstrafe, Gefängnisstrafe*
Ge-fäng-nis-stra-fe, die; -,-n: *Haftstrafe*
ge-färbt: *getönt, farbig, bunt*
Ge-fa-sel, das; -s, keine Mehrzahl: *zusammenhangloses Gerede*
Ge-fäß, das; -es,-e: *Behälter zum Aufbewahren von Flüssigkeiten*
Ge-fäß, das; -es,-e: *Ader, Lymphgefäß*
ge-fasst: *ruhig, beherrscht*
ge-fasst: *umsäumt, gerahmt, eingefügt*
ge-fasst: *vorbereitet, eingestellt*
Ge-fecht, das; -es,-e: *Kampfhandlung*
ge-fechts-klar: *gefechtsbereit*
ge-feit: *geschützt, fest, sicher, immun*
ge-fer-tigt: *hergestellt, fabriziert*
Ge-fie-der, das; -s,-: *Federkleid*
ge-fie-dert: *federförmig ausgefranst*
ge-fie-dert: *mit Federn versehen*
Ge-fil-de, das; -s,-: *poetisch: Land, Landschaft*
Ge-fla-cker, das; -s, keine Mehrzahl: *anhaltendes Flackern*
Ge-flat-ter, das; -s, keine Mehrzahl: *anhaltendes Flattern*
Ge-flecht, das; -es,-e: *Flechtwerk, Geflochtenes*
ge-fleckt: *fleckig, mit Flecken versehen*
Ge-flim-mer, das; -s, keine Mehrzahl: *anhaltendes Flimmern*
ge-flis-sent-lich: *absichtlich*
Ge-flü-gel, das; -s, keine Mehrzahl: *Federvieh*
Ge-flü-gel-farm, die; -,-en
ge-flü-gelt: *beflügelt, mit Flügeln versehen*
Ge-flü-gel-zucht, die; -,-en: *Zucht von Nutzvögeln*
Ge-flun-ker, das; -s, keine Mehrzahl: *Schwindelei*
Ge-flüs-ter, das; -s, keine Mehrzahl: *Flüsterei*
Ge-fol-ge, das; -s,-: *Begleitung*
Ge-folg-schaft, die; -, keine Mehrzahl: *Gesamtheit der Anhänger*
ge-fragt: *begehrt*
ge-frä-ßig: *verfressen, unersättlich*
Ge-frei-te, der; -n,-n: *Dienstgrad beim Militär*
ge-frie-ren, gefror, gefroren: *einfrieren, zu Eis erstarren*
Ge-frier-punkt, der, -es,-e: *Temperatur, bei der ein Stoff vom flüssigen in den festen Zustand übergeht; Schmelzpunkt*

Ge-fro-re-ne, das; -n, keine Mehrzahl: *Eingefrorenes, Speiseeis*
Ge-fü-ge, das; -s,-: *Aufbau aus vielen Einzelteilen, innere Ordnung, Struktur*
ge-fü-gig: *nachgiebig, gehorsam, beeinflussbar*
Ge-fühl, das; -s,-e: *Tastsinn; Tastempfindung*
Ge-fühl, das; -s,-e: *Emotion, innere Regung*
Ge-fühl, das; -s,-e: *Empfindung, Empfindungsvermögen*
ge-fühl-los: *unempfindlich*
ge-fühl-los: *hartherzig, mitleidlos, grausam, roh*
Ge-fühl-lo-sig-keit, die; -, keine Mehrzahl
ge-fühls-arm: *gefühlskalt*
ge-fühls-du-se-lig: *sentimental, überschwänglich*
Ge-fühls-le-ben, das; -s,-: *alle seelischen Empfindungen*
ge-fühls-mä-ßig: *vom Gefühl her, nach dem Gefühl*
ge-fühl-voll: *empfindsam; auch: sentimental*
Ge-fun-kel, das; -s, keine Mehrzahl: *Geglitzer*
ge-furcht: *zerfurcht, faltig*
Ge-ga-cker, das; -s, keine Mehrzahl: *anhaltendes Gackern*
ge-ge-be-nen-falls: *möglicherweise, eventuell*
Ge-ge-ben-heit, die; -,-en: *das Wirkliche, Tatsache, Zustand*
ge-gen: *ungefähr*
ge-gen: *feindlich, widerstrebend, bekämpfend*
ge-gen: *wider*
Ge-gen-an-griff, der, -s,-e: *Konter*
Ge-gen-be-such, der; -es,-e: *Erwiderung eines Besuches*
Ge-gen-be-weis, der; -es,-e: *Beweis des Gegenteils*
Ge-gend, die; -,en: *Landschaft, Gebiet, Umgebung; Nähe*
ge-gen-ei-nan-der (auch ge-gen-einan-der): *einer gegen den anderen*
Ge-gen-fra-ge, die; -,-n: *Frage als Antwort*
Ge-gen-ge-wicht, das; -s,-e: *als Ausgleich wirkende Last*
Ge-gen-kan-di-dat, der; -en,-en: *Gegner, Alternativkandidat*

Gegenleistung

Ge-gen-leis-tung, die; -,-en: *Gegendienst, Ausgleichsleistung*
Ge-gen-licht, das; -es, keine Mehrzahl: *von vorn in die Kamera einfallendes Sonnenlicht*
Ge-gen-lie-be, die; -, keine Mehrzahl: *Sympathie*
Ge-gen-mit-tel, das; -s,-: *Wirkung eines ein anderes Mittel aufhebenden Mittels*
Ge-gen-satz, der; -es,-sät-ze: *Gegenteil, Kontrast, Widerspruch*
ge-gen-sätz-lich: *konträr*
Ge-gen-sei-te, die; -,-n: *Rückseite, Gegenpartei, gegenüberliegende Seite*
ge-gen-sei-tig: *beiderseitig, wechselseitig*
Ge-gen-sei-tig-keit, die; -, keine Mehrzahl: *gegenseitiges Verhältnis, Wechselseitigkeit*
Ge-gen-stand, der; -es, -stän-de: *Sache, Ding*
Ge-gen-stand, der; -es, -stän-de: *Thema, Erörterungsstoff; Angelegenheit*
Ge-gen-stand, der; -es, -stän-de: *Ziel, etwas, worauf sich Gefühlsregungen richten können*
ge-gen-stands-los: *abstrakt*
ge-gen-stands-los: *überflüssig, hinfällig*
ge-gen-stands-los: *ohne Inhalt*
Ge-gen-stim-me, die; -,-n
Ge-gen-teil, das; -s,-e: *Gegensatz, das Umgekehrte, das Entgegengesetzte*
ge-gen-ü-ber: *auf der anderen Seite*
Ge-gen-wart, die; -, keine Mehrzahl: *Anwesenheit, Dabeisein, Nähe*
Ge-gen-wart, die; -, keine Mehrzahl: *grammatisch: Präsens*
Ge-gen-wart, die; -, keine Mehrzahl: *Augenblick, Jetzt*
ge-gen-wär-tig: *augenblicklich, jetzt, in der Gegenwart stattfindend*
Ge-gen-wehr, die; -,-en: *Verteidigung*
Ge-gen-wind, der; -es,-e: *Fahrtwind*
Geg-ner, der; -s,-: *Vertreter einer anderen Meinung*
Geg-ner, der; -s,-: *Feind, Widersacher, Angehöriger der feindlichen Partei*
Geg-ner, der; -s,-: *Gegenspieler, Angehöriger der feindlichen Mannschaft*
Geg-ner-schaft, die; -, keine Mehrzahl: *Haltung als Gegner*
Ge-ha-be, das; -s, keine Mehrzahl: *Getue, Ziererei, gespreiztes Benehmen*
Ge-ha-ben, das; -s, keine Mehrzahl: *Betragen, Benehmen, Gebaren*
Ge-ha-der, das; -s, keine Mehrzahl: *Zankerei*
Ge-halt, der; -es,-e: *Anteil eines Stoffes an einer Mischung*
Ge-halt, das; -es, Ge-häl-ter: *Besoldung, Monatseinkommen*
Ge-halt, der; -es,-e: *Inhalt*
ge-hal-ten: *maßvoll, feierlich*
Ge-halts-er-hö-hung, die; -,-en: *Gehaltszulage*
Ge-halts-stu-fe, die; -,-n: *Besoldungsstufe*
ge-halt-voll: *nahrhaft*
ge-halt-voll: *bedeutend, reich an Gehalt*
ge-han-di-capt [gehändikäpt]: *behindert, eingeschränkt*
Ge-hän-ge, das; -s,-: *Behang, Girlande*
Ge-hän-ge, das; -s,-: *Koppel*
Ge-hän-ge, das; -s,-: *Abhang*
ge-har-nischt: *übertragen: energisch, sehr deutlich, unmissverständlich*
ge-häs-sig: *hasserfüllt, feindselig, bösartig*
Ge-häs-sig-keit, die; -,-en: *gehässige Bemerkung*
Ge-häs-sig-keit, die; -, keine Mehrzahl: *gehässiges Wesen*
Ge-häu-se, das; -s,-: *Behältnis, Hülle*
ge-hef-tet: *lose zusammengefügt*
Ge-he-ge, das; -s,-: *Jagdrevier*
Ge-he-ge, das; -s,-: *umzäuntes Land zum Halten und Züchten von Tieren*
ge-heim: *verborgen, heimlich*
ge-heim: *nicht für Außenstehende bestimmt*
Ge-heim-dienst, der; -es,-e
ge-heim hal-ten, hielt geheim, geheim gehalten: *verheimlichen, verschweigen, nicht veröffentlichen*
Ge-heim-hal-tung, die; -,-en
Ge-heim-nis, das; -ses,-se: *etwas Unerklärliches*
Ge-heim-nis, das; -ses,-se: *etwas, das Außenstehende nicht erfahren sollen*
ge-heim-nis-voll: *rätselhaft, unerklärlich*
Ge-heiß, das; -es, keine Mehrzahl: *Anordnung, mündlicher Befehl*
ge-hen, ging, gegangen: *funktionieren*
ge-hen, ging, gegangen: *sich zu Fuß vorwärts bewegen, laufen*
ge-hen, ging, gegangen: *weggehen, sich entfernen; abreisen, wegfahren*

geistesgestört

ge-heu-er, nicht: *nur negativ gebraucht; unheimlich, nicht Vertrauen erweckend*
Ge-heul, das; -s, keine Mehrzahl: *anhaltendes Heulen; Wehklagen*
Geh-gips, der; -es,-e: *fester Verband am Bein*
Ge-hil-fe, der; -n,-n: *Beistand, Mitarbeiter, Helfer*
Ge-hirn, das; -s,-e: *Verstand, Intelligenz*
Ge-hirn, das; -s,-e: *Zentrum des Nervensystems im Schädel*
Ge-hirn-er-schüt-te-rung, die; -,-en
Ge-hirn-schlag, der; -es, -schlä-ge: *Schlaganfall*
Ge-hirn-wä-sche, die; -,-n: *Brechung des Willens durch Folter*
ge-ho-ben: *höher stehend, sich vom Alltäglichen abhebend*
Ge-höft, das; -es,-e: *Hof, Anwesen, Bauernhof*
Ge-hölz, das; -es,-e: *Buschwerk, Wäldchen*
Ge-hör, das; -s, keine Mehrzahl: *Hörvermögen, Ohr*
ge-hor-chen: *folgen, einem Befehl nachkommen; sich lenken lassen*
ge-hö-ren: *jemandes Besitz sein*
ge-hö-ren: *zukommen, gebühren*
Ge-hör-lo-sig-keit, die; -, keine Mehrzahl: *Taubheit*
ge-hor-sam: *folgsam, fügsam, willig gehorchend*
Ge-hor-sam, der, -s, keine Mehrzahl: *Gehorchen, Befolgung von Befehlen*
Geh-rung, die; -,-en: *winkliger Zuschnitt*
Geh-rungs-win-kel, der; -s,-: *Anschlagleiste für die Gehrung*
Geh-steig, der, -es,-e: *Bürgersteig*
Geh-weg, der; -es,-e: *Bürgersteig*
Gei-er, der; -s,-: *Aas fressender Raubvogel*
Gei-fer, der; -s, keine Mehrzahl: *über die Lippen fließender Speichel; übertragen auch: Bosheit, Wut*
gei-fern: *Geifer ausfließen lassen; übertragen auch: keifen, jemanden schmähen, Böses reden*
Gei-ge, die; -,-n: *Violine*
gei-gen: *die Geige spielen*
Gei-ger-zäh-ler, der; -s,-: *Messinstrument für radioaktive Strahlung*
geil: *kräftig, fett (Boden)*
geil: *umgangssprachlich für „gut, toll, in begeisternder Weise schön, großartig"*
geil: *üppig wuchernd (Pflanze)*
geil: *geschlechtlich erregt, lüstern, wollüstig*
Geil-heit, die; -, keine Mehrzahl: *Lüsternheit, geschlechtliche Erregtheit*
Gei-sel, die; -,-n: *Gefangener, dessen Leben als Pfand für Forderungen eingesetzt wird*
Gei-ser, (auch: Gey-sir), der; -s,-: *in Abständen sprudelnde Quelle*
Gei-sha [Gehscha], die; -,-s: *Gesellschafterin und Tänzerin in japanischen Teehäusern*
Geiß, die; -,-en: *weibliche Ziege, Gämse*
Geiß-bart, der; -es, keine Mehrzahl: *Rosengewächs*
Geiß-blatt, das; -es,-blät-ter: *Zierstrauch, Kletterpflanze*
Geiß-bock, der; -es,-bö-cke: *Ziegenbock*
Gei-ßel, die; -,-n: *Peitsche*
Gei-ßel, die; -,-n: *fadenförmiger Zellfortsatz, Flagellum*
Gei-ßel, die; -,-n: *Heimsuchung, Plage, Strafe*
gei-ßeln: *mit der Geißel schlagen, peitschen, züchtigen*
gei-ßeln: *scharf tadeln, anprangern*
Gei-ße-lung, die; -,-en: *Strafe durch Auspeitschen*
Geist, der; -es,-er: *Alkohol, Weingeist*
Geist, der; -es, keine Mehrzahl: *das denkende Bewusstsein des Menschen*
Geist, der; -es, keine Mehrzahl: *Verstand, Witz*
Geist, der; -es,-er: *Vorstellung, Art, Beschaffenheit, Wollen, Streben, immaterielle Eigenschaft*
Geist, der; -es,-er: *Gespenst, Dämon, überirdisches Wesen*
Geis-ter-fah-rer, der; -s,-: *Autofahrer, auf der Überholspur entgegenkommend*
Geis-ter-glau-be, der; -ns, keine Mehrzahl: *Spiritismus*
geis-ter-haft: *gespenstisch, wie ein Geist*
geis-tern: *spuken; huschen*
Geis-ter-stun-de, die; -,-n: *Zeit von Mitternacht bis ein Uhr*
geis-tes-ab-we-send: *unaufmerksam, tief in Gedanken*
Geis-tes-ge-gen-wart, die; -, keine Mehrzahl: *Reaktionsfähigkeit, Aufmerksamkeit*
geis-tes-ge-gen-wär-tig: *aufmerksam, reaktionsschnell*
geis-tes-ge-stört: *verrückt*

geis-tes-krank: verrückt, geistesgestört
Geis-tes-kran-ke, der/die; -n,-n: Geistesgestörte(r)
Geis-tes-krank-heit, die; -,-en: Geistesgestörtheit
geis-tig: den Geist betreffend, im Geist, in Gedanken, innerlich
geist-lich: kirchlich
Geist-li-che, der; -n,-n: Pfarrer, Priester
geist-los: dumm
geist-reich: klug, schlagfertig, einfallsreich
Geiz, der; -es, keine Mehrzahl: übertriebene Sparsamkeit, Knauserigkeit
gei-zen: übertrieben sparen, knausern
Geiz-hals, der; -es,-häl-se: umgangssprachlich für „geiziger Mensch"
gei-zig: übertrieben sparsam, knauserig
Geiz-kra-gen, der; -s, -krä-gen: umgangssprachlich für „geiziger Mensch"
Ge-jam-mer, das; -s, keine Mehrzahl: anhaltendes Jammern
Ge-ki-cher, das; -s, keine Mehrzahl: anhaltendes Kichern
ge-knickt: gefaltet
ge-knickt: zerknirscht, betrübt
ge-konnt: von hohem Können zeugend
ge-kop-pelt: verbunden
Ge-krö-se, das; -s, keine Mehrzahl: Eingeweide bei Tieren
Gel, das; -s,-e: Gelatine
Ge-la-ber, das; -s, keine Mehrzahl: anhaltendes Labern, dummes Geschwätz
Ge-läch-ter, das; -s, keine Mehrzahl: lautes Lachen, Heiterkeit
ge-lack-mei-ert: umgangssprachlich für „hereingelegt, betrogen"
ge-la-den: scharf, mit Munition versehen
ge-la-den: umgangssprachlich für „voller Wut sein"
Ge-la-ge, das; -s,-: üppiges Mahl
Ge-län-de, das; -s,-: Stück Land, Landstrich
ge-län-de-gän-gig: in unebenem Gelände benutzbar
Ge-län-der, das; -s,-: Brüstung, Treppenschutz mit Handlauf
ge-lan-gen: hinkommen, erreichen
ge-las-sen: ruhig, ausgeglichen, zuversichtlich
Ge-la-ti-ne, die; -, keine Mehrzahl: Knochenleim zur Herstellung von Gelees und Sülzen
ge-läu-fig: vertraut, wohl bekannt

ge-läu-fig: fließend
Ge-läu-fig-keit, die; -, keine Mehrzahl
ge-launt: gestimmt, aufgelegt
Ge-läu-te, das; -s,-: Glockengeläut
gelb: Farbe; das gelbe Trikot, die gelbe Birne
Gelb, das; -s,-/(-s): gelbe Farbe; bei Gelb über die Ampel fahren, ein grelles Gelb
gelb-lich: leicht gelb
Gelb-sucht, die; -, keine Mehrzahl: Leber- und Gallenkrankheit
Geld, das; -es,-er: Zahlungsmittel, Münzen, Banknoten, Vermögen
Geld-beu-tel, der; -s,-: Portmonee
Geld-ge-ber, der; -s,-: Finanzier
geld-gie-rig: raffsüchtig
Geld-schein, der; -es,-e: Banknote
Geld-schrank, der; -es,-schrän-ke: Tresor, Panzerschrank, Safe
Geld-stra-fe, die; -,-n: Geldbuße
Geld-stück, das; -es,-e: Münze
Geld-sum-me, die; -,-n: Geldbetrag
Geld-wech-sel, der; -s,-: Exchange
ge-leckt: sehr sorgfältig, sehr korrekt
Ge-lee, das; -s,-s: mit Zucker eingekochter Fruchtsaft
Ge-lee, das; -s,-s: Glyzerincreme
Ge-lee, das; -s,-s: eingedickte Fleischbrühe
Ge-le-ge, das; -s,-: Eier einer Brut
ge-le-gen: passend, angenehm
ge-le-gen: befindlich
Ge-le-gen-heit, die; -,-en: günstiger Zeitpunkt, geeignete Umstände
Ge-le-gen-heit, die; -,-en: günstiges Angebot
Ge-le-gen-heits-ar-bei-ter, der; -s,-
ge-le-gent-lich: bisweilen, mitunter, bei Gelegenheit, manchmal
ge-leh-rig: anstellig, lernwillig
ge-lehr-sam: gelehrig
Ge-lehr-sam-keit, die; -, keine Mehrzahl: großes Wissen, reiche Kenntnisse
ge-lehrt: gründlich gebildet
Ge-lehr-te, der; -n,-n: Wissenschaftler, Forscher
Ge-lei-se, die; -, keine Einzahl: Gleis, Schienenstrang
Ge-leit, das; -es,-e: bewaffnete Begleitung
Ge-leit, das; -es,-e: Führung, Einführung
Ge-lenk, das; -es,-e: bewegliche Verbindung zweier starrer Teile
ge-len-kig: beweglich, behände

Gemischtwarenhandlung

Ge-len-kig-keit, die; -, keine Mehrzahl: *Beweglichkeit, Biegsamkeit*
Ge-lich-ter, das; -s, keine Mehrzahl: *Gesindel, Pack*
ge-liebt: *verehrt, begehrt*
Ge-lieb-te, der/die; -n,-n: *geliebter Mensch, Liebhaber(in)*
ge-lie-fert: *herbeigebracht*
ge-lie-fert: *umgangssprachlich für „erledigt, kaputt"*
ge-lie-ren [schelieren]: *halbfest werden, erstarren*
Ge-lier-zu-cker [Schelierzucker], der; -s,-: *mit einem Geliermittel versetzter Zucker*
ge-lin-de: *mild, lind, weich, lieblich*
ge-lin-de: *mäßig, leicht*
ge-lin-gen, gelang, gelungen: *geraten, glücken, zu Stande kommen*
gell: *regional umgangssprachlich für „nicht wahr"*
gel-len: *durchdringend tönen*
ge-lo-ben: *schwören, feierlich versprechen*
Ge-löb-nis, das; -ses,-se: *feierliches Versprechen*
gelt: *umgangssprachlich für „nicht wahr"*
gel-ten, galt, gegolten: *in Geltung sein, in Kraft sein*
gel-ten, galt, gegolten: *gültig sein, erlaubt sein, den Spielregeln entsprechen*
Gel-tung, die; -,-en: *Gültigkeit*
Gel-tung, die; -,-en: *Wert, Ansehen, Einfluss, Bedeutung*
Gel-tungs-be-dürf-nis, das; -ses,-se: *Streben nach Beachtung und Wertschätzung*
Ge-lüb-de, das; -s,-: *Eid, Schwur, feierliches Versprechen*
Ge-lum-pe, das; -s, keine Mehrzahl: *Abfall, minderwertiges Zeug, Plunder*
Ge-lüst, das; -es,-e: *Drang, Lust, Verlangen*
Ge-mach, das; -es, Ge-mä-cher: *veraltet für „Zimmer, Raum"*
ge-mäch-lich: *langsam, bedächtig*
Ge-mahl, der; -es,-e: *Ehemann*
Ge-mah-lin, die; -,-nen: *Ehefrau*
ge-mah-nen: *erinnern, mahnen*
Ge-mäl-de, das; -s,-: *gemaltes Bild*
Ge-mäl-de-ga-le-rie, die; -,-n: *Galerie, Ausstellungsräume*
Ge-mar-kung, die; -,-en: *Gemeindebezirk*
ge-ma-sert: *von Mustern durchzogen*
ge-mäß: *entsprechend, angemessen, würdig*
ge-mä-ßigt: *maßvoll, ausgeglichen*
Ge-mäu-er, das; -s,-: *Mauerwerk; auch: Ruine*
Ge-me-cker, das; -s, keine Mehrzahl: *anhaltendes Meckern*
ge-mein: *hinterhältig, niederträchtig roh, böse, verabscheuenswert*
ge-mein: *unanständig, schlüpfrig, unflätig, vulgär, ordinär*
ge-mein: *gewöhnlich, häufig vorkommend, verbreitet*
Ge-mein-de, die; -,-n: *Gemeinwesen, Angehörige eines Bezirks*
Ge-mein-de, die; -,-n: *Gemeinschaft der Gläubigen; Anhängerschaft*
Ge-mein-de, die; -,-n: *Kommune, kleinster Verwaltungsbezirk*
ge-mein-ge-fähr-lich
Ge-mein-heit, die; -,-en: *Niedertracht, Hinterhältigkeit*
ge-mein-hin: *allgemein*
ge-mein-nüt-zig: *zum Wohl der Allgemeinheit*
Ge-mein-nüt-zig-keit, die; -, keine Mehrzahl
Ge-mein-platz, der; -es,-plät-ze: *nichts sagende Redensart, Binsenweisheit*
ge-mein-sam: *miteinander, zusammen*
Ge-mein-sam-keit, die; -,-en: *Verbundenheit, Zusammengehörigkeit*
Ge-mein-schaft, die; -,-en: *Beziehung, Verbindung*
ge-mein-schaft-lich
Ge-mein-schafts-an-ten-ne, die; -,-n
Ge-mein-schafts-ge-fühl, das; -s,-e: *Solidaritätsgefühl, Gemeinsinn*
Ge-mein-schafts-ver-pfle-gung, die; -,-en
Ge-mein-sinn, der; -es, keine Mehrzahl: *Gemeinschaftsgefühl*
ge-mein-ver-ständ-lich: *für jeden leicht verständlich*
Ge-mein-we-sen, das; -s,-: *Gemeinde*
Ge-mein-wohl, das; -s, keine Mehrzahl: *Nutzen für die Allgemeinheit*
Ge-men-ge, das; -s,-: *Mischung, Gemisch*
Ge-men-ge, das; -s,-: *Kampfgewühl*
ge-mes-sen: *langsam, ruhig, zurückhaltend, würdevoll*
Ge-met-zel, das; -s,-: *Blutbad*
Ge-misch, das; -es,-e: *Mischung*
Ge-mischt-wa-ren-hand-lung, die; -,-en: *Laden für Lebensmittel und Waren des täglichen Bedarfs*

Gemme

Gem-me, die; -,-n: *Edelstein mit eingeschnittenem Bild*
Ge-mun-kel, das; -s, keine Mehrzahl: *Gerücht, heimliches Gerede, Klatsch*
Ge-mur-mel, das; -s, keine Mehrzahl: *anhaltendes Murmeln*
Ge-mü-se, das; -s,-: *essbare Pflanzen und Pflanzenteile; regional auch nur: Kohl*
Ge-mü-se-gar-ten, der; -s, -gär-ten: *Nutzgarten*
Ge-müt, das; -es, keine Mehrzahl: *fühlende Seele, fühlendes Herz*
ge-müt-lich: *umgänglich, leutselig, herzlich-bieder*
ge-müt-lich: *behaglich, anheimelnd*
ge-müt-lich: *zwanglos, heiter, familiär*
Ge-müt-lich-keit, die; -,-en
Ge-müts-be-we-gung, die; -,-en: *innere Bewegung, Gefühlsregung*
ge-müts-krank
Ge-müts-krank-heit, die; -,-en: *Depression, Gemütsleiden*
Ge-müts-ru-he, die; -, keine Mehrzahl: *Gleichmütigkeit*
Ge-müts-zu-stand, der; -es,-stän-de: *geistige Verfassung*
ge-müt-voll: *Gemüt besitzend*
Gen, das; -s,-e: *Träger des Erbgutes, Erbfaktor, Erbanlage*
ge-nant [schenant]: *peinlich, unangenehm*
ge-nä-schig: *naschhaft*
ge-nau: *sorgfältig abgemessen, exakt*
ge-nau: *übereinstimmend, getreu*
ge-nau: *gewissenhaft, sorgfältig*
ge-nau: *völlig, vollkommen, zweifelsfrei*
ge-nau ge-nom-men: *streng genommen*
Ge-nau-ig-keit, die; -,-en: *Präzision, Exaktheit*
ge-nau-so: *ebenso, geradeso*
Gen-darm [Schandarm], der; -s,-e: *Polizist*
Gen-dar-me-rie [Schandarmerie], die; -,-n: *Landpolizei*
Ge-ne-a-lo-ge, der; -n,-n: *Familienforscher*
Ge-ne-a-lo-gie, die; -,-n: *Sippenforschung*
ge-nehm: *passend, willkommen*
ge-neh-mi-gen: *gestatten, erlauben*
Ge-neh-mi-gung, die; -,-en: *Erlaubnis, Zustimmung, Einwilligung*
ge-neigt: *günstig gesinnt, wohlwollend, freundlich*
ge-neigt: *schräg, schief*

Ge-neigt-heit, die; -, keine Mehrzahl
Ge-ne-ral, der; -s, Ge-ne-rä-le: *Offizier*
Ge-ne-ral-a-gen-tur, die; -,-en: *Hauptgeschäftsstelle*
Ge-ne-ral-be-voll-mäch-tig-te, der/die; -n,-n: *jemand, der eine Generalvollmacht hat*
ge-ne-ra-li-sie-ren: *verallgemeinern*
Ge-ne-ra-li-sie-rung, die; -,-en: *Verallgemeinerung*
Ge-ne-ral-pro-be, die; -,-n: *letzte Probe vor der Premiere*
Ge-ne-ral-se-kre-tär, der; -s,-e: *Hauptgeschäftsführer*
Ge-ne-ral-stab, der; -es,-stä-be: *Unterstützungsgruppe des Befehlshabers*
Ge-ne-ral-streik, der; -s,-s: *allgemeiner Arbeitsausstand, totale Arbeitsniederlegung*
Ge-ne-ra-ti-on, die; -,-en: *Menschenalter, Stufe der Geschlechterfolge, Personen dieser Stufe*
Ge-ne-ra-tor, der; -s,-en: *Stromerzeuger*
ge-ne-rell: *allgemein, im Allgemeinen*
ge-ne-rös: *großzügig. edelmütig*
Ge-ne-ro-si-tät, die; -, keine Mehrzahl: *Großzügigkeit, Großherzigkeit*
Ge-ne-se, die; -,-n: *Entstehung, Entwicklung, Werden*
ge-ne-sen, genas, genesen: *gesunden*
Ge-ne-sen-de, der/die; -n,-n
Ge-ne-sis, die; -, keine Mehrzahl: *Schöpfungsgeschichte, Titel des 1. Buches Mosis*
Ge-ne-sung, die; -, keine Mehrzahl: *Gesundung*
Ge-ne-tik, die; -, keine Mehrzahl: *Erbbiologie, Vererbungslehre*
ge-ne-tisch: *die Gene betreffend*
Ge-ne-ver, der; -s,-: *Wacholderbranntwein*
ge-ni-al: *sehr begabt, schöpferisch*
Ge-ni-a-li-tät, die; -, keine Mehrzahl: *geniale Veranlagung, Schöpferkraft*
Ge-nick, das; -s,-e: *Nacken, hinterer Hals*
Ge-nick-schuss, der; -schus-ses, -schüs-se: *Hinrichtung durch Schuss ins Genick*
Ge-nick-star-re, die; -,-n: *Nackenstarre, Halssteifheit*
Ge-nie [Schenie], das; -s,-s: *schöpferisch hoch begabter Mensch*
ge-nie-ren [schenieren]: *jemanden stören, lästig sein*
ge-nie-ren [schenieren], sich: *sich schämen, schüchtern, gehemmt sein*

Gepard

ge-nier-lich [schenierlich]: *eindeutschend für „genant"; peinlich, unangenehm*
ge-nieß-bar: *essbar, trinkbar*
ge-nieß-bar: *verträglich, gut gelaunt*
ge-nie-ßen, genoß, genossen: *mit Wohlbehagen zu sich nehmen, auf sich wirken lassen, auskosten, Freude haben an*
Ge-nie-ßer, der; -s,-: *jemand, der genießen kann*
ge-nie-ße-risch: *in der Art eines Genießers, mit Genuss*
ge-ni-tal: *die Geschlechtsorgane betreffend*
Ge-ni-tal, das; -, Ge-ni-ta-li-en: *Geschlechtsorgan*
Ge-ni-tiv, der; -s,-e: *Grammatik: zweiter Fall der Deklination, Wessen-Fall*
Ge-ni-us, der; -, Ge-ni-en: *Schutzgeist*
Ge-ni-us, der; -, keine Mehrzahl: *schöpferischer Geist, schöpferische Kraft*
Ge-nos-se, der; -n,-n: *Mitglied einer sozialistischen oder kommunistischen Partei*
Ge-nos-se, der; -n,-n: *Kamerad, Gefährte*
Ge-nos-se, der; -n,-n: *Mitglied einer Genossenschaft*
Ge-nos-sen-schaft, die; -,-en: *Zusammenschluss zur Förderung gleicher wirtschaftlicher Interessen unter gemeinschaftlichen Geschäftsbedingungen*
ge-nos-sen-schaft-lich: *die Genossenschaft betreffend*
Ge-nos-sen-schafts-bank, die; -,-en: *genossenschaftlich organisierte Bank, Volksbank, Raiffeisenkasse*
ge-no-ty-pisch: *den Genotypus betreffend*
Ge-no-ty-pus, der; -, Ge-no-ty-pen: *Gesamtheit der Erbfaktoren*
Gen-re [Schoñre], das; -s,-s: *Gattung, Art*
Gen-re-bild [Schoñrebild], das; -es,-er: *Sittenbild*
Gen-re-ma-ler [Schoñremaler], der; -s,-: *Maler von Genrebildern*
Gent-le-man (auch Gen-tle-man) [Dschentlmän], der; -s,-men: *Mann von vornehmer Gesinnung und Lebensart*
gent-le-man-li-ke (auch gen-tle-man-li-ke) [dschentlmänlaik]: *nobel, nach Art eines Gentlemans*
ge-nug: *die Grenze des Erträglichen oder Schicklichen erreichend*
ge-nug: *ausreichend, befriedigend viel*
ge-nü-gen: *ausreichen, genug sein*
ge-nü-gend: *ausreichend*

ge-nüg-sam: *bescheiden, anspruchslos*
Ge-nüg-sam-keit, die; -, keine Mehrzahl: *Bescheidenheit, Anspruchslosigkeit*
Ge-nug-tu-ung, die; -,-en: *Befriedigung, Wiedergutmachung, Buße*
ge-nu-in: *angeboren, echt, natürlich*
Ge-nus, der; -, Ge-ne-ra: *grammatische Aktionsform des Verbs: Aktiv oder Passiv*
Ge-nus, der; -, Ge-ne-ra: *Gattung*
Ge-nus, der; -, Ge-ne-ra: *Grammatik: Geschlecht der Hauptwörter und Fürwörter*
Ge-nuss, der; Ge-nus-ses, Ge-nüs-se: *bewusstes Vergnügen, auch: das Zusichnehmen*
ge-nüss-lich: *genießend*
Ge-nuss-mit-tel, das; -s,-: *Lebensmittel von anregender Wirkung*
Ge-o-dä-sie, die; -, keine Mehrzahl: *Vermessungskunde, Erdmessung*
Ge-o-dät, der; -en,-en: *jemand, der auf dem Gebiet der Geodäsie arbeitet, Landvermesser*
Ge-o-gra-fie (auch Ge-o-gra-phie), die; -, keine Mehrzahl: *Erdkunde*
ge-o-gra-fisch (auch ge-o-gra-phisch): *die Geografie betreffend*
Ge-o-lo-ge, der; -n,-n: *Wissenschaftler auf dem Gebiet der Geologie*
Ge-o-lo-gie, die; -, keine Mehrzahl: *Lehre von Aufbau und Entwicklung der Erde*
ge-o-lo-gisch: *die Geologie betreffend*
Ge-o-me-trie, die; -, keine Mehrzahl: *mathematische Erfassung und Theorie der Körper und des Raumes*
ge-o-me-trisch: *die Geometrie betreffend*
Ge-o-po-li-tik, die; -, keine Mehrzahl: *weltweite Politik, die Erde umfassende Politik; auch: Lehre von der Einwirkung geografischer Faktoren auf die Politik*
Ge-päck, das; -s, keine Mehrzahl: *Reiseausrüstung*
Ge-päck-an-nah-me, die; -,-n
Ge-päck-auf-be-wah-rung, die; -,-en
Ge-päck-aus-ga-be, die; -,-n:
Ge-päck-netz, das; -es,-e: *Netz zum Ablegen von Gepäckstücken im Zug*
Ge-päck-stück, das; -es,-e: *einzelner Gegenstand als Gepäck*
Ge-päck-trä-ger, der; -s,-: *Stütze, Halter am Fahrrad für Gepäck; früher: Dienstmann, der Gepäck trug*
Ge-päck-wa-gen, der; -s,-: *Packwagen*
Ge-pard, der; -s,-e: *Raubtier*

ge-pfef-fert: stark gewürzt
ge-pfef-fert: umgangssprachlich für „sehr hoch" (Rechnung, Preis)
ge-pfef-fert: umgangssprachlich für „drastisch, unanständig"
ge-pflegt: gut erhalten
Ge-pflegt-heit, die; -, keine Mehrzahl
Ge-pflo-gen-heit, die; -,-en: Brauch, Angewohnheit, Sitte
Ge-plän-kel, das; -s,-: Streiterei, Wortgefecht; Scharmützel
Ge-plap-per, das; -s, keine Mehrzahl: Plappern, Gerede
Ge-plärr, das; -s, keine Mehrzahl: anhaltendes Plärren
Ge-pol-ter, das; -s, keine Mehrzahl: anhaltendes Poltern
Ge-prä-ge, das; -s, keine Mehrzahl: Prägung, besondere Note, Eigenart
Ge-prän-ge, das; -s, keine Mehrzahl: Pracht, Pomp, Prunk, großer Aufwand
ge-punk-tet: in einem Kampfspiel einen Punkt errungen
ge-punk-tet: mit Punkten versehen
Ge-quas-sel, das; -s, keine Mehrzahl: umgangssprachlich für „Gerede"
ge-ra-de: vor einem Augenblick
ge-ra-de: umgangssprachlich für „freimütig, offen, aufrichtig"
ge-ra-de: senkrecht; waagrecht; eben, flach
ge-ra-de: in gleicher Richtung weiterlaufend, ohne Krümmung
Ge-ra-de, die; -n,-n: Boxhieb
Ge-ra-de, die; -,-n: gerade Teilstrecke einer Rennbahn
Ge-ra-de, die; -,-n: gerade Linie
ge-ra-de-aus
ge-ra-de sit-zen, saß gerade, gerade gesessen: aufrecht sitzen
ge-ra-de ste-hen, stand gerade, gerade gestanden: aufrecht stehen
ge-ra-de-ste-hen, stand gerade, geradegestanden: haften, die Verantwortung übernehmen
ge-ra-de-wegs: ohne Umwege, ohne Umschweife
ge-ra-de-zu: offen, freimütig, derb; ohne Umschweife
ge-rad-li-nig: in gerader Richtung verlaufend
ge-rad-li-nig: konsequent, logisch, vernünftig
Ge-ra-nie, die; -,-n: Zierpflanze

Ge-rät, das; -es,-e: Werkzeug, Instrument
Ge-rät, das; -es,-e: Maschine, Apparat
ge-ra-ten, geriet, geraten: zufällig auf jemanden treffen; zufällig, unvermutet an einen Ort gelangen
ge-ra-ten: ratsam
ge-ra-ten, geriet, geraten: gelingen, gut werden, gut gedeihen
Ge-räu-cher-te, das; -n, keine Mehrzahl: geräuchertes Fleisch, geräucherte Wurst
ge-räu-mig: groß, viel Raum bietend
Ge-räu-mig-keit, die; -, keine Mehrzahl
Ge-räusch, das; -es,-e: Ton, Laut, Schall, Klang
Ge-räusch-ku-lis-se, die; -, keine Mehrzahl: Hintergrundgeräusche
ge-räusch-los: lautlos
Ge-räusch-pe-gel, der; -s,-: Stärke von Geräuschen
ge-räusch-voll: laut, lärmend
ger-ben: Tierhäute zu Leder verarbeiten
Ger-ber, der; -s,-: Ledermacher
Ger-ber-lo-he, die; -,-n: pflanzliches Gerbmittel für die Lederverarbeitung
Gerb-säu-re, die; -, keine Mehrzahl: Gallsäure, Gerbstoff
ge-recht: recht, rechtlich, dem Recht entsprechend
ge-recht: verdient, richtig; unparteiisch, neutral
Ge-rech-tig-keit, die; -, keine Mehrzahl
Ge-re-de, das; -s,-: Geschwätz, Klatsch
ge-reizt: überempfindlich, böse, nervös
Ge-reizt-heit, die; -, keine Mehrzahl: Nervosität
Ge-ri-a-trie (auch Ge-ri-at-rie), die; -, keine Mehrzahl: Altersheilkunde
Ge-richt, das; -es,-e: Gerichtsbarkeit, Rechtsprechung
Ge-richt, das; -es,-e: Recht sprechende Behörde
Ge-richt, das; -es,-e: Speise, Essen, Mahlzeit, Gang
Ge-richt, das; -es,-e: Gerichtsgebäude
ge-rich-tet: bereitgestellt, fertig
ge-rich-tet: verurteilt, abgeurteilt
ge-rich-tet: ausgerichtet
ge-richt-lich: vor dem Gericht, das Gericht betreffend, mit dem Gericht
Ge-richts-bar-keit, die; -, keine Mehrzahl: Befugnis zur Rechtsprechung
Ge-richts-hof, der; -es,-hö-fe: aus mehreren Mitgliedern bestehendes Gericht; auch: höhere Instanz

Geschäftigkeit

Ge-richts-stand, der; -es,-stän-de: *Ort, dessen Gericht bei einer Rechtssache zuständig ist oder sein soll*
Ge-richts-ver-fah-ren, das; -s,-: *Prozess*
Ge-richts-ver-hand-lung, die; -,-en
Ge-richts-voll-zie-her, der; -s,-: *Gerichtsbeamter, der Vorladungen zustellt und Pfändungen vornimmt*
ge-ring: *klein, wenig*
ge-ring: *nicht sehr gut*
ge-ring: *unbedeutend, belanglos*
ge-ring: *schlicht, gewöhnlich*
ge-ring: *niedrig*
ge-ring-fü-gig: *unbedeutend, unwesentlich*
Ge-ring-fü-gig-keit, die; -,-en: *Kleinigkeit, unbedeutende Sache*
Ge-ring-schät-zung, die; -, keine Mehrzahl: *Missachtung, Verachtung*
ge-rin-nen, gerann, geronnen: *flockig, klumpig werden, sich zusammenballen, erstarren, fest werden*
Ge-rinn-sel, das; -s,-: *Klümpchen, kleine Menge festgewordener Flüssigkeit, Pfropfen*
Ge-rin-nung, die; -, keine Mehrzahl: *Stockung, Festwerden*
Ge-rip-pe, das; -s,-: *Gestell, Gerüst*
Ge-rip-pe, das; -s,-: *Skelett, Knochengerüst*
ge-ris-sen: *raffiniert, schlau, durchtrieben*
Ger-ma-ne, der; -n,-n: *Angehöriger einer indogermanischen Volksgruppe*
Ger-ma-nist, der; -en,-en: *Wissenschaftler, der sich mit der deutschen Sprache befasst*
Ger-ma-nis-tik, die; -, keine Mehrzahl: *Wissenschaft von der deutschen Sprache*
Ger-ma-ni-um, das; -s, keine Mehrzahl: *Metall, Zeichen: Ge*
gern, ger-ne: *bereitwillig, mit Freude, freudig; ja*
Ger-ne-groß, der; -, keine Mehrzahl: *umgangssprachlich für „Aufschneider, Großsprecher"*
gern ha-ben: *gut leiden können, mögen*
Ge-rö-chel, das; -s, keine Mehrzahl: *anhaltendes Röcheln*
Ge-röll, das; -s, keine Mehrzahl: *Gestein*
Gers-te, die; -, keine Mehrzahl: *Getreideart*
Gers-ten-korn, das; -s,-kör-ner: *eitrige Entzündung am Augenlid*

Gers-ten-korn, das; -s,-kör-ner: *Frucht der Gerste*
Gers-ten-saft, der; -es, keine Mehrzahl: *umgangssprachlich für „Bier"*
Ger-te, die; -,-n: *biegsamer Stock, Rute*
ger-ten-schlank: *sehr schlank, biegsam*
Ge-ruch, der; -es, Ge-rü-che: *Geruchssinn*
Ge-ruch, der; -s, Ge-rü-che: *Duft, Ausdünstung*
Ge-ruchs-sinn, der; -es,-e: *Geruch*
Ge-rücht, das; -es,-e: *verbreitetes Gerede, unbestätigte Nachricht*
ge-rücht-wei-se: *als Gerücht*
ge-ru-hen: *sich herablassen*
ge-ruh-sam: *ruhig, behaglich, ohne Eile*
Ge-rüm-pel, das; -s, keine Mehrzahl: *Schutt, Schrott, Kram*
Ge-rüst, das; -es,-e: *Gestell*
ge-sal-zen: *umgangssprachlich für „sehr hoch" (Preis)*
ge-sal-zen: *umgangssprachlich für „derb, kräftig"*
ge-sal-zen: *salzig*
ge-samt: *ganz, völlig, vollständig, alles zusammen, im Gesamten*
Ge-samt-ein-druck, der; -es,-drü-cke
Ge-samt-er-geb-nis, das; -ses,-se
Ge-samt-heit, die; -, keine Mehrzahl: *das Ganze, Einheit*
Ge-samt-schu-le, die; -,-n: *Verbindung von Grund-, Mittel- und höherer Schule*
Ge-sand-te, der; -n,-n: *diplomatischer Vertreter eines Staates in einem anderen*
Ge-sandt-schaft, die; -,-en: *ständige Auslandsvertretung eines Staates mit ihren Angehörigen*
Ge-sang, der; -es, Ge-sän-ge: *Singen*
Ge-sang-ver-ein, der; -es,-e
Ge-säß, das; -es,-e: *Hintern, Hinterteil, Po*
ge-sät-tigt: *satt*
Ge-säu-ge, das; -s,-: *Zitzen, Euter*
Ge-sau-se, das; -s, keine Mehrzahl: *anhaltendes Sausen*
Ge-schäft, das; -es,-e: *Gewerbe, Beruf*
Ge-schäft, das; -es,-e: *Ergebnis, Abschluss eines Handels, Handel*
Ge-schäft, das; -es,-e: *Tätigkeit, Arbeit*
Ge-schäft, das; -es,-e: *Verkaufsstelle, Laden, Handelsunternehmen*
Ge-schäft, das; -es,-e: *umgangssprachlich für „Notdurft"*
ge-schäf-tig: *eifrig, emsig, hurtig, flink*
Ge-schäf-tig-keit, die; -, keine Mehrzahl: *geschäftiges Wesen*

geschäftlich

ge-schäft-lich: *das Geschäft betreffend, beruflich, dienstlich*
Ge-schäfts-füh-rer, *der; -s,-*
Ge-schäfts-lei-tung, *die; -,-en*
Ge-schäfts-mann, *der; -es,-leu-te: Kaufmann, Händler*
Ge-schäfts-ord-nung, *die; -,-en: Satzung*
Ge-schäfts-stel-le, *die; -,-n: Filiale*
Ge-schäfts-trä-ger, *der; -s,-: Gesandter in der niedrigsten Rangstufe*
ge-schäfts-tüch-tig: *kaufmännisch tüchtig, viel leistend*
Ge-schäfts-vier-tel, *das; -s,-*
ge-scheckt: *fleckig, gefleckt*
Ge-sche-hen, *das; -s,-: Ereignis, Vorfall*
ge-sche-hen, *geschah, geschehen: sich verwirklichen*
ge-sche-hen, *geschah, geschehen: sich ereignen, vorfallen, stattfinden, passieren*
Ge-scheh-nis, *das; -ses,-se: Ereignis, Vorfall*
ge-scheit: *klug, urteilsfähig, intelligent*
Ge-scheit-heit, *die; -, keine Mehrzahl: Klugheit*
Ge-schenk, *das; -es,-e: Gabe*
Ge-schenk-ar-ti-kel, *der; -s,-: Ware, die als Geschenk bestimmt ist*
Ge-schich-te, *die; -, keine Mehrzahl: Historie, alles Geschehene, Vergangenheit; auch: Lehre von der Vergangenheit*
Ge-schich-te, *die; -,-n: Sache, Angelegenheit*
Ge-schich-te, *die; -,-n: Werdegang, Entwicklung*
Ge-schich-te, *die; -,-n: Erzählung, Schilderung*
ge-schicht-lich: *die Geschichte betreffend*
Ge-schichts-buch, *das; -es,-bü-cher: Lehrbuch der Geschichte*
Ge-schick, *das; -es,-e: Schicksal, Fügung*
Ge-schick, *das; -es, keine Mehrzahl: Fertigkeit, Geschicklichkeit, Eignung*
Ge-schick-lich-keit, *die; -,-en: Gewandtheit, Fingerfertigkeit, Kunstfertigkeit*
ge-schickt: *fingerfertig*
ge-schickt: *gewandt, wendig; schlau, durchtrieben*
Ge-schie-be, *das; -s, keine Mehrzahl: Schieberei, Gedränge*
ge-schie-den: *getrennt, gerichtlich aufgehoben*
Ge-schimp-fe, *das; -s, keine Mehrzahl: anhaltendes Schimpfen*

Ge-schirr, *das; -es: Gerät zum Essen und Kochen*
Ge-schirr, *das; -es: Riemen oder Seile zum Anschirren von Zugpferden*
Ge-schirr-spül-ma-schi-ne, *die; -,-n*
Ge-schlecht, *das; -es,-er: Art, Gattung*
Ge-schlecht, *das; -es,-er: Familie*
Ge-schlecht, *das; -es,-er: grammatisch: Genus*
ge-schlecht-lich: *sexuell, das Geschlecht betreffend*
Ge-schlechts-akt, *der; -es,-e: Beischlaf*
ge-schlechts-krank
Ge-schlechts-krank-heit, *die; -,-en: Krankheit, die durch den Geschlechtsverkehr übertragen wird*
Ge-schlechts-le-ben, *das; -s,-: sexuelles Leben*
Ge-schlechts-merk-mal, *das; -es,-e*
Ge-schlechts-rei-fe, *die; -, keine Mehrzahl: Pubertät, Fortpflanzungsfähigkeit*
Ge-schlechts-teil, *das; -es,-e*
Ge-schlechts-trieb, *der; -es, keine Mehrzahl: Sexualität, Fortpflanzungsbedürfnis*
Ge-schlechts-ver-kehr, *der; -es, keine Mehrzahl: Geschlechtsakt*
Ge-schlechts-wort, *das; -es, -wör-ter: Artikel*
ge-schlif-fen: *geschärft, ausgefeilt*
ge-schlos-sen: *zugesperrt, nicht offen*
ge-schlos-sen: *vollzählig, vereint, einmütig*
Ge-schlos-sen-heit, *die; -, keine Mehrzahl*
Ge-schlu-der, *das; -s, keine Mehrzahl: umgangssprachlich für „Schlamperei"*
Ge-schmack, *der; -s, Ge-schmäcke/Geschmä-cker: Urteilsfähigkeit in ästhetischen Fragen*
Ge-schmack, *der; -s, Ge-schmäcke/Geschmä-cker: Geschmackssinn*
Ge-schmack, *der; -s, Ge-schmäcke/Geschmä-cker: umgangssprachlich für „Gefallen, Vorliebe"*
ge-schmack-los: *hässlich, kitschig; taktlos, ohne Anstand*
ge-schmack-los: *ohne Geschmack, fade*
Ge-schmack-lo-sig-keit, *die; -,-en*
Ge-schmacks-sa-che, *die; -,-n: Angelegenheit des Geschmacks*
ge-schmack-voll: *harmonisch, stilvoll, schön; elegant*
Ge-schmat-ze, *das; -s, keine Mehrzahl: anhaltendes Schmatzen*

gesetzgebend

Ge-schmei-de, das; -s,-: Schmuck
ge-schmei-dig: gewandt
ge-schmei-dig: elastisch, formbar, biegsam
Ge-schmeiß, das; -es, keine Mehrzahl: umgangssprachlich für „Gesindel, Pack"
Ge-schmeiß, das; -es, keine Mehrzahl: Ungeziefer
Ge-schnat-ter, das; -s, keine Mehrzahl: anhaltendes Schnattern
ge-schnie-gelt: fein zurechtgemacht, gepflegt
Ge-schnüf-fel, das; -s, keine Mehrzahl: Schnüffelei, Neugier, auch: Hinterherspioniererei
Ge-schnüf-fel, das; -s, keine Mehrzahl: anhaltendes Schnüffeln
Ge-schöpf, das; -es,-e: Lebewesen, Kreatur
Ge-schoss, das; Ge-schos-ses, Ge-schos-se: Projektil: Kugel, Pfeil usw.
Ge-schoss, das; Ge-schos-ses, Ge-schos-se: Stockwerk, Etage
Ge-schrei, das; -s, keine Mehrzahl: anhaltendes Schreien
Ge-schreib-sel, das; -s, keine Mehrzahl: schlecht lesbares Geschriebenes, schlechte Schrift; auch: schlechtes literarisches Erzeugnis
Ge-schütz, das; -es,-e: Kanone, Feuerwaffe
Ge-schwa-der, das; -s,-: Flottenverband (auch bei Flugzeugen)
Ge-schwa-fel, das; -s, keine Mehrzahl: dummes Gerede, anhaltendes Schwafeln
Ge-schwätz, das; -es, keine Mehrzahl: inhaltloses Gerede
ge-schwät-zig: schwatzhaft
ge-schwei-ge denn: erst recht nicht, noch nicht einmal
ge-schwind: schnell, flink, rasch
Ge-schwin-dig-keit, die; -,-en: Schnelligkeit, zurückgelegter Weg in einer Zeiteinheit
Ge-schwin-dig-keits-be-gren-zung, die; -,-en: Angabe der erlaubten Höchstgeschwindigkeit
Ge-schwin-dig-keits-mes-ser, der; -s,-
Ge-schwis-ter, das; -s, keine Mehrzahl: Geschwisterteil (Bruder oder Schwester)
Ge-schwis-ter, die; -, keine Einzahl: Bruder und Schwester, Brüder und Schwestern
ge-schwis-ter-lich: nach Geschwisterart

ge-schwol-len: verdickt
ge-schwol-len: umgangssprachlich für „prahlerisch, wichtigtuerisch"
Ge-schwo-re-ne, der; -n,-n: Laienrichter des Schwurgerichts
Ge-schwulst, die; -, Ge-schwüls-te: krankhafte Gewebewucherung, Tumor
Ge-schwür, das; -s,-e: Entzündung der Haut oder Schleimhaut
Ge-sei-re, das; -s, keine Mehrzahl: klagendes Gerede, Gejammer
Ge-sel-le, der; -n,-n: Kamerad, Gefährte
Ge-sel-le, der; -n,-n: Handwerker nach Abschluss der Lehrzeit
Ge-sel-len-brief, der; -es,-e: Urkunde über die bestandene Gesellenprüfung
Ge-sel-len-stück, das; -es,-e: Gegenstand, den der Lehrling während seiner Gesellenprüfung herstellt
ge-sel-lig: unterhaltsam, zwanglos
ge-sel-lig: die Gesellschaft liebend, die Gesellschaft suchend
Ge-sel-lig-keit, die; -, keine Mehrzahl
Ge-sell-schaft, die; -,-en: Verein, geselliger Kreis
Ge-sell-schaft, die; -,-en: Begleitung, Beisammensein
Ge-sell-schaft, die; -,-en: Gemeinschaft aller Menschen, die unter bestimmten politischen, wirtschaftlichen und sozialen Verhältnissen zusammenleben; auch: diese Verhältnisse selbst
Ge-sell-schaft, die; -,-en: zweckgebundene Gruppierung, Zweckvereinigung von Personen mit vereinbarten Regeln
Ge-sell-schafts-spiel, das; -es,-e: Unterhaltungsspiel für mehrere Personen
Ge-senk, das; -es,-e: Hohlform zum Pressen von Werkstücken
Ge-senk-schmie-de, die; -,-n
Ge-setz, das; -es,-e: Regel, Grundsatz, Richtschnur
Ge-setz, das; -es,-e: Rechtsvorschrift
Ge-setz, das; -es,-e: Verfassung, Satzung, Anzahl von Verordnungen zu einem Rechtsgebiet
Ge-setz-blatt, das; -es,-blät-ter: amtliches Blatt zur Veröffentlichung von Gesetzen
Ge-setz-buch, das; -es,-bü-cher: Gesetzestext
Ge-setz-ent-wurf, der; -es,-wür-fe: Entwurf eines neuen Gesetzes
ge-setz-ge-bend: die Gesetzgebung betreffend

Gesetzgeber

Ge-setz-ge-ber, der; -s,-: *gesetzgebende Gewalt*
Ge-setz-ge-bung, die; -,-en
ge-setz-lich: *rechtlich*
ge-setz-los: *ohne Gesetz*
ge-setz-mä-ßig: *regelmäßig, einem Gesetz entsprechend*
ge-setzt: *ernst, ruhig, besonnen*
ge-setz-wid-rig: *gegen ein Gesetz verstoßend*
Ge-sicht, das; -es,-er: *Erscheinung, Traum, Vision*
Ge-sicht, das; -es,-er: *Antlitz*
Ge-sicht, das; -es,-er: *Sehvermögen*
Ge-sichts-aus-druck, der; -es, keine Mehrzahl: *Miene*
Ge-sichts-feld, das; -es,-er: *überschaubarer Raum*
Ge-sichts-win-kel, der; -s,-: *Sehwinkel*
Ge-sims, das; -es,-e: *waagrechter Mauervorsprung*
Ge-sin-de, das; -s, keine Mehrzahl: *veraltet für „Bedienstete"*
Ge-sin-del, das; -s, keine Mehrzahl: *Pack, zwielichtige Gestalten*
ge-sinnt: *eingestellt, eine Meinung habend*
Ge-sin-nung, die; -,-en: *Haltung, Einstellung, Meinung, Denkart*
Ge-sin-nungs-wan-del, der; -s,-: *Meinungsänderung*
ge-sit-tet: *wohlerzogen, brav*
Ge-söff, das; -s, keine Mehrzahl: *umgangssprachlich für „Getränk, Gebräu"*
ge-son-dert: *getrennt, extra, für sich*
ge-sot-ten: *gekocht*
Ge-spann, das; -s,-e: *Zugtiere und Wagen*
Ge-spann, das; -s,-e: *übertragen für „gut funktionierendes Zweierteam"*
Ge-spannt-heit, die; -, keine Mehrzahl: *Spannungszustand, Spannung*
Ge-spenst, das; -es,-er: *Geist, Erscheinung, Spukgestalt, Trugbild*
ge-spens-tisch: *unheimlich*
Ge-spinst, das; -es,-e: *zartes Gewebe, Gesponnenes*
Ge-spött, das; -es, keine Mehrzahl: *Spott, Hohn*
Ge-spräch, das; -es,-e: *Unterhaltung, Dialog, Wechselrede; auch: Telefonanruf*
ge-sprä-chig: *mitteilsam, redselig*
Ge-sprächs-part-ner, der; -s,-: *Gegenüber*
ge-sprächs-wei-se: *in einem Gespräch*
ge-spren-kelt: *getupft*
Ge-spür, das; -s, keine Mehrzahl: *Gefühl*
Ge-sta-de, das; -s,-: *poetisch für „Ufer, Küste"*
Ge-stalt, die; -,-en: *Person*
Ge-stalt, die; -,-en: *Figur, Wuchs*
Ge-stalt, die; -,-en: *äußere Form, Umrisse, Erscheinung*
Ge-stal-tung, die; -,-en: *Formgebung*
Ge-stam-mel, das; -s, keine Mehrzahl: *Stammelei, stockende Redeweise*
ge-stän-dig: *ein Geständnis abgelegt habend*
Ge-ständ-nis, das; -ses,-se: *Mitteilen einer Schuld*
Ge-stän-ge, das; -s,-: *Gefüge von Stangen*
Ge-stank, der; -es, keine Mehrzahl: *übler Geruch*
ge-stat-ten: *erlauben, bewilligen, einwilligen*
Ges-te, die; -,-n: *Gebärde, ausdrucksvolle Bewegung*
ge-ste-hen, gestand, gestanden: *zugeben, bekennen*
Ge-stein, das; -s,-e: *Bestandteil der festen Erdkruste, Fels*
Ge-stell, das; -s,-e: *Rahmen, Regal, Gerüst*
Ge-stel-lungs-be-fehl, der; -es,-e: *Einberufungsbefehl im Ernstfall*
ges-tern: *einen Tag zurück*
ge-stie-felt: *mit Stiefeln; gestiefelt und gespornt*
Ges-tik, die; -,-en: *Gesamtheit der Gesten*
Ges-ti-ku-la-ti-on, die; -, keine Mehrzahl: *Gesten, Gebärden*
ges-ti-ku-lie-ren: *Gesten machen, fuchteln*
Ge-stirn, das; -es,-e: *Stern*
ge-stirnt: *mit Sternen bedeckt*
Ge-stö-ber, das; -s, keine Mehrzahl: *Durchsuchung*
Ge-stö-ber, das; -s,-: *vom Wind gepeitschter Niederschlag*
Ge-stol-per, das; -s, keine Mehrzahl: *anhaltendes Stolpern*
Ge-stot-ter, das; -s, keine Mehrzahl: *stockende Rede*
Ge-sträuch, das; -es, keine Mehrzahl: *Strauchwerk, Buschwerk*
ge-streift: *mit Streifen versehen*
ge-streift: *leicht berührt*
gest-rig: *veraltet, rückständig*
Ge-strüpp, das; -s, keine Mehrzahl: *Buschwerk, Unterholz*

Gewalt

Ge-stühl, das; -es, keine Mehrzahl: *Gesamtheit der Stühle eines Raumes*
Ge-stühl, das; -es,-e: *Gebälk, Dachgestühl*
Ge-stüm-per, das; -s, keine Mehrzahl: *Stümperei*
ge-stun-det: *aufgeschoben*
Ge-stüt, das; -es,-e: *Pferdezüchterei*
Ge-such, das; -es,-e: *schriftliche Bitte, Eingabe*
Ge-su-del, das; -, keine Mehrzahl: *Sudelei*
ge-sund: *wohl, blühend, frisch*
ge-sund: *richtig, natürlich (Entwicklung, Zustand)*
ge-sund: *heilsam, förderlich*
ge-sund: *zuträglich, Gesundheit erhaltend*
ge-sund: *frei von Krankheit*
Ge-sund-be-ter, der; -s,-: *Sektenmitglied*
Ge-sund-brun-nen, der; -s,-: *Heilquelle; auch übertragen: seelische Erneuerung*
Ge-sund-heit, die; -, keine Mehrzahl: *Wohlbefinden, volle Leistungsfähigkeit*
ge-sund-heit-lich: *die Gesundheit betreffend*
Ge-sund-heits-we-sen, das; -s,-: *Sanitätswesen*
Ge-sund-heits-zu-stand, der; -es, keine Mehrzahl: *gesundheitliches Befinden*
ge-sund-schrei-ben
ge-sund-schrump-fen: *auf eine rentable Größe verkleinern, Produktion und Anzahl der Arbeitskräfte einschränken; verschleiernder Ausdruck für „Massenentlassung"*
ge-sund-sto-ßen, sich; stieß sich gesund, sich gesundgestoßen: *umgangssprachlich für „viel Geld verdienen"*
Ge-sun-dung, die; -,-en: *Genesung*
ge-tä-felt: *mit Täfelung versehen*
ge-tarnt: *mit Tarnung versehen*
ge-tauft: *die Taufe erhalten habend*
Ge-tier, das; -s, keine Mehrzahl: *Tiere*
ge-ti-gert: *gestreift*
Ge-to-be, das; -s, keine Mehrzahl: *anhaltendes Toben*
Ge-tö-se, das; -s, keine Mehrzahl: *anhaltender Lärm, Krach*
ge-tra-gen: *gemessen, feierlich*
Ge-tränk, das; -es,-e: *Trinkbares, Flüssigkeit zum Trinken*
Ge-trän-ke-kar-te, die; -,-n
Ge-trän-ke-steu-er, die; -,-n
Ge-trap-pel, das; -s, keine Mehrzahl: *anhaltendes Trappeln*

Ge-trat-sche, das; -s, keine Mehrzahl: *Gerede, Klatsch*
ge-trau-en, sich: *sich zutrauen, wagen*
Ge-trei-de, das; -s,-: *Sammelbegriff für alle Kulturgräser*
Ge-trennt-schrei-bung, die; -,-en: *Auseinanderschreibung*
ge-treu: *genau entsprechend, gemäß*
Ge-trie-be, das; -s,-: *Vorrichtung an Maschinen, die Bewegung überträgt*
Ge-trie-be, das; -s,-: *Betriebsamkeit, Getümmel*
ge-trost: *ruhig, ohne Bedenken, vertrauend, zuversichtlich*
Get-to, Ghetto, das; -s,-s: *abgeschlossenes Viertel, in dem nur Angehörige einer Gruppe leben dürfen*
Ge-tue, das; -s, keine Mehrzahl: *Aufhebens, Wichtigtuerei, Ziererei*
Ge-tüm-mel, das; -s,-: *Menschenauflauf, bewegtes Durcheinander*
Ge-vat-ter, der; -s,-: *veraltet für „Pate, Verwandter"*
Ge-viert, das; -es,-e: *Rechteck, Quadrat; rechteckiger Rahmen*
Ge-wächs, das; -es,-e: *Pflanze*
Ge-wächs, das; -es,-e: *Geschwulst, Auswuchs*
Ge-wächs-haus, das; -ses,-häu-ser: *Treibhaus*
ge-wagt: *gefährlich*
Ge-wagt-heit, die; -, keine Mehrzahl: *Gefährlichkeit*
ge-wählt: *durch Wahl bestimmt*
ge-wählt: *vornehm*
Ge-wählt-heit, die; -, keine Mehrzahl
Ge-währ, die; -, keine Mehrzahl: *Sicherheit, Bürgschaft, Garantie*
ge-wah-ren: *wahrnehmen, bemerken*
ge-wäh-ren: *bewilligen, zugestehen, erlauben*
ge-währ-leis-ten: *sicherstellen*
Ge-währ-leis-tung, die; -,-en: *Sicherheit, Bürgschaft*
Ge-wahr-sam, der; -s, keine Mehrzahl: *Obhut, Verwahrung*
Ge-wahr-sam, der; -s, keine Mehrzahl: *Haft*
Ge-währs-mann, der; -es,-leu-te: *jemand, auf dessen Auskunft man sich verlassen kann*
Ge-walt, die; -,-en: *Heftigkeit, Wucht, Ungestüm*
Ge-walt, die; -,-en: *Zwang*

Gewalt

Ge-walt, die; -,-en: *Macht*
Ge-walt-an-wen-dung: die; -,-en
Ge-walt-herr-schaft, die; -,-en: *Diktatur, Tyrannei*
ge-wal-tig: *mächtig, heftig, riesig, sehr groß*
ge-walt-sam: *mit Gewalt, durch Gewalt*
Ge-walt-tat, die; -,-en: *Verbrechen*
Ge-walt-tä-ter, der; -s,-: *Verbrecher*
ge-walt-tä-tig: *mit Gewalt vorgehend, roh, brutal*
Ge-walt-tä-tig-keit, die; -,-en
Ge-wand, das; -es, Ge-wän-der: *Äußeres, äußere Erscheinung*
Ge-wand, das; -es, Ge-wän-der: *Kleidung, Kleid*
Ge-wand-haus, das; -es,-häu-ser: *Zeughaus, Lagerhaus der Tuchhändler; heute: Konzerthalle in Leipzig*
Ge-wand-haus-or-ches-ter, das; -s, keine Mehrzahl: *Leipziger Orchester*
ge-wandt: *geschickt, flink, wendig*
Ge-wandt-heit, die; -, keine Mehrzahl: *Geschicklichkeit, Wendigkeit; auch: verbindliche Umgangsformen*
Ge-wäsch, das; -s, keine Mehrzahl: *Geschwätz, leeres Gerede*
Ge-wäs-ser, das; -s,-: *natürliche Wasseransammlung*
Ge-we-be, das; -s,-: *Tuch, Stoff*
Ge-we-be, das; -s,-: *Zellengefüge*
Ge-we-be-kul-tur, die; -,-en: *Gewebszüchtung*
Ge-wehr, das; -es,-e: *Flinte*
Ge-wehr-kol-ben, der; -s,-
Ge-wehr-lauf, der; -es, -läu-fe
Ge-weih, das; -es,-e: *Kopfschmuck und Waffe des Rot-, Dam-, Elch- und Rehwildes*
Ge-wer-be, das; -s,-: *auf Erwerb gerichtete Berufstätigkeit*
Ge-wer-be-auf-sicht, die; -, keine Mehrzahl: *Überwachung des Arbeitsschutzes in Gewerbebetrieben*
Ge-wer-be-frei-heit, die; -, keine Mehrzahl: *das Recht, jedem Beruf nachgehen zu können*
Ge-wer-be-ord-nung, die; -,-en: *Vorschrift für Gewerbetreibende*
Ge-wer-be-schein, der; -es,-e: *Berechtigungsschein zur Ausübung eines Gewerbes*
ge-wer-be-trei-bend: *ein Gewerbe ausübend*

Ge-wer-be-trei-ben-de, der/die; -n,-n
ge-werb-lich: *zu einem Gewerbe gehörend, ein Gewerbe betreffend*
ge-werbs-mä-ßig: *als Gewerbe, berufsmäßig*
Ge-werbs-zweig, der; -es,-e: *Teilbereich des Gewerbes*
Ge-werk-schaft, die; -,-en: *Interessenvertretung der Arbeitnehmer*
Ge-werk-schaf-ter, der; -s,-: *Angehöriger der Gewerkschaft*
ge-werk-schaft-lich: *die Gewerkschaft betreffend*
Ge-werk-schafts-bund, der; -es, keine Mehrzahl: *Dachorganisation der Gewerkschaften*
Ge-wicht, das; -es,-e: *Schwere, Kraft, Masse*
Ge-wicht, das; -es, keine Mehrzahl: *Wichtigkeit, Bedeutung, Einfluss*
Ge-wicht-he-ben, das; -s, keine Mehrzahl
Ge-wicht-he-ber, der; -s,-
ge-wich-tig: *schwer*
ge-wich-tig: *bedeutend, einflussreich, maßgebend, schwerwiegend*
Ge-wichts-ab-nah-me, die; -,-n: *Gewichtsverringerung*
Ge-wichts-klas-se, die; -,-n
Ge-wichts-ver-la-ge-rung, die; -,-en: *Veränderung des Schwerpunktes*
Ge-wichts-ver-lust, der; -es,-e
Ge-wichts-zu-nah-me, die; -,-n
ge-wieft: *umgangssprachlich für „schlau, gerissen, durchtrieben"*
ge-wiegt: *erfahren, durchtrieben*
ge-wiegt: *fein gehackt*
Ge-wie-her, das; -s, keine Mehrzahl: *Wiehern*
Ge-wie-her, das; -s, keine Mehrzahl: *umgangssprachlich für „breites, lautes Lachen"*
ge-willt: *willens, bereit sein, die Absicht habend*
Ge-wim-mel, das; -s, keine Mehrzahl: *lebhaftes Durcheinander*
Ge-wim-mer, das; -s, keine Mehrzahl: *anhaltendes Wimmern*
Ge-win-de, das; -s,-: *Flechtwerk*
Ge-win-de, das; -s,-: *Schraubengang*
Ge-win-de-boh-rer, der; -s,-: *Gewindeschneideisen*
Ge-winn, der; -s,-e: *Treffer, Preis*
Ge-winn, der; -s,-e: *Profit, Einnahme, Ausbeute, Ertrag, Überschuss*

Gicht

Ge-winn-be-tei-li-gung, die; -,-en: *Dividende*
Ge-winn brin-gend (auch gewinnbringend anlegen): *einträglich, nützlich*
ge-win-nen, gewann, gewonnen: *jemanden für sich einnehmen, sich geneigt machen*
ge-win-nen, gewann, gewonnen: *durch Sieg oder Glück erringen*
ge-win-nen, gewann, gewonnen: *fördern, erzeugen*
ge-win-nen, gewann, gewonnen: *erlangen, erreichen, erwerben, bekommen*
Ge-winn-span-ne, die; -,-n: *Rendite*
Ge-winn-sucht, die; -, keine Mehrzahl: *Habsucht, Geldgier*
Ge-win-sel, das; -s, keine Mehrzahl: *anhaltendes Winseln*
Ge-wirr, das; -s, keine Mehrzahl: *Durcheinander, Wirrwarr*
ge-wiss: *sicher, fest, bestimmt, unbestreitbar, zweifellos*
Ge-wis-sen, das; -s,-: *Bewusstsein von Gut und Böse, Verantwortungsgefühl*
ge-wis-sen-haft: *sorgfältig, genau, zuverlässig, verantwortungsbewusst*
Ge-wis-sen-haf-tig-keit, die; -, keine Mehrzahl
ge-wis-sen-los: *verantwortungslos, rücksichtslos*
Ge-wis-sen-lo-sig-keit, die; -,-en
Ge-wis-sens-bis-se, die; -, keine Einzahl: *schlechtes Gewissen, Schuldgefühl*
Ge-wis-sens-fra-ge, die; -,-n: *Frage, die eine persönliche Entscheidung verlangt*
Ge-wis-sens-frei-heit, die; -, keine Mehrzahl: *das Recht, nur nach dem eigenen Gewissen zu handeln*
ge-wis-ser-ma-ßen: *sozusagen, gleichsam, beinahe*
Ge-wiss-heit, die; -,-en: *Sicherheit, Bestimmtheit*
Ge-wit-ter, das; -s,-: *Unwetter mit Blitz und Donner*
ge-witt-rig: *nach Gewitter aussehend*
ge-witzt: *schlau, erfahren*
ge-wo-gen: *zugetan, wohlwollend gesinnt*
ge-wöh-nen: *vertraut werden, ertragen lernen, anpassen*
Ge-wohn-heit, die; -,-en: *Selbstverständlichkeit, eingefleischte Eigenart*
ge-wohn-heits-mä-ßig: *aus Gewohnheit, wie gewohnt, ohne nachzudenken*
Ge-wohn-heits-mensch, der; -en,-en
Ge-wohn-heits-recht, das; -es,-e: *durch Gewohnheit verbindlich gewordenes Recht*
Ge-wohn-heits-tier, das; -es,-e: *umgangssprachlich für „Gewohnheitsmensch"*
ge-wöhn-lich: *im Allgemeinen, meist, in der Regel*
ge-wöhn-lich: *gemein, unfein, ordinär*
ge-wöhn-lich: *alltäglich, gebräuchlich, üblich*
ge-wohnt, gewöhnt: *vertraut, üblich, herkömmlich*
Ge-wöh-nung, die; -, keine Mehrzahl: *Vertrautwerden, Anpassung*
Ge-wöl-be, das; -s,-: *gewölbte Decke; auch: Raum mit gewölbter Decke*
Ge-wühl, das; -es, keine Mehrzahl: *dichtes Durcheinander*
ge-wür-felt: *in Würfel unterteilt, kariert*
Ge-würz, das; -es,-e: *Zutat zum Schmackhaftmachen von Speisen*
ge-würzt: *mit Gewürzen versehen*
Gey-sir, Geiser, der; -s,-e: *in regelmäßigen Zeitabständen sprudelnde Quelle*
ge-zackt: *zackig*
ge-zahnt: *mit kleinen, regelmäßigen Spitzen versehen*
ge-zeich-net: *gemustert*
ge-zeich-net: *mit einem Zeichen versehen*
ge-zeich-net: *unterschrieben*
Ge-zei-ten, die; -, keine Einzahl: *Ebbe und Flut*
Ge-ze-ter, das; -s, keine Mehrzahl: *anhaltendes Zetern*
Ge-zie-fer, das; -s, keine Mehrzahl: *Ungeziefer*
ge-zie-mend: *gebührend*
ge-ziert: *gespreizt, unnatürlich*
Ge-zücht, das; -es, keine Mehrzahl: *Gesindel, Pack*
Ge-zwit-scher, das; -s, keine Mehrzahl: *anhaltendes Zwitschern*
ge-zwun-ge-ner-ma-ßen: *infolge von Zwang, nicht freiwillig*
Ghost-wri-ter [Goustraiter], der; -s,-: *ungenannter Verfasser von Reden, Artikeln oder Büchern, der für eine bekannte Person schreibt*
Gicht, die; -, keine Mehrzahl: *Stoffwechselkrankheit, bei der durch vermehrte Harnsäurebildung die Gelenke versteifen*

Gichtknoten

Gicht-kno-ten, der; -s,-: *Knoten an durch Gicht versteiften Gelenken*
Gie-bel, der; -s,-: *Abschlusswand des Satteldaches an der Schmalseite*
Gier, die; -, keine Mehrzahl: *maßloses Begehren, heftiges Verlangen*
gie-rig: *unersättlich, hemmungslos, unbeherrscht*
gie-ßen, goss, gegossen: *schütten*
gie-ßen, goss, gegossen: *begießen, tränken*
gie-ßen, goss, gegossen: *schmelzen und in Formen schütten*
gie-ßen, goss, gegossen: *umgangssprachlich für „heftig regnen"*
Gieß-kan-ne, die; -,-n: *Gefäß zum Begießen von Pflanzen*
Gift, das; -es,-e: *Zerstörerisches, Schädliches*
Gift, das; -es,-e: *gesundheitsschädlicher oder tödlicher Stoff*
gif-ten: *ärgern*
Gift-gas, das; -es,-e
gif-tig: *häufig boshafte Bemerkungen machend*
gif-tig: *Gift enthaltend*
gif-tig: *übertragen: missgünstig, boshaft, hasserfüllt*
Gif-tig-keit, die; -, keine Mehrzahl: *giftige Beschaffenheit*
Gift-mord, der; -es,-e: *Mord mit Gift*
Gift-nu-del, die; -,-n: *umgangssprachlich für „Zigarre, Zigarette"; böses Mädchen*
Gift-pilz, der; -es,-e: *giftiger Pilz*
Gift-schlan-ge, die; -,-n: *Schlange mit Giftzähnen*
Gift-zahn, der; -es,-zäh-ne: *Zahn einer Giftschlange*
Gig, der; -s,-s: *Auftritt eines Künstlers, einer Band*
Gig, die; -s,-s: *leichter offener Wagen, Einspänner*
Gig, das; -,-s: *leichtes Ruderboot*
Gi-gant, der; -en,-en: *Riese*
gi-gan-tisch: *riesenhaft, ungeheuer*
Gi-go-lo [Dschigolo], der; -s,-s: *Eintänzer; auch: jüngerer Mann, der sich von Frauen aushalten lässt*
Gil-de, die; -,-n: *Innung, Zunft, Handwerker- oder Kaufmannsvereinigung*
Gim-pel, der; -s,-: *Dompfaff*
Gim-pel, der; -s,-: *umgangssprachlich für „törichter, einfältiger Mensch"*
Gin [Dschin], der; -s,-s: *Branntwein*

Gin-seng, der; -s,-s: *chinesisches Efeugewächs und dessen Wurzel*
Gins-ter, der; -s,-: *Strauchpflanze*
Gip-fel, der; -s,-: *Höhepunkt*
Gip-fel, der; -s,-: *Bergspitze*
Gip-fel-kon-fe-renz, die; -,-en: *Konferenz auf höchster Ebene*
Gip-fel-kreuz, das; -es,-e: *Kreuz auf einem Berggipfel*
gip-feln: *den Höhepunkt erreichen*
Gip-fel-tref-fen, das; -s,-: *Treffen von Staatsoberhäuptern*
Gips, der; -es,-e: *wasserhaltiger, schwefelsaurer Kalk*
Gips-bein, das; -es,-e: *eingegipstes Bein*
Gips-ver-band, der; -es,-bän-de: *starrer Verband*
Gi-raf-fe, die; -,-n: *Tier mit langem Hals*
Girl [Görl], das; -s,-s: *Mädchen*
Gir-lan-de, die; -,-n: *Blumen-, Blätter- oder Papierkette*
Gi-ro-kon-to [Dschirokonto], das; -s,-konten: *Konto, das dem Giroverkehr dient*
Gi-ro-ver-kehr [Dschiroverkehr], der; -s, keine Mehrzahl: *bargeldloser Zahlungsverkehr*
Gischt, der; -es,(-e): *Schaum der Wellen*
Gi-tar-re, die; -,-n: *Saiteninstrument*
Git-ter, das; -s,-: *Einfriedung aus sich kreuzenden Stäben*
Git-ter-mast, der; -es,-en: *aus Längs- und Querstreben aufgebauter Mast*
Gla-cee (auch Gla-cé) [Glaßeh], das; -s, keine Mehrzahl: *stark glänzendes Gewebe oder Leder*
Gla-cee-hand-schuh (auch Gla-cé-handschuh), der; -s,-e: *in der Wendung: mit Glaceehandschuhen anfassen, sehr vorsichtig umgehen*
Gla-di-a-tor, der; -s,-en: *Schaukämpfer*
Gla-di-o-le, die; -,-n: *Schwertliliengewächs*
Gla-mour [Glämer], der/das; -s, keine Mehrzahl: *auf Wirkung bedachte Aufmachung, Blendwerk*
Gla-mour-girl [Glämergörl], das; -s,-s: *Reklame-, Filmschönheit*
Glanz, der; -es, keine Mehrzahl: *Lichtspiegelung*
Glanz, der; es, keine Mehrzahl: *Politur, Schimmer*
Glanz, der; -es, keine Mehrzahl: *Pracht, Herrlichkeit*
glän-zen: *schimmern, blinken*

gleichgültig

glän-zen: *auffallen, hervorragen, hervorstechen*
glän-zend: *ausgezeichnet, hervorragend*
glän-zend: *leuchtend, strahlend, blendend*
Glanz-leis-tung, *die; -,-en: hervorragende Leistung*
glanz-voll: *prunkvoll, festlich*
Glas, *das; -es, Glä-ser: harter, durchsichtiger, zerbrechlicher Stoff*
Glas, *das; -es, Glä-ser: Trinkgefäß*
Glas, *das; -es, Glä-ser: Fernglas*
Glas-dach, *das; -es; -dä-cher: Dach aus Glas*
Gla-ser, *der; -s,-: Handwerker, der Glas verarbeitet*
Glä-ser, *die; -, keine Einzahl: Brille, Augengläser*
glä-sern: *aus Glas*
Glas-fa-ser, *die; -,-n: Glasfiber, Lichtfaser*
Glas-hüt-te, *die; -,-n: Glasfabrik*
gla-sie-ren: *mit Glasur überziehen*
gla-sig: *durchsichtig; starr; seifig*
glas-klar: *völlig klar*
Glas-schei-be, *die; -,-n*
Glas-schrank, *der; -es,-schrän-ke*
Glast, *der; -es, keine Mehrzahl: Glanz*
Gla-sur, *die; -,-en: glasähnlicher Überzug auf Töpferwaren*
Gla-sur, *die; -,-en: Zuckerguss auf Gebäck*
glatt: *allzu gewandt, allzu verbindlich, einschmeichelnd*
glatt: *mühelos, reibungslos*
glatt: *eben*
Glät-te, *die; -, keine Mehrzahl*
Glatt-eis, *das; -es, keine Mehrzahl: gefrorener Niederschlag*
glät-ten: *ebnen*
glät-ten: *stilistisch ausfeilen, überarbeiten*
glät-ten: *plätten, bügeln*
glät-ten: *beschwichtigen, beruhigen*
glatt strei-chen, *strich glatt, glatt gestrichen*
glatt zie-hen, *zog glatt, glatt gezogen*
Glat-ze, *die; -,-n: haarlose Fläche auf dem Kopf*
Glatz-kopf, *der; -es, -köp-fe: haarloser Kopf*
glatz-köp-fig
Glau-be, *der; -ns,-n: gefühlsmäßige Überzeugung, innere Gewissheit*
Glau-be, *der; -ns,-n: Heilslehre, religiöses Bekenntnis*

glau-ben: *annehmen, vermuten, meinen; für wahr annehmen*
Glau-bens-be-kennt-nis, *das; -ses,-se: Zusammenfassung der Glaubensartikel*
Glau-bens-be-kennt-nis, *das; -ses,-se: öffentliches Bekenntnis zu einem bestimmten Glauben*
Glau-bens-sa-che, *die; -,-n: Angelegenheit, die nur auf Glauben beruht*
Glau-ber-salz, *das; -es, keine Mehrzahl: schwefelsaures Natron; Abführmittel*
glaub-haft: *glaubwürdig*
gläu-big: *fromm*
Gläu-bi-ger, *der; -s,-: jemand, der eine Schuldforderung hat*
glaub-wür-dig: *so geartet, dass man es glauben kann*
Glaub-wür-dig-keit, *die; -, keine Mehrzahl*
Glau-kom, *das; -es,-e: grüner Star, Augenkrankheit*
gla-zi-al: *zum Eis, zum Gletscher, zur Eiszeit gehörig*
gleich: *schon, bereits*
gleich: *gleichgültig, egal*
gleich: *sofort, unverzüglich, auf der Stelle*
gleich: *genau übereinstimmend*
gleich-alt-rig
gleich-ar-tig: *sehr ähnlich*
gleich-be-rech-tigt
Gleich-be-rech-ti-gung, *die; -,-en: Ausstattung mit den gleichen Rechten*
glei-chen, *glich, geglichen: gleich sein, sehr ähneln*
glei-cher-ma-ßen: *auch, ebenso, genauso*
gleich-falls: *ebenfalls*
gleich-för-mig: *übereinstimmend, ähnlich*
gleich-för-mig: *einförmig, eintönig, monoton*
gleich ge-sinnt: *in der Gesinnung übereinstimmend*
gleich-ge-stellt: *auf der gleichen Stufe stehend*
Gleich-ge-wicht, *das; -es, keine Mehrzahl: Zustand, in dem sich entgegengesetzte Kräfte aufheben, Ausgleich von Kräften und Macht, Ausgeglichenheit*
Gleich-ge-wichts-stö-rung, *die; -,-en: Störung des Körpergleichgewichts*
gleich-gül-tig: *teilnahmslos, uninteressiert*

Gleichgültigkeit

Gleich-gül-tig-keit, die; -, keine Mehrzahl
Gleich-heit, die; -,-en: *Übereinstimmung*
Gleich-heits-zei-chen, das; -s,-: *Zeichen zur Kennzeichnung der Gleichheit: =*
gleich-mä-ßig: *regelmäßig; ruhig, ausgeglichen*
gleich-mü-tig: *geduldig, ruhig, ausgeglichen*
Gleich-nis, das; -ses,-se: *lehrhafte Erzählung, vergleichende Nebeneinanderstellung*
gleich-sam: *sozusagen, gewissermaßen*
gleich-schal-ten: *der herrschenden Denkweise anpassen*
gleich-schal-ten: *in den gleichen Rhythmus bringen*
Gleich-schal-tung, die; -,-en
gleich-schenk-lig: *mit zwei gleich langen Schenkeln (Dreieck)*
Gleich-schritt, der; -es,-e: *Marschtritt*
gleich-sei-tig: *mit drei gleich langen Seiten (Dreieck)*
Gleich-stand, der; -es,-stän-de: *gleiche Punktzahl*
Gleich-strom, der; -es,-strö-me: *elektrischer Strom, dessen Polarität unverändert bleibt*
Glei-chung, die; -,-en: *Ausdruck, in dem zwei mathematische Größen gleichgesetzt werden*
gleich-viel: *gleichgültig, einerlei*
gleich-wer-tig: *im Wert übereinstimmend*
gleich-wink-lig: *in den Winkeln übereinstimmend*
gleich-zei-tig: *zur gleichen Zeit*
Gleis, das; -es,-e: *Schienenstrang, Spur*
glei-ten, glitt, geglitten: *rutschen, schlüpfen*
Glei-ter, der; -s,-: *Segelflugzeug*
Gleit-flug, der; -es,-flü-ge: *Flug ohne Auftrieb durch Motorkraft*
Glet-scher, der; -s,-: *Eisstrom im Hochgebirge*
Glet-scher-spal-te, die; -,-n: *Spalte im Eis des Gletschers*
Glied, das; -es,-er: *Generation*
Glied, das; -es,-er: *einzelner Teil eines Ganzen (Kette, Reihe)*
Glied, das; -es,-er: *männliches Geschlechtsteil, Penis*
Glied, das; -es,-er: *beweglicher Körperteil*
glie-dern: *einteilen, unterteilen, ordnen*

Glie-de-rung, die; -,-en: *Aufteilung, Unterteilung, Aufbau, Plan*
Glied-maß, das; -es,-en: *bewegliches Körperteil*
glim-men, glomm, geglommen: *glühen*
Glim-mer, der; -s,-: *Schimmer, Glanz*
Glim-mer, der; -s, keine Mehrzahl: *Mineral*
Glim-mer-schie-fer, der; -s,-: *Tonschiefer aus Glimmer und Quarz*
Glimm-stän-gel, der; -s,-: *umgangssprachlich für „Zigarette"*
glimpf-lich: *schonend, nachsichtig, gemäßigt, mild*
glit-schen: *rutschen, gleiten*
glit-schig: *rutschig, glatt*
glit-zern: *funkeln*
glo-bal: *weltweit, erdumfassend*
Glo-be-trot-ter [Gloubtrotter], der; -s,-: *Weltreisender, Weltbummler*
Glo-bus, der; -ses/-,-se/Glo-ben: *Erdkugel, Himmelskugel; auch: Modell davon*
Glo-cke, die; -,-n
Glo-cken-blume, die; -,-n: *Blumenart*
Glo-cken-rock, der; -s, -rö-cke
Glo-cken-schlag, der; -es, -schlä-ge
Glo-cken-spiel, das; -es,-e: *aus mehreren Glocken bestehendes Instrument*
Glo-cken-stuhl, der; -es,-stüh-le: *Aufhängegerüst der Kirchenglocke*
Glöck-ner, der; -s,-: *die Glocke läutender Kirchendiener*
Glo-ria, die; -, keine Mehrzahl: *Glanz, Herrlichkeit; Preußens Gloria*
Glo-ria, das; -s,-s: *kirchlicher Lobgesang*
Glo-rie, die; -,-n: *Heiligenschein*
Glo-ri-fi-ka-ti-on, die; -,-en: *Verherrlichung*
Glo-ri-o-le, die; -,-n: *Heiligenschein*
glo-ri-os: *herrlich, glorreich*
glor-reich: *glorios, herrlich, ruhmreich*
Glos-sar, das; -es,-e: *Anhang, Wörterverzeichnis mit Erklärungen*
Glos-se, die; -,-n: *spöttischer Text*
Glos-se, die; -,-n: *Übersetzung oder Erklärung eines Wortes am Rand oder zwischen den Zeilen*
glos-sie-ren: *mit Glossen versehen, spöttische Anmerkungen machen*
Glotz-au-ge, das; -s,-n: *hervorquellendes Auge*
glot-zen: *umgangssprachlich für „starr blicken, starren"*
Glo-xi-nie, die; -,-n: *Zierpflanze*

Goldwert

Glück, das; -es, keine Mehrzahl: *günstige Fügung, günstiger Zufall*
Glück, das; -es, keine Mehrzahl: *innere Befriedigung und Hochstimmung*
Glu-cke, die; -,-n: *Henne*
glü-cken: *gelingen, gutgehen*
glu-ckern: *plätschern*
glück-lich: *erfolgreich, ohne Störung, ohne Schaden*
glück-lich: *hoch gestimmt, froh, innerlich befriedigt*
glück-lich: *günstig, vorteilhaft*
glück-li-cher-wei-se: *zum Glück*
glück-se-lig: *überglücklich, glückstrahlend*
gluck-sen: *unterdrückt lachen*
gluck-sen: *gluckern*
Glücks-fall, der; -es, -fäl-le: *glücklicher Zufall*
Glücks-klee, der, -s, keine Mehrzahl: *Klee mit vierteiligen Blättern*
Glücks-pilz, der; -es,-e: *umgangssprachlich für „jemand, der Glück hat"*
Glücks-sa-che, die; -,-n: *Angelegenheit, die vom glücklichen Zufall entschieden wird*
Glücks-spiel, das; -es,-e: *Spiel, bei dem der Erfolg vom Zufall abhängt*
Glücks-sträh-ne, die; -,-n: *Zeitspanne, in der alles vom Zufall Abhängende gelingt*
Glück ver-spre-chend
Glück-wunsch, der; -es,-wün-sche
Glüh-bir-ne, die; -,-n: *Glühlampe*
glü-hen: *erregt, begeistert sein*
glü-hen: *sehr heiß sein*
glü-hen: *leuchten*
glü-hend: *innig*
glü-hend: *erhitzt*
glü-hend heiß: *sehr heiß*
Glüh-wein, der; -es,-e: *erhitzter und gesüßter Wein*
Glüh-würm-chen, das; -s,-: *Insektenart mit phosphoreszierendem Körper*
Glu-ko-se, die; -, keine Mehrzahl: *Traubenzucker*
Glut-hit-ze, die; -,-n: *starke Hitze*
Gly-ze-rin, das; -s, keine Mehrzahl: *sirupartige farblose Flüssigkeit*
Gly-zi-nie, die; -,-n: *Zierpflanze*
Gna-de, die; -,-n: *Straferlass, Nachsicht, Barmherzigkeit*
Gna-de, die; -,-n: *herablassende Gunst, Wohlwollen*

Gna-de, die; -,-n: *verzeihende Güte, Barmherzigkeit Gottes, Vergebung von Sünden*
Gna-den-akt, der; -es,-e: *Begnadigung*
Gna-den-brot, das; -es, keine Mehrzahl: *umgangssprachlich für „ungestörtes Alter"*
Gna-den-er-lass, der; -es,-e, Begnadigung
Gna-den-ge-such, das; -es,-e: *Bitte um Gnade*
Gna-den-stoß, der; -es, -stö-ße: *Fangstoß, Stich, um die Todesqual zu beenden*
gnä-dig, *kaum geschädigt, glimpflich*
gnä-dig: *barmherzig, nachsichtig*
Gneis, der; -es,-e: *Schieferart*
Gnom, der; -en,-en: *Zwerg, Kobold*
gno-men-haft: *zwergenhaft*
Gnu, das; -s,-s: *afrikanisches Huftier*
Go, das; -s, keine Mehrzahl: *japanisches Brettspiel*
Goal [Goul], das; -s,-s: *englisch, österr. für „Tor, Treffer"*
Goal-kee-per [Goulkieper], der; -s,-: *englisch für „Torwart"*
Go-be-lin [Gobeleñ], der; -s,-s: *Wandbildteppich*
Go-ckel, der; -s,-: *Hahn*
Go-go-Girl [Gougougörl], das; -s,-s: *Revuegirl, Vortänzerin*
Go-kart, der; -s,-s: *Seifenkiste*
Gold, das; -es, keine Mehrzahl: *Edelmetall, Zeichen: Au*
Gold-am-mer, die; -,-n: *Vogelart*
gol-den: *aus Gold*
Gold-fisch, der; -es,-e: *Fischart, Zierfisch*
Gold-gru-be, die; -,-n: *Goldbergwerk; übertragen auch: sehr ergiebiges Geschäft*
Gold-hams-ter, der; -s,-: *Hamsterart*
gol-dig: *wie Gold glänzend*
gol-dig: *umgangssprachlich für „lieb, reizend"*
Gold-lack, der; -s, keine Mehrzahl: *Blumenart*
Gold-me-dail-le [Goldmedaljje], die; -,-n: *Preis für den ersten Platz*
Gold-par-mä-ne, die; -,-: *Apfelsorte*
Gold-re-gen, der; -s,-: *Zierstrauch*
gold-rich-tig: *genau richtig*
Gold-schmied, der; -es,-e: *Hersteller von Juwelen*
Gold-wä-scher, der; -s,-: *Goldsucher*
Gold-wert, der; -es,-e: *der Wert des reinen Goldgehaltes eines Gegenstandes*

Golem

Go-lem, der; -s,-s: *Sagengestalt: menschenähnliche, zeitweise zum Leben erwachende und Unheil anrichtende Tonfigur*
Golf, der; -es,-e: *Meeresbucht*
Golf, das; -es, keine Mehrzahl: *Ballspiel*
Golf-platz, der; -es, -plät-ze
Golf-strom, der; -es, keine Mehrzahl: *warme Meeresströmung*
Gol-ga-tha, das; -s, keine Mehrzahl: *Sinnbild für „Schmerzensort", Kreuzigungsstätte Christi, Schädelstätte*
Gon-del, die; -,-n: *Ballonkorb*
Gon-del, die; -,-n: *leichtes, schmales Boot*
Gon-del, die, -,-n: *Beförderungsraum der Seilbahn*
gon-deln: *langsam fahren, reisen*
gon-deln: *mit der Gondel fahren*
Gon-do-li-e-re, der; -s, Gon-do-li-e-ri: *Gondelführer, Ruderer*
Gong, der; -s,-s: *Schallbecken aus Metall*
gon-gen: *den Gong schlagen*
Gong-schlag, der; -es, -schlä-ge: *Schlag auf den Gong, Zeitzeichen*
gön-nen: *zugestehen*
Gön-ner, der; -s,-: *Wohltäter, Schutzherr, Förderer, Mäzen*
gön-ner-haft: *herablassend, überheblich*
Gön-ner-mie-ne, die; -,-n: *herablassend freundliche Miene*
Go-no-kok-kus, der; -, Go-no-kok-ken: *Erreger der Gonorrhö*
Go-nor-rhö, die; -, keine Mehrzahl: *Tripper, Geschlechtskrankheit*
Good-will [Gudwill], der; -s, keine Mehrzahl: *Ansehen, Ruf*
Gö-pel, der; -s,-: *veraltet: Antrieb von Arbeitsmaschinen durch im Kreis gehende Menschen oder Tiere*
Gö-pel, der; -s,-: *schweizer.: alte, nicht mehr gut funktionierende Maschine*
Gö-re, die; -,-n: *umgangssprachlich für „freches Mädchen"*
Gor-gon-zo-la, der; -s,-s: *Käseart*
Go-ril-la, der; -s,-s: *Affenart*
Go-ril-la, der; -s,-s: *umgangssprachlich für „Leibwächter, Rausschmeißer"*
Gos-se, die; -,-n: *Rinnstein*
Gos-se, die; -, keine Mehrzahl: *Verkommenheit; in der Gosse liegen, in der Gosse landen*
Gös-sel, das; -s,-: *regional für „Gänseküken"*
Go-te, der; -n,-n: *Angehöriger eines germanischen Volksstammes*

Go-tik, die; -, keine Mehrzahl: *Stilepoche*
Gott, der; -es, Göt-ter: *kultisch verehrtes Wesen, Gegenstand des religiösen Glaubens, Gottheit*
Gott-er-bar-men, das; -s, keine Mehrzahl
Göt-ter-spei-se, die; -,-n: *Süßspeise mit Gelatine*
Got-tes-a-cker, der; -s, -ä-cker: *umgangssprachlich für „Friedhof"*
Got-tes-dienst, der, -es,-e: *Andacht*
Got-tes-haus, das; -es,-häu-ser: *Kirche*
Got-tes-läs-te-rung, die; -,-en: *Fluch, Beschimpfung Gottes*
Got-tes-ur-teil, das; -s,-e: *Verurteilung des Angeklagten durch das scheinbare Eingreifen Gottes*
gött-lich: *Gott betreffend, gottgleich, gottähnlich*
gött-lich: *herrlich, wunderbar*
gott-lob: *Gott sei Dank*
gott-los: *Gott leugnend, ruchlos*
Gott-sei-bei-uns, der; -, keine Mehrzahl: *umgangssprachlich für „Teufel"*
gott-ver-dammt
gott-ver-las-sen: *sehr einsam, öde, trostlos*
Göt-ze, der; -n,-n: *falscher Gott, Abgott, als Gott verehrtes Wesen oder Bild, heidnischer Gott*
Gou-ache [Guasch], die; -,-n: *Bilder, die mit der Gouache-Technik gemalt wurden*
Gou-ache [Guasch], die; -, keine Mehrzahl: *Malen mit deckenden Wasserfarben*
Gour-mand [Gurmañd], der; -s,-s: *Schlemmer, Vielesser*
Gour-met [Gurmeh], der; -s,-s: *Feinschmecker*
gou-tie-ren: *genießen, kosten, gutheißen*
Gou-ver-nan-te [Guvernante], die; -,-n: *veraltet für „Erzieherin"*
Gou-ver-ne-ment [Guvernemoñ], das; -s,-s: *Regierungsbezirk, Verwaltungsbezirk*
Gou-ver-neur [Guvernör], der; -s,-e: *Statthalter, oberster Beamter eines Regierungsbezirks oder einer Kolonie*
Grab, das; -es, Grä-ber: *Beisetzungsstätte, letzte Ruhestätte*
gra-ben, grub, gegraben: *ausheben, schürfen, buddeln*
Gra-ben, der; -s, Grä-ben: *Erdrinne, Furche*
Gra-bes-ru-he, die; -, keine Mehrzahl: *tiefe Stille*

Graphologie

Grab-mal, das; -es,-mä-ler: *Grab, Grabdenkmal*
Grab-stein, der; -es,-e: *Gedenkstein auf dem Grab*
Gra-bung, die; -,-en: *Ausgrabung, das Graben*
Gracht, die; -,-en: *Kanal in den Niederlanden*
Grad, der; -es,-e: *Rang, Rangstufe*
Grad, das; -es,-e: *Maßeinheit von Winkel oder der Temperatur*
Grad, der; -es,-e: *Enge, Nähe der Verwandtschaft*
Grad, der; -es,-e: *Abstufung, Stufe, Stärke, Maß*
gra-die-ren: *in Grade einteilen, abstufen*
Grad-mes-ser, der; -s,-: *Maßstab*
Grad-netz, das; -es,-e
gra-du-ie-ren: *in Grade einteilen; auch: akademischen Rang erlangen*
Gra-du-ier-te, der/die; -n,-n: *jemand, der eine akademische Prüfung abgeschlossen hat*
Graf, der; -en,-en: *Adeliger*
Gra-fik (auch Graphik), die; -, keine Mehrzahl: *Zeichenkunst*
Gra-fik (auch Graphik), die; -,-en: *Zeichnung, Stich, Radierung*
Gra-fi-ker (auch Graphiker), der; -s,-: *Zeichenkünstler, Zeichner, der Vorlagen zum Vervielfältigen herstellt*
gra-fisch (auch graphisch): *zeichnerisch*
Gra-fit (auch Graphit), das; -s,-e; *Kohlenstaub, Reißblei*
Gra-fo-lo-ge (auch Graphologe), der; -n, -n: *Handschriftendeuter*
Gra-fo-lo-gie (auch Graphologie), die; -, keine Mehrzahl: *Handschriftendeutung*
gra-fo-lo-gisch (auch graphologisch)
Grä-fin, die; -,-nen: *Adelige*
Gra-ham-brot, das; -es,-e: *Weizenvollkornbrot*
Gral, der; -s, keine Mehrzahl: *sagenhafter Gegenstand*
Grals-rit-ter, der; -s,-e: *Ritter, der dem Gral diente*
Grals-sa-ge, die; -, keine Mehrzahl: *Sage um den Gral*
Gram, der; -es, keine Mehrzahl: *Kummer, Traurigkeit*
grä-men, sich: *sich bittere Gedanken machen*
gram-ge-beugt
gräm-lich: *verdrießlich, mürrisch*

Gramm, das; -s,-: *Maßeinheit der Masse, ein tausendstel Kilo*
Gram-ma-tik, die; -,-en: *Sprachlehre, System der Sprache*
gram-ma-ti-ka-lisch: *die Grammatik betreffend*
gram-ma-tisch: *die Grammatik betreffend*
Gram-mo-phon (auch Grammofon), das; -s,-e: *veraltet für „Plattenspieler"*
Gran, das; -,-: *veraltete Gewichtseinheit für Arzneien und Edelmetalle*
Gra-nat, der; -es,-e: *hartes, glänzendes Mineral, Halbedelstein*
Gra-nat-ap-fel, der; -s,-äp-fel: *Obstsorte*
Gra-na-te, die; -,-n: *Sprengbombe oder -geschoss*
Gra-nat-split-ter, der; -s,-: *abgesprengtes Teil einer Granate*
Grand [Groñ/Grand], der; -s,-s: *Großspiel beim Skat*
Gran-de, der; -n,-n: *Angehöriger des spanischen Hochadels*
Gran-dez-za, die; -, keine Mehrzahl: *anmutig-würdiges Benehmen, Würde*
Grand-ho-tel [Groñhotel], das; -s,-s: *nobles Hotel*
gran-di-os: *großartig, überwältigend*
Grand ou-vert [Groñ uvehr], der; -,-s: *höchstes Skatspiel mit Aufdecken der Karten*
Grand Prix [Groñ Prieh], der; -,-: *großer Preis*
Gra-nit, der; -es,-e: *Gesteinsart*
Gran-ne, die; -,-n: *steife Borste der Gräserblüte*
gra-nu-lie-ren: *zu Körnern zermahlen, zerreiben*
Grape-fruit [Gräipfruht], die; -,-s: *Zitrusfrucht*
Gra-phik (auch Grafik), die; -, keine Mehrzahl: *Zeichenkunst*
Gra-phik (auch Grafik), die; -,-en: *Zeichnung, Stich, Radierung*
Gra-phi-ker (auch Grafiker), der; -s,-: *Zeichenkünstler; Zeichner, der Vorlagen zum Vervielfältigen herstellt*
gra-phisch (auch grafisch): *zeichnerisch*
Gra-phit (auch Grafit), das; -s,-e: *Kohlenstoff, Reißblei*
Gra-pho-lo-ge (auch Grafologe), der; -n, -n: *Handschriftendeuter*
Gra-pho-lo-gie (auch Grafologie), die; -, keine Mehrzahl: *Handschriftendeutung*

graphologisch

gra-pho-lo-gisch (auch grafologisch)
grap-schen: *umgangssprachlich für „greifen, tasten"*
Gras, das; -es, Grä-ser: *einblättrige Pflanze*
Gras, das; -es, keine Mehrzahl: *umgangssprachlich für „Marihuana"*
gra-sen: *Gras fressen*
gras-grün: *sehr grün*
Gras-halm, der; -es,-e
Gras-mü-cke, die; -,-n: *Vogelart*
Gras-nar-be, die; -,-n: *geschlossene Grasdecke*
gras-sie-ren: *schnell um sich greifen, wüten*
Grat, der; -es,-e: *Kante, Bergkamm*
Grat, der; -es,-e: *scharfer Materialrand, Fase*
Grä-te, die; -,-n: *Fischknochen*
Gra-ti-fi-ka-ti-on, die; -,-en: *Sonderzuwendung, Entschädigung*
gra-tis: *umsonst, kostenlos, frei*
Grät-sche, die; -,-n: *Turnübung*
grät-schen: *spreizen*
Gra-tu-lant, der; -en,-en: *Glückwünschender, Gratulierender*
Gra-tu-la-ti-on, die; -,-en: *Glückwunsch*
gra-tu-lie-ren: *Glück wünschen*
grau: *eintönig, öde, trostlos*
grau: *Mischfarbe*
Grau-brot, das; -es,-e: *Mischbrot*
Gräu-el, der; -s,- keine Mehrzahl: *Furcht, Entsetzen, Abscheu*
Gräu-el-mär-chen, das; -s,-: *unwahre Geschichte über Gräuel*
Gräu-el-tat, die; -,-en
gräu-lich: *abscheulich, entsetzlich*
grau-en: *dämmern*
grau-en: *fürchten*
Grau-en, das; -s, keine Mehrzahl: *Furcht, Schauder, Entsetzen*
grau-en-haft: *schrecklich*
grau-en-voll: *entsetzlich*
Grau-gans, die; -,-gän-se: *Wildgans*
grau-haa-rig
grau-len, sich: *sich ekeln vor, sich fürchten*
grau me-liert: *von grauen Haaren durchzogen*
Grau-pe, die; -,-n: *geschältes Gerstenkorn*
Grau-pel, der; -s,-: *kleines Hagelkorn*
grau-peln
Graus, der; -es, keine Mehrzahl: *Schrecken, Entsetzen*

grau-sam: *brutal, roh, rücksichtslos, gefühllos, unmenschlich*
Grau-tier, das; -es,-e: *Esel*
Gra-veur [Gravöhr], der; -s,-e: *Handwerker, der graviert*
Gra-vi-di-tät, die; -,-en: *Schwangerschaft*
gra-vie-ren: *Muster in Materialien einschneiden*
gra-vie-rend: *einschneidend, belastend, erschwerend*
Gra-vie-rung, die; -,-en: *gravierte Verzierung*
Gra-vi-ta-ti-on, die; -, keine Mehrzahl: *Erdanziehungskraft, Schwere, Schwerkraft*
gra-vi-tä-tisch: *würdevoll, stolz, feierlich*
Gra-vur, die; -,-en: *das Gravierte, gravierte Verzierung*
Gra-zie, die; -, keine Mehrzahl: *Anmut*
Gra-zie, die; -,-n: *umgangssprachlich für „anmutige Frau"*
gra-zil: *schlank, zierlich*
gra-zi-ös: *anmutig, zierlich, gewandt*
Green-horn [Grienhorn], das; -s,-s: *Anfänger, Neuling, Ahnungsloser*
Green-wich [Grenitsch]: *Sternwarte bei London, durch die der Nullmeridian verläuft*
Green-wich-zeit, die; -, keine Mehrzahl: *Zeit am Nullmeridian (= westeuropäische Zeit)*
Greif, der; -es,-e: *Sagentier*
greif-bar: *fassbar, fasslich*
grei-fen, griff, gegriffen: *fassen, packen, erlangen*
Grei-fer, der; -s,-: *Greifklaue*
Grei-fer, der; -s,-: *umgangssprachlich für „Polizist"*
grei-nen: *weinen, jammern, nörgeln*
Greis, der; -es,-e: *alter Mann*
grei-sen-haft: *alt, altersschwach*
Grei-sin, die; -,-nen: *alte Frau*
grell: *kräftig, leuchtend (Farben)*
grell: *blendend hell*
grell: *Szenesprache für „aufregend"*
grell: *scharf, durchdringend, schrill*
Gre-mi-um, das; -s, Gre-mi-en: *Ausschuss, Körperschaft*
Gre-na-dier, der; -s,-e: *Infanteriesoldat*
Gren-ze, die; -,-n: *Linie, die zwei Gebiete trennt*
Gren-ze, die; -,-n: *Beschränkung, Schranke, Rahmen*
gren-zen: *sehr nahe kommen*

Größe

gren-zen: *sich berühren mit, der nächste Nachbar sein*
gren-zen-los: *unbegrenzt, unermesslich, unendlich, uneingeschränkt*
Gren-zen-lo-sig-keit, die; -,-en: *unendliche Weite*
Gren-zer, der; -s,-: *Grenzbeamte, Grenzposten*
Grenz-fall, der; -es,-fäl-le: *am Rande des Üblichen liegender Fall*
Grenz-ge-biet, das; -es,-e
Grenz-po-sten, der; -s,-
Grenz-stein, der; -es,-e: *Markierungsstein an einer Grenze*
Grenz-ü-ber-gang, der; -es,-gän-ge: *Stelle, an der man die Grenze offiziell übertreten darf*
Grenz-wert, der; -es,-e: *Mathematik: Limes*
Grenz-wert, der; -es,-e: *äußerster Wert, der nicht überschritten werden darf*
Grie-be, die; -,-n: *ausgebratenes Fettstück, Fettstück in der Wurst*
Griebs, Griebsch, der; -es,-e: *Kerngehäuse des Obstes*
Grie-che, der; -n,-n: *Einwohner Griechenlands*
grie-chisch: *Griechenland betreffend*
Grie-chisch, das; -en, keine Mehrzahl: *die griechische Sprache*
grie-nen: *umgangssprachlich für „grinsen, breit lachen"*
Gries-gram, der; -es,-e: *mürrischer Mensch*
gries-grä-mig: *mürrisch*
Grieß, der; -es, keine Mehrzahl: *geschälte und geschrotete Getreidekörner*
Griff, der; -es,-e
Grif-fel, der; -s,-: *Schreibstift, Zeichenstift*
Grif-fel, die; -, keine Einzahl: *umgangssprachlich für „Finger, Hände"*
Grif-fel, der; -s,-: *Teil des Blütenfruchtknotens*
griff-fest: *griffig*
grif-fig: *gut greifbar, handlich*
Grill, der; -es,-e: *Bratrost*
Gril-le, die; -,-n: *Laune, Schrulle*
Gril-le, die; -,-n: *Heuschrecke*
gril-len: *rösten, braten*
Gri-mas-se, die; -,-n: *Fratze, verzerrtes Gesicht*
gri-mas-sie-ren: *Grimassen schneiden*
Grimm, der; -es, keine Mehrzahl: *Zorn, verhaltene Wut*

Grind, der; -es,-e: *Wundschorf, Kruste, Borke*
grin-dig: *schorfig*
Grin-go, der; -s,-s: *abwertend für nicht romanischer Fremder in Lateinamerika*
grin-sen: *breit lachen*
Grip-pe, die; -,-n: *Erkältung, Influenza*
Grips, der; -es, keine Mehrzahl: *Verstand, Auffassungsgabe*
Gris-li (auch Grizzly) [Grisli], der; -s,-s: *amerikanische Bärenart*
grob: *großkörnig, nicht fein zermahlen*
grob: *stark, schlimm (Fehler)*
grob: *derb (Stoff)*
grob: *plump, unhöflich, unwirsch*
grob: *in Umrissen, ohne Einzelheiten*
grob: *schwer, mit Schmutz verbunden (Arbeit)*
Grob-heit, die; -,-en: *Derbheit, grobes Wesen*
Grob-heit, die; -,-en: *Beschimpfung, Schimpfwort*
Gro-bi-an, der; -s,-e: *ungehobelter Mensch*
grob-schläch-tig: *von grober Art, plump, derb*
Grog, der; -s,-s: *heißes Rumgetränk*
grog-gy: *umgangssprachlich für „angeschlagen, halb betäubt, erschöpft, matt"*
grö-len: *lärmen, schreien, laut singen*
Groll, der; -s, keine Mehrzahl: *Ärger, unterdrückter Zorn*
grol-len: *dumpf dröhnen*
grol-len: *ärgerlich sein, Groll hegen*
Gros [Groh], das; -,-: *Hauptmasse, Hauptmenge*
Gros [Groh], das; -,-: *12 Dutzend*
Gro-schen, der; -s,-: *kleine Münze, Zehnpfennigstück*
groß: *bedeutend, berühmt, hervorragend*
groß: *viel, besonders*
groß: *erwachsen*
groß: *überwiegend, in großen Mengen vorhanden, einen hohen Anteil habend*
groß: *ausgedehnt, hoch, lang, breit, geräumig, umfangreich, massig*
groß: *stark, heftig*
groß-ar-tig: *herrlich, prachtvoll, eindrucksvoll*
Groß-auf-nah-me, die; -,-n: *Aufnahme in großem Format, mit viel Details*
Groß-buch-sta-be, der; -n,-n
Grö-ße, die; -,-n: *Erhabenheit, sittlicher Wert*

Größe

Grö·ße, die; -,-n: *Mathematik: Wert, Zahl*
Grö·ße, die; -,-n: *Ausmaß, Tragweite, Bedeutung, Wichtigkeit*
Grö·ße, die; -,-n: *übertragen auch für „führender Wissenschaftler"*
Grö·ße, die; -,-n: *Ausdehnung, Umfang, Format, Weite, Rauminhalt, Aufnahmefähigkeit*
Groß·el·tern, die; -, keine Einzahl: *Großvater und Großmutter*
Grö·ßen·ord·nung, die; -,-en: *Vergleichsmaß*
gro·ßen·teils: *meist, zum großen Teil*
Grö·ßen·ver·hält·nis, das; -ses,-se
Grö·ßen·wahn, der; -s, keine Mehrzahl: *übersteigerte Selbsteinschätzung, Selbstüberschätzung*
grö·ßen·wahn·sin·nig
Groß·grund·be·sitz, der; -es,-e: *Grundbesitz über 100 Hektar*
Groß·händ·ler, der; -s,-: *Grossist*
groß·her·zig: *edelmütig, freigiebig*
Groß·in·dus·trie (auch Groß-indust·rie), die; -,-n: *Herstellung von Massengütern*
Gros·sist, der; -en,-en: *Großhändler*
groß·jäh·rig: *mündig, volljährig*
Groß·macht, die; -,-mäch·te: *Supermacht*
Groß·maul, das; -es,-mäu·ler: *umgangssprachlich für „Großsprecher, Angeber"*
groß·mäu·lig
Groß·mut, der; -es, keine Mehrzahl: *Großzügigkeit*
groß·mü·tig: *nachsichtig, großzügig*
Groß·mut·ter, die; -,-müt·ter
Groß·rei·ne·ma·chen, das: -s, keine Mehrzahl
Groß·schrei·bung, die; -,-en
groß·spu·rig: *überheblich, selbstzufrieden*
größ·ten·teils: *meistenteils, zum größten Teil*
groß·tun: *wichtig tun, prahlen*
Groß·un·ter·neh·mer, der; -s,-: *Großindustrieller*
Groß·va·ter, der; -s,-vä·ter
Groß·wet·ter·la·ge, die; -,-n: *Wetterlage über einem größeren Gebiet*
Groß·wild, das; -es, keine Mehrzahl
groß·zie·hen, zog groß, großgezogen: *aufziehen*
groß·zü·gig: *nachsichtig, freigiebig, nicht kleinlich*
groß·zü·gig: *weiträumig, großen Umfang habend*
Groß·zü·gig·keit, die; -,-en: *großzügiges Wesen*
gro·tesk: *komisch, bizarr, fantastisch*
Gro·tes·ke, die; -,-n: *närrisch-seltsame Dichtung*
Grot·te, die; -,-n: *Höhle*
Grou·pie [Gruhpie], das; -s,-s: *Bewunderin von Rockstars*
Grüb·chen, das; -s,-: *kleine Vertiefung in der Haut*
Gru·be, die; -,-n: *Grab*
Gru·be, die; -,-n: *Bodenvertiefung, Loch*
Gru·be, die; -,-n: *Bergwerk*
Grü·be·lei, die; -,-en: *Versonnenheit, Nachdenklichkeit, Grübeln*
grü·beln: *lange nachdenken, sich quälende Gedanken machen*
Grüb·ler, der; -s,-: *versonnener Mensch*
grüb·le·risch: *nachdenklich*
Gruft, die; -,-en: *Grab*
Grum·met, das; -s,-s: *Heu des zweiten Wiesenschnittes*
grün: *frisch, jung, unreif*
grün: *Farbe*
Grün, das; -s, keine Mehrzahl: *die freie Natur*
Grün, das; -s, keine Mehrzahl: *Gemüse in der Suppe*
Grün, das; -s, keine Mehrzahl: *junge Triebe, frischer Rasen*
Grün, das; -s, keine Mehrzahl: *grüne Farbe*
Grün·an·la·ge, die; -,-n: *Park*
Grund, der; -es, keine Mehrzahl: *Grundbesitz*
Grund, der: -es, keine Mehrzahl: *Meeresboden, Boden eines Gewässers*
Grund, der; -es, keine Mehrzahl: *Talsohle*
Grund, der; -es, keine Mehrzahl: *Erdboden, Unterlage, Fundament*
Grund, der; -es, Grün·de: *Anfang, Grundlage, Voraussetzung, Veranlassung, Ursache*
Grund·be·griff, der; -es,-e: *einfacher, erster Begriff, Voraussetzung*
Grund·be·sitz, der; -es, keine Mehrzahl: *Land, Grundeigentum*
Grund·buch, das; -es,-bü·cher: *amtliches Verzeichnis der Grundstücke und ihrer Besitzverhältnisse*
grün·deln: *am Grund nach Nahrung suchen*
grün·den: *ins Leben rufen, eröffnen*

Grün-der, der; -s,-: *jemand, der etwas gegründet hat*
grund-falsch: *völlig verkehrt*
Grund-flä-che, die; -,-n: *unterste ebene Fläche eines Körpers*
Grund-form, die; -,-en: *ursprüngliche Form, Grundgestalt*
Grund-form, die; -,-en: *Grammatik: Infinitiv, Nennform*
Grund-ge-setz, das; -es,-e: *Verfassung*
grun-die-ren: *Grundfarbe auftragen*
Grund-la-ge, die; -,-n: *Basis, Grundstock*
Grund-la-ge, die; -,-n: *Unterlage, Fundament*
Grund-la-gen-for-schung, die; -,-en: *empirische Forschung, Erforschung der Grundlagen*
grund-le-gend: *die Grundlagen betreffend*
gründ-lich: *sehr*
gründ-lich: *sorgfältig, solide, gewissenhaft*
Gründ-lich-keit, die; -, keine Mehrzahl
Grund-li-nie, die; -,-n: *unterste Linie*
grund-los: *ohne Grund*
Grund-mau-er, die; -,-n: *unterster tragender Teil eines Gebäudes*
Grund-nah-rungs-mit-tel, das; -s,-: *Lebensmittel*
Grün-don-ners-tag, der; -es,-e; *Tag vor Karfreitag*
Grund-re-chen-ar-ten, die; -, keine Mehrzahl: *Addition, Subtraktion, Multiplikation, Division*
Grund-riss, der; -es,-e: *Schema, Übersichtsplan, Abriss, Übersicht*
Grund-riss, der; -es,-e: *geometrische Zeichnung eines waagrechten Schnittes, Planzeichnung*
Grund-satz, der; -es,-sät-ze: *feste Richtlinie, Regel, Prinzip*
Grund-satz-ent-schei-dung, die; -,-en: *grundlegendes Gerichtsurteil*
grund-sätz-lich: *auf einem Grundsatz beruhend*
Grund-schu-le, die; -,-n: *die vier ersten Schulklassen*
Grund-schü-ler, der; -s,-
Grund-stein, der; -es,-e: *erster Stein eines Gebäudes*
Grund-stoff, der, -es,-e: *Ausgangsstoff, Rohstoff*
Grund-stück, das; -es,-e: *im Grundbuch eingetragenes Stück Land*

Grund-stücks-mak-ler, der; -s,-: *Immobilienhändler*
Grün-dungs-ver-samm-lung, die; -,-en
Grund-was-ser, das; -s, keine Mehrzahl: *Sickerwasser, Wasseransammlung im Boden*
Grün-flä-che, die; -,-n: *Parkanlage*
Grün-gür-tel, der; -s,-: *einen Stadtkern umschließende Grünanlagen*
Grün-kohl, der; -s, keine Mehrzahl: *Kohlsorte*
Grün-schna-bel, der; -s,-schnä-bel: *vorlauter junger Mensch*
Grün-span, der; -s, keine Mehrzahl: *bei der Oxidation von Kupfer entstehender Überzug*
Grün-specht, der; -es,-e: *Vogelart*
Grün-strei-fen, der; -s,-: *Parkanlage*
grun-zen: *Kehllaute ausstoßen*
Grün-zeug, das; -s, keine Mehrzahl: *junges Gemüse, übertragen auch: Pflanzen*
Grup-pe, die; -,-n: *zusammengehörige Menge von Menschen*
Grup-pe, die; -,-n: *kleine militärische Einheit*
Grup-pe, die; -,-n: *Interessengemeinschaft*
Grup-pen-bild, das; -es,-er
Grup-pen-sex, der; -, keine Mehrzahl: *Geschlechtsverkehr mit mehreren Personen*
Grup-pen-the-ra-pie, die; -,-n: *psychotherapeutische Behandlung in einer Gruppe*
grup-pie-ren: *in Gruppen ordnen, zusammenstellen*
Grup-pie-rung, die; -,-en: *Gruppe*
Grus, der; -es,-e: *kleine Gesteinsbrocken, Kohlestaub*
Gru-sel-film, der; -es,-e: *Horrorfilm*
gru-se-lig: *unheimlich*
gru-seln, sich: *leichte Furcht empfinden*
Gruß, der; -es, Grü-ße: *Begrüßung*
grü-ßen: *begrüßen, Grüße auftragen*
gruß-los: *ohne Gruß*
Grütz-beu-tel, der; -s,-: *Balggeschwulst*
Grüt-ze, die; -,-n: *geschälte, grob gemahlene Getreidekörner; auch: Brei daraus*
Grüt-ze, die; -, keine Mehrzahl: *umgangssprachlich für „Verstand"*
Gu-a-no, der; -s, keine Mehrzahl: *Vogelkot, stickstoffreicher Dünger*
gu-cken: *umgangssprachlich für „schauen, blicken"*

Guerilla

Gue-ril-la [Gerillja], der; -s,-s: *Partisan, Untergrundkämpfer*
Gue-ril-la [Gerillja], die; -,-s: *Guerillakrieg, Partisanenkrieg*
Gu-gel-hupf, der; -es,-e: *süddeutsch, österr., schweizer. für „Napfkuchen"*
Guil-lo-ti-ne [Giljotine], die; -,-n: *Fallbeil*
guil-lo-ti-nie-ren [giljotinieren]: *köpfen*
Gu-lasch, das; -es, keine Mehrzahl: *Fleischgericht*
Gu-lasch-ka-no-ne, die; -,-n: *Feldküche*
Gul-den, der; -s,-: *Münze, Währung*
gül-den: *poetisch für „golden"*
Gül-le, die; -, keine Mehrzahl: *südd. für „Jauche"*
Gul-ly, der; -s,-s: *Rinnstein, Schlammfang, Einlaufschacht der Kanalisation*
gül-tig: *rechtskräftig, geltend, in Kraft*
Gül-tig-keit, die; -,-en: *Richtigkeit, Rechtskraft, Wirksamkeit*
Gül-tig-keits-dau-er, die; -, keine Mehrzahl
Gum-mi, der/das; -s, keine Mehrzahl: *weiches Harzprodukt*
Gum-mi-baum, der; -es,-bäu-me: *tropische Pflanze*
gum-mie-ren: *mit Gummi oder Klebstoff überziehen*
Gum-mi-knüp-pel, der; -s,-: *Schlagstock*
Gum-mi-rei-fen, der; -s,-: *Rad aus Gummi*
Gunst, die; -, keine Mehrzahl: *Wohlwollen, Gönnerschaft, Gnade, Bevorzugung*
güns-tig: *vorteilhaft*
Gur-gel, die; -,-n: *Kehle, Hals*
gur-geln: *sprudeln, gluckern; mit Flüssigkeit ausspülen*
Gur-ke, die; -,-n: *Gemüseart*
gur-ren: *locken, wie die Taube rufen*
Gurt, der; -es,-e: *Gürtel*
Gurt, der; -es,-e: *Ladestreifen (Gewehr)*
Gurt, der; -es,-e: *Riemen, Band*
Gurt, der; -es,-e: *Sicherheitsgurt*
Gür-tel, der; -s,-: *Streifen, Zone*
Gür-tel, der; -s,-: *Gurt, Band*
gür-ten: *Gurt anlegen, umschnallen*
Gu-sche, Gosche, die; -,-n: *umgangssprachlich für „Mund"*
Guss, der; -es, Güs-se: *Gießen von flüssigem Material in eine Form*
Guss, der; -es, Güs-se: *kurzer, heftiger Regen*
Guss, der; -es, Güs-se: *Zuckerguss auf Gebäck*
Guss-ei-sen, das; -s, keine Mehrzahl
guss-ei-sern: *aus Gusseisen*
Gus-to, der; -s, keine Mehrzahl: *Neigung, Lust*
gut: *hilfreich, liebevoll, selbstlos*
gut: *vornehm, fein, angesehen (Gesellschaft)*
gut: *festtäglich, für Feiertage bestimmt (Anzug, Kleid)*
gut, besser, am besten: *nützlich, vorteilhaft*
gut, besser, am besten; schlecht, besser, gut: *einwandfrei, tadellos, fehlerlos*
gut, besser, am besten: *angenehm, schön, erfreulich*
Gut, das; -es, Gü-ter: *landwirtschaftlicher Betrieb*
Gut, das; -es, Gü-ter: *Habe, Besitz, Eigentum, Habseligkeiten*
Gut, das; -es, Gü-ter: *Ware, Ladung, Fracht*
Gut-ach-ten, das; -s,-: *fachmännisches Urteil*
Gut-ach-ter, der; -s,-: *sachverständiger Prüfer*
gut-ar-tig: *nicht gefährlich*
Gut-dün-ken, das; -s, keine Mehrzahl: *Belieben, Ermessen*
Gü-te, die; -, keine Mehrzahl: *Qualität, Beschaffenheit*
Gü-te, die; -, keine Mehrzahl: *edle Gesinnung, Selbstlosigkeit; Nachsicht*
Gü-ter-bahn-hof, der; -s,-hö-fe: *Verladebahnhof*
Gü-ter-ge-mein-schaft, die; -,-en: *vertraglich vereinbartes gemeinsames Besitzen von Gütern*
Gü-ter-wa-gen, der; -s,-
Gü-ter-zug, der; -es, -zü-ge: *Zug, der nur Güter transportiert*
gut ge-launt: *in guter Stimmung*
gut ge-meint: *in guter Absicht*
gut-gläu-big: *nichts Böses vermutend, vertrauensvoll, vertrauensselig*
Gut-ha-ben, das; -s,-: *Haben, gespartes Geld, Kapital*
gü-tig: *hilfreich, edel, freundlich, gefällig*
güt-lich: *ohne Streit, friedlich*
gut-mü-tig: *gutherzig*
Gut-mü-tig-keit, die; -,-en: *gutmütiges Wesen*
Gut-schein, der; -es,-e: *Dokument, das einen Anspruch bescheinigt*

Gyroskop

gut-schrei-ben, schrieb gut, gutgeschrieben: *anrechnen, auf die Habenseite setzen*
Gut-ta-per-cha, das; -s, keine Mehrzahl: *eingetrockneter kautschukähnlicher Baumsaft*
gut tun
gut-tu-ral: *kehlig*
gut-wil-lig: *gehorsam, freiwillig*
Gut-wil-lig-keit, die; -, keine Mehrzahl
Gym-na-si-ast, der; -en,-en: *Schüler eines Gymnasiums*
Gym-na-si-as-tin, die; -,-nen: *Schülerin eines Gymnasiums*
Gym-na-si-um, das; -s, Gym-na-si-en: *Oberschule mit Abitur als Abschluss*
Gym-nas-tik, die; -,-en: *Bewegungsübungen, Körperübungen*
gym-nas-tisch
Gy-nä-ko-lo-ge, der; -n,-n: *Frauenarzt*
Gy-nä-ko-lo-gie, die; -, keine Mehrzahl: *Frauenheilkunde*
Gy-ros, das; -, keine Mehrzahl: *griechisches Gericht aus am Drehspieß gebratenem Fleisch*
Gy-ros-kop (auch Gy-ro-skop), das; -es,-e: *Messgerät für den Nachweis der Achsendrehung der Erde*

h, H

h, H, das; -,-: *achter Buchstabe des Alphabets; Konsonant, Mitlaut*
h, H, das; -,-: *Musik: siebter Ton der Grundtonleiter*
h: *Zeichen für „Hekto ..., hundert"*
h: *Zeichen für „Stunde"; 13 h, 13 Uhr, 13 Stunden*
ha: *Zeichen für „Hektar"*
Haar, das; -es,-e: *feines Gebilde aus Hornsubstanz*
Haar-aus-fall, der; -s, keine Mehrzahl: *Haarverlust*
haa-ren: *Haare verlieren*
Haa-res-brei-te, die; -,-n: *Kleinigkeit, Spur*
haar-fein: *sehr fein*
haar-ge-nau: *umgangssprachlich für „ganz genau, exakt"*
haa-rig: *mit Haaren besetzt, voller Haare*
haa-rig: *umgangssprachlich für „böse, schlimm, peinlich, gefährlich, heikel"*
Haar-na-del-kur-ve, die; -,-n: *spitze Kurve*
haar-scharf: *sehr knapp*
Haar-schnei-den, das; -s, keine Mehrzahl: *das Schneidenlassen der Haare*
Haar-schnitt, der; -es,-e: *Art und Weise, in der das Haar geschnitten ist*
Haar-spal-te-rei, die; -,-en: *Kleinlichkeit, Streit um Unwesentliches*
Haar-spray, das; -s,-s: *Haarlack*
haar-sträu-bend: *entsetzlich, grauenhaft*
Ha-be, die; -, keine Mehrzahl: *Besitz, Eigentum, Vermögen*
ha-ben: *besitzen*
ha-ben: *erhalten, bekommen*
ha-ben: *verspüren*
ha-ben: *Hilfszeitwort; ich habe gehabt, ich hatte gehabt*
Ha-ben, das; -s,-: *Gesamtheit der Einnahmen, Guthaben*
Ha-be-nichts, der; -,-e: *Armer, Mittelloser*
Ha-ben-sei-te, die; -,-n: *Kontoseite, auf der das Haben festgehalten wird*

Ha-ber, der; -s, keine Mehrzahl: *regional für „Hafer"*
Hab-gier, die; -, keine Mehrzahl: *Habsucht, Gewinnsucht*
hab-gie-rig: *habsüchtig*
hab-haft: *erwischen, festnehmen*
Ha-bicht, der; -es,-e: *Raubvogelart*
Ha-bi-li-ta-ti-on, die; -,-en: *Erwerb der Lehrbefugnis an einer Universität*
ha-bi-li-tie-ren: *den Professorentitel erwerben*
ha-bi-tu-ell: *gewohnheitsmäßig, ständig; den Habitus betreffend*
Ha-bi-tus, der; -, keine Mehrzahl: *äußere Erscheinung, Haltung*
Hab-se-lig-keit, die; -,-en: *Besitztum*
hab-süch-tig: *habgierig*
Hack-bra-ten, der; -s,-: *Braten aus gehacktem Fleisch*
Ha-cke, die; -,-n: *Werkzeug zum Lockern der Erde*
Ha-cke, die; -,-n: *Ferse; Schuhabsatz*
ha-cken: *grob zerkleinern*
Ha-cke-pe-ter, der; -s, keine Mehrzahl: *umgangssprachlich für „Hackfleisch"*
Ha-cker, der; -s,-: *jemand, der sich ausschließlich mit Computern beschäftigt*
Ha-cker, der; -s,-: *oberdeutsch: Weinbergarbeiter*
Hack-fleisch, das; -es, keine Mehrzahl: *gemahlenes rohes Fleisch*
Hack-frucht, die; -,-früch-te: *Ackerfrucht, die Hacken als Pflege erfordert*
Ha-der, der; -s, keine Mehrzahl: *Streit, Zank, Meinungsverschiedenheit*
Ha-der-lump, der; -en,-en: *umgangssprachlich für „Lump, Betrüger, Schuft"*
ha-dern: *streiten, sich beklagen*
Ha-dern, die; -, keine Einzahl: *Scheuerlumpen; Lumpen, Stoffabfälle*
Ha-des, der; -, keine Mehrzahl: *Hölle, Unterwelt*
Ha-fen, der; -s, Hä-fen: *Schiffsanlegeplatz*
Ha-fen, der; -s, Hä-fen: *Ziel, geborgener Ort*
Ha-fen, der; -s, keine Mehrzahl: *regional für „Gefäß, Topf"*
Ha-fer, der; -s, keine Mehrzahl: *Getreideart*
Ha-fer-flo-cke, die; -,-n: *entspelzte, gepresste Haferkörner*
Haff, das; -s,-s: *durch eine Nehrung oder eine Insel vom offenen Meer abgeschnittene Bucht*

Halbwertszeit

Haf-lin-ger, der; -s,-: *kleine, gedrungene Pferderasse*
Haft, die; -, keine Mehrzahl: *Gewahrsam, Eingesperrtsein, Freiheitsstrafe*
haft-bar: *verantwortlich, bürgend*
Haft-be-fehl, der; -s,-e: *richterlicher Befehl jemanden zu verhaften*
haf-ten: *kleben, festsitzen*
haf-ten: *bürgen, verantwortlich sein*
Häft-ling, der; -s,-e: *Eingesperrter, Gefangener*
Haft-pflicht, die; -, keine Mehrzahl: *Pflicht, für Schaden aufzukommen*
Haft-scha-le, die; -,-n: *Kontaktlinse*
Haf-tung, die; -,-en: *Haften, Verpflichtung, für etwas zu haften*
Ha-ge-but-te, die; -,-n: *Frucht der Rose*
Ha-gel, der; -s, keine Mehrzahl: *Niederschlag in Form von Eiskörnern*
Ha-gel-korn, das; -s, -kör-ner
ha-geln
ha-ger: *dürr, mager, abgezehrt, schmal und knochig*
Ha-ger-keit, die; -, keine Mehrzahl: *hagere Beschaffenheit*
Ha-ge-stolz, der; -es,-e: *alter Junggeselle*
Hä-her, der; -s,-: *Vogelart*
Hahn, der; -es, Häh-ne: *männlicher Hühnervogel*
Hahn, der; -es, Häh-ne: *Vorrichtung zum Öffnen und Schließen von Rohrleitungen*
Hähn-chen, das; -s,-: *junger Hahn; auch: Brathuhn*
Hah-nen-fuß, der; -es, keine Mehrzahl: *Unkraut*
Hah-nen-kamm, der; -es, -käm-me: *Kopfputz des Hahns*
Hahn-rei, der; -s,-e: *betrogener Ehemann*
Hai, der; -es,-e: *Raubfisch*
Hai-fisch, der; -es,-e: *Hai*
Hain, der; -es,-e: *veraltet für „lichter Wald"*
Ha-ke-lei, die; -,-en: *Streit, Frotzelei*
Hä-ke-lei, die; -,-en: *Häkelarbeit*
hä-keln: *eine Handarbeit mit einer Häkelnadel herstellen*
Hä-kel-na-del, die; -,-n: *Nadel mit einem Häkchen zum Häkeln*
Ha-ken, der; -s,-: *Gegenstand mit gebogener Spitze zum Festhalten*
Ha-ken, der; -s,-: *Boxhieb*
Ha-ken, der; -s,-: *plötzliche Richtungsänderung*
Ha-la-li, das; -s,-s: *Jagdsignal*

halb: *nicht ganz, nicht ordentlich, nicht gründlich*
halb: *die Hälfte von, zur Hälfte*
halb: *fast, beinahe*
halb-amt-lich: *offiziös, nicht amtlich, aber unter Mitwirkung amtlicher Stellen; aber: etwas geschieht halb amtlich, halb privat*
Halb-blut, das; -s,-e: *Mischling*
Halb-dun-kel, das; -s,-: *Dämmerung, Schatten*
halb fer-tig: *nicht fertig, unfertig*
Halb-gott, der; -es,-göt-ter: *gottgleicher Mensch, Idol*
hal-bie-ren: *in gleiche Hälften teilen*
Halb-in-sel, die; -,-n: *ins Wasser vorspringender Teil des Landes*
Halb-kreis, der; -es,-e: *Halbrund, Hälfte eines Kreises*
Halb-ku-gel, die; -,-n: *Hemisphäre, Hälfte einer Kugel*
halb-lang: *die halbe Länge erreichend*
halb-lang: *umgangssprachlich für „langsam, nicht so hastig"*
halb-laut: *leise, mit gedämpfter Stimme*
Halb-lei-ter, der; -s,-: *Material, das eine temperaturabhängige elektrische Leitfähigkeit zeigt*
halb-mast: *bis auf halbe Höhe des Mastes hochgezogen*
Halb-mes-ser, der; -s,-: *Radius*
Halb-mond, der; -es,-e: *zur Hälfte beleuchteter Mond*
Halb-pen-sion, die; -, keine Mehrzahl: *Unterkunft mit Frühstück und Abendessen*
Halb-schat-ten, der; -s,-: *Zwielicht*
Halb-schuh, der; -es,-e: *leichter Schuh*
Halb-schwer-ge-wicht, das; -es,-e: *Gewichtsklasse in der Schwerathletik*
Halb-star-ke, der; -n,-n: *rüder Halbwüchsiger*
Halb-stie-fel, der; -s,-: *halbhoher Schuh*
halb-stün-dig: *eine halbe Stunde lang*
halb-stünd-lich: *alle halbe Stunde*
Halb-tags-ar-beit, die; -,-en
halb-wegs: *einigermaßen, ungefähr*
halb-wegs: *auf dem halben Wege*
Halb-welt, die; -,-en: *elegante, aber moralisch nicht einwandfreie Gesellschaftsschicht*
Halb-werts-zeit, die; -,-en: *Zeit, in der die Hälfte der Atome eines radioaktiven Materials zerfallen ist*

Halbwüchsige

Halb-wüch-si-ge, der/die; -n,-n: *Jugendliche(r)*
Halb-zeit, die; -,-en: *halbe Spielzeit; auch: die Pause zwischen zwei Spielhälften*
Hal-de, die; -,-n: *Abhang, Schutthügel*
Hälf-te, die; -,-n: *jeder von zwei gleichen Teilen eines Ganzen; Mitte*
Half-ter, das; -s,-: *Pistolentasche*
Half-ter, das; -s,-: *Zaumzeug ohne Gebiss*
Hall, der; -es, keine Mehrzahl: *Nachklang, Klang*
Hal-le, die; -,-n: *großer Raum, Saal, weiträumiger Empfangsraum*
Hal-le-lu-ja, das; -s,-s: *jubelnder Gebetsruf*
hal-len: *klingen, nachklingen, schallen, dröhnen*
Hal-len-bad, das; -es,-bä-der: *überdachtes Bad*
Hal-lig, die; -,-en: *flache friesische Insel*
Hal-li-masch, der; -es,-e: *Pilzart*
hal-lo: *Ausruf*
Hal-lu-zi-na-ti-on, die; -,-en: *Sinnestäuschung*
Halm, der; -es,-e: *Grasstängel*
Hal-ma, das; -s, keine Mehrzahl: *Brettspiel*
Halm-frucht, die; -,-früch-te: *Getreide*
Ha-lo, der; -s,-s/ Ha-lo-nen: *Hof um eine Lichtquelle*
Ha-lo-gen, das; -s,-e: *salzbildendes Element*
Ha-lo-gen-schein-wer-fer, der; -s,-: *heller Scheinwerfer, dessen Lampe mit Edelgas und etwas Halogen gefüllt ist*
Hals, der; -es, Häl-se: *Verbindung zwischen Rumpf und Kopf; auch: enger, schmaler, sich verjüngender Teil*
Hals-ab-schnei-der, der; -s,-: *Betrüger, Gauner, Wucherer*
hals-bre-che-risch: *gewagt*
Hals-schlag-a-der, die; -,-n
hals-star-rig: *starrsinnig, eigensinnig*
halt! Halt!: *Befehlswort: anhalten, Halt machen, nicht weiter, aufhören*
halt: *süddeutsch: eben, einfach, nun einmal*
Halt, der; -es,(-e): *Standhaftigkeit, Festigkeit*
Halt, der; -es,(-e): *Stütze, Rückhalt*
Halt, der; -s,(-e): *Anhalten, Stillstand*
halt-bar: *dauerhaft, widerstandsfähig, fest*
Halt-bar-keit, die; -, keine Mehrzahl

hal-ten, hielt, gehalten: *sich richten nach, beobachten, einhalten*
hal-ten, hielt, gehalten: *erfüllen, einhalten*
hal-ten, hielt, gehalten: *aufziehen, pflegen (Tiere)*
hal-ten, hielt, gehalten: *behaupten, verteidigen*
hal-ten, hielt, gehalten: *ergreifen, fest halten, nicht loslassen*
hal-ten, hielt, gehalten: *Halt geben, stützen*
Hal-ter, der; -s,-: *Griff, Stiel*
Hal-te-rung, die; -,-en: *Haltevorrichtung*
Hal-te-stel-le, die; -,-n: *Station*
Hal-te-ver-bot, das; -es,-e
halt-los: *unhaltbar, nicht beweisbar*
halt-los: *ohne Halt, unbeständig, wankelmütig*
Hal-tung, die; -,-en: *Benehmen, Verhalten*
Hal-tung, die; -,-en: *Stellung des Körpers*
Hal-tung, die; -, keine Mehrzahl: *Selbstbeherrschung*
Hal-tung, die; -,-en: *Einstellung, Gesinnung*
Ha-lun-ke, der; -n,-n: *Schurke, Schuft, Schlingel*
Ha-ma-me-lis, die; -, keine Mehrzahl: *Zaubernuss, Zierstrauch*
Ham-bur-ger [Hämbörger], der; -s,-: *Imbiss, gebratenes Hackfleisch zwischen Brötchenhälften*
Ham-bur-ger, der; -s,-: *Einwohner Hamburgs*
hä-misch: *hinterhältig, schadenfroh, bösartig-triumphierend*
Ham-mel, der; -s,-: *kastrierter Schafbock*
Ham-mel-sprung, der; -es, -sprün-ge: *Abstimmungsverfahren, bei dem alle Stimmberechtigten den Saal verlassen und nach Ja- und Neinstimmen getrennt ihn wieder betreten*
Ham-mer, der; -s, Häm-mer: *Schlagwerkzeug*
häm-mern: *klopfen, mit dem Hammer schlagen*
Ham-mer-wer-fer, der; -s,-
Hä-mo-glo-bin, das; -s, keine Mehrzahl: *Blutfarbstoff*
Hä-mor-ri-de (auch Hä-mor-rho-i-de), die; -,-n: *Mastdarmkrampfader*
Ham-pel-mann, der; -es,-män-ner: *bewegliche Gliederpuppe*

Ham-pel-mann, der; -es,-män-ner: *wankelmütiger, leicht zu beeinflussender Mensch, beeinflusster, gelenkter Mensch*
ham-peln: *zappeln, Faxen machen*
Hams-ter, der; -s,-: *Nagetier*
Hams-te-rer, der; -s,-: *jemand, der hamstert*
hams-tern: *Vorräte aufspeichern, speichern, horten*
Hand, die; -, Hän-de: *Greifglied*
Hand-ar-beit, die; -,-en: *mit der Hand erstellter Gegenstand; Strickerei, Häkelei*
Hand-ar-beits-un-ter-richt, der; -es, keine Mehrzahl
Hand-ball, der; -s, keine Mehrzahl: *Ballspiel*
Hand-ball, der; -es, -bäl-le: *Ball*
Hand-bal-ler, der; -s,-: *Handballspieler*
Hand-breit, die; -,-: *Spanne*
Hand-buch, das; -es, -bü-cher: *Nachschlagewerk, Lehrbuch*
Hän-de-druck, der; -s, -drü-cke
Hän-de-klat-schen, das; -s, keine Mehrzahl: *Applaus*
Han-del, der; -s, Hän-del: *Streit, Rauferei, Schlägerei*
Han-del, der; -s, keine Mehrzahl: *gewerbsmäßiger Ein- und Verkauf von Waren; auch: Geschäft, Vertrag*
han-deln: *etwas tun, vorgehen, verfahren, ausführen*
han-deln: *Handel treiben, Waren kaufen und verkaufen; feilschen, über den Preis verhandeln*
Han-dels-ab-kom-men, das; -s,-
han-dels-üb-lich: *gängig*
Han-dels-ver-tre-ter, der; -s,-: *Reisender*
hän-de-rin-gend: *verzweifelt, aufgeregt*
Hän-de-wa-schen, das; -s, keine Mehrzahl
hand-fest: *kräftig, derb*
Hand-ge-lenk, das; -es,-e: *Gelenk, das die Hand mit dem Unterarm verbindet*
Hand-ge-men-ge, das; -s,-: *Rauferei, Schlägerei*
Hand-ge-päck, das; -s, keine Mehrzahl: *Tasche, kleine Gepäckstücke*
Hand-gra-na-te, die; -,-n: *Wurfgeschoss*
hand-greif-lich: *fassbar, unübersehbar, konkret*
hand-greif-lich: *tätlich*
Hand-greif-lich-keit, die; -,-en: *Tätlichkeit*
Hand-griff, der; -es,-e: *kurze Tätigkeit*
Hand-griff, der; -es,-e: *Henkel*
Hand-ha-be, die; -,-n: *Möglichkeit*
hand-ha-ben: *gebrauchen, anwenden, benutzen*
Hand-ha-bung, die; -,-en: *Benutzung, Anwendung*
Han-di-kap [Händikäp], das; -s,-s: *Nachteil, Benachteiligung, Hindernis, Hemmnis*
Hand-lan-ger, der; -s,-: *Hilfsarbeiter, Helfer*
Hand-lan-ger-dienst, der; -es,-e: *Zureichung, Hilfsarbeit*
Händ-ler, der; -s,-: *Kaufmann*
hand-lich: *bequem zu handhaben, gut in der Hand liegend*
Hand-lung, die; -,-en: *Geschäft, Laden, kaufmännisches Unternehmen*
Hand-lung, die; -,-en: *Vorgang, Geschehen*
Hand-lung, die; -,-en: *Tat, Tun*
hand-lungs-fä-hig: *in der Lage zu handeln*
Hand-lungs-frei-heit, die; -,-en: *Recht, nach eigenem Ermessen zu handeln*
Hand-rei-chung, die; -,-en: *Hilfeleistung*
Hand-schel-len, die; -, keine Einzahl: *Handfesseln*
Hand-schlag, der; -es, -schlä-ge: *Begrüßung durch Händedruck*
Hand-schrift, die; -,-en: *Schriftzüge*
Hand-schrift, die; -,-en: *handgeschriebenes Manuskript, handgeschriebenes Buch*
Hand-schrif-ten-deu-tung, die; -, keine Mehrzahl: *Grafologie*
hand-schrift-lich
Hand-schuh, der; -es,-e: *Bekleidung für die Hand*
Hand-stand, der; -es, -stän-de: *Turnübung*
Hand-streich, der; -es,-e: *schneller Überfall, gewagtes Unternehmen*
Hand-tuch, das; -es, -tü-cher: *Tuch zum Abtrocknen*
Hand voll, die; -,-: *kleine Menge*
Hand-werk, das; -s,-e: *gewerbliche Tätigkeit, bei der im Wesentlichen manuell gearbeitet wird*
Hand-wer-ker, der; -s,-: *jemand, der ein Handwerk betreibt*
Hand-werks-zeug, das; -s,-e: *Werkzeug*
Hand-zet-tel, der; -s,-: *Flugblatt*
ha-ne-bü-chen: *derb, grob, unerhört, unglaublich*

Hanf

Hanf, der; -es, keine Mehrzahl: *Faserpflanze*
Hänf-ling, der; -s,-e: *Vogelart*
Hänf-ling, der; -s,-e: *umgangssprachlich für „schwacher, kleiner Mensch"*
Hang, der; -es, keine Mehrzahl: *Neigung, Vorliebe*
Hang, der; -es, Hän-ge: *Neigung, Abhang*
Han-gar, der; -s,-s: *Halle, Schuppen für Flugzeuge*
Hän-ge-brü-cke, die; -,-n: *an Seilen hängende Brückenkonstruktion*
han-geln: *sich im Hängen durch Weitergreifen fortbewegen*
Hän-ge-mat-te, die; -,-n: *hängendes Netz als Schlafgelegenheit*
hän-gen, hing, gehangen: *an einem Punkt befestigt sein und schweben*
hän-gen, hing, gehangen: *schräg abfallen, geneigt sein*
hän-gen blei-ben, blieb hängen, hängen geblieben: *stecken, kleben, haften bleiben; festhaken; sitzen bleiben*
Han-gen-de, das; -n, keine Mehrzahl: *Bergmannssprache: Gestein über dem Stollen*
hän-gen las-sen, ließ hängen, hängen gelassen
Hans-dampf, der; -s,-e: *jemand, der überall zurechtkommt*
Han-se, die; -, keine Mehrzahl: *mittelalterliche Vereinigung von Kaufleuten der norddeutschen Küstenstädte*
han-se-a-tisch: *die Hanse betreffend*
hän-seln: *verspotten, necken*
Han-se-stadt, die; -, -städ-te: *zur Hanse gehörende Stadt*
Hans-wurst, der; -es, -würs-te: *einfältiger Mensch, Spaßmacher*
Han-tel, die; -,-n: *Handturngerät*
han-tie-ren: *geschäftig sein, etwas handhaben*
ha-pern: *fehlen, mangeln, stocken*
hap-lo-id (auch ha-plo-id): *nur einen halben Chromosomensatz enthaltend*
Häpp-chen, das; -s,-: *kleiner Bissen*
Hap-pen, der; -s,-: *Bissen*
Hap-pe-ning [Häppening], das; -s, -s: *Veranstaltung mit überraschenden und provozierenden Geschehnissen*
hap-pig: *übertrieben, stark, derb, zuviel*
Hap-py-end (auch Hap-py End), [Häppiend], das; -s,-s: *glückliches Ende, guter Ausgang*

Ha-ra-ki-ri, das; -s,-s: *ritueller Selbstmord durch Bauchaufschlitzen*
Här-chen, das; -s,-: *kleines Haar*
Hard-top, der; -s,-s: *Sportwagen mit abnehmbarem Dach*
Hard-ware [Hardwär], die; -, keine Mehrzahl: *alle technischen Teile einer EDV-Anlage, eines elektronischen Systems*
Ha-rem, der; -s,-s: *abgeschlossene Frauenräume des islamischen Hauses*
Ha-rem, der; -s,-s: *Gesamtheit der Ehefrauen eines Moslems*
Hä-re-sie, die; -,-n: *Ketzerei*
Har-fe, die; -,-n: *Zupfinstrument*
Harf-ner, der; -s,-: *Harfenspieler*
Har-ke, die; -,-n
har-ken: *mit der Harke arbeiten, rechen*
Har-le-kin, der; -s,-e: *Clown, Hanswurst, Narrengestalt*
Har-le-ki-na-de, die; -,-n: *Harlekinsposse*
Harm, der; -s, keine Mehrzahl: *veraltet für „Kummer"*
här-men, sich: *sich grämen*
harm-los: *arglos, friedlich, unschädlich, ungefährlich*
Harm-lo-sig-keit, die; -, keine Mehrzahl
Har-mo-nie, die; -,-n: *friedliches Zusammenleben, gutes Verständnis, Eintracht*
Har-mo-nie, die; -,-n: *angenehme Übereinstimmung*
har-mo-nie-ren: *gut zueinander passen, übereinstimmen, zusammenklingen*
Har-mo-ni-ka, die; -,-s/Har-mo-ni-ken: *Musikinstrument*
har-mo-nisch: *die Harmonie betreffend*
Har-mo-ni-um, das; -s, Har-mo-ni-en: *Musikinstrument*
Harn, der; -es, keine Mehrzahl: *Urin*
Harn-bla-se, die; -,-n
Har-nisch, der; -es,-e: *Brustpanzer, Rüstung, Panzer*
Har-pu-ne, die; -,-n: *speerartiges Wurfgeschoss*
Har-pu-nier, der; -s,-e
har-pu-nie-ren: *aufspießen*
har-ren: *warten*
harsch: *streng, grob, barsch, rau*
Harsch, der; -es, keine Mehrzahl: *verkrusteter Schnee*
hart: *durchdringend (Strahlen)*
hart: *schwer, schwierig, mühevoll, anstrengend, schmerzlich*
hart: *kalkreich (Wasser)*

Haufen

hart: *streng, gefühllos, unbeugsam, standhaft*
hart: *dicht, knapp, unmittelbar*
hart: *kontrastreich (Foto)*
hart: *fest*
Här-te, die; -,-n: *Kalkanteil des Wassers*
Här-te, die; -, keine Mehrzahl: *Festigkeit*
Här-te, die; -,-n: *Unbeugsamkeit, Starrheit, Strenge*
Här-te-fall, der; -es, -fäl-le: *besonders tragischer Fall*
här-ten: *hart machen, festigen*
Hart-fa-ser-plat-te, die; -,-n: *Platte aus gepressten Holzresten*
hart ge-fro-ren
hart ge-kocht
Hart-geld, das; -es, keine Mehrzahl: *Münzen*
hart ge-sot-ten: *verstockt, unbelehrbar; dickfellig, gewissenlos*
hart ge-sot-ten: *hart gekocht*
Hart-her-zig-keit, die; -,-en: *Unerbittlichkeit, Unbarmherzigkeit*
hart-lei-big: *an Darmträgheit leidend*
hart-nä-ckig: *beharrlich, eigensinnig, stur*
Harz, das; -es,-e: *zähflüssig-klebrige Baumabsonderung*
har-zig: *harzreich, voller Harz*
Ha-sard, das; -s, keine Mehrzahl: *Kurzwort für „Hasardspiel"*
Ha-sar-deur [Hasardör], der; -es,-e: *Glücksritter, waghalsiger Mensch*
Ha-sard-spiel, das; -es,-e: *Glücksspiel*
Ha-schee, das; -s,-s: *fein gehacktes Fleisch; auch: Gericht daraus*
ha-schen: *Haschisch rauchen*
ha-schen: *fangen, greifen*
Häs-chen, das; -s,-: *Verkleinerungsform von „Hase"*
Ha-scher, der; -s,-: *österr. für „bedauernswerter Mensch"*
Ha-scher, der; -s,-: *umgangssprachlich für „jemand, der Haschisch raucht"*
Hä-scher, der; -s,-: *umgangssprachlich für „Polizist"*
Hascherl, das; -s,-n: *bayr. und österr. für „bedauernswertes Geschöpf"*
ha-schie-ren: *fein hacken, klein schneiden*
Ha-schisch, das; -s, keine Mehrzahl: *aus Cannabis gewonnenes Rauschgift*
Ha-se, der; -n,-: *Nagetier*
Ha-sel-nuss, die; -, -nüs-se: *Nussart*
Ha-sel-nuss-strauch, der; -es, -sträucher
Ha-sen-fuß, der; -es, -fü-ße: *Angsthase, Feigling*
Ha-sen-pa-nier, das; nur in der Wendung: *das Hasenpanier ergreifen: abhauen, davonlaufen*
Ha-sen-pfef-fer, der; -s,-: *stark gewürztes Hasengericht*
Ha-sen-schar-te, die; -,-n: *angeborene Spaltbildung der Oberlippe*
Hä-sin, die; -,-nen: *weiblicher Hase*
has-peln: *hastig sprechen oder arbeiten*
has-peln: *Garn aufwinden*
Hass, der; Has-ses, keine Mehrzahl: *feindliche Gesinnung, leidenschaftliche Abneigung*
has-sen: *verabscheuen*
hass-er-füllt: *voller Hass*
häss-lich: *abstoßend, unschön, unangenehm, widrig*
häss-lich: *garstig, sehr unfreundlich, gemein (Verhalten)*
Häss-lich-keit, die; -,-en
Hast, die; -, keine Mehrzahl: *Eile, Überstürztheit*
has-ten: *rennen, eilen, sich überstürzen*
has-tig: *übereilt*
hät-scheln: *liebkosen, verwöhnen*
Hat-trick [Hättrick], der; -s,-s: *Fußball: dreifacher Torerfolg eines Spielers hintereinander in einer Halbzeit*
Hatz, die; -,-en: *Hetzjagd*
Hau-be, die; -,-n: *rundliche Bedeckung eines Gegenstandes*
Hau-be, die; -,-n: *Kappe, Mütze*
Hau-bit-ze, die; -,-n: *Geschütz*
Hauch, der; -es,-e: *leichter Luftzug, Ausatmen, leichtes Wehen*
hauch-dünn: *sehr dünn*
hau-chen: *leicht pusten; leise sprechen*
hauch-zart: *sehr fein*
Hau-de-gen, der; -s,-: *kampferprobter Soldat, angriffslustiger Kämpfer*
Haue, die; -,-n: *süddeutsch für „Hacke"*
Haue, die; -, keine Mehrzahl: *umgangssprachlich für „Prügel, Schläge"*
hau-en: *umgangssprachlich für „schlagen, prügeln"*
Hau-er, der; -s,-: *Eckzahn*
Hau-er, der; -s,-: *Bergmann*
Hau-er, der; -s,-: *österr. für „Winzer"*
Häuf-chen, das; -s,-: *kleiner Haufen*
Hau-fen, der; -s,-: *Menge von aufeinander liegenden Dingen*

häufen

häu-fen: *aufschichten, übereinander legen, aufstapeln; sammeln, ansammeln*
häu-fig: *oft, zahlreich*
Häu-fig-keit, die; -,-en: *Anzahl des Vorkommens*
Haupt, das; -es, Häup-ter: *Kopf*
Haupt, das; -es, Häup-ter: *Leiter, Führung*
Haupt-bahn-hof, der; -es, -hö-fe
Haupt-be-ruf, der; -es,-e
haupt-be-ruf-lich
Haupt-dar-stel-ler, der; -s,-: *Darsteller der Hauptfigur, wichtigster Schauspieler*
Haupt-ein-gang, der; -es, -gän-ge
Haupt-ge-schäfts-zeit, die; -,-en
Häupt-ling, der; -s,-e: *Anführer, Stammesfürst*
Haupt-mann, der; -es, -leu-te: *militärischer Rang*
Haupt-per-son, die; -,-en: *wichtigste Person in einem Roman oder Film*
Haupt-rol-le, die; -,-n: *wichtigste Rolle in einem Film*
Haupt-sa-che, die; -,-n: *das Wichtigste*
haupt-säch-lich: *besonders, wesentlich, vor allem*
Haupt-satz, der; -es, -sät-ze: *vollständiger Satz*
Haupt-stadt, die; -, -städ-te: *Stadt mit dem Sitz der Regierung*
Haupt-wort, das; -es,-wör-ter; *Substantiv, Dingwort*
Haus-a-po-the-ke (auch Haus-apo-the-ke), die; -,-n: *kleiner Vorrat an Arznei- und Verbandsmitteln*
Haus-arzt, der; -es, -ärz-te: *ein die Familie ständig betreuender Arzt*
haus-ba-cken: *bieder, häuslich, langweilig*
Haus-durch-su-chung, die; -,-en
hau-sen: *schlecht wohnen*
Haus-flur, der; -es,-e: *Diele, Korridor*
Haus-frau, die; -,-en: *den Haushalt versorgende Ehefrau*
Haus-frie-dens-bruch, der; -es, -brü-che: *unerlaubtes Eindringen in ein Grundstück, Haus oder eine Wohnung, Störung des Hausfriedens*
Haus-ge-burt, die; -,-en: *Entbindung zu Hause*
Haus-halt, der; -es,-e: *Ein- und Ausgaben eines Staates oder einer Körperschaft*
Haus-halt, der; -es,-e: *Wirtschaftsführung einer Lebensgemeinschaft*

Haus hal-ten: *er hält das Haus; aber: haushalten*
Haus-herr, der; -en,-en: *Gastgeber*
haus-hoch: *überwältigend, krass*
Hau-sie-rer, der; -s,-: *jemand, der an der Haustür Waren verkauft*
häus-lich: *zurückgezogen, ruhig lebend*
häus-lich: *das Haus betreffend*
Haus-manns-kost, die; -, keine Mehrzahl: *kräftiges, einfaches Essen*
Haus-meis-ter, der; -s,-: *jemand, der anfallende Arbeiten in einem Haus erledigt*
Haus-rat, der; -s, keine Mehrzahl: *zum Haushalt gehörende Habe*
Haus-rats-ver-si-che-rung, die; -,-en
Haus-se [Ohß], die; -,-n: *wirtschaftlicher Aufschwung, Hochstand der Börsenkurse*
Haus-tier, das; -es,-e: *zahmes Tier*
Haus-tür, die; -,-en
Haus-wirt, der; -es,-e: *Vermieter*
Haut, die; -, Häu-te: *dünne, biegsame Schicht, Hülle*
Haut, die; -, Häu-te: *Körperoberfläche*
Haut-arzt, der; -es, -ärz-te: *Dermatologe*
Häut-chen, das; -s,-
Haute Cou-ture [Oht Kütühr], die; -, keine Mehrzahl: *vollendete Schneiderkunst, Mode schaffen*
häu-ten: *die Haut abziehen*
häu-ten, sich: *die Haut abstreifen, abstoßen (Schlange)*
haut-eng: *sehr eng anliegend*
Haute-vo-lee [Oht voleh], die; -, keine Mehrzahl: *vornehme Gesellschaft, die oberen Zehntausend*
Haut-gout [Ohguh], der; -s, keine Mehrzahl: *Anrüchigkeit*
Haut-gout [Ohguh], der; -s, keine Mehrzahl: *scharfer Geschmack nicht mehr frischen Fleisches*
Haut-krank-heit, die; -,-en
Ha-va-rie, die; -,-n: *Unfall, Schiffbruch*
ha-va-riert: *verunglückt*
Ha-va-rist, der; -en,-en
Ha-waii: *Insel im Stillen Ozean*
Ha-xe, die; -,-n: *Teil des Beins bei Schlachttieren*
Ha-zi-en-da, die; -,-s: *südamerikanische Farm, Plantage*
H-Bom-be, die; , n: *Wasserstoffbombe*
Head-line [Hedlain], die; -,-s: *Schlagzeile*
Hea-ring [Hiering], das; -s,-s: *Anhörung, öffentliche Befragung*

heilfroh

Heb-am-me, die; -,-n: *Geburtshelferin*
He-be-baum, der; -es,-bäu-me: *Stange zum Lastenheben*
He-bel, der; -s,-: *um eine fest stehende Achse drehbarer starrer Körper*
He-bel-arm, der; -es,-e
he-ben, hob, gehoben: *die Wirkung steigern, hervorheben; verbessern*
he-ben, hob, gehoben: *in die Höhe bewegen*
he-ben, hob, gehoben: *zu Tage fördern*
he-ben, hob, gehoben: *einen heben: umgangssprachlich für „trinken"*
He-be-werk, das; -es,-e: *Schleuse*
He-be-werk, das; -es,-e: *Vorrichtung zum Lastenheben*
He-be-zeug, das; -es,-e: *Sammelbegriff für Geräte zum Heben von Lasten*
Heb-rä-er, der; -s,-: *Jude*
Heb-rä-isch (auch He-brä-isch), das; -en, keine Mehrzahl: *die hebräische Sprache*
He-chel, die; -,-n: *kammartiges Werkzeug zum Spalten von Fasern*
he-cheln: *rasch mit heraushängender Zunge atmen (Hund)*
he-cheln: *Flachs- oder Hanffasern spalten*
he-cheln: *klatschen, über andere reden*
Hecht, der; -es,-e: *Fischart*
hech-ten: *kopfüber springen*
Hecht-sprung, der; -es, -sprün-ge: *Sprung mit gestrecktem Körper*
Heck, das; -s,-s: *hinterer Teil des Schiffes*
He-cke, die; -,-n: *Umzäunung aus Büschen und Sträuchern*
He-cken-schüt-ze, der; -n,-n: *jemand, der aus dem Hinterhalt schießt*
Heck-mo-tor, der; -s,-en: *Motor, der im hinteren Teil des Fahrzeugs angebracht ist*
He-de, die; -,-n: *Werg*
He-de-rich, der; -s,-e: *Unkraut*
Heer, das; -es,-e: *Truppe, Streitmacht*
Heer-schar, die; -,-en: *große Menge; die himmlischen Heerscharen: die Engel*
He-fe, die; -,-n: *Gärung erregende einzellige Pilzart*
He-fe-ku-chen, der; -s,-: *Kuchen, dessen Teig mit Hefe hergestellt ist*
He-fe-teig, der; -es,-e: *Teig, der mit Hefe hergestellt ist*
Heft, das; -es,-e: *gefaltete und geheftete Papierbögen*
Heft, das; -es,-e: *Griff, Handgriff*
hef-ten: *mit großen Stichen befestigen, zusammenfügen*
hef-tig: *stark, wild, ungestüm*
hef-tig: *jähzornig, ungeduldig, leidenschaftlich, aufbrausend*
Hef-tig-keit, die; -, keine Mehrzahl
Heft-pflas-ter, das; -s,-: *selbstklebender Verband*
He-ge, die; -, keine Mehrzahl: *Schutz und Pflege von Wild und Pflanzen*
he-ge-mo-ni-al: *allein vorherrschend, die Vorherrschaft betreffend*
He-ge-mo-nie, die; -,-n: *Vormachtstellung, Vorherrschaft, führende Rolle*
He-ger, der; -s,-: *Wildpfleger*
Hehl, das; -s, keine Mehrzahl: *Geheimnis, Verheimlichung*
Heh-ler, der; -s,-: *Käufer und Verkäufer von Diebesgut*
Heh-le-rei, die; -,-en: *Begünstigung einer Straftat zum eigenen Vorteil*
Hei-de, die; -,-n: *sandige, unbearbeitete Landschaft mit charakteristischem Bewuchs*
Hei-de, der; -n,-n: *Ungläubiger*
Hei-de, die; -, keine Mehrzahl: *Heidekraut*
Hei-de-kraut, das; -es, keine Mehrzahl: *Zwergstrauchart, Erika*
Hei-del-bee-re, die; -,-n: *Beerenart*
heid-nisch: *nicht dem christlichen Glauben angehörig*
Heid-schnu-cke, die; -,-n: *Schafrasse*
hei-kel: *schwer zufrieden zu stellen*
hei-kel: *schwierig, unangenehm*
heil: *ganz, unversehrt, unverletzt*
Heil, das; -es, keine Mehrzahl: *Glück, Wohlergehen, Segen*
Heil, das; -es, keine Mehrzahl: *Glückseligkeit, Erlösung*
Heil, das; -es, keine Mehrzahl: *Nutzen, Hilfe, Besserung*
Heil, das; -es, keine Mehrzahl: *Gnade, Gottesgnade*
Hei-land, der; -s,-e: *Erlöser, Retter, Heilsbringer; Christus*
Heil-an-stalt, die; -,-en: *Hospital, Krankenhaus, Kurhaus*
Heil-bad, das; -es, -bä-der: *Kurort mit Heilquelle*
heil-bar
Heil-butt, der; -s, keine Mehrzahl: *Fischart*
hei-len: *gesunden*
hei-len: *gesund machen*
heil-froh: *sehr froh*

Heilgymnastik

Heil-gym-nas-tik, die; -,-en: *Körperübung zur Unterstützung der Heilung*
hei-lig: *anbetungswürdig, geheiligt*
Hei-li-gen-schein, der; -es,-e: *Lichtkranz um den Kopf*
hei-lig spre-chen, sprach heilig, heilig gesprochen
Hei-lig-tum, das; -es, -tü-mer: *verehrungswürdiger Gegenstand oder Ort*
Heil-kun-de, die; -, keine Mehrzahl: *Medizin*
heil-los: *überstürzt; ungeheuer*
Heil-pä-da-go-ge (auch Heil-päd-agoge), der; -n,-n
Heil-prak-ti-ker, der; -s,-: *jemand, der Naturheilverfahren anwendet*
Heil-quel-le, die; -,-n: *Gesundbrunnen*
Heils-ar-mee, die; -, keine Mehrzahl: *christliche, militärisch organisierte Vereinigung, die Sozialarbeit leistet*
Hei-lung, die; -,-en: *Genesung*
Hei-lungs-pro-zess, der; -es,-e: *Verlauf der Genesung*
Heil-ver-fah-ren, das; -s,-
heim: *nach Hause*
Heim, das; -es,-e: *Wohnung, Haushalt*
Heim, das; -es,-e: *öffentliche Einrichtung zur Unterbringung eines bestimmten Personenkreises (Kinderheim, Obdachlosenheim)*
Heim-ar-beit, die; -,-en: *Arbeit, die zu Hause verrichtet wird*
Hei-mat, die; -,-en: *Ort, an dem man zu Hause ist*
Hei-mat-ha-fen, die; -s,-hä-fen
hei-mat-los: *ohne Heimat, vertrieben*
Hei-mat-ort: der; -es,-e
heim-be-glei-ten: *nach Hause begleiten*
heim-brin-gen, brachte heim, heimgebracht
Heim-chen, das; -s,-: *Hausgrille*
hei-me-lig: *traulich, anheimelnd*
heim-fah-ren, fuhr heim, heimgefahren
Heim-fahrt, die; -,-en
heim-fin-den, fand heim, heimgefunden
heim-ge-hen, ging heim, heimgegangen
hei-misch: *vertraut, heimatlich, eingewöhnt, zu Hause*
Heim-kehr, die; -, keine Mehrzahl
heim-keh-ren: *nach Hause kommen*
heim-kom-men, kam heim, heimgekommen: *nach Hause kommen*
heim-leuch-ten: *jemanden tadeln, schelten*

heim-lich: *verborgen, unauffällig, versteckt*
Heim-lich-tu-er, der; -s,-: *jemand, der sich geheimnisvoll gebärdet, Geheimniskrämer*
heim-lich tun: *geheimnisvoll tun, etwas im Verborgenen tun*
Heim-rei-se, die; -,-n
heim-su-chen: *belästigen, betreffen*
Heim-su-chung, die; -,-en: *Plage, schweres Unglück*
Heim-tü-cke, die; -,-n: *Arglist, Hinterlist, Bosheit*
heim-tü-ckisch: *hinterhältig, arglistig, boshaft*
Heim-weh, das; -s, keine Mehrzahl: *Sehnsucht nach daheim*
Heim-wer-ker, der; -s,-: *jemand, der bastelt*
heim-zah-len: *sich rächen, vergelten*
Hein-zel-männ-chen, das; -s,-: *sagenhafte, fleißige Zwerge*
Hei-rat, die; -,-en: *Eheschließung*
hei-ra-ten: *sich vermählen*
Hei-rats-an-trag, der; -es,-träge
Hei-rats-an-zei-ge, die; -,-n
hei-rats-fä-hig
Hei-rats-ur-kun-de, die; -,-n
Hei-rats-ver-mitt-lung, die; -,-en: *gewerbsmäßige Eheanbahnung*
hei-schen: *fordern, verlangen, erbitten*
hei-ser: *rau, klanglos*
Hei-ser-keit, die; -, keine Mehrzahl
heiß: *leidenschaftlich, erregbar; inbrünstig, innig*
heiß: *sehr warm*
heiß-blü-tig: *leidenschaftlich*
hei-ßen, hieß, gehießen: *befehlen, auffordern*
hei-ßen, hieß, gehießen: *nennen, bezeichnen*
heiß ge-liebt: *innig geliebt*
Heiß-hun-ger, der; -s, keine Mehrzahl: *großer Hunger*
heiß-hung-rig: *sehr hungrig, gierig*
Heiß-sporn, der; -es,-e: *hitziger, unbesonnener Mensch, Draufgänger*
Heiß-was-ser-be-rei-ter, der; -s,-: *Boiler*
Heiß-was-ser-spei-cher, der; -s,-
hei-ter: *hell, klar, unbewölkt, sonnig*
hei-ter: *fröhlich, gut gelaunt, vergnügt*
Hei-ter-keit, die; -, keine Mehrzahl: *Fröhlichkeit, gute Laune, Vergnügtheit, auch: Belustigung*

Heptagon

hei-zen: *Wärme zuführen, Feuer anmachen*
Hei-zer, der; -s,-: *jemand, der eine Heizung oder eine Dampfmaschine bedient*
Heiz-kis-sen, das; -s,-: *elektrisch heizbares Kissen*
Heiz-kör-per, der; -s,-: *Wärmeaustauscher einer Heizung*
Heiz-öl, das; -s, keine Mehrzahl: *leichtes Öl mit hohem Heizwert*
Hei-zung, die; -,-en
Hek-tar, der; -s,-: *Flächenmaß, 10.000 m², Zeichen: ha*
Hek-tik, die; -, keine Mehrzahl: *Eile, Hast, fieberhafte Geschäftigkeit*
hek-tisch: *aufgeregt, fieberhaft erregt*
Hek-to-gra-fie (auch Hek-to-gra-phie), die; -,-n: *Vervielfältigung*
hek-to-gra-fie-ren (auch hek-to-gra-phie-ren): *vervielfältigen*
Hek-to-li-ter, der; -s,-: *hundert Liter*
He-lan-ca, das; -, keine Mehrzahl: *Nylonstoff*
Held, der; -en,-en: *Hauptgestalt einer Dichtung oder eines Dramas*
Held, der; -en,-en: *jemand, der Hervorragendes leistet*
hel-den-haft
hel-den-mü-tig: *heldenhaft*
hel-disch
hel-fen, half, geholfen: *Hilfe leisten, unterstützen, beistehen*
Hel-fer, der; -s,-: *Gehilfe*
Hel-fer, der; -s,-: *jemand, der Hilfe leistet*
He-li-kop-ter (auch He-li-ko-pter), der; -s,-: *Hubschrauber*
He-li-o-trop, das; -s,-e: *Blumenart*
he-li-o-tro-pisch: *sich zur Sonne wendend*
he-li-o-zen-trisch (auch he-li-o-zent-risch): *auf die Sonne als Mittelpunkt bezogen*
He-li-um, das; -s, keine Mehrzahl: *Edelgas, Zeichen: He*
He-lix, die; -, He-li-ces: *Wendelstruktur, doppelte Spirale*
hell: *leuchtend, reich an Licht*
hell: *reich an weißer Farbe*
hell: *hoch, klar (Ton)*
hell: *klug, aufgeweckt*
Hel-le, das; -n,-n: *helles Bier*
Hel-le-bar-de, die; -,-n: *Hieb- und Stichwaffe*
Hel-le-ne, der; -n,-n: *Grieche, Einwohner des antiken Griechenlands*
Hel-ler, der; -s,-: *alte Münze*
hell-hö-rig: *schalldurchlässig*
hell-hö-rig: *aufmerksam*
Hell-hö-rig-keit, die; -, keine Mehrzahl
hell-licht: *sehr hell, am Tage*
Hel-lig-keit, die; -,-en: *Licht, Lichtfülle; Tag*
Hell-se-hen, das; -s, keine Mehrzahl: *angebliches In-die-Zukunft-Sehen*
Hell-se-her, der; -s,-
hell-se-he-risch: *in der Art des Hellsehens*
hell-wach: *sehr wach*
Helm, der; -es,-e: *Kopfschutz*
He-lot, der; -en,-en: *Unterdrückter, Sklave*
Hel-ve-tia: *die Schweiz*
Hel-ve-tier, der; -s,-: *Schweizer*
hel-ve-tisch: *die Schweiz betreffend*
Hemd, das; -es,-en: *Kleidungsstück*
Hemd-blu-se, die; -,-n: *hemdartig geschnittene Bluse*
Hemd-kra-gen, der; -s,-
hemds-är-me-lig: *in Hemdsärmeln, salopp*
He-mis-phä-re (auch He-mi-sphä-re), die; -,-n: *Erdhalbkugel*
Hem-lock-tan-ne, die; -,-n: *Baumart*
hem-men: *bremsen, verlangsamen, verzögern, behindern, erschweren, hindern*
Hemm-nis, das; -ses,-se: *Hindernis, Erschwernis*
Hemm-schuh, der; -es,-e: *Bremsschuh, Schienenbremse*
Hemm-schuh, der; -es,-e: *umgangssprachlich für „Hemmnis, Hindernis, Behinderung"*
Hem-mung, die; -,-en: *Störung, Zurückhaltung*
hem-mungs-los: *zügellos*
Hem-mungs-lo-sig-keit, die; -,-en
Hengst, der; -es,-e: *männliches Pferd*
Hen-kel, der; -s,-: *Griff, Anhänger*
hen-ken: *hinrichten*
Hen-ker, der; -s,-: *Scharfrichter*
Hen-kers-mahl-zeit, die; -,-en: *letzte Mahlzeit vor der Hinrichtung*
Hen-na, das; -s, keine Mehrzahl: *Farbstoff*
Hen-ne, die; -,-n: *weibliches Huhn*
he-pa-tisch: *die Leber betreffend, zur Leber gehörend*
He-pa-ti-tis, die; -, He-pa-ti-ti-den: *Leberentzündung, Gelbsucht*
Hep-ta-gon, das; -s,-e: *Siebeneck*

her: *auf den Sprechenden zu*
he-rab (auch her-ab): *herunter*
he-rab-las-send (auch her-ab-las-send): *von oben herab, hochmütig*
he-rab-set-zen (auch her-ab-set-zen): *demütigen, abschätzig behandeln*
he-rab-set-zen (auch her-ab-set-zen): *ermäßigen*
he-rab-wür-di-gen (auch her-ab-wür-di-gen): *erniedrigen*
He-ral-dik, die; -, keine Mehrzahl: *Wappenkunde*
He-ral-di-ker, der; -s,-: *Wappenkundiger, Familienforscher*
he-ran-ge-hen (auch her-an-ge-hen), ging heran, herangegangen: *sich nähern*
he-ran-ge-hen (auch her-an-ge-hen), ging heran, herangegangen: *beginnen, in Angriff nehmen*
he-ran-ma-chen (auch her-an-ma-chen), sich: *sich jemandem mit bestimmter Absicht nähern*
he-ran-rei-fen (auch her-an-rei-fen)
he-ran-wach-sen (auch her-an-wach-sen), wuchs heran, herangewachsen
he-ran-wa-gen (auch her-an-wa-gen), sich: *sich trauen*
he-rauf (auch her-auf): *nach oben*
he-rauf-be-schwö-ren (auch her-auf-be-schwören): *sich ausmalen, sich vorstellen*
he-raus (auch her-aus): *von innen nach außen*
he-raus-ar-bei-ten (auch her-aus-ar-bei-ten): *formen, gestalten, betonen*
he-raus-be-kom-men (auch her-aus-be-kom-men), bekam heraus, herausbekommen: *erfahren, ergründen, erforschen*
he-raus-be-kom-men (auch her-aus-be-kom-men), bekam heraus, herausbekommen: *hinausbefördern, entfernen*
he-raus-brin-gen (auch her-aus-brin-gen), brachte heraus, herausgebracht: *auf den Markt bringen, veröffentlichen*
he-raus-brin-gen (auch her-aus-brin-gen), brachte heraus, herausgebracht: *herausfinden, herausbekommen, erfahren*
he-raus-brin-gen (auch her-aus-brin-gen), brachte heraus, herausgebracht: *von drinnen nach draußen bringen*
he-raus-fah-ren (auch her-aus-fah-ren), fuhr heraus, herausgefahren
he-raus-fin-den (auch her-aus-fin-den) fand heraus, herausgefunden: *erfahren, herausbekommen*

he-raus-for-dern (auch her-aus-for-dern): *provozieren, auffordern*
He-raus-for-de-rung (auch Her-aus-for-de-rung), die; -,-en; *Provokation, Aufforderung*
He-raus-ga-be (auch Her-aus-ga-be), die; -,-n: *Edierung*
He-raus-ga-be (auch Her-aus-ga-be), die; -,-n: *Auslieferung, Übergabe*
he-raus-ge-ben (auch her-aus-ge-ben), gab heraus, herausgegeben: *edieren*
he-raus-ge-ben (auch her-aus-ge-ben), gab heraus, herausgegeben: *ausliefern, übergeben*
He-raus-ge-ber (auch Her-aus-ge-ber), der; -s,-: *jemand, der etwas veröffentlicht*
he-raus-hal-ten (auch her-aus-hal-ten), sich: hielt sich heraus, sich herausgehalten: *vermeiden, nicht beteiligt sein wollen*
he-raus-krie-gen (auch her-aus-krie-gen): *umgangssprachlich für „herausbekommen"*
he-raus-kris-tal-li-sie-ren, sich (auch her-aus-kri-stal-li-sie-ren): *sich herausstellen, sich erweisen, sich herausbilden*
he-raus-ma-chen (auch her-aus-ma-chen), sich: *sich entwickeln*
he-raus-re-den (auch her-aus-re-den), sich: *Ausflüchte machen, Ausreden vorbringen*
he-raus-rei-ßen (auch her-aus-rei-ßen), riss heraus, herausgerissen: *heftig herausziehen, auch: durch eine große Anstrengung schaffen*
he-raus-schin-den (auch her-aus-schin-den): *mit Anstrengung etwas erreichen*
he-raus-schla-gen (auch her-aus-schla-gen), schlug heraus, herausgeschlagen: *Gewinn machen*
he-raus-schmei-ßen (auch her-aus-schmei-ßen), schmiss heraus, herausgeschmissen: *hinauswerfen*
he-raus-sprin-gen (auch her-aus-sprin-gen), sprang heraus, herausgesprungen: *einen Vorteil bringen*
he-raus-sprin-gen (auch her-aus-sprin-gen), sprang heraus, herausgesprungen: *nach außen springen*
he-raus-stel-len (auch her-aus-stel-len), sich: *sich erweisen, sich ergeben*
he-raus-stel-len (auch her-aus-stel-len): *hervorheben*
he-raus-stel-len (auch her-aus-stel-len): *nach draußen stellen*

herrschen

he-raus-stre-cken (auch her-aus-strecken): *nach außen strecken*
he-raus-su-chen (auch her-aus-su-chen): *aussuchen, auswählen*
herb: *verschlossen, abweisend, spröde*
herb: *sauer, trocken*
Her-ba-ri-um, das; -s, Her-ba-ri-en: *Sammlung von getrockneten Pflanzen*
her-bei: *hierher*
her-bei-ei-len: *schnell herbeikommen*
Her-ber-ge, die; -,-n: *Unterkunft, Gasthaus*
Her-bergs-el-tern, die; -, keine Einzahl: *Betreuungspersonen einer Jugendherberge*
Her-bi-zid, das; -es,-e: *Unkrautvernichtungsmittel, Pflanzenvernichtungsmittel*
her-brin-gen, brachte her, hergebracht
Herbst, der; -es,-e: *Jahreszeit zwischen Sommer und Winter*
herbst-lich: *den Herbst betreffend*
Herbst-zeit-lo-se, die; -,-n: *Blumenart*
Herd, der; -es,-e: *Ausgangsstelle, Zentrum; Ausgangspunkt für ansteckende Krankheiten*
Herd, der; -es,-e: *Kochstelle*
Her-de, die; -,-n: *Verband von Tieren*
Her-den-trieb, der; -es, keine Mehrzahl: *Trieb zur Gemeinschaft, Bedürfnis sich zusammenzuschließen*
Herd-plat-te, die; -,-n: *Kochplatte*
he-rein (auch her-ein): *Aufforderung einzutreten*
he-rein (auch her-ein): *von draußen nach drinnen*
he-rein-bre-chen (auch her-ein-brechen), brach herein, hereingebrochen: *plötzlich kommen*
he-rein-fal-len (auch her-ein-fal-len), fiel herein, hereingefallen: *übervorteilt werden*
he-rein-kom-men (auch her-ein-kommen), kam herein, hereingekommen
he-rein-le-gen (auch her-ein-le-gen): *betrügen, übervorteilen*
Her-fahrt, die; -,-en
Her-gang, der; -es,-gän-ge: *Ablauf eines Geschehens, Vorgang*
her-ge-ben, gab her, hergegeben
her-ge-bracht: *herkömmlich, üblich*
her-ge-lau-fen: *von zweifelhafter Herkunft; nicht dazugehörig*
her-hal-ten, hielt her, hergehalten: *büßen, geradestehen*
her-ho-len: *bringen, holen; sehr weit hergeholt: nicht überzeugend*
her-hö-ren
He-ring, der; -s,-e: *Zeltpflock*
He-ring, der; -s,-e: *Fischart*
he-rin-nen (auch her-in-nen): *österr. für „hier drinnen"*
Her-kom-men, das; -s,-: *Abstammung*
her-kömm-lich: *üblich, gebräuchlich, überliefert*
her-ku-lisch: *riesenhaft, stark, übermenschlich*
Her-kunft, die; -, Her-künf-te: *Abstammung, Herkommen*
Her-ma-phro-dit (auch Her-maph-ro-dit), der; -en,-en: *Zwitter*
her-ma-phro-di-tisch (auch her-maph-ro-di-tisch): *zweigeschlechtlich*
Her-me-lin, das; -es,-e: *Raubtier*
Her-me-neu-tik, die; -, keine Mehrzahl: *Kunst der Auslegung, Deutung von Texten*
her-me-neu-tisch: *die Hermeneutik betreffend*
her-me-tisch: *dicht, verschlossen, abgeschlossen*
her-nach: *danach, nachher, darauf*
her-neh-men, nahm her, hergenommen
her-nie-der: *herab, herunter*
He-ro-in, das; -s, keine Mehrzahl: *Rauschgift*
He-ro-i-ne, die; -,-n: *Darstellerin einer Heldin*
he-ro-isch: *heldenhaft*
He-rold, der; -es,-e: *Ausrufer, Bote*
He-ros, der; -, He-ro-en: *Held, Halbgott*
Her-pes, der; -, keine Mehrzahl: *Bläschenausschlag*
Herr, der; -en,-en: *respektvolle Anrede von Männern*
Herr, der; -en,-en: *veraltet für „Besitzer, Gebieter, Herrscher"*
Herr-chen, das; -s,-: *Besitzer eines Hundes*
Her-rin, die; -,-nen: *Besitzerin*
her-risch: *gebieterisch, rechthaberisch, barsch, schroff*
herr-lich: *wunderschön, wunderbar, großartig*
Herr-lich-keit, die; -,-en
Herr-schaft, die; -,-en: *Beherrschung*
Herr-schaft, die; -,-en: *Macht, Regierungsgewalt, Befehlsgewalt*
herr-schen: *vorherrschen, walten, gegenwärtig sein*

215

herrschen

herr-schen: *regieren, Macht ausüben, gebieten*
her-stel-len: *produzieren, anfertigen, erzeugen*
Her-stel-ler, der; -s,-: *Fabrikant*
Her-stel-lung, die; -,-en
Her-stel-lungs-kos-ten, die; -, keine Einzahl
Hertz, das; -,-: *Einheit der Frequenz; Zeichen: Hz*
he-rum (auch her-um): *rundum, umher*
he-rum-dre-hen (auch her-um-dre-hen)
he-rum-druck-sen (auch her-um-druck-sen): *zögern, nicht mit der Sprache herauswollen*
he-rum-fuch-teln (auch her-um-fuch-teln): *wild mit den Armen schlenkern*
he-rum-ir-ren (auch her-um-ir-ren)
he-rum-kom-men (auch her-um-kom-men), kam herum, herumgekommen
he-rum-lau-fen (auch her-um-lau-fen), lief herum, herumgelaufen
he-rum-lie-gen (auch her-um-lie-gen), lag herum, herumgelegen
he-rum-lun-gern (auch her-um-lun-gern): *müßig sein*
he-rum-sit-zen (auch her-um-sit-zen), saß herum, herumgesessen: *müßig dasitzen*
he-rum-sto-chern (auch her-um-sto-chern)
he-rum-trei-ben (auch her-um-trei-ben), sich; trieb sich herum, sich herumgetrieben
He-rum-trei-ber (auch Her-um-trei-ber), der; -s,-: *Müßiggänger, Vagabund*
he-run-ter (auch her-un-ter): *von oben herab*
he-run-ter-fal-len (auch her-un-ter-fal-len), fiel herunter, heruntergefallen
he-run-ter-kom-men (auch her-un-ter-kom-men), kam herunter, heruntergekommen: *verwahrlosen, verelenden, abwirtschaften*
he-run-ter-kom-men (auch her-un-ter-kom-men), kam herunter, heruntergekommen: *von oben nach unten kommen*
he-run-ter-schlu-cken (auch her-un-ter-schlu-cken)
her-vor: *nach vorn, heraus*
her-vor-brin-gen, brachte hervor, hervorgebracht: *erzeugen, verursachen*
her-vor-he-ben, hob hervor, hervorgehoben: *betonen*

her-vor-ra-gend: *vorzüglich, ausgezeichnet, tadellos*
Herz, das; -ens,-en: *Mittelpunkt, Innerstes*
Herz, das; -ens,-en: *Farbe beim Kartenspiel*
Herz, das; -ens,-en: *übertragen: Sitz der Seele, der Gefühle*
Herz, das; -ens,-en: *zentrales Antriebsorgan des Blutkreislaufs*
Herz-be-schwer-den, die; -, keine Einzahl
herz-be-we-gend: *erschütternd, ergreifend*
her-zei-gen: *vorzeigen, zeigen*
herz-er-fri-schend: *herzerquickend*
Herz-feh-ler, der; -s,-
herz-haft: *kräftig, tüchtig, ordentlich, würzig*
her-zie-hen: *zog her, hergezogen: über jemand herziehen, klatschen, tratschen*
her-zie-hen, zog her, hergezogen: *heranziehen, hierher ziehen*
her-zig: *reizend, lieb, wonnig*
Herz-in-farkt, der; -es,-e
Herz-klop-fen, das; -s, keine Mehrzahl: *Lampenfieber, Vorfreude*
herz-krank
Herz-kranz-ge-fäß, das; -es,-e
Herz-lei-den, das; -s,-
herz-lich: *innig, freundlich, liebevoll, freundschaftlich*
Herz-lich-keit, die; -, keine Mehrzahl: *herzliches Wesen*
herz-los: *grausam*
Herz-lo-sig-keit, die; -, keine Mehrzahl
Her-zog, der; -s, Her-zö-ge: *Adelstitel*
Her-zo-gin, die; -,-nen: *Adelstitel*
Her-zog-tum, das; -s,-tü-mer: *Herrschaftsbezirk eines Herzogs*
Herz-o-pe-ra-ti-on, die; -,-en
Herz-schlag, der; -es,-schlä-ge
Herz-schritt-ma-cher, der; -s,-
Herz-ver-fet-tung, die; -, keine Mehrzahl
herz-zer-bre-chend: *Mitleid erregend, jammervoll*
He-tä-re, die; -,-n: *Geliebte; Freudenmädchen*
he-te-ro-gen: *ungleichartig, verschiedenartig; nicht gleichartig zusammengesetzt*
he-te-ro-nom: *von fremden Einflüssen abhängig, nicht selbstständig*
He-te-ro-no-mie, die; -, keine Mehrzahl: *Abhängigkeit von äußeren Bedingungen*

Hi-Fi

He-te-ro-se-xu-a-li-tät, die; -, keine Mehrzahl: *Andersgeschlechtlichkeit, auf das andere Geschlecht bezogene Sexualität*
he-te-ro-se-xu-ell: *auf das andere Geschlecht bezogen*
Het-ze, die; -,-n: *Hetzjagd*
Het-ze, die; -,-n: *Verunglimpfung, Aufreizung zum Hass*
het-zen: *aufwiegeln, Schmähreden führen*
het-zen: *sich sehr beeilen*
het-zen: *jagen, treiben*
Het-ze-rei, die; -,-en: *Hast, Eile*
Het-ze-rei, die; -,-en: *Stichelei, Aufwiegelei*
het-ze-risch
Hetz-jagd, die; -,-en: *Hetze*
Heu, das; -es, keine Mehrzahl: *getrocknetes Gras*
Heu-che-lei, die; -,-en: *Verstellung, Unaufrichtigkeit, Doppelzüngigkeit*
heu-cheln: *sich verstellen, vortäuschen*
Heuch-ler, der; -s,-
heuch-le-risch
heu-er: *süddeutsch: dieses Jahr, diesjährig*
Heu-er, die; -,-n: *Lohn eines Seemannes*
Heu-fie-ber, das; -s, keine Mehrzahl: *Heuschnupfen*
heu-len: *sausen, brausen, hörbar wehen*
heu-len: *jaulen, klagend brüllen*
heu-len: *weinen*
Heu-ler, der; -s,-: *Feuerwerkskörper*
Heu-ler, der; -s,-: *junger Seehund*
heu-re-ka: *Ausruf für „ich habe es gefunden"*
heu-rig: *diesjährig*
Heu-ri-ge, der; -n,-n: *letztjähriger Wein*
Heu-ris-tik, die; -, keine Mehrzahl: *Lehre von den Methoden, neue Erkenntnisse zu finden*
heu-ris-tisch: *die Heuristik betreffend*
Heu-schnup-fen, der; -s, keine Mehrzahl: *Heufieber, Pollenallergie*
Heu-scho-ber, der; -s,-: *Heumiete*
Heu-schre-cke, die; -,-n: *Insektenart*
Heu-sta-del, der; -s,-: *südd., österr., schweizer. für „Heuspeicher"*
heu-te: *an diesem Tage, gegenwärtig*
Heu-te, das; -, keine Mehrzahl: *Gegenwart*
heut-zu-ta-ge: *in der Gegenwart, in unserer Zeit*
He-xa-gon, das; -s,-e: *Sechseck*

he-xa-go-nal, *sechseckig*
He-xa-me-ter, der; -s,-: *Versmaß*
He-xe, die; -,-n: *Aberglaube: über Zauberkräfte verfügende Frau; im Märchen: bösgesinnte alte Frau; übertragen: böses Weib*
he-xen: *zaubern*
He-xen-jagd, die; -,-en: *übertragen für „unbarmherzige Verfolgung und Verurteilung von Menschen"*
He-xen-kes-sel, der; -s,-: *fürchterliches Durcheinander*
He-xen-schuss, der; -es, keine Mehrzahl: *jäher Rückenschmerz durch Muskelrheumatismus oder Bandscheibenvorfall*
He-xe-rei, die; -,-en: *Zauberei*
Hi-bis-kus, der; -, Hi-bis-ken: *Zierstrauch*
Hieb, der; -es,-e: *Schlagwunde, Schlagnarbe, Schnitt, Schmiss*
Hieb, der; -es,-e: *Schlag*
Hieb, der; -es,-e: *Stichelei, boshafte Anspielung*
Hieb, der; -es,-e: *umgangssprachlich für „Klaps, Stich, kleine Verrücktheit"*
hieb-fest: *unverwundbar; hieb- und stichfest: unwiderlegbar, stichhaltig*
hier: *an diesem Ort, an dieser Stelle*
Hie-rar-chie (auch Hier-ar-chie), die; -,-n: *Rangfolge, Rangordnung*
hie-rar-chisch (auch hier-ar-chisch): *nach Art der Hierarchie gegliedert*
hie-rauf (auch hier-auf): *darauf, sodann, danach*
hie-raus (auch hier-aus): *daraus*
hier blei-ben, *blieb hier, hier geblieben*
hier-durch: *dadurch*
hier-für: *dafür*
hier-mit: *auf diese Weise, auf diesem Wege, damit*
Hie-ro-gly-phe, die; -,-n: *altägyptische Bilderschrift; auch: unleserliche Schrift*
hie-rü-ber (auch hier-ü-ber): *über diese Sache*
hie-run-ter (auch hier-un-ter): *unter dieser Sache*
hier-von: *davon*
hier-zu: *dazu*
hier-zu-lan-de (auch hier zu Lande): *in diesem Lande*
hie-sig: *von hier, aus diesem Ort, einheimisch*
hie-ven: *heben*
Hi-Fi [Haifi]: *Abkürzung für „Highfidelity"*

Hi-Fi-Anlage

Hi-Fi-An-la-ge [Haifi Anlage], die; -,-n: *hochwertige Stereoanlage*
high [hai]: *berauscht, in Hochstimmung sein*
High-fi-de-li-ty (auch High Fi-de-li-ty) [Hai fidelitie], die; -, keine Mehrzahl: *sehr genaue Klangwiedergabe*
High-life [Hai laif], das; -, keine Mehrzahl: *exklusives Leben*
High-so-ci-e-ty (auch High So-ci-e-ty) [Haißoßaietie], die; -, keine Mehrzahl: *die oberen Zehntausend*
Hi-ja-cker, [Haidschäcker], der; -s,-: *Flugzeugentführer*
Hi-ja-cking, [Haidschäcking], das; -s, keine Mehrzahl: *Flugzeugentführung*
Hil-fe, die; -,-n: *Beistand, Unterstützung, Förderung*
Hil-fe-leis-tung, die; -,-en
Hil-fe-ruf, der; -es,-e
Hil-fe-stel-lung, die; -,-en: *Unterstützung*
hilf-los: *schutzlos, ratlos*
Hilf-lo-sig-keit, die; -, keine Mehrzahl
hilf-reich: *wohltätig*
Hilfs-ar-bei-ter, der; -s,-: *Handlanger, ungelernter Arbeiter*
hilfs-be-reit: *rasch und gern helfend*
Hilfs-mit-tel, das; -s,-: *Werkzeug, Material*
Him-bee-re, die; -,-n: *Beerenart*
Him-mel, der; -s,-: *Tragedach, Baldachin*
Him-mel, der; -s,-: *Sitz der Gottheit, Aufenthaltsort der Verstorbenen, Jenseits*
Him-mel, der; -s,-: *Firmament*
Him-mel-reich, das; -es, keine Mehrzahl: *Jenseits*
him-mel-schrei-end: *empörend, unerhört*
Him-mels-kör-per, der; -s,-: *Stern, Planet*
Him-mels-kun-de, die; -, keine Mehrzahl: *Astronomie*
Him-mels-rich-tung, die; -,-en
Him-mels-schlüs-sel, der; -s,-: *Blumenart*
himm-lisch: *wie im Himmel, großartig, überirdisch*
hin: *von hier nach dort, auf etwas zu; entlang*
hi-nab (auch hin-ab): *hinunter*
hi-nauf (auch hin-auf)
hi-naus (auch hin-aus)
hi-naus-ge-hen (auch hin-aus-ge-hen), ging hinaus, hinausgegangen: *von drinnen nach draußen gehen, ein Zimmer verlassen*

hi-naus-schmei-ßen (auch hin-aus-schmei-ßen), schmiss hinaus, hinausgeschmissen: *grob hinauswerfen*
hi-naus-wer-fen (auch hin-aus-wer-fen), warf hinaus, hinausgeworfen
hi-naus-zö-gern (auch hin-aus-zö-gern): *verlängern, verzögern*
Hin-blick, der; -es, keine Mehrzahl: *im Hinblick auf: unter Berücksichtigung von*
hin-der-lich: *störend, hemmend*
hin-dern: *stören, hemmen, behindern*
Hin-der-nis, das; -ses,-se: *Hürde, Schwierigkeit, Hemmung, Behinderung*
Hin-de-rung, die; -,-en: *Hemmnis, Bremse, Widerstand*
Hin-de-rungs-grund, der; -es, -grün-de: *Ursache*
hin-deu-ten: *hinweisen*
hin-durch: *durch etwas durch*
hi-nein-ge-ra-ten (auch hin-ein-ge-ra-ten), geriet hinein, hineingeraten: *verwickelt werden*
hi-nein-schlit-tern (auch hin-ein-schlit-tern): *hineingeraten*
Hin-fahrt, die; -,-en: *Hinreise*
hin-fal-len, fiel hin, hingefallen: *stürzen, zu Boden fallen*
hin-fäl-lig: *gegenstandslos, ungültig*
hin-fäl-lig: *schwach, elend, gebrechlich, kraftlos, altersschwach*
Hin-ga-be, die; -, keine Mehrzahl: *Selbstaufopferung, Opferbereitschaft*
hin-ge-bungs-voll: *leidenschaftlich, voller Hingabe*
hin-ge-gen: *jedoch*
hin-hal-ten, hielt hin, hingehalten: *entgegenstrecken, anbieten*
hin-hal-ten, hielt hin, hingehalten: *jemanden warten lassen, vertrösten*
Hin-kel, das; -s,-: *kleines Huhn*
hin-ken: *humpeln, lahmen*
hin-kni-en, sich
hin-krie-gen: *hinbekommen*
hin-läng-lich: *genügend, ausreichend*
hin-le-gen, sich: *sich ausstrecken; auch: sich ausruhen, zu Bett gehen*
hin-le-gen: *weglegen, aus der Hand legen, an eine Stelle legen*
hin-neh-men, nahm hin, hingenommen: *ertragen, erdulden*
hin-raf-fen: *töten*
hin-rei-chend: *hinlänglich, ausreichend*
hin-rei-ßend: *unwiderstehlich, begeisternd*

hinzukommen

hin-rich-ten: *töten*
Hin-rich-tung, die; -,-en: *Tötung*
Hin-schei-den, das; -s, keine Mehrzahl: *Sterben*
hin-schmei-ßen, schmiss hin, hingeschmissen: *hinwerfen*
hin-schmei-ßen, schmiss hin, hingeschmissen: *sein lassen, aufgeben*
hin-se-hen, sah hin, hingesehen: *hinblicken*
hin-set-zen: *setzen*
Hin-sicht, die; -, keine Mehrzahl: *Beziehung*
hin-sicht-lich: *betreffend*
hin-ten: *am Ende, an letzter Stelle; im Hintergrund*
hin-ten: *auf der Rückseite*
hin-ten-he-rum (auch hin-ten-her-um): *heimlich, auf versteckte Weise; hinterhältig*
Hin-ter-ach-se, die; -,-n
Hin-ter-blie-be-ne, der/die; -n,-n: Witwe(r), Waise
hin-ter-br-in-gen, hinterbrachte, hinterbracht: *heimlich mitteilen, zutragen*
hin-ter-brin-gen, brachte hinter, hintergebracht: *nach hinten bringen*
hin-ter-drein: *hinterher*
hin-ter-ei-nan-der (auch hin-ter-ein-ander): *einer nach dem andern, in einer Reihe*
hin-ter-fra-gen: *zweifeln, untersuchen*
Hin-ter-ge-dan-ke, der; -n,-n: *Vorbehalt*
hin-ter-ge-hen, hinterging, hintergangen: *betrügen, täuschen*
Hin-ter-grund, der; -es,-grün-de: *versteckter Zusammenhang, verborgene Ursache*
Hin-ter-grund, der; -es,-grün-de: *hinterer Bühnenteil*
hin-ter-grün-dig: *schwer durchschaubar*
Hin-ter-halt, der; -es,-e: *Falle*
hin-ter-häl-tig: *tückisch*
Hin-ter-hand, die; -,-hän-de: *Hinterbein des Pferdes*
Hin-ter-hand, die; -, keine Mehrzahl: *Spielanordnung beim Skat*
Hin-ter-haus, das; -es,-häu-ser
hin-ter-her: *danach, später, nachträglich*
Hin-ter-hof, der; -es,-hö-fe
Hin-ter-kopf, der; -es,-köp-fe: *hinterer Teil des Kopfes*
hin-ter-las-sen, hinterließ, hinterlassen: *zurücklassen*

Hin-ter-las-sen-schaft, die; -, keine Mehrzahl: *Erbteil, Nachlass*
hin-ter-le-gen: *sicherstellen, verwahren lassen*
Hin-ter-leib, der; -es,-er: *hinterer Teil des Körpers*
Hin-ter-list, die; -, Hin-ter-lis-ten: *hinterlistige Handlung, Arglist*
Hin-ter-mann, der; -es,-leu-te: *jemand, der hinter jemand steht*
Hin-tern, der; -,-: *Gesäß*
Hin-ter-rad, das; -es,-rä-der: *hinteres Rad*
Hin-ter-rad-an-trieb, der; -es,-e
hin-ter-rücks: *von hinten*
Hin-ter-sinn, der; -es,-e: *Hintergedanke*
hin-ter-sin-nig
Hin-ter-teil, das; -es,-e
hin-ter-trei-ben, hintertrieb, hintertrieben: *durchkreuzen, verhindern, vereiteln*
Hin-ter-tür-chen, das; -s,-: *Fluchtweg, Ausweg*
Hin-ter-wäld-ler, der; -s,-: *ungeschliffener, einfältiger Mensch*
hin-ter-zie-hen, hinterzog, hinterzogen
Hin-ter-zie-hung, die; -,-en: *Unterschlagung*
Hin-ter-zim-mer, das; -s,-: *Nebenraum*
hi-nüber (auch hin-über): *kaputt*
hi-nüber (auch hin-über): *umgangssprachlich für „tot, zerstört"*
hi-nüber (auch hin-über): *von dieser Seite auf die andere*
hi-nun-ter (auch hin-un-ter): *von oben nach unten*
Hin-weg, der; -es,-e: *Weg zum Ziel, Hinreise*
hin-weg: *weg, fort von hier*
hin-weg-se-hen, sah hinweg, hinweggesehen: *ignorieren*
hin-weg-set-zen, sich
Hin-weis, der; -es,-e: *Warnung*
Hin-weis, der; -es,-e: *Tipp, Ratschlag, Fingerzeig, Angabe*
hin-wei-sen, wies hin, hingewiesen: *aufmerksam machen auf*
hin-zie-hen, zog hin, hingezogen: *an einen Ort ziehen*
hin-zie-hen, sich; zog sich hin, sich hingezogen: *sich verzögern, in die Länge ziehen, lange dauern*
hin-zu-fü-gen: *addieren*
hin-zu-fü-gen: *beifügen, beimischen*
hin-zu-kom-men, kam hinzu, hinzugekommen (aber: hinzu kommt)

hinzuzählen

hin-zu-zäh-len: *dazuaddieren*
hin-zu-zie-hen, *zog hinzu, hinzugezogen: konsultieren, zu Rate ziehen*
Hin-zu-zie-hung, die; -,-en
Hi-obs-bot-schaft, die; -,-en: *schlechte Nachricht*
Hip-pie, der; -s,-s: *Blumenkind*
Hip-po-drom, das; -s,-e: *Reitbahn*
Hirn, das; -es,-e: *Gehirn; Verstand*
Hirn-ge-spinst, das; -es,-e: *Einbildung, Fantasieprodukt*
Hirn-haut-ent-zün-dung, die; -,-en: *Meningitis*
hirn-los: *kopflos*
hirn-ver-brannt: *verrückt*
Hir-se, die; -, keine Mehrzahl: *Getreideart*
Hirt, der; -en,-en: *Viehhüter*
Hir-ten-brief, der; -es,-e: *bischöfliches Rundschreiben*
his-sen: *Fahne aufziehen*
His-to-lo-gie, die; -,-n: *Gewebelehre*
his-to-lo-gisch: *die Histologie betreffend*
His-to-rie, die; -,-n: *Geschichte, Geschichtswissenschaft*
His-to-ri-ker, der; -s,-: *Geschichtswissenschaftler*
his-to-risch: *der Geschichte angehörend, die Geschichte betreffend*
Hit, der; -s,-s: *Schlager*
Hit-ze, die; -, keine Mehrzahl: *hohe Temperatur*
hit-ze-be-stän-dig: *hohe Temperaturen vertragend*
hit-ze-emp-find-lich: *anfällig gegen Hitze*
hit-ze-frei
Hit-ze-wel-le, die; -,-n: *anhaltende Hitze*
hit-zig: *brünstig, läufig*
hit-zig: *leidenschaftlich, ungestüm, heftig, jähzornig, aufbrausend*
hitz-köp-fig: *unbeherrscht*
Hitz-schlag, der; -es,-schlä-ge: *Kreislaufkollaps wegen Hitze*
Hob-by, das; -s,-s: *Liebhaberei*
Ho-bel, der; -s,-: *Werkzeug zum Holzglätten*
ho-beln: *glätten, raspeln*
hoch: *groß*
hoch: *hervorragend, bedeutend*
hoch: *in einer bestimmten Höhe befindlich*
hoch: *von oben bis unten gemessen*
Hoch, das; -s,-s: *Wetterlage mit hohem Luftdruck*

Hoch-ach-tung, die; -, keine Mehrzahl: *Respekt, Wertschätzung*
hoch-ach-tungs-voll: *mit dem Ausdruck der Hochachtung; Briefende*
hoch-an-stän-dig: *sehr anständig*
Hoch-bau, der; -s,-ten: *Erstellen von Bauten über der Erde*
Hoch-be-trieb, der; -es, keine Mehrzahl: *lebhaftes Treiben*
Hoch-deutsch, das, -en, keine Mehrzahl: *Hochsprache, Bühnensprache, dialektfreies Deutsch*
hoch do-tiert: *gut bezahlt*
Hoch-druck, er; -s,-drü-cke: *hoher Druck*
Hoch-e-be-ne, die; -,-n: *Hochfläche, Hochplateau*
hoch-fah-rend: *stolz, aufbrausend*
Hoch-fi-nanz, die; -, keine Mehrzahl: *Banken, Reiche*
hoch ge-ach-tet: *verehrt*
Hoch-ge-bir-ge, das; -s,-
Hoch-ge-fühl, das; -s,-e: *Euphorie*
hoch-ge-hen, *ging hoch, hochgegangen: nach oben gehen*
hoch-ge-hen, *ging hoch, hochgegangen: explodieren*
Hoch-ge-nuss, der; -ge-nus-ses, -ge-nüsse: *großer Genuss*
hoch-ge-sto-chen: *hochtrabend, geschwollen*
hoch ge-wach-sen: *groß, langaufgeschossen*
Hoch-glanz, der; -es, keine Mehrzahl: *strahlender Glanz*
hoch-gra-dig: *sehr, extrem*
hoch hal-ten, *hielt hoch, hochgehalten: in die Höhe halten, aber: jmd. hochhalten*
Hoch-haus, das; -es,-häu-ser: *Wolkenkratzer*
hoch-he-ben, *hob hoch, hochgehoben*
hoch-kant: *auf der Schmalseite*
Hoch-kon-junk-tur, die; -,-en: *wirtschaftliche Blüte*
Hoch-leis-tungs-sport, der; -es, keine Mehrzahl
Hoch-mut, der; -es, keine Mehrzahl: *Überheblichkeit*
hoch-mü-tig: *überheblich, arrogant*
hoch-nä-sig: *arrogant, hochmütig*
Hoch-o-fen, der; -s,-öfen: *Schmelzofen*
Hoch-par-ter-re, das; -s,-: *Zwischenstockwerk*
Hoch-rech-nung, die; -,-en: *Prognose*

Hohlspiegel

Hoch-sai-son, die; -, keine Mehrzahl: *Hauptsaison, Zeit mit viel Betrieb*
Hoch-schu-le, die; -,-n: *Universität*
Hoch-schü-ler, der; -s,-: *Student*
Hoch-see, die; -, keine Mehrzahl
Hoch-see-fi-sche-rei, die; -, keine Mehrzahl
Hoch-sitz, der; -es,-e: *Jagdsitz*
Hoch-span-nungs-lei-tung, die; -,-en
Hoch-sprung, der; -es,-sprün-ge
höchst: *Superlativ von „hoch"; sehr, dringend*
Hoch-sta-pe-lei, die; -,-en: *Betrug, bei dem etwas vorgetäuscht wird*
Hoch-stap-ler, der; -s,-
höchs-tens: *nicht mehr als, nicht länger, nicht weiter als, im äußersten Fall*
Höchst-ge-schwin-dig-keit, die; -,-en: *maximale Geschwindigkeit*
Höchst-leis-tung, die; -,-en: *beste Leistung*
höchst-per-sön-lich: *selbst*
höchst-wahr-schein-lich: *sehr wahrscheinlich*
Hoch-tem-pe-ra-tur-re-ak-tor, der; -s,-en: *Kernkraftwerksart*
hoch-tou-rig: *schnell laufend*
hoch-tra-bend: *angeberisch*
Hoch-ver-rat, der; -es, keine Mehrzahl: *Landesverrat*
Hoch-was-ser, das; -s,-: *höchster Wasserstand; auch: Überschwemmung*
hoch-wer-tig: *sehr rein, wertvoll*
Hoch-zeit, die; -,-en: *Eheschließung, Vermählung*
Hoch-zeits-rei-se, die; -,-n
Hoch-zeits-tag, der; -es,-e: *Tag, an dem die Hochzeit stattfand*
hoch-züch-ten: *leistungsfähiger machen*
Ho-cke, die; -,-n: *tiefe Kniebeuge*
ho-cken: *sitzen, kauern*
Ho-cker, der; -s,-: *Schemel*
Hö-cker, der; -s,-: *Buckel*
hö-cke-rig: *buckelig*
Ho-ckey, das; -s, keine Mehrzahl: *Ballspiel*
Ho-den, der; -s,-: *Keimdrüse des Mannes*
Ho-den-sack, der; -es,-säcke: *Skrotum*
Hof, der; -es, Hö-fe: *fürstlicher Haushalt*
Hof, der; -es, Hö-fe: *landwirtschaftlicher Betrieb*
Hof, der; -es, Hö-fe: *Halo*
Hof, der; -es, Hö-fe: *umschlossener Platz*
Hof-fart, die; -, keine Mehrzahl: *Hochmut, Dünkel*
hof-fär-tig: *hochmütig, dünkelhaft*
hof-fen: *für die Zukunft wünschen*
hof-fent-lich: *es ist zu hoffen, dass ...*
Hoff-nung, die; -,-en: *Wunsch, Zuversicht, gläubiger Mut*
hoff-nungs-los
Hoff-nungs-lo-sig-keit, die; -, keine Mehrzahl
Hof-hund, der; -es,-e: *Wachhund*
ho-fie-ren: *jemandem Schmeicheleien sagen*
hö-fisch: *den Hof betreffend, der ritterlichen Gesellschaft entsprechend*
höf-lich: *wohlerzogen, verbindlich, zuvorkommend, rücksichtsvoll*
Höf-lich-keit, die; -,-en
Hö-he, die; -,-n: *Bodenerhebung, Berg, Hügel, Anhöhe*
Hö-he, die; -,-n: *Tonfrequenz*
Hö-he, die; -,-n: *Anzahl, Ausmaß*
Hö-he, die; -,-n: *Erhebung, Abmessung nach oben*
Ho-heit, die; -, keine Mehrzahl: *Würde, Erhabenheit, Vornehmheit*
Ho-heit, die; -,-en: *fürstliche Person*
Ho-heits-ge-biet, das; -es,-e: *Herrschaftsbereich*
Ho-heits-ge-wäs-ser, das; -s,-: *Herrschaftsbereich auf dem Wasser*
Hö-hen-luft, die; -, keine Mehrzahl: *dünne Luft*
Hö-hen-son-ne, die; -,-n: *Sonne im Hochgebirge*
Hö-hen-son-ne, die; -,-n: *Quarzlampe*
Hö-hen-wind, der; -es,-e: *Aufwind*
Hö-hen-zug, der; -es,-zü-ge: *Gebirgskette*
Hö-he-punkt, der; -es,-e: *wichtigster Augenblick*
Hö-he-punkt, der; -es,-e: *Orgasmus*
Hö-he-punkt, der; -es,-e: *Gipfel*
hö-her: *weiter oben*
hohl: *innen leer, ausgehöhlt*
Höh-le, die; -,-n: *Hohlraum, Loch*
Hohl-kopf, der; -es,-köp-fe: *umgangssprachlich für „Dummkopf"*
Hohl-na-del, die; -,-n: *Injektionsnadel*
Hohl-naht, die; -,-näh-te: *Ziermuster*
Hohl-raum, der; -es,-räu-me: *Loch, leerer Raum*
Hohl-saum, der; -es,-säu-me: *Verzierung an Wäsche und Kleidung*
Hohl-spie-gel, der; -s,-: *Sammelspiegel mit nach innen gewölbter Fläche*

Höhlung

Höh-lung, die; -,-en: *eingewölbte Stelle, Vertiefung*
Hohn, der; -es, keine Mehrzahl: *Spott*
höh-nisch: *spöttisch, hämisch, schadenfroh*
Hohn spre-chen, sprach Hohn, Hohn gesprochen (auch hohnsprechen, sprach hohn, hohngesprochen); in Widerspruch stehen, widersprechen
hö-kern: *mit Kleinwaren handeln*
Ho-kus-po-kus, der; -, keine Mehrzahl: *Taschenspielerei; Täuschung, Blendwerk; Unfug*
hold: *günstig gesinnt, gewogen*
hold: *lieblich, bezaubernd, anmutig*
Hol-ding [Houlding], die; -,-s: *Gesellschaft, die Aktien besitzt und verwaltet*
ho-len: *herbeibringen*
Höl-le, die; -,-n: *Ort der Qual und Pein*
Höl-len-lärm, der; -es, keine Mehrzahl: *starker Lärm, Krach*
Höl-len-ma-schi-ne, die; -,-n: *Sprengbombe*
höl-lisch: *zur Hölle gehörig, ihr ähnlich*
Holm, der; -es,-e: *Querstange*
Ho-lo-caust [Holokost], der; -es, keine Mehrzahl: *Massenmord durch Verbrennen*
hol-pe-rig: *uneben*
hol-ter-die-pol-ter: *Hals über Kopf*
Ho-lun-der, der; -s,-: *Strauch*
Ho-lun-der-tee, der; -s,-s: *Tee aus den Blüten des Holunders*
Holz, das; -es, Höl-zer: *Gewebe von Bäumen und Sträuchern; Baumstamm*
Holz-bock, der; -es,-bö-cke: *Zecke*
hol-zen: *Bäume fällen*
hol-zen: *foul spielen*
Hol-ze-rei, die; -,-en: *Fußball: rohes Spiel*
höl-zern: *aus Holz*
höl-zern: *steif, linkisch, unbeholfen*
Holz-fäl-ler, der; -s,-
holz-frei: *ohne Holzstücke*
Holz-ham-mer-me-tho-de, die; -,-n: *ungeeignete, grobe Methode*
hol-zig: *mit festen Fasern durchsetzt*
Holz-koh-le, die; -, keine Mehrzahl: *durch Holzverkohlung gewonnenes Holz*
Holz-weg, der; -es,-e: *falsche Fährte*
Holz-wol-le, die; -, keine Mehrzahl: *Holzspäne*
Holz-wurm, der; -es, -wür-mer
ho-mo-gen: *gleichmäßig, gleichartig*
ho-mo-ge-ni-sie-ren: *gleichmäßig verteilen*

Ho-mo-ge-ni-tät, die; -, keine Mehrzahl: *Gleichmäßigkeit*
Ho-mo-nym [Homonühm], das; -s,-e: *gleichlautende Wörter mit verschiedener Bedeutung*
Ho-mö-o-path, der; -en,-en: *jemand, der die Homöopathie anwendet*
Ho-mö-o-pa-thie, die; -, keine Mehrzahl: *Heilverfahren*
Ho-mo-se-xu-a-li-tät, die; -, keine Mehrzahl: *Liebe zwischen Menschen gleichen Geschlechts*
ho-mo-se-xu-ell: *sexuell zum gleichen Geschlecht geneigt*
Ho-mun-ku-lus, der; -, Ho-mun-ku-li: *künstlich erzeugter Mensch*
Ho-nig, der; -s, keine Mehrzahl: *von Bienen verarbeiteter Nektar*
Ho-nig-ku-chen, der; -s,-: *Gewürzkuchen*
Ho-no-rar, das; -es,-e: *Entlohnung, Vergütung*
Ho-no-ra-ti-o-ren, die; -, keine Einzahl: *die angesehensten Einwohner einer Stadt*
ho-no-rie-ren: *belohnen, anerkennen*
ho-no-rig: *ehrenhaft, anständig, freigiebig*
Hop-fen, der; -s, keine Mehrzahl: *Schlingpflanze, Rohstoff bei der Bierherstellung*
Hop-fen-stan-ge, die; -,-n: *Stütze des Hopfens; umgangssprachlich für „langer, dünner Mensch"*
hop-peln: *schnell hüpfen*
hop-sen: *hüpfen*
hör-bar: *vernehmlich*
hor-chen: *hören, lauschen*
Horch-pos-ten, der; -s,-: *Lauscher*
Hor-de, die; -,-n: *Gruppe, wilde Menge*
hö-ren: *erfahren*
hö-ren: *vernehmen, mit dem Ohr wahrnehmen*
Hö-ren-sa-gen, das; -s, keine Mehrzahl: *nur vom Hörensagen kennen: nur gerüchteweise wissen*
Hö-rer, der; -s,-: *Schallwellen übertragendes Gerät, Telefonhörer*
Hö-rer, der; -s,-: *Zuhörer, jemand, der etwas hört, Teilnehmer einer Vorlesung*
Hö-rer-brief, der; -es,-e: *Brief eines Hörers an eine Rundfunkanstalt*
Hör-funk, der; -s, keine Mehrzahl: *Rundfunk*
hö-rig: *an jemanden stark gebunden sein, bedingungslos ergeben sein*
Hö-rig-keit, die; -, keine Mehrzahl

Humanismus

Ho-ri-zont, der; -es,-e: *Gesichtskreis, Grenzlinie zwischen Himmel und Erde*
ho-ri-zon-tal: *waagrecht*
Ho-ri-zon-ta-le, die; -,-n: *waagrechte Gerade*
Hor-mon, das; -es,-e: *vom Körper gebildeter Stoff*
hor-mo-nal: *die Hormone betreffend*
Horn, das; -es, Hör-ner: *Stirnauswuchs bei Tieren*
Horn, das; -es, Hör-ner: *Blechblasinstrument*
Hörn-chen, das; -s,-: *Gebäck*
Horn-haut, die; -, keine Mehrzahl: *Schwiele, verhornte Hautstelle*
Horn-haut, die; -, -häu-te: *durchsichtige Lederhaut des Auges*
Hor-nis-se, die; -,-n: *große Wespe*
Ho-ros-kop (auch Ho-ro-skop), das; -es,-e: *Aufzeichnung der Stellung der Gestirne zur angeblichen Schicksalsbestimmung*
hor-rend: *übermäßig, ungeheuer*
Hor-ror, der; -s, keine Mehrzahl: *Schrecken*
Hor-ror-film, der; -es,-e: *Schreckensfilm, Gruselfilm*
Hor-ror-ge-schich-te, die; -,-n
Hor-ror-trip, der; -s,-s: *Rauschzustand mit Angstzuständen*
Hör-saal, der; -es,-sä-le: *Vorlesungsraum*
Hors-d'œuv-re [Ordöwre], das; -s,-s: *Vorspeise, appetitanregendes Nebengericht*
Hör-spiel, das; -es,-e: *gesprochene Literaturgattung*
Horst, der; -es,-e: *Nest*
hors-ten: *nisten*
Hort, der; -es,-e: *Kindertagesstätte*
Hort, der; -es,-e: *Schatz*
Hort, der; -es,-e: *Zuflucht, Schutz*
hor-ten: *sammeln, speichern, anhäufen*
Hor-ten-sie, die; -,-n: *Blumenart*
Ho-se, die; -,-n: *Beinbekleidung*
Ho-sen-bo-den, der; -s,-bö-den: *Sitzfläche der Hose*
Ho-sen-trä-ger, die; -, keine Einzahl: *Hosenhalter*
Hos-pi-tal, das; -es, Hos-pi-tä-ler: *Klinik, Krankenhaus*
Hos-pi-tant, der; -en,-en: *Gasthörer, Gastschüler*
hos-pi-tie-ren: *als Gast am Unterricht teilnehmen*
Hos-piz, das; -es,-e: *Übernachtungsheim, kirchlich betreute Herberge*
Hos-tess, die; -, Hos-tes-sen: *Betreuerin, Begleiterin, Reiseführerin*
Hos-tie, die; -,-n: *ungesäuertes Brot, das beim Abendmahl gereicht wird*
Ho-tel, das; -s,-s
Ho-te-lier, der; -s,-s: *Hotelbesitzer*
Ho-ver-craft, das; -s,-s: *Luftkissenfahrzeug*
Hub, der; -es, keine Mehrzahl: *Heben, Hebelbewegung*
Hub-raum, der; -es, keine Mehrzahl: *Hub, Hubvolumen*
hübsch: *angenehm, nett, geschmackvoll*
Hub-schrau-ber, der; -s,-: *Helikopter*
Hu-cke, die; -,-n: *Kiepe, Last*
hu-cke-pack: *auf dem Rücken*
Hu-de-lei, die; -,-en: *Schlamperei*
hu-de-lig: *schlampig*
hu-deln: *schlampig arbeiten*
Huf, der; -es,-e
Huf-ei-sen, das; -s,-: *eiserner Hufbeschlag*
Huf-lat-tich, der; -s, keine Mehrzahl: *Unkraut*
Huf-schmied, der; -es,-e
Hüf-te, die; -,-n: *Umgebung des Hüftgelenks*
Hüft-hal-ter, der; -s,-: *Korsett*
Hü-gel, der; -s,-: *niedrige Bodenerhebung*
hü-ge-lig: *mit Hügeln versehen, wellig*
Hu-ge-not-te, der; -n,-n: *französischer Protestant*
hu-ge-not-tisch
Huhn, das; -es, Hüh-ner: *Geflügelart*
Hüh-ner-au-ge, das; -s,-n: *Hornhautverdickung*
Hüh-ner-stie-ge, die; -,-n: *schmale Leiter*
Huld, die; -, keine Mehrzahl: *herablassendes Wohlwollen*
hul-di-gen: *würdigen, Verehrung ausdrücken*
Hul-di-gung, die; -,-en
huld-reich
huld-voll
Hül-le, die; -,-n: *Umhüllung, Hülse, Schale*
hül-len-los: *nackt, bloß*
Hül-se, die; -,-n: *steife Hülle, Futteral, Kapsel*
Hül-sen-frucht, die; -,-früch-te: *Kapselfrucht (Erbse, Bohne, Linse)*
hu-man: *menschlich, menschenwürdig*
Hu-ma-nis-mus, der; -, keine Mehrzahl: *geistige Strömung in Europa, Streben nach echter Menschlichkeit*

Humanist

Hu-ma-nist, der; -en,-en: *Anhänger des Humanismus*
hu-ma-ni-tär: *menschenfreundlich, wohltätig*
Hu-man-me-di-zin, die; -, keine Mehrzahl: *Medizin für den Menschen*
Hum-bug, der; -s, keine Mehrzahl: *Unsinn, Täuschung, Schwindel*
Hum-mel, die; -,-n: *Insekt*
Hum-mer, der; -s,-: *Krebsart*
Hu-mor, der; -s, keine Mehrzahl: *überlegene Heiterkeit*
Hu-mo-res-ke, die; -,-n: *kurze, humorvolle Erzählung*
Hu-mo-rist, der; -en,-en: *Verfasser humorvoller Texte*
hu-mo-ris-tisch: *den Humor betreffend*
hu-mor-voll
hum-peln: *hinken, lahmen*
Hum-pen, der; -s,-: *großes Trinkgefäß*
Hu-mus, der; -, keine Mehrzahl: *aus organischen Resten gebildete Bodenschicht*
Hund, der; -es,-e: *kleiner Förderwagen*
Hund, der; -es,-e: *vom Wolf abstammendes Haustier*
hun-de-e-lend: *sehr elend, sehr schlecht*
Hun-de-hüt-te, die; -,-n
Hun-de-ku-chen, der; -s,-: *Hundefutter*
Hun-de-le-ben, das; -,-: *schlechtes, armseliges Leben*
hun-de-mü-de: *sehr müde*
hun-dert: *Zahl*
hun-der-ter-lei
hun-dert-fach
Hun-de-wet-ter, das; -s,-: *umgangssprachlich für „schlechtes Wetter"*
hün-disch: *unterwürfig, kriecherisch*
Hunds-fott, der; -es,-e: *umgangssprachlich für „Schurke, Schuft"*
hunds-ge-mein: *umgangssprachlich für „sehr gemein"*
hunds-mi-se-ra-bel: *umgangssprachlich für „sehr schlecht"*
Hunds-ta-ge, die; -, keine Einzahl: *heißeste Zeit des Jahres*
Hü-ne, der; -n,-n: *Riese, großer Mensch*
Hü-nen-grab, das; -es,-grä-ber: *Grabmal von Steinzeitkulturen*
hü-nen-haft: *riesig, stattlich*
Hun-ger, der; -s, keine Mehrzahl: *Verlangen nach Nahrung; auch: Gier, starkes Bedürfnis*
Hun-ger-künst-ler, der; -s,-: *jemand, der viel Hunger aushält*

Hun-ger-kur, die; -,-en: *Abmagerungskur*
Hun-ger-lei-der, der; -s,-: *Mensch in armen Verhältnissen*
Hun-ger-lohn, der; -es,-löh-ne: *umgangssprachlich für „geringer Lohn, schlechte Bezahlung"*
hun-gern: *Hunger haben*
Hun-ger-ö-dem, das; -es,-e: *Gewebeschwellung durch Nahrungsmangel*
Hun-gers-not, die; -,-nö-te: *Lebensmittelmangel*
Hun-ger-streik, der; -s,-s: *Nahrungsverweigerung aus Protest*
hung-rig: *Hunger habend*
Hun-ne, der; -n,-n: *Angehöriger eines mittelasiatischen Reitervolkes, Barbar*
Hu-pe, die; -,-n: *Warnsignal*
hu-pen: *mit der Hupe ein Signal geben*
hüp-fen: *kleine Luftsprünge machen*
Hür-de, die; -,-n: *Schranke, Hindernis*
Hür-den-lauf, der; -es,-läu-fe: *Wettlauf über Hürden*
Hu-re, die; -,-n: *Prostituierte, Dirne*
Hu-re-rei, die; -, keine Mehrzahl: *umgangssprachlich für „Unzucht"*
Hur-ra-pa-tri-o-tis-mus, der; -, keine Mehrzahl: *gedankenloser Mitläuferpatriotismus*
Hur-ri-kan [Harrikän], der; -s,-s: *Wirbelsturm*
hur-tig: *schnell, flink, geschwind*
Hu-sar, der; -en,-en: *berittener ungarischer Soldat*
Hu-sa-ren-streich, der; -es,-e: *tollkühner Handstreich, wagemutige Tat*
hu-schen: *sich schnell und lautlos bewegen*
hüs-teln: *leicht husten, sich räuspern*
hus-ten: *keuchen*
Hus-ten, der; -s, keine Mehrzahl
Hut, der; -es, Hü-te: *Kopfbedeckung*
hü-ten: *bewachen, beschützen, betreuen*
Hü-ter, der; -s,-: *Hirt, Wächter*
Hüt-te, die; -,-n: *Anlage zur Metallgewinnung*
Hüt-te, die; -,-n: *Bude, kleines Haus*
hut-ze-lig: *faltig, runzlig, zusammengeschrumpft*
Hy-ä-ne, die; -,-n: *Raubtier*
Hy-a-zin-the, die; -,-n: *Blumenart*
hyb-rid (auch hy-brid): *von zweierlei Herkunft*
hyb-rid (auch hy-brid): *vermessen, hochmütig, überheblich*

hysterisch

Hyb-ris (auch Hy-bris), die; -, keine Mehrzahl: *Überheblichkeit, Übermut, Selbstüberschätzung*
Hyd-rant (auch Hy-drant), der; -en,-en: *Wasserzapfstelle*
Hyd-rau-lik (auch Hy-drau-lik), die; -,-en: *Vorrichtung, bei der Kräfte mit Hilfe des Flüssigkeitsdrucks übertragen werden; auch: die Lehre davon*
Hyd-ro-dy-na-mik (auch Hy-dro-dy-na-mik), die; -, keine Mehrzahl: *Lehre von der Bewegung der Flüssigkeiten*
Hyd-ro-kul-tur (auch Hy-dro-kul-tur), die; -,en: *im Wasser gedeihende Pflanzen*
Hyd-ro-ly-se (auch Hy-dro-ly-se), die; -,-n: *Spaltung chemischer Verbindungen durch Reaktion mit Wasser*
Hyd-ro-sta-tik (auch Hy-dro-sta-tik), die; -,-en: *Lehre von den ruhenden Flüssigkeiten*
hyd-ro-sta-tisch (auch hy-dro-sta-tisch): *die Hydrostatik betreffend*
Hy-gi-e-ne, die; -, keine Mehrzahl: *Sauberkeit, Gesundheitspflege, Gesundheitslehre*
hy-gi-e-nisch: *die Hygiene betreffend*
Hyg-ro-me-ter (auch Hy-gro-me-ter), das; -s,-: *Luftfeuchtigkeitsmesser*
Hyg-ros-kop (auch Hy-gro-skop), das; -s, -e: *Luftfeuchtigkeitsschätzgerät*
hyg-ros-ko-pisch (auch hy-gro-skopisch): *Wasser anziehend*
Hy-men, das; -s,-: *Jungfernhäutchen*
Hym-ne, die; -,-n: *Loblied*
hym-nisch: *in der Art einer Hymne*
Hy-per-bel, die; -,-n: *Kegelschnitt*
hy-per-bo-lisch: *in der Art einer Hyperbel*
hy-per-mo-dern: *sehr modern, auf dem allerneuesten Stand*

Hy-per-to-nie, die; -, keine Mehrzahl: *Bluthochdruck*
Hyp-no-se, die; -, keine Mehrzahl: *Fremdsuggestion*
hyp-no-tisch: *einschläfernd, in den Bann ziehend*
Hyp-no-ti-seur, der; -s,-e: *jemand, der einen anderen in Hypnose versetzt*
hyp-no-ti-sie-ren: *jemanden in Trance versetzen*
Hy-po-chon-der, der; -s,-: *eingebildeter Kranker*
Hy-po-chond-rie (auch Hy-po-chon-drie), die; -, keine Mehrzahl: *Einbildung, krank zu sein*
hy-po-chond-risch (auch hy-po-chondrisch): *an Hypochondrie leidend*
Hy-po-phy-se, die; -,-n: *Hirnanhangdrüse*
Hy-po-te-nu-se, die; -,-n: *die dem rechten Winkel gegenüberliegende Seite eines Dreiecks*
Hy-po-thek, die; -,-en: *Grundstückspfandrecht zur Sicherung einer Geldforderung*
Hy-po-the-se, die; -,-n: *Vermutung, unbewiesene Voraussetzung, Annahme, Unterstellung*
hy-po-the-tisch: *auf einer Annahme, Hypothese beruhend*
Hy-po-to-nie, die; -, keine Mehrzahl: *zu niedriger Blutdruck*
Hys-te-rie, die; -, keine Mehrzahl: *Zustand, bei dem durch seelische Erregung körperliche Funktionsstörungen hervorgerufen werden*
hys-te-risch: *übertrieben leicht erregbar, übertrieben erregt*
hys-te-risch: *auf Hysterie beruhend, an Hysterie leidend*

i, I

i, I, das; -,-: *neunter Buchstabe des Alphabets; Vokal, Selbstlaut*
i: *Mathematik: Zeichen für die imaginäre Zahl*
i!: *Ausruf des Abscheus*
i.: *Abkürzung für „in, im"; Freiburg i. Breisgau*
i. A.: *Abkürzung für „im Auftrag" vor einer Unterschrift*
ib., ibd.: *Abkürzung für „ibidem", ebenda, ebendort, am bereits erwähnten Ort*
I-bis, der; -ses,-se: *Storchvogel*
ich: *persönliches Fürwort*
Ich, das; -s, keine Mehrzahl: *das eigene Selbst, das eigene Wesen*
Ich-er-zäh-ler, der; -s,-: *Romanfigur, die den Roman erzählt*
Ich-sucht, die; -, keine Mehrzahl: *Egozentrismus*
ich-süch-tig: *egozentrisch*
Ich-thy-o-lo-gie, die; -, keine Mehrzahl: *Fischkunde*
Ich-thy-o-sau-rier, der; -,-: *urweltliches fischähnliches Reptil*
i-de-al: *vollkommen, mustergültig, traumhaft*
I-de-al, das; -s,-e: *Inbegriff der Vollkommenheit, das höchste Ziel, Idee*
i-de-a-li-sie-ren: *verherrlichen*
I-de-a-lis-mus, der; -, keine Mehrzahl: *an Idealen ausgerichtetes Handeln, Selbstlosigkeit*
I-de-a-list, der; -en,-en: *Schwärmer, wirklichkeitsfremder Mensch*
I-de-a-list, der; -en,-en: *jemand, der sein Handeln an Idealen ausrichtet*
i-de-a-lis-tisch: *den Idealismus betreffend*
I-dee, die; -,-n: *Einfall, Gedanke, Vorstellung, ursprünglicher Gehalt*
I-dee, die; -,-n: *Kleinigkeit, Spur*
i-de-ell: *die Idee betreffend*
I-den-ti-fi-ka-ti-on, die; -,-en: *Gleichsetzung*
I-den-ti-fi-ka-ti-on, die; -,-en: *Feststellung der Identität*
i-den-ti-fi-zie-ren: *gleichsetzen*

i-den-ti-fi-zie-ren: *jemandes Identität feststellen*
I-den-ti-fi-zie-rung, die; -,-en: *Gleichsetzung*
I-den-ti-fi-zie-rung, die; -,-en: *Feststellung der Identität*
i-den-tisch: *gleich, übereinstimmend*
I-den-ti-tät, die; -,-en: *Wesenseinheit*
I-den-ti-tät, die; -,-en: *völlige Übereinstimmung, Gleichheit*
I-den-ti-täts-nach-weis, der; -es,-e
I-de-o-lo-ge, der; -n,-n: *politischer Theoretiker*
I-de-o-lo-gie, die; -,-n: *Gesamtheit der Anschauungen*
I-de-o-lo-gie, die; -,-n: *politische Theorie, politische Anschauung*
i-de-o-lo-gisch: *die Ideologie betreffend*
I-di-om, das; -es,-e: *Spracheigentümlichkeit*
I-di-o-ma-tik, die; -, keine Mehrzahl: *Gesamtheit der Spracheigentümlichkeiten*
i-di-o-ma-tisch: *mundartlich*
i-di-o-ma-tisch: *der Sprache eines Landes eigen*
I-di-o-syn-kra-sie, die; -,-n: *heftige Abneigung, Widerwillen, Allergie, Überempfindlichkeit gegenüber bestimmten Stoffen*
i-di-o-syn-kra-tisch: *die Idiosynkrasie betreffend*
I-di-ot, der; -en,-en: *umgangssprachlich für „Schwachsinniger"*
I-di-o-ten-hü-gel, der; -s,-: *leichter Abhang für Skianfänger*
I-di-o-tie, die; -,-n: *Verrücktheit, Dummheit*
i-di-o-tisch: *umgangssprachlich für „völlig abwegig, schwachsinnig, unsinnig"*
I-dol, das; -es,-e: *jemand, der verehrt wird, dem nachgeeifert wird*
I-dol, das; -es,-e: *Götzenbild*
I-dyl-le, die; -,-n: *Ideal eines einfachen und glücklichen Lebens; veraltet auch: Dichtung, die eine Idylle beschreibt*
i-dyl-lisch: *friedlich, einfach, glücklich, beschaulich, die Idylle betreffend*
I-gel, der; -s,-: *stacheltragendes Säugetier*
I-glu (auch Ig-lu), der; -s,-s: *Schneehaus*
I-g-no-rant (auch Ig-no-rant), der; -en,-en: *Unwissender, der es auch bleiben will*
I-gno-ranz (auch Ig-no-ranz), die; -, keine Mehrzahl: *Unwissenheit*

Impfzwang

i-gno-rie-ren (auch ig-no-rie-ren): *absichtlich übersehen, unbeachtet lassen*
ihm, ihn, ihnen: *persönliches Fürwort; ich gebe ihm etwas*
ihr, ihre: *persönliches Fürwort; ich gebe ihr etwas, sie hat ihre Tasche vergessen*
ih-rer-seits: *von ihr aus, von ihnen aus*
ih-res-glei-chen: *eine wie diese*
ih-ret-we-gen: *wegen ihr*
ih-ret-wil-len: *ihretwegen*
I-ke-ba-na, das; -s, keine Mehrzahl: *Kunst des Blumensteckens*
I-ko-ne, die; -,-n: *Heiligenbild der griechisch-orthodoxen Kirche*
I-lex, der; -, keine Mehrzahl: *Stechpalme*
il-le-gal: *ungesetzlich, gesetzwidrig*
Il-le-ga-li-tät, die; -, keine Mehrzahl: *Ungesetzlichkeit*
il-le-gi-tim: *außergesetzlich; auch: außerehelich*
Il-le-gi-ti-mi-tät, die; -, keine Mehrzahl: *Unrechtmäßigkeit*
Il-li-qui-di-tät, die; -,-en: *Zahlungsunfähigkeit*
Il-lu-mi-na-ti-on, die; -,-en: *Beleuchtung*
il-lu-mi-nie-ren: *beleuchten*
Il-lu-si-on, die; -,-en: *trügerische Hoffnung, Selbsttäuschung, Selbstbetrug*
il-lu-si-o-när: *auf Illusionen beruhend*
il-lu-so-risch: *trügerisch, nur in der Einbildung existierend, eingebildet*
Il-lus-tra-ti-on, die; -,-en: *Bebilderung*
il-lus-trie-ren: *bebildern*
Il-lus-trier-te, die; -,-n: *illustrierte Zeitschrift*
Il-tis, der; -ses,-se: *kleines Raubtier*
im: *in dem*
I-mage [Imidsch], das; -,-s: *Darstellung einer Persönlichkeit*
i-ma-gi-när: *nur in der Vorstellung existierend, gedacht, scheinbar, eingebildet*
I-ma-gi-na-ti-on, die; -,-en: *Vorstellung, Einbildungskraft*
Im-biss, der; -es,-e: *Zwischenmahlzeit*
Im-biss-bu-de, die; -,-n
I-mi-ta-ti-on, die; -,-en: *Nachbildung*
I-mi-ta-tor, der; -s,-en: *Fälscher, Nachahmer*
i-mi-tie-ren: *nachmachen*
Im-ker, der; -s,-: *Bienenzüchter*
im-ma-nent: *innewohnend, enthalten in*
Im-ma-nenz, die; -, keine Mehrzahl: *Innewohnen, Zugehörigkeit*

im-ma-te-ri-ell: *nicht stofflich, geistig*
Im-ma-tri-ku-la-ti-on, die; -,-en: *Einschreibung*
im-ma-tri-ku-liert: *eingeschrieben*
Im-me, die; -,-n: *Biene*
im-mens: *enorm, riesig, viel*
im-mer: *ständig, stets, jedesmal*
im-mer-grün: *ständig grün bleibend*
im-mer-hin: *wenigstens, jedenfalls, schließlich*
im-mer wäh-rend: *ständig, ewig*
im-mer-zu: *ständig*
Im-mig-rant (auch Im-mi-grant), der; -en,-en: *Einwanderer*
im-mig-rie-ren (auch im-mi-grie-ren): *einwandern*
Im-mis-si-on, die; -,-en: *Einwirkung auf die Umgebung*
Im-mo-bi-li-en, die; -, keine Einzahl: *Gebäude und Grundstücke*
Im-mo-bi-li-en-händ-ler, der; -s,-: *Makler*
Im-mo-bi-li-tät, die; -, keine Mehrzahl:
im-mun: *unempfänglich*
im-mu-ni-sie-ren: *immun machen*
Im-mu-ni-tät, die; -, keine Mehrzahl: *Unempfänglichkeit*
Im-mu-ni-tät, die; -, keine Mehrzahl: *Schutz vor Strafverfolgung*
Im-pe-danz, die; -,-en: *Scheinwiderstand beim Wechselstrom*
Im-pe-ra-tiv, der; -es,-e: *Grammatik: Befehlsform*
Im-per-fekt, das; -es, keine Mehrzahl: *Grammatik: unvollendete Vergangenheit*
Im-pe-ri-a-lis-mus, der; -, keine Mehrzahl: *Streben eines Staates nach Machterweiterung und Vorherrschaft*
Im-pe-ri-a-list, der; -en,-en: *jemand, der nach der Alleinherrschaft strebt*
im-pe-ri-a-lis-tisch: *in der Art des Imperialismus*
Im-pe-ri-um, das; -s, Im-pe-ri-en: *Weltreich*
im-per-ti-nent: *frech, aufdringlich*
Im-per-ti-nenz, die; -, keine Mehrzahl: *Unverschämtheit, Frechheit*
Im-pe-tus, der; -, keine Mehrzahl: *Anstoß, Antrieb, Schwung*
imp-fen: *immunisieren*
Impf-stoff, der; -es,-e: *Serum*
Imp-fung, die; -,-en: *Einbringen des Impfstoffes*
Impf-zwang, der; -es, keine Mehrzahl

Implantat

Im-plan-tat, das; -es,-e: *einzupflanzendes Organ*
Im-plan-ta-ti-on, die; -,-en: *Einpflanzung*
im-plan-tie-ren: *einpflanzen*
Im-pli-ka-ti-on, die; -,-en: *logische Beziehung zwischen Sachverhalten*
im-pli-zie-ren: *einbeziehen*
im-plo-die-ren: *nach innen bersten*
Im-plo-si-on, die; -,-en: *Zerstörung durch nach innen wirkenden Druck*
Im-pon-de-ra-bi-li-en, die; keine Einzahl: *Unwägbarkeiten*
im-po-nie-ren: *beeindrucken*
Im-port, der; -es,-e: *Einfuhr*
Im-por-teur [Importöhr], der; -s,-e: *Wareneinführer*
im-por-tie-ren: *einführen*
im-po-sant: *eindrucksvoll, beachtlich*
im-po-tent: *unfruchtbar, zeugungsunfähig*
im-po-tent: *machtlos, unkreativ*
Im-po-tenz, die; -, keine Mehrzahl
im-präg-nie-ren (auch im-prä-gnie-ren): *undurchlässig machen*
Im-präg-nie-rung (auch Im-prä-gnie-rung), die; -,-en: *Schutz zur Undurchlässigkeit*
Im-pre-sa-rio, der; -s,-s: *Theater- und Konzertunternehmer*
Im-pres-si-o-nis-mus, der; -, keine Mehrzahl: *Kunstrichtung*
Im-pres-sum, das; -s, Im-pres-sen: *vorgeschriebene Angabe von Redaktion und Verlag bei Zeitungen und Zeitschriften*
Im-pri-ma-tur, das; -s, keine Mehrzahl: *Druckerlaubnis*
im-pri-mie-ren: *die Druckerlaubnis erteilen, das Imprimatur geben*
Im-pro-vi-sa-ti-on, die; -,-en: *Unvorbereitetes, spontan Entstehendes*
im-pro-vi-sie-ren: *aus dem Stegreif spielen oder handeln*
Im-puls, der; -es,-e: *Bewegungsgröße eines Körpers*
Im-puls, der; -es,-e: *Antrieb, Anstoß, Anregung*
im-pul-siv: *spontan handelnd, gefühlsmäßig handelnd*
Im-pul-si-vi-tät, die; -, keine Mehrzahl: *impulsives Verhalten*
im-Stan-de (auch im-stande): *fähig*
in: *Verhältniswort mit dem Wen- oder Wem-Fall; in diese Richtung, in Berlin, in dem Fall, in die Mitte*

in-ak-tiv: *ruhend*
In-ak-ti-vi-tät, die; -, keine Mehrzahl: *Ruhezustand, Tatenlosigkeit*
in-ak-zep-ta-bel: *unannehmbar*
In-an-griff-nah-me, die; -, keine Mehrzahl: *Anfangen, Beginnen*
In-an-spruch-nah-me, die; -, keine Mehrzahl: *Anforderung, Beanspruchung*
In-au-gu-ra-ti-on, die; -,-en: *Amtseinführung*
in-au-gu-rie-ren: *einführen*
In-be-griff, der; -es,-e: *Gesamtheit, das Höchste*
in-be-grif-fen: *eingeschlossen, eingerechnet, inklusive*
In-be-sitz-nah-me, die; -,-n
In-be-trieb-nah-me, die; -,-n: *erstmaliger Einsatz einer Maschine*
In-brunst, die; -, keine Mehrzahl: *viel Gefühl, Seelenkraft*
in-brüns-tig: *leidenschaftlich, innig*
Inch [Intsch], das; -es,-: *Zoll, 2,54 cm*
in-dem: *während*
in-dem: *dadurch*
in-dem: *umgangssprachlich für „indessen"*
In-de-pen-denz, die; -,-en: *Unabhängigkeit*
In-der, der; -s,-: *Einwohner Indiens*
in-des: *jedoch, indessen*
in-des-sen: *währenddessen, unterdessen, inzwischen*
in-des-sen: *immerhin, allerdings, aber, doch*
In-dex, der; -/-es,-e/In-di-zes: *Messziffer, Zahl*
In-dex, der, -/-es,-e/In-di-zes: *Liste verbotener Schriften*
In-dex, der; -/-es,-e/In-di-zes: *Verzeichnis, Register*
In-di-a-ner, der; -s,-: *Ureinwohner Amerikas*
in-di-a-nisch: *die Indianer betreffend*
In-di-en: *asiatischer Staat*
In-dienst-nah-me, die; -,-n: *Inbetriebnahme*
In-dienst-stel-lung, die; -,-en
in-dif-fe-rent: *unbestimmt*
in-dif-fe-rent: *gleichgültig, teilnahmslos*
In-dif-fe-renz, die; -, keine Mehrzahl: *Unbestimmtheit, Gleichgültigkeit*
in-dig-niert (auch in-di-gniert): *unwillig, entrüstet*
In-di-go, der/das; -s,-s: *blauer Farbstoff*

Inferiorität

In-di-ka-ti-on, die; -,-en: *Anzeichen; Diagnose*
In-di-ka-tiv, der; -es,-e: *Grammatik: Wirklichkeitsform*
In-di-ka-tor, der; -s,-en: *Anzeigestoff oder -instrument*
in-di-rekt: *mittelbar, nicht direkt*
in-dis-kret: *taktlos, vorlaut, nicht verschwiegen*
In-dis-kre-ti-on, die; -,-en: *Taktlosigkeit, Vertrauensmissbrauch*
in-dis-ku-ta-bel: *ausgeschlossen, nicht annehmbar, unmöglich*
in-dis-po-ni-bel: *nicht verfügbar*
in-dis-po-niert: *unpässlich, nicht gut aufgelegt*
In-dis-po-si-ti-on, die; -,-en: *Verstimmung, Unpässlichkeit*
in-dis-pu-ta-bel: *unbestreitbar*
In-di-vi-du-a-lis-mus, der; -, keine Mehrzahl: *Betonung der eigenen Persönlichkeit, des eigenen Geschmacks*
In-di-vi-du-a-list, der; -en,-en: *eigenständig handelnder Mensch, Einzelgänger*
In-di-vi-du-a-li-tät, die; -, keine Mehrzahl: *Gesamtheit der Eigenarten einer Person*
In-di-vi-du-a-li-tät, die; -,-en: *Eigengepräge, persönliche Eigenart*
in-di-vi-du-ell: *das Individuum betreffend, eigentümlich, rein persönlich*
In-di-vi-du-um, das; -s, In-di-vi-du-en: *Einzelpersönlichkeit, Einzelwesen*
In-diz, das; -es,-zi-en: *Verdachtsmoment, Merkmal, verdächtiger Umstand*
In-di-zi-en-be-weis, der; -es,-e: *Beweisführung, die aufgrund von Indizien auf eine Schuld schließt*
in-di-zie-ren: *anzeigen, hinweisen*
in-di-ziert: *ratsam, angemessen*
in-do-lent: *gleichgültig, träge, nachlässig*
In-do-lenz, die; -, keine Mehrzahl: *indolentes Verhalten*
In-duk-ti-on, die; -,-en: *Verknüpfung veränderlicher elektrischer oder magnetischer Felder*
In-duk-ti-on, die; -,-en: *Schlussfolgerung vom Einzelfall auf das Allgemeine*
in-duk-tiv: *auf Induktion beruhend*
in-dust-ri-a-li-sie-ren (auch in-dus-tri-a-li-sie-ren): *eine Industrie aufbauen*
In-dust-ri-a-li-sie-rung (auch In-dus-tri-a-li-sie-rung), die; -,-en: *Einführung industrieller Fertigung*

In-dust-rie (auch In-dus-trie), die; -,-n: *Massenherstellung von Waren, Fabrikwesen*
In-dust-rie-ar-bei-ter (auch In-dus-trie-ar-bei-ter), der; -es,-e
In-dust-rie-be-trieb (auch In-dus-trie-be-trieb), der; -es,-e
in-dust-rie-ell (auch in-dus-trie-ell): *die Industrie betreffend, durch die Industrie*
In-dust-rie-staat (auch In-dus-trie-staat), der; -es,-en
in-du-zie-ren: *Elektrotechnik: eine Induktion herbeiführen*
in-du-zie-ren: *allgemeine Regeln aus Einzelfällen herleiten*
in-ef-fek-tiv: *unwirksam, nutzlos*
in-ei-nan-der (auch in-ein-an-der)
in-ei-nan-der grei-fen (auch in-ein-an-der grei-fen), griff ineinander, ineinander gegriffen: *verbinden, einfügen*
In-ei-nan-der-grei-fen (auch In-ein-an-der-grei-fen), das; -s, keine Mehrzahl: *Übereinstimmung, Abstimmung*
in-fam: *unverschämt, niederträchtig*
In-fa-mie, die; -,-n: *Unverschämtheit, Niederträchtigkeit*
In-fant, der; -en,-en: *Thronfolger, Kronprinz*
In-fan-te-rie, die; -,-n: *Fußtruppe*
In-fan-te-rist, der; -en,-en: *Fußsoldat, Soldat der Infanterie*
in-fan-til: *kindlich; auch: zurückgeblieben, unreif*
In-fan-ti-lis-mus, der; -, keine Mehrzahl: *Stillstand der geistig-körperlichen Entwicklung auf einer kindlichen Stufe*
In-fan-ti-li-tät, die; -,-en: *Kindlichkeit, Unreife*
In-fan-tin, die; -,-nen: *Thronfolgerin, Prinzessin*
In-farkt, der; -es,-e: *durch Unterbrechung der Blutzufuhr abgestorbenes Gewebe; auch für „Zusammenbruch durch absterbendes Gewebe"*
In-fekt, der; -es,-e: *Ansteckung, Infektion*
In-fek-ti-on, die; -,-en: *Ansteckung, Krankheitsübertragung*
in-fek-ti-ös: *ansteckend, die Infektion betreffend*
in-fe-ri-or: *untergeordnet, minderwertig, unterlegen*
In-fe-ri-o-ri-tät, die; -, keine Mehrzahl: *Unterlegenheit, Unterordnung, Minderwertigkeit*

infernalisch

in-fer-na-lisch: *unerträglich, höllisch, furchtbar*
In-fer-no, *das; -s,-s: Untergang, Hölle*
In-filt-ra-ti-on (auch In-fil-tra-ti-on), *die; -,-en: Eindringen, Einsickern*
in-filt-rie-ren (auch in-fil-trie-ren): *einsickern, durchdringen, eindringen*
In-fi-ni-tiv, *der; -s,-e: Grundform des Verbs*
in-fi-zie-ren: *anstecken*
In-fla-ti-on, *die; -,-en: Geldentwertung*
in-fla-ti-o-när: *die Inflation betreffend*
in-fla-ti-o-nis-tisch: *die Inflation betreffend*
in-fle-xi-bel: *unbeweglich*
In-flu-en-za, *die; -, keine Mehrzahl: Grippe*
in-fol-ge: *wegen*
in-fol-ge-des-sen: *deswegen, daher*
In-for-mant, *der; -en,-en: jemand, der informiert*
In-for-ma-tik, *die; -, keine Mehrzahl: Informationswissenschaft*
In-for-ma-ti-on, *die; -,-en: Auskunft, Nachricht*
in-for-ma-tiv: *lehrreich, inhaltsreich, belehrend*
in-for-mie-ren: *Auskunft geben, unterrichten*
in-fra-ge (auch in Frage)
In-fra-rot, *das; -en, keine Mehrzahl: Wärmestrahlung*
In-fra-struk-tur, *die; -,-en: wirtschaftlicher und organisatorischer Unterbau einer Gesellschaft oder eines Systems*
In-fu-si-on, *die; -,-en: Einführen von Flüssigkeit in den Körper*
In-ge-ni-eur [Inschenjöhr], *der; -s,-e: Techniker mit Hochschulausbildung*
in-ge-ni-ös: *erfinderisch, sinnreich*
In-gre-di-enz, *die; -,-en: Zutat, Bestandteil*
In-grimm, *der; -es,- keine Mehrzahl: Wut, Zorn*
in-grim-mig: *wütend, verbissen*
Ing-wer, *der; -s, keine Mehrzahl: Gewürz*
In-ha-ber, *der; -s,-: Besitzer*
in-haf-tie-ren: *einsperren*
In-ha-la-ti-on, *die; -,-en: Einatmung*
in-ha-lie-ren: *einatmen*
In-halt, *der; -es,-e: Gehalt, Umschlossenes*
in-halt-lich: *den Inhalt betreffend*
In-halts-an-ga-be, *die; -,-n: Inhaltsübersicht*

in-halts-los: *ohne Inhalt, leer*
in-halts-schwer
In-halts-über-sicht, *die; -,-en: Inhaltsangabe*
In-halts-ver-zeich-nis, *das; -ses,-se: Liste, Verzeichnis*
in-halts-voll: *gefüllt*
in-ho-mo-gen: *ungleichmäßig*
In-ho-mo-ge-ni-tät, *die; -,-en*
in-hu-man: *unmenschlich*
In-hu-ma-ni-tät, *die; -,-en*
I-ni-ti-al, *das; -es,-e: Anfangsbuchstabe*
I-ni-ti-al-zün-dung, *die; -,-en: Auslösung einer Explosion*
I-ni-ti-a-ti-ve, *die; -,-n: erster Schritt, Antrieb, Auslösung*
I-ni-ti-a-ti-ve, *die; -,-n: Entschlusskraft, Unternehmungsgeist*
I-ni-ti-a-ti-ve, *die; -,-n: Vereinigung zur Durchsetzung von Forderungen; auch: Volksbegehren*
i-ni-ti-ie-ren: *in die Wege leiten*
In-jek-ti-on, *die; -,-en: Spritze*
in-ji-zie-ren: *einspritzen*
In-kar-na-ti-on, *die; -,-en: Verkörperung, Fleischwerdung*
In-kas-so, *das; -s,-s/österr.: In-kas-si: Einziehung von Außenständen*
in-klu-si-ve: *eingeschlossen*
in-kog-ni-to (auch in-ko-gni-to): *unerkannt, unter falschem Namen*
In-kog-nito (auch In-ko-gni-to) *das; -s,-s: Deckname*
in-kom-men-su-ra-bel: *unmessbar, nicht vergleichbar*
in-kom-mo-die-ren: *belästigen, stören*
in-kom-pe-tent: *nicht urteilsfähig*
In-kom-pe-tenz, *die; -,-en: Unzuständigkeit, mangelnde Urteilsfähigkeit*
in-kon-gru-ent: *nicht übereinstimmend*
In-kon-gru-enz, *die; -,-en: fehlende Deckungsgleichheit*
in-kon-se-quent: *nicht folgerichtig, wankelmütig, unstet, unlogisch*
In-kon-se-quenz, *die; -,-en: Unbeständigkeit, Folgewidrigkeit*
in-kor-rekt: *falsch, unrichtig*
In-kor-rekt-heit, *die; -,-en: Ungenauigkeit, falsches Verhalten*
In-Kraft-Tre-ten, *das; -s, keine Mehrzahl: Gültigwerden*
In-ku-ba-ti-ons-zeit, *die; -,-en: Spanne zwischen Ansteckung und Ausbruch der Krankheit*

Instandhaltungskosten

In-ku-ba-tor, der; -s,-en: *Brutkasten*
In-land, das; -es, keine Mehrzahl: *Staatsgebiet*
In-lett, das; -s,-s: *Bezug für Federn oder Daunen einer Bettdecke*
in-mit-ten: *mittendrin*
in-ne-ha-ben: *bekleiden (ein Amt)*
in-ne-hal-ten, hielt inne, innegehalten: *stocken, aufhören, einhalten*
in-nen: *drinnen*
In-nen-ar-chi-tekt, der; -en,-en
In-nen-ar-chi-tek-tur, die; -, keine Mehrzahl: *Innenraumgestaltung*
In-nen-dienst, der; -es,-e: *Dienst in einem Gebäude*
In-nen-ein-rich-tung, die; -,-en
In-nen-mi-nis-te-ri-um, das; -s, -ri-en: *Ministerium für innerstaatliche Angelegenheiten*
In-nen-po-li-tik, die; -, keine Mehrzahl: *die inneren Angelegenheiten eines Staates betreffende Politik*
In-nen-sei-te, die; -,-n
In-nen-stadt, die; -, -städ-te: *Stadtzentrum*
in-ner-be-trieb-lich
In-ne-re, das; -n, keine Mehrzahl: *etwas, das sich innen befindet, Innenleben*
In-ne-rei-en, die; -, keine Einzahl: *Eingeweide*
in-ner-halb: *eingeschlossen, umschlossen, binnen*
in-ner-lich: *im Innern*
In-ners-te, das; -n, keine Mehrzahl
in-ne-woh-nen: *beinhalten, enthalten sein*
in-nig: *herzlich, tief empfunden*
In-no-va-ti-on, die; -,-en: *Neuerung*
In-nung, die; -,-en: *Handwerksvereinigung*
in-of-fi-zi-ell: *vertraulich, nicht amtlich, nicht öffentlich*
in-op-por-tun: *unangebracht, unangemessen*
In-put, der; -s,-s: *Eingabe von Daten*
In-qui-si-ti-on, die; -, keine Mehrzahl: *religiöse Untersuchung*
in-qui-si-to-risch: *streng befragend, unerbittlich*
ins: *in das*
In-sas-se, der; -n,-n: *Mitfahrer*
In-sas-se, der; -n,-n: *Bewohner*
ins-be-son-de-re: *ganz besonders, vor allem*

In-schrift, die; -,-en: *Aufschrift*
In-sekt, das; -es,-en: *Kerbtier*
In-sek-ten-stich, der; -es,-e
In-sek-ti-zid, das; -es,-e: *Insektenvernichtungsmittel*
In-sel, die; -,-n: *von Wasser umgebenes Land*
In-sel-grup-pe, die; -,-n
In-se-rat, das; -es,-e: *Zeitungsanzeige*
In-se-rent, der; -en,-en: *jemand, der ein Inserat aufgibt*
in-se-rie-ren: *anzeigen, annoncieren*
ins-ge-heim: *heimlich*
ins-ge-samt: *im Ganzen, alles zusammen*
In-si-der [Insaider], der; -s,-: *Eingeweihter*
In-sig-ni-en (auch In-si-gni-en), die; -, keine Einzahl: *Zeichen amtlicher Würde*
in-sis-tie-ren: *auf etwas bestehen, beharren*
in-so-fern: *so weit, wenn*
in-so-lent: *anmaßend, ungebührlich, unverschämt*
In-so-lenz, die; -,-en: *Anmaßung, Unverschämtheit*
in-sol-vent: *zahlungsunfähig*
In-sol-venz, die; -,-en: *Zahlungsunfähigkeit*
in-so-weit: *insofern*
In-spek-teur, der; -s,-e: *Aufseher*
In-spek-ti-on, die; -,-en: *Wartungsuntersuchung*
In-spek-ti-on, die; -,-en: *Überwachungsstelle*
In-spek-tor, der; -s,-en: *Verwaltungsbeamter*
In-spi-ra-ti-on, die; -,-en: *Eingebung*
in-spi-rie-ren: *beflügeln, Ideen anregen, erleuchten*
In-spi-zi-ent, der; -en,-en: *Aufsichtführender*
in-spi-zie-ren: *beaufsichtigen, prüfen, kontrollieren*
in-sta-bil: *nicht stabil*
In-sta-bi-li-tät, die; -,-en
In-stal-la-teur, der; -s,-e: *Handwerker für Installationen*
In-stal-la-ti-on, die; -,-en: *Einrichten von technischen Anlagen*
in-stal-lie-ren: *einrichten, einbauen*
in Stand hal-ten (auch in-stand halten), hielt in Stand, in Stand gehalten: *warten, betriebsbereit halten*
In-stand-hal-tungs-kos-ten, die; -, keine Einzahl

inständig

in-stän-dig: *eindringlich, flehentlich*
in-stand set-zen: *reparieren*
In-stand-set-zung, die; -,-en: *Reparatur*
In-stanz, die; -,-en: *zuständige Behörde, zuständige Gerichtsstufe, zuständige Stelle*
In-stan-zen-weg, der; -es,-e: *Dienstweg*
Ins-tinkt, der; -es,-e: *Trieb, sicheres Gefühl, Ahnungsvermögen*
ins-tink-tiv: *dem Trieb folgend, ahnungsvoll*
In-sti-tut, das; -es,-e: *Forschungsanstalt*
In-sti-tu-ti-on, die; -,-en: *Einrichtung, Behörde, Gesellschaft*
in-sti-tu-ti-o-na-li-sie-ren: *zu einer Institution machen*
in-stru-ie-ren: *unterrichten, unterweisen, in Kenntnis setzen*
In-struk-teur, der; -s,-e: *Ausbilder*
in-struk-tiv: *lehrreich*
In-struk-ti-on, die; -,-en: *Anweisung, Anleitung, Unterricht*
In-stru-ment, das; -es,-e: *Musikgerät*
In-stru-ment, das; -es,-e: *Gerät, Maschine, Werkzeug*
in-stru-men-tal: *nur mit Instrumenten*
In-stru-men-tal-mu-sik, die; -,-en: *Musik ohne menschliche Stimmen*
In-sub-or-di-na-ti-on, die; -,-en: *Auflehnung, Gehorsamsverweigerung, Mangel an Respekt*
in-suf-fi-zi-ent: *unzureichend, unzulänglich*
In-suf-fi-zi-enz, die; -,-en: *Unzulänglichkeit, Unvermögen*
In-su-la-ner, der; -s,-: *Inselbewohner*
In-su-lin, das; -s, keine Mehrzahl: *von der Bauchspeicheldrüse gebildetes Hormon*
in-sul-tie-ren: *beleidigen*
in-sze-nie-ren: *aufführen, Aufführung vorbereiten*
In-sze-nie-rung, die; -,-en: *interpretierende Aufführung eines Dramas*
in-takt: *funktionsfähig, unversehrt*
In-tar-si-en, die; -, keine Einzahl: *Holzeinlegearbeiten*
in-te-ger: *rechtschaffen, redlich*
In-te-gra-ti-on, die; -, keine Mehrzahl: *Herstellung eines Ganzen, Zusammenschluss, Vereinigung*
In-te-gra-ti-on, die; -,-en: *mathematisches Rechenverfahren*
In-te-gra-ti-on, die; -,-en: *Einbeziehung, Einordnung, Verschmelzung*
in-te-grie-ren: *einfügen, ergänzen, vervollständigen*
In-te-gri-tät, die; -, keine Mehrzahl: *Rechtschaffenheit, Redlichkeit*
In-tel-lekt, der; -s, keine Mehrzahl: *Verstand, Denkvermögen*
in-tel-lek-tu-ell: *verstandesbezogen, geistig, auf dem Intellekt beruhend*
In-tel-lek-tu-el-le, der/die; -n,-n: *Verstandesmensch; auch für „einseitig gebildeter Mensch"*
in-tel-li-gent: *klug*
In-tel-li-genz, die; -, keine Mehrzahl: *Verstandeskraft, Klugheit*
In-tel-li-genz, die; -, keine Mehrzahl: *Gesamtheit der geistig Schaffenden*
In-tel-li-genz-ler, der; -s,-: abwertend: *jemand, der sich zur Intelligenz zählt*
In-tel-li-genz-quo-ti-ent, der; -en,-en: *Maß der Intelligenz*
In-tel-li-genz-test, der; -s,-s
In-ten-dant, der; -en,-en: *Leiter einer Rundfunk- oder Fernsehanstalt*
in-ten-die-ren: *beabsichtigen*
In-ten-si-tät, die; -,-en: *Anspannung, Ausmaß*
in-ten-siv: *stark, angespannt*
In-ten-si-vie-rung, die; -,-en: *Erhöhung, Steigerung, Verstärkung*
In-ten-ti-on, die; -,-en: *Absicht, Vorhaben*
In-ter-ci-ty, der; -s,-s: *Schnellzug, Abkürzung: IC*
in-ter-de-pen-dent: *voneinander abhängend*
In-ter-de-pen-denz, die; -,-en: *gegenseitige Abhängigkeit*
in-ter-dis-zi-pli-när: *mehrere Disziplinen, Fachbereiche betreffend*
in-te-res-sant (auch in-ter-es-sant): *aufschlussreich, das Interesse weckend*
in-te-res-sant (auch in-ter-es-sant): *vorteilhaft*
In-te-res-sen-ge-mein-schaft (auch In-ter-es-sen-ge-mein-schaft), die; -,-en
In-te-res-sent (auch in-ter-es-sent), der; -en,-en: *Bewerber, Kauflustiger*
in-te-res-sie-ren (auch in-ter-es-sie-ren): *fesseln, reizen*
in-te-res-sie-ren (auch in-ter-es-sie-ren), sich: *Anteil nehmen, sich beschäftigen mit*
in-te-res-siert (auch in-ter-es-siert): *Interesse habend*
In-ter-fe-renz, die; -,-en: Physik: *Überlagerung von Wellen*

investieren

In-te-ri-eur, das; -s,-s/-e: *Einrichtung, Innenausstattung*
In-te-rim, das; -s,-s: *Zwischenzeit*
In-te-rims-lö-sung, die; -,-en: *Zwischenlösung, Übergangslösung*
In-te-rims-re-gie-rung, die; -,-en: *Übergangsregierung*
In-ter-jek-ti-on, die; -,-en: *Zwischenruf, Zwischenbemerkung*
in-ter-kon-ti-nen-tal: *zwischen den Kontinenten*
In-ter-kon-ti-nen-tal-ra-ke-te, die; -,-n: *Atomrakete, die einen anderen Kontinent erreichen kann*
In-ter-mez-zo, das; -s,-s/-mez-zi: *Zwischenspiel*
in-tern: *innerlich, vertraulich, die Gemeinschaft betreffend*
In-ter-nat, das; -es,-e: *Schule, in der die Schüler auch wohnen*
in-ter-na-ti-o-nal: *zwischen den Nationen, nicht auf einen Staat begrenzt*
In-ter-na-ti-o-na-le, die; -, keine Mehrzahl: *Kampflied der internationalen sozialistischen Arbeiterbewegung*
In-ter-na-ti-o-na-le, die, -,-n: *zwischenstaatliche Vereinigung*
in-ter-nie-ren: *einsperren*
In-ter-nie-rung, die; -,-en: *Lagerhaft*
In-ter-nist, der; -en,-en: *Facharzt für innere Krankheiten*
In-ter-po-la-ti-on, die; -,-en: *rechnerische Ergänzung*
in-ter-po-lie-ren: *rechnerisch ergänzen*
In-ter-pret, der; -en,-en: *Vermittler, Deuter, Erklärer*
In-ter-pre-ta-ti-on, die; -,-en: *Deutung, Erklärung, Auslegung*
in-ter-pre-tie-ren: *deuten, erklären*
In-ter-punk-ti-on, die; -,-en: *Zeichensetzung*
In-ter-vall, das; -s,-e: *Abstand, Pause, Zeitabstand, Zwischenraum*
In-ter-vall, das; -s,-e: *Musik: Höhenunterschied zweier Töne*
in-ter-ve-nie-ren: *eingreifen, einschreiten, sich einmischen*
In-ter-ven-ti-on, die; -,-en: *Eingriff, Einschreiten, auch: Vermittlung*
In-ter-view [Interwjuh], das; -s,-s: *Befragung*
in-ter-vie-wen [Interwjuhen]: *befragen*
In-ter-vie-wer [Interwjuher], der; -s,-: *befragender Reporter*

In-thro-ni-sa-ti-on, die; -,-en: *Krönung*
in-tim: *gemütlich, anheimelnd*
in-tim: *vertraut, innig, eng; persönlich*
In-tim-be-reich, der; -es,-e: *persönlicher Bereich, Intimsphäre*
In-ti-mi-tät, die; -,-en: *Vertrautheit, Innigkeit, Zärtlichkeit*
In-tim-sphä-re, die; -,-n: *persönlicher Bereich, hauptsächlich des Geschlechtslebens*
In-ti-mus, der; -, In-ti-mi: *Vertrauter*
in-to-le-rant: *unduldsam, engherzig*
In-to-le-ranz, die; -,-en: *Unduldsamkeit, Kleinlichkeit*
In-to-xi-ka-ti-on, die; -,-en: *Vergiftung*
in-tra-ku-tan: *in die Haut, unter die Haut (Injektion)*
in-tra-mus-ku-lär: *in den Muskel (Injektion)*
in-tra-ve-nös: *in die Vene (Injektion)*
in-tri-gant: *hinterhältig, zu Intrigen neigend, ränkesüchtig*
In-tri-gant, der; -en,-en: *jemand, der Intrigen spinnt*
In-tri-ge, die; -,-n: *hinterlistige Machenschaft*
in-tri-gie-ren: *Intrigen spinnen*
in-tro-ver-tiert: *nach innen gekehrt*
In-tu-i-ti-on, die; -,-en: *Eingebung, Einfühlungsvermögen*
in-tu-i-tiv: *einer Eingebung folgend, einfühlsam*
in-tus: *innen, auswendig*
In-va-li-de, der; -n,-n: *durch äußere Einwirkung körperbehinderter Mensch*
In-va-li-di-tät, die; -, keine Mehrzahl: *Arbeitsunfähigkeit*
in-va-ri-a-bel: *unveränderlich*
In-va-si-on, die; -,-en: *Überfall eines Staates durch einen anderen, plötzliches Eindringen in ein Staatsgebiet*
In-ven-tar, das; -s, keine Mehrzahl: *Einrichtung, Warenbestand*
In-ven-tur, die; -,-en: *Warenbestandsaufnahme*
in-vers: *umgekehrt*
In-ver-si-on, die; -,-en: *Umkehrung*
In-ver-te-brat, der; -en,-en: *wirbelloses Tier*
in-ver-tie-ren: *umkehren*
in-ver-tiert: *zum eigenen Geschlecht hingezogen*
in-ver-tiert: *umgekehrt*
in-ves-tie-ren: *Kapital anlegen*

Investition

In-ves-ti-ti-on, die; -,-en: *Kapitalanlage*
In-vest-ment, das; -s, keine Mehrzahl: *Kapitalverwertung, Kapitalanlage*
in-wen-dig: *drinnen*
in-wie-fern: *inwieweit, wieso*
in-wie-weit: *wieso, inwiefern, bis wohin*
In-zest, der; -es, keine Mehrzahl: *Blutschande*
in-zes-tu-ös: *den Inzest betreffend*
In-zucht, die; -, keine Mehrzahl: *Fortpflanzung unter nahen Blutsverwandten*
in-zwi-schen: *mittlerweile, unterdessen*
I-on, das; -s,-en: *elektrisch geladenes Atom*
i-o-nis-ie-ren: *eine Ionisierung herbeiführen*
I-o-nos-phä-re (auch Io-no-sphä-re), die; -, keine Mehrzahl: *ionisierte Schicht der Atmosphäre*
ir-den: *aus Ton*
ir-disch: *die Erde betreffend*
ir-gend: *etwas nicht näher zu Bezeichnendes*
ir-gend: *auf eine Weise, überhaupt*
ir-gend-ein
ir-gend-ei-ner
ir-gend-et-was
ir-gend-je-mand
ir-gend-wann
ir-gend-wie
ir-gend-wo
ir-gend-wo-her
ir-gend-wo-hin
I-ris, die; -,-se: *Regenbogenhaut des Auges*
I-ris, die; -,-se: *Blumenart*
I-ris-blen-de, die; -,-n: *stufenlose Objektivblende*
i-ri-sie-ren: *schillern*
I-ro-nie, die; -,-n: *kritischer Spott*
i-ro-nisch: *auf kritische Weise spöttisch*
i-ro-ni-sie-ren: *ironisch darstellen*
ir-ra-ti-o-nal: *vernunftwidrig*
Ir-ra-ti-o-na-li-tät, die; -, keine Mehrzahl: *das Irrationale, Widervernunft*
ir-re: *umgangssprachlich für „toll, fantastisch; unsinnig"*
ir-re: *irrsinnig, geistesgestört*
ir-re: *unsicher, zweifelnd*
ir-re-al: *unwirklich*
Ir-re-a-li-tät, die; -,-en: *Unwirklichkeit*
ir-re-gu-lär: *unregelmäßig, auch: ungesetzmäßig*
Ir-re-gu-la-ri-tät, die; -,-en: *Unregelmäßigkeit; auch: Ungesetzlichkeit*

ir-re-le-vant: *unwichtig, unerheblich*
ir-ren, sich: *falscher Meinung sein, einen Fehler begehen*
Ir-ren-an-stalt, die; -,-en: *umgangssprachlich für „psychiatrische Klinik"*
Ir-ren-haus, das; -es, -häu-ser: *umgangssprachlich für „psychiatrische Klinik"*
ir-re-pa-ra-bel: *nicht wiederherstellbar, unersetzlich*
ir-re-ver-si-bel: *nicht umkehrbar*
Irr-fahrt, die; -,-en
Irr-gar-ten, der; -s, -gär-ten: *Labyrinth*
ir-rig: *falsch, nicht zutreffend*
ir-ri-ger-wei-se: *fälschlich, irrtümlich*
Ir-ri-ta-ti-on, die; -,-en: *Reizung, Erregung, Ablenkung*
ir-ri-tie-ren: *verunsichern, ärgern, stören*
Irr-läu-fer, der; -s,-: *an die falsche Adresse beförderter Gegenstand*
Irr-sinn, der; -s, keine Mehrzahl: *Wahnsinn*
irr-sin-nig: *verrückt*
Irr-tum, der; -s, -tü-mer: *Fehlurteil, Denkfehler, Versehen*
irr-tüm-lich: *fälschlich*
Irr-wisch, der; -es,-e: *sehr lebhaftes Kind*
I-schi-as (auch Is-chi-as), der; -s, keine Mehrzahl: *Entzündung des Ischiasnervs*
I-se-grim, der; -s,-s: *in Fabeln oder Märchen für „Wolf"*
Is-lam, der; -s, keine Mehrzahl: *Religion*
is-la-misch: *den Islam betreffend*
I-so-ba-re, die; -,-n: *Verbindungslinie zwischen Orten gleichen Luftdrucks*
I-so-la-ti-on, die; -,-en: *Absonderung, Trennung, Abschirmung*
I-so-lier-band, das; -es, -bän-der: *Band zum Isolieren elektrischer Leitungen*
i-so-lie-ren: *trennen, abschirmen, absondern*
I-so-top, das; -s,-e: *Atome eines Elements mit unterschiedlicher Neutronenanzahl im Kern*
Is-ra-el: *Staat im Vorderen Orient*
is-ra-e-lisch: *den Staat Israel betreffend*
Isth-mus, der; -, Isth-men: *Landenge*
I-ta-li-en: *europäischer Staat*
I-ta-li-e-ner, der; -s,-: *Einwohner Italiens*
i-ta-li-e-nisch: *Italien betreffend*
I-ta-li-e-nisch, das; -en, keine Mehrzahl: *italienische Sprache*
i-Tüp-fel-chen, das; -s,-n
i. V.: *Abkürzung für „in Vollmacht" vor einer Unterschrift, auch für „in Vertretung"*

j, J, das; -,-: *zehnter Buchstabe des Alphabets; Halbkonsonant; erst im Spätmittelhochdeutschen vom I, besonders beim Wortanfang, unterschieden*
J: *Abkürzung für „Joule"*
ja: *gewiss, einverstanden*
Ja, das; -s,-s: *Zustimmung*
Jacht, die; -,-en: *Luxussegelschiff, Luxusmotorschiff*
Ja-cke, die; -,-n: *Oberbekleidungsstück*
Ja-cket-kro-ne [Dschäcketkrone], die; -,-n: *Zahnüberkronung*
Ja-cket, das;-s,-e/-s: *Anzugoberteil*
Ja-de, der/die; -, keine Mehrzahl: *Halbedelstein*
Jagd, die; -,-en: *Verfolgung*
Jagd, die; -,-en: *Weidwerk, Erlegen von Wild*
Jagd-bom-ber, der; -s,-: *militärisches Flugzeug*
Jagd-flug-zeug, das; -s,-e: *militärisches Flugzeug*
Jagd-hund, der; -es,-e: *abgerichteter Hund*
Jagd-staf-fel, die; -,-n: *Flugzeugverband*
ja-gen: *rasen*
ja-gen: *verfolgen*
Jä-ger, der; -s,-: *jemand, der die Jagd ausübt*
Ja-gu-ar, der; -s,-e: *Raubtier*
jäh: *steil, abschüssig*
jäh: *plötzlich, überraschend, unerwartet*
Jahr, das; -es,-e: *Zeitabschnitt, in dem sich die Erde einmal um die Sonne bewegt; 12 Monate*
Jahr-buch, das; -es, -bü-cher: *jährlich von Institutionen herausgegebenes Buch*
jah-re-lang: *sehr lang*
jäh-ren, sich
Jah-res-be-richt, der; -es,-e: *jährlicher Tätigkeitsbericht*
Jah-res-ein-kom-men, das; -s,-
Jah-res-en-de, das; -s,-n
Jah-res-frist, die; -,-en: *Ablauf eines Jahres*
Jah-res-zeit, die; -,-en: *einer der vier klimatischen Zeitabschnitte des Jahres*

Jahr-gang, der; -es, -gän-ge: *alles in einem Jahr Produzierte*
Jahr-gang, der; -es, -gän-ge: *Personenkreis, der im selben Jahr geboren wurde*
Jahr-hun-dert, das; -s,-e: *100 Jahre*
jähr-lich: *jedes Jahr, im Abstand von einem Jahr wiederkehrend*
Jahr-markt, der; -es, -märk-te: *Kirmes*
Jahr-markts-bu-de, die; -,-n: *Schau- oder Verkaufsbude von Schaustellern*
Jäh-zorn, der; -es, keine Mehrzahl: *Zornanfälligkeit*
Jak, der; -s,-s: *asiatisches Hochgebirgsrind*
Ja-ko-bi-ner, der; -s,-: *Revolutionär während der Französischen Revolution*
Ja-kobs-lei-ter, die; -,-n: *Strickleiter auf Schiffen*
Ja-lou-sie [Schalusie], die; -,-n: *Rollladen*
Jam-mer, der; -s, keine Mehrzahl: *Kummer, Klage*
Jam-mer-lap-pen, der; -s,-: *Schwächling, Feigling, auch: Schulzeugnis*
jäm-mer-lich: *elend, erbärmlich, kümmerlich*
jam-mern: *klagen, kläglich schreien*
jam-mer-scha-de: *sehr schade, bedauerlich*
Jam-mer-tal, das; -es, keine Mehrzahl: *das irdische Leben*
Jam-ses-sion [Dschämbäschn], die; -,-: *improvisiertes, zwangloses Zusammenspielen mehrerer Jazzmusiker*
Jan-ker, der; -s,-: *Trachtenjacke*
Ja-nu-ar, der; -s,-e: *erster Monat des Jahres*
Ja-nus-kopf, der; -es, -köp-fe: *doppelgesichtiger Kopf*
ja-nus-köp-fig: *undurchschaubar*
Ja-pan: *Staat im Fernen Osten*
ja-pa-nisch: *Japan betreffend*
Ja-pa-ni-sche, das; -n, keine Mehrzahl: *die japanische Sprache*
jap-sen: *nach Luft schnappen*
Jar-gon [Schargoñ], der; -s,-s: *Fachsprache*
Ja-sa-ger, der; -s,-: *jemand, der unkritisch zustimmt*
Jas-min, der; -s,-e: *Zierstrauch*
Jas-pis, der; -/-ses,-se: *Halbedelstein*
Jass, der; -, keine Mehrzahl: *schweizerisches Kartenspiel*
jä-ten: *entfernen*
Jau-che, die; -,-n: *Abwasser, Gülle*
Jau-che-gru-be, die; -,-n: *Güllegrube*

jauchen

jau-chen: *mit Jauche düngen*
jauch-zen: *jubeln*
Jauch-zer, *der; -s,-: Ausruf des Jubels*
jau-len: *klagend heulen*
Jau-se, *die; -,-n: Zwischenmahlzeit*
ja-wohl: *einverstanden, ja*
Ja-wort, *das; -es,-e: Zustimmung zur Heirat*
Jazz [Jatz/Dschäß], *der; -es, keine Mehrzahl: Musikrichtung*
Jazz-band [Jatzbänd/Dschäßbänd], *die; -,-s: Musikgruppe, die Jazz spielt*
je: *jeweils, für jeden*
je: *jemals, irgendwann*
je: *pro*
Jeans [Dschiens], *die; keine Einzahl: Blue Jeans; Hose aus blauem Baumwollstoff*
je-den-falls: *gewiss, bestimmt, auf jeden Fall*
je-der, *jede, jedes: alle, jedermann*
je-der-mann: *alle, jeder*
je-der-zeit: *immer, stets*
je-des Mal: *immer wieder*
je-des Mal: *bei jedem Mal*
je-doch: *aber*
Jeep [Dschiep], *der; -s,-s: geländegängiges Fahrzeug*
jein: *umgangssprachlich für „weder ja noch nein, ja und nein"*
je-mals: *irgendwann*
je-mand: *irgendeiner*
je-ne: *diese, die zuerst Erwähnte(n)*
je-ner: *dieser, der zuerst erwähnte*
jen-seits: *auf der anderen Seite*
Jen-seits, *das; -, keine Mehrzahl: Himmel*
Jer-sey [Dschöhrsi], *der; -s,-s: Stoffart*
Je-su: *Jesus Christus*
Je-su-it, *der; -en,-en: Angehöriger eines Ordens*
Je-sus-kind, *das; -es, keine Mehrzahl: Christkind*
Jet [Dschet], *der; -s,-s: Düsenflugzeug*
Je-ton [Schetoñ], *der; -s,-s: Spielmarke*
Jet-set, *der; -s,-s: reiche Gesellschaftsschicht*
jet-zig: *heutig, derzeit*
jetzt: *in diesem Augenblick, nun*
Jetzt-zeit, *die; -, keine Mehrzahl: Gegenwart*
je-weils: *immer in einem bestimmten Fall*
Jiu-Jit-su [Dschu-Dschitsu], *das; -s, keine Mehrzahl: fernöstliche Kampfart*
Job [Dschob], *der; -s,-s: Beschäftigung, Stelle*
job-ben [dschobben]: *arbeiten, Gelegenheitsarbeiten annehmen*
Joch, *das; -es,-e: gewölbter, tragender Teil eines Daches*
Joch, *das; -s,-e: Ochsengeschirr*
Joch, *das; -es,-e: Bergsattel*
Joch, *das; -es,-e: Unterwerfung*
Joch, *das; -s,-e: schwere Last, demütigende Arbeit*
Joch-bein, *das; -es,-e: Gesichtsknochen*
Jo-ckey [Dschockäi], *der; -s,-s: Rennreiter*
Jod, *das; -s, keine Mehrzahl: Halogen, Zeichen: J*
jo-deln
Jod-ler, *der; -s,-: jemand, der jodelt*
Jo-ga, *der; -s, keine Mehrzahl: Meditationsübung*
jog-gen [dschoggen]: *laufen*
Jog-ger [Dschogger], *der; -s,-: Langstreckenläufer*
Jog-ging [Dschogging], *das; -s, keine Mehrzahl: Langstreckenlauf*
Jo-gurt (auch Jo-ghurt), *der/das; -s,-s: Sauermilchart*
Jo-gi, *der; -s,-s: Asket*
Jo-han-nis-bee-re, *die; -,-n: Beerenart*
Jo-han-nis-feu-er, *das; -s,-: Sommersonnenwendfeuer*
Jo-han-nis-kä-fer, *der; -s,-: Insekt*
joh-len: *laut rufen*
Joint [Dschoint], *der; -s,-s: mit Rauschgift versetzte Zigarette*
Jo-ker [Dschouker], *der; -s,-: Spielkarte, die für jede andere Karte eingesetzt werden kann*
Jol-le, *die; -,-n: kleines Boot*
Jong-leur (auch Jon-gleur), *der; -s,-e: Artist*
jong-lie-ren (auch jon-glie-ren): *artistische Darbietung geben*
jong-lie-ren (auch jon-glie-ren): *umgangssprachlich für „sich durchwinden"*
Jop-pe, *die; -,-n: warme Jacke*
Jo-ta, *das; -s,-: Kleinigkeit, Spur*
Joule [Dschuhl/Dschaul], *das; -,-: Maßeinheit der Energie, Zeichen: J*
Jour-nail-le [Schurnallje], *die; -, keine Einzahl: abwertend für „Boulevardjournalismus"*
Jour-nal [Schurnal], *das; -s,-e: Tagebuch, Rechnungsbuch*
Jour-nal [Schurnal], *das; -s,-e: Zeitschrift*
Jour-na-lis-mus, *der; -, keine Mehrzahl: Zeitungswesen*
Jour-na-list, *der; -en,-en: Reporter*

juxen

jour-na-lis-tisch: *den Journalismus betreffend*
jo-vi-al: *leutselig*
Jo-vi-a-li-tät, die; -, keine Mehrzahl: *gönnerhaftes Verhalten*
Ju-bel, der; -s, keine Mehrzahl: *Freude*
ju-beln: *sich laut freuen*
Ju-bi-lar, der; -s,-e: *jemand, der gefeiert wird*
Ju-bi-la-rin, die; -,-nen
Ju-bi-lä-um, das; -s, Ju-bi-lä-en: *Gedenkfeier, Jahrestag*
ju-bi-lie-ren: *jubeln*
Juch-ten, das; -s,-: *feines Kalbsleder*
juch-zen: *jauchzen*
ju-cken: *reizen*
Juck-pul-ver, das; -s,-
Juck-reiz, der; -es,-e: *Jucken*
Ju-das-kuss, der; -es, keine Mehrzahl: *unaufrichtige, verräterische Freundlichkeit*
Ju-das-lohn, der; -es, keine Mehrzahl: *Lohn für einen Verrat*
Ju-de, der; -n,-n: *Hebräer*
Ju-den-tum, das; -s, keine Mehrzahl: *Religion der Juden, Gesamtheit der Juden*
Ju-di-ka-ti-ve, die; -, keine Mehrzahl: *richterliche Gewalt*
jü-disch: *die Juden betreffend*
Ju-do, das; -s, keine Mehrzahl: *fernöstlicher Kampfsport*
Ju-do-ka, der; -s,-s: *Judokämpfer*
Ju-gend, die; -, keine Mehrzahl: *früher Lebensabschnitt*
Ju-gend, die; -, keine Mehrzahl: *Gesamtheit aller junger Leute*
Ju-gend, die; -, keine Mehrzahl: *Jugendlichkeit*
Ju-gend-amt, das; -es, -äm-ter
Ju-gend-her-ber-ge, die; -,-n: *Unterkunft für wandernde Jugendliche*
ju-gend-lich: *jung wirkend, zur Jugend gehörend*
Ju-gend-li-che, der; -n,-n: *junger Mensch*
Ju-gend-lie-be, die; -,-n: *erste Liebe*
Ju-gend-stil, der; -s, keine Mehrzahl:
Ju-li, der; -s,-s: *siebter Monat im Jahr*
Jum-bo-jet [Jumbodschet], der; -s,-s: *größtes ziviles Flugzeug*
jung: *im jugendlichen Alter*
jung: *frisch, neu*
Jung-brun-nen, der; -s,-: *Gesundbrunnen, Heilquelle*
Jun-ge, der; -n,-n: *Knabe*
jun-gen-haft: *wie ein Junge wirkend*

Jün-ger, der; -s,-: *Anhänger*
Jung-fer, die; -,-n
Jung-fern-fahrt, die; -,-en: *erste Fahrt eines Schiffes*
Jung-fern-häut-chen, das; -s,-: *Hymen*
Jung-frau, die; -,-en: *unberührte Frau*
jung-fräu-lich: *unberührt*
Jung-ge-sel-le, der; -n,-n: *unverheirateter Mann*
Jüng-ling, der; -s,-e: *veraltet für „Jugendlicher"*
jüngst: *vor kurzem, kürzlich*
Jung-vieh, das; -s, keine Mehrzahl
Ju-ni, der; -s,-s: *sechster Monat im Jahr*
Ju-ni-or, der; -s,-en: *der Jüngere, der Sohn*
Jun-ker, der; -s,-: *junger Adeliger*
Jun-kie [Dschankie], der; -s,-s: *umgangssprachlich für „Rauschgiftsüchtiger"*
Junk-tim, das; -s,-s: *Verbindung und Behandlung mehrerer Anträge*
Jun-ta [Chunta], die; -,-s: *Militärregierung*
Ju-ra, das; -s, keine Mehrzahl: *Gebirge*
Ju-ra, das; -s, keine Mehrzahl: *Erdzeitalter*
Ju-ra, die; Mehrzahl (Einzahl: *Jus*): *Rechtswissenschaft, die Rechte*
Ju-ris-pru-denz, die; -, keine Mehrzahl: *Rechtswissenschaft*
Ju-rist, der; -en,-en: *Rechtswissenschaftler*
ju-ris-tisch: *die Rechtswissenschaft betreffend*
Ju-ror, der; -s,-en: *Preisrichter*
Ju-ry [Dschürie], die; -,-s: *Preisgericht*
Jus [Schü], die/das; -, keine Mehrzahl: *Bratensatz, Fleischbrühe*
Jus, das; -, Ju-ra: *Recht*
just: *gerade eben, soeben*
jus-tie-ren: *einrichten, einstellen*
Jus-tie-rung, die; -,-en: *Einrichtung, Ausrichtung, Einstellung*
Jus-tiz, die; -, keine Mehrzahl: *Rechtspflege*
Jus-tiz-irr-tum, der; -s, -tü-mer: *Fehlurteil*
Jus-tiz-mi-nis-ter, der; -s,-: *Minister der Justiz*
Ju-te, die; -, keine Mehrzahl: *Bastfaser*
Ju-wel, der/das; -s,-en: *Edelstein, Schmuckstück, Kleinod*
Ju-we-lier, der; -s,-e: *Schmuckhändler, Schmuckhersteller*
Jux, der; -es,-e: *Scherz, Ulk, lustiger Streich*
ju-xen: *scherzen, herumalbern*

k, K

k, K, das; -,-: *elfter Buchstabe des Alphabets; Konsonant, Mitlaut*
k: *Abkürzung für „Kilo …, tausend"*
K: *Abkürzung für „Grad Kelvin", Temperaturmesseinheit*
k.: *österr.: Abkürzung für „königlich, kaiserlich"*
Ka-a-ba, die; -, keine Mehrzahl: *wichtigstes Heiligtum der Mohammedaner in Mekka*
Ka-ba-rett, das; -s,-s: *kritisch-satirische Kleinkunst; auch: die Bühne dafür*
Ka-bäus-chen, das; -s,-: *kleines Haus, kleiner Raum*
Kab-be-lei, die; -,-en: *Streiterei*
kab-be-lig: *unruhig (See)*
kab-beln, sich: *umgangssprachlich für „sich streiten"*
Ka-bel, das; -s,-: *Telegramm*
Ka-bel, das; -s,-: *elektrische Leitung*
Ka-bel-fern-se-hen, das; -s, keine Mehrzahl: *Fernsehen, das über ein Kabel ausgestrahlt und empfangen wird*
Ka-bel-jau, der; -s, keine Mehrzahl: *Fischart*
Ka-bi-ne, die; -,-n: *Gondel einer Seilbahn*
Ka-bi-ne, die; -,-n: *kleiner Raum*
Ka-bi-ne, die; -,-n: *Wohnraum an Bord eines Schiffes*
Ka-bi-nett, das; -s,-e: *Gesamtheit der Minister und Staatssekretäre*
Ka-bi-nett, das; -s,-e: *Nebenraum*
Ka-bi-nett, das; -s,-e: *Schrank, in dem eine Kunstsammlung aufbewahrt wird*
Ka-bi-nett-stück, das; -es,-e: *besonders geschickte Arbeit, besonders raffinierte Handlung, Kunststück*
Kab-ri-o-lett (auch Ka-bri-o-lett) [Kabrioleh], das; -s,-s: *Auto mit abnehmbarem Dach*
Ka-buff, das; -s,-s: *umgangssprachlich für „Raum"*
Ka-chel, die; -,-n: *gebrannte und glasierte Tonplatte*
ka-cheln: *mit Kacheln auslegen*
Ka-chel-o-fen, der; -s, -öfen: *Holz- und Kohleofen, der zur Wärmespeicherung mit Kacheln verkleidet ist*
Ka-cke, die; -, keine Mehrzahl: *umgangssprachlich für „Kot"*
ka-cken: *umgangssprachlich für „Kot ausscheiden"*
Ka-da-ver, der; -s,-: *Tierleiche, Aas*
Ka-da-ver-ge-hor-sam, der; -s, keine Mehrzahl: *blinder Gehorsam*
Ka-denz, die; -,-en: *Musik: Akkordfolge*
Ka-der, der; -s,-: *Offiziersgruppe*
Ka-der, der; -s,-: *Kerngruppe auserwählter Fachleute oder Sportler*
Ka-dett, der; -en,-en: *Offiziersschüler*
Ka-det-ten-an-stalt, die; -,-en: *Offiziersschule*
Ka-di, der; -s,-s: *richterliche Instanz*
Kä-fer, der; -s,-: *Insekt*
Kaff, das; -s,-s/-e/(Käf-fer): *umgangssprachlich für „kleines Dorf"*
Kaff, das; -s, keine Mehrzahl: *wertloses Zeug, Plunder*
Kaf-fee, der; -s,-s: *Samen des Kaffeebaumes, geröstete Kaffeebohnen; auch: das Getränk aus gerösteten, gemahlenen und durchgefilterten Kaffeebohnen*
Kaf-fee-boh-ne, die; -,-n
Kaf-fee-ern-te (auch Kaf-fee-Ern-te), die; -,-n
Kaf-fee-fil-ter, der; -s,-
Kaf-fee-haus, das; -es, -häu-ser: *Café*
Kaf-fee-kan-ne, die; -,-n
Kaf-fee-ma-schi-ne, die; -,-n
Kaf-fee-tan-te, die; -,-n: *umgangssprachlich für „jemand, der gerne Kaffee trinkt"*
Kaf-fer, der; -s,-: *Angehöriger eines afrikanischen Bantuvolkes*
Kä-fig, der; -s,-e: *eingegitterter Raum oder Behälter*
Kaf-tan, der; -s,-e: *weites Obergewand*
kahl: *unbewachsen*
Kahl-fraß, der; -es, keine Mehrzahl: *Abfressen von Blättern durch Schädlinge*
Kahl-heit, die; -, keine Mehrzahl
Kahl-kopf, der; -es, -köp-fe: *Glatze; auch: kahlköpfiger Mensch*
kahl-köp-fig: *ohne Haare*
Kahl-schlag, der; -es, -schlä-ge: *abgeholztes Waldstück*
Kahn, der; -es, Käh-ne: *Nachen, Boot*
Kahn-fahrt, die; -,-en: *Bootsfahrt*
Kai [Kai/Käi], der; -s,-s: *befestigtes Ufer, Schiffsanlegeplatz*

kaltherzig

Kai-man, der; -s,-e: *Alligatorart*
Kains-mal, das; -es,-e: *Zeichen des Brudermordes, Zeichen des Unrechts*
Kai-ser, der; -s,-: *Alleinherrscher*
kai-ser-lich: *den Kaiser betreffend*
Kai-ser-reich, das; -es,-e: *Imperium*
Kai-ser-schmar-ren, der; -s,-: *Mehlspeise aus Eierteig*
Kai-ser-schnitt, der; -es,-e: *operative Geburt*
Ka-jak, das; -s,-s: *kleines, geschlossenes Paddelboot*
Ka-jü-te, die; -,-n: *Wohnraum an Bord eines Schiffes*
Ka-ka-du, der; -s,-s: *Papageienart*
Ka-kao [Kakau], der; -s,-s: *Samen des Kakaobaumes, Pulver aus gerösteten Kakaobohnen; auch: Getränk daraus*
Ka-kao-boh-ne, die; -,-n
Ka-ker-lak, der; -s/-en,-en: *Küchenschabe*
Kak-tus, der; -, Kak-te-en: *stachelige, wasserspeichernde Wüstenpflanze*
Ka-la-bre-ser, der; -s,-: *breitrandiger spitzer Filzhut*
Ka-la-mi-tät, die; -,-en: *Schwierigkeit, Verlegenheit, Notlage*
Ka-lau-er, der; -s,-: *einfacher Witz*
Kalb, das; -es, Käl-ber: *junges Rind*
Kälb-chen, das; -s,-: *Verkleinerungsform von „Kalb"*
kal-ben: *Eismassen brechen von einem Gletscher ab*
kal-ben: *Kalb zur Welt bringen*
Kalb-fleisch, das; -es, keine Mehrzahl
Kalbs-bra-ten, der; -s,-
Kalbs-ha-xe, die; -,-n
Kalbs-le-der, das; -s, keine Mehrzahl
Kal-dau-nen, die; -, keine Einzahl: *Eingeweide*
Ka-le-bas-se, die; -,-n: *Flaschenkürbis, daraus hergestelltes Trinkgefäß*
Ka-lei-dos-kop (auch Ka-lei-do-skop), das; -es,-e: *optisches Spielzeug, das bunte Muster erzeugt*
ka-lei-dos-ko-pisch (auch ka-lei-do-sko-pisch)
Ka-len-da-ri-um, das; -s, Ka-len-da-ri-en: *Terminkalender*
Ka-len-der, der; -s,-: *Verzeichnis aller Daten eines Jahres*
Ka-le-sche, die; -,-n: *leichte Kutsche*
Kal-fak-tor, der; -s,-en: *veraltet „Hausmeister"*

kal-fa-tern: *abdichten*
Ka-li, das; -s,(-s): *Sammelbezeichnung für „Kaliumsalze"*
Ka-li-ber, das; -s,-: *Durchmesser, Geschossgröße, Größenordnung*
ka-lib-rie-ren (auch ka-li-brie-ren): *einjustieren, eichen*
Ka-lif, der; -en,-en: *mohammedanisches Oberhaupt*
Ka-li-um, das; -s, keine Mehrzahl: *chemisches Element, Zeichen: K*
Kalk, der; -es,-e: *Material, das aus Kalkstein gewonnen und zur Zementherstellung verwendet wird*
kal-ken: *mit Kalk bestreichen*
Kal-kül, das; -s,-e: *Berechnung, Überlegung*
Kal-ku-la-ti-on, die; -,-en: *Berechnung, Rechnung*
kal-ku-la-to-risch: *die Kalkulation betreffend*
kal-ku-lie-ren: *berechnen, überlegen*
Kal-la, die; -,-s: *Zierpflanze*
Kal-li-gra-fie (auch Kal-li-gra-phie), die; -,-n: *Schönschreibkunst*
Kal-mar, der; -,-e: *Tintenfisch*
Kal-me, die; -,-n: *Windstille, windstille Zone*
Kal-men-zo-ne, die; -,-n: *Zone konstanter Windstille*
Kal-mus, der; -,-se: *Heilpflanze*
Ka-lo-rie, die; -,-n: *Maßeinheit der Wärmemenge*
Ka-lo-rie, die; -.-n: *Maßeinheit für den Energiewert von Nahrungsmitteln*
Ka-lot-te, die; -,-n: *Kugelabschnitt*
kalt: *gefühllos, abweisend*
kalt: *fühlbar niedrige Temperatur, eisig*
Kalt-blut, das; -es,-blü-ter: *schweres, kräftiges Pferd*
kalt-blü-tig: *abgebrüht, ruhig, besonnen, ungerührt*
Käl-te, die; -, keine Mehrzahl: *Empfindungslosigkeit, Gefühllosigkeit*
Käl-te, die; -, keine Mehrzahl: *niedrige Temperatur*
käl-te-be-stän-dig: *kälteunempfindlich*
Käl-te-pol, der; -es,-e: *Ort mit der niedrigsten Temperatur*
Käl-te-tech-nik, die; -, keine Mehrzahl: *Kühltechnik*
Kalt-front, die; -,-en: *Vorderseite vordringender Kaltluft*
kalt-her-zig: *grausam, gefühllos*

Kaltherzigkeit

Kalt-her-zig-keit, die; -, keine Mehrzahl
kalt lä-chelnd: *ohne Mitleid*
kalt-ma-chen: *umgangssprachlich für „töten"*
Kalt-na-del-ra-die-rung, die; -,-en: *Kupferstichtechnik*
Kalt-scha-le, die; -,-n: *kalte Fruchtsuppe*
kalt-schnäu-zig: *kaltblütig, unverschämt*
Kalt-schnäu-zig-keit, die; -,-en
kalt-stel-len: *jemanden seines Einflusses berauben*
Kal-vi-nis-mus, der; -, keine Mehrzahl: *christliche Lehre*
Kal-vi-nist, der; -en,-en: *Anhänger des Kalvinismus*
Ka-lyp-so, der; -s, keine Mehrzahl: *Tanzart*
Kal-zi-um, das; -s, keine Mehrzahl: *Erdalkalimetall, Zeichen: Ca*
Ka-mel, das; -es,-e: *zweihöckeriges Trampeltier*
Ka-mel-haar-man-tel, der; -s, -män-tel
Ka-me-lie, die; -,-n: *Zierpflanze*
Ka-mel-le, die; -,-n: *überholte, alte Geschichte, Angelegenheit*
Ka-me-ra, die; -,-s: *Fotoapparat, Filmaufnahmegerät*
Ka-me-rad, der; -en,-en: *Freund, Kumpel*
Ka-me-ra-din, die; -,-nen
Ka-me-rad-schaft, die; -, keine Mehrzahl: *Zusammenhalt, Freundschaft*
ka-me-rad-schaft-lich: *im Sinne der Kameradschaft handelnd*
Ka-me-ra-mann, der; -es, -män-ner/-leu-te: *jemand, der eine Kamera bedient*
Ka-m-il-le, die; -,-n: *Heilpflanze*
Ka-m-il-len-tee, der; -s,-s
Ka-min, der; -es,-e: *Schornstein, Feuerstelle*
Ka-min-fe-ger, der; -s,-: *Schornsteinfeger*
Ka-min-keh-rer, der; -s,-: *Schornsteinfeger*
Kamm, der; -es, Käm-me: *Schaumkrone von Wellen*
Kamm, der; -es, Käm-me: *Gebirgsgrat*
Kamm, der; -es, Käm-me: *Frisiergerät*
Kamm, der; -es, Käm-me: *Hautlappen am Rückgrat von Tieren*
käm-men (sich): *glätten, mit dem Kamm ordnen*
Kam-mer, die; -,-n: *kleiner Raum*
Kam-mer, die; -,-n: *Hohlraum*
Kam-mer, die; -,-n: *Volksvertretung*
Kam-mer, die; -,-n: *Berufsvereinigung*
Kam-mer, die; -,-n: *Gerichtshof*
Kam-mer-ge-richt, das; -es,-e: *Berliner Oberlandesgericht*
Kam-mer-jä-ger, der; -s,-: *Ungezieferbeseitiger*
Kam-mer-mu-sik, die; -,-en: *Musik für ein kleines Orchester*
Kam-mer-ton, der; -es, keine Mehrzahl: *Musik: das eingestrichene A, Normalton*
Kamm-garn, das; -es,-e: *Garn aus reiner Wolle*
Kam-pag-ne (auch Kam-pa-gne) [Kampanje], die; -,-n: *Feldzug*
Kam-pag-ne (auch Kam-pa-gne) [Kampanje], die; -,-n: *größere, organisierte Aktion, größeres, gemeinsames Unternehmen oder Vorgehen*
Käm-pe, der; -n,-n: *veraltet für „tapferer Krieger"*
kam-peln, sich: *regional für „balgen, sich zanken"*
Kampf, der; -es, Kämp-fe: *Wettkampf, Wettstreit*
Kampf, der; -es, Kämp-fe: *Streit, Schlacht*
Kampf-bahn, die; -,-en: *Stadion*
kampf-be-reit: *gefechtsbereit*
kämp-fen
Kamp-fer, der; -s, keine Mehrzahl: *Desinfektionsmittel*
Kämp-fer, der; -s,-: *jemand, der kämpft*
kämp-fe-risch: *angriffslustig, streitbar*
kamp-fes-mu-tig: *angriffslustig*
Kampf-flug-zeug, das; -es,-e
Kampf-hand-lung, die; -,-en: *Gefecht*
kampf-los: *ohne Gegenwehr*
kampf-lus-tig: *angriffslustig, aggressiv*
Kampf-platz, der; -es, -plät-ze: *Schlachtfeld*
kampf-un-fä-hig: *außer Gefecht gesetzt*
Kampf-un-fä-hig-keit, die; -, keine Mehrzahl
kam-pie-ren: *ein Biwak aufschlagen, unter freiem Himmel nächtigen*
Ka-na-da-bal-sam, das; -s, keine Mehrzahl: *Kittharz*
Ka-na-di-er, der; -s,-: *Einwohner Kanadas*
Ka-na-di-er, der; -s,-: *offenes Kanu*
Ka-na-il-le [Kanallje], die; -,-n: *gemeiner Mensch, Schuft*
Ka-na-ke, der; -n,-n: *ursprünglich für „Ureinwohner der Südseeinseln"; heute abfällig umgangsprachlich für „Ausländer"*

Kapazität

Ka-nal, der; -s, Ka-nä-le: *künstlicher Wasserlauf*
Ka-nal, der; -s, Ka-nä-le: *Szenesprache:* den Kanal voll haben: *keine Lust mehr haben*
Ka-nal, der; -s, Ka-nä-le: *Frequenzbereich eines Senders*
Ka-na-li-sa-ti-on, die; -,-en: *Abwassersystem*
ka-na-li-sie-ren: *regulieren, in einen Kanal fassen, einen Fluss schiffbar machen*
Ka-na-li-sie-rung, die; -,-en
Ka-na-pee, das; -s,-s: *Sofa, Liege, Couch*
Ka-na-pee, das; -s,-s: *pikant belegtes, geröstetes Weißbrotscheibchen; gefüllte Blätterteigschnitten*
Ka-na-ri-en-vo-gel, der; -s, -vö-gel: *Vogelart*
Kan-da-re, die; -,-n: *Gebissstange des Pferdegeschirrs*
Kan-de-la-ber, der; -s,-: *Kerzenständer*
Kan-di-dat, der; -en,-en: *Bewerber, Prüfling*
Kan-di-da-tur, die; -,-en: *Bewerbung*
kan-di-die-ren: *sich bewerben*
kan-die-ren: *mit Zucker überziehen*
Kan-dis, der; -, keine Mehrzahl: *Kristallzucker*
Kän-gu-ru, das; -s,-s: *Beuteltier*
Ka-nin-chen, das; -s,-: *Nagetier, Karnickel*
Ka-nis-ter, der; -s,-: *Flüssigkeitsbehälter*
Kan-na, die; -,-s: *Blumenart*
Kann-be-stim-mung, die; -,-en: *nicht verbindliche Bestimmung*
Känn-chen, das; -s,-: *kleine Kanne*
Kan-ne, die; -,-n: *Gießgefäß*
Kan-ne-gie-ßer, der; -s,-: *Schwätzer, Wichtigtuer, Besserwisser*
Kän-nel, der, -s,-: *schweizer. für „Dachrinne", Kennel*
Kan-ni-ba-le, der; -n,-n: *Menschenfresser*
kan-ni-ba-lisch: *menschenfressend*
Kan-ni-ba-lis-mus, der; -, keine Mehrzahl: *Menschenfresserei*
Ka-non, der; -s,-s: *Regel, Richtschnur, Leitfaden*
Ka-non, der; -s,-s: *Zeittafel*
Ka-non, der; -s,-s: *Verzeichnis*
Ka-non, der; -s,-s: *mehrstimmiger Rundgesang*
Ka-non, der; -s,-s: *ästhetisches Gesetz der Proportionen*
Ka-no-na-de, die; -,-n: *Beschießung*

Ka-no-ne, die; -,-n: *Geschütz*
Ka-no-nen-fut-ter, das; -s, keine Mehrzahl: *umgangssprachlich für „Soldaten"*
Ka-no-nen-ofen, der; -s, -ö-fen: *eiserner Kohleofen*
Ka-no-nier, der; -s,-e: *Kanonenschütze*
Kan-ta-te, die; -,-n: *Musikstück*
Kan-te, die; -,-n: *Rand, Borte, Besatz*
kan-ten: *auf die Kante stellen*
Kan-ten, der; -s,-: *Brotende, Knust*
Kan-ter, der; -s,-: *Kellerverschlag*
Kan-ter, der; -s,-: *ruhiger Galopp*
Kant-ha-ken, der; -s,-: *eisenbeschlagene Stange*
Kan-ti-ne, die; -,-n: *Messe, Mensa, Speisesaal*
kan-to-nal: *den Kanton betreffend*
Kan-tor, der; -s,-en: *Chorleiter und Orgelspieler einer Kirche*
Kan-to-rei, die; -,-en: *evangelischer Kirchenchor*
Ka-nu, das; -s,-s: *leichtes, offenes Paddelboot*
Ka-nü-le, die; -,-n: *Hohlnadel, Röhrchen*
Ka-nu-te, der; -n,-n: *Kanufahrer*
Kan-zel, die; -,-n: *Predigtstuhl, Lehrstuhl*
Kan-zel, die; -,-n: *Hochsitz*
Kan-zel, die; -,-n: *Gondel, Pilotenkanzel*
Kanz-lei, die; -,-en: *Schreibstube, Büro, Dienststelle*
Kanz-lei, die; -,en: *Rechtsanwaltsbüro, Notariatsbüro*
Kanz-ler, der; -s,-: *Regierungschef, Bundeskanzler*
Kanz-ler, der; -s,-: *Verwaltungsbeamter einer Universität*
Kanz-ler-amt, das; -es, keine Mehrzahl: *Verwaltungsbehörde des Regierungsvorsitzenden*
Kanz-ler-amt, das; -es, keine Mehrzahl: *Stellung, Amt des Kanzlers, des Regierungsvorsitzenden*
Kanz-ler-kan-di-dat, der; -en,-en: *Spitzenkandidat bei einer Bundestagswahl, Bewerber um das Kanzleramt*
Ka-o-lin, das; -s, keine Mehrzahl: *weißer Ton, Grundstoff des Porzellans*
Kap, das; -s,-s: *vorspringende Küste*
Ka-paun, der; -s,-e: *kastrierter, gemästeter Hahn*
Ka-pa-zi-tät, die; -,-en: *Leistungsfähigkeit, Produktionsumfang*
Ka-pa-zi-tät, die; -,-en: *Fassungsvermögen*

Kapazität

Ka-pa-zi-tät, die; -,-en: *Könner, Fachmann*
Ka-pel-le, die; -,-n: *kleine Kirche*
Ka-pel-le, die; -,-n: *Musikgruppe*
Ka-pell-meis-ter, der; -s,-: *Dirigent, Leiter einer Kapelle*
Ka-per, die; -,-n: *eingelegtes Gewürz*
ka-pern: *auf hoher See überfallen und berauben; heute: sich etwas aneignen*
Ka-pe-rung, die; -,-en: *Überfall, gewaltsame Aneignung*
ka-pie-ren: *umgangssprachlich für „verstehen"*
ka-pil-lar: *haarfein*
Ka-pil-la-re, die; -,-n: *Haarröhrchen, sehr enges Gefäß*
ka-pi-tal: *groß, stark (Wild)*
ka-pi-tal: *hauptsächlich*
Ka-pi-tal, das; -s, keine Mehrzahl: *die Besitzenden, die besitzende Klasse*
Ka-pi-tal, das; -s, keine Mehrzahl: *Vermögen, Geldmenge*
Ka-pi-tal-er-trags-steu-er, die; -,-n
ka-pi-tal-in-ten-siv: *viel Kapital erfordernd*
Ka-pi-ta-lis-mus, der; -, keine Mehrzahl: *volkswirtschaftliches System, das auf Arbeitsteilung, Mehrwertwirtschaft und Ausbeutung der arbeitenden Bevölkerung durch Privatunternehmer beruht; auch: dessen Ideologie*
Ka-pi-ta-list, der; -en,-en: *Großverdiener, Vermögender*
ka-pi-ta-lis-tisch: *den Kapitalismus betreffend*
Ka-pi-tal-ver-bre-chen, das; -s,-: *schweres Verbrechen*
Ka-pi-tän, der; -s,-e: *Schiffs- oder Flugzeugführer; Sportmannschaftsführer*
Ka-pi-täns-pa-tent, das; -es,-e
Ka-pi-tel, das; -s,-: *Textabschnitt*
Ka-pi-tell, das; -s,-e: *oberer Säulenteil*
Ka-pi-tol, das; -s,-e: *Senatssitz im antiken Rom*
Ka-pi-tol, das; -s, keine Mehrzahl: *Regierungssitz der USA in Washington, D.C.*
Ka-pi-tu-la-ti-on, die; -,-en: *Aufgabe*
ka-pi-tu-lie-ren: *sich ergeben*
Kap-lan, (auch Ka-plan), der; -s, Kap-läne: *katholischer Hilfsgeistlicher*
Kap-pe, die; -,-n: *dicht sitzender Deckel*
Kap-pe, die; -,-n: *Kopfbedeckung*
Kap-pe, die; -,-n: *Schuhkappe*
kap-pen: *kürzen, abschneiden*

Kap-pes, der; -,-: *Weißkohl*
Kap-pes, der; -, keine Mehrzahl: *umgangssprachlich für „Unsinn"*
ka-pri-zi-ös: *launenhaft, eigensinnig*
Kap-sel, die; -,-n: *Raumschiffsform*
Kap-sel, die; -,-n: *Schote*
Kap-sel, die; -,-n: *Hülse, Schachtel*
Kap-sel, die; -,-n: *Gelenkumschließung*
ka-putt: *umgangssprachlich für „defekt, zerstört, entzwei"*
ka-putt: *umgangssprachlich für „erschöpft, erledigt, fertig"*
Ka-pu-ze, die; -,-n: *Haube eines Mantels*
Ka-pu-zi-ner, der; -s,-: *Mönch*
Kar, das; -s,-e: *Gebirgsschlucht, Mulde*
Ka-ra-bi-ner, der, -s,-: *Gewehr*
Ka-ra-bi-ner-ha-ken, der; -s,-
Ka-ra-cho, das; -s, keine Mehrzahl: *umgangssprachlich für „Schwung, hohes Tempo"*
Ka-raf-fe, die; -,-n: *bauchige Flasche*
Ka-ram-bo-la-ge, die; -,-n: *Zusammenstoß*
Ka-ra-mell, das; -s, keine Mehrzahl: *gebräunter Zucker*
ka-ra-mel-li-sie-ren
Ka-rat, das; -s,-: *Gewichtsmaß für Edelsteine und Gold*
Ka-rat, das; -,-: *Maßeinheit für den Goldgehalt einer Legierung*
Ka-ra-te, das; -s, keine Mehrzahl: *fernöstliche Kampftechnik*
Ka-rau-sche, die; -,-n: *Fischart*
Ka-ra-wa-ne, die; -,-n: *Gruppe von Reisenden in der Wüste*
Ka-ra-wa-nen-stra-ße, die; -,-n: *Zugstraße von Karawanen*
Ka-ra-wan-se-rei, die; -,-en: *Raststätte für Karawanen*
Kar-bid, das; -s, keine Mehrzahl: *Kohlenstoff-Metall-Verbindung*
Kar-bon, das; -s, keine Mehrzahl: *Erdzeitalter*
Kar-bo-na-de, die; -,-n: *Rippenstück eines Schlachttieres*
Kar-bun-kel, der; -s,-: *schmerzhaftes Hautgeschwür*
Kar-da-mom, der/das; -s,-e: *Gewürz*
Kar-dan-an-trieb, der; -es,-e: *Antrieb über ein Kardangelenk*
Kar-dan-ge-lenk, das; -es,-e: *Wellenverbindung*
Kar-dan-wel-le, die; -,-n: *Gelenkwelle*
kar-di-nal: *ausgezeichnet, vorzüglich*

Kartoffelpuffer

Kar-di-nal, der; -s, Kar-di-nä-le: *geistlicher Würdenträger*
Kar-di-nal-tu-gend, die; -,-en: *Grundtugend*
Kar-di-nal-zahl, die; -,-en: *ganze Zahl, Grundzahl*
Kar-di-o-graf (auch Kar-di-o-graph), der; -en,-en: *Aufzeichnungsgerät für Herzaktivitäten*
Kar-di-o-gramm, das; -es,-e: *grafische Aufzeichnung der Herzaktivität*
Kar-di-o-lo-gie, die; -, keine Mehrzahl: *Lehre vom Herzen und seinen Krankheiten*
Ka-renz, die; -,-en: *Wartefrist, Sperrzeit*
Ka-renz-zeit, die; -,-en: *Wartezeit, Sperrzeit*
ka-res-sie-ren: *liebkosen*
Kar-fi-ol, der; -s, keine Mehrzahl: *österr. für „Blumenkohl"*
Kar-frei-tag, der; -es,-e: *Freitag vor Ostern*
karg: *ärmlich*
Karg-heit, die; -, keine Mehrzahl: *Ärmlichkeit*
kärg-lich: *ärmlich, wenig, kümmerlich, dürftig*
Ka-ri-bik, die; -, keine Mehrzahl: *Westindien*
ka-ri-bisch: *die Karibik betreffend*
ka-riert: *gewürfelt, mit Karos versehen*
Ka-ri-es, die; -, keine Mehrzahl: *Zahnfäule*
Ka-ri-ka-tur, die; -,-en: *Spottzeichnung*
Ka-ri-ka-tu-rist, der; -en,-en: *Zeichner von Karikaturen*
ka-ri-ka-tu-ris-tisch: *in der Art einer Karikatur*
ka-ri-kie-ren: *verzerrt, mit übertrieben deutlichen Merkmalen versehen zeichnen, bespötteln*
ka-ri-ös: *von Zahnfäule befallen*
ka-ri-ta-tiv: *helfend, wohltätig*
Kar-ma, das; -s, keine Mehrzahl: *Glaube an eine schicksalhafte Vorbestimmung des Lebens nach dem Tode (Buddhismus)*
Kar-me-li-ter, der; -s,-: *Mönch*
Kar-me-sin, das; -s, keine Mehrzahl: *roter Farbstoff*
kar-me-sin-rot
Kar-ne-ol, der; -s,-e: *Halbedelstein*
Kar-ne-val, der; -s, keine Mehrzahl: *Fasching*

kar-ne-va-lis-tisch: *in der Art des Karnevals*
Kar-ni-ckel, das; -s,-: *Kaninchen*
Kar-ni-vo-re, der/die; -n/-n: *Fleischfresser*
Ka-ro, das; -s,-s: *Viereck, Spielkartenfarbe*
Ka-ro-lin-ger, der; -s,-: *fränkisches Herrschergeschlecht*
Ka-ros-se, die; -,-n: *Kutsche*
Ka-ros-se-rie, die; -,-n: *Wagenaufbau*
Ka-ro-tin, das; -s, keine Mehrzahl: *pflanzlicher Farbstoff*
Ka-rot-te, die; -,-n: *Mohrrübe*
Karp-fen, der; -s,-: *Fischart*
Kar-re, die; -,-n: *Schubkarre; umgangssprachlich für „Auto"*
Kar-ree, das; -s,-s: *Viereck; auch: Häuserviertel*
kar-ren: *umgangssprachlich für „fahren, transportieren"*
Kar-ren, der; -s,-: *Karre*
Kar-ri-e-re, die; -,-n: *Laufbahn*
Kar-ri-e-rist, der; -en,-en: *jemand, der Karriere macht*
Karst, der; -es,-e: *Gebiet mit kalkhaltigem Untergrund*
Karst, der; -es,-e: *Hacke mit Zinken*
Kar-tät-sche, die; -,-n: *mit Bleikugeln gefülltes Artilleriegeschoss*
Kar-täu-ser, der; -s,-: *Mönch*
Kar-te, die; -,-n: *Eintrittskarte*
Kar-te, die; -,-n: *Speisekarte*
Kar-te, die; -,-n: *grafische Darstellung der Erdoberfläche*
Kar-te, die; -,-n: *Blatt, Spielkarte*
Kar-te, die; -,-n: *Ansichtskarte, Postkarte*
Kar-tei, die; -,-en: *geordnete Datensammlung*
Kar-tei-kar-te, die; -,-n
Kar-tei-kas-ten, der; -s, -käs-ten
Kar-tell, das; -s,-e: *wirtschaftlicher Zusammenschluss*
Kar-ten-haus, das; -es, -häu-ser: *aus Spielkarten errichtetes Gebilde*
Kar-ten-spiel, das; -es,-e
Kar-ten-spie-ler, der; -s,-
Kar-ten-spie-le-rin, die; -,-nen
kar-tie-ren: *vermessen*
Kar-tof-fel, die; -,-n: *Knollenfrucht, Nahrungsmittel; Erdapfel*
Kar-tof-fel-kä-fer, der; -s,-: *Schädling*
Kar-tof-fel-puf-fer, der; -s,-: *Fladen, Reibekuchen*

Kartoffelsalat

Kar-tof-fel-sa-lat, der; -es,-e
Kar-to-graf (auch Kar-to-graph), der; -en,-en: *Landkartenzeichner*
Kar-to-gra-fie (auch Kar-to-graphie), die; -,-n: *Geschichte, Lehre von der Herstellung von Karten*
kar-to-gra-fisch (auch kar-to-gra-phisch): *die Kartografie betreffend*
Kar-ton, der; -s,-e: *Pappbehälter*
kar-to-nie-ren: *in Karton einpacken*
kar-to-niert: *mit einem Pappeinband versehen*
Kar-tu-sche, die; -,-n: *Geschosshülse*
Ka-rus-sell, das; -s,-e: *Drehgestell mit kleinen Fahrzeugen*
Kar-wo-che, die; -,-n: *Woche vor Ostern*
Kar-zer, der; -s,-: *veraltet für „Arrest, Kerker"*
kar-zi-no-gen: *Krebs erregend*
Kar-zi-nom, das; -s,-e: *Krebsgeschwür*
Ka-schem-me, die; -,-n: *Kneipe, schlechtes Lokal*
ka-schen: *fangen, festnehmen*
ka-schie-ren: *verdecken, verstecken, verbergen*
Kasch-mir, der; -s,-e: *feine Wolle*
Kä-se, der; -s,-: *Milchprodukt*
Ka-se-in, das; -s, keine Mehrzahl: *Milcheiweiß*
Kä-se-ku-chen, der; -s,-: *Kuchenart*
Ka-se-mat-te, die; -,-n: *schussicherer Raum*
kä-sen: *Käse herstellen*
Kä-se-rei, die; -,-en: *Käseherstellung, Betrieb für Käseherstellung*
Ka-ser-ne, die; -,-n: *Truppenunterkunft*
Ka-ser-nen-hof, der; -es, -hö-fe
ka-ser-nie-ren: *in Kasernen zwangsweise unterbringen*
Ka-ser-nie-rung, die; -,-en: *Zwangsunterbringung in Kasernen*
kä-sig: *bleich*
Ka-si-no, das; -s,-s: *Spielsalon*
Ka-si-no, das; -s,-s: *Offiziersmesse*
Kas-ka-de, die; -,-n: *Fontäne, Springbrunnen*
Kas-ko, der; -s,-s: *Schiffsrumpf*
Kas-ko-ver-si-che-rung, die; -,-en: *Fahrzeugversicherung*
Kas-per, der; -s,-: *Hanswurst*
Kas-per-le-the-a-ter, das; -s,-: *Puppentheater*
kas-pern: *herumalbern, zappeln, Quatsch machen*

Kas-sand-ra-ruf (auch Kas-san-dra-ruf), der; -s,-e: *Warnung, die von niemandem beachtet wird*
Kas-sa-ti-on, die; -,-en: *Ungültigkeitserklärung, Aufhebung; auch: unehrenhafte Entlassung aus dem Militär*
Kas-se, die; -,-n: *Zahlschalter*
Kas-se, die; -,-n: *Sparkasse, Bank*
Kas-se, die; -,-n: *Geldbehälter, Geldkassette*
Kas-sen-be-stand, der; -es, -stän-de: *Inhalt der Kasse*
Kas-sen-bon, der; -s,-s: *Kassenzettel*
Kas-sen-sturz, der; -es, -stür-ze: *Abrechnung*
Kas-se-rol-le, die; -,-n: *Schmortopf, Schmorpfanne*
Kas-set-te, die; -,-n: *Tonbandkassette*
Kas-set-te, die; -,-n: *Kästchen*
Kas-set-ten-re-kor-der, der; -s,-: *Kassettentonbandabspielgerät*
Kas-si-ber, der; -s,-: *zwischen Gefangenen geschmuggelter Zettel*
kas-sie-ren: *Geld einnehmen*
Kas-sie-rer, der; -s,-
Kas-sie-re-rin, die; -,-nen
Kas-tag-net-te (auch Kas-ta-gnet-te), die; -,-n: *spanisches Handklapperinstrument*
Kas-ta-nie, die; -,-n: *Laubbaum; auch: dessen Frucht*
Käst-chen, das; -s,-: *kleiner Kasten*
Kas-te, die; -,-n: *streng abgegrenzte Gesellschaftsschicht*
kas-tei-en, sich: *sich selbst züchtigen*
Kas-tei-ung, die; -,-en: *Züchtigung*
Kas-tell, das; -s,-e: *Befestigungsanlage*
Kas-ten, der; -s, Käs-ten: *Kiste, Truhe, Behälter*
Kas-ten, der; -s, Käs-ten: *umgangssprachlich für „Auto"*
Kas-ten, der; -s, Käs-ten: *Turngerät*
Kast-rat (auch Kas-trat), der; -en,-en: *Eunuch*
Kast-ra-ti-on (auch Kas-tra-ti-on), die; -, -en: *Entmannung*
kast-rie-ren (auch kas-trie-ren): *entmannen*
Ka-sus, der; -,-: *Grammatik: Fall der Deklination*
Ka-sus, der; -,-: *Begebenheit, Vorkommnis*
Ka-ta-falk, der; -s,-e: *Sarggestell*
Ka-ta-kom-be, die; -,-n: *unterirdische Begräbnisstätte*

Kausalzusammenhang

Ka-ta-log, der; -es,-e: *Verzeichnis, Auflistung*
ka-ta-lo-gi-sie-ren: *auflisten, verzeichnen*
Ka-ta-ly-sa-tor, der; -s,-en: *Stoff, der durch seine Anwesenheit chemische Reaktionen ermöglicht, selbst jedoch nicht verändert wird*
Ka-ta-ly-se, die; -,-n: *Beschleunigung einer chemischen Reaktion durch die Anwesenheit eines Katalysators*
ka-ta-ly-sie-ren: *die Katalyse bewirken*
Ka-ta-ma-ran, der; -es,-e: *Segelboot mit zwei Rümpfen*
Ka-ta-ple-xie, die; -, keine Mehrzahl: *Schreckstarre*
Ka-ta-pult, das; -es,-e: *Schleuder*
ka-ta-pul-tie-ren: *schleudern, beschleunigen*
Ka-ta-pult-sitz, der; -es,-e: *Schleudersitz*
Ka-ta-rakt, der; -es,-e: *Stromschnellen, Wasserfall*
Ka-ta-rakt, die; -,-e: *grauer Star*
Ka-tarr (auch Ka-tarrh), der; -s,-e: *Schleimhautentzündung*
Ka-tas-ter, der/die; -s/-,-: *Grundbuch, Verzeichnis der Grundstücke und Gebäude*
Ka-tas-ter-amt, das; -es, -äm-ter
ka-tas-tro-phal (auch ka-ta-stro-phal): *verhängnisvoll, furchtbar, unglücklich*
Ka-tas-tro-phe (auch Ka-ta-stro-phe), die; -,-n: *schweres Unglück, Untergang*
Ka-ta-to-nie, die; -,-n: *Spannungsirresein*
Ka-te, die; -,-n: *Hütte, kleines Haus*
Ka-te-chet, der; -en,-en: *Religionslehrer*
Ka-te-chis-mus, der; -, Ka-te-chis-men: *Religionslehrbuch*
Ka-te-go-rie, die; -,-n: *Begriffsklasse, Begriffsgattung, Sorte, Art*
Ka-te-go-rie, die; -,-n: *Grundbegriff*
ka-te-go-risch: *unbedingt, in der Art einer Kategorie*
Ka-ter, der; -s,-: *männliche Katze*
Ka-ter, der; -s,-: *umgangssprachlich für „Nachwirkungen von Alkoholgenuss"*
Ka-the-der, der; -s,-: *Pult, Podium*
Ka-thed-ra-le (auch Ka-the-dra-le), die; -,-n: *Dom, große Kirche*
Ka-the-te, die; -,-n: *Seiten im rechtwinkligen Dreieck, die zusammen einen rechten Winkel bilden*
Ka-the-ter, das; -s,-: *Sonde, Röhrchen, das in den Körper eingeführt wird*
Ka-tho-de, die; -,-n: *negative Elektrode*
Ka-tho-lik, der; -en,-en: *Anhänger des katholischen Glaubens*
ka-tho-lisch: *dem katholischen Glauben anhängend*
Ka-tho-li-zis-mus, der; -, keine Mehrzahl: *Lehre der katholischen Kirche*
Kat-tun, der; -s,-e: *Stoffart*
katz-bal-gen, sich: *sich spielerisch raufen, streiten*
katz-bu-ckeln: *unterwürfig kriechen, schleimen*
Kätz-chen, das; -s,-: *Verkleinerungsform von „Katze"*
Kat-ze, die; -,-n
Kat-zen-au-ge, das; -s,-n: *Rückstrahler*
Kat-zen-au-ge, das; -s,-n: *Halbedelstein*
Kat-zen-jam-mer, der; -s,-: *Kater; auch: Reue*
Kat-zen-kopf, der; -es, -köp-fe: *Straßensteinbelag*
Kat-zen-sprung, der; -es, -sprün-ge: *umgangssprachlich für „kurze Entfernung"*
Kat-zen-wä-sche, die; -,-n: *umgangssprachlich für „flüchtige Körperreinigung"*
Kau-der-welsch, das; -, keine Mehrzahl: *Unverständliches*
kau-en: *mit den Zähnen zermalmen*
kau-ern: *zusammengekrümmt sitzen, sich ducken*
Kauf, der; -es, Käu-fe: *Erwerb*
kau-fen: *bestechen*
kau-fen: *erwerben*
Käu-fer, der; -s,-: *jemand, der etwas erwirbt, Kunde*
Kauf-haus, das; -es, -häu-ser: *großes Einzelhandelsgeschäft*
Kauf-kraft, die; -, keine Mehrzahl: *Geldwert*
käuf-lich: *erwerbbar, zu kaufen*
Kauf-mann, der; -es, -leu-te: *Händler*
kauf-män-nisch: *kommerziell, wirtschaftlich*
Kauf-preis, der; -es,-e: *Preis*
Kauf-ver-trag, der; -es, -ver-trä-ge
Kau-gum-mi, der; -s,-s
Kaul-quap-pe, die; -,-n: *Froschlarve*
kaum: *schwerlich, fast nicht, nur, gerade eben*
kau-sal: *ursächlich, logisch verbunden*
Kau-sa-li-tät, die; -,-en: *Ursächlichkeit*
Kau-sal-zu-sam-men-hang, der; -es, -hän-ge: *ursächlicher Zusammenhang*

Kaustik

Kaus-tik, die; -,-en: *Gewebszerstörung durch Hitze, Ätzung oder elektrischen Strom*
Kau-ta-bak, der; -s,-e: *Tabak, der gekaut wird*
Kau-ti-on, die; -,-en: *Bürgschaft, Sicherheitshinterlegung*
Kaut-schuk (auch Kau-tschuk), der; -s, keine Mehrzahl: *Gummirohstoff*
Kauz, der; -es, Käu-ze: *kleine Eule*
Kauz, der; -es, Käu-ze: *schrulliger Mensch*
kau-zig: *schrullig, verschroben, absonderlich*
Ka-va-lier, der; -s,-e: *höflicher Mann*
Ka-va-liers-de-likt, das; -es,-e: *Vergehen, das als unbedeutend angesehen wird*
Ka-val-ka-de, die; -,-n: *Reiterei*
Ka-val-le-rie, die; -,-n: *berittene Truppe*
Ka-val-le-rist, der; -en,-en: *berittener Soldat*
Ka-ver-ne, die; -,-n: *Hohlraum, Höhle*
Ka-vi-ar, der; -s, keine Mehrzahl: *Störrogen*
Keb-se, die; -,-n: *Nebenfrau*
keck: *unbefangen, munter, dreist*
Keck-heit, die; -,-en: *Dreistigkeit, keckes Wesen*
Kee-per [Kieper], der; -s,-: *Fußball: englisch, österr. für „Torwart"*
Ke-fir, der; -s, keine Mehrzahl: *vergorene Milch mit geringem Alkoholgehalt*
Ke-gel, der; -s,-: *Holzfigur*
Ke-gel, der; -s,-: *spitz zulaufender Körper mit runder Grundfläche*
Ke-gel-bahn, die; -,-en
Ke-gel-bru-der, der; -s, -brü-der: *jemand, der kegelt*
Ke-gel-klub, der; -s,-s: *Kegelverein*
ke-geln: *Kegel spielen*
Ke-gel-schnitt, der; -es,-e: *Kurve*
Ke-gel-schwes-ter, die; -,-n: *weibliches Mitglied eines Kegelklubs*
Ke-gel-ver-ein, der; -es,-e: *Kegelklub*
Keg-ler, der; -s,-: *jemand, der kegelt*
Keh-le, die; -,-n: *Hohlkehle*
Keh-le, die; -,-n: *Gurgel*
Kehl-kopf, der; -es, -köp-fe: *Stimmbildungsorgan*
Kehr-aus, der; -,-: *Ausfeger, letzter Tanz*
Keh-re, die; -,-n: *scharfe Kurve*
keh-ren: *drehen, wenden*
keh-ren: *ausfegen*
Keh-richt, der; -es, keine Mehrzahl: *Abfall*
Keh-richt-hau-fen, der; -s,-: *Abfallhaufen*
Kehr-reim, der; -es,-e: *Refrain*
Kehr-sei-te, die; -,-n: *die andere Seite*
kehrt-ma-chen: *sich umdrehen, umkehren*
Kehr-wert, der; -es,-e: *reziproker Wert*
kei-fen: *zanken, schrill schimpfen*
Kei-fe-rei, die; -,-en: *anhaltendes Keifen*
Keil, der; -es,-e: *spitzwinkliger Körper*
Kei-le, die; -, keine Einzahl: *umgangssprachlich für „Schläge, Prügel"*
Kei-ler, der; -s,-: *männliches Wildschwein*
Kei-le-rei, die; -,-en: *umgangssprachlich für „Schlägerei, Prügelei"*
Keil-schrift, die; -, keine Mehrzahl: *Schrift der Babylonier, Assyrer und Sumerer*
Keim, der; -es,-e: *Anfangsstadium eines Lebewesens; auch: Pflanzentrieb*
Keim, der; -es,-e: *Oberbegriff für: Bakterien und Viren, Krankheitserreger*
Keim-drü-se, die; -,-n: *Geschlechtsdrüse*
kei-men: *austreiben, zu wachsen beginnen*
keim-frei: *steril*
Keim-zel-le, die; -,-n: *Eizelle, Geschlechtszelle*
kein: *nicht ein; nichts; niemand*
kei-ner-lei: *überhaupt keine*
kei-nes-falls: *auf keinen Fall*
kei-nes-wegs: *durchaus nicht, ganz und gar nicht*
kein-mal: *kein einziges Mal*
Keks, der/das; -es/-,-e/-: *Trockengebäck*
Kelch, der; -es,-e: *Trinkgefäß*
Kelch, der; -es,-e: *Blütenhülle*
Kel-le, die; -,-n: *Gerät zum Zeichengeben*
Kel-le, die; -,-n: *Schöpflöffel*
Kel-le, die; -,-n: *Maurerkelle*
Kel-ler, der; -s,-: *Untergeschoss des Hauses*
Kel-le-rei, die; -,-en: *Weinlager*
Kell-ner, der; -s,-: *Ober*
Kell-ne-rin, die; -,-nen: *weiblicher Kellner*
Kel-ter, die; -,-n: *Fruchtpresse*
kel-tern: *Früchte auspressen*
Kel-vin, -s, keine Mehrzahl: *Grad Kelvin: Temperatureinheit, Zeichen: K*
Ke-me-na-te, die; -,-n: *mittelalterliches Frauengemach einer Burg*
ken-nen, kannte, gekannt: *wissen, bekannt sein*

ketzerisch

ken-nen ler-nen: *Bekanntschaft schließen*
Ken-ner, der; -s,-: *Fachmann*
Ken-ner-blick, der; -es,-e: *sachverständiger Blick*
kennt-lich: *erkennbar, bezeichnet*
Kennt-nis, die; -,-se: *Wissen, Erfahrung*
kennt-nis-reich
Kenn-wort, das; -es, -wör-ter: *Losungswort, Parole*
Kenn-zei-chen, das; -s,-: *Autokennzeichen*
Kenn-zei-chen, das; -s,-: *Merkmal*
kenn-zeich-nen: *bezeichnen, markieren*
Kenn-zif-fer, die; -,-n: *Kennzahl*
ken-tern: *umkippen*
Ke-ra-mik, die; -, keine Mehrzahl: *Technik der Herstellung von Tonwaren*
Ke-ra-mik, die; -,-en: *Tongeschirr*
Ke-ra-mi-ker, der; -s,-: *Töpfer, Kunsttöpfer*
ke-ra-misch: *die Keramik betreffend, aus Keramik*
Kerb, die; -,-en: *regional: Kirmes, Kirchweih*
Ker-be, die; -,-n: *scharfe Vertiefung, Einschnitt*
ker-ben: *einschneiden, einritzen*
Kerb-holz, das; -es, keine Mehrzahl: *in der Wendung: etwas auf dem Kerbholz haben: etwas Unrechtes getan haben*
Kerb-tier, das; -es,-e: *Insekt*
Ker-ker, der; -s,-: *veraltet für „Gefängnis"*
Kerl, der; -es,-e: *umgangssprachlich für „Bursche, Mann"*
Kern, der; -es,-e: *Atomkern*
Kern, der; -es,-e: *Fruchtinneres, Stein (bei Obst)*
Kern, der; -es,-e: *Mittelpunkt (Stadt)*
Kern, der; -es,-e: *Wesen, das Zugrundeliegende*
Kern, der; -es,-e: *innerster Teil, das Innerste*
Kern-bei-ßer, der; -s,-: *Vogelart*
Kern-brenn-stoff, der; -es,-e: *die zur Kernenergiegewinnung verwendeten radioaktiven, spaltbaren Materialien*
Kern-e-ner-gie, die; -, keine Mehrzahl: *Energie, die aus radioaktivem Zerfall gewonnen wird*
Kern-ex-plo-si-on, die; -,-en: *Atomexplosion*
Kern-for-schung, die; -,-en: *Forschung im Rahmen der Kernphysik*
Kern-fra-ge, die; -,-n: *wichtigste Frage*
Kern-fu-si-on, die; -,-en: *Kernverschmelzung*
kern-ge-sund: *völlig gesund*
Kern-obst, das; -es, keine Mehrzahl: *Steinobst*
Kern-phy-sik, die; -, keine Mehrzahl: *Physik, die sich mit den Atomen beschäftigt*
kern-phy-si-ka-lisch: *die Kernphysik betreffend*
Kern-re-ak-ti-on, die; -,-en: *physikalischer Vorgang in Atomkernen*
Kern-sei-fe, die; -,-n *Natronseife*
Kern-spal-tung, die; -,-en: *Zerfall eines schweren Atoms unter Freisetzung von Energie*
Kern-stück, das; -es,-e: *wichtigstes Teil*
Kern-waf-fe, die; -,-n: *Waffen, die auf dem Prinzip der Kernspaltung beruhen*
Ke-ro-sin, das; -s, keine Einzahl: *Flugzeugbenzin*
ker-zen-ge-ra-de: *sehr gerade*
Ker-zen-schein, der; -es, keine Mehrzahl: *Kerzenlicht*
Ke-scher, der; -s,-: *Fangnetz*
kess: *vorlaut, frech, dreist*
Kes-sel, der; -s,-: *großes Metallgefäß*
Kes-sel, der; -s,-: *weites Tal*
Kes-sel-trei-ben, das; -s,-: *Treibjagd*
Ket-schup (auch Ketch-up) [Ketschap], der/das; -s,-s: *pikante, dicke Tomatensoße*
Kett-chen, das; -s,-: *Verkleinerungsform von „Kette"*
Ket-te, die; -,-n: *in Längsrichtung verlaufende Webfäden*
Ket-te, die; -,-n: *Reihe von Personen*
Ket-te, die; -,-n: *Reihe aus Metallgliedern; auch: Schmuckstück*
Ket-te, die; -,-n: *Folge von Ereignissen*
Ket-te, die; -,-n: *Eisenfessel*
ket-ten: *fesseln, binden*
Ket-ten-glied, das; -es,-er
Ket-ten-rau-cher, der; -s,-: *jemand, der ständig Zigaretten raucht*
Ket-ten-re-ak-ti-on, die; -,-en: *Reaktion, die ihrerseits weitere Reaktionen auslöst*
Ket-zer, der; -s,-: *jemand, der von der herrschenden Lehrmeinung abweicht, Glaubensabtrünniger*
ket-ze-risch: *von der herrschenden Meinung abweichend*

keu-chen: schwer atmen
Keuch-hus-ten, der; -s, keine Mehrzahl: Krampfhusten
Keu-le, die; -,-n: Schlagstock
Keule, die; -,-n: Oberschenkel des Schlachtviehs
Keu-le, die; -,-n: Gymnastikgerät
Keu-len-schlag, der; -es, -schlä-ge: sinnbildlich für „Schicksalsschlag, jähes Erschrecken"
keusch: rein, sittsam, enthaltsam
Keusch-heit, die; -, keine Mehrzahl: Reinheit, Enthaltsamkeit, Unberührtheit
Keusch-heits-gür-tel, der; -s,-
Kfz [Kah eff zett]; das; -s,-s: Abkürzung für „Kraftfahrzeug, Auto"
Kha-ki, das; -s, keine Mehrzahl: erdbraune Farbe
Kha-ki, der; -s, keine Mehrzahl: erdbrauner Stoff
Kib-buz, der; -, Kib-bu-zim: landwirtschaftliches Kollektiv in Israel
Kib-buz-nik, der; -s,-s: Angehöriger eines Kibbuz
Ki-cher-erb-se, die; -,-n: Kulturpflanze, Gemüseart
ki-chern: unterdrückt lachen
ki-cken: umgangssprachlich für „Fußball spielen"
Ki-cker, der; -s,-/-s: umgangssprachlich für „Fußballspieler"
Kick-star-ter, der; -s,-: Fußhebel als Anlasser
Kid, das; -s,-s: fein gegerbtes Jungtierfell
Kid, das; -s,-s: Szenesprache für „Kind, Jugendliche(r)"
kid-nap-pen [kidnäppen]: entführen
Kid-nap-per [Kidnäpper], der; -s,-: (Kindes-)Entführer
Kid-nap-ping, [Kidnäpping], das; -s,-s: Entführung
Kie-bitz, der; -es,-e: Vogelart
Kie-bitz, der; -es,-e: Zuschauer beim Kartenspiel
kie-bit-zen: zusehen, in die Karten blicken
Kie-fer, die; -,-n: Nadelbaum
Kie-fer, der; -s,-: Knochen, in dem die Zähne sitzen
Kie-fer-kno-chen, der; -s,-: Knochen, in dem die Zähne sitzen
kie-ken: norddeutsch für „schauen"
Kiel, der; -es,-e: Schaft der Vogelfeder; veraltet für „Schreibfeder"
Kiel, der; -es,-e: Schiffskiel
kiel-ho-len: ein Schiff auf die Seite legen
Kiel-was-ser, das; -s, keine Mehrzahl: Spur hinter dem fahrenden Schiff
Kie-me, die; -,-n: Atmungsorgan der Fische
Kien, der; -es,-e: harzhaltiges Holzstück
Kien-ap-fel, der; -s, -äp-fel: Kiefernzapfen
Kien-span, der; -es, -spä-ne: harzgetränktes Holzscheit
Kie-pe, die; -,-n: Rückentragegestell
Kies, der; -es, keine Mehrzahl: loser Kieselhaufen
Kies, der; -es, keine Mehrzahl: umgangssprachlich für „Geld"
Kie-sel, der; -s,-: kleiner, runder Stein
kif-fen: umgangssprachlich für „Haschisch rauchen"
Kif-fer, der; -s,-: umgangssprachlich für „jemand, der Haschisch raucht"
Ki-ke-ri-ki, der; -s,-s: Kindersprache für „Hahn"
Ki-ke-ri-ki, das; -s,-s: Ruf des Hahns
kil-len: umgangssprachlich für „töten"
Kil-ler, der; -s,-: umgangssprachlich für „Mörder"
Ki-lo, das; -s,-s: umgangssprachlich für „Kilogramm"
Ki-lo-gramm, das; -s,-: Maßeinheit der Masse, 1000 Gramm; Zeichen: kg
Ki-lo-me-ter, der; -s,-: Längenmaß, 1000 Meter; Zeichen: km
Ki-lo-me-ter-stein, der; -es,-e
ki-lo-me-ter-weit: sehr weit
Ki-lo-me-ter-zäh-ler, der; -s,-: Messgerät für die zurückgelegte Entfernung
Ki-lo-watt, das; -s,-: Maßeinheit der elektrischen Leistung, 1000 Watt; Zeichen: kW
Ki-lo-watt-stun-de, die; -,-n: Maßeinheit für die verbrauchte elektrische Leistung in einer Stunde
Kilt, der; -s,-s: Schottenrock
Kimm, die; -, keine Mehrzahl: Meereshorizont
Kim-me, die; -,-n: Teil des Visiers
Ki-mo-no, der; -s,-s: japanisches Kleidungsstück
Kind, das; -es,-er: junger Mensch, Nachkomme
Kind-bett, das; -s,(-en): Wochenbett

Kitz

Kind-bett-fie-ber, das; -s, keine Mehrzahl: *Krankheit nach der Entbindung*
Kin-der-arzt, der; -es, -ärz-te: *Spezialist für Kinderkrankheiten*
Kin-de-rei, die; -,-en: *Albernheit*
Kin-der-gar-ten, der; -s, -gär-ten: *Kinderhort*
Kin-der-gärt-ne-rin, die; -,-nen: *Erzieherin*
Kin-der-got-tes-dienst, der; -es,-e
Kin-der-jah-re, die; -, keine Einzahl: *Jugend, Kindheit*
Kin-der-krank-heit, die; -,-en: *Eingewöhnungsschwierigkeiten, Schwierigkeiten in der Erprobung*
Kin-der-krank-heit, die; -,-en: *Krankheiten, die besonders bei Kindern auftreten*
Kin-der-läh-mung, die; -, keine Mehrzahl: *Polio*
kin-der-leicht: *sehr leicht, sehr einfach*
kin-der-los: *ohne Kinder*
Kin-der-mund, der; -es, keine Mehrzahl: *ehrliche Äußerung eines Kindes*
Kin-der-reich-tum, der; -s, keine Mehrzahl
Kin-des-kind, das; -es,-er: *Enkel*
Kind-heit, die; -,-en: *Jugend*
kin-disch: *albern, unvernünftig*
kind-lich: *wie ein Kind, das Kind betreffend*
Kinds-kopf, der; -es, -köp-fe: *umgangssprachlich für „Dummkopf, alberner Mensch"*
Ki-ne-ma-to-graf (auch Ki-ne-ma-to-graph), der; -en,-en: *Filmkamera, Filmvorführgerät*
Ki-ne-ma-to-gra-fie (auch Ki-ne-ma-to-gra-phie), die; -, keine Mehrzahl: *Filmwissenschaft und -technik*
Ki-ne-tik, die; -, keine Mehrzahl: *Lehre von der Bewegung durch Kräfte*
ki-ne-tisch: *auf Bewegung beruhend*
Kin-ker-litz-chen, die; -, keine Einzahl: *Kleinigkeiten, Tand, Spielerei*
Kinn, das; -s,-e: *Teil des Gesichts, Unterkiefervorsprung*
Kinn-ha-ken, der; -s,-: *Schlag gegen das Kinn*
Ki-no, das; -s,-s: *Lichtspielhaus, Filmtheater*
Ki-no-pro-gramm, das; -es,-e
Kin-topp, das; -s, keine Mehrzahl: *Kino*
Ki-osk, der; -es,-e: *Verkaufsstand*
Kip-fel, das; -s,-: *Hörnchen*

Kip-ferl, das; -s,-n: *bayr., österr.: Hörnchen*
Kip-pe, die; -,-n: *Abraumlagerstelle*
Kip-pe, die; -,-n: *Punkt des Umstürzens*
Kip-pe, die; -,-n: *Zigarettenstummel*
kip-pe-lig: *wacklig*
kip-pen: *ausgießen*
kip-pen: *umgangssprachlich für „schnell trinken"*
kip-pen: *beginnen umzufallen*
kip-pen: *umlegen, in die Schräge legen*
Kip-per, der; -s,-: *Lastkraftwagen mit Kippvorrichtung*
Kir-che, die; -, keine Mehrzahl: *Gottesdienst*
Kir-che, die; -, keine Mehrzahl: *Glaubensgemeinschaft*
Kir-che, die; -,-n: *Gotteshaus*
Kir-chen-chor, der; -es, -chö-re
Kir-chen-die-ner, der; -s,-: *Küster*
Kir-chen-mu-sik, die; -,-en: *geistliche Musik*
Kir-chen-steu-er, die; -,-n
Kirch-gang, der; -es, -gän-ge
Kirch-gän-ger, der; -s,-
Kirch-hof, der; -es, -hö-fe: *Friedhof*
kirch-lich: *die Kirche betreffend*
Kirch-turm, der; -es, -tür-me
Kirch-weih, die; -,-en: *Kirmes*
Kir-mes, die; -, Kir-mes-sen: *Kirchweih*
kir-re: *gezähmt, gefügig*
Kirsch, der; -es, keine Mehrzahl: *Kurzwort für „Kirschwasser"*
Kirsch-baum, der; -es, -bäu-me: *Obstbaum*
Kir-sche, die; -,-n: *Steinobst*
kirsch-rot
Kirsch-was-ser, das; -s, -wäs-ser: *Branntweinart*
Kis-met, das; -s, keine Mehrzahl: *unabwendbares Schicksal*
Kis-sen, das; -s,-: *Kopf- oder Sitzpolster*
Kis-te, die; -,-n: *Kasten*
Kitsch, der; -es, keine Mehrzahl: *süßlich-geschmacklose Kunst*
kit-schig: *geschmacklos*
Kitt, der; -s,-e: *plastischer Stoff zum Fugenabdichten*
Kitt-chen, das; -s,-: *umgangssprachlich für „Gefängnis"*
Kit-tel, der; -s,-: *hemdartiges Oberbekleidungsstück*
kit-ten: *mit Kitt verbinden, abdichten*
Kitz, das; -es,-e: *junges Rotwild*

Kitzel

Kit-zel, der; -s,-: *Reiz, Juckreiz*
kit-zeln: *Juckreiz erregen*
Kitz-ler, der; -s,-: *Klitoris*
kitz-lig: *empfindlich gegen Kitzeln*
kla-bas-tern: *schwerfällig fortbewegen, poltern, trampeln*
Kla-bau-ter-mann, der; -es, -män-ner: *Schiffskobold*
Klacks, der; -es,-e *kleine Menge Brei*
Klad-de, die; -,-n: *Notizbuch; Buch für geschäftliche Notizen*
Klad-de, die; -,-n: *Heft, Schreibheft*
Klad-de-ra-datsch, der; -es,-e: *Krach, Skandal; auch: Geschäftszusammenbruch*
klaf-fen: *weit offen sein, gespalten sein*
kläf-fen: *bellen*
Kläf-fer, der; -s,-: *Hund*
Klaf-ter, das; -s,-: *altes Längenmaß; auch: altes Raummaß*
Kla-ge, die; -,-n: *Geltendmachen eines Anspruchs vor Gericht*
Kla-ge, die; -,-n: *Jammern*
Kla-ge-ge-schrei, das; -es, keine Mehrzahl: *Jammern*
Kla-ge-laut, der; -es,-e: *Äußerung des Schmerzes*
Kla-ge-mau-er, die; -, keine Mehrzahl: *Heiligtum in Jerusalem*
kla-gen: *jammern*
kla-gen: *eine Klage einreichen*
Klä-ger, der; -s,-: *Klagender, Beschwerdeführer*
Klä-ge-rin, die; -,-nen: *Klagende, Beschwerdeführende*
Kla-ge-schrift, die; -,-: *Klagebegründung*
kläg-lich: *jämmerlich, elend*
klag-los: *ohne Klage*
Kla-mauk, der; -s, keine Mehrzahl: *Ulk, lärmendes Durcheinander*
klamm: *feuchtkalt*
Klamm, die; -,-en: *enge, tiefe Schlucht*
Klam-mer, die; -,-n: *Gerät zum Zusammenhalten*
Klam-mer, die; -,-n: *Satzzeichen; auch: Rechenzeichen*
klam-mern: *festhalten*
klam-mern: *mit einer Klammer zusammenhalten*
klamm-heim-lich: *stillschweigend, ohne Aufhebens, heimlich*
Kla-mot-te, der; -,-n: *Stein- oder Ziegelbrocken*
Kla-mot-te, die; -,-n: *alter Film*
Kla-mot-ten, die; -, keine Einzahl: *Kleider, Hausrat*
Klamp-fe, die; -,-n: *Zupfinstrument*
kla-mü-sern: *in der Stube hocken*
kla-mü-sern: *umgangssprachlich für „austüfteln, ausdiskutieren"*
Klang, der; -es, Klän-ge: *Ton*
klang-lich: *den Klang betreffend*
klang-los: *tonlos*
klang-voll
Klap-pe, die; -,-n: *Deckel, Verschluss*
Klap-pe, die; -,-n: *umgangssprachlich für „Bett"*
Klap-pe, die; -,-n: *umgangssprachlich für „Mund"*
klap-pen: *umschlagen, umdrehen*
klap-pen: *gelingen, funktionieren*
klap-pen: *knallen*
Klap-pen-text, der; -es,-e: *Text auf der Innenseite eines Buchumschlages*
Klap-per, die; -,-n: *Rassel*
klap-per-dürr: *hager, sehr dünn*
klap-pern: *rasseln, rattern*
klap-pern: *rasch mit den Augen blinzeln*
Klap-per-schlan-ge, die; -,-n: *Giftschlangenart*
Klap-per-storch, der; -es, keine Mehrzahl: *umgangssprachlich für „Storch, der die kleinen Kinder bringt"*
klapp-rig: *wacklig, ausgeleiert; alt und schwach*
Klaps, der; -es,-e: *leichte Verrücktheit*
Klaps, der; -es,-e: *leichter Schlag*
klar: *sicher, selbstverständlich, gewiss*
klar: *deutlich, verständlich*
klar: *unbewölkt, wolkenlos*
klar: *bereit, fertig*
klar: *durchsichtig, ungetrübt*
Klär-an-la-ge, die; -,-n: *Abwasserreinigungsanlage*
Kla-re, der; -n,-n: *klarer Schnaps*
klä-ren: *bereinigen, deutlich machen*
klä-ren: *reinigen, säubern (Flüssigkeit, Wasser)*
Klar-heit, die; -, keine Mehrzahl: *Durchsichtigkeit, Reinheit, Ungetrübtheit*
Klar-heit, die; -, keine Mehrzahl: *Geistesschärfe, Nüchternheit*
Klar-heit, die; -, keine Mehrzahl: *Gewissheit*
Klar-heit, die; -, keine Mehrzahl: *Deutlichkeit, Unterscheidbarkeit*
Kla-ri-net-te, die; -,-n: *Holzblasinstrument*

Klausur

Kla-ri-net-tist, der; -en,-en: *jemand, der Klarinette spielt*
klar-ma-chen: *klären*
klar-ma-chen: *verständlich machen, zu verstehen geben*
klar-ma-chen: *fertig machen*
Klar-schiff, das; -s, keine Mehrzahl: *Reinigung des Schiffes und der Unterkünfte*
Klar-schiff, das; -s, keine Mehrzahl: *Gefechtsbereitschaft eines Schiffes*
Klar-sicht-hül-le, die; -,-n
klar-stel-len: *klären, Zweifel beseitigen*
Klar-text, der; -es, keine Mehrzahl: *unverschlüsselter Text, offene Worte*
Klä-rung, die; -,-en: *Reinigung*
Klä-rung, die; -,-en: *Klarstellung, Aufklärung*
klar wer-den, wurde klar, klar geworden: *verständlich werden*
Klas-se, die; -,-n: *Unterrichtsraum*
Klas-se, die; -,-n: *Leistungsgruppe*
Klas-se, die; -,-n: *Gruppe von Kindern, die gemeinsam unterrichtet werden, Schulklasse*
Klas-se, die; -,-n: *Gruppe von Lebewesen, Dingen oder Begriffen mit den gleichen Merkmalen*
Klas-se, die; -,-n: *Gesellschaftsschicht*
Klas-se-ment [Klassmoñ], das; -s,-s: *schweizer. für „Einteilung, Einordnung"*
Klas-sen-ar-beit, die; -,-en: *Prüfungsarbeit in der Schule*
klas-sen-be-wusst: *sich der Zugehörigkeit zu einer gesellschaftlichen Klasse bewusst sein*
Klas-sen-ge-sell-schaft, die; -,-en: *in Klassen gegliederte Gesellschaft*
Klas-sen-kampf, der; -es, keine Mehrzahl: *Kampf zwischen den gesellschaftlichen Klassen; auch: Marxismus*
Klas-sen-leh-rer, der; -s,-: *der die Klasse betreuende Lehrer*
Klas-sen-spre-cher, der; -s,-: *der die Klasse vertretende Schüler*
Klas-sen-tref-fen, das; -s,-: *Treffen der ehemaligen Schüler einer Klasse*
Klas-sen-zim-mer, das; -s,-: *Unterrichtsraum*
Klas-si-fi-ka-ti-on, die; -,-en: *Einteilung, systematische Bestimmung*
klas-si-fi-zie-ren: *in Klassen einteilen, nach Klassen einordnen*
Klas-si-fi-zie-rung, die; -,-en: *Einordnungssystem, Vorgang des Einordnens*

Klas-sik, die; -, keine Mehrzahl: *kulturelle Blütezeit; auch: Kunstepoche*
Klas-si-ker, der; -s,-: *anerkannter Künstler*
Klas-si-ker, der; -s,-: *Vertreter der Klassik*
klas-sisch: *zur Klassik gehörend*
klas-sisch: *mustergültig, ausgereift, vollendet, erstrangig*
Klas-si-zis-mus, der; -, keine Mehrzahl: *Kunstrichtung, die die Antike zum Vorbild hatte*
klas-si-zis-tisch: *die Klassik betreffend, der Klassik entsprechend*
Klatsch, der; -es, keine Mehrzahl: *Gerede, Geschwätz*
Klatsch-ba-se, die; -,-n: *geschwätziger Mensch*
klat-schen: *schlagen, prallen*
klat-schen: *applaudieren*
klat-schen: *knallen*
klat-schen: *tratschen, schwatzen*
Klat-sche-rei, die; -, keine Mehrzahl: *Klatsch*
Klatsch-maul, das; -es, -mäu-ler: *jemand, der gerne klatscht*
Klatsch-mohn, der; -es, keine Mehrzahl: *Mohnart*
klatsch-nass: *völlig durchnässt*
Klatsch-weib, das; -es,-er: *jemand, der gerne klatscht*
klau-ben: *lesen, aussuchen, aufheben*
Klaue, die; -,-n: *Kralle*
Klaue, die; -,-n: *Huf*
Klaue, die; -,-n: *umgangssprachlich für „schlechte Handschrift"*
Klaue, die; -,-n: *umgangssprachlich für „Hand"*
klau-en: *umgangssprachlich für „stehlen"*
Klau-er, der; -s,-: *umgangssprachlich für „Dieb"*
Klau-se, die; -,-n: *Einsiedelei, Zelle*
Klau-sel, die; -,-n: *Vorbehalt, Nebenbestimmung (Vertrag)*
Klaus-ner, der; -s,-: *Einsiedler*
Klaust-ro-pho-bie (auch Klaus-tro-pho-bie), die; -, keine Mehrzahl: *Furcht vor dem Aufenthalt in geschlossenen Räumen*
Klau-sur, die; -,-en: *Prüfungsarbeit*
Klau-sur, die; -,-en: *Raum, dessen Betreten Fremden verboten ist*
Klau-sur, die; -, keine Mehrzahl: *Abgeschlossenheit*

Klaviatur

Kla-vi-a-tur, die; -,-en: *Tasten eines Tasteninstruments*
Kla-vier, das; -es,-e: *Tasteninstrument*
Kla-vier-aus-zug, der; -es, -zü-ge: *für ein Klavier bearbeitete Partitur eines Konzertes*
kle-ben: *haften*
kle-ben blei-ben, *blieb kleben, kleben geblieben*
Kle-ber, der; -s,-: *Eiweißstoffe im Getreide*
Kle-ber, der; -s,-: *Klebstoff*
kleb-rig: *klebend, mit etwas Klebrigem beschmiert*
Kleb-stoff, der; -es,-e
Kleb-strei-fen, der; -s,-: *klebender Plastik- oder Papierstreifen*
kle-ckern: *Flecken verursachen*
kle-ckern: *mühsam, vorankommen, wenig Fortschritt machen*
Klecks, der; -es,-e: *kleine Menge*
Klecks, der; -es,-e: *Fleck*
kleck-sen: *kleckern*
Klee, der; -s, keine Mehrzahl: *Pflanzenart, Futterpflanze*
Klee-blatt, das; -es, -blät-ter: *Blatt des Klees*
Klee-blatt, das; -es, -blät-ter: *drei unzertrennliche Freunde*
Kleid, das; -es,-er: *Kleidung, Damenoberbekleidungsstück*
klei-den: *gut an jemandem aussehen, gut stehen, kleidsam sein*
klei-den, sich: *jemanden mit Kleidung versehen*
Klei-der-bü-gel, der; -s,-
Klei-der-ha-ken, der; -s,-
Klei-der-schrank, der; -es, -schrän-ke
Klei-der-stän-der, der; -s,-
kleid-sam: *gut passend, kleidend*
Klei-dung, die; -,-en: *Gesamtheit der Kleidungsstücke*
Klei-dungs-stück, das; -es,-e
Kleie, die; -,-n: *Getreidehüllen, die beim Mahlen zurückbleiben*
klein: *jung*
klein: *von geringer Größe*
klein: *bescheiden, eng, beschränkt (Verhältnisse)*
klein: *niedrig*
klein: *unbedeutend, geringfügig*
Klein-bild-ka-me-ra, die; -,-s: *Kamera für Rollfilme, die im Format 24 x 36 mm abbildet*

Klein-bür-ger, der; -s,-: *Spießer*
klein-bür-ger-lich: *spießig*
Klei-ne, der/die; -n,-n: *kleiner Mensch; auch umgangssprachlich für „Kind"*
Klein-for-mat, das; -es,-e: *verkleinerte, kleine Größe*
Klein-gärt-ner, der; -s,-: *jemand, der Gartenarbeit zum Vergnügen betreibt*
Klein-geld, das; -es, keine Mehrzahl: *Wechselgeld, Münzen*
Klein-hirn, das; -es,-e: *Teil des Gehirns*
Klein-holz, das; -es, keine Mehrzahl: *zerkleinertes Holz; auch: etwas gewaltsam zu kleinen Teilen Zerlegtes*
Klei-nig-keit, die; -,-en: *unwichtige Einzelheit, etwas nicht so Schwieriges*
Klei-nig-keit, die; -,-en: *Sache von geringer Bedeutung, Nichtigkeit*
Klein-ka-li-ber-ge-wehr, das; -es,-e: *leichtes Gewehr*
klein-ka-lib-rig: *von geringem Durchmesser*
Klein-kind, das; -es,-er: *Baby, Säugling*
Klein-kram, der; -es, keine Mehrzahl: *kleine Dinge, Kleinigkeiten*
klein-krie-gen: *umgangssprachlich für „kleinbekommen"*
klein-krie-gen: *umgangssprachlich für „etwas oder jemanden bezwingen, Widerstand brechen"*
Klein-kunst, die; -, -küns-te: *Kunstgewerbe, Varieté, Kabarett*
klein-laut: *verlegen, beschämt*
klein-lich: *engherzig, pedantisch, pingelig*
Kleinmut, der; -es, keine Mehrzahl: *Feigheit, Ängstlichkeit, Mutlosigkeit*
klein-mü-tig: *verzagt, mutlos, ängstlich*
Klein-od, das; -es,-e: *Schmuckstück, Edelstein; etwas Wertvolles, Kostbarkeit*
klein schnei-den, *schnitt klein, klein geschnitten: zerteilen, zerkleinern*
Klein-schrei-bung, die; -,-en
klein-schrei-ben: *mit kleinem Anfangsbuchstaben schreiben*
klein schrei-ben: *in kleiner Schrift schreiben*
Klein-staat, der; -es,-en: *souveräner, kleiner Staat*
Klein-stadt, die; -, -städ-te
klein-städ-tisch: *eine Kleinstadt betreffend*
Klein-vieh, das; -s, keine Mehrzahl
Klein-wa-gen, der; -s,-

Klitsche

Kleis-ter, der; -s,-: *Klebstoff, Leim*
kleis-tern: *mit Kleister kleben*
Kle-ma-tis, die; -,-: *Waldrebe*
Kle-men-ti-ne, die; -,-n: *Mandarinenart*
Klem-me, die; -,-n: *Klammer*
Klem-me, die; -,-n: *übertragen: Schwierigkeit, Verlegenheit, Notlage*
klem-men: *einzwängen, einkeilen*
klem-men: *zwicken, quetschen*
klem-men: *schweizer.: umgangssprachlich für „schwänzen"*
klem-men: *umgangssprachlich für „stehlen"*
Klem-mer, der; -s,-: *Kneifer*
Klemp-ner, der; -s,-: *Handwerker für Gas- und Wasserinstallationen, Spengler*
Klemp-ne-rei, die; -,-en: *Handwerksbetrieb eines Klempners, Spenglerei*
Klep-per, der; -s,-: *altes Pferd*
Klep-to-ma-ne, der; -n,-n: *jemand, der an Kleptomanie leidet*
Klep-to-ma-nie, die; -, keine Mehrzahl: *krankhafter Trieb zum Stehlen*
kle-ri-kal: *den Klerus betreffend*
Kle-rus, der; -, keine Mehrzahl: *Geistlichkeit*
Klet-te, die; -,-n: *Unkraut*
Klet-te, die; -,-n: *lästiger, anhänglicher Mensch*
Klet-te-rer, der; -s,-
klet-tern: *emporklimmen, in die Höhe steigen*
Klet-ter-pflan-ze, die; -,-n
Klet-ter-stan-ge, die; -,-n: *Turngerät*
Kli-cker, der; -s,-: *Murmel, kleine Glaskugel*
Kli-ent, der; -en,-en: *Kunde, Mandant*
Kli-en-tel, die; -,-en: *Gesamtheit der Klienten*
Kli-en-te-le, die; -,-n: *schweizer. für „Klientel"*
Kliff, das; -s,-e: *schroffer Felsen*
Kli-ma, das; -s,-s/Kli-ma-ta/Kli-ma-te: *durchschnittlicher Ablauf der Witterung eines Gebietes*
Kli-ma-an-la-ge, die; -,-n: *Belüftungs- und Erwärmungsanlage in Gebäuden*
Kli-ma-fak-tor, der; -s,-en: *das Klima bestimmender Faktor*
Kli-mak-te-ri-um, das; -s, Kli-mak-te-ri-en: *Wechseljahre der Frau*
kli-ma-tisch: *das Klima betreffend*
kli-ma-ti-sie-ren: *in einem Raum ein künstliches Klima schaffen*

Kli-max, die; -,(-e): *Höhepunkt*
Klim-bim, der; -s, keine Mehrzahl: *umgangssprachlich für „Beiwerk"*
klim-men, klomm, geklommen: *klettern, emporsteigen*
Klimm-zug, der; -es, -zü-ge: *Turnübung*
Klim-pe-rei, die; -,-en: *anhaltendes Klimpern*
Klim-per-kas-ten, der; -s, -käs-ten: *umgangssprachlich für „Klavier"*
klim-pern: *umgangssprachlich für „Klavierspielen", willkürlich Tasten anschlagen*
Klin-ge, die; -,-n: *Schneide, Messer*
Klin-gel, die; -,-n: *Schelle, Türglocke*
Klin-gel-beu-tel, der; -s,-: *Spendenbeutel*
Klin-gel-knopf, der; -es, -knöp-fe
klin-geln: *schellen, bimmeln, läuten*
klin-gen, klang, geklungen: *tönen*
klin-gen, klang, geklungen: *sich anhören, wirken*
Kli-nik, die; -,-en: *Krankenhaus*
Kli-ni-kum, das; -s, Kli-ni-ken: *Großkrankenhaus*
Kli-ni-kum, das; -s, Kli-ni-ka/Kli-ni-ken: *medizinische Ausbildung im Krankenhaus*
kli-nisch: *die Klinik betreffend*
Klin-ke, die; -,-n: *Türgriff, Fenstergriff*
klin-ken: *einrasten*
Klin-ker, der; -s,-: *Ziegelstein*
Kli-no-mo-bil, das; -es,-e: *Rettungswagen, Krankenwagen*
klipp: *nur in der Wendung „klipp und klar", deutlich, unumwunden*
Klip-pe, die; -,-n: *Felsen im Meer, Riff*
Klipp-fisch, der; -es,-e: *getrockneter Kabeljau oder Schellfisch*
Klipp-schu-le, die; -,-n: *umgangssprachlich für „Grundschule"*
Klipp-schü-ler, der; -s,-
klir-ren
Klirr-fak-tor, der; -,-en: *Maß der akustischen Verzerrung bei Aufzeichnungen oder Übertragungen*
Kli-schee, das; -s,-s: *Abklatsch, abgedroschene Redensart*
Kli-schee, das; -s,-s: *weit verbreitete, vergröbernde Ansicht, Vorurteil*
Kli-schee, das; -s,-s: *Druckstock, Hochdruckplatte*
Klis-tier, das; -es,-e: *Einlauf*
Kli-to-ris, die; -,-/Kli-to-ri-des: *Kitzler*
Klit-sche, die; -,-n: *kleiner Betrieb; kleiner, nicht ertragreicher Bauernhof*

klitschnass

klitsch-nass: umgangssprachlich für „völlig nass"
klit-tern: zusammentragen, kunstlos zusammenstellen
klit-tern: spalten, zerkleinern
Klit-te-rung, die; -,-en: aus vielen Einzelteilen zusammengestelltes Schriftstück
klit-ze-klein: umgangssprachlich für „sehr klein"
Kli-vie, die; -,-n: Blumenart
Klo, das; -s,-s: Kurzwort für „Klosett", Toilette
Klo-a-ke, die; -,-n: Abwasserkanal
Klo-ben, der; -s,-: Holzklotz, Holzscheit
klo-big: plump, massig, ungeschlacht
Klon, der; -es,-e: durch ungeschlechtliche Vermehrung aus tierischen oder pflanzlichen Zellen entstandene erbgleiche Lebewesen
klo-nen: durch ungeschlechtliche Vermehrung eine genetisch exakte Kopie eines Lebewesens herstellen
klö-nen: umgangssprachlich für „schwatzen, plaudern"
klo-nie-ren: klonen
Klo-pa-pier, das; -s, keine Mehrzahl: Toilettenpapier
klop-fen: hämmern, schlagen, pochen
Klop-fer, der; -s,-
klopf-fest: das Klopfen von Verbrennungsmotoren verhindernd
Klopf-zei-chen, das; -s,-
Klöp-pel, der; -s,-: Schwengel
klöp-peln: Spitzen knüpfen
Klo-sett, das; -s,-e: Abort, Toilette
Kloß, der; -es, Klö-ße: Knödel, Kartoffelklöße, Semmelklöße
Kloß, der; -es, Klö-ße: Klumpen, Erdklumpen
Kloß-brü-he, die; -,-n: beim Kochen von Klößen entstehende Brühe
Klos-ter, das; -s, Klös-ter
Klos-ter-bru-der, der; -s, -brü-der: Mönch
Klos-ter-schwes-ter, die; -,-n: Nonne
Klotz, der; -es, Klöt-ze: großes Holzstück
klot-zig: wuchtig, massig, ungeschlacht
Klub, der; -s,-s: Verein
Klub-gar-ni-tur, die; -,-en: Polstergarnitur
Klub-haus, das; es, -häu-ser: Vereinshaus
Kluft, die; -, Klüf-te: tiefer Gegensatz
Kluft, die; -, Klüf-te: Felsspalte
Kluft, die; -,-en: umgangssprachlich für „Uniform, Anzug"

klug, klüger, am klügsten: gescheit, vernünftig, weise, schlau
Klü-ge-lei, die; -,-en: Spitzfindigkeit
klü-geln: deuteln, scharf nachdenken
klu-ger-wei-se
Klug-heit, die; -, keine Mehrzahl: Vernünftigkeit, Schlauheit
Klug-schna-cker, der; -s,-: umgangssprachlich für „Klugredner"
Klump, der; -es, keine Mehrzahl: umgangssprachlich für „formlose Masse"
Klum-patsch, der; -es, keine Mehrzahl: umgangssprachlich für „Klumpen, Haufen, Zeug"
klum-pen: zusammenballen, Klumpen ergebend
Klum-pen, der; -s,-: Ballen, Haufen
Klump-fuß, der; -es, -fü-ße: Missbildung des Fußes
Klün-gel, der; -s,-: Vetternwirtschaft
Klun-ker, der; -s,-: Troddel
Klun-ker, der; -s,-: umgangssprachlich für „großer Edelstein, großes Schmuckstück"
Klup-pe, die; -,-n: Einspannwerkzeug
Klup-pe, die; -,-n: Schneidwerkzeug
Klü-ver, der; -s,-: dreieckiges Segel
Klü-ver-baum, der; -es, -bäu-me: Mast für den Klüver
knab-bern: nagen
knab-bern: naschen, Süßigkeiten verzehren
Knab-ber-werk, das; -es, keine Mehrzahl: Süßigkeiten
Kna-be, der; -n,-n: Junge
kna-ben-haft: jungenhaft
Kna-ben-lie-be, die; -, keine Mehrzahl: Päderastie
Knä-cke-brot, das; -es,-e: trockenes, flaches Vollkornbrot
kna-cken: krachen
kna-cken: gewaltsam öffnen
Kna-cker, der; -s,-: umgangssprachlich für „alter Mann, merkwürdiger Mann"
Kna-cker, der; -s,-: Würstchen
Knacks, der; -es,-e: Riss, Sprung, Bruch
Knall, der; -es,-e: scharfes, lautes Geräusch, Explosionsgeräusch
Knall-ef-fekt, der; -es,-e: verblüffender Höhepunkt
knal-len: krachen
knal-len: jemandem eine knallen, jemandem eine Ohrfeige geben
Knall-frosch, der; -es, -frö-sche: Feuerwerkskörper

kniffelig

Knall-gas, das; -es, keine Mehrzahl: Mischung von Sauerstoff und Wasserstoff, die sich explosionsartig zu Wasser verbindet
knal-lig: grell, aufdringlich
knal-lig: verblüffend
Knall-kopf, der; -es, -köp-fe: umgangssprachlich für „Dummkopf, beschränkter Mensch"
knapp: gering, wenig
knapp: gedrängt, bündig
knapp: kurz
knapp: eng, dicht
Knap-pe, der; -n,-n: veraltet für „junger Edelmann"
Knap-pe, der; -n,-n: Bergmann
Knapp-schaft, die; -,-en: zunftartige Vereinigung der Bergleute
knap-sen: knausern, sparen
Knar-re, die; -,-n: umgangssprachlich für „Gewehr"
Knar-re, die; -,-n: Kinderspielzeug
knar-ren
Knast, der; -es,-e/Knäs-te: umgangssprachlich für „Gefängnis"
Knast, der; -es, Knäs-te: Knorren, Aststück
Knatsch, der; -es, keine Mehrzahl: Ärger, Streit, Unannehmlichkeiten
knat-tern
Knäu-el, das; -s,-: zu einer Kugel gewickelter Faden
Knauf, der; -es, Knäu-fe: kugelförmiges, verziertes Endstück an Möbeln oder Geländern
knau-peln: herumkauen, nagen
Knau-ser, der; -s,-: umgangssprachlich für „Geizhals"
knau-se-rig: umgangssprachlich für „geizig"
knau-sern: umgangssprachlich für „geizen, sparen"
knaut-schen: zusammendrücken, zerknüllen, quetschen
Knautsch-zo-ne, die; -,-n: Pufferzone eines Autos
Kne-bel, der; -s,-: in den Mund gestopftes Stoffstück
Kne-bel, der; -s,-: Knebelholz, Spannholz
kne-beln: gewaltsam behindern, unterdrücken
kne-beln: den Mund verschließen
Knecht, der; -es,-e: veraltet für „Landarbeiter"

Knecht, der; -es,-e: Unterdrückter, Ergebener
knech-tisch: unterwürfig, bedingungslos ergeben
Knecht-schaft, die; -,-en: Unterdrückung, Abhängigkeit
knei-fen, kniff, gekniffen: sich drücken, ausweichen
knei-fen, kniff, gekniffen: zwicken, klemmen, drücken
Knei-fer, der; -s,-: Zwicker
Kneif-zan-ge, die; -,-n: Beißzange
Knei-pe, die; -,-n: Wirtshaus, Lokal
knei-pen: trinken, zechen
Knei-pen-wirt, der; -es,-e: Wirt
Knei-pi-er, der; -s,-s: umgangssprachlich für „Wirt"
kneip-pen: eine Kneippkur machen
Kneipp-kur, die; -,-en: Kaltwasserbehandlung
knet-bar: plastisch, formbar
kne-ten: mit den Händen formen
kne-ten: massieren
Knet-ha-ken, der; -s,-: Rührhaken einer Küchenmaschine
Knick, der; -es,-e/-s: Hecke, bepflanzter Wall
Knick, der; -es,-e/-s: Bruch, Sprung
Knick, der; -es,-e/-s: scharfe Wendung, scharfe Kurve
Knick, der; -es,-e/-s: Falte
kni-cken: umbrechen
kni-cken: umbiegen, falten
Kni-cker, der; -s,-: umgangssprachlich für „Geizhals"
Kni-cker-bo-cker, die; -, keine Einzahl: Pumphosen, die unterhalb der Knie enden
kni-cke-rig: knauserig, geizig
Knicks, der; -es,-e: Beugung der Knie
knick-sen: die Knie beugen
Knie, das; -s,-: Beingelenk
Knie, das; -s,-: Biegung, Krümmung, gebogenes Teil
Knie-beu-ge, die; -,-n: Turnübung
Knie-fall, der; -es, -fäl-le: Niederknien
Knie-keh-le, die; -,-n: hinterer Teil des Kniegelenks
knien: auf den Knien hocken
Knie-schei-be, die; -,-n: Teil des Knies
knie-tief: bis zum Knie
Kniff, der; -es,-e: scharfe Falte, Knick
Kniff, der; -es,-e: Trick, Kunstgriff
knif-fe-lig: schwierig, heikel

Knilch

Knilch, der; -es,-e: *umgangssprachlich für „Kerl"*
knip-sen: *einschalten*
knip-sen: *lochen*
knip-sen: *umgangssprachlich für „fotografieren"*
Knip-ser, der; -s,-: *jemand, der wahllos fotografiert*
Knip-ser, der; -s,-: *Schalter, Druckknopf*
Knirps, der; -es,-e: *kleiner Mensch; Kind*
knir-schen: *hartes, reibendes Geräusch von sich geben*
knir-schen: *mit den Zähnen mahlen*
knis-tern: *rascheln*
Knit-tel-vers, der; -es,-e: *unbeholfener, paarweise gereimter Vers*
knit-ter-frei: *faltenfrei*
knit-tern: *zerdrücken, zerknittern, zusammendrücken*
Kno-bel-be-cher, der; -s,-: *Würfelbecher*
Kno-bel-be-cher, der; -s,-: *umgangssprachlich für „Militärstiefel"*
kno-beln: *würfeln, losen, raten*
Knob-lauch, der; -es, keine Mehrzahl: *Zwiebelgewächs, Würzpflanze*
Knö-chel, der; -s,-: *Gelenkknochen*
Kno-chen, der; -s,-: *Skelettteil*
Kno-chen-bau, der; -es, keine Mehrzahl: *Beschaffenheit des Skeletts*
Kno-chen-bruch, der; -es, -brü-che
Kno-chen-ge-rüst, das; -es,-e: *Skelett*
Kno-chen-mark, das; -es, keine Mehrzahl: *Zellgewebe in den Röhrenknochen*
kno-chen-tro-cken: *sehr trocken*
kno-chig: *hager*
Knock-out [Nockaut], der; -s,-s: *Schlag, der zur Bewusstlosigkeit führt; Niederlage im Boxsport*
Knö-del, der; -s,-: *Kloß*
Knol-le, die; -,-n: *unterirdischer, verdickter Pflanzenteil*
Knol-le, die; -,-n: *Knoten*
Knol-len, der; -s,-: *umgangssprachlich für „Strafzettel"*
Knol-len, der; -s,-: *umgangssprachlich für „dicke Nase"*
Knol-len-blät-ter-pilz, der; -es,-e: *Giftpilz*
knol-lig: *wie eine Knolle*
Knopf, der; -es, Knöp-fe: *Druckknopf*
Knopf, der; -es, Knöp-fe: *Griff, Knauf*
Knopf, der; -es, Knöp-fe: *Verschlussstück der Kleidung*
knöp-fen

Knopf-loch, das; -es, -lö-cher: *Loch zum Zuknöpfen*
Knor-pel, der; -s,-: *weicher Knochenteil*
knor-pe-lig: *mit Knorpel versehen*
Knor-ren, der; -s,-: *Baumstumpf, Holzklotz*
knor-rig: *astreich; krumm, unbehauen*
Knorz, der; -es,-e: *Knorren*
Knorz, der; -es,-e: *schlechte Arbeit*
knor-zen: *sparsam sein, sparen*
knor-zen: *sich abmühen*
Knos-pe, die; -,-n: *verschlossene Blüte*
Knöt-chen, das; -s,-: *Verkleinerungsform für „Knoten"*
kno-ten: *verknüpfen, verschlingen*
Kno-ten, der; -s,-: *Verschlingung, Schlinge*
Kno-ten, der; -s,-: *Verdickung, Auswuchs*
Kno-ten, der; -s,-: *Geschwindigkeitsmaß bei Schiffen, Zeichen: kn*
Kno-ten-punkt, der; -es,-e: *Schnittpunkt, Verkehrsmittelpunkt*
Knö-te-rich, der; -s, keine Mehrzahl: *Schlinggewächs*
Know-how [Nouhau], das; -s, keine Mehrzahl: *Wissen*
Knuff, der; -s, Knüf-fe: *Stoß, leichter Schlag, Rippenstoß*
knuf-fen: *stoßen*
knül-len: *zusammenknittern, zerknittern*
Knül-ler, der; -s,-: *Überraschungseffekt, Erfolg, Schlager*
Knül-ler, der; -s,-: *Sensationsbericht*
knüp-fen: *Knoten schlingen, durch Knoten verbinden, verknoten*
Knüp-fe-rei, die; -, -en: *Handarbeit, Knüpfarbeit*
Knüp-pel, der; -s,-: *Steuerknüppel, Schaltknüppel*
Knüp-pel, der; -s,-: *Stock*
Knüp-pel-damm, der; -es, -däm-me: *mit Knüppeln belegter Weg*
knüp-pel-dick: *alles auf einmal, sehr viel; auch: sehr voll*
knur-ren: *Knurrlaute ausstoßen*
knur-ren: *mürrisch reden, unfreundlich sein*
Knurr-hahn, der; -es, -häh-ne: *Fischart*
knus-pern: *knabbern*
knusp-rig: *hart gebacken, rösch*
Knust, der; -es,-e: *Brotkanten*
Knu-te, die; -, keine Mehrzahl: *übertragen für „Gewaltherrschaft"*

Kohlenwasserstoff

Knu-te, die; -,-n: *Knüppel, Peitsche*
knut-schen: *schmusen, küssen*
Knut-sche-rei, die; -,-en: *anhaltendes Knutschen*
ko-a-gu-lie-ren: *ausflocken*
ko-a-lie-ren: *sich verbünden, eine Koalition bilden*
Ko-a-li-ti-on, die; -,-en: *Bündnis, zweckgebundene Parteienverbindung*
Ko-a-li-ti-ons-par-tei-en, die; -, keine Einzahl: *die verbündeten Parteien*
Ko-a-li-ti-ons-re-gie-rung, die; -,-en: *Regierung, die von mehreren Parteien gebildet wird*
ko-axi-al: *eine gemeinsame Achse habend*
Ko-axi-al-ka-bel, das; -s,-: *Mehrfachkabel*
Ko-balt, das; -s, keine Mehrzahl: *chemisches Element, Metall; Zeichen: Co*
Ko-ben, der; -s,-: *Verschlag, kleiner Stall*
Ko-ber, der; -s,-: *Speisekorb; auch: Futtertrog*
Ko-bold, der; -s,-e: *Erdgeist*
Ko-bolz, der; -es,-e: *Purzelbaum*
Kob-ra (auch Ko-bra), die; -,-s: *Giftschlange*
Koch, der; -es, Kö-che: *jemand, der Speisen zubereitet*
Koch-buch, das; -es, -bü-cher: *Buch, das Kochrezepte enthält*
ko-chen: *sieden, über den Siedepunkt erhitzen, garen*
ko-chen: *brodeln, sprudeln, wallen, schäumen*
ko-chen: *Speisen zubereiten*
ko-chend heiß: *sehr heiß*
Kö-cher, der; -s,-: *Pfeilbehälter*
koch-fest: *kochbeständig*
Kö-chin, die; -,-nen
Koch-kunst, die; -, -küns-te
Koch-ni-sche, die; -,-n: *abgetrennte Nische mit Herd in einem Wohnraum*
Koch-plat-te, die; -,-n: *elektrisches Gerät mit Heizplatte*
Koch-salz, das; -es, keine Mehrzahl: *Natriumchlorid, Speisesalz*
Ko-da, die; -,-s: *Schlussteil eines Musikstücks*
kod-de-rig: *übel*
kod-de-rig: *schmutzig, abgerissen, schäbig*
Kode, der; -s,-s: *siehe auch: Code; Zeichenverschlüsselungssystem*
Kö-der, der; -s,-: *Lockmittel*
kö-dern: *locken, in die Falle locken*

Ko-dex, der; -, Ko-di-zes: *Gesamtheit der Regeln einer Gesellschaft*
Ko-dex, der; -, Ko-di-zes: *Gesetzbuch, Gesetzessammlung*
ko-die-ren: *siehe codieren, verschlüsseln*
Ko-e-du-ka-ti-on, die; -, keine Mehrzahl: *gemeinsame Erziehung und gemeinsamer Unterricht von Mädchen und Jungen*
Ko-ef-fi-zi-ent, der; -en,-en: *Mathematik: Beizahl, Beiwert*
Ko-exis-tenz, die; -, keine Mehrzahl: *das Nebeneinanderleben, gleichzeitiges Vorhandensein*
ko-exis-tie-ren: *nebeneinander existieren*
Kof-fe-in, das; -s, keine Mehrzahl: *anregendes Alkaloid in Kaffee und Tee*
kof-fe-in-frei: *ohne Koffein*
Kof-fer, der; -s,-: *Gepäckstück*
Kof-fer-ra-dio, das; -s,-s: *kleines, tragbares Radio*
Kof-fer-raum, der; -es, -räu-me: *Laderaum eines Autos*
Kog-ge, die; -,-n: *mittelalterliches Handelsschiff*
ko-hä-rent: *zusammenhängend; auch: die gleiche Phase und Frequenz habend (Licht)*
Kohl, der; -es,(-e): *Gemüseart*
Kohl, der; -es, keine Mehrzahl: *umgangssprachlich für „dummes Gerede, Unsinn"*
Kohl-dampf, der; -es, keine Mehrzahl: *umgangssprachlich für „Hunger"*
Koh-le, die; -,-n: *umgangssprachlich für „Geld"*
Koh-le, die; -,-n: *Brennstoff*
Koh-len-hy-drat, das; -es,-e: *organisch-chemische Verbindung*
Koh-len-kel-ler, der; -s,-
Koh-len-mei-ler, der; -s,-: *Meiler, in dem Holzkohle entsteht*
Koh-len-mo-no-xid (auch Koh-len-mo-no-xyd), das; -es, keine Mehrzahl: *Kohlengas, bei Verbrennung entstehendes Gas*
Koh-len-säu-re, die; -, keine Mehrzahl: *durch Lösen von Kohlendioxid in Wasser entstehende Säure*
Koh-len-stoff, der; -es, keine Mehrzahl: *nichtmetallisches Element, Zeichen: C*
Koh-len-was-ser-stoff, der; -es,-e: *ausschließlich aus Kohlenstoff und Wasserstoff aufgebaute chemische Verbindungen*

Kohlepapier

Koh-le-pa-pier, das; -es,-e: *Durchschlagpapier*
Köh-ler, der; -s,-: *jemand, der Holzkohle herstellt*
Koh-le-zeich-nung, die; -,-en: *Zeichnung mit einem Kohlestift*
Kohl-kopf, der; -es, -köp-fe: *Krautkopf*
Kohl-mei-se, die; -,-n: *Vogelart*
kohl-ra-ben-schwarz: *sehr schwarz*
Kohl-ra-bi, der; -s,-: *Gemüseart*
Kohl-weiß-ling, der; -s,-e: *Schmetterlingsart*
Ko-in-zi-denz, die; -,-en: *Zusammentreffen*
ko-i-tie-ren: *den Geschlechtsverkehr ausüben*
Ko-i-tus, der; -, keine Mehrzahl: *Beischlaf*
Ko-je, die; -,-n: *Schlafkabine, auch: schmales Bett*
Ko-jo-te, der; -n,-n: *Raubtier*
Ko-ka, die; -,-: *Anregungsmittel*
Ko-ka-in, das; -s, keine Mehrzahl: *Rauschmittel, Betäubungsmittel*
Ko-kar-de, die; -,-n: *Abzeichen an der Uniformmütze*
ko-keln: *anzünden, mit Feuer spielen*
ko-ken: *verkohlen*
Ko-ke-rei, die; -,-en: *Anlage zur Verkokung von Kohle*
ko-kett: *gefallsüchtig*
Ko-ket-te-rie, die; -, keine Mehrzahl: *kokettes Verhalten*
ko-ket-tie-ren: *sich kokett benehmen, flirten, liebäugeln*
Kok-kus, der; -, Kok-ken: *Bakterie, Krankheitserreger*
Ko-kon, der; -es,-e: *von Insekten hergestelltes Gehäuse*
Ko-kos-mat-te, die; -,-n: *Fasermatte*
Ko-kos-milch, die; -, keine Mehrzahl: *Fruchtflüssigkeit der Kokosnuss*
Ko-kos-nuss, die; -, -nüs-se: *Frucht der Kokospalme*
Ko-kos-pal-me, die; -,-n: *Palmenart*
Ko-kot-te, die; -,-n: *veraltet für „Dirne"*
Koks, der; -es, keine Mehrzahl: *umgangssprachlich für „Kokain"*
Koks, der; -es,-e: *entgaste Kohle*
kok-sen: *Kokain schnupfen*
Kok-ser, der; -s,-: *Kokainsüchtiger*
Ko-la-nuss, die; -, -nüs-se: *Genussmittel*
Kol-ben, der; -s,-: *Glasgefäß in der Chemie*
Kol-ben, der; -s,-: *Blütenstand*
Kol-ben, der; -s,-: *Maschinenteil*
Kol-ben, der; -s,-: *hinterer Teil eines Gewehrs*
Kol-cho-se, die; -,-n: *landwirtschaftliche Genossenschaft in der UdSSR*
Ko-li-bri, der; -s,-s: *Vogelart*
Ko-lik, die; -,-en: *Krampf eines inneren Organs*
Kolk-ra-be, der; -n,-n: *Vogelart*
kol-la-bie-ren: *zusammenstürzen*
Kol-la-bo-ra-teur, der; -s,-e: *jemand, der heimlich mit dem Feind oder der Besatzungsmacht zusammenarbeitet*
Kol-la-bo-ra-tion, die; -, keine Mehrzahl: *Zusammenarbeit mit dem Feind oder mit der Besatzungsmacht*
kol-la-bo-rie-ren: *heimlich zusammenarbeiten*
Kol-laps, der; -es,-e: *Zusammenbruch*
Kol-leg, das; -s,-e: *Vorlesung*
Kol-le-ge, der; -n,-n: *Mitarbeiter*
kol-le-gi-al: *freundschaftlich, wie ein Kollege*
Kol-le-gin, die; -,-nen: *Mitarbeiterin*
Kol-le-gi-um, das; -s, Kol-le-gi-en: *Körperschaft, Ausschuss*
Kol-lek-te, die; -,-n: *kirchliche Geldsammlung*
Kol-lek-ti-on, die; -,-en: *Warenmustersammlung, Auswahl*
kol-lek-tiv: *gemeinsam, gemeinschaftlich, umfassend*
Kol-lek-tiv, das; -es,-e: *Arbeitsgemeinschaft, Produktionsgemeinschaft*
kol-lek-ti-vie-ren: *in Kollektiven zusammenfassen*
Kol-lek-tor, der; -s,-en: *Stromwender, Stromabnehmer*
Kol-ler, der; -s,-: *Tobsuchtsanfall, Wutanfall*
kol-le-rig: *wütend, einem Koller nahe*
kol-lern: *rollen*
kol-lern: *poltern, wüten*
kol-li-die-ren: *zusammenprallen, in Konflikt geraten*
Kol-li-er [Kolljeh], das; -s,-s: *Halsschmuck*
Kol-li-ma-tor, der; -s,-en: *optisches Bauteil, das Strahlen parallel ausrichtet*
Kol-li-si-on, die; -,-en: *Zusammenprall*
Kol-li-si-on, die; -,-en: *Überschneidung, zeitliches Zusammenfallen*
Kol-li-si-on, die; -,-en: *Widerstreit, Zwiespalt*

Komiker

Kol-lo, das; -s,-s/Kol-li: *Frachtstück*
Kol-lo-id, das; -es,-e: *Flüssigkeit, in der Teilchen fein verteilt sind*
Kol-lo-qui-um, das; -s, Kol-lo-qui-en: *wissenschaftliches Gespräch*
kol-lu-die-ren: *im Einverständnis handeln*
Kol-lu-si-on, die; -,-en: *geheimes Einverständnis zum Nachteil eines Dritten*
Ko-lo-fo-ni-um (auch Ko-lo-pho-ni-um), das; -s, keine Mehrzahl: *Balsamharz*
Ko-lon, das; -s, Ko-la: *Doppelpunkt*
ko-lo-ni-al: *den Kolonialismus betreffend*
Ko-lo-ni-a-lis-mus, der; -, keine Mehrzahl: *Erwerb und Nutzung von Kolonien; auch: Streben danach*
Ko-lo-ni-al-wa-ren, die; -, keine Einzahl: *veraltet für „Lebensmittel"*
Ko-lo-nie, die; -,-n: *Ansiedlung von Ausländern in einem Staat*
Ko-lo-nie, die; -,-n: *Ansiedlung von Menschen in einsamen Gegenden*
Ko-lo-nie, die; -,-n: *ausländischer, meist überseeischer Besitz eines Staates*
ko-lo-ni-sie-ren: *als Kolonie erobern oder erwerben, Land im Ausland an sich bringen und wirtschaftlich ausnutzen*
ko-lo-ni-sie-ren: *urbar machen, erschließen und besiedeln*
Ko-lo-nist, der; -en,-en: *Ansiedler, Siedler in einer Kolonie*
Ko-lon-na-de, die; -,-n: *Säulengang*
Ko-lon-ne, die; -,-n: *zusammengehörige Fahrzeuge*
Ko-lon-ne, die; -,-n: *Arbeitsgruppe*
Ko-lon-ne, die; -,-n: *Druckspalte*
Ko-lon-ne, die; -,-n: *geordnete Gruppe*
Ko-lo-ra-tur, die; -,-en: *Kunstgesang in oberen Stimmlagen*
ko-lo-rie-ren: *färben, bunt bemalen*
Ko-lo-rit, das; -es,-e: *typische Prägung, Atmosphäre eines Ortes*
Ko-lo-rit, das; -es,-e: *Klangfarbe, Klangeigenart*
Ko-lo-rit, das; -es,-e: *Farbgebung, Farbwirkung*
Ko-loss, der; -es,-e: *Riesenstandbild; auch: riesenhafter Mensch*
ko-los-sal: *riesenhaft, gewaltig, ungeheuer*
Ko-los-se-um, das; -s, keine Mehrzahl: *römisches Amphitheater*
Kol-por-ta-ge, die; -,-n: *billiges, minderwertiges Druckerzeugnis*
Kol-por-ta-ge, die; -,-n *Verbreitung von Gerüchten*
Kol-por-ta-ge-ro-man, der; -es,-e: *minderwertige Lektüre, Dreigroschenroman*
Kol-por-teur, der; -s,-e: *jemand, der Gerüchte verbreitet*
kol-por-tie-ren: *Gerüchte verbreiten*
Kol-ter, die; -,-n: *süddeutsch für „Wolldecke"*
Ko-lum-ne, die; -,-n: *Druckspalte, Leitartikel*
Ko-lum-nist, der; -en,-en: *Journalist, der regelmäßig Artikel für eine bestimmte Spalte einer Zeitung schreibt; auch: Leitartikler*
Köm, der; -s,-s: *Kümmelschnaps*
Ko-ma, das; -s,-s/-ta: *tiefe Bewusstlosigkeit*
Ko-ma, die; -, keine Mehrzahl: *Abbildungsfehler eines optischen Systems*
Kom-bat-tant, der; -en,-en: *Kämpfer*
Kom-bi, der; -s,-s: *Mehrzweckauto*
Kom-bi, die; -,-s: *Arbeitsanzug*
Kom-bi-fahr-zeug, das; -es,-e: *Mehrzweckfahrzeug*
Kom-bi-nat, das; -es,-e: *Zusammenschluss von Industrien in sozialistischen Ländern*
Kom-bi-na-ti-on, die; -,-en: *Anzug, zusammenpassende Oberbekleidung*
Kom-bi-na-ti-on, die; -,-en: *Verknüpfung, Zusammenfügung, Zusammenstellung*
Kom-bi-na-ti-on, die; -,-en: *planvolles Zusammenspiel*
Kom-bi-na-ti-on, die; -,-en: *Gedankenverbindung, Gedankengang*
kom-bi-nie-ren: *logisch folgern, Zusammenhänge herstellen*
kom-bi-nie-ren: *zusammenstellen, zusammenfügen*
Kom-bü-se, die; -,-n: *Schiffsküche*
Ko-met, der; -en,-en: *gas- und staubförmiger Himmelskörper, der von der Sonne zum Leuchten angeregt wird und dadurch einen Schweif entwickelt; Haarstern, Schweifstern*
ko-me-ten-haft: *unerwartet schnell, steil aufsteigend*
Ko-me-ten-schweif, der; -es,-e
Kom-fort, der; -s, keine Mehrzahl: *Bequemlichkeit, Behaglichkeit*
kom-for-ta-bel: *bequem, praktisch*
Ko-mik, die; -, keine Mehrzahl
Ko-mi-ker, der; -s,-: *Spaßmacher*

Komintern

Kom-in-tern, die; -, keine Mehrzahl: Kurzwort für „Kommunistische Internationale", Vereinigung der kommunistischen Parteien der Welt
ko-misch: lustig, erheiternd
ko-misch: seltsam, eigenartig
Ko-mi-tee, das; -s,-s: Ausschuss
Kom-ma: das; -s,-s/Kom-ma-ta: Satzzeichen
Kom-man-dant, der; -en,-en: Befehlshaber
Kom-man-deur, der; -s,-e: Truppenbefehlshaber
kom-man-die-ren: befehligen
Kom-man-dit-ge-sell-schaft, die; -,-en: Handelsgesellschaftsart
Kom-man-do, das; -s,-s: Auftrag, Dienst
Kom-man-do, das; -s,-s: Befehlsgewalt, Oberbefehl
Kom-man-do, das; -s,-s: Befehl
Kom-man-do, das; -s,-s: Sondertruppe, Abordnung
kom-men, kam, gekommen: geschehen
kom-men, kam, gekommen: eintreffen, erscheinen
kom-men, kam, gekommen: sich nähern
kom-men-su-ra-bel: vergleichbar
Kom-men-tar, der; -es,-e: Erläuterung, Anmerkung
Kom-men-ta-tor, der; -s,-en: jemand, der kommentiert
kom-men-tie-ren: erläutern, anmerken
Kom-mers, der; -es,-e: Trinkgelage einer studentischen Verbindung
Kom-merz, der; -es, keine Mehrzahl: Handel, Verkehr
kom-mer-zi-ell: den Kommerz betreffend, kaufmännisch
Kom-mi-li-to-ne, der; -n,-n: Mitstudent
Kom-mi-li-to-nin, die; -,-nen: Mitstudentin
Kom-miss, der; -, keine Mehrzahl: umgangssprachlich für „Militär, Militärdienst"
Kom-mis-sar, der; -es,-e: mit Vollmachten ausgestatteter Stellvertreter
Kom-mis-sar, der; -es,-e: Kriminalbeamter
Kom-mis-sa-ri-at, das; -es,-e: Dienststelle der Kriminalpolizei
kom-mis-sa-risch: in Vertretung
Kom-miss-brot, das; -es,-e: Brotart
Kom-mis-si-on, die; -,-en: Auftrag zur Geschäftsführung
Kom-mis-si-on, die; -,-en: Ausschuss
kom-mod: bequem
Kom-mo-de, die; -,-n: Möbel
kom-mu-nal: die Kommune betreffend
Kom-mu-nal-po-li-tik, die; -, keine Mehrzahl: Politik, die die Gemeinde betrifft
Kom-mu-nal-wahl, die; -,-en: Wahl der Ortsverwaltung
Kom-mu-nar-de, der; -n,-n: Bewohner einer Kommune
Kom-mu-ne, die; -,-n: Gemeinde
Kom-mu-ne, die; -,-n: ungebräuchlich, veraltet für „Wohngemeinschaft"
Kom-mu-ni-ka-ti-on, die; -,-en: Verständigung
Kom-mu-ni-ka-ti-on, die; -,-en: Verbindung, Zusammenhang
Kom-mu-ni-kee (auch Kom-mu-ni-qué) [Kommunikeh], das; -s,-s: Verlautbarung
Kom-mu-nis-mus, der; -, keine Mehrzahl: Wirtschafts- und Gesellschaftsordnung mit Gütergemeinschaft und sozialer Gleichstellung aller; auch: von Karl Marx begründete politische und sozialwissenschaftliche Lehre, die diese Gesellschaftsform und den Kapitalismus beschreibt; auch: politische Bewegung, die diese Gesellschaftsordnung anstrebt
Kom-mu-nist, der; -en,-en: Anhänger des Kommunismus
kom-mu-nis-tisch: den Kommunismus betreffend
kom-mu-ni-zie-ren: miteinander in Verbindung stehen
Ko-mö-di-ant, der; -en,-en: Schauspieler
ko-mö-di-an-tisch: die Komödie betreffend
Ko-mö-die, die; -,-n: Lustspiel
Kom-pag-non [Kompanjoñ] (auch Kom-pa-gnon), der; -s,-s: Teilhaber, Mitarbeiter
kom-pakt: massiv, gedrungen, fest
Kom-pa-nie, die; -,-n: militärische Einheit
Kom-pa-nie, die; -,-n: Handelsgesellschaft
Kom-pa-nie-chef, der; -s,-s: Befehlshaber einer Kompanie
kom-pa-ra-bel: vergleichbar
kom-pa-ra-bel: Grammatik: steigerungsfähig
Kom-pa-ra-tiv, der; -es,-e: Grammatik: zweite Steigerungsstufe, Vergleichsstufe
Kom-par-se, der; -n,-n: Darsteller einer kleinen Rolle, Statist

Konfekt

Kom-par-se-rie, die; -,-n: *Gesamtheit der Komparsen*
Kom-pass, der; -es,-e: *Gerät, das mit einer Magnetnadel die Nord-Süd-Richtung anzeigt*
kom-pa-ti-bel: *vereinbar, zusammenstimmend, zusammenpassend*
Kom-pa-ti-bi-li-tät, die; -,-en: *Vereinbarkeit*
Kom-pen-di-um, das; -s, Kom-pen-di-en: *Handbuch, Abriss, Zusammenfassung*
Kom-pen-sa-ti-on, die; -,-en: *Ausgleich, Erstattung, Verrechnung, Ausgleichsleistung*
kom-pen-sie-ren: *ausgleichen, aufheben; vergüten, verrechnen*
kom-pe-tent: *befugt, zuständig*
kom-pe-tent: *urteilsfähig*
Kom-pe-tenz, die; -,-en: *Befugnis, Zuständigkeit*
Kom-pe-tenz, die; -,-en: *Urteilsfähigkeit*
Kom-pe-tenz-strei-tig-keit, die; -,-en: *Streit um die Zuständigkeit*
Kom-ple-men-tär-far-be, die; -,-n: *Farblehre: Ergänzungsfarbe*
kom-plett: *vollständig, vollzählig, total*
kom-plet-tie-ren: *vervollständigen*
kom-plex: *vielschichtig, verwickelt*
Kom-plex, der; -es,-e: *ins Unterbewusste verdrängte Vorstellung, Hemmung, Furchtvorstellung*
Kom-plex, der; -es,-e: *Gesamtheit, Inbegriff*
Kom-plex, der; -es,-e: *Bauwerksgruppe*
Kom-pli-ka-ti-on, die; -,-en: *Schwierigkeit; Verschlimmerung*
Kom-pli-ment, das; -es,-e: *Artigkeit, Schmeichelei, höfliche Bemerkung*
kom-pli-ziert: *verwickelt, schwierig, knifflig, schwer durchschaubar*
Kom-plott, das; -es,-e: *Verschwörung*
Kom-pli-ze, der; -n,-n: *Mittäter, Mitschuldiger*
Kom-po-nen-te, die; -,-n: *Teil*
kom-po-nie-ren: *Musik verfassen, in Töne setzen*
kom-po-nie-ren: *zusammensetzen, zusammenstellen*
Kom-po-nist, der; -en,-en: *Tonsetzer, Tondichter*
Kom-po-si-ti-on, die; -,-en: *Musikwerk, Tonschöpfung*
Kom-po-si-ti-on, die; -,-en: *Zusammenstellung, Anordnung*

Kom-po-si-tum, das; -s, Kom-po-si-ta: *aus zwei selbstständigen Worten zusammengesetztes Wort, das einen Sinn ergibt: Eisenwaren/geschäft, Bank/kaufmann*
Kom-post, der; -es,-e: *verrotteter organischer Abfall*
Kom-post-hau-fen, der; -s,-: *Abfallhaufen*
kom-pos-tie-ren: *zu Kompost verrotten*
Kom-pott, der; -es,-e: *Nachtisch, eingemachtes Obst*
Kom-pres-se, die; -,-n: *fester Verband*
Kom-pres-si-on, die; -,-en: *Verdichtung*
Kom-pres-sor, der; -s,-en: *Verdichter*
kom-pri-mie-ren: *verdichten, zusammenpressen*
Kom-pro-miss, der; -,es,-e: *Zugeständnis, Verständigung, Ausgleich, Mittelweg*
kom-pro-miss-los: *rücksichtslos, keine Zugeständnisse machend*
kom-pro-mit-tie-ren: *bloßstellen, in Verlegenheit bringen*
Kom-tess, die; -e,-en: *Adelstitel*
Kon-den-sat, das; -es,-e: *Flüssigkeit, die sich beim Abkühlen niederschlägt*
Kon-den-sa-ti-on, die; -,-en: *Verdichtung, Vorgang des Niederschlagens von Flüssigkeiten, Verdichtung*
Kon-den-sa-tor, der; -s,-en: *elektrisches Bauelement*
kon-den-sie-ren: *verflüssigen, verdichten, sich niederschlagen*
Kon-dens-milch, die; -, keine Mehrzahl: *eingedickte Milch*
Kon-dens-strei-fen, der; -s,-: *Abgaskondensat von Flugzeugen*
Kon-dens-was-ser, das; -s, keine Mehrzahl: *Wasser, das als Niederschlag aus Dampf entsteht*
Kon-di-ti-on, die; -,-en: *körperliche Verfassung*
Kon-di-ti-on, die; -,-en: *Bedingung*
Kon-di-ti-ons-trai-ning, das; -s, keine Mehrzahl
Kon-di-tor, der; -s,-en: *Feinbäcker, Kuchenbäcker*
Kon-di-to-rei, die; -,-en: *Feinbäckerei*
Kon-do-lenz, die; -, keine Mehrzahl: *Beileid, Beileidsbezeugung*
kon-do-lie-ren: *Beileid bezeugen*
Kon-dom, das; -es,-e: *Präservativ*
Kon-dor, der; -s,-e: *südamerikanischer Geier*
Kon-fekt, das; -es,-e: *Süßigkeiten*

Konfektion

Kon-fek-ti-on, die; -,-en: *Fertigkleidung*
kon-fek-ti-o-nie-ren: *serienmäßig herstellen*
kon-fek-ti-o-nie-ren: *ein Kleidungsstück fertig stellen, für eine bestimmte Figur passend machen*
Kon-fe-renz, die; -,-en: *Sitzung, beratende Zusammenkunft, Beratung, Besprechung*
kon-fe-rie-ren: *beraten, besprechen*
Kon-fes-si-on, die; -,-en: *Glaubensbekenntnis*
kon-fes-si-o-nell: *die Konfession betreffend*
Kon-fet-ti, das; -s, keine Mehrzahl: *Papierschnipsel*
Kon-fir-mand, der; -en,-en: *jemand, der konfirmiert wird*
Kon-fir-man-den-un-ter-richt, der; -es, keine Mehrzahl
Kon-fir-ma-ti-on, die; -,-en: *Bestätigung, Bekräftigung*
Kon-fir-ma-ti-on, die; -,-en: *Einsegnung, Aufnahme in die Gemeinde*
kon-fir-mie-ren
Kon-fis-ka-ti-on, die; -,-en: *Einziehung, Enteignung, Beschlagnahme*
kon-fis-zie-ren: *beschlagnahmen, einziehen*
Kon-fi-tü-re, die; -,-n: *Marmelade*
Kon-flikt, der; -es,-e: *Streit, Zwiespalt*
Kon-flikt, der; -es,-e: *bewaffnete Auseinandersetzung*
Kon-fö-de-ra-ti-on, die; -,-en: *Bündnis, Staatenbund*
kon-fö-de-rie-ren: *ein Bündnis eingehen*
kon-form: *gleich gesinnt, übereinstimmend*
Kon-for-mist, der; -en,-en: *Vertreter der herrschenden Meinung*
Kon-for-mi-tät, die; -,-en: *Übereinstimmung, Gleichförmigkeit*
Kon-fron-ta-ti-on, die; -,-en: *Gegenüberstellung*
kon-fron-tie-ren: *gegenüberstellen*
kon-fus: *durcheinander*
Kon-fu-si-on, die; -,-en: *Verwirrung, Durcheinander*
kon-ge-ni-al: *geistig ebenbürtig*
Kon-glo-me-rat, das; -es,-e: *Gemisch, Gemenge*
Kon-gress, der; -es,-e: *Tagung, Versammlung*
kon-gru-ent: *übereinstimmend, deckungsgleich*
Kon-gru-enz, die; -,-en: *Übereinstimmung, Deckungsgleichheit*
Ko-ni-fe-re, die; -,-n: *Nadelbaum*
Kö-nig, der; -s,-e: *adeliger Herrscher eines Staates*
Kö-ni-gin, die; -,-nen: *adelige Herrscherin*
kö-nig-lich: *wie ein König*
ko-nisch: *kegelförmig*
Kon-ju-ga-ti-on, die; -,-en: *Grammatik: Beugung des Verbs*
kon-ju-gie-ren: *Grammatik: das Verb beugen*
Kon-junk-ti-on, die; -,-en: *Grammatik: Bindewort*
Kon-junk-ti-on, die; -,-en: *Stellung der Sonne zwischen der Erde und einem anderen Planeten*
Kon-junk-tiv, der; -es, keine Mehrzahl: *Grammatik: Möglichkeitsform*
Kon-junk-tur, die; -,-en: *wirtschaftliche Entwicklung, Wirtschaftslage*
kon-junk-tu-rell: *die Konjunktur betreffend*
kon-kav: *nach innen gewölbt*
Kon-kla-ve, die; -,-n: *Papstwahl der Kardinäle unter Ausschluss der Öffentlichkeit*
kon-kret: *anschaulich, sachlich*
kon-kret: *genau, in Wirklichkeit*
kon-kret: *gegenständlich*
kon-kre-ti-sie-ren: *gegenständlich, anschaulich machen, Beispiele geben*
Kon-ku-bi-nat, das; -es,-e: *veraltet für „wilde Ehe"*
Kon-ku-bi-ne, die; -,-n: *veraltet für „Geliebte"*
Kon-kur-rent, der; -en,-en: *Gegner, Mitbewerber, Wettstreiter*
Kon-kur-renz, die; -,-en: *Gegner, anderes Unternehmen*
Kon-kur-renz, die; -,-en: *Wettstreit, Wettbewerb*
kon-kur-renz-fä-hig: *wettbewerbsfähig*
Kon-kur-renz-kampf, der; -es, -kämp-fe: *harter Wettbewerb*
kon-kur-renz-los: *ohne Konkurrenten*
Kon-kur-renz-un-ter-neh-men, das; -s,-: *Unternehmen, das auf dem Markt das Gleiche anbietet*
kon-kur-rie-ren: *im Wettbewerb stehen, wetteifern*

Konstruktion

Kon-kurs, der; -es,-e: *Zahlungsunfähigkeit, Geschäftszusammenbruch, Insolvenz; auch: Konkursverfahren*
Kon-kurs-mas-se, die; -,-n: *Vermögen der zahlungsunfähigen Firma*
Kon-kurs-ver-fah-ren, das; -s,-
Kon-kurs-ver-wal-ter, der, -s,-: *jemand, der die Geschäfte eines zahlungsunfähigen Unternehmens während des Konkursverfahrens weiterführt*
kön-nen, konnte, gekonnt: *dürfen*
kön-nen, konnte, gekonnt: *beherrschen, gelernt haben, imstande sein*
kön-nen, konnte, gekonnt: *vermögen, fähig sein, imstande sein*
Kön-ner, der; -s,-: *jemand, der etwas gut kann*
Kon-nex, der; -es,-e: *Verbindung, Zusammenhang; Bekanntschaft*
Kon-ne-xi-on, die; -,-en: *Beziehung, Verbindung*
Kon-quis-ta-dor, der; -s,-en: *spanischer oder portugiesischer Eroberer Südamerikas*
Kon-rek-tor, der; -s,-en: *stellvertretender Schuldirektor*
Kon-sens, der; -es,-e: *Erlaubnis, Zustimmung*
Kon-sens, der; -es,-e: *Einwilligung, Übereinstimmung, Vereinbarung*
kon-se-quent: *folgerichtig, beständig, grundsatztreu, beharrlich*
Kon-se-quenz, die; -,-en: *Folge, Folgerung*
Kon-se-qu-enz, die; -,-en: *Folgerichtigkeit, Beharrlichkeit*
kon-ser-va-tiv: *erhaltend, bewahrend, am Bestehenden festhaltend*
Kon-ser-va-ti-ve, der/die; -n,-n: *jemand, der konservativ eingestellt ist*
Kon-ser-va-tor, der; -s,-en: *jemand, der Kunstdenkmäler pflegt*
Kon-ser-va-to-ri-um, das; -s, Kon-ser-va-to-ri-en: *Musikschule*
Kon-ser-ve, die; -,-n: *aufgezeichneter Film*
Kon-ser-ve, die; -,-n: *Lebensmittel in Büchsen*
kon-ser-vie-ren: *erhalten, pflegen, bewahren*
kon-ser-vie-ren: *haltbar machen, einkochen*
Kon-ser-vie-rung, die; -, keine Mehrzahl: *Haltbarmachung*

Kon-si-li-um, das; -s, Kon-si-li-en: *Beratung von Ärzten*
kon-sis-tent: *widerspruchsfrei*
kon-sis-tent: *dauerhaft, haltbar, fest, dicht*
Kon-sis-tenz, die; -,-en: *Beschaffenheit eines Materials*
Kon-so-le, die; -,-n: *Bedienungstafel mit Anzeigeinstrumenten*
Kon-so-le, die; -,-n: *stützender Mauervorsprung*
kon-so-li-die-ren: *festigen, sichern*
Kon-so-li-die-rung, die; -,-en: *Festigung, Sicherung, Vereinigung*
Kon-som-mee, das; -s,-s: *Fleischbrühe*
Kon-so-nant, der; -en,-en: *Mitlaut*
Kon-sor-te, die; -,-n: *Beteiligter, Teilnehmer*
Kon-sor-ti-um, das; -s, Kon-sor-ti-en: *vorübergehender geschäftlicher Zusammenschluss mehrerer Firmen*
Kons-pi-ra-ti-on (auch Kon-spi-ra-ti-on), die; -,-en: *Verschwörung*
kons-pi-rie-ren (auch kon-spi-rie-ren): *sich verschwören*
kons-tant (auch kon-stant): *gleichmäßig, beständig, unveränderlich*
Kons-tan-te (auch Kon-stan-te), die; -,-n: *unveränderliche Größe*
kons-ta-tie-ren (auch kon-sta-tie-ren): *feststellen, bemerken*
Kons-tel-la-ti-on (auch Kon-stel-la-ti-on), die; -,-en: *Zusammentreffen, Stellung*
Kons-ter-na-ti-on (auch Kon-ster-na-ti-on), die; -,-en: *Betroffenheit, Bestürzung, Verblüffung*
kons-ter-niert (auch kon-ster-niert): *verblüfft, betroffen, bestürzt*
kons-ti-tu-ie-ren (auch kon-sti-tu-ie-ren): *gründen, einrichten*
Kons-ti-tu-ti-on (auch Kon-sti-tu-ti-on), die; -,-en: *Körperbeschaffenheit*
Kons-ti-tu-ti-on (auch Kon-sti-tu-ti-on), die; -,-en: *Grundgesetz, Verfassung*
kons-ti-tu-ti-o-nell (auch kon-sti-tu-ti-o-nell), *die Konstitution betreffend*
kons-tru-ie-ren (auch kon-stru-ie-ren): *entwerfen, entwickeln*
Kons-truk-teur (auch Kon-struk-teur) [Konstruktöhr], der; -s,-e: *jemand, der etwas entwirft*
Kons-truk-ti-on (auch Kon-struk-ti-on), die; -,-en: *Entwurf*

Konstruktion

Kons-truk-ti-on (auch Kon-struk-ti-on), die; -,-en: *Aufbau, Gefüge, Bauart*
kons-truk-tiv (auch kon-struk-tiv): *auf einer Konstruktion aufbauend, entwickelnd; auch: ernsthaft, gedeihlich*
Kon-sul, der; -s,-e: *ständiger Vertreter eines Staates in einem anderen Staat*
Kon-su-lat, das; -es,-e: *ständige diplomatische Vertretung*
Kon-sul-ta-ti-on, die; -,-en: *Hinzuziehung, Beratung*
kon-sul-tie-ren: *beraten, einen Fachmann hinzuziehen*
Kon-sum, der; -es, keine Mehrzahl: *Verbrauch*
Kon-su-ment, der; -en,-en: *Verbraucher*
Kon-sum-wirt-schaft, die; -,-en
Kon-takt, der; -es,-e: *Berührung, Verbindung, Beziehung*
Kon-takt, der; -es,-e: *elektrisch leitende Verbindung*
kon-takt-arm
kon-takt-freu-dig
Kon-takt-lin-se, die; -,-n: *Haftschale*
Kon-takt-per-son, die; -,-en: *jemand, mit dem man Kontakt hat*
Kon-ta-mi-na-ti-on, die; -, keine Mehrzahl: *Verseuchung*
kon-ta-mi-niert: *verseucht*
Kon-temp-la-ti-on (auch Kon-tem-pla-ti-on), die; -,-en: *Besinnung, Versunkenheit, Anschauung*
Kon-ten-rah-men, der; -s,-: *Schema der Konten in der Buchführung*
Kon-ter, der; -s,-: *schneller Gegenangriff*
Kon-ter-ban-de, die; -, keine Einzahl: *Schmuggelware*
Kon-ter-fei, das; -s,-s: *Abbild*
kon-tern: *einen Gegenangriff starten*
kon-tern: *widersprechen, Gegenargumente bringen*
kon-tern: *eine Schraubenmutter mit einer anderen sichern*
Kon-ter-re-vo-lu-ti-on, die; -,-en: *Gegenrevolution*
Kon-text, der; -es,-e: *Zusammenhang, Umfeld, äußere Umstände*
Kon-ti-nent, der; -es,-e: *Erdteil*
kon-ti-nen-tal: *den Kontinent betreffend*
Kon-tin-gent, das; -es,-e: *festgesetzte Warenmenge*
Kon-tin-gent, das; -es,-e: *Pflichtbeitrag*
Kon-tin-gent, das; -es,-e: *Truppenbeitrag*
kon-tin-gen-tie-ren: *Waren einteilen*

kon-ti-nu-ier-lich: *ununterbrochen, stetig, gleichmäßig*
Kon-ti-nu-i-tät, die; -,-en: *Stetigkeit, Fortdauer*
Kon-to, das; -s, Kon-ten: *Bankkonto*
Kon-to-aus-zug, der; -es, -zü-ge: *Angabe des Kontostandes auf einem Vordruck*
Kon-to-in-ha-ber, der; -s,-
Kon-to-kor-rent, das; -es,-e: *laufende Rechnung, laufendes Konto*
Kon-to-num-mer, die; -,-n
Kon-tor, das; -s,-e: *Büro, Geschäftszimmer; auch: Handelsniederlassung*
Kon-to-rist, der; -en,-en: *Büroangestellter*
Kon-to-stand, der; -es, -stän-de
kont-ra (auch kon-tra): *gegen, wider*
Kont-ra (auch Kon-tra), das; -s, keine Mehrzahl: *etwas, das gegen eine Sache spricht*
Kont-ra (auch Kon-tra), das; -s,-s: *Gegenansage beim Skat*
Kont-ra-bass (auch Kon-tra-bass), der; -es, -bäs-se: *Bassgeige*
Kont-ra-dik-ti-on (auch Kon-tra-dik-ti-on), die; -,-en: *Widerspruch*
Kon-tra-hent, der; -en,-en: *Gegner, Gegenspieler*
kon-tra-hie-ren: *sich zusammenziehen*
Kont-ra-in-di-ka-ti-on (auch Kon-tra-in-di-ka-ti-on), die; -,-en: *Gegenanzeige*
Kon-trakt, der; -es,-e: *Vertrag, Abmachung*
Kon-trak-ti-on, die; -,-en: *Zusammenziehung*
Kont-ra-punkt (auch Kon-tra-punkt), der; -es,-e: *mehrfache Melodieführung in der Musik*
kont-rär (auch kon-trär): *gegensätzlich, entgegengesetzt, widrig*
Kont-rast (auch Kon-trast), der; -es,-e: *Gegensatz, Unterschied*
kont-rast-arm (auch kon-trast-arm): *wenig Unterschiede aufweisend*
kont-ras-tie-ren (auch kon-tras-tie-ren): *entgegenstellen, entgegensetzen*
kont-rast-reich (auch kon-trast-reich): *starke Unterschiede aufweisend*
Kont-ra-zep-ti-on (auch Kon-tra-zep-ti-on), die; -,-en: *Empfängnisverhütung*
Kon-tri-bu-ti-on, die; -,-en: *Beitragsleistung*
Kont-rol-le (auch Kon-trol-le), die; -,-n: *Überwachung, Aufsicht, Prüfung*

Kopeke

Kont-rol-leur (auch Kon-trol-leur), der; -s,-e: *Prüfer, Aufsicht*
kont-rol-lie-ren (auch kon-trol-lie-ren): *prüfen, überwachen*
Kont-roll-punkt (auch Kon-troll-punkt), der; -es,-e
kont-ro-vers (auch kon-tro-vers): *entgegengesetzt, strittig*
Kont-ro-ver-se (auch Kon-tro-ver-se), die; -,-n: *Meinungsverschiedenheit, Auseinandersetzung*
Kon-tur, die; -,-en: *Umriss*
kon-tu-rie-ren: *mit Umrissen versehen*
Kon-tu-si-on, die; -,-en: *Quetschung*
Ko-nus, der; -,-se: *Kegelart*
Kon-va-les-zenz, die; -,-en: *Genesung*
Kon-vek-ti-on, die; -,-en: *Transport von Wärme durch bewegte Teilchen*
Kon-ve-ni-enz, die; -, keine Mehrzahl: *Bequemlichkeit, Zuträglichkeit*
Kon-vent, der; -es,-e: *Versammlung, Zusammenkunft*
Kon-ven-ti-on, die; -,-en: *Vereinbarung, Übereinkommen*
Kon-ven-ti-o-nal-stra-fe, die; -,-n: *Vertragsstrafe*
kon-ven-ti-o-nell: *herkömmlich, förmlich*
Kon-ver-sa-ti-on, die; -,-en: *Gespräch, Unterhaltung*
Kon-ver-sa-ti-ons-le-xi-kon, das; -s, -le-xi-ka: *Nachschlagewerk über alle Wissensgebiete*
Kon-ver-si-on, die; -,-en: *Übertritt zu einem anderen Glauben*
kon-ver-tie-ren: *umwandeln, anpassen*
kon-ver-tie-ren: *übertreten*
Kon-ver-tit, der; -en,-en: *jemand, der seinen Glauben wechselt*
kon-vex: *nach außen gewölbt*
Kon-voi, der; -s,-s: *Geleitzug, Schutzbegleitung*
Kon-voi, der; -s,-s: *Kolonne von zusammengehörigen Fahrzeugen*
Kon-vo-lut, das; -es,-e: *Sammelmappe, Bündel*
Kon-vul-si-on, die; -,-en: *Zuckung, Krampf*
kon-vul-si-visch: *krampfartig*
kon-ze-die-ren: *zugestehen, einräumen, zubilligen*
Kon-zent-rat (auch Kon-zen-trat), das; -es,-e: *angereichertes Produkt*
Kon-zent-ra-ti-on (auch Kon-zen-tra-ti-on), die; -,-en: *Zusammenballung*

Kon-zent-ra-ti-on (auch Kon-zen-tra-ti-on), die; -, keine Mehrzahl: *Aufmerksamkeit, Spannung*
Kon-zent-ra-ti-on (auch Kon-zen-tra-ti-on), die; -,-en: *Anreicherung*
Kon-zent-ra-ti-ons-la-ger (auch Konzen-tra-tions-la-ger), das; -s,-: *Internierungs- und Vernichtungslager politisch und rassistisch Verfolgter*
kon-zent-rie-ren (auch kon-zen-trie-ren): *zusammenziehen, zusammenballen, anreichern*
kon-zent-rie-ren (auch kon-zen-trie-ren), sich: *aufmerksam sein, angespannt sein*
kon-zent-risch (auch kon-zen-trisch): *rings um einen Mittelpunkt*
Kon-zept, das; -es,-e: *Plan, Entwurf*
Kon-zep-ti-on, die; -,-en: *Entwurf*
Kon-zep-ti-on, die; -,-en: *Empfängnis*
Kon-zern, der; -es,-e: *Unternehmensgruppe unter gemeinsamer Leitung*
Kon-zert, das; -es,-e: *öffentliche Aufführung von Musikstücken*
kon-zer-tiert: *abgestimmt*
Kon-zert-rei-se, die; -,-n: *Tournee*
Kon-zes-si-on, die; -,-en: *amtliche Genehmigung*
Kon-zes-si-on, die; -,-en: *Zugeständnis*
Kon-zil, das; -s,-e/Kon-zi-li-en: *Kirchentagung*
kon-zi-li-ant: *entgegenkommend, verbindlich, zu Zugeständnissen bereit*
Kon-zi-li-anz, die; -, keine Mehrzahl: *konziliantes Verhalten*
kon-zi-pie-ren: *planen, entwerfen*
kon-zi-pie-ren: *empfangen, schwanger werden*
kon-zis: *kurz, bündig*
Koog, der; -es,-e: *eingedeichtes Marschland, Polder*
Ko-ope-ra-ti-on, die; -,-en: *Zusammenarbeit*
ko-ope-ra-tiv: *zusammenwirkend, zusammenarbeitend*
ko-ope-rie-ren: *zusammenarbeiten*
Ko-or-di-na-te, die; -,-n: *Daten, die den Ort eines Punktes bestimmen*
Ko-or-di-na-ti-on, die; -,-en: *Abstimmen, Beiordnung, Zusammenspiel*
ko-or-di-nie-ren: *nebeneinander stellen, beiordnen, gleichstellen*
ko-or-di-nie-ren: *organisieren, abstimmen*
Ko-pe-ke, die; -,-n: *russische Münze*

Kopf

Kopf, der; -es, Köp-fe: *verdicktes Ende, Knopf (Nadel)*
Kopf, der; -es, Köp-fe: *Haupt, Schädel*
Kopf, der; -es, Köp-fe: *Titel, Anfang*
Kopf-ar-bei-ter, der; -s,-: *geistig Arbeitender*
Kopf-ball, der; -es, -bäl-le: *Kopfstoß*
köp-fen: *Fußball: mit dem Kopf stoßen*
Kopf-en-de, das; -s,-n: *oberes Ende (des Bettes)*
Kopf-haut, die; -, -häu-te
Kopf-hö-rer, der; -s,-
Kopf-jä-ger, der; -s,-
Kopf-kis-sen, das; -s,-
kopf-los: *überhastet, unüberlegt*
Kopf-rech-nen, das; -s, keine Mehrzahl: *Rechnen ohne Hilfsmittel*
kopf-scheu: *leicht scheuend; gehemmt, schüchtern, verängstigt*
Kopf-schmerz, der; -es,-en
Kopf-schuss, der; -es, -schüs-se: *Kopfverletzung durch einen Schuss*
Kopf-schüt-teln, das; -s, keine Mehrzahl: *Geste der Verneinung oder der Verwunderung*
Kopf-sprung, der; -es, -sprün-ge: *Sprung mit dem Kopf voran*
Kopf-stand, der; -es, -stän-de: *Turnübung*
Kopf-tuch, das; -es, -tü-cher: *Tuch, das um den Kopf gebunden wird*
Kopf-zer-bre-chen, das; -s, keine Mehrzahl: *angestrengtes Nachdenken*
Ko-pie, die; -,-n: *Nachbildung*
Ko-pie, die; -,-n: *Abschrift, Durchschrift, Durchschlag*
Ko-pie, die; -,-n: *Abzug, Fotokopie*
ko-pie-ren: *nachbilden, eine Kopie anfertigen*
Ko-pi-lot, der; -en,-en: *zweiter Pilot*
Ko-pist, der; -en,-en: *jemand, der etwas kopiert*
Kop-pel, das; -s,-: *Gürtel*
Kop-pel, die; -,-n: *Gruppe zusammengebundener Tiere*
Kop-pel, die; -,-n: *umzäunte Weide*
kop-peln: *miteinander verbinden*
Kop-ra (auch Ko-pra), die; -, keine Mehrzahl: *getrocknete Kokosnusskerne*
Ko-pro-duk-ti-on, die; -,-en: *Gemeinschaftsproduktion*
Ko-pu-la-ti-on, die; -,-en: *Begattung*
ko-pu-lie-ren: *den Geschlechtsakt ausführen*
ko-pu-lie-ren: *verbinden, anreihen*

Ko-ral-le, die; -,-n: *kleines Meerestier; auch: dessen Kalkgerüst; auch: Schmuckstein daraus*
Ko-ral-len-ket-te, die; -,-n: *Schmuck aus Korallen*
Ko-ral-len-riff, das; -s,-e: *Riff aus Korallenablagerungen*
Korb, der; -es, Kör-be: *geflochtenes Behältnis*
Korb, der; -es, Kör-be: *Ablehnung, Abfuhr*
Korb-blüt-ler, der; -s,-: *Pflanzenfamilie*
Korb-fla-sche, die; -,-n: *mit Korbgeflecht umwundene Flasche*
Kord, der; -s,-e: *Stoffart*
Kor-del, die; -,-n: *Schnur*
kor-di-al: *herzlich, vertraut, umgänglich*
Kor-dil-le-ren [Kordiljehren], die; keine Einzahl: *Gebirgskette in Südamerika*
Ko-ri-an-der, der; -s, keine Mehrzahl: *Gewürz*
Ko-rin-the, die; -,-n: *getrocknete Weinbeere*
Kork, der; -es, keine Mehrzahl: *Rinde der Korkeiche*
Kor-ken, der; -s,-: *Flaschenverschluss aus Kork*
Kor-ken-zie-her, der; -s,-
Korn, das; -es, Kör-ner: *kleiner Krümel, kleines Stück*
Korn, der; -es, keine Mehrzahl: *Kornbranntwein*
Korn, das; -s, Kör-ner: *Gras- und Getreidesamen*
Korn, das; -es, Kör-ner: *lichtempfindliches Silberteilchen im Film*
Korn, das; -es, keine Mehrzahl: *Teil der Visiereinrichtung*
Korn, das; -es, keine Mehrzahl: *Getreide*
Korn-blu-me, die; -,-n: *Blumenart*
korn-blu-men-blau: *leuchtend blau*
Körn-chen, das; -s,-: *kleines Korn*
Korn-feld, das; -es,-er: *Getreidefeld*
kör-nig: *grob zerkleinert*
Ko-ro-na, die; -, Ko-ro-nen: *umgangssprachlich für „fröhliche Runde"*
Ko-ro-na, die; -, keine Mehrzahl: *Strahlenkranz der Sonne*
Ko-ro-na, die; -, Ko-ro-nen: *Glimmentladung bei elektrischen Geräten*
Kör-per, der; -s,-: *von Flächen begrenzter Raum*
Kör-per, der; -s,-: *Hauptmasse, Hauptteil*
Kör-per, der; -s,-: *Leib*

Kostüm

Kör-per-bau, der; -es, keine Mehrzahl: *Statur*
kör-per-be-hin-dert: *versehrt*
Kör-per-be-hin-der-te, der/die; -n,-n: *Versehrte(r)*
Kör-per-ge-wicht, das; -es,-e
Kör-per-kraft, die; -, -kräf-te
Kör-per-pfle-ge, die; -, keine Mehrzahl
Kör-per-schaft, die; -,-en: *Gesellschaft*
Kör-per-teil, das; -es,-e: *Gliedmaß*
Kör-per-ver-let-zung, die; -,-en: *vorsätzliche Verletzung eines anderen*
Kor-po-ral, der; -es, Kor-po-rä-le: *Soldat*
Kor-po-ra-ti-on, die; -,-en: *studentische Verbindung*
Kor-po-ra-ti-on, die; -,-en: *Körperschaft*
kor-po-ra-tiv: *insgesamt, geschlossen*
kor-po-ra-tiv: *zu einer Korporation gehörend*
Korps [Kohr], das; -s,-s: *studentische Verbindung*
Korps [Kohr], das; -s,-s: *alle bei einem Staat akkreditierten Diplomaten*
Korps [Kohr], das; -s,-s: *militärische Abteilung*
Korps-geist [Kohrgeist], der; -es, keine Mehrzahl: *Gemeinschaftssinn*
kor-pu-lent: *dick*
Kor-pus, der; -, Kor-pus-se: *Körper*
Kor-pus, der; -, Kor-po-ra: *Gesamtwerk*
Kor-pus, der; -, Kor-po-ra: *Klangkörper, Resonanzkörper*
kor-rekt: *richtig, fehlerfrei, einwandfrei*
Kor-rek-tor, der; -s,-en: *jemand, der Fehler in Texten korrigiert*
Kor-rek-tur, die; -,-en: *Verbesserung*
kor-re-pe-tie-ren: *wiederholen, einüben*
Kor-re-pe-ti-tor, der; -s,-en: *Einpauker*
Kor-res-pon-dent (auch Kor-re-spondent), der; -en,-en: *Berichterstatter; auch: jemand, der einen Briefwechsel führt*
Kor-res-pon-denz (auch Kor-re-spondenz), die; -,-en: *Briefwechsel*
kor-res-pon-die-ren (auch kor-re-spondie-ren): *übereinstimmen*
kor-res-pon-die-ren (auch kor-re-spondie-ren): *im Briefwechsel stehen*
Kor-ri-dor, der; -s,-e: *Diele, Flur, Gang*
Kor-ri-dor, der; -s,-e: *schmaler Landstreifen*
kor-ri-gie-ren: *berichtigen*
kor-ro-die-ren: *rosten, zerstören*
Kor-ro-si-on, die; -,-en: *Rostfraß, Zerstörung*
kor-ro-si-ons-be-stän-dig: *rostfrei*
kor-rum-pie-ren: *bestechen, moralisch verderben*
kor-rupt: *bestechlich, verdorben*
Kor-rup-ti-on, die; -,-en: *Bestechung, auch: Bestechlichkeit, moralischer Verfall*
Kor-sar, der; -en,-en: *Seeräuber, Freibeuter*
Kor-se-lett, das; -es/-s,-e/-s: *leichtes Mieder, leichtes Korsett*
Kor-sett, das; -es,-s/-e: *Mieder, Hüftgürtel*
Kor-so, der; -s,-s: *festlicher Umzug*
Kor-so, der; -s,-s: *Prachtstraße*
Kor-vet-te, die; -,-n: *Kriegsschiff*
Ko-ry-phäe, die; -,-n: *ausgezeichneter Fachmann*
Ko-sak, der; -en,-en: *berittener Soldat*
ko-scher: *jiddisch für „einwandfrei, in Ordnung"*
ko-sen: *schmusen, zärtlich sein*
Ko-se-na-me, der; -ns,-n: *zärtliche Anrede*
Ko-si-nus, der; -, keine Mehrzahl: *Winkelfunktion*
Kos-me-tik, die; -,-en: *Schönheitspflege*
Kos-me-ti-kum, das; -s, Kos-me-ti-ka: *Schönheitsmittel*
kos-me-tisch: *die Kosmetik betreffend*
kos-misch: *den Kosmos betreffend*
Kos-mo-naut, der; -en,-en: *Astronaut*
Kos-mo-po-lit, der; -en,-en: *Weltbürger*
Kos-mos, der; -, keine Mehrzahl: *Weltall*
Kost, die; -, keine Mehrzahl: *Nahrung, Essen*
kost-bar: *teuer, edel*
Kost-bar-keit, die; -,-en
kos-ten: *Speisen abschmecken*
kos-ten: *teuer sein, einen Preis haben*
kos-ten: *probieren, versuchen*
Kos-ten, die; keine Einzahl: *Ausgaben, Gebühren, Aufwendungen*
kos-ten-los: *umsonst*
kos-ten-pflich-tig: *gebührenpflichtig*
Kos-ten-vor-an-schlag, der; -es, -schläge: *Vorauskalkulation*
Kost-gän-ger, der; -s,-: *jemand, der gegen Entgelt verpflegt wird*
Kost-geld, das; -es,-er: *Verpflegungsgeld*
köst-lich: *wohlschmeckend, erlesen*
Köst-lich-keit, die; -,-en
Kost-pro-be, die; -,-n: *Beispiel, Probe*
kost-spie-lig: *teuer*
Kos-tüm, das; -es,-e: *Bühnenkleidung*

Kostüm

Kos-tüm, das; -es,-e: *Damenoberbekleidung*
Kos-tüm, das; -es,-e: *Verkleidung*
Kos-tüm, das; -es,-e: *Tracht*
kos-tü-mie-ren: *verkleiden*
Kos-tü-mie-rung, die; -,-en
Kot, der; -es, keine Mehrzahl: *Exkremente, Schmutz*
Ko-tau, der; -s,-s: *unterwürfige Verbeugung*
Ko-te-lett, das; -es,-s: *Rippenstück von Schlachttieren*
Ko-te-let-te, die; -,-n: *Backenbart*
Kö-ter, der; -s,-: *Töle, Hund*
Kot-flü-gel, der; -s,-: *Teil des Autos*
kot-zen: *umgangssprachlich für „sich erbrechen"*
Krab-be, die; -,-n: *kleiner Krebs*
Krab-be, die; -,-n: *umgangssprachlich für „freches, kleines Mädchen"*
krab-beln: *kitzeln, jucken*
krab-beln: *kriechen*
Krach, der; -es, Krä-che: *Zank, Streit*
Krach, der; -es, Krä-che: *Bankrott, Wirtschaftskrise*
Krach, der; -es, keine Mehrzahl: *Lärm, lauter Schlag, Knall; Schelte*
kra-chen: *knallen*
Kra-cher, der; -s,-: *Feuerwerkskörper*
kräch-zen: *heiser sprechen*
Krad, das; -es,-e: *Kraftrad, Motorrad*
Kraft, die; -, Kräf-te: *Mitarbeiter*
Kraft, die; -, Kräf-te: *Heftigkeit*
Kraft, die; -, Kräf-te: *Physik: Bewegungszustand verändernde Größe*
Kraft, die; -, Kräf-te: *Stärke, Fähigkeit, etwas zu tun*
Kraft, die; -, keine Mehrzahl: *in Kraft treten: Gültigkeit erlangen*
Kraft-akt, der; -es,-e: *Gewaltanstrengung*
Kraft-an-stren-gung, die; -,-en
Kraft-auf-wand, der; -es, keine Mehrzahl
Kraft-aus-druck, der; -es, -drü-cke: *Fluch*
Kraft-fah-rer, der; -s,-: *Autofahrer*
Kraft-fahr-zeug, das; -es,-e: *Auto*
Kraft-fahr-zeug-ver-si-che-rung, die; -,-en
kräf-tig: *stark*
kraft-los: *schwach*
Kraft-lo-sig-keit, die; -, keine Mehrzahl: *Schwäche*
Kraft-pro-be, die; -,-n: *Probe der Stärke*
Kraft-protz, der; -es,-e: *umgangssprachlich für „starker Mensch"*
Kraft-stoff, der; -es,-e: *Treibstoff für Verbrennungsmotoren*
Kraft-ver-kehr, der; -s, keine Mehrzahl: *Autoverkehr*
Kraft-wa-gen, der; -s,-: *Auto*
Kraft-werk, das; -es,-e: *Elektrizitätswerk*
Kraft-wort, das; -es,-e: *Machtwort, Schimpfwort*
Kra-gen, der; -s,-: *den Hals umschließender Kleidungsteil*
Kra-gen-wei-te, die; -,-n: *Halsstärke*
Krä-he, die; -,-n: *Vogelart*
krä-hen: *der Hahn kräht*
Krä-hen-fü-ße, die; -, keine Einzahl: *Fältchen an den Augenwinkeln*
Kräh-win-kel, der; -s,-: *spießbürgerliche Kleinstadt*
Kra-ke, der; -n,-n: *Polyp*
Kra-keel, der; -s, keine Mehrzahl: *lautes und heftiges Schreien, Streit*
kra-kee-len: *lärmen, zanken*
Kra-kee-ler, der; -s,-: *jemand, der häufig krakeelt*
Kra-kel, der; -s,-: *Kringel, Schnörkel*
Kra-ke-lee, das; -s,-s: *feine Risse in der Porzellanglasur*
kra-ke-lig: *unleserlich*
kra-keln: *kritzeln, unsicher schreiben*
Kral, der; -s,-e: *afrikanische Rundsiedlung*
Kral-le, die; -,-n: *scharfer Zehennagel*
Kral-le, die; -,-n: *umgangssprachlich für „Hand"*
kral-len: *mit den Krallen festhalten, krampfhaft Halt suchen*
Kram, der; -es, keine Mehrzahl: *Gerümpel, Plunder*
Kram, der; -es, keine Mehrzahl: *umgangssprachlich für „Angelegenheit, Sache"*
kra-men: *suchen, stöbern*
Krä-mer, der; -s,-: *Händler, Kleinhändler; auch: engstirniger Mensch*
Krä-mer-geist, der; -es, keine Mehrzahl: *kleingeistige Gesinnung*
Kram-la-den, der; -s, -lä-den: *kleiner Laden*
Kram-pe, die; -,-n: *U-förmig gebogener Haken*
Krampf, der; -es, keine Mehrzahl: *umgangssprachlich für „Unsinn"*
Krampf, der; -es, Krämp-fe: *unwillkürliche Muskelkontraktion*
Krampf-ader, die; -,-n: *entzündliche Venen*
krampf-haft: *verbissen, angestrengt*

Kreis

Kran, der; -es, Krä-ne/(Kra-ne): *Hebevorrichtung*
Kran, der; -es, Krä-ne/(Kra-ne): *Wasserhahn*
Kran-füh-rer, der; -s,-
Kra-nich, der; -es,-e: *Vogelart*
krank: *nicht gesund, leidend*
Kran-ke, der/die; -n,-n
kran-ken: *an etwas erkrankt sein, an etwas leiden*
krän-ken: *jemandes Gefühle verletzen*
Kran-ken-bett, das; -s,-en
Kran-ken-geld, das; -es, keine Mehrzahl: *Geld, das die Krankenkasse als Unterhalt bei längerer Krankheit zahlt*
Kran-ken-haus, das; -es, -häu-ser: *Hospital, Klinik*
Kran-ken-schein, der; -es,-e: *Überweisungsschein*
Kran-ken-schwes-ter, die; -,-n: *Krankenpflegerin*
Kran-ken-ver-si-che-rung, die; -,-en
Kran-ken-wa-gen, der; -s,-: *Ambulanz*
Kran-ken-zim-mer, das; -s,-
krank-fei-ern: *wegen Krankheit arbeitsunfähig sein*
krank-haft: *nicht gesund, nicht normal*
Krank-heit, die; -,-en: *Leiden*
Krank-heits-er-re-ger, der; -s,-
kränk-lich: *kränkelnd*
Krank-mel-dung, die; -,-en
krank-schrei-ben, schrieb krank, krankgeschrieben: *jemandem die Arbeitsunfähigkeit wegen Krankheit bescheinigen*
Krän-kung, die; -,-en: *Beleidigung*
Kranz, der; -es, Krän-ze: *rundes Gebinde*
krän-zen: *mit einem Kranz schmücken*
Kranz-nie-der-le-gung, die; -,-en
Krap-fen, der; -s,-: *Berliner, Kreppel*
krass: *schlimm, schrecklich, entsetzlich*
krass: *unerhört, extrem, sehr stark*
Kra-ter, der; -s,-: *Vulkanöffnung*
kratz-bürs-tig: *widerspenstig*
Krät-ze, die; -, keine Mehrzahl: *Hauterkrankung*
krat-zen
Krat-zer, der; -s,-: *Schramme*
krau-chen: *kriechen*
Kraul, das; -s, keine Mehrzahl: *Schwimmstil*
krau-len: *im Kraulstil schwimmen*
krau-len: *streicheln*
kraus: *wirr, ungeordnet*
kraus: *gelockt, geringelt*

Krau-se, die; -,-n: *Locken, Dauerwelle*
Krau-se, die; -,-n: *in Falten gelegter Kragen, Rüsche*
kräu-seln: *in enge Locken drehen*
kräu-seln: *fälteln*
Kraut, das; -es, keine Mehrzahl: *Kohl*
Kraut, das; -es, Kräu-ter: *unverholzte Pflanze; auch: Heilpflanze, Gewürz*
Kräu-ter-tee, der; -s,-s
Kraut-kopf, der; -es, -köp-fe: *Kohlkopf*
Kra-wall, der; -s,-e: *Aufruhr, Lärm, Unruhe*
Kra-wat-te, die; -,-n: *Schlips; schmaler Pelzkragen*
Kra-xe-lei, die; -,-en: *Kletterei*
kra-xeln: *umgangssprachlich für „klettern"*
Krax-ler, der; -s,-: *umgangssprachlich für „Kletterer, Bergsteiger"*
Kre-a-ti-on, die; -,-en: *Modeschöpfung, Schöpfung*
kre-a-tiv: *schöpferisch*
Kre-a-ti-vi-tät, die; -, keine Mehrzahl: *schöpferische Kraft*
Kre-a-tur, die; -,-en: *Geschöpf, Lebewesen*
Krebs, der; -es,-e: *Karzinom, Geschwulst*
Krebs, der; -es,-e: *Gliederfüßer*
kreb-sen: *sich abmühen*
Krebs-ge-schwür, das; -es,-e: *Karzinom*
krebs-rot: *sehr rot*
Kre-denz, die; -,-en: *Anrichte*
kre-den-zen: *darreichen*
Kre-dit, das; -es,-s: *Habenseite des Kontos*
Kre-dit, der; -es,-e: *Vertrauenswürdigkeit*
Kre-dit, der; -es,-e: *Darlehen*
kre-di-tie-ren: *als Darlehen vorschießen, gutschreiben*
Kre-dit-ins-ti-tut, das; -es,-e: *Bank*
kre-dit-un-wür-dig
kre-dit-wür-dig
Kre-do, das; -s,-s: *Glaubensbekenntnis*
kre-gel: *munter, beweglich, eifrig*
Krei-de, die; -,-n: *Kalkstein*
Krei-de, die; -,-n: *Erdzeitalter*
Krei-de, die; -,-n: *Kreidestift*
krei-de-bleich: *sehr blass*
Krei-de-fels, der; -en,-en
krei-de-weiß: *sehr bleich*
kre-ie-ren: *schaffen, gestalten*
Kreis, der; -es,-e: *Interessengruppe*
Kreis, der; -es,-e: *Stromkreis*
Kreis, der; -es,-e: *Bereich, Bezirk*

Kreis

Kreis, der; -es,-e: *Rund*
Kreis, der; -es,-e: *Verwaltungsbezirk*
krei-schen: *schrill schreien*
Krei-sel, der; -s,-: *Kinderspielzeug*
Krei-sel, der; -s,-: *Kreuzungsart*
Krei-sel-kom-pass, der; -es,-e: *auf dem Trägheitsprinzip basierender Kompass*
krei-seln: *sich um die eigene Achse drehen*
Krei-sel-pum-pe, die; -,-n: *Pumpenart*
krei-sen: *sich im Kreise bewegen*
krei-sen: *kursieren*
kreis-rund: *rund*
Kreis-sä-ge, die; -,-n: *Rundsäge*
krei-ßen: *in Geburtswehen liegen*
Kreiß-saal, der; -es, -sä-le: *Entbindungsraum im Krankenhaus*
Kreis-stadt, die; -, -städ-te: *Verwaltungszentrum eines Kreises*
Kreis-tag, der; -es,-e: *die Vertreter eines Landkreises*
Kre-ma-to-ri-um, das; -s, Kre-ma-to-ri-en: *Anlage zur Feuerbestattung*
kre-mie-ren: *einäschern, verbrennen*
Kreml, der; -s, keine Mehrzahl: *sowjetischer Regierungssitz; auch: sowjetische Regierung*
Krem-pe, die; -,-n: *Hutrand*
Krem-pel, der; -s, keine Mehrzahl: *Plunder, Trödel*
krem-peln: *Ärmel aufrollen*
Kren, der; -s, keine Mehrzahl: *Meerrettich*
Kre-o-le, der; -n,-n; *südamerikanischer Mischling*
kre-pie-ren: *umgangssprachlich für „sterben, verenden"*
kre-pie-ren: *umgangssprachlich für „platzen, bersten"*
Krepp, der; -s,-e/-s: *gekräuseltes Gewebe*
Krepp-soh-le, die; -,-n: *weiche Schuhsohle*
Kres-se, die; -,-n: *Pflanzenart*
Kre-tin [Kreteñ], der; -s,-s: *Schwachsinniger; umgangssprachlich für „Idiot"*
Kreuz, das; -es,-e: *Sinnbild des christlichen Glaubens*
Kreuz, das; -es,-e: *zwei sich schneidende Balken*
Kreuz, das; -es,-e: *Teil des Rückens*
Kreuz, das; -es, keine Mehrzahl: *Spielkartenfarbe, Treff*
Kreuz, das; -es,-e: *Kreuzung zweier Autobahnen*
Kreuz, das; -es,-e: *Musik: Notenschriftzeichen*
Kreuz, das; -es, keine Mehrzahl: *Kummer, Unglück, Last*
kreuz-brav: *sehr brav, ruhig*
kreu-zen: *überqueren*
kreu-zen: *züchten*
kreu-zen: *gegen den Wind segeln*
kreu-zen: *über Kreuz legen, kreuzförmig legen*
kreu-zen, sich: *sich überschneiden*
Kreu-zer, der; -s,-: *Schlachtschiff*
Kreu-zer, der; -s,-: *alte Münze*
Kreuz-fahrt, die; -,-en: *Kreuzzug*
Kreuz-fahrt, die; -,-en: *Seereise*
Kreuz-feu-er, das; -s,-: *Beschuss von allen Seiten*
kreuz-fi-del: *sehr vergnügt*
Kreuz-gang, der; -es, -gän-ge: *Wandelgang in einer Kirche*
kreu-zi-gen: *ans Kreuz schlagen*
Kreu-zi-gung, die; -,-en: *Hinrichtung am Kreuz*
Kreuz-ot-ter, die; -,-n: *Giftschlange*
Kreuz-schna-bel, der; -s, -schnä-bel: *Vogelart*
Kreuz-spin-ne, die; -,-n: *Giftspinne*
Kreu-zung, die; -,-en: *Schnittpunkt zweier Straßen*
Kreu-zung, die; -,-en: *das Mischen von Tier- oder Pflanzenrassen*
kreuz-un-glück-lich: *sehr unglücklich*
Kreuz-ver-hör, das; -es,-e: *Verhör durch mehrere Personen*
Kreuz-weg, der; -es,-e: *Weg Christi nach Golgatha*
Kreuz-wort-rät-sel, das; -s,-: *Rätselart*
Kreuz-zug, der; -es, -zü-ge: *Kreuzfahrt, heiliger Krieg*
Kre-vet-te, die; -,-n: *Garnelenart*
krib-be-lig: *ungeduldig, gereizt*
krib-beln: *jucken*
Kri-ckel, das; -s,-; meist Mehrzahl: *Gehörn des Jungwildes*
Kri-cket, das; -s, keine Mehrzahl: *Ballspiel*
krie-chen, kroch, gekrochen: *robben; sich sehr langsam fortbewegen*
Krie-cher, der; -s,-: *unterwürfiger Schmeichler*
Kriech-spur, die; -,-en: *Fahrspur für langsame Fahrzeuge*
Kriech-tier, das; -es,-e: *Reptil*
Krieg, der; -es,-e: *bewaffnete Auseinandersetzung zwischen Staaten*

kritteln

krie-gen: umgangssprachlich für „erwischen, fangen, packen"
krie-gen: umgangssprachlich für „bekommen, erhalten"
Krie-ger, der; -s,-: Soldat, Kämpfer
krie-ge-risch: den Krieg betreffend
krie-ge-risch: angriffslustig, kampflustig
Kriegs-be-richt-er-stat-ter, der; -s,-: Korrespondent aus Kriegsgebieten, von der Front
Kriegs-dienst, der; -es,-e: Wehrpflicht, Dienst als Soldat im Krieg
Kriegs-dienst-ver-wei-ge-rer, der; -s,-
Kriegs-dienst-ver-wei-ge-rung, die; -,(-en)
Kriegs-er-klä-rung, die; -,-en
Kriegs-fuß, der; -es, keine Mehrzahl: auf Kriegsfuß stehen, etwas nicht beherrschen
Kriegs-ge-fan-ge-ne, der; -n,-n
Kriegs-ge-fan-gen-schaft, die; -,-en
Kriegs-het-ze, die; -,-n: Hetze zum Krieg
Kriegs-schau-platz, der; -es, -plät-ze: Gebiet, in dem ein Krieg stattfindet
Kriegs-spiel, das; -es,-e: Spiel, das einen Krieg simuliert; auch: Manöver, Planspiel
Kriegs-spiel-zeug, das; -es, keine Mehrzahl: Nachbildungen von Waffen, die als Spielzeug dienen sollen
Kriegs-ver-bre-chen, das; -s,-: Gräueltaten im Krieg
Kriegs-ver-let-zung, die; -,-en
Kriegs-ver-sehr-te, der; -n,-n: Kriegsverletzter
Kriegs-wirt-schaft, die; -,-en: auf die Erfordernisse des Krieges ausgerichtete Volkswirtschaft
Kriegs-zug, der; -es, -zü-ge: Feldzug
Kri-mi, der; -s,-s: Kurzwort für „Kriminalroman, Kriminalfilm"
Kri-mi-na-li-tät, die; -, keine Mehrzahl: Straffälligkeit
Kri-mi-nal-po-li-zei, die; -, keine Mehrzahl: Polizei, die Verbrechen aufklären soll
Kri-mi-nal-ro-man, der; -es,-e: Roman, der Verbrechen und ihre Aufklärung zum Thema hat
kri-mi-nell: verbrecherisch, straffällig, strafbar
Kri-mi-nel-le, der; -n,-n: Gesetzesbrecher, Verbrecher
Krims-krams, der; -, keine Mehrzahl: umgangssprachlich für „Kram, Plunder"
Krin-gel, der; -s,-: kleiner Kreis, kleiner Bogen
Krin-gel, der; -s,-: rundes Gebäck
krin-geln: Kreise ziehen
krin-geln, sich: sich ringeln
Kri-no-li-ne, die; -,-n: Reifrock
Kri-po, die; -,-s: Kurzwort für „Kriminalpolizei"
Krip-pe, die; -,-n: Futtertrog
Krip-pe, die; -,-n: Hort für Kleinkinder
Krip-pe, die; -,-n: Uferbefestigung
Krip-pe, die; -,-n: Wiege
Krip-pe, die; -,-n: Weihnachtskrippe
Kri-se, die; -,-n: Entscheidung, Höhepunkt, Wendung
Kri-se, die; -,-n: Störung, Zusammenbruch
Kri-se, die; -,-n: Schwierigkeit
kri-seln: auf eine Krise zusteuern
kri-sen-fest: krisensicher
Kris-tall, der; -es,-e: regelmäßiger Körper
Kris-tall, das; -es,-e: Kristallwaren
Kris-tall-glas, das; -es, -glä-ser
kris-tal-li-nisch: aus Kristall
Kris-tal-li-sa-ti-on, die; -,-en: Bildung von Kristallen
kris-tal-li-sie-ren: Kristalle bilden
kris-tall-klar: klar wie ein Kristall, sehr klar, sehr durchsichtig
Kris-tall-nacht, die; -, keine Mehrzahl: Nacht des Judenpogroms
Kri-te-ri-um, das; -s, Kri-te-ri-en: Unterscheidungsmerkmal
Kri-te-ri-um, das; -s, Kri-te-ri-en: Kennzeichen
Kri-tik, die; -, keine Mehrzahl: Urteilsfähigkeit, Unterscheidungsvermögen
Kri-tik, die; -,-en: Beanstandung, Tadel, Missfallensäußerung
Kri-tik, die; -, keine Mehrzahl: Gesamtheit der Kritiker
Kri-tik, die; -,-en: wissenschaftliche oder künstlerische Beurteilung, wertende Besprechung
Kri-ti-kas-ter, der; -s,-: kleinlicher Kritiker
Kri-ti-ker, der; -s,-: jemand, der Kritik übt
kri-tik-los: naiv, ohne Kritik
kri-tisch: gefährlich, bedrohlich
kri-tisch: entscheidend
kri-tisch: prüfend, streng beurteilend
kri-ti-sie-ren: beanstanden, tadeln, Kritik üben
kri-ti-sie-ren: beurteilen, werten, begutachten
krit-teln: kleinliche Kritik üben

Kritzelei

Krit-ze-lei, die; -,-en: *schlecht Geschriebenes, sinnloses Gekritzel*
krit-zeln: *unleserlich schreiben, schmieren, krakeln*
Kro-cket, das; -s, keine Mehrzahl: *Ballspiel*
Kro-kant, das; -es, keine Mehrzahl: *Konfekt*
Kro-ket-te, die; -,-n: *in Fett ausgebackenes Kartoffelbällchen*
Kro-ko-dil, das; -es,-e: *Reptil*
Kro-ko-dils-trä-ne, die; -,-n: *geheuchelte Träne*
Kro-kus, der; -,-/-se: *Blumenart*
Kro-ne, die; -,-n: *Kopfschmuck eines Herrschers*
Kro-ne, die; -,-n: *Baumwipfel*
krö-nen: *zum Herrscher ernennen*
krö-nen: *erfolgreich abschließen*
Kron-leuch-ter, der; -s,-: *Lüster*
Kron-schatz, der; -es, -schät-ze: *Wertbesitz eines Herrscherhauses*
Krö-nung, die; -,-en: *Inthronisation*
Kron-zeu-ge, der; -n,-n: *Hauptzeuge*
Kropf, der; -es, Kröp-fe: *Vergrößerung der Schilddrüse*
Kropp-zeug, das; -s, keine Mehrzahl: *umgangssprachlich für „Gesindel, Pack; nutzloser Kram"*
Kropp-zeug, das; -s, keine Mehrzahl: *umgangssprachlich für „Kleinkinder"*
kross: *knusprig*
Krö-sus, der; -,-se: *steinreicher Mensch*
Krö-te, die; -,-n: *Froschlurch*
Krü-cke, die; -,-n: *Stock oder Schirmgriff*
Krü-cke, die; -,-n: *Gehstütze für Behinderte*
Krück-stock, der; -es, -stöcke
Krug, der; -es, Krü-ge: *Gefäß*
Kru-ke, die; -,-n: *großer Krug, Tonflasche*
Kru-me, die; -,-n: *oberste Bodenschicht*
Kru-me, die; -,-n: *weiches Brotinneres*
Kru-me, die; -,-n: *abgebröckeltes Stück*
Krü-mel, der; -s,-: *Brösel*
krü-me-lig: *bröselig, locker*
krü-meln: *in Krümel zerfallen, zu Krümeln zerreiben, Krumen verstreuen*
krumm: *unehrlich, unehrenhaft*
krumm: *bogenförmig, verbogen, gekrümmt*
krüm-men: *krumm biegen, wölben*
Krumm-horn, das; -es, -hör-ner: *Holzblasinstrument*

krumm neh-men, nahm krumm, krumm genommen: *übelnehmen*
Krüm-mung, die; -,-en: *gekrümmte Fläche, Wölbung*
Krüm-mung, die; -,-en: *gekrümmte Linie, Biegung, Kurve*
Krup-pe, die; -,-n: *Kreuz des Pferdes*
Krüp-pel, der; -s,-: *abfällig umgangssprachlich für „Körperbehinderter"*
Krus-te, die; -,-n: *trockene, harte Oberfläche, Rinde*
Kru-zi-fix, das; -es,-e: *Kreuz*
Kryp-ta, die; -, Kryp-ten: *unterirdischer Kirchenraum*
Kryp-to-gramm, das; -es,-e: *in einem Text versteckte Information*
Kü-bel, der; -s,-: *größeres Gefäß*
Ku-bik-me-ter, der; -s,-: *Raummeter*
Ku-bik-wur-zel, die; -,-n: *Mathematik: dritte Wurzel aus einer Zahl*
Ku-bis-mus, der; -, keine Mehrzahl: *Kunststil*
Ku-bist, der; -en,-en
Ku-bus, der; -, Ku-ben: *Würfel*
Kü-che, die; -,-n: *Kochkunst*
Kü-che, die; -,-n: *Kochraum*
Kü-che, die; -,-n: *Ernährung, Kost*
Ku-chen, der; -s,-: *süßes, größeres Gebäck*
Ku-chen-form, die; -,-en: *Backform*
Ku-chen-ga-bel, die; -,-n: *Esswerkzeug*
Kü-chen-ma-schi-ne, die; -,-n: *elektrisches Gerät für Arbeiten, die in der Küche anfallen*
Kü-chen-scha-be, die; -,-n: *Kakerlak*
Ku-ckuck, der; -s,-e: *Vogelart*
Ku-ckucks-ei, das; -es,-er: *umgangssprachlich für „etwas Untergeschobenes"*
Ku-ckucks-uhr, die; -,-en
Kud-del-mud-del, das; -s, keine Mehrzahl: *Durcheinander, Wirrwarr*
Ku-fe, die; -,-n: *Gleitschiene*
Kü-fer, der; -s,-: *Kellermeister*
Ku-gel, die; -,-n: *runder Körper*
Ku-gel, die; -,-n: *Geschoss*
Ku-gel-blitz, der; -es,-e: *elektrische Entladung*
Ku-gel-ge-lenk, das; -es,-e: *Gelenkart*
Ku-gel-la-ger, das; -s,-: *Lager auf einem Kranz von Kugeln*
ku-geln: *rollen, wälzen*
ku-geln, sich: *sich unbändig freuen*
ku-gel-rund: *rund*
Ku-gel-schrei-ber, der; -s,-: *Schreibstift*

Kundgebung

Ku-gel-sto-ßen, das; -s, keine Mehrzahl: Sportart
Kuh, die; -, Kü-he: *Muttertier bei Rindern*
Kuh-dorf, das; -es, -dör-fer: *umgangssprachlich für „kleines Dorf"*
Kuh-han-del, der; -s, -han-del: *fragwürdiges Geschäft*
kühl: *unfreundlich, zurückweisend*
kühl: *gefühlsarm*
kühl: *besonnen, nüchtern*
kühl: *sehr zurückhaltend, unpersönlich, steif*
kühl: *kalt, frisch*
Kuh-le, die; -,-n: *Senke, Grube, Mulde*
Küh-ler, der; -s,-: *Kühleinrichtung*
Küh-ler-hau-be, die; -,-n: *vorderer Teil eines Autos*
Kühl-schrank, der; -es, -schrän-ke: *Eisschrank*
Kühl-tru-he, die; -,-n: *Gefriertruhe*
Küh-lung, die; -,-en: *das Kühlen, Kühlvorrichtung*
Kühl-was-ser, das; -s, keine Mehrzahl
Kuh-milch, die; -, keine Mehrzahl
kühn: *wagemutig, beherzt, unerschrocken, verwegen, tapfer*
Kühn-heit, die; -, keine Mehrzahl: *kühnes Wesen*
Kü-ken, das; -s,-: *junges Huhn*
Ku-Klux-Klan, der; -s, keine Mehrzahl: *rassistischer amerikanischer Geheimbund*
Ku-ku-ruz, der; -/-es, keine Mehrzahl: *Mais*
ku-lant: *entgegenkommend, großzügig*
Ku-lanz, die; -, keine Mehrzahl: *Entgegenkommen, Gefälligkeit*
Ku-li, der; -s,-s: *Lastenträger*
Ku-li, der; -s,-s: *umgangssprachlich für „Kugelschreiber"*
ku-li-na-risch: *erlesen, köstlich (Speisen)*
Ku-lis-se, die; -,-n: *Hintergrund, Requisiten*
kul-lern: *rollen, kugeln*
Kul-mi-na-ti-on, die; -,-en: *Erreichen eines Höhepunktes*
kul-mi-nie-ren: *den höchsten Punkt erreichen*
Kult, der; -es,-e: *äußere Form des Gottesdienstes*
Kult, der; -es,-e: *übertriebene Verehrung*
Kult, die; -,-e: *regional für „Decke"*
kul-tisch: *den Kult betreffend*
kul-ti-vie-ren: *veredeln, verfeinern*
kul-ti-vie-ren: *urbar machen, anbaufähig machen*
kul-ti-viert: *gebildet, gut erzogen, gepflegt, verfeinert*
Kul-tur, die; -,-en: *Pflanzenanbau*
Kul-tur, die; -,-en: *auf Nährboden gezüchtete Kleinstlebewesen*
Kul-tur, die; -, keine Mehrzahl: *geistige und seelische Bildung, verfeinerte Lebensweise*
Kul-tur, die; -,-en: *Gesamtheit des geistigen und künstlerischen Besitzes eines Volkes*
kul-tu-rell: *die Kultur betreffend*
Kul-tus-mi-nis-te-ri-um, das; -s, -mi-nis-te-ri-en
Kum-me, die; -,-n: *Trog, tiefe Schüssel*
Küm-mel, der; -s, keine Mehrzahl: *Wiesenpflanze*
Küm-mel, der; -s, keine Mehrzahl: *Gewürz*
Küm-mel, der; -s,-: *Schnaps*
Kum-mer, der; -s, keine Mehrzahl: *Sorge, Leid, Schmerz*
Kum-mer, die; -,-n: *umgangssprachlich für „Gurke"*
küm-mer-lich: *armselig, spärlich*
küm-mern: *kümmerlich dahinleben, schlecht gedeihen*
küm-mern, sich: *sich beschäftigen mit, sich einer Sache annehmen*
Küm-mer-nis, die; -,-se: *Sorge, Kummer*
Kum-met, das; -s,-e: *Teil des Pferdegeschirrs*
Kum-pan, der; -s,-e: *Gefährte, Geselle, Mittäter*
Kum-pa-nei, die; -,-en: *Kameradschaft, Kungelei*
Kum-pel, der; -s,-: *Gefährte*
Kum-pel, der; -s,-: *Bergmann*
Ku-mu-la-ti-on, die; -,-en: *Anhäufung, Sammlung, Speicherung*
ku-mu-lie-ren: *sich anhäufen*
Ku-mu-lus-wol-ke, die; -,-n: *Haufenwolke*
Kun-de, die; -, keine Mehrzahl: *Nachricht, Kenntnis*
Kun-de, der; -n,-n: *Käufer*
Kun-den-dienst, der; -es,-e: *Betreuung von Kunden, Wartung*
kund-ge-ben, gab kund, kundgegeben: *mitteilen, offenbaren*
Kund-ge-bung, die; -,-en: *öffentliche Versammlung, öffentliche Äußerung*

kündigen

kün-di-gen: *ein Vertragsverhältnis lösen*
Kün-di-gung, die; -,-en: *Aufhebung eines Vertrages*
Kün-di-gungs-frist, die; -,-en: *Zeit zwischen der Kündigung und dem Ausscheiden aus der Arbeit*
Kün-di-gungs-schutz, der; -es, keine Mehrzahl: *gesetzlich geregelte Kündigungsbestimmungen*
Kund-schaft, die; -,-en: *Erkundung*
Kund-schaft, die; -, keine Mehrzahl: *Kunde, Käuferschicht*
kund-tun: *kundgeben*
künf-tig: *in Zukunft, von jetzt an*
Kunst, die; -, Küns-te: *Können, Fertigkeit*
Kunst, die; -, Küns-te: *schöpferische, gestaltende Tätigkeit; auch: Erzeugnisse dieser Tätigkeit*
Kunst-dün-ger, der; -s,-: *Mineraldünger, chemisch hergestellter Dünger*
Kunst-er-zie-hung, die; -, keine Mehrzahl: *Kunstunterricht*
Kunst-fa-ser, die; -,-n: *chemisch hergestellte Faser*
Kunst-feh-ler, der; -s,-: *falsche Maßnahme*
kunst-fer-tig: *geschickt*
Kunst-griff, der; -es,-e: *Trick*
Künst-ler, der; -s,-: *Kunstschaffender*
künst-le-risch: *die Künste betreffend*
künst-lich: *gezwungen, unnatürlich*
künst-lich: *nachgemacht, unecht*
kunst-los: *einfach*
Kunst-pau-se, die; -,-n: *beabsichtigte Pause*
kunst-reich: *kunstvoll*
Kunst-stoff, der; -es,-e: *chemisch hergestellter Stoff*
Kunst-stück, das; -es,-e: *besondere Leistung*
kunst-voll: *gekonnt, kunstreich*
Kunst-werk, das; -es,-e: *künstlerisch oder kunstvoll gestaltetes Erzeugnis*
kun-ter-bunt: *durcheinander*
Ku-pee (s. auch Cu-pé)
Kup-fer, der; -s, keine Mehrzahl: *Schwermetall, Zeichen: Cu*
Kup-fer-druck, der; -es,-e: *Druck mit Kupferdruckplatten*
Kup-fer-stich, der; -es,-e: *Abzug von der Kupferplatte mit der eingeritzten Zeichnung*
ku-pie-ren: *Schwanz stutzen*

Ku-pon [Kupoñ], der; -s,-s: *Zettel, Gutschein*
Ku-pon [Kupoñ], der; -s,-s: *Zinsschein eines Wertpapiers*
Kup-pe, die; -,-n: *runder Berggipfel; auch: rundliches oberes Ende*
Kup-pel, die; -,-n: *Dachgewölbe*
Kup-pe-lei, die; -,-en: *Vermittlung*
kup-peln: *zusammenfügen*
kup-peln: *Kupplung betätigen*
Kupp-lung, die; -,-en: *Maschinenteil*
Kur, die; -,-en: *Heilaufenthalt, Heilverfahren*
Kür, die; -,-en: *sportliche Wahlübung*
Ku-ra-tel, das; -s,-en: *Vormundschaft, Entmündigung*
Ku-ra-tor, der; -s,-en: *Vormund*
Ku-ra-to-ri-um, das; -, Ku-ra-to-ri-en: *Aufsichtsausschuss*
Kur-bel, die; -,-n: *Drehgriff*
kur-beln: *drehen*
Kur-bel-wel-le, die; -,-n: *Teil eines Motors*
Kür-bis, der; -ses,-se: *Pflanze*
Kü-ret-te, die; -,-n: *scharfer chirurgischer Löffel*
kü-ret-tie-ren: *ausschaben*
Kur-fürst, der; -en,-en: *Fürst*
Ku-rie, die; -,-n: *päpstliche Behörden*
Ku-rier, der; -s,-e: *Eilbote, Bote*
ku-ri-os: *merkwürdig, sonderbar, seltsam*
Ku-ri-o-si-tät, die; -, keine Mehrzahl: *Seltsamkeit, Merkwürdigkeit*
Ku-ri-o-sum, das; -s, Ku-ri-o-sa: *etwas Kurioses*
Kur-ort, der; -es,-e: *Badeort, Heilbad*
Kur-pfu-scher, der; -s,-: *schlechter Arzt*
Kur-pfu-sche-rei, die; -,-en: *schlechte oder falsche ärztliche Behandlung*
Kurs, der; -es,-s: *Lehrgang, Kursus*
Kurs, der; -es,-e: *Fahrtrichtung*
Kurs, der; -es,-e: *politische Richtung*
Kurs, der; -es,-e: *Preis von Wertpapieren und Währungen*
Kurs-buch, das; -es, -bü-cher: *Fahrplanbuch*
kur-sie-ren: *im Umlauf sein*
kur-siv: *schräg (Schrift)*
Kurs-wa-gen, der; -s,-: *zum Zielbahnhof durchfahrender Zugwagen*
Kur-ta-xe, die; -,-n: *Pflichtabgabe an die Kurverwaltung*
Kur-ti-sa-ne, die; -,-n: *vornehme Dirne*
Kur-ve, die; -,-n: *Wendung, Biegung*

Kyrillisch

Kur-ve, die; -,-n: *Bogen, Krümmung, gebogene Linie*
kur-ven: *in Kurven fahren*
kurz: *knapp, gedrängt, bündig*
kurz: *von geringer Länge*
kurz: *kurze Zeit dauernd, vorübergehend*
Kurz-ar-beit, die; -, keine Mehrzahl: *verkürzte Arbeitszeit wegen Auftragsmangel*
kurz-är-me-lig: *mit kurzen Ärmeln*
kurz-at-mig: *stoßweise atmend, unter Atemnot leidend*
Kür-ze, die; -, keine Mehrzahl: *kurze Zeitspanne*
Kür-ze, die; -, keine Mehrzahl: *Bündigkeit, Knappheit*
Kür-ze, die; -, keine Mehrzahl: *kurze Strecke, kurze Ausdehnung*
Kür-zel, der; -s,-: *Abkürzungszeichen*
kur-zer-hand: *kurz entschlossen*
kurz-fris-tig: *eine kurze Zeitspanne umfassend, nicht lange dauernd*
Kurz-ge-schich-te, die; -,-n: *kurzer Prosatext*
kürz-lich: *neulich, vor kurzer Zeit*
Kurz-schluss, der; -es, -schlüs-se
Kurz-schrift, die; -,-en: *Stenographie*
kurz-sich-tig: *nur auf kurze Entfernungen etwas erkennen können*
kurz-sich-tig: *nicht vorausdenkend*
Kurz-sich-tig-keit, die; -, keine Mehrzahl: *Sehschwäche*
Kurz-sich-tig-keit, die; -, keine Mehrzahl: *Mangel an Weitblick*
Kurz-stre-cken-lauf, der; -es,-läu-fe
Kurz-stre-cken-läu-fer, der; -s,-
kurz tre-ten, trat kurz, kurz getreten: *sich zurückhalten, bescheiden sein, sparen*
kurz-um: *basta, um zum Ende zu kommen*
Kür-zung, die; -,-en: *das Kürzen*
Kurz-wa-ren, die; keine Einzahl: *kleine Gegenstände für den Nähbedarf*
Kurz-weil, die; -, keine Mehrzahl: *Zeitvertreib, leichte Unterhaltung*
kurz-wei-lig: *unterhaltsam, amüsant*

Kurz-wel-le, die; -, keine Mehrzahl: *Sendebereich*
ku-scheln: *schmiegen*
ku-schen: *sich fügen, nachgeben*
Ku-si-ne, die; -,-n: *Base*
Kuss, der; -es, Küs-se
küs-sen
Kuss-hand, die; -, keine Mehrzahl
Küs-te, die; -,-n: *Meeresufer, Gestade*
Küs-ter, der; -s, -: *Kirchendiener*
Kus-tos, der; -, Kus-to-den: *Museums- oder Archivvorsteher*
ku-tan: *die Haut betreffend*
Kutsch-bock, der; -es, -bö-cke: *erhöhter Sitz des Kutschers*
Kut-sche, die; -,-n: *Pferdewagen*
Kut-sche, die; -,-n: *umgangssprachlich für „Auto"*
Kut-scher, der; -s,-: *Lenker eines Pferdewagens*
kut-schie-ren: *eine Kutsche lenken*
kut-schie-ren: *umgangssprachlich für „ein Auto lenken"*
Kut-te, die; -,-n: *weiter Umhang, Mönchsgewand*
Kut-teln, die; -, keine Einzahl: *Kaldaunen*
Kut-ter, der; -s,-: *kleines Schiff*
Ku-vert [Kuwehr], das; -s,-s: *Gedeck für eine Person*
Ku-vert [Kuwehr], das; -s,-s: *Briefumschlag*
ku-ver-tie-ren: *in einen Briefumschlag stecken*
Ku-ver-tü-re, die; -,-n: *Kuchenüberzug*
Kü-vet-te, die; -,-n: *kleines Gefäß*
Kü-vet-te, die; -,-n: *Innendeckel der Taschenuhr*
Ky-ber-ne-tik, die; -, keine Mehrzahl: *Theorie von der Aufnahme, Verarbeitung und Übertragung verschiedener Informationen und Daten*
ky-ber-ne-tisch: *die Kybernetik betreffend*
Ky-rie, das; -s, keine Mehrzahl: *kurz für „Kyrieeleison"*
Ky-rie-e-lei-son: *Herr, erbarme dich!*
Ky-ril-lisch, das; -en, keine Mehrzahl: *die kyrillische Schrift*

l, L

l, L, das; -,-: *zwölfter Buchstabe des Alphabets; Konsonant, Mitlaut*
l: *Abkürzung für „Liter"*
Lab, das; -s, keine Mehrzahl: *Enzym im Magen von Kalb und Schaf*
lab-be-rig: *unangenehm weich, fade*
la-bi-al: *mit den Lippen gebildet*
La-bi-al, der; -es,-e: *Lippenlaut*
la-bil: *schwankend, instabil*
la-bil: *nicht widerstandsfähig, oft krank*
la-bil: *unsicher, unzuverlässig*
La-bi-li-tät, die; -, keine Mehrzahl: *Unsicherheit, labiles Wesen*
Lab-ma-gen, der; -s, -mä-gen: *Magenteil von Wiederkäuern*
La-bor, das; -s,-s/-e: *Kurzwort für „Laboratorium"*
La-bo-rant, der; -en,-en: *wissenschaftliche Hilfskraft im Labor*
La-bo-ra-to-ri-um, das; -s, La-bo-ra-to-ri-en: *naturwissenschaftliche Forschungs- oder Arbeitsstätte*
la-bo-rie-ren: *an etwas kranken, sich mit etwas abmühen*
Lab-sal, das; -es,-e: *Erfrischung, Erquickung, Erholung*
Labs-kaus, das; -es, keine Mehrzahl: *Seemannsgericht*
La-by-rinth, das; -es,-e: *Irrgarten*
la-by-rin-thisch: *verwirrt, undurchdringlich*
La-che, die; -,(-n): *kurzes Lachen, Art des Lachens*
La-che, die; -,-n: *Pfütze, auch: Vergossenes*
lä-cheln: *schmunzeln*
la-chen
La-cher, der; -s,-: *jemand, der lacht*
La-cher, der; -s,-: *Geräusch des Lachens*
lä-cher-lich: *albern*
Lä-cher-lich-keit, die; -,-en
Lach-gas, das; -es,-e: *zur Narkose verwendetes Gas*
lach-haft: *lächerlich, albern*
Lach-krampf, der; -es, -krämp-fe: *anfallartiges, nicht zu bezähmendes Lachen*
Lachs [Lacks], der; -es,-e: *Speisefisch*

Lachs-schin-ken: *leicht geräucherter Schinken*
Lack, der; -es,-e: *harter Oberflächenschutz*
Lack-af-fe, der; -n,-n: *umgangssprachlich für „geckenhafter Mensch"*
la-ckie-ren: *mit Lack überziehen*
La-ckie-rer, der; -s,-
Lack-mus, der; -, keine Mehrzahl: *blauer Naturfarbstoff*
Lack-mus-pa-pier, das; -es,-e: *Anzeigemittel für Säuren und Laugen*
Läd-chen, das; -s,-: *kleiner Laden*
La-de, die; -,-n: *Truhe, Kasten, Schubfach*
La-de-baum, der; -es, -bäu-me: *Hebekran*
La-de-hem-mung, die; -,-en: *Versagen einer Schusswaffe*
la-den, lud, geladen: *mit Munition versehen*
la-den, lud, geladen: *beladen, aufladen*
la-den, lud, geladen: *zum Kommen auffordern, einladen*
la-den, lud, geladen: *mit einer elektrischen Ladung versehen*
La-den, der; -s, Lä-den: *Geschäft, Verkaufsraum*
La-den, der; -s, Lä-den: *Fensterladen, Rollladen*
La-den-hü-ter, der; -s,-: *Ware, für die man keinen Käufer findet*
La-den-preis, der; -es,-e: *Preis*
La-den-schluss, der; -schlus-ses, keine Mehrzahl: *Zeit, zu der ein Geschäft geschlossen wird*
La-de-ram-pe, die; -,-n: *Ladebühne*
lä-die-ren: *beschädigen, verwunden*
La-dung, die; -,-en: *Aufforderung, Einladung*
La-dung, die; -,-en: *Fracht*
La-dung, die; -,-en: *Elektrizitätsmenge*
La-dung, die; -,-en: *Sprengstoff, der ein Geschoss treibt*
La-dy [Läidie], die; -,-s: *englischer Adelstitel; auch: vornehme Dame*
la-dy-like [läidielaik]: *damenhaft*
La-fet-te, die; -,-n: *fahrbares Geschützuntergestell*
Laf-fe, der; -n,-n: *Geck, eitler junger Mann*
La-ge, die; -,-n: *Schicht, Reihe, Serie*
La-ge, die; -,-n: *räumliche Anordnung, räumliche Stellung*
La-ge, die; -,-n: *Tonhöhe, Stimmhöhe*
La-ge, die; -,-n: *Situation, Zustand*
La-ge, die; -,-n: *umgangssprachlich für „Runde Bier oder Schnaps"*

Landesinnere

La-ge-plan, der; -es, -plä-ne: *Karte*
La-ger, das; -s,-: *Maschinenteil, Bauteil*
La-ger, das; -s,-/Lä-ger: *gelagerter Warenbestand*
La-ger, das; -s,-/Lä-ger: *Raum für die Warenlagerung*
La-ger, das; -s,-: *Gesamtheit von Personen oder Staaten gleicher Orientierung*
La-ger, das; -s,-: *provisorischer Wohn- oder Übernachtungsplatz*
La-ger, das; -s,-: *Ruheplatz von Tieren*
la-ger-fä-hig: *lagerbar*
La-ge-rist, der; -en,-en: *Arbeiter in einem Warenlager*
la-gern: *längere Zeit aufbewahren*
la-gern: *ein Lager im Freien aufschlagen*
la-gern: *bequem hinlegen*
la-gern, sich: *sich für einige Zeit niederlassen*
La-ge-rung, die; -, keine Mehrzahl: *das Lagern*
La-gu-ne, die; -,-n: *Strandsee*
lahm: *gelähmt, bewegungsunfähig*
lahm: *müde, erschöpft*
lahm: *umgangssprachlich für „schlapp, schwach; langweilig; langsam"*
läh-men: *der Tatkraft berauben, unwirksam machen*
läh-men: *lahm machen*
lahm le-gen: *zum Erliegen, zum Stillstand bringen*
Läh-mung, die; -,-en: *Unbeweglichkeit*
Laib, der; -es,-e: *geformte, feste Masse*
Laich, der; -es,-e: *Fischeier, Amphibieneier*
lai-chen: *Laich ablegen*
Laich-platz, der; -es, -plät-ze
Laie, der; -n,-n: *Nichtgeistlicher*
Laie, der; -n,-n: *Nichtfachmann*
Lai-en-bru-der, der; -s, -brü-der: *Mönch, der kein Gelübde abgelegt hat*
Lai-en-büh-ne, die; -,-n: *Schauspielgruppe, die aus Laien besteht*
lai-en-haft: *unfachmännisch*
La-kai, der; -en,-en: *Diener*
La-kai, der; -en,-en: *kriecherischer, unterwürfiger Mensch*
La-ke, die; -,-n: *Salzbrühe zum Pökeln*
La-ken, das; -s,-: *Betttuch*
la-ko-nisch: *knapp und präzise*
la-ko-nisch: *kurz und einsilbig*
Lak-rit-ze (auch La-krit-ze), die; -,-n: *schwarze Süßigkeit*
Lak-to-se, die; -, keine Mehrzahl: *Milchzucker*

lal-len: *unartikuliert sprechen*
La-ma, der; -s,-s: *buddhistischer Priester*
La-ma, das; -s,-s: *kleines südamerikanisches Kamel*
La-mee (auch La-mé), das; -s, keine Mehrzahl: *mit Metallfäden durchwirkter Stoff*
La-mel-le, die; -,-n: *Papier-, Metall- oder Kunststoffscheibe*
La-mel-le, die; -,-n: *Träger des Fruchtkörpers bei vielen Pilzsorten*
La-mel-le, die; -,-n: *Heizkörperrippe*
La-mel-le, die; -,-n: *dünnes Blättchen*
La-mel-len-pilz, der; -es,-e: *Pilzgattung*
la-men-tie-ren: *jammern, zetern*
La-men-to, das, -s,-s: *Klage*
La-met-ta, das; -s, keine Mehrzahl: *Christbaumschmuck*
Lamm, das; -es, Läm-mer: *junges Schaf*
lamm-fromm: *sehr gehorsam, sehr geduldig*
Lam-pe, die; -,-n: *Beleuchtungskörper*
Lam-pen-fie-ber, das; -s, keine Mehrzahl: *Furcht vor dem Auftritt*
Lam-pion, der; -s,-s: *Papier- oder Stofflaterne*
lan-cie-ren [loñßieren]: *in der Öffentlichkeit erscheinen lassen*
lan-cie-ren [loñßieren]: *geschickt in eine vorteilhafte Stellung bringen*
lan-cie-ren [loñßieren]: *in Gang bringen*
Land, das; -es, keine Mehrzahl: *Grund, Grundstück, Grundbesitz*
Land, das; -es, keine Mehrzahl: *Festland*
Land, das; -es, keine Mehrzahl: *Wald, Wiese, Feld, freie Gegend*
Land, das; -es, Län-der: *Staat, Teil eines Staates, Provinz*
Land-be-völ-ke-rung, die; -,-en
Lan-de-bahn, die; -,-en: *Piste*
Lan-de-er-laub-nis, die; -,-se
land-ein-wärts: *im Landesinneren, ins Landesinnere*
lan-den: *an einen Ort geraten, an einem Ort ankommen*
lan-den: *am Ufer anlegen*
lan-den: *auf den Boden niedergehen*
Län-de-rei-en, die; -, keine Einzahl: *Großgrundbesitz*
Län-der-spiel, das; -es,-e: *Wettkampf zwischen Mannschaften aus verschiedenen Ländern*
Lan-des-haupt-stadt, die; -, -städ-te
Lan-des-in-ne-re, das; -n, keine Mehrzahl

Landesregierung

Lan-des-re-gie-rung, die; -, Län-der-re-gie-run-gen: *Regierung eines Bundeslandes*
Lan-des-spra-che, die; -,-n: *Sprache des Landes, in dem man sich befindet*
Land-fah-rer, der; -s,-: *jemand, der ohne festen Wohnsitz ist*
Land-flucht, die; -, keine Mehrzahl: *Streben der ländlichen Bevölkerung in die Stadt*
Land-frie-dens-bruch, der; -es, keine Mehrzahl
Land-funk, der; -es, keine Mehrzahl: *Sendung für Landwirte*
Land-ge-richt, das; -es,-e
Land-kar-te, die; -,-n: *zeichnerische Darstellung der Erdoberfläche*
Land-kreis, der; -es,-e: *Verwaltungsbezirk*
land-läu-fig: *allgemein, gewöhnlich, gebräuchlich, üblich*
länd-lich: *provinziell, bäuerlich-einfach*
Land-par-tie, die; -,-n: *Ausflug aufs Land*
Land-pla-ge, die; -,-n: *Not, die ein ganzes Land betrifft*
Land-rat, der; -es, -rä-te: *oberster Verwaltungsbeamter eines Landkreises*
Land-rat-te, die; -,-n: *Seemannssprache für „Landbewohner, Nichtseemann"*
Land-schaft, die; -,-en: *Gebiet, Gegend*
land-schaft-lich: *die Landschaft betreffend*
Land-ser, der; -s,-: *Söldner, Soldat*
Land-sitz, der; -es,-e: *Gut*
Lands-knecht, der; -es,-e: *Söldner im Mittelalter*
Lands-mann, der; -es, -leu-te/-män-ner: *Einwohner desselben Landes*
Land-stra-ße, die; -,-n
Land-strei-cher, der; -s,-: *Obdachloser, Nichtsesshafter*
Land-strich, der; -es,-e: *Gegend*
Land-tag, der; -es,-e: *Landesparlament*
Land-tags-ab-ge-ord-ne-te, der/die; -n,-n
Lan-dung, die; -,-en: *das Landen, Aufsetzen*
Land-wirt, der; -es,-e: *Bauer*
Land-wirt-schaft, die; -, keine Mehrzahl: *Ackerbau und Viehzucht*
Land-wirt-schaft, die; -, keine Mehrzahl: *Bauernhof*
land-wirt-schaft-lich: *die Landwirtschaft betreffend*

Land-zun-ge, die; -,-n: *ins Wasser hineinreichender Geländestreifen*
lang, länger, am längsten: *von großer räumlicher Ausdehnung in einer Richtung*
lang, länger, am längsten: *eine bestimmte Länge besitzend*
lang, länger, am längsten: *eine bestimmte Zeit dauernd*
lang, länger, am längsten: *hoch*
lang-at-mig: *weitschweifig*
lan-ge: *umgangssprachlich für „bei weitem, völlig"*
lan-ge: *lange Zeit, während eines größeren Zeitraums*
lan-ge: *bei weitem, völlig*
Län-ge, die; -, keine Mehrzahl: *Längengrad*
Län-ge, die; -, keine Mehrzahl: *zeitliche Ausdehnung, Dauer*
Län-ge, die; -, keine Mehrzahl: *räumliche Ausdehnung in einer Richtung*
Län-ge, die; -,-n: *langweilige Stelle in einem Buch oder Film*
lan-gen: *reichen, genügen*
lan-gen: *greifen*
län-gen: *verlängern, länger machen*
Län-gen-grad, der; -es,-: *Meridian*
Lan-ge-wei-le, die; -,-n: *Mangel an Abwechslung*
Lang-fin-ger, der; -s,-: *Dieb*
lang-fris-tig: *für längere Zeit, auf längere Zeit*
lang-jäh-rig: *lange Zeit*
Lang-lauf, der; -es, -läu-fe: *Skilauf auf ebenem Gelände*
lang-le-big: *alt werdend*
lang-le-gen, sich: *sich hinlegen*
läng-lich: *in die Länge gezogen*
Lang-mut, der; -es, keine Mehrzahl: *Geduld*
lang-mü-tig: *nachsichtig, geduldig*
längs: *entlang*
lang-sam: *allmählich*
lang-sam: *lange Zeit brauchend, träg, schwerfällig*
Lang-sam-keit, die; -, keine Mehrzahl: *langsames Wesen*
Lang-schlä-fer, der; -s,-
Lang-spiel-plat-te, die; -,-n: *Schallplatte*
längst: *schon lange, seit langem*
längs-tens: *spätestens*
längs-tens: *höchstens*
Lang-stre-cken-läu-fer, der; -s,-
Lan-gus-te, die; -,-n: *Speisekrebs*

Latrinenparole

lang-wei-len: *Langeweile verursachen, Überdruss verursachen*
lang-wei-len, sich: *Langeweile haben*
Lang-wel-le, die; -, keine Mehrzahl: *langwelliger Frequenzbereich für Radiosendungen*
lang-wie-rig: *lang dauernd, schwierig*
La-no-lin, das; -s, keine Mehrzahl: *Mischung aus Wollfett, Paraffin und Wasser, Grundsubstanz für Salben*
Lan-ze, die; -,-n: *Speer, Spieß*
Lan-zet-te, die; -,-n: *Operationsmesser*
la-pi-dar: *kurz und bündig*
La-pis-la-zu-li, der; -s,-: *Schmuckstein, Halbedelstein*
Lap-pa-lie, die; -,-n: *lächerliche Kleinigkeit, Nichtigkeit*
Lap-pe, der; -n,-n: *Bewohner Lapplands*
Lap-pen, der; -s,-: *Stoffstück*
läp-pern: *es läppert sich; sich ansammeln*
läp-pisch: *albern, kindisch*
Lap-sus, der; -,-: *Fehler, Schnitzer*
Lär-che, die; -,-n: *Nadelbaum*
lar-go: *Musik: langsam, getragen*
Lar-go, das; -s,-s: *getragenes Musikstück*
La-ri-fa-ri, das; -s, keine Mehrzahl: *Geschwätz, Unsinn*
Lärm, der; -s, keine Mehrzahl: *Krach, Getöse, Geschrei*
lär-men: *Lärm machen*
lar-mo-yant: *weinerlich, rührselig*
Lärm-schutz, der; -es, keine Mehrzahl: *Lärmdämmung*
Lar-ve, die; -,-n: *Gesichtsmaske*
Lar-ve, die; -,-n: *Made*
lasch: *schlaff, ohne Schwung*
La-sche, die; -,-n
la-schen
La-ser [Läiser], der; -s,-: *Gerät zum Erzeugen stark gebündelter, energiereicher Lichtstrahlen aus kohärentem Licht*
La-ser-strahl [Läiserstrahl], der; -s,-en: *monochromatischer, hochenergetischer Lichtstrahl*
la-sie-ren: *mit durchsichtigem Lack überziehen*
las-sen, ließ, gelassen: *zur Verfügung stellen*
las-sen, ließ, gelassen: *möglich sein, geeignet sein; der Stein lässt sich bewegen*
las-sen, ließ, gelassen: *zugestehen, nicht behindern; zulassen, dulden, erlauben*
las-sen, ließ, gelassen: *veranlassen, bewirken*
las-sen, ließ, gelassen: *unterlassen, aufhören*
läs-sig: *nachlässig, gleichgültig, unachtsam*
Läs-sig-keit, die; -, keine Mehrzahl: *lässiges Wesen*
Las-so, das; -s,-s: *Wurfschlinge*
Last, die; -,-en: *Fracht, Frachtgut*
Last, die; -,-en: *Gewicht, Bürde*
Last-au-to, das; -s,-s: *Lastwagen*
las-ten: *schwer wiegen, drücken*
Las-ten, die; - keine Einzahl: *Verbindlichkeiten, Steuern, Schulden*
Las-ten-auf-zug, der; -es, -zü-ge
Las-ter, der; -s,-: *Kurzwort für „Lastkraftwagen"*
Las-ter, das; -s,-: *Untugend*
las-ter-haft: *unsittlich*
läs-ter-lich, *lästernd*
läs-tern: *fluchen, Böses reden*
Las-tex, das; -, keine Mehrzahl: *dehnbares Kunstfasergewebe*
läs-tig: *unangenehm, hinderlich, aufdringlich, störend*
Last-kraft-wa-gen, der; -s,-: *schweres Transportauto, Lastwagen*
Last-wa-gen, der; -s,-: *Lastkraftwagen*
Last-zug, der; -es, -zü-ge: *Lastwagen mit Anhänger*
La-sur, die; -,-en: *durchsichtige Lack- oder Farbschicht*
las-ziv: *zweideutig, unanständig, schlüpfrig*
La-tein, das; -s, keine Mehrzahl: *Sprache der alten Römer*
La-tein-a-me-ri-ka, -s, keine Mehrzahl: *südliches Amerika*
la-tent: *verborgen, nicht aktiv*
La-tenz, die; -, keine Mehrzahl: *latente Beschaffenheit*
la-te-ral: *seitlich, von der Mittelachse abgewandt*
La-te-ran, der; -s, keine Mehrzahl: *Palast des Papstes in Rom*
La-ter-ne, die; -,-n: *Lampe*
La-tex, der; -, La-ti-zes: *Milchsaft der Kautschukpflanzen*
La-ti-fun-di-um, das; -s, La-ti-fun-di-en: *großer Landbesitz*
La-ti-num, das; -s, keine Mehrzahl: *Prüfung in der lateinischen Sprache*
Lat-ri-ne (auch La-tri-ne), die; -,-n: *Abort*
Lat-ri-nen-pa-ro-le (auch La-tri-nen-pa-ro-le), die; -,-n: *Gerücht*

Latsche

Lat-sche, die; -,-n: *Latschenkiefer*
Lat-sche, die; -,-n: *alter Schuh, Pantoffel*
Lat-te, die; -,-n: *Stange, schmales, dünnes Brett*
Lat-te, die; -,-n: *umgangssprachlich für „langer, dünner Mensch"*
Lat-ten-rost, der; -es,-e
Lat-tich, der; -s,-e: *umgangssprachlich für „Planzenart"*
Latz, der; -es, Lät-ze: *Bruststück an Kleidungsstücken*
Lätz-chen, das; -s,-: *Vorbindeserviette für Kleinkinder*
Latz-ho-se, die; -,-n: *Hose mit Brustlatz*
lau: *ohne ausgeprägte Meinung*
lau: *nicht heiß, mild*
Laub, das; -es, keine Mehrzahl: *Blattwerk*
Laub-baum, der; -es, -bäu-me
Lau-be, die; -,-n: *Gartenhäuschen*
Lau-ben-gang, der; -es, -gän-ge: *Arkaden, Bogengang*
Laub-frosch, der; -es, -frö-sche: *Froschart*
Laub-sä-ge, die; -,-n: *Säge für feine Holzarbeiten*
Laub-wald, der; -es, -wäl-der: *Wald aus Laubbäumen*
Lauch, der; -es, keine Mehrzahl: *Porree*
Lau-da-tio, die; -, Lau-da-ti-o-nes/Lau-da-ti-o-nen: *Lobrede*
Lau-er, die; -, keine Mehrzahl: *Hinterhalt*
lau-ern: *auf der Lauer liegen, im Versteck warten*
Lauf, der; -es, Läu-fe: *Strecke, Verlauf*
Lauf, der; -es, Läu-fe: *das Laufen, schnelle Gangart*
Lauf, der; -es, Läu-fe: *Tierbein*
Lauf, der; -es, Läu-fe: *Gang einer Maschine*
Lauf, der; -es, Läu-fe: *Verlauf, Entwicklung, Bewegung*
Lauf, der; -es, Läu-fe: *schnelle Tonfolge*
Lauf, der; -es, Läu-fe: *Rohr von Handfeuerwaffe*
Lauf, der; -es, Läu-fe: *Sportart*
Lauf-bahn, die; -,-en: *Werdegang, Karriere*
Lauf-bur-sche, der; -n,-n: *jemand, der Botengänge macht*
lau-fen, lief, gelaufen: *in Gang sein*
lau-fen, lief, gelaufen: *zu Fuß gehen*
lau-fen, lief, gelaufen: *gültig sein, gelten*
lau-fen, lief, gelaufen: *strömen, fließen, rinnen*
lau-fen, lief, gelaufen: *sich entwickeln, vorwärts gehen*
lau-fen, lief, gelaufen: *vorlaufen, führen*
lau-fen, lief, gelaufen: *sich schnell fortbewegen*
lau-fend: *ununterbrochen, ständig*
lau-fen las-sen, ließ, laufen (ge-)lassen: *entkommen lassen, freilassen*
Läu-fer, der; -s,-: *jemand, der läuft; auch: Sportler*
Läu-fer, der; -s,-: *beweglicher Maschinenteil, Rotor*
Läu-fer, der; -s,-: *langer, schmaler Teppich*
Läu-fer, der; -s,-: *Schachfigur*
Lauf-feu-er, das; -s,-: *Bodenfeuer, schnell um sich greifender Brand*
läu-fig: *brünstig*
Lauf-ma-sche, die; -,-n: *Masche, die sich gelöst hat*
Lauf-pass: *jemandem den Laufpass geben; sich trennen von jemandem*
Lauf-schritt, der; -es, keine Mehrzahl: *schnelle Gangart, hastiges Laufen*
Lauf-stall, der; -es, -stäl-le: *Laufgitter*
Lauf-steg, der; -es,-e: *Vorführsteg*
Lauf-zeit, die; -,-en: *Zeitdauer, für die ein Vertrag abgeschlossen wird*
Lauf-zet-tel, der; -s,-
Lau-ge, die; -,-n: *Lösung*
lau-gen: *mit einer Lauge behandeln, auslaugen*
Lau-ne, die; -,-n: *Gemütsstimmung*
lau-nen-haft: *von wechselnder Stimmung*
lau-nig: *witzig*
lau-nisch: *launenhaft*
Laus, die; -, Läu-se: *Kerbtier*
Laus-bub, der; -en,-en: *frecher kleiner Junge*
lau-schen: *aufmerksam zuhören; horchen, unbemerkt zuhören*
Lau-scher, der; -s,-: *Horcher, Mithörer*
lau-sig: *armselig, schlecht*
laut: *gemäß, entsprechend, aufgrund von*
laut: *deutlich, vernehmbar, geräuschvoll*
Laut, der; -es,-e: *Ton, Schall*
Lau-te, die; -,-n: *Saiteninstrument*
lau-ten: *klingen, sich anhören*
lau-ten: *besagen, heißen*
läu-ten: *ertönen, klingen, Klang geben, klingeln*
lau-ter: *rein, echt, gediegen*
lau-ter: *aufrichtig, ehrlich*
lau-ter: *unvermischt, ungetrübt*

lebenswichtig

lau-ter: *umgangssprachlich für „nichts als, nur"*
Lau-ter-keit, *die; -, keine Mehrzahl: lauteres Wesen*
läu-tern: *bessern*
läu-tern: *klären, filtern, reinigen*
Läu-te-rung, *die; -,-en: das Läutern*
laut-hals: *laut, offen*
laut-los: *geräuschlos*
Laut-spre-cher, *der; -s,-*
laut-stark: *laut*
Laut-stär-ke, *die; -,-n: Intensität des Schalls*
lau-warm: *mäßig warm*
La-va, *die; -, La-ven: vulkanisches Gestein*
La-ven-del, *der; -s,-: Pflanze*
la-vie-ren: *Farben verwischen*
la-vie-ren: *gegen den Wind kreuzen*
la-vie-ren: *sich geschickt hindurchwinden*
La-wi-ne, *die; -,-n: herabstürzende Schnee- oder Gesteinsmasse; auch: Unmenge*
la-wi-nen-gleich
lax: *locker, leicht, moralisch ungefestigt*
La-xa-tiv, *das; -es,-e: Abführmittel*
Lay-out *(auch Lay-out) [Läiaut], das; -es, -s: Text- und Bildgestaltung*
La-za-rett, *das; -es,-e: Militärkrankenhaus*
Lea-sing *[Liesing], das; -s, keine Mehrzahl: Mieten oder Vermieten von Investitions- oder Gebrauchsgütern*
Le-be-mann, *der; -es, -män-ner: Playboy, Frauenheld*
le-ben: *unvergessen sein, dauern*
le-ben: *ständig wohnen*
le-ben: *am Leben sein*
Le-ben: *sein Leben führen*
Le-ben, *das; -s,-: Lebensweise*
Le-ben, *das; -s,-: Treiben, Geschäftigkeit*
Le-ben, *das; -s,-: Wirksamkeit, Wirken*
Le-ben, *das; -s,-: Lebenskraft, Unternehmungsgeist*
Le-ben, *das; -s,-: Lebensdauer*
Le-ben, *das; -s,-: Wirklichkeit*
Le-ben, *das; -s,-: Daseinsform der Lebewesen*
le-b-en-dig: *lebensecht, ausdrucksvoll*
le-b-en-dig: *lebhaft, munter, rege*
le-b-en-dig: *lebend*
Le-bens-a-bend, *der; -s,-e: Alter*
Le-bens-be-din-gung, *die; -,-en: äußere Bedingungen, Lebensumstände*
Le-bens-dau-er, *die; -,-n: Alter*

Le-bens-dau-er, *die; -,-n: Zeitspanne der Funktionstüchtigkeit*
Le-bens-en-de, *das; -s,-n: Tod*
Le-bens-er-war-tung, *die; -,-en: voraussichtliche Lebensdauer*
le-bens-fä-hig: *imstande zu leben*
Le-bens-freu-de, *die; -, keine Mehrzahl: Freude am Leben*
le-bens-froh: *lebenslustig*
Le-bens-ge-fahr, *die; -,-en: tödliche Gefahr*
le-bens-ge-fähr-lich: *sehr gefährlich*
Le-bens-ge-fähr-te, *der; -n,-n: Partner*
Le-bens-ge-fähr-tin, *die; -,-nen: Partnerin*
Le-bens-geis-ter, *die; keine Einzahl: Munterkeit*
le-bens-groß: *so groß wie in Wirklichkeit*
Le-bens-hal-tungs-kos-ten, *die; keine Einzahl: Ausgaben für nötigen täglichen Verbrauch*
Le-bens-jahr, *das; -es,-e: Alter*
le-bens-läng-lich: *das Leben lang, bis zum Tode*
Le-bens-lauf, *der; -es, -läu-fe: kurze Lebensbeschreibung*
le-bens-lus-tig: *unternehmungslustig, lebensfroh*
Le-bens-mit-tel, *das; -s,-: Nahrungsmittel*
le-bens-mü-de: *zum Selbstmord neigend, den Selbstmord anstrebend*
Le-bens-mut, *der; -es, keine Mehrzahl: Tatkraft, Lebenswille*
Le-bens-ret-ter, *der; -s,-: Retter aus Lebensgefahr*
Le-bens-stan-dard, *der; -s,-s: Höhe der Bedürfnisse*
Le-bens-stel-lung, *die; -,en: gesicherte Stellung*
le-bens-tüch-tig: *praktisch veranlagt, fähig, sich durchzusetzen*
Le-bens-un-ter-halt, *der; -es, keine Mehrzahl: Verdienst*
Le-bens-un-ter-halt, *der, -es, keine Mehrzahl: Kosten für lebensnotwendige Dinge*
Le-bens-ver-si-che-rung, *die; -,-en: Versicherung, die im Falle des Todes eine Summe an die Erben auszahlt*
Le-bens-werk, *das; -es,-e: Summe der in einem Leben erbrachten Leistungen*
lebens-wich-tig: *zum Dasein notwendig*

Lebenszeichen

Le-bens-zei-chen, das; -s,-
Le-bens-zeit, die; -,-en: *Zeitdauer eines Lebens*
Le-ber, die; -,-n: *Organ*
Le-ber-käse, der; -, keine Mehrzahl: *gebackenes Fleischgericht*
Le-ber-tran, der; -es, keine Mehrzahl
Le-ber-wurst, die; -,-würs-te: *Wurstart*
Le-ber-zir-rho-se, die; -,-n: *Leberschrumpfung*
Le-be-we-sen, das; -s,-
Le-be-wohl, das; -s, keine Mehrzahl: *Abschiedsgruß*
leb-haft: *voller Leben, bewegt*
leb-haft: *munter, rege*
leb-haft: *schwungvoll, anregend*
Leb-ku-chen, der; -s,-: *Weihnachtsgebäck*
leb-los: *tot*
lech-zen: *auf etwas begierig sein*
leck: *undicht, wasserdurchlässig*
Leck, das; -s,-s: *undichte Stelle, Loch*
le-cken: *mit der Zunge ablecken*
le-cken: *undicht sein, ein Loch haben*
le-cker: *wohlschmeckend, appetitlich*
Le-cker-bis-sen, der; -s,-: *vorzügliche Speise*
Le-cker-maul, das; -es, -mäu-ler: *jemand, der gern Süßigkeiten isst*
Le-der, das; -s,-: *umgangssprachlich für „Fußball"*
Le-der, das; -s,-: *gegerbte Tierhaut*
Le-der-ho-se, die; -,-n: *Hose aus Leder*
le-dern: *aus Leder, wie Leder*
le-dern: *trocken*
le-dern: *mit einem Lederlappen wischen*
le-dern: *mit Leder versehen*
le-dig: *nicht verheiratet*
le-dig: *frei, ungebunden, befreit*
le-dig-lich: *nur, bloß*
Lee, das; -s, keine Mehrzahl: *dem Wind abgekehrte Seite*
leer: *inhaltslos, gehaltlos, nichtig*
leer: *entleert, nichts enthaltend*
leer: *frei, unbesetzt*
Lee-re, die; -, keine Mehrzahl: *leerer Raum, auch: Vakuum*
lee-ren: *Inhalt herausnehmen, ausschütten*
Leer-gut, das; -es, keine Mehrzahl: *leere Flaschen*
Leer-lauf, der; -s, keine Mehrzahl: *Lauf eines Motors ohne Arbeitsleistung*
Leer-lauf, der; -es, keine Mehrzahl: *nutzlose Bemühung*

leer lau-fen, lief leer, leer gelaufen: *völlig auslaufen*
leer ste-hend: *unbewohnt*
Leer-tas-te, die; -,-n: *Taste für einen Zwischenraum bei Schreibmaschinen*
Lee-rung, die; -,-en: *Entleerung, das Leeren*
Lef-ze, die; -,-n: *Tierlippe*
le-gal: *gesetzlich*
le-ga-li-sie-ren: *legal machen, amtlich bestätigen*
Le-ga-li-sie-rung, die; -,-en: *gesetzliche Bestätigung*
Le-ga-li-tät, die; -,-en: *Gesetzlichkeit, rechtliche Gültigkeit*
Le-gas-the-nie (auch Leg-as-the-nie), die; -, keine Mehrzahl: *Schreib- und Leseschwäche*
Le-gas-the-ni-ker (auch Leg-as-the-ni-ker), der; -s,-: *jemand mit Schreib- und Leseschwäche*
Le-gat, der; -en,-en: *päpstlicher Gesandter*
Le-gat, das; -es,-e: *Vermächtnis*
Le-ga-ti-on, die; -,-en: *päpstliche Gesandtschaft*
Le-ge-hen-ne, Leg-hen-ne, die; -,-n: *Henne, die besonders viele Eier legt*
le-gen: *hinlegen*
le-gen: *Eier legen*
le-gen, sich: *sich ausstrecken*
le-gen, sich: *erkranken, bettlägerig werden*
le-gen, sich: *aufhören, nachlassen*
le-gen-där: *unglaubhaft, unwahrscheinlich*
le-gen-där: *legendenhaft, sagenhaft*
Le-gen-de, die; -,-n: *Heiligenerzählung, auch: unglaubwürdige Geschichte*
Le-gen-de, die; -,-n: *erläuternder Kartentext*
le-ger [leschehr]: *ungezwungen, formlos, zwanglos*
le-gie-ren: *Suppen, Soßen eindicken*
le-gie-ren: *Metalle verbinden*
Le-gie-rung, die; -,-en: *Metallverbindung*
Le-gi-on, die; -,-en: *römische Heereseinheit*
Le-gi-on, die; -,-en: *große Anzahl*
Le-gi-on, die; -,-en: *Söldnerheer*
Le-gi-o-när, der; -s,-e: *römischer Soldat; Angehöriger einer Legion*
le-gis-la-tiv: *gesetzgebend*

leichtsinnig

Le-gis-la-ti-ve, die; -, keine Mehrzahl: *gesetzgebende Gewalt; gesetzgebende Versammlung*
Le-gis-la-tur-pe-ri-ode, die; -,-n: *Amtsdauer einer gewählten Regierung*
le-gi-tim: *rechtmäßig, gesetzlich zulässig*
Le-gi-ti-ma-ti-on, die; -,-en: *Berechtigung, Beglaubigung*
le-gi-ti-mie-ren: *für legitim erklären, beglaubigen, berechtigen*
Le-gi-ti-mi-tät, die; -, keine Mehrzahl: *Rechtmäßigkeit*
Le-gu-an, der; -es,-e: *tropische Eidechse*
Le-gu-mi-no-se, die; -,-n: *Hülsenfrüchtler*
Le-hen, das; -s,-: *vom Fürsten verliehener Grundbesitz*
Lehm, der; -es, keine Mehrzahl: *sandiger Ton*
leh-mig: *voller Lehm, wie Lehm*
Leh-ne, die; -,-n: *Rücken- oder Armstütze*
leh-nen: *anlehnen, gestützt stehen*
leh-nen, sich: *sich stützen*
Lehn-wort, das; -es, -wör-ter: *Fremdwort, das seit längerer Zeit in den Sprachschatz übernommen wurde und sich in der Aussprache angeglichen hat*
Lehr-amt, das; -es, -äm-ter: *Amt des Lehrers*
Lehr-auf-trag, der; -es, -trä-ge: *zeitlich begrenzter Auftrag(,) Unterricht zu geben*
Leh-re, die; -,-n: *Lehrsatz, wissenschaftliches System*
Leh-re, die; -,-n: *Messwerkzeug*
Leh-re, die; -,-n: *Lehrzeit, Unterricht, Ausbildung*
Leh-re, die; -,-n: *Regel, Richtschnur*
leh-ren: *unterrichten*
Leh-rer, der; -s,-: *Unterrichtender*
Leh-re-rin, die; -,-nen: *Unterrichtende*
Lehr-gang, der; -es, -gän-ge: *zeitlich begrenzte Ausbildung*
Lehr-gangs-teil-neh-mer, der; -,-
Lehr-gangs-teil-neh-me-rin, die; -,-nen
Lehr-herr, der; -n,-en: *Meister*
Lehr-jahr, das; -es,-e: *Jahr in der Lehre*
Lehr-kör-per, der; -s,-: *Gesamtheit der Lehrer an einer Schule*
Lehr-ling, der; -s,-e: *Auszubildender, Azubi*
Lehr-plan, der; -es, -plä-ne: *Unterrichtsplan*
lehr-reich: *viel Wissen vermittelnd*
Lehr-satz, der; -es, -sät-ze: *wissenschaftliche Regel*
Lehr-ver-trag, der; -es, -trä-ge: *Ausbildungsvertrag*
Lehr-werk-statt, die; -, -stät-ten: *Ausbildungswerkstatt*
Lehr-zeit, die; -,-en: *Ausbildungszeit*
Leib, der; -es,-e: *Körper*
Leib-chen, das; -s,-: *Mieder*
Lei-bes-er-zie-hung, die; -,-en: *Sport*
Lei-bes-frucht, die; -, -früch-te: *ungeborenes Kind*
Lei-bes-ü-bung, die; -,-en: *Turnübung*
leib-haf-tig: *selbst, persönlich*
Leib-haf-ti-ge, der; -n, keine Mehrzahl: *Teufel*
leib-lich: *körperlich, den Leib betreffend*
Leib-lich-keit, die; -, keine Mehrzahl: *Körperlichkeit*
Leib-ren-te, die; -,-n: *lebenslanger Rentenbezug*
Leib-schmerz, der; -es,-en: *Bauchweh*
Leib-wa-che, die; -,-n: *Bewachung*
Leib-wäch-ter, der; -s,-: *Bewacher*
Lei-che, die; -,-n: *Leichnam*
lei-chen-blass: *sehr blass*
Lei-chen-fled-de-rer, der; -s,-: *jemand, der Tote ausraubt*
Leich-nam, der; -s,-e: *Toter, toter Körper*
leicht: *geringfügig, unbedeutend*
leicht: *nicht schwer*
leicht: *einfach, nicht schwierig*
leicht: *bekömmlich*
leicht: *oberflächlich, nicht ernst*
Leicht-ath-let, der; -en,-en: *Sportler*
Leicht-ath-le-tik, die; -, keine Mehrzahl: *Sammelbegriff für: Laufen, Springen, Werfen*
Leich-ter, der; -s,-: *Frachtschiff*
leicht fal-len, *fiel leicht, leicht gefallen: keine Mühe bereiten*
leicht-fer-tig: *leichtsinnig*
leicht-fü-ßig: *locker, leicht, flink, schnell*
Leicht-gläu-big-keit, die; -, keine Mehrzahl: *leichtgläubiges Wesen*
Leicht-me-tall, das; -es,-e: *Metalle, die relativ leicht sind*
leicht neh-men, *nahm leicht, leicht genommen: nicht ernst nehmen*
Leicht-sinn, der; -es/-s, keine Mehrzahl: *Unvorsichtigkeit, Sorglosigkeit*
leicht-sin-nig: *sorglos, unvorsichtig, fahrlässig*

leicht ver-dau-lich: *bekömmlich*
leicht ver-dau-lich: *umgangssprachlich für „leicht zu begreifen"*
leicht ver-letzt: *nicht ernstlich verletzt, nicht lebensbedrohlich verletzt*
leicht ver-ständ-lich: *gut zu verstehen*
leicht ver-wun-det: *leicht verletzt*
Leid, das; -es, keine Mehrzahl: *Unglück, Übel, Schaden*
Leid, das; -es, keine Mehrzahl: *großer Kummer*
Leid, das; -es, keine Mehrzahl: *schweizer. für „Begräbnis"*
Lei-de-form, die; -, keine Mehrzahl: *Grammatik: Passiv*
lei-den, litt, gelitten: *erdulden, etwas ertragen müssen*
lei-den, litt, gelitten: *erlauben, dulden*
lei-den, litt, gelitten: *mögen*
Lei-den, das; -s,-: *Krankheit*
Lei-den, das; -s,-: *Kummer, Qual, Schmerz*
Lei-den-schaft, die; -,-en: *Zuneigung, Begierde, Gefühlsdrang*
lei-den-schaft-lich: *voller Leidenschaft, begeistert, erregt*
lei-der: *bedauerlicherweise*
lei-dig: *unangenehm, lästig, ärgerlich*
leid-lich: *einigermaßen, erträglich, mäßig*
Leid-tra-gen-de, der; -n,-n: *Opfer*
leid-voll: *schmerzlich, kummervoll*
Leid-we-sen, das; -s, keine Mehrzahl: *Bedauern*
Lei-er, die; -,-n: *altes Saiteninstrument; auch: Drehleier, Drehorgel*
Lei-er-kas-ten, der; -s, -käs-ten: *Drehorgel*
lei-ern: *anhaltend drehen*
lei-ern: *jaulen (Musik, Schallplatte)*
lei-ern: *eintönig sprechen*
Leih-bü-che-rei, die; -,-en: *Ausleihbibliothek*
lei-hen, lieh, geliehen: *borgen, zur Verfügung stellen*
Leih-ga-be, die; -,-n: *Gegenstand, der ausgeliehen ist*
Leih-haus, das; -es, -häu-ser: *Pfandhaus*
leih-wei-se: *geliehen*
Leim, der; -es,-e: *Klebstoff*
lei-men: *kleben, mit Leim bestreichen*
lei-men: *umgangssprachlich für „betrügen, anführen"*
Leim-ru-te, die; -,-n: *Vogelrute, Vogelfalle*

Lein, der; -es,-e: *Flachs*
Lei-ne, die; -,-n: *Schnur, Seil*
Lei-nen, das; -s, keine Mehrzahl: *Stoffart*
Lein-öl, das; -es, keine Mehrzahl: *Öl des Leinsamens*
Lein-pfad, der; -es,-e: *Treidelpfad*
Lein-sa-men, der; -s,-: *ölhaltiger Flachssamen*
Lein-wand, die; -, -wän-de: *Leinen; heute für „Bildwand, Projektionswand"*
lei-se: *behutsam, vorsichtig*
lei-se: *gering, schwach*
lei-se: *sanft, zart*
lei-se: *nicht laut*
Lei-se-tre-ter, der; -s,-: *jemand, der nicht viel Aufhebens macht; auch: Schleicher, Duckmäuser*
Leis-te, die; -,-n: *Beugeseite der Hüfte*
Leis-te, die; -,-n: *schmaler Rand, schmaler Streifen*
leis-ten: *fertig bringen, schaffen, bewirken*
leis-ten: *gewähren, bieten*
leis-ten, sich: *sich gönnen, sich erlauben; auch: etwas anstellen*
Leis-ten-bruch, der; -es, -brü-che: *Eingeweidedurchbruch in der Leiste*
Leis-tung, die; -,-en: *Ergebnis, Arbeitsprodukt, Gelingen*
leis-tungs-fä-hig: *arbeitsfähig*
Leis-tungs-sport, der; -es, keine Mehrzahl*
Leis-tungs-stei-ge-rung, die; -,-en
Leit-ar-ti-kel, der; -s,-: *wichtigster Artikel*
lei-ten: *elektrischen Strom, Strahlung, Wärme leiten*
lei-ten: *lenken, führen, vorstehen*
Lei-ter, die; -,-n: *bewegliche Treppe*
Lei-ter, der; -s,-: *Stoff, der elektrischen Strom leitet*
Lei-ter, der; -s,-: *Vorgesetzter, Chef*
Lei-ter-wa-gen, der; -s,-: *offener Wagen mit leiterartigen Seitenteilen*
Leit-fa-den, der; -s, -fä-den: *Richtlinie, Lehrbuch, Abriss*
Leit-ge-dan-ke, der; -ns,-n: *Motiv, Grundgedanke*
Leit-ham-mel, der; -s,-: *die Herde führender Hammel; auch: jemand, dem eine Menge bedenkenlos folgt*
Leit-mo-tiv, das; -es,-e: *grundlegendes Motiv in einem künstlerischen oder wissenschaftlichen Werk*

Leumund

Leit-plan-ke, die; -,-n: *Fahrbahnbegrenzung*
Lei-tung, die; -,-en: *Kabel, Rohr*
Lei-tung, die; -,-en: *Führung*
Lei-tung, die; -,-en: *Gesamtheit der Leiter eines Betriebes*
Lei-tungs-was-ser, das; -s, keine Mehrzahl
Leit-werk, das; -es,-e: *Flügel, die der Flugzeugsteuerung dienen*
Lek-ti-on, die; -,-en: *Lehrstunde, Lehrpensum, Lehrbuchabschnitt*
Lek-tor, der; -s,-en: *Hochschullehrer*
Lek-tor, der; -s,-en: *Verlagsangestellter*
Lek-to-rat, das; -es,-e: *Abteilung der Lektoren in einem Verlag*
Lek-to-rat, das; -es,-e: *Lehrauftrag*
Lek-to-rin, die; -,-nen: *weiblicher Lektor*
Lek-tü-re, die; -,-n: *Lesestoff*
Lem-ming, der; -s,-e: *Nagetier*
Le-mu-re, der; -n,-n: *Affenart*
Le-mu-re, der; -n,-n: *Gespenst, Geist eines Verstorbenen*
Len-de, die; -,-n: *Körpergegend über Hüfte und Gesäß*
Len-de, die; -,-n: *Fleisch unterhalb des Rückgrats bei Schlachttieren*
Len-den, die; keine Einzahl: *Körperteil, der die Hüftgegend und das Gesäß umfasst*
len-den-lahm: *kreuzlahm*
Len-den-schurz, der; -es,-e: *Scham und Gesäß bedeckendes Kleidungsstück*
len-ken: *steuern, führen, leiten*
Lenk-rad, das; -es, -rä-der: *Steuerrad*
Len-kung, die; -,-en: *Führung*
Len-kung, die; -,-en: *Steuerung*
Lenz, der; -es,-e: *Frühling*
Le-o-pard, der; -en,-en: *Raubtier*
Lep-ra (auch Le-pra), die; -, keine Mehrzahl: *Aussatz*
lep-to-som: *von schmächtiger Gestalt, schmalwüchsig*
Ler-che, die; -,-n: *Vogelart*
ler-nen: *Schulaufgaben machen*
ler-nen: *in einer Lehre sein, in einer Ausbildung sein*
ler-nen: *sich geistig aneignen, erwerben, einüben*
Les-art, die; -,-en: *Deutung, Auslegung*
les-bar
Les-bi-e-rin, die; -,-nen: *homosexuelle Frau*
les-bisch: *homosexuell (bei Frauen)*
Le-se, die; -,-n: *Ernte*
Le-se-buch, das; -es, -bü-cher: *Schulbuch zum Lesen*
Le-se-ge-rät, das; -es,-e: *Gerät zum Lesen von Mikrofilmen*
le-sen, las, gelesen: *Messe halten*
le-sen, las, gelesen: *ernten, pflücken*
le-sen, las, gelesen: *ein Gesetz im Bundestag beraten*
le-sen, las, gelesen: *Schrift in Sprache umsetzen, Geschriebenes aufnehmen*
le-sen, las, gelesen: *vorlesen*
Le-ser, der; -s,-: *jemand, der etwas liest*
Le-se-rat-te, die; -,-n: *jemand, der viel liest*
Le-ser-brief, der; -es,-e: *Brief eines Lesers an eine Zeitung, Zeitschrift oder einen Autor*
le-ser-lich: *gut lesbar*
le-tal: *tödlich*
Le-ta-li-tät, die; -, keine Mehrzahl: *Sterblichkeit*
Le-thar-gie, die; -, keine Mehrzahl: *Teilnahmslosigkeit, Abgestumpftheit; auch: Schlafsucht*
le-thar-gisch: *teilnahmslos, schläfrig*
Le-the, die; -, keine Mehrzahl: *das Vergessen; sagenhafter Unterweltfluss des Vergessens*
Let-ter, die; -,-n: *Druckbuchstabe*
letz-te, letzter, letztes: *eben erst, vorig*
letz-te, letzter, letztes: *abschließend, das Ende bildend*
letz-te, letzter, letztes: *äußerst; mit letzter Kraft*
Letz-te, der; -n,-n
letzt-wil-lig: *testamentarisch*
Leuch-te, die; -,-n: *Lampe*
Leuch-te, die; -,-n: *kluger Mensch*
leuch-ten: *scheinen*
Leuch-ter, der; -s,-: *Kerzenhalter*
Leucht-kä-fer, der; -s,-: *Glühwürmchen*
Leucht-kraft, die; -, keine Mehrzahl: *Helligkeit*
Leucht-turm, der; -es, -tür-me: *feststehendes Seezeichen*
Leucht-turm-wär-ter, der; -s,-
leug-nen: *abstreiten, bestreiten*
Leu-kä-mie (auch Leuk-ä-mie), die; -, keine Mehrzahl: *Blutkrebs*
Leu-ko-zyt, der; -en,-en: *weißes Blutkörperchen*
Leu-mund, der; -es, keine Mehrzahl: *Ruf, Nachrede*

Leumundszeugnis

Leu-munds-zeug-nis, das; -ses,-se: *Zeugnis über den Ruf*
Leu-te, die; -, keine Einzahl: *Menschen, Öffentlichkeit*
Leut-nant, der; -s,-s/-e: *Offiziersrang*
leut-se-lig: *wohlwollend, umgänglich, verbindlich*
Le-van-te, die; -, keine Mehrzahl: *Länder des östlichen Mittelmeeres*
Le-van-ti-ner, der; -s,-: *Bewohner der Levante*
Le-vi-ten, die; -, keine Einzahl: *jemandem die Leviten lesen: jemanden zurechtweisen, tadeln*
Lev-ko-je, die; -,-n: *Zierpflanze*
le-xi-ka-lisch: *das Lexikon betreffend*
Le-xi-kon, das; -s, Le-xi-ka: *Nachschlagewerk*
Le-zi-thin, das; -s, keine Mehrzahl: *fettähnliche chemische Verbindung*
Li-ai-son [Liäsoñ], die; -,-s: *Liebesverhältnis*
Li-a-ne, die; -,-n: *Schlingpflanze, Kletterpflanze*
Li-bel-le, die; -,-n: *Insekt*
Li-bel-le, die; -,-n: *Glasröhrchen der Wasserwaage*
li-be-ral: *vorurteilsfrei, großzügig, freiheitsliebend*
li-be-ra-li-sie-ren: *freier, großzügiger gestalten*
Li-be-ra-lis-mus, der; -, keine Mehrzahl: *freiheitliche Gesinnung*
Li-be-ro, der; -s,-s: *Fußball: freier Abwehrspieler, der auch die Rolle eines Stürmers übernehmen kann*
li-bi-di-nös: *triebhaft, wollüstig*
Li-bi-do, die; -, keine Mehrzahl: *Geschlechtstrieb*
Lib-ret-tist (auch Li-bret-tist), der; -en, -en: *Verfasser eines Librettos*
Lib-ret-to (auch Li-bret-to), das; -s, Li-bret-ti: *Opern- oder Operettentext*
licht: *hell, klar*
Licht, das; -es,-er: *Beleuchtung, Lampe*
Licht, das; -es, keine Mehrzahl: *Helligkeit; elektromagnetische Schwingung, Photonen*
Licht, das; -es, keine Mehrzahl: *Schein, Glanz*
Licht-bild, das; -es,-er: *Fotografie*
Licht-bil-der-vor-trag, der; -es, -vor-trä-ge: *Diavortrag*
Licht-blick, der; -es,-e: *Erfreuliches, Trost*
licht-durch-läs-sig: *durchsichtig*
licht-emp-find-lich
lich-ten: *den Baumbestand eines Gehölzes ausdünnen*
lich-ten: *erhellen, aufhellen*
lich-ten, sich: *dünner werden, weniger werden*
lich-ter-loh: *hellauf, mit heller Flamme brennend*
Licht-ge-schwin-dig-keit, die; -, keine Mehrzahl: *Geschwindigkeit des Lichtes*
Licht-hof, der; -es, -hö-fe: *Lichtschacht, enger Hof*
Licht-hu-pe, die; -,-n: *Lichtsignal des Autos*
Licht-jahr, das; -es,-e: *Strecke, die das Licht in einem Jahr zurücklegt*
Licht-mess, die; -, keine Mehrzahl: *katholisches Fest am 2. Februar*
licht-scheu: *unredlich, unehrlich*
licht-scheu: *überempfindlich gegen Licht*
Lich-tung, die; -,-en: *baumfreie Stelle im Wald*
Lid, das; -es,-er: *Augenlid*
Lid-schat-ten, der; -s,-: *Schminktechnik*
lieb: *artig, brav, folgsam*
lieb: *liebevoll, fürsorglich, zärtlich*
lieb: *geliebt, teuer, wert*
lieb: *liebenswert*
lieb-äu-geln: *mit dem Gedanken spielen, begehren*
Lie-be, die; -, keine Mehrzahl: *starke Zuneigung, übertragen auch: Sexualität*
Lie-be-lei, die; -,-en: *flüchtige, oberflächliche Liebe*
lie-ben: *Geschlechtsverkehr ausüben*
lie-ben: *starke Zuneigung empfinden*
lie-bens-wert: *einnehmend, gewinnend*
lie-bens-wür-dig: *sehr freundlich*
lie-ber: *besser*
lie-ber: *Steigerungsform von „gern", eher*
Lie-bes-be-zie-hung, die; -,-en
Lie-bes-ge-schich-te, die; -,-n
Lie-bes-kum-mer, der; -s, keine Mehrzahl
Lie-bes-le-ben, das; -s,-
Lie-bes-lied, das; -es,-er
lieb ge-win-nen: *lieben lernen*
lieb ge-wor-den
lieb ha-ben: *lieben, gern haben*
Lieb-ha-ber, der; -s,-: *Geliebter*
lieb-ko-sen: *zärtlich sein*
Lieb-ko-sung, die; -,-en: *Zärtlichkeit*

linksherum

lieb-lich: *anmutig, hübsch, zart*
lieb-lich: *süß, köstlich (Speisen)*
Lieb-ling, der; -s,-e
lieb-los: *hartherzig, herzlos, nachlässig*
Lieb-reiz, der; -es, keine Mehrzahl: *Anmut*
Lieb-schaft, die; -,-en: *Freundschaft, kurzes Liebesverhältnis*
Lieb-stö-ckel, der/das;-s,-: *Gewürzpflanze*
Lied, das; -es,-er: *Gesangsstück, Melodie*
Lie-der-buch, das; -es, -bü-cher: *Liedersammlung*
lie-der-lich: *nachlässig, unordentlich*
Lie-der-ma-cher, der; -s,-: *jemand, der seine eigenen Lieder vorträgt*
Lie-fe-rant, der; -en,-en: *Auslieferer, Händler*
lie-fer-bar: *erhältlich*
lie-fern: *zusenden, besorgen, bringen*
Lie-fe-rung, die; -,-en: *Warensendung*
Lie-fe-rung, die; -,-en: *das Liefern, Zusendung*
Lie-fer-zeit, die; -,-en: *Dauer von der Bestellung bis zur Lieferung*
Lie-ge, die; -,-n: *Möbelstück, Couch*
lie-gen, lag, gelegen: *sich auf einer Unterlage befinden*
lie-gen, lag, gelegen: *gelegen sein*
lie-gen, lag, gelegen: *krank, bettlägerig sein*
lie-gen, lag, gelegen: *ausgestreckt sein*
liegen las-sen, ließ liegen, liegen (ge-)lassen: *vergessen, zurücklassen*
Lie-ge-stütz, der; -es,-e: *Turnübung*
Lie-ge-wa-gen, der; -s,-: *Wagen der Eisenbahn*
Lift, der; -es,-e: *Aufzug, Fahrstuhl*
lif-ten: *straffen, heben*
Li-ga, die; -, Li-gen: *Bund, Bündnis, Vereinigung*
Li-ga-tur, die; -,-en: *zwei verbundene Buchstaben*
Li-ga-tur, die; -,-en: *Musik: Verbindung zusammengehöriger Noten*
Li-gus-ter, der; -s,-: *Strauchart*
li-ie-ren: *eng verbinden*
Li-kör, der; -es,-e: *süßer Branntwein*
li-la: *fliederfarben, violett*
li-la: *umgangssprachlich für „mäßig, nicht besonders gut"*
Li-lie, die; -,-n: *Blumenart*
Li-li-put: *sagenhaftes Land, in dem kleine Menschen leben*

Li-li-pu-ta-ner, der; -s,-: *Bewohner Liliputs; auch für: sehr kleiner Mensch*
Li-me-rick, der; -s,-s: *komisches Gedicht*
Li-mes, der; -,-: *Mathematik: Grenzwert*
Li-mes, der; -, keine Mehrzahl: *römische Grenzlinie in Germanien*
Li-mit, das; -s,-s: *Obergrenze*
li-mi-tie-ren: *einschränken, begrenzen*
Li-mo-na-de, die; -,-n: *Erfrischungsgetränk*
Li-mo-ne, die; -,-n: *Zitronenart*
Li-mou-si-ne [Limusine], die; -,-n: *Auto*
lind: *lau, mild*
Lin-de, die; -,-n: *Laubbaum*
Lin-den-blü-ten-tee, der; -s,-s
lin-dern: *mildern, die Schärfe nehmen*
Lin-de-rung, die; -,-en: *Erleichterung, Milderung, Besserung*
Lind-wurm, der; -es, -wür-mer: *Drache, Fabeltier*
Li-ne-al, das; -s,-e: *Zeichengerät*
li-ne-ar: *gerade, geradlinig*
Lin-gu-ist, der; -en,-en: *Sprachwissenschaftler*
Lin-gu-is-tik, die; -, keine Mehrzahl: *Sprachwissenschaft*
Li-nie, die; -,-n: *Reihe*
Li-nie, die; -,-n: *Strich*
Li-nie, die; -,-n: *Zeile*
Li-nie, die; -,-n: *Konzept*
Li-nie, die; -,-n: *Verkehrsstrecke*
Li-nie, die; -,-n: *politische Richtung*
Li-ni-en-rich-ter, der; -s,-: *Fußball und Tennis: Schiedsrichter an der Außenlinie*
Li-ni-en-schiff, das; -es,-e: *Fährschiff*
Li-ni-en-schiff, das; -es,-e: *veraltet für „großes Kriegsschiff"*
li-ni-en-treu: *loyal, streng nach den Richtlinien handelnd*
li-nie-ren: *mit Linien versehen*
link, linker, am linkesten: *umgangssprachlich für „verschlagen, hinterhältig"*
Lin-ke, der/die; -n,-n: *Angehöriger, Anhänger der linken Bewegung*
Lin-ke, die; -, keine Mehrzahl: *kommunistische und sozialistische Bewegung*
Lin-ke, die; -,-n: *die linke Seite; auch: Boxhieb mit der linken Hand*
lin-kisch: *unbeholfen, ungeschickt*
links: *die linke Seite*
Links-hän-der, der; -s,-: *jemand, der vorzugsweise die linke Hand benutzt*
links-he-rum (auch links-her-um): *nach links*

Linkskurve

Links-kur-ve, die; -,-n
Links-ver-kehr, der; -es, keine Mehrzahl
Lin-nen, das; -s,-: *Leinen*
Li-no-le-um (auch Lin-o-le-um), das; -s, keine Mehrzahl: *Fußbodenbelag aus Kunststoff*
Li-nol-schnitt (auch Lin-ol-schnitt), der; -es,-e: *Technik des Druckens*
Li-no-type [Lainotaip], die; -,-s: *Maschine, die Druckzeilen gießt, Setzmaschine*
Lin-se, die; -,-n: *Hülsenfrucht*
Lin-se, die; -,-n: *optisches Bauteil, Glaskörper mit brechenden Flächen*
lin-sen: *umgangssprachlich für „heimlich blicken"*
Lip-pe, die; -,-n: *Mundrand, Schleimhautfalte*
Lip-pen-be-kennt-nis, das; -ses,-se: *nicht ernst gemeinte Beteuerung*
Lip-pen-blüt-ler, der; -s,-: *Pflanzengattung*
Lip-pen-stift, der; -es,-e: *Schminkstift*
Lip-pi-za-ner, der; -s,-: *Pferderasse*
li-quid: *flüssig, bei Kasse, zahlungsfähig*
Li-qui-da-ti-on, die; -,-en: *Auflösung, Beseitigung*
li-qui-die-ren: *auflösen, beseitigen*
Li-qui-di-tät, die; -,-en: *Zahlungsfähigkeit*
Li-ra, die; -, Li-re: *italienische Währungseinheit*
lis-peln: *mit der Zunge anstoßen*
List, die; -,-en: *Täuschung, Kniff*
Lis-te, die; -,-n: *Verzeichnis, schriftliche Aufstellung*
lis-tig: *gewitzt, verschlagen, schlau, verschmitzt*
Li-ta-nei, die; -,-en: *Wechselgebet*
Li-ta-nei, die; -,-en: *lange, eintönige Aufzählung oder Rede*
Li-ter, der; -s,-: *ein Kubikdezimeter, Hohlmaß*
li-te-ra-risch: *die Literatur betreffend*
Li-te-rat, der; -en,-en: *Schriftsteller*
Li-te-ra-tur, die; -,-en: *Gesamtheit der schriftlichen Aufzeichnungen, Gesamtheit der Dichtungen*
Li-te-ra-tur-preis, der; -es,-e: *Auszeichnung eines Autors*
Li-te-ra-tur-wis-sen-schaft, die; -, keine Mehrzahl
li-ter-wei-se: *in Litern*
Lit-fass-säu-le, die; -,-n: *Anschlagsäule, Reklamesäule*

Li-tho-graf (auch Li-tho-graph), der; -en, -en: *Steindruckzeichner*
Li-tho-gra-fie (auch Li-tho-gra-phie), die; -,-n: *Steinzeichnung*
Li-tur-gie, die; -,-n: *Gottesdienstordnung*
li-tur-gisch: *die Liturgie betreffend*
Lit-ze, die; -,-n: *blankes Kabel*
Lit-ze, die; -,-n: *Schulterband, Tresse*
live [laif]: *direkt, original*
Live-sen-dung (auch Live-Sen-dung) [Laifsendung], die; -,-en: *Direktübertragung*
Live-ü-ber-tra-gung (auch Live-Ü-ber-tra-gung) [Laifübertragung], die; -,-en: *Direktübertragung*
Liv-ree (auch Li-vree), die; -,-n: *uniformartige Bekleidung von Bediensteten*
liv-riert (auch li-vriert): *in Livree gekleidet*
Li-zenz, die; -,-en: *Befugnis, Genehmigung, Erlaubnis, Ermächtigung*
Li-zenz-aus-ga-be, die; -,-n: *erlaubter Nachdruck*
Li-zenz-ge-ber, der; -s,-: *jemand, der die Rechte an etwas besitzt und sie vergibt*
Li-zenz-spie-ler, der; -s,-: *Fußballspieler im Profifußball*
Lkw, auch LKW, [Elkaweh], der; -s,-s: *Abkürzung für „Lastkraftwagen"*
Lloyd, der; -s, keine Mehrzahl: *Name von Seefahrts- und Versicherungsgesellschaften*
Lob, das; -es,(-e): *Anerkennung*
Lob-by, die; -,-s: *Vorraum eines Parlaments*
Lob-by, die; -,-s: *Interessenverband, der Entscheidungen in seinem Sinne zu beeinflussen versucht*
Lob-by-is-mus, der; -, keine Mehrzahl: *System der Einflussnahme von Parlamentsmitgliedern*
Lob-by-ist, der; -en,-en: *jemand, der Entscheidungen zu beeinflussen sucht*
Lo-be-lie, die; -,-n: *Zierpflanze*
lo-ben: *Anerkennung zollen*
lo-bens-wert: *löblich, anerkennenswert*
Lob-hu-de-lei, die; -,-en: *überschwängliches, unangebrachtes Lob, Schmeichelei*
lob-hu-deln: *übertrieben loben*
löb-lich: *lobenswert*
Lob-lied, das; -es,-er: *Anerkennung*
Loch, das; -es, Lö-cher: *Tierhöhle*
Loch, das; -es, Lö-cher: *Öffnung, Spalte, Riss, schadhafte Stelle*

lokal

Loch, das; -es, Lö-cher: *Wunde, Verletzung*
Loch, das; -es, Lö-cher: *umgangssprachlich für „armselige Wohnung, enger Raum"*
Loch, das; -es, Lö-cher: *umgangssprachlich für „Gefängnis"*
lo-chen: *mit Löchern versehen*
Lo-cher, der; -s,-: *Gerät zum Lochen von Schriftstücken*
lö-che-rig: *durchlöchert, voller Löcher*
lö-chern: *umgangssprachlich für „jemanden ständig fragen"*
Loch-zan-ge, die; -,-n: *Zange zum Lochen*
Löck-chen, das; -s,-: *kleine Locke*
Lo-cke, die; -, -n: *gekräuselte Haarsträhne*
lo-cken: *kräuseln*
lo-cken: *reizen, in Versuchung führen*
Lo-cken-kopf, der; -es, -köp-fe: *Haartracht*
Lo-cken-wick-ler, der; -s,-: *Rolle zum Aufwickeln von Haaren*
lo-cker: *lässig*
lo-cker: *wacklig, lose, weich, porös*
lo-cker-las-sen, ließ locker, lockergelassen: *nachgeben*
lo-cker-ma-chen: *umgangssprachlich: hergeben*
lo-ckern: *lösen, locker machen*
Lo-cke-rung, die; -, -en: *das Lockern*
Lo-ckung, die; -,-en: *Anreiz, Versuchung*
Lock-vo-gel, der; -s, -vö-gel: *Köder*
Lo-den, der; -s,-: *gewalkter fester Stoff*
lo-dern: *flackern, brennen, flammen*
lo-dern: *leidenschaftlich bewegt sein, glühen, brennen (Augen)*
Löf-fel, der; -s,-: *Essgerät, Schöpfkelle*
Löf-fel, der; -s,-: *Baggerschaufel*
Löf-fel, der; -s,-: *Jägersprache und umgangssprachlich für „Ohr"*
Löf-fel-bag-ger, der; -s,-: *Baggerart*
löf-feln: *schöpfen, mit dem Löffel essen*
Log, das; -s,-e: *Geschwindigkeitsmesser auf Schiffen*
Lo-ga-rith-men-ta-fel (auch Log-a-rith-men-ta-fel), die; -,-n: *tabellarisches Verzeichnis der Logarithmen*
lo-ga-rith-misch (auch log-a-rith-misch): *den Logarithmus betreffend*
Lo-ga-rith-mus (auch Log-a-rith-mus), der; -, Log-a-rith-men: *Zahl, mit der man eine andere Zahl (Basis) potenzieren muss, um einen vorgegebenen Wert (Numerus) zu erhalten; Zeichen: log*

Log-buch, das; -es, -bü cher: *Schiffstagebuch*
Lo-ge [Lohsche], die; -,-n: *abgeteilter Zuschauerraum*
Lo-ge [Lohsche], die; -,-n: *Freimaurervereinigung*
Log-gia [Lodscha], die; -, Log-gi-en: *Bogenhalle, überdachter Balkon*
lo-gie-ren [loschieren]: *übernachten, wohnen; auch: beherbergen*
Lo-gik, die; -, keine Mehrzahl: *Folgerichtigkeit; Denklehre*
Lo-gis [Loschieh], das; -,-: *Wohnung, Unterkunft*
lo-gisch: *folgerichtig, vernünftig, auf der Logik beruhend*
lo-gi-scher-wei-se: *der Logik folgend*
Lo-gis-tik, die; -, keine Mehrzahl: *alle Maßnahmen für Nachschub und Infrastruktur beim Militär und in der Wirtschaft; auch: mathematische Logik*
lo-go: *umgangssprachlich für „na klar; natürlich; selbstverständlich"*
Lo-go-pä-de, der; -n,-n: *jemand, der die Logopädie anwendet*
Lo-go-pä-die, die; -, keine Mehrzahl: *Sprachheilkunde*
Lo-he, die; -,-n: *Gerbbrühe*
Lo-he, die; -,-n: *lodernde Flamme*
lo-hen: *aufflammen, lodern*
Lohn, der; -es, Löh-ne: *Bezahlung, Vergütung, Entgelt*
Lohn, der; -es, Löh-ne: *Belohnung; auch: Strafe*
Lohn-ar-bei-ter, der; -s,-: *jemand, der seinen Lohn tage- oder wochenweise empfängt*
Lohn-buch-hal-ter, der; -s,-
Lohn-buch-hal-tung, die; -,-en
Lohn-bü-ro, das; -s,-s
Lohn-emp-fän-ger, der; -s,-: *Arbeitnehmer*
loh-nen, sich: *wert sein, nützlich sein*
Lohn-fort-zah-lung, die; -,-en: *Weiterzahlung des Lohnes im Krankheitsfall*
Lohn-steu-er, die; -,-n
Lohn-steu-er-jah-res-aus-gleich, der; -es,-e: *Steuererklärung von Lohnsteuerpflichtigen*
Lohn-stopp, der; -s,-s: *Einfrieren der Gehälter, der Lohnerhöhungen*
Loi-pe, die; -,-n: *Langlaufspur*
Lok, die; -,-s: *Kurzwort für „Lokomotive"*
lo-kal: *örtlich, auf einen Ort beschränkt*

Lokal

Lo-kal, das; -es,-e: *Ort, Raum, Stelle*
Lo-kal, das; -es,-e: *Gaststätte, Wirtschaft*
Lo-kal-a-näs-the-sie (auch Lo-kal-an-äs-the-sie), die; -,-n: *örtliche Betäubung*
lo-ka-li-sie-ren: *den Ort bestimmen, örtlich festlegen*
Lo-kal-nach-rich-ten, die; keine Einzahl
Lo-kal-pat-ri-o-tis-mus (auch Lo-kal-pa-tri-o-tis-mus), der; -,-is-men: *Begeisterung für die heimatlichen Besonderheiten*
Lo-kal-teil, der; -es,-e: *Teil einer Zeitung, in dem Lokalnachrichten stehen*
Lo-kal-ter-min, der; -es,-e: *gerichtlicher Termin am Tatort*
Lok-füh-rer, der; -s,-: *Lokomotivführer*
Lo-ko-mo-ti-ve, die; -,-n: *Zugmaschine auf Schienen*
Lo-ko-mo-tiv-füh-rer, der; -s,-
Lo-kus, der, -, Lo-kus-se: *umgangssprachlich für „Toilette"*
Lom-bard, der; -es,-e: *Beleihung von Wertpapieren*
Long-drink, der; -s,-s: *alkoholisches Mischgetränk*
Lon-ge [Loñsche], die; -,-n: *Pferdelaufleine*
lon-gie-ren [loñschieren]: *Pferde an der Longe führen*
Loo-ping [Luhping], der; -s,-s: *Überschlag mit dem Flugzeug, Kunstflugfigur*
Lor-beer, der; -s,-en: *Hartlaubgewächs; Gewürz*
Lor-beer, der; -s,-en: *Ruhm*
Lor-beer-blatt, das; -es, -blät-ter: *Gewürz*
Lord, der; -s,-s: *englischer Adelstitel*
Lo-re, die; -,-n: *offener Güterwagen*
Lorg-net-te (auch Lor-gnet-te) [Lornjette], die; -,-n: *Stielbrille*
Lorg-non (auch Lor-gnon) [Lornjion], das; -s,-s: *Stielbrille*
los: *weg*
los: *nicht fest, frei*
Los, das; -es,-e: *Anteil, Parzelle, Warenmenge*
Los, das; -es,-e: *Lotterieschein*
Los, das; -es,-e: *Schicksal*
Lösch-blatt, das; -es, -blät-ter: *saugfähiges Papier*
lö-schen: *tilgen, streichen, aufheben*
lö-schen: *vernichten (Aufzeichnung, Daten)*
lö-schen: *befriedigen (Durst)*
lö-schen: *entladen (Schiff)*
lö-schen: *ausschalten*

lö-schen: *auslöschen, ersticken*
lo-se: *zügellos, leichtfertig*
lo-se: *locker, beweglich*
lo-se: *nicht verpackt, offen*
Lö-se-geld, das; -es,-er: *erpresstes Geld*
los-ei-sen: *lösen, frei machen*
lo-sen: *das Los ziehen, durch das Los ermitteln*
lö-sen: *abtrennen*
lö-sen: *auflösen, enträtseln, klären, entwirren; errechnen*
lö-sen: *auflösen, in Wasser zergehen lassen*
lö-sen: *öffnen, losbinden, lockern*
lö-sen: *rückgängig machen, aufheben, aufgeben, abbrechen, trennen*
los-fah-ren, fuhr los, losgefahren: *starten*
los-las-sen, ließ los, losgelassen: *freigeben, freilassen*
los-le-gen: *beginnen, anfangen*
lös-lich: *auflösbar*
los-rei-ßen, riss los, losgerissen: *abtrennen, abreißen, gewaltsam lösen*
los-ren-nen, rannte los, losgerannt: *zu rennen anfangen*
Löss (auch Löß), der; -es,-e: *kalkhaltiger, fruchtbarer Boden*
los-sa-gen, sich: *sich trennen*
los-stür-men: *losrennen*
Lost, der; -s/-es, keine Mehrzahl: *Senfgas, Giftgas*
Lo-sung, die; -,-en: *Wildkot*
Lo-sung, die; -,-en: *Kennwort*
Lö-sung, die; -,-en: *Trennung*
Lö-sung, die; -,-en: *Flüssigkeit*
Lö-sung, die; -,-en: *Ergebnis, Auflösung, Resultat*
Lö-sung, die; -,-en: *Verteilung eines Stoffes in einem anderen*
Lö-sung, die; -,-en: *das Sichauflösen*
Lö-sungs-mit-tel, das; -s,-: *Flüssigkeit, die Stoffe auflöst*
los-wer-den, wurde los, losgeworden
Lot, das; -es,-e: *Bleigewicht, Senklot*
Lot, das; -es,-e: *Senkrechte*
Lot, das; -es,-e: *Metalllegierung zum Löten*
lo-ten: *Tiefe ausmessen*
lo-ten: *umgangssprachlich für „vorfühlen, Möglichkeiten erkunden"*
lö-ten: *Metalle mit geschmolzenem Metall verbinden*
Lo-ti-on [Lotsiohn/Louschn], die; -,-en: *flüssige Creme*

lukrativ

Löt-kol-ben, der; -s,-: *Gerät zum Löten*
Lo-tos, der; -s,-: *Blumenart*
lot-recht: *senkrecht*
Lot-rech-te, die; -,-n: *Senkrechte*
Lot-se, der; -n,-n: *Schiffsführer durch schwierige Gewässer*
lot-sen: *führen, geleiten, bugsieren*
Lot-sen-boot, das; -es,-e: *Boot, das den Lotsen befördert*
Lot-te-rie, die; -,-n: *Glücksspiel*
lot-te-rig: *schlampig, unordentlich*
Lot-ter-le-ben, das; -s,-: *liederliches Leben*
Lot-ter-wirt-schaft, die; -,-en: *schludrig, unordentlich geführte Wirtschaft*
Lot-to, das; -s,-s: *Glücksspiel*
Love-pa-ra-de [Lawpereid], die; -, keine Mehrzahl: *jährlicher Umzug in Berlin*
Lö-we, der; -n,-n: *Raubtier*
Lö-wen-an-teil, der; -es,-e: *größter Teil*
Lö-wen-maul, das; -es, keine Mehrzahl: *Blumenart*
Lö-wen-zahn, der; -es, keine Mehrzahl: *eine Wiesenblume*
Lö-win, die; -,-nen: *weiblicher Löwe*
lo-yal (auch loy-al) [loajahl]: *treu, redlich*
Lo-ya-li-tät [Loajalität], die; -, keine Mehrzahl: *loyales Verhalten*
Luchs [Lucks], der; -es,-e: *Raubtier*
luch-sen [lucksen]: *scharf blicken, lauern*
Lü-cke, die; -,-n: *Spalte, Öffnung, Zwischenraum, fehlendes Teil*
Lü-cken-bü-ßer, der; -s,-: *jemand, der als Ersatz einspringt, aber nicht erste Wahl ist*
lü-cken-haft: *voller Lücken, unvollständig*
lü-cken-los: *vollständig*
Lu-de, der; -n,-n: *Zuhälter*
Lu-der, das; -s,-: *niederträchtiger Mensch, Gauner, Strolch*
Lu-der, das; -s,-: *Aas, Kadaver als Köder*
Lu-es, die; -, keine Mehrzahl: *Syphilis*
Luft, die; -,(Lüf-te): *Atmosphäre, Gas*
Luft, die; -,(Lüf-te): *Wind, Luftzug*
Luft, die; -, keine Mehrzahl: *Abstand, Zwischenraum, Spiel*
Luft-bal-lon, der; -s,-s/-e
luft-dicht: *dicht*
Luft-druck, der; -dru-ck(e)s, -drü-cke
lüf-ten: *Luft hereinlassen*
Luft-fracht, die; -, keine Mehrzahl: *mit dem Flugzeug beförderte Fracht*
luft-ge-kühlt: *mit vorbeiströmender Luft gekühlt*

Luft-ge-wehr, das; -s,-e: *Gewehr, das mit Druckluft arbeitet*
luf-tig: *leicht, dünn*
Luf-ti-kus, der; -,-se: *umgangssprachlich für „leichtlebiger Mensch"*
Luft-kis-sen-fahr-zeug, das; -es,-e: *Hovercraft*
Luft-kor-ri-dor, der; -s,-e: *freie Flugschneise*
Luft-kur-ort, der; -es,-e: *Kurort*
luft-leer: *keine Luft enthaltend*
Luft-li-nie, die; -,-n: *direkte Entfernung*
Luft-pi-rat, der; -en,-en: *Flugzeugentführer*
Luft-pi-ra-te-rie, die; -,-n: *Flugzeugentführung*
Luft-post, die; -, keine Mehrzahl: *Post, die mit dem Flugzeug befördert wird*
Luft-raum, der; -es, -räu-me: *Raum, der sich über einem Staatsgebiet befindet*
Luft-röh-re, die; -,-n: *Atmungsweg*
Luft-röh-ren-schnitt, der; -es,-e: *chirurgischer Eingriff*
Luft-schloss, das; -schlos-ses, -schlös-ser: *Traumgebilde, Illusion*
Luft-schutz-kel-ler, der; -s,-: *bunkerähnlicher Keller*
Lüf-tung, die; -,-en: *Belüftung, Luftzufuhr*
Luft-ver-kehr, der; -s, keine Mehrzahl: *Flugbewegungen*
Luft-ver-schmut-zung, die; -,-en: *Verschmutzung der Luft durch Abgase, Flüssigkeiten und feste Stoffe*
Luft-waf-fe, die; -,-n: *Luftstreitmacht*
Luft-wi-der-stand, der; -es, -stän-de: *Verdrängungswiderstand und Reibung der Luft*
Luft-zug, der; -es, -zü-ge: *leichte Luftbewegung*
Lü-ge, die; -,-n: *Schwindel, Unwahrheit*
lu-gen: *blicken, heimlich schauen*
lü-gen, log, gelogen: *Unwahrheit sagen*
Lü-gen-de-tek-tor, der; -s,-en: *Gerät, mit dem angeblich Lügen erkannt werden können*
Lüg-ner, der; -s,-: *Schwindler*
Lüg-ne-rin, die; -,-nen: *Schwindlerin*
lüg-ne-risch: *unwahr, verlogen*
Luk, das; -es,-e: *Luke*
Lu-ke, die; -,-n: *Schiffsöffnung, Schiffstür; auch: kleines Dach- oder Kellerfenster*
luk-ra-tiv (auch lu-kra-tiv): *einträglich, Gewinn bringend*

291

lukullisch

lu-kul-lisch: *üppig, reichlich, köstlich (Speisen)*
Lu-kul-lus, der; -,-: *Schichtkuchen*
Lu-latsch, der; -es,-e: *umgangssprachlich für „großer Mensch"*
lul-len: *eintönig singen, schläfrig machen*
Lum-ba-go, die; -, keine Mehrzahl: *Hexenschuss, Kreuzschmerzen*
lu-mi-nös: *leuchtend, lichtstark*
Lüm-mel, der; -s,-: *frecher Mensch*
lüm-meln: *nachlässig herumsitzen oder -liegen*
Lump, der; -en,-en: *Schuft, Schurke, Gauner*
lum-pen: *umgangssprachlich für „liederlich leben"; auch: sich nicht lumpen lassen, großzügig sein*
Lum-pen, der; -s,-: *alte Kleidung*
Lum-pen, der; -s,-: *Feudel, Stoffstück*
Lum-pen-pro-le-ta-ri-at, das; -es, keine Mehrzahl: *Proletariat ohne Klassenbewusstsein, dessen Mitglieder aus allen Gesellschaftsklassen stammen, jedoch verarmt sind*
lum-pig: *schäbig, gemein*
Lu-na, -s, keine Mehrzahl: *der Mond; auch: die Mondgöttin*
Lunch [Lantsch], der; -/-es,-es/-e: *englische Mittagsmahlzeit*
Lun-ge, die; -,-n: *Atmungsorgan*
Lun-gen-ent-zün-dung, die; -,-en
Lun-gen-flü-gel, der; -s,-: *Lungenhälfte*
Lun-gen-schwind-sucht, die; -, keine Mehrzahl
Lun-gen-tu-ber-ku-lo-se, die; -, keine Mehrzahl: *Lungenschwindsucht*
Lun-gen-zug, der; -es, -zü-ge: *tiefes Inhalieren des Zigarettenrauches*
lun-gern: *trödeln, herumlungern*
Lun-te, die; -,-n: *Zündschnur*
Lu-pe, die; -,-n: *Vergrößerungsglas*
lu-pen-rein: *vollkommen, einwandfrei*
lup-fen: *hochheben, anheben*
Lu-pi-ne, die; -,-n: *Futterpflanze*
Lu-pus, der; -,-/Lu-pus-se: *fressende Hautflechte*
Lu-pus, der; -,-/Lu-pus-se: *Wolf*
Lurch, der; -es,-e: *Amphibie*
Lu-sche, die; -,-n: *wertlose Karte*
Lust, die; -, Lüs-te: *inneres Bedürfnis, Verlangen*
Lust, die; -, Lüs-te: *Wohlgefühl, Befriedigung, Gefallen*
Lüs-ter, der; -s,-: *glänzender Stoff*

Lüs-ter, der; -s,-: *Kronleuchter*
lüs-tern: *gierig, geschlechtlich erregt*
Lüs-tern-heit, die; -, keine Mehrzahl: *lüsternes Verhalten, lüsternes Wesen*
Lust-ge-winn, der; -es,-e: *das Erlangen von Lust*
lus-tig: *unterhaltend*
lus-tig: *fröhlich, vergnügt, heiter*
Lus-tig-keit, die; -, keine Mehrzahl: *Fröhlichkeit, Unbeschwertheit, Heiterkeit*
lust-los: *ohne Schwung, unlustig, gleichgültig*
Lust-lo-sig-keit, die; -, keine Mehrzahl: *lustloses Verhalten*
Lust-mord, der; -es,-e: *Sexualmord*
Lust-mör-der, der; -s,-: *Sexualmörder, Triebtäter*
Lust-spiel, das; -es,-e: *Komödie*
lut-schen: *lecken, saugen*
Lut-scher, der; -s,-: *Schnuller*
Lut-scher, der; -s,-: *Stielbonbon*
Luv, das; -s, keine Mehrzahl: *die dem Wind zugekehrte Seite*
lu-ven: *ein Schiff gegen den Wind drehen*
Lux, das; -,-: *Messeinheit für die Lichtstärke, Zeichen: lx*
lu-xu-ri-ös: *verschwenderisch, prunkvoll*
Lu-xus, der; -, keine Mehrzahl: *verschwenderischer Stil, Prunk, Aufwand, Verschwendung*
Lu-zer-ne, die; -,-n: *Futterklee*
lu-zid: *hell, durchsichtig, klar*
Lu-zi-di-tät, die; -, keine Mehrzahl: *Helligkeit, Durchsichtigkeit; auch: Klarsichtigkeit*
Lu-zi-fer, -s, keine Mehrzahl: *Teufel*
lym-pha-tisch: *die Lymphe, die Lymphdrüsen betreffend*
Lymph-drü-se, die; -,-n: *Lymphknoten*
Lym-phe, die; -, keine Mehrzahl: *Gewebsflüssigkeit, Vakzine*
Lymph-kno-ten, der; -s,-: *Lymphdrüse*
lyn-chen [lünchen]: *ohne richterliches Urteil hinrichten*
Lynch-jus-tiz [Lünchjustiz], die; keine Mehrzahl: *unrechtmäßige Misshandlung oder Tötung durch eine aufgebrachte Menschenmenge*
ly-risch: *die Lyrik betreffend*
ly-risch: *stimmungsvoll, gefühlvoll; in der Art eines Liedes*
Ly-ze-um, das; -s, Ly-ze-en: *höhere Lehranstalt für Mädchen*

Magazin

m, M, das; -,-: *dreizehnter Buchstabe des Alphabets; Konsonant, Mitlaut*
m: *Abkürzung für „Meter"*
M: *Abkürzung für „Mark"*
ma.: *Abkürzung für „mittelalterlich"*
Ma: *Abkürzung für „Machzahl"*
MA.: *Abkürzung für „Mittelalter"*
M. A.: *Abkürzung für „Magister Artium"; auch: „Master of Arts"*
Mä-an-der, der; -s,-: *Windungen eines Flusslaufes*
mä-an-dern: *sich schlängeln*
Maar, das; -es,-e: *Vulkankratersee*
Maat, der; -es,-e: *Marineunteroffizier*
Mach, das; -,-: *Geschwindigkeitseinheit, die die Schallgeschwindigkeit zugrunde legt, Machzahl*
Ma-chan-del-baum, der; -es, -bäu-me: *Wacholder*
Mach-art, die; -,-en
Ma-che, die; -, keine Mehrzahl: *Schein*
ma-chen: *in Ordnung bringen*
ma-chen: *ausmachen*
ma-chen: *tun*
ma-chen: *kosten, Preis haben*
ma-chen: *erzeugen, fertig stellen, herstellen, schaffen*
ma-chen: *verursachen, bewirken*
Ma-chen-schaft, die; -,-en: *Intrige, heimliche Absprache*
Ma-cher, der; -s,-: *Antreiber, Anstifter*
Ma-che-te, die; -,-n: *Buschmesser*
Ma-cho, der; -s,-s: *Szenesprache für „Mann, der Frauen unterdrückt"*
Ma-chor-ka, der; -s, keine Mehrzahl: *russischer Tabak*
Macht, die; -, Mäch-te: *mächtiger Staat*
Macht, die; -, Mäch-te: *mystische, überirdische Gewalt*
Macht, die; -, keine Mehrzahl: *Herrschaft, Gewalt, Befehlsgewalt*
Macht, die; -, keine Mehrzahl: *Kraft, Stärke, Wucht, Stoßkraft*
Macht, die; -, keine Mehrzahl: *Befugnis, Möglichkeit*
Macht-ha-ber, der; -s,-: *Herrscher, Staatsoberhaupt*

mäch-tig: *machtvoll, einflussreich*
mäch-tig: *kraftvoll, wuchtig, massig*
mäch-tig: *gewaltig, sehr groß, ungemein*
mäch-tig: *sein, in der Lage sein*
macht-los: *ohne Einfluss*
Macht-po-li-tik, die; -, keine Mehrzahl: *Politik, die auf militärische oder wirtschaftliche Stärke baut*
macht-voll: *mächtig*
Macht-wort, das; -es, -wor-te: *energische und endgültige Aufforderung*
Mach-werk, das; -es,-e: *schlechte Arbeit*
Mach-zahl, die; -,-en: *Mach*
Ma-cke, die; -,-n: *Verrücktheit, Besessenheit*
Ma-cke, die; -,-n: *Beschädigung*
Ma-cker, der; -s,-: *umgangssprachlich für „Anführer, Anstifter"*
Ma-cker, der; -s,-: *umgangssprachlich für „Mann, Frauenfeind"*
Ma-cker, der; -s,-: *umgangssprachlich für „Freund, Bekannter"*
Ma-dame [Madam], -s, Mes-dames [Mehdam]: *Anrede für „gnädige Frau"*
Mäd-chen, das; -s,-: *weibliches Kind*
mäd-chen-haft: *wie ein Mädchen*
Mäd-chen-na-me, der; -ns,-n: *Familienname einer Frau vor ihrer Heirat*
Ma-de, die; -,-n: *Larve*
Mä-del, das; -s,-: *regional für „Mädchen"*
Ma-de-moi-selle [Madmoasell], -,-s/Mes-de-moi-selles [Mehdemoasell]: *Anrede für „junge Dame, gnädiges Fräulein"*
ma-dig: *voller Maden*
Ma-don-na, die; -, Ma-don-nen: *Muttergottes, auch: Darstellung der Muttergottes*
Ma-don-nen-bild, das; -es,-er: *Darstellung der Muttergottes*
Mad-ri-gal (auch Ma-dri-gal), das; -s,-e: *Kunstlied*
Ma-est-ro (auch Ma-es-tro), der; -s,-s/ Ma-est-ri: *Meister, Künstler*
Ma-fia, die; -, keine Mehrzahl: *krimineller sizilianischer Geheimbund*
Ma-fi-o-so, der; -s, Ma-fi-o-si: *Angehöriger der Mafia*
Ma-ga-zin, das; -s,-e: *Patronenkammer bei Feuerwaffen*
Ma-ga-zin, das; -s,-e: *bebilderte Zeitschrift*
Ma-ga-zin, das; -s,-e: *Bücherlager einer Bibliothek*

Magazin

Ma-ga-zin, das; -s,-e: *Vorratsraum, Lager, Arsenal*
Magd, die; -, Mäg-de: *veraltet für „Landarbeiterin, Hausangestellte"*
Ma-gen, der; -s,-/Mä-gen: *Verdauungsorgan*
Ma-gen-bit-ter, der; -s,-: *Kräuterlikör*
Ma-gen-ge-schwür, das; -s,-e
Ma-gen-gru-be, die; -,-n: *Herzgrube*
Ma-gen-säu-re, die; -, keine Mehrzahl: *Verdauungssaft des Magens*
Ma-gen-schleim-haut, die; -, -häu-te
Ma-gen-schleim-haut-ent-zün-dung, die; -,-en
Ma-gen-schmer-zen, die; -, keine Einzahl: *Bauchweh*
Ma-gen-ver-stim-mung, die; -,-en: *Verdauungsstörung*
ma-ger: *dürftig, unfruchtbar (Boden)*
ma-ger: *dürftig, wenig (Ernte)*
ma-ger: *fettarm*
ma-ger: *dünn, dürr*
Ma-ger-keit, die; -, keine Mehrzahl: *magere Beschaffenheit*
Ma-ger-milch, die; -, keine Mehrzahl: *entrahmte Milch*
Ma-gie, die; -, keine Mehrzahl: *Beschwörung, Zauberei*
Ma-gi-er, der; -s,-: *Zauberer*
ma-gisch: *die Magie betreffend*
Ma-gis-ter, der; -s,-: *veraltet für „Lehrer", heute: akademischer Titel*
Ma-gist-rat (auch Ma-gis-trat), der; -es,-e: *Stadtverwaltung*
Mag-ma, das; -s, Mag-men: *flüssige Lava, flüssiges Gestein*
mag-ma-tisch: *das Magma betreffend*
Mag-nat, (auch Ma-gnat), der; -en,-en: *sehr wohlhabender Mensch, Großindustrieller*
Mag-ne-sia (auch Ma-gne-sia), die; -, keine Mehrzahl: *Bittererde, oxidiertes Magnesium*
Mag-ne-si-um (auch Ma-gne-si-um), das; -s, keine Mehrzahl: *Leichtmetall; Zeichen: Mg*
Mag-net (auch Ma-gnet), der; -en,-en: *eisenanziehender Stoff; auch: Gerät, das durch magnetische Ladung Magnetismus erzeugt*
mag-ne-tisch (auch ma-gne-tisch): *den Magnetismus betreffend*
mag-ne-ti-sie-ren (auch ma-gne-ti-sie-ren): *magnetisch machen*
Mag-ne-tis-mus (auch Ma-gne-tis-mus), der; -, keine Mehrzahl: *Fähigkeit, Eisen anzuziehen*
Mag-net-kom-pass (auch Ma-gnet-kompass), der; -kompas-ses,-kompas-se: *Kompass, der mit dem Erdmagnetismus arbeitet*
Mag-net-na-del (auch Ma-gnet-na-del), die; -,-n: *Kompassnadel*
Mag-net-pol (auch Ma-gnet-pol), der; -s,-e: *magnetischer Erdpol*
Mag-ni-fi-zenz (auch Ma-gni-fi-zenz), die; -,-en: *Titel für hohe Geistliche oder Rektoren*
Mag-no-lie (auch Ma-gno-lie), die; -,-n: *Zierstrauch*
Ma-ha-go-ni, das; -s,-s: *Edelholzart*
Ma-ha-rad-scha (auch Ma-ha-ra-dscha), der; -s,-s: *indischer Fürst*
Ma-ha-ra-ni, die; -,-s: *Frau eines Maharadschas*
Mäh-dre-scher, der; -s,-: *Getreideerntemaschine*
mä-hen: *Gras, Getreide schneiden*
Mahl, das; -es,-e/Mäh-ler: *Essen*
mah-len: *zu Mehl zerreiben*
Mahl-zeit, die; -,-en: *Essen*
Mahl-zeit: *Gruß zur Mittagszeit*
Mäh-ma-schi-ne, die; -,-n
Mäh-ne, die; -,-n: *Haarschopf*
mah-nen: *erinnern, auffordern, drängen*
Mah-ner, der; -s,-: *jemand, der vor etwas warnt*
Mahn-mal, das; -es,-e: *Gedenkstätte*
Mah-nung, die; -,-en: *Erinnerung, Aufforderung*
Mäh-re, die; -,-n: *altes, schlechtes Pferd*
Mai, der; -s, (-en/-e): *fünfter Monat des Jahres*
Mai-baum, der; -es, -bäu-me: *Birke, die als Frühlingssymbol aufgestellt wird*
Mai-bow-le (Maibohle), die; -,-n: *Waldmeisterbowle*
Maid, die; -,-en: *veraltet für „Mädchen"*
Mai-fei-er, die; -,-n: *Feier zum 1. Mai*
Mai-glöck-chen, das; -s,-: *Frühlingsblume*
Mai-kä-fer, der; -s,-: *Insekt*
Mais, der; -es, keine Mehrzahl: *Getreideart*
Mai-sche, die; -,-n: *angesetztes Malz*
Mai-sche, die; -,-n: *zerkleinerte, noch nicht gekelterte Trauben*
Mais-kol-ben, der; -s,-: *Fruchtkolben der Maispflanze*

Malzzucker

Ma-jes-tät, die; -,-en: *Anrede und Titel für „Kaiser, König"*
Ma-jes-tät, die; -, keine Mehrzahl: *Hoheit, Erhabenheit*
ma-jes-tä-tisch: *erhaben, hoheitsvoll, würdevoll*
Ma-jes-täts-be-lei-di-gung, die; -,-en: *Beleidigung eines Staatsoberhauptes*
Ma-jo-nä-se, (auch Ma-yon-nai-se), die; -, -n: *dickflüssige, pikante Soße*
Ma-jo-li-ka, die; -, Ma-jo-li-ken: *Fayence, Töpferware*
Ma-jor, der; -s,-e: *Offizier*
Ma-jo-ran, der; -s, keine Mehrzahl: *Gewürzpflanze*
Ma-jo-ri-tät, die; -, keine Mehrzahl: *Stimmenmehrheit, Überzahl*
Ma-jo-ri-tät, die; -,-en: *Mehrzahl*
Ma-jo-ri-täts-be-schluss, der; -beschlusses, -be-schlüs-se: *Mehrheitsbeschluss*
Ma-jo-ri-täts-wahl, die; -,-en: *Mehrheitswahl*
Ma-jus-kel, die; -,-n: *Großbuchstabe*
ma-ka-ber: *grausig, düster; mit dem Traurigen spaßend*
Ma-kao, der; -s,-s: *Papageienart*
Ma-kel, der; -s,-: *Mangel, Fehler, Schandfleck*
ma-kel-los: *rein, ohne Makel*
mä-keln: *nörgeln, unzufrieden sein*
Make-up [Mäik-ap], das; -s,-s: *Gesichtskosmetik*
Mak-ka-ro-ni, die; keine Einzahl: *Nudelart*
Mak-ler, der; -s,-: *Vermittler für Waren, Immobilien u. a.*
Ma-ko, der/die; -/-s,-s: *Baumwollart*
Mak-ra-mee (auch Ma-kra-mee), das; -s,-s: *Knüpfarbeit*
Mak-re-le (auch Ma-kre-le), die; -,-n: *Speisefisch*
Mak-ro-bi-o-tik (auch Ma-kro-bi-o-tik), die; -, keine Mehrzahl: *hauptsächlich auf Getreide basierende Ernährungsweise*
mak-ro-bi-o-tisch (auch ma-kro-bi-o-tisch): *die Makrobiotik betreffend*
Mak-ro-kos-mos (auch Ma-kro-kos-mos), der; -, keine Mehrzahl: *Weltall*
Mak-ro-ne (auch Ma-kro-ne), die; -,-n: *Nussgebäck*
Ma-ku-la-tur, die; -,-en: *Abfall der Druck- und Papierindustrie*
Ma-ku-la-tur, die; -,-en: *wertloses Zeug*
mal: *Rechenzeichen der Multiplikation*

mal: *umgangssprachlich für „einmal"*
mal: *einmal*
mal: *multipliziert mit; drei mal drei*
Mal, das; -es,-e: *Zeitpunkt*
Mal, das; -es,-e: *Zeichen, Grenzstein, Grenzpfahl*
Mal, das; -es,-e: *Denkmal, Mahnmal*
Mal, das; -es,-e: *Fleck*
Ma-la-chit, der; -es,-e: *Schmuckstein*
Ma-la-ria, die; -, keine Mehrzahl: *Tropenkrankheit*
Ma-le-fiz-kerl, der; -s,-e: *Draufgänger, Teufelskerl*
ma-len: *zeichnen, bemalen, streichen*
Ma-ler, der; -s,-: *Kunstmaler*
Ma-ler, der; -s,-: *Anstreicher*
Ma-le-rei, die; -,-en: *gemaltes Bild, Gemälde*
Ma-le-rei, die; -, keine Mehrzahl: *Gesamtheit der Gemälde einer Epoche*
Ma-le-rei, die; -, keine Mehrzahl: *Malkunst*
ma-le-risch: *idyllisch, sehr schön, pittoresk*
Mal-heur [Malöhr], das; -s,-e/-s: *Unglück, Missgeschick*
ma-li-zi-ös: *boshaft, hämisch*
mal-neh-men, nahm mal, mal- genommen: *multiplizieren*
Ma-lo-chen: *umgangssprachlich für „schwer arbeiten"*
Ma-lo-cher, der; -s,-: *umgangssprachlich für „Arbeiter"*
Mal-te-ser-kreuz, das; -es,-e: *Abzeichen der Malteserritter und Johanniter*
Mal-te-ser-kreuz, das; -es,-e: *Kernstück eines Filmapparats*
Mal-to-se, die; -, keine Mehrzahl: *Malzzucker*
malt-rä-tie-ren (auch mal-trä-tie-ren): *misshandeln*
Ma-lus, der; -,-: *verschlechternder Notenabschlag*
Ma-lus, der; -,-: *Prämienzuschlag bei Versicherungen*
Mal-ve, die; -,-n: *Heilpflanze*
Malz, das; -es, keine Mehrzahl: *teilweise gekeimtes Getreide*
Malz-bier, das; -s,-e: *dunkles, alkoholfreies Bier*
mal-zen, mäl-zen: *Malz herstellen*
Malz-kaf-fee, der; -s,-s: *Gerstenkaffee*
Malz-zu-cker, der; -s, keine Mehrzahl: *Maltose*

Mama

Ma-ma, die; -,-s: *Mutter*
Ma-ma, die; -,-s: *Kindersprache für „Mutter"*
Ma-mi, die; -,-s: *Kindersprache für „Mutter"*
Ma-mie, die; -,-n: *krankhafte Gemütsveränderung*
Mam-ma, die; -,-s: *weibliche Brust*
Mam-mo-gra-phie, die; -,-n: *Röntgenuntersuchung der weiblichen Brust*
Mam-mon, der; -s, keine Mehrzahl: *Reichtum, Geld*
Mam-mo-nis-mus, der; -, keine Mehrzahl: *Geldgier, Geldherrschaft*
Mam-mut, das; -s,-e: *ausgestorbener Riesenelefant*
mamp-fen: *umgangssprachlich für „mit vollen Backen kauen"*
Mam-sell, die; -,-en/-s: *Hotelbedienstete*
man: *die Leute, die Menschen, manche Leute*
man: *jedermann, jeder*
man: *irgendjemand*
Ma-nage-ment [Mänädschment], das; -s,-s: *Leitung*
ma-na-gen [mänädschen]: *umgangssprachlich für „zustande bringen, bewerkstelligen"*
ma-na-gen [mänädschen]: *in den Vordergrund bringen, in die Öffentlichkeit bringen*
ma-na-gen [mänädschen]: *geschäftlich betreuen*
Ma-na-ger [Mänädscher], der; -s,-: *Leiter; auch: Künstler- oder Sportbetreuer*
man-che, man-cher, man-ches: *manch einer, ab und zu eine*
man-cher-lei: *manches*
man-ches: *einiges, etliches, leidlich vieles*
manch-mal: *ab und zu, hin und wieder, einige Male*
Man-dant, der; -en,-en: *Auftraggeber, Klient*
Man-dan-tin, die; -,-nen
Man-da-ri-ne, die; -,-n: *Zitrusfrucht*
Man-dat, das; -es,-e: *Auftrag*
Man-dats-ge-biet, das; -es,-e: *fremdes Hoheitsgebiet*
Man-del, die; -,-n: *Frucht des Mandelbaums*
Man-del, die; -,-n: *Gaumenmandel*
Man-do-li-ne, die; -,-n: *Zupfinstrument*
Mand-rill (auch Man-drill), der; -s,-e: *Affenart*

Ma-ne-ge [Manehsche], die; -,-n: *Reitbahn, Arena*
Man-gan, das; -s, keine Mehrzahl: *Metall, Zeichen: Mn*
Man-gel, die; -,-n: *Gerät zum Wäscheglätten*
Man-gel, der; -s, Män-gel: *Entbehrung*
Man-gel, der; -s, Män-gel: *Fehlen*
Man-gel, der; -s, Män-gel: *Fehler, Unzulänglichkeit*
Man-gel, der; -s, Män-gel: *Armut, Not*
man-gel-haft: *nicht ausreichend, sehr schlecht, beschädigt*
Man-gel-krank-heit, die; -,-en
man-geln: *fehlen*
man-geln: *Wäsche glätten*
Män-gel-rü-ge, die; -,-n: *Abmahnung beschädigter Ware*
man-gels: *aus Mangel an*
Man-gel-wa-re, die; -,-n: *knappe Ware*
Man-go, die; -,-s/Man-go-nen: *tropische Frucht*
Man-gold, der; -s,-e: *Gemüseart*
Mang-ro-ve (auch Man-gro-ve), die; -,-n: *tropischer Küstenwald*
Ma-nie, die; -,-n: *leidenschaftliche Liebhaberei*
Ma-nie, die; -,-n: *Trieb, Sucht*
Ma-nier, die; -,-en: *Umgangsformen, Benehmen*
Ma-nier, die; -, keine Mehrzahl: *Künstelei, Nachahmung*
Ma-nier, die; -, keine Mehrzahl: *Art, Eigenart, Art und Weise*
Ma-nier, die; -, keine Mehrzahl: *Stil*
ma-nie-riert: *gekünstelt, unnatürlich*
ma-nier-lich: *wohlerzogen*
ma-ni-fest: *deutlich, klar, handgreiflich*
Ma-ni-f-est, das; -es,-e: *politisches Programm, Grundsatzerklärung*
Ma-ni-kü-re, die; -,-n: *Nessessär für die Handpflege*
Ma-ni-kü-re, die; -,-n: *Handpflegerin*
Ma-ni-kü-re, die; -, keine Mehrzahl: *Handpflege*
ma-ni-kü-ren: *Handpflege betreiben*
Ma-ni-ok, der; -s,-s: *tropische Knollenpflanze*
Ma-ni-pu-la-ti-on, die; -,-en: *Handgriff, Kunstgriff*
Ma-ni-pu-la-ti-on, die; -,-en: *Verhaltensbeeinflussung*
ma-ni-pu-lier-bar
ma-ni-pu-lie-ren: *handhaben, hantieren*

Märchen

ma-ni-pu-lie-ren: *beeinflussen*
ma-nisch: *die Manie betreffend*
Man-ko, das; -s,-s: *Mangel, Fehler*
Man-ko, das; -s,-s: *Fehlbetrag*
Mann, der; -es, Män-ner: *Ehemann*
Mann, der; -es, Män-ner: *erwachsener Mensch männlichen Geschlechts*
Man-na, das; -s, keine Mehrzahl: *Himmelsbrot*
Männ-chen, das; -s,-: *Aufstellen eines Hundes auf die Hinterbeine*
Männ-chen, das; -s,-: *kleiner Mann, Zwerg*
Man-ne-quin [Mannekön], das; -s,-s: *Vorführdame, Fotomodell*
Man-nes-al-ter, das; -s,-: *Lebenszeit eines erwachsenen Mannes*
man-nig-fach: *vielfach*
man-nig-fal-tig: *vielfältig, vielartig, abwechslungsreich*
Man-nig-fal-tig-keit, die; -, keine Mehrzahl: *Vielfältigkeit, Formenreichtum*
männ-lich: *tapfer, unerschrocken, mutig*
männ-lich: *den Mann betreffend*
männ-lich: *das grammatische Geschlecht bezeichnend*
Männ-lich-keit, die; -, keine Mehrzahl: *männliche Art; Potenz*
Manns-bild, das; -es,-er: *regional für „Mann"*
Mann-schaft, die; -,-en: *Besatzung, auch: Gruppe von Spielern*
Mann-schafts-sport, der; -es, keine Mehrzahl: *Sportart, bei der Mannschaften gegeneinander spielen*
manns-hoch: *so groß wie ein Mann, so hoch wie ein Mann*
manns-toll: *nymphomanisch*
Mann-weib, das; -es,-er: *männlich wirkende Frau*
Ma-no-me-ter, das; -s,-: *Druckmesser*
Ma-nö-ver, das; -s,-: *Schwenkung, Wendung (Fahrzeuge)*
Ma-nö-ver, das; -s,-: *Kunstgriff, Winkelzug*
Ma-nö-ver, das; -s,-: *Kriegsübung, Truppenübung*
ma-növ-rie-ren (auch ma-nö-vrie-ren): *Wendungen ausführen*
ma-növ-rie-ren (auch ma-nö-vrie-ren): *Kunstgriffe anwenden*
ma-növ-rier-fä-hig (auch ma-nö-vrier-fä-hig): *bewegungsfähig*
Ma-növ-rier-fä-hig-keit (auch Ma-nö-vrier-fä-hig-keit), die; -, keine Mehrzahl: *Fähigkeit, Manöver auszuführen*
ma-növ-rier-un-fä-hig (auch ma-nö-vrier-un-fä-hig): *bewegungsunfähig*
Ma-növ-rier-un-fä-hig-keit (auch Ma-nö-vrier-un-fä-hig-keit), die; -, keine Mehrzahl: *Bewegungsunfähigkeit*
Man-sar-de, die; -,-n: *Dachzimmer*
man-schen: *umgangssprachlich für „mengen"*
Man-schet-te, die; -,-n: *Umhüllung von Blumentöpfen*
Man-schet-te, die; -,-n: *Ärmelaufschlag*
Man-schet-te, die; -,-n: *Dichtungsring*
Man-schet-ten haben: *umgangssprachlich für „Angst haben"*
Man-tel, der; -s, Män-tel: *Geschosshülle*
Man-tel, der; -s, Män-tel: *Fahrradgummireifen*
Man-tel, der; -s, Män-tel: *Oberfläche eines geometrischen Körpers ohne Grund- und Deckfläche*
Man-tel, der; -s, Män-tel: *Übergewand*
Man-tel, der; -s, Män-tel: *Urkunde eines zinstragenden Papiers*
Man-tis-se, die; -,-n: *Mathematik: beim Logarithmus hinter dem Komma stehende Ziffer*
Ma-nu-al, das; -es,-e: *Tastenreihe bei Tasteninstrumenten*
ma-nu-ell: *mit der Hand*
Ma-nu-fak-tur, die; -,-en: *Anfertigung mit der Hand*
Ma-nu-fak-tur, die; -,-en: *mit der Hand hergestellter Gegenstand*
Ma-nu-fak-tur, die; -,-en: *Betrieb mit Handanfertigung*
Ma-nu-skript, das; -es,-e: *Druckvorlage*
Ma-nu-skript, das; -es,-e: *Handschrift*
Ma-o-is-mus, der; -, keine Mehrzahl: *von Mao geprägter Kommunismus*
Ma-o-ist, der; -en,-en: *Anhänger des Maoismus*
ma-o-is-tisch: *den Maoismus betreffend*
Map-pe, die; -,-n: *Aktendeckel*
Map-pe, die; -,-n: *größere flache Tasche*
Mär, die; -,-en: *Gerücht, Sage, Nachricht*
Ma-ra-thon-lauf, der; -es, -läu-fe: *Langstreckenlauf über 42,195 km*
Ma-ra-thon-läu-fer, der; -s,-
Mär-chen, das; -s,-: *Erzählung; auch umgangssprachlich für „erfundene Geschichte"*

märchenhaft

mär-chen-haft: *unglaublich, wunderbar*
Mar-der, *der; -s,-: Raubtier*
Mar-ga-ri-ne, *die; -,-n: Speisefett*
Mar-ge, *die; -,-n: Abstand, Spielraum*
Mar-ge, *die; -,-n: Gewinnspanne, Verdienstspanne*
mar-gi-nal: *nebensächlich, beiläufig*
Mar-gi-na-lie, *die; -,-n: Randbemerkung*
Ma-ri-en-kä-fer, *der; -s,-: Insekt*
Ma-ri-hu-a-na, *das; -s, keine Mehrzahl: Rauschgift*
Ma-ril-le, *die; -,-n: österr. für „Aprikose"*
Ma-ri-na-de, *die; -,-n: Beize*
Ma-ri-ne, *die; -,-n: Seestreitmacht; auch: Handelsmarine*
ma-ri-nie-ren: *beizen*
Ma-ri-o-net-te, *die; -,-n: Gliederpuppe; auch: willenloser Mensch*
Ma-ri-o-net-ten-thea-ter, *das; -s,-: Puppentheater*
ma-ri-tim: *das Meer betreffend*
Mark, *das; -es, keine Mehrzahl: das Innerste*
Mark, *das; -es, keine Mehrzahl: Zellgewebe*
Mark, *die; -,-: deutsche Währungseinheit*
mar-kant: *auffallend, hervorstechend, ausgeprägt*
Mar-ke, *die; -,-n: Anrechtsschein, Wertschein*
Mar-ke, *die; -,-n: Fabrikat, Sorte*
Mar-ke, *die; -,-n: Kurzwort für „Briefmarke"*
Mar-ke, *die; -,-n: Erkennungszeichen, Merkzeichen*
Mar-ke, *die; -,-n: Schutzzeichen, Handelszeichen*
Mar-ken-ar-ti-kel, *der; -s,-*
Mar-ken-wa-re, *die; -,-n*
Mar-ke-ting, *das; -s, keine Mehrzahl: Marktforschung, Absatz- und Preispolitik*
mar-kie-ren: *bezeichnen, kennzeichnen*
mar-kie-ren: *betonen, hervorheben*
mar-kie-ren: *umgangssprachlich für „vortäuschen, vorgeben"*
Mar-kie-rung, *die; -,-en: Kennzeichnung*
mar-kig: *kernig, urwüchsig, kräftig*
Mar-ki-se, *die; -,-n: Sonnenschutz*
Mark-kno-chen, *der; -s,-: Röhrenknochen*
Mark-stück, *das; -es,-e: Münze*
Markt, *der; -es, Märk-te: Marktplatz*
Markt, *der; -es, Märk-te: Markt auf dem Marktplatz*
Markt, *der; -es, Märk-te: Warenverkehr, Absatzgebiet, Angebot und Nachfrage*
Markt-for-schung, *die; -,-en: Absatzforschung*
Markt-frau, *die; -,-en: Händlerin auf dem Markt*
Markt-hal-le, *die; -,-n*
Markt-preis, *der; -es,-e: durch Angebot und Nachfrage entstandener Preis*
markt-schrei-e-risch: *aufdringlich werbend*
Markt-tag, *der; -es,-e*
Markt-wert, *der; -es,-e: augenblicklicher Wert*
Mar-me-la-de, *die; -,-n: Fruchtmus*
Mar-me-la-den-glas, *das; -es, -gläser*
Mar-mor, *der; -s,-e: Steinart*
mar-mo-rie-ren: *mit einem feinädrigen Muster versehen*
Mar-mor-ku-chen, *der; -s,-: Kuchenart*
ma-ro-de: *erschöpft, müde, matt*
Ma-ro-ne, *die; -,-n: Frucht der Edelkastanie*
Ma-ro-ni, *die; -,-: österr., schweizer. für „Marone"*
Ma-rot-te, *die; -,-n: Schrulle, wunderliche Neigung*
Marsch, *der; -es, Mär-sche: lang andauerndes Gehen*
Marsch, *die; -,-en: Schwemmland*
Marsch, *der; -es, Mär-sche: Militärmusikstück*
Marsch, *der; -es, Mär-sche: Gangart einer Truppe*
Marsch-be-fehl, *der; -es,-e: Befehl zum Abmarschieren*
Marsch-ge-päck, *das; -s, keine Mehrzahl: Marschausrüstung*
mar-schie-ren: *über längere Strecken zügig gehen*
mar-schie-ren: *in geschlossenen Reihen, im Gleichschritt gehen*
Marsch-mu-sik, *die; -, keine Mehrzahl*
Mar-seil-lai-se [Marsäjäse], *die; -, keine Mehrzahl: französische Nationalhymne*
Mar-ter, *die; -,-n: Folter*
mar-tern: *foltern*
Mar-ter-pfahl, *der; -es, -pfäh-le*
mar-ti-a-lisch: *kriegerisch, grimmig, wild*
Mär-ty-rer, *der; -s,-: jemand, der für seine Überzeugung stirbt*
Mär-ty-re-rin, *die; -,-nen*
Mar-ty-ri-um, *das; -s, Mar-ty-ri-en: Qual, Pein*

Maß halten

Mar-xis-mus, der; -, keine Mehrzahl: *von Marx begründete Lehre des Sozialismus*
Mar-xist, der; -en,-en: *Anhänger des Marxismus*
mar-xis-tisch: *den Marxismus betreffend*
März, der; -/-es,-e: *dritter Monat des Jahres*
Mar-zi-pan, das; -s,-e: *Mandelkonfekt*
Ma-sche, die; -,-n: *Garnschlinge, Fadenschleife*
Ma-sche, die; -,-n: *umgangssprachlich für „Kunstgriff, Trick"*
Ma-schen-draht, der; -es, keine Mehrzahl: *Drahtgeflecht*
Ma-schi-ne, die; -,-n: *technisches Gerät*
Ma-schi-ne, die; -,-n: *umgangssprachlich für „Nähmaschine, Schreibmaschine, Flugzeug, Motor u. Ä."*
ma-schi-nell: *mithilfe einer Maschine*
Ma-schi-nen-bau, der; -s, keine Mehrzahl: *Herstellung von Maschinen*
Ma-schi-nen-ge-wehr, das; -es,-e: *automatisches Schnellfeuergewehr*
Ma-schi-nen-pis-to-le, die; -,-n: *automatische Schnellfeuerpistole*
Ma-schi-nen-scha-den, der; -s, -schäden: *Motordefekt*
Ma-schi-nen schrei-ben, Ma-schi-ne schrei-ben: *auf der Schreibmaschine schreiben*
Ma-schi-ne-rie, die; -,-n: *zusammenarbeitende Maschinen*
Ma-schi-nist, der; -en,-en: *Facharbeiter*
Ma-ser [Mäiser], der; -s,-: *molekularer Verstärker*
Ma-ser, die; -,-n: *Maserung, Zeichnung*
Ma-sern, die; -, keine Einzahl: *Kinderkrankheit*
Ma-se-rung, die; -,-en: *Zeichnung im Holz*
Mas-ke, die; -,-n: *Gesichtslarve*
Mas-ke, die; -,-n: *geschminktes Schauspielergesicht*
Mas-ke, die; -,-n: *trügerischer Schein, Deckmantel*
Mas-ken-ball, der; -es, -bäl-le
Mas-ken-bild-ner, der; -s,-: *jemand, der schminkt und frisiert*
Mas-ke-ra-de, die; -,-n: *Verkleidung*
mas-kie-ren: *verkleiden, verbergen, verdecken, bemänteln*
Mas-kie-rung, die; -,-en: *Verkleidung; auch: Maske selbst*
Mas-kott-chen, das; -s,-: *Talisman*

mas-ku-lin: *männlich*
Mas-ku-li-num, das; -s, Mas-ku-li-na: *männliches Hauptwort*
Ma-so-chis-mus, der; -, keine Mehrzahl: *lustvolles Erleiden*
Ma-so-chist, der; -en,-en: *jemand, der an Masochismus leidet*
ma-so-chis-tisch: *den Masochismus betreffend*
Maß, das; -es,-e: *Ausmaß, Ausdehnung*
Maß, das; -es.-e: *Mäßigung, Zurückhaltung, Selbstbeherrschung*
Maß, das; -es,-e: *Umfang, Menge*
Maß, das; -es,-e: *Maßstab, Maßband, Maßleiste*
Maß, das; -es,-e: *Verhältnis*
Maß, das; -es,-e: *Einheit*
Maß, die; -,-/(-e): *Flüssigkeitsmaß, Bierkrug*
Mas-sa-ge, die; -,-n: *Heilbehandlung*
Mas-sa-ker, das; -s,-: *Gemetzel, Blutbad*
mas-sak-rie-ren (auch mas-sa-krie-ren), *niedermetzeln, brutal erschlagen*
Maß-an-zug, der; -es, -zü-ge: *nach Maß geschneiderter Anzug*
Maß-ar-beit, die; -,-en: *sehr genaue Arbeit nach Maß*
Mas-se, die; -,-n: *Gewicht*
Mas-se, die; -,-n: *Gesamtheit, Hauptteil*
Mas-se, die; -,-n: *Menge, große Anzahl*
Mas-se, die; -,-n: *Vermögen einer zahlungsunfähigen Firma*
Maß-ein-heit, die; -,-en
Mas-sel, der/das; -s, keine Mehrzahl: *umgangssprachlich für „Glück"*
mas-sen-haft: *sehr viel, in großen Mengen*
Mas-sen-me-di-um, das; -s, -me-di-en: *Presse, Funk, Fernsehen*
Mas-sen-mord, der; -es,-e: *Massaker*
Mas-sen-mör-der, der; -s,-
Mas-sen-pro-duk-ti-on, die; -,-en: *industrielle Produktion in großen Mengen*
Mas-sen-sport, der; -es, keine Mehrzahl: *Breitensport*
mas-sen-wei-se: *massenhaft*
Mas-seur, der; -s,-e: *jemand, der massiert*
Mas-seu-se, die; -,-n
Maß-ga-be, die; -,-n: *nach Maßgabe: den Umständen entsprechend*
maß-ge-bend: *entscheidend*
maß-geb-lich: *entscheidend*
Maß hal-ten, hielt Maß, Maß gehalten: *das rechte Maß einhalten*

massieren

mas-sie-ren: *an einer Stelle zusammenziehen, anhäufen*
mas-sie-ren: *mit Massage behandeln*
mas-sig: *wuchtig, mächtig, dick, schwer*
mä-ßig: *nicht sehr gut, nicht sehr viel*
mä-ßi-gen, sich: *sich beherrschen, sich beruhigen, nachlassen*
mas-siv: *rücksichtslos, grob*
mas-siv: *fest, dicht, schwer, wuchtig*
Mas-siv, das; -es/-s,-e: *Bergkette*
Maß-lieb-chen, das; -s,-: *Gänseblümchen*
maß-los: *unbeherrscht*
maß-los: *übermäßig groß, sehr hoch, sehr viel*
Maß-lo-sig-keit, die; -,-en: *Unbeherrschtheit, maßlose Beschaffenheit*
Maß-nah-me, die; -,-n: *Unternehmung, Handlung*
maß-re-geln: *tadeln, zurechtweisen*
Maß-re-ge-lung, die; -,-en: *Strafe*
Maß-stab, der; -es, -stä-be: *Größenverhältnis*
Maß-stab, der; -es, -stä-be: *Prüfstein, Richtlinie*
maß-stabs-ge-recht: *mit den gleichen Proportionen*
maß-stabs-ge-treu: *im richtigen Maßstab*
Mast, der; -es,-en: *Mastbaum, Hochspannungsmast, Fahnenmast*
Mast, die; -, keine Mehrzahl: *Mästen von Schlachtvieh*
Mast-darm, der; -es, -där-me: *Rektum*
mäs-ten: *Schlachtvieh reichlich füttern*
Mast-korb, der; -es, -kör-be: *Schiffsausguck*
Mas-tur-ba-tion, die; -, keine Mehrzahl: *Selbstbefriedigung*
mas-tur-bie-ren: *sich selbst befriedigen*
Mast-vieh, das; -s, keine Mehrzahl: *Schlachtvieh, das gemästet wird*
Ma-sur-ka (auch Ma-zur-ka), die; -,-s/ Ma-sur-ken: *Tanzart*
Ma-ta-dor, der; -s,-e: *Hauptkämpfer beim Stierkampf*
Match [Mätsch], das; -es,-es: *Wettkampf, Wettspiel*
Match-ball [Mätschball], der; -es, -bäl-le: *entscheidender Spielball*
Ma-ter, die; -,-n: *Matrize*
Ma-te-ri-al, das; -s, Ma-te-ri-a-li-en: *schriftliche Unterlagen, Beweise*
Ma-te-ri-al, das; -s, Ma-te-ri-a-li-en: *Hilfsmittel, Zutat*

Ma-te-ri-al, das; -s, Ma-te-ri-a-li-en: *Rohstoff, Baustoff, Werkstoff*
ma-te-ri-a-li-sie-ren: *stofflich machen, stofflich werden*
Ma-te-ri-a-lis-mus, der; -, keine Mehrzahl: *philosophische Grundrichtung*
Ma-te-ri-a-list, der; -en,-en: *Anhänger des Materialismus; jemand, für den Materielles im Vordergrund steht*
ma-te-ri-a-lis-tisch: *den Materialismus betreffend*
ma-te-ri-a-lis-tisch: *auf den eigenen Vorteil bedacht, ohne Ideale*
Ma-te-ri-al-schlacht, die; -,-en: *Schlacht mit starkem Einsatz von Kriegsgerät*
Ma-te-rie, die; -,-n: *Thema, Inhalt einer Schrift*
Ma-te-rie, die; -,-n: *das Gegenständliche*
Ma-te-rie, die; -,-n: *Stoff, Masse*
ma-te-ri-ell: *die Materie betreffend*
Ma-the-ma-tik, die; -, keine Mehrzahl: *Lehre von den Zahlen und Formen*
Ma-the-ma-ti-ker, der; -s,-: *Wissenschaftler der Mathematik*
ma-the-ma-tisch: *die Mathematik betreffend*
Ma-ti-nee, die; -,-n: *Vormittagsveranstaltung*
Mat-jes-he-ring, der; -s,-e: *gesalzener Hering*
Mat-rat-ze (auch Ma-trat-ze), die; -,-n: *Bettpolster*
Mät-res-se (auch Mä-tres-se), die; -,-n: *veraltet für „Geliebte"*
mat-ri-ar-cha-lisch (auch ma-tri-ar-chalisch): *auf dem Matriarchat beruhend*
Mat-ri-ar-chat (auch Ma-tri-ar-chat), das; -es,-e: *Frauenherrschaft, Mutterherrschaft*
Mat-ri-kel (auch Ma-tri-kel), die; -,-n: *Studentenverzeichnis; österr. auch: Personenstandsregister*
Mat-rix (auch Ma-trix), die; -, Ma-tri-zen/Ma-tri-zes (auch Ma-tri-ces): *Keimschicht*
Mat-rix (auch Ma-trix), die; -, Ma-tri-zen/Ma-tri-zes (auch Ma-tri-ces): *elektronische Schaltungsart*
Mat-rix (auch Ma-trix), die; -, Ma-tri-zen/Ma-tri-zes (auch Ma-tri-ces): *Chromosomenhülle*
Mat-rix (auch Ma-trix), die; -, Ma-tri-zen/Ma-tri-zes (auch Ma-tri-ces): *Mathematik: systematische Anordnung von Größen in einem rechteckigen Schema*

maximieren

Mat-ri-ze (auch Ma-tri-ze), die; -,-n: *Mater, Prägeform; auch: gewachstes Papier zum Vervielfältigen von Schriftstücken*
Mat-ro-ne (auch Ma-tro-ne), die; -,-n: *ehrwürdige ältere Frau*
Mat-ro-se (auch Ma-tro-se), der; -n,-n: *Seemann*
Matsch, der; -es, keine Mehrzahl: *Brei, Schlamm*
mat-schen: *umgangssprachlich für „mit Schlamm spielen"*
mat-schig: *voller Matsch, breiig*
matt: *gedämpft, lichtschwach, stumpf*
matt: *müde, schlapp, kraftlos, erschöpft*
matt: *undurchsichtig*
matt: *trübe*
Matt, das; -s,(-s): *beim Schach: Bewegungsunfähigkeit des Königs bei gleichzeitiger Bedrohung*
Mat-te, die; -,-n: *Bergweide*
Mat-te, die; -,-n: *Teppich, Unterlage*
mat-tie-ren: *undurchsichtig machen, Glanz beseitigen*
Mat-tig-keit, die; -, keine Mehrzahl: *Müdigkeit, Kraftlosigkeit*
Matt-schei-be, die; -,-n: *Bildschirm*
Matt-schei-be, die; -,-n: *leicht mattierte Glasscheibe in einer Kamera*
Ma-tu-ra, die; -, keine Mehrzahl: *österr. für „Reifeprüfung", Abitur*
Matz, der; -es,-e/Mät-ze: *kleiner Junge; auch: kleiner Vogel*
Mätz-chen, das; -s,-: *Kunstgriff, Trick, Ausflüchte*
Mätz-chen, das; -s,-: *Unsinn, Unfug*
Mätz-chen, das; -s,-: *umgangssprachlich für „kleiner Matz"*
Mat-ze, die; -,-n, auch Mat-zen, der; *ungesäuertes Brot*
mau: *flau, schlecht*
Mau-er, die; -,-n: *Wand, Wall*
Mau-er-blüm-chen, das; -s,-: *umgangssprachlich für „Mädchen, das kaum Beachtung findet"*
Mau-er-kro-ne, die; -,-n: *oberster Mauerrand*
mau-ern: *eine Mauer errichten*
mau-ern: *beim Fußball: ängstlich spielen; rein defensiv spielen*
mau-ern: *beim Kartenspiel nicht ausreizen*
Mau-er-seg-ler, der; -s,-: *Vogel, Seglerart*
Mau-er-werk, das; -s,-e: *Mauer*

Maul, das; -es, Mäu-ler: *Mund der Tiere; derb umgangssprachlich für „Mund des Menschen"*
Maul-beer-baum, der; -es, -bäu-me: *Futterpflanze der Seidenraupen*
mau-len: *umgangssprachlich für „mürrisch, quengelig sprechen"*
Maul-e-sel, der; -s,-: *Kreuzung von Pferd und Esel*
maul-faul: *umgangssprachlich für „schweigsam, zugeknöpft, wortkarg"*
Maul-held, der; -en,-en: *Angeber*
Maul-korb, der; -es, -kör-be: *Geflecht, das Hunde am Beißen hindert*
Maul-korb, der; -es, -kör-be: *Redeverbot, Einschränkung der freien Meinungsäußerung*
Maul-tier, das; -es/-s,-e: *Maulesel*
Maul-trommel, die; -,-n: *Musikinstrument*
Maul-wurf, der; -es, -wür-fe
Maul-wurfs-hau-fen, der; -s,-
Mau-re, der; -n,-n: *Berber*
Mau-rer, der; -s,-: *Bauarbeiter*
mau-risch: *die Mauren betreffend*
Maus, die; -, Mäu-se: *Nagetier*
mau-scheln: *heimlich Absprachen treffen*
mau-scheln: *unverständlich reden*
mäus-chen-still: *völlig still*
Mäu-se-bus-sard, der; -es,-e: *Raubvogelart*
Mau-se-fal-le, die; -,-n
Mau-se-loch, das; -es, -lö-cher
Mäu-se-mel-ker, der; -s,-: *umgangssprachlich für „kleinlicher, penibler Mensch"*
mau-sen: *umgangssprachlich für „stehlen"*
Mau-ser, die; -, keine Mehrzahl: *Federwechsel der Vögel*
mau-se-tot: *umgangssprachlich verstärkend für „tot"*
maus-grau: *unscheinbar*
Mau-so-le-um, das; -s, Mau-so-le-en: *monumentales Grabmal*
Maut, die; -,-en: *Straßenzoll, Straßenbenutzungsgebühr*
mauve [mohv]: *malvenfarbig*
mau-zen: *miauen*
ma-xi-mal: *größtmöglich*
Ma-xi-me, die; -,-n: *Grundsatz*
ma-xi-mie-ren: *bis zum Höchstmaß steigern*

301

Maximum

Ma-xi-mum, das; -s, Ma-xi-ma: *Höchstwert*
Mä-zen, der; -s,-e: *Gönner, Sponsor*
Mä-ze-na-ten-tum, das; -s, keine Mehrzahl: *Förderung durch Mäzene*
Me-cha-nik, die; -, keine Mehrzahl: *Maschinenkunde*
Me-cha-nik, die; -,-en: *Mechanismus, Getriebe, Triebwerk*
Me-cha-ni-ker, der; -s,-: *Feinschlosser, Maschinenfachmann*
me-cha-nisch: *unbewusst, automatisch, gedankenlos*
me-cha-nisch: *die Mechanik betreffend*
Me-cha-nis-mus, der; -, Me-cha-nismen: *zwangsläufiger Ablauf*
Me-cha-nis-mus, der; -, Me-cha-nismen: *technische Vorrichtung*
Me-cke-rer, der; -s,-: *umgangssprachlich für „jemand, der sich beschwert"*
me-ckern: *Ziegenlaut*
me-ckern: *umgangssprachlich für „schimpfen, mäkeln, sich beschweren"*
Me-dail-le [Medallje], die; -,-n: *Auszeichnung, Gedenkmünze*
Me-dail-l-on [Medalljon], das; -s,-s: *rundes Fleischstück*
Me-dail-l-on [Medalljon], das; -s,-s: *Bildkapsel als Schmuckstück*
me-di-an: *in der Mitte gelegen*
Me-di-an-wert, der; -es,-e: *Statistik: Mittelwert*
Me-di-a-tion, die; -,-en: *Vermittlung*
me-di-ä-val: *mittelalterlich*
Me-di-ä-vist, der; -en,-en: *Wissenschaftler der Mediävistik*
Me-di-ä-vis-tik, die; -, keine Mehrzahl: *Erforschung des Mittelalters*
Me-di-en-ver-bund, der; -es, keine Mehrzahl: *Zusammenschluss mehrerer Medien zu einem Unterrichtsmittel*
Me-di-ka-ment, das; -es,-e: *Arznei*
me-di-ka-men-tös: *Medikamente betreffend*
me-di-o-ker: *mittelmäßig*
Me-di-ok-ri-tät (auch Me-dio-kri-tät), die; -, keine Mehrzahl: *Durchschnittlichkeit, Mittelmäßigkeit*
Me-di-ta-ti-on, die; -,-en: *Versenkung, tiefes Nachdenken, Gebet*
me-di-ta-tiv: *die Meditation betreffend*
me-di-ter-ran: *das Mittelmeer betreffend*
me-di-tie-ren: *tief nachdenken, beten, sich versenken*

Me-di-um, das; -s, Me-di-en: *Person, die angeblich mit Geistern in Verbindung treten kann*
Me-di-um, das; -s, Me-di-en: *Vermittlungsglied, Mittler; auch: Nachrichtenmittel*
Me-di-um, das; -s, Me-di-en: *Substanz, in der sich physikalische Vorgänge abspielen*
Me-di-zin, die; -,-en: *umgangssprachlich für „Arznei, Heilmittel"*
Me-di-zin, die; -, keine Mehrzahl: *Lehre von den Krankheiten und ihrer Heilung*
Me-di-zin-ball, der; -es, -bäl-le: *schwerer Lederball*
Me-di-zi-ner, der; -s,-: *Arzt, Heilkundiger*
me-di-zi-nisch: *die Medizin betreffend*
Me-di-zin-mann, der; -es, -män-ner: *Schamane, Priester und Heilkundiger bei primitiven Völkern*
Me-du-se, die; -, keine Mehrzahl: *sagenhaftes Ungeheuer*
Me-du-se, die; -,-n: *Quallenart*
Meer, das; -es,-e: *Ozean*
Meer-en-ge, die; -,-n
Mee-res-früch-te, die; keine Einzahl: *Speisen aus Krusten- und Schalentieren*
Mee-res-grund, der; -es, keine Mehrzahl: *Boden des Meeres*
Mee-res-hö-he, die; -, keine Mehrzahl
Mee-res-spie-gel, der; -s, keine Mehrzahl: *Meereshöhe*
Mee-res-strö-mung, die; -,-en
Meer-ret-tich, der; -s,-e: *scharfes Gewürz: Kren*
Meer-salz, das; -es, keine Mehrzahl
Meer-schaum, der; -s, keine Mehrzahl: *weißgraues Mineral, das für Pfeifen verwendet wird*
Mee-ting [Mieting], das; -s,-s: *Treffen, Zusammenkunft*
Me-ga-fon (auch Me-ga-phon), das; -s,-e: *Sprachrohr*
Me-ga-lith, der; -s/-en,-e(n): *vorgeschichtliches Bauwerk*
Me-ga-lith-grab, das; -es, -grä-ber: *Großsteingrab*
Me-ga-lith-kul-tur, die; -,-en: *Großsteinkultur*
Me-ga-lo-ma-nie, die; -,-n: *Größenwahn*
Me-gä-re, die; -,-n: *böse Frau*
Me-ga-watt, das; -s,-: *eine Million Watt, Abkürzung: MW*
Mehl, das; -es/-s,-e: *gemahlenes Getreide*
meh-lig: *aus Mehl, wie Mehl*

Meister

Mehl-schwit-ze, die; -,-n: *Einbrenne*
Mehl-spei-se, die; -,-n
Mehl-tau, der; -s, keine Mehrzahl: *Pflanzenkrankheit*
mehr: *Steigerungsform zu „viel"; in größerer Menge*
mehr: *ferner, weiterhin*
Mehr-ar-beit, die; -, keine Mehrzahl: *zusätzliche Arbeit*
Mehr-be-las-tung, die; -,-en: *zusätzliche Belastung*
mehr-deu-tig: *mehrere Bedeutungen zulassend*
Mehr-deu-tig-keit, die; -,-en: *mehrdeutige Beschaffenheit*
meh-re-re: *einige*
mehr-fach
Mehr-fa-mi-li-en-haus, das; -es, -häuser: *Mietshaus*
mehr-far-big: *bunt*
Mehr-heit, die; -,-en: *die größere, überwiegende Anzahl*
mehr-heit-lich: *mit Mehrheit*
Mehr-heits-be-schluss, der; -beschlusses, -be-schlüs-se: *mit Mehrheit gefasster Beschluss*
Mehr-heits-wahl-recht, das; -es, keine Mehrzahl: *Wahlrecht, bei dem der Kandidat mit den meisten Stimmen als gewählt gilt*
mehr-jäh-rig: *über mehrere Jahre*
mehr-mals: *wiederholt*
Mehr-preis, der; -es, keine Mehrzahl: *zusätzliche Kosten*
mehr-spra-chig: *mehrere Sprachen sprechend*
mehr-stimmig: *mit mehreren Stimmen*
mehr-tä-gig: *über mehrere Tage*
Mehr-wert, der; -es, keine Mehrzahl: *Differenz zwischen dem Wert der Arbeit und dem Arbeitslohn*
Mehr-wert-steu-er, die; -,-n: *Steuer, die auf den Nettowert einer Ware oder Dienstleistung erhoben wird*
Mehr-zahl, die; -, keine Mehrzahl: *Übermacht, der größere Teil*
mei-den, mied, gemieden: *umgehen, nicht aufsuchen, sich fernhalten von, vermeiden*
Mei-le, die; -,-n: *Längenmaß*
Mei-len-stein, der; -es,-e: *entscheidendes Geschehen*
Mei-len-stein, der; -es,-e: *Wegstein*
mei-len-weit: *sehr weit*

Mei-ler, der; -s,-: *Holzstapel zur Holzkohlegewinnung*
Mei-ler, der; -s,-: *Reaktor*
mein: *besitzanzeigendes Fürwort; mir oder zu mir gehörend; meine Angelegenheit, mein Auto, meine Mutter, meine Kinder, mein Geld, mein Hut*
Mein-eid, der; -es,-e: *Falschaussage unter Eid*
mei-nen: *mit einer Aussage einen Inhalt verbinden*
mei-nen: *etwas ausdrücken, etwas sagen*
mei-nen: *glauben, annehmen, vermuten*
mei-ner-seits: *von meiner Seite aus, von mir aus, mich betreffend*
mei-nes-glei-chen: *Leute wie ich*
mei-net-hal-ben: *meinetwegen*
mei-net-we-gen: *umgangssprachlich für „von mir aus, genehmigt"*
mei-net-we-gen: *wegen meiner*
mei-net-wil-len, um: *wegen meiner, mir zuliebe*
Mei-nung, die; -,-en: *Ansicht, Überzeugung*
Mei-nungs-äu-ße-rung, die; -,-en: *Aussage*
Mei-nungs-aus-tausch, der; -es,-e: *Diskussion, Erörterung, Gespräch*
Mei-nungs-for-schung, die; -,-en: *statistische Erhebung, welche die Meinungsverhältnisse in der Bevölkerung wiedergeben soll, Demoskopie*
Mei-nungs-um-fra-ge, die; -,-n: *demoskopische Untersuchung*
Mei-nungs-un-ter-schied, der; -es,-e: *Auseinandersetzung, Differenz*
Mei-se, die; -,-n: *Singvogel*
Mei-ßel, der; -s,-: *Schlaggerät*
mei-ßeln: *in Stein hauen*
meist: *meistens, fast immer*
meist: *Steigerungsstufe von „viel"; sehr viel, sehr groß, sehr häufig*
Meist-be-güns-ti-gungs-klau-sel, die; -,-n: *Klausel in Handelsverträgen, die eine Meistbegünstigung eines Staates ausschließt*
meist-bie-tend: *gegen das höchste Angebot*
meis-tens: *fast immer, im Allgemeinen, sehr häufig, gewöhnlich*
meis-ten-teils: *größtenteils, meistens*
Meis-ter, der; -s,-: *anerkannter Künstler*
Meis-ter, der; -s,-: *ausbildungsbefugter Handwerker*

meisterhaft

meis-ter-haft: *gekonnt, virtuos*
Meis-ter-leis-tung, die; -,-en: *hervorragende Leistung*
meis-ter-lich: *wie ein Meister, besonders gut*
meis-tern: *zu einem besonders guten Abschluss bringen, erfolgreich bestehen*
Meis-ter-schaft, die; -,-en: *Höchstleistung, auch: großes Können*
Meis-ter-schaft, die; -,-en: *der erste Platz in einem Wettkampf*
Meis-ter-schafts-ti-tel, der; -s,-: *Titel des Ersten in einem Wettkampf*
Meis-ter-werk, das; -es,-e: *vorbildliche Arbeit, Kunstwerk*
Me-lan-cho-lie, die; -, keine Mehrzahl: *Schwermut, Trübseligkeit*
Me-lan-cho-li-ker, der; -s,-: *jemand, der an Melancholie leidet*
me-lan-cho-lisch: *trübsinnig, schwermütig*
Me-lan-ge [Meloñsch], die; -,-n: *Mischung, Gemisch; auch: Milchkaffee*
Me-la-nom, das; -s,-e: *Hautkrebs*
Me-las-se, die; -,-n: *flüssiger Rückstand bei der Zuckergewinnung*
Mel-de, die; -,-n: *Gänsefußkraut*
Mel-de-amt, das; -es, -äm-ter: *amtliche Einwohnerregistrierungsstelle*
mel-den: *mitteilen, Nachricht bekannt geben, berichten*
Mel-de-pflicht, die; -, keine Mehrzahl: *Pflicht, sich registrieren zu lassen*
mel-de-pflich-tig: *der Meldepflicht unterworfen*
Mel-der, der; -s,-
Mel-dung, die; -,-en: *Nachricht, Bericht, Mitteilung*
me-liert: *gemischt, gesprenkelt*
Me-li-o-ra-tion, die; -,-en: *Bodenverbesserung*
me-li-o-ri-sie-ren: *Boden verbessern*
Me-lis-se, die; -,-n: *Heilkraut*
mel-ken: *eine Kuh melken*
mel-ken: *umgangssprachlich für „jemanden ausnutzen"*
Mel-ker, der; -s,-: *jemand, der melkt*
Melk-ma-schi-ne, die; -,-n
Melk-sche-mel, der; -s,-
Me-lo-die, die; -,-n: *Tonfolge*
me-lo-disch: *wohlklingend*
Me-lo-dra-ma, das; -s, -dra-men: *leidenschaftliche, tragische Auseinandersetzung*
Me-lo-dra-ma, das; -s, -dra-men: *schlechte Tragödie, ursprünglich: gesprochene Dichtung mit Musikuntermalung*
me-lo-dra-ma-tisch: *übertrieben dramatisch*
Me-lo-ne, die; -,-n: *Hutart*
Me-lo-ne, die; -,-n: *Kürbisart*
Memb-ran (auch Mem-bran), die; -,-en: *Membrane*
Memb-ra-ne (auch Mem-bra-ne), die; -,-n: *Trommelfell*
Memb-ra-ne (auch Mem-bra-ne), die; -,-n: *dünne Haut aus verschiedenen Materialien*
Memme, die; -,-n: *Angsthase, Feigling*
Me-moi-ren [Memoahren], die; keine Einzahl: *Lebenserinnerungen*
Me-mo-ran-dum, das; -s, Me-mo-randen: *Denkschrift; auch: Merkheft, Notizbuch*
me-mo-rie-ren: *auswendig lernen, auswendig hersagen*
Me-na-ge-rie, die; -,-n: *Tierpark, Tiergehege, Tierschau*
Me-nar-che (auch Men-ar-che), die; -, keine Mehrzahl: *erstmaliger Eintritt der Monatsblutung*
Me-ne-te-kel, das; -s,-: *Vorzeichen, Warnung vor einer drohenden Gefahr*
Men-ge, die; -,-n: *Anzahl, Masse*
Men-ge, die; -,-n: *Zusammenfassung von Einzelnem zu einem Ganzen*
men-gen: *mischen, vermischen*
Men-gen-leh-re, die; -,-n: *Mathematik: Lehre von den Mengen*
Me-nin-gi-tis, die; -, keine Mehrzahl: *Hirnhautentzündung*
Me-nis-kus, der; -, Me-nis-ken: *Knorpel des Kniegelenks*
Me-nis-kus, der; -, Me-nis-ken: *Optik: stark gekrümmte Linse*
Men-ni-ge, die; -, keine Mehrzahl: *Rostschutzfarbe*
Men-no-nit, der; -en,-en: *Angehöriger der Wiedertäufersekte*
Me-no-pau-se, die; -,-n: *Aufhören der Menstruation in den Wechseljahren*
Me-nor-rhö, die; -,-en: *Monatsblutung*
Men-sa, die; -, Men-sen: *Altartisch*
Men-sa, die; -, Men-sen: *Kantine*
Mensch, der; -en,-en
Men-schen-af-fe, der; -n,-n: *menschenähnliche Affenart*

304

Messerschneide

men-schen-ähn-lich
Men-schen-al-ter, das; -s,-: *die Lebenszeit eines Menschen*
Men-schen-feind, der; -es,-e: *Misanthrop*
Men-schen-fres-ser, der; -s,-: *Kannibale*
Men-schen-freund, der; -es,-e: *Philanthrop*
Men-schen-ge-den-ken, das; -s,-: *lange Zeit*
Men-schen-kennt-nis, die; -,-se: *auf Erfahrung beruhende Einschätzung von Menschen*
Men-schen-le-ben, das; -s,-: *der lebendige Mensch, das Leben eines Menschen*
men-schen-leer: *ohne Menschen, leer*
men-schen-mög-lich: *am Rande des Möglichen, das Äußerste, das möglich ist*
Men-schen-recht, das; -es,-e: *Grundrecht des Menschen*
Men-schen-see-le, die; -,-n: *Mensch*
Men-schens-kind: *Ausruf*
men-schen-un-wür-dig: *entwürdigend*
Men-schen-ver-stand, der; -es, keine Mehrzahl
Mensch-heit, die; -, keine Mehrzahl: *Gesamtheit der Menschen*
mensch-lich: *human, mitfühlend*
mensch-lich: *mit Fehlern behaftet, nicht vollkommen*
mensch-lich: *wie ein Mensch, den Menschen betreffend*
Mensch-lich-keit, die; -, keine Mehrzahl
Menst-ru-a-ti-on (auch Mens-tru-a-ti-on), die; -,-en: *Monatsblutung*
menst-ru-ie-ren (auch mens-tru-ie-ren): *die Monatsblutung haben*
Men-sur, die; -,-en: *Säbel- oder Degenkampf in schlagenden Verbindungen*
Men-sur, die; -,-en: *veraltete Musiknotation*
Men-sur, die; -,-en: *Glasgefäß mit Maßeinteilung*
men-su-ra-bel: *messbar*
men-tal: *den Geist betreffend*
Men-ta-li-tät, die; -,-en: *Geistesart, Anschauungsweise, Denkart*
Men-thol, das; -es, keine Mehrzahl: *Bestandteil des Pfefferminzöls*
Men-tor, der; -s,-en: *Erzieher, Berater, Lehrer*
Me-nü, das; -s,-s: *Essen mit mehreren Gängen*
Me-phis-to, der; -s, keine Mehrzahl: *Teufel*

me-phis-to-phe-lisch: *teuflisch, den Teufel betreffend*
Mer-ca-tor-pro-jek-ti-on, die; -,-en: *zylindrische Kartenprojektion*
Mer-gel, der; -s,-: *kalkhaltige Tonerde*
Me-ri-di-an, der; -es,-e: *Mittagskreis; Längenkreis*
Me-ri-no-schaf, das; -es,-e: *Schafrasse*
Me-ri-ten, die; -, keine Einzahl: *Verdienste*
mer-kan-til: *kaufmännisch*
Mer-kan-ti-lis-mus, der; -, keine Mehrzahl: *wirtschaftliches System, das den Handel fördert*
merk-bar: *spürbar*
Merk-blatt, das; -es, -blät-ter: *Notizzettel*
mer-ken: *ahnen, argwöhnen, vermuten*
mer-ken, sich: *sich behalten, im Gedächtnis behalten*
mer-ken: *wahrnehmen, erkennen*
merk-lich: *spürbar*
Merk-mal, das; -s,-e: *Kennzeichen, Eigenschaft*
merk-wür-dig: *seltsam, eigenartig, sonderbar*
merk-wür-di-ger-wei-se: *seltsamerweise*
Merk-wür-dig-keit, die; -,-en: *Seltsamkeit, Absonderlichkeit*
Me-sal-li-ance (auch Mes-al-li-ance) [Mesalljoñß], die; -,-n: *unstandesgemäße Heirat, unglückliche eheliche Verbindung*
me-schug-ge: *umgangssprachlich für „verrückt"*
Mes-me-ris-mus, der; -, keine Mehrzahl: *Heilverfahren durch Magnetismus*
mess-bar
Mess-bar-keit, die; -, keine Mehrzahl: *messbare Beschaffenheit*
Mess-be-cher, der; -s,-: *geeichter Becher*
Mess-die-ner, der; -s,-: *Ministrant*
Mes-se, die; -,-n: *Schiffskantine*
Mes-se, die; -,-n: *Ausstellung von Industrieprodukten, Musterschau*
Mes-se, die; -,-n: *Jahrmarkt*
Mes-se, die; -,-n: *Kirchenmusik*
Mes-se, die; -,-n: *Gottesdienst*
mes-sen, maß, gemessen: *das Maß bestimmen, eine Größe erfassen*
Mes-ser, das; -s,-: *Schneidwerkzeug*
Mes-ser, der; -s,-: *Messgerät*
mes-ser-scharf: *sehr scharf*
Mes-ser-schnei-de, die; -,-n: *Klinge*

Messerspitze

Mes-er-spit-ze, die; -,-n: *Spitze des Messers; auch: geringe Menge*
Mes-se-stand, der; -es, -stän-de: *Ausstellungsstand auf einer Messe*
Mess-ge-rät, das; -es,-e: *Instrument zum Messen*
Mes-si-as, der; -, keine Mehrzahl: *Erlöser*
Mes-sing, das; -s,-e: *Metalllegierung aus Kupfer und Zink*
Mess-ner (auch Mes-ner), der, -s,-: *Kirchendiener, Küster*
Mess-tisch-blatt, das; -es, -blät-ter: *sehr genaue Landkarte*
Mess-wein, der; -es,-e: *Wein, der in der Messe verwendet wird*
Mes-ti-ze, der; -n,-n: *Mischling*
Met, der; -es: *alkoholisches Getränk*
Me-ta-bo-lis-mus, der; -, keine Mehrzahl: *Stoffwechsel*
Me-tall, das; -es,-e: *Sammelbezeichnung für chemische Grundstoffe, die schmelzbar sind und meist Wärme und Elektrizität gut leiten*
Me-tall-le-gie-rung, die; -,-en: *aus verschiedenen Materialien zusammengesetztes Metall*
me-tal-lisch: *aus Metall, das Metall betreffend*
Me-tal-lur-gie, die; -,-n: *Metallkunde*
Me-ta-mor-pho-se, die; -,-n: *Verwandlung, Umwandlung*
Me-ta-pher, die; -,-n: *bildlicher Ausdruck*
Me-ta-pho-rik, die; -, keine Mehrzahl: *Gebrauch von Metaphern*
me-ta-pho-risch: *im übertragenen Sinne, bildlich*
Me-ta-phy-sik, die; -, keine Mehrzahl: *Lehre vom Nichtbegreifbaren; Okkultismus*
me-ta-phy-sisch: *die Metaphysik betreffend*
Me-tas-ta-se, die; -,-n: *Tochtergeschwulst*
Me-te-or, der; -s,-e: *Sternschnuppe*
Me-te-o-rit, der; -en,-en: *Meteor, der nicht vollständig verglüht und auf die Erde fällt*
Me-te-o-ro-lo-ge, der; -n,-n: *Wissenschaftler der Meteorologie*
Me-te-o-ro-lo-gie, die; -, keine Mehrzahl: *Wetterkunde*
Me-ter, der/das; -s,-: *Längeneinheit*
Me-ter-maß, das; -es,-e: *Maßstab*
Me-than, das; -s, keine Mehrzahl: *Sumpfgas*

Me-tho-de, die; -,-n: *Art und Weise des Vorgehens, planmäßiges Vorgehen, Verfahren*
Me-tho-dik, die; -, keine Mehrzahl: *Lehre von den Methoden*
me-tho-disch: *planmäßig*
Me-thyl-al-ko-hol, der; -s, keine Mehrzahl: *Methanol*
Me-ti-er [Metjeh], das; -s,-s: *Beruf, Handwerk*
Met-rik (auch Me-trik), die; -, keine Mehrzahl: *Versmaß, Verslehre; Musik: Taktlehre, Takt*
Met-ro-nom (auch Me-tro-nom), das; -s,-e: *Taktmesser, Taktgeber*
Met-ro-po-le (auch Me-tro-po-le), die; -,-n: *große Stadt, Hauptstadt*
Met-ro-po-lit (auch Me-tro-po-lit), der; -en,-en: *Erzbischof*
Mett, das; -s, keine Mehrzahl: *gehacktes Schweinefleisch*
Met-te, die; -,-n: *Mitternachtsgottesdienst*
Mett-wurst, die; -,-würs-te: *Wurstart*
Met-ze-lei, die; -,-en: *Gemetzel*
met-zeln: *morden*
Metz-ger, der; -s,-: *Fleischhauer, Schlachter*
Metz-ge-rei, die; -,-en: *Fleisch- und Wurstwarenhandlung*
Meu-chel-mord, der; -es,-e: *heimtückischer Mord*
meu-cheln: *morden*
meuch-lings: *hinterrücks, hinterhältig, heimtückisch*
Meu-te, die; -,-n: *Horde, Rotte*
Meu-te-rei, die; -,-en: *Auflehnung, Empörung, Befehlsverweigerung einer Mannschaft*
meu-tern: *auflehnen, empören*
meu-tern: *umgangssprachlich für „widersprechen, sich auflehnen"*
mi-au-en: *wie eine Katze rufen*
mich: *Akkusativ von „ich"; er hat mich gesehen*
mick-rig: *kümmerlich, dürftig*
Mi-cky-maus, die; -, Mi-cky-mäu-se: *Zeichentrickfigur*
Mid-gard-schlan-ge, die; -, keine Mehrzahl: *die Erde umschlingende Schlange; Sinnbild für das Meer*
Mie-der, das; -s,-: *Korsett, Kleidungsstück*
Mief, der; -es, keine Mehrzahl: *Gestank, schlechte Luft*

mild

Mie-ne, die; -,-n: *Gesichtsausdruck*
Mie-nen-spiel, das; -es, keine Mehrzahl: *Wechsel des Gesichtsausdrucks*
Mie-re, die; -,-n: *Unkraut*
mies: *umgangsprachlich für „unangenehm, schlimm"*
mies: *umgangsprachlich für „schlecht, wertlos"*
mies: *umgangsprachlich für „abstoßend, unfein"*
Mie-se-pe-ter, der; -s,-: *umgangsprachlich für „mürrischer, nörglerischer Mensch"*
mie-se-pet-rig: *schlecht gelaunt*
mies machen
Mies-ma-cher, der; -s,-: *umgangsprachlich für „jemand, der über alles abfällig spricht"*
Mies-mu-schel, die; -,-n: *essbare Muschelart*
Mie-te, die; -,-n: *Mietpreis, Mietzins*
Mie-te, die; -,-n: *Stapel von Feldfrüchten, der zum Überwintern zugedeckt ist*
mie-ten: *gegen Bezahlung in Gebrauch nehmen*
Mie-ter, der; -s,-: *jemand, der etwas gemietet hat*
Miet-er-hö-hung, die; -,-en: *Mietsteigerung*
Mie-ter-schutz, der; -es, keine Mehrzahl: *gesetzliche Bestimmungen zum Schutz der Mieter*
Miet-preis, der; -es,-e: *Mietzins*
Miets-haus, das; -es, -häu-ser: *Mehrfamilienhaus*
Miets-ka-ser-ne, die; -,-n: *Wohnblock*
Miet-ver-trag, der; -es, -ver-trä-ge
Miet-wa-gen, der; -s,-: *Leihwagen*
Miet-zins, der; -es,-e: *süddeutsch, österr., schweizer. für „Miete"*
Mie-ze, die; -,-n: *umgangsprachlich für „Katze"*
Mig-rä-ne (auch Mi-grä-ne), die; -, keine Mehrzahl: *heftiger Kopfschmerz*
Mi-ka-do, das; -s, keine Mehrzahl: *Geschicklichkeitsspiel mit dünnen Stäbchen*
Mi-ka-do, der; -s,-s: *japanischer Kaiser, Tenno*
Mik-ro-be (auch Mi-kro-be), die; -,-n: *einzelliges Kleinstlebewesen*
Mik-ro-com-pu-ter (auch Mi-kro-com-pu-ter), der; -s,-: *Kleincomputer*
Mik-ro-fiche (auch Mi-kro-fiche) [Mikrofiesch], der/das; -s,-s: *Mikrofilmart*
Mik-ro-film (auch Mi-kro-film), der; -es, -e: *Film, auf dem Dokumente stark verkleinert aufgenommen sind*
Mik-ro-kli-ma (auch Mi-kro-kli-ma), das; -s,-ta: *Kleinklima*
Mik-ro-kos-mos (auch Mi-kro-kos-mos), der; -, keine Mehrzahl: *Welt der Kleinstlebewesen*
Mik-ro-or-ga-nis-mus (auch Mi-kro-or-ga-nis-mus), der; -,-nis-men: *Kleinstlebewesen*
Mik-ro-pro-zes-sor (auch Mi-kro-pro-zes-sor), der; -s,-en: *elektronisches Bauteil eines Mikrocomputers, das Rechen- und Steuerfunktionen vereint*
Mik-ros-kop (auch Mi-kro-skop), das; -es, -e: *Vergrößerungsgerät*
Mik-ros-ko-pie (auch Mi-kro-sko-pie), die; -, keine Mehrzahl: *Untersuchung mit dem Mikroskop*
mik-ros-ko-pisch (auch mi-kro-sko-pisch): *winzig, nur mit dem Mikroskop erkennbar*
Mik-ro-wel-le (auch Mi-kro-wel-le), die; -,-n: *elektromagnetische Wellenart*
Mi-lan, der; -es,-e: *Raubvogelart*
Mil-be, die; -,-n: *Spinnentier*
Milch, die; -, keine Mehrzahl: *eiweißhaltige Flüssigkeit, die von Säugetieren als Nahrung ausgeschieden wird*
Milch, die; -, keine Mehrzahl: *Pflanzensaft*
Milch-ge-sicht, das; -es,-er: *umgangssprachlich für „junger Mensch"*
Milch-glas, das; -es, -glä-ser: *milchiges, undurchsichtiges Glas*
mil-chig: *wie Milch, undurchsichtig*
Milch-kaf-fee, der; -s,-s: *Kaffee mit Milch*
Milch-mäd-chen-rech-nung, die; -, keine Mehrzahl: *auf Trugschlüssen beruhende Folgerung, naive Folgerung*
Milch-pul-ver, das; -s,-: *Trockenmilch*
Milch-säu-re, die; -, keine Mehrzahl: *bei Milchgärung entstehende Säure*
Milch-schorf, der; -es,-e: *Hautausschlag bei Kleinkindern*
Milch-stra-ße, die; -,-n: *Galaxie*
Milch-zahn, der; -es, -zäh-ne: *Zahn des Erstgebisses von Kindern*
mild: *lau, gemäßigt (Klima)*
mild: *sanft, zart, weich*
mild: *gütig, nachgiebig*
mild: *leicht, kaum gewürzt (Speisen, Wein)*

Milde

Mil-de, die; -, keine Mehrzahl: *Sanftmut, Nachsicht*
mil-dern: *mäßigen, verringern, vermindern, lindern*
Mil-de-rung, die; -,-en: *Linderung, Verminderung*
Mild-tä-tig-keit, die; -, keine Mehrzahl: *Nächstenliebe*
Mi-li-eu [Miljöh], das; -s,-s: *Umwelt, Lebensbereich*
mi-li-tant: *radikal, kämpferisch*
Mi-li-tär, das; -s, keine Mehrzahl: *Gesamtheit der Streitmacht eines Landes; auch: Soldatenwesen*
Mi-li-tär-dik-ta-tur, die; -,-en: *Militärherrschaft*
mi-li-tä-risch: *das Militär betreffend*
mi-li-ta-ri-sie-ren: *den Erfordernissen des Militärs anpassen und unterwerfen, mit Militär ausstatten*
Mi-li-ta-ris-mus, der; -, keine Mehrzahl: *Überbetonung des Militärwesens*
Mi-li-ta-rist, der; -en,-en: *Anhänger der Militärvorherrschaft*
mi-li-ta-ris-tisch: *den Militarismus betreffend*
Mi-li-tär-re-gie-rung, die; -,-en
Mi-li-ta-ry [Militäri], die; -,-s: *Reitsportart*
Mi-liz, die; -,-en: *Bürgerwehr, kurz ausgebildete militärische Einheit*
Mi-li-zi-o-när, der; -s,-e: *Angehöriger der Miliz*
Mi-liz-sol-dat, der; -en,-en: *Angehöriger der Miliz*
Mil-len-ni-um, das; -s, Mil-len-ni-en: *tausend Jahre*
Mil-li-ar-de, die; -,-n: *tausend Millionen*
Mil-li-bar, das; -s,-: *Maßeinheit des Luftdrucks, ein tausendstel Bar, Abk. mbar*
Mil-li-gramm, das; -s,-: *ein tausendstel Gramm*
Mil-li-li-ter, der; -s,-: *ein tausendstel Liter*
Mil-li-me-ter, das; -s,-: *ein zehntel Zentimeter*
Mil-li-me-ter-pa-pier, das; -s, keine Mehrzahl
Mil-li-on, die; -,-en: *tausend mal tausend*
Mil-li-o-när, der; -s,-e: *reicher Mensch*
mil-li-o-nen-schwer: *sehr reich*
Milz, die; -,-en: *drüsenartiges Organ*
Milz-brand, der; -es, keine Mehrzahl: *gefährliche Infektionskrankheit*

Mi-me, der; -n,-n: *Schauspieler*
mi-men: *darstellen, schauspielern*
Mi-mik, die; -,-en: *Gesichtsausdruck, Gebärdenspiel*
Mi-mik-ry (auch Mi-mi-kry), die; -, keine Mehrzahl: *schützende Nachahmung, Tarnung*
Mi-mo-se, die; -,-n: *überempfindlicher, leicht gekränkter Mensch*
Mi-mo-se, die; -,-n: *Pflanzenart*
mi-mo-sen-haft: *leicht kränkbar, leicht verletzbar, überempfindsam*
Mi-na-rett, das; -s,-e: *Turm einer Moschee*
min-der: *weniger, geringer, mäßig*
min-der-be-gabt: *unterdurchschnittlich begabt*
min-der-be-mit-telt: *arm*
min-der-be-mit-telt: *zurückgeblieben, geistig beschränkt*
min-der-be-mit-telt: *umgangssprachlich für „dumm"*
Min-der-heit, die; -,-en: *an Zahl unterlegene Gruppe*
min-der-jäh-rig: *nicht volljährig, nicht erwachsen, nicht mündig*
min-dern: *mildern, verringern, herabsetzen*
min-der-wer-tig: *schlecht*
Min-der-wer-tig-keits-kom-plex, der; -es,-e: *übersteigertes Gefühl der eigenen Minderwertigkeit*
Min-dest-ab-stand, der; -es, -stän-de: *geringster möglicher oder nötiger Abstand*
min-des-tens: *wenigstens, als wenigstes*
Min-dest-lohn, der; -es, -löh-ne: *geringster garantierter Lohn*
Min-dest-maß, das; -es,-e: *kleinstes Maß, geringste Forderung, geringste Voraussetzung*
Mi-ne, die; -,-n: *Explosionskörper*
Mi-ne, die; -,-n: *Bergwerk*
Mi-ne, die; -,-n: *Tintenvorratsbehälter mit Schreibspitze in einem Kugelschreiber*
Mi-nen-su-cher, der; -s,-: *jemand, der Minen sucht; Schiff, das Minen sucht*
Mi-ne-ral, das; -s,-e: *Sammelbezeichnung für alle in der Natur vorkommenden anorganischen Stoffe*
Mi-ne-ral-salz, das; -es,-e
Mi-ne-ral-was-ser, das; -s, -wäs-ser: *Wasser einer Heilquelle, das Mineralien enthält*
Mi-ni, der; -s,-s: *Kurzwort für „Minirock"*

missen

Mi-ni-a-tur, die; -,-en: *Malerei oder Zeichnung in alten Büchern und Handschriften*
Mi-ni-a-tur, die; -,-en: *kleines Bild*
Mi-ni-a-tur-aus-ga-be, die; -,-n: *kleine Ausgabe, kleine Nachbildung eines Originals*
Mi-ni-golf, das; -es, keine Mehrzahl: *Miniaturgolfanlage*
mi-ni-mal: *sehr gering, sehr klein, geringfügig, unbedeutend*
Mi-ni-mum, das; -s, Mi-ni-ma: *kleinster Wert, Mindestmaß*
Mi-ni-rock, der; -s, -rö-cke: *kurzer Rock*
Mi-nis-ter, der; -s,-: *Kabinettsmitglied, höchster Staatsbeamter, Leiter eines Ministeriums*
mi-nis-te-ri-ell: *das Ministerium, den Minister betreffend*
Mi-nis-te-ri-um, das; -s, Mi-nis-te-ri-en: *oberste Verwaltungsbehörde*
Mi-nis-ter-prä-si-dent, der; -en,-en: *Regierungschef einer Länderregierung*
Mi-nist-rant (auch Mi-nis-trant), der; -en,-en: *Messdiener*
Min-ne, die; -, keine Mehrzahl: *mittelalterlicher Begriff der Liebe, Liebesdienst*
Min-ne-lied, das; -es,-er: *mittelalterliches höfisches Liebeslied*
Min-ne-sän-ger, der; -s,-: *mittelalterlicher, höfischer Dichter von Liebesliedern*
Mi-no-ri-tät, die; -,-en: *Minderheit, Minderzahl*
Mi-no-tau-rus, der; -, keine Mehrzahl: *sagenhaftes Ungeheuer: halb Mensch, halb Tier*
mi-nus: *Mathematik: weniger, abgerechnet von*
mi-nus: *unter Null*
Mi-nus, das; -,-: *Fehlbetrag, Defizit*
Mi-nus-kel, die; -,-n: *Kleinbuchstabe*
Mi-nus-pol, der; -es/-s,-e: *negativ geladener Pol bei elektrischen Anschlüssen*
Mi-nu-te, die; -,-n: *Zeiteinheit, sechzig Sekunden*
Mi-nu-ten-zei-ger, der; -s,-: *Uhrzeiger, der die Minuten anzeigt*
mi-nüt-lich: *in der Minute, jede Minute*
mi-nu-zi-ös: *sehr gewissenhaft, peinlich genau*
Min-ze, die; -, keine Mehrzahl: *Pflanzenart*
mir: *Dativ von „ich"; mir hat keiner etwas gesagt, gib mir das*

Mi-ra-bel-le, die; -,-n: *Pflaumensorte*
Mi-santh-rop (auch Mis-an-throp), der; -en,-en: *Menschenfeind*
Mi-santh-ro-pie (auch Mis-an-thro-pie), die; -, keine Mehrzahl: *Menschenhass*
Misch-bat-te-rie, die; -,-n: *Armatur an Waschbecken und Badewannen*
Misch-e-he, die; -,-n: *Ehe zwischen Menschen verschiedener Hautfarbe oder verschiedener Konfession*
mi-schen: *mengen, vereinigen*
Misch-far-be, die; -,-n: *aus dem Licht verschiedener Wellenlängen zusammengesetzte Farbe*
Misch-kul-tur, die; -,-en: *gemischter Anbau von Kulturpflanzen*
Misch-ling, der; -s,-e: *jemand, der von Eltern verschiedener Hautfarbe abstammt*
Misch-masch, der; -es,-e: *Durcheinander*
Mi-schung, die; -,-en: *Gemisch*
Mi-schungs-ver-hält-nis, das; -ses,-se: *Verhältnis der Einzelteile einer Mischung zueinander*
Misch-wald, der; -es, -wäl-der: *Wald mit Laub- und Nadelbäumen*
mi-se-ra-bel: *schlecht, elend, erbärmlich, jämmerlich*
Mi-se-re, die; -,-n: *Elend, Jammer, Notlage*
Mis-pel, die; -,-n: *Rosengewächs*
Miss, die; -, keine Mehrzahl: *aus dem Englischen eingedeutschte Anrede einer unverheirateten Frau*
miss-ach-ten: *nicht beachten, verachten*
Miss-ach-tung, die; -,-en: *Nichtbeachtung, Verachtung*
Miss-be-ha-gen, das; -s, keine Mehrzahl: *Unbehagen*
Miss-bil-dung, die; -,-en: *Deformität, Abweichung vom normalen Bau*
miss-bil-li-gen: *nicht gutheißen*
Miss-bil-li-gung, die; -,-en: *Tadel, Missfallen*
Miss-brauch, der; -es, -bräu-che: *falscher, schlechter Gebrauch; unerlaubter, übertriebener Gebrauch*
Miss-brauch, der; -es, -bräu-che: *Vergewaltigung*
miss-brau-chen: *falsch verwenden*
miss-brau-chen: *vergewaltigen*
Miss-deu-tung, die; -,-en: *Fehlinterpretation, falsche Auslegung*
mis-sen: *vermissen, entbehren*
mis-sen: *verfehlen*

Misserfolg

Miss-er-folg, der; -es,-e: *Fehlschlag*
Miss-ern-te, die; -,-n: *schlechte Ernte*
miss-fal-len, missfiel, missfallen: *nicht gefallen, stören*
Miss-fal-lens-äu-ße-rung, die; -,-en
miss-ge-bil-det: *deformiert*
miss-ge-bil-det: *behindert*
miss-ge-bil-det: *schlecht gebildet*
Miss-ge-burt, die; -,-en: *missgebildetes Neugeborenes*
Miss-ge-schick, das; -es,-e: *Unglück, Pech*
miss-glü-cken: *schief gehen, fehlschlagen*
Miss-griff, der; -es,-e: *Fehlgriff, falsche Handlung, Fehler*
Miss-gunst, die; -, keine Mehrzahl: *Neid*
miss-güns-tig: *neidisch*
miss-han-deln: *jemandem Körperverletzungen beibringen, züchtigen*
Miss-hand-lung, die; -,-en: *das Misshandeln*
Mis-sion, die; -,-en: *Auftrag, Sendung*
Mis-sion, die; -,-en: *Religionsverbreitung*
Mis-si-o-nar, der; -s,-e: *zur Bekehrung ausgesandter Priester*
mis-si-o-nie-ren: *bekehren*
Miss-klang, der; -es, -klän-ge: *Dissonanz*
Miss-kre-dit, der; -es, keine Mehrzahl: *schlechter Ruf*
miss-lin-gen, misslang, misslungen
Miss-mut, der; -es, keine Mehrzahl: *schlechte Laune*
miss-mu-tig: *schlecht gelaunt*
Miss-trau-en, das; -s, keine Mehrzahl: *Argwohn*
miss-trau-en: *nicht trauen, verdächtigen*
Miss-trau-ens-an-trag, der; -es, -trä-ge: *parlamentarische Prozedur mit dem Ziel, die Regierung zu stürzen*
miss-trau-isch: *argwöhnisch*
miss-ver-gnügt: *schlecht gelaunt*
miss-ver-ständ-lich: *unklar, mehrdeutig*
Miss-ver-ständ-nis, das; -ses,-se: *falsches Verstehen*
miss-ver-ste-hen, missverstand, missverstanden: *falsch verstehen, falsch deuten*
Miss-wirt-schaft, die; -, keine Mehrzahl: *schlechtes Wirtschaften*
Mist, der; -es, keine Mehrzahl: *Dung, Dunghaufen, mit Kot vermischtes Stroh*
Mist, der: *es, keine Mehrzahl: wertloses Zeug, Plunder*
Mist, der; -es, keine Mehrzahl: *umgangssprachlich für „dummes Zeug, Unsinn"*

Mist-beet, das; -es,-e: *Frühbeet*
Mis-tel, die; -,-n: *Schmarotzerpflanze*
Mis-ter, der; -s,-: *aus dem Englischen übernommene Anrede für „Herr"*
Mist-ga-bel, die; -,-n: *Forke*
Mist-hau-fen, der; -s,-
Mist-kerl, der; -s,-e: *umgangssprachlich für „schlechter Mensch"*
Mis-tral, der; -s,-s: *kalter Nordwind in Südfrankreich*
Mist-stück, das; -s,-e: *umgangssprachlich für „schlechte Frau"*
Mist-vieh, das; -s, -vie-cher: *derb umgangssprachlich für „schlechter Mensch"*
mit: *Verhältniswort; betreffend, im Hinblick auf*
mit: *Verhältniswort; durch, mittels, mithilfe*
mit: *Verhältniswort; gegen, gegeneinander, wechselseitig*
mit: *Verhältniswort; versehen mit, ausgestattet mit*
mit: *Verhältniswort; zusammen, gemeinsam, zusätzlich*
mit-ar-bei-ten: *zusammenarbeiten, helfen*
Mit-ar-bei-ter, der; -s,-: *Helfer, Kollege*
mit-be-kommen, bekam mit, mitbekommen; *erhalten*
mit-be-kommen, bekam mit, mitbekommen: *verstehen*
mit-be-stimmen
Mit-be-stimmung, die; -,-en
Mit-be-wer-ber, der; -s,-: *Konkurrent*
mit-brin-gen, brachte mit, mitgebracht
Mit-bring-sel, das; -s,-: *Geschenk, Andenken*
Mit-bür-ger, der; -s,-: *Bürger des gleichen Gemeinwesens*
mit-ei-nan-der (auch mit-ein-an-der): *zusammen, gemeinsam*
mit-emp-fin-den, empfand mit, mitempfunden: *mitfühlen*
Mit-es-ser, der; -s,-: *Talgpfropfen in einer Hautpore*
mit-fah-ren, fuhr mit, mitgefahren: *gemeinsam fahren*
Mit-fahr-ge-le-gen-heit, die; -,-en
mit-füh-len: *mitempfinden*
Mit-ge-fühl, das; -s, keine Mehrzahl: *Mitleid*
mit-ge-hen, ging mit, mitgegangen: *begleiten*
Mit-gift, die; -,-en: *Aussteuer*

Mittelschule

Mit-glied, das; -es,-er: *Angehöriger einer Vereinigung*
Mit-glie-der-ver-samm-lung, die; -,-en
Mit-glieds-bei-trag, der; -es, -bei-trä-ge
mit-hel-fen, half mit, mitgeholfen: *unterstützen*
Mit-he-raus-ge-ber, der; -s,-
mit-hö-ren: *lauschen*
Mit-in-ha-ber, der; -s,-: *Kompagnon*
mit-kom-men, kam mit, mitgekommen: *begleiten*
mit-krie-gen: *umgangssprachlich für „mitbekommen, verstehen"*
Mit-läu-fer, der; -s,-: *jemand, der passiv bei etwas mitmacht*
Mit-laut, der; -es,-e: *Konsonant*
Mit-leid, das; -s, keine Mehrzahl: *Anteilnahme, Mitgefühl*
Mit-lei-den-schaft, die; : *nur in der Wendung: in Mitleidenschaft ziehen; beschädigen, beeinträchtigen*
mit-ma-chen: *teilnehmen*
Mit-mensch, der; -en,-en: *Zeitgenosse, der Nächste*
mit-mensch-lich: *zwischenmenschlich*
mit-neh-men, nahm mit, mitgenommen: *erschöpfen, anstrengen*
mit-neh-men, nahm mit, mitgenommen: *forttragen*
mit-nich-ten: *keineswegs*
Mit-ra (auch Mi-tra), die; -, Mi-tren: *Kopfbedeckung hoher kirchlicher Würdenträger*
Mit-rei-sen-de, der; -n,-n
mit-schlep-pen: *tragen, mitschleifen*
mit-schnei-den, schnitt mit, mitgeschnitten: *auf Tonband oder Kassette aufnehmen*
Mit-schnitt, der; -s,-e: *Aufnahme*
Mit-schuld, die; -, keine Mehrzahl: *Teil einer Schuld*
mit-schul-dig: *auch schuldig*
mit-spie-len: *zusammen mit anderen spielen*
Mit-spie-ler, der; -s,-: *jemand, der mitspielt*
Mit-spra-che-recht, das; -es,-e
Mit-tag, der; -s, keine Mehrzahl: *Mittagsmahlzeit, Mittagspause*
Mit-tag, der; -s,-e: *Zeitpunkt des höchsten Sonnenstandes*
Mit-tag-brot, das; -es, keine Mehrzahl: *Mittagessen*
Mit-tag-es-sen, das; -s,-: *Mittagsmahlzeit*
mit-tags: *zur Mittagszeit*
Mit-tags-hit-ze, die; -, keine Mehrzahl
Mit-tags-pau-se, die; -,-n
Mit-tags-ru-he, die; -, keine Mehrzahl
Mit-tags-schlaf, der; -es, keine Mehrzahl
Mit-tags-tisch, der; -es,-e: *regelmäßiges Mittagessen in einem Restaurant*
Mit-tags-tisch, der; -es,-e: *mit der Mittagsmahlzeit gedeckter Tisch*
Mit-tä-ter, der; -s,-: *Komplize*
Mit-te, die; -,-n: *Zentrum; auch: Hälfte*
mit-tei-len: *berichten*
Mit-tei-lung, die; -,-en: *Nachricht, Bericht*
mit-tel: *durchschnittlich*
mit-tel: *nicht direkt, vermittelt*
Mit-tel, das; -s,-: *Geld, Vermögen, Kapital*
Mit-tel, das; -s,-: *Arznei, Medikament*
Mit-tel, das; -s,-: *Durchschnitt*
Mit-tel, das; -s,-: *Hilfsmittel*
Mit-tel-al-ter, das; -s, keine Mehrzahl: *Zeitraum zwischen Altertum und Neuzeit*
mit-tel-al-ter-lich: *das Mittelalter betreffend*
Mit-tel-ding, das; -es,-e: *umgangssprachlich für „Zwischending"*
Mit-tel-eu-ro-pa, das; -s, keine Mehrzahl: *Zentraleuropa*
Mit-tel-eu-ro-pä-er, der; -s,-: *jemand, der aus Mitteleuropa stammt*
Mit-tel-fin-ger, der; -s,-: *mittlerer Finger einer Hand*
mit-tel-fris-tig
Mit-tel-ge-bir-ge, das; -s,-: *Gebirge mittlerer Höhe*
Mit-tel-ge-wicht, das; -es, keine Mehrzahl: *Gewichtsklasse in der Schwerathletik*
Mit-tel-hand, die; -, keine Mehrzahl: *Skatspieler, der links neben dem Angebenden sitzt*
Mit-tel-hand, die; -, -hän-de: *Knochen zwischen Handwurzel und Finger*
mit-tel-los: *arm, ohne Geld*
Mit-tel-maß, das; -es,-e: *Durchschnitt*
mit-tel-mä-ßig: *durchschnittlich*
Mit-tel-mä-ßig-keit, die; -, keine Mehrzahl: *Durchschnittlichkeit*
Mit-tel-meer, das; -s, keine Mehrzahl
mit-tel-mee-risch: *das Mittelmeer betreffend*
Mit-tel-punkt, der; -es,-e: *Zentrum*
mit-tels: *mithilfe, durch*
Mit-tel-schu-le, die; -,-n: *schweizer. für „Gymnasium"*

Mittelstand

Mit-tel-stand, der; -es, keine Mehrzahl: gesellschaftlicher Stand zwischen Arbeitertum und Großunternehmern
mit-tel-stän-dig: auf gleicher Höhe stehend
mit-tel-stän-disch: den Mittelstand betreffend
Mit-tel-stre-cke, die;-,-n
Mit-tel-stre-cken-ra-ke-te, die; -,-n: Rakete mittlerer Reichweite
Mit-tel-stür-mer, der; -s,-: Fußball: Angriffsspieler
Mit-tel-weg, der; -es,-e: Kompromiss
mit-ten: in der Mitte, in die Mitte
mit-ten-drin: in der Mitte
mit-ten-durch: durch die Mitte
Mit-ter-nacht, die; -, keine Mehrzahl: 0 Uhr
Mit-ter-nachts-son-ne, die; -, keine Mehrzahl: Sonne, die im Sommer nördlich des Polarkreises nicht untergeht
mit-tig: zentrisch
mitt-ler-wei-le: inzwischen, währenddessen
Mitt-woch, der; -s,-e: dritter Arbeitstag der Woche
mit-un-ter: zuweilen, manchmal
mit-ver-ant-wort-lich: teilweise verantwortlich
mit-wir-ken: mitmachen, teilnehmen, beitragen
Mit-wir-ken-de, der/die; -n,-n: Teilnehmer
Mit-wir-kung, die; -,-en: Teilnahme
Mit-wis-ser, der; -s,-: in Geheimnisse Eingeweihter
mit-zäh-len: gleichzeitig zählen, auch zählen
mi-xen: mischen, vermischen
Mi-xer, der; -s,-: Küchengerät
Mi-xer, der; -s,-: jemand, der Getränke mischt
Mix-tur, die; -,-en: Arznei
Mix-tur, die; -,-en: Gemischtes, Mischung
Mne-mo-tech-nik, die; -,-en: Gedächtniskunst
Mob, der; -s,-s: aufgebrachte Menge, Pöbel
mob-ben: schikanieren (Arbeitsplatz)
Mö-bel, das; -s,-e: Einrichtungsgegenstand
Mö-bel-stück, das; -es,-e: Möbel
Mö-bel-wa-gen, der; -s,-: Transportwagen für Möbel

mo-bil: beweglich
Mo-bi-le, das; -s,-s: frei beweglicher, hängender Schmuck
Mo-bi-li-ar, das; -s, keine Mehrzahl: bewegliche Einrichtung, Gesamtheit der Einrichtungsgegenstände
mo-bi-li-sie-ren: mobil machen, einsatzbereit, kriegsbereit machen
Mo-bi-li-tät, die; -, keine Mehrzahl: Beweglichkeit
Mo-bil-ma-chung, die; -,-en: Herstellung der Einsatzbereitschaft
möb-lie-ren (auch mö-blie-ren): einrichten
Möb-lie-rung (auch Mö-blie-rung), die; -,-en: Einrichtung, Ausstattung
mo-dal: die Art und Weise bezeichnend
Mo-da-li-tät, die; -,-en: Art und Weise, Bedingungen
Mod-der, der; -s, keine Mehrzahl: norddeutsch für „Schlamm, Matsch, Morast"
Mo-de, die; -,-n: Zeitgeschmack, Gepflogenheit
Mo-de-haus, das; -es, -häu-ser: Geschäft für Oberbekleidung
Mo-de-jour-nal, das; -s,-e: Modezeitschrift
Mo-del, die; -,-n: Hohlform
Mo-dell, das; -s,-e: Muster, Vorlage, Vorbild
Mo-dell, das; -s,-e: Vorführkleid, Modellkleid
Mo-dell, das; -s,-e: Mannequin
Mo-dell, das; -s,-e: Darstellung in verkleinertem Maßstab
Mo-dell-ei-sen-bahn, die; -,-en
Mo-dell-flug-zeug, das; -es,-e
mo-del-lie-ren: bilden, formen
Mo-dell-kleid, das; -es,-er: exklusiv angefertigtes Kleid
Mo-der, der; -s, keine Mehrzahl: Fauliges, Verfaulendes
mo-de-rat: gemäßigt, maßvoll
Mo-de-ra-tion, die; -,-en: Mäßigung, Gleichmut
Mo-de-ra-tion, die; -,-en: Leitung einer Sendung
Mo-de-ra-tor, der; -s,-en: Diskussionsleiter, Leiter einer Sendung
mo-de-rie-ren: eine Sendung leiten
mo-de-rie-ren: mäßigen
mo-dern: auf der Höhe der Zeit, dem Zeitgeschmack entsprechend, zeitgemäß, neuzeitlich

Monarchie

mo-dern: *faulen, verwesen*
mo-der-ni-sie-ren: *dem neuesten Stand anpassen, auf den neuesten Stand bringen*
Mo-de-sa-lon, der; -s,-s: *Geschäft für Oberbekleidung*
Mo-de-zeit-schrift, die; -,-en: *Modejournal*
Mo-di-fi-ka-ti-on, die; -,-en: *Veränderung, Umwandlung, Abweichung*
mo-di-fi-zie-ren: *verändern, umwandeln, anpassen, einschränken*
mo-disch: *die Mode betreffend*
Mo-dis-tin, die; -,-nen: *Putzmacherin*
mod-rig: *dumpf, faulig*
Mo-dul, das; -es,-e: *Verhältnis des Durchmessers eines Zahnrades zur Zähnezahl*
Mo-dul, das; -es,-e: *zugrunde liegende Verhältniszahl*
Mo-dul, das; -es,-e: *Materialkonstante*
Mo-dul, das; -es,-e: *austauschbare, komplexe elektronische Einbaueinheit*
Mo-du-la-ti-on, die; -,-en: *Abwandlung*
Mo-du-la-ti-on, die; -,-en: *Aufprägen von Informationssignalen auf eine Trägerwelle in der Elektrotechnik*
Mo-du-la-ti-on, die; -,-en: *Musik: Übergang von einer Tonlage in eine andere*
mo-du-lie-ren: *abwandeln, wechseln, verändern*
Mo-dus, der; -, Mo-di: *Verfahrensweise, Art und Weise*
Mo-fa, das; -s,-s: *kleines Moped*
Mo-ge-lei, die; -,-en: *Betrügerei, Schwindelei*
mo-geln: *flunkern, schwindeln*
mö-gen, mag, mochte, gemocht: *gern haben, gern machen*
mög-lich: *nicht ausgeschlossen, durchführbar*
mög-li-cher-wei-se: *eventuell, vielleicht*
Mög-lich-keit, die; -,-en: *Alternative, gangbarer Weg*
Mög-lich-keit, die; -,-en: *Aussicht, Gelegenheit*
Mo-ham-me-da-ner, der; -s,-: *Anhänger des mohammedanischen Glaubens, des Islams*
mo-ham-me-da-nisch: *islamisch, moslemisch*
Mo-här (auch Mo-hair), das; -s,-e: *Angorawolle, auch: Stoff daraus*
Mohn, der; -es,-e: *essbarer Samen der Mohnpflanze*

Mohn, der; -s,-e: *Pflanzenart*
Möh-re, die; -,-n: *Mohrrübe*
Moh-ren-kopf, der; -es, -köp-fe: *Süßigkeit*
Mohr-rü-be, die; -,-n: *gelbe Rübe, Möhre*
Moi-ré [Moareh], das; -s,-s: *Stoffmuster*
mo-kant: *spöttisch*
Mo-kas-sin, der; -s,-s: *weicher Wildlederstiefel ohne Absatz*
mo-kie-ren, sich: *sich lustig machen über*
Mok-ka, der; -s,-s: *starker Kaffee, Kaffeesorte*
Molch, der; -es,-e: *Lurch*
Mo-le, die; -,-n: *Hafendamm*
Mo-le-kül, das; -s,-e: *chemische Verbindung mehrerer Atome*
mo-le-ku-lar: *die Moleküle betreffend*
Mo-le-ku-lar-ge-wicht, das; -es,-e: *Summe der Atomgewichte der zu einem Molekül verbundenen Atome*
Mol-ke, die; -, keine Mehrzahl: *Käsewasser*
Mol-ke-rei, die; -,-en: *Milchverarbeitungsbetrieb*
Moll, das; -s, keine Mehrzahl: *Musik: eines der beiden Tongeschlechter, „weiche Tonart"*
Mol-le, die; -,-n: *norddeutsch für „Mulde, Backtrog"*
Mol-le, die; -,-n: *berlinerisch für „Glas Bier"*
mol-lig: *warm, weich, behaglich*
mol-lig: *umgangssprachlich für „beleibt, rundlich, dick"*
Mol-lus-ke, die; -,-n: *Weichtier*
Mo-loch, der; -s,-e: *unersättliche Macht, alles verschlingende und zerstörende Kraft*
Mo-lo-tow-Cock-tail (auch Mo-lo-tow-cock-tail) [Molotofkocktäil], der; - -s,- -s: *Flasche mit explosiver Flüssigkeit für Brandanschläge*
Mo-ment, der; -es,-e: *Augenblick*
Mo-ment, das; -es,-e: *Kraftwirkung*
Mo-ment, das; -es,-e: *Merkmal, Gesichtspunkt, Umstand*
mo-men-tan: *einen Augenblick lang, augenblicklich, vorübergehend*
Mo-na-de, die; -,-n: *philosophische Einheit, Unteilbares*
Mo-narch (auch Mon-arch), der; -en,-en: *König, Kaiser*
Mo-nar-chie (auch Mon-ar-chie), die; -,-n: *Staatsform mit adligem Alleinherrscher*

Monat

Mo-nat, der; -s,-e: *zwölfter Teil eines Jahres*
mo-nat-lich: *einmal im Monat*
Mo-nats-blu-tung, die; -,-en: *Menstruation*
Mo-nats-lohn, der; -es, -löh-ne: *Gehalt, Lohn*
Mönch, der; -es,-e: *Ordensbruder*
Mond, der; -es,-e: *Himmelskörper, der einen Planeten umkreist, Trabant*
Mond-fins-ter-nis, die; -,-se: *Verfinsterung des Mondes durch den Erdschatten*
Mond-land-schaft, die; -,-en: *öde, unwirtliche Landschaft, Kraterlandschaft*
Mond-lan-dung, die; -,-en: *Raumfahrtmission zum Mond*
Mond-licht, das; -es, keine Mehrzahl: *Licht des Mondes*
Mond-pha-se, die; -,-n: *Beleuchtungsform des Mondes*
Mond-schein, der; -es, keine Mehrzahl: *Mondlicht*
Mond-si-chel, die; -, keine Mehrzahl: *schmale Beleuchtungsform des Mondes*
mond-süch-tig: *schlafwandlerisch*
Mond-süch-tig-keit, die; -, keine Mehrzahl: *Schlafwandlerei*
mo-ne-tär: *das Geld betreffend*
Mo-ne-ten, die; -, keine Einzahl: *umgangssprachlich für „Geld"*
Mon-go-lis-mus, der; -, keine Mehrzahl: *angeborene Art des Schwachsinns, verbunden mit körperlichen Missbildungen*
mon-go-lo-id: *den Mongolismus betreffend, vom Mongolismus betroffen*
Mon-go-lo-i-de, der/die; -n,-n: *an Mongolismus Leidende(r)*
Mo-nier-ei-sen, das; -s,-: *Verstärkungseisen in Beton*
mo-nie-ren: *beanstanden, bemängeln, anfechten, rügen*
Mo-nis-mus, der; -, keine Mehrzahl: *philosophische Lehre, die alles auf ein Prinzip zurückführt*
Mo-ni-tor, der; -s,-e: *Bildschirm*
Mo-no-ga-mie, die; -,-n: *Einehe*
Mo-no-gra-fie (auch Mo-no-gra-phie), die; -,-n: *Einzeldarstellung*
Mo-no-gramm, das; -es,-e: *verzierte Anfangsbuchstaben eines Namens*
Mo-no-kel (auch Mon-o-kel), das; -s,-: *Einglas*
Mo-no-kul-tur, die; -,-en: *Anbauweise, bei der nur eine Feldfrucht angebaut wird*

Mo-no-lith, der; -en,-en: *Steinblock*
Mo-no-log, der; -es,-e: *Selbstgespräch*
mo-no-lo-gi-sie-ren: *mit sich selbst sprechen, lange als Einziger sprechen*
mo-no-man: *von einer fixen Idee besessen*
Mo-no-ma-ne, der; -n,-n: *von einer fixen Idee Besessener*
Mo-no-ma-nie, die; -, keine Mehrzahl: *Besessenheit von einer fixen Idee*
Mo-no-pol, das; -es,-e: *wirtschaftliche Alleinherrschaft; Vorrecht, eine Ware allein zu produzieren*
Mo-no-po-list, der; -en,-en: *jemand, der ein Monopol innehat*
mo-no-po-lis-tisch: *das Monopol betreffend*
Mo-no-pol-ka-pi-ta-lis-mus, der; -, keine Mehrzahl: *Kapitalismus mit starker Konzentration wirtschaftlicher und politischer Macht*
Mo-no-the-is-mus, der; -, keine Mehrzahl: *Glaube an einen einzigen Gott*
Mo-no-the-ist, der; -en,-en: *Anhänger des Monotheismus*
mo-no-ton: *eintönig, langweilig*
Mo-no-to-nie, die; -,-n: *Eintönigkeit, Gleichförmigkeit*
Mon-sig-no-re (auch Mon-si-gno-re) [Monsinjore], der; -s,-s: *Anrede eines italienischen Geistlichen*
Mons-ter, das; -s,-: *Ungeheuer*
mons-trös (auch monst-rös): *ungeheuerlich, abscheulich, missgestaltet*
Mons-trum (auch Monst-rum), das; -s, Mons-tren: *Ungeheuer, missgebildetes Wesen*
Mon-sun, der; -s,-e: *jahreszeitlich bedingter Wind in Südasien*
Mon-tag, der; -s,-e: *erster Arbeitstag der Woche*
Mon-ta-ge [Montahsche], die; -,-n: *Filmschnitt*
Mon-ta-ge [Montahsche], die; -,-n: *Aufbau von Maschinen*
mon-tags: *am Montag*
mon-tan: *den Bergbau und das Hüttenwesen betreffend*
Mon-tan-in-dus-trie (auch Mon-tan-indust-rie), die; -, keine Mehrzahl: *Bergbau und Hüttenwesen*
Mon-teur [Montöhr], der; -s,-e: *Facharbeiter, der Maschinen und Gerüste montiert*

Morsezeichen

mon-tie-ren: *zusammensetzen, aufbauen*
Mon-tur, die; -,-en: *Uniform*
Mon-tur, die; -,-en: *Arbeitsanzug, Arbeitskleidung*
Mo-nu-ment, das; -es,-e: *großes Denkmal*
mo-nu-men-tal: *riesenhaft, gigantisch*
Moor, das; -es,-e: *Ried, Sumpflandschaft*
Moor-bad, das; -es, -bä-der: *Heilbad*
Moos, das; -es,-e: *Pflanzenart*
Moos, das; -es, keine Mehrzahl: *umgangssprachlich für „Geld"*
Moos, das; -es, Mö-ser: *oberdeutsch für „Moor"*
Moos-bee-re, die; -,-n: *österr. für Heidelbeere*
Mo-ped, das; -s,-s: *Kleinkraftrad*
Mopp, der; -s,-s: *besenartiges Gerät*
mop-pen: *mit dem Mopp wischen*
Mops, der; -es, Möp-se: *Hundeart*
mop-sen: *umgangssprachlich für „stehlen"*
Mo-ral, die; -, keine Mehrzahl: *Sittenlehre; auch: Sittlichkeit*
Mo-ral, die; -, keine Mehrzahl: *Lehre, Nutzanwendung*
mo-ra-lisch: *die Moral betreffend*
mo-ra-li-sie-ren: *Moral predigen*
Mo-ra-list, der; -en,-en: *Anhänger des Moralismus*
Mo-ral-pre-digt, die; -,-en: *Standpauke*
Mo-ral-prin-zip, das; -s, -prin-zi-pien: *sittlicher Grundsatz*
Mo-rä-ne, die; -,-n: *von einem Gletscher abgelagertes Geröll*
Mo-rast, der; -es, keine Mehrzahl: *Schlamm, Matsch*
mo-ras-tig: *sumpfig, schlammig, matschig*
Mo-ra-to-ri-um, das; -s, Mo-ra-to-ri-en: *Aufschub, Zahlungsaufschub*
mor-bid: *krankhaft, angekränkelt*
mor-bid: *morsch, brüchig*
Mor-bi-di-tät, die; -, keine Mehrzahl: *morbide Beschaffenheit*
Mor-chel, die; -,-n: *Speisepilz*
Mord, der; -es,-e: *gewaltsame Tötung*
Mord-an-schlag, der; -es, -schlä-ge: *Attentat, Mordversuch*
mor-den: *töten*
Mör-der, der; -s,-: *jemand, der gemordet hat*
mör-de-risch: *das Leben bedrohend; auch: schrecklich*

Mord-gier, die; -, keine Mehrzahl: *Blutrünstigkeit*
mord-gie-rig: *blutrünstig*
mords-mä-ßig: *umgangssprachlich für „sehr"*
Mord-ver-such, der; -es,-e: *Attentat, Anschlag*
Mord-waf-fe, die; -,-n: *Tatwaffe*
Mo-rel-le, die; -,-n: *Sauerkirsche*
Mo-res, die; -, keine Einzahl: *Anstand, ordentliches Benehmen*
mor-gen: *am kommenden Tag*
Mor-gen, der; -s,-: *Tagesanbruch*
Mor-gen, der; -s,-: *Flächenmaß (25 bis 35 a)*
Mor-gen-grau-en, das; -s,-: *Morgendämmerung*
Mor-gen-land, das; -es, keine Mehrzahl: *Orient*
Mor-gen-rock, der; -es, -rö-cke: *Schlafrock*
mor-gens: *am Tagesanbruch, in der Frühe*
Mor-gen-stern, der; -es, keine Mehrzahl: *der Planet Venus*
mo-ri-bund: *todgeweiht, im Sterben liegend*
Mo-ri-tat, die; -,-en: *Bänkellied*
Mor-mo-ne, der; -n,-n: *Angehöriger einer amerikanischen christlichen Sekte*
Mor-pheus: *griechischer Gott des Schlafes*
Mor-phin, das; -s, keine Mehrzahl: *aus Opium gewonnenes Betäubungsmittel*
Mor-phi-nis-mus, der; -, keine Mehrzahl: *Morphiumsucht*
Mor-phi-nist, der; -en,-en: *Morphiumsüchtiger*
Mor-phi-um, das; -s, keine Mehrzahl: *umgangssprachlich für „Morphin"*
mor-phi-um-süch-tig
Mor-pho-lo-gie, die; -, keine Mehrzahl: *Formenlehre, Gestaltlehre*
morsch: *brüchig, baufällig*
Mor-se-al-pha-bet, das; -es, keine Mehrzahl: *Telegraphenalphabet*
Mor-se-ap-pa-rat, der; -es,-e: *erster Telegrafenapparat*
mor-sen: *Morsezeichen senden*
Mör-ser, der; -s,-: *Granatwerfer*
Mör-ser, der; -s,-: *Schale mit Stößel zum Zerkleinern*
Mor-se-zei-chen, das; -s,-: *Zeichen des Morsealphabets*

Mortadella

Mor-ta-del-la, die; -,-s: *Wurstart*
Mör-tel, der; -s,-: *Bindemittel für Steine, Mauerspeis*
Mo-sa-ik, das; -s,-e(n): *aus Teilen zusammengesetztes Muster*
mo-sa-isch: *von Moses stammend, jüdisch*
Mo-schee, die; -,-n: *islamische Kirche*
Mo-schus, der; -, keine Mehrzahl: *Bisam, Duftstoff*
Mos-ki-to, der; -s,-s: *tropische Stechmücke*
Mos-ki-to-netz, das; -es,-e: *sehr feinmaschiges Netz*
Mos-lem, der; -s,-s: *Mohammedaner*
mos-le-misch: *islamisch, mohammedanisch*
Most, der; -es,-e: *unvergorener Fruchtsaft*
Mo-tel, das; -s,-s: *Hotel an Autostraßen*
Mo-tet-te, die; -,-n: *mehrstimmiges sakrales Chorstück*
Mo-tiv, das; -es,-e: *Beweggrund, Antrieb*
Mo-tiv, das; -es,-e: *Leitgedanke, kennzeichnender Begriff*
Mo-ti-va-ti-on, die; -,-en: *Beweggrund, Begründung*
mo-ti-vie-ren: *begründen; jemanden anregen, jemandes Interesse wecken*
Mo-to-cross (auch Mo-to-Cross), das; -,(-e): *Querfeldeinrennen mit Motorrädern*
Mo-tor, der; -s,-en: *Antriebsaggregat*
mo-to-ri-sie-ren: *mit einem Kraftfahrzeug ausstatten*
mo-to-ri-sie-ren: *mit einem Motor ausstatten*
Mo-tor-rad, das; -es, -rä-der: *motorgetriebenes Zweirad*
Mo-tor-rad-fah-rer, der; -s,-
Mo-tor-rol-ler, der; -s,-: *Motorradart*
Mo-tor-seg-ler, der; -s,-: *Segelflugzeug mit Hilfsmotor*
Mo-tor-sport, der; -es, keine Mehrzahl: *Auto- und Motorradrennsport*
Mot-te, die; -,-n: *Schmetterlingsart*
Mot-to, das; -s,-s: *Wahlspruch; auch: zentrale Aussage*
mot-zen: *umgangssprachlich für „schimpfen, sich beschweren, nörgeln"*
mous-sie-ren: *prickeln, schäumen*
Mö-we, die; -,-n: *Vogelart*
Mu-cke, die; -,-n: *Laune, Unart, Unregelmäßigkeit, Störung; umgangssprachlich auch: Musik*

Mü-cke, die; -,-n: *Fluginsekt, Fliege*
Mü-cken-stich, der; -es,-e: *Insektenstich*
Mu-cker, der; -s,-: *Duckmäuser*
Mu-cker, der; -s,-: *Scheinheiliger, Frömmler, Heuchler*
muck-sen, sich nicht: *sich nicht rühren, keinen Laut von sich geben*
mucks-mäus-chen-still: *ganz still*
mü-de: *erschöpft*
mü-de: *schläfrig*
mü-de: *einer Sache überdrüssig*
Mü-dig-keit, die; -, keine Mehrzahl
Mu-ez-zin, der; -s,-s: *mohammedanischer Gebetsausrufer*
Muff, der; -s,-e: *Handwärmer*
Muff, der; -s, keine Mehrzahl: *fauliger Geruch, Mief*
Muf-fe, die; -,-n: *Ansatzstück bei Rohren, Verbindungsstück*
Muf-fe, die; -,-n: *umgangssprachlich für „Angst, große Bedenken"*
Muf-fel, der; -s,-: *umgangssprachlich für „mürrischer Mensch"*
muf-fe-lig: *umgangssprachlich für „schlecht gelaunt"*
muf-fig: *faulig riechend, ungelüftet*
Muf-ti, der; -s,-s: *mohammedanischer Rechtsgelehrter*
Mü-he, die; -,-n: *Anstrengung, Plage, Sorgfalt*
mü-he-los: *ohne Mühe*
mü-hen, sich: *sich anstrengen, sich plagen*
mü-he-voll: *mit viel Mühe*
Müh-le, die; -,-n: *Brettspiel*
Müh-le, die; -,-n: *Anlage oder Gerät zum Zermahlen von Getreide*
Mühl-rad, das; -es, -rä-der: *Antriebsrad einer Mühle*
Mühl-stein, der; -es,-e: *Mahlstein*
Müh-sal, die; -, keine Mehrzahl: *Mühe, Plage*
müh-sam: *anstrengend, beschwerlich*
müh-se-lig: *beschwerlich, mühsam*
Mu-lat-te, der; -n,-n: *Mischling*
Mulch, der; -es, keine Mehrzahl: *Bodenbedeckung, Bodenschutz*
mul-chen: *den Boden bedecken, abdecken*
Mul-de, die; -,-n: *Senke, Vertiefung*
Mul-de, die; -,-n: *Trog*
Mu-li, das; -s,-s: *Maulesel*
Mull, der; -s, keine Mehrzahl: *dünnes Baumwollgewebe*

Murks

Müll, der; -s, keine Mehrzahl: *Abfall, Kehricht*
Müll-ab-fuhr, die; -,-en: *Müllbeseitigungsdienst*
Müll-ei-mer, der; -s,-: *Mülltonne*
Mül-ler, der; -s,-: *Betreiber einer Mühle*
Müll-kip-pe, die; -,-n: *Platz, an dem Müll abgelagert wird*
Müll-schlu-cker, der; -s,-: *Müllbeseitigungsanlage in Hochhäusern*
Müll-ton-ne, die; -,-n: *Mülleimer*
Mulm, der; -es/-s, keine Mehrzahl: *Stauberde, zerfallenes Holz oder Gestein*
mul-mig: *verwittert, vermodert*
mul-mig: *bedenklich, unsicher, gefährlich*
mul-mig: *unbehaglich*
Mul-ti, der; -s,-s: *sehr großer Konzern, internationale Firmengruppe*
mul-ti-la-te-ral: *mehrseitig, mehrere Parteien betreffend*
Mul-ti-la-te-ra-lis-mus, der; -, keine Mehrzahl: *internationaler Handelsverkehr*
Mul-ti-mil-li-o-när, der; -s,-e: *mehrfacher Millionär*
mul-ti-pel: *vielfältig, vielfach*
Mul-ti-pli-ka-ti-on, die; -,-en: *das Malnehmen*
mul-ti-pli-zie-ren: *malnehmen*
Mu-mie, die; -,-n: *einbalsamierter Leichnam*
mu-mi-fi-zie-ren: *einbalsamieren*
Mumm, der; -s, keine Mehrzahl: *Mut, Tapferkeit, Courage*
Mum-mel, die; -,-n: *Teichrose*
Mum-mel-greis, der; -es,-e: *umgangssprachlich für „zahnloser, alter Mann"*
mümmeln: *äsen, kauen (Hasen)*
Mum-men-schanz, der; -es, keine Mehrzahl: *Maskenfest, Verkleidung, Maskerade*
Mum-pitz, der; -es, keine Mehrzahl: *Unsinn, dummes Gerede, schlechter Scherz*
Mumps, die; -, keine Mehrzahl: *Kinderkrankheit, Ziegenpeter*
Mund, der; -es, Mün-der
Mund-art, die; -,-en: *Dialekt*
Mün-del, das; -s,-: *unter Vormundschaft stehendes Kind*
mün-del-si-cher: *garantiert, festverzinslich*
mun-den: *gut schmecken*
mün-den: *einfließen, enden, auslaufen*
mund-faul: *schweigsam, wortkarg*
Mund-ge-ruch, der; -es, -rü-che: *schlecht riechender Atem*
Mund-har-mo-ni-ka, die; -,-s: *Musikinstrument*
mün-dig: *volljährig, voll geschäftsfähig, erwachsen*
Mün-dig-keit, die; -, keine Mehrzahl: *Volljährigkeit*
münd-lich: *nicht schriftlich*
Mund-pfle-ge, die; -, keine Mehrzahl: *Zahnpflege*
Mund-raub, der; -es, keine Mehrzahl: *Diebstahl von Nahrungsmitteln*
mund-tot: *zum Schweigen gebracht, zum Schweigen verurteilt*
Mund-tuch, das; -es, -tü-cher: *Serviette*
Mün-dung, die; -,-en: *Einmündung eines Flusses in einen anderen oder ins Meer*
Mün-dung, die; -,-en: *vordere Öffnung des Pistolen- oder Gewehrlaufes*
Mün-dungs-feu-er, das; -s,-: *Lichtblitz aus der Mündung beim Abfeuern einer Waffe*
Mund voll, das; -s, keine Mehrzahl: *Bissen*
Mund-vor-rat, der; -es, -vor-rä-te: *Wegzehrung, Reiseproviant*
Mund-werk, das; -es,-e: *Schlagfertigkeit, Zungenfertigkeit*
Mund-win-kel, der; -s,-
Mu-ni-ti-on, die; -, keine Mehrzahl: *Ladung von Schusswaffen*
Mu-ni-ti-ons-de-pot, das; -s,-s: *Munitionslager*
mun-keln: *gerüchtweise erzählen*
Müns-ter, das; -s,-: *Dom, große Kirche*
mun-ter: *ausgeruht, ausgeschlafen, wach*
mun-ter: *aufgeweckt, lebhaft, heiter, fröhlich*
Mun-ter-keit, die; -, keine Mehrzahl: *munteres Wesen*
Mün-ze, die; -,-n: *Geldstück*
mün-zen: *auf jemanden münzen: eine bestimmte Person meinen*
mün-zen: *Münzen prägen*
Münz-fern-spre-cher, der; -s,-: *öffentliches Telefon*
Mu-rä-ne, die; -,-n: *Raubfischart*
mür-be: *weich, locker (Gebäck)*
mür-be: *weich, morsch, brüchig*
mür-be: *gar, zart, weich*
mür-be: *zermürbt, entnervt*
Mür-be-teig, der; -es,-e: *Teigart*
Murks, der; -es, keine Mehrzahl: *umgangssprachlich für „misslungene, schlechte Arbeit"*

murk-sen: umgangssprachlich für „schlecht, unsachgemäß, stümperhaft arbeiten"
Mur-mel, die; -,-n: Spielkugel, Glaskugel
mur-meln: leise, undeutlich sprechen
Mur-mel-tier, das; -s,-e: Nagetier des Hochgebirges
mur-ren: aufbegehren, Unmut äußern
mür-risch: unmutig, verärgert, verdrießlich, einsilbig
Mus, das; -es,-e: Brei
Mu-schel, die; -,-n: Weichtier mit Kalkschale
Mu-se, die; -,-n: Göttin der Kunst und der Wissenschaft
Mu-sen-tem-pel, der; -s,-: Konzerthalle, Theater
Mu-se-um, das; -s, Mu-se-en: Kunst- oder Wissenschaftssammlung; auch: Gebäude davon
Mu-si-cal [Mjuhsikel], das; -s,-s: moderne Operettenform
Mu-sik, die; -, keine Mehrzahl: Ton- und Gesangskunst
Mu-si-ka-li-en, die; -, keine Einzahl: Notenwerke
mu-si-ka-lisch: Musik liebend, Musik verstehend, die Musik betreffend
Mu-si-ker, der; -s,-: jemand, der Musik spielt
Mu-sik-leh-rer, der; -s,-
Mu-sik-stück, das; -es,-e
mu-sisch: die Musen betreffend
mu-si-zie-ren: Musik erzeugen
Mus-kat, der, -s,-e: Muskatnuss, Gewürz
Mus-ka-tel-ler, der; -s,-: Traubenart, auch: Wein daraus
Mus-kat-nuss, die; -, -nüs-se: Gewürznuss
Mus-kel, der; -s,-n: der Bewegung dienendes Gewebe
Mus-kel-fa-ser, die; -,-n: Bestandteil des Muskels
Mus-kel-ka-ter, der; -s,-: Übersäuerung der Muskeln nach ungewohnter Anstrengung
Mus-ku-la-tur, die; -, keine Mehrzahl: Gesamtheit der Muskeln eines Körpers
mus-ku-lös: kräftig
Müs-li, das; -s,-s: Mahlzeit aus Getreideflocken, Obst und Nüssen
Muss, das; -, keine Mehrzahl: Zwang, Erfordernis, Notwendigkeit
Mu-ße, die; -, keine Mehrzahl: Ruhe, Freizeit
Mus-se-lin, der; -s,-e: Stoffart
müs-sen, musste, gemusst: gezwungen sein, nicht anders können, nötig haben
mü-ßig: unnütz, überflüssig, zwecklos
mü-ßig: untätig, tatenlos
Mü-ßig-gang, der; -es, keine Mehrzahl: Untätigkeit, Nichtstun, Faulheit
Mü-ßig-gän-ger, der; -s,-: Faulenzer
Mus-tang, der; -s,-s: wild lebendes amerikanisches Pferd
Mus-ter, das; -s,-: Modell, Vorlage, Vorbild
Mus-ter, das; -s,-: Warenprobe
Mus-ter, das; -s,-: Verzierung
mus-ter-gül-tig: vorbildlich
mus-ter-haft: vorbildlich
Mus-ter-kna-be, der; -n,-n: vorbildlich wirkende Person
mus-tern: eingehend betrachten
mus-tern: untersuchen
mus-tern: mit Mustern versehen
Mus-ter-schü-ler, der; -s,-: vorbildlich wirkender Schüler
Mut, der; -es, keine Mehrzahl: Tapferkeit, Courage, Beherztheit
Mu-ta-ti-on, die; -,-en: Veränderung der Eigenschaften von Lebewesen
mu-tie-ren: sprunghaft verändern
mu-tig: beherzt, tapfer
Mut-lo-sig-keit, die; -, keine Mehrzahl: Entmutigung
mut-los: niedergeschlagen, eingeschüchtert, entmutigt
mut-ma-ßen: vermuten, annehmen
mut-maß-lich: vermutlich, wahrscheinlich
Mut-ma-ßung, die; -,-en: Vermutung, Annahme
Mut-pro-be, die; -,-n: Bewährungsprobe
Mut-ter, die; -,-n: Schraubenmutter
Mut-ter, die; -, Müt-ter: Frau, die ein Kind oder mehrere Kinder geboren hat
Mut-ter-bo-den, der; -s, -bö-den: fruchtbare Erdkrume
Mut-ter-er-de, die; -, keine Mehrzahl: Mutterboden
Mut-ter-korn, das; -es,-e: Getreideparasit
Mut-ter-ku-chen, der; -s,-: Plazenta
müt-ter-lich: wie eine Mutter
Mut-ter-mal, das; -es,-e: Hautveränderung, Leberfleck
Mut-ter-milch, die; -, keine Mehrzahl: Ausscheidung der Milchdrüsen während der Stillzeit

Myzetologie

Mut-ter-schutz, der; -es, keine Mehrzahl: *arbeitsrechtlicher Schutz von Müttern vor und nach der Geburt*
mut-ter-see-len-al-lein: *sehr allein, ganz allein*
Mut-ter-söhn-chen, das; -s,-: *verzärtelter Junge*
Mut-ter-spra-che, die; -,-n: *die ursprünglich gelernte Sprache*
Mut-ter-tag, der; -es,-e: *zweiter Sonntag im Mai*
mu-tu-al: *wechselseitig, gegenseitig*
mu-tu-ell: *mutual*
Mut-wil-le, der; -ns, keine Mehrzahl: *Absicht*
mut-wil-lig: *vorsätzlich, mit Absicht*
Müt-ze, die; -,-n: *Kopfbedeckung*
My-ko-lo-gie, die; -, keine Mehrzahl: *Pilzkunde*
My-o-kard, der; -s,-e: *Herzmuskel*
My-om, das; -s,-e: *Muskelgeschwulst*
My-o-pie, die; -, keine Mehrzahl: *Kurzsichtigkeit*
My-ri-a-de, die; -,-n: *Unzahl, sehr große Menge*
Myr-rhe, die; -n,-n: *Räuchermittel*
Myr-te, die; -,-n: *Zierstrauch*
Myr-ten-kranz, der; -es, -krän-ze: *Brautschmuck*

Mys-te-ri-en-spiel, das; -es,-e: *dramatische Aufführung biblischer Stoffe*
mys-te-ri-ös: *geheimnisvoll, rätselhaft*
Mys-te-ri-um, das; -s, Mys-te-ri-en: *Geheimnis; auch: Geheimlehre*
Mys-ti-fi-ka-ti-on, die; -,-en: *Darstellung als etwas Geheimnisvolles, Täuschung*
mys-ti-fi-zie-ren: *mit einem mystischen Schleier versehen, täuschen, geheimnisvoll machen*
Mys-tik, die; -,-en: *extreme Form religiösen Erlebens*
Mys-tik, die; -,-en: *Okkultismus, Geheimlehre*
Mys-ti-ker, der; -s,-: *Anhänger der Mystik*
mys-tisch: *die Mystik betreffend, geheimnisvoll*
my-thisch: *die Mythen betreffend, sagenhaft*
My-tho-lo-gie, die; -,-n: *Gesamtheit der Mythen, Göttersagen*
My-thos, der; -, My-then: *Sagen, Legenden, sagenhaftes Überliefertes*
My-zel, das; -s, My-ze-li-en: *Pilzgeflecht*
My-ze-tis-mus, der; -, My-ze-tis-men: *Pilzvergiftung*
My-ze-to-lo-gie, die; -, keine Mehrzahl: *Pilzkunde, Mykologie*

n, N

n, N, das; -,-: *vierzehnter Buchstabe des Alphabets; Konsonant, Mitlaut*
n: *Mathematik: Zeichen für eine endliche Zahl von Einheiten*
N: *Abkürzung für „Nationalstraße"*
N: *Zeichen für „Norden"*
Na-be, die; -,-n: *Mittelteil des Rades*
Na-bel, der; -s,-: *Stelle am Bauch, an der die Nabelschnur ansetzte*
Na-bel, der; -s,-: *Mittelpunkt*
Na-bel-bruch, der; -es, -brü-che: *Bauchwandbruch*
Na-bel-schnur, die; -,-schnü-re: *Verbindungsorgan des Embryos mit dem Mutterkuchen*
nach: *in der Art, gemäß, entsprechend, so wie*
nach: *in Richtung*
nach: *später*
nach: *hinter, folgend*
nach-äf-fen: *nachmachen*
nach-ah-men: *nachmachen, nachäffen*
Nach-bar, der; -n,-n: *der Nächstwohnende*
nach-bar-lich: *wie Nachbarn*
Nach-bar-schaft, die; -,-en: *Gesamtheit der Nachbarn*
Nach-bar-schaft, die; -,en: *das Benachbartsein*
nach-be-han-deln: *zusätzlich behandeln*
Nach-be-hand-lung, die; -,-en: *spätere zusätzliche Behandlung*
nach-be-stel-len: *erneut bestellen*
nach-be-ten: *nachsagen, nachplappern*
nach-bil-den: *kopieren*
Nach-bil-dung, die; -,-en: *Abbild, Kopie, Nachgemachtes*
nach-dem: *später als*
nach-dem: *da, weil*
nach-den-ken: *dachte nach, nachgedacht: überlegen*
nach-denk-lich: *in Gedanken versunken*
Nach-druck, der; -es,-e: *Abdruck*
Nach-druck, der; -es, keine Mehrzahl: *Eindringlichkeit, Hervorhebung, Betonung*

nach-drück-lich: *eindringlich, betont, energisch*
nach-ei-fern: *nachmachen, nachstreben*
nach-ei-nan-der (auch nach-ein-an-der): *hintereinander*
nach-emp-fin-den, *empfand nach, nachempfunden: mitfühlen*
Na-chen, der; -s,-: *Boot, Kahn*
Nach-er-zäh-lung, die; -,-en: *Wiederholung, Wiedererzähltes*
Nach-fahr, der; -en,-en: *Nachkomme*
Nach-fol-ge, die; -,-n: *Übernahme eines Amtes, einer Position; Ablösung*
Nach-fol-ger, der; -s,-: *jemand, der eine Position oder ein Amt übernimmt*
nach-for-schen: *ermitteln, untersuchen, erkunden*
Nach-for-schung, die; -,-en: *Erkundigung, Erkundung, Ermittlung*
Nach-fra-ge, die; -,-n: *Kaufbereitschaft*
Nach-fra-ge, die; -,-n: *Anfrage, Erkundigung*
nach-fra-gen: *fragen, erneut fragen*
nach-füh-len: *nachempfinden, mitfühlen*
nach-fül-len: *auffüllen, einschenken*
nach-ge-ben, *gab nach, nachgegeben: locker werden, nicht halten*
nach-ge-ben, *gab nach, nachgegeben: zurückweichen, sich biegen*
nach-ge-ben, *gab nach, nachgegeben: aufgeben, Zustimmung geben*
nach-ge-bo-ren: *als letztes Geschwister geboren, sehr viel später geboren*
Nach-ge-bühr, die; -,-en: *Nachporto, Strafporto*
Nach-ge-burt, die; -,-en: *Ausstoßung des Mutterkuchens bei der Geburt; auch: Mutterkuchen selbst*
nach-ge-hen, *ging nach, nachgegangen: sich etwas widmen*
nach-ge-hen, *ging nach, nachgegangen: zu langsam gehen (Uhr)*
nach-ge-hen, *ging nach, nachgegangen: hinter jemandem hergehen*
nach-ge-ra-de: *schließlich, geradezu*
Nach-ge-schmack, der; -es, keine Mehrzahl: *im Mund bleibender Geschmack*
Nach-ge-schmack, der; -es, keine Mehrzahl: *Beunruhigung bei der Erinnerung an etwas, unsichere Empfindung*
nach-gie-big: *fügsam, gutmütig*
nach-gie-big: *weich, elastisch*
nach-ha-ken: *einer Sache auf den Grund gehen, weiterfragen, vertieft fragen*

Nachsendeauftrag

nach-hal-tig: *dauernd, lange nachwirkend*
Nach-hau-se-weg, der; -es, keine Mehrzahl: *Heimweg*
nach-hel-fen, half nach, nachgeholfen: *beschleunigen, fördern, unterstützen*
nach-her: *später, hinterher*
Nach-hil-fe, die; -,-n: *Unterstützung*
Nach-hil-fe, die; -, keine Mehrzahl: *zusätzlicher, privater Unterricht*
Nach-hol-be-darf, der; -es, keine Mehrzahl: *Bedürfnis, alles nachzuholen, was versäumt wurde*
nach-ho-len: *Versäumtes erledigen*
Nach-hut, die; -,-en: *Truppenteil, der den letzten Teil einer Truppe sichert*
Nach-kom-me, der; -n,-n: *Kind, Enkel, Urenkel*
Nach-kur, die; -,-en: *Ruhezeit, Urlaub nach einer Kur*
Nach-lass, der; -las-ses, -läs-se: *Erbschaft*
nach-läs-sig: *unachtsam, sorglos*
Nach-läs-sig-keit, die; -,-en: *nachlässiges Verhalten*
nach-lau-fen, lief nach, nachgelaufen: *hinterherlaufen, verfolgen*
nach-lau-fen, lief nach, nachgelaufen: *jemanden bedrängen, sich jemandem aufdrängen*
nach-le-gen: *nachfüllen, auflegen*
Nach-le-se, die; -,-n: *Nachtrag, Sammlung von bisher Vernachlässigtem*
Nach-le-se, die; -,-n: *Nachernte, nochmaliges Durchpflücken oder Aufsammeln*
nach-le-sen, las nach, nachgelesen: *noch einmal ernten, Reste ernten*
nach-le-sen, las nach, nachgelesen: *selbst im Original lesen, nachprüfen*
nach-lie-fern: *Reste später liefern, erneut liefern*
nach-lö-sen: *nachträglich bezahlen*
nach-ma-chen: *nachahmen*
nach-mes-sen, maß nach, nachgemessen: *noch einmal messen, selbst messen, prüfen*
Nach-mit-tag, der; -s,-e: *Zeit zwischen Mittag und Abend*
nach-mit-täg-lich: *jeden Nachmittag*
nach-mit-tags: *am Nachmittag*
Nach-nah-me, die; -,-n: *Bezahlung einer Postsendung durch den Empfänger*
Nach-na-me, der; -ns,-n: *Familienname*
nach-prü-fen: *überprüfen, kontrollieren*
Nach-rech-nung, die; -,-en: *Überprüfung eines Rechenvorgangs*

Nach-re-de, die; -,-n: *Leumund, Meinung über jemanden*
Nach-richt, die; -,-en: *Information, Erzählung, Neuigkeit, Botschaft*
Nach-rich-ten-agen-tur, die; -,-en: *Nachrichtensammlungs- und Verteilungsunternehmen*
Nach-rich-ten-tech-nik, die; -, keine Mehrzahl: *Technik der Übermittlung von Informationen*
Nach-ruf, der; -es,-e: *Gedächtnisrede, Gedenkschrift*
Nach-sai-son [Nachsäson], die; -,-s: *Zeit nach der Hauptsaison*
Nach-satz, der; -es, -sät-ze: *nachfolgender, hinten angehängter Satz*
nach-schau-en: *nachsehen*
Nach-schlag, der; -es, -schlä-ge: *zusätzliche Portion*
nach-schla-gen, schlug nach, nachgeschlagen: *nach jemandem geraten*
nach-schla-gen, schlug nach, nachgeschlagen: *durch Nachschauen in einem Buch in Erfahrung bringen*
nach-schla-gen, schlug nach, nachgeschlagen: *noch einmal schlagen*
Nach-schla-ge-werk, das; -es,-e: *Enzyklopädie, Lexikon*
Nach-schlüs-sel: *nachgearbeiteter Schlüssel*
Nach-schrift, die; -,-en: *nachträglich in ein Schriftstück Eingesetztes, Zusatz, Nachtrag*
Nach-schrift, die; -,-en: *Niedergeschriebenes, schriftliche Wiedergabe*
Nach-schub, der; -es, -schü-be: *neues Material*
Nach-schub, der; -es, -schü-be: *Versorgung mit neuem Material*
nach-se-hen, sah nach, nachgesehen: *verzeihen, Geduld haben*
nach-se-hen, sah nach, nachgesehen: *nachblicken, hinterherblicken*
nach-se-hen, sah nach, nachgesehen: *ansehen, Fehler suchen*
nach-se-hen, sah nach, nachgesehen: *nachschlagen, nachlesen*
Nach-se-hen, das; -s, keine Mehrzahl: *in der Wendung „das Nachsehen haben": nicht berücksichtigt werden, benachteiligt werden*
Nach-sen-de-auf-trag, der; -es, -trä-ge: *Auftrag, Postsendungen an eine neue Anschrift zu senden*

nachsetzen

nach-set-zen: *verfolgen, nachfassen*
Nach-sicht, die; -, keine Mehrzahl: *Geduld, Duldsamkeit*
nach-sich-tig: *geduldig, duldsam, milde*
Nach-sil-be, die; -,-n: *an den Wortstamm angehängte Silbe, Suffix*
nach-sit-zen, saß nach, nachgesessen: *zur Strafe länger in der Schule bleiben müssen*
Nach-spei-se, die; -,-n: *Dessert*
Nach-spiel, das; -es,-e: *Folgen*
nach-spre-chen, sprach nach, nachgesprochen: *wiederholen*
nächst: *kürzeste*
nächst: *nahe*
nächst: *folgend*
nächst: *nahe liegendst, nächstbeste*
Nächs-te, der/die; -n,-n: *Mitmensch*
Nächs-ten-lie-be, die; -, keine Mehrzahl
nächst-lie-gend: *am nächsten, nahe liegend*
nach-su-chen: *ersuchen, bitten, beantragen*
Nacht, die; -, Näch-te: *Zeit: zwischen Abend und Morgen, Dunkelheit*
Nacht-dienst, der; -es,-e: *Nachtarbeit*
Nach-teil, der; -es,-e: *Schaden, Verlust, ungünstige Lage*
Nacht-frost, der; -es, -frö-ste: *über Nacht einsetzender Frost*
Nacht-hemd, das; -es,-en: *Schlafgewand*
Nacht-ti-gall, die; -,-en: *Singvogel*
näch-ti-gen: *übernachten*
Nach-tisch, der; -es,-e: *Dessert*
Nacht-le-ben, das; -s, keine Mehrzahl: *Gesamtheit aller nächtlichen Vergnügungsbetriebe*
nächt-lich: *in der Nacht*
Nacht-lo-kal, das; -es,-e: *nächtlicher Vergnügungsbetrieb*
Nacht-mahr, der; -es,-e: *Albtraum*
Nacht-quar-tier, das; -es,-e: *Unterkunft*
nach-tra-gend: *etwas nicht vergessen können*
Nacht-ru-he, die; -, keine Mehrzahl: *Schlaf*
nachts: *in der Nacht, während der Nacht*
Nacht-schicht: die; -,-en: *Schicht von abends bis morgens; auch: Gesamtheit der Arbeiter einer Nachtschicht*
Nacht-schränk-chen, das; -s,-: *Nachttisch*
Nacht-tisch, der; -es,-e: *Beistellschrank*
Nacht-wäch-ter, der; -s,-: *Wachmann*
nacht-wan-deln: *im Schlaf herumgehen*
Nacht-wand-ler, der; -s,-
Nacht-zug, der; -es, -zü-ge
nach-voll-zie-hen, vollzog nach, nachvollzogen: *verstehen*
nach-wach-sen: *wieder wachsen*
Nach-we-hen, die; -, keine Einzahl: *Nachwirkungen, Folgen*
Nach-we-hen, die; -, keine Einzahl: *nach der Geburt auftretende Wehen*
Nach-weis, der; -es,-e: *Beweis*
Nach-weis, der; -es,-e: *Vermittlungsstelle*
nach-weis-bar: *beweisbar, feststellbar*
nach-wei-sen, wies nach, nachgewiesen: *feststellen, beweisen*
nach-weis-lich: *nachweisbar, beweisbar*
Nach-welt, die; -, keine Mehrzahl: *Zukunft; folgende Generationen*
nach-wir-ken: *in der Wirkung anhalten*
Nach-wir-kung, die; -,-en: *Folge*
Nach-wuchs, der; -es, keine Mehrzahl: *Kinder*
Nach-wuchs, der; -es, keine Mehrzahl: *die in der Ausbildung Befindlichen*
Nach-wuchs, der; -es, keine Mehrzahl: *das Nachgewachsene*
nach-zah-len: *zusätzlich bezahlen, nachträglich bezahlen*
nach-zäh-len: *überprüfen*
nach-zot-teln: *hinterherlaufen*
Nach-züg-ler, der; -s,-: *jemand, der später kommt*
Na-cke-dei, der; -s,-s/-e: *nackter Mensch*
Na-cken, der; -s,-: *Körperteil zwischen Kopf und Rücken*
na-ckend: *nackt*
nackt: *unbekleidet, bloß*
nackt: *unverblümt, sehr direkt, schonungslos*
nackt: *schmucklos, kahl (Wand)*
nackt: *haarlos*
nackt: *blattlos*
nackt: *baumlos, unbewachsen*
Nackt-frosch, der; -es, -frö-sche: *nacktes Kind*
Nackt-heit, die; -, keine Mehrzahl: *Blöße*
Nackt-schne-cke, die; -,-n: *Schneckenart ohne Haus*
Na-del, die; -,-n: *Spitze, Kristallform*
Na-del, die; -,-n: *Schmuckstück*
Na-del, die; -,-n: *Blatt des Nadelbaumes*
Na-del, die; -,-n: *Tonabnehmernadel bei Plattenspielern*
Na-del, die; -,-n: *Magnetnadel*

nämlich

Na-del, die; -,-n: *Näh- und Strickwerkzeug*
Na-del-baum, der; -es, -bäu-me: *Konifere*
na-deln: *die Nadeln abwerfen*
Na-del-wald, der, -es, -wäl-der: *Wald aus Nadelbäumen*
Na-dir, der; -s, keine Mehrzahl: *dem Zenit gegenüberliegender Punkt*
Na-gel, der; -s, Nä-gel: *Finger- oder Zehennagel*
Na-gel, der; -s, Nä-gel: *Stift*
Na-gel-lack, der; -es,-e
na-geln: *mit einem Nagel befestigen*
na-geln: *klappern (Motor)*
Na-gel-sche-re, die; -,-n: *kleine gebogene Schere*
na-gen: *knabbern*
Na-ge-tier, das; -es,-e: *Nager, Säugetierart*
nah, näher, am nächsten: *nahe*
Nah-auf-nah-me, die; -,-n: *Aufnahme aus geringer Entfernung*
na-he: *eng, dicht daneben*
na-he: *eng verwandt*
na-he: *in der Nähe, benachbart*
na-he: *folgend, bald*
Nä-he, die; -,-n: *geringe Distanz*
na-he-bei: *in geringer Distanz*
na-he ge-hen, ging nahe, nahe gegangen: *rühren, bewegen*
na-he kom-men, kam nahe, nahe gekommen: *gleichen*
na-he lie-gen, lag nahe, nahe gelegen: *leicht verständlich, leicht einzusehen*
na-hen: *sich nähern, näher kommen*
nä-hen: *mit Nadel und Faden verbinden*
nä-her: *Steigerungsform von „nah", eingehender, genauer*
nä-her: *Steigerungsform von „nah", weniger weit entfernt, kürzer*
nä-her brin-gen, brachte näher, näher gebracht: *heranbringen, holen*
nä-her brin-gen, brachte näher, näher gebracht: *verständlich machen, erläutern, schildern, vertraut machen*
Nah-er-ho-lungs-ge-biet, das; -es,-e: *stadtnahes Erholungsgebiet*
Nä-he-rin, die; -,-nen: *Frau, die berufsmäßig näht*
nä-her kom-men, kam näher, näher gekommen: *in die Nähe kommen, annähern*
nä-her kom-men, sich; kam sich näher, sich näher gekommen: *vertraut werden, besser kennen lernen*
nä-hern, sich: *näher kommen*
na-he ste-hen, stand nahe, nahe gestanden: *vertraut sein*
na-he-zu: *fast, beinahe, annähernd*
Näh-garn, das; -es,-e
Nah-kampf, der; -es, -kämp-fe: *Kampf Mann gegen Mann*
Näh-ma-schi-ne, die; -,-n
Näh-na-del, die; -,-n
Nähr-bo-den, der; -s, -bö-den: *Grundlage, auf der sich etwas entwickeln kann*
näh-ren: *ernähren; stillen, säugen, Nahrung geben*
nahr-haft: *nährend, kräftigend*
Nähr-stoff, der; -es,-e: *Stoff, der zur Ernährung gebraucht wird*
Nah-rung, die; -, keine Mehrzahl: *Brennstoff*
Nah-rung, die; -, keine Mehrzahl: *Sammelbegriff für alles, was zur Ernährung notwendig ist*
Nah-rungs-mit-tel, das; -s,-: *Lebensmittel*
Nah-rungs-mit-tel-auf-nah-me, die; -,-n: *Ernährung, Essen*
Nähr-wert, der; -es,-e: *Gehalt an Nährstoffen*
Näh-sei-de, die; -,-n: *Nähgarn aus Seide*
Naht, die; -, Näh-te: *zusammengenähte Verbindung*
Naht, die; -, Näh-te: *Verbindungslinie von Werkstoffen*
naht-los: *übergangslos, ohne Naht*
na-iv: *unbefangen, natürlich, ursprünglich, kindlich*
na-iv: *einfältig, treuherzig, töricht, lebensfremd*
Na-i-vi-tät, die; -, keine Mehrzahl: *Unbefangenheit, Ursprünglichkeit, Natürlichkeit*
Na-i-vi-tät, die; -, keine Mehrzahl: *Treuherzigkeit, Einfalt, Lebensferne, Weltfremdheit*
Na-me, der; -ns,-n: *Benennung*
Na-me, der; -ns,-n: *Ruf, Ruhm*
na-men-los: *ohne Namen*
Na-mens-tag, der; -es,-e: *Kalendertag des Heiligen, dessen Namen man trägt*
Na-mens-vet-ter, der; -s,-n: *jemand mit dem gleichen Namen*
na-ment-lich: *mit Namen genannt*
nam-haft: *beträchtlich, groß*
nam-haft: *bekannt, angesehen*
näm-lich: *und zwar, denn, übrigens*

nanu

na-nu: *Ausruf des Erstaunens*
Na-palm, *das; -s, keine Mehrzahl: Brandbombenfüllung*
Napf, *der; -es, Näp-fe: Schale, Schüssel*
Napf-ku-chen, *der; -s,-: Rührkuchenart*
Naph-tha, *das; -s, keine Mehrzahl: Erdöl*
Naph-tha-lin, *das; -s, keine Mehrzahl: künstliche Kohlenwasserstoffverbindung*
Nar-be, *die; -,-n: geschlossene Grasdecke*
Nar-be, *die; -,-n: verheilte Wunde, Wundmal*
nar-ben: *mit Narben versehen*
nar-ben: *enthaaren*
nar-big: *mit Narben bedeckt*
Nar-gi-leh, *das; -s,-s: orientalische Wasserpfeife*
Nar-ko-se, *die; -,-n: Betäubung*
Nar-ko-ti-kum, *das; -s, Nar-ko-ti-ka: Betäubungsmittel, Droge*
nar-ko-tisch: *das Narkotikum betreffend*
nar-ko-ti-sie-ren: *betäuben*
Narr, *der; -en,-en: Tor, Schelm, Hanswurst*
Narr, *der; -en,-en: dummer, einfältiger Mensch*
Nar-ren-haus, *das; -es, -häu-ser: Tollhaus*
Nar-ren-kap-pe, *die; -,-n: Schelmenkappe, Faschingskappe*
när-risch: *toll, verrückt, ulkig*
Nar-wal, *der; -es,-e: Zahnwalart*
Nar-ziss, *der; -/Nar-zis-ses, Nar-zis-se: eitler Selbstbewunderer*
Nar-zis-se, *die; -,-n: Zwiebelgewächs, Blumenart*
Nar-ziss-mus, *der; -, keine Mehrzahl: krankhafte Selbstverliebtheit*
nar-ziss-tisch: *den Narzissmus betreffend*
NASA, *die; -, keine Mehrzahl: Kunstwort aus „National Aeronautics and Space Administration"; Luft- und Raumfahrtbehörde der USA*
na-sal: *durch die Nase, näselnd; auch: die Nase betreffend*
Na-sal, *der; -s,-e: stimmhafter Mitlaut, der durch die Nase gesprochen wird*
na-schen: *Süßigkeiten essen, heimlich essen*
Na-sche-rei, *die; -,-en: Süßigkeiten*
nasch-haft: *gerne naschend*
Na-se, *die; -,-n: herabgelaufener Lacktropfen*
Na-se, *die; -,-n: Riechorgan*
Na-se, *die; -,-n: Karpfenart*
Na-se, *die; -,-n: Geruchssinn, Spürsinn*
Na-se, *die; -,-n: Vorsprung*

Na-se, *die; -,-n: umgangssprachlich für „Rüge, Verweis"*
na-se-lang: *ständig, sehr oft*
nä-seln: *durch die Nase sprechen*
Na-sen-bein, *das; -es,-e: Nasenknochen*
Na-sen-blu-ten, *das; -s,-*
Na-sen-loch, *das; -es, -lö-cher: Nüster*
na-se-weis: *vorlaut, vorwitzig*
Nas-horn, *das; -es, -hör-ner: Rhinozeros*
nass: *feucht*
nass: *regenreich*
Nass, *das; Nas-ses, keine Mehrzahl: Flüssigkeit*
Näs-se, *die; -, keine Mehrzahl: Feuchtigkeit*
näs-sen: *befeuchten, nass machen*
näs-sen: *Flüssigkeit absondern*
nass-forsch: *unverfroren*
nass-kalt: *feuchtkalt*
Na-ti-on, *die; -,-en: politische, sprachliche und kulturelle Gemeinschaft*
na-ti-o-nal: *die Nation betreffend*
Na-ti-o-nal-elf, *die; -, keine Mehrzahl: Nationalmannschaft*
Na-ti-o-nal-hym-ne, *die; -,-n*
Na-ti-o-na-lis-mus, *der; -, keine Mehrzahl: übersteigertes Nationalgefühl*
Na-ti-o-na-list, *der; -en,-en: Anhänger des Nationalismus*
na-ti-o-na-lis-tisch: *den Nationalismus betreffend*
Na-ti-o-na-li-tät, *die; -,-en: Staatsangehörigkeit*
Na-ti-o-nal-mann-schaft, *die; -,-en: Mannschaft aus den besten Spielern einer Nation*
Na-ti-o-nal-park, *der; -es,-s: Naturschutzgebiet*
Na-ti-o-nal-so-zi-a-lis-mus, *der; -, keine Mehrzahl: radikal-nationalistische, völkische, faschistische Bewegung in Deutschland, die von 1933 bis 1945 die Macht ausübte*
NATO, *die; -, keine Mehrzahl: Kunstwort aus „North Atlantic Treaty Organization", Nordatlantische Verteidigungsgemeinschaft, Nordatlantikpakt*
Nat-ri-um *(auch Na-tri-um), das; -s, keine Mehrzahl: Alkalimetall, Zeichen: Na*
Nat-ri-um-chlo-rid *(auch Na-tri-um-chlorid), das; -s, keine Mehrzahl: chemische Verbindung, Kochsalz*
Nat-ron *(auch Na-tron), das; -s, keine Mehrzahl: doppelt kohlensaures Natrium*

Nebenstraße

Nat-ter, die; -,-n: *Schlangenart*
Na-tur, die; -, keine Mehrzahl: *ursprünglicher Zustand, nicht beeinflusste Fauna und Flora, nicht vom Menschen geschaffene Welt*
Na-tur, die; -,-en: *Wesensart, Charakter, Veranlagung*
Na-tu-ra-li-en, die; -, keine Einzahl: *Naturprodukte, Lebensmittel*
na-tu-ra-li-sie-ren: *einbürgern, die Staatsbürgerschaft verleihen*
Na-tu-ra-lis-mus, der; -, keine Mehrzahl: *Kunstströmung*
Na-tur-bur-sche, der; -n,-n: *urwüchsiger Mensch*
Na-tu-rell, das; -s,-e: *Wesensart, Gemütsart, Charakter*
na-tur-ge-mäß: *natürlich, der Natur entsprechend*
na-tur-ge-mäß: *folgerichtig*
Na-tur-ge-setz, das; -es,-e: *in der Natur herrschende Gesetzlichkeit*
na-tur-ge-treu: *dem Original genau entsprechend*
na-tur-lich: *einfach, ungezwungen*
na-tür-lich: *selbstverständlich, klar*
na-tür-lich: *die Natur betreffend*
na-tür-lich: *gewiss, jawohl*
na-tür-li-cher-wei-se: *folgerichtig, natürlich*
na-tur-rein: *ohne Zusätze*
Na-tur-schutz, der; -es, keine Mehrzahl: *Umweltschutz*
Na-tur-schüt-zer, der; -s,-: *Umweltschützer*
Na-tur-schutz-ge-biet, das; -es,-e: *Naturpark*
Na-tur-wis-sen-schaft, die; -,-en: *Wissenschaftsrichtung, die sich mit den Erscheinungen der materiellen Welt befasst*
Na-tur-wis-sen-schaft-ler, der; -s,-
Na-tur-wis-sen-schaft-lich: *die Naturwissenschaft betreffend*
Na-tur-zu-stand, der; -es, -stän-de: *unberührter Zustand*
Nau-tik, die; -, keine Mehrzahl: *Schifffahrtskunde*
Nau-ti-ker, der; -s,-: *Fachmann der Nautik*
Nau-ti-lus, der; -ses,-se: *Tintenfischart*
nau-tisch: *die Nautik betreffend*
Na-vi-ga-ti-on, die; -, keine Mehrzahl: *Orts- und Kursbestimmung*

na-vi-ga-to-risch: *die Navigation betreffend*
na-vi-gie-ren: *den Ort und Kurs bestimmen und einhalten*
Na-zi, der; -s,-s: *Kurzwort für „Nationalsozialist"*
Ne-an-der-ta-ler, der; -s,-: *Urmenschenart*
neb-bich: *leider, schade*
Neb-bich, der; -s,-s: *Nichtsnutz*
Ne-bel, der; -s,-: *Wasserdampf, tief hängende Wolken, Dunst, Schleier*
Ne-bel, der; -s,-: *flächenhaft erscheinende Gas-, Staub- und Sternwolken im All*
ne-bel-haft: *wie Nebel, undeutlich*
Ne-bel-schein-wer-fer, der; -s,-: *starker Scheinwerfer*
Ne-bel-schwa-de, die; -,-n: *Nebelfetzen*
ne-ben: *dicht dabei, daneben, nahebei*
ne-ben: *außer*
Ne-ben-amt, das; -es, -äm-ter: *Nebentätigkeit*
ne-ben-an: *angrenzend, benachbart*
ne-ben-bei: *außerdem, daneben, gleichzeitig, beiläufig*
Ne-ben-be-ruf, der; -es,-e: *nur gelegentlich oder nebenbei ausgeübter Beruf*
Ne-ben-buh-ler, der; -s,-: *Mitbewerber*
ne-ben-ei-nan-der (auch ne-ben-ein-an-der): *in einer Reihe, gleichzeitig*
Ne-ben-ein-gang, der; -es, -gän-ge: *Seiteneingang*
Ne-ben-fluss, der; -flus-ses, -flüs-se: *Fluss, der in einen größeren mündet*
Ne-ben-ge-dan-ke, der; -ns,-n: *Hintergedanke*
Ne-ben-ge-räusch, das; -es,-e: *störendes Geräusch*
ne-ben-her: *außerdem, zusätzlich*
Ne-ben-kos-ten, die; -, keine Einzahl: *zusätzliche Kosten*
Ne-ben-mann, der; -es, -leu-te: *Nachbar*
Ne-ben-pro-dukt, das; -es,-e: *Abfallprodukt*
Ne-ben-raum, der; -es, -räu-me: *angrenzender Raum*
Ne-ben-rol-le, die; -,-n: *kleine Rolle, unwichtige Rolle*
Ne-ben-sa-che, die; -,-n: *Belanglosigkeit*
ne-ben-säch-lich: *unwichtig*
Ne-ben-satz, der; -es, -sät-ze: *Grammatik: Satz, der kein eigenes Subjekt, sondern mit einem Hauptsatz das Subjekt gemeinsam hat*
Ne-ben-stra-ße, die; -,-n: *Seitenstraße*

Nebentisch

Ne-ben-tisch, der; -es,-e: *benachbarter Tisch*
Ne-ben-ver-dienst, der; -es,-e: *zusätzlicher Verdienst*
Ne-ben-wir-kung, die; -,-en: *nicht beabsichtigte Wirkung*
Ne-ben-zim-mer, das; -s,-: *angrenzendes Zimmer*
neb-lig: *dunstig, diesig, trüb, voller Nebel*
nebst: *außer, zusätzlich*
ne-bu-lös: *verschwommen, unklar*
ne-cken: *foppen, sticheln*
ne-ckisch: *albern, kindisch*
Nef-fe, der; -n,-n: *Sohn der Schwester oder des Bruders*
Ne-ga-ti-on, die; -,-en: *Verneinung, Ablehnung*
ne-ga-tiv: *verneinend, ablehnend*
ne-ga-tiv: *kleiner als Null*
ne-ga-tiv: *ohne Ergebnis, ohne Befund*
Ne-ga-tiv, das; -es,-e: *fotografisches Bild nach dem Entwickeln, entwickelter Film*
Ne-ger, der; -s,-: *Farbiger, Schwarzer (meist als abwertend empfunden)*
Ne-gli-gee (auch Neg-li-gé) [Neglischeh], das; -s,-s: *leichter Morgenmantel*
Ne-gus, der; -,-/-gus-se: *Titel des ehemaligen Kaisers von Äthiopien*
neh-men, nahm, genommen: *annehmen, in Empfang nehmen*
neh-men, nahm, genommen: *ergreifen, fassen, packen*
neh-men, nahm, genommen: *wählen, sich entscheiden*
neh-men, nahm, genommen: *aneignen, in Besitz nehmen*
Neh-rung, die; -,-en: *ein Haff vom offenen Meer abtrennende schmale Halbinsel*
Neid, der; -es, keine Mehrzahl: *Missgunst, feindselige Gesinnung*
nei-den: *missgönnen*
Neid-ham-mel, der; -s,-: *umgangssprachlich für „neidischer Mensch"*
nei-disch: *missgünstig*
neid-los: *ohne Neid*
Nei-ge, die; -,-n: *Abhang*
Nei-ge, die; -,-n: *Rest, Ende*
nei-gen: *einen Hang haben zu, eine Vorliebe hegen für*
nei-gen: *beugen, schräg stellen*
nei-gen, sich: *sich verbeugen, herabbeugen*
nei-gen, sich: *sich dem Ende nähern*

Nei-gung, die; -,-en: *Vorliebe, Zuneigung, Hang*
Nei-gung, die; -,-en: *Hang, Abhang, Schräge, Gefälle*
nein: *Verneinung, Ablehnung*
Nein-sa-ger, der; -s,-: *jemand, der alles ablehnt*
Nek-ro-log (auch Ne-kro-log), der; -es,-e: *Nachruf*
Nek-ro-man-tie (auch Ne-kro-man-tie), die; -,-n: *Geisterbeschwörung*
nek-ro-tisch (auch ne-kro-tisch): *abgestorben, brandig*
Nek-tar, der; -s, keine Mehrzahl: *zuckerhaltige Blütenabsonderung*
Nel-ke, die; -,-n: *Blumenart*
Nel-son, der; -,-: *Nackenhebel beim Ringen*
Ne-ma-to-de, die; -,-n: *Fadenwurm*
Ne-me-sis, die; -, keine Mehrzahl: *ausgleichende Gerechtigkeit*
nen-nen, nannte, genannt: *erwähnen, anführen, aufzählen*
nen-nen, nannte, genannt: *benennen, bezeichnen*
nen-nens-wert: *erwähnbar*
Nenn-wert, der; -es,-e: *aufgedruckter Wert*
Ne-o-fa-schis-mus, der; -, keine Mehrzahl: *wieder auflebender Faschismus*
Ne-o-fa-schist, der; en,-en: *Anhänger des Neofaschismus*
ne-o-fa-schis-tisch: *den Neofaschismus betreffend*
Ne-o-li-thi-kum, das; -s, keine Mehrzahl: *Jungsteinzeit*
Ne-on, das; -s, keine Mehrzahl: *Edelgas, Zeichen: Ne*
Ne-on-licht, das; -es, keine Mehrzahl: *durch Neonlampen erzeugtes Licht*
Ne-on-röh-re, die; -,-n: *Leuchtstoffröhre für Neonlicht*
Ne-po-tis-mus, der; -, keine Mehrzahl: *Vetternwirtschaft*
Nepp, der; -s, keine Mehrzahl: *Übervorteilung, überhöhte Preise*
nep-pen: *jemanden übervorteilen*
Nerv, der; -s,-en: *Leitung der Sinneseindrücke*
ner-ven: *auf die Nerven gehen*
Ner-ven-arzt, der; -es, -ärz-te: *Facharzt für Nervenkrankheiten*
ner-ven-auf-rei-bend: *Geduld erfordernd*

neunmalklug

Ner-ven-heil-an-stalt, die; -,-en: *Nervenklinik*
Ner-ven-kit-zel, der; -s, keine Mehrzahl: *Aufregung, Spannung*
ner-ven-krank: *psychisch krank*
Ner-ven-sä-ge, die; -,-n: *umgangssprachlich für „jemand, der anderen auf die Nerven fällt"*
ner-ven-schwach: *an Neurasthenie leidend*
Ner-ven-schwä-che, die; -,-n: *Neurasthenie*
Ner-ven-sys-tem, das; -s,-e: *Gesamtheit der Nervenzellen eines Körpers*
ner-vig: *umgangssprachlich für „aufreibend"*
ner-vig: *kräftig, zäh*
nerv-lich: *die Nerven betreffend*
ner-vös: *leicht reizbar, empfindlich*
ner-vös: *die Nerven betreffend*
Ner-vo-si-tät, die; -, keine Mehrzahl: *Empfindlichkeit, Reizbarkeit, innere Unruhe*
Nerz, der; -es,-e: *Raubtier; auch: dessen Pelz*
Nerz, der; -es,-e: *Mantel aus Nerzfell*
Nes-sel, der; -s, keine Mehrzahl: *grobes Gewebe*
Nes-sel, die; -,-n: *Brennnessel*
Nes-sel-fie-ber, das; -s, keine Mehrzahl: *Hautallergie*
Nes-sel-sucht, die; -, keine Mehrzahl: *Hautausschlag*
Nes-ses-sär (auch Ne-ces-saire) [Neßeßähr], das; -s,-s: *kleine Tasche mit Nagelpflege- oder Nähutensilien, Toilettentasche*
Nest, das; -es,-er: *kleiner Ort*
Nest, das; -es,-er: *Vogelnest*
Nest, das; -es,-er: *umgangssprachlich für „Heim, Zuhause; Bett"*
nes-teln: *knüpfen, aufknöpfen, entwirren*
Nest-häk-chen, das; -s,-: *jüngstes Kind einer Familie*
Nest-wär-me, die; -, keine Mehrzahl: *Geborgenheit*
nett: *angenehm, anziehend, adrett*
Net-tig-keit, die; -,-en: *Freundlichkeit, Liebenswürdigkeit*
net-to: *ohne alles, ohne Verpackung, ohne Steuer*
Net-to-ge-wicht, das; -es,-e: *Reingewicht ohne Verpackung*

Netz, das; -es,-e *Gesamtheit aller Straßen und Verkehrswege*
Netz, das; -es,-e: *Maschenwerk*
Netz, das; -es,-e: *Tragetasche aus Netzwerk*
Netz, das; -es,-e: *Spinnennetz*
Netz, das; -es,-e: *Gesamtheit aller elektrischen Leitungen; auch: Elektrizität führende Leitung*
Netz-an-schluss, der; -schlus-ses, -schlüs-se: *Anschluss an das Stromnetz*
net-zen: *benetzen*
Netz-ge-rät, das; -es,-e: *Transformator*
Netz-haut, die; -, -häu-te: *Retina*
neu: *eben, gerade*
neu: *seit kurzem vorhanden, frisch, ungebraucht*
neu: *bisher unbekannt, frisch entdeckt*
Neu-an-schaf-fung, die; -,-en
neu-ar-tig: *noch nicht da gewesen*
Neu-bau, der; -s,-ten: *kürzlich fertig gestelltes Haus*
Neu-bau-woh-nung, die; -,-en
neu-er-dings: *seit kurzem*
Neu-e-rung, die; -,-en: *Änderung, Neuheit*
neu-ge-bo-ren: *eben auf die Welt gekommen*
Neu-ge-bo-re-ne, der/die/das; -n,-n: *Baby, eben geborenes Kind*
Neu-ge-stal-tung, die; -,-en: *Erneuerung*
Neu-gier, die; -, keine Mehrzahl: *Begierde, Neuigkeiten oder Unbekanntes zu erfahren*
neu-gie-rig: *begierig, Neuigkeiten zu erfahren*
Neu-heit, die; -,-en: *etwas Neues*
Neu-ig-keit, die; -,-en: *Nachricht*
Neu-jahr, das; -s, keine Mehrzahl: *der 1. Januar*
Neu-land, das; -es, keine Mehrzahl: *unbekanntes Gebiet*
neulich: *vor kurzem*
Neu-ling, der; -s,-e: *Anfänger, jemand, der neu anfängt*
neu-mo-disch: *modern, der neuesten Mode entsprechend*
Neu-mond, der; -es,-e: *Zeit, in der der Mond zwischen Sonne und Erde steht*
neun: *Zahl*
Neun-au-ge, das; -s,-n: *primitives Lebewesen*
neun-mal-klug: *umgangssprachlich für „vorlaut, naseweis"*

Neuntöter

Neun-tö-ter, der; -s,-: *Vogelart*
Neu-ord-nung, die; -,-en: *Reform*
Neu-ral-gie (auch Neur-al-gie), die; -,-n: *Nervenschmerz*
neu-ral-gisch (auch neur-al-gisch): *sehr problematisch, kritisch*
neu-ral-gisch (auch neur-al-gisch): *auf einer Nervenentzündung beruhend*
Neu-ras-the-nie (auch Neur-as-thenie), die; -,-n: *Nervenschwäche*
Neu-ras-the-ni-ker (auch Neur-as-the-niker), der; -s,-: *an Nervenschwäche leidender Mensch*
Neu-re-ge-lung, die; -,-en: *Reform*
neu-reich: *schnell reich geworden*
Neu-ro-lo-ge, der; -n,-n: *Facharzt für Nervenkrankheiten*
Neu-ro-lo-gie, die; -, keine Mehrzahl: *Nervenheilkunde*
Neu-ro-se, die; -,-n: *psychische Störung*
Neu-ro-ti-ker, der; -s,-: *jemand, der an einer Neurose leidet*
neu-ro-tisch: *an einer Neurose leidend, die Neurose betreffend*
Neu-schnee, der; -s, keine Mehrzahl: *frisch gefallener Schnee*
neut-ral (auch neu-tral): *weder sauer noch basisch*
neut-ral (auch neu-tral): *unparteiisch, unbeteiligt*
Neut-ra-li-sa-ti-on (auch Neu-tra-li-sation), die; -,-en: *Aufheben der Wirkung, Herstellung der Unwirksamkeit*
neut-ra-li-sie-ren (auch neu-tra-li-sieren): *unwirksam machen, ausschalten*
Neut-ra-li-tät (auch Neu-tra-li-tät), die; -, keine Mehrzahl: *Unbeteiligtsein, unparteiisches Verhalten*
Neut-ron (auch Neu-tron), das; -s,-en: *ungeladenes Elementarteilchen von der Masse eines Protons*
Neut-rum (auch Neu-trum), das; -s, Neutra/Neut-ren: *Grammatik: sächliches Geschlecht; auch sächliches Hauptwort*
Neu-wahl, die; -,-en: *erneute Wahl*
Neu-zeit, die; -, keine Mehrzahl: *Gegenwart, Zeit seit dem Mittelalter*
Ne-xus, der; -,-: *Zusammenhang, Verbindung*
nicht: *nein, kein, weder*
Nicht-ach-tung, die; -,-en: *Mangel an Achtung*
Nicht-an-griffs-pakt, der; -es,-e: *vertragliche Versicherung, nicht anzugreifen*

Nich-te, die; -,-n: *Tochter des Bruders oder der Schwester*
Nicht-ein-hal-tung, die; -,-en: *Vertragsbruch*
Nicht-ein-mi-schung, die; -, keine Mehrzahl: *Neutralität*
nich-tig: *unbedeutend, ungültig*
Nich-tig-keit, die; -,-en: *Unwirksamkeit, Ungültigkeit*
Nich-tig-keit, die; -,-en: *Wertlosigkeit, Unerheblichkeit*
Nicht-rau-cher, der; -s,-: *jemand, der nicht raucht*
Nicht-rau-cher-ab-teil, das; -es,-e: *Zugabteil, in dem nicht geraucht werden darf*
nichts: *gar nichts*
Nichts, das; -, keine Mehrzahl: *Kleinigkeit, Nichtigkeit*
Nichts, das; -, keine Mehrzahl: *Fehlen alles Seienden, Leere*
Nicht-schwim-mer, der; -s,-: *jemand, der nicht schwimmen kann*
nichts-des-to-trotz: *dennoch*
nichts-des-to-we-ni-ger: *dennoch*
Nichts-nutz, der; -es,-e: *Tunichtgut, Taugenichts*
nichts-sa-gend: *bedeutungsleer, ausdruckslos*
Nichts-tu-er, der; -s,-: *Faulenzer*
nichts-wür-dig: *verachtenswert*
Ni-ckel, das; -s, keine Mehrzahl: *Metall, Zeichen: Ni*
Ni-ckel, der; -s,-: *umgangssprachlich für „hinterlistiger, boshafter Mensch"*
ni-cken: *den Kopf zustimmend bewegen*
Ni-cker-chen, das; -s,-: *kurzer Schlummer*
Nick-haut, die; -,-häu-te: *Augenlid mancher Tierarten*
nie: *zu keiner Zeit*
nie-der: *niedrig*
nie-der: *nach unten, herab, hinunter*
nie-der-bren-nen, *brannte nieder, niedergebrannt: abbrennen*
nie-der-deutsch: *norddeutsch*
Nie-der-gang, der; -es, -gän-ge: *Abwärtsbewegung, Landeanflug*
Nie-der-gang, der; -es, -gän-ge: *Verfall, Untergang*
nie-der-ge-drückt: *deprimiert, niedergeschlagen*
nie-der-ge-hen, *ging nieder, niedergegangen: landen*
nie-der-ge-schla-gen: *gedrückt, deprimiert, bekümmert*

nirgendwo

nie-der-kni-en: *auf die Knie gehen, hinknien*
Nie-der-kunft, die; -, -künf-te: *Geburt*
Nie-der-la-ge, die; -,-n: *Besiegtwerden, Unterliegen; auch: Fehlschlag*
nie-der-las-sen, sich; ließ sich nieder, sich niedergelassen: *eine Praxis, eine Filiale eröffnen*
Nie-der-las-sung, die; -,-en: *Praxis, Filiale, Firmensitz*
nie-der-le-gen: *aufschreiben, schriftlich festhalten*
nie-der-le-gen: *zu Boden legen*
nie-der-le-gen: *abgeben, zurücktreten (Amt)*
nie-der-le-gen: *Arbeit unterbrechen*
Nie-der-le-gung, die; -,-en: *Abfassen einer Urkunde*
Nie-der-le-gung, die; -,-en: *Amtsaufgabe*
nie-der-ma-chen: *niedermetzeln*
nie-der-met-zeln: *niedermachen*
nie-der-rei-ßen, riss nieder, niedergerissen: *abreißen*
Nie-der-schlag, der; -es, -schlä-ge: *Regen, Schnee*
nie-der-schla-gen, schlug nieder, niedergeschlagen: *einstellen (Verfahren)*
nie-der-schla-gen, schlug nieder, niedergeschlagen: *zu Boden schlagen*
Nie-der-schrift, die; -,-en: *Mitschrift, das Niedergeschriebene*
Nie-der-tracht, die; -, keine Mehrzahl: *Gemeinheit, Hinterhältigkeit, Boshaftigkeit*
nie-der-träch-tig: *boshaft, gemein, hinterhältig*
Nie-de-rung, die; -,-en: *Senke, Talsohle, Ebene*
nie-der-wer-fen, warf nieder, niedergeworfen: *besiegen, unterdrücken*
nie-der-wer-fen, warf nieder, niedergeworfen: *zu Boden werfen*
Nie-der-wer-fung, die; -,-en: *Unterwerfung*
Nie-der-wild, das; -es, keine Mehrzahl: *Wild, das zur niedrigen Jagd gehört*
nied-lich: *hübsch, ansprechend, reizend, zierlich*
Nied-na-gel, der; -s,-nä-gel: *Verletzung der Nagelhaut*
nied-rig: *klein, gering*
nied-rig: *gemein, schlecht gesinnt*
nied-rig: *flach*

Nied-rig-was-ser, das; -s,-: *Ebbe, geringer Wasserstand*
nie-mals: *nie, zu keiner Zeit*
nie-mand: *keiner, kein Mensch*
Nie-mands-land, das; -es, keine Mehrzahl: *unerforschtes Gebiet, Neuland*
Nie-mands-land, das; -es, keine Mehrzahl: *unbesiedelter Grenzstreifen, Gebiet zwischen zwei Fronten*
Nie-re, die; -,-n: *Organ*
nie-ren-krank: *an einer Nierenkrankheit leidend*
Nie-ren-stein, der; -es,-e: *in den Nieren gebildeter Harnstein*
nie-seln: *leicht regnen*
Nie-sel-re-gen, der; -s, keine Mehrzahl: *leichter Regen*
nie-sen: *krampfartig Luft ausstoßen*
Nieß-brauch, der; -es, keine Mehrzahl: *Nutzungsrecht*
Nieß-nut-zer, der; -s,-: *jemand, der einen Nutzen aus etwas zieht*
Nieß-wurz, die; -, keine Mehrzahl: *Hahnenfußgewächs*
Nie-te, die; -,-n: *Fehlschlag, Versager*
Nie-te, die; -,-n: *Metallbolzen*
Nie-te, die; -,-n: *Fehllos*
nie-ten: *mit Nieten verbinden*
Ni-hi-lis-mus, der; -, keine Mehrzahl: *Verneinung aller Werte*
Ni-hi-list, der; -en,-en: *Anhänger des Nihilismus*
ni-hi-lis-tisch: *den Nihilismus betreffend*
Ni-ko-tin, das; -s, keine Mehrzahl: *Reiz- und Genussmittel im Tabak*
Nil-pferd, das; -es,-e: *Flusspferd*
Nim-bus, der; -,-se: *Ansehen, Ruhm; auch: Heiligenschein*
nim-mer: *süddeutsch für „nie, niemals, nicht mehr"*
nim-mer-mehr: *nie mehr*
nim-mer-mü-de: *unermüdlich*
Nim-mer-satt, der; -/-s,-s: *Vielfraß*
Nip-pel, der; -s,-: *kurzes Verbindungsrohrstück*
nip-pen: *einen kleinen Schluck trinken*
Nip-pes, die; -, keine Einzahl: *kleine Figuren*
Nipp-flut, die; -,-en: *Flut mit geringer Höhe*
Nipp-sa-chen, die; -, keine Einzahl: *Nippes*
nir-gends: *nirgendwo, an keinem Platz*
nir-gend-wo: *an keinem Ort*

Nirwana

Nir-wa-na, das; -/-s, keine Mehrzahl: Zustand der völligen Ruhe als Ziel des Lebens
Ni-sche, die; -,-n: Mauer- oder Wandvertiefung
Nis-se, die; -,-n: Ei der Laus
nis-ten: ein Nest bauen, brüten
Nist-kas-ten, der; -s, -käs-ten: Brutkasten
Nit-rat (auch Ni-trat), das; -es,-e: Salz der Salpetersäure
Nit-rid (auch Ni-trid), das; -es,-e: Stickstoff-Metall-Verbindung
Nit-ro-gly-ze-rin (auch Ni-tro-gly-ze-rin), das; -s, keine Mehrzahl: hochempfindlicher Sprengstoff
Ni-veau [Niewoh], das; -s,-s: Ebene, Höhenstufe
Ni-veau [Niewoh], das; -s,-s: Stufe, Rang, Bildungsgrad
ni-veau-los [niewohlos]: ohne Niveau, dürftig
ni-vel-lie-ren: Höhenunterschiede messen
ni-vel-lie-ren: ebnen, gleichmachen, angleichen
nix: umgangssprachlich für „nichts"
Ni-xe, die; -,-n: Wasserjungfrau
no-bel: edel, großzügig
No-bel-preis, der; -es,-e: jährlich verliehener Preis für die größten Errungenschaften in der Physik, Chemie, Literatur, Medizin und der Friedensförderung
No-bel-preis-trä-ger, der; -s,-: jemand, der einen Nobelpreis verliehen bekam
no-bi-li-tie-ren: adeln
No-bi-li-tie-rung, die; -,-en: Erhebung in den Adelsstand
noch: fortdauernd, immer noch
noch: irgendwann
noch: außerdem, zusätzlich
noch mal: noch einmal, wieder
noch-mals: wieder, noch einmal
No-cke, die; -,-n: österr. umgangssprachlich für „eingebildete Frau"
No-cken, der; -s,-: kurvenförmiger Vorsprung auf einer Welle
No-cken-wel-le, die;-,-n: mit Nocken versehene Welle
nö-len: umgangssprachlich für „trödeln, sehr langsam sein"
nö-len: umgangssprachlich für „nörgeln"
No-ma-de, der; -n,-n: Angehöriger eines wandernden Hirtenstammes

no-ma-di-sie-ren: umherziehen, nicht sesshaft sein
No-men, das; -s, No-mi-na: Nennwort
No-men-kla-tur, die; -,-en: Gesamtheit der Fachausdrücke eines Fachgebietes
no-mi-nal: das Nomen betreffend
no-mi-nal: zum Nennwert
No-mi-nal-ein-kom-men, das; -s,-: Einkommen ohne Berücksichtigung der Kaufkraft
No-mi-nal-wert, der; -es,-e: Nennwert
No-mi-na-tiv, der; -es,-e: Grammatik: erster Fall der Deklination; Wer-Fall
no-mi-nell: angeblich, dem Namen nach
no-mi-nie-ren: benennen, ernennen
No-mi-nie-rung, die; -,-en: Ernennung
Non-cha-lance [Noñschaloñß], die; -, keine Mehrzahl: Ungezwungenheit
non-cha-lant [noñschaloñ]: unbekümmert, nachlässig
No-ne, die; -,-n: Musik: Intervall von neun Tonstufen
No-ne, die; -,-n: Gebetsstunde um fünfzehn Uhr
Non-food (auch Non-Food) [Nonfuhd], das; -s, keine Mehrzahl: Waren, die nicht Lebensmittel sind
No-ni-us, der; -, No-ni-en/No-ni-us-se: beweglicher Hilfsmaßstab
Non-kon-for-mis-mus, der; -, keine Mehrzahl: unabhängige Haltung in Meinungsfragen
non-kon-for-mis-tisch: nicht angepasst, individuell
Non-ne, die; -,-n: Angehörige eines religiösen Ordens
Non-nen-klos-ter, das; -s,-
Non-plus-ult-ra (auch Non-plus-ul-tra), das; -, keine Mehrzahl: etwas, das nicht besser sein könnte
Non-sens, der; -, keine Mehrzahl: Unsinn
Nop-pe, die; -,-n: Knoten in Stoff
Nop-pen-stoff, der; -es,-e: Stoff mit Knoten
Nord-at-lan-tik-pakt, der; -es, keine Mehrzahl: NATO
Nor-den, der; -s, keine Mehrzahl: nördlich gelegene Gegend
Nor-den, der; -s, keine Mehrzahl: Himmelsrichtung
nor-disch: den Norden betreffend
nörd-lich: im Norden liegend
Nord-licht, das; -es,-er: nördliches Polarlicht

Notzucht

Nord-licht, das; -es,-er: *umgangssprachlich für „Bewohner Norddeutschlands"*
Nord-pol, der; -es, keine Mehrzahl: *nördlicher Pol der Erde und der Himmelskugel*
Nord-see, die; -, keine Mehrzahl: *atlantisches Randmeer*
Nord-sei-te, die; -,-n: *nach Norden gelegene Seite*
Nör-ge-lei, die; -,-en: *ständiges Nörgeln*
nör-geln: *quengeln, kleinlich kritisieren*
Nörg-ler, der; -s,-: *jemand, der ständig nörgelt*
Norm, die; -,-en: *Regel, Standard, Richtschnur*
nor-mal: *gewöhnlich, regelgerecht, üblich*
nor-mal: *umgangssprachlich für „geistig gesund"*
nor-ma-ler-wei-se: *üblicherweise, im Normalfall*
nor-ma-li-sie-ren: *der Norm angleichen*
nor-ma-li-sie-ren: *normal gestalten, beruhigen, den üblichen Zustand wiederherstellen*
Nor-ma-li-sie-rung, die; -,-en: *Herstellung normaler Verhältnisse*
Nor-mal-zu-stand, der; -es, -stän-de: *üblicher Zustand*
nor-ma-tiv: *maßgebend*
nor-men: *vereinheitlichen, einheitlich gestalten, eine Norm festsetzen*
nor-mie-ren: *zur Norm erheben, eine Norm einführen*
Nor-mie-rung, die; -,-en: *Normung*
Nor-ne, die; -,-n: *Schicksalsgöttin*
Nos-tal-gie, die; -, keine Mehrzahl: *Sehnsucht nach dem Vergangenen*
nos-tal-gisch: *die Nostalgie betreffend*
Not, die; -, Nö-te: *Elend, Entbehrung*
Not, die; -, Nö-te: *Sorge, Verzweiflung, Schwierigkeit, Notwendigkeit*
No-ta, die; -,-s: *Notiz, auch: Rechnung*
no-ta-be-ne: *wohlgemerkt, übrigens*
No-tar, der; -es,-e: *Rechtsanwalt*
No-ta-ri-at, das; -es,-e: *Kanzlei eines Notars*
no-ta-ri-ell: *durch den Notar ausgeführt*
No-ta-ti-on, die; -,-en: *Aufzeichnung eines Schachspiels*
No-ta-ti-on, die; -,-en: *Aufzeichnung in Notenschrift*
Not-aus-gang, der; -es, -gän-ge
Not-be-helf, der; -es,-e: *Ersatz*
Not-brem-se, die; -,-n

Not-durft, die; -, keine Mehrzahl: *Entleerung der Ausscheidungsorgane*
not-dürf-tig: *nicht befriedigend, vorläufig*
No-te, die; -,-n: *Musik: Schriftzeichen für Töne*
No-te, die; -,-n: *Benotung*
No-te, die; -,-n: *Anmerkung, Bemerkung*
No-te, die; -,-n: *diplomatische Mitteilung*
No-te, die; -,-n: *Banknote, Geldschein*
Not-fall, der; -es, -fäl-le: *Ausnahmesituation, Zwangslage*
not-falls: *im Notfall*
not-ge-drun-gen: *gezwungenermaßen*
Not-gro-schen, der; -s,-: *Gespartes*
no-tie-ren: *aufzeichnen, anmerken*
no-tie-ren: *Kurswert festlegen*
nö-tig: *notwendig*
nö-ti-gen: *zwingen*
Nö-ti-gung, die; -,-en: *Zwang*
No-tiz, die; -,-en: *Anmerkung, Aufzeichnung, Erinnerung*
No-tiz-buch, das; -es, -bü-cher
Not-la-ge, die; -,-n: *Bedrängnis, schlechte, gefährliche Lage*
not-lan-den: *gezwungenermaßen landen, eine Notlandung durchführen*
Not-lan-dung, die; -,-en: *erzwungene Landung*
Not lei-dend
Not-lü-ge, die; -,-n: *Ausflucht*
no-to-risch: *offenkundig, allseits bekannt, gewohnheitsmäßig*
Not-ruf, der; -es,-e: *Rufnummer von Polizei und Feuerwehr*
Not-stand, der; -es, -stän-de: *Notlage*
Not-stands-ge-biet, das; -es,-e
Not-stands-ge-setz, das; -es,-e
Not-ver-band, der; -es, -bän-de: *notdürftiger Verband*
Not-wehr, die; -, keine Mehrzahl: *Abwehr*
not-wen-dig: *unbedingt*
not-wen-dig: *zwangsläufig*
not-wen-dig: *unerlässlich, erforderlich, unentbehrlich*
not-wen-dig: *vorgeschrieben*
not-wen-di-ger-wei-se
Not-wen-dig-keit, die; -,-en: *Unentbehrliches, Erforderliches*
Not-wen-dig-keit, die; -,-en: *notwendige Beschaffenheit*
Not-zucht, die; -, keine Mehrzahl: *Vergewaltigung, Missbrauch*

notzüchtigen

not-züch-ti-gen: *vergewaltigen*
Nou-gat (auch Nu-gat), das; -s, keine Mehrzahl: *Konfekt*
No-va, die; -, No-vae: *neuer Stern, explodierender Stern*
No-ve-list, der; -en,-en: *Verfasser von Novellen*
No-vel-le, die; -,-n: *Prosaform*
No-vel-le, die; -,-n: *Gesetzesnachtrag*
no-vel-lie-ren: *ein Gesetz ändern*
no-vel-lis-tisch: *die Novelle betreffend*
No-vem-ber, der; -s,-: *elfter Monat des Jahres*
No-vi-tät, die; -,-en: *Neuheit*
No-vi-ze, der; -n,-n: *junger Mönch, Neuling*
No-vi-zin, die; -,-nen: *junge Nonne*
No-vum, das; -s, No-va: *Neuheit, Neuerung*
Nu-an-ce [Nüañße], die; -,-n: *Abstufung, Feinheit, Tönung, Schattierung*
nu-an-cie-ren [nüañßieren]: *abstufen, schattieren, ändern*
Nu-buk, das; -s, keine Mehrzahl: *Lederart*
nüch-tern: *ohne Mahlzeit*
nüch-tern: *nicht betrunken*
nüch-tern: *besonnen, unbeteiligt*
Nu-ckel, der; -s,-: *Sauger*
nu-ckeln: *saugen, lutschen*
Nu-del, die; -,-n: *Teigware*
Nu-del-holz, das; -es, -höl-zer
nu-deln: *mästen*
Nu-dis-mus, der; -, keine Mehrzahl: *Freikörperkultur*
Nu-dist, der; -en,-en: *Anhänger der Freikörperkultur*
nu-dis-tisch: *den Nudismus betreffend*
Nu-di-tät, die; -,-en: *Zweideutigkeit, Schlüpfrigkeit*
Nu-di-tät, die; -,-en: *Nacktheit*
Nu-gat (auch Nou-gat), das; -s, keine Mehrzahl: *Konfekt*
nuk-le-ar (auch nu-kle-ar): *den Atomkern betreffend*
Nuk-le-ar-waf-fe (auch Nu-kle-ar-waf-fe), die; -,-n: *Atombombe*
Nuk-le-ar-wis-sen-schaft (auch Nu-kle-ar-wis-sen-schaft), die; -, keine Mehrzahl: *Kernphysik*
Null, die; -,-en: *Art des Skatspiels, bei der es das Ziel ist, so wenig Stiche wie möglich zu erhalten*
Null, die; -,-en: *Bedeutungslosigkeit, auch: unfähiger, bedeutungsloser Mensch*
Null, die; -,-en: *die Zahl Null, Zeichen: 0*
nul-li-fi-zie-ren: *für nichtig, ungültig erklären*
Null-me-ri-di-an, der; -es,-e: *Längengrad von Greenwich*
Null ou-vert [Nulluhwehr], der; -s, -s: *Nullspiel im Skat, bei dem der Spieler seine Karten nach der ersten Runde offen legen muss*
Null-punkt, der; -es,-e: *tiefster Punkt*
Null-punkt, der; -es,-e: *Anfangspunkt einer Skala*
Null-punkt, der; -es,-e: *Gefrierpunkt*
Null-ta-rif, der; -es,-e: *kostenlose Benutzung*
nu-me-risch: *die Zahl betreffend*
Nu-me-rus, der; -, Nu-me-ri: *Grammatik: Zahlform (Einzahl und Mehrzahl des Hauptwortes)*
Nu-me-rus, der; -, Nu-me-ri: *Mathematik: Zahl, zu der der Logarithmus gesucht wird*
Nu-mis-ma-tik, die; -, keine Mehrzahl: *Münzenkunde*
Nu-mis-ma-ti-ker, der; -,s,-: *Münzkenner*
Num-mer, die; -,-n: *Darbietung*
Num-mer, die; -,-n: *Zahl*
Num-mer, die; -,-n: *Exemplar (Zeitung, Zeitschrift), Ausgabe*
num-me-rie-ren: *beziffern*
Num-me-rie-rung, die; -en: *Bezifferung*
Num-mern-schild, das; -es,-er: *Autokennzeichen*
nun: *jetzt, eben, also*
nun: *wie steht's?*
nun-mehr: *jetzt, nachdem, von jetzt an*
Nun-ti-a-tur, die; -,-en: *päpstliche Gesandtschaft*
Nun-ti-us, der; -, Nun-ti-en (Nunzi-en): *päpstlicher Gesandter*
nur: *allein, bloß, nichts anderes, einzig, nichts als*
nu-scheln: *undeutlich sprechen*
Nuss, die; -, Nüs-se: *auswechselbarer Steckschlüssel*
Nuss, die; -, Nüs-se: *Schalenfrucht*
Nuss, die; -, Nüs-se: *Fleischstück bei Schlachttieren*
Nuss-baum, der; -es, -bäu-me
Nuss-kern, der; -es,-e
Nuss-kna-cker, der; -s,-: *Nussschalenöffner*
Nuss-scha-le, die; -,-n: *übertragen für „sehr kleines Boot oder Schiff"*

nymphomanisch

Nuss-scha-le, die; -,-n: *harte Umhüllung des Nusskerns*
Nüs-ter, die; -,-n: *Nasenloch*
Nut, die; -,-en: *längliche Vertiefung in Werkstoffoberflächen*
Nu-te, die; -,-n: *Furche, Rinne, Nut*
Nut-ria (auch Nu-tria), die; -,-s: *Nagetier mit Edelpelz; auch: dessen Fell*
Nut-te, die; -,-n: *umgangssprachlich für „Dirne"*
nut-ten-haft: *umgangssprachlich für „wie eine Dirne"*
nutz-bar: *verwendbar*
nut-zen, nutzte, genutzt: *Vorteil bringen, helfen*
nüt-zen: *nutzen*
Nut-zen, der; -s,-: *Ertrag, Gewinn, Vorteil*
Nutz-flä-che, die; -,-n: *Fläche, die für die Landwirtschaft nutzbar ist; auch: nutzbare Stellfläche in einem Gewerbebetrieb*
Nutz-gar-ten, der; -s, -gär-ten: *Obst- und Gemüsegarten*
Nutz-last, die; -,-en: *Last, die befördert werden kann*
nütz-lich: *Nutzen bringend, vorteilhaft, zweckmäßig*
Nütz-lich-keit, die; -, keine Mehrzahl: *nützliche Beschaffenheit*
nutz-los: *ohne Nutzen, zwecklos*
Nutz-lo-sig-keit, die; -, keine Mehrzahl: *nutzlose Beschaffenheit*
Nutz-nie-ßer, der; -s,-: *jemand, der einen Nutzen zieht*
Ny-lon [Nailon], das; -s,-s: *Kunstfaser*
Nym-phe, die; -,-n: *Naturgottheit*
Nym-phe, die; -,-n: *Insektenentwicklungsstadium*
Nym-pho-ma-nie, die; -, keine Mehrzahl: *krankhaft gesteigerter Geschlechtstrieb bei Frauen*
Nym-pho-ma-nin, die; -,-nen: *Frau, die an Nymphomanie leidet*
nym-pho-ma-nisch: *an Nymphomanie leidend*

o, O

o, O, das; -,-: *fünfzehnter Buchstabe des Alphabets; Vokal, Selbstlaut*
ö, Ö, das; -,-: *Umlaut aus o, O*
O: *Zeichen für „Osten"*
o. a.: *Abkürzung für „oben angeführt"*
o. Ä.: *Abkürzung für „oder Ähnliches"*
O-a-se, die; -,-n: *Quelle in der Wüste; idyllischer, abgeschiedener Ort*
ob: *Fragewort; er fragt, ob du kommst*
Ob-dach, das; -s, keine Mehrzahl: *Unterkunft, Zufluchtsstätte*
ob-dach-los: *ohne Unterkunft*
Ob-dach-lo-se, der/die; -n,-n: *Nichtsesshafte(r)*
Ob-dach-lo-sen-heim, das; -es,-e: *Asyl*
Ob-duk-ti-on, die; -,-en: *Leichenöffnung*
ob-du-zie-ren: *Leiche öffnen*
O-be-di-enz (auch Ob-edi-enz), die; -, keine Mehrzahl: *Gehorsamspflicht gegenüber der Kirche*
O-Bei-ne, die; -, keine Einzahl: *nach außen gekrümmte Beine*
O-be-lisk, der; -en,-en: *vierkantige, spitze Säule*
o-ben: *über, in der Höhe, vorne, auf*
o-ben-an: *am Anfang, ganz oben, an erster Stelle*
o-ben-auf: *über allem, zuoberst*
o-ben-auf: *munter, wohlgelaunt*
o-ben-drein: *überdies, außerdem*
o-ben-hin: *flüchtig, nachlässig*
o-ber: *über*
O-ber, der; -s,-: *Kellner*
O-ber, der; -s,-: *Spielkarte*
O-ber-bau, der; -s, keine Mehrzahl: *Gesamtheit der Vorgesetzten*
O-ber-bau, der; -s,-bau-ten: *oberer Teil eines Bauwerks*
O-ber-be-fehl, der; -s,-e: *höchste Befehlsgewalt*
O-ber-be-fehls-ha-ber, der; -s,-: *Truppenführer*
O-ber-be-griff, der; -s,-e: *Sammelname*
O-ber-be-klei-dung, die; -,-en
O-ber-bür-ger-meis-ter, der; -s,-
o-ber-deutsch: *bayrisch-österr. (Dialekt)*
o-ber-faul: *sehr bedenklich, fragwürdig*
O-ber-flä-che, die; -,-n: *Außenfläche, Begrenzungsfläche*
o-ber-fläch-lich: *an der Oberfläche*
o-ber-fläch-lich: *flüchtig*
O-ber-fläch-lich-keit, die; -, keine Mehrzahl: *Schludrigkeit, oberflächliche Beschaffenheit*
o-ber-gä-rig: *bei geringer Temperatur gärend (Bier)*
o-ber-halb: *über etwas*
O-ber-hand, die; -, keine Mehrzahl: *in der Wendung: die Oberhand behalten, siegen*
O-ber-haupt, das; -es, -häup-ter: *Herrscher, Leiter, Anführer, Vorsitzender*
O-be-rin, die; -,-nen: *Klosterleiterin*
O-ber-kell-ner, der; -s,-: *Zahlkellner*
O-ber-lauf, der; -es,-läu-fe: *oberer Teil eines fließenden Gewässers*
O-ber-licht, das; -es,-er: *Dachfenster*
O-ber-li-ga, die; -,-li-gen: *Fußball: Spielklasse unter der Regionalliga*
O-ber-schicht, die; -,-en: *führende Gesellschaftsschicht*
O-ber-schu-le, die; -,-n: *höhere Schule*
O-ber-schü-ler, der; -s,-: *Schüler einer höheren Schule*
O-berst, der; -en/-s, -en/-e: *Offizier*
ob-gleich: *obwohl, wenn auch*
Ob-hut, die; -, keine Mehrzahl: *Aufsicht, Schutz*
o-big: *oben, oben stehend, oben genannt*
Ob-jekt, das; -es,-e: *Gegenstand der Wahrnehmung, des Nachdenkens*
Ob-jekt, das; -es,-e: *Grammatik: Satzergänzung*
Ob-jekt, das; -es,-e: *Gegenstand, Sache*
ob-jek-tiv: *sachlich, unpersönlich, frei von Emotionen*
Ob-jek-tiv, das; -es,-e: *Linse eines optischen Geräts*
Ob-jek-ti-vi-tät, die; -, keine Mehrzahl: *Sachlichkeit, Vorurteilsfreiheit*
Ob-la-te, die; -,-n: *dünnes Backwerk*
ob-lie-gen, oblag, oblegen: *ausführen, erfüllen, zur Pflicht haben*
Ob-lie-gen-heit, die; -,-en: *Pflicht, Aufgabe*
ob-li-gat: *unerlässlich, notwendig*
Ob-li-ga-ti-on, die; -,-en: *Verbindlichkeit, Schuldverschreibung*
ob-li-ga-to-risch: *bindend, verbindlich, vorgeschrieben*
Ob-li-go, das; -s,-s: *Verpflichtung, Haftung, Gewähr*

offen stehen

O-boe, die; -,-n: *Holzblasinstrument*
O-bo-ist, der; -en,-en: *Oboe spielender Musiker*
O-bo-lus, der; -,-se: *kleine Geldspende*
Ob-rig-keit die; -,-en: *Regierung, Behörde*
ob-rig-keit-lich: *die Obrigkeit betreffend*
ob-schon: *obwohl, obgleich, wenngleich*
Ob-se-qui-en, die; keine Einzahl: *Totenfeier*
Ob-ser-va-to-ri-um, das; -s, Ob-ser-va-to-ri-en: *Beobachtungsstation, Sternwarte, Wetterwarte*
ob-sie-gen: *über etwas siegen, besiegen*
obs-kur (auch ob-skur): *unklar, verdächtig, fragwürdig, finster*
ob-so-let: *ungebräuchlich, veraltet*
Obst, das; -es, keine Mehrzahl: *Früchte*
Obst-bau, der; -s, keine Mehrzahl: *Anbau von Obst*
Obst-baum, der; -es, -bäu-me
Obst-ern-te, die; -,-n
obs-ti-nat (auch ob-sti-nat): *eigensinnig, widerspenstig*
Obs-ti-pa-ti-on (auch Ob-sti-pa-ti-on), die; -,-en: *Verstopfung, Darmträgheit*
obs-tru-ie-ren (auch obst-ru-ie-ren, ob-stru-ie-ren): *hindern, hemmen, verhindern*
Obs-truk-ti-on (auch Obst-ruk-ti-on, Ob-struk-ti-on), die; -,-en: *Störung, Verschleppung, Verhinderung*
obs-truk-tiv (auch obst-ruk-tiv, ob-struk-tiv): *hemmend*
obs-zön (auch ob-szön): *unanständig, schamlos, gemein*
Obs-zö-ni-tät (auch Ob-szö-ni-tät), die; -,-en: *Gemeinheit, Unanständigkeit, Schlüpfrigkeit, Schamlosigkeit*
ob-wal-ten: *Behördensprache: vorhanden sein, herrschen, wirksam sein*
ob-wohl: *obgleich, dennoch, trotzdem*
Och-se, der; -n,-n: *kastrierter Bulle*
Och-se, der; -n,-n: *umgangssprachlich für „dummer, brutaler Mensch"*
och-sen: *umgangssprachlich für „schwer arbeiten, fleißig lernen"*
Och-se-rei, die; -,-en: *intensives Lernen*
Öchs-le, das; -s,-: *Maßeinheit für das spezifische Mostgewicht*
O-cker, der/das; -s,-: *Ton-Eisen-Gemisch*
O-cker, der/das; -s,-: *Farbe*
o-cker-far-ben: *braungelb*
öd, öde: *langweilig, fade*
öd, öde: *wüst, leer, verlassen*
O-de, die; -,-n: *lyrisches Gedicht*
Ö-de, die; -,-n: *Einöde, wüste Gegend*
Ö-de, die; -,-n: *Langeweile, Eintönigkeit*
O-dem, der; -s, keine Mehrzahl: *veraltet für „Atem"*
Ö-dem, das; -es,-e: *Gewebeschwellung durch Wasseransammlung*
o-der: *drückt eine Entscheidungsmöglichkeit aus*
O-deur [Odöhr], das; -s,-s/-e: *Geruch, Duft*
o-di-ös: *gehässig, gemein, niederträchtig, widerwärtig*
Ö-di-pus-kom-plex, der; -es, keine Mehrzahl: *zu starke Mutterbindung des Sohnes*
O-di-um, das; -s, keine Mehrzahl: *Hass, Feindschaft*
O-di-um, das; -s keine Mehrzahl: *schlechter Ruf, übler Beigeschmack*
Öd-land, das; -es, -län-der: *unbebautes, nicht kultiviertes Land*
O-dys-see, die; -,-n: *Irrfahrt*
Œuv-re (auch Œu-vre) [Öhwre], das; -,-s: *Opus, Werk, Gesamtwerk*
O-fen, der; -s, Öfen: *Gerät zum Heizen*
of-fen: *ohne Umschweife, ehrlich*
of-fen: *nicht verschlossen*
of-fen: *frei, nicht besetzt*
of-fen: *ungelöst, unerledigt*
of-fen-bar: *deutlich, sichtbar, offensichtlich, anscheinend*
Of-fen-ba-rung, die; -,-en: *Eröffnung, Enthüllung, Bekenntnis*
Of-fen-ba-rungs-eid, der; -es,-e: *Offenlegung des Vermögens und Erklärung der Zahlungsunfähigkeit*
Of-fen-heit, die; -, keine Mehrzahl: *Ehrlichkeit, Freimut*
of-fen-her-zig: *tief ausgeschnitten*
of-fen-her-zig: *aufrichtig, vertrauensselig, mitteilsam*
Of-fen-her-zig-keit, die; -, keine Mehrzahl: *Ehrlichkeit, Mitteilsamkeit, Vertrauensseligkeit*
of-fen-kun-dig: *offenbar, eindeutig*
of-fen-sicht-lich: *anscheinend, offenbar*
of-fen-siv: *angreifend, angriffslustig*
Of-fen-si-ve, die; -,-n: *Angriff, Angriffswelle*
of-fen ste-hen, stand offen, offengestanden: *unbesetzt, frei*
of-fen stehen, stand offen, offen gestanden: *ungedeckt, nicht beglichen (Konto)*

of-fen ste-hen, stand offen, offen gestanden: *geöffnet sein*
öf-fent-lich: *allgemein zugänglich, allgemein*
Öf-fent-lich-keit, die; -, keine Mehrzahl: *Allgemeinheit*
Öf-fent-lich-keits-ar-beit, die; -, keine Mehrzahl: *Public Relations*
of-fe-rie-ren: *anbieten*
Of-fer-te, die; -,-n: *Angebot, Preisangebot*
of-fi-zi-ell: *öffentlich, amtlich, förmlich*
Of-fi-zier, der; -s,-e: *Soldat mit höherem Dienstgrad*
Of-fi-ziers-an-wär-ter, der; -s,-: *Kadett*
Of-fi-ziers-korps, das; -,-: *Gesamtheit der Offiziere einer Truppe*
of-fi-zi-ös: *halbamtlich, offiziell nicht bestätigt*
Of-fi-zi-um, das; -s, Of-fi-zi-en: *Dienstpflicht, Amtspflicht*
öff-nen: *aufmachen*
Öff-nungs-zeit, die; -,-en
Off-set-druck, der; -es, keine Mehrzahl: *Flachdruckverfahren; auch: das mit diesem Verfahren Gedruckte*
oft: *häufig, viele Male, mehrfach*
öf-ter: *häufiger, mehrmals*
oft-mals: *häufig, oft*
O-heim, der; -s,-e: *veraltet für „Onkel"*
Ohm, das; -s,-: *Maßeinheit des elektrischen Widerstandes*
oh-ne: *außer, ausgenommen, frei von, unter Verzicht auf*
oh-ne-glei-chen: *unvergleichlich, einzigartig*
oh-ne-hin: *sowieso*
Ohn-macht, die; -, keine Mehrzahl: *Machtlosigkeit, Einflusslosigkeit*
Ohn-macht, die; -,-en: *Bewusstlosigkeit*
ohn-mäch-tig: *bewusstlos*
ohn-mäch-tig: *machtlos, einflusslos*
Ohr, das; -s,-en: *Hörorgan*
Öhr, das; -s,-e: *Nadelöhr, Öse*
oh-ren-be-täu-bend: *sehr laut*
Oh-ren-schmalz, das; -es, keine Mehrzahl: *Absonderung im äußeren Gehörgang*
Oh-ren-schmaus, der; -es, keine Mehrzahl: *gute Musik*
Ohr-fei-ge, die; -,-n: *Backenstreich, Schlag ins Gesicht*
ohr-fei-gen: *ins Gesicht schlagen*
Ohr-läpp-chen, das; -s,-: *Teil des Ohrs*

Ohr-ring, der; -es,-e
Ohr-wurm, der; -es, -wür-mer: *Insekt*
o-je!: *Ausruf*
o-je-mi-ne!: *Ausruf*
O-ka-pi, das; -s,-s: *Kurzhalsgiraffe*
O-ka-ri-na, die; -,-s: *Blasinstrument aus Ton*
o-kay [okeh]: *in Ordnung, einverstanden*
ok-kult: *verborgen, heimlich, geheim, dem Verstand nicht zugänglich*
Ok-kul-tis-mus, der; -, keine Mehrzahl: *Geheimwissenschaft, Lehre vom Übersinnlichen*
Ok-ku-pa-ti-on, die; -,-en: *Besetzung*
ok-ku-pie-ren: *besetzen*
Ö-ko-lo-gie, die; -, keine Mehrzahl: *Lehre von der Beziehung der Lebewesen zu ihrer Umwelt*
ö-ko-lo-gisch: *die Ökologie betreffend*
Ö-ko-nom, der; -en,-en: *Landwirt, Verwalter*
Ö-ko-nom, der; -en,-en: *Wirtschaftswissenschaftler*
Ö-ko-no-mie, die; -, keine Mehrzahl: *Wirtschaft; auch: Sparsamkeit, Wirtschaftlichkeit*
ö-ko-no-misch: *die Wirtschaft betreffend, wirtschaftlich, sparsam*
Ok-ta-e-der, der; -s,-: *achtflächiger Körper*
Ok-tan-zahl, die; -,-en: *Maßzahl für die Klopffestigkeit von Treibstoffen*
Ok-tav, das; -s,-: *Buchformat*
Ok-ta-ve, die; -,-n: *Musik: Intervall von acht Tönen*
Ok-to-ber, der; -s,-: *zehnter Monat des Jahres*
Ok-to-pus, der; -ses,-se: *Tintenfisch*
okt-ro-yie-ren (auch ok-tro-yie-ren): *aufdrängen, aufzwingen*
o-ku-lar: *das Auge betreffend*
O-ku-lar, das; -s,-e: *Augenlinse in optischen Geräten*
Ö-ku-me-ne, die; -, keine Mehrzahl: *die bewohnte Erde*
ö-ku-me-nisch: *die Ökumene betreffend*
Ok-zi-dent, der; -s, keine Mehrzahl: *Abendland, Westen*
ok-zi-den-tal: *den Okzident betreffend*
Öl, das; -s,-e: *flüssiges Fett*
Öl-bild, das; -es,-er: *mit Ölfarben gemaltes Bild*
Old-ti-mer [Ouldtaimer], der; -s,-: *altes Auto*

Opponent

O-le-an-der, der; -s,-: *Zierstrauch*
ö-len: *mit Öl schmieren, einfetten*
Öl-haut, die; -,-häu-te: *Mantel aus wasserdichtem Material*
Öl-hei-zung, die; -,-en: *mit Öl betriebene Heizung*
ö-lig: *voller Öl*
O-li-gar-chie (auch O-lig-ar-chie), die; -,-n: *Herrschaft einer Klasse, einer kleinen Gruppe*
o-liv: *olivenfarben*
O-li-ve, die; -,-n: *Ölfrucht*
O-li-ven-öl, das; -s,-e: *Öl der Olive*
o-liv-grün: *olivfarben*
Öl-pest, die; -, keine Mehrzahl: *Verseuchung des Meeres und der Küsten mit Öl*
Öl-sar-di-ne, die; -,-n: *in Öl eingelegte Sardine*
Ö-lung, die; -,-en: *Salbung*
O-lymp, der; -s, keine Mehrzahl: *Berg in Griechenland; auch: sagenhafter Sitz der Götter*
O-lym-pi-a-de, die; -,-n: *alle vier Jahre wiederholter internationaler Sportwettbewerb, die Olympischen Spiele*
O-lym-pi-a-sie-ger, der; -s,-: *Sieger bei der Olympiade*
o-lym-pisch: *den Olymp betreffend*
o-lym-pisch: *die Olympischen Spiele betreffend*
Öl-zeug, das; -s, keine Mehrzahl: *wasserdichte Kleidung*
O-ma, die; -,-s: *umgangssprachlich für „Großmutter"*
Om-buds-mann, der; -es, -leu-te: *unabhängige Vertrauensperson, Beauftragter gegen Behördenwillkür*
O-me-lett, das; -s,-s: *Eierspeise, Eierkuchen*
O-men, das; -s,-: *Vorzeichen, bedeutungsschweres Zeichen*
o-mi-nös: *bedeutsam, unheilvoll*
Om-ni-bus, der; -ses,-se: *Autobus*
om-ni-po-tent: *allmächtig*
Om-ni-po-tenz, die; -, keine Mehrzahl: *Allmacht*
O-na-nie, die; -, keine Mehrzahl: *Selbstbefriedigung*
o-na-nie-ren: *sich selbst befriedigen*
On-dit [Ondi], das; -s,-s: *Gerücht*
On-du-la-tion, die; -,-en: *das Ondulieren*
on-du-lie-ren: *Haar in Wellen legen*
On-kel, der; -s,-: *Bruder des Vaters oder der Mutter*

On-to-ge-ne-se, die; -,-n: *Entwicklung des Lebewesens bis zur Geschlechtsreife*
On-to-lo-gie, die; -,-n: *Lehre vom Sein*
on-to-lo-gisch: *die Ontologie betreffend*
O-nyx, der; -es,-e: *Quarzhalbedelstein*
O-pa, der; -s,-s: *umgangssprachlich für „Großvater"*
o-pak: *undurchsichtig*
O-pal, der; -s,-e: *Quarzhalbedelstein*
O-pal-glas, das; -es, keine Mehrzahl: *Milchglas*
o-pa-li-sie-ren: *schillern*
O-per, die; -,-n: *Musikdrama*
O-pe-ra-teur [Operatöhr], der; -s,-e: *Chirurg*
O-pe-ra-tion, die; -,-en: *chirurgischer Eingriff*
O-pe-ra-ti-on, die; -,-en: *Arbeitsvorgang, Rechenvorgang*
O-pe-ra-ti-on, die; -,-en: *Truppenbewegung, militärische Unternehmung*
O-pe-ra-ti-ons-saal, der; -es, -sä-le
O-pe-ra-ti-ons-schwes-ter, die; -,-n: *Krankenschwester, die bei der Operation hilft*
o-pe-ra-tiv: *strategisch*
o-pe-ra-tiv: *mit einer Operation*
O-pe-ra-tor [Operäiter], der; -s,-: *Fachkraft, die einen Computer bedient*
O-pe-ra-tor, der; -s,-en: *Mathematik: Symbol für eine Rechenoperation*
O-pe-ret-te, die; -,-n: *heiteres Musiktheater*
o-pe-rie-ren: *eingreifen, Operation durchführen, verfahren*
O-pern-glas, das; -es, -glä-ser: *kleines Fernglas*
O-pern-sän-ger, der; -s,-: *Sänger*
O-pern-sän-ge-rin, die; -,-nen: *Sängerin*
Op-fer, das; -s,-: *Spende*
Op-fer, das; -s,-: *Leidtragender*
Op-fer, das; -s,-: *schmerzhafter Verzicht*
op-fern: *als Spende geben*
op-fern: *hergeben, verzichten*
Oph-thal-mo-lo-ge, der; -n,-n: *Augenarzt*
Oph-thal-mo-lo-gie, die; -, keine Mehrzahl: *Augenheilkunde*
O-pi-at, das; -es,-e: *Opium und Opiumprodukte enthaltendes Mittel*
O-pi-um, das; -s, keine Mehrzahl: *Betäubungsmittel*
Op-po-nent, der; -en,-en: *Gegner, Widersacher*

opponieren

op-po-nie-ren: *Widerstand leisten, widerstreben*
op-por-tun: *gelegen, bequem, passend*
Op-por-tu-nis-mus, der; -, keine Mehrzahl: *geschicktes Handeln nach den gegebenen Umständen*
Op-por-tu-nist, der; -en,-en: *jemand, der sich immer nach der herrschenden Meinung richtet*
Op-po-si-ti-on, die; -,-en: *Planetenstellung, bei der die Erde zwischen der Sonne und dem Planeten steht*
Op-po-si-ti-on, die; -,-en: *Gegensatz; auch: die nicht in der Regierung vertretenen Parteien*
op-po-si-ti-o-nell: *in der Opposition, die Opposition betreffend*
Op-po-si-ti-ons-füh-rer, der, -s,-
Op-pres-sion, die; -,-en: *Beklemmung; Unterdrückung*
op-tie-ren: *stimmen, wählen, sich entscheiden*
Op-tik, die; -,-en: *Linse, Linsensystem*
Op-tik, die; -, keine Mehrzahl: *Lehre vom Licht*
Op-ti-ker, der; -s,-: *Hersteller und Händler von optischen Geräten*
op-ti-mal: *bestmöglich*
op-ti-mie-ren: *verbessern, dem Optimum annähern*
Op-ti-mis-mus, der; -, keine Mehrzahl: *Zuversichtlichkeit*
Op-ti-mist, der; -en,-en: *jemand, der optimistisch eingestellt ist*
Op-ti-mum, das; -s, keine Mehrzahl: *das Bestmögliche*
op-tisch: *die Optik betreffend*
o-pu-lent: *reichlich, üppig*
O-pus, das; -, Ope-ra: *Werk, Kunstwerk, Gesamtwerk*
O-ra-kel, das; -s,-: *Weissagung, Schicksalsspruch, Vorhersage*
o-ra-keln: *andeuten, wie ein Orakel sprechen*
o-ral: *durch den Mund*
o-ran-ge [oroñsche]: *rötlichgelb*
O-ran-ge [Oroñsche], die; -,-n: *Apfelsine*
O-ran-geat [Oroñschaht], das; -s, keine Mehrzahl: *kandierte Apfelsinenschale*
O-ran-ge-rie [Orñscherie], die; -,-n: *Gewächshaus für tropische Pflanzen*
O-rang-U-tan, der; -s,-s: *Menschenaffe*
O-ra-to-ri-um, das; -s, Ora-to-ri-en: *episch-dramatisches Musikstück*

Or-bit, der; -s,-e: *Umlaufbahn um einen Himmelskörper*
or-bi-tal: *in einem Orbit, den Orbit betreffend*
Or-ches-ter, das; -s,-: *Musikgruppe*
Or-ches-tri-on (auch Or-chest-ri-on), das; -s,-s/ Or-ches-tri-en: *mechanisches Musikinstrument*
Or-chi-dee, die; -,-n: *Pflanzenart*
Or-den, der; -s,-: *Ehrenzeichen, Abzeichen*
Or-den, der; -s,-: *Mönchsorden; Nonnenorden*
or-dent-lich: *rechtschaffen, ordnungsliebend*
or-dent-lich: *aufgeräumt, planmäßig, genau, sorgfältig*
Or-der, die; -,-n: *Befehl, Anordnung*
Or-der, die; -,-n: *Auftrag, Bestellung*
or-dern: *bestellen*
or-di-när: *unanständig, gemein*
or-di-när: *gewöhnlich, alltäglich, gebräuchlich*
Or-di-na-ri-us, der; -, Or-di-na-ri-en: *ordentlicher Professor*
ord-nen: *sortieren, regeln, in Ordnung bringen*
Ord-ner, der; -s,-: *Saalwächter*
Ord-ner, der; -s,-: *Hefter, Sammelmappe*
Ord-nung, die; -,-en: *ordentlicher Zustand*
Ord-nung, die; -,-en: *Reihe, Reihenfolge, Rangstufe*
Ord-nung, die; -,-en: *Regel, Vorschrift*
Ord-nung, die; -,-en: *Ruhe, Disziplin, Gehorsam*
ord-nungs-ge-mäß: *nach einer Ordnung*
Ord-nungs-stra-fe, die; -,-n: *Geldbuße*
Ord-nungs-wid-rig-keit, die; -,-en: *Verstoß gegen eine Ordnung*
Or-don-nanz, die; -,-en: *Bote*
O-re-ga-no, der; -, keine Mehrzahl: *Gewürz*
Or-gan, das; -es,-e: *Medium, das im Auftrag einer Organisation arbeitet*
Or-gan, das; -es,-e: *ausführende Behörde, Beirat*
Or-gan, das; -es,-e: *Stimme*
Or-gan, das; -es,-e: *Körperteil, Sinneswerkzeug*
Or-ga-ni-sa-ti-on, die; -,-en: *planmäßiger Aufbau, Ordnung, Gliederung, Struktur*
Or-ga-ni-sa-ti-on, die; -,-en: *zweckbestimmte Interessengemeinschaft*

oszillieren

Or-ga-ni-sa-ti-ons-ta-lent, das; -es, keine Mehrzahl: *Fähigkeit des Organisierens*
or-ga-ni-sa-to-risch: *die Organisation betreffend*
or-ga-nisch: *die Natur betreffend, Lebewesen betreffend*
or-ga-ni-sie-ren: *planen, einrichten*
or-ga-ni-sie-ren, sich: *sich einer Organisation anschließen, eine Organisation gründen*
Or-ga-nis-mus, der; -, Or-ga-nis-men: *Lebewesen, Körper, Ganzes*
Or-ga-nist, der; -en,-en: *Orgelspieler*
Or-gan-ver-pflan-zung, die; -,-en: *Organtransplantation*
Or-gas-mus, der; -, Or-gas-men: *Höhepunkt geschlechtlicher Erregung*
or-gas-tisch: *den Orgasmus betreffend, in der Art des Orgasmus*
Or-gel, die; -,-n: *Musikinstument*
or-gi-as-tisch: *die Orgie betreffend*
Or-gie, die; -,-n: *Ausschweifung, wildes Gelage*
O-ri-ent, der; -s, keine Mehrzahl: *Morgenland*
O-ri-en-ta-le, der; -n,-n: *Bewohner des Morgenlandes*
o-ri-en-ta-lisch: *den Orient betreffend*
o-ri-en-tie-ren: *unterrichten, in Kenntnis setzen*
o-ri-en-tie-ren, sich: *sich zurechtfinden*
O-ri-en-tie-rung, die; -,-en: *die räumliche Ausrichtung*
o-ri-gi-nal: *ursprünglich, echt*
O-ri-gi-nal, das; -s,-e: *origineller Mensch*
O-ri-gi-nal, das; -s,-e: *das Ursprüngliche, Urtext, Urfassung*
o-ri-gi-nell: *drollig, eigenartig*
Or-kan, der; -es,-e: *Sturm*
Or-kus, der; -, keine Mehrzahl: *Unterwelt, Totenreich*
Or-na-ment, das; -es,-e: *Verzierung*
Or-nat, das; -es,-e: *Amtstracht*
Or-ni-tho-lo-ge, der; -n,-n: *Vogelkundler*
Or-ni-tho-lo-gie, die; -, keine Mehrzahl: *Vogelkunde*
Ort, der; -es,-e: *Platz, Stelle*
Ort, der; -es,-e: *Dorf*
Ört-chen, das; -s,-: *umgangssprachlich für „Toilette"*
or-ten: *feststellen, Standort ermitteln*
or-tho-dox: *strenggläubig*
Or-tho-do-xie, die; -, keine Mehrzahl: *Strenggläubigkeit*
Or-tho-gra-fie (auch Or-tho-gra-phie), die; -, keine Mehrzahl: *Rechtschreibung*
or-tho-gra-fisch (auch or-tho-graphisch): *die Orthographie betreffend*
Or-tho-pä-die, die; -, keine Mehrzahl: *medizinische Fachrichtung, die sich mit Bewegungsstörungen befasst*
or-tho-pä-disch: *die Orthopädie betreffend*
ört-lich: *stellenweise; einen Ort betreffend*
Ört-lich-keit, die; -,-en: *Ort*
orts-an-säs-sig: *in diesem Ort wohnend*
Orts-be-stim-mung, die; -,-en: *Navigation*
Ort-schaft, die; -,-en: *Dorf, Gemeinde*
Orts-kran-ken-kas-se, die; -,-n
orts-kun-dig: *sich auskennend*
Orts-na-me, der; -ns,-n
Orts-netz, das; -es,-e: *örtliches Telefonnetz*
orts-üb-lich: *regional gebräuchlich*
Orts-zeit, die; -,-en: *wirkliche Zeit an einem Ort*
Orts-zu-la-ge, die; -,-n: *Wohngeld*
Or-tung, die; -,-en: *Bestimmen des Standortes, Feststellen eines Objektes*
Ö-se, die; -,-n: *Schlinge, Ring*
Os-mo-se, die; -, keine Mehrzahl: *Flüssigkeitsaustausch durch eine Membran*
os-mo-tisch: *die Osmose betreffend*
Os-ten, der; -s, keine Mehrzahl: *Himmelsrichtung*
os-ten-ta-tiv: *augenfällig, offensichtlich*
os-ten-ta-tiv: *herausfordernd, betont*
Os-ter-fest, das; -es,-e: *Ostern*
Os-tern, das; -,-: *Fest der Auferstehung Christi, Osterfest*
os-ti-nat (auch o-sti-nat): *hartnäckig wiederholt*
öst-lich: *im Osten*
Ost-po-li-tik, die; -, keine Mehrzahl: *Politik gegenüber den osteuropäischen Staaten*
Öst-ro-gen (auch Ös-tro-gen), das; -s, keine Mehrzahl: *weibliches Geschlechtshormon*
Ost-see, die; -, keine Mehrzahl: *Baltisches Meer*
Ost-sei-te, die; -,-n: *die nach Osten gerichtete Seite*
ost-wärts: *nach Osten gerichtet*
Os-zil-la-tion, die; -,-en: *Schwingung*
os-zil-lie-ren: *schwingen*

Oszillograf

Os-zil-lo-graf (auch Os-zil-lo-graph), der; -en,-en: *Schwingungsaufzeichnungsgerät*
Ot-ter, die; -,-n: *Schlangenart*
Ot-ter, der; -s,-n: *Marderart*
Ot-tern-brut, die; -,-en: *übertragen für „böse Menschen"*
Ot-to-ma-ne, die; -,-n: *Liegesofa, Ruhebett*
Ot-to-mo-tor, der; -s,-en: *Boxermotor*
Out-put [Autput], der; -s, keine Mehrzahl: *Daten, die eine EDV-Anlage liefert*
Out-put [Autput], der; -s, keine Mehrzahl: *produzierte Warenmenge*
Out-si-der [Autsaider], der; -s,-: *Außenseiter*
Ou-ver-tü-re [Uhwertühre], die; -,-n: *Auftakt, Beginn*
Ou-ver-tü-re [Uhwertühre], die; -,-n: *Eröffnungsmusik*
o-val: *eiförmig*
O-val, das; -es,-e: *Eiform*
O-va-ri-um, das; -s, Ova-ri-en: *Eierstock*
O-va-ti-on, die; -,-en: *starker Beifall, Jubel*

O-ve-rall (auch O-ver-all) [Overohl], der; -s,-s: *einteiliger Arbeitsanzug, Schutzanzug*
O-vu-la-ti-on, die; -,-en: *Follikelsprung*
O-vu-la-ti-ons-hem-mer, der; -s,-: *Antibabypille*
O-vum, das; -s, Ova: *Eizelle*
O-xer, der; -s,-: *Barriere beim Pferdespringen*
O-xid (auch O-xyd), das; -es,-e: *Verbindung eines Elements mit Sauerstoff*
O-xi-da-ti-on (auch O-xy-da-ti-on), die; -,-en: *das Reagieren mit Sauerstoff*
o-xi-die-ren (auch o-xy-die-ren): *chemisch mit Sauerstoff verbinden, rosten, verbrennen*
O-ze-an, der; -s,-e: *Weltmeer*
O-ze-an-damp-fer, der; -s,-: *Überseedampfer*
O-ze-an-rie-se, der; -,-n: *Überseedampfer*
O-ze-lot, der; -s,-e: *Wildkatzenart*
O-zon, das; -s, keine Mehrzahl: *dreiatomiger Sauerstoff*

P

p, P, das; -,-: *sechzehnter Buchstabe des Alphabets; Konsonant, Mitlaut*
p: *Zeichen für „Paond"*
p: *Musik: Zeichen für „piano"*
Pa, der; -s,-s: *Kurzwort für „Papa, Vater"*
p. a.: *Abkürzung für „pro anno"*
p. A.: *Abkürzung für „per Adresse"*
paar: *einige, wenige, etliche, mehrere ein paar Mal*
Paar, das; -es,-e: *zwei zusammengehörige Personen oder Gegenstände*
paa-ren: *zusammenbringen, vereinigen*
paa-ren, sich: *sich begatten*
paa-rig: *paarweise, doppelt, mit Gegenstück*
Paar-lauf, der; -es,-läu-fe: *Eiskunstlauf eines Paares*
Paa-rung, die; -,-en: *geschlechtliche Vereinigung bei Tieren*
paar-wei-se: *zu zweit, als Paar*
Pacht, die; -,-en: *befristete Nutzung einer Sache gegen Entgelt*
pach-ten: *gegen Entgelt nutzen*
Päch-ter, der; -s,-: *jemand, der etwas pachtet*
Pack, der; -es,-e/Pä-cke: *Bündel, Verpacktes*
Pack, das; -s, keine Mehrzahl: *heruntergekommenes Volk, Gesindel, Pöbel*
Päck-chen, das; -s,-: *kleines Paket*
Pack-eis, das; -es, keine Mehrzahl: *übereinander getürmte Eisschollen*
pa-ckeln: *österr. für „heimlich etwas verabreden"*
pa-cken: *anfassen, ergreifen*
pa-cken: *zum Versand verschnüren, verpacken, einpacken*
pa-cken: *ergreifen, erschüttern*
Pa-cker, der; -s,-: *Arbeiter, der Güter verpackt*
Pack-e-sel, der; -s,-: *jemand, dem alles aufgebürdet wird*
Pack-pa-pier, das; -s, keine Mehrzahl: *festes Papier*
Pa-ckung, die; -,-en: *Umhüllung mit Tüchern*

Pa-ckung, die; -,-: *eine verpackte, umhüllte Ware; auch: die Hülle selbst*
Pä-da-go-ge (auch Päd-ago-ge), der; -n,-n: *Erzieher, Lehrer*
Pä-da-go-gik (auch Päd-ago-gik), die; -, keine Mehrzahl: *Erziehungswissenschaft*
pä-da-go-gisch (auch päd-ago-gisch): *die Pädagogik betreffend*
Pad-del, das; -s,-: *schmales Ruder*
Pad-del-boot, das; -es,-e: *kleines, leichtes Boot*
pad-deln: *mit dem Paddel rudern, mit dem Paddelboot fahren*
Padd-ler, der; -s,-: *jemand, der sich mit einem Paddelboot fortbewegt*
Pä-de-rast (auch Päd-erast), der; -en,-en: *Homosexueller, der auf männliche Jugendliche fixiert ist*
Pä-di-a-ter (auch Päd-ia-ter), der; -s,-: *Kinderarzt*
Pä-di-a-trie (auch Päd-ia-trie), die; -, keine Mehrzahl: *Kinderheilkunde*
pä-di-a-trisch (auch päd-ia-trisch): *die Pädiatrie betreffend*
Pä-do-lo-gie (auch Päd-olo-gie), die; -, keine Mehrzahl: *Wissenschaft vom Kind und seiner Entwicklung*
Pa-el-la [Paälja], die; -,-s: *spanisches Reisgericht*
paf-fen: *qualmen, rauchen*
Pa-ga-nis-mus, der; -, keine Mehrzahl: *Heidentum*
Pa-ge [Pasche], der; -n,-n: *junger Diener*
Pa-gen-fri-sur, die;-,-en: *Pagenkopf*
Pa-gen-kopf, der; -es,-köp-fe: *Frisur*
Pa-gi-na, die; -,-s: *Buchseite, Seitenzahl*
pa-gi-nie-ren: *mit Seitenzahlen versehen*
Pa-go-de, die; -,-n: *japanischer oder chinesischer Tempel, Stupa*
Pa-go-de, die; -,-n: *buddhistische Götterfigur*
Pa-ket, das; -es,-e: *Verpacktes, Packen*
Pa-ket-kar-te, die; -,-n: *Begleitkarte zum Postpaket*
Pakt, der; -es,-e: *Vertrag, Bündnis*
pak-tie-ren: *einen Vertrag schließen, gemeinsame Sache machen*
Pa-la-din, der; -s,-e: *Ritter, Gefolgsmann Karls des Großen*
Pa-lais [Paleh], das; -,-: *Palast, Schloss*
Pa-lä-o-li-thi-kum, das; -s, keine Mehrzahl: *Altsteinzeit*
Pa-lä-o-zo-i-kum, das; -s, keine Mehrzahl: *Erdzeitalter*

Paläozoologie

Pa-lä-o-zo-o-lo-gie, die; -, keine Mehrzahl: *Wissenschaft von den Versteinerungen der Urwelttiere*
Pa-last, der; -es, Pa-läste: *Schloss, Prunkbau*
Pa-lat-schin-ke (auch Pa-la-tschin-ke), die; -,-n: *gefüllter Eierpfannkuchen*
Pa-la-ver, das; -s,-: *endloses Verhandeln, Gerede*
pa-la-vern: *nutzlos lange verhandeln, tratschen*
Pa-le-tot, der; -s,-s: *halblanger Mantel*
Pa-let-te, die; -,-n: *Vielfalt, Angebotsauswahl*
Pa-let-te, die; -,-n: *Untersatz für Stapelgüter*
Pa-let-te, die; -,-n: *Mischplatte für Malfarben*
Pa-li-sa-de, die; -,-n: *Schutzwall aus angespitzten Pfählen*
Pa-li-san-der, der; -s,-: *Edelholz*
Pal-la-di-um, das; -s, keine Mehrzahl: *Edelmetall, Zeichen: Pd*
Pal-la-di-um, das; -s, Pal-la-di-en: *Heiligenbild*
pal-li-a-tiv: *schmerzlindernd*
Pal-li-a-ti-vum, das; -s, Pal-li-a-ti-va: *schmerzlinderndes Medikament*
Pal-me, die; -,-n: *tropischer Baum*
Pal-men-zweig, der; -es,-e: *Palmenfächer*
Palm-fett, das; -s,-e: *aus den Früchten der Ölpalme gewonnenes Fett*
Palm-sonn-tag, der; -es,-e: *Sonntag vor Ostern*
Palm-we-del, der; -s,-: *Palmzweig*
pal-pa-bel: *fühl-, greif- und tastbar*
pal-pie-ren: *durch Befühlen untersuchen*
Pal-pi-ta-ti-on, die; -, keine Mehrzahl: *Herzschlag*
pal-pi-tie-ren: *klopfen, schlagen*
Pam-pa, die; -,-s: *südamerikanische Grassteppe*
Pam-pe, die; -, keine Mehrzahl: *dicker Brei, breiiger Schmutz*
Pam-pel-mu-se, die; -,-n: *Zitrusfrucht*
Pamph-let (auch Pam-phlet) [Pamfleht], das; -es,-e: *Schmähschrift, Streitschrift*
pam-pig: *breiig, matschig*
pam-pig: *umgangssprachlich für „frech, unverschämt, aufsässig"*
Pa-na-de, die; -,-n: *Brei aus Semmelbröseln und Ei, in dem Bratenfleisch gewälzt wird; auch: Füllung für Speisen*

Pan-a-me-ri-ka-nis-mus, der; -, keine Mehrzahl: *Streben nach Zusammenarbeit aller amerikanischer Staaten*
Pa-nasch, der; -s,-e: *Federbusch, Helmbusch*
pa-na-schie-ren: *mehrere Kandidaten zugleich wählen*
pa-na-schie-ren: *mit bunten Streifen versehen*
Pa-na-schie-rung, die; -, keine Mehrzahl: *Buntblättrigkeit*
pan-chro-ma-tisch: *alle Farben wiedergebend (Film)*
Pan-dä-mo-ni-um, das; -s, Pan-dä-mo-ni-en: *Gesamtheit aller bösen Geister, Ansammlung von Bösartigem*
Pan-de-mie, die; -,-n: *Seuche, die überall auftritt*
pan-de-misch: *in der Art einer Pandemie*
Pa-neel, das; -es,-e: *Täfelung*
pa-nee-lie-ren: *mit Holz täfeln*
Pan-eu-ro-pa, das; -s, keine Mehrzahl: *vereinigtes Europa*
Pan-flö-te, die; -,-n: *Holzblasinstrument aus verschieden langen Flöten*
pa-nie-ren: *in Panade wälzen*
Pa-nier-mehl, das; -s, keine Mehrzahl: *Semmelbrösel, Weckmehl*
Pa-nik, die; -,-en: *plötzlich ausbrechende Angst bei Menschenmassen, allgemeines Entsetzen*
pa-nisch: *die Panik betreffend, angsterfüllt*
Pan-is-la-mis-mus, der; -, keine Mehrzahl: *Bestreben, alle Völker islamischen Glaubens zu vereinigen*
Pank-re-as (auch Pan-kre-as), das; -, keine Mehrzahl: *Bauchspeicheldrüse*
Pan-ne, die; -,-n: *Schaden, Störung, Defekt*
Pa-nop-ti-kum (auch Pan-op-ti-kum), das; -s, Pan-op-ti-ken: *Wachsfigurenkabinett, Kuriositätensammlung*
Pa-no-ra-ma (auch Pan-o-ra-ma), das; -s, Pa-no-ra-men: *Rundblick, Aussicht*
Pa-no-ra-ma-auf-nah-me (auch Pan-o-ra-ma-auf-nah-me), die; -,-n: *Übersichtsaufnahme*
pan-schen: *mit Wasser verdünnen, verfälschen, verlängern*
pan-schen: *mit Wasser spielen*
Pan-scher, der; -s,-: *jemand, der panscht*
Pan-sche-rei, die; -,-en: *das Panschen*
Pan-sen, der; -s,-: *Wiederkäuermagen*

Paradies

Pan-ter (auch Pan-ther), der; -s,-: *Raubtier*
Pan-the-is-mus, der; -, keine Mehrzahl: *Glaube, dass Gott und die Natur eins sind*
Pan-the-ist, der; -en,-en: *Anhänger des Pantheismus*
pan-the-is-tisch: *den Pantheismus betreffend*
Pan-ti-ne, die; -,-n: *Holzschuh, Pantoffel*
Pan-tof-fel, der; -s,-n: *offener Hausschuh*
Pan-tof-fel-held, der; -en,-en: *von seiner Frau unterdrückter Ehemann*
Pan-tof-fel-tier-chen, das; -s,-: *Wimperntierchen, Kleinstlebewesen*
Pan-to-graf (auch Pan-to-graph), der; -en,-en: *Storchschnabel, Zeichengerät*
Pan-to-mi-me, die; -,-n: *Gebärdenspiel*
Pan-to-mi-me, der; -n,-n: *Künstler, der Pantomimen aufführt*
pan-to-mi-misch: *die Pantomime betreffend, ohne Worte*
Pant-ry (auch Pan-try) [Päntrie], die; -,-s: *Anrichte, Speisekammer auf Schiffen*
pant-schen: *panschen*
Pan-zen, der; -s,-: *süddeutsch für „Wanst, Schmerbauch"*
Pan-zer, der; -s,-: *gepanzerte Selbstfahrlafette mit Kanone*
Pan-zer, der; -s,-: *mittelalterliche Rüstung*
Pan-zer, der; -s,-: *Schutzhülle, Panzerung, Stahlmantel*
Pan-zer-ech-se, die; -,-n: *Krokodil*
Pan-zer-faust, die; -, -fäus-te: *Handfeuerwaffe zur Bekämpfung von Panzern*
pan-zern: *mit Panzerung versehen*
Pan-ze-rung, die; -,-en: *Schutzhülle aus Stahlplatten, Armierung*
Pan-zer-wa-gen, der; -s,-: *Panzer, gepanzertes Fahrzeug*
Pä-o-nie, die; -,-n: *Pfingstrose*
Pa-pa, der; -s,-s: *Kindersprache für „Vater"*
Pa-pa-gei, der; -en,-en: *Tropenvogel*
Pa-pa-gei-en-krank-heit, die; -, keine Mehrzahl: *durch Papageien übertragene Infektionskrankheit*
Pa-pel, die; -,-n: *entzündliches Hautknötchen*
Pa-per-back [Päiperbäck], das; -s, -s: *mit einem weichen Einband versehenes Buch*
Pa-pier, das; -es,-e: *aus Fasern hergestellte Blätter*
pa-pie-ren: *aus Papier, wie Papier*
Pa-pier-geld, das; -s, keine Mehrzahl: *Banknoten*

Pa-pier-krieg, der; -es,-e: *Formularunwesen der Behörden*
Pa-pil-le, die; -,-n: *Hautwarze*
Pa-pil-lom, das; -es,-e: *Warzengeschwulst*
Pa-pil-lon [Papijoñ], der; -s,-s: *Schmetterling*
Pa-pil-lon [Papijoñ], der; -s,-s: *weicher, gerippter Kleiderstoff*
Papp, der; -s, keine Mehrzahl: *süddeutsch für „Brei, Klebstoff"*
Papp-de-ckel, der, -s,-: *Stück Pappe*
Pap-pe, die; -,-n: *dicker Karton*
Pap-pel, die; -,-n: *Baumart*
päp-peln: *umgangssprachlich für „füttern, ernähren"*
pap-pen: *kleben*
Pap-pen-stiel, der; -es,-e: *umgangssprachlich für „etwas Geringwertiges, Wertloses"*
pap-per-la-papp!: *Unsinn! Ruhe!*
pap-pig: *weich, matschig, klebrig*
Papp-ma-schee (auch Papp-ma-ché), das; -s,-s: *Papiermasse*
Papp-schach-tel, die; -,-n: *Schachtel aus Pappe*
Papp-schnee, der; -s, keine Mehrzahl: *nasser Schnee*
Pap-ri-ka (auch Pa-pri-ka), der; -,-s: *Gewürz- und Gemüsepflanze*
Papst, der; -es, Päps-te: *Oberhaupt der katholischen Kirche*
päpst-lich: *den Papst betreffend*
Pa-py-rus, der; -, Pa-py-ri: *aus Pflanzenfasern gewonnenes Papier*
Pa-ra-bel, die; -,-n: *lehrhafte Erzählung*
Pa-ra-bel, die; -,-n: *Mathematik: Kurvenart*
Pa-ra-bel-lum-pis-to-le, die; -,-n: *Selbstladepistole*
pa-ra-bo-lisch: *Mathematik: parabelförmig*
pa-ra-bo-lisch: *in der Art einer Parabel*
Pa-ra-bo-lo-id, das; -s,-e: *Drehkörper einer Parabel*
Pa-ra-bol-spie-gel, der; -s,-: *Hohlspiegel in der Form eines Paraboloids*
Pa-ra-de, die; -,-n: *Vorbeimarsch, Truppenschau*
Pa-ra-de, die; -,-n: *Abwehrhaltung*
Pa-ra-dei-ser, der; -s,-: *österr. für „Tomate"*
pa-ra-die-ren: *vorbeimarschieren, etwas zur Schau stellen*
Pa-ra-dies, das; -es,-e: *idyllischer Ort*

Paradies

Pa-ra-dies, das; -es, keine Mehrzahl: Garten Eden, Himmel
pa-ra-die-sisch: wie im Paradies, himmlisch
Pa-ra-dig-ma, das; -s, Pa-ra-dig-men/Pa-ra-dig-ma-ta: Musterbeispiel
pa-ra-dig-ma-tisch: musterhaft, beispielhaft
pa-ra-dox: widersinnig, einen Widerspruch enthaltend
Pa-ra-do-xon, das; -s, Pa-ra-do-xa: paradoxe Aussage, Widersinniges
Pa-raf-fin (auch Par-af-fin), das; -es,-e: aus Kohlenwasserstoffen bestehende wachsartige Masse
Pa-ra-graf (auch Pa-ra-graph), der; -en,-en: Absatz, Gesetzesabschnitt
pa-ra-gra-fie-ren (auch pa-ra-gra-phieren): in Paragraphen einteilen
Pa-ra-graf-zei-chen (auch Pa-ra-graph-zei-chen), das; -s,-: Zeichen: §
pa-ral-lak-tisch (auch par-al-lak-tisch): die Parallaxe betreffend
Pa-ral-la-xe (auch Par-al-la-xe), die; -,-n: Winkel, um den ein Objekt verschoben erscheint, wenn es von zwei verschiedenen Standpunkten aus beobachtet wird
pa-ral-lel (auch par-al-lel): in gleichem Abstand voneinander verlaufend
Pa-ral-le-le (auch Par-al-le-le), die; -,-n: in gleichem Abstand zu einer anderen verlaufende Gerade
Pa-ral-lel-fall (auch Par-al-lel-fall), der; -es, -fäl-le: ähnlicher Fall
Pa-ral-le-li-tät (auch Par-al-le-li-tät), die; -, keine Mehrzahl: parallele Beschaffenheit
Pa-ral-le-lo-gramm (auch Par-al-le-lo-gramm), das; -es,-e: Viereck mit zwei Paaren parallel verlaufender Seiten
pa-ral-lel schal-ten (auch par-al-lel schalten): nebeneinander schalten
Pa-ral-lel-schal-tung (auch Par-al-lel-schal-tung), die; -,-en: Nebeneinanderschaltung
Pa-ra-ly-se, die; -,-n: Gehirnerweichung
Pa-ra-ly-se, die; -,-n: Lähmung
pa-ra-ly-sie-ren: lähmen; auch: unwirksam machen, schwächen
Pa-ra-ly-ti-ker, der; -s,-: jemand, der an Paralyse leidet
Pa-ra-me-ter, der; -s,-: Mathematik: Hilfsgröße, unbestimmte Konstante
Pa-ra-noia, die; -, keine Mehrzahl: Geisteskrankheit, Verfolgungswahn
pa-ra-no-id: der Paranoia ähnlich
Pa-ra-no-i-ker, der; -s,-: jemand, der an Paranoia leidet
pa-ra-no-isch: geistesgestört
Pa-ra-nuss, die; -,-nüs-se: Nussart
Pa-ra-phe, die; -,-n: Namenszug, Unterschrift
pa-ra-phie-ren: abzeichnen, durch Unterschrift einen Vertrag in Kraft treten lassen
Pa-ra-phra-se, die; -,-n: verdeutlichende Umschreibung, freie Wiedergabe
Pa-ra-phra-se, die; -,-n: Musik: Ausschmückung einer Melodie bei der Wiedergabe
pa-ra-phra-sie-ren: umschreiben, umschreibend erklären
pa-ra-phras-tisch: in der Art einer Paraphrase
Pa-ra-pla-sie, die; -,-n: Missbildung
Pa-ra-ple-gie, die; -,-n: vollständige, doppelseitige Lähmung
Pa-ra-psy-cho-lo-gie, die; -, keine Mehrzahl: Erforschung von außersinnlichen Erscheinungen
pa-ra-psy-cho-lo-gisch: die Parapsychologie betreffend
Pa-ra-sit, der; -en,-en: Schmarotzer
pa-ra-si-tär: schmarotzerhaft
Pa-ra-si-ten-tum, das; -es, keine Mehrzahl: Schmarotzertum
pa-rat: bereit, zur Hand, gebrauchsfertig
pa-ra-tak-tisch: Grammatik: nebenordnend, nebengeordnet
Pa-ra-ta-xe, die; -,-n: Grammatik: Nebenordnung
Pa-ra-ty-phus, der; -, keine Mehrzahl: durch Salmonellen hervorgerufene Darminfektion
Pa-ra-vent [Paravoñ], der/das; -s,-s: Ofenschirm, spanische Wand
Pär-chen, das; -s,-: Liebespaar
Par-cours [Parkuhr], der; -,-: Springbahn bei Pferdehindernisrennen
par-dauz!: Ausruf, wenn jemand hinfällt
Par-don [Pardoñ], der/das; -s, keine Mehrzahl: Rücksicht, Verzeihung, Nachsicht
pa-ren-te-ral (auch par-en-te-ral): durch Infektion in den Körper aufnehmen, unter Umgehung des Verdauungstraktes aufnehmen
Pa-ren-the-se (auch Par-en-the-se), die; -,-n: in Klammern, eingeschobener Satzteil
pa-ren-the-tisch (auch par-en-the-tisch): in der Art einer Parenthese, eingeschoben

Partie

Pa-re-se, die; -,-n: *teilweise Lähmung*
pa-re-tisch: *in der Art einer Parese, halbgelähmt*
Par-force-jagd [Parforßjagd], die; -,-en: *Hetzjagd*
Par-fum [Parföñ], das; -s,-s: *Parfüm*
Par-füm, das; -s,e/-s: *Duftwasser, Duftstoff; auch: Wohlgeruch*
Par-fü-me-rie, die; -,-n: *Geschäft, in dem Parfüm und Kosmetika verkauft werden*
par-fü-mie-ren: *mit Parfüm besprühen*
Pa-ri, der; -/-s, keine Mehrzahl: *Nennwert*
Pa-ria, der; -s,-s: *Angehöriger der niedrigsten Kaste in Indien; auch: Ausgestoßener, Entrechteter*
pa-rie-ren: *gehorchen*
pa-rie-ren: *abwehren*
pa-rie-ren: *zum Stehen bringen (Pferd)*
Pa-ri-ser, der; -s,-: *umgangssprachlich für „Kondom, Präservativ"*
Pa-ri-tät, die; -,-en: *Gleichwertigkeit, Gleichberechtigung*
pa-ri-tä-tisch: *gleichberechtigt beteiligt, gleich gestellt, gleichwertig zusammengestellt*
Park, der; -es,-s: *Grünanlage*
Park, der; -es,-s: *Fuhrpark, Gesamtbestand an Fahrzeugen*
Par-ka, der; -s,-s/die; -,-s: *wattierter Anorak mit Kapuze*
par-ken: *Fahrzeug abstellen*
Par-kett, das; -s,-e: *vorderer Teil des Theaterzuschauerraums*
Par-kett, das; -s,-e: *Fußbodentäfelung*
Park-haus, das; -es,-häu-ser
par-kie-ren: *schweizer. für „parken"*
Park-platz, der; -es, -plät-ze: *Autoabstellplatz*
Park-uhr, die; -,-en: *Gebührenautomat an Parkplätzen*
Park-ver-bot, das; -es,-e: *Verkehrsregel*
Par-la-ment, das; -es,-e: *gewählte Volksvertretung, Abgeordnetenhaus*
Par-la-men-tär, der; -s,-e: *Unterhändler zwischen feindlichen Streitkräften*
Par-la-men-ta-ri-er, der; -s,-: *Abgeordneter, Parlamentsmitglied*
par-la-men-ta-risch: *das Parlament betreffend*
Par-la-men-ta-ris-mus, der; -, keine Mehrzahl: *Staatsform, in der das Parlament Kontroll- und Entscheidungsbefugnis hat*

par-lie-ren: *sprechen, schnell reden, eine Fremdsprache gut beherrschen*
Par-mä-ne, die; -,-n: *Apfelsorte*
Par-me-san, der; -s, keine Mehrzahl: *Käseart*
pa-ro-chi-al (auch par-o-chi-al): *zur Parochie gehörend*
Pa-ro-chie (auch Par-o-chi), die; -,-n; *Pfarrbezirk*
Pa-ro-die (auch Par-o-die), die; -,-n: *komisch-übertreibende Nachahmung*
pa-ro-die-ren (auch par-o-die-ren): *mit einer Parodie verspotten*
Pa-ro-dist (auch Par-o-dist), der; -en,-en: *jemand, der satirisch nachahmt, Verfasser von Parodien*
pa-ro-dis-tisch (auch par-o-dis-tisch): *in der Art einer Parodie*
Pa-ro-don-to-se (auch Par-o-don-to-se), die; -, keine Mehrzahl: *Zurückbildung des Zahnfleisches und des Kieferknochens*
Pa-ro-le, die; -,-n: *Kennwort; auch: Schlagwort*
Pa-ro-li: *in der Wendung: jemandem Paroli bieten, jemandem trotzen, ihm etwas Gleichwertiges entgegensetzen*
Pa-ro-xys-mus (auch Par-o-xys-mus), der; -, Pa-ro-xys-men: *Anfall, Krankheitskrise*
Part, der; -s,-s/-e,-en: *Rolle; auch: Instrumentalstimme*
Par-tei, die; -,-en: *Zusammenschluss politisch Gleichgesinnter*
Par-tei, die; -,-en: *Gegner im Rechtsstreit*
Par-tei, die; -,-en: *Partner eines Vertrages*
Par-tei-gän-ger, der; -s,-: *Anhänger einer Partei*
par-tei-isch: *Partei ergreifend, einseitig eingestellt, nicht unbefangen*
par-tei-lich: *voreingenommen*
Par-tei-lich-keit, die; -,-en: *parteiliche Einstellung, Voreingenommenheit*
Par-tei-nah-me, die; -,-n: *das Parteinehmen*
Par-ter-re, das; -s,-s: *Erdgeschoss*
Par-the-no-ge-ne-se, die; -, keine Mehrzahl: *Entwicklung aus unbefruchteten Eizellen*
par-the-no-ge-ne-tisch: *auf Parthenogenese beruhend*
Par-tie, die; -,-n: *Spiel, Spieldurchgang*
Par-tie, die; -,-n: *Ausflug, Streifzug, Wanderung*
Par-tie, die; -,-n: *Heiratsgelegenheit*
Par-tie, die; -,-n: *Warenposten*

Partie

Par-tie, die; -,-n: *Gesangspart*
Par-tie, die; -,-n: *Aus-, Abschnitt, Teil*
par-ti-ell: *zum Teil, teilweise, anteilig*
Par-ti-kel, das; -s,-: *kleines Teilchen*
par-ti-ku-lar: *partikulär*
par-ti-ku-lär: *einen Teil betreffend, einzeln*
Par-ti-ku-la-ris-mus, der; -, keine Mehrzahl: *Bestrebung, die eigenen staatlichen Interessen gegenüber der Staatengemeinschaft durchzusetzen; auch: Kleinstaaterei*
par-ti-ku-la-ris-tisch: *den Partikularismus betreffend*
Par-ti-san, der; -en/-s,-en: *bewaffneter Widerstandskämpfer*
Par-ti-sa-nen-krieg, der; -es,-e: *von Partisanen geführter Krieg*
Par-ti-tur, die; -,-en: *Niederschrift eines Musikstückes*
Par-ti-zip, das; -es, Par-ti-zi-pi-en: *Grammatik: Mittelwort*
par-ti-zi-pie-ren: *teilnehmen, Anteil haben*
Part-ner, der; -s,-: *Lebensgefährte*
Part-ner, der; -s,-: *jemand, der an etwas beteiligt ist*
Part-ner, der; -s,-: *Mitspieler*
Part-ner-look [Partnerluk], der; -s, keine Mehrzahl: *ähnliche Kleidung von Partnern*
Part-ner-schaft, die; -,-en
par-tout [partuh]: *durchaus, unbedingt*
Par-ty, die; -,-s: *zwanglose Feier*
Par-ve-nü, der; -s,-s: *Emporkömmling*
Par-ze, die; -,-n (meist in der Mehrzahl): *römische Schicksalsgöttin*
Par-zel-le, die; -,-n: *Grundstück, kleinste Baulandeinheit*
par-zel-lie-ren: *in Parzellen einteilen*
Pas [Pa], der; -,-: *Tanzschritt im Ballett*
Pasch, der; -es,-e/Pä-sche: *Wurf mit Würfeln gleicher Augenzahl; auch: Dominostein mit gleicher Augenzahl*
Pa-scha, der; -s,-s: *Mann, der sich gerne bedienen lässt, arroganter, aufgeblasener Mann; früher: orientalischer Offizierstitel*
pa-schen: *einen Pasch würfeln*
pa-schen: *schmuggeln*
Pa-scher, der; -s,-: *Schmuggler*
Pa-so dob-le (auch Pa-so do-b-le) [Paso dohbl], der; - -,- -: *Gesellschaftstanz*
Pas-pel, die; -,-n: *Zierstreifen an Kleidungsstücken*
pas-pe-lie-ren: *paspeln*
pas-peln: *mit einer Paspel versehen*

Pass, der; -es, Päs-se: *Wildwechsel*
Pass, der; -es, Päs-se: *Gebirgsstraße*
Pass, der; -es, Päs-se: *Ausweis*
pas-sa-bel: *annehmbar, hinreichend*
Pas-sa-ge [Passahsche], die; -,-n: *Textstelle*
Pas-sa-ge [Passahsche], die; -,-n: *Musik: schnelle Tonfolge*
Pas-sa-ge [Passahsche], die; -,-n: *überdachte Ladenstraße*
Pas-sa-ge [Passahsche], die; -,-n: *Reise mit Schiff oder Flugzeug*
Pas-sa-ge [Passahsche], die; -,-n: *Durchfahrt, Durchlass*
Pas-sa-gier [Passaschiehr], der; -s,-e: *Reisender, Fahrgast, Mitreisender*
Pas-sa-gier-flug-zeug, das; -s,-e
Pas-sah-fest, das; -s, keine Mehrzahl: *jüdisches Fest im März*
Pas-sant, der; -en,-en: *Fußgänger*
Pas-sat, der; -es,-e: *ständig wehender Wind in den Tropen*
Pass-bild, das; -es,-er
Pas-se, die; -,-n: *angesetztes Schulterstück bei Kleidung*
pas-sen: *gefallen, angenehm sein*
pas-sen: *gut sitzen, zusammenpassen, angenehm sein*
pas-sen: *in einem Spiel nicht mehr mitbieten, verzichten*
Passe-par-tout [Passpartuh], das; -s,-s: *Bilderrahmen aus Karton*
Pass-gang, der; -es, keine Mehrzahl: *Pferdegangart*
pas-sier-bar: *gangbar, überschreitbar, durchquerbar*
pas-sie-ren: *seihen, hindurchdrücken*
pas-sie-ren: *geschehen, sich ereignen*
pas-sie-ren: *sich vorbeibewegen*
Pas-sier-schein, der; -es,-e: *Schein, der zum Betreten und Durchqueren berechtigt*
Pas-si-on, die; -,-en: *Leidensweg, Leidensgeschichte*
Pas-si-on, die; -,-en: *Leidenschaft, Neigung*
Pas-si-ons-spiel, das; -es,-e: *von Laiendarstellern aufgeführte Leidensgeschichte Christi*
pas-siv: *untätig, teilnahmslos, träge*
pas-siv: *leidend, duldend*
Pas-siv, das; -s, keine Mehrzahl: *Grammatik: Handlungsrichtung des Verbs, Leideform*

patschnass

Pas-si-va, die; -, keine Einzahl: *Verbindlichkeiten, Schulden*
Pas-si-vi-tät, die; -, keine Mehrzahl: *passives Wesen, Verhalten, Teilnahmslosigkeit*
Pass-kon-trol-le, die; -,-n
Pas-sus, der; -,-: *Abschnitt in einem Text*
Pas-ta, die; -, Pas-ten: *streichbare Masse*
Pas-tell, das; -s,-e: *Kurzwort für „Pastellzeichnung"*
Pas-te-te, die; -,-n: *gefülltes Blätterteiggebäck; auch: feine Leberwurst*
Pas-teu-ri-sa-ti-on [Pastörisation], die; -, keine Mehrzahl: *Pasteurisierung*
pas-teu-ri-sie-ren [pastörisieren]: *durch Erhitzen keimfrei machen*
Pas-teu-ri-sie-rung, die; -, keine Mehrzahl
Pas-til-le, die; -,-n: *Pille, Kügelchen, Plätzchen*
Pas-ti-nak, der; -s,-e: *Gemüse- und Futterpflanze*
Pas-ti-na-ke, die; -,-n: *Pastinak*
Pas-tor, der; -s,-en: *Pfarrer, Geistlicher*
pas-to-ral: *den Pastor betreffend*
pas-to-ral: *ländlich, idyllisch*
Pas-to-ra-le, das; -s,-s: *Darstellung von etwas Ländlichem in der Kunst*
Pas-to-rin, die; -,-nen
Pa-te, der; -n,-n: *Taufzeuge*
Pa-ten-kind, das; -es,-er
Pa-ten-schaft, die; -,-en: *Fürsorge, Sorgepflicht*
pa-tent: *geschickt, praktisch, tüchtig*
Pa-tent, das; -s,-e: *Urkunde über eine Qualifikation*
Pa-tent, das; -es,-e: *Urkunde über das Verwertungsrecht einer Erfindung*
Pa-tent-amt, das; -es, -äm-ter: *Behörde, die Patente erteilt*
pa-ten-tie-ren: *das Urheberrecht an einer Erfindung verleihen*
Pa-ter, der; -s, Pa-tres: *Priester, Mönch*
Pa-ter-nos-ter, der; -s,-: *Endlosaufzug*
Pa-ter-nos-ter, der; -s,-: *Vaterunser*
pa-the-tisch: *salbungsvoll, feierlich*
pa-tho-gen: *krankheitserregend*
Pa-tho-ge-ne-se, die; -,-n: *Entwicklung einer Krankheit*
Pa-tho-lo-ge, der; -n,-n: *Wissenschaftler der Pathologie*
Pa-tho-lo-gie, die; -, keine Mehrzahl: *Lehre von den Krankheiten*
pa-tho-lo-gisch: *die Pathologie betreffend*

Pa-thos, das; -s, keine Mehrzahl: *erhabene Leidenschaft, falsche, übertriebene Leidenschaft, Gefühlsaufwand*
Pa-ti-ence [Paßioñß], die; -,-n: *Kartenspiel*
Pa-ti-ent, der; -en,-en: *Arztkunde, Kranker in Behandlung*
Pa-ti-na, die; -, keine Mehrzahl: *Edelrost*
pa-ti-nie-ren: *mit Patina überziehen*
Pa-tis-se-rie, die; -,-n: *schweizer.: feines Backwerk, Geschäft dafür*
Pat-ri-arch (auch Pa-tri-arch), der; -en,-en: *Stammvater*
Pat-ri-arch (auch Pa-tri-arch), der; -en,-en: *hoher Bischof der Ostkirche*
pat-ri-ar-cha-lisch (auch pa-tri-ar-cha-lisch): *das Patriarchat betreffend*
Pat-ri-ar-chat (auch Pa-tri-ar-chat), das; -es,-e: *Männerherrschaft*
Pat-ri-ot (auch Pa-tri-ot), der; -en,-en: *für sein Vaterland Begeisterter*
pat-ri-o-tisch (auch pa-tri-o-tisch): *den Patriotismus betreffend*
Pat-rio-tis-mus (auch Pa-tri-o-tis-mus), der; -, keine Mehrzahl: *Vaterlandsliebe*
Pat-ri-zi-er (auch Pa-tri-zi-er), der; -s,-: *im Mittelalter: vornehmer Bürger*
Pat-ron (auch Pa-tron), der; -s,-e: *Schutzherr, Schirmherr*
Pat-ron (auch Pa-tron), der; -s,-e: *umgangssprachlich für „Kerl, Bursche"*
Pat-ro-ne (auch Pa-tro-ne), die; -,-n: *Geschoss, Munition*
Pat-ro-ne (auch Pa-tro-ne), die; -,-n: *Filmbehälter*
Pat-ro-ne (auch Pa-tro-ne), die; -,-n: *Mine für Kugelschreiber, Tintenbehälter*
Pat-ro-ne (auch Pa-tro-ne), die; -,-n: *Musterzeichnung für Stoffe*
Pat-ro-nen-gurt (auch Pa-tro-nen-gurt), der; -es,-e
Pat-rouil-le (auch Pa-trouil-le) [Patrullje], die; -,-n: *Streife, Kontrollgang*
pat-rouil-lie-ren (auch pa-trouil-lie-ren) [patrullieren]: *Streife gehen*
Pat-sche, die; -,-n: *Bedrängnis, unangenehme Lage*
Pat-sche, die; -,-n: *umgangssprachlich für „Kinderhand"*
Pat-sche, die; -,-n: *Fliegenklatsche*
pat-schen: *umgangssprachlich für „zuschlagen"*
patsch-nass (auch pat-sche-nass): *umgangssprachlich für „völlig durchnässt"*

Patschuli

Pat-schu-li, das; -s,-s: *Duftstoff*
patt: *Schach: zugunfähig*
Patt, das; -s,-s: *Gleichstand, Unentschieden*
Pat-te, die; -,-n: *Taschenklappe, Ärmelaufschlag an Kleidungsstücken*
pat-zen: *etwas verderben, Fehler machen*
Pat-zer, der; -s,-: *Fehler*
Pat-zer, der; -s,-: *jemand, der patzt*
pat-zig: *frech, unverschämt*
Pauk-bo-den, der; -s, -bö-den: *Fechtboden*
Pau-ke, die; -,-n: *Schlaginstrument, Trommel*
pau-ken: *intensiv lernen*
pau-ken: *auf der Pauke spielen, trommeln*
pau-ken: *fechten*
Pau-ker, der; -s,-: *Paukenspieler*
Pau-ker, der; -s,-: *umgangssprachlich für „Lehrer"*
Paus-ba-cke, die; -,-n: *dicke, rote Wange*
paus-ba-ckig: *rundwangig, mit vollen Wangen*
pau-schal: *alles zusammen, alles in begriffen, rund*
Pau-scha-le, die; -,-n: *Pauschalpreis, Summe, in der alles inbegriffen ist*
pau-scha-lie-ren: *zu einer Pauschale zusammenrechnen*
Pau-schal-rei-se, die; -,-n: *Urlaubsreise, in deren Preis sämtliche Leistungen inbegriffen sind*
Pausch-be-trag, der; -es, -be-trä-ge: *Pauschale*
Pau-se, die; -,-n: *Durchzeichnung, Kopie*
Pau-se, die; -,-n: *Ruhezeit, Unterbrechung, Rast*
pau-sen: *durchzeichnen, kopieren*
pau-sie-ren: *eine Pause einlegen*
Paus-pa-pier, das; -es, keine Mehrzahl: *Durchschlagpapier*
Pa-vi-an, der; -s,-e: *Affenart*
Pa-vil-lon [Pavilljoñ], der; -s,-s: *großes Zelt; frei stehendes Gebäude*
Pax, die; -, keine Mehrzahl: *Friede*
Pa-zi-fik, der; -s, keine Mehrzahl: *Stiller Ozean*
pa-zi-fisch: *den Pazifik betreffend*
Pa-zi-fis-mus, der; -, keine Mehrzahl: *Friedensliebe, Ablehnung des Krieges und des Kriegsdienstes*
Pa-zi-fist, der; -en,-en: *Anhänger des Pazifismus*

pa-zi-fis-tisch: *friedliebend, den Pazifismus betreffend*
Pech, das; -es,-e: *Rückstand bei der Teergewinnung*
Pech, das; -s, keine Mehrzahl: *Missgeschick, unglückliche Fügung*
Pech-blen-de, die; -, keine Mehrzahl: *Uranerz*
Pech-fa-ckel, die; -,-n: *mit Pech getränkte Fackel*
Pech-nel-ke, die; -,-n: *wilde Nelkenart*
pech-schwarz: *sehr schwarz*
Pech-sträh-ne, die; -,-n: *Reihe von Misserfolgen*
Pech-vo-gel, der; -s, -vö-gel: *jemand, der Pech hat*
Pe-dal, das; -es,-e: *Trethebel, Tretkurbel*
Pe-dant, der; -en,-en: *pedantischer Mensch*
Pe-dan-te-rie, die; -, keine Mehrzahl: *pedantisches Wesen, übertriebene Genauigkeit*
pe-dan-tisch: *übertrieben genau, kleinlich*
Pe-dell, der; -s,-e: *Schulhausmeister*
Pe-di-kü-re, die; -,-n: *Fußpflegerin*
Pe-di-kü-re, die; -,-n: *Fußpflege*
Pe-ga-sus, der; -, keine Mehrzahl: *sagenhaftes geflügeltes Pferd*
Pe-gel, der; -s,-: *Wasserstand*
Pe-gel, der; -s,-: *Wasserstandsmesser*
Pe-gel-stand, der; -es, -stän-de: *Wasserstand*
pei-len: *auskundschaften*
pei-len: *die Wassertiefe bestimmen*
pei-len: *eine Richtung bestimmen*
Pei-lung, die; -,-en: *das Peilen*
Pein, die; -, keine Mehrzahl: *Mühe, Schmerz, Qual*
pei-ni-gen: *quälen, foltern*
Pei-ni-ger, der; -s,-: *jemand, der peinigt*
Pei-ni-gung, die; -,-en: *das Peinigen*
pein-lich: *unangenehm, beschämend*
Pein-lich-keit, die; -, keine Mehrzahl: *peinliche Beschaffenheit*
Peit-sche, die; -,-n: *Stock mit Riemen oder Strick zum Schlagen*
peit-schen: *mit der Peitsche schlagen, vorantreiben*
Peit-schen-hieb, der; -es,-e: *Schlag mit der Peitsche*
Pek-tin, das; -s,-e: *Geliermittel*
pe-ku-ni-är: *das Geld betreffend*
Pe-lar-go-nie, die; -,-n: *Geranie*

perforieren

Pe-le-ri-ne, die; -,-n: *weiter, ärmelloser Umhang*
Pe-li-kan, der; -s,-e: *Vogelart*
Pel-le, die; -,-n: *Haut, Wursthaut, Schale*
pel-len: *häuten, schälen*
Pell-kar-tof-fel, die; -,-n: *ungeschält gekochte Kartoffel*
Pelz, der; -es,-e: *Fell, Haarkleid*
Pelz, der; -es,-e: *Kurzwort für „Pelzmantel"*
pel-zig: *behaart, rau*
pel-zig: *belegt*
Pelz-tier, das; -es,-e: *Tier, das wegen seines Fells getötet wird*
Pelz-werk, das; -es, keine Mehrzahl: *Verzierung aus Pelz*
Pem-mi-kan, der; -s, keine Mehrzahl: *getrocknetes und zerriebenes Fleisch, Dauerfleisch*
Pen-dant [Poñdoñ], das; -s,-s: *Gegenstück, Ergänzung*
Pen-del, das; -s,-: *um eine Achse frei schwingender Körper*
pen-deln: *frei schwingen*
pen-deln: *hin- und herfahren*
Pen-del-ver-kehr, der; -s, keine Mehrzahl: *regelmäßiger Berufsverkehr*
Pen-del-ver-kehr, der; -s, keine Mehrzahl: *regelmäßige Verkehrsverbindung zwischen zwei Orten, Zubringerverkehr*
Pend-ler, der; -s,-: *jemand, der zwischen Wohnort und Arbeitsplatz pendelt*
pe-ne-trant: *durchdringend, aufdringlich, lästig*
Pe-ne-tranz, die; -, keine Mehrzahl: *penetrante Beschaffenheit*
pe-ni-bel: *peinlich genau, sehr gewissenhaft, sorgfältig*
Pe-ni-cil-lin, das; -s, keine Mehrzahl: *aus Schimmelpilzen hergestelltes Antibiotikum*
Pe-nis, der; -,-se/Pe-nes: *männliches Glied*
Pen-nä-ler, der; -s,-: *Schüler*
Penn-bru-der, der; -s,-brü-der: *umgangssprachlich für „Obdachloser"*
Pen-ne, die; -,-n: *umgangssprachlich für „Schule"*
pen-nen: *umgangssprachlich für „schlafen, unaufmerksam sein"*
Pen-ner, der; -s,-: *Obdachloser*
Pen-ner, der; -s,-: *umgangssprachlich für „jemand, der schläft"*
Pen-si-on [Poñsiohn], die; -,-en: *Unterkunft, kleines Hotel*

Pen-si-on [Poñsiohn], die; -,-en: *Ruhegehalt, Rente*
Pen-si-o-när [Poñsionähr], der; -s,-e: *Rentner*
Pen-si-o-nat [Poñsionaht], das; -es, -e: *Schülerwohnheim*
pen-si-o-nie-ren: *in Pension schicken*
Pen-si-o-nie-rung, die; -,-en: *Versetzung in den Ruhestand*
pen-si-ons-be-rech-tigt: *mit Anrecht auf eine Pension*
Pen-sum, das; -s, Pen-sen/Pen-sa: *in einer bestimmten Zeit zu erledigende Arbeit, Aufgabe*
Pen-ta-gon, das; -s, keine Mehrzahl: *Verteidigungsministerium der USA*
Pen-ta-gon, das; -s,-s: *Fünfeck*
Pent-haus (auch Pent-house), das; -es, -häu-ser: *Wohnung, die auf einem Flachdach errichtet wurde*
Pep, der; -/-s, keine Mehrzahl: *umgangssprachlich für „Schwung, Elan"*
Pe-pe-ro-ni, die; keine Einzahl: *kleine, scharfe Pfeffer-, auch Paprikaschote*
Pe-pi-ta, der/das; -s,-s: *klein kariertes Muster, auch: Stoff mit diesem Muster*
Pep-sin, das; -s,-e: *Ferment des Magensaftes*
per: *durch, über, mit*
per-du [perdü]: *verloren, weg*
pe-remp-to-risch (auch per-emp-to-risch), peremtorisch: *vernichtend; auch: zwingend, endgültig*
pe-ren-nie-rend (auch per-en-nie-rend): *wiederkommend, überwinternd*
per-fekt: *vollkommen, ausgezeichnet*
Per-fekt, das; -es, keine Mehrzahl: *Grammatik: Vergangenheit*
Per-fek-ti-on, die; -, keine Mehrzahl: *Vollendung, Vollkommenheit*
per-fek-ti-o-nie-ren: *vervollkommnen*
Per-fek-ti-o-nis-mus, der; -, keine Mehrzahl: *Streben nach Vollkommenheit*
Per-fek-ti-o-nist, der; -en,-en: *jemand, der Perfektion anstrebt*
per-fid, perfide: *niederträchtig, heimtückisch, treulos*
Per-fi-die, die; -,-n: *heimtückische, niederträchtige Tat, Treulosigkeit, Hinterlist*
Per-fi-di-tät, die; -, keine Mehrzahl: *perfides Verhalten*
Per-fo-ra-ti-on, die; -,-en: *Reißlinie*
per-fo-rie-ren: *durchlöchern, Löcher stanzen*

Pergament

Per-ga-ment, das; -es,-e: *zum Schreiben verwendete Tierhaut; auch: alte Handschrift*
Per-ga-ment-pa-pier, das; -s, keine Mehrzahl: *fettdichtes, pergamentähnliches Papier*
Per-go-la, die; -, Per-go-len: *Laube, Laubengang*
Pe-ri-gä-um, das; -s, Pe-ri-gä-en: *Erdnähe eines anderen Planeten*
Pe-ri-hel, das; -s,-e: *Punkt der größten Sonnennähe eines Himmelskörpers*
Pe-ri-o-de, die; -,-n: *Menstruation*
Pe-ri-o-de, die; -,-n: *Umlaufzeit eines Himmelskörpers um einen anderen*
Pe-ri-o-de, die; -,-n: *Zeitabschnitt*
Pe-ri-o-den-sys-tem, das; -s, keine Mehrzahl: *Schema der chemischen Elemente, das nach Eigenschaften und Ordnungszahlen geordnet ist*
Pe-ri-o-di-kum, das; -s, Pe-ri-o-di-ka: *regelmäßig erscheinende Zeitschrift*
pe-ri-o-disch: *die Periode betreffend, regelmäßig wiederkehrend, nur zeitweise*
Pe-ri-o-di-zi-tät, die; -, keine Mehrzahl: *periodische Beschaffenheit, regelmäßige Wiederkehr*
Pe-ri-pe-tie, die; -,-n: *Wendepunkt, Umschwung (Drama)*
pe-ri-pher: *am Rand, außen*
Pe-ri-phe-rie, die; -,-n: *Umfangslinie; auch: Rand, Randgebiet*
Pe-ris-kop (auch Pe-ri-skop), das; -s, -e: *Sehrohr von Unterseebooten*
Pe-ris-tal-tik (auch Pe-ri-stal-tik), die; -, keine Mehrzahl: *Bewegung der inneren Organe*
pe-ris-tal-tisch (auch pe-ri-stal-tisch): *die Peristaltik betreffend*
Per-kal, der; -s,-e: *Baumwollstoff*
Per-kus-si-on, die; -,-en: *Untersuchung des Körpers durch Abklopfen*
per-ku-tan: *durch die Haut hindurch*
per-ku-tie-ren: *durch Abklopfen untersuchen*
Perl, die; -, keine Mehrzahl: *kleiner Schriftgrad*
Per-le, die; -,-n: *Tropfen*
Per-le, die; -,-n: *Luftbläschen in einer Flüssigkeit*
Per-le, die; -,-n: *glatte Kalkkugel*
Per-le, die; -,-n: *umgangssprachlich für „jemand, der gute Arbeit leistet"*
Perl-huhn, das; -es, -hüh-ner: *Fasanenart*

Perl-mu-schel, die; -,-n: *Muschel, die Perlen erzeugt*
Perl-mutt, das; -, keine Mehrzahl: *von der Perlmuschel abgesonderte Schaleninnenschicht*
Per-lon, das; -s, keine Mehrzahl: *Kunststoff*
Perl-zwie-bel, die; -,-n: *Zwiebelart*
per-ma-nent: *ständig, ununterbrochen, dauernd*
Per-ma-nenz, die; -, keine Mehrzahl: *Beständigkeit, Dauer*
per-mu-ta-bel: *vertauschbar, austauschbar*
Per-mu-ta-ti-on, die; -,-en: *Austauschbarkeit, Umstellung*
per-mu-tie-ren: *die Reihenfolge ändern, vertauschen*
per-oral: *durch den Mund (einnehmen)*
Per-pen-di-kel, das/der; -s,-: *Uhrpendel*
per-pe-tu-ell: *fortwährend, andauernd, unaufhörlich*
per-plex: *verblüfft, überrascht, verdutzt, betroffen*
Per-ron [Perroñ], der; -s,-s: *Bahnsteig*
Per-sen-ning, die; -,-e/-s: *wasserundurchlässiges Segeltuch, Abdeckung, Regenschutzhülle für Schiffe*
Per-ser, der; -s,-: *Einwohner Irans*
Per-ser, der; -s,-: *Kurzwort für „Perserteppich"*
Per-ser-tep-pich, der; -s,-e: *handgeknüpfter Teppich aus Persien*
Per-shing [Pörsching], die; -,-s: *Rakete, die in der Lage ist, eine Sprengladung bis zu 900 Kilometer weit zu befördern*
Per-si-a-ner, der; -s,-: *Mantel aus Lammfell*
Per-sif-la-ge (auch Per-si-fla-ge), [Persiflahsche], die; -,-en: *Verspottung*
per-sif-lie-ren (auch per-si-flie-ren): *verspotten*
per-sis-tent: *anhaltend, dauernd*
Per-son, die; -,-en: *Mensch*
Per-son, die; -,-en: *Figur im Drama*
Per-so-nal, das; -s, keine Mehrzahl: *Gesamtheit der Beschäftigten in einem Betrieb*
Per-so-nal-aus-weis, der; -es,-e: *Ausweis*
Per-so-na-li-en, die; -, keine Einzahl: *Angaben zur Person*
Per-so-nal-u-ni-on, die; -, keine Mehrzahl: *Vereinigung von mehreren Ämtern in einer Person*

Pfefferminze

per-so-nell: *das Personal betreffend*
Per-so-nen-be-schrei-bung, die; -,-en
per-sön-lich: *die Person betreffend*
per-sön-lich: *selbst*
per-sön-lich: *unsachlich, beleidigend*
Per-sön-lich-keit, die; -,-en: *Gesamtheit aller Wesenszüge einer Person*
Per-sön-lich-keit, die; -,-en: *wichtiger Mensch, bedeutende Person*
Pers-pek-ti-ve (auch Per-spek-ti-ve), die; -,-n: *scheinbares Zusammenlaufen paralleler Linien in der Ferne, in einem Fluchtpunkt*
Pers-pek-ti-ve (auch Per-spek-ti-ve), die; -,-n: *Zukunftsaussicht, Ausblick*
Pers-pek-ti-ve (auch Per-spek-ti-ve), die; -,-n: *Blickwinkel*
pers-pek-ti-visch (auch per-spek-ti-visch): *der Perspektive entsprechend*
Pe-rü-cke, die; -,-n: *künstliche Haare*
per-vers: *geschlechtlich krankhaft veranlagt, widernatürlich*
Per-ver-si-on, die; -,-en: *krankhafte Abweichung*
Per-ver-si-tät, die; -, keine Mehrzahl: *krankhafte, widernatürliche Veranlagung*
per-ver-tie-ren: *verfälschen, vom Normalen abweichend machen*
per-zep-ti-bel: *wahrnehmbar, erfassbar*
per-zi-pie-ren: *wahrnehmen*
Pes-sar, das; -s,-e: *Mittel zur Empfängnisverhütung*
Pes-si-mis-mus, der; -, keine Mehrzahl: *Schwarzseherei*
Pes-si-mist, der; -en,-en: *Schwarzseher*
pes-si-mis-tisch: *schwarzseherisch, nicht an einen Erfolg glaubend*
Pest, die; -, keine Mehrzahl: *der schwarze Tod, sehr gefährliche Infektionskrankheit*
Pest-beu-le, die; -,-n: *Pestgeschwür*
Pes-ti-lenz, die; -, keine Mehrzahl: *Pest*
Pe-ter-si-lie, die; -, keine Mehrzahl: *Gewürz*
Pe-tit, die; -, keine Mehrzahl: *kleiner Schriftgrad*
Pe-ti-ti-on, die; -,-en: *Eingabe, Bittschrift*
Pet-re-fakt (auch Pe-tre-fakt), das; -es,-e: *Versteinerung*
Pet-ro-che-mie (auch Pe-tro-che-mie), die; -, keine Mehrzahl: *Wissenschaft von der chemischen Zusammensetzung der Gesteine; auch: Petrolchemie*
pet-ro-che-misch (auch pe-tro-che-misch): *die Petrochemie betreffend*
Pet-rol-che-mie (auch Pe-trol-che-mie), die; -, keine Mehrzahl: *Chemie und technische Verarbeitung von Erdöl und Erdgas*
Pet-ro-le-um (auch Pe-tro-le-um), das; -s, keine Mehrzahl: *Kerosin, leichtes Öl*
Pet-schaft, die; -s,-e: *Siegelstempel*
Pet-ting, das; -s, keine Mehrzahl: *sexuelle Liebkosung ohne Geschlechtsverkehr*
Pe-tu-nie, die; -,-n: *Blumenart*
Petz, der; -es,-e: *Fabelname für den Bär*
Pet-ze, die; -,-n: *jemand, der petzt*
pet-zen: *verraten, anschwärzen*
Pfad, der; -es,-e: *Fußweg*
Pfad-fin-der, der; -s,-: *Angehöriger einer internationalen, halbmilitärischen Jugendorganisation*
Pfaf-fe, der; -n,-n: *abwertend für „Priester, Geistlicher"*
Pfahl, der; -es, Pfäh-le: *angespitzter Balken*
Pfahl-bau, der; -s,-ten: *auf Pfählen errichtetes Holzhaus*
Pfahl-wur-zel, die; -,-n: *lange, gerade Wurzel*
Pfalz, die; -,-en: *kaiserliche Residenz*
Pfand, das; -es, Pfän-der: *Sicherheit, Rücklage*
Pfand-brief, der; -es,-e: *festverzinsliche Schuldverschreibung*
pfän-den: *beschlagnahmen, um eine Forderung einzutreiben*
Pfän-der-spiel, das; -es,-e: *Spiel, bei dem Pfänder abgegeben werden*
Pfand-haus, das; -es, -häu-ser: *Leihhaus*
Pfän-dung, die; -,-en: *das Pfänden*
Pfan-ne, die; -,-n: *Gelenkkapsel*
Pfan-ne, die; -,-n: *Tiegel, flaches Bratgefäß*
Pfan-ne, die; -,-n: *Dachziegel*
Pfann-ku-chen, der; -s,-: *Eierkuchen*
Pfarr-be-zirk, der; -es,-e: *Amtsbezirk eines Pfarrers*
Pfar-rei, die; -,-en: *Pfarrbezirk*
Pfar-rer, der; -s,-: *evangelischer Geistlicher*
Pfarr-haus, das; -es, -häu-ser: *Wohnhaus des Pfarrers*
Pfau, der; -es/-en,-e/-en; *Vogelart*
Pfau-en-au-ge, das; -s,-n: *Schmetterlingsart*
Pfef-fer, der; -s,-: *Gewürz*
Pfef-fer-ku-chen, der; -s,-: *Lebkuchen*
Pfef-fer-min-ze, die; -, keine Mehrzahl: *Heilpflanze*

pfef-fern: *mit Pfeffer würzen*
pfef-fern: *umgangssprachlich für „werfen, heftig schleudern"*
pfeff-rig: *voll Pfeffer*
Pfei-fe, die; -,-n: *umgangssprachlich für „Trottel"*
Pfei-fe, die; -,-n: *Rauchgerät*
Pfei-fe, die; -,-n: *Musikinstrument; Signalinstrument*
pfei-fen, pfiff, gepfiffen: *mit den Lippen durch Blasen Töne erzeugen*
pfei-fen, pfiff, gepfiffen: *mit der Pfeife spielen*
pfei-fen, pfiff, gepfiffen: *bei der Polizei verraten*
pfei-fen, pfiff, gepfiffen: *in der Wendung: auf jemanden pfeifen, auf jemanden verzichten können*
Pfeil, der; -es,-e: *Geschoss*
Pfei-ler, der; -s,-: *Stütze, Säule*
pfeil-schnell: *sehr schnell*
Pfen-nig, der; -s,-e: *kleine Münze*
Pfen-nig-fuch-ser, der; -s,-: *Geizhals*
Pfen-nig-stück, das; -es,-e: *kleine Münze*
Pferch, der; -es,-e: *Koppel, Gehege*
pfer-chen: *zusammendrängen, auf kleinstem Raum unterbringen*
Pferd, das; -es,-e: *Reit- und Zugtier*
Pfer-de-ap-fel, der; -s, -äp-fel: *Pferdekot*
Pfer-de-fuß, der; -es, -fü-ße: *Fuß des Pferdes; auch: verborgene schlechte Eigenschaft*
Pfer-de-ren-nen, das; -s,-
Pfer-de-schwanz, der; -es, -schwän-ze: *Schwanz des Pferdes*
Pfer-de-schwanz, der; -es, -schwän-ze: *am Hinterkopf zusammengebundene Haare*
Pfer-de-stär-ke, die; -,-n: *alte Maßeinheit für die Leistung, Zeichen: PS*
Pfer-de-zucht, die; -,-en
Pfiff, der; -s,-e: *Trick, Kniff; Reiz, besondere Note*
Pfiff, der; -s,-e: *schriller Ton*
Pfif-fer-ling, der; -s,-e: *Speisepilz*
pfif-fig: *schlau, gewitzt, durchtrieben*
Pfif-fig-keit, die; -,-en: *Schläue, Durchtriebenheit*
Pfif-fi-kus, der; -,-se: *umgangssprachlich für „schlauer Mensch"*
Pfings-ten, das; -,-: *Pfingstfest, sieben Wochen nach Ostern*
Pfingst-ro-se, die; -,-n: *Blumenart*

Pfir-sich, der; -s,-e: *Obstart*
Pflan-ze, die; -,-n: *Gewächs*
pflan-zen: *Gewächse in die Erde setzen*
Pflas-ter, das; -s,-: *Straßenbelag*
Pflas-ter, das; -s,-: *Heilverband*
pflas-tern: *mit Pflaster belegen*
Pflas-ter-stein, der; -es,-e: *Stein des Straßenpflasters*
Pflau-me, die; -,-n: *Obstart, Zwetschge*
Pflau-me, die; -,-n: *umgangssprachlich für „Trottel"*
pflau-men: *umgangssprachlich für „necken, schelten"*
Pfle-ge, die; -, keine Mehrzahl: *Fürsorge, Obhut, Aufsicht*
Pfle-ge, die; -, keine Mehrzahl: *Instandhaltung, Reinhaltung*
pfle-ge-be-dürf-tig
Pfle-ge-el-tern, die; -, keine Einzahl: *Ehepaar, das ein Kind in Pflege genommen hat*
pfle-ge-leicht: *leicht zu pflegen*
pfle-gen: *fürsorglich behandeln, betreuen, versorgen*
pfle-gen: *etwas üblicherweise machen*
Pfle-ger, der; -s,-: *Krankenbetreuer*
Pfle-ge-rin, die; -,-nen: *Krankenbetreuerin*
pfleg-lich: *sorgfältig, sorgsam*
Pfleg-schaft, die; -, keine Mehrzahl: *Vormundschaft, Vermögensverwaltung*
Pflicht, die, -,-en: *Aufgabe, Schuldigkeit*
pflicht-be-wusst: *gewissenhaft*
Pflicht-be-wusst-sein, das; -s, keine Mehrzahl: *Pflichtgefühl*
pflicht-eif-rig
Pflicht-ge-fühl, das; -s,-e: *Verantwortungsbewusstsein*
pflicht-ge-mäß: *der Pflicht entsprechend*
Pflicht-teil, der; -es,-e: *gesetzlich zuerkannter Erbanteil*
Pflicht-ü-bung, die; -,-en: *vorgeschriebene sportliche Leistung bei Wettkämpfen*
pflicht-ver-ges-sen: *nachlässig, nicht pflichtgetreu*
Pflicht-ver-let-zung, die; -,-en: *Nichterfüllen der Pflichten*
pflicht-ver-si-chert: *in einer Pflichtversicherung versichert*
Pflicht-ver-si-che-rung, die; -,-en: *gesetzlich vorgeschriebene Versicherung*
pflicht-wid-rig: *gegen Pflichten verstoßend*

Philatelist

Pflock, der; -es, Pflöcke: *Pfahl, Zapfen*
pflo-cken: *an einen Pflock anbinden, mit einem Pflock befestigen*
pflö-cken: *pflocken*
pflü-cken: *abbrechen, abreißen, ernten*
Pflug, der; -es, Pflü-ge: *Ackergerät zum Aufbrechen und Wenden des Bodens*
pflü-gen: *mit dem Pflug arbeiten*
Pflug-schar, die; -,-en: *Schneideblatt des Pfluges*
Pfor-te, die; -,-n: *von einem Pförtner bewachter Eingang*
Pfor-te, die; -,-n: *kleine Tür, schmaler Eingang*
Pfört-ner, der; -s,-: *jemand, der einen Eingang bewacht*
Pfos-ten, der; -s,-: *seitliche Begrenzung des Fußballtores*
Pfos-ten, der; -s,-: *Stützpfeiler*
Pfo-te, die; -,-n: *Tierfuß*
Pfo-te, die; -,-n: *umgangssprachlich für „Hand"*
Pfo-te, die; -,-n: *umgangssprachlich für „Schrift, unleserliche Handschrift"*
Pfriem, der; -es,-e: *Ahle*
Pfropf, der; -es,-e: *Ballen, der den Durchfluss hindert, Korken, Stöpsel*
pfrop-fen: *veredeln*
pfrop-fen: *mit einem Pfropfen verschließen, zustopfen*
Pfrün-de, die; -,-n: *einträgliche Stelle*
Pfrün-de, die; -,-n: *Einkünfte aus einem Kirchenamt*
Pfuhl, der; -es,-e: *Morast, tiefe, schlammige Pfütze*
Pfühl, der; -es,-e: *Bett, Ruhebett, Federkissen*
pfui!: *Ausruf des Ekels*
Pfui-ruf, der; -es,-e: *laute Missfallensbekundung*
Pfund, das; -es,-: *britische Währungseinheit*
Pfund, das; -es,-e/(nach Zahlenangaben:) -: *Gewichtseinheit: 500 Gramm*
pfun-dig: *umgangssprachlich für „großartig, gut"*
Pfusch, der; -es, keine Mehrzahl: *österr. für „Schwarzarbeit"*
Pfusch, der; -es, keine Mehrzahl: *umgangssprachlich für „schlecht ausgeführte Arbeit"*
pfu-schen: *schlecht arbeiten*
Pfu-scher, der; -s,-: *jemand, der pfuscht, Stümper*

Pfüt-ze, die; -,-n: *Lache*
Pha-lanx, die; -, Pha-lan-gen: *geschlossene Reihe, Front; fest zusammenhaltende Gruppe von Gegnern*
phal-lisch: *den Phallus betreffend*
Phal-lus, der; -, Phal-li/Phal-len: *Penis*
Phal-lus-kult, der; -es,-e: *Verehrung des Phallus als Fruchtbarkeitssymbol*
Phä-no-men, das; -s,-e: *Erscheinung; auch: Absonderliches, Wunder*
phä-no-me-nal: *erstaunlich, großartig*
Phan-ta-sie (auch Fan-ta-sie), die; -,-n: *Trugbild, Träumerei*
Phan-tom, das; -s,-e: *Modell eines Körperteils für medizinische Übungen*
Phan-tom, das; -s,-e: *Trugbild, Gespenst*
Pha-ri-sä-er, der; -s,-: *scheinheiliger Mensch, Heuchler, selbstgerechter Mensch*
pha-ri-sä-er-haft: *wie ein Pharisäer*
Phar-ma-ko-lo-ge, der; -n,-n: *Arzneimittelwissenschaftler*
Phar-ma-ko-lo-gie, die; -, keine Mehrzahl: *Wissenschaft von den Arzneimitteln*
phar-ma-ko-lo-gisch: *die Pharmakologie betreffend*
Phar-ma-zeut, der; -en,-en: *wissenschaftlich ausgebildeter Apotheker*
phar-ma-zeu-tisch: *die Pharmazie betreffend*
Phar-ma-zie, die; -, keine Mehrzahl: *Arzneikunde*
Pha-ryn-gi-tis, die; -, keine Mehrzahl: *Rachenkatarr*
Pha-ryn-gos-kop (auch Pha-ryn-go-skop), das; -es,-e: *Kehlkopfspiegel*
Pha-se, die; -,-n: *Zustand eines schwingenden Systems*
Pha-se, die; -,-n: *Abschnitt, Stufe einer Entwicklung*
Pha-se, die; -,-n: *Zeit, in der von einem Himmelskörper nur ein Teil seiner beleuchteten Oberfläche zu sehen ist*
pha-sisch: *regelmäßig, in Phasen wiederkehrend*
Phe-nol, das; -es, keine Mehrzahl: *chemische Verbindung, Karbol*
Phi-lan-throp (auch Phil-an-throp), der; -en,-en: *Menschenfreund*
phi-lan-thro-pisch (auch phil-an-thro-pisch): *menschenfreundlich*
Phi-la-te-lie (auch Phil-a-te-lie), die; -, keine Mehrzahl: *Briefmarkenkunde*
Phi-la-te-list (auch Phil-a-te-list), der; -en,-en: *Briefmarkensammler und -kenner*

Philharmonie

Phil-har-mo-nie, die; -,-n: *Name von Orchestern und Konzertsälen*
Phil-har-mo-ni-ker, der; -s,-: *Musiker in einem Orchester; auch: das Orchester selbst (nur Mehrzahl)*
phil-har-mo-nisch: *die Philharmonie betreffend*
Phi-lis-ter, der; -s,-: *Spießbürger, engstirniger Mensch*
phi-lis-ter-haft: *engstirnig, kleinbürgerlich*
Phi-lo-dend-ron (auch Phi-lo-den-dron), der; -s, Phi-lo-dend-ren: *Zierstrauch*
Phi-lo-lo-ge, der; -n,-n: *Wissenschaftler der Philologie*
Phi-lo-lo-gie, die; -,-n: *Sprach- und Literaturwissenschaft*
phi-lo-lo-gisch: *die Philologie betreffend*
Phi-lo-soph, der; -en,-en: *Denker, Begründer einer Denkmethode*
Phi-lo-so-phie, die; -,-n: *Lehre vom Wissen, Denkmethode*
phi-lo-so-phie-ren: *Philosophie betreiben, nachdenken*
phi-lo-so-phisch: *die Philosophie betreffend*
Phi-mo-se, die; -,-n: *Vorhautverengung*
Phi-o-le, die; -,-n: *kleine Flasche mit langem Hals*
Phleg-ma, das; -s, keine Mehrzahl: *Trägheit, Gleichgültigkeit*
Phleg-ma-ti-ker, der; -s,-: *phlegmatischer Mensch*
phleg-ma-tisch: *träge, schwerfällig, gleichgültig*
Phleg-mo-ne, die; -,-n: *Zellgewebsentzündung*
Phlox, der; -es,-e; auch: die; -,-e: *Flammenblume*
Pho-bie, die; -,-n: *krankhafte Furcht*
Phö-nix, der; -es,-e: *sagenhafter Vogel, der sich selbst verbrennt und aus der Asche verjüngt wieder aufsteigt*
Phos-phat, das; -es,-e: *Salz der Phosphorsäure*
Phos-phor, der; -s, keine Mehrzahl: *chemisches Element, Nichtmetall, Zeichen: P*
Phos-pho-res-zenz, die; -, keine Mehrzahl: *Fähigkeit, selbst zu leuchten*
phos-pho-res-zie-ren: *von sich aus leuchten*
Phra-se, die; -,-n: *Abschnitt eines Musikstückes*

Phra-se, die; -,-n: *Redewendung, abgedroschene Redensart, leere Versprechung*
phra-sen-haft: *wie eine Phrase, mit Phrasen, nichtssagend*
Phy-sik, die; -, keine Mehrzahl: *Lehre von den Erscheinungsformen und Eigenschaften der Materie*
phy-si-ka-lisch: *die Physik betreffend*
Phy-si-ker, der; -s,-: *Wissenschaftler der Physik*
Phy-si-kum, das; -s, Phy-si-ka: *umgangssprachlich für „medizinische Zwischenprüfung"*
Phy-si-og-no-mie (auch Phy-si-o-gnomie), die; -,-n: *äußere Erscheinungsform des Menschen, besonders des Gesichts*
phy-si-og-no-misch (auch phy-si-o-gnomisch): *die Physiognomie betreffend*
Phy-si-o-lo-ge, der; -n,-n: *Wissenschaftler der Physiologie*
Phy-si-o-lo-gie, die; -, keine Mehrzahl: *Wissenschaft von den Lebensvorgängen*
phy-si-o-lo-gisch: *die Physiologie betreffend*
Phy-sis, die; -, keine Mehrzahl: *natürliche Körperbeschaffenheit*
phy-sisch: *die Physis betreffend*
phy-to-gen: *aus Pflanzen entstanden*
Phy-to-the-ra-pie, die; -,-n: *Pflanzenheilkunde*
Pi, das; -/-s,-s: *Zahl, die das Verhältnis zwischen Kreisumfang und Kreisdurchmesser angibt*
pi-a-nis-si-mo: *Musik: sehr leise*
Pi-a-nist, der; -en,-en: *Klavierspieler*
Pi-a-nis-tin, die; -,-nen: *Klavierspielerin*
Pi-a-no, das; -s,-s: *Klavierart*
Pi-a-no, das; -s, keine Mehrzahl: *leiser Gesang, leise Musik*
Pi-ca-dor, der; -s, Pi-ca-do-res: *berittener Stierkämpfer*
Pic-co-lo, der; -s,-s: *Pikkolo*
pi-cheln: *umgangssprachlich für „trinken"*
Pi-ckel, der; -s,-: *Spitzhacke*
Pi-ckel, der; -s,-: *Eiterbläschen, Pustel*
Pi-ckel-hau-be, die; -,-n: *Spitzhaube, Spitzhelm*
pi-cke-lig: *voller Pickel*
pi-cken: *mit dem Schnabel zustoßen, mit dem Schnabel aufnehmen*
Pi-ckerl, das; -s,-n (österreichisch): *Aufkleber, Plakette*

Pin-up-Girl

Pick-nick, das; -s,-s: *Mahlzeit während eines Ausflugs*
Pi-e-des-tal, das; -s,-e: *Sockel, Podest*
piek-fein: *umgangssprachlich für „herausgeputzt, sehr fein gemacht"*
pie-pen: *einen feinen Laut von sich geben*
Piep-matz, der; -es,-e/-mät-ze: *Kindersprache für „Vogel"*
piep-sen: *piepen, mit einer feinen, hohen Stimme sprechen*
Pier, der; -s,-e; auch: die; -,-s: *Anlegestelle, Hafendamm*
Pier-rot [Piäroh], der; -s,-s: *Pantomimefigur*
pie-sa-cken: *umgangssprachlich für „peinigen, schikanieren"*
Pi-e-ta, die; -,-s: *Darstellung Marias mit dem toten Christus*
Pi-e-tät, die; -, keine Mehrzahl: *religiöse Ehrfurcht, Achtung; Achtung vor den Toten*
pi-e-tät-los: *ehrfurchtslos*
Pi-e-tät-lo-sig-keit, die; -,-en
Pi-e-tis-mus, der; -, keine Mehrzahl: *gefühlsbetonte Frömmigkeit*
Pig-ment, das; -es,-e: *körpereigener Farbstoff; auch: chemisch hergestellter Lackfarbstoff*
Pig-ment-fleck, der; -s,-en: *Sommersprosse*
pig-men-tie-ren: *durch Pigment färben*
pi-kant: *schlüpfrig, anzüglich*
pi-kant: *scharf, kräftig gewürzt*
Pi-kan-te-rie, die; -,-n: *anzügliche Bemerkung*
Pi-kan-te-rie, die; -, keine Mehrzahl: *pikante Beschaffenheit*
Pi-ke, die; -,-n: *Landsknechtspieß*
Pi-ke, die; -,-n: *in der Wendung: von der Pike auf lernen, von Beginn an lernen*
Pi-kee, der; -s,-s: *Gewebeart*
pi-kie-ren: *junge Pflanzen vereinzeln und umsetzen*
pi-kiert: *beleidigt, verärgert, unangenehm berührt*
Pik-ko-lo, der; -s,-s: *Kellnerlehrling*
Pik-ko-lo, der/das; -s,-s: *Kurzwort für „Pikkoloflöte"*
Pik-ko-lo, die; -,-s: *umgangssprachlich für „kleine Sektflasche"*
Pik-to-gramm, das; -s,-e: *Bild oder Zeichen mit leicht ersichtlichem Inhalt*
Pi-las-ter, der; -s,-: *Wandpfeiler*
Pil-ger, der; -s,-: *Wallfahrer*
pil-gern: *wallfahren*
pil-gern: *umgangssprachlich für „wandern"*
Pilg-rim (auch Pil-grim), der; -s,-e: *veraltet für „Pilger"*
Pil-le, die; -,-n: *Arzneimittel in Kugelform*
Pil-le, die; -, keine Mehrzahl: *umgangssprachlich für „Antibabypille"*
Pil-le, die; -,-n: *umgangssprachlich für „Fußball"*
Pil-len-knick, der; -s, keine Mehrzahl: *Geburtenrückgang infolge der Einführung der Antibabypille*
Pi-lot, der; -en,-en: *Flugzeugführer*
Pi-lo-te, die; -,-n: *Rammpfahl*
pi-lo-tie-ren: *ein Fahrzeug steuern*
pi-lo-tie-ren: *einen Pfahl einrammen*
Pi-lot-pro-jekt, das; -es,-e: *in der Erprobung befindliches Projekt*
Pils, das; -,-: *Biersorte*
Pilz, der; -es,-e: *Pflanzenart*
Pi-ment, der/das; -es,-e: *Gewürz*
pim-pe-lig: *umgangssprachlich für „zimperlich, wehleidig, empfindlich"*
Pim-per-nell, der; -s,-e: *Pimpinelle*
Pim-pi-nel-le, die; -, keine Mehrzahl: *Gewürzpflanze*
Pi-na-ko-thek, die; -,-en: *Gemäldesammlung*
pin-ge-lig: *kleinlich, übergenau*
Ping-pong, das; -s, keine Mehrzahl: *Tischtennis*
Pin-gu-in, der; -s,-e: *flugunfähiger Vogel*
Pi-nie, die; -,-n: *Baumart*
pink: *rosa*
Pin-ke, die; -, keine Mehrzahl: *umgangssprachlich für „Geld"*
pin-keln: *umgangssprachlich für „Harn lassen, urinieren"*
Pin-ne, die; -,-n: *Nagel, Stift, Reißzwecke*
Pin-ne, die; -,-n: *Hebel des Steuerruders*
pin-nen: *mit einer Pinne befestigen*
Pin-scher, der; -s,-: *Hundeart*
Pin-scher, der; -s,-: *umgangssprachlich für „kleiner Hund"*
Pin-sel, der; -s,-: *Malerwerkzeug*
Pin-sel, der; -s,-: *umgangssprachlich für „einfältiger Mensch"*
pin-seln: *malen*
Pin-te, die; -,-n: *Kneipe*
Pin-up-Girl [Pin ap Görl], das; -s,-s: *Illustriertenbild einer Frau; auch: die Frau selbst*

Pinzette

Pin-zet-te, die; -,-n: *Federzange*
Pi-o-nier, der; -s,-e: *Wegbereiter, jemand, der etwas Bahnbrechendes macht, erster Siedler*
Pi-o-nier, der; -s,-e: *Bausoldat*
Pipe-line [Paiplain], die; -,-s: *Rohrleitung*
Pi-pet-te, die; -,-n: *Saugröhrchen*
Pips, der; -es, keine Mehrzahl: *Geflügelkrankheit*
Pi-ran-ha [Piranja], der; -s,-s: *Raubfisch*
Pi-rat, der; -en,-en: *Seeräuber*
Pi-ra-ten-sen-der, der; -s,-: *Sender ohne Sendelizenz*
Pi-ra-te-rie, die; -,-n: *Seeräuberei*
Pi-rog-ge, die; -,-n: *Blätterteigpastete*
Pi-rol, der; -s,-e: *Vogelart*
Pi-rou-et-te, die; -,-n: *mehrmalige Drehung um die eigene Achse; auch: Kunstreiterfigur*
pi-rou-et-tie-ren: *eine Pirouette ausführen*
Pirsch, die; -, keine Mehrzahl: *Anschleichen an das Wild*
pir-schen: *sich anschleichen*
Pis-se, die; -, keine Mehrzahl: *umgangssprachlich für „Urin, Harn"*
pis-sen: *umgangssprachlich für „Harn lassen, urinieren"*
Pis-soir [Pissoahr], das; -s,-s/-e: *Bedürfnisanstalt für Männer*
Pis-ta-zie, die; -,-n: *mittelmeerischer, immergrüner Strauch; auch: dessen Samenkerne*
Pis-te, die; -,-n: *unbefestigte Straße*
Pis-te, die; -,-n: *Landebahn*
Pis-te, die; -,-n: *Skipiste*
Pis-to-le, die; -,-n: *Handfeuerwaffe*
Pis-to-len-ku-gel, die; -,-n
Pis-ton [Pistoñ], das; -s,-s: *Pumpenkolben*
Pis-ton [Pistoñ], das; -s,-s: *Ventil der Blechblasinstrumente*
pitsch-nass (auch pitsche-nass): *umgangssprachlich für „völlig nass"*
pit-to-resk: *malerisch*
Piz-za, die; -,-s/Piz-zen/Piz-ze: *italienisches Fladengericht*
Piz-ze-ria, die; -,-s/Piz-ze-ri-en: *italienisches Restaurant*
Piz-zi-ka-to, das; -s,-s/Piz-zi-ka-ti: *mit Streichinstrumenten gezupfte Tonfolge*
Pla-ce-bo, das; -s,-s: *wirkungslose, einer echten Arznei nachgebildete Tablette oder Arznei, Scheinarznei*

pla-cken, sich: *sich plagen, sich anstrengen*
Pla-cke-rei, die; -,-en: *Schwerarbeit, Mühsal, Plage*
plad-dern: *umgangssprachlich für „heftig regnen", prasseln*
plä-die-ren: *für etwas sprechen, für etwas eintreten*
Plä-do-yer [Plädojeh], das; -s,-s: *zusammenfassende Rede eines Anwalts oder Staatsanwalts vor Gericht*
Pla-ge, die; -,-n: *Heimsuchung, Missgeschick*
Pla-ge, die; -,-n: *Mühe, schwere Arbeit*
pla-gen: *peinigen*
pla-gen, sich: *sich abarbeiten, sich mühen*
Pla-gi-at, das; -es,-e: *Diebstahl geistigen Eigentums*
Pla-gi-a-tor, der; -s,-en: *jemand, der ein Plagiat begeht*
pla-gi-ie-ren: *ein Plagiat begehen*
Plaid [Pläid], das; -s,-s: *Reisedecke*
Pla-kat, das; -es,-e: *öffentlicher Aushang*
pla-ka-tie-ren: *ein Plakat anbringen, durch ein Plakat bekannt geben*
pla-ka-tiv: *in der Art eines Plakats, in groben Zügen*
Pla-ket-te, die; -,-n: *Gedenkmünze*
plan: *eben, flach, glatt*
Plan, der; -es, Plä-ne: *Zeiteinteilung*
Plan, der; -es, Plä-ne: *Skizze, Grundriss, Karte*
Plan, der; -es, Plä-ne: *Absicht, Vorhaben*
Pla-ne, die; -,-n: *dicke Schutzdecke*
pla-nen: *beabsichtigen, vorhaben*
pla-nen: *einen Plan von etwas erstellen*
Pla-net, der; -en,-en: *Himmelskörper, der sich um die Sonne bewegt*
pla-ne-ta-risch: *die Planeten betreffend*
Pla-ne-ta-ri-um, das; -s, Pla-ne-ta-ri-en: *Vorrichtung zur Darstellung des Sternenhimmels*
pla-nie-ren: *einebnen, glätten*
Pla-nier-rau-pe, die; -,-n: *schwere Maschine für Erdbewegungen*
Pla-ni-me-trie, die; -, keine Mehrzahl: *Geometrie der Ebene*
Plan-ke, die; -,-n: *Leitplanke*
Plan-ke, die; -,-n: *Brett, Bohle*
Plän-ke-lei, die; -,-en: *leichtes Gefecht*
Plän-ke-lei, die; -,-en: *Wortgefecht*
plän-keln: *scherzhaft streiten*
plän-keln: *Schüsse wechseln*

Play-back

Plank-ton, das; -s, keine Mehrzahl: *Kleinstlebewesen des Meeres*
plan-los: *ohne Plan*
Plan-lo-sig-keit, die; -, keine Mehrzahl
plan-mä-ßig: *nach Plan*
Plan-ta-ge, die; -,-n: *große Pflanzung*
Plantsch-be-cken (auch Plansch-be-cken), das; -s,-: *flaches Becken*
plant-schen (auch plan-schen): *im/mit Wasser spielen*
Pla-nung, die; -,-en: *das Planen*
plap-pern: *schwätzen, daherreden, kindlich sprechen*
plär-ren: *schreien, heulen, weinen, quengeln*
Plas-ma, das; -s, Plas-men: *freie, elektrisch geladene Atome, ionisiertes Gas*
Plas-ma, das; -s, Plas-men: *flüssiger Bestandteil von Blut und Milch*
Plas-tik, das; -s,-s: *Kunststoff*
Plas-tik, die; -, keine Mehrzahl: *Bildhauerkunst*
Plas-tik, die; -,-en: *Statue, Erzeugnis der Bildhauerkunst*
Plas-tik, die; -,-en: *künstliches Gewebs- und Organteil*
plas-tisch: *formbar, modellierbar, knetbar*
plas-tisch: *die Plastik betreffend*
plas-tisch: *anschaulich, deutlich, bildhaft*
Plas-ti-zi-tät, die; -, keine Mehrzahl: *plastische Beschaffenheit*
Plast-ron (auch Plas-tron) [Plastroñ], der/das; -s,-s: *Brustschutz der Fechter*
Pla-ta-ne, die; -,-n: *Baumart*
Pla-teau [Platoh], das; -s,-s: *Hochebene*
Pla-tin, das; -s, keine Mehrzahl: *Edelmetall, Zeichen: Pt*
Pla-ti-tü-de, die; -,-n: *Abgedroschenheit, Abgeschmacktes, Plattheit, Nichtssagendes*
pla-to-nisch: *auf der Philosophie Platons beruhend*
pla-to-nisch: *enthaltsam, geistig*
plät-schern
platt: *nichts sagend*
platt: *flach, eben, breit gedrückt*
Platt-deutsch, das; -en, keine Mehrzahl: *Niederdeutsch, Mundart*
Plat-te, die; -,-n: *Glatze*
Plat-te, die; -,-n: *Kurzwort für „Schallplatte"*
Plat-te, die; -,-n: *fotografische Gasplatte*
Plat-te, die; -,-n: *Fläche, Scheibe*

Plätt-ei-sen, das; -s,-: *Bügeleisen*
plät-ten: *glätten, bügeln*
Plat-ten-spie-ler, der; -s,-: *Abspielgerät für Schallplatten*
Platt-form, die; -,-en: *erhöhte Fläche*
Platt-fuß, der; -es,-fü-ße: *platter Reifen*
Platt-fuß, der; -es,-fü-ße: *Fuß, der eine zu geringe Wölbung hat*
Platz, der; -es, Plät-ze: *Anstellung*
Platz, der; -es, Plät-ze: *Sitzgelegenheit*
Platz, der; -es, Plät-ze: *freie Fläche in einer Stadt*
Platz, der; -es, Plät-ze: *Sportplatz*
Platz, der; -es, Plät-ze: *Stelle, Ort*
Platz-angst, die; -, keine Mehrzahl: *Angst, eine freie Fläche zu betreten und zu überqueren; auch umgangssprachlich für „Beklemmungsgefühl"*
Plätz-chen, das; -s,-: *Keks, kleiner Kuchen*
Plätz-chen, das; -s,-: *kleiner Platz*
plat-zen: *explodieren, auseinander fliegen, bersten*
plat-zie-ren: *an einen Platz bringen, stellen, legen*
plat-zie-ren, sich: *unter Wettbewerbsteilnehmern einen bestimmten (guten) Platz einnehmen*
Plat-zie-rung, die; -, keine Mehrzahl: *das Belegen der ersten drei Plätze bei einem Wettkampf*
Platz-pat-ro-ne (auch Platz-pa-tro-ne), die; -,-n: *Übungsmunition*
Platz-re-gen, der; -s, keine Mehrzahl: *sehr heftiger Regenschauer*
Platz-ver-weis, der; -es,-e: *Sport: Verweis eines Spielers vom Feld*
Plau-de-rei, die; -,-en: *leichte, ungezwungene Unterhaltung*
plau-dern: *sich leicht und ungezwungen unterhalten*
Plau-der-ta-sche, die; -,-n: *umgangssprachlich für „schwatzhafter Mensch"*
plau-schen: *umgangssprachlich für „sich gemütlich unterhalten, plaudern"*
plau-si-bel: *einleuchtend, begründet*
Plauz, der; -es,-e: *umgangssprachlich für „Fall, Sturz"*
Plau-ze, die; -,-n: *umgangssprachlich für „Bauch, Dickwanst"*
Plau-ze, die; -,-n: *umgangssprachlich für „Lunge"*
Play-back (auch Play-back) [Pläibäck], das; -,-s: *Tonaufzeichnungsverfahren, Wiedergabe*

Playboy

Play-boy [Pläiboi], der; -s,-s: *junger Mann, der nur seinem Vergnügen nachgeht*
Pla-zen-ta, die; -,-s: *Mutterkuchen, Nachgeburt*
Pla-zet, das; -s,-s: *Einwilligung, Erlaubnis, Zustimmung*
Ple-be-jer, der; -s,-: *Angehöriger der unteren Gesellschaftsschicht im alten Rom; ungehobelter Mensch*
ple-be-jisch: *ungebildet, ungehobelt*
Ple-bis-zit, das; -es,-e: *Volksentscheid*
plei-te: *zahlungsunfähig*
Plei-te, die; -,-n: *Misserfolg*
Plei-te, die; -,-n: *Zahlungsunfähigkeit, Konkurs, Insolvenz*
Plei-te-gei-er, der; -s,-: *Sinnbild für drohende Pleite; scherzhaft für den Adler auf dem amtlichen Pfändungssiegel*
Ple-ja-den, die; -, keine Einzahl: *Siebengestirn, Sternhaufen*
Plem-pe, die; -,-n: *umgangssprachlich für „schlechtes, wässriges Getränk"*
plem-pern: *umgangssprachlich für „planschen, spritzen"*
Ple-nar-sit-zung, die; -,-en: *Sitzung der Vollversammlung*
Ple-num, das; -s, keine Mehrzahl: *Vollversammlung*
Ple-o-nas-mus, der; -, Ple-o-nas-men: *Häufung von sinnverwandten Ausdrücken: weißer Schimmel*
Pleu-el-stan-ge, die; -,-n: *Schubstange*
Ple-xi-glas, das; -es, keine Mehrzahl: *glasähnlicher Kunststoff*
Ple-xus, der; -,-: *Nerven- oder Gefäßgeflecht*
Plin-se, die; -,-n: *Pfannkuchen; auch: Kartoffelpuffer*
plis-sie-ren: *mit Falten versehen*
Plock-wurst, die; -, -würs-te: *Dauerwurstart*
Plom-be, die; -,-n: *Zahnfüllung*
Plom-be, die; -,-n: *Metallsiegel*
plom-bie-ren: *einen Zahn füllen*
plom-bie-ren: *versiegeln*
Plöt-ze, die; -,-n: *Fischart*
plötz-lich: *jäh, unversehens*
Plu-der-ho-se, die; -,-n: *weite, halblange Hose*
Plu-meau [Plümoh], das; -s,-s: *Federbett*
plump: *gedrungen, ungeschlacht, unbeweglich, ungeschickt, derb, roh*
plump-sen: *schwerfällig fallen*

Plun-der, der; -s, keine Mehrzahl: *unnützer Kram, wertloses Zeug*
Plun-der-ge-bäck, das; -s, keine Mehrzahl
plün-dern: *ausrauben*
Plün-de-rung, die; -,-en: *das Plündern*
Plu-ral, der; -s,-e: *Grammatik: Mehrzahl*
Plu-ra-lis-mus, der; -, keine Mehrzahl: *Lehre, dass die Wirklichkeit keine Einheit ist, sondern aus vielfältigen Prinzipien besteht*
Plu-ra-lis-mus, der; -, keine Mehrzahl: *Lehre vom Staat als Zusammensetzung verschiedener Interessen- und Machtgruppen*
plu-ra-lis-tisch: *den Pluralismus betreffend*
plus: *Mathematik: und, zusätzlich, dazugezählt*
Plus, das; -,-: *Vorteil*
Plus, das; -,-: *Überschuss*
Plüsch, der; -es,-e: *Gewebeart*
Plus-pol, der; -es,-e: *positiv geladener Pol einer Stromquelle*
Plus-punkt, der; -es,-e: *Gewinnpunkt*
Plus-quam-per-fekt, das; -es,-e: *Vorvergangenheit des Verbs*
plus-tern, sich: *sich sträuben, Federn lockern*
Plu-to-kra-tie, die; -,-n: *Geldherrschaft*
Plu-to-ni-um, das; -s, keine Mehrzahl: *stark radioaktives künstliches Element, Zeichen: Pu*
Pneu-ma-tik, die; -, keine Mehrzahl: *Lehre von der Luft und ihren Bewegungen*
Pneu-mo-nie, die; -,-n: *Lungenentzündung*
Pneu-mo-tho-rax, der; -,-e: *krankhafte Luftansammlung in der Brusthöhle; auch künstlich hervorgerufen*
Po, der; -s,-s: *Kurzwort für „Popo"*
Pö-bel, der; -s, keine Mehrzahl: *Pack, Abschaum*
pö-beln: *beschimpfen, belästigen*
po-chen: *klopfen*
Po-cke, die; -,-n: *Blatter*
po-cken-nar-big: *durch Pockennarben entstellt*
Po-dest, das; -es,-e: *Absatz, Empore, Podium*
Po-dex, der; -/-es,-e: *umgangssprachlich für „Gesäß"*
Po-di-um, das; -s, Po-di-en: *Bühne*

Polizeistunde

Po-di-ums-ge-spräch, das; -es,-e: *Diskussion vor Zuschauern*
Po-e-sie, die; -,-n: *Dichtkunst*
Po-et, der; -en,-en: *Dichter*
Po-e-tik, die; -,-en: *Lehre von der Poesie*
po-e-tisch: *die Poesie betreffend*
Pog-rom (auch Po-grom), das; -es,-e: *Hetze, rassistische Ausschreitung*
Poin-te [Poañte], die; -,-n: *Schlusseffekt, Hauptsache*
poin-tie-ren [poañtieren]: *betonen, herausheben*
Po-kal, der; -s,-e: *Ehrengabe, Siegestrophäe; Trinkbecher*
Pö-kel-fisch, der; -es,-e: *gepökelter Fisch*
Pö-kel-fleisch, das; -es, keine Mehrzahl: *gepökeltes Fleisch*
pö-keln: *in Salzlake einlegen*
Po-ker, das; -s, keine Mehrzahl: *Glücksspiel mit Karten*
po-kern: *Poker spielen, auch: ein Risiko eingehen*
Pol, der; -s,-e: *Drehpunkt*
Pol, der; -s,-e: *Ein- und Austrittsstelle von magnetischen Kraftlinien bei Magneten*
Pol, der; -s,-e: *Endpunkt der Erdachse, Endpunkt der Magnetachse*
Pol, der; -s,-e: *Anschlussstelle von Stromquellen*
po-lar: *den Pol betreffend, zum Pol gehörend*
Po-la-ri-sa-ti-on, die; -,-en: *Beschränkung der Lichtschwingungen auf eine Schwingungsebene*
Po-la-ri-sa-ti-on, die; -, keine Mehrzahl: *Hervortreten oder Herausbilden von Gegensätzen*
po-la-ri-sie-ren: *sich gegensätzlich entwickeln*
po-la-ri-sie-ren: *Licht der Polarisation unterwerfen*
Po-la-ri-tät, die; -, keine Mehrzahl: *Gegensätzlichkeit*
Po-lar-kreis, der; -es,-e: *Breitenkreis, der das Polargebiet begrenzt*
Po-lar-licht, das; -s,-er: *in den Polarregionen auftretende Lichterscheinung der Hochatmosphäre*
Po-lar-nacht, die; -, -näch-te: *Zeitraum, in dem die Sonne in den Polarregionen ständig unter dem Horizont bleibt*
Po-lar-rou-te, die; -,-n: *Flugstrecke, die über den Pol führt*

Po-lar-stern, der, -s, keine Mehrzahl: *Stern, der in der Nähe des Himmelsnordpols steht*
Pol-der, der; -s,-: *Koog, eingedeichtes Land*
Po-le-mik, die: -,-en: *unsachlicher Angriff, wissenschaftlicher Streit*
po-le-misch: *unsachlich, feindselig, streitbar*
po-le-mi-sie-ren: *wissenschaftlich streiten, unsachlich streiten*
Po-len-ta, die; -,-s: *Maisgericht*
Po-len-te, die; -, keine Mehrzahl: *umgangssprachlich für „Polizei"*
Po-li-ce [Poließe], die; -,-n: *Versicherungsurkunde*
Po-lier, der; -s,-e: *Vorarbeiter der Bauarbeiter und Zimmerleute*
po-lie-ren: *blank putzen, glänzend machen*
Po-li-kli-nik, die; -,-en: *Krankenhaus mit einer Abteilung für ambulante Behandlung*
Po-lio, die; -, keine Mehrzahl: *Kurzwort für „Poliomyelitis, Kinderlähmung"*
Po-li-o-my-e-li-tis, die; -, keine Mehrzahl: *Kinderlähmung*
Po-lit-bü-ro, das; -s,-s: *ständiges Gremium des Zentralkomitees einer kommunistischen Partei*
Po-li-tes-se, die; -,-n: *Hilfspolizistin*
Po-li-tik, die; -,-en: *Staatskunst*
Po-li-ti-ker, der; -s,-: *Staatsmann, jemand, der an der Politik aktiv teilnimmt*
Po-li-ti-kum, das; -s, Po-li-ti-ka: *Gegenstand der Politik, Sache von politischer Bedeutung*
po-li-tisch: *die Politik betreffend*
po-li-ti-sie-ren: *über Politik reden*
po-li-ti-sie-ren: *politisch bewusst und aktiv werden*
Po-li-tur, die; -,-en: *Glanz, Glanzmittel*
Po-li-zei, die; -,-en: *staatliche Sicherheitsmacht; auch: deren Mitglieder; auch: deren Gebäude*
po-li-zei-lich: *die Polizei betreffend*
Po-li-zei-prä-si-di-um, das; -s,-prä-si-di-en: *Polizeibehörde, auch: deren Bürogebäude*
Po-li-zei-re-vier, das; -s,-e: *polizeilicher Zuständigkeitsbereich; auch: Amtsräume dieses Polizeireviers*
Po-li-zei-stun-de, die; -, keine Mehrzahl: *Sperrstunde*

Polizist

Po-li-zist, der; -en,-en: *Schutzmann*
Pol-ka, die; -,-s: *Tanzart*
Pol-len, der; -s,-: *Blütenstaub*
Pol-lu-ti-on, die; -,-en: *Samenerguss*
Po-lo, das; -s, keine Mehrzahl: *Ballspiel zu Pferde*
Po-lo-hemd, das; -s,-en: *kurzärmliges Freizeithemd*
Po-lo-nä-se (auch Po-lo-nai-se) [Polonähse], die; -,-n: *Schreittanz, Eröffnungstanz*
Pols-ter, das; -s,-: *Kissen, Unterlage*
Pols-ter-mö-bel, das; -s,-
pols-tern: *mit einer Füllung, einem Polster versehen*
Pols-te-rung, die; -,-en: *Polster*
Pol-ter-a-bend, der; -s,-e: *festlicher Abend vor der Trauung*
Pol-te-rer, der; -s,-: *jemand, der poltert*
Pol-ter-geist, der; -es,-er: *Gespenst*
pol-tern: *schimpfen*
pol-tern: *am Polterabend Geschirr zerschlagen*
pol-tern: *sich geräuschvoll bewegen*
pol-tern: *mit krachendem Geräusch stürzen*
Po-ly-a-mid, das; -s,-e: *Kunststoff*
Po-ly-ä-thy-len, das; -s,-e: *Kunststoff*
Po-ly-e-der, das; -s,-: *vielflächiger Körper*
Po-ly-es-ter, der; -s,-: *Kunstharz*
po-ly-gam: *in Polygamie lebend, die Polygamie betreffend*
Po-ly-ga-mie, die; -, keine Mehrzahl: *Ehegemeinschaft mit mehreren Partnern*
po-ly-glott: *vielsprachig*
po-ly-mer: *durch Polymerisation entstanden*
Po-ly-mer, das; -s,-e: *durch Polymerisation entstandener Kunststoff*
Po-ly-me-ri-sa-ti-on, die; -, keine Mehrzahl: *Vorgang der Molekülverbindung*
po-ly-me-ri-sie-ren: *Moleküle vereinigen*
po-ly-morph: *vielgestaltig*
Po-lyp, der; -en,-en: *Stielgeschwulst*
Po-lyp, der; -en,-en: *Kopffüßler (Tintenfisch)*
Po-lyp, der; -en,-en: *umgangssprachlich für „Polizist"*
po-ly-fon (auch po-ly-phon): *mehrstimmig*
Po-ly-fo-nie (auch Po-ly-pho-nie), die; -, keine Mehrzahl: *vielstimmige Komposition, mehrstimmige Musik*
Po-ly-tech-ni-ker, der; -s,-: *Schüler an einem Polytechnikum*
Po-ly-tech-ni-kum, das; -s, Po-ly-tech-ni-ken: *technische Fachschule*
Po-ma-de, die; -,-n: *Haarsalbe*
po-ma-dig: *mit Pomade eingeschmiert*
po-ma-dig: *umgangssprachlich für „träge, überheblich, bequem, langsam"*
Po-me-ran-ze, die; -,-n: *Zitrusgewächs, Bitterorange*
Po-me-ran-ze, die; -,-n: *umgangssprachlich für „Trampel"*
Pommes frites [Pomm frit], die; keine Einzahl: *rohe, in Fett gebackene Kartoffelstäbchen*
Po-mo-lo-gie, die; -, keine Mehrzahl: *Obstbaukunde*
Pomp, der; -es, keine Mehrzahl: *Prunk, Pracht*
Pom-pa-dour [Pompaduhr], der; -s,-e/-s: *Damenhandtasche*
Pom-pon [Poñpoñ], der; -s,-s: *Quaste, Troddel*
pom-pös: *pomphaft, prunkvoll, aufwendig*
Pon-cho, der; -s,-s: *ärmelloser Umhang*
Pond, das; -s,-: *Maßeinheit der Kraft; entspricht 1 Gramm*
pon-de-ra-bel: *berechenbar, kalkulierbar, wägbar*
Pon-de-ra-bi-li-en, die; keine Einzahl: *berechenbare, kalkulierbare Dinge*
Pon-ti-fex, der; -, Pon-ti-fi-ces: *hoher Priester*
Pon-ti-fi-kal-amt, das; -es, -äm-ter: *vom Bischof gehaltene Messe*
Pon-ton [Poñtoñ], der; -s,-s: *geschlossener Schwimmkörper, Schiffsbrückenteil*
Pon-ton-brü-cke, die; -,-n: *aus Schwimmkörpern bestehende Brücke*
Po-ny, der; -s,-s: *Frisurart*
Po-ny, das; -s,-s: *kleines Pferd*
Pool [Puhl], der; -s,-s: *Schwimmbecken*
Pool [Puhl], der; -s,-s: *Firmenzusammenschluss*
Po-panz, der; -es,-e: *abhängiger, willenloser Mensch*
Po-panz, der; -es,-e: *Schreckgespenst*
Pop-Art, die; -, keine Mehrzahl: *moderne Kunstrichtung*
Pop-corn, das; -s, keine Mehrzahl: *Puffmais*
Po-pel, der; -s,-: *verhärteter Nasenschleim*
Po-pel, der; -s,-: *umgangssprachlich für „kleiner Kerl"*

Postamt

po-pe-lig: *umgangssprachlich für "dürftig, armselig, knauserig"*
Po-pe-li-ne, die; -, keine Mehrzahl: *Baumwollstoffart*
po-peln: *in der Nase bohren*
Pop-mu-sik, die; -, keine Mehrzahl: *moderne Unterhaltungsmusik*
Po-po, der; -s,-s: *umgangssprachlich für "Hintern, Gesäß"*
pop-pig: *grell, auffallend, modern*
po-pu-lär: *bekannt, volkstümlich*
po-pu-la-ri-sie-ren: *populär machen*
Po-pu-la-ri-tät, die; -, keine Mehrzahl: *Volkstümlichkeit, Bekanntheit, Beliebtheit, Allgemeinverständlichkeit*
po-pu-lär-wis-sen-schaft-lich: *wissenschaftlich, aber allgemein verständlich*
Po-pu-la-ti-on, die; -,-en: *Gesamtheit der Lebewesen einer Art*
Po-re, die; -,-n: *kleine Hautöffnung*
Po-re, die; -,-n: *kleines Loch, kleine Öffnung*
po-rig: *voller Poren*
Por-no, der; -s,-s: *umgangssprachlich für "pornografischer Film oder Roman"*
Por-no-gra-fie (auch Por-no-gra-phie), die; -, keine Mehrzahl: *aufreizende Darstellung von sexuellen Vorgängen*
por-no-gra-fisch (auch por-no-gra-phisch): *die Pornographie betreffend*
po-rös: *durchlässig, mit Poren versehen*
Por-ree, der; -s,-s: *Lauch*
Por-ridge [Porridsch], der; -s, keine Mehrzahl: *Hafergrütze*
Por-tab-le (auch Por-ta-ble) [Portabl], der; -s,-s: *tragbares Fernsehgerät*
Por-tal, das; -s,-e: *Tor, Eingangstür*
Porte-feuille [Potföi], das; -s,-s: *Geschäftsbereich eines Ministers*
Porte-feuille [Portföi], das; -s,-s: *Brieftasche, Aktentasche*
Por-ti-er [Portje], der; -s,-s: *Pförtner*
Por-ti-e-re [Portjehre], die; -,-n: *schwerer Vorhang*
Por-ti-on, die; -,-en: *Anteil, zugeteilte Menge*
por-ti-ons-wei-se: *in Portionen*
Port-mo-nee (auch Porte-mon-naie), das; -s,-s: *Geldbörse*
Por-to, das; -s, keine Mehrzahl: *Beförderungsentgelt für Postsendungen*
por-to-frei: *entgeltfrei (Post)*
Por-trät (auch Por-trät) [Porträh], das; -s,-s: *Bildnis*
port-rä-tie-ren (auch por-trä-tie-ren): *ein Bildnis anfertigen*
Por-tu-lak, der; -s/-e,-s: *Gemüsesorte*
Port-wein, der; -es,-e: *schwerer Rotwein*
Por-zel-lan, das; -s, keine Mehrzahl: *weiße Keramik, auch: Geschirr daraus*
Por-zel-lan-ma-nu-fak-tur, die; -,-en: *Fabrik, in der Porzellan hergestellt wird*
Po-sau-ne, die; -,-n: *Trompete ohne Ventile*
Po-sau-nist, der; -en,-en: *Posaunespieler*
Po-se, die; -,-n: *Haltung, Stellung*
po-sie-ren: *eine Pose einnehmen, auch: sich gekünstelt bewegen*
Po-si-ti-on, die; -,-en: *Haltung, Stellung*
Po-si-ti-on, die; -,-en: *Haushaltsposten*
Po-si-ti-on, die; -,-en: *berufliche Stellung*
Po-si-ti-on, die; -,-en: *Lage, Ort, Standort*
po-si-ti-o-nell: *die Position betreffend*
Po-si-ti-ons-lam-pe, die; -,-n: *Positionslicht*
Po-si-ti-ons-licht, das; -es,-er: *Positionslampe*
po-si-tiv: *wirklich, tatsächlich, gegeben*
po-si-tiv: *Mathematik: größer als Null*
po-si-tiv: *bejahend*
po-si-tiv: *umgangssprachlich für "bestimmt, gewiss"*
Po-si-tiv, das; -s,-e: *fotografischer Abzug vom belichteten Film*
Po-si-ti-vis-mus, der; -, keine Mehrzahl: *Philosophie, die auf dem Tatsächlichen beruht und metaphysische Deutungen ablehnt*
Po-si-ti-vist, der; -en,-en: *Anhänger des Positivismus*
po-si-ti-vis-tisch: *den Positivismus betreffend*
Po-si-tur, die; -,-en: *bewusst eingenommene und beibehaltene Haltung*
Pos-se, die; -,-n: *derbe Komödie*
pos-ses-siv: *Grammatik: besitzanzeigend*
Pos-ses-siv-pro-no-men, das; -s,-: *Grammatik: besitzanzeigendes Fürwort*
pos-sier-lich: *drollig, lustig*
Post, die; -, keine Mehrzahl: *Einrichtung zur Beförderung von Briefen und Sachen gegen Entgelt*
Post, die; -, keine Mehrzahl: *Gesamtheit der Briefe*
pos-ta-lisch: *die Post betreffend*
Pos-ta-ment, das; -es,-e: *Sockel*
Post-amt, das; -es,-äm-ter

Postanweisung

Post-an-wei-sung, die; -,-en: *Geldsendung durch die Post; auch: Formular dafür*
Post-bo-te, der; -n,-n: *Briefträger*
Pos-ten, der; -s,-: *Wache*
Pos-ten, der; -s,-: *Menge einer bestimmten Ware*
Pos-ten, der; -s,-: *Anstellung, Amt, Beruf*
Pos-ten, der; -s,-: *Haushaltsposition, Einzelbetrag*
Pos-ter [Pouster], der/das; -s,-: *Plakat*
Post-fach, das; -es,-fä-cher
Post-ge-heim-nis, das; -ses, keine Mehrzahl
pos-tie-ren: *an einen bestimmten Platz stellen*
Pos-til-le, die; -,-n: *religiöses Erbauungsbuch*
Pos-til-lon [Postiljon], der; -s,-e: *Fahrer einer Postkutsche*
Post-kar-te, die; -,-n
Post-kas-ten, der; -s,-käs-ten: *Briefkasten*
post-la-gernd: *zur Abholung bei einem Postamt bestimmt*
Post-leit-zahl, die; -,-en
Post-ler, der; -s,-: *süddeutsch für „Postbediensteter"*
Post-scheck, der; -s,-s: *Scheck für den Zahlungsverkehr durch die Post*
Post-scheck-amt, das; -es, -äm-ter
Post-scheck-kon-to, das; -s, -kon-ten
Post-skrip-tum, das; -s, -skrip-te/-skrip-ta: *Nachtrag in einem Brief, Abkürzung: PS*
Post-stem-pel, der; -s,
Pos-tu-lat, das; -es,-e: *Forderung, Annahme*
pos-tu-lie-ren: *fordern*
post-wen-dend: *sofort, mit der nächsten Post*
Post-wert-zei-chen, das; -s,-: *Briefmarke*
Pot, das; -s, keine Mehrzahl: *umgangssprachlich für „Marihuana"*
po-tent: *leistungsfähig, zeugungsfähig*
Po-ten-tat, der; -en,-en: *Machthaber, Regent*
Po-tenz, die; -,-en: *Mathematik: Produkt mit sich selbst multiplizierter Zahlen*
Po-tenz, die; -, keine Mehrzahl: *Leistungsfähigkeit*
Po-tenz, die; -, keine Mehrzahl: *Zeugungsfähigkeit, sexuelle Leistungsfähigkeit*

Po-ten-zi-al (auch Po-ten-ti-al), das; -s,-s: *Leistungsfähigkeit*
Po-ten-zi-al (auch Po-ten-ti-al), das; -s,-e: *Maß für die Stärke eines Kraftfeldes, auch: potenzielle Energie*
po-ten-zi-ell (auch po-ten-ti-ell): *möglich, denkbar*
po-ten-zie-ren: *Mathematik: mit sich selbst multiplizieren, in die Potenz erheben*
po-ten-zie-ren: *steigern*
Po-ten-zi-o-me-ter (auch Po-ten-ti-o-me-ter), das; -s,-: *Drehwiderstand*
Pot-pour-ri [Potpurri], das; -s,-s: *Zusammenstellung von Melodien, Kunterbuntes, Allerlei*
Pott, der; -es, Pöt-te: *umgangssprachlich für „Topf"*
Pott, der; -es, Pöt-te: *umgangssprachlich für „Schiff, Dampfer"*
Pott-a-sche, die; -,-n: *Kaliumkarbonat*
Pott-wal, der; -es,-e: *Walart*
Pou-lar-de [Pularde], die; -,-n: *Masthuhn*
pous-sie-ren [pussieren]: *schmeicheln, den Hof machen*
Po-widl, der; -s, keine Mehrzahl: *österr. für „Pflaumenmus"*
Prä-am-bel, die; -,-n: *einleitende Erklärung, Vorwort einer Urkunde*
Pracht, die; -, keine Mehrzahl: *Prunk, Pomp*
Pracht-e-xemp-lar (auch Pracht-ex-em-plar), das; -s,-e: *besonders gut gelungenes oder wertvolles Exemplar*
präch-tig: *herrlich, großartig, prachtvoll*
Pracht-kerl, der; -s,-e: *umgangssprachlich für „prächtiger Mensch"*
pracht-voll: *prächtig*
Prä-des-ti-na-ti-on (auch Prä-de-sti-na-ti-on), die; -,-en: *Vorbestimmung*
prä-des-ti-niert (auch prä-de-sti-niert): *vorbestimmt, besonders gut geeignet*
Prä-di-kat, das; -es,-e: *Titel, Rang*
Prä-di-kat, das; -es,-e: *Zensur, Beurteilung, Note*
Prä-di-kat, das; -es,-e: *Satzaussage*
prä-di-ka-tiv: *Grammatik: als Prädikat verwendet, das Prädikat betreffend*
prä-do-mi-nie-ren: *vorherrschen, überwiegen*
Prä-fekt, der; -en,-en: *hoher Verwaltungsbeamter*
Prä-fe-renz, die; -,-en: *Vorrang, Vorzug*
prä-gen: *gestalten, beeinflussen*

Präsidium

prä-gen: *durch Druck formen*
Prag-ma-ti-ker, *der; -s,-: jemand, der pragmatisch denkt und handelt*
prag-ma-tisch: *sachlich, der Praxis dienend*
Prag-ma-tis-mus, *der; -, keine Mehrzahl: Einstellung, nach der das Handeln den praktischen Erfordernissen angepasst werden soll*
präg-nant (auch prä-gnant): *ausdrucksvoll, genau treffend*
Präg-nanz (auch Prä-gnanz), *die; -, keine Mehrzahl: prägnante Beschaffenheit, Treffsicherheit des Ausdrucks*
Prä-gung, *die; -,-en: Eigenart*
Prä-gung, *die; -,-en: Muster*
prä-his-to-risch: *vorgeschichtlich, vor der aufgezeichneten Geschichte liegend*
prah-len: *angeben*
Prahl-hans, *der; -es,-e: Prahler*
Prä-ju-diz, *das; -es,-e: Vorentscheidung, Vorverurteilung*
prä-ju-di-zie-ren: *vorentscheiden, vorverurteilen*
Prak-tik, *die; -,-en: Ausübung, Gebrauch*
prak-ti-ka-bel: *machbar, zweckmäßig, benutzbar*
Prak-ti-kant, *der; -en,-en: jemand, der ein Praktikum absolviert*
Prak-ti-ker, *der; -s,-: jemand, der aus der Praxis kommt*
Prak-ti-kum, *das; -s, Prak-ti-ka: praktische Ausbildung*
prak-tisch: *auf der Praxis beruhend, die Praxis betreffend, tatsächlich, in Wirklichkeit*
prak-tisch: *geschickt, technisch begabt*
prak-tisch: *zweckmäßig*
prak-ti-zie-ren: *ausüben, gebrauchen; auch: ärztlich tätig sein*
Prä-lat, *der; -en,-en: geistlicher Würdenträger*
Prä-li-mi-na-ri-en, *die; -, keine Einzahl: Vorverhandlungen, Vorbereitung, Einleitung*
Pra-li-ne, *die; -,-n: Süßigkeit*
prall: *voll, gefüllt, straff, dick*
pral-len: *mit etwas zusammenstoßen, heftig stoßen*
prä-lu-die-ren: *musikalisch einleiten*
Prä-lu-di-um, *das; -s, Prä-lu-di-en: Vorspiel, einleitendes Musikspiel*
Prä-mie, *die; -,-n: Versicherungsbeitrag*
Prä-mie, *die; -,-n: Preis, Belohnung, Leistungsvergütung*
prä-mi-en-be-güns-tigt
Prä-mi-en-spa-ren, *das; -s, keine Mehrzahl: prämienbegünstigtes Sparen*
Prä-mi-en-spar-ver-trag, *der; -es, -verträ-ge: prämienbegünstigter Sparvertrag*
prä-mie-ren: *belohnen, mit einem Preis auszeichnen*
Prä-mie-rung, *die; -,-en: Auszeichnung, Preisverleihung*
Prä-mis-se, *die; -,-n: Voraussetzung*
pran-gen: *prunken, auffällig angebracht sein*
Pran-ger, *der; -s,-: Schandpfahl*
Pran-ke, *die; -,-n: große Hand*
Pran-ke, *die; -,-n: Tatze*
prä-nu-me-ran-do: *im Voraus zu zahlen*
Prä-pa-rat, *das; -es,-e: zum Mikroskopieren vorbereiteter Gewebeschnitt*
Prä-pa-rat, *das; -es,-e: technisch Vor- oder Zubereitetes, zu Lehrzwecken Bearbeitetes*
Prä-pa-rat, *das; -es,-e: Arzneimittel*
prä-pa-rie-ren: *bearbeiten, dauerhaft machen, vorbereiten*
prä-pa-rie-ren, *sich: sich vorbereiten*
Prä-po-si-ti-on, *die; -,-en: Grammatik: Verhältniswort*
Prä-rie, *die; -,-n: nordamerikanische Grassteppe*
Prä-ro-ga-tiv, *das; -es,-e: Vorrecht*
Prä-sens, *das; -, keine Mehrzahl: Grammatik: Gegenwart, Gegenwartsform des Verbs*
prä-sent: *gegenwärtig, anwesend, bereit*
Prä-sent, *das; -es,-e: Geschenk, Gabe*
prä-sen-tie-ren: *darbieten, überreichen, vorlegen, vorzeigen*
Prä-sen-tier-tel-ler, *der; -s,-: Teller, auf dem Visitenkarten präsentiert werden; auch: auffälliger Platz*
Prä-senz, *die; -,-en: Anwesenheit*
Prä-ser-va-tiv, *das; -es,-e: Kondom*
Prä-si-dent, *der; -en,-en: Vorsitzender*
Prä-si-dent, *der; -en,-en: Staatsoberhaupt*
Prä-si-dent-schaft, *die; -,-en: Vorsitz, Präsidentenamt*
prä-si-die-ren: *den Vorsitz innehaben, vorstehen*
Prä-si-di-um, *das; -s, Prä-si-di-en: Kurzwort für „Polizeipräsidium"*

Präsidium

Prä-si-di-um, das; -s, Prä-si-di-en: *Vorsitz, Leitung*
pras-seln: *in schneller Folge aufschlagen*
pras-sen: *im Überfluß leben, schlemmen*
Pras-se-rei, die; -,-en: *anhaltendes Prassen*
prä-su-mie-ren: *annehmen*
prä-sum-tiv: *vermutlich, vorausgesetzt*
Prä-ten-dent, der; -en,-en: *Anwärter, Bewerber*
prä-ten-ti-ös: *anmaßend, anspruchsvoll*
Prä-te-ri-tum (auch Prä-ter-itum), das; -s, keine Mehrzahl: *Grammatik: einfache Vergangenheit, Imperfekt*
Prä-text, der; -es,-e: *Vorwand, Finte*
prä-ven-tiv: *vorbeugend*
Prä-ven-tiv-be-hand-lung, die; -,-en: *vorbeugende Behandlung*
Pra-xis, die; -, keine Mehrzahl: *Berufserfahrung*
Pra-xis, die; -, keine Mehrzahl: *praktische Ausübung, tägliche Tätigkeit*
Pra-xis, die; -, Pra-xen: *Räume für die Berufsausübung eines Arztes oder Anwalts*
Prä-ze-denz-fall, der; -es,-fäl-le: *Beispielfall, Musterfall*
prä-zis: *genau, exakt*
prä-zi-se: *präzis*
prä-zi-sie-ren: *genau bestimmen, genau angeben*
Prä-zi-si-on, die; -, keine Mehrzahl: *Genauigkeit, Exaktheit*
pre-di-gen: *eine Predigt halten*
Pre-di-ger, der; -s,-: *jemand, der Predigten hält*
Pre-digt, die; -,-en: *religiöse Ansprache, ermahnende Rede*
Preis, der; -es,-e: *Siegeslohn, Belohnung*
Preis, der; -es,-e: *Geldwert, Kaufwert einer Ware*
Preis, der; -es,-e: *Lob, Ehre*
Preis-aus-schrei-ben, das; -s,-: *öffentlicher Wettbewerb*
Preis-bin-dung, die; -,-en: *Festsetzung des Verkaufspreises*
Prei-sel-bee-re, die; -,-n: *Beerenart*
prei-sen, pries, gepriesen: *loben, rühmen*
Preis-fra-ge, die; -,-n: *schwierige Frage*
Preis-fra-ge, die; -,-n: *umgangssprachlich für „den Preis betreffende Entscheidung"*
preis-ge-ben, gab preis, preisgegeben: *offenbaren, verraten*
preis-ge-ben, gab preis, preisgegeben: *ausliefern, nicht mehr schützen*

preis-ge-krönt: *mit einer Auszeichnung versehen*
preis-güns-tig: *mit einem günstigen Preis versehen*
Preis-la-ge, die; -,-n: *Preisniveau*
preis-lich: *den Preis betreffend*
Preis-lis-te, die; -,-n
Preis-ni-veau, das; -s,-s: *Bereich, in dem Preise schwanken*
Preis-trä-ger, der; -s,-: *Gewinner*
preis-wert: *mit einem angemessenen Preis versehen*
pre-kär: *mißlich, peinlich, bedrängt, unangenehm*
Prell-bock, der; -s, -böcke: *Bock am Gleisende*
prel-len: *stoßen, zusammenstoßen, stauchen*
prel-len: *betrügen*
Prel-lung, die; -,-en: *Stoßverletzung*
Pre-mi-e-re [Premjehre], die; -,-n: *Erstaufführung, Uraufführung*
Pre-mi-er-mi-nis-ter, der; -s,-: *Regierungschef in einigen Staaten*
pre-schen: *wild rennen, schnell laufen*
Pres-se, die; -,-n: *Obstpresse, Kelter*
Pres-se, die; -,-n: *Gesamtheit der Tageszeitungen*
Pres-se, die; -,-n: *Druckmaschine*
Pres-se-a-gen-tur, die; -,-en: *Nachrichtenagentur*
Pres-se-frei-heit, die; -, keine Mehrzahl
Pres-se-kon-fe-renz, die; -,-en: *Bekanntgabe einer Nachricht vor Pressevertretern*
pres-sen: *fest zusammendrücken*
pres-sie-ren: *eilen, Eile haben*
Press-koh-le, die; -,-n: *Briketts*
Press-kopf, der; -es, keine Mehrzahl: *Wurstsorte*
Press-luft, die; -, keine Mehrzahl: *komprimierte, unter Druck stehende Luft*
Press-luft-ham-mer, der; -s, -häm-mer: *schwerer Schlaghammer*
Pres-ti-ge [Prestiesch], das; -s, keine Mehrzahl: *Ansehen, Geltung*
pre-ti-ös (auch pre-zi-ös): *geziert, geschraubt*
pre-ti-ös (auch pre-zi-ös): *kostbar*
Pre-ti-o-sen, die; -, keine Einzahl: *Schmuck*
pri-ckeln: *erregen, reizen*
pri-ckeln: *perlen*
pri-ckeln: *kitzeln, jucken*
pri-ckelnd: *erregend, reizend*
Priel, der; -es,-e: *Wasserlauf im Watt*

Probefahrt

Priem, der; -s,-e: *Kautabak*
prie-men: *Kautabak kauen*
Pries-ter, der; -s,-: *Geistlicher*
Prim, die; -,-en: *Prime*
pri-ma: *erstklassig, von bester Qualität*
pri-ma: *umgangssprachlich für „ausgezeichnet, bestens"*
Pri-ma, die; -, Pri-men: *Klasse des Gymnasiums*
Pri-ma-bal-le-ri-na, die; -, -bal-le-ri-nen: *erste Tänzerin eines Balletts*
Pri-ma-don-na, die; -,-don-nen: *Hauptdarstellerin*
Pri-ma-ner, der; -s,-: *Schüler der Prima*
pri-mär: *ursprünglich, zuerst*
pri-mär: *die Grundlage, die Voraussetzung bildend*
Pri-mas, der; -,-se: *oberster Bischof*
Pri-mas, der; -,-se: *erster Geiger in Zigeunerkapellen*
Pri-mat, der; -en,-en: *Gruppe der Säugetiere, zu der die Affen und Menschen zählen*
Pri-mat, der/das; -es,-e: *Vorrang, Vorherrschaft, Vorrangstellung*
Pri-me, die; -,-n: *Musik: erster Ton der Tonleiter*
Pri-me, die; -,-n: *Fechthieb*
Pri-mel, die; -,-n: *Blumenart*
pri-mi-tiv: *geistig unterentwickelt*
pri-mi-tiv: *einfach, dürftig, unentwickelt, roh, grob*
Pri-mi-ti-ve, der/die; -n,-n: *Angehöriger eines Naturvolkes*
Pri-mi-ti-vi-tät, die; -, keine Mehrzahl: *primitive Verfassung*
Pri-mo-ge-ni-tur, die; -,-en: *Erbfolge durch den Erstgeborenen*
Pri-mus, der; -,-se: *Klassenbester*
Prim-zahl, die; -,-en: *Mathematik: nur durch 1 und sich selbst teilbare ganze Zahl*
Prin-te, die; -,-n: *Pfefferkuchenart*
Prinz, der; -en,-en: *nicht regierendes Mitglied eines Fürstenhauses*
Prin-zes-sin, die; -,-nen
Prinz-ge-mahl, der; -es,-e: *Gemahl einer regierenden Königin*
Prin-zip, das; -s, Prin-zi-pi-en: *Grundsatz, Regel*
prin-zi-pi-ell: *aus Prinzip, grundsätzlich*
Prinz-re-gent, der; -en,-en: *zur Regentschaft berufener Verwandter des Monarchen*
Pri-or, der; -s,-en: *Klostervorsteher*
Pri-o-ri-tät, die; -,-en: *Vorrang, Vorrecht*
Pri-se, die; -,-n: *kleine Menge*
Pri-se, die; -,-n: *gekapertes Schiff*
Pris-ma, das; -s, Pris-men: *Optik: keilförmiger Glaskörper*
pris-ma-tisch: *das Prisma betreffend, prismenförmig*
Pris-men-fern-rohr, das; -es,-e: *Feldstecher*
Prit-sche, die; -,-n: *Liege*
Prit-sche, die; -,-n: *flaches Schlagholz*
Prit-sche, die; -,-n: *Ladefläche eines Lastwagens*
pri-vat: *persönlich, vertraulich, nicht öffentlich*
Pri-vat-au-di-enz, die; -,-en: *nicht öffentliche Audienz*
Pri-vat-be-sitz, der; -es, keine Mehrzahl: *Besitz einer Person*
Pri-vat-de-tek-tiv, der; -es,-e
Pri-va-ti-er [Privatjeh], der; -s,-s: *jemand, der von seinem Vermögen lebt, ohne einem Beruf nachzugehen*
pri-va-tim: *nicht öffentlich, vertraulich*
Pri-vat-i-ni-ti-a-ti-ve, die; -, keine Mehrzahl: *Eigeninitiative*
pri-va-ti-sie-ren: *von Vermögen leben*
Pri-vat-le-ben, das; -s, keine Mehrzahl: *nicht öffentliches Leben*
Pri-vat-pa-ti-ent, der; -en,-en: *Patient, der Behandlungskosten selbst bezahlt*
Pri-vat-per-son, die; -,-en: *jemand, der nicht als Geschäftsmann oder Amtsträger auftritt*
Pri-vat-sta-ti-on, die; -,-en: *Krankenhausabteilung, in der nur Privatpatienten untergebracht sind*
Pri-vi-leg, das; -s,-e: *Vorrecht*
pri-vi-le-gie-ren: *mit einem Vorrecht ausstatten*
pro: *je*
pro: *für*
Pro, das; -, keine Mehrzahl: *etwas, das für eine Entscheidung spricht*
pro an-no: *jährlich, Abkürzung: p. a.*
Pro-band, der; -en,-en: *jemand, der wissenschaftlich untersucht wird*
pro-bat: *bewährt, erprobt*
Pro-be, die; -,-n: *Versuch*
Pro-be, die; -,-n: *Muster, Prüfungsstück, zu untersuchendes Teil von etwas*
Pro-be-ar-beit, die; -,-en: *Arbeit, die als Fähigkeitsbeweis angefertigt wird*
Pro-be-fahrt, die; -,-en

pro-ben: *üben*
pro-be-wei-se: *zur Probe*
Pro-be-zeit, *die; -,-en: Begutachtungsfrist*
pro-bie-ren: *kosten, schmecken*
pro-bie-ren: *versuchen*
Prob-lem *(auch Pro-blem), das; -s,-e: schwierige Angelegenheit, Rätsel*
Prob-le-ma-tik *(auch Pro-ble-ma-tik), die; -,-en: Schwierigkeit*
prob-le-ma-tisch *(auch pro-ble-ma-tisch): schwierig, schwer lösbar*
prob-le-ma-ti-sie-ren *(auch pro-ble-ma-ti-sie-ren): zu einem Problem machen, nach Schwierigkeiten suchen*
Pro-dukt, *das; -es,-e: Erzeugnis*
Pro-dukt, *das; -es,-e: Mathematik: Ergebnis der Multiplikation*
Pro-duk-ti-on, *die; -,-en: Herstellung, Herstellungsprozess*
Pro-duk-ti-ons-ka-pa-zi-tät, *die; -,-en*
Pro-duk-ti-ons-mit-tel, *das; -s,-: Gesamtheit der zur Produktion erforderlichen Mittel*
Pro-duk-ti-ons-zweig, *der; -es,-e*
pro-duk-tiv: *ertragreich, schöpferisch, fruchtbar*
Pro-duk-ti-vi-tät, *die; -, keine Mehrzahl: Fähigkeit zu produzieren, schöpferische Leistungsfähigkeit*
Pro-du-zent, *der; -en,-en: jemand, der die Herstellung eines Filmes überwacht*
Pro-du-zent, *der; -en,-en: Erzeuger, Hersteller*
pro-du-zie-ren: *herstellen, erzeugen*
pro-fan: *weltlich; alltäglich*
Pro-fa-ni-tät, *die; -, keine Mehrzahl: Weltlichkeit, Unheiligkeit*
Pro-fes-si-on, *die; -,-en: Beruf, Gewerbe, Handwerk*
Pro-fes-si-o-nal *[Profeschenel], der; -s,-s: Berufssportler*
pro-fes-si-o-nell: *beruflich, gekonnt*
Pro-fes-sor, *der; -s,-en: Hochschullehrer*
Pro-fes-sur, *die; -,-en: Lehramt, Lehrstuhl an einer Hochschule*
Pro-fi, *der; -s,-s: Kurzwort für „Professional"*
Pro-fil, *das; -s,-e: geformte Holz- oder Metallleisten*
Pro-fil, *das; -s,-e: senkrechter Schnitt durch die Erdoberfläche*
Pro-fil, *das; -s,-e: Querschnitt*
Pro-fil, *das; -s,-e: Seitenansicht, Umrisslinie*

pro-fi-lie-ren: *im Profil darstellen*
pro-fi-lie-ren: *scharf umreißen*
pro-fi-lie-ren, *sich: sich günstig darstellen, sich bewähren*
pro-fi-lie-ren, *sich: sich hervortun*
pro-fi-liert: *markant, hervorstechend, eigenwillig*
Pro-fil-neu-ro-se, *die; -,-n: Bedürfnis, sich hervorzutun*
Pro-fit, *der; -es,-e: Gewinn, Ertrag, Vorteil, Nutzen*
pro-fi-tie-ren: *Gewinn ziehen, Vorteil, Nutzen haben*
pro for-ma: *zum Schein, der Form wegen*
pro-fund: *gründlich, tiefgründig*
Prog-no-se *(auch Pro-gno-se), die; -,-n: Vorhersage, Voraussage*
prog-nos-ti-zie-ren *(auch pro-gnos-ti-zie-ren): vorhersagen*
Pro-gramm, *das; -s,-e: Plan, Vorhaben, Ziele*
Pro-gramm, *das; -s,-e: Sortiment*
Pro-gramm, *das; -s,-e: Folge der Rundfunk- und Fernsehsendungen*
Pro-gramm, *das; -s,-e: Veranstaltungsangebot*
Pro-gramm, *das; -s,-e: Befehlsschema, das einer EDV-Anlage zur Aufgabenlösung eingegeben wird*
pro-gram-ma-tisch: *richtungsweisend, einem Programm entsprechend*
Pro-gramm-heft, *das; -es,-e: Begleitheft zu einem Theaterstück*
pro-gram-mie-ren: *ein Computerprogramm erstellen und einem Computer eingeben*
Pro-gram-mie-rer, *der; -s,-: jemand, der einen Computer programmiert*
Pro-gress, *der; -es,-e: Fortschritt, Fortgang*
Pro-gres-si-on, *die; -,-en: Steigerung*
pro-gres-siv: *fortschrittlich, fortschreitend*
pro-hi-bie-ren: *verbieten, untersagen*
Pro-hi-bi-ti-on, *die; -,-en: Verbot*
Pro-hi-bi-tiv-zoll, *der; -es,-zöl-le: Schutzzoll, um den Absatz eigener Waren zu fördern*
Pro-jekt, *das; -es,-e: Plan, Vorhaben, Absicht*
pro-jek-tie-ren: *ein Projekt planen*
Pro-jek-til, *das; -s,-e: Geschoss*
Pro-jek-ti-on, *die; -,-en: Abbildung auf einer Ebene oder Leinwand*

prosaisch

Pro-jek-tor, der; -s,-en: *Gerät zum Projizieren*
pro-ji-zie-ren: *auf eine Leinwand werfen*
Pro-kla-ma-ti-on, die; -,-en: *öffentlicher Aufruf, Bekanntmachung*
pro-kla-mie-ren: *öffentlich aufrufen, verkünden, ausrufen*
Pro-ku-ra, die; -, Pro-ku-ren: *im Handelsregister eingetragene Handlungsvollmacht*
Pro-ku-ra-tor, der; -s,-en: *Wirtschaftsverwalter, Bevollmächtigter, Geschäftsträger*
Pro-ku-rist, der; -en,-en: *Inhaber der Prokura*
Pro-let, der; -en,-en: *ungehobelter Mensch*
Pro-le-ta-ri-at, das; -es, keine Mehrzahl: *Klasse der Proletarier*
Pro-le-ta-ri-er, der; -s,-: *Angehöriger des Proletariats*
pro-le-ta-risch: *das Proletariat betreffend, zu ihm gehörend*
pro-le-ta-ri-sie-ren: *zu Proletariern machen*
pro-le-ten-haft: *wie ein Prolet*
Pro-log, der; -s,-e: *Vorwort, Vorspiel, Einleitung*
Pro-lon-ga-ti-on, die; -,-en: *Fristverlängerung, Aufschub, Stundung*
pro-lon-gie-ren: *aufschieben, stunden*
Pro-me-na-de, die; -,-n: *Spaziergang, Spazierweg*
Pro-me-na-den-mi-schung, die; -,-en: *umgangssprachlich für „nicht reinrassiger Hund"*
Pro-mes-se, die; -,-n: *schriftliches Versprechen, Zusage*
Pro-mes-se, die; -,-n: *Schuldverschreibung*
Pro-mil-le, das; -s,-: *ein Tausendstel*
Pro-mil-le-gren-ze, die; -,-n
pro-mi-nent: *bekannt, bedeutend, herausragend, tonangebend*
Pro-mi-nenz, die; -, keine Mehrzahl: *Gesamtheit der Prominenten*
Pro-mis-ku-i-tät, die; -, keine Mehrzahl: *Geschlechtsverkehr mit wechselnden Partnern*
Pro-mo-ter, der; -s,-: *Förderer, Mäzen*
Pro-mo-ti-on, die; -,-en: *Erlangen der Doktorwürde*
pro-mo-vie-ren: *die Doktorwürde erlangen*

prompt: *sofort, unmittelbar*
Pro-mul-ga-ti-on, die; -,-en: *Veröffentlichung, Bekanntgabe (Gesetz)*
pro-mul-gie-ren: *öffentlich bekannt geben (Gesetz)*
Pro-no-men, das; -s,-/Pro-no-mi-na: *Grammatik: Fürwort*
pro-no-mi-nal: *fürwörtlich*
pro-non-cie-ren [pronoñßieren]: *stark betonen, deutlich aussprechen*
Pro-pä-deu-tik, die; -, keine Mehrzahl: *vorbereitende wissenschaftliche Einführung*
pro-pä-deu-tisch: *die Propädeutik betreffend*
Pro-pa-gan-da, die; -, keine Mehrzahl: *Werbung*
pro-pa-gan-dis-tisch: *in der Art der Propaganda*
pro-pa-gie-ren: *für etwas werben, empfehlen*
Pro-pan, das; -s, keine Mehrzahl: *Kohlenwasserstoffgas*
Pro-pel-ler, der; -s,-: *Vortriebsschraube*
Pro-pel-ler, der; -s,-: *umgangssprachlich für „Fliege" (Krawattenart)*
pro-per: *sauber, ordentlich, adrett*
Pro-phet, der; -en,-en: *Weissager, Seher*
pro-phe-tisch: *weissagend, in der Art eines Propheten*
pro-phe-zei-en: *weissagen, vorhersagen*
Pro-phe-zei-ung, die; -,-en: *Vorhersage, Weissagung*
pro-phy-lak-tisch: *vorbeugend, verhütend*
Pro-phy-la-xe, die; -,-n: *Vorbeugung*
Pro-por-ti-on, die; -,-en: *Größenverhältnis*
pro-por-ti-o-nal: *im gleichen Verhältnis stehend*
pro-por-ti-o-niert: *in einem Verhältnis zueinander stehend*
Pro-po-si-ti-on, die; -,-en: *veraltet für „Vorschlag"*
prop-pen-voll: *umgangssprachlich „sehr voll, überfüllt"*
Propst, der; -es, Pröps-te: *kirchlicher Würdenträger*
Pro-ro-ga-ti-on, die; -,-en: *Amtsverlängerung, Aufschub, Vertagung*
pro-ro-ga-tiv: *aufschiebend*
Pro-sa, die; -, keine Mehrzahl: *ungebundene Sprache*
pro-sa-isch: *in Prosa geschrieben*

pro-sa-isch: *nüchtern, alltäglich*
Pro-se-mi-nar, *das; -s,-e: einführendes Seminar*
pro-sit!: *Trinkspruch*
Pros-krip-ti-on (auch Pro-skrip-ti-on), die; -,-en: *Ächtung*
Pros-pekt (auch Pro-spekt), der; -es, -e: *Werbeschrift, Preisliste*
pros-pe-rie-ren (auch pro-spe-rie-ren): *blühen, gedeihen*
Pros-pe-ri-tät (auch Pro-spe-ri-tät), die; -, keine Mehrzahl: *Blühen, Gedeihen, Wohlstand, Erfolg*
Pros-ta-ta (auch Pro-sta-ta), die; -, keine Mehrzahl: *Vorsteherdrüse*
pros-ti-tu-ie-ren (auch pro-sti-tu-ie-ren): *bloßstellen, preisgeben*
pros-ti-tu-ie-ren (auch pro-sti-tu-ie-ren), sich: *sich verkaufen, sich hergeben*
Pros-ti-tu-ier-te (auch Pro-sti-tu-ier-te), die; -,-n: *Dirne*
Pros-ti-tu-tion (auch Pro-sti-tu-tion), die; -, keine Mehrzahl: *Dirnenwesen*
Pros-tra-ti-on (auch Pro-stra-tion), die; -,-en: *das Sichniederwerfen*
Pro-sze-ni-um, *das; -s, Pro-sze-ni-en: vorderer Teil der Bühne*
Pro-ta-go-nist (auch Prot-a-go-nist), der; -en,-en: *Vorkämpfer einer Idee*
Pro-ta-go-nist (auch Prot-a-go-nist), der; -en,-en: *der erste Schauspieler, Hauptfigur*
Pro-te-gé [Protescheh], der; -s,-s: *Günstling, Schützling*
pro-te-gie-ren [proteschiehren]: *bevorzugen, fördern*
Pro-te-in, *das; -s,-e: Eiweißstoff*
Pro-tek-ti-on, die; -,-en: *Schutz, Förderung*
Pro-tek-ti-o-nis-mus, der; -, keine Mehrzahl: *wirtschaftliche Bevorteilung der Binnenwirtschaft durch staatliche Maßnahmen*
pro-tek-ti-o-nis-tisch: *den Protektionismus betreffend*
Pro-tek-tor, der; -s,-en: *Beschützer, Gönner*
Pro-tek-to-rat, *das; -es,-e: Schutzherrschaft*
Pro-test, der; -es,-e: *Einspruch, Widerspruch*
Pro-tes-tant, der; -en,-en: *Angehöriger der protestantischen Kirche*
pro-tes-tan-tisch: *den Protestantismus betreffend*

Pro-tes-tan-tis-mus, der; -, keine Mehrzahl: *Gesamtheit der reformierten Kirchen*
pro-tes-tie-ren: *Einspruch erheben, widersprechen*
Pro-test-kund-ge-bung, die; -,-en: *Demonstration*
Pro-test-ver-samm-lung, die; -,-en: *Protestkundgebung*
Pro-the-se, die; -,-n: *künstlicher Körperteil*
Pro-the-tik, die; -,-en: *Wissenschaft, die sich mit der Konstruktion von Prothesen befasst*
pro-the-tisch: *die Prothese betreffend*
Pro-to-koll, *das; -s,-e: Gesamtheit der Regeln der Diplomatie*
Pro-to-koll, *das; -s,-e: Aufzeichnung eines Gesprächs, einer Sitzung*
pro-to-kol-la-risch: *das Protokoll betreffend*
Pro-to-koll-füh-rer, der; -s,-: *jemand, der das Protokoll führt*
pro-to-kol-lie-ren: *ein Protokoll aufsetzen, niederschreiben*
Pro-ton, *das; -s,-en: positiv geladenes Atomteilchen*
Pro-to-plas-ma, *das; -s, keine Mehrzahl: Grundsubstanz der Zelle*
Pro-to-typ, der; -s,-en: *Urbild, Vorbild, Muster, erste Ausführung*
Pro-tu-be-ranz, die; -,-en: *Gasausbruch auf der Sonne*
Protz, der; -es/-en,-e: *Wichtigtuer, Angeber*
Prot-ze, die; -,-n: *Geschützwagen*
prot-zen: *prahlen*
Prot-ze-rei, die; -, keine Mehrzahl: *anhaltendes Protzen*
prot-zig: *wichtigtuerisch, unangemessen prunkvoll, aufgeblasen*
Pro-ve-ni-enz, die; -,-en: *Herkunft, Ursprung*
Pro-vi-ant, der; -s, keine Mehrzahl: *Mundvorrat*
pro-vi-an-tie-ren: *mit Proviant ausstatten*
Pro-vinz, die; -,-en: *Landesteil*
Pro-vinz, die; -, keine Mehrzahl: *zurückgebliebene Gegend*
Pro-vin-zi-a-lis-mus, der; -, Pro-vin-zi-a-lis-men: *landschaftsgebundener Ausdruck*
Pro-vin-zi-a-lis-mus, der; -, keine Mehrzahl: *provinzielles, beschränktes Denken*

Psychosomatik

pro-vin-zi-ell: *hinterwäldlerisch, aus der Provinz stammend*
Pro-vinz-stadt, die; -, -städ-te
Pro-vi-si-on, die; -,-en: *Vermittlungsgebühr*
Pro-vi-sor, der; -s,-en: *Apothekenverwalter*
Pro-vi-so-ri-um, das; -s, Pro-vi-so-ri-en: *behelfsmäßige Einrichtung*
Pro-vo-ka-teur [Provokatöhr], der; -s,-e: *Lockspitzel, jemand, der andere zu Taten verleitet*
Pro-vo-ka-ti-on, die; -,-en: *Herausforderung*
pro-vo-ka-to-risch: *die Provokation betreffend, herausfordernd*
pro-vo-zie-ren: *herausfordern, reizen, jemanden zu etwas verleiten*
Pro-ze-dur, die; -,-en: *Verfahren, schwieriger Vorgang*
Pro-zent, das; -s,-e: *ein Hundertstel*
Pro-zent, das; -s,-e: *nach Prozenten errechneter Gewinnanteil*
Pro-zent-satz, der; -es, -sät-ze: *bestimmte Anzahl, bestimmter Anteil*
pro-zen-tu-al: *im Verhältnis zum Hundert*
pro-zen-tu-ell: *österr. für „prozentual"*
Pro-zess, der; -es,-e: *Gerichtsverfahren*
Pro-zess, der; -es,-e: *Arbeitsverfahren, Hergang, Verlauf*
Pro-zess-be-voll-mäch-tig-te, der; -n,-n
pro-zes-sie-ren: *einen Prozess führen, anstrengen*
Pro-zes-si-on, die; -,-en: *feierlicher religiöser Umzug*
pro-zes-su-al: *den Prozess betreffend*
prü-de: *zimperlich, übertrieben sittsam*
Prü-de-rie, die; -, keine Mehrzahl: *Zimperlichkeit, übertriebene Sittsamkeit*
prü-fen: *begutachten, untersuchen, erforschen, examinieren*
Prü-fer, der; -s,-: *jemand, der prüft*
Prüf-ling, der; -s,-e: *jemand, der geprüft wird*
Prüf-stand, der; -es, -stän-de: *mit Messgeräten ausgestattete Prüfanlage*
Prüf-stein, der; -s,-e: *harte Probe*
Prü-fung, die; -,-en: *Vorgang des Prüfens, Examen*
Prü-gel, der; -s,-: *Stock, Knüppel*
Prü-gel, die; keine Einzahl: *Schläge*
Prü-ge-lei, die; -,-en: *Schlägerei*
Prü-gel-kna-be, der; -n,-n: *jemand, der für alles verantwortlich gemacht wird*
prü-geln: *schlagen*
Prü-gel-stra-fe, die; -, keine Mehrzahl: *Schläge als Strafe*
Prunk, der; -es, keine Mehrzahl: *Pomp, Aufwand*
prun-ken: *mit etwas prahlen, zur Schau stellen*
Prunk-sucht, die; -, keine Mehrzahl: *übertriebene Liebe zum Prunk*
prunk-voll: *voller Prunk*
prus-ten: *heftig blasen, loslachen*
Psalm, der; -es,-en: *geistliches Lied*
psal-mo-die-ren: *Psalmen singen*
Psal-ter, der; -s,-: *Psalmenbuch des Alten Testaments*
pseu-do-nym (auch pseud-onym): *unter einem Pseudonym, unter falschem Namen*
Pseu-do-nym (auch Pseud-onym), das; -es,-e: *Deckname*
pst!: *Ruhe! Ausruf*
Psy-che, die; -,-n: *Seele, seelisch-geistiges Leben*
psy-che-de-lisch: *bewusstseinsverzerrend*
Psy-chi-a-ter (auch Psych-ia-ter), der; -s,-: *Facharzt für Geisteskrankheiten*
Psy-chi-at-rie (auch Psych-ia-trie), die; -, keine Mehrzahl: *umgangssprachlich für „psychiatrische Klinik"*
Psy-chi-at-rie (auch Psych-ia-trie), die; -, keine Mehrzahl: *Seelenheilkunde*
psy-chisch: *die Psyche betreffend*
Psy-cho-a-na-ly-se, die; -,-n: *Heilungsmethode psychischer Krankheiten*
psy-cho-a-na-ly-tisch: *die Psychoanalyse betreffend*
psy-cho-gen: *seelisch bedingt*
Psy-cho-lo-ge, der; -n,-n: *Wissenschaftler der Psychologie*
psy-cho-lo-gisch: *die Psychologie betreffend*
Psy-cho-path, der; -en,-en: *seelisch charakterlich gestörter Mensch*
Psy-cho-pa-thie, die; -, keine Mehrzahl: *seelisch-charakterliche Störung*
psy-cho-pa-thisch: *die Psychopathie betreffend, verhaltensgestört*
Psy-cho-phar-ma-kon, das; -s, Psy-cho-phar-ma-ka: *auf die Psyche wirkendes Medikament*
Psy-cho-se, die; -,-n: *Geisteskrankheit*
Psy-cho-so-ma-tik, die; -, keine Mehrzahl: *Wissenschaft von den Beziehungen zwischen Seele und Körper*

psychosomatisch

psy-cho-so-ma-tisch: *auf der Psychosomatik beruhend*
Psy-cho-the-ra-peut, der; -en,-en: *Seelenheilkundiger*
psy-cho-the-ra-peu-tisch: *auf der Psychotherapie beruhend*
Psy-cho-the-ra-pie, die; -,-n: *Seelenheilkunde*
psy-cho-tisch: *geisteskrank*
Pub [Pab], der; -s,-s: *englische Kneipe*
pu-ber-tär: *die Pubertät betreffend*
Pu-ber-tät, die; -, keine Mehrzahl: *Erlangung der Geschlechtsreife*
pu-ber-tie-ren: *sich in der Pubertät befinden*
Pub-li-ci-ty (auch Pu-bli-ci-ty) [Pablißitie], die; -, keine Mehrzahl: *Bekanntheit*
pub-lik (auch pu-blik): *öffentlich, allgemein bekannt*
Pub-li-ka-ti-on (auch Pu-bli-ka-ti-on), die; -,-en: *Veröffentlichung*
Pub-li-kum (auch Pu-bli-kum), das; -s, keine Mehrzahl: *Öffentlichkeit, Vorstellungsbesucher, Zuhörer*
pub-li-zie-ren (auch pu-bli-zie-ren): *veröffentlichen*
Pub-li-zist (auch Pu-bli-zist), der; -en,-en: *Journalist, Schriftsteller, jemand, der publiziert*
Pub-li-zis-tik (auch Pu-bli-zis-tik), die; -,-en: *Zeitungsschriftstellerei*
Pub-li-zi-tät (auch Pu-bli-zi-tät), die; -, keine Mehrzahl: *Bekanntheit*
Puck, der; -s,-s: *Spielscheibe beim Eishockey*
pu-ckern: *umgangssprachlich für „klopfen, pulsieren"*
pud-deln: *Schweißstahl aus Roheisen gewinnen*
Pud-ding, der; -s,-s: *süße Milchspeise*
Pu-del, der; -s,-: *Hundeart*
pu-del-nass: *umgangssprachlich für „völlig nass"*
pu-del-wohl: *umgangssprachlich für „sehr wohl"*
Pu-der, der/das; -s,-: *Pulver*
pu-dern: *mit Puder bestäuben*
Pu-der-zu-cker, der; -s,-: *staubfeiner Zucker*
Puff, der; -s,-e/ Püf-fe: *Fauststoß*
Puff, der; -s,-s: *umgangssprachlich für „Bordell"*
Puff-boh-ne, die; -,-n: *Saubohne*
puf-fen: *stoßen*

Puf-fer, der; -s,-: *Stoßfänger*
Puf-fer, der; -s,-: *Kartoffelpuffer*
Puf-fer-zo-ne, die; -,-n: *Zone, die einen Schlag oder Stoß auffangen soll*
pu-len: *klauben, bohren*
Pulk, der; -s,-s: *Anhäufung, Verband*
Pul-le, die; -,-n: *umgangssprachlich für „Flasche"*
pul-len: *rudern*
Pul-li, der; -s,-s: *Pullover*
Pul-lo-ver (auch Pull-o-ver), der; -s,-: *Oberbekleidungsstück*
Puls, der; -es, keine Mehrzahl: *Herzschlag*
Puls-a-der, die; -,-n: *Arterie*
Pul-sa-ti-on, die; -,-en: *rhythmisches Schlagen*
pul-sie-ren: *sich rhythmisch wiederholen*
Puls-schlag, der; -es, -schlä-ge: *Herzschlag*
Puls-wär-mer, der; -s,-: *gestrickte Handgelenkwärmer*
Pult, das; -es,-e: *hoher Tisch mit schräggestellter Platte*
Pul-ver, das; -s,-: *fein zerriebene Masse*
pul-ve-rig: *wie Pulver*
pul-ve-ri-sie-ren: *zu Pulver zermahlen*
pul-vern: *schießen*
Pu-ma, der; -s,-s: *Raubtier*
Pum-mel, der; -s,-: *umgangssprachlich für „dicklicher Mensch"*
pum-me-lig: *umgangssprachlich für „dicklich"*
Pum-pe, die; -,-n: *Hebevorrichtung für Flüssigkeiten*
pum-pen: *sich etwas borgen*
pum-pen: *mit einer Pumpe heben*
Pum-per-ni-ckel, der;-s,-: *gesüßtes Roggenbrot*
Pump-ho-se, die; -,-n: *weite Hose*
Pumps [Pömps], die; keine Einzahl: *leichte Damenschuhe*
Punk [Pank], der; -s,-s: *provozierend zurechtgemachter Jugendlicher*
Pun-ker [Panker], der; -s,-: *Punk*
Punkt, der; -es,-e: *Tupfen, Fleck*
Punkt, der; -es,-e: *Ort, Stelle*
Punkt, der; -es,-e: *Satzzeichen*
Punkt, der; -es,-e: *Zeitpunkt*
Pünkt-chen, der; -s,-: *kleiner Punkt, kleiner Fleck*
punk-ten: *einen Punkt machen*
punkt-gleich: *unentschieden*
punk-tie-ren: *eine Punktion vornehmen*
punk-tie-ren: *mit Punkten versehen*

Pyxis

Punk-ti-on, die; -,-en: *Flüssigkeitsentnahme aus dem Körper*
pünkt-lich: *zeitlich genau, zur rechten Zeit*
Pünkt-lich-keit, die; -, keine Mehrzahl: *Genauigkeit, das Einhalten der Zeit*
Punkt-licht, das; -es,-er: *Lampenart*
Punkt-sieg, die; -es,-e: *Sieg durch allgemeine Überlegenheit*
punk-tu-ell: *stellenweise*
Punkt-um: *basta*
Punsch, der; -es,-e: *heißes Rumgetränk*
Pun-ze, die; -,-n: *meißelähnliches Stahlwerkzeug*
Pu-pil-le, die; -,-n: *Sehöffnung des Auges*
Püpp-chen, das; -s,-: *kleine Puppe*
Pup-pe, die; -,-n: *Kinderspielzeug, kleine Figur*
Pup-pe, die; -,-n: *Entwicklungsphase der Insekten*
Pup-pe, die; -,-n: *menschenähnliche Figur zum Ausstellen von Kleidung*
pup-pen-haft: *wie eine Puppe*
Pup-pen-spie-ler, der; -s,-
Pup-pen-the-a-ter, das; -s,-: *Marionettentheater*
Pup-pen-wa-gen, der; -s,-
pup-pig: *niedlich, winzig, puppenhaft*
pur: *rein, unverfälscht, unverdünnt*
Pü-ree, das; -s,-s: *Brei, Mus*
pur-ga-tiv: *abführend*
Pur-ga-ti-vum, das; -s, Pur-ga-ti-va: *Abführmittel*
Pur-ga-to-ri-um, das; -s, keine Mehrzahl: *Fegefeuer*
pur-gie-ren: *abführen, reinigen*
pu-ri-fi-zie-ren: *reinigen, läutern*
Pu-ris-mus, der; -, keine Mehrzahl: *Bemühen, die Sprache von Fremdwörtern zu reinigen*
Pu-rist, der; -en,-en: *Anhänger des Purismus*
pu-ris-tisch: *den Purismus betreffend*
Pu-ri-ta-ner, der; -s,-: *sittenstrenger Mensch*
pu-ri-ta-nisch: *sittenstreng*
Pur-pur, der; -s, keine Mehrzahl: *roter Farbstoff*
pur-pur-rot: *sehr rot*
Pur-zel-baum, der; -es, -bäu-me: *Überschlag*
pur-zeln: *hinfallen, fallen*
Pu-sher [Puscher], der; -s,-: *Rauschgifthändler*

pus-seln: *geduldig an etwas arbeiten, trödeln*
Pus-te, die; -, keine Mehrzahl: *umgangssprachlich für „Atem"*
Pus-te-blu-me, die; -,-n: *umgangssprachlich für „Löwenzahn"*
Pus-tel, die; -,-n: *Bläschen, Pickel*
pus-ten: *blasen*
Pu-te, die; -,-n: *Truthenne*
Pu-ter, der; -s,-: *Truthahn*
pu-ter-rot: *sehr rot*
Putsch, der; -es,-e: *Staatsstreich, Umsturz*
put-schen: *einen Umsturz machen*
Put-schist, der; -en,-en: *jemand, der einen Putsch verübt*
Put-te, die; -,-n: *kleine Engelsfigur*
Putz, der; -es, keine Mehrzahl: *Mauerbewurf, Mörtel*
Putz, der; -es, keine Mehrzahl: *feine Kleidung*
put-zen: *säubern, reinigen*
put-zen, sich: *sich fein machen*
Putz-frau, die; -,-en: *Reinemachefrau*
put-zig: *niedlich, drollig*
Putz-ma-che-rin, die; -,-nen: *Hutmacherin*
Putz-wol-le, die; -, keine Mehrzahl: *Reinigungsfasern*
Puz-zle [Pasl], das; -s,-s: *Geduldspiel*
PVC, das; -s, keine Mehrzahl: *Abkürzung für „Polyvinylchlorid", Kunststoff*
Pyg-mäe, der; -n,-n: *Angehöriger eines Zwergvolkes*
Py-ja-ma [Püdschama], der; -s,-s: *Schlafanzug*
Pyk-ni-ker (auch Py-kni-ker), der; -s,-: *gedrungener, zum Dicksein neigender Mensch*
pyk-nisch (auch py-knisch): *untersetzt, gedrungen, in der Art eines Pyknikers*
Py-lon, der; -s,-e: *Tragstütze einer Brücke*
Py-ra-mi-de, die; -,-n: *ägyptisches Königsgrab*
Py-ro-ma-ne, der; -n,-n: *jemand, der an Pyromanie leidet*
Py-ro-ma-nie, die; -, keine Mehrzahl: *krankhafter Trieb zur Brandstiftung*
Py-ro-tech-nik, die; -,-en: *Feuerwerkskunst*
Pyr-rhus-sieg, der; -es,-e: *mit zu großen Opfern erkaufter Sieg*
Py-thon, die; -,-s: *Riesenschlange*
Py-xis, die; -, Py-xi-den: *Hostienbehälter*

q, Q, das; -,-: *siebzehnter Buchstabe des Alphabets; Konsonant, Mitlaut*
q. e. d.: *Abkürzung für „quod erat demonstrandum": was zu beweisen war*
Quab-be, die; -,-n: *regional für „Fettwulst"*
quab-be-lig: *umgangssprachlich für „weich, weichfleischig, gallertartig"*
Quack-sal-ber, der; -s,-: *Arzt, der von seiner Arbeit nichts versteht*
Quack-sal-be-rei, die; -,-en: *Tätigkeit eines Quacksalbers*
quack-sal-be-risch: *in der Art eines Quacksalbers*
Quad-del, die; -,-n: *juckende Hautschwellung, Bläschen*
Qua-der, der; -s,-: *rechteckiger Steinblock*
Qua-der, der; -s,-: *geometrischer Körper*
Quad-rant (auch Qua-drant) der; -en,-en: *Viertelkreis*
Quad-rat (auch Qua-drat), das; -es,-e: *Mathematik: die zweite Potenz einer Zahl*
Quad-rat (auch Qua-drat), das; -es,-e: *Viereck mit gleichen Seiten und rechten Winkeln*
quad-ra-tisch (auch qua-dra-tisch): *in der Form eines Quadrates*
quad-ra-tisch (auch qua-dra-tisch): *Mathematik: in der zweiten Potenz*
Quad-rat-ki-lo-me-ter (auch Qua-drat-ki-lo-me-ter), der; -s,-: *Flächenkilometer*
Quad-rat-me-ter (auch Qua-drat-me-ter), der; -s,-: *Flächenmeter*
Quad-rat-wur-zel (auch Qua-drat-wur-zel), die; -,-n: *Mathematik: die zweite Wurzel aus einer Zahl*
Quad-rat-zen-ti-me-ter (auch Qua-drat-zen-ti-me-ter), der; -s,-: *Flächenzentimeter*
quad-rie-ren (auch qua-drie-ren): *Mathematik: in die zweite Potenz erheben, mit sich selbst multiplizieren*
Quad-ri-ga (auch Qua-dri-ga), die; -, Quadri-gen: *zweirädriges Gespann mit vier Pferden*
Quad-ril-le (auch Qua-dril-le) [Kwadrilje], die; -,-n: *Tanzart*
Quad-ril-li-on (auch Qua-dril-li-on), die; -,-en: *eine Million Trillionen*
Quad-ro-fo-nie (auch Qua-dro-pho-nie), die; -, keine Mehrzahl: *Stereofonie über vier Lautsprecher*
quad-ro-fo-nisch (auch qua-dro-phonisch): *die Quadrofonie betreffend*
Quai [Keh], der; -s,-s: *Kai*
qua-ken: *wie ein Frosch rufen*
quä-ken: *jammernd schreien, mit schriller Stimme sprechen*
Quä-ker, der; -s,-: *Angehöriger einer puritanischen Sekte*
Qual, die; -,-en: *Schmerz, Pein, Tortur*
quä-len: *jemandem Qual zufügen, peinigen*
Quä-le-rei, die; -,-en: *schwere, mühsame Arbeit; auch: anhaltendes Quälen*
Quäl-geist, der; -es,-er: *umgangssprachlich für „jemand, der lästig fällt"*
Qua-li-fi-ka-ti-on, die; -,-en: *Eignung, Befähigung, Eignungsnachweis*
Qua-li-fi-ka-ti-on, die; -,-en: *Prüfung einer Fähigkeit, Zulassung durch Leistung*
Qua-li-fi-ka-ti-ons-spiel, das; -es,-e
qua-li-fi-zie-ren, sich: *eine Qualifikation erreichen, zur Teilnahme berechtigen*
qua-li-fi-ziert: *befähigt, gut ausgebildet, gut geeignet*
Qua-li-tät, die; -,-en: *Eigenschaft, Fähigkeit*
Qua-li-tät, die; -,-en: *Art, Beschaffenheit, Güte, Wert*
qua-li-ta-tiv: *die Qualität betreffend*
Qua-li-täts-ar-beit, die; -,-en: *sorgfältige, gute Arbeit, Wertarbeit*
Qual-le, die; -,-n: *Meduse*
Qualm, der; -es, keine Mehrzahl: *Rauch, Dunst*
qual-men: *Rauch ausstoßen, schwelen, stark rauchen*
qual-men: *umgangssprachlich für „Zigaretten rauchen"*
qual-mig: *voller Qualm*
Quals-ter, der; -s,-: *regional für „Schleim, Auswurf"*
qual-voll: *quälend, voller Qual, peinigend*
Quant, das; -s,-en: *kleinste mögliche physikalische Einheit, die nur in ganzzahligen Vielfachen auftritt*
Quänt-chen, das -s,-: *kleine Menge*
Quan-ten-me-cha-nik, die; -, keine Mehrzahl: *Mechanik atomarer Teilchen*

Querfeldeinrennen

Quan-ten-the-o-rie, die; -,-n: *Theorie der mikrophysikalischen Erscheinungen*
quan-ti-fi-zie-ren: *mathematisch beschreibbar machen*
quan-ti-fi-zie-ren: *eine Mengenangabe geben*
quan-ti-ta-tiv: *die Quantität betreffend*
Quan-tum, das; -s, Quan-ten/Quan-ta: *bestimmte Menge, Anteil*
Quap-pe, die; -,-n: *Kurzwort für „Kaulquappe"*
Quap-pe, die; -,-n: *Fischart*
Qua-ran-tä-ne [Karantäne], die; -,-n: *Isolierung, Absonderung von Personen*
Quark, der; -s, keine Mehrzahl: *Weißkäse*
Quark [Kwohrk], das; -s,-s: *hypothetisches Elementarteilchen*
Quark, der; -s, keine Mehrzahl: *umgangssprachlich für „Unbedeutendes, Quatsch, Unsinn"*
quar-kig: *wie Quark*
Quart, das; -s, keine Mehrzahl: *Buchformat*
Quart, die; -,-en: *Fechthieb*
Quart, das; -s,-e: *Flüssigkeitsmaß*
Quar-ta, die; -, Quar-ten: *dritte Klasse des Gymnasiums*
Quar-tal, das; -s,-e: *Vierteljahr*
Quar-tals-en-de, das; -s,-n: *Ende des Vierteljahres*
Quar-tals-säu-fer, der; -s,-: *Alkoholiker, der nur zeitweise trinkt*
Quar-ta-ner, der; -s,-: *Schüler der Quarta*
Quar-tär, das; -s, keine Mehrzahl: *Erdzeitalter, erdgeschichtliche Gegenwart*
Quar-te, die; -,-n: *Musik: Intervall von vier Tönen*
Quar-tett, das; -s,-e: *vierstimmiges Musikstück*
Quar-tett, das; -s,-e: *Kartenspiel für vier Personen*
Quar-tier, das; -s,-e: *Stadtviertel*
Quar-tier, das; -s,-e: *Unterkunft*
quar-tie-ren: *unterbringen*
Quarz, der; -es,-e: *Mineral*
Quarz-glas, das; -es, -glä-ser: *Kieselglas*
Quar-zit, der; -es,-e: *Gesteinsart*
Quarz-lam-pe, die; -,-n: *Quecksilberdampflampe*
Quarz-uhr, die; -,-en: *sehr genau gehende Uhr*
qua-si: *sozusagen, gewissermaßen, gleichsam*
Quas-se-lei, die; -,-en: *anhaltendes Quasseln*
quas-seln: *umgangssprachlich für „schwatzen, ständig reden"*
Quas-sel-strip-pe, die; -,-n: *umgangssprachlich für „jemand, der viel redet, lange telefoniert"*
Quas-te, die; -,-n: *Fadenbüschel, Troddel, Büschel*
Quatsch, der; -es, keine Mehrzahl: *Unsinn, dummes Gerede, Alberei*
quat-schen: *dummes Zeug reden, sich ungezwungen unterhalten*
Quatsch-kopf, der; -es,-köp-fe: *umgangssprachlich für „jemand, der Unsinn redet"*
Que-cke, die; -,-n: *Queckengras, Unkraut*
Queck-sil-ber, das; -s, keine Mehrzahl: *bei Zimmertemperatur flüssiges Metall, Zeichen: Hg*
Queck-sil-ber-säu-le, die; -, keine Mehrzahl: *Maßeinheit für den Luftdruck*
queck-silb-rig: *wie Quecksilber, unruhig, sehr lebhaft*
Quel-le, die; -,-n: *Brunnen, Ursprung eines Flusses*
Quel-le, die; -,-n: *Informationsstelle, auch: Urkunden, Schriftstücke*
Quel-le, die; -,-n: *Ursprung, Herkunft*
quel-len, quoll, gequollen: *anschwellen, sich vergrößern, aufschwemmen*
quel-len, quoll, gequollen: *hervorsprudeln, herausfließen*
Quell-ge-biet, das; -es,-e: *Einzugsgebiet einer Quelle*
Quell-was-ser, das; -s,-: *Wasser aus einer Quelle*
Quen-del, der; -s,-: *echter Thymian*
Quen-ge-lei, die; -,-en: *anhaltendes Quengeln*
quen-ge-lig: *unwillig, nörgelnd*
quen-geln: *nörgeln, weinerlich mäkeln*
Queng-ler, der; -s,-: *umgangssprachlich für „jemand, der quengelt, Nörgler"*
quer: *störend, verkehrt*
quer: *rechtwinklig zur Längsausdehnung, mitten hindurch*
Quer-bal-ken, der; -s,-
Que-re, die; -, keine Mehrzahl: *Querrichtung*
Que-re-le, die; -,-n: *Streit, Reiberei*
que-ren: *kreuzen, quer überschreiten, hindurchgehen*
quer-feld-ein
Quer-feld-ein-ren-nen, das; -s,-

Querflöte

Quer-flö-te, die; -,-n: *Flötenart*
Quer-kopf, der; -es,-köp-fe: *eigenwilliger Mensch; jemand, der ständig Schwierigkeiten bereitet*
quer-köp-fig: *eigenwillig, hinderlich*
Quer-köp-fig-keit, die; -, keine Mehrzahl
Quer-schlä-ger, der; -s,-: *abprallendes Geschoss*
Quer-schnitt, der; -es,-e: *Überblick, Zusammenfassung*
Quer-schnitt, der; -es,-e: *Schnitt quer zur Längsachse eines Körpers*
quer-schnitts-ge-lähmt
Quer-schnitts-läh-mung, die; -,-en: *Lähmung durch Rückenmarksverletzung*
Quer-stra-ße, die; -,-n
Quer-sum-me, die; -,-n: *Summe der Ziffern einer Zahl*
Que-ru-lant, der; -en,-en: *jemand, der ständig widerspricht oder stört*
quet-schen: *pressen, drücken*
quet-schen, sich: *sich durch Druck verletzen*
Quetsch-kom-mo-de, die; -,-n: *umgangssprachlich für „Akkordeon"*
Quet-schung, die; -,-en: *Druckverletzung*
Quetsch-wun-de, die; -,-n: *Quetschung*
Queue [Köh], das; -s,-s: *Billardstock*
Queue [Köh], die; -,-s: *lange Menschenreihe*
quick: *umgangssprachlich für „munter, lebhaft, flink"*
quick-le-ben-dig: *umgangssprachlich für „lebhaft"*
Quick-stepp, der; -s,-s: *Tanzart*
quie-ken: *einen quietschenden Laut ausstoßen*
Qui-e-tis-mus, der; -, keine Mehrzahl: *weltabgewandte Lebenshaltung*
Qui-e-tist, der; -en,-en: *Anhänger des Quietismus*
qui-e-tis-tisch: *den Quietismus betreffend*
quiet-schen: *einen hohen, schrillen Laut ausstoßen*
Quin-ta, die; -, Quin-ten: *zweite Klasse des Gymnasiums*
Quin-ta-ner, der; -s,-: *Schüler der Quinta*
Quin-te, die; -,-n: *Musik: fünfter Ton der Tonleiter; auch: Intervall von fünf Tönen*
Quin-ten-zir-kel, der; -s,-: *Musik: in Quinten fortschreitende Aufzeichnung der Tonarten*
Quint-es-senz, die; -,-en: *Wesen, Kern, Wesentliches, Zusammenfassung des Wesentlichen*
Quin-tett, das; -s,-e: *fünfstimmiges Musikstück*
Quirl, der; -s,-e: *Rührlöffel, Rührstock*
quir-len: *durcheinander rühren*
quir-lig: *lebhaft, unruhig*
Quis-qui-li-en, die; -, keine Einzahl: *Kleinigkeiten, Nebensächliches*
quitt: *ausgeglichen*
Quit-te, die; -,-n: *Obstart, auch: Quittenbaum*
quit-te-gelb: *sehr gelb, leuchtend gelb*
quit-tie-ren: *den Dienst aufgeben, ein Amt niederlegen*
quit-tie-ren: *den Empfang bescheinigen*
Quit-tung, die; -,-en: *übertragen: Strafe, Ergebnis einer Tat*
Quit-tung, die; -,-en: *Empfangsbescheinigung*
Quiz [Kwis], das; -,-: *Frage-und-Antwort-Spiel*
Quiz-mas-ter [Kwismahster], der, -s,-: *Leiter einer Quizveranstaltung*
Quod-li-bet, das; -s,-s: *mehrstimmiges, lustiges Gesangsstück mit wechselnder Melodie*
Quod-li-bet, das; -s,-s: *buntes Durcheinander*
Quo-rum, das; -s, keine Mehrzahl: *anwesende, beschlussfähige Mitgliederzahl*
Quo-ta-ti-on, die; -,-en: *Kursnotierung*
Quo-te, die; -,-n: *verhältnismäßiger Anteil, Teilbetrag, Beteiligungszahl*
Quo-ti-ent, der; -en,-en: *Zähler und Nenner eines Bruches*
quo-tie-ren: *einen Kurs angeben, mitteilen*
Quo-tie-rung, die; -,-en: *das Quotieren*

r, R, das; -,-: *achtzehnter Buchstabe des Alphabets; Konsonant, Mitlaut*
r, R: *Abkürzung für „Radius"*
r.: *Abkürzung für „rechts"*
R: *Zeichen für „Reaumur"*
Ra: *altägyptischer Sonnengott*
Ra-batt, der; -s,-e: *Preisnachlass*
Ra-bat-te, die; -,-n: *Blumenbeet*
Ra-bau-ke, der; -n,-n: *Strolch, Rüpel*
Rab-bi, der; -s,-s/Rab-bi-nen: *Ehrentitel eines jüdischen Schriftgelehrten*
Rab-bi-ner, der; -s,-: *jüdischer Geistlicher*
Ra-be, der; -n,-n: *Vogelart*
Ra-ben-aas, das; -es,-e: *derb umgangssprachlich für „gemeiner Mensch"*
Ra-ben-el-tern, die; -, keine Einzahl: *schlechte Eltern*
ra-bi-at: *wild, sehr wütend, zornig*
Ra-bitz-wand, die; -,-wän-de: *leichte Zwischenwand, auf die Putz aufgetragen wird*
Ra-bu-list, der; -en,-en: *Haarspalter, Rechtsverdreher*
Ra-bu-lis-tik, die; -,-en: *Haarspalterei, Wortklauberei, Rechtsverdrehung*
ra-bu-lis-tisch: *haarspalterisch, rechtsverdrehend*
Ra-che, die; -,-: *Vergeltung*
rä-chen, sich: *Rache, Vergeltung üben*
Ra-chen, der; -s,-: *übertragen für „Abgrund"*
Ra-chen, der; -s,-: *Schlund, Maul*
Ra-chen-put-zer, der; -s,-: *umgangssprachlich für „scharfer Schnaps, saurer schlechter Wein"*
Rä-cher, der; -s,-: *jemand, der rächt*
Ra-chi-tis, die; -, keine Mehrzahl: *Mangelkrankheit, die zu Knochenerweichung führt*
ra-chi-tisch: *an Rachitis leidend*
Ra-cke, die; -,-n: *Saatkrähe*
Ra-cker, der; -s,-: *Schlingel*
Ra-cke-rei, die; -,-en: *schwere Arbeit*
ra-ckern: *umgangssprachlich für „schwer arbeiten"*
Ra-cket (auch Ra-kett) [Räket], das; -s,-s: *Tennisschläger*

Rac-lette (auch Ra-clette) [Raklett], die/das; -, keine Mehrzahl/-s, keine Mehrzahl: *schweizerisches Käsegericht*
Rad, das; -,-: *Maßeinheit für Strahlenmenge*
Rad, das; -es, Rä-der: *um seine Achse drehbarer runder Teil von Fahrzeugen*
Rad, das; -es, Rä-der: *Kurzwort für „Fahrrad"*
Ra-dar, der/das; -s, keine Mehrzahl: *Funkmesstechnik*
Ra-dar-na-se, die; -,-n: *Flugzeugspitze, die die Radaranlage enthält*
Ra-dar-schirm, der; -s,-e: *Leuchtschirm, auf dem das von einem Radargerät erfasste Bild dargestellt wird*
Ra-dau, der; -s, keine Mehrzahl: *Lärm*
Ra-dau-bru-der, der; -s, -brü-der: *umgangssprachlich für „jemand, der häufig Krach schlägt"*
Rad-ball, der; -s, keine Mehrzahl: *Ballspiel auf Fahrrädern*
Räd-chen, das; -s,-: *kleines Rad*
Ra-de, die; -,-n: *Unkraut*
ra-de-bre-chen: *bruchstückhaft sprechen*
ra-deln: *umgangssprachlich für „Rad fahren"*
rä-deln: *mit einem Rädchen aus Teig oder Papier ausstechen*
Rä-dels-füh-rer, der; -s,-: *Anstifter, Anführer einer Revolte*
Rad fah-ren, fuhr Rad, Rad gefahren; aber: *das Radfahren*
Rad-fah-rer, der; -s,-: *jemand, der auf einem Fahrrad fährt*
Rad-fah-rer, der; -s,-: *rücksichtsloser Karrieremensch*
Ra-di, der; -s,-s: *süddeutsch für „Rettich"*
ra-di-al: *speichenförmig vom Mittelpunkt ausgehend, strahlenförmig*
Ra-di-ant, der; -en,-en: *Winkeleinheit im Bogenmaß*
Ra-di-ant, der; -en,-en: *Punkt am Himmel, der scheinbar Ausgangspunkt eines Sternschnuppenschwarmes ist*
Ra-di-a-tor, der; -s,-en: *Heizkörper*
ra-die-ren: *eine Radierung anfertigen*
ra-die-ren: *Geschriebenes durch Reiben entfernen*
Ra-die-rer, der; -s,-: *Radiergummi*
Ra-dier-gum-mi, der; -s,-s
Ra-die-rung, die; -,-en: *Stelle, an der Geschriebenes ausradiert wurde*

Radierung

Ra-die-rung, die; -,-en: *Kupferstich*
Ra-dies-chen, das; -s,-: *kleine Rettichart*
ra-di-kal: *gründlich, rücksichtslos, unbedingt, kompromisslos*
Ra-di-kal, das; -s,-e: *Mathematik: Resultat des Wurzelziehens*
Ra-di-ka-le, der; -n,-n: *jemand, der radikal denkt und handelt*
Ra-di-ka-lin-ski, der; -s,-s: *umgangssprachlich für „politisch radikal eingestellter Mensch"*
ra-di-ka-li-sie-ren: *radikal machen*
Ra-di-ka-lis-mus, der; -, keine Mehrzahl: *radikale Gesinnung*
Ra-di-kal-o-pe-ra-ti-on, die; -,-en: *völlige Entfernung eines Organs*
Ra-dio, das; -s,-s: *Rundfunkgerät; auch: Rundfunk selbst*
ra-di-o-ak-tiv: *Strahlen aussendend*
Ra-di-o-ak-ti-vi-tät, die; -, keine Mehrzahl: *Zerfallen von instabilen Atomkernen unter Aussendung von hochenergetischer Strahlung*
Ra-di-o-ak-ti-vi-tät, die; -, keine Mehrzahl: *Strahlung, die beim Zerfall von Atomen entsteht*
Ra-di-o-a-ma-teur, der; -s,-e: *Amateurfunker*
Ra-di-o-ap-pa-rat, der; -es,-e: *Radio, Empfänger*
Ra-di-o-in-di-ka-tor, der; -s,-en: *radioaktives Kontrastmittel*
Ra-di-o-kar-bon-me-tho-de, die; -, keine Mehrzahl: *Methode der Altersbestimmung von Stoffen*
Ra-di-o-the-ra-pie, die; -, keine Mehrzahl: *Heilmethode durch Bestrahlung*
Ra-di-um, das; -s, keine Mehrzahl: *radioaktives Element, Zeichen: Ra*
Ra-di-us, der; -, Ra-di-en: *halber Durchmesser, Zeichen: r*
Ra-dix, die; -,-e/ Ra-di-zes: *Pflanzenwurzel*
ra-di-zie-ren: *Mathematik: die Wurzel ziehen*
Rad-ler, der; -s,-: *Radfahrer*
Rad-ler, das; -s,-: *Getränk, Mischung aus Bier und Limonade*
Rad-man-tel, der; -s,-män-tel: *äußere Hülle eines Rades*
Ra-dom, das; -s,-e: *runder Schutzbau einer Radaranlage*
Ra-don, das; -s, keine Mehrzahl: *radioaktives Edelgas, Zeichen: Rn*

Rad-renn-bahn, die; -,-en
Rad-ren-nen, das; -s,-
Rad-scha (auch Ra-dscha), der; -s,-s: *indischer Fürst*
Rad-sport, der; -es, keine Mehrzahl
Rad-stand, der; -es,-stän-de: *Entfernung der Achsen eines Fahrzeugs voneinander*
Rad-sturz, der; -es,-stür-ze: *Radneigung*
Raf-fel, die; -,-n: *Reibeisen*
raf-feln: *reiben, schaben*
raf-fen: *eilig zusammenschieben*
raf-fen: *in kleine Falten legen, zusammenfassen; etwas anheben, hochheben*
raf-fen: *gierig an sich nehmen*
Raff-gier, die; -, keine Mehrzahl: *Habgier*
raff-gie-rig: *habgierig*
Raf-fi-na-de, die; -,-n: *feiner Zucker*
Raf-fi-na-ti-on, die; -, keine Mehrzahl: *Verfeinerung, Reinigung*
Raf-fi-ne-ment [Raffinemoñ], das; -s,-s: *Durchtriebenheit, Schlauheit*
Raf-fi-ne-rie, die; -,-n: *Anlage, in der Stoffe gereinigt werden*
Raf-fi-nes-se, die; -,-n: *Verfeinerung*
Raf-fi-nes-se, die; -, keine Mehrzahl: *Durchtriebenheit*
raf-fi-nie-ren: *reinigen*
raf-fi-niert: *durchtrieben, schlau*
raf-fi-niert: *gereinigt*
Raff-zahn, der; -es,-zäh-ne: *Raubtiereckzahn, vorstehender Zahn*
Ra-ge [Rahsche], die; -, keine Mehrzahl: *Wut, Raserei, Zorn*
ra-gen: *empor- oder überstehen*
Rag-lan (auch Ra-glan), der; -s,-s: *Mantel mit angeschnittenen Ärmeln*
Ra-gout [Raguh], das; -s,-s: *Gericht aus feingeschnittenem Fleisch*
Rag-time [Rägtaim], der; -s, keine Mehrzahl: *Jazzart*
Ra-he, die; -,-n: *Mastquerstange*
Rahm, der; -s, keine Mehrzahl: *Sahne*
rah-men: *einfassen*
Rah-men, der; -s,-: *Einfassung, Gestell*
Rah-men-ge-setz, das; -es,-e: *Gesetz, das Richtlinien angibt*
Rain, der; -es,-e: *Wegrand, Ackergrenzung*
Rain-farn, der; -es,-e: *Heilpflanze*
Rai-son [Räsoñ], die; -, keine Mehrzahl: *Räson*
rä-keln: *rekeln*
Ra-ke-te, die; -,-n: *durch Rückstoß angetriebenes Geschoss*

Raps

Ra-ke-te, die; -,-n: *Feuerwerkskörper*
Ra-ke-ten-ba-sis, die; -,-ba-sen: *Stützpunkt, von dem aus Raketen abgefeuert werden*
Ra-ke-ten-trieb-werk, das; -es,-e: *Rückstoßantrieb, Düse*
Ral-le, die; -,-n: *Vogelart*
Ral-lye [Ralli], die; -,-s: *Sternfahrt, Wettrennen*
Ra-ma-dan, der; -/-s, keine Mehrzahl: *Fastenmonat der Mohammedaner*
ramm-dö-sig: *umgangssprachlich für „betäubt, geistig erschöpft"*
Ram-me, die; -,-n: *Rammklotz*
Ram-me-lei, die; -,-en: *andauerndes Rammeln*
ram-meln: *begatten (Tiere)*
ram-meln: *schubsen, stoßen, drängen*
ram-men: *fest einschlagen*
ram-men: *anfahren, beschädigen*
Ramm-ler, der; -s,-: *männliches Kaninchen, männlicher Hase*
Ram-pe, die; -,-n: *schiefe Ebene, Laderampe*
Ram-pe, die; -,-n: *vorderer Bühnenteil*
Ram-pen-licht, das; -s, keine Mehrzahl: *Öffentlichkeit, Zentrum der Aufmerksamkeit*
ram-po-nie-ren: *beschädigen*
Ramsch, der; -es, keine Mehrzahl: *Schund, Plunder, Ausschuss*
Ramsch, der; -es, keine Mehrzahl: *Spiel beim Skat*
ram-schen: *zu Schleuderpreisen aufkaufen*
ram-schen: *Ramsch spielen*
Ramsch-la-den, der; -s, -lä-den
Ranch [Ränsch], die; -,-s/-es: *Viehfarm in Nordamerika*
Rand, der; -es, Rän-der: *Saum*
Rand, der; -es, Rän-der: *Grenze, Grenzbereich*
Rand, der; -es, Rän-der: *Kante*
ran-da-lie-ren: *lärmen, sich wüst benehmen*
Ran-da-lie-rer, der; -s,-: *jemand, der randaliert*
Rand-be-mer-kung, die; -,-en: *Anmerkung*
Rän-del-mut-ter, die; -,-n: *Mutter, deren Außenseite angeraut wurde*
rän-deln: *den Rand aufrauen*
Ranft, der; -es, Ränf-te: *umgangssprachlich für „Brotkante, Brotkruste"*

Rang, der; -es, Rän-ge: *Stockwerk im Zuschauerraum*
Rang, der; -es, Rän-ge: *Gewinnklasse*
Rang, der; -es, Rän-ge: *Rangstufe, Dienstgrad*
Rang, der; -es, Rän-ge: *sozialer Status, gesellschaftliche Klasse*
Rang, der; -es, Rän-ge: *Stellung, Stand, Stufe*
Ran-ge, die; -,-n: *Göre, freches, ungebärdiges Kind*
ran-geln: *balgen, raufen; klettern*
ran-gie-ren [rangschieren]: *einen Platz, einen Rang innehaben*
ran-gie-ren [rangschieren]: *verschieben, umstellen*
Ran-gie-rer [Rangschiehrer], der; -s,-: *jemand, der rangiert*
Ran-gier-gleis [Rangschiergleis], das; -es,-e
Ran-gier-lok [Rangschierlok], die; -,-s
Rang-ord-nung, die; -,-en: *Hierarchie*
Rang-stu-fe, die; -,-n: *Rang*
rank: *schlank*
Ran-ke, die; -,-n: *langer Pflanzenspross*
ran-ken, sich: *an etwas emporwachsen, sich um etwas winden (Pflanzen)*
Rän-ke-schmied, der; -es,-e: *jemand, der Intrigen spinnt, heimtückischer Mensch*
Ran-kü-ne, die; -, keine Mehrzahl: *heimliche Feindschaft, Groll; auch: Handlung aus Feindschaft*
Ra-nun-kel, die; -,-: *Hahnenfußgewächs*
ran-zen: *umgangssprachlich für „schimpfen, schnauzen"*
ran-zen: *in Brunft sein*
Ran-zen, der; -s,-: *Schulmappe*
ran-zig: *schlecht, nicht frisch, stinkend*
ra-pid: *rapide*
ra-pi-de: *ungemein schnell*
Ra-pier [Rapjeh], das; -s,-e: *Degen*
Rap-pe, der; -n,-n: *schwarzes Pferd*
Rap-pel, der; -s,-: *verrückte Laune, plötzliche Aufregung*
rap-pe-lig: *unruhig, aufgeregt*
rap-peln: *klappern*
Rap-port, der; -s,-e: *Musterwiederholung in Geweben*
Rap-port, der; -es,-e: *Bericht, Meldung*
rap-por-tie-ren: *melden, berichten*
Raps, der; -es, keine Mehrzahl: *Kohlart, die Öl liefert und als Futterpflanze verwendet wird*

Raptus

Rap-tus, der; -,-se: *Wutanfall, Raserei, Gier*
Ra-pun-zel, die; -, keine Einzahl: *Feldsalat*
rar: *selten, knapp*
Ra-ri-tät, die; -,-en: *Seltenheit, Kostbarkeit*
Ra-ri-tä-ten-ka-bi-nett, das; -s,-e
ra-sant: *sehr schnell*
ra-sant: *flach, lang gestreckt*
Ra-sanz, die; -, keine Mehrzahl: *große Schnelligkeit*
Ra-sanz, die; -, keine Mehrzahl: *Gestrecktheit, flach verlaufende Flugbahn*
rasch: *schnell, flink, geschwind*
ra-scheln: *knistern*
ra-sen: *toben, außer sich sein*
ra-sen: *sehr schnell fahren*
Ra-sen, der; -s, keine Mehrzahl: *Grasfläche, gepflegtes Gras*
ra-send: *heftig, schnell*
ra-send: umgangssprachlich für „sehr"
Ra-ser, der; -s,-: *jemand, der schnell fährt*
Ra-se-rei, die; -,-en: *Wahnsinn, große Wut, Toben*
Ra-se-rei, die; -,-en: *schnelle Fahrt*
Ra-sier-ap-pa-rat, der; -es,-e
Ra-sier-creme, die; -,-s
ra-sie-ren, sich: *sich den Bart scheren*
Ra-sier-klin-ge, die; -,-n: *sehr scharfe Klinge*
Ra-sier-pin-sel, der; -s,-: *Pinsel zum Auftragen von Rasiercreme oder -schaum*
Ra-sier-was-ser, das; -s,-: *Parfümart*
Rä-son, die; -, keine Mehrzahl: *Vernunft, Einsicht*
rä-so-nie-ren: *laut nachdenken, folgern*
rä-so-nie-ren: *schimpfen, laut nörgeln*
Ras-pel, die; -,-n: *Stahlwerkzeug zum Glätten, Reibe*
ras-peln: *reiben, glätten, grob zerkleinern*
Ras-se, die; -,-n: *Gesamtheit der Angehörigen einer Art mit den gleichen Erbmerkmalen*
Ras-sel, die; -,-n: *Kinderspielzeug*
Ras-sel-ban-de, die; -,-n: *scherzhaft für „übermütige Kinderbande"*
Ras-sen-hass, der; -has-ses, keine Mehrzahl
Ras-sen-tren-nung, die; -, keine Mehrzahl: *Apartheid*
ras-sig: *temperamentvoll, feurig, von edler Rasse*

Ras-sis-mus, der; -, keine Mehrzahl: *Rassenhass*
ras-sis-tisch: *den Rassismus betreffend*
Rast, die; -,-en: *Pause, Ruhepause*
Ras-te, die; -,-n: *Einrastvorrichtung*
ras-ten: *ruhen, pausieren*
Ras-ter, das; -s,-: *Gesamtheit der Punkte, aus denen sich ein Fernsehbild zusammensetzt*
Ras-ter, der; -s,-: *durchsichtige Platte mit eingelegtem Liniennetz*
Ras-ter, der; -s,-: *System mit begrenzter Anzahl von Kategorien*
Rast-haus, das; -es,-häu-ser: *Gaststätte*
rast-los: *ohne Rast, ruhelos, unruhig*
Ra-sur, die; -,-en: *das Rasieren*
Rat, der; -es, Rä-te: *Verwaltungsbehörde; auch: Mitglied dieser Behörde*
Rat, der; -es, Rä-te: *Empfehlung, Vorschlag*
Rat, der; -es, keine Mehrzahl: *Beratung*
Ra-te, die; -,-n: *Teilzahlung*
ra-ten, riet, geraten: *rätseln, mutmaßen, vermuten*
ra-ten, riet, geraten: *empfehlen, vorschlagen, beraten*
Ra-ten-kauf, der; -es, -käu-fe: *Kauf mit Teilzahlungen*
Ra-ten-zah-lung, die; -,-en: *Rate*
Ra-ter, der; -s,-: *jemand, der rät*
Rat-ge-ber, der; -s,-: *Berater, jemand, der einen Rat gibt*
Rat-haus, das; es,-häu-ser: *Verwaltungsbehörde einer Gemeinde, Sitz des Bürgermeisters*
Ra-ti-fi-ka-ti-on, die; -,-en: *Bestätigung, Genehmigung durch das Parlament*
ra-ti-fi-zie-ren: *einen Vertrag genehmigen*
Ra-ti-fi-zie-rung, die; -,-en: *endgültige Verabschiedung eines Vertrages*
Rä-tin, die; -,-nen: *weibliches Mitglied eines Rates*
Ra-tio, die; -, keine Mehrzahl: *Vernunft*
Ra-ti-on, die; -,-en: *Zuteilung, tägliche Verpflegungsmenge*
ra-ti-o-nal: *die Ratio betreffend*
ra-ti-o-na-li-sie-ren: *wirtschaftlich und zweckmäßig gestalten*
Ra-ti-o-na-li-sie-rung, die; -,-en: *das Rationalisieren*
Ra-ti-o-na-list, der; -en,-en: *Anhänger des Rationalismus*
ra-ti-o-nell: *zweckmäßig, wirtschaftlich*

Räumlichkeit

ra-ti-o-nie-ren: *einteilen, zuteilen, einschränken*
Ra-ti-o-nie-rung, die; -,-en: *Einteilung, Einschränkung, Beschränkung*
rat-los: *hilflos*
Rat-lo-sig-keit, die; -, keine Mehrzahl
rä-to-ro-ma-nisch: *die Rätoromanen betreffend*
Rat-schlag, der; -es, -schlä-ge: *Rat, Empfehlung*
Rät-sel, das; -s,-: *Denkaufgabe; Geheimnis, unlösbares Problem*
rät-sel-haft: *unverständlich*
rät-seln: *sich wundern, raten*
Rat-te, die; -,-n: *Nagetier*
Rat-ten-schwanz, der; -es, -schwän-ze: *Schwanz einer Ratte; auch: dünner Zopf; auch: endlose Folge*
rat-tern: *knattern, poltern*
Rat-ze, die; -,-n: *umgangssprachlich für „Ratte"*
rat-ze-kahl: *umgangssprachlich für „völlig kahl"*
rau: *uneben, schartig, rissig*
rau: *heiser*
rau: *kalt, wechselhaft (Klima)*
rau: *grob, derb, hart*
rau: *unfreundlich, grob, ungeschliffen*
Raub, der; -es, keine Mehrzahl: *gewaltsames Wegnehmen, Entwendung*
Raub-bau, der; -s, keine Mehrzahl: *rücksichtslose Ausbeutung*
Raub-druck, der; -es,-e: *unerlaubter Nachdruck*
Rau-bein, das; -s,-e: *raubeiniger Mensch*
rau-bei-nig: *grob, poltrig*
rau-ben: *gewaltsam stehlen*
Räu-ber, der; -s,-: *gewalttätiger Dieb, jemand, der raubt*
räu-be-risch: *mit Raub verbunden*
räu-bern: *stehlen, plündern*
Räu-ber-zi-vil, das; -s, keine Mehrzahl: *umgangssprachlich für „legere Kleidung"*
Raub-mord, der; -es,-e: *Raub und Mord*
Raub-mör-der, der; -s,-: *jemand, der einen Raubmord begangen hat*
Raub-tier, das; -es,-e: *Tier, das sich von selbst getöteten Tieren ernährt*
Raub-über-fall, der; -es, -fäl-le
Raub-vo-gel, der; -s, -vö-gel: *Fleisch fressender Vogel*
Rauch, der; -es, keine Mehrzahl: *Qualm, Abgase*
rau-chen: *qualmen, Zigaretten rauchen*
Rau-cher, die; -s,-: *jemand, der raucht*
Rau-cher-ab-teil, das; -es,-e: *Eisenbahnabteil, in dem geraucht werden darf*
Rau-cher-hus-ten, der; -s, keine Mehrzahl: *Reizhusten eines Rauchers*
räu-chern: *durch Rauch haltbar machen*
Räu-cher-speck, der; -s, keine Mehrzahl: *geräucherter Speck*
Räu-cher-stäb-chen, das; -s,-
Rauch-fah-ne, die; -,-n
Rauch-fang, der; -es, -fän-ge: *Teil des Schornsteins*
Rauch-fleisch, das; -es, keine Mehrzahl: *geräuchertes Fleisch*
rau-chig: *voller Rauch*
rauch-los: *ohne Rauch*
Rauch-ver-bot, das; -es,-e
Rauch-ver-gif-tung, die; -,-en
Rauch-wa-ren, die; keine Einzahl: *Pelzwaren*
Rauch-wa-ren, die; keine Einzahl: *umgangssprachlich für „Tabakwaren"*
Räu-de, die; -, keine Mehrzahl: *Krätze*
räu-dig: *von Räude befallen*
rauf: *umgangssprachlich für „herauf, hinauf"*
Rauf-bold, der; -es,-e: *jemand, der sich häufig prügelt*
Rau-fe, die; -,-n: *Futtergestell*
rau-fen, sich: *sich prügeln*
Rau-fe-rei, die; -,-en: *Schlägerei*
Rauf-lust, die; -, keine Mehrzahl
rauf-lus-tig
Rau-haar-da-ckel, der; -s,-: *Hundeart*
rau-haa-rig
Raum, der; -es, keine Mehrzahl: *Weltraum, Weltall*
Raum, der; -es, Räu-me: *Zimmer, Platz*
Raum, der; -es, Räu-me: *Ausdehnung*
räu-men: *leeren, ausleeren*
räu-men: *freigeben, verlassen*
Raum-fahrt, die; -,-en: *Weltraumfahrt*
Raum-fahr-zeug, das; -es,-e
Raum-flug, der; -es, -flü-ge
Raum-in-halt, der; -es,-e: *Volumen*
Raum-kap-sel, die; -,-n: *Raumfahrzeugart*
Raum-leh-re, die; -, keine Mehrzahl: *Geometrie*
räum-lich: *dreidimensional*
Räum-lich-keit, die; -,-en: *Zimmer, Raum, Örtlichkeit*
Räum-lich-keit, die; -, keine Mehrzahl: *dreidimensionale Beschaffenheit*

Raummeter

Raum-me-ter, der; -s,-: *Kubikmeter*
Raum-pfle-ge-rin, die; -,-nen: *Putzfrau*
Raum-schiff, das; -es,-e: *Raumfahrzeug*
Raum-son-de, die; -,-n: *mit Instrumenten bestücktes Raumfahrzeug*
Raum-sta-ti-on, die; -,-en: *ständig bemannte Station im All*
Räu-mung, die; -,-en: *das Räumen*
Räu-mungs-kla-ge, die; -,-n: *Klage auf Räumung*
Räu-mungs-ver-kauf, der; -es, -käu-fe: *Verkauf bei Geschäftsaufgabe*
rau-nen: *flüstern, murmeln*
raun-zen: *umgangssprachlich für „schimpfen, schnauzen"*
Rau-pe, die; -,-n: *Schmetterlingslarve*
Rau-pe, die; -,-n: *Gleiskette*
Rau-pen-fahr-zeug, das; -es,-e: *Kettenfahrzeug*
Rau-pen-schlep-per, der; -s,-: *Kettenfahrzeug*
raus: *umgangssprachlich für „heraus, hinaus"*
Rausch, der; -es, Räu-sche: *Bewusstseinsstörung durch Drogengenuss*
Rau-sche-bart, der; -es,-bär-te: *dichter Vollbart*
rau-schen: *brausen*
rau-schend: *brausend*
rau-schend: *überwältigend*
Rausch-gift, das; -es,-e: *Droge*
Rausch-gold, das; -s, keine Mehrzahl: *dünnes Messingblech*
Räus-pe-rer, der; -s,-: *kurzes Räuspern*
räus-pern, sich: *die Kehle freimachen*
Raus-schmei-ßer, der; -s,-
Raus-schmiss, der; -schmis-ses, -schmis-se: *umgangssprachlich für „Hinauswurf"*
Rau-te, die; -,-n: *auf der Spitze stehender Rhombus; auch: Art des Diamantenschliffs*
Rau-te, die; -,-n: *Pflanzenart*
Ra-vi-o-li, die; keine Einzahl: *italienisches Teiggericht*
Ra-yon (auch Ray-on) [Rejoñ], der; -s,-s: *Bereich, Bezirk, Abteilung*
Raz-zia, die; -, Raz-zi-en: *Großfahndung, Durchsuchung*
Re, das; -s,-s: *Erwiderung auf Kontra beim Skat*
Re-a-genz, das; -es, Re-a-gen-zi-en: *reagierender chemischer Stoff*
Re-a-genz-glas, das; -es,-glä-ser
re-a-gie-ren: *rückwirken, ansprechen, Gegenwirkung zeigen*
re-a-gie-ren: *chemisch aufeinander einwirken*
Re-ak-ti-on, die; -, keine Mehrzahl: *konservative Bewegung*
Re-ak-ti-on, die; -,-en: *Rückwirkung, Gegenwirkung*
re-ak-ti-o-när: *radikal konservativ, rückschrittlich*
re-ak-ti-vie-ren: *wieder in Gang, in Betrieb setzen, wieder wirksam machen, wieder beleben*
Re-ak-ti-vie-rung, die; -,-en: *das Reaktivieren*
Re-ak-tor, der; -s,-en: *Kernreaktor*
re-al: *in Wirklichkeit, wirklich, tatsächlich*
Re-al-ein-kom-men, das; -s,-: *Einkommen nach Abzug der Steuern und Berücksichtigung der Kaufkraft*
Re-a-li-en, die; keine Einzahl: *wirkliche Dinge*
Re-a-li-sa-ti-on, die; -,-en: *Verwirklichung*
re-a-li-sier-bar: *verwirklichbar*
Re-a-li-sier-bar-keit, die; -, keine Mehrzahl: *Möglichkeit der Verwirklichung*
re-a-li-sie-ren: *verwirklichen*
re-a-li-sie-ren: *in Geld umwandeln*
Re-a-li-sie-rung, die; -,-en: *Verwirklichung*
Re-a-lis-mus, der; -, keine Mehrzahl: *Kunstrichtung*
Re-a-lis-mus, der; -, keine Mehrzahl: *Wirklichkeitssinn, Sachlichkeit*
Re-a-list, der; -en: *jemand, der etwas realistisch einschätzt*
re-a-lis-tisch: *wirklichkeitsnah, naturgetreu*
re-a-lis-tisch: *nüchtern, sachlich*
Re-a-li-tät, die; -,-en: *Wirklichkeit*
Re-al-lohn, der; -es,-löh-ne: *Realeinkommen*
Re-al-po-li-tik, die; -, keine Mehrzahl: *Politik, die sich nach den Gegebenheiten richtet*
Re-al-po-li-ti-ker, der; -s,-: *Politiker, der Realpolitik betreibt*
re-al-po-li-tisch: *die Realpolitik betreffend*
Re-al-schu-le, die; -,-n: *Mittelschule*
Re-al-schü-ler, der; -s,-: *Schüler der Realschule*
Re-al-wert, der; -es,-e: *tatsächlicher Wert*
Re-au-mur [Reomühr]: *Maßeinheit der Temperatur, Zeichen: R*

Rechtsprechung

Re-be, die; -,-n: *Weinrebe, Weinstock*
Re-bell, der; -en,-en: *Aufständischer*
re-bel-lie-ren: *sich auflehnen*
Re-bel-li-on, die; -,-en: *Aufstand*
re-bel-lisch: *aufständisch*
re-beln: *entbeeren*
Reb-huhn, das; -s, -hüh-ner: *Vogelart*
Reb-laus, die; -, -läu-se: *Blattlausart*
Re-cei-ver [Rißiewer], der; -s,-: *Empfänger*
Re-chaud [Reschoh], das; -s,-s: *Wärmeplatte*
re-chen: *harken*
Re-chen, der; -s,-: *Harke*
Re-chen-e-xem-pel (auch Re-chen-ex-em-pel), das; -s,-: *rechnerische Aufgabe, rechnerisches Beispiel*
Re-chen-ma-schi-ne, die; -,-n: *mechanischer Rechner*
Re-chen-schaft, die; -, keine Mehrzahl: *Rechtfertigung, Auskunft*
Re-chen-schafts-be-richt, der; -es,-e: *Bericht über die geleistete Arbeit*
Re-chen-schie-ber, der; -s,-: *Rechengerät*
Re-chen-zent-rum (auch Re-chen-zen-trum), das; -s,-zent-ren: *Gebäude, in dem eine EDV-Anlage untergebracht ist*
Re-cher-che, [Recherche], die; -,-n: *Nachforschung, Ermittlung*
re-cher-chie-ren [rescherschieren]: *nachforschen, ermitteln*
rech-nen: *in einer Zahlenaufgabe ein Ergebnis ermitteln*
rech-nen: *berücksichtigen, veranschlagen, zählen*
rech-nen, mit: *sich auf etwas verlassen*
Rech-ner, der; -s,-: *Rechenmaschine, EDV-Anlage*
Rech-ner, der; -s,-: *jemand, der rechnet*
rech-ne-risch: *durch Rechnen, das Rechnen betreffend*
Rech-nung, die; -,-en: *Kostenaufstellung, Zahlungsforderung*
Rech-nung, die; -,-en: *Zahlenaufgabe, auch: ihre Lösung*
Rech-nung, die; -,-en: *Abrechnung*
Rech-nungs-füh-rer, der; -s,-: *Buchhalter*
recht: *geeignet, passend, zutreffend*
recht: *richtig, zufrieden stellend*
recht: *angenehm*
Recht, das; -s,-e: *Gesamtheit der Gesetze*
Recht, das; -s keine Mehrzahl: *Gerechtigkeit, das Richtige*
Recht, das; -s,-e: *Anspruch, Berechtigung*
Recht-eck, das; -s,-e: *Viereck mit vier rechten Winkeln*
recht-e-ckig: *in der Form eines Rechtecks*
rech-tens: *dem Recht entsprechend*
recht-fer-ti-gen: *verteidigen*
Recht-fer-ti-gung, die; -,-en: *Erklärung*
recht-gläu-big: *orthodox*
Recht-ha-be-rei, die; -,-en: *rechthaberisches Verhalten*
recht-ha-be-risch: *besserwisserisch, starrsinnig*
recht-lich: *das Recht betreffend*
Recht-lo-sig-keit, die; -, keine Mehrzahl: *rechtloser Zustand*
recht-mä-ßig: *dem Recht entsprechend*
Recht-mä-ßig-keit, die; -, keine Mehrzahl: *rechtmäßiger Zustand*
rechts: *auf der rechten Seite*
rechts: *konservativ*
Rechts-an-spruch, der; -es, -sprü-che
Rechts-an-walt, der; -es, -an-wäl-te: *staatlich anerkannter Jurist*
Rechts-be-leh-rung, die; -,-en: *Belehrung über die Rechte*
Rechts-be-ra-ter, der; -s,-: *Rechtsanwalt*
recht-schaf-fen: *ehrlich*
recht-schrei-ben: *fehlerlos schreiben, orthographisch richtig schreiben*
Recht-schrei-bung, die; -, keine Mehrzahl: *Orthographie*
rechts-ext-rem (auch rechts-ex-trem): *faschistoid*
Rechts-ext-re-mis-mus (auch Rechts-ex-tre-mis-mus), der; -, keine Mehrzahl: *reaktionäre politische Richtung*
Rechts-ext-re-mist (auch Rechts-ex-tre-mist), der; -en,-en: *Anhänger des Rechtsextremismus*
Rechts-ge-fühl, das; -es, keine Mehrzahl
rechts-gül-tig: *in Kraft*
Rechts-hän-der, der; -s,-: *jemand, der zum Schreiben die rechte Hand benutzt*
Rechts-kraft, die; -, keine Mehrzahl: *Gültigkeit*
rechts-kräf-tig: *in Kraft, gültig*
Rechts-kur-ve, die; -,-n: *Kurve nach rechts*
Rechts-mit-tel, das; -s,-: *rechtliche Mittel*
Rechts-pfle-ge, die; -, keine Mehrzahl: *Rechtsprechung, Juristerei*
Recht-spre-chung, die; -, keine Mehrzahl: *Rechtspflege; Gerichtsbarkeit*

rechtsradikal

rechts-ra-di-kal: *rechtsextrem*
Rechts-ra-di-ka-lis-mus, der; -, keine Mehrzahl: *Rechtsextremismus*
Rechts-schutz, der; -es, keine Mehrzahl: *Schutz des Rechts; auch: Rechtsschutzversicherung*
Rechts-staat, der; -es,-en: *Staat, in dem die Jurisprudenz unabhängig und die rechtliche Stellung des Bürgers gesichert ist*
rechts-staat-lich: *den Rechtsstaat betreffend*
Rechts-strei-tig-keit, die; -,-en: *gerichtlich ausgetragene Auseinandersetzung*
rechts-ver-bind-lich: *geltend*
Rechts-ver-dre-her, der; -s,-: *Rabulist*
Rechts-ver-kehr, der; -s, keine Mehrzahl
Rechts-weg, der; -es, keine Mehrzahl: *Klage, Inanspruchnehmen des Gerichts*
rechts-wid-rig: *gegen das Rechl verstoßend*
recht-wink-lig: *im Winkel von 90 Grad*
recht-zei-tig: *pünktlich, zum richtigen Zeitpunkt*
Reck, das; -s,-e/-s: *Turngerät*
Re-cke, der; -n,-n: *veraltet für „tapferer Krieger"*
re-cken, sich: *sich strecken, sich dehnen*
Re-cyc-ling (auch Re-cy-cling) [Rißaikling], das; -s, keine Mehrzahl: *Wiedergewinnung von Abfall als Rohstoff*
Re-dak-teur [Redaktöhr], der; -s,-e: *Verlagsmitarbeiter, der Manuskripte vor dem Druck bearbeitet und betreut*
Re-dak-ti-on, die; -,-en: *Gesamtheit der Redakteure*
re-dak-ti-o-nell: *die Redaktion betreffend*
Re-dak-ti-ons-schluss, der; -schlus-ses, keine Mehrzahl: *Beendigung der redaktionellen Arbeit*
Re-de, die; -,-n: *Sprache, Redeweise*
Re-de, die; -,-n: *Ansprache, Vortrag*
Re-de-frei-heit, die; -, keine Mehrzahl
re-de-ge-wandt: *rhetorisch begabt*
re-den: *sprechen*
Re-dens-art, die; -,-en: *feststehende Wendung*
Re-de-wen-dung, die; -,-en: *sprachlicher Ausdruck*
re-di-gie-ren: *Manuskript bearbeiten, satzfertig machen*
red-lich: *ehrlich, rechtschaffen, pflichtbewusst*

Red-lich-keit, die; -, keine Mehrzahl: *Zuverlässigkeit, Ehrlichkeit*
Red-ner, der; -s,-: *jemand, der eine Rede hält*
red-ne-risch: *die Rede, den Redner betreffend*
red-se-lig: *geschwätzig*
Re-duk-ti-on, die; -,-en: *Rückführung eines komplizierten Sachverhaltes auf einen einfacheren*
Re-duk-ti-on, die; -, keine Mehrzahl: *Sauerstoffentzug aus einer chemischen Verbindung*
Re-duk-ti-on, die; -,-en: *Herabsetzung, Einschränkung, Minderung*
re-dun-dant (auch red-un-dant): *überflüssig, weitschweifig*
Re-dun-danz (auch Red-un-danz), die; -, keine Mehrzahl: *Überflüssiges, Weitschweifigkeit*
re-du-zie-ren: *umwandeln*
re-du-zie-ren: *vermindern*
Re-du-zie-rung, die; -,-en: *Einschränkung, Einsparung*
Ree-de, die; -,-n: *Ankerplatz, Außenhafen*
Ree-der, der; -s,-: *Schiffseigner*
Ree-de-rei, die; -,-en: *Schifffahrtsunternehmen*
re-ell: *redlich, ehrlich, zuverlässig*
Reep, das; -s,-e: *Schiffstau, Seil*
Reet, das; -s, keine Mehrzahl: *Ried*
Reet-dach, das; -es,-dä-cher: *mit Reet eingedecktes Dach*
Re-fek-to-ri-um, das; -s, Re-fek-to-ri-en: *Speisesaal eines Klosters*
Re-fe-rat, das; -es,-e: *Arbeitsgebiet*
Re-fe-rat, das; -es,-e: *Bericht, Vortrag, Seminararbeit*
Re-fe-ren-dar, der; -s,-e: *Anwärter auf eine Beamtenlaufbahn*
Re-fe-ren-da-ri-at, das; -es,-e: *Vorbereitungsdienst für Referendare*
Re-fe-ren-dum, das; -s, Re-fe-ren-den: *Volksentscheid*
Re-fe-rent, der; -en,-en: *jemand, der referiert, Vortragender*
Re-fe-renz, die; -,-en: *Empfehlung, guter Leumund*
re-fe-rie-ren: *berichten, erläutern, vortragen*
Reff, das; -s,-s: *Rückentrage*
Reff, das; -s,-s: *Vorrichtung zum Verkleinern der Segelfläche eines Schiffes*

Registratur

ref-fen: *die Segelfläche verkleinern*
re-flek-tie-ren: *nachdenken, in Erwägung ziehen*
re-flek-tie-ren: *zurückwerfen*
Re-flek-tor, der; -s,-en: *nach innen gewölbter Spiegel*
Re-flex, der; -es,-e: *Spiegelung, Widerschein*
Re-flex, der; -es,-e: *Reaktion auf einen Reiz*
Re-fle-xi-on, die; -,-en: *Spiegelung, Zurückwerfen von Strahlen*
Re-fle-xi-on, die; -,-en: *Nachdenken, Überlegung*
re-fle-xiv: *Grammatik: rückbezüglich*
Re-fle-xiv-pro-no-men, das; -s,-: *Grammatik: rückbezügliches Fürwort*
Re-form, die; -,-en: *verbessernde Umgestaltung, Neugestaltung*
Re-for-ma-ti-on, die; -, keine Mehrzahl: *Kirchenerneuerung*
Re-for-ma-tor, der; -s,-en: *jemand, der reformiert*
re-form-be-dürf-tig: *veraltet*
Re-form-haus, das; -es,-häu-ser: *Fachgeschäft für Schon- und Naturkost*
re-for-mie-ren: *umgestalten, erneuern*
Ref-rain (auch Re-frain) [Refreñ], der; -s,-s: *Kehrreim*
Re-frak-ti-on, die; -,-en: *Brechung von Lichtstrahlen*
Re-frak-tor, der; -s,-en: *Linsenfernrohr*
Re-fu-gi-um, das; -s, Re-fu-gi-en: *Zufluchtstätte*
Re-gal, das; -s,-e: *Gestell*
Re-gat-ta, die; -, Re-gat-ten: *Schiffs- oder Bootsrennen*
re-ge: *lebhaft, munter, betriebsam*
Re-gel, die; -,-n: *das Übliche, Norm*
Re-gel, die; -,-n: *Vorschrift, Richtlinie*
re-gel-los: *ungeordnet*
re-gel-mä-ßig: *gleichmäßig*
re-geln: *nach Regeln ordnen, einrichten, justieren, festlegen*
re-gel-recht: *den Regeln entsprechend*
re-gel-recht: *beinahe, sozusagen*
Re-ge-lung, die; -,-en: *das Regeln, Korrektur, Berichtigung*
re-gel-wid-rig: *gegen die Regeln*
re-gen, sich: *sich bewegen*
Re-gen, der; -s, keine Mehrzahl: *Niederschlag*
Re-gen-bo-gen, der; -s, -bö-gen

Re-gen-bo-gen-haut, die; -, -häu-te: *Iris*
Re-gen-bo-gen-pres-se, die; -, keine Mehrzahl: *Wochenzeitungen in bunter Aufmachung*
Re-ge-ne-ra-ti-on, die; -, keine Mehrzahl: *Erholung, Neubildung, Erneuerung*
re-ge-ne-rie-ren: *erholen, auffrischen, erneuern*
Re-gen-man-tel, der; -s, -män-tel: *Wasser abhaltender Mantel*
Re-gen-pfei-fer, der; -s,-: *Vogelart*
Re-gen-schat-ten, der; -s,-: *der Regenseite abgekehrte, regenarme Gebirgsseite*
Re-gen-schirm, der; -es,-e: *Schirm gegen den Regen*
Re-gent, der; -en,-en: *Monarch, regierender Fürst*
Re-gent-schaft, die; -,-en: *Regierungszeit, Regierung eines Fürsten*
Re-gen-wald, der; -es, -wäl-der: *üppiger, tropischer Wald*
Re-gie [Reschieh], die; -,-n: *künstlerische Gestaltung von Dramen und Filmen*
Re-gie-as-sis-tent, der; -en,-en
Re-gie-as-sis-tenz, die; -,-en
re-gie-ren: *beherrschen, verwalten, lenken, leiten*
Re-gie-rung, die; -,-en: *Staatsführung*
Re-gie-rungs-be-zirk, der; -es,-e: *Verwaltungsbezirk*
Re-gie-rungs-sitz, der; -es,-e: *Hauptstadt*
Re-gime [Reschihm], das; -s,-s: *Herrschaft, autoritäre Staatsform*
Re-gi-ment, das; -s,-er: *Truppeneinheit*
Re-gi-ment, das; -s, keine Mehrzahl: *Herrschaft, Leitung*
Re-gi-on, die; -,-en: *Gegend, Landstrich, Bezirk*
re-gi-o-nal: *die Region betreffend, auf eine Region beschränkt*
Re-gi-o-nal-pro-gramm, das; -s,-e: *Funk- oder Fernsehprogramm, das in einer Region ausgestrahlt wird*
Re-gis-seur [Reschissöhr], der; -s,-e: *jemand, der Regie führt, Spielleiter*
Re-gis-ter, das; -s,-: *Liste, Verzeichnis*
Re-gis-ter, das; -s,-: *Anzahl aufeinander abgestimmter Orgelpfeifen*
Re-gis-ter, das; -s,-: *Registerblätter*
Re-gis-tra-tur (auch Re-gist-ra-tur), die; -,-en: *Gesamtheit aller Register der Orgel*
Re-gis-tra-tur (auch Re-gist-ra-tur), die; -,-en: *das Registrieren*

Registratur

Re-gis-tra-tur (auch Re-gist-ra-tur), die; -,-en: *Ablageraum für Akten, Ablageschrank*
re-gis-trie-ren (auch re-gist-rie-ren): *zur Kenntnis nehmen*
re-gis-trie-ren (auch re-gist-rie-ren): *in ein Register eintragen, buchen*
re-gis-trie-ren (auch re-gist-rie-ren): *Register einer Orgel ziehen*
Re-gis-trie-rung (auch Re-gist-rie-rung), die; -,-en: *das Registrieren*
Reg-le-ment (auch Re-gle-ment) [Reglemoñ], das; -s,-s: *Dienstvorschrift, Geschäftsordnung; Turnierregeln*
reg-le-men-tie-ren (auch re-gle-men-tie-ren): *durch Vorschriften regeln*
Reg-ler, der; -s,-: *Instrument zum Regulieren*
reg-los: *unbeweglich, starr, regungslos*
reg-nen: *als Tropfen niederschlagen, als Regen fallen*
reg-nen: *in Mengen kommen*
reg-ne-risch: *zu Regen neigend*
Re-gress, der; Re-gres-ses, Re-gres-se: *Ersatz, Entschädigung, Rückgriff*
Re-gres-si-on, die; -, keine Mehrzahl: *Rückbildung, Rückbewegung, Rückfall*
re-gres-siv: *auf die Ursache zurückgehend*
re-gres-siv: *rückschreitend*
Re-gress-pflicht, die; -, keine Mehrzahl: *Verpflichtung, einen Regressanspruch zu erfüllen*
re-gress-pflich-tig: *rege, beweglich, fleißig, eifrig*
re-gu-lär: *der Regel entsprechend, üblich, gewöhnlich, ordnungsgemäß*
Re-gu-la-ti-on, die; -,-en: *das Regulieren*
re-gu-la-tiv: *das Regulieren betreffend*
Re-gu-la-tiv, das; -s,-e: *regelndes, ausgleichendes Element*
Re-gu-la-tiv, das; -s,-e: *regelnde Verfügung, Anordnung*
Re-gu-la-tor, der; -s,-en; *Uhrenpendel, Penduluhr*
re-gu-lie-ren: *regeln, ordnen, einrichten*
Re-gu-lie-rung, die; -,-en: *Vorgang des Regulierens*
Re-gung, die; -,-en: *Gemütsbewegung, Emotion*
re-gungs-los: *reglos, unbeweglich*
Re-gungs-lo-sig-keit, die; -, keine Mehrzahl: *Bewegungslosigkeit*
Reh, das; -s,-e: *Wildart*

Re-ha-bi-li-ta-ti-on, die; -,-en: *Wiedereinsetzung in frühere Rechte, Wiedereingliederung in die Gesellschaft, Wiederherstellung des Rufes*
re-ha-bi-li-tie-ren: *wieder einsetzen, wieder herstellen*
Reh-bock, der; -es, -böcke: *männliches Reh*
Reh-kitz, das; -es,-e: *junges Reh*
Rei-bach, der; -s, keine Mehrzahl: *umgangssprachlich für „Gewinn, Verdienst, Profit"*
Rei-be, die; -,-n: *Reibeisen*
rei-ben, rieb, gerieben: *schaben, hin- und herbewegen, fein zerkleinern*
Reib-flä-che, die; -,-n: *raue Fläche einer Zündholzpackung*
Rei-bung, die; -, keine Mehrzahl: *Widerstand, Haftung*
rei-bungs-los: *ohne Schwierigkeiten, glatt, ohne Reibung*
reich: *vermögend, begütert*
reich: *groß, umfassend, vielfältig (Erfahrung)*
reich: *üppig, reichhaltig, kostbar*
reich: *ergiebig, gehaltvoll (Ernte)*
Reich, das; -es,-e: *Bereich, großes Gebiet (Natur)*
Reich, das; -es,-e: *Staat, Herrscherbereich, Imperium*
rei-chen: *übergeben, darbieten*
rei-chen: *sich erstrecken*
rei-chen: *genügen, ausreichen*
reich-hal-tig: *ergiebig, vieles enthaltend*
reich-lich: *gut zugemessen, umfangreich, mehr als genug*
Reichs-stadt, die; -, -städ-te: *reichsunmittelbare Stadt*
Reich-tum, der; -s, keine Mehrzahl: *Reichhaltigkeit, Fülle*
Reich-tum, der; -s, Reich-tü-mer: *großer Besitz, Vermögen*
Reich-wei-te, die; -,-n: *Entfernung, bis zu der ein Geschoss fliegt*
Reich-wei-te, die; -,-n: *Wirkungsbereich, Amtsgewalt*
Reich-wei-te, die; -,-n: *Entfernung, bis zu der ein Sender empfangen werden kann*
Reich-wei-te, die; -,-n: *Armeslänge*
reif: *ausgewachsen, erntebereit, voll endet*
reif: *erwachsen, geistig vollendet*
Reif, der; -s, keine Mehrzahl: *gefrorener Tau oder Nebel*

reißen

Reif, der; -s,-e: *veraltet für „Ring"*
Rei-fe, die; -, keine Mehrzahl: *Geschlechtsreife, Erwachsensein, Abgeschlossenheit einer Entwicklung*
Rei-fe, die; -, keine Mehrzahl: *das Ausgereiftsein, Erntefähigkeit*
Rei-fe-grad, der; -es,-e: *Entwicklungsstand*
Rei-fen, der; -s,-: *ringförmiger, luftgefüllter Gummischlauch um ein Rad*
Rei-fen, der; -s,-: *Eisenring um ein Fass*
Rei-fen-pan-ne, die; -,-n
Rei-fe-prü-fung, die; -,-en: *Abitur*
Rei-fe-zeug-nis, das; -ses,-se: *Abiturzeugnis*
reif-lich: *gründlich*
Reif-rock, der; -s, -röcke: *weiter, über ein Gestell gespannter Rock*
Rei-gen, der; -s,-: *Tanz, Rundtanz*
Rei-he, die; -,-n: *geordnete Aufstellung hintereinander*
rei-hen: *in Reihen ordnen, aufstellen*
Rei-hen-fol-ge, die; -,-n: *Aufeinanderfolge, Anordnung*
Rei-hen-haus, das; -es, -häu-ser: *Ein- oder Zweifamilienhaus*
Rei-hen-un-ter-su-chung, die; -,-en: *Massenuntersuchung*
rei-hen-wei-se: *in Mengen*
Rei-her, der; -s,-: *Vogelart*
rei-hern: *umgangssprachlich für „sich übergeben, erbrechen"*
reih-um: *von einem zum anderen*
Reim, der; -es,-e: *Silbengleichklang*
rei-men: *Gedicht schreiben, Verse schmieden*
rein: *sauber, klar*
rein: *unberührt, keusch, unschuldig*
rein: *echt, unvermischt*
Rei-ne-clau-de [Reneklohde], die; -,-n: *Pflaumenart*
Rei-ne-ma-che-frau, die; -,-en: *Putzfrau, Raumpflegerin*
Rein-er-lös, der; -es,-e: *Gewinn, Ertrag*
Rein-fall, der; -s, -fäl-le: *Misserfolg, Pleite*
rein-fal-len, fiel rein, reingefallen: *umgangssprachlich für „hereinfallen"*
Rein-ge-winn, der; -s,-e: *Ertrag nach Abzug aller Kosten*
Rein-hal-tung, die; -, keine Mehrzahl
Rein-heit, die; -, keine Mehrzahl: *Sauberkeit, Klarheit*
Rein-heit, die; -, keine Mehrzahl: *Echtheit, Unvermischtheit*
Rein-heit, die; -, keine Mehrzahl: *Unschuld, Keuschheit*
rei-ni-gen: *säubern*
Rei-ni-gung, die; -,-en: *Geschäft, das Reinigung gegen Bezahlung übernimmt*
Rei-ni-gung, die; -,-en: *das Saubermachen, das Reinigen*
Rei-ni-gungs-mit-tel, das; -s,-: *Putzmittel*
Re-in-kar-na-ti-on, die; -,-en: *Wiedergeburt*
Rein-kul-tur, die; -,-en: *unverfälschte, reine Ausprägung*
rein-lich: *sauber*
Rein-lich-keit, die; -, keine Mehrzahl: *Sauberkeit, Sauberkeitsliebe*
rein-ras-sig: *nicht gekreuzt*
Rein-schrift, die; -,-en: *endgültige Fassung*
Reis, der; -, keine Mehrzahl: *Getreideart*
Reis, das; -es,-er: *junger Zweig, Schößling*
Rei-se, die; -,-n: *Fahrt, Urlaubsfahrt*
Rei-se-a-po-the-ke, die; -,-n: *Arzneien und Verbandstoffe für eine Reise*
Rei-se-bü-ro, das; -s,-s: *Reisevermittlungsgeschäft*
Rei-se-fie-ber, das; -s, keine Mehrzahl: *Lust zum Reisen*
Rei-se-füh-rer, der; -s,-: *jemand, der eine Reisegesellschaft betreut*
Rei-se-füh-rer, der; -s,-: *Buch, in dem Sehenswürdigkeiten erklärt sind*
Rei-se-ge-päck, das; -s, keine Mehrzahl: *Gepäck für eine Reise*
rei-se-lus-tig: *gern reisend*
rei-se-mü-de: *des Reisens überdrüssig*
rei-sen: *sich auf eine Reise machen, wegfahren, unterwegs sein*
Rei-sen-de, der; -n,-n: *Vertreter, Handelsvertreter*
Rei-sen-de, der; -n,-n: *jemand, der reist*
Rei-se-rou-te, die; -,-n: *Reisestrecke*
Rei-se-scheck, der; -s,-s: *Travellerscheck*
Rei-se-ver-kehr, der; -s, keine Mehrzahl
Rei-sig, das; -s, keine Mehrzahl: *trockenes Geäst, dürre Äste*
Rei-sig-be-sen, der; -s,-
Reiß-aus: *in der Wendung: Reißaus nehmen: davonlaufen*
Reiß-brett, das; -s,-er: *Zeichenbrett*
Reiß-brett-stift, der; -es,-e: *kleiner Nagel*
rei-ßen, riss, gerissen: *zerreißen, zerren, heftig ziehen*

Reißen

Rei-ßen, das; -s, keine Mehrzahl: Rheumatismus
rei-ßend: mit starker Strömung, heftig
rei-ße-risch: zugkräftig, auf Sensationen getrimmt
Reiß-lei-ne, die; -,-n: Leine, die den Fallschirm öffnet
Reiß-na-gel, der; -s, -nä-gel: Reißzwecke
Reiß-ver-schluss, der; -schlus-ses, -schlüsse: Verschlussvorrichtung
Reiß-wolf, der; -es,-wöl-fe: Papierzerkleinerungsanlage
Reiß-zwe-cke, die; -,-n: Reißnagel
Reit-bahn, die; -,-en: Zureitraum
rei-ten, ritt, geritten: sich zu Pferde fortbewegen
Rei-ter, der; -s,-: jemand, der reitet
Reit-ho-se, die; -,-n
Reit-pferd, das; -es,-e
Reit-schu-le, die; -,-n
Reit-sport, der; -es, keine Mehrzahl
Reit-stie-fel, der; -s,-
Reit-tur-nier, das; -es,-e: Wettkampf im Reiten
Reiz, der; -es,-e: Zauber, Schönheit, Versuchung, Verlockung
Reiz, der; -es,-e: Antrieb, Anreiz
Reiz, der; -es,-e: von außen kommender Eindruck
reiz-bar: nervös, erregbar
Reiz-bar-keit, die; -, keine Mehrzahl: Erregbarkeit, Nervosität
rei-zen: einen Reiz ausüben
rei-zen: herausfordern, erregen, erzürnen
rei-zen: locken, versuchen, verlocken
rei-zend: entzückend, hübsch
Reiz-ker, der; -s,-: Pilzart
Reiz-kli-ma, das; -s, -kli-ma-ta: raues Klima
reiz-los: langweilig, unschön, fad
Reiz-schwel-le, die; -,-n: Schwelle, ab der ein Reiz merkbar wird
Rei-zung, die; -,-en: das Reizen
reiz-voll: anziehend
Re-ka-pi-tu-la-ti-on, die; -,-en: zusammenfassende Wiederholung
re-ka-pi-tu-lie-ren: zusammenfassend wiederholen
re-keln, sich: sich räkeln, dehnen, recken, sich lässig hinflegeln
Re-kla-ma-ti-on, die; -,-en: Beanstandung, Beschwerde, Einspruch
Re-kla-me, die; -,-n: Anpreisen von Waren, Dienstleistungen und Politikern

re-kla-mie-ren: beanstanden
re-kons-tru-ie-ren (auch re-kon-stru-ie-ren): wieder herstellen, wieder aufbauen, erschließen
Re-kons-truk-ti-on (auch Re-kon-struk-tion), die; -,-en: Wiederherstellung, Wiederaufbau, Erschließung
Re-kon-va-les-zent, der; -en,-en: Genesender
Re-kon-va-les-zenz, die; -, keine Mehrzahl: Genesung, Genesungszeit
Re-kord, der; -s,-e: Höchstleistung
Re-kor-der (auch Re-cor-der), der; -s,-: elektromagnetisches Aufzeichnungsgerät
Rek-rut (auch Re-krut), der; -en, -en: neu eingezogener, in der Ausbildung befindlicher Soldat
rek-ru-tie-ren (auch re-kru-tie-ren): sich zusammensetzen aus
rek-ru-tie-ren (auch re-kru-tie-ren): Rekruten ausheben
rek-tal: zum Mastdarm gehörig
Rekt-as-zen-si-on (auch Rek-tas-zen-si-on), die; -,-en: am Himmelsäquator gemessener Stundenwinkel eines Gestirns
rek-ti-fi-zie-ren: berichtigen, zurechtweisen
rek-ti-fi-zie-ren: mehrmals destillieren
Rek-tor, der; -s,-en: Schulleiter
Rek-to-rat, das; -es,-e: Amt des Rektors, auch: dessen Dienststelle
Rek-tos-kop (auch Rek-to-skop), das; -es,-e: Mastdarmspiegel
Rek-tos-ko-pie (auch Rek-to-sko-pie), die; -,-n: Mastdarmspiegelung
Rek-tum, das; -s, Rek-ta: Enddarm
re-kur-rie-ren: seine Zuflucht nehmen, zurückgreifen auf
re-kur-rie-ren: beschweren, Einspruch erheben, Berufung einlegen
Re-kurs, der; -es,-e: Rückgriff, erneute Erörterung
Re-kurs, der; -es,-e: Beschwerde, Einspruch, Berufung
re-kur-siv: zurückgehend, zurückgreifend
Re-lais [Releh], das; -,-: elektronisch gesteuerter Schalter
Re-lais-sta-ti-on, die; -,-en: Verstärkerstation
Re-la-ti-on, die; -,-en: Verhältnis, Beziehung
re-la-tiv: bedingt, verhältnismäßig, vergleichsweise, eingeschränkt, durch ein Verhältnis bestimmt

Renonce

re-la-ti-vis-tisch: *die Relativität betreffend*
Re-la-ti-vi-tät, *die; -, keine Mehrzahl: Bedingtheit, bedingte Geltung*
Re-la-ti-vi-täts-the-o-rie, *die; -, keine Mehrzahl: Raum und Zeit beschreibende Theorie*
Re-la-tiv-pro-no-men, *das; -s,-pro-no-mi-na: bezügliches Fürwort*
Re-la-tiv-satz, *der; -es, -sät-ze: Satz, der mit einem Relativpronomen eingeleitet wird*
Re-le-ga-ti-on, *die; -,-en: Verweisung von der Hochschule oder Schule*
re-le-gie-ren: *verweisen*
re-le-vant: *wichtig, bedeutsam, erheblich*
Re-le-vanz, *die; -,-en: Bedeutsamkeit, Wichtigkeit, Belang*
Re-li-ef, *das; -s,-s: erhaben herausgearbeitete Form*
Re-li-ef, *das; -s,-s: Oberflächenform der Erde*
Re-li-gi-on, *die; -,-en: Glaubenssystem, Glaubensbekenntnis*
re-li-gi-ös: *gläubig, fromm, die Religiosität betreffend*
Re-li-gi-o-si-tät, *die; -, keine Mehrzahl: Frömmigkeit*
Re-likt, *das; -es,-e: Überbleibsel, Rest*
Re-ling, *die; -,-e: Geländer bei einem Schiff, Brückengeländer*
Re-li-quie, *die; -,-n: religiös verehrter Gegenstand oder Überrest eines Heiligen*
Rem, *das; -,-: Maßeinheit für die Wirkung einer absorbierten Strahlenmenge auf den Körper, Zeichen: rem*
Re-make [Riemäik], *das; -s,-s: Neuverfilmung eines bereits verfilmten Stoffes*
Rem-bours [Rombur], *der; -,-: Auslagenerstattung, Deckung*
rem-bour-sie-ren: *erstatten, begleichen*
re-me-die-ren: *heilen, helfen, einem Übelstand abhelfen*
Re-me-di-um, *das; -s, Re-me-di-en/Re-me-dia: gesetzlich vorgeschriebener Mindestmetallgehalt einer Münze*
Re-me-di-um, *das; -s, Re-me-di-en/Re-me-dia: Heil- oder Hilfsmittel*
Re-mi-nis-zenz, *die; -,-en: Erinnerung, Anklang, Gedenken*
re-mis [remieh]: *Schach: unentschieden*
Re-mis [Remih], *das; -,-: Unentschieden beim Schach*
Re-mi-se, *die; -,-n: Wagenschuppen*
re-mi-sie-ren: *ein Remis erzielen*
Re-mit-ten-de, *die; -,-n: beschädigtes oder fehlerhaftes, zurückgegebenes Buch*
re-mit-tie-ren: *zurückgeben*
Rem-mi-dem-mi, *das; -s, keine Mehrzahl: umgangssprachlich für „Trubel, Spaß, Klamauk"*
Re-mon-te, *die; -,-n: Auffrischung des Pferdebestandes*
re-mon-tie-ren: *ein zweites Mal blühen*
re-mon-tie-ren: *den Pferdebestand auffrischen*
re-mon-tie-ren: *wieder einrichten*
Re-mou-la-de, *die; -,-n: pikante Soße*
Rem-pe-lei, *die; -,-en: das Anrempeln, Wegstoßen*
rem-peln: *anstoßen, wegstoßen, knuffen*
Remp-ler, *der; -s,-: Stoß*
Ren, *das; -s,-e/-s: Hirschart, Rentier*
Re-nais-sance [Reneßoñß], *die; -, keine Mehrzahl: Kunstepoche*
Re-nais-sance [Reneßoñß], *die; -, keine Mehrzahl: Wiederaufleben, Wiederentdeckung*
Ren-cont-re (auch Ren-con-tre) [Roñkoñtre], *das; -s,-s: Zusammenstoß, feindliche Begegnung, Kampf*
Ren-dez-vous [Roñdewuh], *das; -s, -s: Verabredung, Stelldichein, Treffen*
Ren-di-te, *die; -,-n: Gewinn, Ertrag*
Re-ne-gat, *der; -en,-en: Abtrünniger*
Re-nek-lo-de (auch Re-ne-klo-de), auch Reineclaude, *die; -,-n: Pflaumenart*
Re-net-te, *die; -,-n: Apfelsorte*
re-ni-tent: *widerspenstig, aufsässig*
Ren-kont-re (auch Ren-kon-tre), *das; -s,-s: Rencontre*
ren-nen, *rannte, gerannt: schnell laufen*
Ren-nen, *das; -s,-: Lauf, Wettlauf; auch: Wettfahrt, Wettreiten*
Ren-ner, *der; -s,-: Verkaufsschlager*
Renn-fah-rer, *der; -s,-: jemand, der Rennen fährt*
Renn-stall, *der; -es, -stäl-le: Mannschaft und Betreuerpersonal*
Re-nom-mee, *das; -s,-s: Ruf, Leumund, Ansehen*
re-nom-mie-ren: *angeben, prahlen, aufschneiden*
re-nom-miert: *angesehen*
Re-nom-mist, *der; -en,-en: Aufschneider, Prahler*
Re-non-ce [Renoñße], *die; -,-n: Fehlfarbe im Kartenspiel*

re-no-vie-ren: *erneuern (Gebäude)*
Re-no-vie-rung, die; -,-en: *Instandsetzen*
ren-ta-bel: *Profit abwerfend, einträglich, vorteilhaft*
Ren-ta-bi-li-tät, die; -, keine Mehrzahl: *Wirtschaftlichkeit*
Ren-te, die; -,-n: *Altersruhegeld*
Ren-te, die; -,-n: *regelmäßiges Zinseinkommen*
Ren-ten-pa-pier, das; -es,-e: *festverzinsliches Wertpapier*
Ren-tier, das; -s,-e: *Ren, Hirschart*
Ren-tier [Rentjeh], der; -s,-s: *Rentner*
Rent-ner, der; -s,-: *jemand, der Rente bezieht*
Re-nun-zi-a-ti-on, die; -,-en: *Abdankung, Verzicht*
Re-or-ga-ni-sa-ti-on, die; -,-en: *Neugestaltung, Neuaufbau, Umgestaltung*
re-or-ga-ni-sie-ren: *neu ordnen, umgestalten*
re-pa-ra-bel: *reparierbar*
Re-pa-ra-ti-on, die; -,-en: *Kriegsschädenersatzleistung unterlegener Länder*
Re-pa-ra-tur, die; -,-en: *Instandsetzung, Ausbesserung*
Re-pa-ra-tur-werk-statt, die; -,-stät-ten
Re-pa-ra-tur-werk-stät-te, die; -,-n
re-pa-rie-ren: *instand setzen, ausbessern, wieder herstellen*
re-par-tie-ren: *Kosten aufteilen und umlegen*
re-pat-ri-ie-ren (auch re-pa-tri-ie-ren): *wieder einbürgern, die aberkannte Staatsbürgerschaft wieder zuerkennen*
Re-per-toire [Repertoar], das; -s,-s: *Gesamtheit der Darbietungen eines Künstlers oder einer Bühne*
re-pe-tie-ren: *wiederholen, einüben*
Re-pe-ti-ti-on, die; -,-en: *Wiederholung*
Re-pe-ti-tor, der; -s,-en: *jemand, der Wissensstoff wiederholt und einübt*
Rep-lik (auch Re-plik), die; -,-en: *Entgegnung, Erwiderung*
Rep-lik (auch Re-plik), die; -,-en: *Kopie eines Kunstwerks*
rep-li-zie-ren (auch re-pli-zie-ren): *antworten, entgegnen, erwidern*
rep-li-zie-ren (auch re-pli-zie-ren): *eine Replik herstellen, kopieren*
Re-port, der; -s,-e: *Bericht, Darstellung*
Re-por-ta-ge [Reportahsche], die; -,-n: *Bericht, Berichterstattung in einem Medium*

Re-por-ter, der; -s,-: *Berichterstatter, Journalist*
Re-prä-sen-tant, der; -en,-en: *Vertreter, Abgeordneter*
Re-prä-sen-ta-ti-on, die; -,-en: *Vertretung, Stellvertretung*
re-prä-sen-ta-tiv: *würdig vertretend, wirkungsvoll*
re-prä-sen-tie-ren: *darstellen, vertreten*
Re-pres-sa-lie, die; -,-n: *Druckmittel, Vergeltungsmaßnahme*
Re-pres-si-on, die; -,-en: *Druckausübung, Druckmittel*
re-pres-siv: *Repressionen ausübend*
Re-pri-se, die; -,-n: *Musik: Wiederholung eines gekennzeichneten Musikstücks*
Re-pri-se, die; -,-n: *Wiederaufnahme eines Bühnenstücks oder Films*
Re-pro-duk-ti-on, die; -,-en: *Vervielfältigung*
Re-pro-duk-ti-on, die; -,-en: *Nachbildung, Abbildung*
re-pro-du-zie-ren: *wieder herstellen, nachbilden*
re-pro-du-zie-ren: *vervielfältigen*
Rep-til, das; -s,-e: *Kriechtier*
Re-pub-lik (auch Re-pu-blik), die; -,-en: *Staat, in dem die Regierung für einen Zeitraum gewählt wird*
Re-pub-li-ka-ner (auch Re-pu-bli-ka-ner), der; -s,-: *Anhänger des Republikanismus*
re-pub-li-ka-nis-tisch (auch re-pu-bli-ka-nistisch): *den Republikanismus betreffend*
Re-pub-lik-flucht (auch Re-pu-blikflucht), die; -, keine Mehrzahl: *illegales Verlassen der DDR*
re-pub-lik-flüch-tig (auch re-pu-blikflüch-tig): *die Republikflucht betreffend*
Re-pul-si-on, die; -,-en: *Zurückstoßung, Antrieb durch Rückstoß*
re-pul-siv: *zurückstoßend, abstoßend*
Re-pu-ta-ti-on, die; -,-en: *Ansehen, Ruf*
re-pu-tier-lich: *ehrlich, ehrbar, angesehen*
Re-qui-em, das; -s,-s/ Re-qui-en: *Totenmesse*
re-qui-rie-ren: *beschlagnahmen*
Re-qui-sit, das; -s,-en: *Handwerkszeug; auch: Ausstattungsgegenstand einer Bühne*
Re-qui-si-teur [Rekwisitöhr], der; -s,-e: *Verwalter der Requisiten*
resch: *süddeutsch, österr. für „knusprig"*

restaurieren

Re-se-da, die; -,-s/Re-se-den: *Blumenart*
Re-sek-ti-on, die; -,-en: *chirurgische Entfernung von Organen oder Organteilen*
Re-ser-vat, das; -es,-e: *Eigentumsvorbehalt, Vorrecht*
Re-ser-vat, das; -es,-e: *Naturschutzgebiet, abgegrenztes Lebensgebiet*
Re-ser-ve, die; -,-n: *Gesamtheit der Reservisten*
Re-ser-ve, die; -,-n: *Zurückhaltung, Vorbehalt*
Re-ser-ve, die; -,-n: *Vorrat, Rücklage*
re-ser-vie-ren: *vorbestellen, zurücklegen lassen*
re-ser-viert: *vorbestellt*
re-ser-viert: *zurückhaltend*
Re-ser-vie-rung, die; -,-en: *Vorbestellung*
Re-ser-vist, der; -en,-en: *Soldat, der zur Reserve gehört*
Re-ser-voir [Reserwoahr], das; -s,-e: *Sammelbecken; Vorrat*
re-se-zie-ren: *chirurgisch entfernen*
Re-si-denz, die; -,-en: *Wohnsitz eines Herrschers*
re-si-die-ren: *seinen Wohnsitz haben*
re-si-du-al: *zurückbleibend, restlich, übrig*
Re-sig-na-ti-on (auch Re-si-gna-ti-on), die; -,-en: *Entsagung, Aufgeben, Ergebung*
re-sig-nie-ren (auch re-si-gnie-ren): *aufgeben, entsagen, sichergehen, sich abfinden*
Ré-sis-tan-ce [Rehsistoñß], die; -, keine Mehrzahl: *französische Widerstandsbewegung im zweiten Weltkrieg*
re-sis-tent: *widerstandsfähig, zäh, immun*
Re-sis-tenz, die; -,-en: *Widerstandsfähigkeit, Abwehrkraft*
re-sis-tie-ren: *widerstehen, ausdauernd sein*
Re-skript, das; -es,-e: *schriftliche Antwort, Bescheid, Verfügung*
re-so-lut: *energisch, beherzt, entschlossen*
Re-so-lu-ti-on, die; -,-en: *Entschließung, Beschluss*
Re-so-nanz, die; -,-en: *Anklang, Zustimmung, Widerhall*
Re-so-nanz, die; -,-en: *Mitschwingen, Mittönen*
Re-so-na-tor, der; -s,-en: *Resonanz gebender, mitschwingender Körper*

re-so-nie-ren: *widerhallen*
Re-so-pal, das; -s, keine Mehrzahl: *Kunststoff zur Beschichtung*
re-sor-bie-ren: *aufsaugen, aufnehmen*
Re-sorp-ti-on, die; -,-en: *Aufsaugen, Aufnahme eines Stoffes*
Res-pekt (auch Re-spekt), der; -es, keine Mehrzahl: *Hochachtung; Ehrfurcht*
res-pek-ta-bel (auch re-spek-ta-bel), *achtenswert*
res-pek-tie-ren (auch re-spek-tie-ren): *achten, Respekt haben*
res-pek-ti-ve (auch re-spek-ti-ve): *beziehungsweise*
res-pekt-los (auch re-spekt-los): *ohne Respekt*
Res-pekt-lo-sig-keit (auch Re-spekt-lo-sig-keit), die; -,-en
res-pekt-voll (auch re-spekt-voll): *höflich, voller Respekt*
Res-pi-ra-ti-on (auch Re-spi-ra-ti-on), die; -, keine Mehrzahl: *Atmung*
res-pi-rie-ren (auch re-spi-rie-ren): *atmen*
res-pon-die-ren (auch re-spon-die-ren): *antworten*
res-pon-sa-bel (auch re-spon-sa-bel): *verantwortlich*
Res-sen-ti-ment [Ressoñtimoñ], das; -s,-s: *Vorurteil, Abneigung, Hass, Rachegefühl*
Res-sort [Ressohr], das; -s,-s: *Aufgabengebiet, Zuständigkeitsbereich*
Res-sort-chef [Ressohrschef], der; -s,-s: *Abteilungsleiter*
Res-sour-ce [Ressurße], die; -,-n: *Geld-, Rohstoffquelle, Hilfsmittel*
Rest, der; -es,-e: *Übriggebliebenes*
Res-tau-rant (auch Re-stau-rant), [Restoroñ], das; -s,-s: *Gaststätte, Speiselokal*
Res-tau-ra-teur (auch Re-stau-ra-teur), [Restoratöhr], der; -s,-e: *Besitzer einer Gaststätte*
Res-tau-ra-ti-on (auch Re-stau-ra-ti-on), die; -,-en: *Wiederherstellung eines Kunstwerks*
Res-tau-ra-ti-on (auch Re-stau-ra-ti-on), die; -,-en: *Wiederherstellung einer Gesellschaftsordnung, einer Herrschaftsordnung*
res-tau-ra-tiv (auch re-stau-ra-tiv): *die Restauration betreffend*
Res-tau-ra-tor (auch Re-stau-ra-tor), der; -s,-en: *jemand, der (Kunstwerke) wieder aufbereitet*
res-tau-rie-ren (auch re-stau-rie-ren): *wieder herstellen*

Restaurierung

Res-tau-rie-rung (auch Re-stau-rie-rung), die; -,-en: *Wiederherstellung*
Rest-be-stand, der; -es,-stän-de: *Rest*
res-ti-tu-ie-ren (auch re-sti-tu-ie-ren): *wieder herstellen, wieder in die Rechte einsetzen*
rest-lich: *übrig, noch vorhanden*
rest-los: *ganz und gar, völlig*
rest-los: *ohne Rest*
Rest-pos-ten, der; -s,-: *Rest*
Res-trik-ti-on (auch Re-strik-ti-on), die; -,-en: *Beschränkung, Einschränkung, Vorbehalt*
res-trik-tiv (auch re-strik-tiv): *einschränkend*
res-trin-gie-ren (auch re-strin-gie-ren), *einschränken*
Re-sul-tat, das; -es,-e: *Ergebnis*
re-sul-tie-ren: *sich ergeben, folgen*
Re-sü-mee, das; -s,-s: *Zusammenfassung, Übersicht*
re-sü-mie-ren: *zusammenfassend wiederholen, zusammenfassen*
re-tar-die-ren: *verzögern, zurückbleiben*
Re-ti-na, die; -, Re-ti-nae: *Netzhaut*
re-ti-rie-ren: *zurückbleiben, zurückweichen, sich zurückziehen*
Re-tor-te, die; -,-n: *Destilliergefäß*
Re-tor-ten-ba-by, das; -s,-s: *aus einer künstlichen Befruchtung entstandenes Baby*
re-tour [retuhr]: *zurück*
Re-tour-kut-sche, die; -,-n: *schlagfertige Erwiderung auf einen Vorwurf*
re-tour-nie-ren: *zurücksenden, zurückgeben*
ret-ro-grad (auch re-tro-grad): *rückläufig*
Ret-ro-spek-ti-ve (auch Re-tro-spek-ti-ve), die; -,-n: *Rückblick, Rückschau*
ret-ro-ver-tie-ren (auch re-tro-ver-tie-ren): *zurückwenden*
Ret-si-na, der; -s, keine Mehrzahl: *harziger Wein*
ret-ten: *befreien, in Sicherheit bringen, bewahren*
Ret-ter, der; -s,-: *Befreier*
Ret-tich, der; -s,-e: *Gemüsewurzel*
Ret-tung, die; -,-en
Ret-tungs-boot, das; -es,-e
ret-tungs-los: *ohne Hoffnung, ohne Aussicht auf Rettung*
Re-tu-sche, die; -,-n: *Überarbeitung, Nachbesserung von Bildvorlagen*

re-tu-schie-ren: *eine Bildvorlage, ein Foto überarbeiten*
Reue, die; -, keine Mehrzahl: *Bedauern, Bereitschaft zur Buße*
reu-en: *Reue empfinden*
reu-e-voll: *voller Reue*
reu-mü-tig: *voller Reue, reuig*
Reu-se, die; -,-n: *Fischfangkorb*
Re-van-che [Revoñsch], die; -,-n: *Vergeltung, Rache*
re-van-chie-ren, sich [revoñchieren]: *Vergeltung üben*
Re-van-chis-mus [Revoñschismus], der; -, keine Mehrzahl: *Vergeltungspolitik*
Re-van-chist [Revoñschist], der; -en,-en: *Politiker, der eine Revanchepolitik vertritt*
re-van-chis-tisch [revoñchistisch]: *den Revanchismus betreffend*
Re-ve-renz, die; -,-en: *Ehrerbietung, Ehrfurchtsbezeugung*
Re-vers [Rewehrs], der; -,-: *Rückseite einer Münze*
Re-vers [Rewehr], das; -,-: *Mantel- oder Jackenaufschlag*
Re-vers [Rewehrs], der; -,-: *schriftliche Verpflichtung*
re-ver-si-bel: *umkehrbar*
re-vi-die-ren: *prüfen, überprüfen, Meinung korrigieren*
Re-vier, das; -s,-e: *Polizeidienststelle*
Re-vier, das; -s,-e: *Bezirk, Gebiet*
Re-vier, das; -s,-e: *Jagdgebiet*
Re-vier, das; -s,-e: *Krankenabteilung einer Kaserne*
Re-vi-re-ment [Reviremoñ], das; -s,-s: *Umbesetzung von Staatsämtern*
Re-vi-si-on, die; -,-en: *Durchsicht, Prüfung, Überprüfung*
Re-vi-si-on, die; -,-en: *Widerspruch gegen ein Gerichtsurteil*
Re-vi-si-o-nis-mus, der; -, keine Mehrzahl: *sozialreformerischer Abfall vom Marxismus*
Re-vi-si-o-nist, der; -en,-en: *Anhänger des Revisionismus*
re-vi-si-o-nis-tisch: *den Revisionismus betreffend*
Re-vi-sor, der; -s,-en: *Prüfer*
Re-vo-ka-ti-on, die; -,-en: *Widerruf, Zurückruf*
Re-vol-te, die; -,-n: *Aufruhr, Aufstand, Empörung*
re-vol-tie-ren: *sich auflehnen, sich empören*

Richtkranz

Re-vo-lu-ti-on, die; -,-en: *politischer Umsturz, Umwälzung*
re-vo-lu-ti-o-när: *umwälzend, eine Revolution herbeiführend*
Re-vo-lu-ti-o-när, der; -s,-e: *jemand, der sich an einer Revolution beteiligt*
Re-vol-ver, der; -s,-: *Mehrladepistole*
Re-vol-ver-held, der; -en,-en: *schießwütiger Mensch*
Re-vue [Rewüh], die; -,-n: *musikalisches Bühnenstück*
Re-yon (auch Rey-on) [Rejoñ], der/ das; -, keine Mehrzahl: *Kunstseide*
Re-zen-sent, der; -en,-en: *Kritiker*
re-zen-sie-ren: *eine Rezension schreiben, besprechen*
Re-zen-si-on, die; -,-en: *Buch- oder Filmbesprechung, Kritik*
re-zent: *neu, frisch, gegenwärtig*
Re-zept, das; -es,-e: *Anleitung zur Speisezubereitung*
Re-zept, das; -es,-e: *Arzneimittelverordnung*
Re-zep-ti-on, die; -,-en: *Empfang, Aufnahme*
re-zep-tiv: *aufnehmend, empfangend*
re-zept-pflich-tig: *verschreibungspflichtig*
Re-zes-si-on, die; -,-en: *wirtschaftlicher Rückgang*
re-zes-siv: *zurückgehend*
re-zi-div: *rückfällig (Krankheit)*
Re-zi-pi-ent, der; -en,-en: *Empfänger, Zuhörer, Leser*
re-zi-pie-ren: *empfangen, aufnehmen*
re-zip-rok (auch re-zi-prok): *wechselseitig, gegenseitig*
Re-zi-ta-ti-on, die; -,-en: *künstlerischer Vortrag*
Re-zi-ta-tiv, das; -es,-e: *Sprechgesang*
Re-zi-ta-tor, der; -s,-en: *jemand, der rezitiert*
re-zi-tie-ren: *künstlerisch vortragen*
Rha-bar-ber, der; -s,-: *Knöterichpflanze*
Rhap-so-die, die; -,-n: *Gedicht in freier Form*
Rhap-so-die, die; -,-n: *balladenhaftes Musikstück*
rhap-so-disch: *wie eine Rhapsodie*
Rhe-os-tat (auch Rhe-o-stat), der; -en,-en: *Regler*
Rhe-sus-fak-tor, der; -s, keine Mehrzahl: *von der Blutgruppe unabhängige Bluteigenschaft*
Rhe-tor, der; -s,-en: *Redekünstler, Redner*
Rhe-to-rik, die; -, keine Mehrzahl: *Redekunst; auch: Lehre von der Redekunst*
rhe-to-risch: *die Rhetorik betreffend*
Rheu-ma, das; -s, keine Mehrzahl: *Kurzwort für „Rheumatismus"*
rheu-ma-tisch: *den Rheumatismus betreffend*
Rheu-ma-tis-mus, der; -, Rheu-ma-tis-men: *Gelenk- und Muskelentzündung*
Rhi-ni-tis, die; -, Rhi-ni-ti-den: *Nasenschleimhautentzündung*
Rhi-no-ze-ros, das; -/-ses,-se: *Nashorn*
Rhi-zom, das; -s,-e: *Wurzelstock*
Rho-do-dend-ron (auch Rho-do-den-dron), der; -s, Rho-do-den-dren: *Zierstrauch*
rhom-bisch: *in der Form eines Rhombus*
Rhom-bus, der; -, Rhom-ben: *gleichseitiges Parallelogramm, Raute*
Rhön-rad, das; -es, -rä-der: *Turngerät*
rhyth-misch: *im Takt, in gleichem Takt*
Rhyth-mus, der; -, Rhyth-men: *zeitliches Gleichmaß, Bewegung im zeitlichen Gleichmaß*
Rhyth-mus, der; -, Rhyth-men: *Gliederung eines Kunstwerks durch gleichmäßige wiederholte Formen*
rib-beln: *reihen, schaben*
rib-beln: *Gehäkeltes, Gestricktes wieder aufziehen*
Ri-bi-sel, die; -,-n: *österr. für „Johannisbeere"*
rich-ten: *vorbereiten, zubereiten*
rich-ten: *hinrichten*
rich-ten: *instand setzen, reparieren*
rich-ten: *einstellen, einjustieren, gerade machen*
Rich-ter, der; -s,-: *elektrischer Gleichrichter, Wechselrichter*
Rich-ter, der; -s,-: *Vorsitzender eines Gerichts*
Rich-ter-spruch, der; -es, -sprü-che: *Urteil*
Richt-fest, das; -es,-e
rich-tig: *passend, zutreffend, fehlerfrei, regelrecht, echt, eigentlich, wirklich*
rich-tig-ge-hend: *regelrecht, beinahe, ausgesprochen, wirklich*
Rich-tig-keit, die; -, keine Mehrzahl: *Korrektheit*
rich-tig stel-len: *berichtigen*
Rich-tig-stel-lung, die; -,-en: *Berichtigung*
Richt-kranz, der; -es, -krän-ze

Richtpreis

Richt-preis, der; -es,-e: *empfohlener Ladenpreis*
Richt-schnur, die; -,-en: *straff gespannte Schnur zum Abstecken von Linien*
Richt-schnur, die; -,(-en): *Leitlinie, Regel*
Richt-strah-ler, der; -s,-: *Richtantenne*
Rich-tung, die; -,-en: *Verlauf, Bewegung*
Rich-tung, die; -,-en: *das Gerichtetsein*
Rich-tungs-wech-sel, der; -s,-
rich-tung-wei-send: *bestimmend, wegweisend*
Richt-wert, der; -es,-e: *vorgegebener Wert*
Ri-cke, die; -,-n: *weibliches Reh*
rie-chen, roch, gerochen: *einen Geruch ausströmen*
rie-chen, roch, gerochen: *einen Geruch aufnehmen*
Rie-cher, der; -s,-: *umgangssprachlich für „Ahnung, Vermutung"*
Ried, das; -s,-e: *Röhricht, Schilfgras, Moor*
Rie-fe, die; -,-n: *süddeutsch für „Rille"*
rie-feln: *süddeutsch für „mit Riefen versehen"*
Rie-ge, die; -,-n: *Turnergruppe*
Rie-gel, der; -s,-: *Verschlussvorrichtung*
Rie-gel, der; -s,-: *Querholz*
Rie-gel, der; -s,-: *Stoffspange*
Rie-gel, der; -s,-: *eingeteilter Streifen (Schokolade)*
Rie-men, der; -s,-: *Ruder*
Rie-men, der; -s,-: *Stoff- oder Lederstreifen, Schnürsenkel*
Rie-se, der; -n,-n: *sagenhafter großer Mensch*
Rie-sel-feld, das; -es,-er: *mit Abwässern gedüngtes Feld*
rie-seln: *rinnen*
rie-sen-groß: *sehr groß*
Rie-sen-rad, das; -es, -rä-der
Rie-sen-schlan-ge, die; -,-n: *Schlangenart*
Rie-sen-sla-lom, das; -s,-s: *Skiwettkampfart*
rie-sig: *sehr groß*
Ries-ling, der; -s,-e: *Traubensorte; auch: Wein aus diesen Trauben*
Riff, das; -s,-e: *Klippe, Felsenband im Meer*
Riff, das; -s,-e: *Art des Musizierens im Jazz*
ri-gid: *streng, unerbittlich, steif*
Ri-gi-di-tät, die; -, keine Mehrzahl: *Starrheit, Unerbittlichkeit*

ri-go-ros: *streng, hart, unerbittlich, rücksichtslos*
Ri-go-ro-si-tät, die; -, keine Mehrzahl: *Strenge, Rücksichtslosigkeit*
Ri-go-ro-sum, das; -s, Ri-go-ro-sa: *mündliche Doktorprüfung*
Rik-scha, die; -,-s: *zweirädriger, von einem Menschen gezogener Wagen*
Rik-scha-ku-li, der; -s,-s: *jemand, der eine Rikscha zieht*
Ril-le, die; -,-n: *Furche, Rinne, Kerbe*
Rind, das; -es,-er: *wiederkäuendes Haustier*
Rin-de, die; -,-n: *Kruste, Schale*
Rin-de, die; -,-n: *Borke*
Rin-der-bra-ten, der; -s,-
Rind-fleisch, das; -es, keine Mehrzahl
Rind-vieh, das; -s, keine Mehrzahl
Ring, der; -es,-e: *kreisförmige Straße*
Ring, der; -es,-e: *Reif, kreisförmiger Gegenstand*
Ring, der; -es,-e: *Wettkampfplatz*
Ring, der; -es,-e: *Interessenverband*
rin-geln: *zu einer Spirale drehen*
rin-geln, sich: *sich zu einem Ring formen, kringeln*
Rin-gel-nat-ter, die; -,-n: *ungiftige Schlange*
Rin-gel-rei-hen, der; -s,-: *Rundtanz*
Rin-gel-tau-be, die; -,-n: *Vogelart*
rin-gen, rang, gerungen: *hart kämpfen*
rin-gen, rang, gerungen: *die Hände ringen*
Rin-ger, der; -s,-: *Ringkämpfer*
Ring-fin-ger, der; -s,-
Ring-kampf, der; -es, -kämp-fe
Ring-kämp-fer, der; -s,-: *Ringer*
Ring-rich-ter, der; -s,-: *Schiedsrichter beim Boxen oder Ringen*
rings: *auf allen Seiten, rundherum*
rings-he-rum (auch rings-her-um): *ringsumher*
Rin-ne, die; -,-n: *Rille, Furche*
rin-nen: *rieseln, langsam fließen*
Rinn-sal, das; -s,-e: *kleiner Bach*
Rinn-stein, der; -s,-e: *Gosse*
Ripp-chen, das; -s,-: *Rippenstück des Schweines*
Rip-pe, die; -,-n: *Heizkörperteil*
Rip-pe, die; -,-n: *Riegel*
Rip-pe, die; -,-n: *Brustknochen*
Rip-pen-fell, das; -s,-e: *Brustfell*
Rip-pen-speer, der; -s, keine Mehrzahl: *gepökeltes Rippenstück vom Schwein*

röhren

Rips, der; -es,-e: *geripptes Gewebe*
Ri-si-ko, das; -s, Ri-si-ken: *Gefahr, Wagnis*
ris-kant: *mit Risiko verbunden*
ris-kie-ren: *ein Risiko eingehen, etwas wagen*
Ri-sot-to, das; -s,-s: *Reisgericht*
Ris-pe, die; -,-n: *doppeltraubiger Blütenstand*
Riss, der; Ris-ses, Ris-se: *durch Reißen entstandener Spalt, Ritze, Schadenstelle*
Riss, der; Ris-ses, Ris-se: *technische Zeichnung*
ris-sig: *aufgesprungen, voller Risse*
Rist, der; -es,-e: *Fuß- oder Handrücken*
ri-tar-dan-do: *Musik: langsamer werdend*
Ritt, der; -s,-e: *Ausritt, das Reiten*
Rit-ter, der; -s,-: *mittelalterlicher Krieger, Edelmann*
rit-ter-lich: *edel, anständig, zuvorkommend*
Rit-ter-sporn, der; -es,-e: *Blumenart*
ritt-lings: *im Reitersitz*
Ri-tu-al, das; -s,-e: *Gesamtheit der Riten, Zeremoniell*
ri-tu-ell: *das Ritual betreffend*
Ri-tus, der; -, Ri-ten: *Ritual*
Ritz, der; -es,-en: *Spalt, Kerbe, schmale Öffnung*
rit-zen: *einen Ritz verursachen, sich verletzen*
Ri-vale, der; -n,-n: *Nebenbuhler, Mitbewerber*
Ri-va-lin, die; -,-nen: *Mitbewerberin, Nebenbuhlerin*
ri-va-li-sie-ren: *wetteifern*
Ri-va-li-tät, die; -,-en: *Konkurrenz*
Ri-zi-nus, der; -,-/-se: *Medikament*
Roads-ter [Roudster], der; -s,-: *offenes, zweisitziges Auto*
Roast-beef [Roustbief], das; -s,-s: *Rinderbraten*
Rob-be, die; -,-n: *Seehund*
rob-ben: *sich auf dem Bauch rutschend vorwärts bewegen*
Ro-be, die; -,-n: *Amtstracht, Abendkleid*
Ro-bi-nie, die; -,-n: *Baumart*
Ro-bin-so-na-de, die; -,-n: *Abenteuer, Irrfahrt*
Ro-bo-ter, der; -s,-: *Automat, Industrieautomat*
ro-bust: *kräftig, derb, widerstandsfähig*
Ro-bust-heit, die; -, keine Mehrzahl: *robuste Beschaffenheit*
Ro-cha-de, die; -,-n: *Schach: Zug mit dem König und einem Turm gleichzeitig*
rö-cheln: *rasselnd, stöhnend atmen*
Ro-chen, der; -n,-n: *Fischart*
ro-chie-ren [roschieren]: *Schach: mit dem König und einem Turm gleichzeitig ziehen*
Rock, der; -es, Rö-cke: *Jackett*
Rock, der; -es, Rö-cke: *weibliches Bekleidungsstück*
Rock, der; -s, keine Mehrzahl: *Kurzwort für „Rockmusik"*
Ro-cken, der; -s,-: *Teil des Spinnrades*
Ro-cker, der; -s,-: *Teil einer Motorradbande*
Rock-zip-fel, der; -s,-
Ro-del, der; -s,-: *Schlittenart*
Ro-del-bahn, die; -,-en: *Schlittenbahn*
ro-deln: *mit dem Schlitten fahren*
Ro-del-schlit-ten, der; -s,-: *flacher Schlitten*
ro-den: *abholzen*
Rod-ler, der; -s,-: *jemand, der rodelt*
Ro-dung, die; -,-en: *gerodetes Wald- oder Landstück*
Ro-gen, der; -s,-: *Fischeier*
Rog-gen, der; -s, keine Mehrzahl: *Getreideart*
Rog-genbrot, das; -es,-e: *Brot aus Roggenmehl*
roh: *noch nicht verarbeitet*
roh: *ungekocht*
roh: *ungebildet, rücksichtslos, gewalttätig*
Roh-bau, der; -s,-ten: *halb fertig gestelltes Haus*
Roh-heit, die; -,-en: *rohes Verhalten*
Roh-kost, die; -, keine Mehrzahl: *Kost aus rohem Obst, Gemüse und Salat*
Roh-köst-ler, der; -s,-: *jemand, der sich von Rohkost ernährt*
Roh-ling, der; -s,-e: *rohes, unbearbeitetes Werkstück*
Roh-ma-te-ri-al, das; -s, keine Mehrzahl: *unbearbeitetes, unverarbeitetes Material*
Roh-öl, das; -s,-e: *nicht raffiniertes Öl*
Rohr, das; -s,-e: *Schilfpflanze*
Rohr, das; -es,-e: *runder Hohlkörper*
Rohr-bruch, der; -es, -brü-che
Rohr-dom-mel, die; -,-n: *Reiherart*
Röh-re, die; -,-n: *raue Stimme*
Röh-re, die; -,-n: *Rohr*
Röh-re, die; -,-n: *landschaftlich für „Backofen"*
röh-ren: *schreien, grölen*

Röhricht

Röh-richt, das; -s,-e: *Ried, Schilfdickicht*
Rohr-post, die; -, keine Mehrzahl
Rohr-spatz, der; -en,-en
Rohr-stock, der; -es, -stöcke
Rohr-zu-cker, der; -s, keine Mehrzahl: *aus Zuckerrohr hergestellter Zucker*
Roh-stoff, der; -es,-e: *unaufbereitetes Material*
Rok-ko-ko, das; -s, keine Mehrzahl: *Kunstrichtung*
Roll-bahn, die; -,-en: *Start- und Landebahn*
Rol-le, die; -,-n: *walzenförmiger Körper, Rad, etwas Zusammengerolltes*
Rol-le, die; -,-n: *Turnübung*
Rol-le, die; -,-n: *in der Gesellschaft erwartete Verhaltensweise*
Rol-le, die; -,-n: *Text eines Schauspielers, darzustellende Rolle*
rol-len: *sich auf Rädern bewegen*
rol-len: *um die eigene Achse drehen, kugeln*
Rol-ler, der; -s,-: *kleines Kinderfahrzeug; auch: Motorroller*
Roll-film, der; -s,-e
Roll-kom-man-do, das; -s,-s: *Überfallkommando*
Roll-la-den (auch Roll-La-den), der; -s, Roll-lä-den: *Jalousie*
Roll-mops, der; -es, -möp-se: *marinierter, gerollter Hering*
Rol-lo, das; -s,-s: *aufrollbarer Vorhang*
Roll-schuh, der; -s,-e: *mit Rollen versehener Schuh*
Roll-stuhl, der; -es, -stüh-le: *Krankenstuhl*
Roll-trep-pe, die; -,-n
Ro-ma-dur, der; -s, keine Mehrzahl: *Käseart*
Ro-man, der; -s,-e: *Prosagattung*
Ro-man-ci-er [Romoßjeh], der; -s,-s: *Romanschriftsteller*
Ro-ma-ne, der; -n,-n: *Angehöriger eines Volkes mit romanischer Sprache*
Ro-ma-nik, die; -, keine Mehrzahl: *Kunststil*
Ro-ma-nist, der; -en,-en: *Wissenschaftler der romanischen Sprachen und Literatur*
Ro-ma-nis-tik, die; -, keine Mehrzahl: *Wissenschaft von den romanischen Sprachen und deren Literatur*
Ro-man-tik, die; -, keine Mehrzahl: *Kunstrichtung*
Ro-man-tik, die; -, keine Mehrzahl: *Hang zum Träumerischen, Fantastischen*

ro-man-tisch: *träumerisch, fantastisch, malerisch, idyllisch*
ro-man-tisch: *die Romantik betreffend*
Ro-man-ze, die; -,-n: *schwärmerische Tondichtung*
Ro-man-ze, die; -,-n: *umgangssprachlich für „Liebesgeschichte"*
Rö-mer, der; -s,-: *Einwohner Roms*
Rö-mer, der; -s,-: *Weinglas*
Rö-mer-topf, der; -es, -töp-fe: *Tontopf zum Schmoren*
rö-misch: *die Römer, Rom betreffend*
Rom-mee (auch Rom-mé), das; -s, keine Mehrzahl: *Kartenspiel*
Ron-dell, das; -s,-e: *rundes Beet*
Ron-dell, das; -s,-e: *runder Turm*
Ron-do, das; -s,-s: *Musikstück*
rönt-gen: *mit Röntgenstrahlen durchleuchten*
Rönt-gen-ap-pa-rat, der; -es,-e: *Durchleuchtungsgerät*
Rönt-gen-bild, das; -es,-er: *Röntgenaufnahme*
Rönt-gen-strahl, der; -es,-en: *Materie durchdringende elektromagnetische Strahlen*
Roque-fort [Rockfohr], der; -s, keine Mehrzahl: *Schimmelkäse*
ro-sa: *blassrot*
ro-sé: *rosa*
Ro-se, die; -,-n: *Blumenart*
Ro-sen-kohl, der; -s, keine Mehrzahl: *Kohlgemüse*
Ro-sen-kranz, der; -es, -krän-ze: *Gebetskette*
Ro-sen-mon-tag, der; -s,-e: *Karnevalsmontag*
Ro-set-te, die; -,-n: *rundes Ornament*
Ro-sé-wein, der; -es,-e: *rosafarbener Wein*
ro-sig: *zartrot*
ro-sig: *günstig, optimistisch*
Ro-si-ne, die; -,-n: *getrocknete Weinbeere*
Ros-ma-rin, der; -s, keine Mehrzahl: *Gewürz*
Ross, das; Ros-ses, Rös-ser/Ros-se: *Pferd*
Ross-haar, das; -es,-e: *Pferdehaar*
Ross-kas-ta-nie, die; -,-n: *Baumart, auch: deren Frucht*
Ross-kur, die; -,-en: *anstrengendes Heilverfahren*
Rost, der; -es, keine Mehrzahl: *Pflanzenkrankheit*

ruckartig

Rost, der; -es, keine Mehrzahl: *Eisenoxid*
Rost, der; -es,-e: *Holz- oder Metallgitter*
Rost-bra-ten, der; -s,-: *gegrillter Braten*
Rost-brat-wurst, die; -, -würs-te: *gegrillte Wurst*
ros-ten: *oxidieren*
rös-ten: *bräunen, braten*
rost-frei: *nicht rostend*
ros-tig: *oxidiert*
Rost-schutz-mit-tel, das; -s,-
rot: *Farbe*
Ro-ta-ti-on, die; -,-en: *Drehung, Umdrehung, ständiger Umlauf*
Rot-au-ge, das; -s,-n: *Fischart*
Rot-barsch, der; -es,-e: *Fischart*
rot-blond
rot-braun
Rot-bu-che, die; -,-n: *Baumart*
Rö-teln, die; keine Einzahl: *Kinderkrankheit*
rö-ten, sich: *rot werden*
Rot-glut, die; -, keine Mehrzahl
rot-haa-rig: *mit roten Haaren*
Rot-haut, die; -, -häu-te: *umgangssprachlich für "Indianer"*
ro-tie-ren: *umlaufen, sich um die eigene Achse drehen*
ro-tie-ren: *umgangssprachlich für "nervös sein"*
Rot-kehl-chen, das; -s,-: *Vogelart*
Rot-kohl, der; -s, keine Mehrzahl: *Kohlart, Rotkraut*
Rot-kraut, das; -s, keine Mehrzahl: *Kohlart, Rotkohl*
röt-lich: *leicht rot*
Rot-licht, das; -es, keine Mehrzahl: *langwelliges Licht*
Rot-licht, das; -es,-er: *rote Ampelphase*
Ro-tor, der; -s,-en: *Läufer, Drehflügel*
Rot-schwänz-chen, das; -s,-: *Vogelart*
Rot-stift, der; -es,-e: *rot schreibender Stift*
Rot-stift, der; -es,-e: *übertragen für "Streichungen"*
Rot-te, die; -,-n: *Bande, Gruppe*
Rö-tung, die; -,-en: *Rotfärbung*
Rot-wein, der; -s,-e
Rot-welsch, das; -es, keine Mehrzahl: *Sprache der fahrenden Leute*
Rot-wild, das; -es, keine Mehrzahl: *Hirsch- und Rehwild*
Rot-wurst, die; -, -würs-te: *Blutwurst*
Rotz, der; -es, keine Mehrzahl: *Nasenschleim*
Rotz-ben-gel, der; -s,-: *umgangssprachlich für "frecher Junge"*
rot-zen: *umgangssprachlich für "Nasenschleim ausblasen"*
Rotz-fah-ne, die; -,-n: *umgangssprachlich für "Taschentuch"*
Rotz-na-se, die; -,-n: *umgangssprachlich für "laufende Nase"*
Rotz-na-se, die; -,-n: *umgangssprachlich für "freches Kind"*
Rouge [Ruhsch], das; -,(-s): *Make-up*
Rouge [Ruhsch], das; -, keine Mehrzahl: *Farbe beim Roulett*
Rou-la-de [Rulahde], die; -,-n: *geschmorte Fleischrolle*
Rou-lett, das; -s,-e: *Glücksspiel*
Rou-te [Ruhte], die; -,-n: *Reiseweg*
Rou-ti-ne [Rutine], die; -, keine Mehrzahl: *Erfahrung, Übung*
Rou-ti-ni-er [Rutinjeh], der; -s,-s: *jemand, der Routine hat*
rou-ti-niert [rutiniert]: *erfahren, geschickt, gewandt, geübt*
Row-dy [Raudi], der; -s,-s: *halbstarker Raufbold*
ro-yal (auch roy-al): *königlich, königstreu*
Ro-ya-lis-mus (auch Roy-a-lis-mus), der; -, keine Mehrzahl: *Königstreue, Monarchismus*
Ro-ya-list (auch Roy-a-list), der; -en,-en: *Anhänger des Royalismus, Monarchist*
rub-beln: *umgangssprachlich für "reiben"*
Rü-be, die; -,-n: *Pflanzenart, deren Wurzel*
Ru-bel, der; -s,-: *Währung Russlands*
Rü-ben-zu-cker, der; -s, keine Mehrzahl: *Zuckerart*
Ru-bin, der; -es,-e: *roter Edelstein*
ru-bin-rot: *sehr rot*
Rub-rik (auch Ru-brik), die; -,-en: *Abschnitt, Abteilung, Spalte*
Rub-rik (auch Ru-brik), die; -,-en: *Titelüberschrift*
rub-ri-zie-ren (auch ru-bri-zie-ren): *einordnen*
ruch-bar: *durch ein Gerücht verbreitet*
ruch-los: *gewissenlos, niederträchtig, gemein*
Ruch-lo-sig-keit, die; -,-en: *ruchlose Handlung*
Ruck, der; -es,-e: *plötzlicher Zug, Stoß, Erschütterung*
ruck-ar-tig: *mit einem Ruck*

Rückbildung

Rück-bil-dung, die; -,-en: *Verkümmerung*
Rück-blen-de, die; -,-n: *filmische Darstellung der Erinnerung*
Rück-blick, der; -es,-e: *Erinnerung an Vergangenes*
rück-bli-ckend: *sich erinnernd*
ru-cken: *rütteln*
rü-cken: *Platz machen*
rü-cken: *verschieben*
Rü-cken, der; -s,-: *hintere Seite des Körpers; beim Tier: obere Seite des Körpers; Oberseite, Rückseite*
Rü-cken-mark, das; -s, keine Mehrzahl: *Nerven im Rückgrat*
Rü-cken-schwim-men, das; -s, keine Mehrzahl
Rü-cken-stär-kung, die; -, keine Mehrzahl: *Unterstützung*
Rü-cken-wind, der; -es,-e: *Wind, der von hinten bläst; auch: Unterstützung*
rück-er-stat-ten: *zurückzahlen*
Rück-fahr-kar-te, die; -,-n
Rück-fahrt, die; -,-en
Rück-fall, der; -es,-fäl-le: *Wiederauftreten einer Krankheit, einer Sucht*
rück-fäl-lig: *erneut straffällig*
Rück-fra-ge, die; -,-n: *Nachfrage, Gegenfrage, Erkundigung*
Rück-fra-ge, die; -,-n: *Frage*
Rück-ga-be, die; -, keine Mehrzahl: *Zurückgeben*
Rück-gang, der; -es, keine Mehrzahl: *Nachlassen, Fallen, Sinken*
rück-gän-gig: *fallend, sinkend*
rück-gän-gig: *rückläufig*
Rück-ge-win-nung, die; -,-en: *Recycling, Wiedergewinnung*
Rück-grat, das; -es,-e: *Wirbelsäule*
Rück-griff, der; -s,-e: *Verwendung*
Rück-halt, der; -es,-e: *Unterstützung, Bekräftigung*
rück-halt-los: *unbedingt, ohne Vorbehalt*
Rück-hand, die; -, keine Mehrzahl: *Schlag beim Tennis*
Rück-kehr, die; -, keine Mehrzahl: *Zurückkommen*
Rück-kopp-lung, die; -,-en: *Rückwirkung*
Rück-kunft, die; -, keine Mehrzahl: *Wiederkehr*
Rück-lauf, der; -es, -läu-fe: *zurückgesandte Briefe*
rück-läu-fig: *sich rückwärts bewegend, zurückgehend*

Rück-licht, das; -es,-er: *Bremslicht, Rückstrahler*
rück-lings: *auf dem Rücken*
Rück-rei-se, die; -,-n: *Rückfahrt*
Ruck-sack, der; -es, -sä-cke
Rück-schluss, der; -schlus-ses, -schlüs-se: *Schlussfolgerung*
Rück-schritt, der; -es,-e: *Misserfolg*
Rück-sei-te, die; -,-n: *hintere Seite*
Rück-sicht, die; -,-en: *Rücksichtnahme*
Rück-sicht-nah-me, die; -,-n: *Rücksicht*
rück-sichts-los: *ohne Rücksicht*
Rück-sichts-lo-sig-keit, die; -,-en: *Handeln ohne Rücksichtnahme*
rück-sichts-voll: *voller Rücksicht*
Rück-sitz, der; -es,-e: *hinterer Sitz im Auto*
Rück-spie-gel, der; -s,-: *Spiegel im Auto*
Rück-spra-che, die; -,-n; *Rückversicherung, Absicherung*
Rück-stand, der; -es, -stän-de: *versäumte Zeit*
Rück-stand, der; -es, -stän-de: *Rest, Abfall, Überbleibsel*
rück-stän-dig: *nicht beglichen*
rück-stän-dig: *unzeitgemäß, veraltet*
rück-stän-dig: *zurückgeblieben*
Rück-stau, der; -s,-e: *Stau*
Rück-stoß, der; -es, keine Mehrzahl: *in die entgegengesetzte Richtung wirkende Kraft*
Rück-strah-ler, der, -s,-: *Rücklicht, Katzenauge*
Rück-tritt, der; -s,-e: *Kurzwort für „Rücktrittbremse"*
Rück-tritt, der; -s,-e: *Verzicht, Abdankung*
Rück-tritts-ge-such, die; -es,-e: *formeller Antrag auf Entlassung*
rück-wärts: *nach hinten, zurück*
Rück-wärts-gang, der; -es, -gän-ge: *Getriebegang, der die Umdrehungsrichtung umkehrt*
ruck-wei-se: *ruckend*
rück-wir-kend: *ab einem in der Vergangenheit liegenden Datum gültig, wirksam*
Rück-zie-her, der; -s,-: *Rückzug*
Rück-zug, der; -es, -zü-ge: *das Sichzurückziehen*
rü-de: *grob, roh, frech*
Rü-de, der; -n,-n: *männlicher Hund*
Ru-del, das; -s,-: *zusammenlebende Tiermeute, Gruppe, Meute*
Ru-der, das; -s,-: *Vorrichtung zum Steuern*

Rummelplatz

Ru-der, das; -s,-: *Riemen*
Ru-der-bank, die; -, -bän-ke: *Sitz in einem Ruderboot*
Ru-der-boot, das; -es,-e
ru-dern: *pullen*
Ru-di-ment, das; -s,-e: *Rest, Überbleibsel, Bruchstück*
ru-di-men-tär: *bruchstückhaft*
ru-di-men-tär: *verkümmert, rückgebildet*
Ruf, der; -es,-e: *Schrei*
Ruf, der; -es,-e: *Telefonnummer*
Ruf, der; -es,-e: *Berufung*
Ruf, der; -es, keine Mehrzahl: *Ansehen, Leumund, Ruhm*
ru-fen, rief, gerufen: *nennen, heißen, anreden*
ru-fen, rief, gerufen: *schreien*
ru-fen, rief, gerufen: *kommen lassen, herheiholen*
Ru-fer, der; -s,-: *jemand, der ruft*
Rüf-fel, der; -s,-: *Rüge, Tadel, Verweis*
rüf-feln: *jemanden tadeln*
Ruf-mord, der; -es,-e: *schwere öffentliche Verleumdung*
Ruf-na-me, der; -ns,-n: *Vorname*
Ruf-num-mer, die; -,-n: *Telefonnummer*
Rug-by [Ragbie], das; -s, keine Mehrzahl: *Ballspiel*
Rü-ge, die; -,-n: *Tadel, Verweis, Ermahnung*
rü-gen: *tadeln, zurechtweisen*
Ru-he, die; -, keine Mehrzahl: *Frieden*
Ru-he, die; -, keine Mehrzahl: *Stillstand, Unbeweglichkeit*
Ru-he, die; -, keine Mehrzahl: *Ausruhen, Erholung, Schlaf*
Ru-he, die; -, keine Mehrzahl: *Kaltblütigkeit, Gleichmut*
Ru-he, die; -, keine Mehrzahl: *Schweigen, Stille*
ru-he-be-dürf-tig
Ru-he-ge-halt, das; -es, -ge-häl-ter: *Pension, Rente*
Ru-he-kis-sen, das; -s,-
ru-he-los: *unruhig, unstet*
Ru-he-lo-sig-keit, die; -, keine Mehrzahl: *ruheloser Zustand, Unruhe*
ru-hen: *still liegen, ohne Bewegung sein*
ru-hen: *ausruhen, schlafen*
Ru-he-stand, der; -es, keine Mehrzahl: *Rentnerdasein*
Ru-he-ständ-ler, der; -s,-: *Rentner*
Ru-he-stät-te, die; -,-n: *Grab*
Ru-he-stö-rer, der; -s,-: *Randalierer, Störenfried*
Ru-he-stö-rung, die; -,-en: *Störung*
ru-hig: *abgelegen, einsam*
ru-hig: *gefasst, ausgeglichen*
ru-hig: *bewegungslos, unbeweglich*
ru-hig: *still, leise, schweigend*
ru-hig: *gleichmäßig*
Ruhm, der; -es, keine Mehrzahl: *hohes öffentliches Ansehen*
rüh-men: *loben, preisen, hervorheben*
rüh-mens-wert: *bemerkenswert*
rühm-lich: *lobenswert, löblich*
ruhm-reich: *berühmt*
Ruhm-sucht, die; -, keine Mehrzahl: *Gier nach Ruhm*
Ruhr, die; -, keine Mehrzahl: *Darmkrankheit*
Rühr-ei, das; -s, -ei-er
rüh-ren: *vermischen, vermengen*
rüh-ren: *Rührung, Mitleid verursachen*
rüh-ren, sich: *sich bewegen, tätig sein*
rüh-ren, sich: *umgangssprachlich für „sich bemerkbar machen, sich melden"*
rüh-rend: *ergreifend, Mitleid erweckend*
Ruhr-ge-biet, das; -es, keine Mehrzahl: *Industriegebiet an der Ruhr*
rüh-rig: *beweglich, munter, fleißig, eifrig*
rühr-se-lig: *sentimental*
Rühr-se-lig-keit, die; -, keine Mehrzahl: *Sentimentalität*
Rüh-rung, die; -,-en: *Mitleid, Ergriffenheit*
Ru-in, der; -s, keine Mehrzahl: *Untergang, Verfall, Zusammenbruch*
Ru-in, der; -s, keine Mehrzahl: *Bankrott, Vermögensverlust*
Ru-i-ne, die; -,-n: *verfallenes Gebäude, Trümmer*
ru-i-nie-ren: *zerstören, zugrunde richten*
ru-i-nös: *zum Ruin führend*
rülp-sen: *hörbar aufstoßen*
Rülp-ser, der; -s,-: *Aufstoßen*
Rum, der, -s, keine Mehrzahl: *Branntwein*
Rum-ba, die; -,-s: *Gesellschaftstanz*
Rum-mel, der; -s, keine Mehrzahl: *Vergnügungspark*
Rum-mel, der; -s, keine Mehrzahl: *Lärm, Gewühl, Geschrei, Durcheinander*
Rum-mel, der; -s, keine Mehrzahl: *lästige, unangenehme Angelegenheit*
Rum-mel-platz, der; -es, -plät-ze: *Rummel*

ru-mo-ren: *rumpeln, poltern, lärmen*
Rum-pel-kam-mer, *die; -,-n: Abstellraum*
rum-peln: *rumoren, poltern, lärmen*
Rumpf, *der; -es, Rümp-fe: Schiffs- oder Flugzeugkörper*
Rumpf, *der; -es, Rümp-fe: Körper ohne Kopf und Glieder*
rümp-fen: *die Nase kraus ziehen*
Rump-steak [Rumpstehk], *das; -s,-s: kurz gebratenes Steak*
Run [Ran], *der; -s,-s: Ansturm*
rund: *kugel-, kreis- oder ringförmig, abgerundet*
rund: *dick, rundlich, pausbäckig*
rund: *im Kreis*
rund: *ungefähr, etwa*
Rund-blick, *der; -s,-e: Panorama*
Rund-brief, *der; -es,-e: Rundschreiben*
Run-de, *die; -,-n: Tischrunde*
Run-de, *die; -,-n: Wettkampfabschnitt*
Run-de, *die; -,-n: Kreis, Umkreis, Umgebung*
Run-de, *die; -,-n: Rundstrecke*
run-den: *biegen, rund machen*
Rund-fahrt, *die; -,-en*
Rund-funk, *der; -s, keine Mehrzahl: drahtlose Radiosendung, Sendeanstalten*
Rund-gang, *der; -es, -gän-ge: Kontrollgang*
rund-he-raus (auch rund-her-aus): *offen, deutlich*
rund-he-rum (auch rund-her-um): *ringsum, im Umkreis*
rund-lich: *dicklich, wohlgerundet*
Rund-rei-se, *die; -,-n*
Rund-schrei-ben, *das; -s,-: geschäftlicher Rundbrief*
rund-stri-cken: *mit der Rundstricknadel stricken*
Rund-strick-na-del, *die; -,-n: Stricknadelart*
rund-um: *ringsum*
Run-dung, *die; -,-en: Wölbung*
rund-weg: *unumwunden, deutlich*
Ru-ne, *die; -,-n: altgermanisches Schriftzeichen*
Ru-nen-schrift, *die; -, keine Mehrzahl*
Run-kel-rü-be, *die; -,-n: Rübenart*
run-ter: *umgangssprachlich für „hinunter, herunter"*
Run-zel, *die; -,-n: Falte, Hautfalte*
run-ze-lig: *faltig, mit Runzeln bedeckt*
run-zeln: *in Falten ziehen*

Rü-pel, *der; -s,-: Grobian, Flegel*
Rü-pe-lei, *die; -,-en: rüpelhaftes Benehmen, Handeln*
rü-pel-haft: *frech, unverschämt, ungezogen*
rup-fen: *pflücken, jäten*
rup-fen: *reißen, ziehen, zerren*
Rup-fen, *der; -s,-: grobes Jutegewebe*
rup-pig: *unhöflich, frech, ungezogen*
Rup-pig-keit, *die; -,-en: ruppiges Benehmen, Handeln*
ru-ral: *ländlich, bäuerlich*
Rü-sche, *die; -,-n: gekräuselter Besatz*
Rush-hour [Raschauer], *die; -, keine Mehrzahl: Hauptverkehrszeit*
Ruß, *der; -es, keine Mehrzahl: Kohlenstaub*
Rüs-sel, *der; -s,-: verlängerte Nase mancher Tiere*
ru-ßen: *Ruß ausstoßen*
ru-ßen: *mit Ruß schwärzen*
ru-ßig: *mit Ruß bedeckt*
rüs-ten: *vorbereiten, fertig machen*
rüs-ten: *Kriegsvorbereitungen treffen*
rüs-ten, *sich: sich wappnen*
Rüs-ter, *die; -,-n: Ulme*
rüs-tig: *kräftig, frisch, tatkräftig*
Rüs-tig-keit, *die; -, keine Mehrzahl: rüstiger Zustand*
rus-ti-kal: *ländlich, bäuerlich*
Rüs-tung, *die; -, keine Mehrzahl: das Rüsten, Kriegsvorbereitung, Ausstatten mit Waffen*
Rüs-tung, *die; -,-en: Schutzbekleidung der Ritter*
Rüs-tungs-in-dust-rie (auch Rüs-tungs-in-dus-trie), *die; -,-n: Industriezweig, der Waffen herstellt*
Rüst-zeit, *die; -,-en: Vorbereitungszeit einer Arbeit*
Rüst-zeug, *das; -s, keine Mehrzahl: Können, Wissen, Fähigkeit*
Ru-te, *die; -,-n: dünner Zweig, Gerte*
Rutsch-bahn, *die; -,-en*
rut-schen: *gleiten, schliddern, ausrutschen*
rutsch-fest: *trittsicher, haftend*
rut-schig: *glatt, glitschig*
Rutsch-par-tie, *die; -,-n: ständiges Rutschen*
Rüt-te-lei, *die; -,-en: ständiges Rütteln*
rüt-teln: *heftig schütteln*

sachverständig

S

s, S, das; -,-: *neunzehnter Buchstabe des Alphabets; Konsonant, Mitlaut*
S: *Abkürzung für „Süden"*
's: *umgangssprachlich abkürzend für „es"*
s.: *Abkürzung für „siehe"*
S.: *Abkürzung für „Seite"*
S.: *Abkürzung für „San, Santa, Santo, São"*
s. a.: *Abkürzung für „sine anno, ohne Jahr"*
Sa.: *Abkürzung für „Samstag"*
Sa.: *Abkürzung für „Summa"*
Saal, der; -es, Sä-le: *großer Raum*
Saal-schlacht, die; -,-en: *Keilerei, Schlägerei bei einer Saalveranstaltung*
Saat, die; -,-en: *Samen, Saatgut*
Saat, die; -, keine Mehrzahl: *Aussaat, das Säen*
Saat-ge-trei-de, das; -s,-: *Saat, Saatgut*
Saat-gut, das; -es, keine Mehrzahl: *Saat*
Saat-kar-tof-fel, die; -,-n: *für die Saat bestimmte Kartoffel*
Saat-korn, das; -es,-kör-ner: *Samenkorn*
Sab-bat, der; -s,-e: *jüdischer Samstag, an dem alle Arbeit ruht*
sab-beln: *umgangssprachlich für „schnell und viel sprechen"*
Sab-ber, der; -s, keine Mehrzahl: *umgangssprachlich für „Speichel"*
Sab-be-rei, die; -,-en: *anhaltendes Sabbern*
sab-bern: *Speichel ausfließen lassen*
sab-bern: *sabbeln*
Sä-bel, der; -s,-: *schwerer Degen*
Sä-bel-bei-ne, die; -, keine Einzahl: *nach außen gekrümmte Beine*
sä-bel-bei-nig: *mit Säbelbeinen behaftet*
Sä-bel-fech-ten, das; -s, keine Mehrzahl: *Fechtart*
Sä-bel-fech-ter, der; -s,-: *jemand, der mit Säbeln kämpft*
sä-bel-för-mig: *in Säbelform gekrümmt*
Sä-bel-ge-ras-sel, das; -s, keine Mehrzahl: *Drohung mit Waffen*
sä-beln: *umgangssprachlich für „schneiden"*

Sa-bo-ta-ge [Sabotahsche], die; -,-n: *planmäßige Behinderung, Beschädigung*
Sa-bo-teur [Sabotöhr], der; -s,-e: *jemand, der sabotiert*
sa-bo-tie-ren: *planmäßig behindern, vereiteln, Sabotage verüben*
Sac-cha-rin, das; -s, keine Mehrzahl: *künstlicher Süßstoff*
Sach-be-ar-bei-ter, der; -s,-: *Büroangestellter mit einem festen Aufgabengebiet*
Sach-be-zü-ge, die; -, keine Einzahl: *Naturalien als Entlohnung*
sach-dien-lich: *nützlich, einer Sache dienend*
Sa-che, die; -,-n: *Gegenstand, Ding*
Sa-che, die; -,-n: *Angelegenheit, Thema, Problem*
Sa-che, die; -,-n: *Aufgabe, Pflicht*
Sa-che, die; -,-n: *Begebenheit, Unternehmen*
Sä-chel-chen, das; -s,-: *kleine Sache*
Sa-chen, die; -, kein Einzahl: *Besitz, Kleidung, Gepäck*
Sa-cher-tor-te, die; -,-n: *Tortenart*
Sach-ge-biet, das; -es,-e: *Wissens- oder Aufgabenbereich*
sach-ge-mäß: *der Sache entsprechend, angemessen, passend*
Sach-ka-ta-log, der; -es,-e: *Verzeichnis*
Sach-kennt-nis, die; -,-se: *Wissen, Kenntnis, Sachverstand*
sach-kun-dig: *erfahren, kenntnisreich*
Sach-la-ge, die; -, keine Mehrzahl: *Situation, Lage der Dinge*
sach-lich: *der Sache gemäß, die Sache betreffend*
sach-lich: *nüchtern, objektiv, distanziert*
säch-lich: *im Neutrum stehend*
Sach-lich-keit, die; -, keine Mehrzahl: *Nüchternheit, Bindung an die Gegebenheiten*
Sach-re-gis-ter, das; -s,-: *Verzeichnis*
Sach-scha-den, der; -s, -schä-den: *Materialschaden*
sacht: *sachte*
sach-te: *langsam, vorsichtig, sanft, gemächlich, behutsam*
Sach-ver-halt, der; -es,-e: *Sachlage, Lage, Tatbestand, Lage der Dinge*
Sach-ver-stand, der; -es, keine Mehrzahl: *Sachkenntnis*
sach-ver-stän-dig: *mit Sachverstand, kenntnisreich*
sach-ver-stän-dig: *sachkundig*

Sachverständige

Sach-ver-stän-di-ge, der; -n,-n: *jemand, der Sachverstand besitzt*
Sach-ver-stän-di-gen-gut-ach-ten, das; -s,-: *Beurteilung durch einen Sachverständigen*
Sach-ver-zeich-nis, das; -ses, -se: *Sachregister*
Sach-wör-ter-buch, das; -es, -bü-cher: *Wörterbuch, das über Begriffe und Sachen Auskunft gibt*
Sack, der; -es, Sä-cke: *großer Beutel; auch: Tasche, Hosentasche*
Sack-bahn-hof, der; -es,-hö-fe: *Kopfbahnhof*
Säck-chen, das; -s,-: *kleiner Sack*
Sä-ckel, der; -s,-: *Hosentasche, Geldbeutel*
sa-cken: *in einen Sack füllen, hineinstopfen, einstecken*
sa-cken: *absinken, sich senken*
sa-cker-lot!: *Ausruf der Überraschung, des Ärgers*
sa-cker-ment!: *Ausruf der Überraschung, des Ärgers*
Sack-gas-se, die; -,-n: *Straße, die nur einen Ausgang hat*
Sack-gas-se, die; -,-n: *ausweglose Lage, verfahrene Situation*
sack-grob: *umgangssprachlich für „sehr unhöflich"*
Sack-hüp-fen, das; -s, keine Mehrzahl: *Spiel*
Sack-lei-nen, das; -s, keine Mehrzahl: *grobes Leinen*
sack-lei-nen: *aus Sackleinen*
Sack-tuch, das; -es, -tü-cher: *regional für „Taschentuch"*
Sa-dis-mus, der; -, keine Mehrzahl: *Lust an Grausamkeiten, geschlechtliche Befriedigung durch grausames Handeln*
Sa-dist, der; -en,-en: *jemand, der sadistisch veranlagt ist*
sa-dis-tisch: *den Sadismus betreffend*
sä-en: *Saat ausbringen*
Sa-fa-ri, die; -,-s: *Gesellschaftsreise zum Jagen oder Fotografieren in Afrika*
Safe [Säif], der; -s,-s: *Geldschrank, Tresor*
Saf-fi-an, der; -s, keine Mehrzahl: *Ziegenleder*
Saf-ran (auch Sa-fran), der; -s,-e: *gelber Pflanzenfarbstoff, Gewürz*
saf-ran-gelb (auch sa-fran-gelb): *gelb wie Safran, mit Safran gelb gefärbt*
Saft, der; -es, Säf-te: *Flüssigkeit von Pflanzen*

Saft, der; -es, Säf-te: *Kraft, Lebenskraft, Energie*
saf-tig: *unanständig, derb*
saf-tig: *voller Saft, kräftig*
Saft-la-den, der; -s,-lä-den: *schlecht geführtes Geschäft*
Sa-ga, die; -,-s: *mittelalterliche Erzählform*
Sa-ge, die; -,-n: *überlieferte Erzählung mit mythologischem Inhalt; auch: Gerücht*
Sä-ge, die; -,-n: *Sägemühle*
Sä-ge, die; -,-n: *gezähntes Werkzeug zum Schneiden*
Sä-ge-blatt, das; -es,-blät-ter: *Schneidblatt einer Säge*
Sä-ge-fisch, der; -es,-e: *Fisch mit sägeartigem Kopffortsatz*
Sä-ge-mehl, das; -s, keine Mehrzahl: *Holzmehl, das beim Sägen anfällt*
Sä-ge-müh-le, die; -,-n: *Sägewerk*
sa-gen: *meinen, behaupten*
sa-gen: *sprechen, äußern, aussprechen*
sa-gen: *mitteilen, erzählen, bemerken, erwähnen*
sa-gen: *bedeuten*
sä-gen: *mit einer Säge zerschneiden*
sä-gen: *umgangssprachlich für „schnarchen"*
sa-gen-haft: *kaum glaublich, unwahrscheinlich, erstaunlich*
sa-gen-haft: *nur überliefert, durch Sagen vermittelt*
sa-gen-haft: *umgangssprachlich für „toll, sehr gut"*
Sä-ge-spä-ne, die; -, keine Einzahl: *beim Sägen anfallende Späne*
Sä-ge-werk, das; -es,-e: *Holzschneidefabrik*
Sä-ge-zahn, der; -es, -zäh-ne: *einzelner Zahn eines Sägeblattes*
sa-git-tal: *parallel zur Mittelachse eines Körpers liegend*
Sa-go, der; -s, keine Mehrzahl: *Stärkemehl aus Palmenmark*
Sah-ne, die; -, keine Mehrzahl: *Rahm*
Sah-ne-eis, das; -es, keine Mehrzahl: *aus Sahne hergestelltes Speiseeis*
Sah-ne-quark, der; -s, keine Mehrzahl: *fetter Quark*
Sah-ne-tor-te, die; -,-n: *Tortenart*
sah-nig: *mit Sahne, wie Sahne*
Saib-ling, der; -s,-e: *Fischart*
Sai-son [Säsoñ], die; -,-s/Sai-so-nen (österr.): *Hauptbetriebszeit, Hochbetrieb*

Salzsee

Sai-son [Säsoñ], die; -,-s/Sai-so-nen (österr.): *günstige Jahreszeit*
Sai-son-ar-bei-ter, der; -s,-: *jemand, der nur fur eine Saison beschäftigt ist*
Sai-son-aus-ver-kauf, der; -es, -käu-fe: *Schlussverkauf*
Sai-te, die; -,-n: *gespannter Faden als Tonträger bei Musikinstrumenten*
Sai-ten-in-stru-ment, das; -es,-e: *Musikinstrument, bei dem Töne mittels Saiten erzeugt werden*
Sa-ke, der; -s/-, keine Mehrzahl: *Reiswein*
Sak-ko, der; -,-s / das; -s,-s: *Jacke, Jackett*
sak-ral (auch sa-kral): *das Sakrament betreffend*
Sak-ra-ment (auch Sa-kra-ment), das; -es,-e: *feierliche Gottesdiensthandlung, Gnadenmittel*
Sak-ri-leg (auch Sa-kri-leg), das: *-s,-e: Frevel, Gotteslästerung*
Sak-ris-tei (auch Sa-kris-tei), die; -,-en: *Nebenraum der Kirche für den Geistlichen*
sak-ro-sankt (auch sa-kro-sankt): *heilig, unantastbar*
sä-ku-lar: *alle hundert Jahre wiederkehrend*
sä-ku-lar: *weltlich*
Sä-ku-la-ri-sa-ti-on, die; -,-en: *Überführung von kirchlichem Besitz in weltliche Nutzung*
sä-ku-la-ri-sie-ren: *verweltlichen*
Sä-ku-la-ri-sie-rung, die; -,-en: *das Säkularisieren*
Sä-ku-lum, das; -s, Sä-ku-la: *Jahrhundert*
Sa-la-man-der, der; -s,-: *Lurchart*
Sa-la-mi, die; -,-s: *Wurstart*
Sa-la-mi-tak-tik, die; -,-en: *umgangssprachlich für „Taktik der kleinen Schritte"*
Sa-lär, das; -s,-e: *Gehalt, Lohn*
Sa-lat, der; -es,-e: *Speise aus klein geschnittenen, gemischten und gewürzten Zutaten*
sal-ba-dern: *geistlos, heuchlerisch, langweilig reden*
Sal-be, die; -,-n: *schmierfähiges Heilmittel, Creme*
Sal-bei, der; -s, keine Mehrzahl: *Gewürz, Heilpflanze*
sal-ben: *eincremen, einschmieren, ölen*
sal-bungs-voll: *schwülstig, übertrieben*
Sal-do, der; -s, Sal-di/Sal-den: *Restbetrag beim Kontoabschluss*

Sales-ma-na-ger [Säilsmänädscher], der; -s,-: *Verkaufsleiter*
Sales-pro-mo-ter [Säilspromouter], der; -s,-: *Verkaufsförderer, Werbefachmann*
Sa-li-ne, die; -,-n: *Anlage zur Salzgewinnung durch Verdunstung von Salzlake*
Sa-li-zyl-säu-re, die; -, keine Mehrzahl: *Karbonsäure, die als Konservierungsmittel dient*
Salm, der; -es,-e: *Fischart*
Sal-mi-ak, der; -s, keine Mehrzahl: *Ammoniakverbindung*
Sal-mi-ak-geist, der; -es, keine Mehrzahl: *Ammoniaklösung*
Sal-mo-nel-le, die; -,-n: *Bakterie, die Darmentzündungen hervorruft*
Sal-mo-ni-den, die; -, keine Einzahl: *lachsartige Fische, Fischgattung*
sa-lo-mo-nisch: *weise*
Sa-lon [Saloñ], der; -s,-s: *Geschäft der Kosmetikbranche oder eines Friseurs*
Sa-lon [Saloñ], der; -s,-s: *Empfangszimmer, Besuchszimmer; auch früher: regelmäßige Versammlung von Künstlern und Intellektuellen*
sa-lon-fä-hig [saloñfähig]: *vornehm, wohlerzogen, schicklich*
Sa-lon-lö-we [Saloñlöwe], der; -n, -n: *gewandter Mann, der gesellschaftlich im Mittelpunkt steht*
sa-lopp: *leger, nachlässig*
Sal-pe-ter, der; -s, keine Mehrzahl: *Leichtmetallsalz der Salpetersäure*
Sal-pe-ter-säu-re, die; -, keine Mehrzahl: *Stickstoffsäure*
Sal-to, der; -s,-s/-ti: *Überschlag*
Sa-lut, der; -s,-e: *militärischer Ehrengruß*
sa-lu-tie-ren: *militärisch grüßen*
Sa-lut-schuss, der; -es, -schüs-se: *Ehrenschuss*
Sal-ve, die; -,-n: *gleichzeitiges Abfeuern mehrerer Waffen*
Salz, das; -es,-e: *kristalline chemische Verbindung, Würz- und Heilmittel*
sal-zen: *mit Salz würzen*
sal-zig: *gesalzen, nach Salz schmeckend*
Salz-la-ke, die; -,-n: *stark salzhaltige Brühe*
salz-los: *ohne Salz*
Salz-säu-le, die; -,-n: *in der Wendung: zur Salzsäule erstarren, vor Schreck starr werden*
Salz-see, der; -s,-n: *stark salzhaltiger See, ausgetrockneter See*

Sämann

Sä-mann, der; -es,-leu-te: *jemand, der sät*
Sa-ma-ri-ter, der; -s,-: *freiwilliger Krankenpfleger, mildtätiger Mensch*
Sä-ma-schi-ne, die; -,-n: *Maschine, die sät*
Sa-me, der; -ns,-n: *Samen*
Sa-men, der; -s,-: *Keimzelle, Keim, Saat; auch: Sperma*
Sa-men-er-guss, der; -es, -güs-se: *Pollution*
Sa-men-fa-den, der; -s, -fä-den: *Samenzelle*
Sa-men-zel-le, die; -,-n: *Samenfaden*
Sä-me-rei, die; -,-en: *Saatgut*
sä-mig: *dickflüssig*
Sä-misch-le-der, das; -s,-: *weiche Lederart*
Säm-ling, der; -s,-e: *aus einem Samen gewachsene Pflanze*
Sam-mel-an-schluss, der; -es, -schlüs-se: *gemeinsamer Telefonanschluss mehrerer Nebenstellen*
Sam-mel-band, der; -es, -bän-de: *Aufsatzsammlung, Textsammlung*
Sam-mel-be-griff, der; -es,-e: *Oberbegriff*
Sam-mel-fahr-schein, der, -es,-e: *gemeinsamer Fahrschein von mehreren Personen*
Sam-mel-lei-den-schaft, die; -, keine Mehrzahl: *Freude am Sammeln*
Sam-mel-map-pe, die; -,-n: *Ordner*
sam-meln: *zusammentragen, einsammeln, zusammenbringen, lesen, horten*
Sam-mel-na-me, der; -ns,-n: *Sammelbegriff, Gruppenbezeichnung*
Sam-mel-su-ri-um, das; -s, Sam-mel-su-ri-en: *umgangssprachlich für „Durcheinander, Zusammengetragenes, Ungeordnetes, Mischmasch"*
Sam-mel-trans-port, der; -es,-e: *gemeinsamer Transport*
Sam-mel-werk, das; -es,-e: *Textsammlung, Aufsatzsammlung*
Samm-ler, der; -s,-: *jemand, der sammelt*
Samm-lung, die; -,-en: *das Sammeln, Einsammeln*
Samm-lung, die; -,-en: *das Konzentrieren*
Samm-lung, die; -,-en: *etwas Gesammeltes, Zusammenstellung*
Sa-mo-war, der; -s,-e: *Teebereitungsmaschine*
Sams-tag, der; -s,-e: *Sonnabend, sechster Arbeitstag der Woche*
sams-tags: *am Samstag*
samt: *zusammen, mit, einschließlich, inbegriffen*
Samt, der; -es,-e: *Gewebeart*
Samt-hand-schuh, der; -s,-e: *in der Wendung: mit Samthandschuhen anfassen, sehr behutsam sein*
sam-tig: *wie Samt*
sämt-lich: *alle, alles, ganz, ohne Ausnahme*
samt-weich: *weich wie Samt*
Sa-mum, der; -s,-s/-e: *heißer, trockener Sandsturm Afrikas*
Sa-na-to-ri-um, das; -s, Sa-na-to-ri-en: *Krankenhaus, Genesungsheim*
Sand, der; -es,-e: *sehr feinkörniges Gestein*
San-da-le, die; -,-n: *leichter Schuh*
San-da-let-te, die; -,-n: *leichte Damensandale*
Sand-bank, die; -, -bän-ke: *Untiefe aus Sand*
Sand-dorn, der; -es,-e: *dorniger Strauch*
San-del-holz, das; -es, keine Mehrzahl: *Duftholz*
sand-far-ben: *beige, hellbraun*
san-dig: *voller Sand, aus Sand*
Sand-mann, der; -es, keine Mehrzahl: *Märchengestalt*
Sand-männ-chen, das; -s, keine Mehrzahl: *Sandmann*
Sand-pa-pier, das; -s, keine Mehrzahl: *Schmirgelpapier*
Sand-sack, der; -es, -sä-cke: *mit Sand gefüllter Sack*
Sand-stein, der; -s, keine Mehrzahl: *Gesteinsart*
sand-strah-len: *mit einem Sandstrahlgebläse säubern*
Sand-strahl-ge-blä-se, das; -s,-: *Steinreinigungsgerät*
Sand-sturm, der; -es, -stür-me: *Sturm, der Sand mit sich trägt*
Sand-uhr, die; -,-en: *Stundenglas, Eieruhr*
Sand-wich [Sändwitsch], das; -es,-es: *belegtes, doppeltes Brot*
sanft: *leicht, gering*
sanft: *mild, zart, weich*
sanft: *zahm, friedlich, friedfertig*
Sänf-te, die; -,-n: *Tragegestell*
Sanft-mut, der; -es, keine Mehrzahl: *sanftmütiges Wesen*
sanft-mü-tig: *sanft, milde, friedfertig*
Sän-ger, der; -s,-: *jemand, der singt*

San-gu-i-ni-ker, der; -s,-: *lebhafter, fröhlicher Mensch*
san-gu-i-nisch: *lebhaft, heiter*
sa-nie-ren: *renovieren, heilen, gesund machen, wiederherstellen, leistungsfähig machen*
Sa-nie-rung, die; -,-en: *das Sanieren*
sa-ni-tär: *der Hygiene dienend, die Sauberkeit betreffend*
Sa-ni-tä-ter, der; -s,-: *Krankenpfleger, Sanitätssoldat*
Sa-ni-täts-dienst, der; -es, keine Mehrzahl: *Krankenpflegedienst*
Sa-ni-täts-kas-ten, der; -s, -käs-ten: *Verbandkasten*
Sank-ti-on, die; -,-en: *Bestätigung, Anerkennung*
Sank-ti-on, die; -,-en: *Gesetzesverordnung*
Sank-ti-on, die; -,-en: *Zwangsmaßnahme, Strafmaßnahme, Einschränkung*
sank-ti-o-nie-ren: *bestätigen, anerkennen*
sank-ti-o-nie-ren: *zum Gesetz erheben*
San-se-vi-e-ria, die; -, San-se-vi-e-ri-en: *Pflanzenart*
Sansk-rit (auch Sans-krit), das; -s, keine Mehrzahl: *indische Gelehrtensprache*
Sa-phir, der; -s,-e: *Edelsteinart*
Sap-pe, die; -,-n: *Laufgraben, Schützengraben*
sap-per-lot!: *Ausruf der Überraschung*
Sap-peur [Sappöhr], der; -s,-e: *Soldat, der Sappen aushebt*
Sa-ra-ban-de [Saraboñd], die; -,-n: *Tanzart*
Sar-del-le, die; -,-n: *Fischart*
Sar-di-ne, die; -,-n: *Fischart*
sar-do-nisch: *grimmig, höhnisch, krampfhaft*
Sarg, der; -es, Sär-ge
Sar-kas-mus, der; -, keine Mehrzahl: *beißender, bitterer Hohn*
sar-kas-tisch: *beißend, bitter, höhnisch*
Sar-kom, das; -es,-e: *Geschwulstart*
sar-ko-ma-tös: *das Sarkom betreffend*
Sar-ko-phag, der; -es,-e: *steinerner Sarg*
Sa-rong, der; -/-s,-s: *indonesischer, bunter Rock*
Sas-saf-ras (auch Sas-sa-fras), der; -,-: *ölhaltiges Wurzelholz, Lorbeerbaum*
Sas-se, die; -,-n: *Hasenlager*
Sa-tan, der; -s, keine Mehrzahl: *Teufel*
sa-ta-nisch: *teuflisch*

Sa-tans-bra-ten, der; -s,-: *umgangssprachlich für „niederträchtiger Mensch"*
Sa-tel-lit, der; -en,-en: *Mond, um einen Planeten kreisender kleinerer Körper*
Sa-tel-lit, der; -en,-en: *von einer Großmacht abhängiger Staat*
Sa-tel-li-ten-staat, der; -es,-en: *Satellit*
Sa-tel-li-ten-stadt, die; -, -städ-te: *Trabantenstadt*
Sa-tel-li-ten-über-tra-gung, die; -,-en: *Übertragung von Informationen über einen Nachrichtensatelliten*
Sa-tin [Sateñ], der; -s,-s: *glattes Gewebe*
Sa-ti-re, die; -,-n: *kritische, spöttische Literatur*
Sa-ti-ri-ker, der; -s,-: *Satirenschreiber*
sa-ti-risch: *kritisch, spöttisch*
Sa-tis-fak-ti-on, die; -,-en: *veraltet für „Genugtuung"*
satt: *gesättigt, nicht hungrig*
satt: *kräftig, leuchtend*
Sat-tel, der; -s, Sät-tel: *Pass, etwas flacherer Bergrücken*
Sat-tel, der; -s, Sät-tel: *Sitzvorrichtung zum Reiten*
Sat-tel-dach, das; -es, -dä-cher: *Giebeldach*
sat-tel-fest: *gut im Sattel sitzend*
sat-tel-fest: *beschlagen, bewandert, mit Wissen ausgestattet*
Sat-tel-schlep-per, der; -s,-: *Lastwagenzugmaschine*
sät-ti-gen: *satt machen*
Sät-ti-gung, die; -,-en: *Herstellen einer gesättigten Lösung*
Sät-ti-gung, die; -,-en: *das Sättigen*
Sät-ti-gungs-grad, der; -es,-e: *Maß der Sättigung*
Satt-ler, der; -s,-: *Lederverarbeiter*
satt-sam: *genug, genügend*
Sa-tu-ra-ti-on, die; -,-en: *Sättigung*
sa-tu-rie-ren: *sättigen, neutralisieren*
Sa-tyr, der; -s/-n,-n: *lüsterner Faun, Waldgott*
sa-tyr-haft: *wie ein Satyr*
Satz, der; -es, Sät-ze: *festgelegtes Maß, Preis, Tarif*
Satz, der; -es, Sät-ze: *weiter Sprung*
Satz, der; -es, Sät-ze: *zusammengehörige Gegenstände*
Satz, der; -es, Sät-ze: *Spielabschnitt*
Satz, der; -es, Sät-ze: *Grundsatz, Lehrsatz*
Satz, der; -es, Sät-ze: *Musik: Teil eines Instrumentalstücks*

Satz

Satz, der; -es, Sät-ze: *das Setzen eines Textes*
Satz, der; -es, Sät-ze: *Grammatik: nach grammatischen Regeln zusammengesetzter Ausdruck*
Satz-aus-sa-ge, die; -,-n: *Grammatik: Prädikat*
Satz-er-gän-zung, die; -,-en: *Grammatik: Objekt*
Satz-ge-fü-ge, das; -s,-: *Grammatik: zusammengesetzter Satz*
Satz-ge-gen-stand, der; -es, -stän-de: *Grammatik: Subjekt*
Satz-glied, das; -es,-er: *Grammatik: Satzteil*
Satz-leh-re, die; -,-n: *Grammatik: Syntax*
Satz-teil, der; -es,-e: *Grammatik: Satzglied*
Sat-zung, die; -,-en: *Regel, Ordnung, Vorschrift*
sat-zungs-ge-mäß: *der Satzung entsprechend*
Satz-zei-chen, das; -s,-: *Schriftzeichen zur Untergliederung eines Satzes*
Sau, die; -,-en/ Säue: *weibliches Schwein, weibliches Wildschwein*
Sau, die; -, Säue: *umgangssprachlich für „schmutziger Mensch"*
sau-ber: *rein, reinlich*
sau-ber hal-ten, hielt sauber, sauber gehalten: *reinlich halten*
sau-ber ma-chen: *säubern*
säu-bern: *sauber machen*
Säu-be-rung, die; -,-en: *Entfernung von missliebigen Personen*
Säu-be-rung, die; -,-en: *das Säubern, das Putzen*
Säu-be-rungs-ak-ti-on, die; -,-en: *Maßnahme zur Säuberung*
sau-blöd: *umgangssprachlich für „sehr dumm"*
Sau-boh-ne, die; -,-n: *Puffbohne*
Sau-ce [Sohße], die; -,-n: *Tunke*
Sau-ci-e-re [Sohßjehre], die; -,-n: *Saucenschüssel*
sau-dumm: *umgangssprachlich für „sehr dumm"*
sau-er: *herb, säurehaltig*
sau-er: *böse, verstimmt*
sau-er: *mühselig, schwierig, schwer*
Sau-er-amp-fer, der; -s, keine Mehrzahl: *Pflanze, Unkraut*
Sau-er-bra-ten, der; -s,-: *eingelegter Rinderbraten*
Sau-e-rei, die; -,-en: *umgangssprachlich für „Gemeinheit, schmutzige Angelegenheit"*
Sau-er-kir-sche, die; -,-n: *Kirschenart*
Sau-er-kraut, das; -es, keine Mehrzahl: *gegorenes Weißkraut*
säu-er-lich: *leicht sauer*
säu-ern: *sauer machen*
Sau-er-stoff, der; -s, keine Mehrzahl: *gasförmiges chemisches Element, Zeichen: O*
sau-er-stoff-arm: *arm an Sauerstoff*
sau-er-stoff-reich: *reich an Sauerstoff*
Sau-er-teig, der; -s,-e: *als Treibmittel dienender Teig*
sau-er-töp-fisch: *griesgrämig, grämlich, missmutig*
Sauf-bold, der; -es,-e: *Säufer*
Sauf-bru-der, der; -s, -brü-der: *Säufer*
sau-fen, soff, gesoffen: *trinken (Tier)*
sau-fen, soff, gesoffen: *umgangssprachlich für „gierig, süchtig trinken"*
Säu-fer, der; -s,-: *jemand, der säuft, Alkoholkranker*
Sau-fe-rei, die; -,-en: *Saufgelage*
sau-gen: *staubsaugen*
sau-gen: *lutschen*
sau-gen: *einziehen*
säu-gen: *stillen, nähren*
Sau-ger, der; -s,-: *Kurzwort für „Staubsauger"*
Sau-ger, der; -s,-: *Gummistöpsel, Nuckel*
Säu-ge-tier, das; -s,-e: *lebend gebärende und stillende Lebewesen*
saug-fä-hig: *Flüssigkeit aufnehmend*
Saug-fä-hig-keit, die; -,-en: *Fähigkeit, Flüssigkeit aufzunehmen*
Säug-ling, der; -s,-e: *Baby, Kleinkind*
Säug-lings-gym-nas-tik, die; -, keine Mehrzahl: *auf Säuglinge abgestimmte Bewegungsübungen*
Säug-lings-pfle-ge, die; -, keine Mehrzahl: *Säuglingsbetreuung*
Säug-lings-schwes-ter, die; -,-n: *Kinderkrankenpflegerin*
Säug-lings-sterb-lich-keit, die; -, keine Mehrzahl: *Sterberate bei Säuglingen*
Saug-napf, der; -es, -näp-fe: *Organ zum Festsaugen*
sau-grob: *umgangssprachlich für „sehr unhöflich"*
Saug-rüs-sel, der; -s,-: *Rüssel zum Saugen*
Sau-hau-fen, der; -s,-: *umgangssprachlich für „Gruppe von unangenehmen oder unordentlichen Menschen"*

Schachtel

säu-isch: *umgangssprachlich für „unanständig"*
Sau-käl-te, die; -, keine Mehrzahl: *umgangssprachlich für „große Kälte"*
Sau-kerl, der; -s,-e: *umgangssprachlich für „unangenehmer Mensch"*
Säu-le, die; -,-n: *Stütze, Pfosten*
Säu-le, die; -,-n: *Kolonne*
Säu-len-hei-li-ge, der; -n,-n: *Asket*
Saum, der; -es, Säu-me: *umgenähter Stoffrand, Besatz*
Saum, der; -es, Säu-me: *Rand*
sau-mä-ßig: *umgangssprachlich für „sehr schlecht"*
sau-mä-ßig: *umgangssprachlich für „sehr, ganz besonders"*
säu-men: *umnähen, umranden*
säu-mig: *im Verzug stehend, im Rückstand*
Säum-nis, die; -,-se: *Verzögerung, Verspätung*
Saum-pfad, der; es,-e: *schmaler Pfad*
saum-se-lig: *langsam*
Saum-se-lig-keit, die; -, keine Mehrzahl: *saumseliges Verhalten, saumseliges Wesen*
Saum-tier, das; -es,-e: *Tragtier, Packtier*
Sau-na, die; -,-s/Sau-nen: *Heißluftbad, Schwitzbad*
Säu-re, die; -,-n: *ätzende chemische Verbindung*
säu-re-be-stän-dig: *unempfindlich gegen Säure*
säu-re-fest: *säurebeständig*
säu-re-frei: *ohne Säure*
Sau-re-Gur-ken-Zeit (auch Sau-re-gurken-zeit), die; -, keine Mehrzahl: *nachrichtenarme Urlaubszeit*
Sau-ri-er, der; -s,-: *ausgestorbene, riesige Urweltechse*
säu-seln: *wispern, leise rauschen*
säu-seln: *süßlich-leise reden*
sau-sen: *brausen, wehen, rauschen*
sau-sen: *umgangssprachlich für „rasen, schnell fahren"*
Sau-ser, der; -s,-: *feuchtfröhlicher Abend, Zechtour*
Sau-ser, der; -s,-: *gärender Most*
Sa-van-ne, die; -,-n: *Grassteppe mit geringem Baumbewuchs*
Sa-xif-ra-ga (auch Sa-xi-fra-ga), die; -, Sa-xif-ra-gen (auch Sa-xi-fra-gen): *Steinbrech*
Sa-xo-fon (auch Sa-xo-phon), das; -s,-e: *Blasinstrument*

Sa-xo-fo-nist (auch Sa-xo-pho-nist), der; -en,-en: *Saxophonspieler*
S-Bahn, die; -,-en: *Schnellbahn*
Scam-pi, die; keine Einzahl: *Krebsart*
Scha-be, die; -,-n: *Insektenart, Kakerlake*
Scha-be, die; -,-n: *Schabemesser, Reibe*
Scha-be-fleisch, das; -es, keine Mehrzahl: *rohes Rinderhackfleisch*
scha-ben: *reiben, kratzen*
Scha-ber, der; -s,-: *Schabmesser*
Scha-ber, der; -s,-: *Gerät zum Freikratzen von vereisten Windschutzscheiben*
Scha-ber-nack, der; -s,-e: *übermütiger Streich, Ulk*
schä-big: *dürftig, geizig, ärmlich, armselig, unansehnlich*
schä-big: *abgeschabt, abgetragen, ungepflegt*
Schä-big-keit, die; -, keine Mehrzahl: *schäbige Beschaffenheit*
Schä-big-keit, die; -,-en: *schäbiges Verhalten*
Schab-lo-ne (auch Scha-blo-ne), die; -,-n: *Vorlage, Muster, Form*
schab-lo-nen-haft (auch scha-blo-nenhaft): *wie nach einer Schablone, immer gleich*
Schab-mes-ser, das; -s;-: *Schaber*
Schab-ra-cke (auch Scha-bra-cke), die; -, -en: *verzierte Satteldecke*
Schach, das; -s, keine Mehrzahl: *Brettspiel; auch: Bedrohung des Königs beim Schach*
Schach-brett, das; -es,-er: *Spielfeld beim Schachspiel*
Scha-cher, der; -s, keine Mehrzahl: *Feilschen, Handel*
Schä-cher, der, -s,-: *Räuber, Mörder*
scha-chern: *handeln, feilschen*
Schach-fi-gur, die; -,-en: *Spielfigur beim Schachspiel*
schach-matt: *matt gesetzt, besiegt*
schach-matt: *erschöpft*
Schach-meis-ter, der; -s,-: *Meister des Schachspiels*
Schach-par-tie, die; -,-n: *Schachspiel*
Schach-spiel, das; -es,-e: *Brettspiel, Schach; auch: Schachpartie*
Schach-spie-ler, der; -s,-: *jemand, der Schach spielt*
Schacht, der; -es, Schäch-te: *senkrechtes Loch, Grube, Bergwerksgang*
Schach-tel, die; -,-n: *dünnwandiger Behälter*

Schäch-tel-chen, das; -s,-: *kleine Schachtel*
Schach-tel-halm, der; -es, keine Mehrzahl: *Pflanzenart*
schach-teln: *ineinander stecken, ineinander fügen*
schach-ten: *graben, einen Schacht ausheben*
schäch-ten: *Tier nach jüdischem Ritus schlachten*
Schach-tur-nier, das; -es,-e: *Schachwettkampf*
Schach-zug, der; -es, -zü-ge: *Zug im Schachspiel; auch: geschickte Maßnahme*
scha-de: *bedauerlich*
Scha-de, der; -ns, Schä-den: *veraltet für „Schaden"*
Schä-del, der; -s,-: *die das Gehirn umschließenden Knochen*
Schä-del-ba-sis-bruch, der; -es, -brü-che: *Schädelbruch*
Schä-del-bruch, der; -es, -brü-che: *Bruch des Schädelknochens*
Schä-del-de-cke, die; -,-n: *oberer Schädelknochen*
scha-den: *Schaden zufügen, schädigen, nachteilig sein*
Scha-den, der; -s, Schä-den: *Beschädigung, Zerstörung, Verlust, Nachteil*
Scha-den, der; -s, Schä-den: *Verletzung, Versehrung, Gebrechen*
Scha-den-freu-de, die; -, keine Mehrzahl: *Freude über das Missgeschick anderer*
Scha-dens-er-satz, der; -es, keine Mehrzahl: *Ersatz des Schadens*
Scha-dens-er-satz-an-spruch, der; -es, -sprü-che: *Anspruch auf Schadensersatz*
scha-dens-er-satz-pflich-tig: *zum Schadensersatz verpflichtet*
schad-haft: *beschädigt, defekt*
Schad-haf-tig-keit, die; -, keine Mehrzahl: *schadhafte Beschaffenheit*
schä-di-gen: *Schaden zufügen*
Schä-di-gung, die; -,-en: *Zufügen oder Erleiden von Schaden*
schäd-lich: *nachteilig, gefährlich, nicht bekömmlich*
Schäd-lich-keit, die; -, keine Mehrzahl: *schädliche Beschaffenheit*
Schäd-ling, der; -s,-e: *Schaden verursachendes Tier*
Schäd-lings-be-kämp-fung, die; -, keine Mehrzahl: *Bekämpfung von Schädlingen*

Schäd-lings-be-kämp-fungs-mit-tel, das; -s,-: *Mittel zur Bekämpfung von Schädlingen*
Schad-stoff, der; -es,-e: *gesundheitsschädigender Stoff*
Schad-stoff-aus-stoß, der, -es, keine Mehrzahl: *Abgabe von Schadstoffen an die Umwelt*
Schaf, das; -es,-e: *Horntierart*
Schäf-chen, das; -s,-: *kleines Schaf*
Schäf-chen-wol-ke, die; -,-n: *kleine Haufenwolke*
Schä-fer, der; -s,-: *Schafhirt*
Schä-fer-hund, der; -es,-e: *Hundeart*
Schä-fer-stünd-chen, das; -s,-: *Liebesstunde, verliebtes Beisammensein*
Schaff, das; -s,-e: *Bottich, Zuber, Fass*
Schaf-fell, das; -es,-e: *Fell des Schafes*
schaf-fen: *bezwingen, bewältigen, fertigbringen*
schaf-fen: *wegbringen, herbringen*
schaf-fen, schuf, geschaffen: *erschaffen, hervorbringen*
schaf-fen: *umgangssprachlich für „arbeiten"*
schaf-fen: *umgangssprachlich für „jemanden fertigmachen, jemandem auf die Nerven gehen"*
Schaf-fens-drang, der; -es, keine Mehrzahl: *Kreativität, Arbeitslust*
schaf-fens-freu-dig: *voller Schaffensfreude*
Schaf-fens-kraft, die; -, keine Mehrzahl: *Tatkraft*
Schaf-fer, der; -s,-: *jemand, der schwer arbeitet*
Schaf-fe-rei, die; -,-en: *andauerndes schweres Arbeiten*
Schaff-ner, der; -s,-: *Fahrkartenkontrolleur, Zugführer*
Schaf-fung, die; -, keine Mehrzahl: *das Schaffen*
Schaf-gar-be, die; -, keine Mehrzahl: *Pflanzenart*
Schaf-her-de, die; -,-n
Schaf-hirt, der; -en,-en: *Schäfer*
Schaf-kä-se, Schafs-kä-se, der; -s,-: *Käse aus Schafsmilch*
Schaf-kopf, Schafs-kopf, der; -es, -köp-fe: *umgangssprachlich für „Dummkopf"*
Schaf-kopf, Schafs-kopf, der; -es, -köp-fe: *Kopf eines Schafes*
Schaf-kopf, Schafs-kopf, der; -es, keine Mehrzahl: *Kartenspiel*

Schamlosigkeit

Schaf-milch, Schafs-milch, die; -, keine Mehrzahl: *Milch von Schafen*
Scha-fott, das; -s,-e: *Hinrichtungsgerüst*
Schaf-pelz, Schafs-pelz, der; -es,-e: *in der Wendung: der Wolf im Schafspelz, ein als Biedermann verkleideter Schurke*
Schaf-stall, der; -es, -stäl-le: *Stall für Schafe*
Schaft, der; -es, Schäf-te: *hinterer Teil von Schusswaffen*
Schaft, der; -es, Schäf-te: *Stiefeloberteil*
Schaft, der; -es, Schäf-te: *Griff, langer, gerader Mittelteil*
schäf-ten: *mit einem Schaft versehen*
Schaft-stie-fel, der; -s,-: *Stiefel mit hohem Schaft*
Schaf-wol-le, die; -, keine Mehrzahl: *Wolle von Schafen*
Schaf-zucht, die; -,-en: *Zucht von Schafen*
Scha-kal, der; -s,-e: *Raubtier*
Schä-kel, der; -s,-: *Ring zum Verbinden von Kettengliedern*
Schä-ke-rei, die; -,-en: *anhaltendes Schäkern*
schä-kern: *scherzen, necken, flirten*
schal: *fad, abgestanden*
Schal, der; -s,-s: *Halstuch*
Scha-le, die; -,-n: *Hülle, Rinde*
Scha-le, die; -,-n: *Schüssel, flache Tasse*
schä-len: *Schale entfernen*
Scha-len-frucht, die; -, -früch-te: *Schalenobst*
Scha-len-tier, das; -es,-e: *Tier, das mit einer Schale geschützt ist*
Schal-heit, die; -, keine Mehrzahl: *schale Beschaffenheit*
Schalk, der; -es, keine Mehrzahl: *Schelm*
schalk-haft: *schelmisch, verschmitzt*
Schall, der; -s, keine Mehrzahl: *hörbare Schwingung, Geräusch, Ton, Klang, Laut*
Schall-däm-fer, der; -s,-: *Auspufftopf*
Schall-däm-fer, der; -s,-: *Gerät, das den Explosionsgeräusch bei Feuerwaffen dämpft*
schall-dicht: *undurchlässig für Schall*
schal-len: *Schall erzeugen, tönen, klingen*
Schall-mau-er, die; -, keine Mehrzahl: *starke Zunahme des Luftwiderstands beim Erreichen der Schallgeschwindigkeit*
Schall-plat-te, die; -,-n: *Tonträger aus Vinyl*
Schall-wel-le, die; -,-n: *Schwingung der Luft*

Schal-mei, die; -,-en: *Blasinstrument*
Scha-lot-te, die; -,-n: *Zwiebelart*
Schalt-bild, das; -es,-er: *Schaltplan*
schal-ten: *begreifen, verstehen*
schal-ten: *einen anderen Gang einlegen*
schal-ten: *wirtschaften, hantieren*
schal-ten: *einen Schalter betätigen*
schal-ten: *eine elektrische Verbindung herstellen*
Schal-ter, der; -s,-: *Tresen, Post- oder Bankschalter*
Schal-ter, der; -s,-: *Gerät zum Schließen oder Öffnen eines Stromkreises*
Schal-ter-be-am-te, der; -n,-n: *Beamter, der hinter einem Kundenschalter sitzt*
Schal-ter-hal-le, die; -,-n: *Raum mit Kundenschaltern*
Schalt-ge-trie-be, das; -s,-: *Gangschaltung*
Schalt-jahr, das; -es,-e: *Jahr mit 366 Tagen, Gemeinjahr*
Schalt-plan, der; -es, -plä-ne: *Schaltbild*
Schalt-tag, der; -es,-e: *29. Februar*
Schalt-uhr, die; -,-en: *Uhr, die automatisch Schalter betätigt*
Scha-lup-pe, die; -,-n: *Beiboot, Küstenfahrzeug*
Scham, die; -, keine Mehrzahl: *Scheu, Verlegenheit*
Scham, die; -, keine Mehrzahl: *Geschlechtsteile des Menschen*
Scham-bein, das; -es,-e: *Teil des Hüftknochens*
Scham-berg, der; -es,-e: *Schamhügel*
schä-men, sich: *Scham empfinden*
Scham-ge-fühl, das; -es,-e: *Scham*
Scham-ge-gend, die; -, keine Mehrzahl: *Körperteil mit Geschlechtsteilen*
Scham-haar, das; -es,-e: *Behaarung der Geschlechtsteile*
scham-haft: *zimperlich, verschämt*
Scham-haf-tig-keit, die; -, keine Mehrzahl: *schamhaftes Wesen*
Scham-hü-gel, der; -s,-: *Schamberg*
Scham-lip-pe, die; -,-n: *Teil der sekundären weiblichen Geschlechtsmerkmale*
scham-los: *schändlich, unverschämt, gemein*
scham-los: *ohne Schamgefühl, unanständig*
Scham-lo-sig-keit, die; -, keine Mehrzahl: *schamloses Wesen*
Scham-lo-sig-keit, die; -,-en: *schamloses Verhalten*

Schamott

Scha-mott, der; -es, keine Mehrzahl: umgangssprachlich für „Kram, Zeug, wertlose Dinge"
Scha-mot-te, die; -, keine Mehrzahl: feuerfester Ton
scha-mot-te-rot: rot wie Schamotte
Scha-mot-te-zie-gel, der; -s,-: Schamottestein
scha-mot-tie-ren: mit Schamotteziegeln auskleiden
scham-po-nie-ren: schampunieren
scham-pu-nie-ren: mit Shampoo waschen
Scham-pus, der; -, keine Mehrzahl: umgangssprachlich für „Schaumwein"
Schan-de, die; -, keine Mehrzahl: Makel, Schmach, Unehre
schän-den: entweihen
schän-den: vergewaltigen
Schand-fleck, der; -s,-e: unehrenhafte Tat
Schand-fleck, der; -s,-e: ehrloser Mensch, Taugenichts
Schand-fleck, der; -s,-e: hässlicher Fleck
schänd-lich: schmählich, ehrlos, niederträchtig, gemein
Schänd-lich-keit, die; -,-en: schändliches Verhalten
Schand-maul, das; -es, -mäu-ler: umgangssprachlich für „lästerliches Mundwerk"
Schand-maul, das; -es, -mäu-ler: umgangssprachlich für „jemand, der lästerlich über andere spricht"
Schand-pfahl, der; -es, -pfäh-le: Pranger
Schän-dung, die; -,-en: das Schänden; auch: das Geschändetsein
Schän-ke (auch Schen-ke), die; -,-n: veraltet für „Kneipe"
Schan-ker, der; -s, keine Mehrzahl: Geschwür bei Geschlechtskrankheiten
Schank-er-laub-nis, die; -,-se: Schankkonzession
Schank-kon-zes-si-on, die; -,-en: Schankerlaubnis
Schank-tisch, der; -es,-e: Tresen
Schan-ze, die; -,-n: Erdwall, Befestigungsanlage
Schan-ze, die; -,-n: Sprungschanze
schan-zen: Erdwall aufschütten, Verteidigungsanlage bauen
Schanz-werk, das; -es,-e: Verteidigungsanlage
Schar, die; -,-en: Menge, Gruppe

Schar, die; -,-en: Pflugschar
Scha-ra-de, die; -,-n: Worträtsel
Schä-re, die; -,-n: Insel
scha-ren: zusammenrotten, zusammendrängen, gruppieren
scha-ren-wei-se: in Scharen
scharf: deutlich, genau eingestellt
scharf: heftig, hitzig, wütend
scharf: kalt, eisig
scharf: kräftig gewürzt; beißend, ätzend
scharf: klar, klug
scharf: rücksichtslos, schonungslos
scharf: geschliffen, schneidend
scharf: streng, abweisend, zurückweisend
scharf: hochprozentig
scharf: derb umgangssprachlich für „geschlechtlich erregt"
scharf: umgangssprachlich für „interessiert"
Scharf-blick, der; -s, keine Mehrzahl: Scharfsinn, Klugheit
Schär-fe, die; -,-n: scharfe Einstellung, scharfer Umriss
Schär-fe, die; -,-n: Genauigkeit, Klarheit
Schär-fe, die; -,-n: Würze
Schär-fe, die; -,-n: Strenge, Schonungslosigkeit, Härte
Scharf-ein-stel-lung, die; -,-en: scharfe Einstellung; auch: Vorrichtung zum Scharfeinstellen
schär-fen: scharf machen, schleifen
Schär-fen-tie-fe, die; -, keine Mehrzahl: Tiefenschärfe
scharf-kan-tig: mit scharfen Kanten versehen
scharf-ma-chen: reizen
Scharf-ma-cher, der; -s,-: Hetzer, Aufwiegler
Scharf-rich-ter, der; -s,-: Henker
scharf-schie-ßen, schoss scharf, scharfgeschossen: mit scharfer Munition schießen
Scharf-schüt-ze, der; -n,-n: jemand, der genau schießt
Scharf-sinn, der; -es, keine Mehrzahl: Klugheit, Scharfblick
scharf-sin-nig: klug
Schär-fung, die; -,-en: das Schärfen
scharf-zeich-nend: genau abbildend
Schar-lach, der; -s, keine Mehrzahl: Infektionskrankheit
Schar-lach, der; -s, keine Mehrzahl: rote Farbe
schar-lach-rot: sehr rot

Schaulust

Schar-la-tan, der; -s,-e: *Schwindler, Betrüger, Aufschneider*
Schar-müt-zel, das; -s,-: *kleines Gefecht*
Schar-nier, das; -s,-e: *Drehgelenk*
Schar-nier-band, das; -es, -bän-der: *Klavierband, Drehgelenk*
Schär-pe, die; -,-n: *Ordensband*
schar-ren: *kratzen*
Schar-te, die; -,-n: *Kerbe, Kratzer, Einschnitt*
Schar-te, die; -,-n: *Fehler, Misserfolg*
Schar-te-ke, die; -,-n: *dicker Wälzer, altes Buch*
schar-tig: *mit Scharten versehen*
schar-wen-zeln: *liebedienern, diensteifrig erscheinen*
Schasch-lik, das; -s, keine Mehrzahl: *am Spieß gebratenes Fleisch*
schas-sen: *schimpflich entlassen*
schas-sie-ren: *an einer Linie entlangtanzen*
Schat-ten, der; -s,-: *unbeleuchtete Stelle, Dunkel*
Schat-ten, der; -s,-: *Vorahnung, Vorzeichen*
Schat-ten-da-sein, das; -s, keine Mehrzahl: *armseliges Dasein, verborgenes, unbeachtetes Dasein*
schat-ten-haft: *ungenau, undeutlich*
Schat-ten-ka-bi-nett, das; -s,-e: *oppositionelles Gegenkabinett*
Schat-ten-reich, das; -es, keine Mehrzahl: *Hades, Totenreich*
Schat-ten-riss, der; -es,-e: *Scherenschnitt, Silhouette*
Schat-ten-sei-te, die; -,-n: *Nachteil*
schat-tie-ren: *abtönen, abstufen*
Schat-tie-rung, die; -,-en: *Abstufung*
schat-tig: *im Schatten gelegen, mit viel Schatten*
Scha-tul-le, -,-n: *Schmuckkästchen*
Schatz, der; -es, Schät-ze: *Kostbarkeiten*
Schatz, der; -es, Schät-ze: *umgangssprachlich für „Liebster, Liebste"*
Schatz-an-wei-sung, die; -,-en: *Wertpapier*
Schätz-chen, das; -s,-: *Kosewort*
schät-zen: *verehren, achten*
schät-zen: *annehmen, vermuten*
schät-zen: *taxieren*
Schatz-grä-ber, der; -s,-: *jemand, der nach einem Schatz sucht, Glücksritter*
Schatz-kam-mer, die; -,-n: *Raum für einen Schatz*
Schatz-käst-chen, das; -s,-: *Kästchen für Schmuck*
Schatz-meis-ter, der; -s,-: *Kassenverwalter*
Schätz-preis, der; -es,-e: *geschätzter Preis*
Schatz-su-cher, der; -s,-: *jemand, der einen Schatz sucht*
Schät-zung, die; -,-en: *das Schätzen*
Schät-zung, die; -,-en: *Achtung, Respekt*
schät-zungs-wei-se: *ungefähr, geschätzt*
Schätz-wert, der; -es,-e: *geschätzter Wert*
Schau, die; -,-en: *Messe, Ausstellung, Vorführung*
Schau, die; -,-en: *Revue, Show*
Schau, die; -,-en: *Überblick, Betrachtung*
Schau-bild, das; -es,-er: *Diagramm*
Schau-bu-de, die; -,-n: *Jahrmarktsbude*
Schau-büh-ne, die; -,-n: *Theater*
Schau-der, der; -s,-: *Entsetzen, Grauen, Erbeben*
schau-der-haft: *sehr schlecht*
schau-der-haft: *fürchterlich, entsetzlich*
schau-dern: *erbeben, zurückweichen*
schau-en: *blicken, betrachten, sehen*
Schau-er, der; -s,-: *Frösteln, Zittern; Schauder*
Schau-er, der; -s,-: *Guss, kurzer, heftiger Niederschlag*
schau-er-lich: *schrecklich*
Schau-er-mann, der; -es, -leu-te: *Hafenarbeiter*
schau-ern: *zittern*
Schau-er-ro-man, der; -es,-e: *Gruselroman*
Schau-fel, die; -,-n: *Gerät zum Schaufeln, Schippe*
Schau-fel, die; -,-n: *Turbinenblatt, Mühlblatt*
schau-feln: *schippen*
Schau-fel-rad, das; -es, -rä-der: *großes Antriebsrad*
Schau-fens-ter, das; -s,-: *Ausstellungsfenster*
Schau-kas-ten, der; -s,-käs-ten: *Vitrine*
Schau-kel, die; -,-n: *Wippe*
schau-keln: *wippen, sich wiegen, schwanken*
Schau-kel-pferd, das; -es,-e: *Kinderspielzeug*
Schau-kel-stuhl, der; -es, -stüh-le: *Stuhl zum Schaukeln*
Schau-lust, die; -, keine Mehrzahl: *Freude am Zuschauen*

schaulustig

schau-lus-tig: *neugierig, gern zuschauend*
Schaum, *der; -es, keine Mehrzahl: Gischt, Geifer, aufgeschäumte Masse*
Schaum-bad, *das; -es, -bä-der*
schaum-be-deckt: *mit Schaum bedeckt*
schäu-men: *Schaum bilden*
schäu-men: *wütend sein*
schaum-ge-bremst: *wenig Schaum entwickelnd*
Schaum-gum-mi, *der; -s,-s: poröser Schaumstoff*
Schaum-kro-ne, *die; -,-n: Schaum auf einer Welle*
Schaum-löf-fel, *der; -s,-: Löffel zum Abschöpfen von Schaum*
Schaum-lö-scher, *der; -s,-: Feuerlöscher, der mit Schaum arbeitet*
Schaum-schlä-ger, *der; -s,-: jemand, der viel prahlt*
Schaum-schlä-ger, *der; -s,-: Schneebesen*
Schaum-stoff, *der; -es,-e: poröser Kunststoff*
Schaum-wein, *der; -es,-e: Sekt*
Schau-platz, *der; -es, -plät-ze: Ort der Handlung*
Schau-pro-zess, *der; -es,-e: politisches, propagandistisch ausgelegtes Gerichtsverfahren*
schau-rig: *schauerlich*
Schau-spiel, *das; -es,-e: Theaterstück*
Schauspiel, *das; -es,-e: Geschehen, Handlung, Vorgang, Szene*
Schau-spie-ler, *der; -s,-: Darsteller*
schau-spie-le-risch: *das Schauspielen betreffend*
schau-spie-lern: *darstellen*
schau-spie-lern: *etwas vortäuschen, simulieren*
Schau-spiel-haus, *das; -es, -häu-ser: Theater*
Schau-stel-ler, *der; -s,-: Jahrmarktsbudenbesitzer*
Schau-tur-nen, *das; -s,-: Vorturnen*
Scheck, *der; -s,-s: Geldanweisung*
Scheck-be-trug, *der; -es, keine Mehrzahl*
Scheck-buch, *das; -es, -bü-cher: Scheckheft*
Sche-cke, *der; -n,-n: Pferd mit geflecktem Fell*
sche-ckig: *gefleckt*
scheel: *schief, neidisch, missgünstig*
scheel-äu-gig: *scheel blickend, schielend*

Schef-fel, *der; -s,-: altes Hohlmaß*
schef-feln: *schöpfen, horten, einnehmen*
scheib-chen-wei-se: *in Scheiben*
Schei-be, *die; -,-n: Schallplatte*
Schei-be, *die; -,-n: Töpferscheibe*
Schei-be, *die; -,-n: Zielscheibe*
Schei-be, *die; -,-n: Platte, Fensterglas*
Schei-be, *die; -,-n: Stück, Brotscheibe, Schnitte*
Schei-ben-brem-se, *die; -,-n: Bremsenart*
Schei-ben-kleis-ter, *der; -s,-: verdeckend für „Scheiße"*
Schei-ben-kleis-ter, *der; -s,-: Fensterkitt*
Schei-ben-schie-ßen, *das; -s, keine Mehrzahl: Wettschießen*
Schei-ben-wi-scher, *der; -s,-*
Scheich, *der; -s,-s: arabischer Fürst*
Scheich-tum, *das; -s, -tü-mer: Herrschaftsbereich eines Scheichs*
Schei-de, *die; -,-n: Grenze, Scheitellinie*
Schei-de, *die; -,-n: Futteral*
Schei-de, *die; -,-n: Teil des weiblichen Geschlechtsorgans*
Schei-de-mün-ze, *die; -,-n: Münze mit höherem Geld- als Materialwert*
schei-den, *schied, geschieden: auseinander gehen, Abschied nehmen*
schei-den, *schied, geschieden: voneinander trennen, lösen, teilen*
Schei-de-wand, *die; -, -wän-de: Trennwand*
Schei-de-was-ser, *das; -s, keine Mehrzahl: Salpetersäure*
Schei-de-weg, *der; -es,-e: Kreuzung, Punkt, an dem eine Entscheidung getroffen werden muss*
Schei-dung, *die; -,-en: Trennung, gerichtliche Eheauflösung*
Schei-dungs-grund, *der; -es, -gründe: Grund für eine Ehetrennung*
Schei-dungs-kla-ge, *die; -,-n: Klage auf Scheidung*
Schein, *der; -es,-e: schriftliche Bestätigung, Teilnahmebescheinigung*
Schein, *der; -es,-e: Banknote*
Schein, *der; -s, keine Mehrzahl: äußere Erscheinung, Trug*
Schein, *der; -s, keine Mehrzahl: Schimmer, Lichtschein*
Schein-an-griff, *der; -es,-e: Täuschungsangriff*
schein-bar: *nicht wirklich, vermeintlich, nur dem Schein nach*

Scherbengericht

Schein-e-he, die; -,-n: *vorgetäuschte Ehe*
schei-nen, schien, geschienen: *den Anschein haben*
schei-nen, schien, geschienen: *leuchten, Helligkeit verbreiten*
schein-hei-lig: *heuchlerisch*
Schein-hei-lig-keit, die; -, keine Mehrzahl: *scheinheiliges Wesen, scheinheiliges Verhalten*
schein-tot: *im Zustand des Scheintodes*
Schein-wer-fer, der; -s,-: *Autolampe, Leuchte*
Scheiß-dreck, der; -s, keine Mehrzahl: *umgangssprachlich für „Kot"*
Scheiß-dreck, der; -s, keine Mehrzahl: *umgangssprachlich für „unangenehme Angelegenheit, Schmutz"*
Schei-ße, die; -, keine Mehrzahl: *umgangssprachlich für „Unsinn, schlechte, unangenehme Situation"*
Schei-ße, die; -, keine Mehrzahl: *umgangssprachlich für „Kot"*
schei-ßen: *umgangssprachlich für „den Darm entleeren"*
Schei-ßer, der; -s,-: *umgangssprachlich für „kleines Kind"*
Schei-ße-rei, die; -, keine Mehrzahl: *umgangssprachlich für „anhaltendes Scheißen, Durchfall"*
scheiß-freund-lich: *umgangssprachlich für „unangenehm freundlich"*
Scheiß-haus, das; -es, -häu-ser: *umgangssprachlich für „Abort"*
Scheiß-kerl, der; -s,-e: *umgangssprachlich für „unangenehmer Mensch"*
Scheit, das; -s,-e: *Holzstück*
Schei-tel, der; -s,-: *Treffpunkt zweier Geraden im Dreieck*
Schei-tel, der; -s,-: *höchster Punkt, Spitze*
Schei-tel, der; -s,-: *oberster Teil des Kopfes*
schei-teln: *einen Scheitel ziehen*
Schei-tel-punkt, der; -es,-e: *höchster Punkt*
Schei-ter-hau-fen, der; -s,-: *Holzstoß, auf dem Menschen verbrannt wurden*
schei-tern: *Misserfolg haben, misslingen*
schei-tern: *Schiffbruch erleiden, auf Grund laufen*
Schelf, das; -es,-e: *Festlandssockel*
schel-fen: *schelfern, abschuppen, schälen*
Schel-lack, der; -s,-e: *harziger Rohstoff für Lacke*
Schel-le, die; -,-n: *Klingel*
schel-len: *klingeln, läuten*
Schell-fisch, der; -es,-e: *Fischart*
Schell-kraut, das; -es, keine Mehrzahl: *Unkraut*
Schelm, der; -es,-e: *Schalk*
Schel-men-ro-man, der; -es,-e: *Romanform*
Schel-men-streich, der; -es,-e: *Jux, Schabernack, Streich*
Schel-men-stück, das; -es,-e: *Schelmenstreich*
schel-misch: *schalkhaft*
Schel-te, die; -, keine Mehrzahl: *Vorwurf, Tadel*
schel-ten: *schimpfen, tadeln*
Sche-ma, das; -s, Sche-ma-ta: *Muster, Übersicht, Ordnung, Norm, Vorbild, festgelegte Verfahrensweise*
sche-ma-tisch: *einem Schema folgend, gleichförmig*
sche-ma-ti-sie-ren: *in ein Schema bringen*
Sche-mel, der; -s,-: *Hocker*
Sche-men, der; -s,-: *Schatten, Trugbild*
sche-men-haft: *undeutlich, ungenau, verschwommen*
Schen-ke (auch **Schän-ke**), die; -,-n: *veraltet für „Kneipe"*
Schen-kel, der; -s,-: *Werkzeugteile, die mit einem Gelenk verbunden sind*
Schen-kel, der; -s,-: *die Geraden, die sich in einem Winkel treffen*
Schen-kel, der; -s,-: *Teil des Beins*
schen-ken: *etwas zum Geschenk machen*
Schen-ker, der; -s,-: *jemand, der etwas schenkt*
Schen-kung, die; -,-en: *das Geschenkte, das Schenken*
Schen-kungs-steuer, die; -,-n: *Steuer auf etwas Geschenktes*
Schen-kungs-ur-kun-de, die; -,-n: *Urkunde über eine Schenkung*
schepp: *regional für „schief"*
schep-pern: *klappern*
scheps: *regional für „schief"*
Scher-be, die; -,-n: *Glas- oder Keramikbruchstück*
Scher-be, die; -,-n: *Tontopf, Blumentopf*
Scher-ben, der; -s,-: *gebranntes Tonteil ohne Glasur*
Scher-ben-ge-richt, das; -es,-e: *Volksgericht in der Antike*

Schere

Sche-re, die; -,-n: *Schneidegerät*
sche-ren, schor, geschoren: *kurz schneiden, schneiden*
sche-ren, sich: *sich kümmern*
sche-ren, sich: *weggehen*
Sche-ren-schlei-fer, der; -s,-: *jemand, der Messer und Scheren schärft*
Sche-ren-schnitt, der; -es,-e: *Silhouette*
Sche-re-rei, die; -,-en: *Mühsal, Unannehmlichkeit*
Scherf-lein, der; -s,-: *kleiner Betrag, kleine Spende*
Scher-ge, der; -n,-n: *Gerichtsdiener, Büttel; Verräter; Henker*
Scher-kopf, der; -es, -köp-fe: *Kopf eines Rasierapparates*
Scher-maus, die; -, -mäu-se: *Wühlmaus*
Scherz, der; -es,-e: *Spaß, Jux, Neckerei, Witz*
scher-zen: *Spaß machen*
Scherz-fra-ge, die; -,-n: *nicht ernst gemeinte Frage*
scherz-haft: *spaßig, im Spaß, nicht ernst*
Scher-zo [Skerzo], das; -s, Scher-zi: *heiteres Musikstück*
scheu: *zurückhaltend, ängstlich, schüchtern*
Scheu, die; -, keine Mehrzahl: *Furcht, Zurückhaltung, Schüchternheit*
scheu-chen: *jagen, treiben*
scheu-en: *zurückweichen, meiden, ürchten*
scheu-en: *aufbäumen, wild werden*
Scheu-er, die; -,-n: *Scheune*
Scheu-er-leis-te, die; -,-n: *Fußleiste*
scheu-ern: *schrubben, reiben*
Scheu-klap-pen, die; -, keine Einzahl: *Augenklappen*
Scheu-sal, das; -s,-e: *Ungeheuer, scheußlicher Mensch*
scheuß-lich: *abstoßend, ekelhaft*
Scheuß-lich-keit, die; -,-en: *scheußliche Sache*
Schi, der; -s,-er: *Ski*
Schicht, die; -,-en: *Bevölkerungsschicht, Klasse*
Schicht, die; -,-en: *Lage*
Schicht, die; -,-en: *Gesamtheit der Arbeiter einer Schicht*
Schicht, die; -,-en: *Arbeitszeit*
Schicht, die; -,-en: *Überzug*
schich-ten: *übereinander legen, stapeln*
Schich-tung, die; -,en: *Aufbau in Schichten*
Schicht-wech-sel, der; -s,-: *Wechsel von Arbeitsschichten*
schicht-wei-se: *in Schichten*
schick (auch chic): *elegant, flott*
Schick (auch Chic), der; -s, keine Mehrzahl: *modische Eleganz*
schi-cken: *senden*
schi-cken, sich: *sich geziemen, sich gehören*
Schi-cke-ria, die; -, keine Mehrzahl: *in der Mode tonangebende Gesellschaftsschicht*
schick-lich: *passend, geziemend*
Schick-sal, das; -s,-e: *Vorbestimmtes, Geschick, Los*
Schick-sal, das; -s,-e: *Lebenslauf*
schick-sal-haft: *vom Schicksal bestimmt*
schick-sal-haft: *das Schicksal bestimmend*
Schick-sals-schlag, der; -es, -schlä-ge: *Unglück, trauriges Ereignis*
Schick-se, die; -,-n: *umgangssprachlich für „leichtlebige, dumme Frau"*
Schi-ckung, die; -,-en: *Schicksal, Fügung*
Schie-be-dach, das; -es, -dä-cher: *aufschiebbares Verdeck*
Schie-be-fens-ter, das; -s,-: *aufschiebbares Fenster*
schie-ben, schob, geschoben: *drücken, durch Drücken bewegen*
schie-ben, schob, geschoben: *unsaubere Geschäfte tätigen*
Schie-ber, der; -s,-: *jemand, der unsaubere Geschäfte tätigt*
Schie-ber, der; -s,-: *Riegel*
Schie-be-tür, die; -,-en: *aufschiebbare Tür*
Schieb-leh-re, die; -,-n: *Messgerät*
Schie-bung, die; -,-en: *Betrug, Schwindel*
schiech: *bayrisch, österr. für „hässlich, missgestaltet, unansehnlich"*
Schieds-ge-richt, das; -es,-e: *Schlichtungsgremium*
Schieds-rich-ter, der; -s,-: *Unparteiischer*
Schieds-spruch, der; -es, -sprü-che: *Entscheidung eines Schiedsgerichtes*
schief: *geneigt, krumm, schräg*
schief: *verdächtig, zweideutig*
Schie-fer, der; -s,-: *Gesteinsart*
Schie-fer, der; -s,-: *Dachschiefer*
Schie-fer, der; -s,-: *Splitter*
Schie-fer-bruch, der; -es, -brü-che: *Steinbruch, in dem Schiefer abgebaut wird*

Schie-fer-dach, das; -es, -dä-cher: *mit Schiefer gedecktes Dach*
schie-fer-grau: *grau wie Schiefer*
Schie-fer-ta-fel, die; -,-n: *Schreibtafel aus Schiefer*
schief ge-hen, ging schief, schief gegangen: *scheitern, misslingen*
schief-la-chen, sich: *umgangssprachlich für „sehr lachen"*
schief lie-gen, lag schief, schief gelegen: *sich irren*
schief-win-ke-lig: *keinen rechten Winkel habend*
schie-len: *missgünstig blicken, scheel blicken*
schie-len: *mit von der Sehachse abweichendem Auge blicken*
Schien-bein, das; -es,-e: *Unterschenkelknochen*
Schie-ne, die; -,-n: *Profilstab, der als Fahrbahn dient*
schie-nen: *mit Schienen stützen*
Schie-nen-fahr-zeug, das; -es,-e: *Fahrzeug, das auf Schienen läuft*
Schie-nen-netz, das; -es,-e: *Verkehrsnetz der Eisenbahn*
Schie-nen-strang, der; -es, -strän-ge: *Schienenweg*
Schie-nen-weg, der; -es,-e: *Schienenstrang*
schier: *fast, beinahe*
schier: *rein, lauter, pur, unverfälscht*
Schier-ling, der; -s,-e: *Giftpflanze*
Schier-lings-be-cher, der; -s,-: *Giftbecher; übertragen auch: bitteres Los, harte Aufgabe*
Schieß-be-fehl, der; -es,-e: *Befehl zum Schießen*
Schieß-bu-de, die; -,-n: *Schießstand*
Schieß-bu-den-fi-gur, die; -,-en: *Figur, auf die geschossen wird*
Schieß-bu-den-fi-gur, die; -,-en: *umgangssprachlich für „lächerlicher Mensch"*
schie-ßen, schoss, geschossen: *feuern, ein Geschoss abfeuern*
schie-ßen, schoss, geschossen: *schnell wachsen*
schie-ßen, schoss, geschossen: *umgangssprachlich für „schnell laufen"*
Schie-ße-rei, die; -,-en: *anhaltendes Schießen*
Schieß-hund, der; -es,-e: *Spürhund*
Schieß-platz, der; -es, -plät-ze: *Platz für Schießübungen*

Schieß-prü-gel, der; -s,-: *umgangssprachlich für „Feuerwaffe"*
Schieß-stand, der; -es, -stän-de: *Schießbude*
Schiet, der, -s, keine Mehrzahl: *norddeutsch, umgangssprachlich für „Scheiße, Dreck"*
Schiff, das; -es,-e: *Wasserfahrzeug*
Schiff, das; -es,-e: *Kirchenraum*
schiff-bar: *mit Schiffen befahrbar*
Schiff-bruch, der, -es, -brü-che: *Schiffsunfall*
Schiff-chen, das; -s,-: *kleines Schiff*
Schiff-chen, das; -s,-: *schmale Militärmütze*
schif-fen: *mit dem Schiff fahren*
schif-fen: *umgangssprachlich für „urinieren"*
schif-fen: *umgangssprachlich für „regnen"*
Schif-fer, der; -s,-: *jemand, der ein Schiff besitzt*
Schif-fer-kla-vier, das; -es,-e: *Akkordeon*
Schiff-fahrt (auch Schiff-Fahrt), die; -, keine Mehrzahl: *Gesamtheit des Wasserverkehrs*
Schiff-fahrts-stra-ße (auch Schiff-Fahrts-stra-ße), die; -,-n: *festgelegter Weg für den Schiffsverkehr, auch: schiffbares Gewässer*
Schiffs-arzt, der; -es, -ärz-te: *Arzt auf einem Schiff*
Schiffs-bau, der; -es, keine Mehrzahl: *der Bau von Schiffen*
Schiff-schau-kel, die; -,-n: *Schaukel in Schiffsform*
Schiffs-eig-ner, der, -s,-: *Reeder*
Schiffs-jun-ge, der; -n,-n: *Matrosenlehrling*
Schiffs-koch, der; -s, -kö-che: *Koch auf einem Schiff*
Schiffs-schrau-be, die; -,-n: *Antriebsschraube eines Schiffes*
Schiffs-ta-ge-buch, das; -es, -bü-cher: *Logbuch*
Schiffs-tau-fe, die; -,-n: *Taufe eines Schiffes*
Schiffs-zwie-back, der; -s,-e: *haltbarer Zwieback*
Schi-is-mus, der; -, keine Mehrzahl: *eine der beiden Glaubensrichtungen des Islam*
Schi-it, der; -en,-en: *Anhänger des Schiismus*
schi-i-tisch: *den Schiismus betreffend*

Schikane

Schi-ka-ne, die; -,-n: Hindernis (Pferderennen)
Schi-ka-ne, die; -,-n: böswillig bereitete Schwierigkeit
Schi-ka-ne, die; -,-n: umgangssprachlich für „Annehmlichkeit, Luxus"
schi-ka-nie-ren: böswillig Schwierigkeiten bereiten, drangsalieren
schi-ka-nös: boshaft, Schikanen bereitend
Schi-ko-ree (auch Chi-co-rée)
Schild, der; -es,-e: Schutzwaffe, Schutzplatte
Schild, das; -es,-er: Abzeichen, Warnzeichen, Verkehrszeichen
Schild-bür-ger, der; -s,-: törichter Mensch
Schild-bür-ger-streich, der; -es,-e: törichte Handlung
Schild-drü-se, die; -,-n: Körperdrüse, Stoffwechselorgan
schil-dern: erzählen, beschreiben
Schil-der-wald, der; -es, -wäl-der: übermäßige Anzahl an Verkehrsschildern
Schild-krö-te, die; -,-n: Reptil mit knöchernem Rückenpanzer
Schild-krö-ten-sup-pe, die; -,-n: Suppe mit Schildkrötenfleisch
Schild-patt, das; -s, keine Mehrzahl: Schildkrötenhorn
Schilf, das; -es, keine Mehrzahl: Röhricht, hochwachsende Uferpflanze
schil-fern: abblättern, abschuppen
Schil-ler-lo-cke, die; -,-n: Räucherfisch
schil-lern: schimmern, in wechselnden Farben glänzen
Schil-ling, der; -s,-e: österr. Währungseinheit
schil-pen: tschilpen, zwitschern
Schi-mä-re, die; -,-n: Hirngespinst, Trugbild
Schim-mel, der; -s,-: weißes Pferd
Schim-mel, der; -s, keine Mehrzahl: Schimmelpilz
schim-meln: sich mit Schimmelpilzen überziehen
Schim-mel-pilz, der; -es,-e: Schimmel
Schim-mer, der; -s,-: Glanz, Lichtschein
schim-mern: glänzen, sanft strahlen
schimm-lig: voller Schimmel
Schim-pan-se, der; -n,-n: Affenart
Schimpf, der; -es, keine Mehrzahl: Schande, Beleidigung, Schmach
Schimp-fe, die; -, keine Mehrzahl: Schelte

schimp-fen: schelten
Schimp-fe-rei, die; -,-en: ständiges Schimpfen
schimpf-lich: ehrverletzend, beleidigend, schändlich, verdammenswert
Schimpf-wort, das; -es, -wör-ter: Fluch, beleidigender Ausdruck
Schind-an-ger, der; -s,-: Richtstätte
Schin-del, die; -,-n: Dachziegel, Schieferplatte
schin-den, schindete/(schund), geschunden: quälen, ausbeuten, peinigen
schin-den, sich: umgangssprachlich für „sich schwer plagen"
Schin-der, der; -s,-: jemand, der andere schindet
Schin-de-rei, die; -,-en: Tortur, Pein, Schwerarbeit
Schind-lu-der: in der Wendung: mit jemandem Schindluder treiben, mit jemandem böswillig verfahren
Schind-mäh-re, die; -,-n: altes, schlechtes Pferd
Schin-ken, der; -s,-: Schenkel, Keule (Schlachtvieh)
Schin-ken, der; -s,-: umgangssprachlich für „dickes Buch"
Schin-ken, der; -s,-: umgangssprachlich für „Bild, großes Gemälde"
Schin-ken-speck, der; -s, keine Mehrzahl: magerer Speck
Schin-ne, die; -,-n: regional für „Kopfschuppe"
Schip-pe, die; -,-n: Schaufel
Schip-pe, die; -,-n: Kartenfarbe, Pik
schip-pen: schaufeln
Schirm, der; -es,-e: Schutz, Obhut
Schirm, der; -es,-e: Bildschirm
Schirm, der; -es,-e: Regendach, Sonnenschutz
Schirm-bild, das; -es,-er: Röntgenbild
schir-men: schützen
Schirm-herr, der; -n,-en: Förderer, Schutzherr
Schirm-herr-schaft, die; -,-en: Patronat
Schirm-müt-ze, die; -,-n: Mütze mit einem festen Schutzschild
Schi-rok-ko, der; -s,-s: heißer Wind im Mittelmeergebiet
schir-ren: Zugtiere anspannen
Schis-ma, das; -s, Schis-men: Kirchenspaltung
Schiss, der; -es,-e: umgangssprachlich für „Angst, Feigheit"

schlagartig

Schiss, der; -es,-e: *umgangssprachlich für „Kot"*
Schis-ser, der; -s,-: *umgangssprachlich für „jemand, der Angst hat, der feige ist"*
schi-zo-id: *seelisch zerrissen*
schi-zo-phren: *an Schizophrenie leidend*
Schi-zo-phre-nie, die; -, keine Mehrzahl: *Spaltungsirresein, Bewusstseinsspaltung*
schlab-be-rig: *flüssig, fade, feucht, weich, gallertartig*
schlab-bern: *schlürfen, auflecken*
Schlacht, die; -,-en: *Gefecht, Kampfhandlung*
schlach-ten: *Schlachtvieh töten*
Schlach-ten-bumm-ler, der; -s,-: *Anhänger einer Sportmannschaft, der zu Auswärtsspielen mitfährt*
Schlach-ter, der; -s,-: *Fleischer*
Schläch-ter, der; -s,-: *Schlachter, Fleischer*
Schlach-te-rei, die; -,-en: *Fleischerei*
Schläch-te-rei, die; -,-en: *das Abschlachten*
Schlacht-feld, das; -es,-er: *Kriegsschauplatz*
Schlacht-fest, das; -es,-e: *Fest beim Schlachten*
Schlacht-hof, der; -es, -hö-fe: *Fabrik, in der geschlachtet wird*
Schlacht-kreu-zer, der; -s,-: *großes Kriegsschiff*
Schlacht-op-fer, das; -s,-: *kultisches Schlachten eines Lebewesens als Opfer*
Schlach-tung, die; -,-en: *das Schlachten*
Schlacht-vieh, das; -s, keine Mehrzahl: *Haustiere, deren Fleisch zur Ernährung dient*
Schla-cke, die; -,-n: *Lava*
Schla-cke, die; -,-n: *Verbrennungsrückstand, Metallschmelzrückstand*
Schla-cke, die; -,-n: *Stoffwechselrückstände*
schla-cken-reich: *reich an Unverdaulichem*
schla-ckern: *schlottern, wackeln, schütteln*
Schlack-wurst, die; -, -wür-ste: *Wurstart*
Schlaf, der; -es, keine Mehrzahl: *Ruhe, Schlummer*
Schlaf-an-zug, der; -es, -zü-ge: *Pyjama*
Schlä-fe, die; -,-n: *Seite des Kopfes*
schla-fen, schlief, geschlafen: *im Schlaf liegen, ruhen, schlummern*
schla-fen, schlief, geschlafen: *nicht aufpassen, unaufmerksam sein*

Schlä-fer, der; -s,-: *jemand, der schläft*
schlaff: *schlapp, kraftlos, matt, entspannt*
Schlaff-heit, die; -, keine Mehrzahl: *schlaffe Beschaffenheit, schlaffes Wesen*
Schlaf-ge-le-gen-heit, die; -,-en: *Übernachtungsmöglichkeit, Schlafstelle*
Schla-fitt-chen: *in der Wendung: jemanden am Schlafittchen nehmen, jemanden zu fassen bekommen*
Schlaf-krank-heit, die; -, keine Mehrzahl: *Infektionskrankheit*
schlaf-los: *ohne Schlaf*
Schlaf-lo-sig-keit, die; -, keine Mehrzahl: *Unvermögen, schlafen zu können*
Schlaf-müt-ze, die; -,-n: *umgangssprachlich für „jemand, der viel schläft, jemand, der nicht aufpasst"*
schlaf-müt-zig: *träge, langweilig, unaufmerksam*
schläf-rig: *müde*
Schläf-rig-keit, die; -, keine Mehrzahl: *Müdigkeit*
Schlaf-saal, der; -es, -sä-le: *großer Raum mit Betten*
Schlaf-sack, der; -es, -sä-cke: *sackartige Hülle zum Schlafen*
schlaf-trun-ken: *noch nicht ganz wach*
Schlaf-trun-ken-heit, die; -, keine Mehrzahl: *Benommenheit nach dem Schlafen*
Schlaf-wand-ler, der; -s,-: *jemand, der an Schlafwandeln leidet*
schlaf-wand-le-risch: *in der Art eines Schlafwandlers, zielsicher, unbeirrbar*
Schlaf-zim-mer, das; -s,-: *Zimmer zum Schlafen*
Schlag, der; -es, Schlä-ge: *Unglück, Schicksalsschlag*
Schlag, der; -es, Schlä-ge: *Menschensorte*
Schlag, der; -es, Schlä-ge: *Essensportion*
Schlag, der; -es, Schlä-ge: *Waldlichtung*
Schlag, der; -es, Schlä-ge: *Vogelsingen*
Schlag, der; -es, Schlä-ge: *kurzer Ton, kurze Bewegung*
Schlag, der; -es, Schlä-ge: *Stromstoß*
Schlag, der; -es, Schlä-ge: *Tür, Wagentür*
Schlag, der; -es, Schlä-ge: *Hieb*
Schlag, der; -es, Schlä-ge: *Verschlag, Kammer, Kasten*
Schlag, der; -es, Schlä-ge: *Kurzwort für „Schlaganfall"*
Schlag-an-fall, der; -es, -fäl-le: *Gehirnblutung*
schlag-ar-tig: *plötzlich*

Schlagball

Schlag-ball, der; -es, -bäl-le: *Ballspiel*
schlag-bar: *besiegbar*
Schlag-baum, der; -es, -bäu-me: *Grenzschranke*
schla-gen, schlug, geschlagen: *prügeln, hauen*
schla-gen, schlug, geschlagen: *abholzen*
schla-gen, schlug, geschlagen: *singen, zwitschern (Vögel)*
schla-gen, schlug, geschlagen: *besiegen*
schla-gen, schlug, geschlagen: *eine Bewegung erzeugen*
Schla-ger, der; -s,-: *Lied, Gassenhauer*
Schla-ger, der; -s,-: *Verkaufserfolg, Publikumserfolg*
Schlä-ger, der; -s,-: *Gerät, mit dem ein Ball geschlagen wird*
Schlä-ger, der; -s,-: *Rowdy*
Schlä-ge-rei, die; -,-en: *Prügelei, Handgemenge*
schlag-fer-tig: *einfallsreich, schnell reagierend*
Schlag-fer-tig-keit, die; -, keine Mehrzahl: *schlagfertiges Wesen*
Schlag-fluss, der; -es, -flüs-se: *Schlaganfall*
Schlag-in-stru-ment, das; -es,-e: *Schlagzeug*
Schlag-kraft, die; -, keine Mehrzahl: *Kampfstärke*
Schlag-kraft, die; -, keine Mehrzahl: *Durchschlagskraft*
Schlag-kraft, die; -, keine Mehrzahl: *Wirkung, Überzeugungskraft*
schlag-kräf-tig: *überzeugend*
schlag-kräf-tig: *durchschlagskräftig*
schlag-kräf-tig: *kampfstark*
Schlag-mann, der; -es, -män-ner: *taktangebender Ruderer*
Schlag-obers, der; -,-: *österr. für „Schlagsahne"*
Schlag-ring, der; -es,-e: *Schlagwaffe*
Schlag-sah-ne, die; -, keine Mehrzahl: *geschlagener Rahm*
Schlag-schat-ten, der; -s,-: *Schatten, den eine Person oder ein Gegenstand wirft*
Schlag-sei-te, die; -, keine Mehrzahl: *Neigung zur Seite*
Schlag-waf-fe, die; -,-n: *Waffe*
Schlag-wort, das; -es, -wör-ter: *einprägsamer, kurzer, zusammenfassender Ausdruck*
Schlag-wort-ka-ta-log, der; -es,-e: *Nachschlagekatalog, mit Schlagworten*

Schlag-zei-le, die; -,-n: *fett gedruckte Zeitungsüberschrift*
Schlag-zeug, das; -s,-e: *Schlaginstrument in einer Musikgruppe*
Schlag-zeu-ger, der; -s,-: *jemand, der Schlagzeug spielt, Drummer*
Schlaks, der; -es,-e: *umgangssprachlich für „langer, schlaksiger Mensch"*
schlak-sig: *lang aufgeschossen, unbeholfen*
Schla-mas-sel, der; -s,-: *umgangssprachlich für „Missgeschick, peinliche Lage"*
Schlamm, der; -es, Schläm-me: *Morast, Schmutz, aufgeweichte Erde, Schlick*
schläm-men: *Pflanzen kräftig gießen*
schläm-men: *von Schlamm befreien, reinigen*
schlam-mig: *voller Schlamm*
Schlämm-krei-de, die; -,-n: *gereinigte, pulverisierte Kreide, Reinigungsmittel*
Schlam-pe, die; -,-n: *umgangssprachlich für „liederliche Frau"*
schlam-pen: *liederlich arbeiten, unordentlich sein*
schlam-pig: *liederlich, nachlässig*
Schlam-pig-keit, die; -,-en: *Nachlässigkeit, schlampige Beschaffenheit*
Schlan-ge, die; -,-n: *Schuppenkriechtier, Reptil*
Schlan-ge, die; -,-n: *Reihe wartender Menschen*
Schlan-ge, die; -,-n: *etwas Langgestrecktes, Gewundenes*
schlän-geln, sich: *sich winden*
schlän-geln, sich: *sich durchmanövrieren*
Schlan-gen-biss, der; -es,-e: *Biss einer Schlange*
Schlan-gen-fraß, der; -es, keine Mehrzahl: *umgangssprachlich für „schlechtes Essen"*
Schlan-gen-gift, das; -es,-e: *Gift der Schlangen*
Schlan-gen-gru-be, die; -,-: *gefährlicher Ort, gefährliche Situation*
Schlan-gen-li-nie, die; -,-n: *in Kurven verlaufende Linie*
schlank: *dünn, schmal*
Schlank-heit, die; -, keine Mehrzahl: *schlanke Beschaffenheit*
Schlank-heits-kur, die; -,-en: *Abmagerungskur*
schlank-weg: *umgangssprachlich für „ohne Umschweife, geradezu, ohne weiteres"*

Schleifer

schlapp: *schlaff, müde, kraftlos, schwach*
Schlap-pe, die; -,-n: *Niederlage, Misserfolg*
Schlap-pen, der; -s,-: *Hausschuh*
schlap-pern: *schlürfen, auflecken*
Schlapp-hut, der; -es, -hü-te: *Hut mit breiter Krempe*
schlapp-ma-chen: *zusammenbrechen, kraftlos sein, aufgeben müssen*
Schlapp-schwanz, der; -es, -schwän-ze: *umgangssprachlich für „Schwächling, träger Mensch, Feigling"*
Schla-raf-fen-land, das; -es, -län-der: *märchenhaftes Schlemmerland, übertragen auch: Land des Überflusses*
Schla-raf-fen-le-ben, das; -s,-: *Leben wie im Schlaraffenland*
schlau: *klug, listig, gewitzt*
Schlau-ber-ger, der; -s,-: *umgangssprachlich für „schlauer, gewitzter Mensch"*
Schlauch, der; -es, Schläu-che: *biegsame Röhre*
schlau-chen: *umgangssprachlich für „sehr anstrengen"*
schlauch-los: *ohne Schlauch*
Schläue, die; -, keine Mehrzahl: *Schlauheit*
schlau-er-wei-se: *aus Schläue*
Schlau-fe, die; -,-n: *Schleife, Öse, Schlinge*
Schlau-heit, die; -, keine Mehrzahl: *schlaues Wesen*
Schlau-kopf, der; -es, -köp-fe: *Schlauberger*
Schla-wi-ner, der; -s,-: *umgangssprachlich für „durchtriebener Mensch"*
schlecht: *schlimm, böse, übel*
schlecht: *krank, übel, unwohl*
schlecht: *verdorben, ungenießbar*
schlecht: *minderwertig, wertlos, ungenügend*
schlech-ter-dings: *durchaus, alles in allem*
schlecht ge-hen, ging schlecht, schlecht gegangen
Schlecht-heit, die; -, keine Mehrzahl: *schlechtes Wesen, schlechte Beschaffenheit*
schlecht-hin: *überhaupt, absolut, vollkommen*
Schlech-tig-keit, die; -,-en: *Bosheit, Arglist*
schlecht machen: *böse über jemanden reden, jemanden herabsetzen*

schlecht-weg: *einfach, schlechterdings*
Schlecht-wet-ter, das; -s,-: *schlechtes, ungünstiges Wetter; übertragen auch: ruhende Bauarbeiten*
schle-cken: *lecken, lutschen, Süßigkeiten essen*
Schle-cke-rei, die; -,-en: *Nascherei*
Schle-cker-maul, das; -es, -mäu-ler: *umgangssprachlich für „Mensch, der gerne nascht"*
Schle-gel, der; -s,-: *Klöppel, Trommelschlegel*
Schle-gel, der; -s,-: *süddeutsch für „Keule, Schenkel eines Schlachttieres"*
Schleh-dorn, der; -es, keine Mehrzahl: *dorniger Strauch*
Schle-he, die; -,-n: *Strauchart, auch: deren Frucht*
Schlei, der; -s,-e: *Fischart*
schlei-chen, schlich, geschlichen: *anpirschen, lautlos gehen, langsam gehen*
Schlei-cher, der; -s,-: *jemand, der schleicht, Schleimer*
Schleich-han-del, der; -s, keine Mehrzahl: *Schwarzhandel*
Schleich-weg, der; -es,-e: *heimlicher Pfad*
Schleich-wer-bung, die; -, keine Mehrzahl: *verschleierte Reklame*
Schleie, die; -,-n: *Fischart*
Schlei-er, der; -s,-: *Gesicht und Kopf verhüllendes Gewebe*
Schlei-er, der; -s,-: *Dunst, Nebelschwade, Trübung*
Schlei-er, der; -s,-: *dünnes, durchsichtiges Gewebe*
Schlei-er-eu-le, die; -,-n: *Raubvogelart*
schlei-er-haft: *rätselhaft, unverständlich*
Schlei-er-schwanz, der; -es, -schwän-ze: *Goldfisch*
Schlei-fe, die; -,-n: *Windung, Kurve*
Schlei-fe, die; -,-n: *Schlinge*
Schlei-fe, die; -,-n: *Schlitterbahn, Rutschbahn*
schlei-fen, schliff, geschliffen: *drillen, schinden*
schlei-fen, schliff, geschliffen: *Oberfläche bearbeiten, glätten*
schlei-fen, schliff, geschliffen: *etwas nachziehen, mitziehen*
schlei-fen, schliff, geschliffen: *schärfen*
schlei-fen: *niederreißen*
schlei-fen: *über den Boden zerren, hinwegziehen*
Schlei-fer, der; -s,-: *harter Ausbilder*

Schleifer

Schlei-fer, der; -s,-: *Stromabnehmer bei einem Drehmotor*
Schleif-lack, der; -s,-e: *harter, fester Kunststoff*
Schleif-pa-pier, das; -es, keine Mehrzahl: *Schmirgelpapier*
Schleif-stein, der; -es,-e: *Wetzstein*
Schleim, der; -es, keine Mehrzahl: *Schleimsuppe, Hafer-, Reissuppe*
Schleim, der; -es, keine Mehrzahl: *zähflüssige Körperflüssigkeit*
Schleim-haut, die; -, -häu-te: *schleimabsondernde Haut im Körper*
schlei-mig: *voller Schleim, schmierig*
Schleim-schei-ßer, der; -s,-: *umgangssprachlich für „Liebediener"*
schlem-men: *üppig essen und trinken*
Schlem-mer, der; -s,-: *jemand, der gern üppig isst und trinkt*
Schlem-me-rei, die; -,-en: *das Schlemmen*
Schlem-pe, die; -,-n: *Rückstand bei der Spiritusherstellung, Viehfutter*
schlen-dern: *spazieren gehen, bummeln*
<u>**Schlend-ri-an**</u> (auch Schlen-dri-an), der; -s, keine Mehrzahl: *gemächliches Arbeiten, gewohnheitsmäßiges Leben*
schlen-kern: *schwingen, pendeln*
schlen-zen: *elegant heben, in einem Bogen schießen*
Schlen-zer, der; -s,-: *elegant gehobener Ball*
Schlep-pe, die; -,-n: *langer, nachschleifender Teil des Kleides*
schlep-pen: *angestrengt tragen*
schlep-pen: *abschleppen, hinterherziehen*
schlep-pen, sich: *sich mühsam, langsam fortbewegen*
Schlep-per, der; -s,-: *Bauernfänger*
Schlep-per, der; -s,-: *Schleppdampfer; Traktor*
Schlep-pe-rei, die; -,-en: *schweres, andauerndes Schleppen*
Schlepp-netz, das; -es,-e: *Netz, das beim Fischfang geschleppt wird*
Schlepp-tau, das; -s,-e: *Schleppseil*
Schleu-der, die; -,-n: *Zentrifuge, Wäscheschleuder*
Schleu-der, die; -,-n: *Wurfgerät*
schleu-dern: *in der Schleuder rotieren lassen*
schleu-dern: *außer Kontrolle geraten*

schleu-dern: *kraftvoll werfen*
Schleu-der-preis, der; -es,-e: *Billigpreis*
Schleu-der-sitz, der; -es,-e: *Rettungssitz in Flugzeugen; auch: Stelle, bei der man eine schnelle Entlassung befürchten muss*
schleu-nigst: *eilends, schnellstens, unverzüglich*
Schleu-se, die; -,-n: *Luftdruckausgleichsraum*
Schleu-se, die; -,-n: *Vorrichtung zum Ableiten und Verteilen von Wasser in Bewässerungssystemen*
Schleu-se, die; -,-n: *Vorrichtung für Schiffe zum Überwinden von Wehren oder Staumauern*
schleu-sen: *hindurchlotsen, leiten*
Schleu-sen-tor, das; -es,-e: *Tor einer Schleuse*
Schli-che, die; -, keine Einzahl: *Tricks, Listen, Kniffe*
schlicht: *einfach*
schlich-ten: *glätten*
schlich-ten: *bereinigen, Streit beilegen*
Schlicht-fei-le, die; -,-n: *Feile zum Schlichten*
Schlicht-heit, die; -, keine Mehrzahl: *schlichte Beschaffenheit, schlichtes Wesen*
Schlich-tung, die; -,-en: *das Schlichten, Ausgleichen*
Schlick, der; -s, keine Mehrzahl: *Schlamm, Morast*
<u>**Schli-cker-milch,**</u> die; -, keine Mehrzahl: *Sauermilch*
Schlie-re, die; -,-n: *aufsteigende Warmluft*
Schlie-re, die; -,-n: *trübe Stelle im Glas*
schlie-rig: *streifig, mit Schlieren versehen*
Schlie-ße, die; -,-n: *Verschlussstück, Schnalle*
schlie-ßen, schloss, geschlossen: *zumachen, zuklappen, versperren*
schlie-ßen, schloss, geschlossen: *beenden*
Schlie-ßer, der; -s,-: *Pförtner, Hausmeister, Gefängnisbeamter*
Schließ-fach, das; -es, -fä-cher: *Banksafe, Fach zur Gepäckaufbewahrung*
schließ-lich: *endlich, am Ende, zum Schluss*
schließ-lich: *im Grunde*
Schließ-mus-kel, der; -s,-n: *Ringmuskel*
Schlie-ßung, die; -,-en: *das Schließen*
Schliff, der; -s,-e: *durch Schleifen bearbeitete Stelle*

Schluss

Schliff, der; -s,-e: *feine Erziehung, feines Benehmen*
Schliff, der; -s,-e: *Bearbeitung von Edelsteinen*
schlimm: *übel, böse, schlecht*
schlimm: *wund*
schlimm: *unangenehm, arg, gefährlich*
schlimms-ten-falls: *im ungünstigsten Fall*
Schlin-ge, die; -,-n: *Schleife*
Schlin-ge, die; -,-n: *Falle*
Schlin-gel, der; -s,-: *durchtriebener Mensch*
schlin-gen, schlang, geschlungen: *gierig essen, schlucken*
schlin-gen, schlang, geschlungen: *verknüpfen, verflechten*
schlin-gern: *schleudern, pendeln, schwanken*
Schling-pflan-ze, die; -,-n: *Kletterpflanze*
Schlips, der; -es,-e: *Krawatte, Binder*
Schlit-ten, der; -s,-: *Gleitschuh, Maschinenteil*
Schlit-ten, der; -s,-: *Rodel*
Schlit-ter-bahn, die; -,-en: *Rodelbahn, Rutschbahn*
schlit-tern: *rutschen, gleiten*
Schlitt-schuh, der; -s,-e: *Schuhe mit Kufen*
Schlitt-schuh-bahn, die; -,-en: *Eisbahn*
Schlitt-schuh-läu-fer, der; -s,-: *jemand, der Schlittschuh läuft*
Schlitz, der; -es,-e: *Spalt, Riss, Einschnitt*
schlitz-äu-gig
schlit-zen: *aufschneiden, aufreißen, mit einem Schlitz versehen*
Schlitz-ohr, das; -s,-en: *umgangssprachlich für „gerissener Mensch, Betrüger"*
schlitz-oh-rig: *gerissen*
schloh-weiß: *schneeweiß, sehr weiß*
Schloss, das; -es, Schlös-ser: *Palast, Burg*
Schloss, das; -es, Schlös-ser: *Teil von Feuerwaffen*
Schloss, das; -es, Schlös-ser: *Verschlussvorrichtung*
Schlöss-chen, das; -s,-: *kleines Schloss*
Schlo-ße, die; -,-n: *Hagelkorn*
schlo-ßen: *hageln*
Schlos-ser, der; -s,-: *Handwerker*
Schlos-se-rei, die; -,-en: *Werkstatt eines Schlossers*
Schloss-hof, der; -es, -hö-fe: *Hof eines Schlosses*

Schlot, der; -es,-e: *Fabrikschornstein*
Schlot-fe-ger, der; -s,-: *Schornsteinfeger*
Schlot-te, die; -,-n: *Schlauchblatt von Lauchgewächsen*
schlot-te-rig: *schlotternd*
schlot-tern: *heftig zittern, beben*
Schlucht, die; -,-en: *tief eingeschnittenes Tal*
schluch-zen: *weinen*
Schluch-zer, der; -s,-: *Laut des Schluchzens*
Schluck, der; -s,-e: *wenig Flüssigkeit*
Schluck-auf, der; -s, keine Mehrzahl: *krampfartiges Aufstoßen*
schlu-cken: *hinunterschlucken*
Schlu-cker, der; -s,-: *in der Wendung: ein armer Schlucker, ein armer Mensch, Habenichts*
Schluck-imp-fung, die; -,-en: *Impfen durch Einnahme des Impfstoffes*
schluck-wei-se: *in Schlucken*
schlu-de-rig: *unachtsam, nachlässig*
schlu-dern: *nachlässig arbeiten*
Schlum-mer, der; -s,-: *Schlaf*
Schlum-mer-lied, das; -es,-er: *Schlaflied*
schlum-mern: *schlafen*
Schlund, der; -es, Schlün-de: *Hals, Rachen*
Schlund, der; -es, Schlün-de: *tiefe Schlucht*
Schlun-ze, die; -,-n: *regional umgangssprachlich für „Schlampe"*
schlup-fen: *schlüpfen*
schlüp-fen: *durch eine Öffnung zwängen*
schlüp-fen: *aus dem Ei kriechen*
Schlüp-fer, der; -s,-: *Unterhose*
Schlupf-loch, das; -es, -lö-cher: *Durchschlupf, Schlupfwinkel*
schlüpf-rig: *glitschig, glatt, rutschig*
schlüpf-rig: *unanständig, zweideutig, anstößig*
Schlüpf-rig-keit, die; -, keine Mehrzahl: *schlüpfrige Beschaffenheit, Unanständigkeit*
Schlupf-wes-pe, die; -,-n: *Insektenart*
Schlupf-win-kel, der; -s,-: *Versteck, Unterschlupf*
schlur-fen: *schleppend gehen*
schlür-fen: *geräuschvoll trinken*
Schlur-re, die; -,-n: *norddeutsch für „Pantoffel"*
schlur-ren: *schlurfen*
Schluss, der; -es, Schlüs-se: *letztes Kapitel, Zusammenfassung, Folgerung*

Schluss

Schluss, der; -es, Schlüs-se: *Ende, Abschluss*
Schluss-akt, der; -es,-e: *letzter Akt*
Schlüs-sel, der; -s,-: *Gerät zum Öffnen und Schließen von Schlössern*
Schlüs-sel, der; -s,-: *Werkzeug*
Schlüs-sel, der; -s,-: *Dekodierungsschema*
Schlüs-sel, der; -s,-: *Verteilungsschema*
Schlüs-sel, der; -s,-: *Musik: Notenschlüssel*
Schlüs-sel-bart, der; -es, -bär-te: *Schließhebel am Schlüssel*
Schlüs-sel-bein, das; -es,-e: *Knochen in der Schulter*
Schlüs-sel-blu-me, die; -,-n: *Blumenart*
Schlüs-sel-bund, der; -es,-e: *Anzahl von Schlüsseln, die zusammengebunden sind*
schlüs-sel-fer-tig: *bezugsfertig*
Schlüs-sel-fi-gur, die; -,-en: *wichtigste Person*
Schlüs-sel-ge-walt, die; -, keine Mehrzahl: *häusliche Rechte der Ehefrau*
Schlüs-sel-in-dust-rie (auch Schlüs-sel-in-dus-trie), die; -,-n: *Industriezweig, von dem viele Erwerbszweige abhängig sind*
Schlüs-sel-kind, das; -es,-er: *Kind berufstätiger Eltern, das ständig allein ist*
Schlüs-sel-loch, das; -es, -lö-cher: *Loch, in das der Schlüssel eingeführt wird*
Schlüs-sel-ro-man, der; -s,-e: *Roman, dessen Handlung und Personen der Realität nachempfunden sind*
Schlüs-sel-stel-lung, die; -,-en: *wichtige Stellung, Machtposition*
Schlüs-sel-wort, das; -es, -wör-ter: *Kennwort, Kodewort*
schluss-fol-gern: *Schlüsse ziehen*
Schluss-fol-ge-rung, die; -,-en: *Resultat einer Überlegung*
Schluss-fol-ge-rung, die; -,-en: *logischer Schluss, Folgerung*
schlüs-sig: *entschlossen*
schlüs-sig: *folgerichtig*
Schluss-mann, der; -es, -leu-te/-män-ner: *Tormann, letzter Staffelläufer*
Schluss-punkt, der; -es,-e: *Ende, Beendigung*
Schluss-satz, der; -es, -sät-ze: *letzter Satz*
Schluss-stein, der; -es,-e: *Abschlussstein*
Schluss-strich, der; -es,-e: *Unterstrich, Beendigung einer Rechnung, Beendigung*
Schluss-wort, das; -es,-e: *Nachwort*
Schmach, die; -, keine Mehrzahl: *Schande, Demütigung*
schmach-ten: *hungern, dürsten, leiden, entbehren*
Schmacht-fet-zen, der; -s,-: *umgangssprachlich für „rührselige Literatur"*
schmäch-tig: *klein, schwach, zierlich*
Schmäch-tig-keit, die; -, keine Mehrzahl: *schmächtige Beschaffenheit*
Schmacht-lap-pen, der; -s,-: *umgangssprachlich für „rührseliger Mensch"*
schmach-voll: *schändlich, demütigend*
schmack-haft: *wohlschmeckend*
Schmack-haf-tig-keit, die; -, keine Mehrzahl: *Wohlgeschmack*
Schmad-der, der; -s, keine Mehrzahl: *norddeutsch für „Matsch, Morast"*
schmad-de-rig: *norddeutsch für „weich, pampig"*
schmä-hen: *beleidigen, verspotten, beschimpfen*
schmäh-lich: *schändlich, schmachvoll*
Schmäh-re-de, die; -,-n: *Schmähung, Beschimpfung*
schmal: *schlank, mager*
schmal: *knapp, dürftig, gering*
schmal: *eng, dünn*
schmal-brüs-tig: *schmächtig*
schmä-len: *schmähen, herabsetzen, schelten*
schmä-lern: *verringern, verkleinern, herabsetzen*
Schmal-film, der; -es,-e: *16 mm breiter Film*
Schmal-hans: *in der Wendung: dort ist Schmalhans Küchenmeister, dort gibt es nicht genug zu essen*
Schmal-heit, die; -, keine Mehrzahl: *schmale Beschaffenheit*
Schmal-spur, die; -,-en: *schmale Spurweite*
schmal-spu-rig: *mit einer schmalen Spurweite*
Schmal-tier, das; -es,-e: *weibliches Rot- oder Damwild ohne Kitz*
Schmalz, das; -es, keine Mehrzahl: *ausgelassenes Fett*
Schmalz, der; -es, keine Mehrzahl: *Sentimentalität, Gefühlsduselei*
Schmalz-ge-ba-cke-ne, das; -n, keine Mehrzahl: *in Schmalz gebackenes Gebäck*
schmal-zig: *voller Schmalz, fettig*
schmal-zig: *schnulzig, sentimental*
Schmalz-ler, der; -s-: *Schnupftabak*
Schmalz-lo-cke, die; -,-n: *pomadisierte Haare*

420

Schmiege

Schman-kerl, das; -s,-n: *bayrisch, österr. für „leckeres Gericht"*
Schmant (auch Schmand), der; -s, keine Mehrzahl: *süddeutsch für „Sahne"*
schma-rot-zen: *auf Kosten anderer leben*
Schma-rot-zer, der; -s,-: *Parasit*
Schmar-re, die; -,-n: *Narbe, Schmiss*
Schmar-ren, der; -s, keine Mehrzahl: *süddeutsch für „gebackene, süße Mehlspeise"*
Schmar-ren, der; -s, keine Mehrzahl: *süddeutsch für „Unsinn"*
Schmatz, der; -es, keine Mehrzahl: *umgangssprachlich für „Kuss"*
schmat-zen: *laut küssen*
schmat-zen: *geräuschvoll essen*
Schmaus, der; -es, keine Mehrzahl: *Festessen, leckere Mahlzeit*
schmau-sen: *mit Genuss essen*
Schmau-se-rei, die; -,-en: *Schlemmerei*
schme-cken: *Geschmack empfinden, kosten*
Schmei-che-lei, die; -,-en: *Kompliment, übertriebenes Lob*
schmei-chel-haft: *angenehm, ehrend*
Schmeich-ler, der; -s,-: *jemand, der schmeichelt*
schmeich-le-risch: *in der Art eines Schmeichlers*
schmei-ßen, schmiss, geschmissen: *umgangssprachlich für „werfen, schleudern"*
schmei-ßen, schmiss, geschmissen: *umgangssprachlich für „spendieren"*
schmei-ßen, schmiss, geschmissen: *umgangssprachlich für „etwas fertigbringen"*
Schmeiß-flie-ge, die; -,-n: *Kotfliege*
Schmelz, der; -es,-e: *weicher Klang, Wortlaut*
Schmelz, der; -es,-e: *Glasfluss, Email, Glasur, äußerste Schicht des Zahns*
schmelz-bar: *so beschaffen, dass man es schmelzen kann*
Schmel-ze, die; -,-n: *Schmelzhütte*
Schmel-ze, die; -,-n: *Geschmolzenes*
schmel-zen: *verflüssigen*
Schmelz-kä-se, der; -s,-: *Streichkäse*
Schmelz-o-fen, der;-s, -ö-fen: *Ofen, in dem Metalle geschmolzen werden*
Schmelz-punkt, der; -es,-e: *Temperatur, bei der ein Stoff flüssig wird*
Schmelz-was-ser, das; -s,-: *Tauwasser*
Schmer-bauch, der; -es, -bäu-che: *Dickwanst*
schmer-bäu-chig: *mit einem Schmerbauch versehen*
Schmerz, der; -es,-en: *Trauer, Leid*
Schmerz, der; -es,-en: *Weh*
schmerz-emp-find-lich: *empfindlich gegen Schmerzen*
Schmerz-emp-find-lich-keit, die; keine Mehrzahl: *Empfindlichkeit gegen Schmerzen*
schmer-zen: *Leid zufügen, Kummer bereiten*
schmer-zen: *wehtun, Schmerzen bereiten*
Schmer-zens-geld, das; -es,-er: *Entschädigung für zugefügte Schmerzen*
Schmer-zens-schrei, der; -es,-e
schmerz-frei: *ohne Schmerz*
schmerz-haft: *mit großen Schmerzen verbunden*
Schmerz-haf-tig-keit, die; -, keine Mehrzahl: *das Schmerzhaftsein*
schmerz-lich: *betrüblich, traurig*
schmerz-los: *ohne Schmerzen*
Schmerz-lo-sig-keit, die; -, keine Mehrzahl: *schmerzloser Zustand*
schmerz-stil-lend: *den Schmerz beseitigend*
schmerz-voll: *schmerzhaft*
Schmet-ter-ball, der; -es,-bäl-le: *geschmetterter Ball*
Schmet-ter-ling, der; -s,-e: *Insekt*
Schmet-ter-lings-blüt-ler, der; -s,-: *Blumengattung*
Schmet-ter-lings-netz, das; -es,-e: *Netz, mit dem Schmetterlinge gefangen werden*
Schmet-ter-lings-stil, der; -es, keine Mehrzahl: *Schwimmstil*
schmet-tern: *laut tönen*
schmet-tern: *laut zwitschern*
schmet-tern: *mit Wucht hinwerfen*
Schmied, der; -es,-e: *Handwerker*
Schmie-de, die; -,-n: *Werkstatt eines Schmiedes; auch: Schmiedemaschine*
Schmie-de-ei-sen, das; -s, keine Mehrzahl: *geschmiedetes Eisen*
schmie-de-ei-sern: *aus Schmiedeeisen*
Schmie-de-ham-mer, der; -s,-häm-mer: *schwerer Hammer zum Schmieden*
schmie-den: *planen*
schmie-den: *Metall mit dem Hammer formen*
Schmie-ge, die; -,-n: *zusammenklappbarer Zollstock, Winkel*

421

schmiegen

schmie-gen: *anlehnen, kuscheln, anpassen*
schmieg-sam: *anpassungsfähig, weich*
Schmieg-sam-keit, *die; -e, keine Mehrzahl: schmiegsame Beschaffenheit*
Schmie-re, *die; -,-n: Schmiermittel*
Schmie-re: *in der Wendung: Schmiere stehen, Wache halten, aufpassen*
Schmie-re, *die; -,-n: kleines Theater*
schmie-ren: *ölen, fetten*
schmie-ren: *streichen, bestreichen*
schmie-ren: *umgangssprachlich für „bestechen"*
schmie-ren: *jemandem eine schmieren: eine Ohrfeige geben*
Schmie-re-rei, *die; -,-en: Kritzelei, schlecht Geschriebenes*
Schmier-fett, *das; -s,-e: Fett zum Schmieren*
Schmier-film, *der; -es,-e: Gleitschicht in Lagern*
Schmier-fink, *der; -s,-e: umgangssprachlich für „unsauberer Mensch"*
Schmier-geld, *das; -es,-er: Bestechungsgeld*
Schmier-heft, *das; -es,-e: Notizheft*
schmie-rig; *beschmiert, fettig, voller Schmiere*
Schmie-rig-keit, *die; -, keine Mehrzahl: schmierige Beschaffenheit*
Schmier-pa-pier, *das; -s, keine Mehrzahl: Notizzettel*
Schmier-sei-fe, *die; -, keine Mehrzahl: flüssige Seife*
Schmie-rung, *die: -,-en: das Schmieren*
Schmin-ke, *die; -,-n: Make-up, kosmetische Mittel*
schmin-ken: *Make-up auflegen*
Schmir-gel, *der; -s,-: Schleifmittel*
schmir-geln: *schleifen, glätten, blank putzen*
Schmir-gel-pa-pier, *das; -s, keine Mehrzahl: Glaspapier*
Schmiss, *der; -es,-e: Narbe, Hiebwunde*
Schmiss, *keine Mehrzahl: Schwung*
schmis-sig: *schwungvoll, zackig*
Schmitz, *der; -es,-e: Schmiss, Hieb, Narbe*
schmit-zen: *einen Schlag versetzen, schlagen*
Schmock, *der; -es,-e: gesinnungsloser Journalist*
Schmok, *der; -s, keine Mehrzahl: norddeutsch für „Rauch"*

schmo-ken: *rauchen*
Schmö-ker, *der; -s,-: dickes Buch*
schmö-kern: *lesen*
schmol-len: *beleidigt, gekränkt sein*
Schmoll-win-kel, *der; -s,-: Schmollecke*
Schmon-zes, *der; -,-: umgangssprachlich für „leeres Geschwätz, albernes Gerede"*
Schmor-bra-ten, *der; -s,-: geschmorter Braten*
schmo-ren: *nach Anbraten dünsten*
Schmor-fleisch, *das; -es, keine Mehrzahl: geschmortes Fleisch*
Schmor-pfan-ne, *die; -,-n: Pfanne mit Deckel*
Schmu, *der; -s, keine Mehrzahl: umgangssprachlich für „leichter Betrug"*
schmuck: *hübsch, adrett, gepflegt*
Schmuck, *der; -s, keine Mehrzahl: Juwelen, Edelsteine, Geschmeide, Verzierung*
schmü-cken: *verzieren, mit Schmuck ausstatten, dekorieren*
schmuck-los: *einfach, schlicht*
Schmuck-lo-sig-keit, *die; -, keine Mehrzahl: schmucklose Beschaffenheit*
Schmuck-stück, *das; -s,-e: besonders schöner Gegenstand, schmückender Gegenstand*
Schmud-del, *der; -s, keine Mehrzahl: Unsauberkeit*
Schmud-del, *der; -s,-: regional für „unsauberer Mensch"*
Schmud-de-lei, *die; -,-en: unsaubere Arbeit*
schmud-de-lig: *leicht angeschmutzt, unsauber*
schmud-deln: *unsauber arbeiten, beschmutzen, besudeln*
Schmug-gel, *der; -s, keine Mehrzahl: gesetzwidrige Ein- und Ausfuhr, heimlicher Grenzhandel*
schmug-geln: *Ware heimlich über die Grenze bringen*
Schmugg-ler, *der; -s,-: Schleichhändler, jemand, der schmuggelt*
schmun-zeln: *leicht lächeln*
schmur-geln: *brutzeln, braten*
Schmus, *der; -es, keine Mehrzahl: umgangssprachlich für „Schmeichelei"*
schmu-sen: *zärtlich sein*
Schmu-se-rei, *die; -,-en: das Schmusen*
Schmutz, *der; -es, keine Mehrzahl: Dreck, Unrat, Abfall*
Schmutz, *der; -es, keine Mehrzahl: Unanständiges*

Schneebesen

Schmutz-fink, der; -en/-s,-en: *umgangssprachlich für „unsauberer Mensch"*
Schmutz-fleck, der; -s,-en: *Dreckfleck*
schmut-zig: *unsauber, dreckig*
schmut-zig: *unanständig, frivol*
Schmutz-was-ser, das; -s, keine Mehrzahl: *Brauchwasser*
Schna-bel, der; -s, Schnä-bel: *Vogelmund*
Schna-bel, der; -s, Schnä-bel: *Ausguss bei Kannen*
Schna-bel, der; -s, Schnä-bel: *umgangssprachlich für „Mund"*
schnä-beln: *die Schnäbel aneinander reiben*
schnä-beln: *umgangssprachlich für „küssen"*
Schna-bel-tas-se, die; -,-n: *Tasse mit Trinktülle*
Schna-bel-tier, das; -es,-e: *Tier mit breitem Hornschnabel*
schna-bu-lie-ren: *umgangssprachlich für „essen"*
Schnack, der; -s,-s: *norddeutsch für „Plauderei, Unterhaltung"*
schna-cken: *norddeutsch für „reden, sich unterhalten"*
Schna-ke, die; -,-n: *Insekt, Stechmücke*
Schnal-le, die; -,-n: *Gürtelverschluss*
schnal-len: *mit einer Schnalle verschließen, mit einem Gürtel befestigen*
schnal-zen: *mit der Zunge ein Geräusch hervorbringen*
schnap-pen: *mit offenem Mund keuchen*
schnap-pen: *jemanden festnehmen*
schnap-pen: *sich plötzlich schließen, in die Höhe fahren*
schnap-pen: *beißen, mit den Zähnen zu greifen versuchen*
Schnapp-mes-ser, das; -s,-: *aufklappbares Messer*
Schnapp-sack, der; -s,-säcke: *Ranzen, Rucksack*
Schnapp-schloss, das; -es,-schlös-ser: *Schlossart*
Schnapp-schuss, der; -es,-schüs-se: *Momentaufnahme*
Schnaps, der; -es, Schnäp-se: *Branntwein*
Schnaps-bren-ne-rei, die; -,-en: *Destille*
Schnäps-chen, das; -s,-: *kleiner Schnaps*
Schnaps-glas, das; -es,-glä-ser: *Trinkglas für Schnaps*
Schnaps-i-dee, die; -,-n: *unrealistischer Einfall*
Schnaps-na-se, die; -,-n: *durch Alkoholismus gerötete Nase*
schnar-chen: *mit rasselndem Geräusch im Schlaf atmen, röcheln*
Schnar-cher, der; -s,-: *jemand, der schnarcht*
schnar-ren: *rasseln, knarren, knurren*
schnat-tern: *Laut der Enten und Gänse*
schnat-tern: *umgangssprachlich für „durcheinander reden"*
schnau-ben: *sich die Nase putzen*
schnau-ben: *schnaufen*
schnau-fen: *laut durch die Nase atmen*
Schnau-fer, der; -s,-: *Atemzug*
Schnau-ferl, das; -s,-: *umgangssprachlich für „kleines, altes Auto"*
Schnau-pe, die; -,-n: *Ausgussrohre bei Gefäßen*
Schnauz-bart, der; -es,-bär-te: *dichter Schnurrbart*
schnauz-bär-tig: *mit einem Schnauzbart versehen*
Schnau-ze, die; -,-n: *Maul*
schnau-zen: *umgangssprachlich für „schimpfen, anfahren"*
schnäu-zen, sich: *die Nase putzen*
Schnau-zer, der; -s,-: *Hundeart*
Schnau-zer, der; -s,-: *Schnurrbart*
Schne-cke, die; -,-n: *Welle mit Gewinde, das in ein Schneckenrad eingreift*
Schne-cke, die; -,-n: *Spirale, Endlosschraube*
Schne-cke, die; -,-n: *Weichtier*
Schne-cke, die; -,-n: *Gebäck*
Schne-cken-gang, der; -es,-gän-ge: *Schneckengewinde*
Schne-cken-ge-häu-se, das; -s,-: *Schneckenhaus*
Schne-cken-ge-trie-be, das; -s,-: *Schneckenrad mit Schnecke*
Schne-cken-haus, das; -es,-häu-ser: *Gehäuse einer Schnecke*
Schne-cken-rad, das; -es,-rä-der: *Zahnrad*
Schne-cken-tem-po, das; -s, keine Mehrzahl: *sehr langsames Tempo*
Schnee, der; -s, keine Mehrzahl: *gefrorener Niederschlag*
Schnee-ball, der; -es,-bäl-le
Schnee-ball-sys-tem, das; -s,-e: *sich vervielfältigendes Absatz-, Verständigungs- und Alarmsystem*
Schnee-be-sen, der; -s,-: *Schaumschläger, Küchengerät*

schneeblind

schnee-blind: *an Schneeblindheit leidend*
Schnee-blind-heit, die; -, keine Mehrzahl: *Erblindung durch zu starken Lichteinfall auf Schneeflächen*
Schnee-bruch, der; -es, -brü-che: *Baumschaden durch zu hohe Schneelast*
Schnee-fall, der; -s, -fäl-le: *Niederschlag als Schnee*
Schnee-flo-cke, die; -,-n: *Eiskristalle*
schnee-frei: *ohne Schnee*
Schnee-ge-stö-ber, das; -s,-: *dichter Schneefall*
Schnee-glöck-chen, das; -s,-: *Blumenart*
Schnee-gren-ze, die; -,-n; *untere Grenze des Schneefalls*
Schnee-ket-te, die; -,-n: *Geflecht aus Ketten, das über Autoreifen gezogen wird*
Schnee-kö-nig, der; -s,-e: *Vogelart*
Schnee-mann, der; -es, -män-ner: *aus Schnee geformte Figur*
Schnee-pflug, der; -es, -pflü-ge: *Fahrzeug zum Schneeräumen*
Schnee-schmel-ze, die; -,-n: *Tauwetter*
Schnee-schuh, der; -s,-e: *Ski*
Schnee-sturm, der; -es, -stür-me: *Unwetter mit Schneefall*
Schnee-trei-ben, das; -s,-: *heftiger Schneefall mit Wind*
Schnee-wech-te, die; -,-n: *Schneeverwehung*
Schnee-we-he, die; -,-n: *vom Wind zusammengewehter Schnee*
schnee-weiß: *weiß wie Schnee*
Schneid, der; -es, keine Mehrzahl: *Mut, Courage, Beherztheit*
Schneid-bren-ner, der; -s,-: *Schweißbrenner zum Trennen von Metall*
Schnei-de, die; -,-n: *scharfe Klingenseite*
schnei-den, schnitt, geschnitten: *mit dem Messer zerteilen, ritzen, abtrennen*
schnei-den, sich; schnitt sich, sich geschnitten: *sich verletzen*
Schnei-der, der; -s,-: *Handwerker, der Kleidung anfertigt*
Schnei-de-rei, die; -,-en: *das Schneidern*
Schnei-de-rei, die; -,-en: *Werkstatt eines Schneiders*
schnei-dern: *Bekleidung nähen*
Schnei-de-zahn, der; -es, -zäh-ne: *vorderer Zahn*
schnei-dig: *forsch, draufgängerisch*
Schnei-dig-keit, die; -, keine Mehrzahl: *schneidiges Wesen*

Schneid-klup-pe, die; -,-n: *Werkzeug zum Schneiden von Außengewinden*
schnei-en: *es fällt Schnee*
Schnei-se, die; -,-n: *gerodeter Streifen*
schnell: *rasch, geschwind, eilig, plötzlich, jäh*
Schnell-dienst, der; -es,-e: *Eildienst*
Schnel-le, die; -, keine Mehrzahl: *Schnelligkeit*
Schnel-le, die; -,-n: *Stromschnelle, Klippe*
schnel-len: *federn, sich ruckartig bewegen*
Schnell-feu-er-ge-schütz, das; -es,-e: *Geschütz mit rascher Schussfolge*
schnell-fü-ßig: *sich leicht und schnell fortbewegend*
Schnell-gast-stät-te, die; -,-n: *Schnellimbiss*
Schnell-ge-richt, das; -es,-e: *Gericht für Schnellverfahren*
Schnell-ge-richt, das; -es,-e: *schnell zubereitbare Speise*
Schnell-hef-ter, der; -s,-: *Ordner*
Schnell-lig-keit, die; -,-en: *Geschwindigkeit*
Schnell-läu-fer (auch Schnell-Läufer), der; -s,-: *jemand, der schnell läuft*
schnell-le-big: *kurzlebig, sich schnell verändernd*
Schnell-schuss, der; -es, -schüs-se: *übereilter Schuss, übereilte Handlung*
schnells-tens: *so schnell wie möglich*
Schnell-ver-fah-ren, das; -s,-: *abgekürztes Strafverfahren*
Schnell-zug, der; -es, -zü-ge: *D-Zug*
Schnep-fe, die; -,-n: *Vogelart*
schnet-zeln: *regional für „Fleisch klein schneiden"*
schni-cken: *regional für „schnellen, zucken"*
Schnick-schnack, der; -s, keine Mehrzahl: *umgangssprachlich für „Geschwätz, dummes Gerede"*
schnie-fen: *schnaufen, die Nase hochziehen*
schnie-geln, sich: *sich putzen, sich feinmachen*
schnie-ke: *umgangssprachlich für „chic, fein, herausgeputzt"*
Schnip-pel, der; -s,-: *Streifen, Stoff fetzen*
schnip-peln: *schneiden*
schnip-pen: *schnellen*
schnip-pisch: *frech, keck, anmaßend*

schnurgerade

Schnip-sel, der; -s,-: *Schnippel*
schnip-seln: *schnippeln, schneiden*
schnip-seln: *regional für „klein schneiden"*
schnip-sen: *schnellen, wegschleudern*
Schnitt, der; -es,-e: *Filmbearbeitung durch Schneiden und Zusammensetzen von Szenen*
Schnitt, der; -es,-e: *Ernte, Heuernte*
Schnitt, der; -es,-e: *Schnittvorlage, Muster*
Schnitt, der; -es,-e: *das Geschnittene*
Schnitt, der; -es,-e: *Schnittwunde*
Schnitt, der; -es,-e: *das Schneiden*
Schnitt, der; -es,-e: *Baumschnitt*
Schnitt, der; -es,-e: *Zeichnung eines Körpers in einer Ebene*
Schnit-te, die; -,-n: *Brotscheibe*
Schnit-ter, der; -s,-: *jemand, der Getreide mäht*
schnit-tig: *elegant*
Schnitt-lauch, der; -es, keine Mehrzahl: *Zwiebelgewächs, Gewürz*
Schnitt-mus-ter, das; -s,-: *auf Papier gezeichnete Schneidervorlage*
Schnitt-punkt, der; -es,-e: *gemeinsamer Punkt zweier sich kreuzender Linien*
Schnitt-punkt, der; -es,-e: *Kreuzung*
Schnitz, der; -es,-e: *Obststück*
Schnit-zel, das; -s,-: *gebratenes Fleisch*
Schnit-zel, das/der; -s,-: *Papierstück*
Schnit-zel-jagd, die; -,-en: *Verfolgungsjagd*
schnit-zeln: *in kleine Stücke schneiden*
schnit-zen: *in Holz schneiden*
Schnit-zer, der; -s,-: *Fehler*
Schnit-zer, der; -s,-: *Holzbildhauer*
Schnit-ze-rei, die; -,-en: *Holzverzierungen*
schno-bern: *den Atem einziehen, schnuppern, schnüffeln*
Schnod-der, der; -s, keine Mehrzahl: *derb umgangssprachlich für „Nasenschleim"*
schnod-de-rig: *frech, vorlaut*
Schnodd-rig-keit, die; -, keine Mehrzahl: *schnodderiges Wesen, Verhalten*
schnö-de: *verwerflich, schändlich, gemein, verächtlich, geringschätzig*
Schnöd-heit, die; -, keine Mehrzahl: *schnödes Verhalten, schnödes Wesen*
Schnö-dig-keit, die; -,-en: *Schnödheit*
Schnor-chel, der; -s,-: *Atemgerät für Taucher, ausfahrbares Luftansaugrohr bei Unterseebooten*

schnor-cheln: *mit einem Schnorchel tauchen*
Schnör-kel, der; -s,-: *Verzierung, Zierrat*
schnör-ke-lig: *schwungvoll, verziert, mit Schnörkeln verziert*
schnor-ren: *betteln*
Schnor-rer, der; -s,-: *jemand, der schnorrt, Bettler, Schmarotzer*
Schnö-sel, der; -s,-: *umgangssprachlich für „Geck, dummdreister Mensch"*
schnö-se-lig: *in der Art eines Schnösels*
Schnu-cke, die; -,-n: *Heidschnucke, Schaf*
Schnu-ckel-chen, das; -s,-: *Kosewort für „kleines Kind"*
Schnüf-fe-lei, die; -,-en: *das Schnüffeln*
schnüf-feln: *schnaufen, riechen, Gerüche aufnehmen, wittern, schnuppern*
schnüf-feln: *Rauschgift oder Lösungsmittel inhalieren*
schnüf-feln: *nachspüren, spionieren, heimlich beobachten*
Schnüff-ler, der; -s,-: *jemand, der schnüffelt*
Schnul-ler, der; -s,-: *Lutscher, Sauger*
Schnul-ze, die; -,-n: *kitschiges, sentimentales Lied*
schnup-fen: *Schnupftabak durch die Nase ziehen*
schnup-fen: *schluchzen*
schnup-fen: *Nasenschleim hochziehen*
Schnup-fen, der; -s,-: *Erkältungskrankheit, Nasenkatarr*
Schnup-fer, der; -s,-: *jemand, der schnupft*
Schnupf-ta-bak, der; -s,-s: *Tabak zum Schnupfen*
Schnupf-tuch, das; -es, -tü-cher: *Taschentuch*
schnup-pe: *umgangssprachlich für „gleichgültig"*
Schnup-pe, die; -,-n: *Sternschnuppe, Meteor*
schnup-pern: *schnüffeln, wittern*
Schnur, die; -, Schnü-re: *Strippe, Bindfaden, Kordel*
Schnür-bo-den, der; -s, -bö-den: *Raum über der Theaterbühne*
Schnür-chen, das; -s,-: *dünne Schnur*
schnü-ren: *zusammenbinden, mit Schnur verpacken, umwickeln*
schnü-ren, sich: *sich mit einem Korsett zusammenschnüren*
schnur-ge-ra-de: *ganz gerade, ohne Umwege*

Schnurrbart

Schnurr-bart, der; -es,-bär-te: Oberlippenbart
schnurr-bär-tig: mit einem Schnurrbart versehen
Schnur-re, die; -,-n: Schwank, Posse, lustiger Einfall
schnur-ren: summen, leise knurren
schnur-rig: drollig, verschroben
Schnür-schuh, der; -s,-e: Schuhe zum Zuschnüren
Schnür-sen-kel, der; -s,-: Schuhsenkel
Schnür-stie-fel, der; -s,-: Stiefel zum Zuschnüren
schnur-stracks: geradewegs, unverzüglich
schnurz-e-gal: ganz egal
Schnüt-chen, das; -s,-: kleine Schnute
Schnu-te, die; -,-n: Schmollmund
Scho-ber, der; -s,-: Heuboden
Schock, der; -s,-s: plötzliche Erschütterung, nervöser Zusammenbruch, schwerer Schreck, Stoß
Schock-be-hand-lung, die; -,-en: Schocktherapie
scho-cken: erschrecken, einen Schock versetzen
Scho-cker, der; -s,-: etwas oder jemand, der schockt
scho-ckie-ren: einen Schock versetzen
Schock-the-ra-pie, die; -,-n: Schockbehandlung
scho-fel: umgangssprachlich für „erbärmlich, schäbig, geizig"
Scho-fel, der; -s,-: umgangssprachlich für „wertloses Zeug, Ramsch"
scho-fe-lig: schäbig, geizig, erbärmlich
Schöf-fe, der; -n,-n: Laienrichter, Beisitzer
Schöf-fen-ge-richt, das; -es,-e: Gericht aus Berufsrichtern und Schöffen
Scho-ko-la-de, die; -,-n: Süßigkeit aus Kakao und Zucker, auch: Trinkschokolade
Scho-ko-la-den-ta-fel, die; -,-n:
Scho-las-tik, die; -, keine Mehrzahl: Religionsphilosophie
Scho-las-ti-ker, der; -s,-: umgangssprachlich für „Haarspalter, Wortklauber"
Scho-las-ti-ker, der; -s,-: Anhänger der Scholastik
Schol-le, die; -,-n: Erdklumpen
Schol-le, die; -,-n: großer, treibender Eisklumpen
Schol-le, die; -,-n: Fischart
schol-lig: voller Schollen, aus Schollen bestehend

schon: allein
schon: bereits
schon: ohnehin
schon: bestimmt, rechtzeitig
schon: wohl, zwar, auch
schön: nun gut, einverstanden
schön: angenehm, hübsch, gut anzusehen, fein
scho-nen: pfleglich, sorgsam, behutsam behandeln
scho-nen, sich: sich nicht überanstrengen, gesund leben
schö-nen: Aussehen, Erscheinungsbild künstlich verschönern
Scho-ner, der; -s,-: Schutzhülle, Hülle
Scho-ner, der; -s,-: Segelschiff
schön-fär-ben: übertrieben günstig darstellen, beschönigen
Schön-fär-be-rei, die; -,-en: beschönigende Darstellung
Schön-geist, der; -es,-er: Ästhet
schön-geis-tig: die schönen Künste liebend
Schön-heit, die; -, keine Mehrzahl: das Schöne, Vollkommenes, schönes Aussehen
Schön-heit, die; -,-en: schöne Frau
Schön-heits-feh-ler, der; -s,-: Fehler im Gesamtbild
Schön-heits-kon-kur-renz, die; -,-en: Schönheitswettbewerb
Schon-kost, die; -, keine Mehrzahl: Diät, leichte Kost
schön-ma-chen: verschönern
schön-schrei-ben, schrieb schön, schöngeschrieben: Schönschrift schreiben
Schön-schrift, die; -,-en: Reinschrift
Scho-nung, die; -,-en: junger Wald
Scho-nung, die; -, keine Mehrzahl: das Schonen, pflegliche Behandlung
scho-nungs-be-dürf-tig: der Schonung bedürfend
scho-nungs-los: grob, rücksichtslos
Schön-wet-ter-la-ge, die; -,-n: weit verbreitetes schönes Wetter
Schön-wet-ter-wol-ke, die; -,-n: Wolke, die schönes Wetter anzeigt
Schon-zeit, die; -,-en: befristetes Jagdverbot für Wildarten
Schopf, der; -es, Schöp-fe: Haarbalg, Haarbüschel
Schopf, der; -es, keine Mehrzahl: schweizer. für „Schuppen, Wetterdach"
schöp-fen: Flüssigkeit schöpfen, heben
schöp-fen: erschaffen

Schraubenzieher

Schöp-fer, der; -s,-: *Schöpfkelle*
Schöp-fer, der; -s,-: *Erschaffer, Künstler, Urheber*
schöp-fe-risch: *einfallsreich, in der Art eines Schöpfers, begabt, schaffend*
Schöpf-kel-le, die; -,-n: *Schöpflöffel*
Schöpf-löf-fel, der; -s,-: *Schöpfkelle*
Schöp-fung, die; -, keine Mehrzahl: *die Welt, das Universum*
Schöp-fung, die; -,-en: *Erschaffung, das Werk eines Künstlers*
Schöp-fungs-be-richt, der; -es, keine Mehrzahl: *Bericht von der Erschaffung der Welt im Alten Testament*
Schöp-fungs-ge-schich-te, die; -, keine Mehrzahl: *Schöpfungsbericht*
Schöpp-chen, das; -s,-: *kleiner Schoppen*
Schop-pen, der; -s,-; *Flüssigkeitsmaß, Glas Wein*
Schöps, der; -es,-e: *Hammel*
Schorf, der; -s, keine Mehrzahl: *Grind, Verkrustung von Wunden*
schor-fig: *voller Schorf, wie Schorf, mit Schorf bedeckt*
Schor-le, die; -,-: *Getränk aus Wein und Mineralwasser*
Schorn-stein, der; -s,-e: *Kamin, Esse, Rauchabzug, Schlot*
Schorn-stein-fe-ger, der; -s,-: *Kaminkehrer*
Schoß, der; -es, Schö-ße: *Mutterleib, weibliches Geschlechtsteil, Unterleib*
Schoß, der; -es, Schö-ße: *Rücken des Herrenjacketts*
Schoß-hund, der; -es,-e: *kleiner Hund*
Schoß-kind, das; -es,-er: *verhätscheltes Kleinkind*
Schöss-ling, der; -s,-e: *junger Pflanzentrieb, Ableger, Setzling*
Scho-te, die; -,-n: *Fruchtform, Hülse*
Scho-te, die; -,-n: *Segelleine*
Schott, das; -s,-s: *Trennwand in einem Schiff*
Schot-ten, der; -s,-: *groß karierter Kleiderstoff*
Schot-ter, der; -s,-: *grob zerkleinertes Gestein*
schot-tern: *mit Schotter bedecken*
schraf-fie-ren: *mit feinen parallelen Strichen versehen*
Schraf-fie-rung, die; -,-en: *feine Strichelung*
Schraf-fur, die; -,-en: *schraffierte Fläche*
schräg: *abfallend, geneigt, schief*

Schrä-ge, die; -,-n: *Neigung, schräge Fläche, Schrägheit*
Schra-gen, der; -s,-: *regional für „Gestell, Sägebock"*
schrä-gen: *schräg machen*
Schräg-heit, die; -, keine Mehrzahl: *schräge Beschaffenheit, Schräge, schräge Lage*
Schräg-la-ge, die; -,-n: *Schlagseite*
Schräg-strich, der; -es,-e: *Satzzeichen*
Schram-me, die; -,-n: *Kratzer*
Schram-mel-mu-sik, die; -, keine Mehrzahl: *österr. Unterhaltungsmusik*
Schram-meln, die; -, keine Einzahl: *Schrammelmusik*
schram-men, sich: *sich kratzen*
schram-mig: *voller Schrammen*
Schrank, der; -s, Schrän-ke: *Möbel*
Schränk-chen, das; -s,-: *kleiner Schrank*
Schran-ke, die; -,-n: *Schlagbaum, Bahnschranke; auch: Grenze*
schrän-ken: *kreuzweise übereinander legen*
schran-ken-los: *grenzenlos, uneingeschränkt*
schran-ken-los: *unbeherrscht, zügellos*
Schran-ken-lo-sig-keit, die; -,keine Mehrzahl: *schrankenloses Wesen, Verhalten, Unbeherrschtheit*
Schran-ken-wär-ter, der; -s,-: *Wärter bei einer Bahnschranke*
Schrank-kof-fer, der; -s,-: *großer Koffer*
Schrank-wand, die; -, -wän-de: *Wohnzimmerschrank*
Schran-ze, die; -,-n: *liebedienerischer Höfling*
schra-pen: *regional für „schaben, kratzen"*
Schrap-nell, das; -s,-e/-s: *Sprenggeschoss*
schrap-pen: *schaben, kratzen*
Schrat, der; -es,-e: *zottiger Waldgeist, Kobold*
Schräub-chen, das; -s,-: *kleine Schraube*
Schrau-be, die; -,-n
schrau-ben: *eine Schraube drehen, durch Schrauben verschließen oder öffnen*
Schrau-ben-ge-win-de, das; -s,-: *Gewinde einer Schraube*
Schrau-ben-kopf, der; -es, -köp-fe: *Kopf einer Schraube*
Schrau-ben-schlüs-sel, der; -s,-: *Werkzeug zum Anziehen von Sechskantschrauben*
Schrau-ben-zie-her, der; -s,-: *Werkzeug*

Schraubglas

Schraub-glas, das; -es, -glä-ser: *Glas mit einem Schraubverschluss*
Schraub-stock, der; -es, -stö-cke: *Gerät zum Einspannen eines Werkstücks*
Schraub-ver-schluss, der; -es, -schlüs-se: *Verschluss, bei dem ein Deckel aufgeschraubt wird*
Schraub-zwin-ge, die; -,-n: *Zwinge, die mit einer Schraube geschlossen und geöffnet wird*
Schre-ber-gar-ten, der; -s, -gär-ten: *Kleingarten in einer organisierten Kleingartenkolonie*
Schre-ber-gärt-ner, der; -s,-: *Kleingärtner*
Schreck, der; -s,-e: *plötzliches Entsetzen, Schock*
Schre-cke, die; -,-n: *Heuschrecke, Insekt*
schre-cken, schrak, geschrocken: *in Schreck geraten, zurückweichen, erschrecken*
Schre-cken, der; -s,-: *Schreck*
Schre-cken er-re-gend: *schrecklich, Furcht erregend*
schre-ckens-bleich: *bleich vor Schrecken*
Schre-ckens-herr-schaft, die; -,-en: *Tyrannei, Terror*
Schreck-ge-spenst, das; -es,-er: *drohende Gefahr, Schrecken erregende Vorstellung*
schreck-haft: *scheu, leicht erschreckend*
Schreck-haf-tig-keit, die; -, keine Mehrzahl: *schreckhaftes Wesen*
schreck-lich: *furchtbar, entsetzlich*
schreck-lich: *umgangssprachlich für „sehr groß, sehr"*
Schreck-lich-keit, die; -,-en: *schreckliches Geschehen, schreckliche Beschaffenheit*
Schreck-nis, das; -ses,-se: *Abscheuliches, Entsetzliches, schreckliches Ereignis*
Schreck-schrau-be, die; -,-n: *umgangssprachlich für „unbeliebte Frau"*
Schreck-schuss, der; -es, -schüs-se: *Warnschuss*
Schreck-se-kun-de, die; -,-n: *Reaktionszeit*
Schrei, der; -es,-e: *lauter Ruf*
Schreib-block, der; -s,-s: *Notizblock*
schrei-ben, schrieb, geschrieben: *schriftlich festhalten, schriftlich mitteilen*
schrei-ben, schrieb, geschrieben: *als Schriftsteller arbeiten*
Schrei-ben, das; -s,-: *Schriftstück, Brief*
Schrei-ber, der; -s,-: *Schreibstift*

Schrei-ber, der; -s,-: *jemand, der schreibt*
Schrei-be-rei, die; -,-en: *das Schreiben*
Schrei-ber-ling, der; -s,-e: *abwertend für „Vielschreiber, Journalist"*
schreib-faul: *nicht gerne schreibend, selten schreibend*
Schreib-kraft, die; -, -kräf-te: *jemand, der berufsmäßig schreibt, zum Schreiben angestellt ist*
Schreib-ma-schi-ne, die; -,-n: *maschinelles Schreibgerät*
Schreib-ma-schi-nen-pa-pier, das; -s, keine Mehrzahl
Schreib-schrift, die; -,-en: *Schönschrift, verbundene Schrift*
Schreib-stu-be, die; -,-n: *Büro*
Schreib-tisch, der; -es,-e: *Tisch zum Schreiben, Büroarbeitstisch*
Schreib-tisch-tä-ter, der; -s,-: *jemand, der Verbrechen nicht selbst ausführt, sondern sie plant und befiehlt*
Schrei-bung, die; -,en: *Rechtschreibung*
Schreib-wa-ren, die; -, keine Einzahl: *Büromaterial*
Schreib-wei-se, die; -,-n: *Schreibstil, Art des Schreibens*
schrei-en, schrie, geschrien: *laut rufen*
Schrei-er, der; -s,-: *jemand, der schreit*
Schrei-e-rei, die; -,-en: *ständiges Schreien*
Schrei-hals, der; -es, -häl-se: *heftig Schreiender, schreiendes Kind*
Schrei-krampf, der; -es, -krämp-fe: *hysterischer Anfall mit Schreien*
Schrein, der; -es,-e: *Schrank, Kasten*
Schrei-ner, der; -s,-: *Tischler*
Schrei-ne-rei, die; -,-en: *Werkstatt eines Schreiners*
schrei-nern: *Schreinerarbeit leisten*
schrei-ten, schritt, geschritten: *gemessen, feierlich gehen*
Schrieb, der; -es,-e: *umgangssprachlich für „Schreiben, Brief"*
Schrift, die; -,-en: *Text, Aufsatz, Abhandlung*
Schrift, die; -,-en: *Zeichensystem, Handschrift, Geschriebenes*
Schrift-bild, das; -es,-er: *äußere Form einer Schrift, eines Schreibens*
Schrift-deutsch, das; -en, keine Mehrzahl: *Deutsch der Schriftsprache*
Schrift-füh-rer, der; -s,-: *Protokollführer*
Schrift-lei-ter, der; -s,-: *Redakteur*
Schrift-lei-tung, die; -,-en: *Redaktion*

Schufterei

schrift-lich: *niedergeschrieben, durch Schrift festgehalten*
Schrift-satz, *der; -es, -sät-ze: Protokoll, schriftlicher Antrag, schriftliche Erklärung*
Schrift-satz, *der; -es, -sät-ze: Buchdruckvorlage*
Schrift-set-zer, *der; -s,-: Setzer*
Schrift-stel-ler, *der; -s,-: Verfasser von Texten*
schrift-stel-le-risch: *die Schriftstellerei betreffend, als Schriftsteller*
Schrift-stück, *das; -es,-e: Urkunde, Akte*
Schrift-tum, *das; -s, keine Mehrzahl: Gesamtheit der Literatur*
Schrift-ver-kehr, *der; -s, keine Mehrzahl: Schriftwechsel*
Schrift-wech-sel, *der; -s,-: Briefwechsel*
Schrift-zei-chen, *das; -s,-: graphisches Zeichen*
Schrift-zug, *der; -es, -zü-ge: Handschrift, Unterschrift*
schrill: *gellend, grell, durchdringend*
Schrip-pe, *die; -,-n: Brötchen*
Schritt, *der; -es,-e: Maßnahme, Vorgehen, Handlung*
Schritt, *der; -es,-e: langsames Gehen*
Schritt, *der; -es,-e: Teil der Hose*
Schritt, *der; -es,-e: Vorsetzen eines Fußes*
Schritt-ma-cher, *der; -s,-: jemand, der den günstigsten Weg vorgibt, jemand, der etwas zum ersten Mal macht*
Schritt-ma-cher, *der; -s,-: jemand, der die Geschwindigkeit eines Rennens bestimmt*
schritt-wei-se: *in einzelnen Schritten, in kleinen Schritten*
schroff: *abweisend, grob, unfreundlich*
schroff: *steil aufragend, jäh, rau*
Schrof-fe, *die; -,-n: regional für „Felsklippe"*
Schroff-heit, *die; -, keine Mehrzahl: schroffes Verhalten, schroffes Wesen*
schröp-fen: *jemanden finanziell ausnutzen, übervorteilen*
schröp-fen: *Blut abzapfen*
Schröpf-kopf, *der; -es, -köp-fe: Saugglocke zum Schröpfen*
Schrot, *der/das; -es,-e: Bleikügelchen, Munitionsart*
Schrot, *der/das; -es, keine Mehrzahl: grob gemahlenes Getreide*
Schrot-brot, *das; -es,-e: grobes Brot*
schro-ten: *grob zermahlen*
Schrot-flin-te, *die; -,-n: Gewehr, mit dem Schrot verschossen wird*

Schrot-ku-gel, *die; -,-n: Bleikugel*
Schrot-müh-le, *die; -,-n: Getreidemühle*
Schrott, *der; -s, keine Mehrzahl: Abfall, Altmetall*
Schrott-hau-fen, *der; -s,-: Abfallhaufen, Altmetallhaufen*
schrub-ben: *scheuern, reiben*
Schrub-ber, *der; -s,-: Scheuerbürste*
Schrul-le, *die; -,-n: Hirngespinst, Laune, Marotte*
Schrul-le, *die; -,-n: umgangssprachlich für „verschrobene Person"*
schrul-lig: *verschroben, wunderlich, launenhaft*
schrum-pe-lig: *faltig, runzelig*
schrum-peln: *schrumpfen*
schrump-fen: *kleiner werden, faltig werden, vertrocknen*
Schrump-fung, *die; -, keine Mehrzahl: das Schrumpfen*
Schrun-de, *die; -,-n: Spalt, Riss, Felsspalte*
schrun-dig: *rissig, mit Schrunden bedeckt*
schrup-pen: *Material grob bearbeiten*
Schrupp-fei-le, *die; -,-n: grobe Feile*
Schrupp-ho-bel, *der; -s,-: grober Hobel*
Schub, *der; -es, Schü-be: Anfall, Krankheitskrise*
Schub, *der; -es, keine Mehrzahl: Rückstoß, Antrieb durch Schieben*
Schub, *der; -es, Schü-be: auf einmal beförderte Menge*
Schub, *der; -es, Schü-be: umgangssprachlich für „Schublade"*
Schub-fach, *das; -es, -fä-cher: Schublade*
Schu-bi-ak, *der, -s,-s/-e: norddeutsch für „Schuft, Lump"*
Schub-kar-re, *die; -,-n: einrädrige Karre zum Schieben*
Schub-kraft, *die; -, -kräf-te: Schub, Rückstoßkraft*
Schub-la-de, *die; -,-n: Schubfach*
Schubs, *der; -es,-e: umgangssprachlich für „leichter Stoß"*
schub-sen: *umgangssprachlich für „leicht stoßen"*
schub-wei-se: *in Schüben*
schüch-tern: *scheu, zurückhaltend, ängstlich*
Schüch-tern-heit, *die; -, keine Mehrzahl: schüchternes Wesen*
Schuft, *der; -es,-e: Lump, Schurke*
schuf-ten: *schwer arbeiten*
Schuf-te-rei, *die; -, keine Mehrzahl: ständiges schweres Arbeiten*

schuf-tig: niederträchtig, gemein
Schuf-tig-keit, die; -,-en: *schuftiges Verhalten*
Schuf-tig-keit, die; -, keine Mehrzahl: *schuftiges Wesen*
Schuh, der; -s,-e: *Fußbekleidung*
Schuh-an-zie-her, der; -s,-: *Schuhlöffel*
Schuh-löf-fel, der; -s,-: *Schuhanzieher*
Schuh-ma-cher, der; -s,-: *Schuster*
Schuh-ma-che-rei, die; -,-en: *Werkstatt eines Schusters*
Schuh-platt-ler, der; -s,-: *oberbayrischer Volkstanz*
Schuh-put-zer, der; -s,-: *jemand, der Schuhe putzt*
Schuh-soh-le, die; -,-n: *Sohle eines Schuhs*
Schu-ko-ste-cker, der; -s,-: *Kurzwort für „Schutzkontaktstecker"*
Schul-amt, das; -es, -äm-ter: *Schulaufsichtsbehörde*
Schul-an-fän-ger, der; -s,-: *Abc-Schütze*
Schul-ar-beit, die; -,-en: *Hausaufgabe; österr. auch: schriftliche Aufgabe, die in der Schule zu erledigen ist*
Schul-arzt, der; -es, -ärz-te: *Arzt, der Schüler und Lehrer betreut*
schul-ärzt-lich: *den Schularzt betreffend*
Schul-auf-ga-be, die; -, keine Mehrzahl: *in der Schule zu erledigende Aufgabe*
Schul-auf-ga-ben, die; -, keine Einzahl: *Hausaufgaben*
Schul-bank, die; -, -bän-ke: *Schülersitzplatz*
Schul-bei-spiel, das; -es,-e: *Musterbeispiel*
Schul-bil-dung, die; -, keine Mehrzahl: *in der Schule erworbenes Wissen*
Schul-buch, das; -es, -bü-cher: *Lehrbuch für Schüler*
Schul-bus, der; -ses,-se: *Bus, der Schüler befördert*
schuld: *schuldig, Schuld habend*
Schuld, die; -, keine Mehrzahl: *Verpflichtung zu einer Gegenleistung*
Schuld, die; -, keine Mehrzahl: *Strafwürdigkeit, Verantwortung für ein Vergehen*
Schuld-be-kennt-nis, das; -ses,-se: *Beichte, Geständnis*
schuld-be-wusst: *kleinlaut, betrogen, reuig, beschämt*
Schul-den, die; -, keine Einzahl: *Geldverpflichtung*
schul-den: *zur Rückzahlung verpflichtet sein, zum Dank verpflichtet sein, jemandem etwas verdanken*
schul-den-frei: *ohne Schulden*
Schul-den-last, die; -,-en: *Schulden, Belastung durch Schulden*
Schuld-fra-ge, die; -,-n: *Frage nach der Schuld*
schuld-haft: *durch eigene Schuld*
Schul-dienst, der; -es, keine Mehrzahl: *als Lehrer unterrichten*
schul-dig: *Schuld habend, eines Vergehens überführt*
schul-dig: *verpflichtet, jemandem etwas schuldend*
Schul-di-ger, der; -s,-: *Schuldner*
Schul-dig-keit, die; -, keine Mehrzahl: *Pflicht, Verpflichtung*
schuld-los: *unschuldig, ohne Schuld*
Schuld-lo-sig-keit, die; -, keine Mehrzahl: *schuldlose Beschaffenheit*
Schuld-ner, der; -s,-: *jemand, der Schulden hat*
Schuld-schein, der; -es,-e: *schriftliche Bestätigung, Anerkennung einer Verpflichtung*
Schuld-ver-schrei-bung, die; -,-en: *festverzinsliches Wertpapier*
Schu-le, die; -,-n: *Lehranstalt, Schulgebäude*
Schu-le, die; -,-n: *Lehrbuch*
Schu-le, die; -,-n: *künstlerische oder wissenschaftliche Richtung, Lehrmeinung*
schu-len: *ausbilden, lehren, unterrichten*
Schü-ler, der; -s,-: *Lernender, die Schule Besuchender*
Schü-ler-kar-te, die; -,-n: *ermäßigte Fahrkarte für Schüler*
Schü-ler-lot-se, der; -n,-n: *Schüler als Verkehrshelfer*
Schü-ler-mit-ver-ant-wor-tung, die; -,-en: *verantwortliche Beteiligung von Schülern am Schulleben*
Schü-ler-mit-ver-wal-tung, die; -,-en: *Gremium der Schülerschaft, das Schülermitverantwortung ausübt*
Schü-ler-zei-tung, die; -,-en: *von Schülern gestaltete Zeitung*
Schul-fe-ri-en, die; -, keine Einzahl: *Ferien der Schule*
schul-frei: *unterrichtsfrei*
Schul-funk, der; -s, keine Mehrzahl: *Lehrsendung im Rundfunk*

Schussfeld

Schul-geld, das; -es,-er: *Gebühr für den Schulunterricht*
Schul-hof, der; -es, -hö-fe: *Hof der Schule, Pausenhof*
schu-lisch: *die Schule betreffend*
Schul-kind, das; -es,-er: *Schüler*
Schul-klas-se, die; -,-n: *Klassenraum*
Schul-klas-se, die; -,-n: *Gesamtheit der Schüler einer Klasse*
Schul-land-heim, das; -es,-e: *Heim, das von Schulklassen zum Unterricht und zur Erholung genutzt wird*
Schul-lei-ter, der; -s,-: *Rektor*
Schul-map-pe, die; -,-n: *Ranzen, Schultasche*
schul-meis-ter-lich: *wie ein Schulmeister*
schul-meis-tern: *überheblich belehren, bekritteln, gängeln*
Schul-pflicht, die; -, keine Mehrzahl: *gesetzlich vorgeschriebener Schulbesuch*
schul-pflich-tig: *der Schulpflicht unterliegend*
Schul-ran-zen, der, -s,-: *Schultasche*
Schul-schiff, das; -es,-e: *Lehrschiff der Marine*
Schul-schwän-zer, der; -s,-: *jemand, der den Unterricht schwänzt*
Schul-ter, die; -,-n: *Verbindung von Arm und Brustkorb*
Schul-ter-blatt, das; -es, -blät-ter: *Schulterknochen*
schul-tern: *auf die Schulter nehmen*
Schu-lung, die; -,-en: *Unterricht, Ausbildung*
Schul-un-ter-richt, der; -s, keine Mehrzahl: *Unterricht in einer Schule*
Schul-weg, der; -es,-e: *Weg bis zur Schule*
Schul-zeit, die; -,-en: *Zeit, die an einer Schule verbracht wird*
Schul-zeug-nis, das; -ses,-se: *Zeugnis*
Schum-me-lei, die; -,-en: *ständiges Schummeln*
schum-meln: *mogeln*
schum-me-rig: *zwielichtig, dämmerig, dunkel*
Schund, der; -es, keine Mehrzahl: *Plunder, Abfall, wertloses Zeug*
Schund-li-te-ra-tur, die; -, keine Mehrzahl: *Hintertreppenroman, wertlose Literatur*
schun-keln: *sich im Sitzen hin- und herwiegen*
Schu-po, der; -s,-s: *umgangssprachlich für „Schutzpolizist"*

Schup-pe, die; -,-n: *Talgabsonderung der Kopfhaut*
Schup-pe, die; -,-n: *Hautplättchen der Fische und Reptilien*
schup-pen: *Schuppen abschaben*
Schup-pen, der; -s,-: *Speicher*
Schup-pen-flech-te, die; -, keine Mehrzahl: *chronische Hautkrankheit*
Schur, die; -, keine Mehrzahl: *das Scheren*
Schür-ei-sen, das; -s,-: *Schürhaken*
schü-ren: *anfachen, vergrößern; aufwiegeln*
schür-fen: *abschürfen, verletzen*
schür-fen: *abbauen, graben*
Schür-ha-ken, der; -s,-: *eiserner Haken zum Feuerschüren*
schu-ri-geln: *schikanieren, plagen, quälen*
Schur-ke, der; -n,-n: *gemeiner, verbrecherischer Mensch*
Schur-ke-rei, die; -,-en: *schurkische Handlung, schurkisches Verhalten*
schur-kisch: *gemein, verbrecherisch*
schur-ren: *regional für „schlurfen, gleiten, rutschen"*
Schur-wol-le, die; -, keine Mehrzahl: *von lebenden Schafen gewonnene Wolle*
Schurz, der; -es,-e: *Lendentuch; Schürze*
Schür-ze, die; -,-n: *Schutzkleidung*
schür-zen: *heben, raffen, hochziehen*
Schür-zen-jä-ger, der; -s,-: *Mann, der Frauen nachstellt*
Schuss, der; -es, Schüs-se: *Wurf oder Abschießen eines Balles*
Schuss, der; -es: *Abfeuern einer Schusswaffe*
Schuss, der; -es: *Querfäden eines Gewebes*
Schuss, der; -es: *schnelles Wachstum*
Schuss, der; -es: *Schub, Menge, Flüssigkeitsmenge*
Schuss, der; -es: *Schwung*
Schuss, der; -es: *umgangssprachlich für „Rauschgiftdosis, -spritze"*
schuss-be-reit: *bereit zum Feuern*
Schus-sel, der; -s,-: *umgangssprachlich für „fahriger Mensch"*
Schüs-sel, die; -,-n: *Becken, Schale*
schus-se-lig: *schusslig*
Schuss-fahrt, die; -,-en: *ungebremste Abfahrt (Schlitten, Skilauf)*
Schuss-feld, das; -es,-er: *in der Wendung: freies Schussfeld haben, ohne Behinderung schießen können*

schussgerecht

schuss-ge-recht: *günstig zum Schießen*
schuss-lig: *zerstreut, fahrig, unaufmerksam*
Schuss-li-nie, die; -,-n: *Richtung eines Schusses*
Schuss-waf-fe, die; -,-n: *Feuerwaffe*
Schus-ter, der; -s,-: *Schuhmacher*
Schus-te-rei, die; -,-en: *Handwerk eines Schusters*
Schus-te-rei, die; -,-en: *Pfuscherei*
schus-tern: *das Schusterhandwerk verrichten*
schus-tern: *pfuschen*
Schu-te, die; -,-n: *flaches Schiff*
Schutt, der; -s, keine Mehrzahl: *Abfall, Trümmer*
Schutt-ab-la-de-platz, der; -es, -plät-ze: *Mülldeponie*
Schutt-berg, der; -es,-e: *Schutthalde*
Schüt-te, die; -,-n: *Strohbund*
Schüt-te, die; -,-n: *schweizer. für „Tenne, Kornboden"*
Schüt-tel-frost, der; -es, -frös-te: *Muskelzittern, Zittern infolge von Kälte oder Fieber*
schüt-teln: *hin und her schleudern*
Schüt-tel-reim, der; -es,-e: *Wortspielvers*
schüt-ten: *ausgießen, gießen, strömen lassen*
schüt-ten: *umgangssprachlich für „regnen"*
schüt-ter: *licht, spärlich*
Schütt-gut, das; -es, keine Mehrzahl: *Ware, die geschüttet werden kann*
Schutt-hal-de, die; -,-n: *Schuttberg*
Schutz, der; -es, keine Mehrzahl: *Fürsorge, Obhut, Abwehr, Hilfe, Unterstützung*
Schutz, der; -es, keine Mehrzahl: *vorbeugende Maßnahme*
Schutz-blech, das; -es,-e: *Spritzblech*
Schutz-bril-le, die; -,-n: *Brille zum Schutz der Augen*
Schutz-dach, das; -es, -dä-cher: *Regendach*
Schüt-ze, der; -n,-n: *jemand, der schießt*
Schüt-ze, der; -n,-n: *Fußballspieler, der einen Ball geschossen hat*
schüt-zen: *bewahren, behüten*
schüt-zen, sich: *sich hüten, vorbeugen*
Schüt-zen, der; -s,-: *Weberschiffchen*
Schüt-zen-fest, das; -es,-e: *Volksfest mit Wettschießen*
Schutz-en-gel, der; -s,-: *übertragen für „Glück"*

Schüt-zen-gra-ben, der; -s, -grä-ben: *Deckung bietender Graben im Stellungskrieg*
Schüt-zen-hil-fe, die; -, keine Mehrzahl: *Unterstützung*
Schüt-zen-kö-nig, der; -s,-e: *Gewinner eines Schießwettbewerbs*
Schutz-ge-biet, das; -es,-e: *Naturschutzgebiet; auch: Kolonie*
Schutz-ge-bühr, die; -,-en: *Gebühr*
Schutz-haft, die; -, keine Mehrzahl: *Haft, um den Häftling vor Gewalttaten zu schützen*
Schutz-hüt-te, die; -,-n: *Unterstand für Wanderer*
schutz-imp-fen: *vorbeugend impfen*
Schutz-imp-fung, die; -,-en: *Immunisierung, Impfung*
Schutz-klei-dung, die; -, keine Mehrzahl: *Schutzanzug, Schutzbekleidung*
Schütz-ling, der; -s,-e: *jemand, der geschützt und unterstützt wird*
schutz-los: *ohne Schutz, hilflos*
Schutz-lo-sig-keit, die; -, keine Mehrzahl: *schutzlose Beschaffenheit, Hilflosigkeit*
Schutz-macht, die; -, -mäch-te: *Großmacht, die einen anderen Staat militärisch unterstützt*
Schutz-mann, der; -es, -leu-te: *Polizist*
Schutz-mar-ke, die; -,-n: *Warenzeichen*
Schutz-mas-ke, die; -,-n: *Maske als Schutz gegen Luftverunreinigungen*
Schutz-maß-nah-me, die; -,-n: *schützende, vorbeugende Maßnahme*
Schutz-pat-ron (auch Schutz-pa-tron), der; -s,-e: *Schutzheiliger*
Schutz-po-li-zei, die; -, keine Mehrzahl: *Polizei*
Schutz-trup-pe, die; -,-n: *militärische Kolonialtruppe*
Schutz-um-schlag, der; -es, -schlä-ge: *Einband*
Schutz-zoll, der; -s, -zöl-le: *auf eingeführte Waren erhobener Zoll, der eigene Produkte begünstigen soll*
schwab-be-lig: *umgangssprachlich für „aufgeschwemmt, weich, schwammig, fett"*
schwab-beln: *wackeln, wabern*
Schwa-ben-al-ter, das; -s,-: *scherzhaft: Alter von 40 Jahren*
Schwa-ben-streich, der; -es,-e: *unüberlegte, lächerliche Handlung*

Schwärmer

schwach: *kraftlos, geschwächt*
schwach: *kränklich, zart*
schwach: *machtlos*
schwach: *dünn, klein, gering*
schwach be-gabt: *unbegabt, wenig begabt*
Schwä-che, die; -,-n: *Kraftlosigkeit*
Schwä-che, die; -,-n: *Mangel, Neigung*
Schwä-che-an-fall, der; -s, -fäl-le: *plötzliche körperliche Schwäche, Kollaps*
schwä-chen: *Kraft mindern, ermüden; auch: Stabilität vermindern*
Schwach-kopf, der; -es, -köp-fe: *Dummkopf*
schwäch-lich: *kraftlos, wenig widerstandsfähig*
Schwäch-ling, der; -s,-e: *kraftloser Mensch*
schwach-sich-tig: *sehbehindert*
Schwach-sinn, der; -es, keine Mehrzahl: *Mangel an Intelligenz; auch: unkluges Verhalten, unkluges Wesen*
schwach-sin-nig: *an Schwachsinn leidend; auch: unklug*
Schwä-chung, die; -,-en: *das Schwächen*
Schwa-de, die; -,-n: *Dunstfetzen, Abgas*
Schwa-de, die; -,-n: *Reihe gemähten Grases oder Getreides*
Schwad-ron (auch Schwa-dron), die; -,-en: *Geschwader*
Schwad-ro-neur (auch Schwa-dro-neur) [Schwadronöhr], der; -s,-e: *Angeber, Wichtigtuer, Prahler*
schwad-ro-nie-ren (auch schwa-dro-nie-ren): *prahlen, schwatzen*
Schwa-fe-lei, die; -,-en: *anhaltendes Schwafeln*
schwa-feln: *langatmig erzählen*
Schwa-ger, der; -s,-: *Ehemann der Schwester, Bruder der Ehefrau*
Schwä-ge-rin, die; -,-nen: *Ehefrau des Bruders, Schwester des Ehemannes*
Schwal-be, die; -,-n: *Papierflieger*
Schwal-be, die; -,-n: *Vogelart*
Schwal-ben-nest, das; -es,-er: *ein Fleischgericht*
Schwal-ben-nest, das; -es,-er: *Nest von Schwalben*
Schwal-ben-schwanz, der; -es, -schwänze: *Schmetterlingsart*
Schwal-ben-schwanz, der; -es, -schwänze: *Frackschoß*
Schwal-ben-schwanz, der; -es, -schwänze: *trapezförmige Verbindung*

Schwall, der; -es,-e: *überstürztes Reden*
Schwall, der; -es,-e: *Guss, Welle*
Schwamm, der; -es, Schwäm-me: *Pilzart*
Schwamm, der; -es, Schwäm-me: *Stützskelett der Schwammtiere, Waschgerät*
schwam-mig: *wie ein Schwamm, weich, aufgedunsen*
schwam-mig: *ungenau, wenig präzise*
Schwan, der; -es, Schwä-ne: *Vogelart*
schwa-nen: *umgangssprachlich für „ahnen"*
Schwa-nen-ge-sang, der; -es, -ge-sän-ge: *letztes Werk eines Künstlers*
Schwa-nen-hals, der; -es, -häl-se: *langer, dünner Hals*
schwan-ger: *ein Kind erwartend*
schwän-gern: *befruchten, schwanger machen*
Schwan-ger-schaft, die; -,-en: *Zeit des Austragens eines Kindes*
Schwan-ger-schafts-ab-bruch, der; -s, -ab-brü-che: *Abtreibung*
Schwank, der; -es, Schwän-ke: *lustiges Bühnenstück, Posse*
schwan-ken: *wanken, taumeln, torkeln*
schwan-ken: *zögern, zaudern*
schwan-ken: *geringfügig abweichen*
Schwan-kung, die; -,-en: *das Schwanken*
Schwanz, der; -es, Schwän-ze: *Anhang, Schlussteil, Ende*
Schwanz, der; -es, Schwän-ze: *lange Reihe, Schlange*
Schwanz, der; -es, Schwän-ze: *beweglicher Wirbelsäulenfortsatz*
Schwanz, der; -es, Schwän-ze: *umgangssprachlich für „Penis"*
schwän-zeln: *mit dem Schwanz wedeln*
schwän-zeln: *tänzelnd gehen*
schwän-zen: *absichtlich versäumen*
schwanz-las-tig: *zu schwer beladen*
schwap-pen: *überfließen, überlaufen*
schwap-pen: *sich bewegen (Flüssigkeit)*
Schwä-re, die; -,-n: *Geschwür, eiternde Wunde*
schwä-ren: *eitern, eine Schwäre bilden*
Schwarm, der; -es, Schwär-me: *Gruppe, lockere Menge*
Schwarm, der; -es, Schwär-me: *Gegenstand der Begeisterung*
schwär-men: *sich für etwas begeistern*
schwär-men: *in Gruppen ausfliegen*
schwär-men: *sich herumtreiben*
Schwär-mer, der; -s,-: *Feuerwerkskörper*

Schwärmer

Schwär-mer, der; -s,-: *jemand, der schwärmt*
schwär-me-risch: *übertrieben begeistert, verzückt*
Schwar-te, die; -,-n: *Speckseite*
Schwar-te, die; -,-n: *dickes, altes Buch*
Schwar-te, die; -,-n: *dicke Haut*
Schwar-ten-ma-gen, der; -s, -mä-gen: *Wurstsorte*
schwarz: *ohne Farbe, dunkel, finster, Licht absorbierend*
schwarz: *sehr schmutzig*
schwarz: *umgangssprachlich für „konservativ"*
Schwarz, das; -, keine Mehrzahl: *das Dunkel*
Schwarz-ar-beit, die; -, keine Mehrzahl: *unerlaubte Lohnarbeit*
schwarz-ar-bei-ten: *Schwarzarbeit verrichten*
Schwarz-ar-bei-ter, der; -s,-: *jemand, der Schwarzarbeit verrichtet*
Schwarz-brot, das; -es,-e: *dunkles Schrotbrot*
Schwar-ze, der/die; -n,-n: *Farbige(r)*
schwär-zen: *verleumden, verraten*
schwär-zen: *schwarz machen*
schwarz-fah-ren, fuhr schwarz, schwarzgefahren: *ohne Fahrkarte fahren*
Schwarz-fah-rer, der; -s,-: *jemand, der ohne Fahrkarte ein öffentliches Verkehrsmittel benutzt*
Schwarz-fahrt, die; -,-en: *Fahrt ohne Fahrkarte*
schwarz-haa-rig: *mit schwarzen Haaren*
Schwarz-markt, der; -es, -märk-te: *illegaler Waren- und Devisenhandel*
Schwarz-markt-preis, der; -es,-e: *Preis auf dem Schwarzmarkt*
Schwarz-pul-ver, das; -s, keine Mehrzahl: *Schießpulver*
Schwarz-rock, der; -es, -rö-cke: *scherzhaft für „Geistlicher"*
schwarz se-hen, sah schwarz, schwarz gesehen: *pessimistisch sein*
schwarz-se-hen, sah schwarz, schwarzgesehen: *fernsehen, ohne zu bezahlen*
Schwarz-se-her, der; -s,-: *jemand, der keine Fernsehgebühren zahlt*
Schwarz-se-her, der; -s,-: *Pessimist*
Schwarz-se-he-rei, die; -, keine Mehrzahl: *dauerndes Schwarzsehen*
Schwär-zung, die; -,-en: *das Schwärzen; auch: Dichte einer Filmschicht*

Schwarz-Weiß-Film (auch Schwarz-weißfilm), der; -es,-e: *Film, der nur Grautöne abbildet*
Schwatz, der; -es,-e: *umgangssprachlich für „Plauderei, Gespräch"*
Schwätz-chen, das; -s,-: *umgangssprachlich für „kleiner Schwatz"*
schwat-zen: *umgangssprachlich für „plaudern"*
Schwät-zer, der; -s,-: *umgangssprachlich für „jemand, der dummes Zeug erzählt, gesprächiger Mensch"*
schwatz-haft: *gesprächig, redselig*
Schwe-be, die; -, keine Mehrzahl: *Unentschiedenheit*
Schwe-be-bal-ken, der; -s,-: *Turngerät*
schwe-ben: *fliegen, frei hängen*
schwe-ben: *unentschieden sein*
Schwe-be-zu-stand, der; -es, -stän-de: *Zustand des Schwebens*
Schwe-fel, der; -s, keine Mehrzahl: *chemisches Element, Nichtmetall, Zeichen: S*
Schwe-fel-di-o-xid (auch Schwe-fel-di-o-xyd), das; -s, keine Mehrzahl: *gasförmiges Verbrennungsprodukt des Schwefels*
schwe-fel-gelb: *gelb wie Schwefel*
Schwe-fel-holz, das; -es, -höl-zer: *Zündholz*
schwe-fe-lig: *Schwefel enthaltend, wie Schwefel*
schwe-feln: *mit Schwefel behandeln*
Schwe-fel-säu-re, die; -, keine Mehrzahl: *Säureart*
Schwe-fe-lung, die; -,-en: *Behandlung mit Schwefel*
Schwe-fel-was-ser-stoff, der; -s, keine Mehrzahl: *faulig riechendes Gas*
Schweif, der; -es,-e: *Haarschwanz*
Schweif, der; -es,-e: *Kometenschweif*
schwei-fen: *umherwandern, ziellos herumgehen*
Schweif-stern, der; -es,-e: *Komet*
schwei-gen, schwieg, geschwiegen: *nicht reden, still sein, den Mund halten*
schwei-gend: *stumm, nicht redend*
Schwei-ge-pflicht, die; -, keine Mehrzahl: *Pflicht bestimmter Berufsgruppen, über Anvertrautes zu schweigen*
schweig-sam: *still, wortkarg*
Schweig-sam-keit, die; -, keine Mehrzahl: *schweigsames Verhalten, schweigsames Wesen*
Schwein, das; -es,-e: *unsauberer Mensch, unanständiger Mensch*

schwererziehbar

Schwein, das; -es,-e: *Haustier*
Schwei-ne-bra-ten, der; -s,-: *Braten aus Schweinefleisch*
Schwei-ne-fleisch, das; -s, keine Mehrzahl: *Fleisch des Schweines*
Schwei-ne-hund, der; -es,-e: *umgangssprachlich für „unanständiger, gemeiner Mensch"*
Schwei-ne-rei, die; -,-en: *umgangssprachlich für „Gemeinheit, Unanständigkeit, Zote"*
Schwei-ner-ne, das; -n, keine Mehrzahl: *regional für „Schweinefleisch"*
Schwei-ne-schnit-zel, das; -s,-: *Schnitzel aus Schweinefleisch*
Schwei-ne-stall, der; -es, -stäl-le: *umgangssprachlich für „unsaubere Wohnung, schmutzige Wirtschaft"*
Schwei-ne-stall, der; -es, -stäl-le: *Stall für Schweine*
schwei-nisch: *unanständig*
Schweins-ha-xe, die; -,-n: *süddeutsch für „zubereiteter Schweinefuß"*
Schweiß, der; -es, keine Mehrzahl: *Transpiration, Absonderung der Hautporen*
Schweiß, der; -es, keine Mehrzahl: *übertragen für „Mühe, Arbeit"*
Schweiß-aus-bruch, der; -s, -brü-che: *plötzliches, starkes Schwitzen*
schweiß-be-deckt: *voller Schweiß*
Schweiß-bren-ner, der; -s,-: *Schweißgerät*
schwei-ßen: *Metall verbinden*
Schwei-ßer, der; -s,-: *jemand, der schweißt*
Schweiß-fuß, der; -es, -fü-ße: *Fuß mit starkem Schweißgeruch*
Schweiß-hund, der; -es,-e: *Jagdhund*
Schweiß-naht, die; -, -näh-te: *Stelle, an der etwas verschweißt ist*
schweiß-trei-bend: *anstrengend, heiß*
schweiß-trei-bend: *das Schwitzen fördernd*
Schweiß-trop-fen, der; -s,-: *Schweiß*
schwe-len: *glimmen, glühen*
schwel-gen: *genießen, üppig leben*
Schwel-ge-rei, die; -,-en: *üppiges Leben, verschwenderisches Genießen*
schwel-ge-risch: *verschwenderisch, üppig*
Schwel-le, die; -,-n: *Reizschwelle*
Schwel-le, die; -,-n: *Bodenerhebung*
Schwel-le, die; -,-n: *Stufe*
Schwel-le, die; -,-n: *Gleisschwelle*

schwel-len: *dick werden, anschwellen, sich weiten, sich vergrößern*
Schwell-kör-per, der; -s,-: *Blutgefäß, das sich mit Blut füllen kann*
Schwel-lung, die; -,-en: *geschwollene Stelle, Rundung*
Schwem-me, die; -,-n: *Kneipe*
Schwem-me, die; -,-n: *Teich, Bad für Tiere*
schwem-men: *treiben lassen*
schwem-men: *spülen, wässern*
Schwemm-land, das; -es, keine Mehrzahl: *angeschwemmter Boden*
Schwen-gel, der; -s,-: *Pumpenstiel, Glockenklöppel*
schwen-ken: *herumbewegen, herumdrehen, abbiegen*
schwen-ken: *abspülen*
schwen-ken: *schwingen, hin und her bewegen*
Schwen-ker, der; -s,-: *rundes Trinkglas*
Schwen-kung, die; -,-en: *das Schwenken, Drehung, Richtungsänderung*
schwer: *nicht leicht verständlich, schwierig, nicht leicht lösbar*
schwer: *beträchtlich, stark, viel*
schwer: *schlecht verdaulich, fett, gehaltvoll*
schwer: *ernst, schwerwiegend*
schwer: *gewichtig, lastend, massiv*
schwer: *schwerfällig, mühsam, schwierig, anstrengend, ermüdend*
Schwer-ath-let, der; -en,-en: *Sportler, der Schwerathletik betreibt*
Schwer-ath-le-tik, die; -, keine Mehrzahl: *Sammelbezeichnung für Sportarten*
schwer be-la-den: *mit viel Last beladen*
schwer be-schä-digt: *schwer behindert*
Schwer-be-schä-dig-te, der; -n,-n: *jemand, der schwer beschädigt ist*
Schwer-be-schä-dig-ten-aus-weis, der; -es,-e: *Ausweis eines Schwerbehinderten*
schwer be-waff-net: *viele Waffen tragend*
schwer-blü-tig: *schwerfällig, bedächtig*
Schwe-re, die; -, keine Mehrzahl: *Schwerkraft*
schwe-re-los: *gewichtslos, nicht der Schwerkraft unterliegend*
Schwe-re-lo-sig-keit, die; -, keine Mehrzahl: *Gewichtslosigkeit, schwereloser Zustand*
schwer er-zieh-bar: *verhaltensgestört (Kind)*

schwer fal-len, fiel schwer, schwer gefallen: *Mühe verursachend*
schwer-fäl-lig: *ungelenk, ungeschickt, unbeholfen*
Schwer-fäl-lig-keit, die; -, keine Mehrzahl: *schwerfälliges Verhalten, schwerfälliges Wesen*
Schwer-ge-wicht, das; -es,-e: *schwergewichtiger Mensch*
Schwer-ge-wicht, das; -es, keine Mehrzahl: *höchste Gewichtsklasse in der Schwerathletik*
Schwer-ge-wicht-ler, der; -s,-: *Sportler der schwersten Gewichtsklasse*
schwer-hö-rig: *schlecht hörend*
Schwer-hö-rig-keit, die; -, keine Mehrzahl: *schlechtes Hören*
Schwer-in-dust-rie (auch Schwer-in-dustrie), die; -,-n: *Sammelbegriff für: Eisen-, Stahlindustrie, Bergbau*
Schwer-kraft, die; -, keine Mehrzahl: *Gravitation, Erdanziehung*
schwer-lich: *kaum*
schwer machen: *jemandem etwas erschweren*
Schwer-me-tall, das; -s,-e: *Metall mit einem hohen spezifischen Gewicht*
Schwer-mut, die; -, keine Mehrzahl: *Melancholie, Niedergeschlagenheit*
schwer neh-men, nahm schwer, schwer genommen: *etwas als schlimm empfinden, sich etwas zu Herzen nehmen*
Schwer-punkt, der; -es,-e: *wichtigster Aspekt eines Themas, Wissensgebietes*
Schwer-punkt, der; -es,-e: *Mittelpunkt der Masse eines Körpers*
Schwert, das; -es,-er: *Kielblatt bei Segelbooten*
Schwert, das; -es,-er: *Hiebwaffe; übertragen auch: Krieg*
Schwert-fisch, der; -es,-e: *Fischart*
Schwert-li-lie, die; -,-n: *Blumenart*
Schwert-schlu-cker, der; -s,-: *Artist*
Schwer-ver-bre-cher, der; -s,-: *Kapitalverbrecher*
schwer ver-dau-lich: *schlecht bekömmlich*
schwer ver-letzt: *schwer verwundet*
schwer ver-ständ-lich: *schlecht verstehbar, kompliziert*
schwer ver-wun-det: *schwer verletzt*
schwer-wie-gend: *wichtig, bedeutsam*
Schwes-ter, die; -,-n: *weibliches Geschwister*
Schwes-ter, die; -,-n: *Krankenpflegerin*
Schwes-ter, die; -,-n: *Ordensschwester, Nonne*
schwes-ter-lich: *wie eine Schwester*
Schwes-tern-tracht, die; -,-en: *Kleidung einer Krankenschwester*
Schwes-ter-schiff, das; -es,-e: *Schiff gleicher Bauart*
Schwib-bo-gen, der; -s, -bö-gen: *Bogen zwischen zwei parallelen Wänden*
Schwie-ger-mut-ter, die; -, -müt-ter: *Mutter der Ehefrau, des Ehemannes*
Schwie-ger-sohn, der; -es, -söh-ne: *Ehemann der Tochter*
Schwie-ger-toch-ter, die; -, -töch-ter: *Ehefrau des Sohnes*
Schwie-ger-va-ter, der; -s, -vä-ter: *Vater der Ehefrau, des Ehemannes*
Schwie-le, die; -,-n: *Hornhaut, Hautwulst*
schwie-lig: *voller Schwielen*
schwie-rig: *mühsam, schwer, verzwickt*
schwie-rig: *schwer zu erziehen*
Schwie-rig-keit, die; -,-en: *Mühsal, Komplikation, schwer zu Bewältigendes*
Schwimm-bad, das; -es, -bä-der: *Badeanstalt*
Schwimm-be-cken, das; -s,-: *Wasserbecken zum Schwimmen*
schwim-men, schwamm, geschwommen: *sehr nass, überschwemmt*
schwim-men, schwamm, geschwommen: *auf dem Wasser treiben, sich im Wasser bewegen*
Schwim-mer, der; -s,-: *Schwimmkörper, der das Anbeißen eines Fisches beim Angeln anzeigt*
Schwim-mer, der; -s,-: *jemand, der schwimmt*
Schwim-mer, der; -s,-: *Schwimmkörper, der einen Flüssigkeitsstand anzeigt*
Schwimm-sport, der; -s, keine Mehrzahl: *das Schwimmen*
Schwimm-wes-te, die; -,-n: *Rettungsweste*
Schwin-del, der; -s, keine Mehrzahl: *Gleichgewichtsstörung*
Schwin-del, der; -s, keine Mehrzahl: *Betrug*
Schwin-del er-re-gend: *Schwindel verursachend*
schwin-del-frei: *ohne Schwindel, nicht mit Schwindel behaftet*
schwin-de-lig: *von Schwindel befallen*
schwin-deln: *lügen, betrügen, flunkern*

Seefischerei

schwin-den: *schrumpfen, abnehmen, kleiner werden*
Schwind-ler, der; -s,-: *Betrüger, Lügner*
Schwind-sucht, die; -, keine Mehrzahl: *Tuberkulose*
schwind-süch-tig: *an Schwindsucht erkrankt*
Schwin-ge, die; -,-n: *Flügel*
schwin-gen, schwang, geschwungen: *hin- und herbewegen*
Schwin-ger, der; -s,-: *Haken, schwingender Schlag*
Schwing-tür, die; -,-en: *frei pendelnde Tür*
Schwin-gung, die; -,-en: *Vibration, Hin- und Herschwingen*
Schwips, der; -es,-e: *leichte Trunkenheit*
schwir-ren: *schnell fliegen, flatternd fliegen*
Schwitz-bad, das; -es, -bä-der: *Dampfbad*
Schwit-ze, die; -,-n: *Mehlschwitze*
schwit-zen: *transpirieren, Schweiß absondern*
Schwitz-kas-ten, der; -s, keine Mehrzahl: *Ringergriff*
Schwof, der; -es,-e: *umgangssprachlich für „Tanzvergnügen"*
schwo-fen: *umgangssprachlich für „tanzen"*
schwö-ren, schwor, geschworen: *Eid leisten, beeiden*
schwul: *umgangssprachlich für „homosexuell"*
schwül: *feuchtheiß, drückend*
Schwu-le, der/die; -n,-n: *umgangssprachlich für „homosexueller Mensch"*
Schwu-li-tät, die; -,-en: *umgangssprachlich für „Schwierigkeit, Bedrängnis, Verlegenheit"*
Schwulst, der; -es, keine Mehrzahl: *Überladenheit, schwülstige Redeweise*
schwuls-tig: *geschwollen, verdickt*
schwüls-tig: *überladen, hochtrabend, geschwollen*
schwum-me-rig: *umgangssprachlich für „schwindlig, ängstlich"*
Schwund, der; -es, keine Mehrzahl: *Verlust, Abnahme, das Schwinden*
Schwung, der; -es, keine Mehrzahl: *Stoßkraft, Antrieb*
Schwung, der; -es, keine Mehrzahl: *Begeisterung, innere Bewegung*
Schwung, der; -es, Schwün-ge: *Bogen, geschwungene Linie*

schwung-voll: *lebhaft, voller Schwung*
Schwur, der; -es, Schwü-re: *Eid, Beteuerung, Versicherung*
Schwur-fin-ger, die; -, keine Mehrzahl: *Finger, die zum Schwur erhohen werden*
Schwur-ge-richt, das; -es,-e: *Geschworenengericht*
Sci-ence-Fic-tion (auch Sci-ence-fic-tion) [Saienßfikschen], die; -, keine Mehrzahl: *utopische Literatur und Filme, die sich mit der Zukunft der Menschheit im technisch wissenschaftlichen Bereich befassen*
Scot-land Yard [Skotlend Jahd], der; -, keine Mehrzahl: *Londoner Polizeibehörde, auch: deren Gebäude*
Seal [Siehl], der/das; -s,-s: *Robbenfell*
Sé-an-ce [Sehoñß], die; -,-n: *spiritistische Sitzung*
Se-bor-rhö (auch Se-bor-rhöe), die; -, keine Mehrzahl: *vermehrte Talgabsonderung der Haut*
sechs: *Zahl*
Sechs-ta-ge-ren-nen, das; -s,-: *Radrennveranstaltung*
Sechs-tel, das; -s,-: *der sechste Teil eines Ganzen*
Sechs-zy-lin-der, der; -s,-: *Motor mit sechs Zylindern; auch: Auto mit einem Sechszylindermotor*
Se-cond-hand-shop [Sekendhändschop], der; -s,-s: *Geschäft für gebrauchte Kleidung*
se-da-tiv: *beruhigend*
Se-da-ti-vum, das; -s, Se-da-ti-va: *Beruhigungsmittel*
Se-di-ment, das; -es,-e: *Ablagerung, Gesteinsschicht*
Se-di-men-ta-ti-on, die; -, keine Mehrzahl: *Ablagerung*
See, die; -, keine Mehrzahl: *Meer*
See, der; -s,-n: *stehendes Gewässer*
See-bad, das; -es, -bä-der: *Kurort am Meer*
See-bär, der; -en,-en: *alter Seemann*
See-be-ben, das; -s,-: *Erdbeben unter dem Meer*
See-fahrt, die; -, keine Mehrzahl: *Schifffahrt auf dem Meer*
See-fahrt, die; -,-en: *Bootsfahrt auf einem See*
see-fest: *seetüchtig*
See-fi-sche-rei, die; -, keine Mehrzahl: *Fischerei auf hoher See*

Seegang

See-gang, der; -s, keine Mehrzahl: *starke Wellenbewegung*
See-gras, das; -es, keine Mehrzahl: *Seetang*
See-ha-fen, der; -s, -hä-fen: *Hafen am Meer*
See-hund, der; -es,-e: *Robbenart*
See-kar-te, die; -,-n: *Karte des Meeresgrundes*
See-kli-ma, das; -s,-ta: *ozeanisches Klima*
see-krank: *an Seekrankheit leidend*
See-krank-heit, die; -, keine Mehrzahl: *durch Schiffschwankungen verursachte Übelkeit*
See-krieg, der; -es,-e: *Krieg auf See*
See-kuh, die; -, -kü-he: *großes, im Wasser lebendes Säugetier*
See-lachs, der; -es, keine Mehrzahl: *Fischart*
See-le, die; -,-n: *Psyche, Gefühl*
See-len-arzt, der; -es, -ärz-te: *Psychiater*
See-len-frie-den, der; -s, keine Mehrzahl: *Ruhe, gutes Gewissen*
See-len-hirt, der; -en,-en: *Geistlicher*
See-len-ru-he, die; -, keine Mehrzahl: *Ruhe, Gleichmut, Ausgeglichenheit*
see-len-ru-hig: *nicht aufgeregt, mit Ruhe*
see-len-ver-gnügt: *heiter, vergnügt*
See-len-ver-käu-fer, der; -s,-: *altes Schiff*
see-len-ver-wandt: *geistig übereinstimmend*
See-len-wan-de-rung, die; -,-en: *Reinkarnation*
see-lisch: *die Seele betreffend*
Seel-sor-ge, die; -, keine Mehrzahl: *seelische Hilfe, geistlicher Beistand*
Seel-sor-ger, der; -s,-: *Geistlicher, Beichtvater*
seel-sor-ge-risch: *die Seelsorge betreffend*
See-luft, die; -, keine Mehrzahl: *nach Meer riechende Luft*
See-macht, die; -, -mäch-te: *Staat mit starker Kriegsmarine*
See-mann, der; -s, -leu-te: *jemand, der zur See fährt*
see-män-nisch: *die Seefahrt, den Seemann betreffend*
See-mei-le, die; -,-n: *Längenmaß*
See-not, die; -, keine Mehrzahl: *drohender Untergang eines Schiffes*
See-räu-ber, der; -s,-: *Pirat*
See-recht, das; -s, keine Mehrzahl: *für die Schifffahrt geltende Vorschriften*

See-schlacht, die; -,-en: *Kriegsgeschehen auf See*
See-schlan-ge, die; -,-n: *im Wasser lebende Giftschlange*
See-schlan-ge, die; -,-n: *Fabeltier*
See-stra-ße, die; -,-n: *offizielle Wasserstraße, Schiffsroute*
See-streit-kräf-te, die; keine Einzahl: *Kriegsmarine*
See-tang, der; -s, keine Mehrzahl: *Seegras, Tang*
see-tüch-tig: *seetauglich, seefest*
See-tüch-tig-keit, die; -, keine Mehrzahl: *seetüchtige Beschaffenheit*
See-ufer, das; -s,-: *Ufer eines Sees*
See-was-ser, das; -s, keine Mehrzahl: *Wasser eines Sees; auch: Meereswasser*
See-zun-ge, die; -,-n: *Fischart*
Se-gel, das; -s,-: *Segeltuch*
Se-gel-boot, das; -es,-e: *mit Segeln ausgestattetes Boot*
se-gel-flie-gen: *mit einem Segelflugzeug fliegen*
Se-gel-flie-ger, der; -s,-: *jemand, der mit einem Segelflugzeug fliegt*
Se-gel-flug, der; -es, -flü-ge: *Flug mit einem Segelflugzeug, Gleitflug*
Se-gel-jacht, die; -,-en: *mit Segeln ausgerüstete Jacht*
se-geln: *umgangssprachlich für „fallen, stürzen"*
se-geln: *mit einem Segelschiff fahren*
Se-gel-re-gat-ta, die; -, -re-gat-ten: *Wettfahrt von Segelschiffen*
Se-gel-schiff, das; -es,-e: *Schiff, das mit Segeln ausgestattet ist*
Se-gel-tuch, das; -es, keine Mehrzahl: *Leinwand*
Se-gen, der; -s, keine Mehrzahl: *Gebetsformeln eines Geistlichen*
Se-gen, der; -s, keine Mehrzahl: *reicher Ertrag, Ernte, Glück, Wohltat*
Se-gen, der; -s, keine Mehrzahl: *Gottes Gnade*
Se-gen, der; -s, keine Mehrzahl: *umgangssprachlich für „Einwilligung, Billigung"*
Se-gen spen-dend: *segensreich*
se-gens-reich: *reichen Nutzen bringend*
Seg-ge, die; -,-n: *Riedgras*
Seg-ler, der; -s,-: *jemand, der segelt*
Seg-ment, das; -es,-e: *Kreisausschnitt, Kugelausschnitt, Teilschnitt, Abschnitt; gleichförmiger Teil eines Ganzen*

Se-gre-ga-ti-on, die; -,-en: *Absonderung, Trennung von Personen oder Gruppen, auch Aufspaltung der Erbfaktoren*
se-hen, sah, gesehen: *mit den Augen wahrnehmen, unterscheiden*
se-hen, sah, gesehen: *entdecken, bemerken, erblicken, erkennen*
se-hen, sah, gesehen: *umgangssprachlich für „sich bemühen, versuchen"*
se-hens-wert: *sehenswürdig*
se-hens-wür-dig: *sehenswert*
Se-hens-wür-dig-keit, die; -,-en: *sehenswertes Bauwerk, Kunstwerk, Naturschauspiel*
Se-her, der; -s,-: *Prophet*
se-he-risch: *vorausschauend, prophetisch*
Seh-feh-ler, der; -s,-: *Sehschwäche, Augenfehler*
Seh-feld, das; -es,-er: *Blickwinkel, Gesichtsfeld*
Seh-kraft, die; -, keine Mehrzahl: *Sehfähigkeit*
Seh-ne, die; -,-n: *Strang des Bogens*
Seh-ne, die; -,-n: *kräftige Faser*
Seh-ne, die; -,-n: *Gerade, die zwei Punkte einer Kurve verbindet*
seh-nen, sich: *stark wünschen, wollen*
Seh-nen-schei-den-ent-zün-dung, die; -,-en: *Tennisarm, Entzündung der Sehnenscheide*
Seh-nen-zer-rung, die; -,-en: *Zerrung der Sehne*
Seh-nerv, der; -s,-en: *Augennerv*
seh-nig: *voller Sehnen*
seh-nig: *drahtig, kräftig, zäh*
sehn-lich: *voller Sehnsucht, sehnsüchtig*
sehn-süch-tig: *voller Sehnsucht*
sehr: *stark, heftig, in hohem Maße*
Seh-rohr, das; -es,-e: *Periskop*
Seh-schär-fe, die; -,-n: *Trennschärfe des Auges*
Seh-ver-mö-gen, das; -s,-: *Sehkraft*
Seich, der; -es, keine Mehrzahl: *derb für Harn*
Sei-che, die; -, keine Mehrzahl: *derb für Harn*
sei-chen: *derb für urinieren*
seicht: *flach, nicht tief*
seicht: *oberflächlich, fad, nichtig*
Seicht-heit, die; -, keine Mehrzahl: *seichte Beschaffenheit, seichtes Wesen, Oberflächlichkeit*
Sei-de, die; -,-n: *feines Gewebe*
Sei-del, das; -s,-: *Bierglas, Bierkrug*

Sei-del-bast, der; -, keine Mehrzahl: *Strauchart*
sei-den-weich: *weich wie Seide*
sei-dig: *wie Seide, weich, glatt*
Sei-fe, die; -,-n: *Waschmittel, zum Reinigen verwendetes Mittel*
Sei-fe, die; -,-n: *metall- oder edelsteinhaltige Ablagerungen*
sei-fen: *einseifen, waschen*
sei-fen: *Gold oder Edelsteine auswaschen*
Sei-fen-bla-se, die; -,-n: *Luftblase aus Seifenschaum*
Sei-fen-lau-ge, die; -,-n: *Lauge, aufgelöste Seife*
Sei-fen-schaum, der; -s, keine Mehrzahl: *mit Seife erzeugter Schaum*
sei-fig: *glitschig, Seife enthaltend, schmierig*
Sei-he, die; -,-n: *regional für „Filterrückstand"*
sei-hen: *filtern, sieben*
Seiher, der; -s,-: *Durchschlag, Abtropfsieb*
Seil, das; -es,-e: *starker Strick, Tau*
Seil-bahn, die; -,-n: *Schwebebahn*
Sei-ler, der; -s,-: *jemand, der Seile herstellt*
seil-hüp-fen: *seilspringen*
Seil-schaft, die; -,-en: *Gruppe von angeseilten Bergsteigern*
Seil-schaft, die; -,-en: *Gruppe von Menschen (oft Politikern), die sehr eng zusammenarbeiten*
seil-sprin-gen: *seilhüpfen*
Seil-tanz, der; -es, keine Mehrzahl: *Artistik auf dem Seil*
seil-tan-zen: *auf einem Seil tanzen*
Seil-tän-zer, der; -s,-: *jemand, der auf einem Seil tanzt*
Seim, der; -es,-e: *zähe Flüssigkeit, Sirup*
sei-mig: *dickflüssig, zähflüssig*
sein: *besitzanzeigendes Fürwort; zu ihm gehörend, ihm gehörend*
sein, war, gewesen/ist: *Hilfszeitwort: wer ist da? ich bin's, bist du's? da bin ich! was ist das? was soll das sein? lass das sein! ich bin, du bist, sie ist, wir sind, ihr seid, sie sind; ich war, du warst, sie war, wir waren, ihr wart, sie waren; ich sei, du seist, sie sei, wir seien, ihr seid, sie seien; seiend; gewesen*
Sein, das; -s, keine Mehrzahl: *Leben, Dasein, Existenz*
sei-ner-seits: *von ihm, von seiner Seite*

sei-ner-zeit: *damals, zu dieser Zeit, früher*
sei-nes-glei-chen: *Leute wie er*
sei-net-we-gen: *wegen ihm, von ihm aus*
sein las-sen, *ließ sein, sein gelassen: bleiben lassen, nicht machen*
Seis-mik, *die; -, keine Mehrzahl: Seismologie*
seis-misch: *die Seismik betreffend*
Seis-mo-graf (auch Seis-mo-graph), *der; -en,-en: Bebenmessgerät*
Seis-mo-lo-ge, *der; -n,-n: Wissenschaftler der Seismologie*
Seis-mo-lo-gie, *die; -, keine Mehrzahl: Wissenschaft von den Erdbeben*
seis-mo-lo-gisch: *die Seismologie betreffend*
seit: *seitdem*
seit: *von einem Zeitpunkt an*
seit-dem: *seit dieser Zeit*
Sei-te, *die; -,-n: Vorder- oder Rückfläche, Buchseite, Heftseite, Zeitungsseite*
Sei-te, *die; -,-n: Charakterzug, Eigenheit*
Sei-te, *die; -,-n: Grenzfläche, Grenzlinie*
Sei-ten-an-sicht, *die; -,-en: Sicht von der Seite*
Sei-ten-aus-gang, *der; -s, -gän-ge: Nebenausgang*
Sei-ten-blick, *der; -s,-e: Blick von der Seite, heimlicher Blick, verstohlener Blick, missgünstiger Blick*
Sei-ten-flü-gel, *der; -s,-: seitlicher Flügel eines Gebäudes*
Sei-ten-ge-wehr, *das; -s,-e: Bajonett*
Sei-ten-hieb, *der; -es,-e: bissige, boshafte Bemerkung*
sei-ten-lang: *endlos, sehr lang, weitschweifig*
sei-tens: *vonseiten, von der Seite des, der ...*
Sei-ten-schei-tel, *der; -s,-: Scheitel auf der Seite des Kopfes*
Sei-ten-sprung, *der; -es, -sprün-ge: Ehebruch*
Sei-ten-ste-chen, *das; -s, keine Mehrzahl: Schmerzen in der Milzgegend*
Sei-ten-stra-ße, *die; -,-n: Nebenstraße*
Sei-ten-stück, *das; -s,-e: seitliches Teil, Gegenstück, Entsprechung, Pendant*
sei-ten-ver-kehrt: *spiegelbildlich*
Sei-ten-wind, *der; -es,-e: Wind von der Seite*
Sei-ten-zahl, *die; -,-en: Zahl einer Buchseite, Anzahl der Buchseiten*

seit-her: *seitdem, bisher*
seit-lich: *nebenher, daneben, auf der Seite gelegen, von der Seite her*
seit-wärts: *nach der Seite, zur Seite, auf der Seite*
Se-kan-te, *die; -,-n: Gerade, die eine Kurve schneidet*
Sek-ret (auch Se-kret), *das; -es,-e: Drüsenabsonderung, Absonderung*
Sek-re-tär (auch Se-kre-tär), *der; -s,-e: Schreiber, Schriftführer, leitender Funktionär*
Sek-re-tär (auch Se-kre-tär), *der; -s,-e: Schreibschrank*
Sek-re-ta-ri-at (auch Se-kre-ta-ri-at), *das; -es,-e: Büro, Kanzlei, Dienststelle, Geschäftsstelle*
Sek-re-tä-rin (auch Se-kre-tä-rin), *die; -,-nen: weiblicher Sekretär*
Sek-re-tion (auch Se-kre-ti-on), *die; -, keine Mehrzahl: Absonderung, das Absondern*
sek-re-to-risch (auch se-kre-to-risch): *auf Sekretion beruhend*
Sekt, *der; -es, keine Mehrzahl: Schaumwein*
Sek-te, *die; -,-n: kleine Religionsgemeinschaft*
Sekt-glas, *das; -es, -glä-ser: Trinkglas für Sekt*
Sek-tie-rer, *der; -s,-: Angehöriger einer Sekte, auch: Eigenbrötler*
sek-tie-re-risch: *zu einer Sekte gehörend, für eine Sekte bezeichnend*
Sek-ti-on, *die; -,-en: Abteilung, Unterabteilung, Gruppe*
Sek-ti-on, *die; -,-en: Leichenöffnung*
Sek-tor, *der; -s,-en: Abschnitt, Gebiet, Bezirk*
Sek-tor, *der; -s,-en: Kugel- oder Kreisausschnitt*
Sek-to-ren-gren-ze, *die; -, keine Mehrzahl: Grenze zwischen den Sektoren in Berlin (bis 1989)*
Se-kun-da, *die; -, Se-kun-den: sechste und siebte Klasse des Gymnasiums*
Se-kun-da-ner, *der; -s,-: Schüler der Sekunda*
Se-kun-dant, *der; -en,-en: Betreuer, Beistand, Zeuge beim Duell*
se-kun-där: *zweitrangig*
Se-kun-där-li-te-ra-tur, *die; -,-en: theoretische Schriften über ein Kunstwerk*
Se-kun-dar-stu-fe, *die; -,-n: Schulstufe*

selbstvergessen

Se-kun-de, die; -,-n: *Zeitabschnitt, sechzigster Teil einer Minute; Zeichen: s*
Se-kun-de, die; -,-n: *Musik: Intervall von zwei Tönen*
Se-kun-de, die; -,-n: *sechzigster Teil einer Winkelminute; Zeichen: "*
Se-kun-de, die; -,-n: *umgangssprachlich für „Augenblick, kurzer Moment"*
Se-kun-den-zei-ger, der; -s,-: *Uhrzeiger für die Sekunden*
se-kun-die-ren: *jemandem beistehen (Duell, Kampf)*
Se-ku-rit, das; -s, keine Mehrzahl: *Warenzeichen für nicht splitterndes Glas*
se-la-don: *zartgrün*
sel-ber: *selbst*
selbst: *sogar*
selbst: *in eigener Person, persönlich*
Selbst-ach-tung, die; -, keine Mehrzahl: *Bewusstsein der eigenen Menschenwürde*
selbst-stän-dig (auch **selb-stän-dig**): *unabhängig, nicht fest angestellt*
Selbst-stän-dig-keit (auch **Selb-stän-dig-keit**), die; -, keine Mehrzahl: *selbstständiges Wesen, das Selbstständigsein*
Selbst-aus-lö-ser, der; -s,-: *automatischer Kameraauslöser*
Selbst-be-die-nung, die; -, keine Mehrzahl: *selbstständiges Einsammeln der Waren im Einzelhandel*
Selbst-be-die-nungs-ge-schäft, das; -es,-e: *Supermarkt*
Selbst-be-frie-di-gung, die; -,-en: *Onanie, Masturbation*
Selbst-be-herr-schung, die; -, keine Mehrzahl: *Zurückhaltung, Fassung, Beherrschung*
Selbst-be-stim-mung, die; -, keine Mehrzahl: *freier Wille*
Selbst-be-weih-räu-che-rung, die; -,-en: *übermäßiges Selbstlob, starke Selbstzufriedenheit*
selbst-be-wusst: *selbstsicher, Selbstbewusstsein habend*
Selbst-be-wusst-sein, das; -s, keine Mehrzahl: *Überzeugung vom eigenen Wert*
Selbst-dis-zi-plin, die; -, keine Mehrzahl: *Selbstbeherrschung*
selbst-ent-zünd-lich: *einen niedrigen Flammpunkt habend*
Selbst-ent-zün-dung, die; -,-en: *Brennen von Stoffen mit niedrigem Flammpunkt*

Selbst-er-hal-tungs-trieb, der; -es, keine Mehrzahl
selbst-ge-fäl-lig: *selbstzufrieden, arrogant*
Selbst-ge-fäl-lig-keit, die; -, keine Mehrzahl: *Eitelkeit, Überheblichkeit, Arroganz*
selbst ge-macht: *selbst hergestellt*
selbst-ge-recht: *von der Richtigkeit des eigenen Tuns überzeugt*
Selbst-ge-rech-tig-keit, die; -, keine Mehrzahl: *selbstgerechtes Wesen*
Selbst-ge-spräch, das; -es,-e: *Monolog*
selbst ge-strickt: *handgearbeitet*
selbst-herr-lich: *eigenmächtig, rücksichtslos*
Selbst-herr-lich-keit, die; -, keine Mehrzahl: *selbstherrliches Verhalten, selbstherrliches Wesen*
Selbst-hil-fe, die; -,-n: *Eigenhilfe*
Selbst-kos-ten-preis, der; -es,-e: *Preis ohne Gewinnzuschlag*
Selbst-kri-tik, die; -, keine Mehrzahl: *selbstkritisches Denken*
selbst-kri-tisch: *sich selbst kritisierend*
Selbst-laut, der; -es,-e: *Vokal*
selbst-los: *uneigennützig*
Selbst-lo-sig-keit, die; -, keine Mehrzahl: *selbstloses Verhalten, selbstloses Wesen*
Selbst-mord, der; -es,-e: *Freitod*
Selbst-mör-der, der; -s,-: *jemand, der Selbstmord begeht*
selbst-mör-de-risch: *sehr gefährlich, sich bewusst Lebensgefahr aussetzend*
selbst-re-dend: *selbstverständlich*
selbst-si-cher: *selbstbewusst*
Selbst-si-cher-heit, die; -, keine Mehrzahl: *selbstsicheres Verhalten, selbstsicheres Wesen*
Selbst-sucht, die; -, keine Mehrzahl: *selbstsüchtiges Verhalten, selbstsüchtiges Wesen, Egoismus*
selbst-süch-tig: *egoistisch*
selbst-tä-tig: *automatisch*
Selbst-tä-tig-keit, die; -, keine Mehrzahl: *selbsttätige Wirksamkeit*
Selbst-täu-schung, die; -,-en: *Illusion*
Selbst-tor, das; -es,-e: *Eigentor*
Selbst-un-ter-richt, der; -es, keine Mehrzahl: *Autodidaktik*
Selbst-ver-bren-nung, die; -,-en: *Selbstmord durch Verbrennen*
selbst-ver-ges-sen: *geistesabwesend, gedankenverloren*

selbstverständlich

selbst-ver-ständ-lich: *selbstredend, fraglos, auf jeden Fall*
Selbst-ver-ständ-lich-keit, die; -,-en: *etwas, was sich von selbst versteht, Unbefangenheit*
Selbst-ver-ständ-nis, das; -ses,-se: *Vorstellung von sich selbst*
Selbst-ver-stüm-me-lung, die; -,-en: *bewusste Verletzung des eigenen Körpers*
Selbst-ver-such, der; -es,-e: *vom Forscher an sich selbst ausgeführter Versuch*
Selbst-ver-trau-en, das; -s, keine Mehrzahl: *Vertrauen in die eigenen Fähigkeiten*
Selbst-ver-wal-tung, die; -,-en: *autonome, unabhängige Verwaltung*
Selbst-wähl-dienst, der; -es, keine Mehrzahl: *Durchwählsystem ohne Vermittlung*
Selbst-wähl-ver-kehr, der; -s, keine Mehrzahl: *Telefonwählverkehr ohne Vermittlung*
selbst-zu-frie-den: *mit sich selbst zufrieden*
Selbst-zu-frie-den-heit, die; -, keine Mehrzahl: *selbstzufriedenes Verhalten, selbstzufriedenes Wesen*
Selbst-zweck, der; -es,-e: *Tätigkeit oder Vorhandensein ohne äußeres Ziel*
sel-chen: *räuchern, trocknen, dörren*
Sel-cher, der; -s,-: *regional für „Schweinemetzger"*
se-lek-tie-ren: *auswählen*
Se-lek-ti-on, die; -, keine Mehrzahl: *Auswahl, Auslese, Zuchtwahl*
se-lek-tiv: *auswählend*
Se-lek-ti-vi-tät, die; -, keine Mehrzahl: *Trennschärfe*
Se-len, das; -s, keine Mehrzahl: *chemisches Element, Nichtmetall, Zeichen: Se*
Se-len-zel-le, die; -,-n: *mit Selen beschichtete Fotozelle*
Self-made-man [Selfmäidmän], der; -s, -men: *jemand, der sich aus eigener Kraft hochgearbeitet hat*
se-lig: *verklärt, heilig gesprochen*
se-lig: *glücklich, entzückt*
Se-lig-keit, die; -, keine Mehrzahl: *himmlische Freude*
Se-lig-keit, die; -, keine Mehrzahl: *Zustand des absoluten Glücks, wunschloses Glück*
se-lig spre-chen, sprach selig, selig gesprochen: *zum Heiligen ernennen*

Sel-le-rie, der; -s,-s: *Knollenpflanze, Gemüseart*
sel-ten: *rar, spärlich, kaum, knapp*
Sel-ten-heit, die; -,-en: *Rarität, selten vorkommendes Exemplar*
Sel-ten-heit, die; -, keine Mehrzahl: *seltenes Vorkommen, geringes Vorkommen*
Sel-ten-heits-wert, der; -es, keine Mehrzahl: *Wert aufgrund der Seltenheit*
Sel-ters-was-ser, das; -s,-: *mit Kohlensäure versetztes Mineralwasser*
selt-sam: *merkwürdig, eigenartig*
selt-sa-mer-wei-se: *merkwürdigerweise*
Se-man-tik, die; -, keine Mehrzahl: *Lehre von der Bedeutung der Wörter*
se-man-tisch: *die Semantik betreffend*
Se-mes-ter, das; -s,-: *Studienhalbjahr*
Se-mes-ter-fe-ri-en, die; -, keine Einzahl: *vorlesungsfreie Zeit*
Se-mi-fi-na-le, das; -s, keine Mehrzahl: *Vorschlussrunde*
Se-mi-ko-lon, das; -s,-s: *Satzzeichen; Strichpunkt*
Se-mi-nar, das; -s,-e: *Ausbildungsstätte der Priester*
Se-mi-nar, der; -s,-e: *Kurs, Lehrveranstaltung an der Universität*
Se-mi-nar-ar-beit, die; -,-en: *Referat*
Se-mit, der; -en,-en: *Angehöriger einer vorderasiatischen und nordafrikanischen Völkergruppe*
se-mi-tisch: *die Semiten betreffend*
Sem-mel, die; -,-n: *Brötchen*
sem-mel-blond: *weißblond*
Sem-mel-brö-sel, der; -s,-: *Semmelmehl*
Sem-mel-knö-del, der; -s,-: *Knödelart*
Sem-mel-mehl, das; -s, keine Mehrzahl: *Semmelbrösel, Paniermehl*
Se-nat, der; -s,-e: *Verwaltungsgremium, Versammlung der Senatoren*
Se-na-tor, der; -s,-en: *Ratsherr, Angehöriger des Senats*
Se-nats-be-schluss, der; -es, -schlüsse: *Beschluss eines Senats*
Se-nats-sit-zung, die; -,-en: *Sitzung eines Senats*
Send-bo-te, der; -n,-n: *Abgesandter, Überbringer, Bote*
Sen-de-fol-ge, die; -,-n: *Reihenfolge der Sendungen*
Sen-de-lei-ter, der; -s,-: *Leiter einer Sendung*
sen-den, sendete/sandte, gesendet/gesandt: *schicken*

Sepia

sen-den: *ausstrahlen*
Sen-de-pau-se, die; -,-n: *Pause zwischen zwei Sendungen*
Sen-der, der; -s,-: *Rundfunksender*
Sen-der, der; -s,-: *jemand, der einen Boten schickt*
Sen-de-zeit, die; -,-en: *Dauer einer Sendung, Beginn einer Sendung*
Sen-dung, die; -,-en: *Gesendetes, Übertragenes*
Sen-dung, die; -,-en: *Berufung, Aufgabe*
Sen-dungs-be-wusst-sein, das; -s, keine Mehrzahl: *Glaube an die eigene Auserwähltheit*
Senf, der; -es,-e: *Mostrich, Gewürz; auch: Senfpflanze*
Senf-korn, das; -es, -kör-ner: *Samenkorn der Senfpflanze*
Senf-pflas-ter, das; -s,-: *Heilumschlag*
Sen-ge, die; -, keine Mehrzahl: *regional für „Prügel"*
sen-gen: *anbrennen*
se-nil: *altersschwach, vergreist*
Se-ni-li-tät, die; -, keine Mehrzahl: *Altersschwäche, Vergreisung*
Se-ni-or, der; -s,-en: *der Älteste, der Ältere*
Se-ni-or-chef, der; -s,-s: *älterer von mehreren Chefs*
Se-ni-o-ren-mann-schaft, die; -,-en: *Altherrenmannschaft*
Senk-blei, das; -s,-e: *Lot, Grundblei*
Sen-ke, die; -,-n: *Niederung, Vertiefung im Boden*
Sen-kel, der; -s,-: *Schnürband*
sen-ken: *sinken lassen, herabsetzen*
sen-ken, sich: *sich neigen, sinken, niedergehen*
Sen-ker, der; -s,-: *Werkzeug zum Versenken von Nägeln*
Senk-fuß, der; -es, -fü-ße: *Fußskelettschaden*
Senk-gru-be, die; -,-n: *Sickergrube*
Senk-lot, das; -es,-e: *Senkblei*
senk-recht: *lotrecht*
Senk-rech-te, die; -,-n: *senkrechte Linie*
Senk-recht-star-ter, der; -s,-: *senkrecht startendes Flugzeug*
Senk-recht-star-ter, der; -s,-: *Karrierist*
Sen-kung, die; -,-en: *das Senken, Sinken*
Sen-kung, die; -,-en: *Verkleinerung, Verringerung, Herabsetzung*
Senn, der; -es,-e: *Senne*
Sen-ne, die; -,-n: *Viehweide, Almweide*
Sen-ne, der; -n,-n: *Almhirte*
Sen-ner, der; -s,-: *Almhirte*
Sen-ne-rei, die; -,-en: *Almwirtschaft*
Sen-ne-rin, die; -,-nen: *Almhirtin*
Senn-hüt-te, die; -,-n: *Almhütte*
Sen-sa-ti-on, die; -,-en: *Aufsehen erregende Nachricht, Meldung, unerwartetes Ereignis*
sen-sa-ti-o-n-ell: *Aufsehen erregend, unerwartet*
Sen-sa-ti-ons-be-dürf-nis, das; -e,-se: *Bedürfnis nach Sensationen*
Sen-sa-ti-ons-lust, die; -, keine Mehrzahl: *Sensationsbedürfnis*
sen-sa-ti-ons-lüs-tern: *lüstern nach Sensationen*
Sen-se, die; -,-n: *Werkzeug zum Mähen*
sen-sen: *mit der Sense mähen*
sen-si-bel: *empfindlich, empfindsam*
sen-si-bi-li-sie-ren: *lichtempfindlich machen, empfindsam machen*
Sen-si-bi-li-tät, die; -, keine Mehrzahl: *Empfindlichkeit, Empfindsamkeit*
sen-si-tiv: *überempfindlich, leicht reizbar, feinnervig*
Sen-si-ti-vi-tät, die; -, keine Mehrzahl: *sensitive Beschaffenheit, sensitives Wesen*
Sen-sor, der; -s,-en: *Messgerät*
Sen-so-ri-um, das; -s, Sen-so-ri-en: *Bewusstsein, Empfindungsvermögen*
Sen-su-a-li-tät, die; -, keine Mehrzahl: *Empfindungsvermögen, Sinnlichkeit*
sen-su-ell: *sinnlich, die Sinne betreffend*
Sen-tenz, die; -,-en: *Ausspruch, Denkspruch, geflügeltes Wort*
Sen-tenz, die; -,-en: *Urteilsspruch*
sen-ten-zi-ös: *knapp, zugespitzt*
Sen-ti-ment [Soñtimoñ], das; -s,-s: *Gefühl, Empfindung*
sen-ti-men-tal: *rührselig, gefühlsselig*
Sen-ti-men-ta-li-tät, die; -, keine Mehrzahl: *Rührseligkeit, Gefühlsüberschwang*
Sen-ti-men-ta-li-tät, die; -,-en: *rührselige Äußerung*
se-pa-rat: *abgesondert, einzeln, getrennt*
Se-pa-ra-tis-mus, der; -, keine Mehrzahl: *Streben nach Absonderung*
Se-pa-ra-tist, der; -en,-en: *Anhänger des Separatismus*
Se-pa-ree (auch Sé-pa-rée), das; -s,-s: *abgesonderter Raum*
se-pa-rie-ren: *trennen*
se-pia: *graubraun*
Se-pia, die; -, Se-pi-en: *Tintenfisch*

Sepia

Se-pia, die; -, keine Mehrzahl: *Farbstoff*
Sep-sis, die; -, Sep-sen: *Blutvergiftung*
Sep-tem-ber, der; -s,-: *neunter Monat des Jahres*
Sep-tett, das; -s,-e: *Musikstück für sieben Stimmen; auch: Musikgruppe mit sieben Musikern*
Sep-ti-me, die; -,-n: *Musik: Intervall von sieben Tönen*
sep-tisch: *die Sepsis betreffend, eine Sepsis hervorrufend*
Sep-tu-a-ge-si-ma: *neunter Sonntag vor Ostern*
Sep-tu-a-gin-ta, die; -, keine Mehrzahl: *griechische Bibelübersetzung*
Se-quenz, die; -,-en: *Tonfolge*
Se-quenz, die; -,-en: *mindestens drei aufeinander folgende Karten eines Spiels*
Se-quenz, die; -,-en: *Filmeinstellungen, die eine Handlungseinheit ergeben*
Se-quenz, die; -,-en: *Reihe, Folge*
Se-rail, der; -s,-s: *Palast, Sultansschloss*
Se-raph, der; -s/-s, Se-ra-phim: *sechsflügliger Engel*
se-ra-phisch: *engelsgleich, erhaben*
Se-re-na-de, die; -,-n: *Ständchen, freies Musikstück*
Se-rie, die; -,-n: *Reihe, Folge, zusammengehörige Gruppe von Dingen*
se-ri-ell: *die Serie betreffend, in Serie*
se-ri-ell: *EDV: zeitlich und logisch aufeinander folgend*
Se-ri-en-pro-duk-ti-on, die; -,-en: *Reihenfabrikation*
Se-ri-en-schal-tung, die; -,-en: *Reihenschaltung*
se-ri-en-wei-se: *in Serien, reihenweise*
Se-ri-gra-fie (auch Se-ri-gra-phie), die; -, keine Mehrzahl: *Siebdruckverfahren*
se-ri-ös: *ernsthaft, gediegen, anständig*
Se-ri-o-si-tät, die; -, keine Mehrzahl: *seriöse Beschaffenheit*
Ser-mon, der; -s,-e: *Predigt, langweilige Rede*
Se-ro-di-ag-nos-tik (auch Se-ro-di-a-gnos-tik), die; -, keine Mehrzahl: *Krankheitserkennung aus dem Blutserum*
Se-ro-lo-gie, die; -, keine Mehrzahl: *Wissenschaft vom Blutserum*
Ser-pen-ti-ne, die; -,-n: *in Schlangenlinien ansteigende Straße, Windung, Kurve, Kehre, Schleife*
Se-rum, das; -s, Se-ren: *Körperflüssigkeit, Impfflüssigkeit*

Ser-ve-lat-wurst, die; -,-würs-te: *Wurstsorte*
Ser-vice [Servieß], das; -s/-,-: *zusammengehöriges Tischgeschirr*
Ser-vice [Sörwiß], der; -, keine Mehrzahl: *Kundendienst*
Ser-vice-wel-le [Söhrwißwelle], die; -,-n: *Verkehrsfunk*
ser-vie-ren: *bedienen, Speisen auftragen*
Ser-vi-et-te, die; -,-n: *Mundtuch*
Ser-vi-et-ten-ring, der; -es,-e: *Ring, der eine zusammengerollte Stoffserviette hält*
ser-vil: *unterwürfig, kriecherisch*
Ser-vi-li-tät, die; -, keine Mehrzahl: *Unterwürfigkeit, Ergebenheit, Kriechertum*
Ser-vo-mo-tor, der; -s,-en: *Hilfsmotor*
Ser-vus: *bayrisches und österr. Grußwort*
Se-sam, der; -s,-s: *ölhaltiger Samen*
Ses-sel, der; -s,-: *Sitzmöbel*
Ses-sel-lift, der; -es,-e: *Liftart*
sess-haft: *ansässig*
Sess-haf-tig-keit, die; -, keine Mehrzahl: *sesshaftes Wesen*
Ses-si-on [Seschn], die; -,-s: *musikalische Veranstaltung*
Ses-si-on, die; -,-en: *Sitzungsperiode*
Set, das; -s,-s: *zusammengehörige Gegenstände*
Set, das; -s,-s: *Tischdeckchen*
Set-ter, der; -s,-: *Hundeart*
Setz-ei, das; -s,-er: *Spiegelei*
set-zen: *an einen Ort tun, stellen, errichten*
set-zen: *pflanzen*
set-zen: *wetten*
set-zen: *den Schriftsatz erstellen*
set-zen, sich: *zusammensinken, absinken*
set-zen, sich: *einen Sitzplatz einnehmen, sich niederlassen*
Set-zer, der; -s,-: *Schriftsetzer*
Set-ze-rei, die; -,-en: *das Setzen; auch: Betrieb, in dem Manuskripte gesetzt werden*
Setz-ling, der; -s,-e: *junge Pflanze*
Setz-ma-schi-ne, die; -,-n: *Maschine zum Setzen von Manuskripten*
Seu-che, die; -,-n: *Epidemie, ansteckende Krankheit*
Seu-chen-ge-fahr, die; -,-en: *Gefahr der Ausbreitung von Seuchen*
Seu-chen-herd, der; -es,-e: *Stelle, von der sich eine Seuche ausbreitet*
seuf-zen: *tief Atem holen*

Sicherheitsschloss

Seuf-zer, der; -s,-: *tiefer Atemzug*
Sex, der; -, keine Mehrzahl: *Kurzwort für „Sexus"; auch umgangssprachlich für „Sexappeal; Geschlechtsverkehr"*
Se-xa-ge-si-ma: *achter Sonntag vor Ostern*
Sex-ap-peal (auch Sex-Ap-peal) [Sexeppiehl], der; -s, keine Mehrzahl: *körperliche Anziehungskraft*
Se-xis-mus, der; -, keine Mehrzahl: *ideologische Grundlage der Diskriminierung der Frau, die sich allein auf das Geschlecht bezieht*
Sex-muf-fel, der; -s,-: *jemand, der für Sexuelles wenig Sinn hat*
Sex-shop, der; -s,-s: *Laden für Bücher und Gegenstände, die mit Sex zu tun haben*
Sex-ta, die; -, Sex-ten: *erste Klasse des Gymnasiums*
Sex-ta-ner, der; -s,-: *Schüler der Sexta*
Sex-tant, der; -en,-en: *Winkelmessgerät*
Sex-te, die; -,-n: *Musik: Intervall aus sechs Tönen*
Sex-tett, das; -s,-e: *Musikstück für sechs Stimmen, Musikgruppe mit sechs Musikern*
Se-xu-al-er-zie-hung, die; -,-en: *Erziehung und Aufklärung von Kindern im sexuellen Bereich*
Se-xu-a-li-tät, die; -, keine Mehrzahl: *Geschlechtlichkeit*
Se-xu-al-pä-da-go-gik (auch Se-xu-alpäd-a-go-gik), die; -, keine Mehrzahl: *Belehrung im sexuellen Bereich*
Se-xu-al-ver-bre-chen, das; -s,-: *Triebverbrechen*
se-xu-ell: *die Sexualität betreffend*
Se-xus, der; -, keine Mehrzahl: *Geschlecht, Geschlechtlichkeit*
Sex-wel-le, die; -, keine Mehrzahl: *Zeit sexueller Freizügigkeit*
se-xy: *sexuell anziehend*
Se-zes-si-on, die; -,-en: *Loslösung, Abspaltung, Absonderung*
Se-zes-si-ons-krieg, der; -es,-e: *Krieg mit dem Ziel der Sezession*
se-zie-ren: *anatomisch zerlegen, auseinander nehmen*
Sgraf-fi-to, das; -s,-s/ Sgraf-fi-ti: *Wandmalerei*
Shag [Schäg], der; -s, keine Mehrzahl: *fein geschnittener Pfeifentabak*
Sha-ker [Schäker], der; -s,-: *Mixer, Schüttelbecher*
Sham-poo [Schampuh], das; -s,-s: *Haarwaschmittel*
Sham-poon, das; -s,-s: *Shampoo*
sham-poo-nie-ren: *mit Shampoo einreiben*
Shan-ty [Schäntie], das; -s,-s: *Seemannslied*
She-riff [Schäriff], der; -s,-s: *höchster Polizeibeamter in England und den USA*
Sher-pa, der; -s,-s: *Tibetaner*
Sher-ry [Schärri], der; -s,-s: *schwerer Wein*
Shet-land-po-ny [Schettländponnie], das; -s,-s: *kleine Ponyrasse*
Shet-land-wol-le [Schetländwolle], die; -, keine Mehrzahl: *Wolle von Shetlandschafen*
Shit, der/das; -s, keine Mehrzahl: *Szenesprache für „Haschisch"*
Shorts [Schorts], die; -, keine Einzahl: *kurze Hose*
Short-sto-ry (auch Short Sto-ry) [Schortstorieh], die; -,-s: *Kurzgeschichte*
Show [Schou], die; -,-s: *Vorführung, Aufführung, Darbietung, Schau*
Show-ge-schäft [Schougeschäft], das; -s, keine Mehrzahl: *Vergnügungsindustrie*
Show-mas-ter [Schoumaster], der; -s,-: *Conférencier*
Shred-der [Schredder], der; -s,-: *Häckselmaschine*
sich: *rückbezügliches Fürwort*
Si-chel, die; -,-n: *gebogene Klinge*
Si-chel, die; -,-n: *schmale Mondphase*
si-chel-för-mig: *schmal und halbkreisförmig gebogen*
si-cheln: *mit der Sichel mähen*
si-cher: *gewiss, bestimmt*
si-cher: *fest, ruhig, geübt, zuverlässig*
si-cher: *gefahrlos, geschützt, geborgen*
si-cher-ge-hen, ging sicher, sichergegangen: *sich vergewissern*
Si-cher-heit, die; -, keine Mehrzahl: *Gewissheit, Geschütztsein*
Si-cher-heit, die; -,-en: *Bürgschaft, Pfand*
Si-cher-heits-glas, das; -es,-glä-ser: *nicht splitterndes Glas*
Si-cher-heits-gurt, der; -es,-e: *Gurt zum Anschnallen*
si-cher-heits-hal-ber: *der Sicherheit wegen*
Si-cher-heits-na-del, die; -,-n: *verschließbare Nadel*
Si-cher-heits-schloss, das; -es, -schlösser: *besonders gesichertes Schloss*

sicherlich

si-cher-lich: *sicher, gewiss*
si-chern: *verschließen, befestigen*
si-chern: *sicher machen, schützen, in Sicherheit bringen*
si-chern: *wittern (Wild)*
si-chern, sich: *sich anseilen*
si-cher-stel-len: *sichern, beschlagnahmen, in Gewahrsam nehmen*
Si-cher-stel-lung, die; -,en: *Beschlagnahmung*
Si-cher-stel-lung, die; -,-en: *das Sichern, das finanzielle Absichern*
Si-che-rung, die; -,-en: *Schutzvorrichtung, Sicherungshebel; auch: Überlastungssicherung*
Si-che-rung, die; -,-en: *Schutzmaßnahme, Schutz, das Sichern*
Sicht, die; -, keine Mehrzahl: *Aussicht, Ausblick*
Sicht, die; -, keine Mehrzahl: *Sehvermögen*
Sicht, die; -, keine Mehrzahl: *Fälligkeit eines Wechsels*
sicht-bar: *optisch wahrnehmbar*
sicht-bar: *umgangssprachlich für „sichtlich, offenbar"*
Sicht-bar-keit, die; -, keine Mehrzahl: *sichtbare Beschaffenheit*
Sicht-be-ton, der; -s, keine Mehrzahl: *nicht verputzter Beton*
sich-ten: *erblicken, erspähen*
sich-ten: *durchsehen, prüfen*
sicht-lich: *augenscheinlich, offenbar, offenkundig*
Sicht-ver-merk, der; -es,-e: *Vermerk in einem Pass über die Ein- und Ausreise*
Sicht-wei-te, die; -,-n: *Entfernung, bis zu der etwas sichtbar ist*
Si-cker-gru-be, die; -,-n: *Abortgrube, Abwassergrube*
si-ckern: *verrinnen*
Side-board [Saidbohrd], das; -s,-s: *Anrichte, Abstellregal*
si-de-risch: *die Fixsterne betreffend*
sie: *persönliches Fürwort*
Sie: *persönliches Fürwort in der Anrede*
Sieb, das; -es,-e: *feinmaschiger Durchschlag*
Sieb-druck, der; -es,-e: *Druckverfahren*
sie-ben: *durch ein Sieb geben*
sie-ben: *Zahl*
sie-ben: *aussortieren, auswählen*
Sie-ben-ge-stirn, das; -s, keine Mehrzahl: *Plejaden, offener Sternhaufen*
Sie-ben-mei-len-stie-fel, die; -, keine Einzahl: *märchenhafte Stiefel, in denen man mit einem Schritt sieben Meilen zurücklegt*
Sie-ben-punkt, der; -es,-e: *Marienkäfer*
Sie-ben-sa-chen, die; -, keine Einzahl: *Eigentum, Habe, Habseligkeiten*
Sie-ben-schlä-fer, der; -s,-: *Nagetier*
Sie-ben-schlä-fer, der; -s, keine Mehrzahl: *27. Juni*
siech: *krank, gebrechlich*
sie-chen: *sehr krank sein*
Siech-tum, das; -s, keine Mehrzahl: *lange Krankheit, körperlicher Verfall*
sie-deln: *sich niederlassen*
sie-den: *kochen, verdampfen*
Sie-de-punkt, der; -es,-e: *Temperatur, bei der eine Flüssigkeit siedet*
Sied-ler, der; -s,-: *jemand, der siedelt, Kolonist*
Sied-lung, die; -,-en: *Niederlassung, Häusergruppe am Ortsrand*
Sieg, der; -es,-e: *Bezwingung des Gegners, gewonnener Kampf, Triumph*
Sie-gel, das; -s,-: *Stempel, Stempelabdruck in Wachs; Verschlusszeichen*
Sie-gel-lack, der; -s, keine Mehrzahl: *Masse zum Siegeln*
sie-geln: *versiegeln, mit einem Siegel verschließen, ein Siegel aufdrücken*
Sie-gel-ring, der; -s,-e: *schwerer Ring*
sie-gen: *bezwingen, gewinnen*
Sie-ger, der; -s,-: *Erster, Gewinner, Bezwinger*
sie-ges-ge-wiss: *siegessicher*
sie-ges-si-cher: *siegesgewiss*
sie-ges-trun-ken: *voller Siegesfreude*
Sie-ges-zug, der; -es, -zü-ge: *Triumphzug, siegreicher Vormarsch*
sieg-los: *ohne Sieg, unterlegen*
sieg-reich: *gesiegt habend*
Siel, der/das; -es,-e: *Abflusskanal, Entwässerungsgraben*
Sie-le, die; -,-n: *Zuggeschirr der Zugtiere*
sie-len, sich: *sich wälzen*
si-e-na: *rotbraun*
Si-er-ra, die; -,-s/-ren: *Gebirgskette*
Si-es-ta [Sijesta], die; -,-s: *Mittagsruhe*
sie-zen: *jemanden mit „Sie" anreden*
Si-gel, die; -s,-: *Abkürzung, Kürzel, Abkürzungszeichen*
Sight-see-ing [Saitsieing], das; -s,-s: *Besichtigungstour*
Sig-le (auch Si-gle), die; -,-n: *Sigel*

sinnbildlich

Sig-nal (auch Si-gnal), das; -es,-e: *Zeichen, Eisenbahnzeichen*
sig-na-li-sie-ren (auch si-gna-li-sie-ren): *anzeigen, ankündigen, Zeichen geben, durch Zeichen übermitteln*
Sig-na-tur (auch Si-gna-tur), die; -,-en: *Zeichen, Kennzeichen, Kennziffer*
Sig-na-tur (auch Si-gna-tur), die; -,-en: *Unterschrift, Namenszug*
sig-nie-ren (auch si-gnie-ren): *unterzeichnen, mit einer Signatur versehen*
sig-ni-fi-k-ant (auch si-gni-fi-kant): *bezeichnend, bedeutsam*
Sig-num (auch Si-gnum), das; -s, Si-gna (auch Sig-na): *Marke, Zeichen*
Sig-num (auch Si-gnum), das; -s, Si-gna (auch Sig-na): *Unterschrift, Namenszeichen*
Si-la-ge [Silahsch], die; -,-n: *Inhalt eines Silos, Siloware*
Sil-be, die; -,-n: *Lautgruppe eines Wortes, Trennungseinheit*
Sil-ben-rät-sel, das; -s,-: *Rätselart*
Sil-ben-tren-nung, die; -,-en: *Trennung eines Wortes nach Silben*
Sil-ber, das; -s, keine Mehrzahl: *Edelmetall, Zeichen: Ag*
Sil-ber-blick, der; -es,-e: *Schielen*
Sil-ber-dis-tel, die; -,-n: *Distelart*
Sil-ber-fisch-chen, das; -s,-: *Insektenart*
Sil-ber-hoch-zeit, die; -,-en: *25. Hochzeitstag*
sil-bern: *aus Silber, schimmernd*
Sil-ber-pa-pier, das; -s, keine Mehrzahl: *dünne Aluminiumfolie*
Sil-ber-pap-pel, die; -,-n: *Baumart*
Sil-ber-strei-fen, der; -s,-: *heller Streifen am Horizont*
silb-rig: *wie Silber, silberglänzend*
Sil-hou-et-te, die; -,-n: *Schattenriss, Umriss*
sil-hou-et-tie-ren: *in einer Silhouette darstellen*
Si-li-kat, das; -es,-e: *Salz der Kieselsäure*
Si-li-kon, das; -s, keine Mehrzahl: *Kunststoffart*
Si-li-ko-se, die; -,-n: *Lungenkrankheit*
Si-lo, der; -s,-s: *Großspeicher*
Sil-ves-ter, (das); -s,-: *letzter Tag des Jahres*
Si-mi-li, der/das; -s,-s: *Nachahmung*
Si-mo-nie, die; -,-n: *Amtsschleichung, Handel mit geistlichen Ämtern*
sim-pel: *schlicht, einfach*

sim-pel: *einfältig*
Sim-pel, der; -s,-: *umgangssprachlich für „dummer Mensch"*
Simp-li-fi-ka-ti-on (auch Sim-pli-fi-ka-ti-on), die; -,-en: *zu starke Vereinfachung*
simp-li-fi-zie-ren (auch sim-pli-fi-zie-ren): *zu stark vereinfachen*
Sims, der/das; -es,-e: *Wandbrett, Vorsprung*
Si-mu-lant, der; -en,-en: *jemand, der etwas vortäuscht*
Si-mu-la-ti-on, die; -,en: *Vortäuschung*
Si-mu-la-tor, der; -s,-en: *Vorrichtung, mit der Verhältnisse und Bedingungen simuliert werden können*
si-mu-lie-ren: *vortäuschen, der Wirklichkeit nachbilden, nachahmen*
si-mul-tan: *gleichzeitig, gemeinsam*
Si-mul-tan-dol-met-scher, der; -s,-: *Dolmetscher, der einen Text übersetzt, während er noch gesprochen wird*
Sin-fo-nie (auch Sym-pho-nie), die; -,-n: *großes Musikstück, Orchesterwerk*
Sin-fo-nie-or-ches-ter (auch Sym-pho-nie-or-ches-ter), das; -s,-: *großes Orchester*
Sin-fo-ni-ker (auch Sym-pho-ni-ker), der; -s,-: *Miglied eines Sinfonieorchesters*
sin-fo-nisch (auch sym-pho-nisch): *die Sinfonie betreffend*
sin-gen, sang, gesungen: *die Stimme ertönen lassen*
Sin-ge-rei, die; -,-en: *anhaltendes Singen*
Sin-gle [Singel], die; -,-s: *kleine Schallplatte*
Sing-le (auch Sin-gle) [Singel], der/die; -s/-,s/-: *Alleinstehende(r)*
Sing-le (auch Sin-gle) [Singel], das; -s,-s: *Einzelspiel im Tennis*
Sing-sang, der; -s, keine Mehrzahl: *singende Sprechweise, eintöniger Gesang*
Sing-spiel, das; -s,-e: *Operette, Musikdrama*
sin-gu-lär: *vereinzelt, einzeln auftretend*
Sin-gu-lar, der; -s,-e: *Grammatik: Einzahl*
Sing-vo-gel, der; -s, -vö-gel
sin-ken, sank, gesunken: *fallen, absacken, abwärts gleiten*
sin-ken, sank, gesunken: *untergehen*
Sinn, der; -es,-e: *Bedeutung, Inhalt*
Sinn, der; -es,-e: *Sinnesorgan*
Sinn, der; -es,-e: *Gesinnung, Denkart*
Sinn, der; -es,-e: *Verständnis*
Sinn-bild, das; -es,-er: *Symbol*
sinn-bild-lich: *symbolisch*

sinnen

sin-nen, sann, gesonnen: *nachdenken, grübeln*
Sin-nen-freu-de, die; -,-n: *leibliche Freude, mit den Sinnen empfangene Freude*
sin-nen-froh: *leiblichen Genüssen zugetan*
sinn-ent-leert: *ohne Sinn, keinen Sinn mehr habend*
sinn-ent-stel-lend: *einen falschen Sinn gebend*
Sin-nes-än-de-rung, die; -,-en: *Meinungsänderung*
Sin-nes-art, die; -,-en: *Gesinnung, Denkart*
Sin-nes-ein-druck, der; -es, -drü-cke: *äußerer Eindruck*
Sin-nes-or-gan, das; -es,-e: *Wahrnehmungsorgan*
Sin-nes-reiz, der; -es,-e: *Reiz auf die Sinne*
Sin-nes-täu-schung, die; -,-en: *falsche Wahrnehmung*
Sinn-fäl-lig-keit, die; -,-en: *deutliche Wahrnehmbarkeit*
sinn-ge-mäß: *dem Sinn entsprechend, nicht wörtlich*
sin-nie-ren: *nachdenken, grübeln*
sin-nig: *sinnreich*
sinn-lich: *die Sinne betreffend*
sinn-lich: *erotisch, geschlechtlich*
Sinn-lich-keit, die; -, keine Mehrzahl: *sinnliches Wesen, geschlechtliche Reizbarkeit*
sinn-los: *zwecklos, vergebens*
sinn-los: *ohne Sinn, unüberlegt*
Sinn-lo-sig-keit, die; -, keine Mehrzahl: *sinnlose Beschaffenheit*
sinn-ver-wandt: *in der Bedeutung verwandt*
sinn-voll: *zweckmäßig, vernünftig, Erfolg versprechend*
sinn-wid-rig: *falsch, unsinnig*
Si-no-lo-ge, der; -n,-n: *Wissenschaftler der Sinologie*
Si-no-lo-gie, die; -, keine Mehrzahl: *Wissenschaft von der chinesischen Sprache und Kultur*
sin-te-ma-len: *veraltet für „da, weil"*
Sin-ter, der; -s, keine Mehrzahl: *Hammerschlag*
Sin-ter, der; -s, keine Mehrzahl: *mineralische Ablagerung aus Wasser*
sin-tern: *verfestigen, zusammenbacken*

Sin-te-rung, die; -,-en: *das Sintern*
Sint-flut, die; -, keine Mehrzahl: *Überschwemmung der Erde; übertragen auch: sehr heftiger Regen*
Si-nus, der; -,-/-se: *Winkelfunktion*
Si-nus-kur-ve, die; -,-n: *geometrische Darstellung eines Sinus*
Si-nus-schwin-gung, die; -,-en: *gleichförmige, sinusförmig verlaufende Schwingung*
Si-phon, der; -s,-s: *Geruchsverschluss*
Si-phon, der; -s,-s: *dicht verschlossener Gasdruckbehälter*
Sip-pe, die; -,-n: *Verwandtschaft, Familie*
Sip-pen-haft, die; -, keine Mehrzahl: *Haft aufgrund der Sippenhaftung*
Sip-pen-haf-tung, die; -, keine Mehrzahl: *Zurrechenschaftziehen von Angehörigen*
Sip-pen-haf-tung, die; -, keine Mehrzahl: *Haftung der ganzen Sippe für ein Vergehen*
Sip-pen-kun-de, die; -, keine Mehrzahl: *Genealogie*
Sipp-schaft, die; -,-en: *abwertend für „Verwandtschaft"*
Si-re-ne, die; -,-n: *Alarmgerät*
Si-re-nen-ge-heul, das; -s, keine Mehrzahl: *Warnsignal*
sir-ren: *schwirren*
Si-rup, der; -s,-s: *Zuckerlösung, eingedickter Fruchtsaft*
Si-sal, der; -s, keine Mehrzahl: *Pflanzenfaser*
sis-tie-ren: *einstellen, unterbrechen*
Si-sy-phus-ar-beit, die; -,-en: *sinnlose Anstrengung*
Si-tar, der; -/-s,-/-s: *indisches Zupfinstrument*
Sit-in, das; -,-s: *Sitzstreik*
Sit-te, die; -,-n: *Sittlichkeit, Anstand*
Sit-te, die; -,-n: *Brauch, Gewohnheit*
Sit-te, die; -, keine Mehrzahl: *umgangssprachlich für „Sittenpolizei"*
Sit-ten-leh-re, die; -,-n: *Morallehre*
sit-ten-los: *ohne Sitte*
Sit-ten-lo-sig-keit, die; -, keine Mehrzahl: *sittenloses Wesen, Verhalten*
Sit-ten-po-li-zei, die; -, keine Mehrzahl: *Polizeiabteilung*
sit-ten-streng: *moralisch, tugendhaft*
Sit-ten-strolch, der; -es,-e: *Sittlichkeitsverbrecher*
sit-ten-wid-rig: *gegen die Sitte verstoßend*

Sklerose

Sit-tich, der; -s,-e: *Vogelart*
sitt-lich: *die Sitte betreffend*
Sitt-lich-keit, die; -, keine Mehrzahl: *Moral, anständiges Verhalten*
Sitt-lich-keits-de-likt, das; -es,-e: *Sexualverbrechen*
Sitt-lich-keits-ver-bre-chen, das; -s,-: *Sexualverbrechen*
sitt-sam: *züchtig, ehrbar*
Sitt-sam-keit, die; -, keine Mehrzahl: *Tugendhaftigkeit, sittsames Wesen*
Si-tu-a-ti-on, die; -,-en: *Lage, Zustand*
Si-tu-a-ti-ons-ko-mik, die; -, keine Mehrzahl: *scherzhafte Wirkung einer alltäglichen Szene*
si-tu-a-tiv: *die Situation betreffend*
si-tu-iert: *in bestimmten Verhältnissen lebend, gesellschaftlich gestellt*
Sitz, der; -es,-e: *Stuhl, Sitzmöbel*
Sitz, der; -es,-e: *Platz, Sitzplatz*
Sitz, der; -es,-e: *Wohnort, Geschäftsort*
Sitz, der; -es,-e: *Abgeordnetenplatz*
Sitz-bad, das; -es, -bä-der: *Bad, in dem man sitzt*
sit-zen, saß, gesessen: *passen*
sit-zen, saß, gesessen: *Platz nehmen, Platz genommen*
sit-zen, saß, gesessen: *sich befinden*
sit-zen, saß, gesessen: *umgangssprachlich für „im Gefängnis sein"*
sit-zen blei-ben, blieb sitzen, sitzen geblieben: *das Klassenziel nicht erreichen, die Klasse wiederholen*
sit-zen blei-ben, blieb sitzen, sitzen geblieben: *nicht aufgehen (Kuchen)*
Sit-zen-bleiber, der; -s,-: *jemand, der sitzen bleibt*
Sitz-fleisch, das; -es, keine Mehrzahl: *Ausdauer*
Sitz-ge-le-gen-heit, die; -,-en: *Sitzplatz*
Sitz-platz, der; -es, -plät-ze: *Platz zum Sitzen*
Sitz-streik, der; -s,-s: *Streikkundgebung*
Sit-zung, die; -,-en: *beratende Versammlung*
Sit-zungs-saal, der; -es, -sä-le: *Tagungsraum*
Ska-bi-es, die; -, keine Mehrzahl: *Krätze*
ska-bi-ös: *an Skabiose erkrankt*
Skai, das; -/-s, keine Mehrzahl: *Kunstleder*
Ska-la, die; -, Ska-len: *Maßeinteilung*
Skalp, der; -es,-e: *Kopfhaut*
Skal-pell, das; -s,-e: *chirurgisches Messer*
skal-pie-ren: *die Kopfhaut abziehen*
Skan-dal, der; -s,-e: *Ärgernis, unerhörtes Ereignis, Aufsehen erregendes Ereignis*
skan-da-lös: *unerhört, empörend*
skan-die-ren: *mit starker Betonung sprechen*
Ska-ra-bä-us, der; -, Ska-ra-bä-en: *Käferart*
Skat, der; -es/-s, -e/-s: *deutsches Kartenspiel; auch die beiden übrig bleibenden Karten bei diesem Spiel*
Skate-board [Skäitbohrd], das; -s,-s: *Rollbrett*
Ske-lett, das; -es,-e: *Knochengerüst, Gerippe*
Skep-sis, die; -, keine Mehrzahl: *Zweifel, Ungläubigkeit*
Skep-ti-ker, der; -s,-: *Zweifler, jemand, der Bedenken hegt*
skep-tisch: *zweifelnd, Bedenken habend*
Sketch, der; -es,-e: *kurzes Unterhaltungsstück*
Ski, der; -s,-er: *Fortbewegungsmittel auf Schnee*
Ski-an-zug, der; -es, -zü-ge: *Anzug zum Skilaufen*
Ski-fah-ren, das; -s, keine Mehrzahl: *das Skilaufen*
Ski-lau-fen, das; -s, keine Mehrzahl: *das Sichfortbewegen auf Skiern*
Ski-läu-fer, der; -s,-: *jemand, der sich auf Skiern fortbewegt*
Ski-lift, der; -es,-e: *Lift, der Skifahrer befördert*
Ski-pis-te, die; -,-n: *Abfahrtspiste zum Skilaufen*
Ski-schuh, der; -s,-e: *Spezialschuh zum Skilaufen*
Ski-stie-fel, der; -s,-: *Skischuh*
Skiz-ze, die; -,-n: *Entwurf, Zeichnung, kurze Aufzeichnung*
skiz-zen-haft: *flüchtig, andeutungsweise, in der Art einer Skizze*
skiz-zie-ren: *entwerfen, kurz aufzeichnen*
Skla-ve, der; -n,-n: *Leibeigener*
Skla-ven-han-del, der; -s, keine Mehrzahl: *Menschenhandel*
Skla-ve-rei, die; -, keine Mehrzahl: *Versklavung, Menschenhandel*
skla-visch: *wie ein Sklave, völlig abhängig*
Skle-ro-se, die; -,-n: *Verkalkung*

Skoliose

Sko-li-o-se, die; -,-n: *seitliche Rückgratverkrümmung*
skon-tie-ren: *Skonto gewähren*
Skon-to, der/das; -s,-s: *Preisnachlass*
Skor-but, der; -s, keine Mehrzahl: *Mangelkrankheit*
Skor-pi-on, der; -s,-e: *Spinnentier*
Skript, das; -es,-e: *Schriftstück, schriftliche Ausarbeitung*
Skro-tum, das; -s, Skro-ta: *Hodensack*
Skru-pel, -, keine Einzahl: *Bedenken, Gewissensbisse*
skru-pel-los: *ohne Skrupel, hemmungslos, unbedenklich, gewissenlos*
Skru-pel-lo-sig-keit, die; -, keine Mehrzahl: *skrupelloses Verhalten, skrupelloses Wesen, Gewissenlosigkeit*
skul-len: *rudern*
Skul-ler, der; -s,-: *Ruderer, auch: Ruderboot*
Skulp-tur, die; -,-en: *Statue*
skur-ril: *närrisch, seltsam*
Skur-ri-li-tät, die; -, keine Mehrzahl: *skurrile Beschaffenheit, skurriles Verhalten, skurriles Wesen*
Sky-lab [Skailäb], das; -s,-s: *Weltraumlaboratorium*
Sky-light [Skailait], das; -s,-s: *Oberlicht*
Sky-line [Skailain], die; -,-s: *Silhouette einer Stadt mit Hochhäusern*
Sla-lom, der; -s,-s: *Torlauf*
Slang [Släng], der; -s,-s: *Umgangssprache, Jargon*
Slap-stick [Släpstick], der; -s,-s: *komische Filmszene, grotesker Einfall*
Sla-we, der; -n,-n: *Angehöriger eines slawischen Volkes*
Sla-wis-tik, die; -, keine Mehrzahl: *Wissenschaft von den slawischen Sprachen*
Sli-bo-witz, der; -,-e: *Branntwein*
Slip, der; -s,-s: *Unterhose*
Slip-per, der; -s,-: *Hausschuh*
Slo-gan, der; -s,-s: *Schlagwort, kurzer Werbetext*
Slum [Slam], der; -s,-s: *Elendsviertel*
Sma-ragd, der; -es,-e: *Edelstein*
smart: *gewandt, geschickt, durchtrieben*
Smog, der; -s,-s: *Rauch, Dunst*
smo-ken: *mit einem raffenden Zierstich nähen*
Smo-king, der; -s,-s: *Gesellschaftsanzug*
Snack-bar [Snäckbar], die; -,-s: *Imbissstube*

Snob, der; -s,-s: *reicher, geckenhafter Mensch*
Sno-bis-mus, der; -, keine Mehrzahl: *snobistisches Verhalten, snobistisches Wesen*
sno-bis-tisch: *wie ein Snob*
so: *demnach, also, nun*
so: *solch*
so: *auf diese Art, in solchem Maße, ebenso, genauso, gleichermaßen*
so-bald: *sofort wenn*
So-ci-e-ty [Soßaietie], die; -, keine Mehrzahl: *Gesellschaft*
So-cke, die; -,-n: *Strumpf*
So-ckel, der; -s,-: *Absatz, Unterbau*
So-da, die/das; -s, keine Mehrzahl: *Natriumkarbonat*
So-da-was-ser, das; -s, keine Mehrzahl: *Mineralwasser*
Sod-bren-nen, das; -s, keine Mehrzahl: *Magenbeschwerden*
So-de, die; -,-n: *abgestochenes Rasenstück*
So-do-mie, die; -, keine Mehrzahl: *Geschlechtsverkehr mit Tieren*
so-e-ben: *im Augenblick, eben*
So-fa, das; -s,-s: *Polsterbank, Sitzmöbel*
so-fern: *wenn, vorausgesetzt, dass ...*
Sof-fit-te, die; -,-n: *Dekorationsteil*
so-fort: *gleich, unverzüglich*
So-fort-maß-nah-me, die; -,-n: *sofortige Maßnahme*
Soft-eis, das; -es, keine Mehrzahl: *weiches Speiseeis*
Soft-ware [Softwär], die; -, keine Mehrzahl: *Computerprogramme*
Sog, der; -es,-e: *das Saugen, Wirbel, Strudel*
so-gar: *überdies, obendrein, auch*
so ge-nannt: *unter einer Bezeichnung bekannt*
so-gleich: *jetzt, auf der Stelle, sofort, gleich*
Soh-le, die; -,-n: *Trittfläche des Fußes, des Schuhs*
Soh-le, die; -,-n: *Grubengrund*
Soh-le, die; -,-n: *Boden eines Tales, Flusses, Kanals*
Sohn, der; -es, Söh-ne: *männlicher Nachkomme*
soig-niert (auch soi-gniert), [ßoanjihrt]: *gepflegt*
Soi-ree [Soareh], die; -,-n: *Abendgesellschaft, Abendvorstellung*
So-ja-boh-ne, die; -,-n: *Nutzpflanze*

sonderbar

So-ja-mehl, das; -s,- keine Mehrzahl: *Mehl aus Sojabohnen*
so-lan-ge: *während, währenddessen*
so-lar: *die Sonne betreffend*
So-la-ri-um, das; -s, So-la-ri-en: *Sonnendach, Bestrahlungsanlage*
So-lar-ple-xus, der; -, keine Mehrzahl: *Sonnengeflecht*
solch, solche, solcher: *derartig, von dieser Art, so*
sol-cher-art: *von dieser Art, solch*
Sold, der; -es, keine Mehrzahl: *Lohn des Soldaten*
Sol-dat, der; -en,-en: *Krieger*
Sol-da-ten-fried-hof, der; -es, -hö-fe
sol-da-tisch: *Soldaten betreffend, wie ein Soldat*
Söld-ner, der; -s,-: *bezahlter Berufssoldat*
Söld-ner-heer, das; -es,-e: *Heer aus bezahlten Soldaten*
So-le, die; -,-n: *Salzbrühe*
Sol-ei, das; -s,-er: *hart gekochtes, in Salzwasser eingelegtes Ei*
so-lenn: *festlich, feierlich*
So-len-ni-tät, die; -, keine Mehrzahl: *Feierlichkeit*
so-lid: *solide*
so-li-da-risch: *gemeinsam, einig, übereinstimmend*
so-li-da-ri-sie-ren: *solidarisch erklären*
So-li-da-ri-tät, die; -, keine Mehrzahl: *Einigkeit, Zusammengehörigkeit, Verbundenheit*
so-li-de: *fest, dauerhaft, haltbar*
so-li-de: *zuverlässig, vertrauenswürdig, anständig, geordnet*
So-li-di-tät, die; -, keine Mehrzahl: *solide Beschaffenheit, solides Wesen*
So-list, der; -en,-en: *Einzelsänger, Einzelmusiker*
so-lis-tisch: *allein*
So-li-tär, der; -s,-e: *Einzeledelstein*
So-li-tü-de, die; -,-n: *Einsamkeit; Schlössername*
Soll, das; -/-s,-/-s: *Schuld, Verbindlichkeiten, Verpflichtung*
sol-len: *mögen*
sol-len: *etwas soll angeblich sein*
sol-len: *eine Pflicht haben*
Söl-ler, der; -s,-: *offener Saal, offener, umlaufender Balkon*
so-lo: *allein, einzeln*
So-lo, das; -s, So-li: *Spiel eines Einzelspielers gegen mehrere Gegner*
So-lo, das; -s, So-li: *Einzelgesang, Einzelvortrag, Einzelinstrumentalspiel*
So-lo-ge-sang, der; -es, -sän-ge: *Gesang eines Sängers*
So-lo-sän-ger, der; -s,-: *einzeln singender Sänger*
So-lo-tanz, der; -es, -tän-ze: *Alleintanz*
So-lo-tän-zer, der; -s,-: *Alleintänzer*
so-lu-bel: *löslich*
sol-vent: *zahlungsfähig*
Sol-venz, die; -,-en: *Zahlungsfähigkeit*
so-ma-tisch: *leiblich, körperlich*
Somb-re-ro (auch Som-bre-ro), der; -s,-s: *breitkrempiger Hut*
so-mit: *folglich, also*
Som-mer, der; -s,-: *warme Jahreszeit*
Som-mer-fahr-plan, der; -es, -plä-ne: *Fahrplan während des Sommers*
Som-mer-fe-ri-en, die; -, keine Einzahl: *Ferien während des Sommers*
Som-mer-fri-sche, die; -,-n: *Erholung, Ferienaufenthalt*
som-mer-lich: *wie im Sommer*
Som-mer-nacht, die; -, -näch-te: *Nacht im Sommer*
Som-mer-schluss-ver-kauf, der; -s, -käufe: *Räumungsverkauf zum Sommerende*
Som-mer-son-nen-wen-de, die; -,-n: *längster Tag des Jahres*
Som-mer-spros-se, die; -,-n: *Pigmentfleck*
som-mer-spros-sig: *voller Sommersprossen*
Som-mers-zeit, die; -,-en: *Sommer*
Som-mer-zeit, die; -,-en: *verlegte Stundenzählung während des Sommers*
som-nam-bul: *nachtwandelnd, schlafwandelnd*
Som-nam-bu-lis-mus, der; -, keine Mehrzahl: *Mondsüchtigkeit, Schlafwandelei*
som-no-lent: *benommen, schlafsüchtig*
So-na-te, die; -,-n: *Musikstück*
Son-de, die; -,-n: *Kurzwort für „Raumsonde"*
Son-de, die; -,-n: *Bohrinstrument, Probebohrung*
Son-de, die; -,-n: *Untersuchungsinstrument des Arztes*
Son-der-auf-trag, der; -es, -trä-ge: *besonderer Auftrag*
Son-der-aus-ga-be, die; -,-n: *besondere Ausgabe*
son-der-bar: *eigenartig, seltsam*

Sonderbeauftragte

Son-der-be-auf-trag-te, der; -n,-n: jemand, der einen Sonderauftrag hat
Son-der-fahrt, die; -,-en: Fahrt außerhalb des Fahrplans
Son-der-fall, der; -es, -fäl-le: besonderer Fall, ein vom Üblichen abweichender Fall
son-der-glei-chen: ohnegleichen, einzigartig
Son-der-ling, der; -s,-e: Einzelgänger, sonderbarer Mensch
son-dern: vielmehr, außerdem, und
Son-der-schu-le, die; -,-n: Schule für geistig und körperlich behinderte Kinder
Son-der-stel-lung, die; -,-en: besondere Stellung, Ausnahmestellung
Son-der-zug, der; -es, -zü-ge: außerplanmäßiger Zug
son-die-ren: mit einer Sonde untersuchen, prüfen
So-nett, das; -es,-e: Gedichtform
Song, der; -s,-s: Lied, Schlager
Sonn-a-bend, der; -s,-e: Samstag, sechster Arbeitstag der Woche
sonn-a-bends: am Sonnabend
Son-ne, die; -,-n: Stern, Fixstern
Son-ne, die; -, keine Mehrzahl: Zentralgestirn des Sonnensystems
son-nen, sich: sich in der Sonne bräunen, in der Sonne liegen
Son-nen-auf-gang, der; -s, -gän-ge: Morgen, Aufgehen der Sonne über dem Horizont
Son-nen-bad, das; -es, -bä-der: das Sonnen
Son-nen-blen-de, die; -,-n: Schutzblende eines Objektivs
Son-nen-blu-me, die; -,-n: Blumenart
Son-nen-blu-men-öl, das; -s, keine Mehrzahl: aus Sonnenblumenkernen gewonnenes Öl
Son-nen-brand, der; -es, -brän-de: Verbrennung der Haut durch zu starke Sonneneinstrahlung
Son-nen-bril-le, die; -,-n: Schutzbrille gegen zu helles Sonnenlicht
Son-nen-fins-ter-nis, die; -,-se: Verfinsterung der Sonne durch den Mond
Son-nen-fleck, der; -s,-en: dunkles Gebiet auf der Sonnenoberfläche
son-nen-klar: völlig klar, eindeutig
Son-nen-schein, der; -s, keine Mehrzahl: Schein der Sonne
Son-nen-schein, der; -es,-e: Sonnenschutzschirm
Son-nen-stich, der; -s,-e: Schädigung durch zu starke Sonneneinwirkung
Son-nen-sys-tem, das; -s,-e: eine Sonne mit den sie umkreisenden Planeten
Son-nen-uhr, die; -,-en: Uhr, die mit einem Schattenwerfer nach dem Sonnenstand die Uhrzeit angibt
Son-nen-un-ter-gang, der; -s, -gän-ge: Verschwinden der Sonne unter dem Horizont
Son-nen-zel-le, die; -,-n: Halbleiterelement, das Sonnenenergie in elektrische Energie umwandelt
Sonn-tag, der; -es,-e: arbeitsfreier Wochentag, siebter Tag der Woche
sonn-tags: am Sonntag
Sonn-tags-fah-rer, der; -s,-: ungeübter Fahrer
so-nor: volltönend, klangvoll
sonst: im Allgemeinen, immer
sonst: außerdem, überdies, noch, andernfalls
sons-tig: übrig, anderweitig
sonst was: was auch immer
sonst wer: wer auch immer
sonst wie: auf eine andere Weise, irgendwie
sonst wo: irgendwo
so-oft: jedesmal wenn, wann auch immer
Soor, der; -s,-e: Pilzerkrankung der Mundschleimhaut
So-phis-mus, der; -, So-phis-men: Trugschluss, Scheinbeweis
So-phist, der; -en,-en: Wortklauber, Scheingelehrter
so-phis-tisch: spitzfindig, scheinbar richtig
Sop-ran (auch So-pran), der; -s,-e: hohe Frauenstimmlage
Sop-ra-nis-tin (auch So-pra-nis-tin), die; -,-nen: Sängerin mit Sopranstimme
Sor-bet, der/das; -s,-s: Eisgetränk, Halbgefrorenes
Sor-di-ne, die; -,-n: Dämpfer für Streichinstrumente
Sor-ge, die; -,-n: Angst, Unruhe, Bangigkeit
Sor-ge, die; -,-n: Fürsorge, Pflege
sor-gen, sich: sich Sorgen machen, sich ängstigen
sor-gen: sich bemühen, aufpassen, sich kümmern
sor-gen-frei: ohne Sorgen

Sozialisation

Sor-gen-kind, das; -es,-er: *Kind, das Sorgen bereitet; auch: Sache, die Sorgen bereitet*
Sor-ge-recht, das; -s,-e: *Recht der Eltern, für ihr Kind zu sorgen*
Sorg-falt, die; -, keine Mehrzahl: *Gewissenhaftigkeit, Genauigkeit*
sorg-fäl-tig: *gewissenhaft, genau*
sorg-los: *leichtfertig, vertrauensselig, ohne Sorgen, unbekümmert*
Sorg-lo-sig-keit, die; -, keine Mehrzahl: *sorgloses Verhalten, sorgloses Wesen*
sorg-sam: *sorgfältig*
Sorg-sam-keit, die; -, keine Mehrzahl: *sorgsames Verhalten, sorgsames Wesen*
Sor-te, die; -,-n: *Art*
Sor-te, die; -,-n: *Güteklasse einer Ware*
Sor-te, die; -,-n: *ausländische Banknoten und Münzen*
sor-tie-ren: *ordnen, einteilen, auslesen*
Sor-tie-rung, die; -,-en: *das Sortieren, die Art des Sortierens*
Sor-ti-ment, das; -es,-e: *Warenauswahl, Angebotspalette*
Sor-ti-ments-buch-han-del, der; -s, keine Mehrzahl: *Handel mit Büchern aus verschiedenen Verlagen*
Sor-ti-men-ter, der; -s,-: *Sortimentsbuchhändler*
so-sehr: *wie sehr auch immer*
So-ße, die; -,-n: *Tunke*
So-ßen-löf-fel, der; -s,-: *Löffel für Soßen*
Sot-ti-se, die; -,-n: *Flegelei, Stichelei*
Soub-ret-te (auch Sou-bret-te) [Subrette], die; -,-n: *Sängerin*
Souff-lé (auch Souf-flee) [Sufleh], das; -s,-s: *lockere Eierspeise*
Souff-leur (auch Souf-fleur) [Suflöhr], der; -s,-e: *Einsager, Vorsager*
Souff-leur-kas-ten (auch Souf-fleur-kasten) [Sufflöhrkasten], der; -s,-käs-ten: *Kasten, in dem die Souffleuse sitzt*
Souff-leu-se (auch Souf-fleu-se) [Suflöhse], die; -,-n: *Einsagerin, Vorsagerin*
souff-lie-ren (auch souf-flie-ren) [sufliehren]: *vorsagen, zuflüstern*
Soul, der; -s, keine Mehrzahl: *stark gefühlsbetonte Jazzmusik*
Sound [Saund], der; -s,-s: *Klangqualität, Klangrichtung*
Sound-track [Saundträck], der; -s,-s: *Tonspur eines Films, Filmmusik*
Sou-per [Supeh], das; -s,-s: *festliches Abendessen*
sou-pie-ren [supieren]: *festlich zu Abend essen*
Sou-ta-ne [Sutane], die; -,-n: *Priestergewand*
Sou-ter-rain [Suterreñ], das; -s,-s: *Kellergeschoß*
Sou-ve-nir, das; -s,-e: *Mitbringsel*
sou-ve-rän: *überlegen, unumschränkt*
Sou-ve-rän, der; -s,-e: *unumschränkt Herrschender*
Sou-ve-rä-ni-tät, die; -, keine Mehrzahl: *Hoheitsrecht, unumschränkte Herrschaft, Unabhängigkeit*
so viel: *wie viel, so weit, diese Menge*
so was: *so etwas*
so-weit: *insofern*
so we-nig: *möglichst wenig*
so-wie: *sobald, wenn*
so-wie: *außerdem*
so-wie-so: *auf jeden Fall, ohnehin*
Sow-jet (auch So-wjet), der; -s, keine Mehrzahl: *Verwaltungsbehörde der ehemaligen Sowjetunion*
sow-je-tisch (auch so-wje-tisch): *die ehemalige Sowjetunion betreffend*
Sow-jet-un-i-on (auch So-wjet-u-ni-on), die; -, keine Mehrzahl: *ehemaliger osteuropäischer und asiatischer Staat, die SU, die UdSSR*
so-wohl: *sowohl ... als auch; auch, ebenfalls*
so-zi-al: *die Gemeinschaft betreffend, gemeinnützig*
so-zi-al: *umgangssprachlich für „umgänglich, fair"*
So-zi-al-ab-ga-ben, die; -, keine Einzahl: *Abgaben zur Renten-, Kranken- und Arbeitslosenversicherung*
So-zi-al-amt, das; -es, -äm-ter: *städtische Behörde, die für Maßnahmen zum Lebensunterhalt, für Sozialhilfe zuständig ist*
So-zi-al-ar-beit, die; -,-en: *Sammelbezeichnung für alle Tätigkeiten der Betreuung von sozial Schwachen*
So-zi-al-de-mo-krat, der; -en,-en: *Anhänger der Sozialdemokratie*
So-zi-al-de-mo-kra-tie, die; -, keine Mehrzahl: *politische Richtung, die die Grundsätze des Sozialismus und der Demokratie zu verbinden versucht*
So-zi-al-hil-fe, die; -, keine Mehrzahl: *Hilfe zum Lebensunterhalt*
So-zi-a-li-sa-ti-on, die; -, keine Mehrzahl: *Eingliedern in die Gesellschaft*

sozialisieren

so-zi-a-li-sie-ren: *vergesellschaften, verstaatlichen*
So-zi-a-li-sie-rung, die; -,-en: *das Sozialisieren*
So-zi-a-lis-mus, der; -, keine Mehrzahl: *politische, sozial orientierte Bewegung*
So-zi-a-list, der; -en,-en: *Anhänger des Sozialismus*
so-zi-a-lis-tisch: *den Sozialismus betreffend*
So-zi-al-leis-tun-gen, die; -, keine Einzahl: *von Unternehmen geleistete zusätzliche Geld- und Sachleistungen*
So-zi-al-po-li-tik, die; -, keine Mehrzahl: *Politik zur Verbesserung der sozialen Situation der Bevölkerung*
So-zi-al-po-li-ti-ker, der; -s,-: *Politiker, der in der Sozialpolitik aktiv ist*
so-zi-al-po-li-tisch: *die Sozialpolitik betreffend*
So-zi-al-pro-dukt, das; -es,-e: *Nationaleinkommen*
So-zi-al-rent-ner, der; -s,-: *Bezieher einer staatlichen Rente*
So-zi-al-staat, der; -es,-en: *Staat, der die wirtschaftliche und soziale Situation der Bevölkerung sichern will*
So-zi-al-ver-si-che-rung, die; -, keine Mehrzahl: *staatliche Renten- und Krankenversicherung*
So-zi-al-woh-nung, die; -,-en: *nach sozialen Gesichtspunkten vergebene Wohnung*
So-zi-o-lo-ge, der; -n,-n: *Wissenschaftler der Soziologie*
So-zi-o-lo-gie, die; -, keine Mehrzahl: *Gesellschaftswissenschaft*
so-zi-o-lo-gisch: *die Soziologie betreffend*
So-zi-us, der; -,-se: *Beifahrer; Teilhaber, Gesellschafter*
so-zu-sa-gen: *gewissermaßen*
Spach-tel, der; -s,-: *Werkzeug zum Auftragen von Putz oder Mörtel*
spach-teln: *Putz oder Spachtelmasse auftragen, mit dem Spachtel arbeiten*
sp-ach-teln: *umgangssprachlich für „kräftig essen"*
Spa-gat, der; -es,-e: *Tanzfigur, Turnübung*
Spa-get-ti (auch Spa-ghet-ti), der; -,-: *lange italienische Nudeln*
spä-hen: *Ausschau halten*
Spä-her, der; -s,-: *jemand, der nach etwas Ausschau hält, Kundschafter*

Späh-trupp, der; -s,-s: *Patrouille*
Spa-lier, das; -s,-e: *doppelte Personenreihe*
Spa-lier, das; -s,-e: *Holzgitter zum Pflanzen ziehen*
Spa-lier-obst, das; -es, keine Mehrzahl: *Obst, das an Spalieren gezogen wird*
Spalt, der; -es,-e: *Öffnung, Riss, Ritze*
Spal-te, die; -,-n: *Rubrik*
spal-ten: *teilen, trennen, zerhacken*
Spalt-pilz, der; -es,-e: *Bakterie*
Spalt-pro-dukt, das; -es,-e: *bei einer Kernspaltung produziertes, radioaktives Material*
Spal-tung, die; -,en: *Trennung, Teilung*
Spal-tung, die; -,-en: *Entzweiung, Bruch*
Span, der; -es, Spä-ne: *Abfall, Streifen*
span-ab-he-bend: *Späne ahhebend, spanend*
spa-nen: *ein Werkstück durch Abfeilen oder Abhobeln von Spänen bearbeiten*
Span-fer-kel, das; -s,-: *junges, noch nicht entwöhntes Ferkel*
Span-ge, die; -,-n: *Verbindungsstraße*
Span-ge, die; -,-n: *Verschluss, Armreif*
Spa-ni-el, der; -s,-s: *Hundeart*
Spann, der; -es,-e: *oberer Teil des Fußes, Rist*
Spann-be-ton, der; -s, keine Mehrzahl: *Beton mit gespannten Stahleinlagen*
Span-ne, die; -,-n: *Zeitraum*
Span-ne, die; -,-n: *kleine Entfernung*
Span-ne, die; -,-n: *Unterschied, Differenz, Gewinnspanne*
span-nen: *straffen, dehnen; scharfmachen*
span-nend: *fesselnd, interessant*
Span-ner, der; -s,-: *Vorrichtung zum Spannen*
Span-ner, der; -s,-: *umgangssprachlich für „Voyeur"*
Spann-fut-ter, das; -s,-: *Futter zum Einspannen von Werkstücken*
Spann-kraft, die; -, keine Mehrzahl: *Leistungsfähigkeit*
Span-nung, die; -,-en: *den Fluss des elektrischen Stromes bewirkende Kraft*
Span-nung, die; -, keine Mehrzahl: *Erwartung, Neugierde, Ungeduld*
Span-nung, die; -, keine Mehrzahl: *Straffung, Elastizität*
Span-nungs-feld, das; -es,-er: *Bereich mit gegensätzlichen, aufeinander einwirkenden Kräften*

Speckschwarte

span-nungs-ge-la-den: *voller Spannung*
Spann-wei-te, die; -,-n: *Entfernung zwischen den Spitzen ausgebreiteter Flügel*
Spann-wei-te, die; -,-n: *Umfang der Interessen*
Spann-wei-te, die; -,-n: *Weite eines Brückenbogens*
Spant, das; -es,-en: *rippenähnliches Bauteil bei Schiffen und Flugzeugen*
Spar-buch, das; -es, -bü-cher: *Buch mit Aufzeichnungen über Bankguthaben*
Spar-büch-se, die; -,-n: *Behältnis zum Sparen*
Spar-ein-la-ge, die; -,-n: *Gespartes, Sparguthaben*
spa-ren: *horten, zurücklegen, aufheben, bewahren*
Spa-rer, der; -s,-: *jemand, der spart*
Spar-flam-me, die; -,-n: *sehr kleine Herdflamme; auch: Sparsamkeit*
Spar-gel, der; -s, keine Mehrzahl: *feine Gemüseart*
Spar-gro-schen, der; -s,-: *gespartes Geld*
Spar-gut-ha-ben, das; -s,-: *Spareinlage*
Spar-kas-se, die; -,-n: *Geldinstitut*
Spar-kon-to, das; -s, -kon-ten: *Konto, das zum Sparen dient*
spär-lich: *gering, wenig*
Spar-maß-nah-me, die; -,-n: *Maßnahme zum Sparen*
Spar-prä-mie, die; -,-n: *Zuwendung beim Prämiensparen*
Spar-ren, der; -s,-: *schräger Balken*
Spar-ren, der; -s,-: *umgangssprachlich für „kleine Verrücktheit, Schrulle"*
spar-sam: *sparend, haushälterisch*
Spar-sam-keit, die; -, keine Mehrzahl: *sparsames Handeln, Genügsamkeit*
Spar-schwein, das; -s,-e: *Sparbüchse in der Form eines Schweines*
spar-ta-nisch: *karg, enthaltsam, genügsam, anspruchslos*
Spar-te, die; -,-n: *Geschäftszweig*
Spar-te, die; -,-n: *Abteilung, Fach, Gebiet*
Spar-te, die; -,-n: *Zeitungsspalte*
spas-misch: *krampfartig, in der Art eines Spasmus*
Spas-mus, der; -, Spas-men: *Krampf*
Spaß, der; -es, Spä-ße: *Scherz, Witz, Ulk, Jux, Vergnügen*
spa-ßen: *Spaß machen*
spa-ßes-hal-ber: *aus Spaß, des Spaßes wegen*

spaß-haft: *spaßig*
spa-ßig: *scherzhaft, ulkig, vergnüglich, drollig, lustig*
Spaß-ma-cher, der; -s,-: *Spaßvogel*
Spaß-vo-gel, der; -s, -vö-gel: *umgangssprachlich für „Spaßmacher"*
Spas-ti-ker, der; -s,-: *an einer spastischen Krankheit Leidender*
spas-tisch: *spasmisch*
spät: *nicht rechtzeitig*
spät: *zu fortgeschrittener Zeit*
Spat, der; -es,-e: *Mineral*
Spa-tel, der; -s,-: *schmaler, flacher Holzstab*
Spa-ten, der; -s,-: *Grabgerät*
Spa-ten-stich, der; -es,-e: *das Einstechen des Spatens, das Umwenden der Erde mit dem Spaten*
Spät-ent-wick-ler, der; -s,-: *sich langsam entwickelndes Kind*
spä-ter: *danach, nachher, zu einem künftigen Zeitpunkt*
spä-tes-tens: *nicht später als*
Spät-herbst, der; -es, keine Mehrzahl: *später Herbst*
spät-herbst-lich: *im späten Herbst*
Spät-le-se, die; -,-n: *spät im Jahr geernteter Wein mit mehr Natursüße*
Spät-schicht, die; -,-en: *Schicht von 14 bis 22 Uhr; auch: Gesamtheit der Arbeiter einer Spätschicht*
Spät-som-mer, der; -s, keine Mehrzahl: *spät im Sommer, ausklingender Sommer*
Spatz, der; -es/-en,-en: *Sperling*
Spatz, der; -es/-en,-en: *übertragen für „kleines, kränkliches Kind"*
Spätz-le, die; -, keine Einzahl: *Nudelart*
spa-zie-ren: *schlendern, umhergehen*
spa-zie-ren fah-ren, fuhr spazieren, spazieren gefahren: *zum Vergnügen mit dem Auto fahren*
spa-zie-ren ge-hen, ging spazieren, spazieren gegangen: *bummeln, schlendern*
Spa-zier-fahrt, die; -,-en: *Vergnügungsfahrt*
Spa-zier-gang, der; -es, -gän-ge: *Bummel*
Spa-zier-gän-ger, der; -s,-: *jemand, der spazieren geht*
Specht, der; -es,-e: *Vogelart*
Speck, der; -s, keine Mehrzahl: *Fettgewebe*
spe-ckig: *fettglänzend, schmutzig*
Speck-schwar-te, die; -,-n: *Haut mit Speckschicht*

Speckseite

Speck-sei-te, die; -,-n: *großes Stück Speck*
Speck-stein, der; -s,-e: *Talkum, Mineral*
spe-die-ren: *absenden, versenden, verschicken, befördern*
Spe-di-teur [Speditöhr], der; -s,-e: *jemand, der gewerblich Waren befördert*
Spe-di-ti-on, die; -,-en: *Versandfirma, Versandabteilung*
Spe-di-ti-on, die; -,-en: *das Befördern*
Speer, der; -es,-e: *Wurfspieß*
Speer-wer-fen, das; -s, keine Mehrzahl: *Werfen mit einem Speer*
Speer-wer-fer, der; -s,-: *jemand, der einen Speer wirft*
Spei-che, die; -,-n: *Verbindung zwischen Radmantel und Radnabe*
Spei-che, die; -,-n: *Unterarmknochen*
Spei-chel, der; -s, keine Mehrzahl: *Saliva, Spucke*
Spei-chel-le-cker, der; -s,-: *Kriecher, Schleimer, Liebediener*
spei-cheln: *Speichel absondern*
Spei-cher, der; -s,-: *Datenspeicher in der EDV*
Spei-cher, der; -s,-: *Lager, Lagerhaus*
Spei-cher, der; -s,-: *Dachboden*
spei-chern: *Daten sammeln*
spei-chern: *horten, lagern*
spei-en: *spucken, sich übergeben*
Speil, der; -s,-e: *Splitter, Span, Wurstendenverschluss*
Speis, der; -es, keine Mehrzahl: *umgangssprachlich für „Mörtel"*
Spei-se, die; -,-n: *Nahrung, Essen, Gericht*
Spei-se-eis, das; -es, keine Mehrzahl: *Eis zum Verzehren*
Spei-se-kam-mer, die; -,-n: *Vorratskammer*
Spei-se-kar-te, die; -,-n: *Verzeichnis der angebotenen Speisen und Getränke*
spei-sen: *essen, Nahrung zu sich nehmen*
spei-sen: *mit Brenn- oder Betriebsstoff versorgen, Daten eingeben*
Spei-se-öl, das; -s,-e: *Öl zum Verzehren*
Spei-se-röh-re, die; -,-n: *Röhre zwischen Mund und Magen*
Spei-se-saal, der; -es, -sä-le: *Essraum*
Spei-se-wa-gen, der; -s,-: *Eisenbahnwagen mit Restaurant*
Spei-se-zim-mer, das; -s,-: *Esszimmer*
Spei-sung, die; -,-en: *Nahrungsversorgung*
Spek-ta-kel, das; -s,-: *Krach, Lärm*
Spek-ta-kel, das; -s,-: *Schauspiel, Aufregung, Aufsehen, Szene*

spek-ta-ku-lär: *Aufsehen erregend*
Spekt-ral-a-na-ly-se (auch Spek-tral-a-na-ly-se), die; -,-n: *chemische Analyse durch Untersuchung des ausgesandten Spektrums*
Spekt-rum (auch Spek-trum), das; -, Spekt-ren (auch Spek-tren): *Vielfalt, Buntheit*
Spekt-rum (auch Spek-trum), das; -s, Spek-tren (auch Spekt-ren): *nach der Wellenlänge aufgespaltenes Licht*
Spe-ku-lant, der; -en,-en: *jemand, der spekuliert, Gewinnler*
Spe-ku-la-ti-on, die; -,-en: *gewagtes Geschäft*
Spe-ku-la-ti-on, die; -,-en: *nur auf Überlegung beruhende Erkenntnis*
Spe-ku-la-ti-us, der; -,-: *Pfefferkuchengebäck*
spe-ku-la-tiv: *die Spekulation betreffend*
spe-ku-lie-ren: *grübeln, nachdenken, überlegen*
spe-ku-lie-ren: *aufgrund von Spekulationen Geschäfte abschließen*
Spe-lun-ke, die; -,-n: *üble Kneipe*
Spelz, der; -es,-e: *Dinkel*
Spel-ze, die; -,-n: *Getreidehülse*
spen-da-bel: *spendierfreudig, großzügig, freigiebig*
Spen-de, die; -,-n: *Gabe, Schenkung*
spen-den: *als Spende geben*
Spen-der, der; -s,-: *jemand, der spendet*
spen-die-ren: *spenden, geben, freihalten*
Speng-ler, der; -s,-: *Klempner*
Sper-ber, der; -s,-: *Raubvogel*
Spe-renz-chen, die; keine Einzahl: *unnötige Schwierigkeiten, Umstände*
Spe-ren-zi-en, die; keine Einzahl: *Sperenzchen*
Sper-ling, der; -s,-e: *Spatz*
Sper-ma, das; -s, keine Mehrzahl: *Samenflüssigkeit*
sperr-an-gel-weit: *sehr weit*
Sper-re, die; -,-n: *Abriegelung, Hindernis, Schlagbaum*
sper-ren: *abriegeln, verschließen, eine Sperre errichten*
sper-ren: *mit größeren Buchstabenzwischenräumen drucken*
sper-ren, sich: *sich weigern, sich sträuben*
Sperr-gut, das; -es, keine Mehrzahl: *sperriges Transportgut*
sper-rig: *unhandlich, weit ausladend*
Sperr-sitz, der; -es,-e: *hinterer Kinositz*

Spielhölle

Sperr-stun-de, die; -,-n: *Polizeistunde*
Spe-sen, die; -, keine Einzahl: *Aufwendungen, Kosten*
Spe-ze-rei, die; -,-en: *Gewürze, feine Nahrungsmittel*
Spe-zi-a-li-sa-ti-on, die; -, keine Mehrzahl: *Spezialisierung*
spe-zi-a-li-sie-ren: *unterscheiden, gliedern, bestimmen*
spe-zi-a-li-sie-ren, sich: *sich mit einem bestimmten Teilgebiet befassen*
Spe-zi-a-li-sie-rung, die; -, keine Mehrzahl: *das Spezialisieren, Beschränkung auf ein intensiv behandeltes Gebiet*
Spe-zi-a-list, der; -en,-en: *jemand, der in einem Teilgebiet gut Bescheid weiß*
Spe-zi-a-li-tät, die; -,-en: *Fachgebiet*
Spe-zi-a-li-tät, die; -,-en: *Besonderheit, Liebhaberei*
Spe-zi-a-li-tät, die; -,-en: *besonders schmackhafte Speise*
spe-zi-ell: *besonders, eigens, einzeln*
Spe-zi-es, die; -,-: *Erscheinung, Gestalt*
Spe-zi-es, die; -,-: *Art, Gattung*
Spe-zi-fi-ka-ti-on, die; -,-en: *Spezifizierung*
spe-zi-fisch: *eigentümlich, einer Sache eigen*
spe-zi-fi-zie-ren: *unterscheiden, einzeln anführen, gliedern*
Spe-zi-fi-zie-rung, die; -, keine Mehrzahl: *das Spezifizieren, genaue Aufzählung, genaue Bestimmung*
Spe-zi-men, das; -s, Spe-zi-mi-na: *Muster, Probe, Beispiel*
Sphä-re, die; -,-n: *Gesichtskreis, Herrschaftsgebiet, Machtbereich, Wirkungsgebiet*
Sphä-re, die; -,-n: *Gewölbe, Kugel, Himmelskugel*
sphä-risch: *die Sphäre betreffend, kugelförmig*
Sphinx, die; -,-e/Sphin-gen: *Fabelwesen*
sphinx-haft: *wie eine Sphinx, undurchdringlich, rätselhaft*
spi-cken: *beim Nachbarn abschreiben, abgucken*
spi-cken: *bestechen*
spi-cken: *mit Fettstreifen durchziehen*
Spick-zet-tel, der; -s,-: *Notizzettel*
Spie-gel, der; -s,-: *Flüssigkeitsoberfläche*
Spie-gel, der; -s,-: *Türfüllung*
Spie-gel, der; -s,-: *Anteil eines Stoffes in der Körperflüssigkeit*
Spie-gel, der; -s,-: *glatte Fläche, die ein Bild zurückwirft*
Spie-gel, der; -s,-: *Uniformbesatz*
Spie-gel, der; -s,-: *Satzspiegel*
Spie-gel-bild, das; -es,-er: *genaues Ebenbild*
Spie-gel-bild, das; -es,-er: *seitenverkehrtes Abbild*
Spie-gel-bild, das; -es,-er: *Bild im Spiegel*
spie-gel-bild-lich: *seitenverkehrt*
spie-gel-blank: *blank poliert*
Spie-gel-ei, das; -s,-er: *gebratenes Ei*
spie-gel-glatt: *sehr glatt*
spie-geln: *zurückwerfen, blenden*
Spie-gel-re-flex-ka-me-ra, die; -,-s: *Kamera, bei der man vor dem Auslösen das Objekt durch das Kameraobjektiv betrachtet*
Spie-gel-te-le-skop, das; -es,-e: *Teleskop, bei dem mit einem Hohlspiegel ein Bild erzeugt wird*
Spie-ge-lung, die; -,-en: *Reflex*
Spiel, das; -es,-e: *Zeitvertreib, Kurzweil, nach Regeln gespielte Unterhaltung*
Spiel, das; -es,-e: *Schauspiel*
Spiel, das; -es,-e: *das Spielen eines Musikinstrumentes*
Spiel, das; -es,-e: *Wettbewerb, sportlicher Wettkampf*
Spiel, das; -es,-e: *Darstellung, Vorführung, Darbietung*
Spiel-art, die; -,-en: *Variation, Abweichung, Abart*
Spiel-bank, die; -,-en: *Spielkasino*
spie-len: *Spielraum haben*
spie-len: *etwas oberflächlich verrichten*
spie-len: *als Schauspieler darstellen*
spie-len: *ein Musikinstrument betätigen, Musik machen*
spie-len: *ein Spiel machen*
spie-len: *schimmern, schillern*
spie-len: *harmonisch kombinieren (Fußball)*
spie-len: *ein Glücksspiel betreiben*
Spie-ler, der; -s,-: *jemand, der spielt*
Spie-le-rei, die; -,-en: *Zeitvertreib, Spaß*
spie-le-risch: *wie im Spiel, leicht*
Spiel-feld, das; -es,-er: *Spielfläche*
Spiel-film, der; -es,-e: *Filmart*
Spiel-höl-le, die; -,-n: *umgangssprachlich für „Spielbank, in der um sehr hohe Einsätze unter zwielichtigen Umständen gespielt wird"*

457

Spielkamerad

Spiel-ka-me-rad, der; -en,-en: *Freund zum Spielen*
Spiel-kar-te, die; -,-: *Karte*
Spiel-klas-se, die; -,-n: *Klassifizierung von Mannschaften nach ihrer Spielstärke, Ligen*
Spiel-lei-ter, der; -s,-: *Schiedsrichter*
Spiel-mi-nu-te, die; -,-n: *Minute, in der gespielt wird*
Spiel-platz, der; -es, -plät-ze: *Platz zum Spielen, Kinderspielplatz*
Spiel-raum, der; -es,-räu-me: *Bewegungsfreiheit, Bereich*
Spiel-re-gel, die; -,-n: *Regel eines Spiels*
Spiel-sa-chen, die; keine Einzahl: *Spielzeug*
Spiel-ver-der-ber, der; -s,-: *jemand, der einen Spaß verdirbt*
Spiel-zeit, die; -,-en: *reguläre Spieldauer*
Spiel-zeit, die; -,-en: *Zeit, in der Theatervorstellungen stattfinden*
Spiel-zeug, das; -es, keine Mehrzahl: *Spielsachen, Gegenstand zum Spielen*
Spieß, der; -es,-e: *dünner Eisenstab*
Spieß, der; -es,-e: *Stichwaffe*
Spieß, der; -es,-e: *umgangssprachlich für „Feldwebel"*
Spieß-bür-ger, der; -s,-: *Spießer, Kleinbürger*
spieß-bür-ger-lich: *spießig*
Spie-ßer, der; -s,-: *Kleinbürger, Spießbürger*
Spieß-ge-sel-le, der; -n,-n: *Mittäter, Verbündeter*
spie-ßig: *kleinbürgerlich, spießbürgerlich*
Spike [Spaik], der; -s,-s: *Eisennagel*
Spil-la-ge, die; -,-n: *Warenverlust wegen schlechter Verpackung*
Spin, der; -s, keine Mehrzahl: *Drehimpuls eines Elementarteilchens*
Spi-na, die; -, Spi-nen: *Wirbelsäule*
spi-nal: *die Wirbelsäule betreffend*
Spi-nat, der; -es, keine Mehrzahl: *Gemüsesorte*
Spind, der; -es,-e: *Schrank*
Spin-del, die; -,-n: *Spule, Achse, Stange*
spin-del-dürr: *sehr dünn, abgemagert*
Spi-nell, der; -s,-e: *Mineral*
Spi-nett, das; -s,-e: *Tasteninstrument*
Spin-na-ker, der; -s,-: *großes, leichtes Segel*
Spin-ne, die; -,-n: *Insekt*
Spin-ne-feind: *jemandem Spinnefeind sein: sehr feindlich gesinnt*
spin-nen, spann, gesponnen: *etwas ersinnen, erfinden, erzählen*
spin-nen, spann, gesponnen: *Fasern zu einem Strang verarbeiten*
spin-nen, spann, gesponnen: *schnurren*
spin-nen, spann, gesponnen: *umgangssprachlich für „geisteskrank sein"*
Spin-nen-netz, das; -es,-e: *Netz einer Spinne*
Spin-ner, der; -s,-: *Fischköder, der sich um die eigene Achse dreht*
Spin-ner, der; -s,-: *umgangssprachlich für „jemand, der dummes Zeug redet"*
Spin-ne-rei, die; -,-en: *das Spinnen, Verrücktheit*
Spin-ne-rei, die; -,-en: *Betrieb, in dem Fasern zu Fäden versponnen werden*
Spinn-rad, das; -es, -rä-der: *Gerät zum Verspinnen von Fasern zu Fäden*
Spinn-we-be, die; -,-n: *Faden oder Netz einer Spinne*
spi-nös: *schwierig, knifflig, heikel, spitzfindig*
spin-ti-sie-ren: *nachdenken, grübeln, närrische Gedanken haben*
Spi-on, der; -es,-e: *Geheimagent*
Spi-on, der; -es,-e: *Fensterspiegel*
Spi-o-na-ge, die; -,-n: *Auskundschaften von Geheimnissen*
spi-o-nie-ren: *Spionage betreiben, auskundschaften*
Spi-ra-le, die; -,-n: *Schneckenwindung, Schraubenwindung*
Spi-ra-le, die; -,-n: *Sprungfeder*
spi-ra-lig: *in Spiralform, wie eine Spirale*
Spi-ral-ne-bel, der; -s,-: *Milchstraße*
Spi-ri-tis-mus, der; -, keine Mehrzahl: *Geisterglaube*
Spi-ri-tist, der; -en,-en: *Anhänger des Spiritismus*
spi-ri-tis-tisch: *den Spiritismus betreffend*
Spi-ri-tu-al [Spiritjuäl], das; -s,-s: *geistlicher Gesang nordamerikanischer Afroamerikaner*
spi-ri-tu-ell: *geistig; auch: übersinnlich*
Spi-ri-tu-o-sen, die; -, keine Einzahl: *alkoholische Getränke*
Spi-ri-tus, der; -, keine Mehrzahl: *Äthylalkohol*
Spi-tal, das; -es, Spi-tä-ler: *Hospital*
spitz: *boshaft, anzüglich*
spitz: *umgangssprachlich für „mager, dünn im Gesicht"*

Spottpreis

spitz: *mit einer Spitze versehen*
spitz: *umgangssprachlich für „geschlechtlich erregt"*
Spitz, *der; -es,-e: Hundeart*
Spitz-bu-be, *der; -n,-n: Dieb, Betrüger*
spitz-bü-bisch: *wie ein Spitzbube, verschmitzt*
Spit-ze, *die; -,-n: in einem Punkt auslaufendes Ende, sich verjüngender Körper*
Spit-zel, *der; -s,-: Aushorcher, Polizeispion*
spit-zen: *spitz machen, mit einer Spitze versehen*
spit-zen: *aufpassen, lauschen*
Spit-zen-klas-se, *die; -,-n: höchste Qualität*
Spit-zen-po-si-ti-on, *die; -,-en: Führungsposition, vorderer Platz*
Spit-zen-sport-ler, *der; -s,-: Sportler, der Höchstleistungen vollbringt*
spitz-fin-dig: *haarspalterisch*
Spitz-fin-dig-keit, *die; -,-en: Wortklauberei, Übergenauigkeit*
Spitz-ha-cke, *die; -,-n: Werkzeug*
Spitz-maus, *die; -,-mäu-se: Mäuseart*
Spitz-na-me, *der; -ns,-n: neckender Name*
Spitz-we-ge-rich, *der; -s, keine Mehrzahl: Pflanze*
spitz-win-ke-lig: *mit einem Winkel unter 90 Grad versehen*
Spleen [Spliehn], *der, -s,-e: Schrulle, fixe Idee*
splee-nig [splienig]: *verdreht, übergeschnappt, wunderlich*
Spleiß, *der; -es,-e: Verbindung zweier gespleißter Taue*
Spleiß, *der; -es,-e: Splitter*
splei-ßen: *zwei Taue durch Verschlingen der Stränge verbinden*
splen-did: *freigebig, großzügig*
Splint, *der; -es,-e: Sicherungsbolzen*
Split-ter, *der; -s,-: Bruchstück, Span*
Split-ter-grup-pe, *die; -,-n: kleine, abgespaltene Gruppe*
split-tern: *abspringen, in Splitter zerbrechen*
split-ter-nackt: *ganz nackt*
Split-ter-par-tei, *die; -,-en: kleine, abtrünnige Partei*
Split-ting, *das; -s,-s: Art der Steuerveranlagung*
Spoi-ler, *der; -s,-: Windablenkleiste an Karosserien*

Spö-ken-kie-ker, *der; -s,-: norddeutsch für „Geisterseher"*
spon-sern: *unterstützen*
Spon-sor, *der; -s,-en: Mäzen, Gönner, Geldgeber*
spon-tan: *plötzlich, aus eigenem Antrieb*
Spon-ta-ne-i-tät, *die; -, keine Mehrzahl: spontanes Handeln, Selbstbestimmung*
spo-ra-disch: *vereinzelt, gelegentlich*
Spo-re, *die; -,-n: Pflanzenkeim, Fortpflanzungszelle*
spo-ren-klir-rend: *mit den Sporen klirrend*
spo-rig: *voller Sporen, verschimmelt*
Sporn, *der; -es, Spo-ren: Metallstachel*
spor-nen: *mit den Sporen antreiben, die Sporen geben*
sporn-streichs: *geradewegs, impulsiv, eilig, sofort*
Sport, *der; -es, keine Mehrzahl: spielerische körperliche Betätigung, Gesamtheit der Körperübungen*
Sport-art, *die; -,-en: bestimmte Art von Sport*
Sport-flug-zeug, *das; -es,-e: kleines Flugzeug*
Sport-klub, *der; -s,-s: Sportverein*
Sport-leh-rer, *der; -s,-: Lehrer für Sport*
Sport-ler, *der; -s,-: jemand, der Sport treibt*
Sport-le-rin, *die; -,-nen: weibliche Person, die Sport treibt*
sport-lich: *körperlich geübt, gewandt, kraftvoll*
sport-lich: *den Sport betreffend*
Sport-lich-keit, *die; -, keine Mehrzahl: sportliche Verfassung*
Sport-platz, *der; -es, -plät-ze: Platz, der auf die Bedürfnisse von Sportlern zugeschnitten ist*
Sport-ver-ein, *der; -s,-e: Sportklub*
Sport-wart, *der; -es,-e: jemand, der für die organisatorische Abwicklung von Sportveranstaltungen zuständig ist*
Spott, *der; -s, keine Mehrzahl: Hohn, Veralbern*
spott-bil-lig: *sehr billig*
spot-ten: *verhöhnen, spöttische Bemerkungen machen*
Spot-ter, *der; -s, Spöt-ter: jemand, der spottet*
spöt-tisch: *höhnisch, spottend*
Spott-preis, *der; -es,-e: sehr niedriger Preis*

Spott-vo-gel, der; -s, -vö-gel: *Vogelart*
Spra-che, die; -,-n: *Redeweise, Verständigungsmittel, Sprechvermögen, Gesamtheit aller Worte und Regeln eines Verständigungssystems*
Spra-chen-schu-le, die; -,-n: *auf Sprachunterricht spezialisierte Schule*
Sprach-feh-ler, der; -s,-: *Unfähigkeit, einen Laut richtig auszusprechen*
Sprach-ge-brauch, der; -es, keine Mehrzahl: *übliche Ausdrucksweise*
Sprach-ge-fühl, das; -es,-e: *Begabung für den richtigen Sprachgebrauch*
sprach-ge-wandt: *rhetorisch begabt; auch: im Umgang mit mehreren Sprachen geübt*
Sprach-ge-wandt-heit, die; -, keine Mehrzahl: *sprachgewandtes Wesen, rhetorische Begabung*
Sprach-kennt-nis-se, die; -, keine Einzahl: *Beherrschung mehrerer Sprachen*
Sprach-la-bor, das; -s,-s/-e: *Anlage, in der mit elektronischen Hilfsmitteln Sprachlernübungen abgehalten werden*
Sprach-leh-re, die; -,-n: *Grammatik*
sprach-lich: *die Sprache betreffend*
sprach-los: *stumm, unfähig zu sprechen*
Sprach-lo-sig-keit, die; -, keine Mehrzahl: *Unfähigkeit zu sprechen*
Sprach-rohr, das; -es,-e: *Megaphon, Schalltrichter*
Sprach-schatz, der; -es, keine Mehrzahl: *Gesamtheit aller Wörter in einer Sprache*
Sprach-stö-rung, die; -,-en: *Störung der Sprechfähigkeit*
Sprach-un-ter-richt, der; -es, keine Mehrzahl: *Unterricht in einer Sprache*
Sprach-wis-sen-schaft, die; -, keine Mehrzahl: *Linguistik*
Spray [Spräi], das; -s,-s: *Flüssigkeit zum Zerstäuben*
spray-en [spräjen]: *mit einem Spray sprühen, Flüssigkeit zerstäuben*
Sprech-chor, der; -es, -chö-re: *gemeinsames Sprechen oder Rufen*
spre-chen, sprach, gesprochen: *reden, sagen, sich unterhalten*
Spre-cher, der; -s,-: *jemand, der spricht, Ansager, Redner, Wortführer*
Sprech-stun-de, die; -,-n: *Zeit, in der jemand zu sprechen ist*
Sprech-stun-den-hil-fe, die; -,-n: *Arzthelferin*
Sprech-wei-se, die; -,-n: *Art zu reden*
Sprech-zeit, die; -,-en: *zugemessene Zeit zum Sprechen*
Sprech-zim-mer, das; -s,-: *Behandlungszimmer eines Arztes*
sprei-zen: *grätschen, ausbreiten*
Spreiz-fuß, der; -es, -fü-ße: *Deformation des Fußskeletts*
Spren-gel, der; -s,-: *Amtsgebiet eines Geistlichen*
spren-gen: *mit Sprengstoff zerstören, gewaltsam öffnen, aufbrechen; auseinander reißen, zertreiben*
spren-gen: *berieseln*
Spreng-kraft, die; -, keine Mehrzahl: *Kraft einer Sprengladung*
Spreng-la-dung, die; -,-en: *eine Menge Sprengstoff*
Spreng-stoff, der; -es,-e: *explosives Material*
Spren-gung, die; -,-en: *das Sprengen, gewaltsame Zerstörung*
Spreng-wa-gen, der; -s,-: *Berieselungswagen*
Spren-kel, der; -s,-: *kleiner Fleck, Tupfen*
spren-keln: *betupfen, gleichmäßig mit Punkten mustern*
Spreu, die; -, keine Mehrzahl: *Getreidehülsen, Grannen, Spelzen, die beim Dreschen abfallen*
Sprich-wort, das; -es, -wör-ter: *einprägsame Lebensweisheit*
sprich-wört-lich: *altbekannt*
sprie-ßen: *wachsen, keimen, treiben*
Spriet, das; -es,-e: *Stange eines Segels*
Spring-bock, der; -es, -bö-cke: *Antilopenart*
Spring-brun-nen, der; -s,-: *Brunnen mit einer Fontäne*
sprin-gen, sprang, gesprungen: *etwas übergehen*
sprin-gen, sprang, gesprungen: *hüpfen, einen Sprung vollführen*
sprin-gen, sprang, gesprungen: *zerbersten, zerbrechen*
Sprin-ger, der; -s,-: *jemand, der springt*
Sprin-ger, der; -s,-: *Schachfigur*
Spring-flut, die; -,-en: *sehr hohe Flut*
Spring-form, die; -,-en: *Backform*
Spring-ins-feld, der; -, keine Mehrzahl: *umgangssprachlich für „leichtsinniger, übermütiger Mensch"*
spring-le-ben-dig: *lebhaft, munter*
Spring-rei-ter, der; -s,-: *Reiter beim Springturnier*

Staat

Sprink-ler, der; -s,-: *Wasserberieselungsanlage*
Sprint, der; -s,-s: *Endspurt, Spurt*
sprin-ten: *schnell rennen*
Sprin-ter, der; -s,-: *Kurzstreckenläufer*
Sprit, der; -s, keine Mehrzahl: *Kraftstoff*
Sprit-ze, die; -,-n: *Gerät zum Spritzen; auch: Injektionsnadel; auch: Injektion*
sprit-zen: *injizieren*
sprit-zen: *sprühen*
Sprit-zer, der; -s,-: *Fleck*
sprit-zig: *schnell, kraftvoll, lebhaft*
Spritz-pis-to-le, die; -,-n: *Gerät zum Spritzen von Flüssigkeiten*
Spritz-tour, die; -,-en: *kurzer Ausflug*
sprö-de: *heiser*
sprö-de: *abweisend, verschlossen*
sprö-de: *brüchig, zerbrechlich*
Sprö-dig-keit, die; -, keine Mehrzahl: *spröde Beschaffenheit, sprödes Wesen*
Spross, der; -es,-e: *junger Trieb, Nachkomme*
Spros-se, die; -,-n: *Zacke, Geweihende*
Spros-se, die; -,-n: *Querholz*
spros-sen: *sprießen, wachsen, keimen*
Spros-sen-wand, die; -, -wän-de: *Turnleiter*
Spröss-ling, der; -s,-e: *Kind, Nachkomme*
Sprot-te, die; -,-n: *Fischart*
Spruch, der; -es, Sprü-che: *Satz, Lehrsatz, Ausspruch*
Spruch, der; -es, Sprü-che: *Urteil*
Spruch-band, das; -es, -bän-der: *Stoffband mit Inschrift*
spruch-reif: *endgültig entschieden*
Spru-del, der; -s, keine Mehrzahl: *Mineralwasser*
spru-deln: *quellen, wallen, fließen*
Sprüh-do-se, die; -,-n: *Spraydose*
sprü-hen: *spritzen*
Sprüh-re-gen, der; -s, keine Mehrzahl: *leichter Regen*
Sprung, der; -es, Sprün-ge: *Bruchstelle, Spalt, Riss*
Sprung, der; -es, Sprün-ge: *das Springen*
Sprung-brett, das; -s,-er: *Absprunglatte*
Sprung-fe-der, die; -,-n: *Metallfeder*
Sprung-ge-lenk, das; -es,-e: *Fußgelenk*
sprung-haft: *plötzlich, unstet, ruckweise*
Sprung-haf-tig-keit, die; -, keine Mehrzahl: *sprunghaftes Wesen, sprunghaftes Verhalten*
Sprung-schan-ze, die; -,-n: *Absprungvorrichtung für Skispringer*
Sprung-tuch, das; -es, -tü-cher: *Fangtuch*
Sprung-turm, der; -es, -tür-me: *Turm mit mehreren Sprungbrettern*
Spu-cke, die; -, keine Mehrzahl: *Speichel*
spu-cken: *speien*
Spuk, der; -es, keine Mehrzahl: *gespenstische Erscheinung*
spu-ken: *als Geist umgehen*
spuk-haft: *wie ein Spuk*
Spül-be-cken, das; -s,-: *Becken zum Geschirrspülen*
Spu-le, die; -,-n: *Aufwickelrolle*
Spü-le, die; -,-n: *Spülbecken*
spü-len: *waschen, abwaschen*
Spü-lung, die; -,-en: *das Spülen, Vorrichtung zum Spülen*
Spul-wurm, der; -es, -wür-mer: *schmarotzender Wurm*
Spund, der; -es,-e: *Pflock, Zapfen, Pfropfen*
Spund-loch, das; -es, -lö-cher: *Fassöffnung*
Spund-zap-fen, der; -s,-: *Holzpflock*
Spur, die; -,-en: *Furche, Loipe*
Spur, die; -,-en: *Radabstand, Gleisweite*
Spur, die; -,-en: *Fährte, Abdruck, Tritt*
Spur, die; -,-en: *kleine Menge, Überrest*
Spur, die; -,-en: *Anzeichen, Hinweis*
spür-bar: *merklich*
spu-ren: *sich fügen, gehorchen*
spu-ren: *eine Spur ziehen*
spü-ren: *wahrnehmen, fühlen, ahnen*
Spu-ren-e-le-ment, das; -es,-e: *nur in geringen Mengen vorkommendes Element*
Spür-hund, der; -es,-e: *Jagdhund*
spur-los: *ohne Spur, ohne Rest*
Spür-na-se, die; -,-n: *feine Nase, Spürsinn*
Spür-sinn, der; -es,-e: *feines Gefühl, Fähigkeit, etwas zu finden*
Spurt, der; -es,-e: *Tempobeschleunigung*
spur-ten: *beschleunigt rennen, Geschwindigkeit steigern*
Spur-wei-te, die; -,-n: *Abstand der Schienen voneinander, Abstand der Räder voneinander*
spu-ten, sich: *sich beeilen*
Sput-nik, der; -s,-s: *russischer Erdsatellit*
Spu-tum, das; -s, Spu-ta: *Schleimauswurf*
Squash [Skwosch], das; -s, keine Mehrzahl: *tennisähnliches Ballspiel*
Squaw [Skwoh], die; -s,-s: *Indianerin*
Staat, der; -es,-en: *Regierung, staatliche Verwaltung*

Staat

Staat, der; -es,-en: *Nation, Land*
Staat, der; -es,-en: *umgangssprachlich für „Aufwand, Pracht, schöne Kleidung"*
staa-ten-los: *ohne Staatsangehörigkeit*
staat-lich: *den Staat betreffend*
staat-li-cher-seits: *vonseiten des Staates*
Staats-ak-ti-on, die; -,-en: *großes Aufheben*
Staats-an-ge-hö-rig-keit, die; -,-en: *Staatsbürgerschaft*
Staats-an-lei-he, die; -,-n: *festverzinsliches Wertpapier*
Staats-an-walt, der; -es, -an-wäl-te: *Ankläger bei Gericht*
Staats-an-walt-schaft, die; -,-en: *anklagende Behörde am Gericht*
Staats-be-gräb-nis, das; -ses,-se: *feierliches, öffentliches Begräbnis eines bekannten Politikers*
Staats-be-such, der; -es,-e: *Besuch eines anderen Staates durch ein Staatsoberhaupt*
Staats-bür-ger, der; -s,-: *Angehöriger eines Staates*
Staats-bür-ger-schaft, die: *Staatsangehörigkeit*
Staats-dienst, der; -es, keine Mehrzahl: *Dienst als Beamter*
Staats-e-xa-men (auch Staats-ex-amen), das; -s,-/-e-xami-na: *staatliche Prüfung*
Staats-ge-biet, das; -es,-e: *Territorium eines Staates*
Staats-ge-heim-nis, das; -ses,-se: *Geheimsache*
Staats-haus-halt, der; -es,-e: *Etat*
Staats-kos-ten, die; -, keine Einzahl: *vom Staat getragene Kosten*
Staats-mann, der; -es, -män-ner: *Politiker*
staats-män-nisch: *wie ein Staatsmann*
Staats-mi-nis-ter, der; -s,-: *Minister*
Staats-ober-haupt, das; -es, -häup-ter: *Monarch; auch: Staatspräsident*
Staats-sek-re-tär (auch Staats-se-kre-tär), der; -s,-e: *hoher Staatsbeamter*
Staats-streich, der; -es,-e: *Umsturz*
Staats-the-a-ter, das; -s,-: *staatlich finanziertes Theater*
Staats-ver-trag, der; -es, -ver-trä-ge: *Vertrag zwischen Staaten*
Stab, der; -es, Stä-be: *Kommandozentrale, Unternehmensleitung, Mitarbeitergruppe*
Stab, der; -es, Stä-be: *Stange*
Stab-an-ten-ne, die; -,-n: *stabförmige Antenne*
Stäb-chen, das; -s,-: *lichtempfindliche Sinneszelle im Auge*
Stäb-chen, das; -s,-: *kleiner Stab, Essstäbchen*
Stab-hoch-sprung, der; -s, keine Mehrzahl: *Hochsprung mithilfe eines Stabes*
sta-bil: *fest, standfest, dauerhaft, widerstandsfähig*
sta-bi-li-sie-ren: *festigen, befestigen, stützen*
Sta-bi-li-sie-rung, die; -,-en: *das Stabilisieren*
Sta-bi-li-tät, die; -, keine Mehrzahl: *Beständigkeit*
Sta-bi-li-tät, die; -, keine Mehrzahl: *Festigkeit, Standfestigkeit*
Stab-reim, der; -es,-e: *Reimform*
Stabs-arzt, der; -es, -ärz-te: *Militärarzt*
Sta-chel, der; -s,-n: *Dorn, Spitze*
Sta-chel-bee-re, die; -,-n: *Beerenart*
Sta-chel-draht, der; -es, keine Mehrzahl: *mit Stacheln versehenes Drahtgeflecht*
sta-cheln: *stechen, pieksen; antreiben*
Sta-chel-schwein, das; -s,-e: *Nagetier*
stach-lig: *voller Stacheln, dornig*
Sta-del, der; -s,-: *Heuschober, Scheune*
Sta-di-on, das; -s, Sta-di-en: *Sportwettkampfstätte*
Sta-di-um, das; -s, Sta-di-en: *Entwicklungsphase, Zustand*
Stadt, die; -, Städ-te: *große Häuseransammlung*
stadt-be-kannt: *allgemein bekannt*
Städ-te-bau, der; -s, keine Mehrzahl: *Bauplanung und -ausführung in Städten*
Städ-ter, der; -s,-: *Stadtbewohner*
Stadt-ge-spräch, das; -es,-e: *Neuigkeit*
städ-tisch: *die Stadt betreffend*
Stadt-kern, der; -es,-e: *Innenstadt*
Stadt-mit-te, die; -,-n: *Zentrum, Stadtkern*
Stadt-plan, der; -es, -plä-ne: *Straßenplan*
Stadt-rat, der; -es, -rä-te: *Gemeindevertretung*
Stadt-rat, der; -es, -rä-te: *Angehöriger des Stadtrates*
Stadt-rund-fahrt, die; -,-en: *Besichtigungsfahrt durch eine Stadt*
Stadt-staat, der; -es,-en: *Staat, der nur ein Stadtgebiet umfasst*
Stadt-teil, der; -es,-e: *Stadtviertel, Teil einer Stadt*

Stander

Stadt-ver-wal-tung, die; -,-en: *Magistrat*
Sta-fet-te, die; -,-n: *Eilbote, Kurier*
Staf-fa-ge, die; -,-n: *Beiwerk*
Staf-fel, die; -,-n: *Flugzeugverband*
Staf-fel, die; -,-n: *Läufergruppe beim Staffellauf*
Staf-fel, die; -,-n: *Stufe, Sprosse*
Staf-fe-lei, die; -,-en: *Malgerüst*
Staf-fel-lauf, der; -es, -läu-fe: *Lauf, bei dem sich Läufer ablösen*
staf-feln: *abstufen*
Staf-fe-lung, die; -,-en: *Abstufung*
staf-fie-ren: *ausstatten, schmücken*
Stag-na-ti-on (auch Sta-gna-ti-on), die; -,-en: *Nullwachstum, Stillstand*
stag-nie-ren (auch sta-gnie-ren): *stillstehen, stocken*
Stahl, der; -es, Stäh-le: *reines Eisen*
Stahl, der; -es, Stäh-le: *Messer, Schwert*
Stahl-be-ton, der; -s, keine Mehrzahl: *mit Stahl armierter Beton*
stahl-blau: *blau wie Stahl*
Stahl-blech, das; -s,-e: *gewalzter Stahl*
stäh-len: *festigen, härten, kräftigen*
stäh-lern: *aus Stahl*
stahl-hart: *hart wie Stahl*
Stahl-helm, der; -es,-e: *Schutzhelm*
Stahl-ross, das; -es, -rös-ser: *Fahrrad*
sta-ken: *mit einer Stange vorwärts bewegen*
stak-sen: *stelzen*
stak-sig: *ungelenk, steif, sperrig*
Sta-lag-mit, der; -en,-en: *Tropfstein, der von unten nach oben wächst*
Sta-lak-tit, der; -en,-en: *von der Decke nach unten wachsender Tropfstein*
Sta-li-nis-mus, der; -, keine Mehrzahl: *von Stalin geprägter Marxismus*
Sta-li-nist, der; -en,-en: *Anhänger des Stalinismus*
sta-li-nis-tisch: *den Stalinismus betreffend*
Sta-lin-or-gel, die; -,-n: *Raketenabschussvorrichtung*
Stall, der; -es, Stäl-le: *Viehunterkunft*
Stall-ha-se, der; -n,-n: *Kaninchen*
Stall-la-ter-ne (auch Stall-La-ter-ne), die; -,-n: *Laterne, die in einem Stall hängt*
Stal-lung, die; -,-en: *Stallgebäude*
Stamm, der; -es, Stäm-me: *kleine Zuchtgruppe gleicher Rasse*
Stamm, der; -es, Stäm-me: *Baumschaft*
Stamm, der; -es, Stäm-me: *altgediente, bewährte Mannschaft*
Stamm, der; -es, Stäm-me: *Volksstamm*
Stamm-baum, der; -es, -bäu-me: *Ahnentafel*
Stamm-ein-la-ge, die; -,-n: *Kapitalbeteiligung*
stam-meln: *stockend sprechen*
stam-men: *herrühren, abstammen*
Stamm-gast, der; -es, -gäs-te: *häufiger Gast*
Stamm-hal-ter, der; -s,-: *Sohn*
stäm-mig: *untersetzt*
Stamm-ka-pi-tal, das; -s, keine Mehrzahl: *Gesamtheit der Stammeinlagen*
Stamm-kun-de, der; -n,-n: *häufiger Kunde*
Stamm-kund-schaft, die; -, keine Mehrzahl: *immer wiederkehrende Kunden*
Stamm-ler, der; -s,-: *jemand, der stammelt*
Stamm-platz, der; -es, -plät-ze: *häufig benutzter Platz*
Stamm-rol-le, die; -,-n: *Liste der wehrpflichtigen Männer*
Stamm-sil-be, die; -,-n: *sinntragende Silbe eines Wortes*
Stamm-tisch, der; -es,-e: *Tisch, an dem sich immer dieselben Leute in einem Lokal treffen*
Stamm-va-ter, der; -s, -vä-ter: *Urahn, Begründer eines Geschlechtes*
stamp-fen: *fest auftreten, sich wuchtig bewegen*
stamp-fen: *zerstoßen, zerkleinern*
stamp-fen: *einstampfen, festtreten*
Stand, der; -es, Stän-de: *Stillstehen, Halt*
Stand, der; -es, Stän-de: *gesellschaftliche Gruppe*
Stand, der; -es, Stän-de: *Zustand, Lage, Höhe*
Stand, der; -es, Stän-de: *Verkaufsbude*
Stan-dard, der; -s,-s: *Norm, Maßstab*
stan-dar-di-sie-ren: *normieren, vereinheitlichen*
Stan-dar-di-sie-rung, die; -,-en: *das Standardisieren*
Stan-dard-werk, das; -es,-e: *grundlegendes Werk*
Stan-dar-te, die; -,-n: *Banner*
Stand-bild, das; -es,-er: *einzelnes Bild eines Filmes*
Stand-bild, das; -es,-er: *Denkmal*
Ständ-chen, das; -s,-: *musikalische Darbietung*
Stan-der, der; -s,-: *dreieckige Flagge*

Ständer

Stän-der, der; -s,-: *Gestell, feststehender Balken*
Stan-des-amt, das; -es, -äm-ter: *Behörde für Eheschließungen, Geburten, Todesfälle*
Stan-des-be-am-te, der; -n,-n: *Beamter des Standesamtes, der Trauungen vornimmt*
stan-des-be-wusst: *des gesellschaftlichen Ranges bewusst*
Stan-des-be-wusst-sein, das; -s, keine Mehrzahl: *standesbewusstes Verhalten, standesbewusstes Wesen*
stan-des-ge-mäß: *dem Stand entsprechend*
Stan-des-un-ter-schied, der; -es,-e: *Unterschied in der sozialen Stellung*
stand-fest: *sicher*
Stand-fes-tig-keit, die; -, keine Mehrzahl: *standfeste Beschaffenheit, standfestes Verhalten, standfestes Wesen*
Stand-ge-richt, das; -es,-e: *militärisches Schnellgericht*
stand-haft: *fest, beharrlich, unerschütterlich*
Stand-haf-tig-keit, die; -, keine Mehrzahl: *standhaftes Verhalten, standhaftes Wesen*
stand-hal-ten: hielt stand, standgehalten: *aushalten, nicht zurückweichen*
stän-dig: *dauernd*
Stand-licht, das; -es,-er: *Licht am Auto*
Stand-ort, der; -es,-e: *Stützpunkt*
Stand-ort, der; -es,-e: *Standpunkt*
Stand-pau-ke, die; -,-n: *Strafpredigt*
Stand-platz, der; -es, -plät-ze: *fester Platz, Halteplatz*
Stand-punkt, der; -es,-e: *Auffassung, Meinung, Überzeugung*
Stand-punkt, der; -es,-e: *Stellung des Beobachters*
Stand-recht, das; -es, keine Mehrzahl: *militärisches Strafrecht*
stand-recht-lich: *aufgrund des Standrechts*
stand-si-cher: *standfest*
Stand-si-cher-heit, die; -, keine Mehrzahl: *Standfestigkeit*
Stand-uhr, die; -,-en: *Stehuhr*
Stan-ge, die; -,-n: *Stab, Latte, Stock*
Stan-ge, die; -,-n: *Geweihhälfte*
Stän-gel, der; -s,-: *Stiel, Pflanzenschaft*
Stän-ke-rei, die; -,-en: *anhaltendes Stänkern*

Stän-ke-rer, der; -s,-: *jemand, der stänkert, der Streit sucht*
stän-kern: *sticheln, streiten, Unfrieden stiften*
Stan-ni-ol, das; -s,-e: *Metallfolie*
Stan-ze, die; -,-n: *Werkzeug zum Stanzen*
stan-zen: *mit einer Stanze ausschneiden*
Sta-pel, der; -s,-: *geschichteter Haufen*
Sta-pel-lauf, der; -es, -läu-fe: *Zuwasserlassen eines neu gebauten Schiffes*
sta-peln: *schichten, zu einem Stapel aufhäufen*
Stap-fe, die; -,-n: *Stapfen*
stap-fen: *kräftig auftreten*
Stap-fen, der; -s,-: *Fußspur*
Star, der; -es,-e: *Vogelart*
Star, der; -s,-s: *Berühmtheit*
stark: *dick, umfangreich*
stark: *gehaltvoll*
stark: *kräftig*
stark: *mächtig, heftig*
Stark-bier, das; -es,-e: *hochprozentiges Bier*
Stär-ke, die; -, keine Mehrzahl: *Heftigkeit*
Stär-ke, die; -, keine Mehrzahl: *Kraft*
Stär-ke, die; -, keine Mehrzahl: *Durchmesser, Dicke, Fülle*
Stär-ke, die; -, keine Mehrzahl: *Konzentration, Gehalt*
Stär-ke, die; -, keine Mehrzahl: *besondere Fähigkeit*
Stär-ke, die; -, keine Mehrzahl: *Anzahl*
Stär-ke, die; -,-n: *Pflanzenstärke, Bügelstärke*
stär-ken: *Wäsche mit Stärke steif machen*
stär-ken: *kräftigen, erfrischen*
Stark-strom, der; -es, -strö-me: *starker elektrischer Strom*
Stär-kung, die; -,-en: *Festigung, Vergrößerung*
Stär-kung, die; -,-en: *Erfrischung, Kräftigung*
Stär-kungs-mit-tel, das; -s,-: *Mittel zum Stärken, Erfrischung*
Star-let, das; -s,-s: *Filmsternchen*
starr: *steif, unelastisch*
starr: *unbeugsam, hart*
Star-re, die; -,-n: *Starrheit*
star-ren: *stieren, starr blicken*
Starr-heit, die; -, keine Mehrzahl: *starre Beschaffenheit, starres Verhalten*
Starr-kopf, der; -es, -köp-fe: *starrsinniger Mensch*

stechen

starr-köp-fig: *eigensinnig, unnachgiebig, unflexibel*
Starr-krampf, der; -es, keine Mehrzahl: *Wundstarrkrampf*
Starr-sinn, der; -s, keine Mehrzahl: *Unnachgiebigkeit, Eigensinn*
starr-sin-nig: *starrköpfig*
Start, der; -s,-s: *Beginn*
Start, der; -s,-s: *Abflug*
Start-bahn, die; -,-en: *Abflugbahn*
star-ten: *abfliegen*
star-ten: *beginnen*
Star-ter, der; -s,-: *jemand, der den Start kommandiert*
Start-er-laub-nis, die; -,-se: *Erlaubnis zum Starten*
Start-num-mer, die; -,-n: *Nummer eines Teilnehmers an einem Wettbewerb*
Start-schuss, der; -es, -schüs-se: *Startsignal*
Start-ver-bot, das; -es,-e: *Verbot zu starten*
Sta-tik, die; -,-en: *Lehre von den Kräften, die an einem stehenden Körper angreifen*
Sta-ti-ker, der; -s,-: *Fachmann für Statik*
Sta-ti-on, die; -,-en: *Standort einer technischen Anlage*
Sta-ti-on, die; -,-en: *Krankenhausabteilung*
Sta-ti-on, die; -,-en: *Haltepunkt, Haltestelle*
sta-ti-o-när: *die Krankenhausabteilung betreffend*
sta-ti-o-när: *ruhend, ortsfest*
sta-ti-o-nie-ren: *an einen Standort stellen, einen Standort zuweisen*
Sta-ti-o-nie-rung, die; -,-en: *das Stationieren*
sta-tisch: *die Statik betreffend*
sta-tisch: *im Gleichgewicht, stillstehend, ruhend, unbewegt*
Sta-tist, der; -en,-en: *Schauspieler in einer stummen Nebenrolle*
Sta-tis-tik, die; -,-en: *Erfassung und Untersuchung von Massenereignissen*
sta-tis-tisch: *die Statistik betreffend*
Sta-tiv, das; -es,-e: *Gestell*
Sta-tor, der; -s,-en: *feststehender Maschinenteil*
statt: *anstelle, an Stelle von*
Stät-te, die; -,-n: *Ort, Platz*
statt-fin-den, fand statt, stattgefunden: *sich ereignen*
statt-haft: *erlaubt, zulässig*

Statt-hal-ter, der; -s,-: *Vertreter des Staatsoberhauptes*
statt-lich: *ansehnlich, kräftig, eindrucksvoll*
Statt-lich-keit, die; -, keine Mehrzahl: *stattliche Beschaffenheit*
Sta-tue, die; -,-n: *Standbild*
Sta-tu-et-te, die; -,-n: *kleine Statue*
sta-tu-ie-ren: *festsetzen, bestimmen*
Sta-tur, die; -,-en: *Gestalt, Wuchs*
Sta-tus, der; -,-: *Lage, Zustand, Sachlage*
Sta-tus-sym-bol, das; -s,-e: *Gegenstand, der das Ansehen einer Person steigern soll*
Sta-tut, das; -es,-en: *Satzung, Gesetz*
sta-tu-ta-risch: *dem Statut entsprechend*
Stau, der; -s,-s: *Stillstand, Hemmung, Stockung*
Staub, der; -es, Stäu-be: *winzige schwebende Teilchen*
staub-be-deckt: *voller Staub*
stau-ben: *Staub aufwirbeln, Staub erzeugen*
Staub-fa-den, der; -s, -fä-den: *Teil der Blüte*
staub-frei: *ohne Staub*
Staub-ge-fäß, das; -es,-e: *Teil der Blüte*
stau-big: *voller Staub, wie Staub*
Staub-korn, das; -s, -kör-ner: *Staubteilchen*
Staub-lap-pen, der; -s,-: *Staubtuch*
staub-sau-gen (auch Staub saugen): *saugen*
Staub-sau-ger, der; -s,-: *Gerät zum Absaugen*
Staub-wol-ke, die; -,-n: *aufgewirbelte Wolke aus Staub*
stau-chen: *kräftig zusammendrücken*
Stau-damm, der; -s, -däm-me: *Damm*
Stau-de, die; -,-n: *ausdauernde Pflanze*
stau-en: *hemmen, zurückhalten*
Stau-er, der; -s,-: *Packer*
stau-nen: *sich wundern, verwundert sein*
Stau-nen, das; -s, keine Mehrzahl: *Verwunderung*
stau-nens-wert: *erstaunlich*
Stau-pe, die; -,-n: *Hundekrankheit*
Stau-see, der; -s,-n: *gestautes Gewässer*
Stau-ung, die; -,-en: *Stau, das Stauen*
Steak [Stäik], das; -s,-s: *gegrilltes Fleisch*
Ste-a-rin, das; -s, keine Mehrzahl: *Kerzentalg*
ste-chen, stach, gestochen: *ausgespielte Karte mit einer höherwertigen einnehmen*

stechen

ste-chen, stach, gestochen: *unentschiedenen Wettbewerb entscheiden*
ste-chen, stach, gestochen: *mit einem spitzen Gegenstand zustoßen, einbohren*
Ste-chen, das; -s,-: *letzter entscheidender Durchgang bei einem unentschiedenen Wettkampf*
Stech-flie-ge, die; -,-n: *Insekt*
Stech-kar-te, die; -,-n: *Karte, mit der die Anwesenheit und die Arbeitsdauer festgestellt werden*
Stech-pal-me, die; -,-n: *Ilex*
Stech-schritt, der; -es,- keine Mehrzahl: *Paradeschritt der Soldaten*
Stech-uhr, die; -,-en: *Uhr, die eine Stechkarte abstempelt*
Steck-brief, der; -es,-e: *Personenbeschreibung*
steck-brief-lich: *mit einem Steckbrief*
Steck-do-se, die; -,-n: *Elektroanschluss*
ste-cken: *sich befinden, festsitzen, festgemacht sein*
ste-cken: *umgangssprachlich für: „jemandem etwas hinterbringen"*
ste-cken: *mit Nadeln verschließen*
ste-cken: *pflanzen*
ste-cken: *einwerfen, etwas hineintun*
Ste-cken, der; -s,-: *Stock*
ste-cken blei-ben, blieb stecken, stecken geblieben: *nicht weiterkommen, nicht vorwärts kommen*
ste-cken las-sen, ließ stecken, stecken gelassen: *nicht herausziehen*
Ste-cken-pferd, das; -es,-e: *Hobby; auch: Kinderspielzeug*
Ste-cker, der; -s,-: *Anschlussvorrichtung*
Steck-ling, der; -s,-e: *zur Vermehrung abgeschnittener Pflanzenteil*
Steck-na-del, die; -,-n: *Heftnadel*
Steck-schuss, der; -es, -schüs-se: *Schusswunde mit darin steckendem Geschoss*
Steg, der; -es,-e: *Teil von Musikinstrumenten*
Steg, der; -es,-e: *schmale Brücke*
Steg, der; -es,-e: *Kurzwort für „Bootssteg"*
Steg, der; -es,-e: *Verbindungsstück*
Steg-reif, der; -es,-e: *in der Wendung: aus dem Stegreif; improvisiert, unvorbereitet*
Steh-auf-männ-chen, das; -s,-: *Puppe, die sich immer wieder aufrichtet; übertragen auch für „jemand, der Niederlagen schnell überwindet"*
Steh-bier-hal-le, die; -,-n: *Kiosk mit Ausschank*
ste-hen, stand, gestanden: *sich auf den Füßen halten, in aufrechter Stellung sein*
ste-hen, stand, gestanden: *sich an einem Ort befinden, an einem Ort errichtet, gewachsen sein*
ste-hen, stand, gestanden: *kleiden, gut passen*
ste-hen, stand, gestanden: *stocken, nicht weitergehen, nicht vorankommen, sich nicht mehr bewegen*
ste-hen, stand, gestanden: *das Spiel steht: das Ergebnis lautet*
ste-hen blei-ben, blieb stehen, stehen geblieben: *anhalten*
ste-hen las-sen, ließ stehen, stehen gelassen: *nicht wegnehmen*
ste-hen las-sen, ließ stehen, stehen gelassen: *zurücklassen, nicht mitnehmen*
ste-hen las-sen, ließ stehen, stehen gelassen: *nicht ernten, nicht abmähen*
ste-hen las-sen, ließ stehen, stehen gelassen: *nicht wegstreichen, nicht auslöschen*
Ste-her, der; -s,-: *Radrennfahrer, der hinter einem Schrittmacher fährt*
Steh-kra-gen, der; -s,-: *steifer Kragen*
Steh-lei-ter, die; -,-n: *frei stehende Doppelleiter*
steh-len: *klauen, entwenden*
Steh-ler, der; -s,-: *Dieb*
Steh-platz, der; -es, -plät-ze: *Platz ohne Sitz*
steif: *starr, unbeweglich, ungelenk*
steif: *förmlich, gezwungen*
Stei-fe, die; -, keine Mehrzahl: *Steifheit, Ungelenkheit*
Stei-fe, die; -,-n: *Stütze*
steif hal-ten, hielt steif, steif gehalten: *tapfer bleiben*
Steif-heit, die; -, keine Mehrzahl: *Steife, steife Beschaffenheit*
Steig, der; -es,-e: *schmaler Fußpfad*
Steig-bü-gel, der; -s,-: *Fußstütze am Sattel*
Stei-ge, die; -,-n: *Treppe*
Steig-ei-sen, das; -s,-: *Klettereisen am Schuh*
stei-gen, stieg, gestiegen: *stärker werden*
stei-gen, stieg, gestiegen: *sich nach oben bewegen*
stei-gen, stieg, gestiegen: *aufwärts fliegen*

Stellmacher

stei-gen, stieg, gestiegen: *umgangssprachlich für „stattfinden"*
Stei-ger, der; -s,-: *Aufsicht führender Bergmann*
stei-gern: *mitbieten, ein Angebot machen*
stei-gern: *vergrößern, erhöhen, vermehren, verstärken*
stei-gern, sich: *stärker werden*
Stei-ge-rung, die; -,-en: *das Steigern, Vergrößern, Erhöhen*
stei-ge-rungs-fä-hig: *zu Steigerungen fähig*
Stei-ge-rungs-stu-fe, die; -,-n: *Grammatik: Stufe bei der Steigerung des Eigenschaftswortes*
Steig-fä-hig-keit, die; -, keine Mehrzahl: *Fähigkeit zum Steigen, Auftrieb*
Steig-lei-tung, die; -,-en: *senkrechte Rohrleitung*
Stei-gung, die; -,-en: *Gefälle, Böschung, Höhenzunahme*
steil: *stark ansteigend, schroff*
Steil-hang, der; -es, -hän-ge: *Hang mit starkem Gefälle*
Steil-heit, die; -, keine Mehrzahl: *steile Beschaffenheit*
Steil-küs-te, die; -,-n: *Klippen*
Stein, der; -es,-e: *Gesteinsstück, Fels*
Stein, der; -es,-e: *Grabstein, Gedenkstein*
Stein, der; -es,-e: *Obstkern*
Stein, der; -es,-e: *Edelstein, Mineralstück*
Stein, der; -es,-e: *Spielstein*
Stein-ad-ler, der; -s,-: *Raubvogelart*
stein-alt: *sehr alt*
Stein-bock, der; -s, -bö-cke: *Tierart*
Stein-bruch, der; -s, -brü-che: *Abbaustelle im Tagebau*
stei-nern: *aus Stein*
Stein-frucht, die; -, -früch-te: *Kernobst*
Stein-gar-ten, der; -s, -gär-ten: *Gartenart*
Stein-gut, das; -es, keine Mehrzahl: *Tonwaren, Keramik*
stein-hart: *hart wie Stein*
stei-nig: *voller Steine*
stei-ni-gen: *mit Steinen bewerfen*
Stei-ni-gung, die; -,-en: *das Steinigen*
Stein-kauz, der; -es, -käu-ze: *Vogelart*
Stein-koh-le, die; -, keine Mehrzahl: *dichte, alte Kohlenart*
Stein-koh-len-teer, der; -s, keine Mehrzahl: *aus Steinkohle gewonnener Teer*
Stein-metz, der; -es,-e: *Handwerker, der Steine bearbeitet*

Stein-obst, das; -es, keine Mehrzahl: *Kernobst*
Stein-pilz, der; -es,-e: *Pilzart*
stein-reich: *umgangssprachlich für „sehr reich"*
Stein-salz, das; -es,-e: *als Stein vorkommendes Speisesalz*
Stein-schlag, der; -es, -schlä-ge: *abbrechende Gesteinsbrocken*
Stein-wurf, der; -es, -wür-fe: *Wurf mit einem Stein; auch: Entfernung, die durch einen Steinwurf erreicht wird*
Stein-wüs-te, die; -,-n: *Wüstenart, übertragen auch für „Stadt"*
Stein-zeit, die; -, keine Mehrzahl: *Frühzeit der menschlichen Entwicklungsgeschichte, in der Steine als Werkzeug verwendet wurden*
Steiß, der; -es,-e: *Gesäß*
Steiß-bein, das; -es,-e: *Verlängerung des Rückgratknochens*
Steiß-la-ge, die; -, keine Mehrzahl: *falsche Lage des Kindes vor der Geburt*
Ste-le, die; -,-n: *Gedenkpfeiler*
Stel-la-ge [Stellahsche], die; -,-n: *Gestell*
stel-lar: *die Sterne betreffend*
Stell-dich-ein, das; -,s,-: *Verabredung, Treffen, Rendezvous*
Stel-le, die; -,-n: *Amt, Behörde*
Stel-le, die; -,-n: *Mathematik: Zahl im Zehnersystem, Ziffer hinter dem Komma*
Stel-le, die; -,-n: *Anstellung, Arbeitsplatz*
Stel-le, die; -,-n: *Platz, Ort, Örtlichkeit*
Stel-le, die; -,-n: *Textstelle*
stel-len: *geltend machen, Antrag stellen*
stel-len: *senkrecht absetzen, hinstellen, an einen Platz bringen*
stel-len: *künstlich anordnen*
stel-len: *einstellen, justieren*
stel-len: *jemanden zur Rechenschaft ziehen, Aufklärung verlangen*
stel-len, sich: *vortäuschen, verstellen*
stel-len, sich: *sich ergeben, sich freiwillig melden*
Stel-len-an-ge-bot, das; -es,-e: *Arbeitsplatzangebot*
Stel-len-ge-such, das; -es,-e: *Bewerbung*
stel-len-los: *arbeitslos*
Stel-len-plan, der; -s, -plä-ne: *Besetzungsplan einer Behörde*
stel-len-wei-se: *nur an Stellen, nicht überall*
Stel-len-wert, der; -es,-e: *Wichtigkeit*
Stell-ma-cher, der; -s,-: *Handwerker, der Fahrzeuge herstellt, Wagner*

Stellschraube

Stell-schrau-be, die; -,-n: *Justierschraube*
Stel-lung, die; -,-en: *Haltung, Lage*
Stel-lung, die; -,-en: *Anordnung, Reihenfolge*
Stel-lung, die; -,-en: *Schanze, Befestigung*
Stel-lung, die; -,-en: *Amt, Anstellung, Arbeitsplatz, Rang*
Stel-lung-nah-me, die; -,-n: *Meinungsäußerung*
Stel-lungs-krieg, der; -es,-e: *Krieg, bei dem sich Fronten nicht mehr bewegen*
stel-lungs-los: *arbeitslos*
stel-lungs-su-chend: *arbeitslos*
Stel-lungs-wech-sel, der; -s,-: *Wechsel der Position*
Stel-lungs-wech-sel, der; -s,-: *Arbeitsplatzwechsel*
stell-ver-tre-tend: *jemanden vertretend*
Stell-ver-tre-ter, der; -s,-: *jemand, der einen anderen vertritt*
Stell-ver-tre-tung, die; -,-en: *das Stellvertreten*
Stell-werk, das; -es,-e: *Anlage zur Weichen- und Signalfernbedienung*
Stel-ze, die; -,-n: *Laufstange*
stel-zen: *auf Stelzen gehen, steif laufen*
Stemm-bo-gen, der; -s, -bö-gen: *Skischwung*
Stemm-ei-sen, das; -s,-: *Werkzeug*
stem-men: *fest gegen etwas drücken, hochheben*
stem-men, sich: *sich wehren, widersetzen*
Stem-pel, der; -s,-: *Ansehen, Prägung*
Stem-pel, der; -s,-: *Abdruckgerät, Abdruck, Prägevorrichtung*
Stem-pel, der; -s,-: *Fruchtknoten*
Stem-pel, der; -s,-: *senkrechte Stütze im Bergbau*
Stem-pel-kis-sen, das; -s,-: *Kissen mit Farbe zum Stempeln*
stem-peln: *mit einem Abdruck versehen*
stem-peln: *umgangssprachlich für „Arbeitslosenunterstützung beziehen"*
Ste-no, das; -s,-s: *Kurzwort für „Stenogramm"*
Ste-no, die; -, keine Mehrzahl: *Kurzwort für „Stenographie"*
Ste-no-graf (auch Ste-no-graph), der; -en,-en:*Mann, der in Kurzschrift mitschreibt*
Ste-no-gra-fie (auch Ste-no-gra-phie), die; -, keine Mehrzahl: *Kurzschrift*

ste-no-gra-fie-ren (auch ste-no-gra-phie-ren): *in Kurzschrift schreiben*
Ste-no-gra-fin (auch Ste-no-gra-phin), die; -,-nen: *Frau, die in Kurzschrift mitschreibt*
Ste-no-gramm, das; -s,-e: *Niederschrift in Kurzschrift*
Ste-no-gramm-block, der; -s,-s: *Diktierblock*
Ste-no-kar-die, die; -,-n: *Angina pectoris, Herzbeklemmung*
Ste-no-ty-pis-tin, die; -,-nen: *weibliche Person, die Diktate in Kurzschrift aufnimmt und mit der Schreibmaschine abschreibt*
Sten-tor, der; -s,-en: *gewaltiger Redner*
Sten-tor-stim-me, die; -,-n: *laute Stimme*
Stepp, der; -s,-s: *Tanzschritt*
Stepp-de-cke, die; -,-n: *gesteppte Bettdecke*
Step-pe, die; -,-n: *Grasebene, unfruchtbares Land*
step-pen: *Stepp tanzen*
step-pen: *mit Steppstichen nähen*
Ster-be-bett, das; -s, -bet-ten: *Bett, in dem jemand stirbt*
Ster-be-fall, der; -es, -fäl-le: *Todesfall*
Ster-be-geld, das; -es,-er: *Kostenerstattung für eine Beerdigung*
ster-ben, starb, gestorben: *zu leben aufhören, verenden, ableben*
ster-bens-krank: *sehr krank, todkrank*
ster-bens-lang-wei-lig: *umgangssprachlich für „sehr langweilig"*
Ster-bens-wort, das; -es, -wör-ter: *in der Wendung: kein Sterbenswort sagen; nichts verraten*
Ster-be-ur-kun-de, die; -,-n: *Urkunde über den Tod*
sterb-lich: *vergänglich, nicht ewig lebend*
Sterb-li-che, der; -n,-n: *Mensch*
Sterb-lich-keit, die; -, keine Mehrzahl: *sterbliche Beschaffenheit*
Sterb-lich-keit, die; -,-en: *Häufigkeit der Todesfälle*
Ste-reo, die; -,-s: *umgangssprachlich für „Stereoanlage"*
Ste-reo, das; -s,-s: *Kurzwort für „Stereophonie, Stereotypie"*
Ste-re-o-an-la-ge, die; -,-n: *Anlage zum stereophonen Hören*
ste-re-o-fon (auch ste-re-o-phon): *die Stereophonie betreffend*

Steward

Ste-re-o-fo-nie (auch Ste-re-o-pho-nie), die; -, keine Mehrzahl: *Technik der räumlichen Musikwiedergabe*
Ste-re-o-met-rie (auch Ste-re-o-me-trie), die; -,-n: *Lehre von der Körperberechnung*
Ste-re-os-kop (auch Ste-re-o-skop), das; -es,-e: *Wiedergabegerät für Stereofotografien*
ste-re-os-ko-pisch (auch ste-re-o-skopisch): *die Stereoskopie betreffend*
ste-re-o-typ: *feststehend, unveränderlich*
ste-re-o-typ: *stets wiederholt, ständig unverändert wiederkehrend*
ste-ril: *unfruchtbar, keimfrei*
ste-ril: *nicht mehr natürlich*
Ste-ri-li-sa-ti-on, die; -,-en: *Unfruchtbarmachung, das Sterilisieren*
ste-ri-li-sie-ren: *keimfrei machen*
Ste-ri-li-sie-rung, die; -,-en: *Sterilisation*
Ste-ri-li-tät, die; -, keine Mehrzahl: *sterile Beschaffenheit, Unfruchtbarkeit*
Ster-ke, die; -,-n: *norddeutsch: junge Kuh ohne Kalb*
Ster-ling [Störling], der; -s,-e: *britische Währung, Pfund Sterling*
Stern, der; -es,-e: *Fixstern, Sonne*
Stern-bild, das; -es,-er: *Himmelskonstellation, Sterngruppierung*
Stern-deu-ter, der; -s,-: *Astrologe*
Stern-deu-tung, die; -, keine Mehrzahl: *Astrologie*
Ster-nen-ban-ner, das; -s,-: *US-amerikanische Flagge*
Ster-nen-him-mel, der; -s,-: *klarer nächtlicher Himmel*
ster-nen-klar: *klar, wolkenlos*
Ster-nen-licht, das; -s, keine Mehrzahl: *Licht der Sterne*
Ster-nen-zelt, das; -es, keine Mehrzahl: *Sternenhimmel*
Stern-fahrt, die; -,-en: *Rallye*
Stern-gu-cker, der; -s,-: *umgangssprachlich für "Astronom"*
stern-ha-gel-voll: *umgangssprachlich für "sehr betrunken"*
Stern-hau-fen, der; -s,-: *Ansammlung zusammengehöriger Sterne*
Stern-schnup-pe, die; -,-n: *Meteor*
Stern-stun-de, die; -,-n: *glückliche Stunde*
Stern-sys-tem, das; -es,-e: *System von Sternen*
Stern-war-te, die; -,-n: *Sternbeobachtungsstation, Observatorium*
Stern-zeit, die; -, keine Mehrzahl: *Zeitrechnungsart*
Sterz, der; -es,-e: *Vogelschwanz*
Sterz, der; -es,-e: *Griff am Pflug*
ster-zeln: *Hinterleib aufrichten (Insekten)*
Ste-thos-kop (auch Ste-tho-skop), das; -es,-e: *Hörrohr*
ste-tig: *regelmäßig, dauernd*
Ste-tig-keit, die; -, keine Mehrzahl: *stetige Beschaffenheit, Beständigkeit*
stets: *immer, jedes Mal*
Steu-er, die; -,-n: *Abgabe*
Steu-er, das; -s,-: *Lenkrad, Lenkungsvorrichtung, Ruder*
steu-er-be-güns-tigt: *teilweise von der Steuer absetzbar*
Steu-er-be-ra-ter, der; -s,-: *Berater in Steuersachen*
Steu-er-be-scheid, der; -es,-e: *Bescheid über die Höhe der Steuern*
Steu-er-bord, das; -s, keine Mehrzahl: *rechte Seite*
Steu-er-er-klä-rung, die; -,-en: *Erklärung über die Vermögensverhältnisse gegenüber der Finanzverwaltung*
Steu-er-fahn-dung, die; -, keine Mehrzahl: *staatliche Steuerprüfung*
Steu-er-flucht, die; -,-en: *Verlegung des Wohnsitzes ins Ausland, um Steuern zu sparen*
steu-er-frei: *von der Steuerpflicht befreit*
steu-er-lich: *die Steuern betreffend*
steu-er-los: *nicht gesteuert*
Steu-er-mann, der; -s,-leu-te/-män-ner: *zum Steuern ausgebildeter Seemann*
steu-ern: *lenken, leiten*
steu-er-pflich-tig: *der Steuerpflicht unterliegend*
Steu-er-rad, das; -es, -rä-der: *Lenkrad*
Steu-er-recht, das; -s, keine Mehrzahl: *Steuergesetz*
Steu-er-ru-der, das; -s,-: *Steuer*
Steu-er-schuld, die; -, keine Mehrzahl: *zu zahlende Steuern*
Steu-e-rung, die; -,-en: *Anlage zum Steuern, das Steuern, Lenkung*
Steu-er-ver-an-la-gung, die; -,-en: *Steuerermittlung*
Steu-er-zah-ler, der; -s,-: *zur Steuerzahlung Verpflichteter*
Ste-ven, der; -s,-: *Bauteil, der Bug und Heck eines Schiffes begrenzt*
Ste-ward [Stjuard], der; -s,-s: *Flugzeug- oder Schiffskellner*

Stewardess

Ste-war-dess [Stjuardess], die; -,-en; Flugzeug- oder Schiffskellnerin
sti-bit-zen: *stehlen, entwenden*
Stich, der; -es,-e: *Kupferstich*
Stich, der; -es,-e: *stechender Schmerz*
Stich, der; -es,-e: *Wegnahme von Karten durch Übertrumpfen*
Stich, der; -es,-e: *Verletzung durch Stechen*
Stich, der; -es,-e: *das Stechen, Einstechen*
Sti-che-lei, die; -,-en: *anhaltendes Sticheln*
sti-cheln: *mit kleinen Stichen nähen*
sti-cheln: *boshafte Bemerkung machen*
Stich-flam-me, die; -,-n: *explosionsartige Flamme*
stich-hal-tig: *wohlbegründet, nicht widerlegbar*
Stich-hal-tig-keit, die; -, keine Mehrzahl: *stichhaltige Beschaffenheit*
Stich-ling, der; -s,-e: *Fischart*
Stich-pro-be, die; -,-n: *Prüfung eines willkürlich gewählten Teiles*
Stich-tag, der; -es,-e: *festgelegter Tag, letzter Tag*
Stich-wahl, die; -,-en: *entscheidende Wahl zwischen Bewerbern*
Stich-wort, das; -es, -wör-ter: *Wort, auf dessen Äußerung hin etwas geschieht, Einsatz*
Stich-wort, das; -es, -wör-ter: *Wörterbucheintrag*
sti-cken: *Stoff mit Stichen verzieren*
Sti-cke-rei, die; -,-n: *Stickarbeit*
sti-ckig: *heiß, schwer atembar*
Stick-stoff, der; -es, keine Mehrzahl: *gasförmiges chemisches Element, Zeichen: N*
stie-ben, stob, gestoben: *sprühen*
Stief-bru-der, der; -s, -brü-der: *nicht leiblich verwandter Bruder*
Stie-fel, der; -s,-: *hoher Schuh*
Stie-fe-let-te, die; -,-n: *halbhoher Stiefel*
stie-feln: *derb ausschreiten, marschieren*
Stief-el-tern, die; -, keine Einzahl: *Pflegeeltern*
Stief-kind, das; -es,-er: *Pflegekind*
Stief-mut-ter, die; -, -müt-ter: *nicht die leibliche Mutter*
Stief-müt-ter-chen, das; -s,-: *Blumenart*
stief-müt-ter-lich: *nachlässig*
Stief-schwes-ter, die; -,-n: *nicht leiblich verwandte Schwester*
Stief-sohn, der; -es, -söh-ne: *nicht leiblicher Sohn*
Stief-toch-ter, die; -, -töch-ter: *nicht leibliche Tochter*
Stief-va-ter, der; -s, -vä-ter: *nicht leiblicher Vater*
Stie-ge, die; -,-n: *schmale, steile Treppe*
Stieg-litz, der; -es,-e: *Vogelart*
Stiel, der; -es,-e: *Stange, Stängel*
Stiel-au-ge, das; -s,-n: *Auge mancher Tierarten*
Stiel-au-gen, die; keine Einzahl: *in der Wendung: Stielaugen machen, neugierig und verwundert schauen*
Stiel-bril-le, die; -,-n: *Lorgnon*
stie-men: *norddeutsch für „dicht schneien; qualmen"*
stier: *starr, gebannt*
Stier, der; -es,-e: *männliches Rind*
stie-ren: *starr blicken*
Stier-kampf, der; -es, -kämp-fe: *Kampf zwischen Stier und Torero*
Stier-kämp-fer, der; -s,-: *Torero*
Stier-na-cken, der, -s,-: *starker Nacken*
stier-na-ckig: *mit einem Nacken wie ein Stier*
Stie-sel, der; -s,-: *umgangssprachlich für „unhöflicher, ungehobelter Mensch"*
stie-se-lig: *wie ein Stiesel*
Stift, das; -es,-e: *kirchliche Anstalt, Erziehungsheim; auch: Altersheim*
Stift, der; -es,-e: *Schreibgerät*
Stift, der; -es,-e: *Nagel*
Stift, der; -es,-e: *umgangssprachlich für „Lehrling"*
stif-ten: *spenden*
stif-ten: *gründen*
Stif-tung, die; -,-en: *Gründung*
Stif-tung, die; -,-en: *zweckgebundene Schenkung*
Stig-ma, das; -s,-ta/Stig-men: *Brandmal, Wundmal, Kennzeichen*
Stig-ma-ti-sa-ti-on, die; -,-en: *Auftreten der Wundmale Christi bei einem Menschen*
stig-ma-ti-sie-ren: *mit einem Stigma versehen*
Stig-ma-ti-sie-rung, die; -,-en: *das Stigmatisieren*
Stil, der; -es,-e: *Art der Ausübung einer Sportart*
Stil, der; -es,-e: *Schreibweise, persönliche Ausdrucksweise; typisches Merkmal einer Kunstepoche*

Stippe

Stil-blü-te, die; -,-n: *sprachlicher Missgriff*
Sti-lett, das; -s,-e: *kurzer Dolch*
sti-li-sie-ren: *stilvoll gestalten, künstlerisch abwandeln*
Sti-li-sie-rung, die; -,-en: *das Stilisieren*
Sti-list, der; -en,-en: *jemand, der sprachliche Ausdrucksformen beherrscht*
sti-lis-tisch: *den Stil betreffend*
still: *bewegungslos, regungslos*
still: *schweigend, stumm; geräuschlos, lautlos*
still: *ruhig, friedlich*
still: *heimlich, im Innern*
Stil-le, die; -, keine Mehrzahl: *Ruhe, Schweigen, Friede*
stil-len: *an der Mutterbrust nähren, säugen*
stil-len: *beschwichtigen, beruhigen, besänftigen, befriedigen*
Still-hal-te-ab-kom-men, das; -s,-: *Abkommen über Nichteinforderung von Schulden*
still-hal-ten, hielt still, stillgehalten: *ertragen, sich nicht bewegen*
Still-le-ben (auch Still-Le-ben), das; -s,-: *Gemälde mit Blumen, Früchten*
still-le-gen: *schließen, außer Betrieb setzen*
Still-le-gung (auch Still-Le-gung), die; -,-en: *das Stilllegen*
stil-los: *ohne Stil, geschmacklos*
Stil-lo-sig-keit, die; -, keine Mehrzahl: *stillose Beschaffenheit, stilloses Verhalten, stilloses Wesen*
Still-schwei-gen, das; -s, keine Mehrzahl: *Verheimlichung, Schweigen*
still-schwei-gend: *ohne ein Wort zu sagen, widerspruchslos*
Still-stand, der; -es, keine Mehrzahl: *Pause, Unterbrechung, das Stillstehen*
still-ste-hen, stand still, stillgestanden: *nicht in Bewegung sein, nicht arbeiten*
still-ver-gnügt: *innerlich vergnügt*
stil-voll: *mit Stil, geschmackvoll*
Stimm-auf-wand, der; -es, keine Mehrzahl: *Aufwand an Stimmkraft*
Stimm-band, das; -es, -bän-der: *am Sprechen beteiligter Kehlkopfteil*
stimm-be-rech-tigt: *zur Stimmabgabe berechtigt*
Stimm-bruch, der; -es, keine Mehrzahl: *Stimmwechsel*
Stim-me, die; -,-n: *Meinungsbekundung bei einer Abstimmung*
Stim-me, die; -,-n: *von einem Musiker oder Sänger auszuführender Teil*
Stim-me, die; -,-n: *von einem Menschen erzeugte Töne*
stim-men: *Instrument einstellen*
stim-men: *Stimme abgeben*
stim-men: *richtig sein, in Ordnung sein*
Stim-men-gleich-heit, die; -,-en: *Patt, Unentschieden*
Stim-men-mehr-heit, die; -,-en: *Mehrheit der abgegebenen Stimmen*
Stimm-ent-hal-tung, die; -,-en: *Verzicht auf die Stimmabgabe*
Stimm-ga-bel, die; -,-n: *Gerät, das bestimmte Schwingungen erzeugt*
stim-mig: *passend, einleuchtend*
Stimm-recht, das; -es,-e: *Wahlrecht*
Stim-mung, die; -,-en: *das Gestimmtsein von Musikinstrumenten*
Stim-mung, die; -,-en: *Gemütslage, Laune*
Stim-mung, die; -,-en: *Zustand, Ausgelassenheit, Fröhlichkeit*
Stim-mungs-bild, das; -es,-er: *Schilderung der Stimmung*
stim-mungs-voll: *gemütlich, fröhlich, ausgelassen*
Stimm-vieh, das; -s, keine Mehrzahl: *umgangssprachlich für „Wähler"*
Stimm-zet-tel, der; -s,-: *Wahlzettel*
Sti-mu-lans, die; -, Sti-mu-lan-zi-en: *Anregungsmittel*
Sti-mu-la-ti-on, die; -, keine Mehrzahl: *das Stimulieren*
sti-mu-lie-ren: *anregen, ermuntern*
Sti-mu-lie-rung, die; -, keine Mehrzahl: *Stimulation*
stin-ken, stank, gestunken: *übel riechen*
stink-faul: *umgangssprachlich für „sehr faul"*
stin-kig: *umgangssprachlich für „böse, ärgerlich"*
stin-kig: *regional für „stinkend"*
stink-reich: *umgangssprachlich für „sehr reich"*
Stink-tier, das; -es,-e: *Stinkmarder*
Stink-wut, die; -, keine Mehrzahl: *umgangssprachlich für „großer Ärger"*
Stint, der; -es,-e: *Fisch*
Sti-pen-di-at, der; -en,-en: *jemand, der ein Stipendium erhält*
Sti-pen-di-um, das; -s, Sti-pen-di-en: *Studienbeihilfe, Geldunterstützung*
Stip-pe, die; -,-n: *regional für „Tunke"*

stip-pen: regional für „tunken, eintauchen"
Stipp-vi-si-te, die; -,-n: kurzer Besuch
Stirn, die; -,-en: oberer Teil des Gesichtes
Stirn, die; -,-en: Front
Stirn-band, das; -es, -bän-der: um die Stirn getragenes Band
Stirn-höh-le, die; -,-n: Nasenhöhle
Stirn-run-zeln, das; -s, keine Mehrzahl: das Runzeln der Stirn
stirn-run-zelnd: nachdenklich, zweifelnd blickend
Stirn-sei-te, die; -,-n: Frontseite
Stirn-wand, die; -, -wän-de: Vorderwand
stö-bern: suchen, kramen
stö-bern: aufscheuchen, vom Wind getrieben werden
Sto-chas-tik, die; -, keine Mehrzahl: Mathematik: Wahrscheinlichkeitsberechnung
Sto-cher, der; -s,-: Werkzeug zum Stochern
sto-chern: herumbohren, herumwühlen
Stock, der; -es, Stöcke: Stammkapital, Bestand, Vorrat, Warenlager
Stock, der; -es, Stö-cke: Stab, Stecken
Stock, der; -es, Stö-cke: Bienenstock
Stock, der; -es, Stö-cke: Kurzwort für „Stockwerk"
Stock, der; -es, Stö-cke: Busch
stock-dun-kel: sehr dunkel
stö-ckeln: geziert, steif gehen
Stö-ckel-schuh, der; -es,-e: hochhackiger Schuh
sto-cken: stillstehen, unterbrochen sein
sto-cken: unterbrechen, innehalten
sto-cken: gerinnen, dick werden
stock-fins-ter: sehr dunkel
Stock-fleck, der; -s,-en: Schimmelfleck
stock-fle-ckig: mit Stockflecken behaftet
stock-hei-ser: völlig heiser
Stock-hieb, der; -es,-e: Schlag mit einem Stock
Stock-ro-se, die; -,-n: Rosenart
stock-sau-er: umgangssprachlich für „sehr ärgerlich"
Stock-schirm, der; -es,-e: Schirmart
stock-steif: starr
stock-taub: völlig taub
Sto-ckung, die; -,-en: das Stocken, Stau, Stauung
Stock-werk, das; -s,-e: Etage, Geschoss
Stoff, der; -es,-e: umgangssprachlich für „Rauschgift"
Stoff, der; -es,-e: Grundlage, geistiger Inhalt, noch nicht Verarbeitetes
Stoff, der; -es,-e: Masse, Materie
Stoff, der; -es,-e: Gewebe
Stoff-bahn, die; -,-en: Gewebemenge
Stof-fel, der; -s,-: umgangssprachlich für „ungehobelter, unfreundlicher Mensch"
stof-fe-lig: umgangssprachlich für „wie ein Stoffel"
Stoff-fet-zen (auch Stoff-Fet-zen), der; -s,-: abgerissenes Stoffstück
stoff-lich: den Stoff betreffend, materiell
Stoff-lich-keit, die; -, keine Mehrzahl: Gegenständlichkeit
Stoff-wech-sel, der; -s,-: Metabolismus, Gesamtheit der Nährstoffumwandlungen im Körper
stöh-nen: laut seufzen, klagen
Sto-i-ker, der; -s,-: unerschütterlich gleichmütiger, ruhiger Mensch
sto-isch: gleichmütig, gelassen
Sto-i-zis-mus, der; -, keine Mehrzahl: stoisches Wesen, stoisches Verhalten
Sto-la, die; -, Sto-len: Umhang, Schultertuch
Stol-le, die; -,-n: norddeutsch für „Stollen"
Stol-len, der; -s,-: Bergwerksschacht
Stol-len, der; -s,-: vorstehender Zapfen an der Sohle von Sportschuhen
Stol-len, der; -s,-: süddeutsch für „Weihnachtsgebäck, länglicher Kuchen"
Stol-per-draht, der; -es, -dräh-te: Drahthindernis
stol-pern: straucheln
stolz: stattlich
stolz: arrogant, hochmütig, eingebildet
stolz: selbstbewusst
Stolz, der; -es, keine Mehrzahl: Selbstbewusstsein, Selbstgefühl, Ehrgefühl; Hochmut, Dünkel
stol-zie-ren: hochmütig schreiten
stopp: halt
stop-fen: verstopfen, füllen
stop-fen: flicken
Stop-fen, der; -s,-: Pfropfen, Korken
Stopf-na-del, die; -,-n: Nadel zum Stopfen
Stop-pel, der; -,-n: nachgewachsenes Haar
Stop-pel, die; -,-n: Halmrest
Stop-pel-bart, der; -es, -bär-te: unrasiertes Gesicht

Straffreiheit

Stop-pel-feld, das; -es,-er: *abgemähtes Feld*
stop-pe-lig: *voller Stoppeln*
stop-pen: *anhalten, stehen bleiben, hindern, aufhalten*
stop-pen: *Zeit messen*
Stopp-schild, das; -es,-er: *Halteschild, Verkehrsschild*
Stopp-uhr, die; -,-en: *Zeitmesshur*
Stöp-sel, der; -s,-: *Stopfen, Verschluss, Steckkontakt*
stöp-seln: *einstecken*
Stör, der; -s,-e: *Fischart*
Storch, der; -es, Stör-che: *Vogelart*
Storch-schna-bel, der; -s, -schnä-bel: *geometrisches Zeichengerät*
Storch-schna-bel, der; -s, -schnä-bel: *Pflanzenart, Geranie*
Store, der; -s,-s: *durchsichtiger Vorhang*
stö-ren: *unterbrechen, belästigen, beeinträchtigen, behindern*
Stö-ren-fried, der; -es,-e: *jemand, der stört*
stor-nie-ren: *streichen, rückgängig machen, ausgleichen*
Stor-no, der; -s, Stor-ni: *Berichtigung, Rückbuchung, Streichung*
stör-risch: *eigensinnig, widerspenstig, trotzig*
Stör-sen-der, der; -s,-: *den Empfang störender Sender*
Stö-rung, die; -,-en: *das Stören, Unterbrechung, Hemmung, Behinderung*
Stö-rung, die; -,-en: *Schlechtwetterfront*
Stö-rung, die; -,-en: *Funk- und Empfangsstörung*
Stö-rungs-stel-le, die; -,-n: *für Störungen zuständige Stelle*
Sto-ry [Stohrie], die; -,-s: *Geschichte, Erzählung, Kurzgeschichte*
Stoß, der; -es, Stö-ße: *Arzneimenge*
Stoß, der; -es, Stö-ße: *Verbindung zweier Maschinenteile*
Stoß, der; -es, Stö-ße: *Stapel*
Stoß, der; -es, Stö-ße: *heftiger Aufprall, ruckartige Bewegung*
Stoß-däm-pfer, der; -s,-: *Gerät zum Abfangen von Erschütterungen*
Stö-ßel, der; -s,-: *Zerkleinerungswerkzeug*
sto-ßen, stieß, gestoßen: *heftig bewegen, schieben, knuffen*
stoßen, stieß, gestoßen: *rütteln, schütteln; zerkleinern*
sto-ßen, sich; stieß sich, sich gestoßen: *sich durch einen Stoß wehtun*
stoß-fest: *stoßunempfindlich*
Stoß-fes-tig-keit, die; -, keine Mehrzahl: *stoßfeste Beschaffenheit*
Stoß-ge-bet, das; -es,-e: *rasches Gebet*
Stoß-seuf-zer, der; -s,-: *kurzes, erleichtertes Seufzen*
Stoß-stan-ge, die; -,-n: *Karosserieschutzstange bei Autos*
Stoß-trupp, der; -s,-s: *kleine Kampftruppe*
Stoß-ver-kehr, der; -s, keine Mehrzahl: *Zeit des stärksten Verkehrs*
stoß-wei-se: *in Stößen*
Stoß-zahn, der; -es, -zäh-ne: *Elefanten- oder Walrosszahn*
Stot-te-rei, die; -,-en: *anhaltendes Stottern*
Stot-te-rer, der; -s,-: *jemand, der stottert*
stot-tern: *stammeln*
stot-tern: *ruckweise laufen (Motor)*
stot-tern: *in Raten abzahlen*
Stöv-chen, das; -s,-; *Warmhaltevorrichtung mit Teelicht*
Stöv-chen, das; -s,-: *norddeutsch für „Kohlebecken"*
stracks: *geradewegs, sofort*
Strad-dle [Sträddel], der; -s, keine Mehrzahl: *Hochsprungtechnik*
Straf-an-stalt, die; -,-en: *Gefängnis*
Straf-an-zei-ge, die; -,-n: *Anzeige*
Straf-ar-beit, die; -,-en: *schulische Strafe*
straf-bar: *ungesetzlich*
Straf-be-scheid, der; -es,-e: *amtlicher Bescheid über eine Strafe*
Stra-fe, die; -,-n: *Vergeltung*
stra-fen: *eine Strafe verhängen*
Straf-ent-las-se-ne, der; -n,-n: *jemand, der aus der Haft entlassen wurde*
Straf-er-lass, der; -es,-e: *Begnadigung*
straf-er-schwe-rend: *strafverschärfend*
straff: *knapp, bündig*
straff: *stramm, fest, energisch*
straf-fäl-lig: *sich strafbar machend*
straf-fen: *spannen, fest anziehen*
straf-fen, sich: *sich recken, sich aufrichten, sich dehnen*
Straff-heit, die; -, keine Mehrzahl: *straffe Beschaffenheit, straffes Verhalten, straffes Wesen*
straf-frei: *ohne Strafe*
Straf-frei-heit, die; -, keine Mehrzahl: *Freiheit von Strafe*

Strafgefangene

Straf-ge-fan-ge-ne, der; -n,-n: *Häftling*
Straf-ge-richts-bar-keit, die; -, keine Mehrzahl: *Rechtsprechung*
Straf-ge-setz, das; -es,-e: *Gesetz über die Entscheidung bei Straftaten*
Straf-ge-setz-buch, das; -es, -bü-cher: *Gesamtheit der Strafgesetze*
Straf-kam-mer, die; -,-n: *Gerichtsart*
Straf-kom-pa-nie, die; -,-n: *Kompanie für straffällig gewordene Soldaten*
sträf-lich: *unverantwortlich, tadelnswert*
Sträf-ling, der; -s,-e: *Häftling, Gefangener*
Sträf-lings-klei-dung, die; -, keine Mehrzahl: *Bekleidung eines Sträflings*
straf-los: *straffrei*
Straf-lo-sig-keit, die; -, keine Mehrzahl: *Straffreiheit*
Straf-maß, das; -es, keine Mehrzahl: *Höhe der Strafe*
straf-mil-dernd: *die Strafe mildernd*
straf-mün-dig: *strafgesetzlich verantwortlich*
Straf-mün-dig-keit, die; -, keine Mehrzahl: *strafmündige Beschaffenheit*
Straf-pro-zess, der; -es,-e: *Gerichtsverfahren*
Straf-pro-zess-ord-nung, die; -, keine Mehrzahl: *Vorschriften über die Abwicklung von Strafprozessen*
Straf-raum, der; -es, -räu-me: *Raum vor dem Fußballtor, in dem der Torwart den Ball mit den Händen berühren darf*
Straf-recht, das; -s, keine Mehrzahl: *Strafgesetz*
straf-recht-lich: *das Strafrecht betreffend*
Straf-stoß, der; -es, -stö-ße: *Freistoß, Elfmeter (Fußball); Freiwurf, Siebenmeter (Handball)*
Straf-tat, die; -,-en: *ungesetzliche Handlung, Verbrechen*
straf-ver-schär-fend: *straferschwerend*
straf-ver-set-zen: *zur Strafe versetzen*
Straf-voll-zug, der; -es, keine Mehrzahl: *Vollzug von Freiheitsstrafen*
straf-wei-se: *zur Strafe*
Strahl, der; -s,-en: *Wasserstrahl*
Strahl, der; -s,-en: *Lichtstrahl*
Strahl, der; -s,-en: *von einem Punkt ausgehende Gerade*
Strahl-an-trieb, der; -s,-e: *Raketenantrieb, Rückstoßantrieb*
strah-len: *glücklich lachen*

strah-len: *glänzen, funkeln*
strah-len: *Strahlen aussenden*
sträh-len: *kämmen*
Strah-len-be-hand-lung, die; -,-en: *Strahlentherapie*
Strah-len-krank-heit, die; -, keine Mehrzahl: *Krankheit, die durch hochenergetische Strahlen verursacht wird*
Strah-len-scha-den, der; -s, -schä-den: *körperlicher Schaden, der durch hochenergetische Strahlen verursacht wird*
Strah-len-schutz, der; -es, keine Mehrzahl: *Schutz vor hochenergetischen Strahlen*
Strah-len-the-ra-pie, die; -, keine Mehrzahl: *Strahlenbehandlung*
Strahl-trieb-werk, das; -es,-e: *Strahlantrieb*
Strah-lung, die; -,-en: *das Strahlen, Gesamtheit der elektromagnetischen Strahlen*
Strah-lungs-wär-me, die; -, keine Mehrzahl: *Infrarotstrahlung*
Sträh-ne, die; -,-n: *Büschel*
sträh-nig: *in Strähnen*
Stra-min, der; -es,-e: *Gitterleinen*
stramm: *anstrengend*
stramm: *fest, straff gespannt*
stramm-ste-hen, stand stramm, strammgestanden: *in strammer Haltung stehen*
stramm-zie-hen: *den Hosenboden strammziehen*
stramm zie-hen, zog stramm, stramm gezogen: *festziehen*
stram-peln: *Beine heftig bewegen*
stram-peln: *umgangssprachlich für „Rad fahren"*
Strand, der; -es, Strän-de: *Ufer*
Strand-bad, das; -es, -bä-der: *Badeanstalt am Strand*
stran-den: *am Strand angeschwemmt werden, am Strand festsitzen, auf Grund laufen*
stran-den: *scheitern*
Strand-gut, das; -es, keine Mehrzahl: *an den Strand gespültes Gut*
Strand-korb, der; -es, -kör-be: *Korbstuhl*
Stran-dung, die; -,-en: *das Stranden*
Strang, der; -es, Strän-ge: *Seil, Strick, Bündel, Strähne*
Stran-gu-la-ti-on, die; -,-en: *das Strangulieren*
stran-gu-lie-ren: *erdrosseln, zuschnüren, würgen*

Stra-pa-ze, die; -,-n: *Anstrengung, Beanspruchung*
stra-pa-zie-ren: *beanspruchen, anstrengen, stark in Anspruch nehmen*
stra-pa-zier-fä-hig: *belastbar*
stra-pa-zi-ös: *anstrengend*
Straps, der; -es,-e: *Strumpfhalter*
Stra-ße, die; -,-n: *Verkehrsweg*
Stra-ße, die; -,-n: *Meeresenge*
Stra-ßen-bahn, die; -,-en: *auf Schienen laufendes Verkehrsmittel*
Stra-ßen-bau, der; -s, keine Mehrzahl: *Bau von Straßen*
Stra-ßen-be-leuch-tung, die; -, keine Mehrzahl: *Beleuchtung der Straße*
Stra-ßen-dorf, das; -es, -dör-fer: *Dorf, das entlang einer Straße errichtet wurde*
Stra-ßen-e-cke, die; -,-n: *Ecke am Schnittpunkt von Straßen*
Stra-ßen-keh-rer, der; -s,-: *Straßenreiniger*
Stra-ßen-kreu-zer, der; -s,-: *großes Auto*
Stra-ßen-mäd-chen, das; -s,-: *Dirne*
Stra-ßen-netz, das; -es,-e: *Gesamtheit aller Straßen*
Stra-ßen-rand, der; -es, -rän-der: *Rand der Straße*
Stra-ßen-ver-kehrs-ord-nung, die; -, keine Mehrzahl: *Vorschriften zum Straßenverkehr*
Stra-te-ge, der; -n,-n: *Feldherr*
Stra-te-gie, die; -,-n: *genau geplantes Vorgehen, auch: Kriegskunst*
stra-te-gisch: *die Strategie betreffend*
Stra-tos-phä-re (auch Stra-to-sphä-re), die; -, keine Mehrzahl: *mittlere Lufthüllenschicht*
stra-tos-phä-risch (auch stra-to-sphä-risch): *die Stratosphäre betreffend*
Strau-be, die; -,-n: *süddeutsch für „Schmalzgebäck"*
sträu-ben: *aufplustern, aufrichten*
sträu-ben, sich: *sich widersetzen*
Strauch, der; -es, Sträu-cher: *Busch*
Strauch-dieb, der; -es,-e: *Wegelagerer*
strau-cheln: *sich etwas zuschulden kommen lassen*
strau-cheln: *stolpern, fehltreten*
Strauch-rit-ter, der; -s,-: *Raubritter*
Strauch-werk, das; -s, keine Mehrzahl: *Buschwerk*
Strauß, der; -es, Sträu-ße: *Blumenbund*
Strauß, der; -es, Sträu-ße: *Vogelart*
Sträuß-chen, das, -s,-: *kleiner Strauß*

Strauß-wirt-schaft, die; -,-en: *regional für „saisonal betriebene Weinwirtschaft"*
Stre-be, die; -,-n: *Stütze, Stützbalken*
stre-ben: *sich bemühen, ein Ziel ansteuern*
Stre-ber, der; -s,-; *jemand, der strebt, jemand, der sich egoistisch bemüht, voranzukommen*
stre-ber-haft: *wie ein Streber*
streb-sam: *eifrig, zielbewusst, fleißig*
Streb-sam-keit, die; -, keine Mehrzahl: *strebsames Wesen*
Stre-cke, die; -,-n: *Bahnlinie, Route*
Stre-cke, die; -,-n: *Entfernung, Wegstück, Etappe*
stre-cken: *auseinander ziehen, dehnen*
stre-cken, sich: *sich dehnen, sich recken*
Stre-cken-ar-bei-ter, der; -s,-: *Gleisbauarbeiter*
stre-cken-wei-se: *über Strecken, auch: zeitweise*
Streck-mus-kel, der; -s,-n: *Strecker*
Streh-ler, der; -s,-: *regional für „Werkzeug zum Gewindeschneiden"*
Streich, der; -es,-e: *Schabernack, Unfug*
Streich, der; -es,-e: *Schlag, Hieb*
strei-cheln: *leicht berühren*
strei-chen, strich, gestrichen: *Farbe auftragen*
strei-chen, strich, gestrichen: *durchstreichen, tilgen*
strei-chen, strich, gestrichen: *über etwas hinwegwischen*
Strei-cher, der; -s,-: *Spieler eines Streichinstrumentes*
Streich-holz, das; -es, -höl-zer: *Zündholz*
Streich-holz-schach-tel, die; -,-n: *Schachtel für Streichhölzer*
Streich-in-stru-ment, das; -es,-e: *Saiteninstrument*
Streich-quar-tett, das; -s,-e: *Musikstück für vier Streichinstrumente; auch: Gruppe von vier Streichinstrumenten*
Strei-chung, die; -,-en: *Tilgung, Durchstreichen, Ungültigmachen*
Strei-fe, die; -,-n: *Erkundungstrupp, Patrouille*
strei-fen: *nebenhei erwähnen*
strei-fen: *mit Streifen versehen*
strei-fen: *ziellos wandern*
strei-fen: *flüchtig berühren*
Strei-fen, der; -s,-: *Film*
Strei-fen, der; -s,-: *schmales Band, schmales Geländestück, Strich*

Streifenwagen

Strei-fen-wa-gen, der; -s,-: Polizeieinsatzwagen
Streif-licht, das; -es,-er: kurz eingeflochtene Bemerkung, flüchtiger Gedanke
Streif-schuss, der; -es, -schüs-se: Schuss, der nur streift
Streif-zug, der; -es, -zü-ge: Erkundung, Wanderung
Streik, der; -es,-s: Arbeitsniederlegung, Arbeitsverweigerung
Streik-bre-cher, der; -s,-: Arbeitnehmer, der einen Streik nicht einhält
strei-ken: die Arbeit verweigern
Streik-pos-ten, der; -s,-: Posten gegen Streikbrecher
Streik-recht, das; -es, keine Mehrzahl: Recht zu streiken
Streit, der; -es,-e: Zank, Meinungsverschiedenheit, Zwist, Auseinandersetzung
streit-bar: kampflustig
strei-ten, stritt, gestritten: zanken, Meinungsverschiedenheit haben
Strei-te-rei, die; -,-en: anhaltendes Streiten
Streit-fra-ge, die; -,-n: umstrittenes Thema
Streit-ge-spräch, das; -es,-e: Diskussion
Streit-ham-mel, der; -s,-: umgangssprachlich für „jemand, der ständig streitet"
strei-tig: umstritten, fraglich
Strei-tig-keit, die; -,-en: Streiterei
Streit-kräf-te, die; -, keine Einzahl: Armee
Streit-sa-che, die; -,-n: Rechtsstreit, Prozess
Streit-wert, der; -es,-e: Wert des Streitgegenstandes
streng: scharf, herb, durchdringend
streng: hart, unnachsichtig, unbeugsam, unerbittlich
Stren-ge, die; -, keine Mehrzahl: Härte, Unnachgiebigkeit
Stren-ge, die; -, keine Mehrzahl: Herbheit
streng ge-nom-men: genau genommen
streng-gläu-big: orthodox, sehr religiös
Streng-gläu-big-keit, die; -, keine Mehrzahl: Orthodoxie
strengs-tens: äußerst streng
Strep-to-kok-kus, der; -, Strep-to-kok-ken: Bakterie
Stress, der; -es, keine Mehrzahl: Belastung
stres-sen; beanspruchen, anstrengen
Stretch [Stretsch], der; -, keine Mehrzahl: elastisches Gewebe
Streu, die; -, keine Mehrzahl: Stroh
streu-en: verteilen
Streu-er, der; -s,-: Gefäß zum Streuen
streu-nen: umherziehen
Streu-ner, der; -s,-: jemand, der streunt
Streu-sand, der; -es, keine Mehrzahl: Sand zum Streuen gegen Glätte
Streu-sel, der; -s,-: Bröckchen
Streu-sel-ku-chen, der; -s,-: Kuchensorte
Streu-ung, die; -,-en: das Gestreutsein, das Streuen
Strich, der; -es,-e: Vogelzug
Strich, der; -es,-e: Linie
Strich, der; -es,-e: Streifen, Gegend
Strich, der; -es,-e: Lage des Felles, der Haare
Strich, der; -es,-e: Bogenführung beim Streichinstrument
Strich, der; -s, keine Mehrzahl: Prostitution
Strich, der; -es,-e: Farbverteilung beim Malen
stri-cheln: fein zeichnen, schraffieren
Strich-jun-ge, der; -n,-n: männliche Prostituierte
Strich-mäd-chen, das; -s,-: Prostituierte
Strich-punkt, der; -es,-e: Semikolon
strich-wei-se: gelegentlich, örtlich, vereinzelt
Strich-zeich-nung, die; -,-en: flüchtige Zeichnung
Strick, der; -es,-e: Tau, Leine
stri-cken: mit Nadeln ein Geflecht herstellen
Stri-cke-rei, die; -,-en: das Gestrickte, das Stricken
Strick-kleid, das; -es,-er: gestricktes Kleid
Strick-lei-ter, die; -,-n: aus Stricken geknüpfte Leiter
Strick-mus-ter, das; -s,-: Muster zum Stricken
Strick-zeug, das; -, keine Mehrzahl: Nadeln und Wolle, Strickarbeit
Strie-gel, der; -s,-: Bürste
strie-geln: bürsten
Strie-me, die; -,-n: blutunterlaufener Hautstreifen
strie-mig: voller Striemen
Strie-zel, der; -s,-: regional für „Stollen, Hefegebäck"

Strumpfhose

strie-zen: *umgangssprachlich für „quälen, peinigen"*
strikt: *streng, genau*
Strik-ti-on, die; -,-en: *Zusammenziehung*
Strik-tur, die; -,-en: *Verengung von Gefäßen und Adern*
strin-gent: *zwingend, bündig*
Strin-genz, die; -, keine Mehrzahl: *Schlüssigkeit, stringente Beschaffenheit*
Strip-pe, die; -,-n: *Leine, Faden, Strick*
Strip-pe, die; -,-n: *Telefonleitung*
Strip-tease [Stripties], der; -, keine Mehrzahl: *Entkleiden vor Publikum*
strit-tig: *umstritten, fraglich, ungeklärt*
Striz-zi, der; -s,-s: *österr. für „leichtsinniger Mensch"*
Striz-zi, der; -s,-s: *österr. und umgangssprachlich für „Zuhälter"*
Stro-bos-kop (auch Stro-bo-skop), das; -es,-e: *Gerät, das Lichtblitze mit hoher Frequenz erzeugt*
stro-bos-ko-pisch (auch stro-bo-skopisch): *das Stroboskop betreffend*
Stroh, das; -es, keine Mehrzahl: *Streu, Halme*
stroh-blond: *hellblond*
Stroh-blu-me, die; -,-n: *Blumenart*
Stroh-feu-er, das; -s,-: *schnell verloderndes Feuer, auch: leicht verflogene Begeisterung*
Stroh-halm, der; -es,-e: *Getreidehalm*
Stroh-hut, der; -es, -hü-te: *leichter Sonnenhut*
stro-hig: *wie Stroh*
Stroh-kopf, der; -es, -köp-fe: *umgangssprachlich für „Dummkopf"*
Stroh-mann, der; -es, -män-ner: *nur vorgeschickte Person*
Stroh-mann, der; -es, -män-ner: *Strohpuppe, Vogelscheuche*
Stroh-wit-we, die; -,-n: *Ehefrau, deren Mann verreist ist*
Stroh-wit-wer, der; -s,-: *Mann, dessen Ehefrau verreist ist*
Strolch, der; -es,-e: *Gauner, Lump, Schlingel, Umherstreunender, Landstreicher*
strol-chen: *streunen*
Strom, der; -es, Strö-me: *fließende Elektrizität*
Strom, der; -es, Strö-me: *große, sich bewegende Menge*
Strom, der; -es, Strö-me: *Fluss*
Strom-ab-neh-mer, der; -s,-: *Gerät zum Stromableiten aus Oberleitungen*
Strom-ab-neh-mer, der; -s,-: *Stromverbraucher*
strom-ab-wärts: *den Strom hinab*
strom-auf-wärts: *den Strom hinauf*
Strom-bett, das; -s,-en: *Flussbett*
strö-men: *in Scharen eilen*
strö-men: *fließen*
Stro-mer, der; -s,-: *Landstreicher, Strolch*
stro-mern: *herumstrolchen, umherstreifen, streunen*
Strom-kreis, der; -es,-e: *elektrischer Aufbau, durch den Strom fließt*
Strom-li-nie, die; -,-n: *windschlüpfrige Form*
Strom-li-ni-en-form, die; -,-en: *Stromlinie*
Strom-netz, das; -es,-e: *Gesamtheit der Stromleitungen*
Strom-schnel-le, die; -,-n: *Klippe in einem Strom*
Strom-stär-ke, die; -,-n: *Stärke des elektrischen Stromes*
Strom-stoß, der; -es, -stö-ße: *elektrischer Schock*
Strö-mung, die; -,-en: *das Strömen*
Strom-ver-sor-gung, die; -,-en: *Versorgung mit Elektrizität*
Stron-ti-um, das; -s, keine Mehrzahl: *Leichtmetall, Zeichen: Sr*
Stro-phan-thin (auch Stroph-an-thin), das; -s, keine Mehrzahl: *Arznei*
Stro-phe, die; -,-n: *Gedichtvers, Abschnitt*
stro-phisch: *in Strophen*
strot-zen: *übervoll sein, fast bersten*
strub-be-lig: *ungekämmt, zerzaust*
Strub-bel-kopf, der; -es,-köp-fe: *jemand mit zerzaustem Haar*
Stru-del, der; -s,-: *Wirbel, Sog*
Stru-del, der; -s,-: *Mehlspeise*
stru-deln: *einen Strudel bilden*
Struk-tur, die; -,-en: *Gefüge, Aufbau, Gliederung, Anordnung*
struk-tu-rell: *die Struktur betreffend*
struk-tu-rie-ren: *eine Struktur errichten, ordnen, gliedern*
Struk-tu-rie-rung, die; -, keine Mehrzahl: *das Strukturieren*
Struk-tur-wan-del, der; -s,-: *grundlegender Wandel*
Strumpf, der; -es, Strümp-fe: *Fußbekleidung, Socke*
Strumpf-hal-ter, der; -s,-: *Straps*
Strumpf-ho-se, die; -,-n: *lange Unterhose mit Strümpfen*

Strunk

Strunk, der; -es, Strün-ke: *Stumpf, Pflanzenstengel*
strup-pig: *unordentlich, wirr, ungepflegt*
Strup-pig-keit, die; -, keine Mehrzahl: *struppige Beschaffenheit*
struw-we-lig: *strubbelig*
Struw-wel-pe-ter, der; -s,-: *Kind mit strubbeligem Haar*
Strych-nin, das; -s, keine Mehrzahl: *Gift, Arznei*
Stub-ben, der; -s,-: *Baumstumpf*
Stu-be, die; -,-n: *Wohnzimmer, Zimmer*
Stu-ben-äl-tes-te, der; -n,-n: *ältester Bewohner einer Mannschaftsunterkunft*
Stu-ben-ho-cker, der; -s,-: *jemand, der nichts unternimmt*
Stu-ben-ho-cke-rei, die; -, keine Mehrzahl: *andauerndes Stubenhocken*
Stu-ben-mäd-chen, das; -s,-: *Zimmermädchen*
stu-ben-rein: *das Zimmer nicht verunreinigend (Tier)*
Stü-ber, der; -s,-: *Stoß, Schlag*
Stubs-na-se, die; -,-n: *kurze, aufwärts strebende Nase*
Stuck, der; -s, keine Mehrzahl: *Decken- und Wandverzierung*
Stück, das; -es,-e: *Gegenstand*
Stück, das; -es,-e: *Teil, Einzelheit*
Stück, das; -es,-e: *Bühnenwerk*
Stu-cka-teur [Stuhkatör], der; -s,-e: *Handwerker, der Stuck herstellt*
Stu-cka-tur, die; -,-en: *Stuckarbeit*
stü-ckeln: *aus Teilen zusammensetzen*
stü-ckeln: *in Stücke zerlegen, teilen*
Stück-gut, das; -es, -gü-ter: *Einzelfrachtgut*
Stück-lohn, der; -es, -löh-ne: *Lohn nach der Zahl der produzierten Stücke*
stück-wei-se: *in Stücken*
Stück-werk, das; -s, keine Mehrzahl: *unvollkommene, unvollendete Arbeit*
Stu-dent, der; -en,-en: *Hochschüler*
Stu-den-ten-blu-me, die; -,-n: *Tagetes*
Stu-den-ten-fut-ter, das; -s, keine Mehrzahl: *Näscherei*
stu-den-tisch: *die Studenten betreffend*
Stu-die, die; -,-n: *wissenschaftliche Arbeit, Untersuchung*
Stu-die, die; -,-n: *Vorarbeit, Entwurf*
Stu-di-en-freund, der; -es,-e: *Freund aus der Studienzeit*
Stu-di-en-jahr, das; -es,-e: *Jahr während des Studiums*
Stu-di-en-rat, der; -es, -rä-te: *Lehrer*
Stu-di-en-rei-se, die; -,-n: *Reise zu Studienzwecken*
Stu-di-en-zeit, die; -, keine Mehrzahl: *Zeit des Studiums*
stu-die-ren: *eine Hochschulausbildung absolvieren*
stu-die-ren: *erforschen, untersuchen*
Stu-dio, das; -s,-s: *Atelier, Arbeitsraum, Aufnahmeraum*
Stu-di-um, das; -s, Stu-di-en: *Hochschulausbildung, Lernen, Forschung*
Stu-fe, die; -,-n: *Treppenabsatz*
Stu-fe, die; -,-n: *Rangordnung*
Stu-fe, die; -,-n: *Abschnitt*
stu-fen: *in Abschnitte unterteilen, terrassenförmig anlegen*
stu-fen-wei-se: *in Stufen*
stu-fig: *mit Stufen versehen, mit Stufen*
Stu-fung, die; -,-en: *das Stufen; das Gestuftsein*
Stuhl, der; -es, Stüh-le: *Sitzmöbel*
Stuhl-gang, der; -es, keine Mehrzahl: *Kotausscheidung*
Stul-le, die; -,-n: *Brotschnitte*
Stul-pe, die; -,-n: *umgeschlagenes Stück der Kleidung*
stül-pen: *umdrehen, auf etwas setzen*
Stul-pen-stie-fel, der; -s,-: *Stiefel mit umgeschlagenem, weitem Schaft*
stumm: *unfähig zu sprechen, schweigend, wortlos*
Stum-mel, der; -s,-: *kurzes Reststück*
stüm-meln: *Bäume sehr kurz schneiden*
Stumm-film, der; -es,-e: *Film ohne Ton*
Stumm-heit, die; -, keine Mehrzahl: *das Stummsein*
Stum-pen, der; -s,-: *Stubben, Stumpf*
Stum-pen, der; -s,-: *Zigarrenstück*
Stüm-per, der; -s,-: *Pfuscher, Nichtskönner*
Stüm-pe-rei, die; -,-en: *stümperhafte Arbeit*
stüm-pern: *pfuschen, schlecht arbeiten*
stumpf: *nicht glänzend*
stumpf: *nicht scharf, nicht spitz*
stumpf: *ausdruckslos, uninteressiert, teilnahmslos*
Stumpf, der; -es, Stümp-fe: *Reststück, Stubben, Endstück*
Stumpf-sinn, der; -s, keine Mehrzahl: *geistige Zurückgebliebenheit*
Stumpf-sinn, der; -s, keine Mehrzahl: *Abgestumpftheit, Teilnahmslosigkeit*

Stumpf-sinn, der; -s, keine Mehrzahl: *Trübsinn, Langeweile*
stumpf-sin-nig: *schwachsinnig, dumm*
stumpf-sin-nig: *eintönig, langweilig*
stumpf-win-ke-lig: *mit einem Winkel über 90 Grad versehen*
Stünd-chen, das; -s,-: umgangssprachlich für „eine Weile, kurze Zeit"
Stun-de, die; -,-n: *Zeit, Zeitpunkt*
Stun-de, die; -,-n: *sechzig Minuten*
Stun-de, die; -,-n: *Unterrichtseinheit*
stun-den: *Zahlungsaufschub geben*
Stun-den-ge-schwin-dig-keit, die; -,-en: *Geschwindigkeit in einer Stunde*
Stun-den-ki-lo-me-ter, die; keine Einzahl: *in einer Stunde zurückgelegte Entfernung in Kilometern*
stun-den-lang: *mehrere Stunden lang, sehr lang*
Stun-den-lohn, der; -es, -löh-ne: *Lohn für eine Arbeitsstunde*
Stun-den-plan, der; -es, -plä-ne: *Unterrichts- oder Arbeitsplan*
stun-den-wei-se: *in Stunden, für Stunden*
stünd-lich: *zu jeder Stunde, jede Stunde*
Stun-dung, die; -,-en: *das Stunden, Zahlungsaufschub*
Stunk, der; -s, keine Mehrzahl: umgangssprachlich für „Ärger"
Stunt-man [Stantmähn], der; -s, -men [Stantmin]: *Double des Hauptdarstellers in gefährlichen Szenen*
stu-pend: *erstaunlich, einmalig*
stup-fen: regional für „stoßen, tupfen"
stu-pid: *stupide*
stu-pi-de: *eintönig, langweilig, geisttötend*
stu-pi-de: *beschränkt*
Stu-pi-di-tät, die; -, keine Mehrzahl: *stupides Verhalten, stupides Wesen*
Stu-por, der; -s, keine Mehrzahl: *völlige körperliche Starrheit, Regungslosigkeit*
Stups, der; -es,-e: *leichter Stoß*
stup-sen: umgangssprachlich für „leicht stoßen, anstoßen"
Stups-na-se, die; -,-n: *Stubsnase*
stur: *eigensinnig, starrsinnig, beharrlich, verbissen, uneinsichtig*
Stur-heit, die; -, keine Mehrzahl: *stures Wesen, Eigensinn, Unbelehrbarkeit*
Sturm, der; -es, keine Mehrzahl: *Gesamtheit der Stürmer beim Fußball*
Sturm, der; -es, Stür-me: *Angriff*

Sturm, der; -es, Stür-me: *heftiger Wind*
Sturm-an-griff, der; -es,-e: *schneller, heftiger Massenangriff*
sturm-be-wegt: *heftig aufgewühlt*
stür-men: *als Stürmer spielen*
stür-men: *heftig wehen*
stür-men: *angreifen*
Stür-mer, der; -s,-: *Angriffsspieler beim Fußball*
Sturm-flut, die; -,-en: *Flut bei gleichzeitigem Sturm*
sturm-frei: *ohne Sturm; auch: unangreifbar; auch: ungestört*
stür-misch: *sehr windig*
stür-misch: *heftig, unbeherrscht, leidenschaftlich*
Sturm-lauf, der; -es, -läu-fe: *Ansturm*
Sturm-schritt, der; -es, keine Mehrzahl: *beschleunigte Gangart*
Sturm-vo-gel, der; -s, -vö-gel: *Vogelart*
Sturm-war-nung, die; -,-en: *Warnung vor einem Sturm*
Sturm-wind, der; -es,-e: *Sturm*
Sturz, der; -es, Stür-ze: *plötzliches Hervorbrechen*
Sturz, der; -es, Stür-ze: *jäher Fall*
Sturz, der; -es, Stür-ze: *oberer Tür- und Fensterabschluss*
Sturz, der; -es, Stür-ze: *gewaltsame Absetzung, Amtsenthebung*
Sturz-a-cker, der;-s, -äc-ker: *umgepflügter Acker*
Sturz-bach, der; -es, -bä-che: *Bach mit starkem Gefälle, Wasserschwall*
Sturz-bad, das; -es, -bä-der: *Dusche*
stür-zen: *umstülpen*
stür-zen: *fallen*
stür-zen: *schnell laufen, eilen*
stür-zen, sich: *über etwas herfallen, sich auf etwas werfen*
Sturz-flug, der; -es, -flü-ge: *steil nach unten führender Flug*
Sturz-ge-burt, die; -,-en: *sehr schnelle Geburt*
Sturz-helm, der; -es,-e: *Schutzhelm*
Sturz-see, die; -,-n: *sich überstürzende Welle*
Sturz-wel-le, die; -,-n: *Sturzsee*
Stuss, der; -es, keine Mehrzahl: umgangssprachlich für „dummes Zeug, Unsinn"
Stu-te, die; -,-n: *weibliches Pferd, weiblicher Esel*
Stu-ten, der; -s,-: regional für „länglicher Kuchen, Rosinenbrot"

Stütze

Stüt-ze, die; -,-n: *Strebe, Pfosten, Balken*
Stüt-ze, die; -,-n: *Unterstützung, Hilfe, Beistand*
stut-zen: *verwundert innehalten*
stut-zen: *kurz schneiden*
stüt-zen: *unterstützen, helfen*
stüt-zen: *aufrecht halten, sichern*
Stut-zen, der; -s,-: *kurzes Gewehr*
Stut-zen, der; -s,-: *Wadenwärmer*
Stut-zen, der; -s,-: *kurzes Rohr, Anschlussstück*
Stut-zer, der; -s,-: *Geck*
stut-zer-haft: *wie ein Stutzer*
stut-zig: *verwundert, verwirrt*
Stütz-mau-er, die; -,-n: *abstützende Mauer*
Stütz-pfei-ler, der; -s,-: *abstützender Pfeiler*
Stütz-punkt, der; -es,-e: *Basis*
Sty-ling [Stailing], das; -s, keine Mehrzahl: *Formentwurf, Formgebung*
Sty-list [Stailist], der; -en,-en: *jemand, der Formen entwirft*
Sty-ro-por, das; -s, keine Mehrzahl: *Kunststoff*
Styx, der; -, keine Mehrzahl: *Fluss, den die Seelen der Toten überqueren müssen*
Su-a-da, die; -, Su-a-den: *Redeschwall*
sub-al-tern: *untergeordnet, unselbstständig, unterwürfig*
Sub-jekt, das; -es,-e: *Begriff*
Sub-jekt, das; -es,-e: *Grammatik: Satzgegenstand*
Sub-jekt, das; -es,-e: *denkendes Wesen mit eigenem Willen*
Sub-jekt, das; -es,-e: *fragwürdiger, nicht vertrauenswürdiger Mensch*
sub-jek-tiv: *das Subjekt betreffend, persönlich, nicht objektiv*
Sub-jek-ti-vis-mus, der; -, keine Mehrzahl: *Lehre, dass alle Erkenntnisse nur für ein Individuum und nicht allgemein gültig sind*
Sub-jek-ti-vist, der; -en,-en: *Anhänger des Subjektivismus*
sub-jek-ti-vis-tisch: *den Subjektivismus betreffend*
Sub-jek-ti-vi-tät, die; -, keine Mehrzahl: *persönliche Einstellung, persönlich gefärbte Erkenntnisfähigkeit*
Sub-kon-ti-nent, der; -es,-e: *hervorgehobener Teil eines Kontinents*
sub-ku-tan: *unter die Haut (Injektion)*
sub-lim: *erhaben, verfeinert*

Sub-li-mat, das; -es,-e: *nach Verdampfung zurückbleibender Niederschlag; auch: Quecksilberverbindung*
Sub-li-ma-ti-on, die; -, keine Mehrzahl: *das Sublimieren*
sub-li-mie-ren: *erheben, läutern*
Sub-li-mie-rung, die; -, keine Mehrzahl: *Verfeinerung, Läuterung, Steigerung*
sub-ma-rin: *unter dem Meeresspiegel*
Sub-mer-si-on, die; -,-en: *Untertauchung, Taufweise*
Sub-mis-si-on, die; -,-en: *Unterwerfung, Ehrerbietigkeit*
Sub-mis-si-on, die; -,-en: *Auftragsvergabe, öffentliche Ausschreibung*
sub-mit-tie-ren: *sich auf eine Ausschreibung hin bewerben*
Sub-or-di-na-ti-on, die; keine Mehrzahl: *Unterordnung, Dienstgehorsam*
sub-or-di-nie-ren: *unterordnen*
Sub-si-di-en, die; -, keine Einzahl: *finanzielle Hilfe eines Verbündeten*
Sub-sis-tenz, die; -,-en: *Lebensunterhalt*
Sub-sis-tenz, die; -,-en: *das Bestehen durch sich selbst*
Sub-sis-tenz, die; -, keine Mehrzahl: *materielle Existenz*
sub-sis-tie-ren: *unabhängig existieren*
Subs-kri-bent (auch Sub-skri-bent), der; -en,-en: *jemand, der etwas bestellt*
subs-kri-bie-ren (auch sub-skri-bie-ren): *vorher bestellen*
Subs-krip-ti-on (auch Sub-skrip-tion), die; -,-en: *Vorbestellung*
Sub-stan-tiv, das; -es,-e: *Hauptwort*
sub-stan-ti-vie-ren: *Grammatik: zum Substantiv machen*
Sub-stan-ti-vie-rung, die; -,-en: *das Substantivieren*
sub-stan-ti-visch: *wie ein Substantiv*
Sub-stanz, die; -,-en: *Stoff, Materie*
Sub-stanz, die; -,-en: *innerstes Wesen, Kern, das Wesentliche*
Sub-stanz, die; -,-en: *Kapital, Vermögen, Besitz*
subs-tan-zi-ell (auch sub-stan-ti-ell): *nahrhaft, gehaltvoll*
subs-tan-zi-ell (auch sub-stan-ti-ell): *die Substanz betreffend, stofflich, materiell, wesentlich*
subs-tan-zi-ie-ren (auch sub-stan-ti-ieren): *mit Substanz füllen, genauer bezeichnen, deutlich werden, mit Tatsachen belegen*

Suffragette

subs-ti-tu-ie-ren (auch sub-sti-tu-ie-ren): *ersetzen, austauschen, einsetzen*
Subs-ti-tut (auch Sub-sti-tut), der; -en,-en: *Stellvertreter, Verkaufsleiter*
Subs-ti-tu-ti-on (auch Sub-sti-tu-ti-on), die; -,-en: *das Substituieren*
Subs-trat (auch Sub-strat), das; -es,-e: *Grundlage, Nährboden*
sub-su-mie-ren: *einordnen, unterordnen*
Sub-sum-ti-on, die; -,-en: *Unterordnung unter einen Begriff*
sub-sum-tiv: *unterordnend, einordnend*
sub-til: *zart, fein*
sub-til: *scharfsinnig, spitzfindig*
sub-til: *schwierig*
Sub-ti-li-tät, die; -, keine Mehrzahl: *Zartheit, Feinheit; auch: Schwierigkeit*
Sub-tra-hend, der; -en,-en: *von einer anderen abzuziehende Zahl*
sub-tra-hie-ren: *abziehen*
Sub-trak-ti-on, die; -,-en: *Grundrechenart, das Abziehen, Verminderung*
Sub-tro-pen, die; -, keine Einzahl: *Zonen zwischen den Tropen und den gemäßigten Zonen*
sub-tro-pisch: *die Subtropen betreffend*
Sub-ven-ti-on, die; -,-en: *finanzielle Unterstützung, staatliche Unterstützung*
sub-ven-ti-o-nie-ren: *mit Subventionen ausstatten, geldlich unterstützen*
Sub-ver-si-on, die; -,-en: *Umsturz*
sub-ver-siv: *umstürzlerisch*
Such-ak-ti-on, die; -,-en: *groß angelegtes Suchen*
Such-dienst, der; -es,-e: *Nachforschungsdienst nach Verschwundenen*
Su-che, die; -,-n: *Nachforschung*
su-chen: *zu finden versuchen, nachforschen*
su-chen: *versuchen, sich bemühen*
su-chen: *wünschen, erstreben*
Su-cher, der; -s,-: *Kamerasucher*
Su-cher, der; -s,-: *kleines Hilfsfernrohr bei Teleskopen*
Su-cher, der; -s,-: *jemand, der sucht*
Su-che-rei, die; -,-en: *andauerndes Suchen*
Sucht, die; -, keine Mehrzahl: *Drogenmissbrauch*
Sucht, die; -, keine Mehrzahl: *krankhaft starkes Bedürfnis, übersteigertes Streben*
süch-tig: *einer Sucht verfallen*
Süch-tig-keit, die; -, keine Mehrzahl: *Sucht*
Sud, der; -es,-e: *Abgekochtes, Gekochtes*
Sud-den-death, (auch Sud-den Death), der; -,-: *Sport: Spielentscheidung durch das erste gefallene Tor in einem zusätzlichen Spielabschnitt*
Su-de-lei, die; -,-en: *das Sudeln, Beschmutzung; schlechte Arbeit*
su-de-lig: *unsauber, flüchtig*
su-deln: *beschmutzen, schmieren*
su-deln: *schlecht arbeiten*
Su-del-wet-ter, das; -s, keine Mehrzahl: *nasskaltes, unfreundliches Wetter*
Sü-den, der; -s, keine Mehrzahl: *Himmelsrichtung*
Sü-den, der; -s, keine Mehrzahl: *südliche Länder*
Süd-frucht, die; -, -früch-te: *aus dem Süden stammende Frucht*
Süd-län-der, der; -s,-: *Einwohner Südeuropas*
süd-län-disch: *den Süden betreffend*
süd-lich: *im Süden, nach Süden zu*
Süd-os-ten, der; -s, keine Mehrzahl: *Himmelsrichtung*
süd-öst-lich: *im Südosten*
Süd-pol, der; -es, keine Mehrzahl: *südlicher Punkt der Erddrehachse*
Süd-po-lar-ge-biet, das; -es, keine Mehrzahl: *Gegend um den Südpol, Antarktis*
Süd-see, die; -, keine Mehrzahl: *südlicher Teil des Pazifiks*
Süd-see-in-sel, die; -,-n: *Insel in der Südsee*
Süd-staa-ten, die; -, keine Einzahl: *die südlichen Bundesstaaten der USA*
süd-wärts: *nach Süden*
Süd-wes-ten, der; -s, keine Mehrzahl: *Himmelsrichtung*
Süd-wes-ter, der; -s,-: *Seemannshut*
süd-west-lich: *im Südwesten*
Suff, der; -s, keine Mehrzahl: *umgangssprachlich für „starkes Trinken"*
süf-feln: *genüsslich trinken*
süf-fig: *wohlschmeckend (Wein)*
süf-fi-sant: *überheblich, eingebildet, dünkelhaft*
Suf-fix, das; -es,-e: *Nachsilbe*
suf-fi-zi-ent: *ausreichend, genügend, hinlänglich*
Suf-fi-zi-enz, die; -, keine Mehrzahl: *Hinlänglichkeit*
Suff-ra-get-te (auch Suf-fra-get-te), die; -,-n: *Verfechterin der Frauenrechte, Vorkämpferin der Gleichberechtigung*

sug-ge-rie-ren: *jemandem etwas einreden, beeinflussen*
Sug-ges-ti-on, die; -,-en: *Willensübertragung, Beeinflussung*
sug-ges-tiv *seelisch beeinflussend, verfänglich*
Sug-ges-tiv-fra-ge, die; -,-n: *Frage, die eine bestimmte Antwort hervorrufen soll*
Suh-le, die; -,-n: *Schlammgrube, morastige Stelle*
suh-len, sich: *sich im Morast wälzen*
Süh-ne, die; -,-n: *Buße, Genugtuung, Vergeltung*
süh-nen: *büßen, vergelten, wieder gutmachen*
Süh-ne-op-fer, der; -s,-: *Opfer*
Süh-ne-ter-min, der; -es,-e: *Treffen vor einem Gerichtsverfahren, um eine Einigung herbeizuführen*
Süh-ne-ver-fah-ren, das; -s,-: *gerichtliches Vergleichsverfahren*
Sui-te [Suit], die; -,-n: *Zimmerflucht*
Su-i-zid, der/das; -es,-e: *Selbstmord*
Su-jet [Süscheh], das; -s,-s: *Thema eines künstlerischen Werkes*
Suk-ka-de, die; -,-n: *kandierte Fruchtschale*
Suk-kurs, der; -es,-e: *militärische Hilfe, Beistand*
suk-ze-die-ren: *nachfolgen, ein Amt übernehmen*
Suk-zess, der; -es,-e: *Erfolg*
Suk-zes-si-on, die; -,-en: *Nachfolge*
suk-zes-siv: *allmählich, nach und nach*
Sul-fat, das; -es,-e: *Salz der Schwefelsäure*
Sul-fid, das; -es,-e: *Salz der Schwefelwasserstoffsäure*
sul-fi-disch: *das Sulfid betreffend*
Sul-fit, das; -es,-e: *Salz der schwefeligen Säure*
Sul-fo-na-mid (auch Sul-fon-a-mid), das; -es,-e: *Arznei, Medikament*
Sul-ky, das; -s,-s: *Traberwagen*
Sul-tan, der; -es,-e: *mohammedanischer Herrscher*
Sul-ta-nat, das; -es,-e: *Herrschaftsbereich eines Sultans*
Sul-ta-ni-ne, die; -,-n: *Rosinenart*
Sulz, die; -,-en: *Sülze*
Sül-ze, die; -,-n: *Fleisch oder Fisch in Gallert*
sul-zen: *sülzen*
sül-zen: *als Sülze zubereiten*

Sülz-ko-te-lett, das; -s,-s: *Kotelett in Sülze*
Sum-mand, der; -en,-en: *Zahl, die zu einer anderen hinzugezählt werden soll*
sum-ma-risch: *zusammenfassend*
Sum-me, die; -,-n: *Geldbetrag*
Sum-me, die; -,-n: *Ergebnis, Gesamtzahl*
sum-men: *leise brummen*
Sum-mer, der; -s,-: *Signalgerät*
sum-mie-ren: *zusammenzählen*
sum-mie-ren, sich: *anwachsen, sich häufen*
Sum-mie-rung, die; -,-en: *Zusammenfassung*
Sumpf, der; -es, Sümp-fe: *Morast, Moor*
Sumpf, der; -es, Sümp-fe: *Verkommenes, Schlechtes*
Sumpf-dot-ter-blu-me, die; -,-n: *Blumenart*
sump-fen: *umgangssprachlich für „zechen"*
Sumpf-gas, das; -es,-e: *Methan*
sump-fig: *schlammig*
Sums, der; -es, keine Mehrzahl: *umgangssprachlich für „Aufhebens, Umstände, leeres Gerede"*
Sund, der; -es,-e: *Meerenge*
Sün-de, die; -,-n: *Vergehen gegen religiöse oder moralische Gebote, Unrecht*
Sün-den-bock, der; -es, -bö-cke: *jemand, dem eine Schuld zugeschoben wird*
Sün-den-fall, der; -es, keine Mehrzahl: *biblisches Gleichnis des menschlichen Ungehorsams*
Sün-den-re-gis-ter, das; -s,-: *Aufzählung der Sünden eines Menschen*
Sün-der, der; -s,-: *jemand, der eine Sünde begangen hat*
Sünd-flut, die; -,-en: *Sintflut*
sünd-haft: *mit Sünden beladen*
sün-dig: *eine Sünde begangen habend*
sün-di-gen: *eine Sünde begehen*
Sun-nit, der; -en,-en: *Anhänger des orthodoxen Islam*
sun-ni-tisch: *den orthodoxen Islam betreffend*
su-per: *umgangssprachlich für „sehr gut"*
Su-per, das; -s, keine Mehrzahl: *umgangssprachlich für „Benzin mit hoher Oktantahl"*
su-perb (auch sü-perb): *ausgezeichnet, vorzüglich*
su-per-fein: *umgangssprachlich für „sehr fein"*

Symbiont

su-per-ge-scheit: umgangssprachlich für „besserwisserisch"
Su-per-in-ten-dent, der; -en,-en: Geistlicher
su-per-klug: umgangssprachlich für „sehr klug"
Su-per-la-tiv, der; -es,-e: Höchststufe der Steigerung; auch: übertriebener Ausdruck, übermäßiges Lob
Su-per-markt, der; -es, -märk-te: großes Lebensmittelgeschäft mit Selbstbedienung
Su-per-no-va, die; -,-no-vae: sehr hell aufleuchtender, explodierender Stern
Su-per-phos-phat, das; -es, keine Mehrzahl: Düngemittel
Su-per-sti-ti-on, die; -, keine Mehrzahl: Aberglauben
Süpp-chen, das; -s,-: Suppe
Sup-pe, die; -,-n: flüssige Speise
Sup-pe, die; -, keine Mehrzahl: umgangssprachlich für „Nebel"
Sup-pen-fleisch, das; -es, keine Mehrzahl: Fleisch, das in einer Suppe mitgekocht wird
Sup-pen-grün, das; -s, keine Mehrzahl: Wurzelwerk
Sup-pen-huhn, das; -es, -hüh-ner: Huhn, das in einer Suppe mitgekocht wird
Sup-pen-kas-per, der; -s,-: Kind, das keine Suppe isst
sup-pig: dünnflüssig
Sup-ple-ment, das; -es,-e: Anhang, Ergänzung
sup-ple-men-tär: ergänzend
Sup-ple-ment-win-kel, der; -s,-: Winkel, der mit einem anderen zusammen 180 Grad ergibt
Sup-plik, die; -,-en: Bittgesuch
Sup-pli-kant, der; -en,-en: Bittsteller
sup-pli-zie-ren: ein Bittgesuch einreichen, um etwas bitten
Sup-port, der; -es,-e: Werkzeugträger an Maschinen
Sup-po-si-ti-on, die; -,-en: Voraussetzung, Annahme, Unterstellung
Sup-po-si-to-ri-um, das; -s, Sup-po-si-to-ri-en: Zäpfchen
sup-pri-mie-ren: unterdrücken, zurückdrängen
Su-re, die; -,-n: Kapitel des Korans
Surf-brett [Söhrfbrett], das; -es,-er: Schwimmbrett, das zum Surfen verwendet wird
sur-fen [sörfen]: wellenreiten, auch: im Internet surfen
Sur-fen [Sörfen], das; -s, keine Mehrzahl: Wellenreiten
Sur-re-a-lis-mus [Sürrealismus], der; -, keine Mehrzahl: Kunstrichtung
sur-re-a-lis-tisch: den Surrealismus betreffend
sur-ren: summen
Sur-ro-gat, das; -es,-e: Ersatzstoff, Ersatz
sus-pekt (auch su-spekt): verdächtig, nicht vertrauenswürdig
sus-pen-die-ren: Teilchen in einer Flüssigkeit fein verteilen
sus-pen-die-ren: aufheben, aufschieben
sus-pen-die-ren: entlassen
Sus-pen-si-on, die; -,-en: Amtsentlassung
Sus-pen-si-on, die; -,-en: Aufschwemmung, Verteilung in einer Flüssigkeit
Sus-pen-so-ri-um, das; -s, Sus-pen-so-ri-en: Trageverband
süß: gezuckert
süß: umgangssprachlich für „lieb, lieblich, hübsch, entzückend"
Sü-ße, die; -, keine Mehrzahl: das Süßsein
sü-ßen: zuckern
Sü-ßig-keit, die; -,-en: Sammelbezeichnung für süßes Naschwerk
Süß-kir-sche, die; -,-n: Kirschensorte
süß-lich: sehr süß
süß-lich: schwülstig, schnulzig
Süß-spei-se, die; -,-n: süßes Gericht
Süß-stoff, der; -es,-e: künstliches Produkt zum Süßen
Süß-was-ser, das; -s, keine Mehrzahl: Flusswasser
Süß-was-ser-fisch, der; -es,-e: Fisch, der nur im Süßwasser existieren kann
Swas-ti-ka, die; -, Swas-ti-ken: Hakenkreuz
Swea-ter [Sweter], der; -s,-: Pullover
Swim-ming-Pool (auch Swim-ming-pool) [Swimmingpuhl], der; -s,-s: Schwimmbecken
Swing, der; -/-s,-s: Jazzstil, Tanzart
swin-gen: Swing tanzen
Sy-ba-rit, der; -en,-en: Schlemmer, genusssüchtiger Mensch
Sy-ko-mo-re, die; -,-n: Baumart
Syl-phe, die; -,-n: Luftgeist
Syl-phi-de, die; -,-n: weiblicher Luftgeist, auch: anmutiges Mädchen
Sym-bi-ont, der; -en,-en: Lebewesen, das in Symbiose lebt

Symbiose

Sym-bi-o-se, die; -,-n: *Zusammenleben zum beiderseitigen Nutzen*
sym-bi-o-tisch: *die Symbiose betreffend*
Sym-bol, das; -es,-e: *Sinnbild, bildhaftes Zeichen*
Sym-bol, das; -es,-e: *Mathematik, Physik, Chemie: für einen Begriff stehendes Zeichen*
sym-bol-haft: *gleichnishaft*
Sym-bo-lik, die; -, keine Mehrzahl: *Anwendung und Deutung von Symbolen*
sym-bo-lisch: *sinnbildlich, gleichnishaft*
sym-bo-li-sie-ren: *für etwas anderes stehen*
Sym-bo-lis-mus, der; -, keine Mehrzahl: *Kunstrichtung*
Sym-met-rie (auch Sym-me-trie), die; -,-n: *Spiegelgleichheit, Ebenmaß*
Sym-met-rie-ach-se (auch Sym-me-trie-ach-se), die; -,-n: *Linie, die etwas Symmetrisches in gleiche Teile teilt*
sym-met-risch (auch sym-me-trisch): *gleichmäßig*
sym-pa-the-tisch: *mitfühlend*
Sym-pa-thie, die; -,-n: *Zuneigung, Mitgefühl*
Sym-pa-thi-kus, der; -, keine Mehrzahl: *Teil des Nervensystems*
sym-pa-thisch: *auf Sympathie beruhend, angenehm*
sym-pa-thi-sie-ren: *Sympathie empfinden*
Sym-pho-nie (auch Sin-fon-ie), die; -,-n: *großes Musikstück, Orchesterwerk*
Sym-pho-nie-or-ches-ter (auch Sin-fo-nie-or-ches-ter), das; -s,-: *großes Orchester*
Sym-pho-ni-ker (auch Sin-fo-ni-ker), der; -s,-: *Angehöriger eines Symphonieorchesters*
sym-pho-nisch (auch sin-fo-nisch): *die Symphonik betreffend*
Sym-po-si-on, das; -s, Sym-po-si-en: *Tagung, wissenschaftliches Gespräch*
Symp-tom (auch Sym-ptom), das; -es,-e: *Zeichen, Anzeichen, Merkmal*
symp-to-ma-tisch (auch sym-pto-matisch): *auf Symptomen beruhend, kennzeichnend, typisch*
Sy-na-go-ge (auch Syn-a-go-ge), die; -,-n: *jüdische Kirche*
syn-chron: *gleichzeitig, zeitlich übereinstimmend*
Syn-chron-ge-trie-be, das; -s,-: *synchronisiertes Schaltgetriebe*
Syn-chro-ni-sa-ti-on, die; -, keine Mehrzahl: *das Synchronisieren*
syn-chro-ni-sie-ren: *aufeinander abstimmen, gleichschalten*
syn-chro-ni-sie-ren: *Film mit einer Übersetzung unterlegen*
Syn-chro-ni-sie-rung, die; -,-en: *das Synchronisieren*
Syn-chron-mo-tor, der; -s,-en: *Motorenart*
Syn-chrot-ron (auch Syn-chro-tron), das; -s,-e: *Elementarteilchenbeschleuniger*
Syn-di-kat, das; -es,-e: *Kartell, Zusammenschluss*
Syn-di-kus, der; -, Syn-di-ken: *Rechtsbeistand*
Syn-drom, das; -es,-e: *kennzeichnendes Krankheitsbild, gleichzeitigs Auftauchen mehrerer Krankheitssymptome*
Syn-ko-pe, die; -,-n: *Musik: Ausfall eines Taktteils, Wechsel des Taktes*
Syn-ko-pe, die; -,-n: *Ausfall eines unbetonten Vokales in einem Wort*
syn-ko-pie-ren: *den Rhythmus verlagern*
syn-ko-pisch: *die Synkope betreffend*
sy-no-dal (auch syn-o-dal): *die Synode betreffend*
Sy-no-da-le (auch Syn-o-da-le), der; -n,-n: *Mitglied einer Synode*
Sy-no-de (auch Syn-o-de), die; -,-n: *Kirchentagung*
sy-no-nym (auch syn-o-nym): *gleichbedeutend, sinnverwandt*
Sy-no-nym (auch Syn-o-nym), das; -s,-e: *sinnverwandtes, bedeutungsgleiches Wort*
syn-tak-tisch: *die Syntax betreffend*
Syn-tax, die; -, keine Mehrzahl: *Satzlehre*
Syn-the-se, die; -,-n: *Verbindung, Zusammenfügung*
Syn-the-se, die; -,-n: *Aufbau einer chemischen Verbindung*
Syn-the-si-zer [Süntēßaiser], der; -s,-: *Musikinstrument*
Syn-the-tics, die; -, keine Einzahl: *Kleidungsstoffe aus Kunstfasern*
Syn-the-tik, (das); -s, keine Mehrzahl: *Kunstfaser, Chemiefaser*
syn-the-tisch: *auf dem Wege der Synthese erzeugt, auf Synthese beruhend*
syn-the-ti-sie-ren: *chemisch herstellen*
Sy-phi-lis, die; -, keine Mehrzahl: *Geschlechtskrankheit*
Sy-phi-li-ti-ker, der; -s,-: *jemand, der an Syphilis erkrankt ist*

szintillieren

sy-phi-li-tisch: *an Syphilis leidend*
Sy-rin-ge, die; -,-n: *Flieder*
Sys-tem, das; -es,-e: *Methode, Prinzip*
Sys-tem, das; -es,-e: *Gesellschaftsordnung, Staatsform*
Sys-tem, das; -es,-e: *Lehrmeinung*
Sys-tem, das; -es,-e: *geschlossenes, in sich gegliedertes Ganzes*
Sys-te-ma-tik, die; -,-en: *Lehre von der wissenschaftlichen Vorgehensweise, Erstellen eines Systems*
sys-te-ma-tisch: *auf einem System beruhend, gegliedert, planvoll*
sys-te-ma-ti-sie-ren: *ein System erstellen, in ein System einordnen*
sys-tem-los: *ohne System*
Sys-tem-lo-sig-keit, die; -, keine Mehrzahl: *systemlose Beschaffenheit, systemloses Vorgehen*
Sys-to-le (auch Sy-sto-le), die; -,-n: *Zusammenziehung des Herzmuskels*
Sy-zy-gie, die; -,-n: *Konjunktion und Opposition von Sonne und Mond*
Sze-na-rio, das; -s, Sze-na-ri-en: *hypothetische, extrapolierte Vorgänge und Zusammenhänge, die Planungen als Grundlage dienen*
Sze-na-ri-um, das; -s, Sze-na-ri-en: *Drehbuch einer Szene; auch: Szenario*

Sze-ne, die; -, keine Mehrzahl: *alternative Subkultur; auch: Gesamtheit der Mitglieder der alternativen Subkultur*
Sze-ne, die; -,-n: *Auftritt in einem Theatersrück, Teil eines Theaterstückes, Teil eines Filmes*
Sze-ne, die; -,-n: *Schauplatz, Bühne, Auftrittsort*
Sze-ne, die; -,-n: *umgangssprachlich für „Streit"*
Sze-nen-wech-sel, der; -s,-: *Wechsel der Szene*
Sze-ne-rie, die; -,-n: *Bühnendekoration*
sze-nisch: *eine Szene betreffend, in der Art einer Szene*
Szep-ter (auch Zep-ter), das; -s,-: *verzierter Stab als Zeichen kaiserlicher oder königlicher Macht*
Szi-en-ti-fis-mus, der; -, keine Mehrzahl: *Szientismus*
Szi-en-tis-mus, der; -, keine Mehrzahl: *auf wissenschaftlicher Erkenntnis basierende Anschauungsweise; auch: davon abgeleitete Sektenlehre*
Szi-en-tist, der; -en,-en: *Anhänger des Szientismus*
Szin-til-la-ti-on, die; -, keine Mehrzahl: *Funkeln durch Luftunruhe*
szin-til-lie-ren: *funkeln, flimmern*

t, T

t, T, das; -,-: *zwanzigster Buchstabe des Alphabets; Konsonant, Mitlaut*
t: *Abkürzung für „Tonne"*
Tab, der; -s/-es,-s/-e: *hervorspringender Teil einer Karteikarte zum Kennzeichnen*
Ta-bak, der; -s, keine Mehrzahl: *nikotinhaltiges Nachtschattengewächs*
Ta-bak, der; -s,-e: *aus der Tabakpflanze hergestelltes Genussmittel zum Rauchen*
Ta-baks-beu-tel, der; -s,-: *Beutel für Tabak*
Ta-baks-do-se, die; -,-n: *Dose für Tabak*
Ta-baks-pfei-fe, die; -,-n: *Gerät zum Rauchen*
Ta-bak-steu-er, die; -, keine Mehrzahl: *Steuer auf Rauchwaren*
Ta-bak-wa-ren, die; -, keine Einzahl: *Sammelbezeichnung für Rauchwaren und Schnupftabak*
Ta-ba-ti-e-re, die; -,-n: *Tabaksdose*
ta-bel-la-risch: *in Tabellenform*
ta-bel-la-ri-sie-ren: *in Tabellen aufstellen, ordnen*
Ta-bel-le, die; -,-n: *Liste, Übersicht*
Ta-ber-na-kel, das/der; -s,-: *Hostienschrein*
Ta-ber-ne, die; -,-n: *Taverne*
Tab-leau (auch Ta-bleau) [Tabloh], das; -s,-s: *Gruppenbild auf der Bühne*
Tab-leau (auch Ta-bleau) [Tabloh], das; -s,-s: *Tafel, Schild*
Tab-lett (auch Ta-blett), das; -s,-s/-e: *Servierbrett*
Tab-lette (auch Ta-blette), die; -,-n: *zu einer kleinen Tafel oder Kugel geformtes Medikament*
ta-bu: *verboten, unantastbar, geheiligt*
Ta-bu, das; -s,-s: *etwas, das zu meiden ist, Unantastbares*
ta-bu-i-sie-ren: *für tabu erklären, mit einem Tabu belegen*
Ta-bu-la-tor, der; -s,-en: *Einstellmöglichkeit für Tabellen an Schreibmaschinen*
Ta-bu-la-tur, die; -,-en: *alte Notenschrift; auch: Regeln für den Meistergesang*
Ta-bu-rett, das; -s,-e: *Schemel, niedriger Stuhl*

Ta-cho-me-ter, der/das; -s,-: *Geschwindigkeitsanzeiger*
Tack-ling [Täckling], das; -s,-s: *Sport: Angriff mit Körpereinsatz*
Ta-del, der; -s,-: *Rüge, Verweis*
Ta-del, der; -s,-: *Eintrag ins Klassenbuch*
ta-del-los: *ohne Tadel, ohne Beanstandung, ausgezeichnet*
ta-deln: *Missfallen äußern, bemängeln, rügen*
ta-delns-wert: *so geartet, dass man es tadeln muss*
Ta-fel, die; -,-n: *Schild, Brett*
Ta-fel, die; -,-n: *Tabellensammlung*
Ta-fel, die; -,-n: *Schreibtafel, Schreibfläche, Aushangbrett*
Ta-fel, die; -,-n: *festlich gedeckter Tisch*
Ta-fel, die; -,-n: *Riegel, Schokoladentafel*
Tä-fel-chen, das; -s,-: *kleine Tafel, Plättchen*
ta-feln: *an einem festlich gedeckten Tisch speisen*
tä-feln: *mit Täfelung verkleiden*
Ta-fel-run-de, die; -,-n: *Tischgesellschaft; scherzhaft auch: Stammtisch*
Tä-fe-lung, die; -,-en: *Wand- oder Deckenverkleidung*
Ta-fel-was-ser, das; -s, keine Mehrzahl: *Mineralwasser in Flaschen*
Taft, der; -es,-e: *steifer Seidenstoff*
taf-ten: *aus Taft*
Tag, der; -es,-e: *Zeit von Sonnenaufgang bis Sonnenuntergang, Tageslicht*
Tag, der; -es,-e: *Zeit von 0 bis 24 Uhr, eine Erdumdrehung, 24 Stunden*
Tag, der; -es,-e: *Datum*
Ta-ge-bau, der; -es,-e: *Bergbau an der Erdoberfläche*
Ta-ge-buch, das; -es, -bü-cher: *Buch für tägliche Aufzeichnungen*
Ta-ge-dieb, der; -es,-e: *Nichtstuer, Faulpelz*
ta-ge-lang: *mehrere Tage lang*
Ta-ge-lohn, der; -es, -löh-ne: *nach Arbeitstagen berechneter und ausgezahler Lohn*
Ta-ge-löh-ner, der; -s,-: *Arbeiter, der tageweise arbeitet, tageweise bezahlt wird, keinen festen Arbeitsvertrag hat*
Ta-ges-an-bruch, der; -es, -brü-che: *Sonnenaufgang, Morgendämmerung*
Ta-ges-ar-beit, die; -,-en: *Arbeit eines Tages, Arbeit für einen Tag*
Ta-ges-be-darf, der; -s, keine Mehrzahl: *täglicher Bedarf*

Talgdrüse

Ta-ges-ein-nah-me, die; -,-n: *Einnahme eines Tages*
Ta-ges-er-eig-nis, das; -ses,-se: *wichtigstes Ereignis eines Tages*
Ta-ges-ge-spräch, das; -es,-e: *Neuigkeit, wichtigste Neuigkeit eines Tages*
Ta-ges-licht, das; -es, keine Mehrzahl: *natürliches Licht, Licht des Tages, der Sonne*
Ta-ges-marsch, der; -es, -mär-sche: *an einem Tag zu Fuß zurückgelegte Strecke*
Ta-ges-mut-ter, die; -, -müt-ter: *Mutter, die fremde Kinder neben ihren eigenen tagsüber betreut*
Ta-ges-ord-nung, die; -, keine Mehrzahl: *in der Wendung: etwas ist an der Tagesordnung, etwas kommt häufig vor*
Ta-ges-ord-nung, die; -,-en: *Themenreihenfolge bei einer Versammlung*
Ta-ges-pres-se, die; -, keine Mehrzahl: *Gesamtheit aller Tageszeitungen*
Ta-ges-rei-se, die; -,-n: *Entfernung, die man nur in einem Tag zurücklegen kann*
Ta-ges-zeit, die; -,-en: *bestimmte Zeit des Tages*
Ta-ges-zei-tung, die; -,-en: *Zeitung, die täglich erscheint*
Ta-ge-tes, die; -, keine Mehrzahl: *Studentenblume*
tag-hell: *so hell wie am Tag*
täg-lich: *jeden Tag*
tags: *am Tage*
Tag-schicht, die; -,-en: *Arbeit während des Tages; auch: Gesamtheit der Arbeiter einer Tagschicht*
tags-ü-ber: *während des Tages*
tag-täg-lich: *jeden Tag, immer wieder*
Tai-fun, der; -es,-e: *südostasiatischer Wirbelsturm*
Tai-ga, die; -, keine Mehrzahl: *sumpfiges Waldgebiet Sibiriens*
Tail-le [Tallje], die; -,-n: *Gürtelgegend des Körpers; auch: Gürtelweite, Umfang*
tail-lie-ren [tallieren]: *auf Taille zuschneiden*
Take [Täik], der/das; -,-s: *Film- oder Fernseheinstellung; auch: Filmschleife, die zur Synchronisation verwendet wird*
Ta-ke-la-ge [Takelahsche], die; -,-n: *Gesamtheit der Leinen und Segel eines Segelschiffes*
ta-keln: *mit Takelage versehen*
Ta-ke-lung, die; -,-en: *das Takeln, Takelage*

Ta-kel-werk, das; -es,-e: *Takelage*
Takt, der; -es,-e: *rhythmisches Zeitmaß in der Musik; auch: kleinster Teil eines Musikstückes*
Takt, der; -es, keine Mehrzahl: *Fingerspitzengefühl, Gefühl für das richtige Verhalten*
Takt, der; -es,-e: *regelmäßig wiederholter Arbeitsabschnitt*
takt-fest: *den Takt halten könnend, sicher*
Takt-fes-tig-keit, die; -, keine Mehrzahl: *taktfeste Beschaffenheit*
Takt-ge-fühl, das; -s, keine Mehrzahl: *taktvolles Wesen, taktvolles Verhalten*
tak-tie-ren: *den Takt schlagen*
tak-tie-ren: *taktisch vorgehen*
Tak-tik, die; -,-en: *Truppenführung im Krieg, militärische Planung*
Tak-tik, die; -,-en: *geschicktes, planmäßiges Vorgehen*
Tak-ti-ker, der; -s,-: *taktisch Handelnder, militärisch Planender*
tak-tisch: *die Taktik betreffend*
takt-los: *ohne Taktgefühl*
Takt-lo-sig-keit, die; -,-en: *taktloses Verhalten, taktloses Wesen, Verletzung des Feingefühls*
Takt-stock, der; -es, -stö-cke: *Dirigentenstab*
Takt-strich, der; -es,-e: *Musik: senkrechter Strich in der Notenschrift zur Takttrennung*
takt-voll: *zartfühlend, einfühlsam, voller Takt*
Tal, das; -es, Tä-ler: *Einschnitt in der Erdoberfläche*
Ta-lar, der; -es,-e: *Priestergewand*
Ta-lent, das; -es,-e: *Begabung, auch: jemand, der eine Begabung besitzt*
ta-len-tiert: *mit Talent ausgestattet, begabt*
ta-lent-los: *ohne Talent, unbegabt*
Ta-lent-lo-sig-keit, die; -, keine Mehrzahl: *talentlose Beschaffenheit*
ta-lent-voll: *voller Talent, begabt*
Ta-ler, der; -s,-: *alte Münze*
Tal-fahrt, die; -,-en: *Abwärtsbewegung*
Tal-fahrt, die; -,-en *Fahrt talabwärts, ins Tal hinab*
Tal-fahrt, die; -,-en: *Fahrt flussabwärts*
Talg, der; -es,-e: *geschmolzenes Fett*
Talg-drü-se, die; -,-n: *Drüse, die Talg produziert*

tal-gig: *voller Talg, aus Talg, wie Talg*
Talg-licht, das; -es,-er: *Kerze aus Talg*
Ta-lis-man, der; -es,-e: *kleiner Anhänger, an den abergläubische Vorstellungen geknüpft werden, Glücksbringer*
Tal-je, die; -,-n: *Flaschenzug*
tal-jen: *mit der Talje straffen*
Tal-kum, das; -s, keine Mehrzahl: *Speckstein*
Tal-mi, das; -s, keine Mehrzahl: *vergoldete Kupfer-Zink-Legierung; auch: unechter Schmuck*
Tal-mud, der; -es, keine Mehrzahl: *jüdisches Religionsbuch*
tal-mu-disch: *den Talmud betreffend*
Tal-mu-dist, der; -en,-en: *Kenner des Talmuds*
Ta-lon [Taloñ], der; -s,-s: *unausgeteilter Kartenrest*
Ta-lon [Taloñ], der; -s,-s: *Teil eines Wertpapieres, Zinsschein*
Ta-ma-rin-de, die; -,-n: *tropische Baumart, auch: Frucht dieses Baumes*
Ta-ma-ris-ke, die; -,-n: *Strauchart*
Tam-bour [Tambuhr], -es,-e: *Trommler*
Tam-bour-ma-jor [Tambuhrmajor], der; -s,-e: *Führer eines Spielmannszuges*
Tam-bur, der; -s,-e: *Stickrahmen*
Tam-bu-rin, der; -s,-e: *Schellentrommel*
Tam-pen, der; -s,-: *Seemannssprache für „Tau, Tauende"*
Tam-pon, der; -s,-s: *fester Watteballen zum Aufsaugen von Flüssigkeiten, vorwiegend zum Blutstillen verwendet*
tam-po-nie-ren: *mit Tampons ausstopfen*
Tam-tam, das; -s, keine Mehrzahl: *Lärm, Aufhebens, Aufruhr*
Tam-tam, das; -s,-s: *Gong, Schlaginstrument*
Tand, der; -es, keine Mehrzahl: *wertloses Zeug, Plunder*
Tän-de-lei, die; -,-en: *Liebelei, Spielerei*
tän-deln: *spielen, scherzen, auch: Zeit vergeuden*
Tan-dem, das; -s,-s: *zweisitziges Fahrrad*
Tang, der; -es,-e: *Algenart*
Tan-gens, der; -,-: *Mathematik: Winkelfunktion, Zeichen: tan*
Tan-gen-te, die; -,-n: *Mathematik: Gerade, die eine Kurve in einem Punkt berührt*
tan-gen-ti-al: *eine Kurve in einem Punkt berührend*

tan-gie-ren: *in einem Punkt berühren*
tan-gie-ren: *innerlich berühren, beeindrucken*
Tan-go, der; -s,-s: *Tanzart*
Tank [Tänk], der; -s,-s: *Panzer*
Tank, der; -s,-s: *Behälter für Flüssigkeiten*
Tan-ker, der; -s,-: *Tankschiff, Transporter für Flüssigkeiten*
Tan-ker-flot-te, die; -,-n: *Gesamtheit der Tanker*
Tank-stel-le, die; -,-n: *Anlage zum Auftanken von Fahrzeugen*
Tank-wa-gen, der; -s,-: *Tanker, Tankfahrzeug*
Tank-wart, der; -es,-e: *Angestellter einer Tankstelle*
Tänn-chen, das; -s,-: *kleine Tanne*
Tan-ne, die; -,-n: *Nadelbaum*
tan-nen: *aus Tannenholz*
Tan-nen-baum, der; -es, -bäu-me: *Tanne, auch umgangssprachlich für „Weihnachtsbaum"*
Tan-nen-wald, der; -es, -wäl-der: *Wald aus Tannen*
Tan-nen-zap-fen, der; -s,-: *Frucht der Tanne*
Tan-nin, das; -s, keine Mehrzahl: *Gerb- und Beizstoff*
Tan-tal, das; -s, keine Mehrzahl: *Metall, Zeichen: Ta*
Tan-ta-lus-qua-len, die; -, keine Einzahl: *Qualen, die man erleidet, wenn etwas Ersehntes und scheinbar Nahes unerreichbar bleibt*
Tan-te, die; -,-n: *Schwester der Mutter oder des Vaters*
tan-ten-haft: *zickig, altjüngferlich*
Tan-ti-e-me [Tantjehme], die; -,-n: *Gewinnanteil, Umsatzbeteiligung*
Tant-ra (auch Tan-tra), das; -s, keine Mehrzahl: *Lehrsystem der Mystik, des Okkulten*
Tanz, der; -es, Tän-ze: *rhythmische Bewegung zu Musik*
Tanz-bar, die; -,-s: *Bar, in der auch getanzt werden kann*
Tanz-bär, der; -en,-en: *zum Tanzen abgerichteter Bär*
Tanz-bein, das; -s,-e: *in der Wendung: das Tanzbein schwingen, tanzen*
Tanz-bo-den, der; -s, -bö-den: *Tanzsaal*
Tänz-chen, das; -s,-: *Tanz*
tan-zen: *sich zu Musik rhythmisch bewegen, sich leicht bewegen*

Tastatur

Tän-zer, der; -s,-: *Tanzender*
Tan-ze-rei, die; -,-en: *andauerndes Tanzen*
Tän-ze-rin, die; -,-nen: *Tanzende*
tän-ze-risch: *beschwingt, elegant-geschmeidig, wie beim Tanz, den Tanz betreffend*
Tanz-leh-rer, der; -s,-: *jemand, der Tanzen lehrt*
Tanz-lo-kal, das; -es,-e: *Lokal, in dem getanzt wird*
Tanz-mu-sik, die; -, keine Mehrzahl: *Musik zum Tanzen*
Tanz-stun-de, die; -,-n: *Unterricht im Tanzen*
Tanz-tur-nier, das; -es,-e: *Turnier, bei dem die besten Tänzer ermittelt werden*
Tape [Täip], das; -s,-s: *Tonband*
Tape-deck [Täipdeck], das; -s,-s: *Kassettenrekorder*
Ta-per-greis, der; -es,-e: *umgangssprachlich für „sich ungeschickt bewegender Greis"*
ta-pe-rig: *unsicher, unbeholfen*
ta-pern: *sich unbeholfen, ungeschickt bewegen*
Ta-pet [Tapeh], das: *in der Wendung: etwas aufs Tapet bringen, etwas zur Sprache bringen*
Ta-pe-te, die; -,-n: *Wandverkleidung*
Ta-pe-ten-wech-sel, der; -s,-: *Umzug, Wechsel der Umgebung*
ta-pe-zie-ren: *Tapete anbringen*
Ta-pe-zie-rer, der; -s,-: *jemand, der tapeziert, Handwerker, der tapeziert*
tap-fer: *mutig, beherzt*
Tap-fer-keit, die; -, keine Mehrzahl: *tapferes Verhalten, tapferes Wesen*
Tap-fer-keits-or-den, der; -s,-: *militärische Auszeichnung*
Ta-pi-o-ka, die; -, keine Mehrzahl: *Maniokstärke*
Ta-pir, der; -s,-e: *tropisches Huftier*
Ta-pis-se-rie, die; -,-n: *Handarbeit, Stickerei*
Ta-pis-se-rie, die; -,-n: *Handarbeitsladen*
tap-pen: *schwerfällig gehen, leise gehen*
täp-pisch: *unbeholfen, plump*
tap-sen: *unbeholfen gehen*
tap-sig: *täppisch*
Ta-ra, die; -, Ta-ren: *die Verpackung einer Ware*
Ta-ra, die; -, Ta-ren: *Gewicht der Verpackung*
Ta-ran-tel, die; -,-n: *Wolfsspinne*
Ta-ran-tel-la, die; -,-s/Ta-ran-tel-len: *schneller Volkstanz*
ta-rie-ren: *Gewicht ausgleichen, das richtige Gewicht einstellen*
Ta-rif, der; -es,-e: *vertraglich festgelegter Preis, Lohn, Gehalt; auch: Preisaufstellung*
ta-rif-lich: *dem Tarif entsprechend, den Tarif betreffend*
Ta-rif-lohn, der; -es, -löh-ne: *durch einen Tarifvertrag festgelegter Lohn*
Ta-rif-part-ner, der; -s,-: *Arbeitgeber und Gewerkschaften, jemand, der einen Tarifvertrag abschließt, einen Tarif vereinbart*
Ta-rif-ver-trag, der; -es, -ver-trä-ge: *schriftliche Vereinbarung zwischen Gewerkschaften und Arbeitgebern über Arbeitsbedingungen und Bezahlung*
Tarn-an-strich, der; -es,-e: *Anstrich mit Tarnfarbe, Anstrich zum Tarnen*
tar-nen: *verdecken; verschleiern*
Tarn-far-be, die; -,-n: *Farbe zum Tarnen*
Tarn-kap-pe, die; -,-n: *sagenhafte Kappe, die unsichtbar macht*
Tar-nung, die; -,-en: *Unsichtbarmachung, Verdeckung, Verschleierung, das Tarnen*
Ta-rock, der/das; -s, keine Mehrzahl: *Kartenspiel*
ta-ro-ckie-ren: *im Tarock Trumpf ausspielen*
Tar-tan [Tahrten], der; -s,-s: *karierter Wollstoff, Plaid mit Schottenmuster*
Tar-tan-bahn, die; -,-en: *Kunststofflaufbahn*
Ta-sche, die; -,-n: *Beutel, Tragemappe*
Ta-schen-buch, das; -es, -bü-cher: *kleines, broschiertes Buch*
Ta-schen-buch, das; -es, -bü-cher: *Notizbuch*
Ta-schen-dieb, der; -es,-e: *Dieb, der Taschen plündert*
Ta-schen-dieb-stahl, der; -s, -stäh-le: *Diebstahl aus Taschen*
Ta-schen-spie-ler, der; -s,-: *fingerfertiger Artist*
Ta-schen-spie-le-rei, die; -,-en: *Kunst des Taschenspielers*
Ta-schen-tuch, das; -es, -tü-cher: *Schnupftuch*
Täss-chen, das; -s,-: *kleine Tasse*
Tas-se, die; -,-n: *Trinkgefäß*
Tas-ta-tur, die; -,-en: *Gesamtheit der Tasten eines Musikinstruments, einer Schreibmaschine, eines Computers*

Taste

Tas-te, die; -,-n: *Druckknopf, Fingerhebel*
tas-ten: *fühlen, prüfend berühren*
tas-ten: *Taste anschlagen, tippen*
Tas-ter, der; -s,-: *Schriftsetzer*
Tas-ter, der; -s,-: *Fühler*
Tast-sinn, der; -es,-e: *Gefühlssinn*
Tat, die; -,-en: *Handlung, das Tun*
Ta-tar, der; -en,-en: *Angehöriger eines asiatischen Volkes*
Ta-tar, das; -s, keine Mehrzahl: *Rinderhackfleisch*
Tat-be-stand, der; -es, -stän-de: *Sachlage*
Tat-ein-heit, die; -,-en: *Verletzung mehrerer Gesetze durch eine Tat*
Ta-ten-drang, der; -es, keine Mehrzahl: *Unternehmungslust*
ta-ten-los: *untätig*
Ta-ten-lo-sig-keit, die; -, keine Mehrzahl: *tatenloses Verhalten, Untätigkeit*
Tä-ter, der; -s,-: *jemand, der eine Tat begangen hat*
Tä-ter-schaft, die; -, keine Mehrzahl: *Verantwortlichkeit für eine Tat, Handlung*
Tat-form, die; -, keine Mehrzahl: *Grammatik: Aktiv*
tä-tig: *handelnd, aktiv, wirksam*
tä-ti-gen: *vollbringen, in die Tat umsetzen*
Tä-tig-keit, die; -,-en: *Handeln, Schaffen, Wirken*
Tä-tig-keit, die; -,-en: *Arbeit, Beruf*
Tä-tig-keit, die; -,-en: *Betrieb (einer Maschine)*
Tä-tig-keits-wort, das; -es, -wör-ter: *Grammatik: Verb*
Tat-kraft, die; -, keine Mehrzahl: *Energie, Fleiß*
tat-kräf-tig: *voller Tatkraft, aktiv*
tät-lich: *handgreiflich*
Tät-lich-keit, die; -,-en: *Handgreiflichkeit*
Tat-ort, der; -es,-e: *Ort des Geschehens, des Verbrechens*
tä-to-wie-ren: *durch Farbinjektionen die Haut mit Figuren und Bildern versehen*
Tä-to-wie-rung, die; -,-en: *das Tätowieren*
Tä-to-wie-rung, die; -,-en: *durch Tätowieren entstandene Muster oder Bilder auf der Haut*
Tat-sa-che, die; -,-n: *wahrer Sachverhalt, Realität*
Tat-sa-chen-be-richt, der; -es,-e: *Reportage, Bericht von Ereignissen, Tatsachen*
tat-säch-lich: *wirklich, wahrhaftig*

tät-scheln: *leicht klopfen*
tat-schen: *plump anfassen, zudringlich, streicheln*
Tat-ter-greis, der; -es,-e: *umgangssprachlich für „alter, gebrechlicher Greis"*
Tat-te-rich, der; -s,-e: *umgangssprachlich für „alter, gebrechlicher Mensch"*
Tat-te-rich, der; -s, keine Mehrzahl: *umgangssprachlich für „Zittern"*
tat-te-rig: *umgangssprachlich für „zittrig, gebrechlich"*
Tat-ter-sall, der; -s,-s: *gewerblicher Reitsport*
Tat-ter-sall, der; -s,-s: *Reithalle, Reitbahn*
tat-ver-däch-tig: *unter dem Verdacht einer Straftat stehend*
Tat-ze, die; -,-n: *große Pfote, Pranke*
Tau, der; -es, keine Mehrzahl: *niedergeschlagene Luftfeuchtigkeit*
Tau, das; -s,-e: *dickes Seil*
taub: *gehörlos*
Täub-chen, das; -s,-: *kleine Taube*
Tau-be, die; -,-n: *Vogelart*
tau-ben-blau: *blaugrau*
Tau-ben-schlag, der; -es, -schlä-ge: *Unterkunft für Tauben*
Tau-ben-schlag, der; -es, -schlä-ge: *umgangssprachlich für „ständiges Kommen und Gehen"*
Täu-be-rich, der; -s,-e: *männliche Taube*
Taub-heit, die; -, keine Mehrzahl: *Gehörlosigkeit*
Täub-ling, der; -s,-e: *Pilzart*
Taub-nes-sel, die; -,-n: *Pflanzenart*
taub-stumm: *gehörlos und daher unfähig zu sprechen*
Tauch-boot, das; -es,-e: *Unterseeboot*
tau-chen: *unter Wasser bleiben, in Flüssigkeit halten*
Tau-cher, der; -s,-: *jemand, der taucht*
Tau-cher-glo-cke, die; -,-n: *Senkkasten für Taucher*
Tau-cher-krank-heit, die; -, keine Mehrzahl: *Beschwerden, die bei Tauchern durch zu schnelles Auftauchen entstehen*
tauch-fä-hig: *zum Tauchen imstande*
Tauch-sie-der, der; -s,-: *elektrisches Gerät zum Wassererhitzen*
tau-en: *schmelzen*
Tauf-be-cken, das; -s,-: *Becken mit Taufwasser*
Tau-fe, die; -,-n: *das Taufen*
tau-fen: *einen Namen verleihen*
tau-fen: *in die Kirche aufnehmen*

Technik

Täuf-ling, der; -s,-e: *jemand, der getauft wird*
Tauf-na-me, die; -ns,-n: *der in der Taufe verliehene Vorname*
Tauf-pa-te, der; -n,-n: *Pate des Getauften*
Tauf-pa-tin, die; -,-nen: *Patin des Getauften*
tau-frisch: *frisch, jung*
Tauf-schein, der; -es,-e: *Urkunde über die erfolgte Taufe*
tau-gen: *wert sein, brauchbar sein, geeignet sein*
Tau-ge-nichts, der; -,-e: *Nichtsnutz*
taug-lich: *brauchbar, geeignet, passend*
Taug-lich-keit, die; -, keine Mehrzahl: *taugliche Beschaffenheit*
Tau-mel, der; -s, keine Mehrzahl: *das Schwanken*
Tau-mel, der; -s, keine Mehrzahl: *Schwindel, Rausch, Überschwang*
tau-me-lig: *schwindlig, wie im Taumel*
tau-meln: *schwanken, stolpern*
Tau-punkt, der; -es,-e: *Temperatur, bei der die Luft mit Wasserdampf gesättigt ist*
Tausch, der; -es,-e: *Austausch von Gegenständen*
tau-schen: *wechseln, austauschen, eintauschen, mittels Gegengabe erwerben*
täu-schen, sich: *sich irren*
täu-schen: *betrügen, irreführen*
Tausch-ge-schäft, das; -es,-e: *Tauschhandel*
Tausch-han-del, der; -s,-: *Handel, bei dem Waren getauscht werden*
Tausch-han-del, der; -s, keine Mehrzahl: *Wirtschaftssystem, das auf Tauschgeschäften basiert*
Täu-schung, die; -,-en: *Irrtum, Einbildung*
Täu-schung, die; -,en: *das Täuschen, Betrug, Irreführung*
Tausch-wert, der; -es,-e: *Wert, den ein Gut im Tauschhandel hat*
tau-send: *Zahl*
tau-send: *umgangssprachlich für „sehr viel"*
tau-sen-der-lei: *vielerlei*
tau-send-fach: *umgangssprachlich für „sehr häufig"*
tau-send-fach: *tausendmal so viel*
Tau-send-füß-ler, der; -s,-: *Gliedertier*
tau-send-mal: *mit 1000 malgenommen, auch: vielmals*
Tau-send-sas-sa, der; -s,-s: *vielseitig begabter Mensch*

Tau-to-lo-gie, die; -,-n: *Häufung sinngleicher Wörter: alter Greis, kaltes Eis, schlicht und einfach*
tau-to-lo-gisch: *die Tautologie betreffend*
Tau-trop-fen, der; -s,-: *Tropfen Tau*
Tau-wetter, das; -s, keine Mehrzahl: *milde Witterung; auch: Zeit politischer Entspannung*
Tau-zie-hen, das; -s, keine Mehrzahl: *sportlicher Wettkampf; auch: zähes Ringen um einen Entschluss*
Ta-ver-ne, die; -,-n: *Schenke, Kneipe*
Ta-xa-me-ter, das; -s,-: *Fahrpreisanzeiger*
Ta-xa-ti-on, die; -,-en: *Schätzen, Wertermittlung*
Ta-xa-tor, der; -s,-en: *Schätzer*
Ta-xe, die; -,-n: *Taxi*
Ta-xe, die; -,-n: *Schätzung, festgesetzter Preis, Gebühr*
Ta-xi, das; -s,-s: *Mietauto*
Ta-xi-chauf-feur [Taxischofföhr], der; -s,-e: *Taxifahrer*
ta-xie-ren: *einen Wert schätzen, veranschlagen*
Ta-xi-fah-rer, der; -s,-: *jemand, der ein Taxi steuert*
Ta-xi-ruf, der; -es,-e: *Rufnummer eines Taxiunternehmens*
Ta-xus, der; -,-: *Eibe*
Tay-lo-ris-mus [Täilorismus], der; -, keine Mehrzahl: *wissenschaftliche Betriebsführung, die eine möglichst hohe Rationalisierung anstrebt*
Tay-lor-sys-tem [Täilorsüstem], das; -s, keine Mehrzahl: *Taylorismus*
Teach-in [Tietsch-in], das; -s,-s: *politische, aufklärerische Diskussionsveranstaltung*
Teak-holz [Tiekholz], das; -es, keine Mehrzahl: *Edelholzart*
Team [Tiem], das; -s,-s: *Mannschaft, Arbeitsgemeinschaft*
Team-ar-beit [Tiehmarbeit], die; -, keine Mehrzahl: *Zusammenarbeit, gemeinsam geleistete Arbeit*
Team-work [Tiemwörk], das; -s, keine Mehrzahl: *Gemeinschaftsarbeit, Zusammenarbeit, Teamarbeit*
Tea-room [Tieruhm], der; -s,-s: *Teestube*
Tech-nik, die; -,-en: *Kunst, Fertigkeit, Fähigkeit*
Tech-nik, die; -,-en: *Gesamtheit aller Mittel, die Natur aufgrund ihrer Eigenschaften und Regeln nutzbar zu machen*

Technik

Tech-nik, die; -,-en: *Gesamtheit der Regeln, Verfahrensweisen und Kunstgriffe auf einem Gebiet*
Tech-nik, die; -,-en: *Herstellungsweise, Verfahren*
Tech-ni-ker, der; -s,-: *Fachmann auf dem Gebiet der Technik, einen technischen Beruf Ausübender*
Tech-ni-kum, das; -s, Tech-ni-ka: *technische Fachschule*
tech-nisch: *die Technik betreffend*
tech-ni-sie-ren: *auf Technik umstellen*
Tech-ni-sie-rung, die; -, keine Mehrzahl: *das Technisieren*
Tech-no-krat, der; -en,-en: *jemand, der an die Machbarkeit alles Technischen glaubt*
Tech-no-lo-gie, die; -,-n: *Fertigungsverfahren, Lehre von der Technik maschineller Fertigung*
tech-no-lo-gisch: *die Technologie betreffend, auf Technologie beruhend*
Tech-tel-mech-tel, das; -s,-: *Liebelei*
Te-ckel, der; -s,-: *Dackel*
Ted-dy, der; -s,-s: *Teddybär*
Ted-dy-bär, der; -en,-en: *Stoffbär*
Tee, der; -s,-s: *Aufgussgetränk aus Blättern des Teestrauches*
Tee-ei, das; -s,-er: *durchlöcherter Behälter für Tee, der beim Zubereiten verwendet wird*
Tee-licht, das; -es,-er: *kleine Kerze*
Tee-löf-fel, der; -s,-: *kleiner Löffel*
tee-löf-fel-wei-se: *in Teelöffeln*
Tee-na-ger (auch Teen-ager) [Tienäidscher], der; -s,-: *Jugendliche(r) zwischen dem 13. und 19. Lebensjahr*
Teer, der; -s,-e: *Destillationsrückstand, der bei der Verarbeitung von Kohle und Holz entsteht, Straßenbelag*
tee-ren: *mit Teer belegen, bestreichen*
Tee-ro-se, die; -,-n: *Rosenart*
Teer-pap-pe, die; -,-n: *mit Teer getränkte Pappe*
Tee-rung, die; -, keine Mehrzahl: *das Teeren*
Tee-sor-te, die; -,-n: *Tee*
Tee-tas-se, die; -,-n: *Tasse für Tee*
Tee-wurst, die; -, -würs-te: *Wurstart*
Tef-lon, das; -s, keine Mehrzahl: *hitzebeständiger Kunststoff*
Teich, der; -es,-e: *Tümpel, kleiner See*
Teig, der; -es,-e: *breiige Masse aus Mehl und anderen Stoffen*
tei-gig: *aus Teig, wie Teig*
Teig-wa-ren, die; -, keine Einzahl: *Nudeln*
Teil, der; -es,-e: *etwas, das mit anderem zusammen ein Ganzes bildet; Abschnitt, Einzelheit, Teilbereich*
Teil, das; -es,-e: *Stück, Einzelstück, das zu einem Ganzen gehört, Bauteil*
Teil, das; -es,-e: *Anteil, etwas, das jemand von einem Ganzen hat*
teil-bar: *zerlegbar*
Teil-be-trag, der; -es, -be-trä-ge: *Rate*
Teil-chen-be-schleu-ni-ger, der; -s,-: *Synchrotron, Akzelerator*
tei-len: *zerlegen, aufteilen, zertrennen*
tei-len: sich: *sich gabeln*
Tei-ler, der; -s,-: *Zahl, durch die eine andere geteilt wird*
teil-ha-ben, hatte teil, teilgehabt: *beteiligt sein*
Teil-ha-ber, der; -s,-: *Kompagnon, Gesellschafter*
Teil-nah-me, die; -, keine Mehrzahl: *Anleilnahme, Mitgefühl*
Teil-nah-me, die; -, keine Mehrzahl: *Interesse*
Teil-nah-me-be-rech-ti-gung, die; -,-en: *Berechtigung zur Teilnahme*
Teil-nah-me-be-schei-ni-gung, die; -, -en: *Schein, Urkunde über die Teilnahme*
Teil-nah-men, die; keine Mehrzahl: *Mitmachen, Dabeisein*
teil-nahms-los: *apathisch, gleichgültig, uninteressiert*
Teil-nahms-lo-sig-keit, die; -, keine Mehrzahl: *teilnahmsloses Verhalten, teilnahmsloses Wesen*
teil-neh-men, nahm teil, teilgenommen: *mitfühlen, mitempfinden*
teil-neh-men, nahm teil, teilgenommen: *sich beteiligen, mitmachen*
Teil-neh-mer, der; -s,-: *Beteiligter, jemand, der sich an etwas beteiligt*
teils: *teilweise, zum Teil*
Teil-stre-cke, die; -,-n: *Teil einer Strecke, Etappe*
Teil-stück, das; -es,-e: *Teil, Bruchstück*
Tei-lung, die; -,-en: *Mathematik: Division*
Tei-lung, die; -,-en: *Unterteilung, Abstand zwischen Markierungen oder Zähnen eines Zahnrades*
Tei-lung, die; -,-en: *Zellteilung, Fortpflanzungsart*
Tei-lung, die; -,-en: *das Teilen*
teil-wei-se: *in Teilen, zum Teil, manchmal*

Teil-zah-lung, die; -,-en: *Rate, Ratenzahlung*
Te-in, das; -s, keine Mehrzahl: *im Tee enthaltenes Koffein*
Teint [Te], der; -s,-s: *Farbe der Gesichtshaut, Hautbeschaffenheit*
Tek-to-nik, die; -, keine Mehrzahl: *Lehre vom Aufbau der Erde*
tek-to-nisch: *die Tektonik betreffend*
Te-le-fon, das; -s,-e: *Fernsprecher*
Te-le-fo-nat, das; -es,-e: *Telefongespräch*
Te-le-fon-buch, das; -es, -bü-cher: *Fernsprechverzeichnis*
Te-le-fon-ge-spräch, das; -es,-e: *Ferngespräch, Telefonat*
te-le-fo-nie-ren: *anrufen*
te-le-fo-nisch: *fernmündlich, durch das Telefon*
Te-le-fon-num-mer, die; -,-n: *Fernsprechnummer*
Te-le-fon-zel-le, die; -,-n: *Fernsprechzelle*
Te-le-fon-zen-tra-le, die; -,-n: *Telefonvermittlung*
te-le-gen: *gut fürs Fernsehen fotografierbar, wirkungsvoll im Fernsehen*
Te-le-graf, der; -en,-en: *Fernschreiber, Gerät zur mechanischen Übermittlung von Informationen*
te-le-gra-fie-ren: *telegrafisch übermitteln*
te-le-gra-fisch: *den Telegrafen betreffend, mit dem Telegrafen*
Te-le-gramm, das; -s,-e: *Eilnachricht, mittels Telegrafie übermittelte Nachricht*
Te-le-ki-ne-se, die; -, keine Mehrzahl: *angebliche Bewegung von Gegenständen durch übersinnliche Kräfte*
te-le-ki-ne-tisch: *die Telekinese betreffend*
Te-le-kol-leg, das; -s,-s: *Unterricht im Fernsehen oder Rundfunk*
Te-le-me-ter, das; -s,-: *Entfernungsmesser*
Te-le-met-rie (auch Te-le-me-trie), die; -, keine Mehrzahl: *Entfernungsmessung*
Te-le-ob-jek-tiv, das; -es,-e: *vergrößerndes Objektiv*
Te-le-path, der; -en,-en: *jemand, der angeblich Gedanken lesen kann*
Te-le-pa-thie, die; -, keine Mehrzahl: *angebliches Gedankenlesen*
te-le-pa-thisch: *die Telepathie betreffend*

Te-les-kop (auch Te-le-skop), das; -es,-e: *Fernrohr*
te-les-ko-pisch (auch te-le-sko-pisch): *das Teleskop betreffend*
Te-le-vi-si-on, die; -, keine Mehrzahl: *veraltet für „Fernsehen"*
Te-lex, der; -, keine Mehrzahl: *Fernschreiber*
Te-lex, das; -, keine Mehrzahl: *Fernschreiben*
Tel-ler, der; -s,-: *Essgerät*
Tel-ler, der; -s,-: *Scheibe am Skistock*
Tel-ler, der; -s,-: *die sich drehende Auflagefläche eines Plattenspielers*
Tel-lur, das; -s, keine Mehrzahl: *chemisches Element, Nichtmetall, Zeichen: Te*
Tel-star, der; -s, keine Mehrzahl: *Name des ersten kommerziellen Nachrichtensatelliten*
Tem-pel, der; -s,-: *Kultstätte, Gotteshaus*
Tem-pe-ra-far-be, die; -,-n: *Malfarbe*
Tem-pe-ra-ment, das; -s, keine Mehrzahl: *Lebhaftigkeit, Schwung, Erregbarkeit, Munterkeit*
Tem-pe-ra-ment, das; -s,-e: *Gemütsart, Wesensart*
tem-pe-ra-ment-los: *ohne Temperament, lasch*
Tem-pe-ra-ment-lo-sig-keit, die; keine Mehrzahl: *temperamentloses Wesen, temperamentloses Verhalten*
Tem-pe-ra-ments-aus-bruch, der; -es, -brü-che: *temperamentvoller Ausbruch*
tem-pe-ra-ment-voll: *lebhaft, impulsiv, munter, schwungvoll*
Tem-pe-ra-tur, die; -,-en: *Wärmegrad*
Tem-pe-ra-tur, die; -, keine Mehrzahl: *Fieber*
tem-pe-rie-ren: *mäßigen, mildern*
tem-pe-rie-ren: *auf eine bestimmte Temperatur bringen*
tem-pern: *durch Erhitzen die Materialeigenschaften ändern*
Tem-per-stahl, der; -es, -stäh-le: *Gussstahlart*
Tem-po, das; -s,-s/Tem-pi: *Musik: Zeitmaß*
Tem-po, das; -s, keine Mehrzahl: *Geschwindigkeit, Schnelligkeit, Hast, Eile*
tem-po-rär: *zeitweilig, mitunter, vorübergehend*
Tem-pus, das; -, Tem-po-ra: *Grammatik: Zeitform des Verbs, Zeit*
Ten-denz, die; -,-en: *Hang, Neigung, Streben*

Tendenz

Ten-denz, die; -,-en: *Stimmung (Börse)*
ten-den-zi-ell: *der Tendenz nach*
ten-den-zi-ös: *eine Tendenz erkennen lassend, parteipolitisch eingefärbt*
Ten-der, der; -s,-: *Begleit- und Versorgungsschiff von Flottenverbänden*
Ten-der, der; -s,-: *Kohlewagen*
ten-die-ren: *neigen, einer Tendenz nachgeben*
Ten-ne, die; -,-n: *Dreschplatz*
Ten-nis, das; -s, keine Mehrzahl: *Ballspiel mit Schlägern*
Ten-nis-schlä-ger, der; -s,-: *Schläger für Tennis*
Ten-no, der; -s,-s: *Titel des japanischen Kaisers*
Te-nor, der; -s, keine Mehrzahl: *Sinn, Inhalt, Einstellung, Haltung; auch: wichtigster Teil eines Urteils*
Te-nor, der; -s, keine Mehrzahl: *hohe Männerstimmlage*
Te-nor, der; -s, Te-nö-re: *Sänger mit hoher Stimmlage*
Ten-si-on, die; -,-en: *Spannung, Druck (Gas)*
Ten-ta-kel, der; -s,-: *Fangarm*
Tep-pich, der; -es,-e: *geknüpfter oder gewebter Bodenbelag oder Wandbehang*
Te-ra-to-lo-gie, die; -, keine Mehrzahl: *Lehre von den körperlichen Missbildungen*
Term, der, -s,-e: *Mathematik: Glied eines mathematischen Ausdrucks*
Ter-min, der; -es,-e: *Verhandlung*
Ter-mi-nal [Töhrminel], das; -s,-s: *Ankunftshalle eines Flughafens*
Ter-mi-nal [Töhrminel], das; -s,-s: *Datensichtgerät, Ein- und Ausgabestation einer EDV-Anlage*
ter-min-ge-mäß: *nach Termin, rechtzeitig*
ter-min-ge-recht: *termingemäß, rechtzeitig*
ter-mi-nie-ren: *befristen, eine Frist setzen*
Ter-min-ka-len-der, der; -s,-: *Notizbuch zum Vermerken von Terminen*
Ter-mi-no-lo-gie, die; -,-n: *Fachsprache, Gesamtheit der Fachausdrücke*
Ter-mi-nus, der; -, Ter-mi-ni: *Stichtag, Endpunkt, Grenze*
Ter-mi-nus, der; -, Ter-mi-ni: *Fachausdruck*
Ter-mi-te, die; -,-n: *Insektenart*

Ter-min, der; -es,-e: *Frist, Zeitpunkt*
Ter-pen-tin, das; -s, keine Mehrzahl: *Harzöl*
Ter-rain [Terreñ], das; -s,-s: *Gebiet, Gelände, Grundstück*
Ter-ra-kot-ta, die; -, Ter-ra-kotten: *kleine Tonfigur*
Ter-ra-kot-ta, die; -, keine Mehrzahl: *gebrannter Ton*
Ter-ra-ri-um, das; -s, Ter-ra-ri-en: *Behälter, in dem Lurche und Kriechtiere gehalten werden*
Ter-ras-se, die; -,-n: *flacher Hausanbau, großer, offener Balkon*
Ter-ras-se, die; -,-n: *Geländestufe, flacher Absatz im Gebäude*
ter-ras-sie-ren: *Terrassen anlegen*
Ter-raz-zo, der; -s, Ter-raz-zi: *Fußbodenbelag, Steinmosaik*
ter-rest-risch (auch ter-res-trisch): *die Erde, das Festland betreffend*
Ter-ri-er, der; -s,-: *Hundeart*
Ter-ri-ne, die; -,-n: *bauchiges Gefäß, Schüssel, Suppenschüssel*
ter-ri-to-ri-al: *das Territorium betreffend*
Ter-ri-to-ri-um, das; -s, Ter-ri-to-ri-en: *Gebiet, Herrschaftsgebiet, Land*
Ter-ror, der; -s, keine Mehrzahl: *Schrecken, rücksichtsloses, gewaltsames Vorgehen; Gewaltherrschaft, Schreckensherrschaft*
Ter-ror-akt, der; -es,-e: *terroristische Gewalttat*
ter-ro-ri-sie-ren: *unterdrücken, durch Gewalt oder Gewaltandrohung unter Druck setzen*
Ter-ro-ris-mus, der; -, keine Mehrzahl: *Ausübung von Terror, Gewaltpolitik*
Ter-ro-rist, der; -en,-en: *jemand, der Terror ausübt*
ter-ro-ris-tisch: *den Terror, den Terrorismus betreffend*
Ter-tia, die; -, Ter-tien: *vierte und fünfte Klasse des Gymnasiums*
Ter-ti-a-ner, der; -s,-: *Schüler der Tertia*
ter-ti-är [tertsjähr]: *zum Tertiär gehörend, das Tertiär betreffend*
ter-ti-är [tertsjähr]: *die dritte Stelle einnehmend*
Ter-ti-är, das; -s, keine Mehrzahl: *Erdzeitalter*
Terz, die; -,-en: *Musik: Intervall von drei Tönen*
Terz, die; -,-en: *Fechthieb*

Theologie

Ter-zett, das; -s,-e: *Musikstück für drei Stimmen oder Instrumente; auch: Gruppe von drei Musikern*
Test, der; -s,-s: *Versuch, Probe*
Test, der; -s,-s: *Klassenarbeit*
Test, der; -s,-s: *Wertbestimmung, Eignungsprüfung*
Tes-ta-ment, das; -es,-e: *letzter Wille, Vermächtnis*
Tes-ta-ment, das; -es,-e: *Teil der Bibel*
tes-ta-men-ta-risch: *durch das Testament*
Tes-ta-ments-er-öff-nung, die; -,-en: *gerichtliche Öffnung des Testaments*
Tes-ta-ments-voll-stre-cker, der; -s,-: *vom Erblasser bestimmte Person, die den letzten Willen durchführt*
Tes-ta-tor, der; -s,-en: *Erblasser, jemand, der ein Testament macht*
tes-ten: *einen Test durchführen, prüfen, erproben*
Tes-ter, der; -s,-: *jemand, der testet*
Tes-ti-kel, der; -s,-: *Hoden*
Tes-ti-kel-hor-mon, das; -s,-e: *Hormon der männlichen Keimdrüsen*
Test-pi-lot, der; -en,-en: *Pilot, der ein neues Flugzeug testet*
Test-ver-fah-ren, das; -s,-: *Verfahren mithilfe von Tests*
Te-ta-nie, die; -,-n: *Muskelkrampf, krampfartiger Anfall*
Te-ta-nus, der; -, keine Mehrzahl: *Wundstarrkrampf*
Tet-ra-e-der (auch Te-tra-e-der), der; -s,-: *Vierflächner*
Tet-ra-lo-gie (auch Te-tra-lo-gie), die; -,-n: *aus vier Einzelteilen bestehendes literarisches Werk*
teu-er: *kostbar, wert, lieb*
Teu-e-rung, die; -,-en: *Preissteigerung*
Teu-e-rungs-ra-te, die; -,-n: *Anstieg der Teuerung*
Teu-fe, die; -,-n: *Bergbau: Tiefe*
Teu-fel, der; -s,-: *Satan, die Verkörperung des Bösen*
Teu-fe-lei, die; -,-en: *unmenschliches Tun*
Teu-fels-kerl, der; -s,-e: *umgangssprachlich für „Draufgänger"*
teu-fen: *einen Schacht niederbringen, graben*
teuf-lisch: *wie ein Teufel, unmenschlich, satanisch*
Text, der; -es,-e: *Wortlaut, Worte, Dichtung*
Text-buch, das; -es, -bü-cher: *Buch mit dem Text eines Musikstückes*
tex-ten: *Text verfassen*
Tex-ter, der; -s,-: *jemand, der textet*
tex-til: *die Textilindustrie betreffend*
tex-til-frei: *nackt*
Tex-ti-li-en, die; -, keine Einzahl: *Sammelbegriff für Kleidung, Wäsche*
Tex-til-in-dust-rie (auch Tex-til-in-dustrie), die; -, keine Mehrzahl: *Industriezweig, der Textilien produziert*
Tex-tur, die; -,-en: *Faserung, räumliche Anordnung, Zusammensetzung*
Thai, der; -s,-s: *Angehöriger einer hinterindischen Völkergruppe*
Thal-li-um, das; -s, keine Mehrzahl: *Schwermetall, Zeichen: Tl*
The-a-ter, das; -s,-: *Vorstellung im Theater*
The-a-ter, das; -s,-: *Bühne, Schauspielhaus*
The-a-ter, das; -s,-: *Sammelbezeichnung für alle Bühnenstücke*
The-a-ter, das; -s,-: *umgangssprachlich für „Aufruhr, Aufhebens, Aufregung, Getue"*
The-a-ter-kar-te, die; -,-n: *Eintrittskarte für eine Theatervorstellung*
The-a-ter-kas-se, die; -,-n: *Kasse des Theaters*
The-at-ra-lik (auch The-a-tra-lik), die; -, keine Mehrzahl: *theatralisches Wesen, theatralisches Verhalten*
the-at-ra-lisch (auch the-a-tra-lisch): *gespreizt, unnatürlich, übertrieben*
the-at-ra-lisch (auch the-a-tra-lisch): *das Theater betreffend*
The-is-mus, der; -, keine Mehrzahl: *Lehre von einem allmächtigen Gott*
The-ist, der; -en,-en: *Anhänger des Theismus*
the-is-tisch: *den Theismus betreffend*
The-ke, die; -,-n: *Ladentisch*
The-ke, die; -,-n: *Schanktisch*
The-ma, das; -s, Themen/The-ma-ta: *Stoff, Grundgedanke, Leitmotiv*
The-ma, das; -s, The-men/The-ma-ta: *gestellte Aufgabe*
The-ma-tik, die; -,-en: *Themenkreis*
the-ma-tisch: *das Thema betreffend*
The-o-do-lit, der; -en-,-en: *Winkelmessgerät in der Landvermessungstechnik*
The-o-lo-ge, der; -n,-n: *Geistlicher, Wissenschaftler der Theologie*
The-o-lo-gie, die; -, keine Mehrzahl: *Religionslehre*

theologisch

the-o-lo-gisch: *die Theologie betreffend*
The-o-ma-nie, *die; -,-n: religiöser Wahn*
The-o-man-tie, *die; -,-n: angebliche Weissagung durch göttliche Eingebung*
The-o-re-ti-ker, *der; -s,-: jemand, dem praktisches Wissen fehlt*
The-o-re-ti-ker, *der; -s,-: jemand, der eine Wissenschaft theoretisch aufarbeitet*
the-o-re-tisch: *die Theorie betreffend, gedanklich, begrifflich*
the-o-re-ti-sie-ren: *Theorie treiben, theoretisch erörtern*
The-o-rie, *die; -,-n: wissenschaftliche, rein gedankliche, begriffliche Betrachtungsweise*
The-o-rie, *die -,-n: Erklärung, Erklärungsmodell*
The-o-rie, *die; -,-n: Lehrmeinung*
The-ra-peut, *der; -en,-en: behandelnder Arzt, der eine Therapie anwendet*
The-ra-peu-tik, *die; -, keine Mehrzahl: Lehre von der Behandlung und Heilung von Krankheiten*
the-ra-peu-tisch: *die Therapie betreffend*
The-ra-pie, *die; -,-n: Heilbehandlung, Krankenbehandlung*
the-ra-pie-ren: *eine Therapie durchführen*
ther-mal: *die Wärme betreffend, durch Wärme bewirkt*
Ther-mal-bad, *das; -es, -bä-der: Bad mit warmer Quelle*
Ther-me, *die; -,-n: warme Quelle*
Ther-men, *die; -, keine Einzahl: die warmen Bäder im alten Rom*
Ther-mik, *die; -, keine Mehrzahl: Aufwind, vertikale Luftbewegung*
ther-misch: *auf Wärme beruhend*
Ther-mit, *das; -s,-: Metallmischung, Schweißmittel, Bombenfüllung*
Ther-mit-bom-be, *die; -,-n: Brandbombe*
Ther-mo-dy-na-mik, *die; -, keine Mehrzahl: Wärmelehre*
Ther-mo-e-le-ment, *das; -es,-e: elektrisches, auf Wärme reagierendes Element*
Ther-mo-me-ter, *das; -s,-: Temperaturmessgerät*
Ther-mos-fla-sche, *die; -,-n: Warmhalteflasche*
Ther-mos-tat, *der; -en/-es,-en/-e: Temperaturregler*
Ther-mo-the-ra-pie, *die; -,-n: Heilbehandlung durch Wärme*

the-sau-rie-ren: *ansammeln, horten, anhäufen*
The-sau-rus, *der; -, The-sau-ri/The-sau-ren: wissenschaftliches Sammelwerk*
The-se, *die; -,-n: Behauptung, Lehrsatz*
Tho-rax, *der; -es,-e: Brustkasten, Rumpf*
Tho-ri-um, *das; -s, keine Mehrzahl: radioaktives Metall, Zeichen: Th*
Thril-ler, *der; -s,-: Krimi*
Throm-bo-se, *die; -,-n: Blutgerinnsel innerhalb der Venen*
Thron, *der; -es,-e: Herrschersitz*
thro-nen: *würdevoll dasitzen*
Thron-fol-ger, *der; -s,-: Prinz, Kronprinz*
Thron-prä-ten-dent, *der; -en,-en: jemand, der Anspruch auf den Thron erhebt*
Thron-re-de, *die; -,-n: Ansprache des Herrschers*
Thu-ja, *die; -, Thu-jen: Lebensbaum*
Thy-mi-an, *der; -s,-e: Gewürz, Heilpflanze*
Thy-mus, *der; -, Thy-mi: Bries, Wachstumsdrüse*
Ti-a-ra, *die; -, Ti-a-ren: hohe Papstmütze*
Tick, *der; -s,-s: Schrulle, kleine Verrücktheit, Marotte*
Tick, *der; -s,-s: Nervenzucken*
ti-cken: *leise knacken, klicken*
Ti-cket, *das; -s,-s: Eintrittskarte, Berechtigungsschein, Flugschein, Fahrkarte*
Ti-de, *die; -,-n: Gezeitenbewegung*
Ti-den-hub, *der; -es, keine Mehrzahl: Unterschied des Wasserstandes im Gezeitenwechsel*
Tie-break *(auch Tie-Break) [Taibräik], der/das; -s,-s: besondere Zählweise bei einem unentschiedenen Tennisspiel*
tief: *stark, heftig, kräftig, sehr*
tief: *weit nach unten reichend, weit unten*
tief: *stark nach unten gewölbt, stark ausgehöhlt*
tief: *von geringer Schwingungszahl, dumpf grollend*
Tief, *das; -s,-s: Zone niedrigen Luftdrucks*
Tief-bau, *der; -s, keine Mehrzahl: Bau unter der Erde oder ebenerdig*
tief be-trübt: *sehr betrübt*
Tief-druck, *der; -es, keine Mehrzahl: Druckverfahren*
Tief-druck, *der; -es,-e: im Tiefdruck hergestelltes Produkt*
Tief-druck, *der; -es, keine Mehrzahl: niedriger Luftdruck*

Tilgungsrate

Tief-druck-ge-biet, das; -es,-e: Gebiet niedrigen Luftdrucks
Tief-druck-ver-fah-ren, das; -s,-: Druckverfahren
Tie-fe, die; -,-n: Stärke
Tie-fe, die; -,-n: Abgrund
Tie-fe, die; -,-n: Abmessung nach hinten, nach unten
Tief-e-be-ne, die; -,-n: Senke, Flachland
Tie-fen-psy-cho-lo-gie, die; -, keine Mehrzahl: psychologische Richtung, die sich mit dem Unterbewussten befasst
tie-fen-psy-cho-lo-gisch: die Tiefenpsychologie betreffend
tief-ernst: sehr ernst
Tief-flie-ger, der; -s,-: niedrig fliegendes Flugzeug
Tief-flug, der; -es, -flü-ge: Flug in geringer Höhe
Tief-gang, der; -es, keine Mehrzahl: Abstand von der Wasserlinie bis zum Kiel eines Schiffes
Tief-ga-ra-ge, die; -,-n: unterirdische Garage
tief ge-hend: weit nach unten reichend
tief ge-hend: stark fühlbar
tief-ge-kühlt: stark gekühlt
tief grei-fend: stark, groß, sehr verändernd
tief-grün-dig: gründlich, durchdacht
Tief-kühl-kost, die; -, keine Mehrzahl: tiefgefrorene Nahrung
Tief-kühl-tru-he, die; -,-n: Gefriertruhe
Tief-punkt, der; -es,-e: niedrigster Stand, tiefster Punkt
Tief-schlag, der; -es, -schlä-ge: Schlag unter die Gürtellinie; auch: unerwartete schlechte Nachricht
tief schür-fend: gründlich, gut durchdacht, in Einzelheiten gehend
Tief-see, die; -, keine Mehrzahl: Meer unterhalb von 200 Metern
Tief-sinn, der; -s, keine Mehrzahl: Gedankentiefe, Versunkenheit, Geistesabwesenheit
tief-sin-nig: tief schürfend, gedankentief
Tief-stand, der; -es, -stän-de: tiefer Stand; auch: schlechte Lage
Tief-sta-pe-lei, die; -,-en: tief stapelndes Verhalten
tief sta-peln: abwiegeln, die eigene Leistung unterbewertet darstellen
Tief-stap-ler, der; -s,-: jemand, der tief stapelt

tief ste-hend: niedrig stehend
Tiefst-tem-pe-ra-tur, die; -,-en: die niedrigste (zu erwartende) Temperatur
Tie-gel, der; -s,-: kleiner Salbenbehälter
Tie-gel, der; -s,-: flacher Topf, Pfanne
Tier, das; -es,-e: Lebewesen
Tier-arzt, der; -es, -ärz-te: Veterinärmediziner
Tier-a-syl, das; -s,-e: Tierheim
Tier-freund, der; -es,-e: jemand, der Tiere mag
Tier-gar-ten, der; -s, -gär-ten: Tierpark, Zoo
Tier-hal-ter, der; -s,-: jemand, der ein Tier besitzt, unterhält
Tier-heim, das; -es,-e: Tierasyl
tie-risch: das Tier betreffend, wie ein Tier, roh
Tier-kreis, der; -es, keine Mehrzahl: Ekliptik
Tier-kreis-zei-chen, das; -s,-: Sternbild, durch das die Ekliptik führt
Tier-lie-be, die; -, keine Mehrzahl: Liebe zu Tieren
tier-lie-bend: Tiere liebend
Tier-park, der; -s,-s: Tiergarten, Zoo
Tier-pfle-ger, der; -s,-: jemand, der Tiere pflegt
Tier-quä-le-rei, die; -,-en: Quälen von Tieren
Tier-reich, das; -es, keine Mehrzahl: Gesamtheit der Tiere, Fauna
Tier-schutz, der; -es, keine Mehrzahl: gesetzlicher Schutz von Tieren
Tier-schutz-ver-ein, der; -es,-e: Verein, der sich den Schutz von Tieren zur Aufgabe gemacht hat
Tier-welt, die; -, keine Mehrzahl: Gesamtheit der Tiere, Fauna
Tier-zucht, die; -,-en: Zucht von Tieren, auch: Betrieb der Viehzucht
Ti-ger, der; -s,-: Raubtier
ti-gern: mit Streifen versehen
ti-gern: umgangssprachlich für „leise gehen, laufen"
Til-de, die; -,-n: Aussprachezeichen zum Nasalieren, Zeichen: ~
til-gen: zurückzahlen
til-gen: löschen, streichen, auslöschen
til-gen: vernichten
Til-gung, die; -,-en: das Tilgen, das Getilgtwerden
Til-gungs-ra-te, die; -,-n: Abzahlungsrate

tilten

til-ten: umgangssprachlich für „einen Flipperautomaten versehentlich durch zu starkes Anstoßen zum Abschalten veranlassen"
Timb-re (auch Tim-bre) [Teṁbre], das; -s, -s: Klangfarbe einer Stimme
ti-men [taimen]: die Zeit nehmen
ti-men [taimen]: einen Zeitplan für Abläufe aufstellen
Ti-mer, der; -s,-: Uhr, die ein Gerät zu einer bestimmten Zeit in Gang setzt
Ti-ming [Taiming], das; -s, keine Mehrzahl: das Timen
tin-geln: von einem Theater zum anderen ziehen
Tin-gel-tan-gel, der; -s,-s: schlechtes Varieté oder Tanzlokal
Tink-tur, die; -,-en: Färbemittel, Auszug
Tin-nef, der; -s, keine Mehrzahl: umgangssprachlich für „wertloses Zeug, Plunder"
Tin-nef, der; -s, keine Mehrzahl: umgangssprachlich für „Unsinn, dummes Zeug"
Tin-te, die; -,-n: Tarnungsflüssigkeit des Tintenfisches
Tin-te, die; -,-n: Schreibflüssigkeit
Tin-ten-fass, das; -fas-ses, -fäs-ser: Tintenbehälter
Tin-ten-fisch, der; -es,-e: Kopffüßer
Tin-ten-klecks, der; -es,-e: Fleck aus Tinte
Tin-ten-stift, der; -es,-e: Kugelschreiber, Tintenfüller
Tipp, der; -s,-s: Wette, Wettvorschlag
Tipp, der; -s,-s: Hinweis, Rat, Wink
Tip-pel-bru-der, der; -s, -brü-der: Landstreicher
tip-peln: zu Fuß gehen, laufen
tip-peln: sich als Landstreicher herumtreiben
tip-pen: wetten, erraten
tip-pen: auf der Schreibmaschine schreiben
tip-pen: leicht anstoßen, leicht berühren
Tipp-feh-ler, der; -s,-: falsch getippter Buchstabe
Tipp-se, die; -,-n: abwertend für „Stenotypistin"
tipp-topp: umgangssprachlich für „ausgezeichnet, sehr gut"
Tipp-zet-tel, der; -s,-: Tippschein, Wettschein
Ti-ra-de, die; -,-n: Redefluss, Redeschwall
Tisch, der; -es,-e: Möbel

Tisch-de-cke, die; -,-n: Decke für den Tisch
Tisch-ler, der; -s,-; Schreiner
Tisch-re-de, die; -,-n: Rede bei einem Festessen
Tisch-sit-ten, die; keine Einzahl: Benehmen bei Tisch
Tisch-ten-nis, das; -, keine Mehrzahl: tennisähnliches Spiel auf einem Tisch, Pingpong
Tisch-zeit, die; -,-en: Zeit, in der eine Mahlzeit eingenommen wird
Ti-tan, der; -en,-en: Riese
Ti-tan, das; -s, keine Mehrzahl: Metall, Zeichen: Ti
ti-ta-nen-haft: wie ein Titan
ti-ta-nisch: titanenhaft, riesig, gigantisch
Ti-tel, der; -s,-: Ehrenbezeichnung, Auszeichnung, Meisterschaft
Ti-tel, der; -s,-: ehrenvoller Namenszusatz, akademischer Grad
Ti-tel, der; -s,-: Abschnittsbezeichnung eines Haushaltspostens oder Gesetzes
Ti-tel, der; -s,-: Überschrift
Ti-tel-bild, das; -es,-er: Bild auf der Titelseite
Ti-tel-blatt, das; -es, -blätter: erste Seite einer Zeitung, Zeitschrift, eines Buches
Ti-te-lei, die; -,-en: Seiten zwischen Deckblatt und Textbeginn
Ti-tel-held, der; -en,-en: Held, nach dem ein Buch oder ein Film benannt ist
Ti-tel-ver-tei-di-ger, der; -s,-: jemand, der einen Meistertitel verteidigt (auch Mannschaft)
Tit-te, die; -,-n: vulgär für „weibliche Brust"
ti-tu-lie-ren: bezeichnen, benennen, einen Titel verleihen
ti-tu-lie-ren: anreden, mit einem Titel anreden
Ti-tu-lie-rung, die; -, keine Mehrzahl: das Titulieren
Toast [Toust], der; -es,-e: geröstete Brotscheibe
Toast [Toust], der; -es,-e: Trinkspruch
toas-ten [tousten]: einen Trinkspruch ausbringen
toas-ten [tousten]: eine Brotscheibe rösten
Toas-ter [Touster], der; -s,-: Röstgerät
to-ben: sich wild gebärden, rasen
to-ben: herumtollen, ausgelassen spielen

Tob-sucht, die; -, keine Mehrzahl: *Raserei, rasender Zorn*
tob-süch-tig: *von Tobsucht befallen*
Tob-suchts-an-fall, der; -es, -fäl-le: *Anfall von Tobsucht*
Toc-ca-ta, die; -, Toc-ca-ten: *Tokkata*
Toch-ter, die; -, Töch-ter: *weibliches Kind von Eltern*
Toch-ter-ge-sell-schaft, die; -,-en: *Filiale, von einer Gesellschaft gegründete, abhängige Gesellschaft*
Tod, der; -es,-e: *das Sterben, Lebensende*
tod-brin-gend: *tödlich*
tod-ernst: *sehr ernst*
To-des-angst, die; -, -äng-ste: *sehr große Angst; auch: Angst vor dem Tod*
To-des-an-zei-ge, die; -,-n: *Anzeige, in der der Tod eines Menschen bekannt gegeben wird*
To-des-fall, der; -es, -fäl-le: *Tod einer Person, Sterbefall*
To-des-furcht, die; -, keine Mehrzahl: *Todesangst*
To-des-ge-fahr, die; -,-en: *Lebensgefahr*
To-des-jahr, das; -es, keine Mehrzahl: *Jahr des Todes einer Person*
To-des-kampf, der; -es, -kämp-fe: *qualvolles Sterben*
To-des-kan-di-dat, der; -en,-en: *jemand, der dem Tod geweiht ist*
to-des-mu-tig: *den Tod verachtend, sehr mutig*
To-des-not, die; -, keine Mehrzahl: *akute Lebensgefahr*
To-des-op-fer, das; -s,-: *Mensch, der den Tod gefunden hat*
To-des-stoß, der; -es, -stö-ße: *Verletzung, die den Tod bringt*
To-des-stra-fe, die; -,-n: *Ahndung eines Verbrechens mit dem Tod*
To-des-tag, der; -es, keine Mehrzahl: *Tag des Todes einer Person*
To-des-trieb, der; -es, keine Mehrzahl: *Selbstvernichtungstrieb*
To-des-ur-sa-che, die; -,-n: *Ursache des Todes*
To-des-ur-teil, das; -es,-e: *Urteil, mit dem die Todesstrafe verhängt wird*
To-des-ver-ach-tung, die; -, keine Mehrzahl: *todesverachtendes Verhalten, todesverachtendes Wesen, verzweifelter Mut*
tod-feind: *sehr verfeindet*
Tod-feind, der; -es,-e: *unversöhnlicher Feind*

tod-ge-weiht: *vor dem Tod stehend*
tod-krank: *sehr krank, sterbenskrank*
töd-lich: *den Tod verursachend, todbringend*
tod-mü-de: *sehr müde*
tod-schick: *umgangssprachlich für „sehr schick"*
tod-si-cher: *so sicher wie der Tod*
Tod-sün-de, die; -,-n: *schwere Sünde*
tod-un-glück-lich: *umgangssprachlich für „sehr unglücklich"*
Tof-fee [Toffie], das; -s,-s: *Sahnebonbon*
Tof-fel, der; -s,-: *tolpatschiger, ungeschickter Mensch*
To-ga, die; -, To-gen: *weite Oberbekleidung*
To-hu-wa-bo-hu, das; -s,-s: *Durcheinander, Wirrwarr*
Toi-let-te [Toalette], die; -,-n: *festliche Kleidung, auch: das Ankleiden*
Toi-let-te [Toalette], die; -,-n: *Abort*
Toi-let-te [Toalette], die; -,-n: *Frisiertisch*
Toi-let-ten-ar-ti-kel [Toaletartikel], der; -s,-: *Artikel zur Körperpflege*
To-kai-er (auch To-ka-jer), der; -s,-: *ungarischer Wein*
Tok-ka-ta, die; -, Tok-ka-ten: *Musikstück*
Tö-le, die; -,-n: *umgangssprachlich für „Hund"*
to-le-rant: *duldsam, nachsichtig*
To-le-ranz, die; -,-en: *zulässige Abweichung von Maßen*
To-le-ranz, die; -, keine Mehrzahl: *tolerantes Verhalten, tolerantes Wesen*
To-le-ranz-gren-ze, die; -,-n: *Maß der Erträglichkeit, noch zulässige Menge, Dosis*
to-le-rie-ren: *dulden, zulassen, ertragen*
toll: *ausgelassen, zügellos*
toll: *rasend, verrückt*
toll: *umgangssprachlich für „wunderbar, ausgezeichnet, großartig"*
toll-dreist: *kühn, frech*
Tol-le, die; -,-n: *verwegene Haarlocke*
tol-len: *ausgelassen spielen, sich wild bewegen*
Toll-haus, das; -es, -häu-ser: *veraltet für „Irrenhaus"*
Toll-heit, die; -,-en: *Verrücktheit, verrückte Tat*
Tol-li-tät, die; -,-en: *Fastnachtsprinz, -prinzessin*
Toll-kir-sche, die; -,-n: *giftige Frucht*
toll-kühn: *sehr kühn*

Tollpatsch

Toll-patsch, der; -es,-e: *ungeschickter Mensch*
toll-pat-schig: *ungeschickt*
Toll-wut, die; -, keine Mehrzahl: *Viruskrankheit, Rabies*
toll-wü-tig: *an Tollwut erkrankt*
Töl-pel, der; -s,-: *Tollpatsch*
Töl-pel, der; -s,-: *Vogelart*
töl-pel-haft: *wie ein Tölpel*
To-ma-hawk [Tomahohk], der; -s,-s: *Streitaxt*
To-ma-te, die; -,-n: *Gemüse und Salatpflanze, Paradeiser*
To-ma-ten-mark, das; -s, keine Mehrzahl: *eingedicktes Tomatenfruchtfleisch*
Tom-bo-la, die; -,-s/ Tom-bo-len: *Verlosung*
To-mo-gra-fie (auch To-mo-gra-phie), die; -,-n: *Schichtröntgenverfahren*
Ton, der; -es, Tö-ne: *Betonung, Hervorhebung, Akzent*
Ton, der; -es, To-ne: *formbare Erde*
Ton, der; -es, Tö-ne: *Art des Sprechens, Umgangston*
Ton, der; -es, Tö-ne: *Schattierung, Spur*
Ton, der; -es, Tö-ne: *Laut, Klang*
Ton-ab-neh-mer, der; -s,-: *Abtastgerät von Schallplattenspielern*
to-nal: *die Tonalität betreffend*
To-na-li-tät, die; -, keine Mehrzahl: *Bezogenheit von Musik auf eine Tonart*
ton-an-ge-bend: *wichtig, maßgebend, eine Gesellschaft dominierend*
Ton-art, die; -,-en: *Musik: auf einem Grundton beruhendes Tonsystem*
Ton-art, die; -,-en: *Art des Sprechens, Ton*
Ton-band, das; -es, -bän-der: *Kunststoffband, das für Tonaufzeichnungen verwendet wird; auch: Kurzwort für „Tonaufzeichnungsgerät"*
Ton-band-auf-nah-me, die; -,-n: *Aufzeichnung auf Tonband*
Ton-band-ge-rät, das; -es,-e: *Gerät zur Schallaufzeichnung*
Ton-dich-ter, der; -s,-: *Komponist*
Ton-dich-tung, die; -,-en: *Komposition*
tö-nen: *schattieren, färben*
tö-nen: *Töne von sich geben*
tö-nen: *umgangssprachlich für „großsprecherisch erzählen"*
Ton-er-de, die; -,-n: *Lehm, Ton*
tö-nern: *aus Ton*
Ton-fall, der; -es,(-fäl-le): *Art der Betonung*

Ton-film, der; -es,-e: *mit Tönen unterlegter Film*
Ton-fol-ge, die; -,-n: *Melodie*
to-nig: *satt (Farbe)*
to-nig: *Ton enthaltend*
To-ni-ka, die; -, To-ni-ken: *Musik: Grundton einer Tonleiter*
To-ni-kum, das; -s, To-ni-ka: *Stärkungsmittel*
to-nisch: *auf der Tonika aufgebaut*
to-ni-sie-ren: *kräftigen*
Ton-kopf, der; -es, -köp-fe: *magnetisierbares Abtastgerät bei Tonbandgeräten*
Ton-lei-ter, die; -, keine Mehrzahl: *Musik: von einem Grundton ausgehende Halb- und Ganztonschritte*
ton-los: *flach, ohne Klang*
Ton-meis-ter, der; -s,-: *Techniker, der eine Plattenaufnahme mischt*
Ton-na-ge [Tonnahsche], die; -,-n: *Rauminhalt eines Schiffes*
Ton-ne, die; -,-n: *Boje*
Ton-ne, die; -,-n: *Gewichtseinheit: 1000 Kilogramm*
Ton-ne, die; -,-n: *Fass*
Ton-nen-ge-wöl-be, das; -s,-: *tonnenförmiges Gewölbe*
ton-nen-wei-se: *in Tonnen*
Ton-sil-be, die; -,-n: *betonte Silbe*
Ton-sil-le, die; -,-n: *Rachenmandel*
Ton-spur, die; -,-en: *Streifen für die Tonaufzeichnung auf einem Film*
Ton-sur, die; -,-en: *kreisförmiger Haarausschnitt bei Mönchen*
Ton-tau-be, die; -,-n: *Tonscheibe, die als Ziel beim Schießen verwendet wird*
Ton-tau-ben-schie-ßen, das; -s,-: *Schießen auf Tontauben*
Ton-trä-ger, der; -s,-: *Sammelbezeichnung für alles, auf dem Töne aufgezeichnet werden*
Tö-nung, die; -,-en: *Schattierung, das Tönen*
To-nus, der; -, keine Mehrzahl: *Musik: große Sekunde, Ganzton*
To-nus, der; -, keine Mehrzahl: *Spannungs- oder Erregungszustand*
To-pas, der; -es,-e: *Edelstein*
Topf, der; -es, Töp-fe: *Gefäß, Blumentopf*
Topf, der; -es, Töp-fe: *Gefäß zum Kochen*
Topf, der; -es, Töp-fe: *umgangssprachlich für „Zylinder eines Motors"*
Topf-blu-me, die; -,-n: *Blume, die in einem Topf gedeiht*

Totalitarismus

Töpf-chen, das; -s,-: *kleiner Topf*
Top-fen, der; -s,-: *süddeutsch, österr. für „Quark"*
Töp-fer, der; -s,-: *Hersteller von Tonwaren*
Töp-fe-rei, die; -,-en: *Werkstatt eines Töpfers*
töp-fern: *als Töpfer arbeiten, aus Ton Dinge herstellen*
Töp-fer-schei-be, die; -,-n: *Drehscheibe zum Formen von Tongefäßen*
Topf-gu-cker, der; -s,-: *jemand, der sich in fremde Angelegenheiten einmischt*
top-fit: *in bester körperlicher Verfassung*
Topf-ku-chen, der; -s,-: *Napfkuchen*
Topf-pflan-ze, die; -,-n: *Pflanze, die in einem Topf gedeiht*
top-less: *ohne Oberbekleidung*
Top-ma-nage-ment [Topmänädschment], das; -s,-s: *oberste Unternehmensleitung*
Top-ma-na-ger [Topmänädscher], der; -s,-: *Unternehmensleiter*
To-po-gra-fie (auch To-po-gra-phie), die; -, keine Mehrzahl: *Lagebeschreibung, Ortsbeschreibung, Landvermessung*
to-po-gra-fisch (auch to-po-gra-phisch): *die Topographie betreffend*
topp: *abgemacht, einverstanden*
Topp, der; -s,-e: *oberstes Mastende*
Toque [Tok], die; -,-s: *Damenhut*
Tor, das; -es,-e: *Portal, große Tür, Durchfahrt*
Tor, das; -es,-e: *Fußball-, Handball-, Hockeytor*
Tor, das; -es,-e: *erfolgreicher Torschuss*
Tor, der; -en,-en: *Narr*
Tor-dif-fe-renz, die; -,-en: *Differenz der Zahl der eigenen und der gegnerischen Tore*
Torf, der, -es, keine Mehrzahl: *sehr saugfähige Bodenart aus Pflanzenresten*
Torf-moor, das; -es,-e: *Moor*
Torf-mull, der; -s, keine Mehrzahl: *Torf*
Torf-ste-cher, der; -s,-: *jemand, der Torf abbaut*
Tor-heit, die; -,-en: *törichtes Handeln, törichtes Wesen*
Tor-hü-ter, der; -s,-: *Torwart*
tö-richt: *einfältig, unklug*
tor-keln: *schwankend gehen, taumeln*
Tor-lauf, der; -es, -läu-fe: *Slalom (Ski)*
Törn, der; -s,-s: *Segelausflug*
Tor-na-do, der; -s,-s: *nordamerikanischer Wirbelsturm*

Tor-nis-ter, der; -s,-: *Ranzen, Rucksack*
tor-pe-die-ren: *sabotieren, stören, verhindern*
tor-pe-die-ren: *mit einem Torpedo angreifen*
Tor-pe-die-rung, die; -,-en: *das Torpedieren*
Tor-pe-do, der; -s,-s: *Unterwassergeschoss*
Tor-pe-do-boot, das; -es,-e: *Kriegsschiff, von dem aus Torpedos abgefeuert werden*
Torr, das; -s,-: *veraltete Maßeinheit des Luftdrucks*
Tor-schluss, der; -schlus-ses, -schlüs-se: *in der Wendung: kurz vor Torschluss kommen; gerade noch rechtzeitig kommen*
Tor-schluss-pa-nik, die; -, keine Mehrzahl: *Furcht, etwas zu verpassen*
Tor-si-on, die; -,-en: *Drehung eines Werkstückes um seine Längsachse*
Tor-so, der; -s,-s/Tor-si: *unvollständige Statue, unvollendetes Werk*
Tort, der; -es, keine Mehrzahl: *Kränkung, Unrecht*
Tor-te, die; -,-n: *Backwerk, Kuchenart*
Tor-te-lett, das; -s,-s: *kleine Torte*
Tor-ten-bo-den, der; -s, -bö-den: *fertiger Boden für einen Obstkuchen*
Tor-ten-he-ber, der; -s,-: *Tortenschaufel*
Tor-ten-schau-fel, die; -,-n: *Tortenheber*
Tor-til-la [Tortija], die; -,-s: *Fladenbrot, auch: Omelett*
Tor-tur, die; -,-en: *Qual, Folter, Plage*
Tor-ver-hält-nis, das; -ses,-se: *Verhältnis der Anzahl der geschossenen Tore zu den erhaltenen*
Tor-wart, der; -s,-e: *Spieler, der im Tor steht, um den Ball abzuwehren*
Tor-weg, der; -es,-e: *Durchlass, Weg mit einem Tor*
to-sen: *brausen, rauschen*
tot: *öde, leer, verlassen*
tot: *abgestorben*
tot: *gestorben, leblos*
tot: *ohne Bewegung, ohne Nutzen (Ballast)*
tot: *umgangssprachlich für „erschöpft"*
to-tal: *völlig, vollständig, ganz*
To-ta-li-sa-tor, der; -s,-en: *Wetteinrichtung beim Pferderennen*
to-ta-li-tär: *alles unterwerfend, alles einbeziehend*
To-ta-li-ta-ris-mus, der; -, keine Mehrzahl: *Streben nach der Alleinherrschaft, nach einer totalitären Regierung*

Totalität

To-ta-li-tät, die; -, keine Mehrzahl: *Ganzheit, Gesamtheit*
tot-är-gern, sich: *umgangssprachlich für „sich sehr ärgern"*
To-te, der/die; -n,-n: *toter Mensch*
To-tem, das; -s,-s: *verehrter Gegenstand, zauberischer Helfer*
To-tem-pfahl, der; -es, -pfäh-le: *Pfahl, der als Totem verehrt wird*
tö-ten: *umbringen*
To-ten-a-cker, der; -s, -ä-cker: *Friedhof*
to-ten-blass: *sehr blass*
to-ten-bleich: *sehr bleich*
To-ten-fest, das; -es,-e: *Totensonntag, Totengedenktag*
To-ten-grä-ber, der; -s,-: *jemand, der Gräber aushebt*
To-ten-hemd, das; -es,-en: *Hemd eines Toten*
To-ten-kopf, der; -es, -köp-fe: *Totenschädel*
To-ten-mas-ke, die; -,-n: *vom Gesicht eines Toten abgenommenes plastisches Bild*
To-ten-mes-se, die; -,-n: *Messe, die für einen Verstorbenen gelesen wird*
To-ten-schä-del, der; -s,-: *Schädel eines Toten*
To-ten-schein, der; -es,-e: *Urkunde über die Todesursache*
To-ten-sonn-tag, der; -s,-e: *Feiertag*
To-ten-star-re, die; -, keine Mehrzahl: *Leichenstarre*
to-ten-still: *sehr still*
To-ten-stil-le, die; -, keine Mehrzahl: *tiefe Stille*
To-ten-wa-che, die; -,-n: *Ehrenwache für einen Toten*
tot-fah-ren, fuhr tot, totgefahren: *überfahren*
tot-la-chen, sich: *umgangssprachlich für „unbändig lachen"*
tot-lau-fen, sich; lief sich tot, sich totgelaufen: *erfolglos, ohne Auswirkungen enden*
tot-ma-chen: *töten*
To-to, der/das; -s,-s: *Kurzwort für „Totalisator", auch: Wette im Fußball*
tot-sa-gen: *gerüchtweise den Tod bekannt geben*
tot-schie-ßen, schoss tot, totgeschossen: *erschießen*
Tot-schlag, der; -es, -schlä-ge: *vorsätzliche Tötung*
tot-schla-gen, schlug tot, totgeschlagen: *erschlagen*
Tot-schlä-ger, der; -s,-: *schwerer Stock*
tot-schwei-gen, schwieg tot, totgeschwiegen: *durch Verschweigen vergessen machen*
tot-ste-chen, stach tot, totgestochen: *erstechen*
tot stel-len, sich: *den Tod vortäuschen*
Tö-tung, die; -,-en: *das Töten*
Tö-tungs-ab-sicht, die; -, keine Mehrzahl: *Absicht zu töten*
Touch [Tatsch], der; -s,-s: *Anflug, Hauch*
tou-chie-ren [tuschieren]: *leicht berühren*
Tou-pet [Tupeh], das; -s,-s: *Haarteil, Haarersatz*
tou-pie-ren: *Haare aufbauschen*
Tour, die; -,-en: *Reihe (Stricken, Häkeln)*
Tour, die; -,-en: *Ausflug, Wanderung, Rundfahrt*
Tour, die; -,-en: *Motorumdrehung*
Tou-ren-wa-gen, der; -s,-: *Rallyeauto*
Tou-ren-zahl, die; -,-en: *Umdrehungszahl*
Tou-ren-zäh-ler, der; -s,-: *Drehzahlmesser*
Tou-ris-mus, der; -s, keine Mehrzahl: *das Reisen als Tourist*
Tou-rist, der; -en,-en: *Reisender, Wanderer*
Tou-ris-ten-klas-se, die; -, keine Mehrzahl: *billige Reiseklasse*
Tou-ris-tik, die; -, keine Mehrzahl: *Reisewesen, Touristenverkehr*
tou-ris-tisch: *den Tourismus betreffend*
Tour-nee, die; -,-n: *Gastspielreise*
To-wa-rischtsch, der; -,-/-i: *russische Bezeichnung für „Genosse"*
To-wer (auch Tow-er) [Tauer], der; -s,-: *Kontrollturm auf Flughäfen*
To-xi-ko-lo-ge, der; -n,-n: *Wissenschaftler der Toxikologie*
To-xi-ko-lo-gie, die; -, keine Mehrzahl: *Lehre von den Giften und Vergiftungen*
to-xi-ko-lo-gisch: *die Toxikologie betreffend*
To-xin, das; -s,-e: *giftige Ausscheidung, organisches Gift*
to-xisch: *giftig*
To-xi-zi-tät, die; -, keine Mehrzahl: *Giftigkeit*
Trab, der; -es, keine Mehrzahl: *beschleunigte Gangart*
Tra-bant, der; -en,-en: *abhängiger Begleiter, abhängiger Staat*

Tra-bant, der; -en,-en: *Mond, Satellit*
Tra-ban-ten-stadt, die; -, -städ-te: *Satellitenstadt*
tra-ben: *im Trab laufen*
Tra-ber, der; -s,-: *Trabrennpferd*
Trab-renn-bahn, die; -,-en: *Rennbahn für Trabrennen*
Trab-ren-nen, das; -s,-: *Pferderennen, bei dem die Pferde nur im Trab laufen dürfen*
Trab-renn-fah-rer, der; -s,-: *jemand, der Trabrennen fährt*
Tracht, die; -,-en: *Anteil, Portion*
Tracht, die; -,-en: *regional typische Kleidung*
trach-ten: *streben, beabsichtigen*
Trach-ten-kos-tüm, das; -s,-e: *Trachtenkleidung*
träch-tig: *schwanger (Tier), tragend*
Träch-tig-keit, die; -, keine Mehrzahl: *Schwangerschaft bei Tieren*
Trade-mark [Träidmark], die; -,-s: *Handelsmarke*
tra-die-ren: *überliefern*
Tra-di-ti-on, die; -,-en: *Überlieferung, Gewohnheit, Brauch*
tra-di-ti-o-nell: *der Tradition entsprechend, herkömmlich*
tra-di-ti-ons-ge-mäß: *der Tradition entsprechend, wie immer*
Tra-fo, der; -s,-s: *Kurzwort für „Transformator"*
Tra-gant, der; -en,-en: *Heilpflanze*
Trag-bah-re, die; -,-n: *Bahre*
trag-bar: *erträglich, einen Kompromiss darstellend*
trä-ge: *faul, langsam, schwerfällig*
Tra-ge, die; -,-n: *Tragbahre*
tra-gen, trug, getragen: *anhaben, auf dem Leib tragen*
tra-gen, trug, getragen: *stützen, abstützen*
tra-gen, trug, getragen: *aushalten, erdulden, ertragen*
tra-gen, trug, getragen: *schleppen, befördern*
Trä-ger, der; -s,-: *jemand, der trägt, Tragender*
Trä-ger, der; -s,-: *Pfeiler, Stütze*
Trä-ger, der; -s,-: *Flugzeugträger*
Trä-ger, der; -s,-: *Hosenträger*
trag-fä-hig: *fähig, eine bestimmte Last zu tragen*
Trag-fä-hig-keit, die; -, keine Mehrzahl: *tragfähige Beschaffenheit*

Trag-flä-che, die; -,-n: *Flügel*
Trag-flä-chen-boot, das; -es,-e: *Boot, das durch Tragflächen zusätzlichen Auftrieb erhält*
Träg-heit, die; -, keine Mehrzahl: *Beharrung*
Träg-heit, die; -, keine Mehrzahl: *träges Verhalten, träges Wesen*
Träg-heits-mo-ment, das; -es,-e: *Beharrungsvermögen*
Tra-gik, die; -, keine Mehrzahl: *schweres Schicksal, schweres Leid, tragische Beschaffenheit*
Tra-gi-ker, der; -s,-: *jemand, der Tragödien schreibt*
tra-gi-ko-misch: *grotesk, tragisch und komisch zugleich*
Tra-gi-ko-mö-die, die; -,-n: *Tragödie mit erheiternden Szenen*
tra-gisch: *erschütternd, ergreifend, unverschuldet Unglück erleidend*
Trag-kraft, die; -, keine Mehrzahl: *Kraft, etwas zu tragen, Tragfähigkeit*
trag-kräf-tig: *tragfähig*
Trag-last, die; -,-en: *Last, die getragen wird*
Tra-gö-die, die; -,-n: *Trauerspiel, tragisches Drama*
Tra-gö-die, die; -,-n: *tragischer Vorfall, Unglück*
Trag-wei-te, die; -, keine Mehrzahl: *Bedeutung, Wirkung*
Train [Treñ], der; -s,-s: *Tross*
Trai-ner [Trähner], der; -s,-: *jemand, der Sportler auf Wettkämpfe vorbereitet*
trai-nie-ren [trähnieren]: *sich auf einen Wettkampf vorbereiten*
Trai-ning [Trähning], das; -s,-s: *Wettkampfvorbereitung*
Trai-nings-an-zug [Trehningsanzug] der; -es, -zü-ge: *Sportanzug*
Tra-keh-ner, der; -s,-: *Pferderasse*
Trakt, der; -es,-e: *Gebäudeteil; Straßenzug*
Trak-tat, das; -es,-e: *Abhandlung; auch: religiöse Flugschrift, Erbauungsschrift*
trak-tie-ren: *schlecht behandeln, plagen, quälen*
Trak-tor, der; -s,-en: *Trecker, Bulldog*
Trak-tor-fah-rer, der; -s,-: *jemand, der einen Traktor fährt*
Tral-je, die; -,-n: *Gitterstab*
träl-lern: *heiter singen*
Tram, die; -,-s: *Trambahn, Straßenbahn*

Trambahn

Tram-bahn, die; -,-en: *Straßenbahn*
Tramp [Trämp], der; -s,-s: *Landstreicher*
Tram-pel, der; -s,-: *plumper Mensch*
tram-peln: *plump, schwerfällig gehen, stampfen*
Tram-pel-pfad, der; -es,-e: *Leinpfad, unbefestigter Weg*
Tram-pel-tier, das; -es,-e: *zweihöckriges Kamel*
tram-pen [trämpen]: *als Anhalter reisen*
Tram-per [Trämper], der; -s,-: *Anhalter, jemand, der sich von Autofahrern mitnehmen lässt*
Tram-po-lin, das; -s,-e: *Sprungbrett, Schleuderbrett*
Tran, der; -es, keine Mehrzahl: *umgangssprachlich für „Schlaftrunkenheit, Unaufmerksamkeit, Müdigkeit"*
Tran, der; -es, keine Mehrzahl: *Fischöl*
Tran-ce [Tronß], die; -,-n: *Dämmerzustand*
Tranche [Tronsch], die; -,-n: *fingerdicke Fleisch- oder Fischscheiben*
tran-chie-ren [trañchieren]: *einen Braten kunstgerecht zerlegen*
Tran-chier-mes-ser [Trañchiermesser], das; -s,-: *Messer zum Tranchieren*
Trä-ne, die; -,-n: *von den Tränendrüsen abgesonderte Flüssigkeit*
trä-nen: *Tränen absondern*
Trä-nen-drü-se, die; -,-n: *Tränen absondernde Drüse am Auge*
trä-nen-feucht: *von Tränen feucht*
Trä-nen-gas, das; -es, keine Mehrzahl: *chemische Verbindung, die die Augenbindehäute reizt*
trä-nen-reich: *reich an Tränen*
Trä-nen-sack, der; -es, -sä-cke: *sackförmige Hautfalte unter dem Auge*
Tran-fun-zel, die; -,-n: *Tranlampe*
tra-nig: *voller Tran, wie Tran*
Trank, der; -es, keine Mehrzahl: *Getränk*
Trän-ke, die; -,-n: *Trinkstelle für Tiere*
trän-ken: *Tiere mit Wasser versorgen*
Tran-qui-li-zer [Tränkwilaiser], der; -s,-: *Beruhigungsmittel*
Trans-ak-ti-on, die; -,-en: *Unternehmung, größeres Geld- oder Warengeschäft*
Trans-at-lan-tik-fahrt, die; -,-en: *Atlantiküberquerung per Schiff*
trans-at-lan-tisch: *den Atlantik überquerend*
tran-schie-ren (auch tran-chie-ren)
Tran-sept, der/das; -es,-e: *Kirchenquerschiff*

Trans-fer, der; -s, keine Mehrzahl: *Geldüberweisung, Überführung*
trans-fe-rie-ren: *überweisen, überführen, in eine fremde Währung umwechseln*
Trans-fer-stra-ße, die; -,-n: *Fließbandstraße*
Trans-for-ma-ti-on, die; -,-en: *Umwandlung*
Trans-for-ma-tor, der; -s,-en: *Umspanner*
trans-for-mie-ren: *umwandeln, umspannen*
trans-fun-die-ren: *Blut übertragen*
Trans-fu-si-on, die; -,-en: *Blutübertragung*
Tran-sis-tor, der; -s,-en: *elektronisches Verstärkungselement*
Tran-sis-tor-ra-dio, das; -s,-s: *mit Transistoren betriebenes Radio*
Tran-sit, der; -s,-e: *Durchreise*
tran-si-tiv: *Grammatik: zielend, ein Akkusativobjekt verlangend (Verb)*
Tran-sit-ver-kehr, der; -s, keine Mehrzahl: *Durchfahrtverkehr*
Tran-sit-vi-sum, das; -s, -vi-sa: *Visum für Transitreisende*
trans-kon-ti-nen-tal: *einen Kontinent durchquerend*
trans-kri-bie-ren (auch tran-skri-bie-ren): *übertragen, umschreiben*
Trans-krip-ti-on (auch Tran-skrip-ti-on), die; -,-en: *Übertragung*
Trans-mis-si-on, die; -,-en: *Kraftübertragung*
Trans-mis-si-ons-wel-le, die; -,-n: *Kraft übertragende Welle*
Trans-pa-rent, das; -es,-e: *Spruchband*
trans-pa-rent: *durchsichtig, durchscheinend*
Trans-pa-renz, die; -, keine Mehrzahl: *Durchsichtigkeit, Klarheit*
Trans-pi-ra-ti-on (auch Tran-spi-ra-ti-on), die; -, keine Mehrzahl: *das Schwitzen*
trans-pi-rie-ren (auch tran-spie-rie-ren): *schwitzen*
Trans-plan-tat, das; -es,-e: *verpflanztes Gewebestück*
Trans-plan-ta-ti-on, die; -,-en: *Gewebe- oder Organverpflanzung*
trans-plan-tie-ren: *verpflanzen*
trans-po-nie-ren: *in eine andere Tonart setzen*
Trans-port, der; -es,-e: *das Transponieren, Beförderung*

504

Trauma

trans-por-ta-bel: *so beschaffen, dass man es transportieren kann*
Trans-por-ter, *der; -s,-: Transportfahrzeug*
Trans-por-teur, *der; -es,-e: Vorrichtung an Maschinen, die einen Werkstoff weiterbefördert*
Trans-por-teur, *der; -s,-e: jemand, der gewerbsmäßig etwas transportiert*
trans-port-fä-hig: *imstande, transportiert zu werden*
Trans-port-fä-hig-keit, *die; -, keine Mehrzahl: transportfähige Beschaffenheit*
Trans-port-flug-zeug, *das; -es,-e: Flugzeug zum Gütertransport*
trans-por-tie-ren: *befördern*
Trans-port-un-ter-neh-men, *das; -s,-: Unternehmen, das Gütertransporte vornimmt*
Trans-u-ran, *das; -es,-e: radioaktives chemisches Element, das eine höhere Ordnungszahl als Uran hat*
trans-u-ra-nisch: *eine höhere Ordnungszahl als Uran habend*
Trans-ver-sa-le, *die; -,-n: durchgehende Verkehrsverbindung*
Trans-ves-tis-mus, *der; -, keine Mehrzahl: Bedürfnis, sich wie das andere Geschlecht zu kleiden*
Trans-ves-tit, *der; -en,-en: jemand, der gern Kleidung des anderen Geschlechts trägt*
trans-zen-dent *(auch tran-szen-dent): die Grenzen der Wahrnehmung überschreitend*
trans-zen-den-tal *(auch tran-szen-den-tal): alle Gattungsbegriffe übersteigend*
trans-zen-den-tal *(auch tran-szen-den-tal): jenseits aller Erfahrung liegend*
Trans-zen-denz *(auch Tran-szen-denz), die; -, keine Mehrzahl: transzendente Beschaffenheit, das Transzendieren*
trans-zen-die-ren, *(auch tran-szen-die-ren): über Erfahrung hinausgehen*
Tra-pez, *das; -es,-e: Schwebereck*
Tra-pez, *das; -es,-e: Viereck mit zwei parallelen Seiten*
Trap-pe, *die; -,-n: Kranichart*
trap-peln: *trampeln*
Trap-per, *der; -s,-: Fallensteller, Pelztierjäger in Nordamerika*
Trap-pist, *der; -en,-en: Mönch*
trap-sen: *schwerfällig gehen*
Tras-se, *die; -,-n: abgesteckte Strecke für eine neue Verkehrslinie*
tras-sie-ren: *eine Trasse vermessen*
Tras-sie-rung, *die; -,-en: das Trassieren*
Tratsch, *der; -es, keine Mehrzahl: Klatsch, Gerede*
tra-tschen: *klatschen, schwatzen*
Trat-te, *die; -,-n: auf eine andere Person gezogener Wechsel*
Trau-al-tar, *der; -s, -al-tä-re: Altar, vor dem die Trauung vollzogen wird*
Trau-be, *die; -,-n: Fruchtstand des Weines, Weintraube*
Trau-be, *die; -,-n: geballte Menge*
Trau-be, *die; -,-n: Blütenstand*
Trau-ben-saft, *der; -es, keine Mehrzahl: Saft aus Weintrauben*
Trau-ben-zu-cker, *der; -s, keine Mehrzahl: Glukose*
trau-en: *verheiraten, vermählen*
trau-en: *Vertrauen haben*
Trau-er, *die; -, keine Mehrzahl: Kummer, Schmerz, Leid um etwas Verlorenes, um jemand Verstorbenen*
Trau-er-fall, *der; -es, -fäl-le: Todesfall*
Trau-er-fei-er, *die; -,-n: Feier für einen Verstorbenen*
Trau-er-flor, *der; -s,-e: schwarzer Streifen an der Kleidung als Zeichen der Trauer*
Trau-er-jahr, *das; -es,-e: Trauerzeit von einem Jahr*
Trau-er-klei-dung, *die; -, keine Mehrzahl: Kleidung, die zum Zeichen der Trauer getragen wird*
Trau-er-marsch, *der; -es, -mär-sche: Begleitung des Trauerzuges*
trau-ern: *Trauer fühlen*
Trau-er-spiel, *das; -es,-e: Tragödie*
Trau-er-wei-de, *die; -,-n: Baumart*
Trau-er-zeit, *die; -,-en: Zeit, während der getrauert wird*
Trau-er-zug, *der; -es, -zü-ge: Zug der Trauernden hinter einem Sarg*
Trau-fe, *die; -,-n: aus der Regenrinne abfließendes Wasser*
träu-feln: *tropfenweise gießen*
trau-lich: *gemütlich, anheimelnd*
Traum, *der; -es, Träu-me: Wunsch, Sehnsucht, Fantasiegebilde*
Traum, *der; -es, Träu-me: Schlafvorstellung*
Trau-ma, *das; -s, Trau-men/Trau-ma-ta: seelische Erschütterung*
Trau-ma, *das; -s, Trau-men/Trau-ma-ta: Verletzung, Wunde, Einwirkung von Gewalt*

traumatisch

trau-ma-tisch: *das Trauma betreffend, durch das Trauma verursacht*
Traum-deu-tung, die; -,-en: *Versuch der Sinnerklärung eines Traumes*
träu-men: *einen Traum haben*
träu-men: *gedankenverloren sein, nicht aufpassen*
träu-men: *sich Fantasievorstellungen hingeben, sich Illusionen machen*
Träu-mer, der; -s,-: *jemand, der träumt*
Träu-me-rei, die; -,-en: *Wachtraum*
träu-me-risch: *verträumt, im Traum versunken, traumverloren*
traum-haft: *wie im Traum*
traum-ver-lo-ren: *geistesabwesend*
traum-wand-le-risch: *wie ein Traumwandler*
trau-rig: *betrübt, bekümmert, voller Trauer*
Trau-rig-keit, die; -, keine Mehrzahl: *trauriges Wesen*
Trau-ring, der; -es,-e: *Ehering*
Trau-schein, der; -es,-e: *Urkunde über die Heirat*
traut: *lieb, anheimelnd, behaglich*
Trau-ung, die; -,-en: *Heirat, Eheschließung*
Trau-zeu-ge, der; -n,-n: *einer der für die Trauung erforderlichen Zeugen*
Tra-vel-ler-scheck [Trävellerscheck], der; -s,-s: *Reisescheck*
Tra-ver-se, die; -,-n: *Querverstrebung*
Tra-ver-se, die; -,-n: *Buhne*
Tra-ver-se, die; -,-n: *Schutzwall*
tra-ver-sie-ren: *durchkreuzen, in der Diagonale überqueren*
Tra-ves-tie, die; -,-n: *Verspottung eines Literaturwerks*
Traw-ler [Trohler], der; -s,-: *Fischerboot, das mit einem Schleppnetz arbeitet*
Tre-be-gän-ger, der; -s,-: *umgangssprachlich für „jugendlicher Ausreißer"*
Tre-ber, der; -s,-: *Rückstand bei der Bierherstellung, Viehfutter*
Treck, der; -s,-s: *Flüchtlingszug, Auswanderung*
tre-cken: *im Treck ziehen, auswandern*
Tre-cker, der; -s,-: *Zugmaschine, Bulldog*
Tre-cking (auch Trek-king), das; -s, keine Mehrzahl: *Wandern mit einem Planwagen*
Treff, das; -s,-e: *Farbe im französischen Kartenspiel, Kreuz*
Treff, der; -s,-s: *Treffpunkt, Treffen*

tref-fen, traf, getroffen: *erraten, herausfinden, richtig tippen*
tref-fen, traf, getroffen: *verletzen, verwunden*
tref-fen, traf, getroffen: *begegnen*
tref-fen, traf, getroffen: *ins Ziel gelangen*
tref-fen, traf, getroffen: *eine Vereinbarung treffen, ein Abkommen schließen*
Tref-fen, das; -s,-: *Versammlung, Zusammenkunft, Begegnung*
Tref-fen, das; -s,-: *Kampf, leichter Kampf*
Tref-fer, der; -s,-: *Lotteriegewinn*
Tref-fer, der; -s,-: *Schlag oder Schuss ins Ziel*
Treff-punkt, der; -es,-e: *vereinbarter Ort der Begegnung*
treff-si-cher: *sicher im Treffen*
Treib-eis, das; -es, keine Mehrzahl: *Eisschollen*
trei-ben, trieb, getrieben: *jagen, drängen*
trei-ben, trieb, getrieben: *veranlassen, anspornen, anfeuern*
trei-ben, trieb, getrieben: *sich ohne Antrieb fortbewegen*
trei-ben, trieb, getrieben: *machen, verrichten, tun, sich beschäftigen*
trei-ben, trieb, getrieben: *schlagen, einrammen*
trei-ben, trieb, getrieben: *wachsen, keimen, knospen*
trei-ben, trieb, getrieben: *gären, aufgehen (Teig)*
Trei-ben, das; -s,-: *Durcheinander, Gewühl*
Trei-ber, der, -s,-: *jemand, der Wild bei einer Jagd treibt*
Treib-mittel, das; -s,-: *Mittel, das Teig aufgehen lässt*
Treib-rie-men, der; -s,-: *Keilriemen, Riemen zur Kraftübertragung*
Treib-sand, der; -es, keine Mehrzahl: *vom Wind getriebener Sand*
Treib-stoff, der; -es,-e: *Kraftstoff*
trei-deln: *ein Schiff vom Ufer aus schleppen*
Trei-del-pfad, der; -es,-e: *Pfad, von dem aus Schiffe gezogen werden*
Tre-ma, das; -s,-s/Tre-ma-ta: *aus zwei Punkten bestehendes Zeichen über einem Vokal, Beispiel:* ë
tre-mo-lie-ren: *bebend singen*
Tre-mo-lo, das; -s,-s/Tre-mo-li: *lebhaftes Beben der Gesangsstimme*
Trench-coat [Trenschkout], der; -s,-s: *Regenmantel*

Trieb

Trend, der; -s,-s: *Entwicklungsrichtung*
trenn-bar: *so beschaffen, dass man es trennen kann*
tren-nen: *unterbrechen, auseinander bringen, lösen*
tren-nen: *unterscheiden, auseinander halten*
tren-nen: *zerteilen, zerlegen*
tren-nen, sich: *Verbindung lösen, auseinander gehen, Abschied nehmen*
trenn-scharf: *gute Trennschärfe besitzend*
Trenn-schär-fe, die; -, keine Mehrzahl: *Eigenschaft von Rundfunkempfängern, Sender klar zu empfangen*
Tren-nung, die; -,-en: *das Trennen*
Tren-nung, die; -,-en: *Abschied*
Tren-nungs-strich, der; -es,-e: *Strich, mit dem Silben getrennt werden*
Trenn-wand, die; -, -wän-de: *abtrennende Wand*
Tren-se, die; -,-n: *Gebissstange des Zaumzeugs*
Tre-pan, der; -s,-e: *chirurgisches Gerät zum Anbohren des Schädels*
Tre-pa-na-ti-on, die; -,-en: *Durchbohren, das Trepanieren*
tre-pa-nie-ren: *durchbohren, öffnen, aufbohren*
trepp-ab: *die Treppe hinab*
trepp-auf: *die Treppe hinauf*
Trep-pe, die; -,-n: *Stiege, Stufen, Aufgang*
Trep-pen-haus, das; -es, -häu-ser: *Raum für die Treppen*
Trep-pen-witz, der; -es,-e: *passende Antwort, die einem zu spät einfällt; auch: Vorgang, der wie ein schlechter Witz wirkt*
Tre-sen, der; -s,-: *Schanktisch, Ladentisch*
Tre-sor, der; -s,-e: *Safe, Geldschrank, Panzerschrank*
Tres-se, die; -,-n: *Besatzstreifen, Borte an Uniformen*
Tres-ter, der; -s,-: *Rückstände bei der Mostherstellung, besonders von Weinbeeren*
tre-ten, trat, getreten: *trampeln, mit dem Fuß schlagen, stoßen*
tre-ten, trat, getreten: *gehen, Schritt machen, den Fuß setzen*
Tre-ter, der; -s,-: *umgangssprachlich für "schlechter Schuh"*
Tret-müh-le, die; -,-n: *Tretrad, auch: umgangssprachlich für "eintönige Arbeit"*
Tret-rad, das; -es, -rä-der: *Laufrad, Tretmühle*
treu: *beständig, zuverlässig, unveränderlich, ergeben*
Treu-bruch, der; -es, -brü-che: *Bruch der Treue*
treu-brü-chig: *die Treue verletzend*
Treue, die; -, keine Mehrzahl: *Gewissenhaftigkeit*
Treue, die; -, keine Mehrzahl: *treues Verhalten, treues Wesen, treue Gesinnung*
treu er-ge-ben: *sehr ergeben*
Treue-schwur, der; -s, -schwü-re: *Treueeid*
Treu-hän-der, der; -s,-: *jemand, der die Verwaltung fremden Vermögens übernommen hat*
treu-her-zig: *arglos, vertrauensvoll*
Treu-her-zig-keit, die; -, keine Mehrzahl: *treuherziges Verhalten, treuherziges Wesen*
treu-los: *ohne Treue, untreu*
Treu-lo-sig-keit, die; -, keine Mehrzahl: *treuloses Verhalten, treuloses Wesen*
treu sor-gend: *sehr besorgt*
Tri-an-gel, der; -s,-: *dreieckiges Schlaginstrument*
Tri-an-gel, der; -s,-: *umgangssprachlich für "Dreieck"*
Tri-as, die; -, keine Mehrzahl: *Erdzeitalter*
Tri-ba-de, die; -,-n: *homosexuelle Frau*
Tri-bu-nal, das; -s,-e: *Gericht*
Tri-bü-ne, die; -,-n: *ansteigende Sitzreihen; auch: Rednerpult*
Tri-but, der; -es,-e: *Abgabe, Beitrag, Entschädigung*
Tri-but, der; -es,-e: *Respekt, Ehrerbietung, Hochachtung*
Tri-chi-ne, die; -,-n: *Fadenwurm, Schmarotzer*
tri-chi-nös: *von Trichinen befallen*
Tri-chi-no-se, die; -, keine Mehrzahl: *Krankheit, die von Trichinen verursacht wird*
Trich-ter, der; -s,-: *kegelförmiger Krater*
Trich-ter, der; -s,-: *sich nach unten verjüngendes Durchlaufrohr*
Trick, der; -s,-s: *Kunstgriff, Kniff, Dreh*
Trick-film, der; -es,-e: *verblüffende Wirkungen erzielender, mit besonderen Techniken erstellter Film*
trick-sen: *den Gegner geschickt umspielen*
Trieb, der; -es,-e: *Drang, Neigung, Instinkt*

Trieb

Trieb, der; -es,-e: *neuer Zweig, Keimblatt*
Trieb, der; -es,-e: *Zahnrad*
Trieb-fe-der, die; -, keine Mehrzahl: *innerer Antrieb, treibende Kraft*
Trieb-fe-der, die; -,-n: *Antriebsfeder der Uhr*
trieb-haft: *unbeherrscht, dem Trieb folgend*
Trieb-kraft, die; -, -kräf-te: *antreibende Kraft*
Trieb-kraft, die; -, -kräf-te: *Motorenkraft*
Trieb-le-ben, das; -s,-: *Gesamtheit der Triebe*
Trieb-tä-ter, der; -s,-: *Sexualverbrecher*
Trieb-wa-gen, der; -s,-: *mit eigenem Antrieb versehener Eisenbahn- oder Straßenbahnwagen*
trie-fen: *tropfen, völlig nass sein*
trie-zen: *ärgern, schikanieren*
Tri-fo-li-um, das; -s, Tri-fo-li-en: *Kleeblatt*
Trift, die; -,-en: *Weidewiese*
Trift, die; -,-en: *Flößerei*
trif-ten: *flößen*
trif-tig: *wohlbegründet, stichhaltig, nicht widerlegbar*
Tri-ge-mi-nus, der; -, keine Mehrzahl: *Gesichtsnerv, Drillingsnerv*
Tri-go-no-met-rie (auch Tri-go-no-me-trie), die; -, keine Mehrzahl: *Dreiecksberechnung, Darstellung von Dreiecken in einer Ebene*
tri-go-no-met-risch (auch tri-go-no-me-trisch): *die Trigonometrie betreffend*
Tri-kot [Trikoh], das; -s,-s: *Sporthemd*
Tri-kot [Trikoh], das; -s,-s: *dehnbarer, gewirkter Stoff*
Tri-ko-ta-ge [Trikotahsche], die; -,-n: *Unter- und Oberbekleidung aus Trikot*
Tril-ler, der; -s,-: *trillernder Laut, Tonwirbel*
tril-lern: *mit Trillern singen, auf der Trillerpfeife blasen*
Tril-ler-pfei-fe, die; -,-n: *Signalpfeife*
Tril-li-on, die; -,-en: *eine Million Billionen*
Tri-lo-gie, die; -,-n: *dreiteilige Dichtung, aus drei Teilen bestehendes Kunstwerk*
Tri-mes-ter, das; -s,-: *dritter Teil eines Studienjahres*
trim-men: *eine Ladung gleichmäßig verteilen, ein Schiff, ein Flugzeug austarieren*
trim-men: *fitmachen, Freizeitsport treiben*
trim-men: *das Fell scheren*
trim-men: *auf dem Schiff Kohlen zu den Kesseln bringen*
Trim-mer, der; -s,-: *Heizer auf dem Schiff*
Trimm-tank, der; -s,-s: *Tank, der zum Trimmen von Schiffen oder Flugzeugen verwendet wird*
Trim-mung, die; -,-en: *das Trimmen*
Tri-ni-ta-tis: *Dreifaltigkeitsfest, Sonntag nach Pfingsten*
trink-bar: *so, dass man es trinken kann; auch: wohlschmeckend*
Trink-bar-keit, die; -, keine Mehrzahl: *trinkbare Beschaffenheit*
trin-ken, trank, getrunken: *Flüssigkeit zu sich nehmen*
trin-ken, trank, getrunken: *übertragen für „alkoholsüchtig sein"*
Trin-ker, der; -s,-: *jemand, der trinkt*
Trin-ker, der; -s,-: *Alkoholabhängiger*
Trin-ker-heil-stät-te, die; -,-n: *Krankenhaus, in dem Suchtkranke behandelt werden*
trink-fest: *viel Alkohol vertragend*
Trink-fes-tig-keit, die; -, keine Mehrzahl: *trinkfeste Beschaffenheit*
Trink-ge-la-ge, das; -s,-: *Trinkfest*
Trink-geld, das; -es,-er: *kleines Geldgeschenk*
Trink-spruch, der; -es, -sprü-che: *Toast*
Trink-was-ser, das; -s, keine Mehrzahl: *zum Trinken geeignetes Wasser*
Trio, das; -s,-s: *Musikstück für drei Instrumente; auch: Musikgruppe aus drei Musikern*
Trip, der; -s,-s: *Ausflug, Spaziergang, kleine Reise*
Trip, der; -s,-s: *umgangssprachlich für „Rauschzustand"*
trip-peln: *mit kleinen Schritten laufen*
Trip-per, der; -s, keine Mehrzahl: *Gonorrhö, Geschlechtskrankheit*
Trip-ty-chon (auch Tri-pty-chon), das; -s, Tri-pty-chen: *Tafelgemälde aus drei Teilen*
trist: *öde, langweilig, traurig*
Tri-ti-um, das; -s, keine Mehrzahl: *schwerer Wasserstoff, Wasserstoffisotop, Zeichen: T*
Tritt, der; -s,-e: *Stufe*
Tritt, der; -s,-e: *Stoß mit dem Fuß*
Tritt, der; -s,-e: *Schritt, das Auftreten, Fußspur*
Tritt-brett, das; -s,-er: *Fußstütze an einem Fahrzeugeinstieg*

Tropen

Tritt-lei-ter, die; -,-n: *Stufenleiter*
tritt-si-cher: *sicher im Bergsteigen*
Tritt-si-cher-heit, die; -, keine Mehrzahl: *trittsicheres Wesen, trittsicheres Verhalten*
Tri-umph, der; -es, keine Mehrzahl: *Siegesfreude, Genugtuung*
tri-um-phal: *voller Triumph, prächtig*
Tri-umph-bo-gen, der; -s, -bö-gen: *aus Anlass eines Sieges errichteter Bogen*
tri-um-phie-ren: *Triumph empfinden, frohlocken*
tri-vi-al: *gewöhnlich, bekannt, abgedroschen, einfach*
Tri-vi-a-li-tät, die; -,-en: *triviale Redensart*
Tri-vi-a-li-tät, die; -, keine Mehrzahl: *triviale Beschaffenheit, triviales Wesen*
Tri-vi-al-li-te-ra-tur, die; -, keine Mehrzahl: *seichte, triviale Literatur*
Tro-chä-us, der; -, Tro-chä-en: *Versmaß*
tro-cken: *schlagfertig, witzig und knapp*
tro-cken: *ohne Feuchtigkeit*
tro-cken: *langweilig, uninteressant, abstrakt*
tro-cken: *umgangssprachlich für „abstinent"*
Tro-cken-bat-te-rie, die; -,-n: *ohne Flüssigkeiten arbeitende Batterie*
Tro-cken-dock, das; -s,-s: *Dock, in dem Schiffe aus dem Wasser gehoben werden*
Tro-cken-eis, das; -es, keine Mehrzahl: *gefrorenes Kohlendioxid*
Tro-cken-früch-te, die; keine Einzahl: *Trockenobst*
Tro-cken-heit, die; -, keine Mehrzahl: *Dürre*
Tro-cken-heit, die; -, keine Mehrzahl: *trockene Beschaffenheit*
tro-cken-le-gen: *ein Feuchtgebiet entwässern*
tro-cken-le-gen: *ein Kind säubern und neu wickeln*
tro-cken-le-gen: *umgangssprachlich für „den Genuss von Alkohol untersagen"*
Tro-cken-milch, die; -, keine Mehrzahl: *Trockensubstanz der Milch*
Tro-cken-obst, das; -es, keine Mehrzahl: *getrocknetes Obst*
Tro-cken-ra-sie-rer, der; -s,-: *elektrischer Rasierapparat*
tro-cken-rei-ben, rieb trocken, trockengerieben: *reiben, bis es trocken ist*
Tro-cken-sub-stanz, die; -,-en: *wasserfreie Substanz eines Stoffes*

Tro-cken-ü-bung, die; -,-en: *vorbereitende Übung ohne natürliche Bedingungen*
Tro-cken-zeit, die; -,-en: *trockene Jahreszeit*
trock-nen: *von Feuchtigkeit befreien*
trock-nen: *trocken werden*
Trock-nung, die; -,-en: *das Trocknen*
Trod-del, die; -,-n: *Quaste*
Trö-del, der; -s, keine Mehrzahl: *wertloses Zeug, Plunder*
Trö-de-lei, die; -, keine Mehrzahl: *ständiges Trödeln*
trö-deln: *langsam arbeiten, Zeit verschwenden*
Tröd-ler, der; -s,-: *Altwarenhändler*
Trog, der; -es, Trö-ge: *großer Behälter, Wanne*
Trog-tal, das; -es, -tä-ler: *Tal mit weiter Talsohle*
Troi-ka, die; -,-s: *Dreiergespann*
Troll, der; -s,-e: *Kobold, Unhold*
Troll-blu-me, die; -,-n: *Blumenart*
trol-len, sich: *weggehen*
Trom-be, die; -,-n: *Wirbelwind, Windhose*
Trom-mel, die; -,-n: *Pauke, Schlaginstrument*
Trom-mel-fell, das; -s,-e: *Teil des Ohres*
Trom-mel-fell, das; -s,-e: *Bespannung der Trommel*
Trom-mel-feu-er, das; -s,-: *ununterbrochener, intensiver Beschuss; auch: intensive Befragung*
trom-meln: *auf der Trommel schlagen*
Trom-mel-re-vol-ver, der; -s,-: *Schusswaffe*
Trom-mel-schlag, der; -es,-schlä-ge: *Schlag mit der Trommel*
Trom-mel-schlä-gel, der; -s,-: *Trommelstock*
Trom-mel-wir-bel, der; -s,-: *schnelle Folge von Trommelschlägen*
Tromm-ler, der; -s,-: *jemand, der trommelt*
Trom-pe-te, die; -,-n: *Teil des Ohres*
Trom-pe-te, die; -,-n: *Blasinstrument*
trom-pe-ten: *auf der Trompete blasen; auch: laut rufen*
Trom-pe-ten-stoß, der; -es, -stö-ße: *kurzer, lauter Trompetenlaut*
Trom-pe-ter, der; -s,-: *jemand, der Trompete spielt*
Tro-pen, die; -, keine Einzahl: *Klimazone beiderseits des Äquators zwischen den Wendekreisen*

Tro-pen-helm, der; -es,-e: *Sonnenschutzhut aus Kork*
Tro-pen-kli-ma, das; -s, keine Mehrzahl: *Klima der Tropen*
Tro-pen-kol-ler, der; -s,-: *Unwohlsein hervorgerufen durch das Tropenklima*
Tro-pen-krank-heit, die; -,-en: *besonders in den Tropen auftretende Krankheit*
Tro-pen-me-di-zin, die; -, keine Mehrzahl: *Zweig der Medizin, der sich mit der Behandlung der Tropenkrankheiten beschäftigt*
Tropf, der; -es,-e: *Vorrichtung, bei der aus einer Flasche eine Flüssigkeit in die Vene eines Patienten geleitet wird*
Tropf, der; -es, Tröp-fe: *einfältiger Mensch*
Tröpf-chen, das; -s,-: *kleiner Tropfen*
tröpf-chen-wei-se: *in Tröpfchen*
tröp-feln: *in Tropfen fallen*
trop-fen: *in Tropfen fallen, in Tropfen abgeben*
Trop-fen, der; -s,-: *Flüssigkeitsmenge*
Trop-fen-fän-ger, der; -s,-: *Vorrichtung an Tüllen, die Tropfen auffängt*
trop-fen-wei-se: *in Tropfen*
tropf-nass: *völlig durchnässt*
Tropf-stein, der; -es,-e: *Stalaktit und Stalagmit*
Tropf-stein-höh-le, die; -,-n: *Höhle mit Tropfsteinen*
Tro-phäe, die; -,-n: *erbeuteter Gegenstand, Siegesbeute*
tro-pisch: *die Tropen betreffend*
Tro-po-pau-se, die; -, keine Mehrzahl: *Schicht zwischen Troposphäre und Stratosphäre*
Tro-pos-phä-re (auch Tro-po-sphä-re), die; -, keine Mehrzahl: *untere Luftschicht der Atmosphäre*
Tross, der; Tros-ses, Tros-se: *nachfolgende Verpflegung und Ausrüstung einer Truppe, Train, Heeresgefolge, Gefolge*
Tros-se, die; -,-n: *dickes Tau*
Trost, der; -es, keine Mehrzahl: *Aufmunterung, Linderung, Zuspruch, Beistand*
trös-ten: *Trost spenden*
tröst-lich: *tröstend, Trost bringend*
trost-los: *keinem Trost zugänglich*
trost-los: *öde, eintönig*
Trost-lo-sig-keit, die; -, keine Mehrzahl: *trostloses Verhalten, trostloses Wesen, trostlose Beschaffenheit*

Trost-pflas-ter, das; -s,-: *kleine Entschädigung für etwas Entgangenes*
Trost-preis, der; -es,-e: *kleine Entschädigung für den Verlierer*
Trös-tung, die; -,-en: *das Trösten*
Trott, der; -s, keine Mehrzahl: *altgewohnte, immer gleiche(r) Lebensweise, Vorgang, Arbeitsweise*
Trott, der; -s, keine Mehrzahl: *schwerfälliger Trab, Gang*
Trot-tel, der; -s,-: *Dummkopf, Schwachkopf*
trot-tel-haft: *wie ein Trottel*
trot-te-lig: *unachtsam, unkonzentriert, vergesslich*
trot-teln: *unaufmerksam gehen*
trot-ten: *träge, schwerfällig laufen*
Trot-toir [Trottwahr], das; -s,-s/-e: *Bürgersteig, Gehweg*
trotz: *ungeachtet, dennoch, obwohl*
Trotz, der; -es, keine Mehrzahl: *Dickköpfigkeit, Eigensinn, Uneinsichtigkeit*
trotz-dem: *dennoch*
trot-zen: *widerstehen, dickköpfig sein*
trot-zig: *aufbegehrend, eigensinnig, widersetzlich, voller Trotz*
Trotz-kis-mus, der; -, keine Mehrzahl: *von Trotzki beeinflusster Marxismus*
Trotz-kist, der; -en,-en: *Anhänger des Trotzkismus*
trotz-kis-tisch: *den Trotzkismus betreffend*
Trou-ba-dour [Trubaduhr], der; -s,-e: *Minnesänger*
Troub-le (auch Trou-ble) [Trabel], der; -s, keine Mehrzahl: *Ärger, Mühe, Umstand, Schwierigkeiten*
trüb: *trübe*
trü-be: *glanzlos, matt*
trü-be: *unklar, diesig, dunstig, regnerisch*
trü-be: *bedrückt, niedergeschlagen*
trü-be: *milchig, undurchsichtig*
Tru-bel, der; -s, keine Mehrzahl: *Unruhe, Gewimmel, Gewühl*
trü-ben, sich: *trüb werden, undurchsichtig werden*
Trüb-sal, die; -, keine Mehrzahl: *schlechte, traurige Stimmung, Traurigkeit*
trüb-se-lig: *niedergeschlagen, hoffnungslos*
trüb-se-lig: *bedrückend, traurig, trostlos, öde*
Trüb-sinn, der; -es, keine Mehrzahl: *Schwermut, Niedergeschlagenheit*

Tülle

trüb-sin-nig: *traurig, melancholisch, schwermütig*
Trü-bung, die; -,-en: *das Trüben, das Getrübtsein*
tru-deln: *sich um die eigene Längsachse drehen*
Trüf-fel, der; -s,-: *Pilzart*
trüf-feln: *mit Trüffeln würzen*
Trug-bild, das; -es,-er: *Sinnestäuschung, Fantasievorstellung*
trü-gen: *täuschen, irreführen*
trü-ge-risch: *täuschend, irreführend, falsch*
Trug-schluss, der; -schlus-ses, -schlüs-se: *falsche Schlussfolgerung, Irrtum*
Tru-he, die; -,-n: *Kasten, Wäschekiste, Kastenmöbel*
Trüm-mer, die; -, keine Einzahl: *Bruchstücke, Teile, Ruine, Reste*
Trüm-mer-berg, der; -es,-e: *Schutthaufen*
Trüm-mer-feld, das; -es,-er: *Ruinenlandschaft*
Trüm-mer-frau, die; -,-en: *Frau, die nach dem 2. Weltkrieg bei der Beseitigung der Trümmer mitarbeitete*
Trumpf, der; -es, Trümp-fe: *Farbe im Kartenspiel, die die anderen sticht*
Trumpf, der; -es, Trümp-fe: *Vorteil*
trump-fen: *im Kartenspiel mit Trumpf stechen*
Trunk, der; -es, keine Mehrzahl: *das Trinken, Trunksucht*
Trunk, der; -es, keine Mehrzahl: *Getränk*
trun-ken: *betrunken*
Trun-ken-bold, der; -es,-e: *Trinker*
Trunk-sucht, die; -, keine Mehrzahl: *Alkoholismus*
trunk-süch-tig: *der Trunksucht verfallen*
Trupp, der; -s,-s: *Gruppe, Horde*
Trup-pe, die; -,-n: *Armee*
Trup-pen-pa-ra-de, die; -,-n: *Vorbeimarsch von Truppen*
Trup-pen-ü-bungs-platz (auch Trup-pen-übungs-platz), der; -es, -plät-ze: *Übungsgelände von Truppen*
trupp-wei-se: *in Trupps*
Trust [Trast], der; -es,-e: *Zusammenschluss von Großfirmen*
Trut-hahn, der; -s, -häh-ne: *Puter*
Trut-hen-ne, die; -,-n: *Pute*
trut-zig: *veraltet für „mächtig, massiv"*
Tscha-ko, der; -s,-s: *Kopfbedeckung, Helm*
tschau!: *Abschiedsgruß*
tschil-pen: *zwitschern*
tschüss! (auch tschüs!): *Abschiedsgruß*
Tse-tse-flie-ge, die; -,-n: *afrikanische Stechfliege*
T-Shirt [Tiehschört], das; -s,-s: *kurzärmeliges Trikothemd*
Tu-ba, die; -, Tu-ben: *Blechblasinstrument*
Tu-ba, die; -, Tu-ben: *Eileiter*
Tu-ba, die; -, Tu-ben: *Teil des Ohres*
Tu-be, die; -,-n: *Pastenbehälter*
Tu-ber-kel, der; -s,-; österr. auch die; -,-n: *Knotengeschwulst*
tu-ber-ku-lös: *an Tuberkulose leidend*
Tu-ber-ku-lo-se, die; -,-n: *Infektionskrankheit, Schwindsucht*
Tu-bus, der; -, Tu-ben: *Rohr, Röhre*
Tuch, das; -es, Tü-cher: *gesäumtes Stoffstück*
Tuch, das; -es,-e/Tü-cher: *Gewebeart*
Tuch-füh-lung, die; -, keine Mehrzahl: *Nähe, leichte Körperberührung*
Tüch-lein, das; -s,-: *kleines Tuch*
Tuch-ma-cher, der; -s,-: *Facharbeiter der Textilindustrie, Weber*
tüch-tig: *fleißig, geschickt, erfahren, arbeitsam*
tüch-tig: *gehörig, kräftig*
Tüch-tig-keit, die; -, keine Mehrzahl: *tüchtiges Verhalten, tüchtiges Wesen*
Tü-cke, die; -,-n: *Hinterlist, Arglist, Böswilligkeit, Verschlagenheit*
tu-ckern: *klopfen, leise knattern*
tü-ckisch: *voller Tücke, hinterlistig, unberechenbar*
Tuff, der; -s, keine Mehrzahl: *Tuffstein*
Tuff-stein, der; -es, keine Mehrzahl: *leichtes vulkanisches Gestein*
Tüf-te-lei, die; -,-en: *ständiges Tüfteln, Tüftelarbeit*
tüf-teln: *sorgfältig, genau arbeiten, sorgfältig planen*
Tüft-ler, der; -s,-: *Bastler*
Tu-gend, die; -,-en: *gute Eigenschaft, vorbildliche Haltung*
Tu-gend-bold, der; -es,-e: *jemand, der sich als besonders tugendhaft aufspielt*
tu-gend-haft: *voller Tugenden, sittenstreng*
tu-gend-sam: *tugendhaft*
Tu-kan, der; -s,-e: *Pfefferfresser, Vogelart*
Tüll, der; -s,-e: *feines, netzartiges Gewebe*
Tül-le, die; -,-n: *Schnauze, Ausguss an Kannen*

Tul-pe, die; -,-n: *Blumenart*
Tul-pen-baum, der; -es, -bäu-me: *Magnolienbaum*
tum-meln, sich: *umherlaufen, eifrig spielen*
tum-meln, sich: *umgangssprachlich für „sich beeilen"*
Tum-mel-platz, der; -es, -plätze: *Spielplatz*
Tümm-ler, der; -s,-: *Taubenart*
Tümm-ler, der; -s,-: *Walart*
Tu-mor, der; -s,-e: *Geschwulst*
Tüm-pel, der; -s,-: *Teich, große Pfütze*
Tu-mult, der; -es,-e: *Aufruhr, Aufregung, Lärm, Getümmel*
tu-mul-tu-a-risch: *erregt, lärmend, in der Art eines Tumultes*
tun, tat, getan: *machen, verrichten, erledigen, ausführen, bewirken, unternehmen*
Tun, das; -s, keine Mehrzahl: *Tat*
Tun, das; -s, keine Mehrzahl: *das Handeln, Wirken, Machen*
Tün-che, die; -,-n: *Wandanstrich*
tün-chen: *anstreichen, übermalen*
Tün-cher, der; -s,-: *Maler, Anstreicher*
Tund-ra (auch Tun-dra), die; -, Tund-ren: *Kältesteppe*
tu-nen [tjuhnen]: *die Motorenleistung steigern, frisieren*
tu-nen [tjuhnen]: *eine Frequenz genau einstellen*
Tu-ner [Tjuhner], der; -s,-: *Rundfunkempfänger einer Stereoanlage*
Tun-fisch (auch Thun-fisch), der; -es,-e: *Fischart*
Tu-nicht-gut, der; -s,-e: *Taugenichts, kleiner Gauner*
Tu-ni-ka, die; -, Tu-ni-ken: *weites Gewand*
Tun-ke, die; -,-n: *Soße*
tun-lich: *tunlichst*
tun-lichst: *möglichst, wenn möglich, lieber*
Tun-nel, der; -s,-: *Unterführung, unterirdischer Verkehrsweg*
Tun-te, die; -,-n: *abwertend für „femininer Homosexueller"*
tun-tig: *umgangssprachlich für „wie eine Tunte"*
tüp-feln: *mit Tupfen versehen*
tup-fen: *leicht berühren, abtupfen*
Tup-fen, der; -s,-: *kleiner Fleck*
Tup-fer, der; -s,-: *Wattebausch*

Tür, die; -,-en: *verschließbare Öffnung, Eingang, Durchgang*
Tur-ban, der; -s,-e: *Kopfbedeckung der Mohammedaner*
Tur-bi-ne, die; -,-n: *Kraftmaschine, die mit einem Schaufelrad Energie erzeugt*
Tur-bo-prop-flug-zeug, das; -es,-e: *von einer Propellerturbine angetriebenes Flugzeug*
tur-bu-lent: *wild, unruhig, wirbelnd*
Tur-bu-lenz, die; -,-en: *Wirbelbildung in Strömungen, Unruhe, Durcheinander*
Turf [Töhrf], der; -s, keine Mehrzahl: *Pferderennbahn*
Tür-fül-lung, die; -,-en: *in die Tür eingelassene Platte*
Tür-kis, der; -es,-e: *Halbedelstein*
tür-kis-far-ben: *blaugrün*
Tür-klin-ke, die; -,-n: *Türgriff, Hebel zum Öffnen der Tür*
Turm, der; -es, Tür-me: *hohes, schmales Bauwerk*
Turm, der; -es, Tür-me: *Gerüst zum Kunstspringen*
Turm, der; -es, Tür-me: *Figur des Schachspiels*
Tur-ma-lin, der; -s,-e: *Edelstein*
tür-men: *aufeinander häufen, häufen, schichten*
tür-men: *umgangssprachlich für „davonlaufen, ausreißen"*
Turm-fal-ke, der; -n,-n: *Raubvogel*
turm-hoch: *sehr hoch, sehr groß*
Turm-sprin-gen, das; -s,-: *Kunstspringen*
Turm-uhr, die; -,-en: *an einem Turm angebrachte Uhr*
tur-nen: *Leibesübungen betreiben*
Tur-ner, der; -s,-: *jemand, der turnt*
Tur-ne-rin, die; -,-nen: *jemand, die turnt*
tur-ne-risch: *das Turnen, den Turner betreffend*
Turn-fest, das; -es,-e: *Schauturnen, Turnwettkampf*
Turn-hal-le, die; -,-n: *Halle zum Turnen*
Tur-nier, das; -es,-e: *sportlicher Wettkampf*
Turn-leh-rer, der; -s,-: *Sportlehrer*
Turn-schuh, der; -s,-e: *Schuh zum Turnen*
Tur-nus, der; -,-se: *Reihenfolge, festgelegte Wiederkehr, Wechsel*
Turn-ver-ein, der; -es,-e: *Sportverein*
Turn-zeug, das; -s, keine Mehrzahl: *Turnbekleidung*

tyrannisieren

Tür-öff-ner, der- -s,-: *Vorrichtung zum automatischen Öffnen der Tür*
Tür-schwel-le, die; -,-n: *Stufe, die eine Tür nach unten abschließt*
Tür-sturz, der; -es, -stür-ze: *obere Mauerbegrenzung der Tür*
tur-teln: *sich verliebt gebärden, Zärtlichkeiten austauschen*
Tur-tel-tau-be, die; -,-n: *Taubenart*
Tusch, der; -s,-e: *kurze Ehrenmusik, kurzer Dreiklang*
Tu-sche, die;-,-n: *Tinte, Wasserfarbe*
tu-scheln: *flüstern*
tu-schen: *mit Tusche malen, zeichnen*
tu-schie-ren: *Metallflächen glätten*
Tü-te, die; -,-n: *trichterförmige Eiswaffel*
Tü-te, die; -,-n: *Papier- oder Plastikbeutel*
tu-ten: *hupen*
Tu-tor, der; -s,-en: *Lehrer, Ratgeber, Erzieher, Vormund*
Tut-ti, das; -/-s,-/-s: *Spiel des gesamten Orchesters*
Tut-ti-frut-ti, das; -s,-s: *Süßspeise, Halbgefrorenes*
TÜV, der; -s,-s: *Kurzwort für „Technischer Überwachungsverein"*
Tweed [Twied], der; -s,-s: *Stoffart*
Twen, der; -s,-s: *junger Mensch zwischen 20 und 29 Jahren*
Twin-set, der; -s,-s: *kurzärmliger Pullover mit Jacke*
Twist, der; -es,-e: *gedrehter Baumwollfaden*
Twist, der; -es,-e: *Tanzart*
Two-stepp [Tuhstepp], der; -s,-s: *Tanzart*
Typ, der; -s,-en: *typische äußere und innere Eigenarten*
Typ, der; -s,-en: *Grundform, Bauart, Modell*
Typ, der; -s,-en: *Gattung, Schlag*
Typ, der; -s,-en: *umgangssprachlich für „Mensch, Kerl, Mann"*

Ty-pe, die; -,-n: *Zeichen auf Büromaschinen*
Ty-pe, die; -,-n: *gegossener Druckbuchstabe*
Ty-pe, die; -,-n: *Grad der Ausmahlung des Mehls*
Ty-pe, die; -,-n: *umgangssprachlich für „merkwürdiger, lustiger Mensch"*
Ty-phus, der; -s, keine Mehrzahl: *Infektionskrankheit*
ty-pisch: *kennzeichnend, bezeichnend, unverkennbar*
ty-pisch: *einen Typus betreffend, mustergültig, vorbildlich*
ty-pi-sie-ren: *nach Typen einteilen*
Ty-pi-sie-rung, die; -, keine Mehrzahl: *das Typisieren*
Ty-po-graf (auch Ty-po-graph), der; -en,-en: *Schriftsatzgestalter*
Ty-po-gra-fie (auch Ty-po-gra-phie), die; -,-n: *typografische Gestaltung eines Druckerzeugnisses*
Ty-po-gra-fie (auch Ty-po-gra-phie), die; -, keine Mehrzahl: *Buchdruckerkunst*
ty-po-gra-fisch (auch ty-po-gra-phisch): *die Typografie betreffend*
Ty-po-lo-gie, die; -,-n: *Lehre von den psychologischen Typen*
Ty-po-lo-gie, die; -,-n: *Gesamtheit typischer Merkmale*
ty-po-lo-gisch: *die Typologie betreffend*
Ty-pos-kript (auch Ty-po-skript), das; -es,-e: *mit der Schreibmaschine erstelltes Manuskript*
Ty-pus, der; -, Ty-pen: *Typ*
Ty-rann, der; -en,-en: *Gewaltherrscher; auch: herrschsüchtiger Mensch*
Ty-ran-nei, die; -,-en: *Gewaltherrschaft*
ty-ran-nisch: *herrschsüchtig, selbstherrlich, gewaltsam, unterdrückerisch*
ty-ran-ni-sie-ren: *jemanden unterdrücken, gewaltsam beherrschen*

u, U

u, U, das; -,-: einundzwanzigster Buchstabe des Alphabets, Vokal, Selbstlaut
ü, Ü, das; -,-: Umlaut aus „u, U"
u.: Abkürzung für „und"
u. a.: Abkürzung für „und anderes; unter anderem, unter anderen"
u. Ä.: Abkürzung für „und Ähnliches"
u. a. m.: Abkürzung für „und anderes mehr"
U. A. w. g.: Abkürzung für „Um Antwort wird gebeten"
U-Bahn, die; -,-en: Untergrundbahn
U-Bahn-hof, der; -es, -hö-fe: Bahnhof der Untergrundbahn
ü-bel: schlecht, unangenehm
ü-bel: unwohl
ü-bel: gemein, abscheulich, böse, abstoßend
Ü-bel, das; -s,-: etwas Schlechtes, Unangenehmes, Schlimmes
Ü-bel, das; -s,-: Missstand, Missgeschick; Leiden, Krankheit
ü-bel-be-ra-ten: schlecht beraten
ü-bel-ge-launt: schlecht gelaunt
ü-bel-ge-sinnt: schlecht gesinnt
Ü-bel-keit, die; -, keine Mehrzahl: Ekel, Brechreiz, Schwindelgefühl, Unwohlsein
ü-bel-lau-nig: übel gelaunt
ü-bel-neh-men, nahm übel, übel genommen: beleidigt sein, böse sein, als Kränkung auffassen
Ü-bel-stand, der; -es, -stän-de: Übel, Missstand
Ü-bel-tat, die; -,-en: Missetat, Verbrechen
Ü-bel-tä-ter, der; -s,-: Missetäter, Verbrecher
ü-bel wol-len: böse Absichten hegen, jemandem böse gesinnt sein
ü-ben: trainieren, ständig wiederholen, Übungen machen
ü-ber: oberhalb von, höher als
ü-ber: mehr als (Menge, Zeit), länger als (Zeit)
ü-ber: sehr, sehr viel, viele
ü-ber: weiter als, bis jenseits von
ü-ber-all: allenthalben, an jedem Ort
ü-ber-all-her: von allen Orten her
ü-ber-all-hin: nach allen Orten hin
ü-ber-al-tert: zu alt
Ü-ber-al-te-rung, die; -, keine Mehrzahl: zu wenig junge Menschen
Ü-ber-an-ge-bot, das; -es,-e: Angebot, das größer als die Nachfrage ist
ü-ber-an-stren-gen: Kräfte übermäßig beanspruchen
Ü-ber-an-stren-gung, die; -,-en: das Überanstrengen
ü-ber-ant-wor-ten: überlassen, übergeben, ausliefern
Ü-ber-ant-wor-tung, die; -,-en: das Überantworten
ü-ber-ar-bei-ten: verändern, verbessern, ausfeilen
Ü-ber-ar-bei-tung, die; -,-en: das Überarbeiten
ü-ber-aus: sehr, ungemein, äußerst
ü-ber-ba-cken: kurz im Backofen backen
Ü-ber-bau, der; -es,-ten: auf Stützpfeilern liegende Teile eines Bauwerks
Ü-ber-bau, der; -es,-ten: Bau über die Grundmauern hinweg, Bau über das Nachbargrundstück hinweg
Ü-ber-bau, der; -es,-ten: geistige, kulturelle oder weltanschauliche Strömungen und die ihnen entsprechenden Institutionen
ü-ber-bau-en: ein Bauwerk errichten
ü-ber-be-an-spru-cben: zu stark beanspruchen
ü-ber-be-hal-ten: übrig haben, zurückbehalten
Ü-ber-bein, das; -es,-e: knorpeliger Knoten
ü-ber-be-le-gen: mit zu vielen Personen belegen
Ü-ber-be-le-gung, die; -,-en: das Überbelegtsein
ü-ber-be-lich-ten: zu lange belichten
Ü-ber-be-lich-tung, die; -,-en: zu lange Belichtung
ü-ber-be-to-nen: zu stark betonen, zu viel Wert auf etwas legen
Ü-ber-be-to-nung, die; -,-en: das Überbetonen
ü-ber-be-wer-ten: für zu wichtig halten, zu viel Wert beimessen, stärker, besser einschätzen, als es der Wirklichkeit entspricht
Ü-ber-be-wer-tung, die; -,-en: das Überbewerten
ü-ber-bie-ten, überbot, überboten: übertrumpfen, mehr bieten, mehr leisten

überfluten

ü-ber-blei-ben, blieb über, übergeblieben: *übrig bleiben*
Ü-ber-bleib-sel, das; -s,-: *etwas, das überbleibt*
ü-ber-blen-den: *Bilder ineinander verschmelzen lassen*
Ü-ber-blen-dung, die; -,-en: *das Überblenden*
Ü-ber-blick, der; -s,-e: *umfassende Aussicht*
Ü-ber-blick, der; -s,-e: *allgemeine Kenntnisse*
Ü-ber-blick, der; -es,-e: *Zusammenfassung, Abriss*
Ü-ber-blick, der; -es,-e: *Kenntnis der Zusammenhänge*
ü-ber-bli-cken: *mit einem Blick umfassen, gute Sicht haben*
ü-ber-brin-gen, überbrachte, überbracht: *abliefern, bringen, ausrichten*
Ü-ber-brin-ger, der; -s,-: *jemand der etwas überbringt*
ü-ber-brü-cken: *eine Brücke bauen*
ü-ber-brü-cken: *ausgleichen, ausfüllen, überwinden*
Ü-ber-brü-ckung, die; -,-en: *das Überbrücken*
Ü-ber-brü-ckungs-bei-hil-fe, die; -,-n: *geldliche Unterstützung*
ü-ber-da-chen: *mit einem Dach versehen*
Ü-ber-da-chung, die; -,-en: *das Überdachen, Dach*
ü-ber-dau-ern: *aushalten, überleben, lange vorhanden sein*
ü-ber-de-cken: *mit etwas bedecken*
ü-ber-deh-nen: *zu stark dehnen*
ü-ber-deut-lich: *sehr deutlich*
ü-ber-dies: *außerdem, obendrein*
ü-ber-di-men-si-o-niert: *zu groß gehalten, mit zu großen Teilen ausgestattet*
Ü-ber-do-sis, die; -, -do-sen: *zu große Dosis*
Ü-ber-druck, der; -es, -drü-cke: *sehr hoher Druck*
Ü-ber-druck-ven-til, das; -es,-e: *Sicherheitsventil gegen zu hohen Druck*
Ü-ber-druss, der; -drus-ses, keine Mehrzahl: *Widerwille, Übersättigung*
ü-ber-drüs-sig: *etwas nicht mehr mögend*
Ü-ber-ei-fer, der; -s, keine Mehrzahl: *zu großer Eifer*
ü-ber-eif-rig: *sehr eifrig, zu eifrig*
ü-ber-eig-nen: *als Eigentum abtreten, Besitzanspruch abtreten*
Ü-ber-eig-nung, die;-,-en: *Übertragung, das Übereignen*
ü-ber-ei-len: *etwas zu hastig entscheiden, zu schnell tun, unbesonnen handeln*
ü-ber-ei-nan-der (auch ü-ber-ein-an-der): *einer über dem anderen, aufgetürmt*
ü-ber-ein-kom-men, kam überein, übereingekommen: *sich verständigen, sich einigen*
Ü-ber-ein-kom-men, das; -s,-: *Vertrag, Einverständnis, Einigung*
Ü-ber-ein-kunft, die; -,-künf-te: *Einigung, gemeinsamer Beschluss*
ü-ber-ein-stim-men: *einer Meinung sein, gleich sein, harmonieren*
ü-ber-emp-find-lich: *zu empfindlich*
Ü-ber-emp-find-lich-keit, die; -,-en: *das Überempfindlichsein*
ü-ber-er-fül-len: *mehr machen als vorgesehen*
Ü-ber-er-fül-lung, die; -,-en: *das Übererfüllen*
ü-ber-es-sen, sich; überaß sich; sich übergessen: *von einer Sache bis zum Überdruss essen*
ü-ber-fah-ren, überfuhr, überfahren: *übergehen, benachteiligen, überstimmen*
ü-ber-fah-ren, überfuhr, überfahren: *mit einem Fahrzeug überrollen, darüber hinwegfahren*
Ü-ber-fahrt, die; -,-en: *Überquerung eines Gewässers*
Ü-ber-fall, der; -s, -fäl-le: *Angriff*
ü-ber-fal-len, überfiel, überfallen: *jäh angreifen*
ü-ber-fäl-lig: *nicht im Zeitplan, noch nicht eingetroffen*
Ü-ber-fall-kom-man-do, das; -s,-s: *Sondereinsatzkommando*
ü-ber-fi-schen: *zu viele Fische fangen*
ü-ber-flie-gen, überflog, überflogen: *darüber hinwegfliegen*
ü-ber-flie-gen, überflog, überflogen: *flüchtig durchlesen, durchblättern*
ü-ber-flie-ßen, floss über, übergeflossen: *über den Rand fließen*
ü-ber-flü-geln: *besser sein, übertreffen*
Ü-ber-fluss, der; -flus-ses, keine Mehrzahl: *reichliches Vorhandensein, mehr als unbedingt nötig, große Fülle*
ü-ber-flüs-sig: *unnötig, entbehrlich, nicht angebracht*
ü-ber-flüs-si-ger-wei-se: *unnötigerweise*
ü-ber-flu-ten: *überschwemmen*

Überflutung

Ü-ber-flu-tung, die; -,-en: *Überschwemmung*
ü-ber-for-dern: *mehr fordern, als zu leisten ist, zu hohe Ansprüche stellen*
Ü-ber-for-de-rung, die; -,-en: *das Überfordern*
ü-ber-fra-gen: *jemanden etwas fragen, das er nicht weiß*
ü-ber-füh-ren: *überführte, übergeführt, von einem Ort zum anderen bringen*
ü-ber-füh-ren: *überführte, übergeführt, jemandem eine Schuld nachweisen*
Ü-ber-füh-rung, die; -,-en: *Fußgängerbrücke, Brücke über einen Verkehrsweg*
Ü-ber-füh-rung, die; -,-en: *das Überführen, das Überführtwerden*
Ü-ber-fül-le, die; -, keine Mehrzahl: *übergroße Menge*
ü-ber-fül-len: *zu voll füllen*
Ü-ber-fül-lung, die; -, keine Mehrzahl: *das Überfüllen, das Überfülltsein*
Ü-ber-funk-ti-on, die; -,-en: *zu starke Funktion eines Organs*
Ü-ber-ga-be, die; -,-n: *das Übergeben*
Ü-ber-gang, der; -es,-gän-ge: *Schattierung, Abstufung, Überleitung*
Ü-ber-gang, der; -es, -gän-ge: *Überweg*
Ü-ber-gang, der; -es, -gän-ge: *Wechsel, Wandlung*
Ü-ber-gang, der; -es, -gän-ge: *das Überschreiten, Hinübergehen*
Ü-ber-gang, der; -es, -gän-ge: *Zwischenstufe, Zwischenlösung*
Ü-ber-gangs-sta-di-um, das; -s, -sta-di-en: *Zustand, Zeit des Übergangs*
Ü-ber-gangs-zeit, die; -,-en: *Frühjahr und Herbst*
ü-ber-ge-ben, übergab, übergeben: *aushändigen, ausliefern, überlassen*
ü-ber-ge-ben, sich; übergab sich, sich übergeben: *erbrechen*
ü-ber-ge-hen, überging, übergangen: *nicht beachten, nicht berücksichtigen, vernachlässigen, weglassen*
ü-ber-ge-nug: *mehr als genug*
Ü-ber-ge-wicht, das; -es, keine Mehrzahl: *zu viel Gewicht*
Ü-ber-ge-wicht, das; -es,-e; *Vorteil, Übermacht*
ü-ber-gie-ßen, übergoss, übergossen: *darüber schütten, mit etwas begießen*
ü-ber-glück-lich: *sehr glücklich*
ü-ber-grei-fen, griff über, übergegriffen: *sich ausbreiten*

ü-ber-grei-fen, griff über, übergegriffen: *mit einer Hand über die andere greifen*
Ü-ber-griff, der; -es,-e: *Einmischung, unerlaubter Eingriff*
Ü-ber-grö-ße, die; -,-n: *sehr große Kleidergröße*
ü-ber-ha-ben, hatte über, übergehabt: *überdrüssig sein*
ü-ber-ha-ben, hatte über, übergehabt: *übrig haben*
ü-ber-ha-ben, hatte über, übergehabt: *umgangssprachlich für „anhaben, tragen"*
Ü-ber-hang, der; -es, -hän-ge: *etwas, das überhängt*
Ü-ber-hang, der; -es, -hän-ge: *überschüssige Warenmenge*
ü-ber-has-ten: *übereilen*
ü-ber-häu-fen: *überschütten*
ü-ber-haupt: *eigentlich, überdies, außerdem, zumal*
ü-ber-haupt: *im Ganzen gesehen; darüber hinaus*
ü-ber-heb-lich: *arrogant, anmaßend, dünkelhaft, eingebildet*
Ü-ber-heb-lich-keit, die; -, keine Mehrzahl: *überhebliches Verhalten, überhebliches Wesen*
ü-ber-hei-zen: *zu stark heizen*
ü-ber-hit-zen: *zu stark erhitzen*
Ü-ber-hit-zung, die; -,-en: *das Überhitzen*
ü-ber-ho-len: *reparieren, ausbessern, erneuern*
ü-ber-ho-len: *vorbeifahren, vorbeigehen, hinter sich lassen, Besseres leisten*
ü-ber-ho-len: *übersetzen, herüberholen*
Ü-ber-hol-ma-nö-ver, das; -s,-: *der Vorgang des Überholens*
Ü-ber-hol-spur, die; -,-en: *linke Fahrspur der Autobahn*
ü-ber-hö-ren: *nicht hören, nicht beachten*
ü-ber-ir-disch: *auf der Erdoberfläche*
ü-ber-ir-disch: *nicht irdisch, übernatürlich*
ü-ber-kan-di-delt: *umgangssprachlich für „überspannt, leicht verrückt"*
ü-ber-kle-ben: *mit etwas bekleben*
ü-ber-ko-chen: *beim Sieden über den Rand laufen*
ü-ber-kom-men, überkam, überkommen: *eine Empfindung ergreift, überfällt, erfasst jemanden*
ü-ber-kom-men: *ererbt, überliefert*

Überprüfung

ü-ber-krie-gen: *umgangssprachlich für „etwas überdrüssig sein, etwas satt haben"*
ü-ber-la-den: *zu schwer beladen, mit zu vielen Einzelheiten versehen*
Ü-ber-la-dung, die; -,-en: *das Überladen*
ü-ber-la-gern: *etwas überdecken*
Ü-ber-la-ge-rung, die; -,-en: *das Überlagern*
ü-ber-lap-pen: *auf etwas übergreifen, teilweise überdecken, teilweise übereinstimmen*
ü-ber-las-sen, überließ, überlassen: *weitergeben, anvertrauen, hingeben*
ü-ber-las-sen, sich; überließ sich, sich überlassen: *sich hingeben, nachgeben*
ü-ber-las-sen, ließ über, übergelassen: *übrig lassen*
ü-ber-las-ten: *zu stark belasten*
Ü-ber-las-tung, die; -,-en: *das Überlasten*
Ü-ber-lauf, der; -es, -läu-fe: *Stelle, an der eine Flüssigkeit überlaufen kann*
ü-ber-lau-fen, lief über, übergelaufen: *über einen Rand fließen*
ü-ber-lau-fen, lief über, übergelaufen: *zur anderen Seite wechseln*
ü-ber-lau-fen: *stark in Anspruch genommen*
Ü-ber-läu-fer, der; -s,-: *jemand, der die Seiten wechselt*
Ü-ber-lauf-ven-til, das; -es,-e: *Sicherheitsventil*
ü-ber-le-ben: *weiterleben, etwas lebend überstehen*
Ü-ber-le-ben-de, der/die; -n,-n: *jemand, der etwas überlebt hat*
ü-ber-le-bens-groß: *größer als in Wirklichkeit*
Ü-ber-le-bens-grö-ße, die; -, keine Mehrzahl: *größer als in Wirklichkeit*
ü-ber-le-gen: *übermächtig*
ü-ber-le-gen: *nachdenken*
Ü-ber-le-gung, die; -,-en: *Nachdenken, Gedanke*
ü-ber-lei-ten: *eine Verbindung herstellen, zu etwas anderem übergehen*
Ü-ber-lei-tung, die; -,-en: *das Überleiten*
Ü-ber-le-sen, überlas, überlesen: *schnell durchlesen, übersehen*
Ü-ber-lie-fe-rung, die; -,-en: *Tradition, von früher her Erhaltenes*
ü-ber-lis-ten: *hereinlegen, bluffen, täuschen*

Ü-ber-macht, die; -, keine Mehrzahl: *Überlegenheit an Zahl, an Stärke, Mehrzahl, Mehrheit*
ü-ber-mäch-tig: *in der Übermacht, zu mächtig*
ü-ber-man-nen: *überwältigen, überkommen*
Ü-ber-maß, das; -es,-e: *zu großes Maß*
Ü-ber-maß, das; -es, keine Mehrzahl: *größere Menge als normal*
ü-ber-mä-ßig: *zu viel, ohne Maß, übertrieben, im Übermaß*
ü-ber-mensch-lich: *über die Möglichkeiten eines Menschen hinausgehend, nicht natürlich*
ü-ber-mit-teln: *überreichen, schicken, bringen, überbringen*
ü-ber-mit-teln: *mitteilen, ausrichten*
Ü-ber-mitt-lung, die; -,-en: *Mitteilung, das Übermitteln*
ü-ber-mor-gen: *in zwei Tagen*
ü-ber-mü-det: *erschöpft, durch zu wenig Schlaf müde*
Ü-ber-mü-dung, die; -,-en: *große Müdigkeit*
ü-ber-nächst: *dem Nächsten folgend*
ü-ber-nach-ten: *schlafen, die Nacht zubringen*
ü-ber-näch-tigt: *unausgeschlafen, müde*
Ü-ber-nach-tung, die; -,-en: *das Übernachten*
Ü-ber-nah-me, die; -,-n: *das Übernehmen*
ü-ber-na-tür-lich: *übermenschlich; gespenstisch, nicht mit dem Verstand begreifbar*
ü-ber-neh-men, übernahm, übernommen: *in Empfang nehmen, annehmen*
ü-ber-neh-men, sich; übernahm sich, sich übernommen: *sich zu sehr anstrengen, sich überanstrengen*
ü-ber-ord-nen: *in der Hierarchie darüber stellen*
Ü-ber-ord-nung, die; -,-en: *das Überordnen*
ü-ber-par-tei-lich: *über den Parteien stehend*
Ü-ber-par-tei-lich-keit, die; -, keine Mehrzahl: *das Überparteilichsein*
Ü-ber-pro-duk-tion, die; -,-en: *Produktion auf Halde*
ü-ber-prü-fen: *nachprüfen, testen*
Ü-ber-prü-fung, die; -,-en: *das Überprüfen*

überqueren

ü-ber-que-ren: *überschreiten, kreuzen*
Ü-ber-que-rung, die; -,-en: *das Überqueren*
ü-ber-ra-gen: *über etwas hinausragen*
ü-ber-ra-gen: *etwas übertreffen*
ü-ber-ra-schen: *in Erstaunen versetzen, überrumpeln*
Ü-ber-ra-schung, die; -,-en: *unerwartetes Ereignis, unerwartete Freude*
Ü-ber-ra-schung, die; -,-en: *Erstaunen, Verwunderung*
ü-ber-re-den: *jemanden für etwas durch Worte gewinnen*
Ü-ber-re-dung, die; -,-en: *das Überreden*
Ü-ber-re-dungs-kunst, die; -, keine Mehrzahl: *Kunst des Überredens*
ü-ber-re-gi-o-nal: *die Region überschreitend*
ü-ber-rei-chen: *übergeben*
ü-ber-reich-lich: *sehr reichlich*
ü-ber-reif: *über die Reife hinaus*
ü-ber-rei-zen: *zu stark reizen, nervös machen*
Ü-ber-reizt-heit, die; -, keine Mehrzahl: *das Überreiztsein, Nervosität*
ü-ber-ren-nen, *überrannte, überrannt: überrumpeln, vernichten*
Ü-ber-rest, der; -es,-e: *Rest, Übriggebliebenes*
Ü-ber-rock, der; -s, -rö-cke: *Oberbekleidung, Mantel*
ü-ber-rol-len: *überfahren*
ü-ber-rum-peln: *überraschen, verblüffen, unerwartet angreifen*
Ü-ber-rum-pe-lung, die; -,-en: *das Überrumpeln*
ü-ber-run-den: *überholen*
Ü-ber-run-dung, die; -,-en: *das Überrunden*
ü-ber-sät: *mit einer Vielzahl bedeckt*
Ü-ber-sät-ti-gung, die; -,-en: *das Übersättigtsein*
ü-ber-säu-ern: *mit zu viel Säure versehen*
Ü-ber-säu-e-rung, die; -,-en: *das Übersäuern, das Übersäuertsein*
Ü-ber-schall-flug-zeug, das; -es,-e: *Flugzeug, das Überschallgeschwindigkeit fliegen kann*
Ü-ber-schall-ge-schwin-dig-keit, die; -,-en: *Geschwindigkeit, die die des Schalls übersteigt*
ü-ber-schat-ten: *Schatten über etwas werfen, beschatten; auch: getrübt sein*

ü-ber-schät-zen: *zu viel erwarten, zu hohe Erwartungen stellen, größeren Wert annehmen, als es der Wirklichkeit entspricht*
Ü-ber-schät-zung, die; -,-en: *das Überschätzen*
ü-ber-schau-bar: *überblickbar*
Ü-ber-schau-bar-keit, die; -, keine Mehrzahl: *überschaubare Beschaffenheit*
ü-ber-schau-en: *überblicken*
ü-ber-schäu-men: *überkochen, über den Rand schäumen*
ü-ber-schla-fen, *überschlief, überschlafen: eine Nacht vergehen lassen*
Ü-ber-schlag, der; -es, -schlä-ge: *Abschätzung, große Berechnung*
Ü-ber-schlag, der; -es, -schlä-ge: *Drehung, Salto*
ü-ber-schla-gen, *überschlug, überschlagen: schätzen, ungefähr berechnen*
ü-ber-schla-gen, *überschlug, übergeschlagen: kreuzen, übereinander legen*
ü-ber-schla-gen, *überschlug, überschlagen: weiterblättern, ohne zu lesen*
ü-ber-schla-gen, *sich; überschlug sich, sich überschlagen: sich im Fallen um sich selbst drehen, kippen*
ü-ber-schlä-gig: *annähernd, ungefähr, abgeschätzt*
ü-ber-schnap-pen: *umgangssprachlich für „verrückt werden"*
ü-ber-schnei-den, *sich; überschnitt sich, sich überschnitten: sich kreuzen, zusammenfallen, zusammentreffen*
Ü-ber-schnei-dung, die; -,-en: *das Sichüberschneiden*
ü-ber-schrei-ben, *überschrieb, überschrieben: überweisen, etwas jemandem zukommen lassen*
ü-ber-schrei-ben, *überschrieb, überschrieben: darüber schreiben, eine Überschrift darüber setzen*
Ü-ber-schrei-bung, die; -,-en: *das Überschreiben*
ü-ber-schrei-en, *überschrie, überschrieen: übertönen*
ü-ber-schrei-ten, *überschritt, überschritten: über etwas hinausgehen*
ü-ber-schrei-ten, *überschritt, überschritten: kreuzen, hinübergehen*
Ü-ber-schrei-tung, die; -,-en: *das Überschreiten, Übertretung*
Ü-ber-schrift, die; -,-en: *Titel, Schlagzeile*

überstimmen

Ü-ber-schuh, der; -s,-e: Schutzstiefel
Ü-ber-schuss, der; -schus-ses, -schüs-se: zu viel Produziertes, etwas, das über ein bestimmtes Maß hinausgeht
Ü-ber-schuss, der; -schus-ses, -schüs-se: Gewinn
ü-ber-schüs-sig: über ein gewisses Maß hinausgehend, unverwendet
ü-ber-schüt-ten: mit etwas übergießen
Ü-ber-schwang, der; -es, keine Mehrzahl: Übermaß
ü-ber-schwäng-lich: übertrieben gefühlvoll, übertrieben begeistert
ü-ber-schwap-pen: über den Rand schwappen
ü-ber-schwem-men: überfluten
Ü-ber-schwem-mung, die; -,-en: das Überschwemmen, das Überschwemmtsein
Ü-ber-see: Länder jenseits der Weltmeere
ü-ber-see-isch: über der Wasseroberfläche
ü-ber-seh-bar: überblickbar
Ü-ber-seh-bar-keit, die; -, keine Mehrzahl: übersehbare Beschaffenheit
ü-ber-se-hen, übersah, übersehen: absichtlich nicht beachten, ignorieren, schneiden
ü-ber-se-hen, übersah, übersehen: überblicken, erkennen
ü-ber-sen-den, übersandte, übersandt: schicken
ü-ber-setz-bar: in eine andere Sprache übertragbar
Ü-ber-setz-bar-keit, die; -, keine Mehrzahl: übersetzbare Beschaffenheit
ü-ber-set-zen: einen Fluss mit einem Schiff überqueren
ü-ber-set-zen: in eine andere Sprache übertragen, dolmetschen
Ü-ber-set-zer, der; -s,-: jemand, der übersetzt, Dolmetscher
Ü-ber-set-zung, die; -,-en: das Übersetzen, übersetzter Text
Ü-ber-sicht, die; -,-en: Überblick, Fähigkeit, Zusammenhänge zu erkennen
Ü-ber-sicht, die; -,-en: Verzeichnis, Auszug, knappe Darstellung, Zusammenfassung
ü-ber-sicht-lich: gut zu übersehen, gut lesbar
Ü-ber-sicht-lich-keit, die; -, keine Mehrzahl: übersichtliche Beschaffenheit
Ü-ber-sichts-kar-te, die; -,-n: Karte, die einen Überblick vermittelt

ü-ber-sie-deln: umziehen
Ü-ber-sied-lung, die; -,-en: das Übersiedeln
ü-ber-sinn-lich: übernatürlich
ü-ber-span-nen: zu stark spannen, zu weit gehen
ü-ber-spannt: übertrieben, ein wenig verrückt
ü-ber-spie-len: ausspielen, umspielen
ü-ber-spie-len: sich etwas nicht anmerken lassen, etwas nicht ersichtlich werden lassen
ü-ber-spie-len: übertragen, aufnehmen
ü-ber-spit-zen: etwas zu spitzfindig behandeln, zu spitzfindig ausdrücken
Ü-ber-spitzt-heit, die; -,-en: überspitzte Formulierung
ü-ber-sprin-gen, sprang über, übergesprungen: etwas springt über; auch: abrupt das Thema wechseln
ü-ber-sprin-gen, übersprang, übersprungen: über etwas springen
ü-ber-sprin-gen, übersprang, übersprungen: etwas auslassen, übergehen
ü-ber-spru-deln: über den Rand hinaussprudeln
ü-ber-spru-deln: viel Temperament haben
ü-ber-staat-lich: über den Staaten stehend, international
Ü-ber-staat-lich-keit, die; -, keine Mehrzahl: überstaatliche Beschaffenheit
ü-ber-ste-hen, überstand, überstanden: aushalten, ertragen, überleben
ü-ber-steig-bar: so beschaffen, dass man es übersteigen kann
ü-ber-stei-gen, überstieg, überstiegen: darüber steigen
ü-ber-stei-gen, überstieg, überstiegen: zu viel sein, größer als etwas sein
ü-ber-stei-gern: übertreiben, zu sehr steigern
ü-ber-stel-len: übergeben, überordnen
Ü-ber-stel-lung, die; -,-en: das Überstellen
ü-ber-steu-ern: zu stark in eine Kurve steuern
ü-ber-steu-ern: zu hohe Spannung anlegen
Ü-ber-steu-e-rung, die; -,-en: das Übersteuern
ü-ber-stim-men: durch Mehrheitsbeschluss besiegen, bei einer Abstimmung die größeren Stimmenanteile erringen

überstrahlen

ü-ber-strah-len: *zu hell leuchten*
ü-ber-strei-fen: *überziehen*
ü-ber-strö-men: *überfluten*
Ü-ber-stun-de, die; -,-n: *zusätzliche Arbeitsstunde*
ü-ber-stür-zen: *sehr schnell aufeinander folgen*
ü-ber-stür-zen: *zu hastig sein, unüberlegt, schnell handeln*
ü-ber-stür-zen, sich: *sich zu hastig bewegen*
ü-ber-teu-ern: *einen zu hohen Preis verlangen*
Ü-ber-teu-e-rung, die; -,-en: *das Überteuern*
ü-ber-töl-peln: *überrumpeln, betrügen, überlisten*
Ü-ber-töl-pe-lung, die; -,-en: *das Übertölpeln*
ü-ber-tö-nen: *etwas mit lauten Tönen überdecken*
Ü-ber-trag, der; -es, -trä-ge: *auf eine andere Seite zu übertragende Summe*
ü-ber-trag-bar: *so beschaffen, dass man es übertragen kann; auch: ansteckend*
Ü-ber-trag-bar-keit, die; -, keine Mehrzahl: *übertragbare Beschaffenheit; auch: Ansteckung*
ü-ber-tra-gen, übertrug, übertragen: *anwenden*
ü-ber-tra-gen, übertrug, übertragen: *senden*
ü-ber-tra-gen, übertrug, übertragen: *von einem Konto auf ein anderes überschreiben*
ü-ber-tra-gen, übertrug, übertragen: *übergeben, beauftragen*
Ü-ber-tra-gung, die; -,-en: *das Übertragen*
ü-ber-tref-fen, übertraf, übertroffen: *besser sein, mehr leisten als vorher*
ü-ber-trei-ben, übertrieb, übertrieben: *ausschmücken, dick auftragen*
ü-ber-trei-ben, übertrieb, übertrieben: *zu viel tun*
Ü-ber-trei-bung, die; -,-en: *das Übertreiben*
ü-ber-tre-ten, übertrat, übertreten: *nicht einhalten, verletzen*
ü-ber-tre-ten, trat über, übergetreten: *wechseln*
ü-ber-tre-ten, trat über, übergetreten: *über eine vorgeschriebene Stelle hinaustreten*
ü-ber-tre-ten, trat über, übergetreten: *überschwemmen, über die Ufer treten*
Ü-ber-tre-tung, die; -,-en: *Regelverletzung, das Übertreten*
Ü-ber-tritt, der; -s,-e: *das Überschreiten; auch: das Übertreten*
ü-ber-trump-fen: *etwas besser können, übertreffen*
ü-ber-trump-fen: *mit einem höheren Trumpf nehmen*
ü-ber-tün-chen: *übermalen*
ü-ber-völ-kern: *zu dicht bevölkern, mit zu vielen Menschen bewohnen*
Ü-ber-völ-ke-rung, die; -,-en: *das Übervölkern*
ü-ber-vor-tei-len: *benachteiligen, sich auf Kosten eines anderen bereichern*
Ü-ber-vor-tei-lung, die; -,-en: *das Übervorteilen*
ü-ber-wach: *angespannt, hellwach*
ü-ber-wa-chen: *kontrollieren, beobachten, beaufsichtigen*
Ü-ber-wa-chung, die; -,-en: *Kontrolle, das Überwachen*
ü-ber-wäl-ti-gen: *tief beeindrucken, sehr erstaunen*
ü-ber-wäl-ti-gen: *überrumpeln, bezwingen, kampfunfähig machen*
Ü-ber-wäl-ti-gung, die; -,-en: *das Überwältigen*
Ü-ber-weg, der; -es,-e: *Wegkreuzung, Überführung*
ü-ber-wei-sen, überwies, überwiesen: *zur weiteren Behandlung an einen anderen Arzt verweisen*
ü-ber-wei-sen, überwies, überwiesen: *von einem Konto auf ein anderes übertragen, bargeldlos zahlen*
Ü-ber-wei-sung, die; -,-en: *das Überweisen, das Überwiesenwerden*
Ü-ber-wei-sungs-auf-trag, der -es, -träge: *Bankauftrag für eine Überweisung*
ü-ber-wer-fen, warf über, übergeworfen: *darüber ziehen*
ü-ber-w-er-fen, sich; überwarf sich, sich überworfen: *Freundschaft kündigen, sich entzweien*
ü-ber-wie-gend: *zum größten Teil*
ü-ber-win-den, überwand, überwunden: *mit etwas fertig werden, über etwas hinwegkommen*
ü-ber-win-den, sich; überwand sich, sich überwunden: *etwas gegen innere oder äußere Widerstände tun*

ultramarin

Ü-ber-win-dung, die; -,-en: *das Überwinden, Selbstbezwingung*
ü-ber-win-tern: *den Winter verbringen*
ü-ber-wu-chern: *zuwachsen, durch zu starkes Wachstum verdecken*
Ü-ber-zahl, die; -, keine Mehrzahl: *Mehrzahl*
ü-ber-zäh-lig: *überschüssig; zu viel, zu reichlich vorhanden*
ü-ber-zeu-gen: *jemanden bekehren*
ü-ber-zeu-gen, sich: *sich vergewissern*
Ü-ber-zeu-gung, die; -,-en: *das Überzeugen*
Ü-ber-zeu-gung, die; -,-en: *Meinung, Glaube, Gewissheit, Einstellung*
Ü-ber-zeu-gungs-kraft, die; -, keine Mehrzahl: *Fähigkeit, zu überzeugen*
Ü-ber-zeu-gungs-tä-ter, der; -s,-: *jemand, der eine Straftat aufgrund seiner Überzeugung begeht*
ü-ber-zie-hen, überzog, überzogen: *mit einem Überzug versehen*
ü-ber-zie-hen, überzog, überzogen: *überschreiten, zu stark in Anspruch nehmen*
ü-ber-zie-hen, zog über, übergezogen: *anziehen*
Ü-ber-zie-her, der; -s,-: *Mantel*
ü-ber-züch-ten: *durch übertriebenes Züchten verderben*
Ü-ber-züch-tung, die; -,-en: *das Überzüchten, das Überzüchtetsein*
u-bi-qui-tär: *überall vorkommend*
üb-lich: *gebräuchlich, gewohnt, herkömmlich*
üb-li-cher-wei-se: *wie üblich*
U-Boot, das; -es,-e: *Kurzwort für „Unterseeboot"*
üb-rig: *überschüssig, restlich*
üb-rig be-hal-ten, behielt übrig, übrig behalten: *überbehalten*
üb-rig blei-ben, blieb übrig, übrig geblieben: *zurückbleiben, nicht verbraucht werden*
üb-ri-gens: *nebenbei bemerkt*
üb-rig las-sen, ließ übrig, übrig gelassen: *nicht alles verbrauchen*
Ü-bung, die; -,-en: *Übungsstück, Lektion, Unterrichtseinheit*
Ü-bung, die; -,-en: *das Üben, ständige Wiederholung zum Einüben, ständige Versuche*
Ü-bung, die; -, keine Mehrzahl: *Geschicklichkeit, Gewandtheit*
Ü-bung, die; -,-en: *Manöver, Kampfübung*
Ü-bung, die; -,-en: *turnerische Leistung, Turnfigur*
Ü-bungs-buch, das; -es, -bü-cher: *Lehrbuch mit Übungen*
Ü-bungs-platz, der; -es, -plät-ze: *Platz zum Üben*
Ü-bungs-stück, das; -es,-e: *Musikstück zum Üben*
U-fer, das; -s,-: *Küste, Strand*
Uhr, die; -,-en: *Zeitmesser*
Uhr: *Stunde; 15 Uhr, um 9 Uhr*
Uhr-arm-band, das; -es, -bän-der: *Band, mit dem die Uhr am Arm befestigt wird*
Uhr-ma-cher, der; -s,-: *Handwerker, der Uhren repariert*
Uhr-werk, das; -es,-e: *Vorrichtung zum Antrieb der Uhr*
Uhr-zei-ger, der; -s,-: *Zeiger der Uhr*
Uhr-zei-ger-sinn, der; -es, keine Mehrzahl: *in der Uhrzeigerrichtung*
Uhr-zeit, die; -,-en: *Zeitpunkt, Zeit, die eine Uhr anzeigt*
U-hu, der; -s,-s: *Raubvogel*
U-kas, der; -ses,-se: *Verordnung, Erlass*
U-ku-le-le, die; -,-n: *kleine Gitarre*
UKW: *Ultrakurzwelle*
U-lan, der; -en,-en: *berittener Soldat*
Ulk, der; -s,-s: *Jux, Spaß*
ul-ken: *spaßen*
ul-kig: *komisch, drollig*
Ul-kus, das; -, Ul-ze-ra: *Geschwür*
Ul-me, die; -,-n: *Baumart*
Uls-ter [Alster], der; -s,-: *Herrenmantel*
ul-ti-ma-tiv: *in der Form eines Ultimatums*
Ul-ti-ma-tum, das; -s,-s/Ul-ti-ma-ten: *befristete Forderung*
Ul-ti-mo, der; -s, keine Mehrzahl: *der Letzte des Monats*
Ult-ra (auch Ul-tra), der; -s,-s: *Anhänger einer extremen politischen Richtung*
Ult-ra-kurz-wel-le (auch Ul-tra-kurz-welle), die; -,-n: *elektromagnetische Welle kurzer Frequenz, Zeichen: UKW*
Ult-ra-kurz-wel-len-emp-fän-ger (auch Ul-tra-kurz-wel-len-emp-fänger), der; -s,-: *Radio mit UKW-Empfangsteil*
Ult-ra-kurz-wel-len-sen-der (auch Ul-tra-kurz-wel-len-sen-der), der; -s,-: *Sender im UKW-Bereich*
ult-ra-ma-rin (auch ul-tra-ma-rin): *kornblumenblau*

Ultramarin

Ult-ra-ma-rin (auch Ul-tra-ma-rin), das; -s, keine Mehrzahl: *blaue Farbe; auch: Lapislazuli*
Ult-ra-schall (auch Ul-tra-schall), der; -s, keine Mehrzahl: *Schall oberhalb der Hörgrenze*
ult-ra-vi-o-lett (auch ul-tra-vi-o-lett): *im Spektrum jenseits des Violetts liegend*
Ult-ra-vi-o-lett (auch Ul-tra-vi-o-lett), das; -s, keine Mehrzahl: *im Spektrum jenseits des Violetts liegende Lichtqellen*
um: *für*
um: *fast, beinahe*
um: *wegen*
um: *im Kreise umgebend*
um: *jeder zweite*
um: *etwa, annähernd, ungefähr*
um-än-dern: *ändern, verändern*
Um-än-de-rung, die; -,-en: *das Umändern*
um-ar-bei-ten: *gründlich verändern*
Um-ar-bei-tung, die; -,-en: *das Umarbeiten*
um-ar-men: *in den Arm nehmen*
Um-ar-mung, die; -,-en: *das Umarmen*
Um-bau, der; -s, Um-bau-ten: *bauliche Veränderung; auch: Veränderung des Bühnenbildes*
um-bau-en: *mit einem Gebäude umgeben*
um-bau-en: *baulich verändern*
um-be-nen-nen, benannte um, umbenannt: *anders benennen*
Um-be-nen-nung, die; -,-en: *das Umbenennen*
um-be-set-zen: *neu, anders besetzen*
Um-be-set-zung, die; -,-en: *das Umbesetzen*
um-bet-ten: *in ein anderes Grab legen*
um-bet-ten: *in ein anderes Bett legen*
Um-bet-tung, die; -,-en: *das Umbetten*
um-bie-gen, bog um, umgebogen: *zurückkehren*
um-bie-gen, bog um, umgebogen: *nach einer Seite biegen, eine Biegung machen*
um-bil-den: *umformen, umwandeln*
Um-bil-dung, die; -,-en: *das Umbilden*
um-bin-den, band um, umgebunden: *durch Binden befestigen*
um-blät-tern: *ein Blatt umwenden*
um-bli-cken, sich: *sich umsehen*
Umb-ra (auch Um-bra), die; -, keine Mehrzahl: *braune Farbe*
um-bre-chen, brach um, umgebrochen: *nach einer Seite brechen, umstürzen*

um-bre-chen, brach um, umgebrochen: *regional für „umgraben"*
um-bre-chen, umbrach, umbrochen: *Schriftsatz im richtigen Format zusammenstellen*
Um-bruch, der; -es, Um-brü-che: *das Umbrechen, umbrochener Satz*
Um-bruch, der; -es, Um-brü-che: *grundlegende Wandlung, Änderung*
um-bu-chen: *anders buchen, eine Buchung vornehmen*
Um-bu-chung, die; -,-en: *das Umbuchen*
um-dis-po-nie-ren: *Planung ändern*
um-dre-hen: *kehrtmachen, umkehren, umwenden*
um-dre-hen: *auf die andere Seite drehen, nach der anderen Seite drehen*
Um-dre-hung, die; -,-en: *Drehung um eine Achse*
Um-dre-hungs-zahl, die; -,-en: *Zahl der Umdrehungen in einer Zeiteinheit*
um-ei-nan-der (auch um-ein-an-der): *einer um den anderen*
um-er-zie-hen, erzog um, umerzogen: *zu einer anderen Einstellung erziehen*
um-fah-ren, fuhr um, umgefahren: *beim Fahren umwerfen*
um-fah-ren, umfuhr, umfahren: *um etwas herumfahren*
um-fal-len, fiel um, umgefallen: *hinfallen, umkippen*
um-fal-len, fiel um, umgefallen: *umgangssprachlich für „plötzlich die Gesinnung wechseln"*
um-fal-len, fiel um, umgefallen: *umgangssprachlich für „ohnmächtig werden"*
Um-fang, der; -s, Um-fän-ge: *Begrenzungslinie eines Körpers, Länge dieser Linie; auch: Ausdehnung, Ausmaß*
um-fan-gen, umfing, umfangen: *umarmen*
um-fäng-lich: *dick, voluminös*
um-fas-sen: *enthalten*
um-fas-sen: *umarmen*
um-fas-sen: *einschließen, umzingeln*
um-fas-send: *vollständig, alles einschließend*
Um-fas-sungs-mau-er, die; -,-n: *einschließende Mauer*
um-flie-ßen, umfloss, umflossen: *darum herumfließen*
um-for-men: *mit einer anderen Form versehen*

umknicken

Um-for-mer, der; -s,-: *Transformator*
Um-for-mung, die; -,-en: *das Umformen*
Um-fra-ge, die; -,-n: *Rundfrage*
um-frie-den: *einfassen, umzäunen*
Um-frie-dung, die; -,-en: *Einzäunung, Mauer*
um-fül-len: *aus einem Gefäß in ein anderes füllen*
um-funk-ti-o-nie-ren: *jemandem oder etwas eine andere Funktion geben*
Um-gang, der; -es, -gän-ge: *Rundgang, Prozession*
Um-gang, der; -s, keine Mehrzahl: *Verkehr, Geselligkeit, Beisammensein*
um-gäng-lich: *verträglich, entgegenkommend*
Um-gangs-form, die; -,-en: *Art des Umgangs mit anderen Menschen; gutes Benehmen, Wohlerzogenheit*
Um-gangs-spra-che, die; -, keine Mehrzahl: *Alltagssprache*
um-gangs-sprach-lich: *in der Umgangssprache üblich*
um-gar-nen: *listig überreden, durch Schmeicheln geneigt machen*
um-ge-ben, umgab, umgeben: *einschließen, in die Mitte nehmen*
Um-ge-bung, die; -, keine Mehrzahl: *einen Ort umgebende Landschaft; auch: Nachbarschaft*
Um-ge-bung, die; -,-en: *eine Person umgebende Dinge und Menschen*
um-ge-hen, ging um, umgegangen: *etwas benutzen, gebrauchen, anwenden*
um-ge-hen, ging um, umgegangen: *jemanden auf bestimmte Art behandeln*
um-ge-hen, ging um, umgegangen: *im Umlauf sein*
um-ge-hen, ging um, umgegangen: *spuken*
um-ge-hen, umging, umgangen: *einen Bogen um etwas machen*
um-ge-hend: *unverzüglich, sogleich, sofort*
Um-ge-hung, die; -,-en: *das Umgehen*
Um-ge-hungs-stra-ße, die; -,-n: *Straße, die eine Innenstadt, einen Ortskern umgeht*
um-ge-kehrt: *anders herum*
um-ge-stal-ten: *anders gestalten*
Um-ge-stal-tung, die; -,-en: *das Umgestalten*
um-gra-ben, grub um, umgegraben: *umspaten*

um-gren-zen: *begrenzen, mit einer Grenze umgeben*
um-grup-pie-ren: *anders gruppieren, in anderen Gruppen zusammenstellen*
um-ha-cken: *durch Hacken auflockern*
um-ha-cken: *fällen, abholzen*
um-hal-sen: *umarmen*
Um-hang, der; -s, Um-hän-ge: *ärmelloses Kleidungsstück*
um-hän-gen: *über die Schulter hängen*
um-hän-gen: *an einen anderen Platz hängen*
Um-hän-ge-ta-sche, die; -,-n: *Schultertasche*
um-hau-en: *fällen*
um-her: *herum, hierhin und dahin*
um-her-bli-cken: *um sich herum blicken*
um-her-fah-ren, fuhr umher, umhergefahren: *herumfahren*
um-her-lau-fen, lief umher, umhergelaufen: *herumlaufen, in wechselnder Richtung laufen*
um-hö-ren, sich: *etwas zu erfahren suchen*
um-hül-len: *mit einer Hülle umgeben*
Um-hül-lung, die; -,-en: *Hülle, Verpackung*
um-ju-beln: *zujubeln*
Um-kehr, die; -, keine Mehrzahl: *Kehrtwendung, Rückwendung, Hinwendung zu einer neuen Lebensweise*
um-keh-ren: *drehen, wenden, umdrehen*
um-keh-ren: *die entgegengesetzte Richtung einschlagen, zurückgehen*
um-keh-ren: *sich wandeln*
Um-kehr-film, der; -es,-e: *Film, bei dem während der Entwicklung ein Positiv entsteht*
um-kip-pen: *umstürzen, umfallen*
um-kip-pen: *umgangssprachlich für „die Gesinnung wechseln"*
um-kip-pen: *umgangssprachlich für „ohnmächtig werden"*
um-klam-mern: *von allen Seiten packen und festhalten*
Um-klam-me-rung, die; -,-en: *das Umklammern, das Umklammertsein, das Umklammertwerden*
Um-klei-de-ka-bi-ne, die; -,-n: *Kabine zum Umkleiden*
um-klei-den: *Kleider wechseln*
um-klei-den: *umhüllen, umspannen*
um-kni-cken: *abknicken, umbrechen*

umkommen

um-kom-men, kam um, umgekommen: *sterben*
Um-kreis, der; -es,-e: *Umgebung*
um-krei-sen: *sich im Kreis um etwas herumbewegen*
Um-krei-sung, die; -,-en: *das Umkreisen*
um-krem-peln: *mehrmals umschlagen*
um-krem-peln: *völlig ändern*
um-la-den, lud um, umgeladen: *von einem Behältnis in ein anderes laden*
Um-la-ge, die; -,-n: *von mehreren Personen zu zahlender Betrag*
um-la-gern: *umringen, sich um etwas drängen*
um-la-gern: *die Lagerung von etwas ändern*
Um-lauf, der; -es, Um-läu-fe: *Kreislauf*
Um-lauf, der; -es, Um-läu-fe: *Rundschreiben*
Um-lauf-bahn, die; -,-en: *Bahn eines Himmelskörpers um einen anderen, Orbit*
um-lau-fen, lief um, umgelaufen: *kreisen, zirkulieren*
um-lau-fen, umlief, umlaufen: *umkreisen*
Um-laut, der; -es,-e: *umgelauteter Vokal*
um-lau-ten: *einen Vokal zu einem Umlaut verändern*
um-le-gen: *verteilen*
um-le-gen: *hinlegen*
um-le-gen: *ändern*
um-le-gen: *auf mehrere Personen verteilen*
um-le-gen: *umschlagen, falten*
um-le-gen: *an eine andere Stelle, einen anderen Ort legen*
um-le-gen: *umbinden, umhängen*
um-le-gen: *umgangssprachlich für „töten, ermorden"*
Um-le-gung, die; -,-en: *Verteilen*
um-lei-ten: *anders leiten*
Um-lei-tung, die; -,-en: *das Umleiten des Verkehrs*
um-len-ken: *in eine andere Richtung lenken*
um-ler-nen: *etwas anderes lernen*
um-lie-gend: *in der Nähe gelegen*
um-mo-deln: *verändern, ändern*
um-nach-tet: *verwirrt, geisteskrank*
Um-nach-tung, die; -,-en: *Geisteskrankheit*
um-nä-hen: *einen Stoffrand umschlagen und festnähen*

um-pflan-zen: *an einen anderen Ort, in einen anderen Topf pflanzen*
um-pflan-zen: *mit Pflanzen umgeben*
um-pflü-gen: *durch Pflügen auflockern*
um-po-len: *die Pole vertauschen*
um-quar-tie-ren: *in ein anderes Quartier verlegen*
um-rah-men: *mit einem Rahmen versehen*
Um-rah-mung, die; -,-en: *das Umrahmen*
um-ran-den: *mit einem Rand umgeben, einfassen*
Um-ran-dung, die; -,-en: *das Umranden, Einfassung*
um-ran-gie-ren: *durch Rangieren anders zusammenstellen*
um-räu-men: *in eine andere Ordnung bringen, in andere Positionen bringen*
um-rech-nen: *einen Betrag in einem anderen Berechnungssystem errechnen*
Um-rech-nung, die; -,-en: *das Umrechnen*
um-rei-ßen, riss um, umgerissen: *niederreißen, zerstören*
um-rei-ßen, riss um, umgerissen: *umwerfen*
um-rei-ßen, umriss, umrissen: *skizzieren*
um-ren-nen, rannte um, umgerannt: *über den Haufen rennen, beim Rennen umstoßen*
um-rin-gen: *von allen Seiten umgeben*
Um-riss, der; -ris-ses, -ris-se: *äußere Grenzlinie, Kontur*
um-rüh-ren: *rühren, durch Rühren vermischen*
um-sat-teln: *einen anderen Beruf ergreifen*
um-sat-teln: *ein Pferd mit einem anderen Sattel versehen*
Um-satz, der; -es, Um-sät-ze: *Gesamtheit der Verkäufe eines bestimmten Zeitraumes*
Um-satz-steu-er, die; -, keine Mehrzahl: *Steuer auf den Wert der verkauften Waren und Dienstleistungen*
um-säu-men: *mit einem Saum umgeben*
um-schal-ten: *durch Schalten verändern*
um-schal-ten: *umgangssprachlich für „sich umstellen, sich auf etwas anderes einstellen"*
Um-schal-tung, die; -,-en: *das Umschalten*
Um-schau, die; -, keine Mehrzahl: *Rundschau, Rundblick*
um-schau-en, sich: *sich umsehen*

umsteigen

um-schich-tig: *im Wechsel*
Um-schlag, der; -es, -schlä-ge: *Buchumschlag, Hülle*
Um-schlag, der; -es, -schlä-ge: *Wickel, Verband*
Um-schlag, der; -es, -schlä-ge: *plötzliche Veränderung, Umschwung*
Um-schlag, der; -es, -schlä-ge: *Umladung*
Um-schlag, der; -es, -schlä-ge: *umgeschlagenes Stoffstück*
Um-schlag, der; -es, -schlä-ge: *Briefkuvert*
um-schla-gen, schlug um, umgeschlagen: *umkrempeln*
um-schlie-ßen, umschloss, umschlossen: *umzingeln, einschließen*
um-schlie-ßen, umschloss, umschlossen: *umfassen*
um-schmei-ßen, schmiss um, umgeschmissen: *umgangssprachlich für „umwerfen"*
um-schnal-len: *umbinden und mit einer Schnalle befestigen*
um-schrei-ben, umschrieb, umschrieben: *mit anderen Worten ausdrücken*
um-schrei-ben, umschrieb, umschrieben: *in Umrissen beschreiben*
um-schrei-ben, schrieb um, umgeschrieben: *anders schreiben, umarbeiten*
Um-schrei-bung, die; -,-en: *das Umschreiben*
Um-schrift, die; -,-en: *in ein anderes Zeichensystem übertragener Text; auch: dieses Zeichensystem selbst*
um-schu-len: *in eine andere Schule schicken, für einen anderen Beruf ausbilden*
Um-schü-ler, der; -s,-: *jemand, der an einer Umschulung teilnimmt*
Um-schu-lung, die; -,-en: *das Umschulen*
Um-schwei-fe, die; -, keine Einzahl: *Umwege, einleitende Redensarten, Umstände*
Um-schwung, der; -es, -schwün-ge: *Wendung, grundlegende Veränderung*
um-se-hen, sich; sah sich um, sich umgesehen: *nach rückwärts blicken, zurückschauen*
um-se-hen, sich; sah sich um, sich umgesehen: *nachsehen, fragen*
um-se-hen, sich; sah sich um, sich umgesehen: *im Kreis herumblicken, nach allen Seiten sehen*
um-se-hen, sich; sah sich um, sich umgesehen: *kennen lernen*

um-sei-tig: *auf der anderen Seite, auf der Rückseite befindlich*
um-set-zen: *verkaufen*
um-set-zen: *verwandeln, verbrauchen, umwandeln (Nahrung)*
um-set-zen: *in eine andere Tonart setzen*
um-set-zen: *an eine andere Stelle setzen*
Um-set-zung, die; -,-en: *das Umsetzen*
Um-sicht, die; -, keine Mehrzahl: *Vernunft, Besonnenheit*
um-sich-tig: *bedacht, überlegt*
um-sie-deln: *jemandem einen anderen Wohnort zuweisen*
um-sie-deln: *umziehen*
Um-sied-ler, der; -s,-: *jemand, der umgesiedelt wurde*
Um-sied-lung, die; -,-en: *das Umsiedeln*
um-so: *desto*
um-sonst: *unentgeltlich*
um-sonst: *vergeblich, erfolglos*
um-span-nen: *umfassen, um etwas herumreichen*
um-span-nen: *transformieren*
um-span-nen: *Pferde wechseln*
Um-spann-werk, das; -es,-e: *Transformationsanlage*
um-spie-len: *überspielen, ausspielen*
um-sprin-gen, sprang um, umgesprungen: *auf der Stelle eine Drehung machen, eine Richtung wechseln*
um-sprin-gen, sprang um, umgesprungen: *jemanden schlecht behandeln*
um-sprin-gen, umsprang, umsprungen: *um etwas herumspringen*
Um-stand, der; -es, Um-stän-de: *Aufruhr, Mühe, Arbeit*
Um-stand, der; -es, Um-stän-de: *besondere Lage, besonderes Verhältnis, Einzelheit*
um-stän-de-hal-ber: *der Umstände wegen*
um-ständ-lich: *kompliziert, beschwerlich, weitschweifig, pedantisch*
Um-ständ-lich-keit, die; -,-en: *umständliches Verhalten, umständliches Wesen*
Um-stands-kleid, das; -es,-er: *Kleid für Schwangere*
Um-stands-wort, das; -es, -wör-ter: *Grammatik: Adverb*
Um-ste-hen-de, der/die; -n,-n: *jemand, der in der Nähe steht*
um-stei-gen, stieg um, umgestiegen: *das Fahrzeug wechseln*
um-stei-gen, stieg um, umgestiegen: *wechseln*

Umsteiger

Um-stei-ger, der; -s,-: *jemand, der umgestiegen ist*
um-stel-len: *einkreisen*
um-stel-len: *neu anordnen*
um-stim-men: *jemanden zur Meinungsänderung bewegen*
um-stim-men: *Stimmung eines Instrumentes ändern*
um-sto-ßen, stieß um, umgestoßen: *umwerfen*
um-sto-ßen, stieß um, umgestoßen: *grundlegend ändern*
um-sto-ßen, stieß um, umgestoßen: *rückgängig machen, ungültig erklären*
um-strit-ten: *unsicher, nicht eindeutig*
um-struk-tu-rie-ren: *die Struktur ändern, den Aufbau ändern*
Um-struk-tu-rie-rung, die; -,-en: *das Umstrukturieren*
um-stül-pen: *umdrehen*
Um-sturz, der; es, Um-stür-ze: *Umwälzung, grundlegende Veränderung*
um-stür-zen: *umwerfen; grundlegend ändern*
Um-stürz-ler, der; -s,-: *Rebell, Revolutionär*
um-stürz-le-risch: *rebellisch, revolutionär*
um-tau-fen: *einen anderen Namen geben*
Um-tausch, der; -es,(-e): *Rückgabe einer Ware gegen eine andere*
um-tau-schen: *eine Ware für etwas anderes eintauschen*
um-top-fen: *in einen anderen Topf pflanzen*
Um-trie-be, die; -, keine Einzahl: *Machenschaften, Ränke, Intrige*
um-tun, sich; tat sich um, sich umgetan: *sich erkundigen*
Um-wälz-an-la-ge, die; -,-n: *Anlage, die Wasser oder Luft umwälzt*
um-wäl-zen: *umpumpen, herumdrehen; auch: gründlich verändern*
Um-wäl-zung, die; -,-en: *das Umwälzen*
um-wan-deln: *umgestalten, verwandeln*
Um-wand-lung, die; -,-en: *das Umwandeln*
um-wech-seln: *auswechseln, umtauschen*
Um-weg, der; -es,-e: *längerer Weg als der übliche*
Um-welt, die; -, keine Mehrzahl: *belebte und unbelebte Umgebung, Natur*
um-welt-be-dingt: *durch die Umwelt bedingt*
Um-welt-be-din-gung, die; -,-en: *durch die Umwelt bestimmte Bedingungen*
Um-welt-ein-fluss, der; -flus-ses, -flüs-se: *Umweltbedingung*
um-welt-freund-lich: *die Umwelt nicht oder wenig belastend*
Um-welt-schutz, der; -es, keine Mehrzahl: *Aufrechterhaltung erträglicher Lebensbedingungen, Verhinderung von Umweltverschmutzung*
Um-welt-schüt-zer, der; -s,-: *jemand, der sich für die Erhaltung und den Schutz der natürlichen Lebensbedingungen einsetzt*
Um-welt-ver-schmut-zung, die; -, keine Mehrzahl: *Belastung der natürlichen Lebensbedingungen durch Abgase, Abfälle, Schadstoffe*
um-wen-den, sich, wandte sich um, sich umgewandt: *sich umdrehen*
um-wer-ben, umwarb, umworben: *jemanden für sich zu gewinnen suchen*
um-wer-fen, warf um, umgeworfen: *zu Fall bringen, umstoßen*
um-wer-fen, warf um, umgeworfen: *grundlegend ändern*
um-wer-fen, sich; warf sich um, sich umgeworfen: *über die Schultern legen*
um-wer-fend: *außergewöhnlich, komisch*
um-wi-ckeln: *etwas um eine Sache herumwickeln*
um-wi-ckeln: *anders, erneut wickeln*
um-woh-nend: *benachbart*
um-wöl-ken, sich: *sich mit Wolken bedecken; auch: sich verdüstern*
um-zäu-nen: *mit einem Zaun umgeben*
Um-zäu-nung, die; -,-en: *Zaun, das Umzäunen*
um-zie-hen, zog um, umgezogen: *die Wohnung wechseln*
um-zie-hen, sich; zog sich um, sich umgezogen: *die Kleidung wechseln*
um-zin-geln: *einkreisen, einschließen*
Um-zin-ge-lung, die; -,-en: *das Umzingeln*
Um-zug, der; -es, -zü-ge: *Wohnungswechsel*
Um-zug, der; -es, -zü-ge: *Festzug*
un-ab-än-der-lich: *feststehend*
un-ab-hän-gig: *frei, selbstständig*
Un-ab-hän-gig-keit, die; -, keine Mehrzahl: *Selbstständigkeit, Freiheit*

Unbefangenheit

un-ab-kömm-lich: *unentbehrlich, nicht abkömmlich*
un-ab-läs-sig: *dauernd, immerfort, immerzu*
un-ab-seh-bar: *nicht absehbar, endlos*
un-ab-setz-bar: *nicht verkaufbar*
un-ab-sicht-lich: *ohne Absicht*
un-ab-wend-bar: *nicht abwendbar*
un-acht-sam: *unaufmerksam, nachlässig, achtlos*
Un-acht-sam-keit, die; -,-en: *unachtsames Verhalten, unachtsames Wesen*
un-ähn-lich: *nicht ähnlich, ganz anders*
un-an-ge-foch-ten: *unbestritten, unbehindert, unversehrt*
un-an-ge-mel-det: *ohne Anmeldung*
un-an-ge-mes-sen: *nicht angemessen, nicht entsprechend*
un-an-ge-nehm: *nicht angenehm, peinlich, Unbehagen bereitend*
un-an-greif-bar: *nicht angreifbar*
un-an-nehm-bar: *nicht annehmbar*
Un-an-nehm-lich-keit, die; -,-en: *unangenehme Sache, Schwierigkeit*
un-an-sehn-lich: *nicht ansehnlich, nicht hübsch, nicht auffällig*
un-an-stän-dig: *anstößig, nicht ehrenhaft*
Un-an-stän-dig-keit, die; -, keine Mehrzahl: *unanständiges Verhalten, unanständiges Wesen*
Un-an-stän-dig-keit, die; -,-en: *unanständige Bemerkung*
un-an-tast-bar: *tabu*
un-an-tast-bar: *nicht angreifbar*
un-ap-pe-tit-lich: *unsauber, Abscheu erregend*
Un-art, die; -,-en: *Ungezogenheit, unangenehme Gewohnheit*
un-ar-tig: *schlecht erzogen, nicht folgsam*
un-ar-ti-ku-liert: *undeutlich*
un-äs-the-tisch: *geschmacklos, unschön*
un-auf-fäl-lig: *nicht auffallend, nicht auffällig*
un-auf-find-bar: *nicht zu finden*
un-auf-ge-for-dert: *ohne Aufforderung*
un-auf-halt-sam: *andauernd, stetig, nicht aufzuhaltend, nicht abwendbar*
un-auf-hör-lich: *dauernd, fortwährend*
un-auf-merk-sam: *unkonzentriert, zerstreut, nicht aufmerksam*
Un-auf-merk-sam-keit, die; -, keine Mehrzahl: *unaufmerksames Verhalten, unaufmerksames Wesen*

un-auf-rich-tig: *nicht ehrlich, nicht freimütig*
Un-auf-rich-tig-keit, die; -, keine Mehrzahl: *unaufrichtiges Verhalten, unaufrichtiges Wesen*
un-auf-schieb-bar: *keinen Aufschub duldend, dringend*
un-aus-bleib-lich: *nicht zu verhindern*
un-aus-führ-bar: *nicht durchführbar*
un-aus-ge-füllt: *ohne Inhalt*
un-aus-ge-füllt: *nicht befriedigt, unausgelastet*
un-aus-ge-gli-chen: *nicht ausgeglichen, Stimmungen unterworfen*
un-aus-ge-go-ren: *noch nicht ausgereift*
un-aus-ge-schla-fen: *müde, übernächtigt*
un-aus-ge-spro-chen: *nicht gesagt, nicht ausgesprochen*
un-aus-lösch-lich: *unvergesslich, unzerstörbar*
un-aus-sprech-lich: *unglaublich, unbeschreiblich*
un-aus-sprech-lich: *sehr, ungemein*
un-aus-steh-lich: *lästig, unerträglich*
un-aus-weich-lich: *unvermeidlich*
un-bän-dig: *wild*
un-bän-dig: *sehr groß, riesig*
un-bar: *bargeldlos*
un-barm-her-zig: *grausam, hart, mitleidlos*
Un-barm-her-zig-keit, die; -, keine Mehrzahl: *unbarmherziges Verhalten, unbarmherziges Wesen*
un-be-ab-sich-tigt: *ohne Absicht, ungewollt*
un-be-an-stan-det: *ohne Beanstandung*
un-be-dacht: *gedankenlos, unbesonnen*
un-be-darft: *naiv, unerfahren*
un-be-denk-lich: *harmlos, zweifelsfrei*
Un-be-denk-lich-keit, die; -, keine Mehrzahl: *unbedenkliche Beschaffenheit*
un-be-deu-tend: *nichtssagend, nichtig*
un-be-dingt: *bedingungslos, uneingeschränkt*
un-be-dingt: *auf jeden Fall, ganz gewiss*
un-be-ein-flusst: *ohne äußere Beeinflussung*
un-be-fan-gen: *nicht schüchtern*
un-be-fan-gen: *vorurteilslos, unparteiisch*
Un-be-fan-gen-heit, die; -, keine Mehrzahl: *unbefangenes Wesen, unbefangenes Verhalten*

unbefleckt

un-be-fleckt: *keusch, rein*
un-be-fleckt: *fleckenlos, sauber*
un-be-frie-di-gend: *nicht befriedigend*
un-be-frie-digt: *unzufrieden, enttäuscht, frustriert*
un-be-fugt: *nicht befugt*
Un-be-fug-te, der; -n,-n: *jemand, der nicht befugt ist*
un-be-gabt: *ohne Begabung*
un-be-greif-lich: *unverständlich, unerklärlich, rätselhaft*
un-be-grenzt: *grenzenlos, unbeschränkt*
un-be-grün-det: *grundlos, unberechtigt*
Un-be-ha-gen, das; -s, keine Mehrzahl: *unangenehme Empfindung*
un-be-hag-lich: *ungemütlich, unangenehm*
un-be-hel-ligt: *ohne Belästigung, ungestört*
un-be-hin-dert: *ohne Behinderung*
un-be-hol-fen: *schwerfällig, ungeschickt*
un-be-irr-bar: *zielbewusst, nicht abzubringen*
un-be-irrt: *ohne sich beeinflussen zu lassen*
Un-be-irrt-heit, die; -, keine Mehrzahl: *unbeirrtes Verhalten, unbeirrtes Wesen*
un-be-kannt: *nicht bekannt, fremd*
un-be-küm-mert: *sorglos, gleichgültig*
Un-be-küm-mert-heit, die; -, keine Mehrzahl: *unbekümmertes Verhalten, unbekümmertes Wesen*
un-be-las-tet: *ohne Belastung, sorglos*
un-be-lebt: *ohne Leben*
un-be-lehr-bar: *uneinsichtig, eigensinnig*
un-be-liebt: *nicht beliebt*
Un-be-liebt-heit, die; -, keine Mehrzahl: *das Unbeliebtsein*
un-be-mannt: *ohne Mannschaft, ferngelenkt*
un-be-mit-telt: *arm*
un-be-nutz-bar: *nicht benutzbar, unbrauchbar*
un-be-nutzt: *nicht benutzt, ungebraucht*
un-be-quem: *ungemütlich, lästig*
Un-be-quem-lich-keit, die; -,-en: *unbequeme Beschaffenheit*
un-be-re-chen-bar: *launisch, launenhaft*
un-be-re-chen-bar: *nicht voraussehbar*
Un-be-re-chen-bar-keit, die; -, keine Mehrzahl: *unberechenbare Beschaffenheit, unberechenbares Verhalten, unberechenbares Wesen*

un-be-rech-tigt: *nicht berechtigt, zu Unrecht*
un-be-rück-sich-tigt: *nicht berücksichtigt*
un-be-rührt: *jungfräulich, keusch*
un-be-rührt: *nicht berührt, unbenutzt, unbeschädigt*
un-be-scha-det: *dennoch, trotz*
un-be-scha-det: *ohne zu gefährden, ohne zu schmälern*
un-be-schäf-tigt: *ohne Beschäftigung*
un-be-schei-den: *anmaßend, übertrieben*
un-be-schol-ten: *rechtschaffen, ehrenhaft*
Un-be-schol-ten-heit, die; -, keine Mehrzahl: *unbescholtenes Wesen, das Unbescholtensein*
un-be-schrankt: *ohne Schranke*
un-be-schränkt: *ohne Einschränkung, unbegrenzt*
un-be-schreib-lich: *nicht zu glauben, nicht zu beschreiben*
un-be-schwert: *heiter, unbelastet*
Un-be-schwert-heit, die; -, keine Mehrzahl: *unbeschwertes Verhalten, unbeschwertes Wesen*
un-be-seelt: *tot, ohne Seele*
un-be-se-hen: *ohne zu überlegen*
un-be-se-hen: *ohne weiteres*
un-be-setzt: *nicht besetzt, frei*
un-be-sieg-bar: *nicht besiegbar*
Un-be-sieg-bar-keit, die; -, keine Mehrzahl: *unbesiegbare Beschaffenheit*
un-be-son-nen: *unüberlegt, übereilt*
Un-be-son-nen-heit, die; -,-en: *unbesonnenes Verhalten, unbesonnenes Wesen*
un-be-stän-dig: *schwankend, veränderlich, wechselhaft, wankelmütig*
Un-be-stän-dig-keit, die; -, keine Mehrzahl: *unbeständige Beschaffenheit, unbeständiges Verhalten*
un-be-stä-tigt: *nicht bestätigt, nicht amtlich*
un-be-stech-lich: *nicht bestechlich, objektiv*
Un-be-stech-lich-keit, die; -, keine Mehrzahl: *unbestechliches Verhalten, unbestechliches Wesen*
un-be-stimmt: *undeutlich, ungenau, zweifelhaft*
Un-be-stimmt-heit, die; -, keine Mehrzahl: *unbestimmte Beschaffenheit*

uneingeschränkt

un-be-streit-bar: *nicht zu widerlegen*
un-be-strit-ten: *unzweifelhaft, anerkannt*
un-be-tei-ligt: *nicht beteiligt*
un-be-tei-ligt: *nicht betroffen, uninteressiert*
un-be-tont: *nicht betont*
un-be-trächt-lich: *unwesentlich, geringfügig*
un-beug-sam: *unerbittlich, hart, nicht wandelbar*
un-be-wacht: *ohne Bewachung*
un-be-waff-net: *ohne Bewaffnung*
un-be-wäl-tigt: *nicht bewältigt*
un-be-weg-lich: *starr, steif, bewegungslos, unveränderlich*
Un-be-weg-lich-keit, die; -, keine Mehrzahl: *unbewegliche Beschaffenheit*
un-be-wie-sen: *nicht bewiesen*
un-be-wohn-bar: *nicht bewohnbar*
un-be-wohnt: *nicht bewohnt*
un-be-wusst: *ohne es zu wissen, unwillkürlich, instinktiv*
un-be-zahl-bar: *zu teuer*
un-be-zahl-bar: *umgangssprachlich für „großartig"*
un-be-zwei-fel-bar: *unzweifelhaft, nicht zu bezweifeln*
Un-bill, die; -, keine Mehrzahl: *Unrecht, Schimpf, Widerwärtigkeit*
un-bil-lig: *ungerecht*
un-blu-tig: *ohne Blutvergießen*
un-bot-mä-ßig: *frech, unverschämt*
un-brauch-bar: *ungeeignet*
Un-brauch-bar-keit, die; -, keine Mehrzahl: *unbrauchbare Beschaffenheit*
un-bü-ro-kra-tisch: *nicht bürokratisch*
und: *Bindewort*
Un-dank, der; -es, keine Mehrzahl: *Mangel an Dank, unfreundliche Gegenleistung*
un-dank-bar: *Mühe bereitend, nicht lohnend*
un-dank-bar: *nicht dankend, nicht dankbar, ungerecht*
Un-dank-bar-keit, die; -, keine Mehrzahl: *undankbares Verhalten, undankbares Wesen*
un-da-tiert: *ohne Datum*
un-denk-bar: *nicht vorstellbar, unvorstellbar*
Un-der-ground [Anderground], der; -s, keine Mehrzahl: *gesellschaftlicher Bereich außerhalb der Konventionen*

Un-der-ground [Anderground], der; -s, keine Mehrzahl: *U-Bahn-Bereich*
Un-der-state-ment [Anderstäitment], das; -s,-s: *Untertreibung*
un-deut-lich: *nicht klar erkennbar*
Un-ding, das; -s,-e: *Torheit, Widersinniges*
un-dis-zip-li-niert (auch un-dis-zi-pliniert): *unbeherrscht, zuchtlos*
un-duld-sam: *intolerant, unnachgiebig*
Un-duld-sam-keit, die; -, keine Mehrzahl: *unduldsames Verhalten, unduldsames Wesen*
un-durch-dring-lich: *dicht, dick, fest*
un-durch-führ-bar: *nicht durchführbar*
Un-durch-führ-bar-keit, die; -, keine Mehrzahl: *undurchführbare Beschaffenheit*
un-durch-läs-sig: *dicht, nicht durchlässig*
Un-durch-läs-sig-keit, die; -, keine Mehrzahl: *undurchlässige Beschaffenheit*
un-durch-schau-bar: *nicht durchschaubar*
Un-durch-schau-bar-keit, die; -, keine Mehrzahl: *undurchschaubare Beschaffenheit*
un-durch-sich-tig: *nicht klar erkennbar, rätselhaft, fragwürdig*
un-durch-sich-tig: *nicht durchsichtig, opak*
Un-durch-sich-tig-keit, die; -, keine Mehrzahl: *undurchsichtige Beschaffenheit*
un-e-ben: *hügelig, wellig, holperig*
Un-e-ben-heit, die; -,-en: *unebene Beschaffenheit*
un-echt: *falsch, gefälscht, nachgemacht*
Un-echt-heit, die; -, keine Mehrzahl: *unechte Beschaffenheit, Falschheit*
un-e-he-lich: *von einer unverheirateten Frau geboren*
Un-e-he-lich-keit, die; -, keine Mehrzahl: *uneheliche Herkunft*
un-eh-ren-haft: *nicht ehrenhaft*
un-ehr-er-bie-tig: *respektlos*
Un-ehr-er-bie-tig-keit, die; -,-en: *Mangel an Ehrerbietigkeit, unehrerbietiges Verhalten*
un-ehr-lich: *verlogen, unredlich, betrügerisch*
Un-ehr-lich-keit, die; -,-en: *unehrliches Verhalten, unehrliches Wesen*
un-ei-gen-nüt-zig: *selbstlos*
un-ein-ge-schränkt: *ohne Einschränkung*

uneinig

un-ei-nig: nicht einer Meinung
Un-ei-nig-keit, die; -,-en: fehlende Übereinstimmung
un-ein-nehm-bar: nicht einnehmbar
un-eins: uneinig
un-emp-fäng-lich: nicht zugänglich
Un-emp-fäng-lich-keit, die; -, keine Mehrzahl: unempfängliches Verhalten, unempfängliches Wesen
un-emp-find-lich: gefühllos, abgehärtet, gleichgültig
Un-emp-find-lich-keit, die; -, keine Mehrzahl: unempfindliche Beschaffenheit
un-end-lich: sehr, außerordentlich, ungemein
un-end-lich: endlos, unbegrenzt, grenzenlos, ohne Ende
Un-end-lich-keit, die; -, keine Mehrzahl: zeitliche oder räumliche Unbegrenztheit, Ewigkeit
un-ent-behr-lich: unbedingt nötig
un-ent-gelt-lich: umsonst, kostenlos
un-ent-schie-den: ohne Gewinner oder Verlierer, remis
un-ent-schie-den: nicht genau bestimmt, zweifelhaft
un-ent-schie-den: nicht entschieden
Un-ent-schie-den, das; -s,-: unentschiedener Spielausgang
Un-ent-schie-den-heit, die; -, keine Mehrzahl: unentschiedenes Verhalten, unentschiedenes Wesen
un-ent-schlos-sen: zögernd, schwankend, noch nicht entschlossen
Un-ent-schlos-sen-heit, die; -, keine Mehrzahl: unentschlossenes Verhalten, unentschlossenes Wesen
un-ent-schuld-bar: nicht zu entschuldigen, unverzeihlich
un-ent-schul-digt: nicht entschuldigt
un-ent-wegt: unverdrossen, unermüdlich, unaufhörlich
un-er-b-itt-lich: hart, unbeugsam, unnachgiebig
Un-er-bitt-lich-keit, die; -, keine Mehrzahl: unerbittliches Verhalten, unerbittliches Wesen
un-er-fah-ren: ungeübt, ohne Erfahrung
Un-er-fah-ren-heit, die; -, keine Mehrzahl: unerfahrenes Verhalten, unerfahrenes Wesen
un-er-find-lich: unverständlich
un-er-forsch-lich: unergründlich, rätselhaft

un-er-füll-bar: nicht erfüllbar
un-er-gie-big: ohne großen Nutzen, nicht ergiebig
un-er-gründ-lich: unmessbar tief
un-er-gründ-lich: undurchschaubar
un-er-heb-lich: belanglos, unwesentlich, unbedeutend
un-er-hört: nicht erhört
un-er-hört: unglaublich, empörend, außerordentlich
un-er-klär-lich: rätselhaft, nicht erklärlich
un-er-mess-lich: ungeheuer, nicht erfassbar, außerordentlich
un-er-müd-lich: ausdauernd
un-er-quick-lich: unerfreulich
un-er-reich-bar: nicht erreichbar
un-er-sätt-lich: nicht zu stillen, nicht zu sättigen
un-er-sätt-lich: gierig, nicht zufrieden zu stellen
un-er-schöpf-lich: nicht ausschöpfbar
un-er-schro-cken: tapfer, mutig, furchtlos
Un-er-schro-cken-heit, die; -, keine Mehrzahl: Mut, Tapferkeit
un-er-schüt-ter-lich: beharrlich, fest
un-er-schwing-lich: unbezahlbar, zu teuer
un-er-setz-lich: unersetzbar, nicht zu ersetzen, einmalig
un-er-sprieß-lich: nutzlos; auch: unerfreulich
un-er-träg-lich: nicht auszuhalten
un-er-war-tet: plötzlich, unvorhergesehen, überraschend
un-er-wi-dert: unbeantwortet, nicht erwidert
un-er-wünscht: nicht gewollt, unwillkommen
un-er-zo-gen: schlecht erzogen, unhöflich
Un-er-zo-gen-heit, die; -, keine Mehrzahl: unerzogenes Verhalten, unerzogenes Wesen
un-fä-hig: nicht imstande
Un-fä-hig-keit, die; -, keine Mehrzahl: unfähiges Verhalten, mangelnde Fähigkeit
un-fair [unfähr]: nicht anständig, nicht ehrlich, unehrenhaft
un-fair [unfähr]: gegen die sportliche Fairness verstoßend
Un-fall, der; -s, -fäl-le: Missgeschick, Unglück

Un-fall-flucht, die; -,-en: *Fahrerflucht, Flucht des Schuldigen*
un-fall-frei: *ohne Unfall*
un-fass-bar: *unbegreiflich*
un-fehl-bar: *gewiss, sicher, unweigerlich*
un-fehl-bar: *niemals irrend*
un-fehl-bar: *untrüglich*
un-fehl-bar: *unanfechtbar*
Un-fehl-bar-keit, die; -, keine Mehrzahl: *Fehlerlosigkeit, unfehlbares Wesen*
un-fein: *gegen die Sitte verstoßend, grob*
un-flä-tig: *unanständig, gemein*
Un-flä-tig-keit, die; -,-en: *unflätige Bemerkung*
un-för-mig: *missgestaltet, formlos*
Un-för-mig-keit, die; -, keine Mehrzahl: *unförmige Beschaffenheit*
un-fran-kiert: *ohne Briefmarke*
un-frei: *nicht frei, abhängig, behindert*
un-frei: *unfrankiert*
un-frei: *befangen, bedrückt*
Un-frei-heit, die; -, keine Mehrzahl: *das Unfreisein*
un-frei-wil-lig: *gezwungen, nicht freiwillig*
un-freund-lich: *kalt und regnerisch*
un-freund-lich: *grob, unhöflich, barsch, übellaunig*
Un-freund-lich-keit, die; -, keine Mehrzahl: *unfreundliches Verhalten, unfreundliches Wesen*
Un-freund-lich-keit, die; -,-en: *unfreundliche Bemerkung*
Un-frie-den, der; -s,-: *Streit, dauernde Spannung*
un-frucht-bar: *karg*
un-frucht-bar: *nutzlos, ohne Erfolg*
un-frucht-bar: *fortpflanzungsunfähig, steril*
Un-frucht-bar-keit, die; -, keine Mehrzahl: *unfruchtbare Beschaffenheit*
Un-frucht-bar-keit, die; -, keine Mehrzahl: *Zeugungsunfähigkeit*
Un-fug, der; -es, keine Mehrzahl: *öffentliches Ärgernis*
Un-fug, der; -es, keine Mehrzahl: *Dummheit, Torheit, Unsinn*
un-gast-lich: *unangenehm, unfreundlich gegen Gäste, wenig gastfreundlich*
Un-gast-lich-keit, die; -, keine Mehrzahl: *ungastliche Beschaffenheit, ungastliches Wesen, ungastliches Verhalten*
un-ge-ach-tet: *ohne zu berücksichtigen, ohne zu beachten*

un-ge-ach-tet: *unbeachtet*
un-ge-ahnt: *nicht vorauszusehen*
un-ge-bär-dig: *wild, zügellos, unbeherrscht*
un-ge-be-ten: *nicht aufgefordert, nicht eingeladen, unerwünscht*
un-ge-bräuch-lich: *unüblich*
un-ge-braucht: *nicht gebraucht*
un-ge-bühr-lich: *über das Übliche hinausgehend*
un-ge-bun-den: *frei, zwanglos*
un-ge-bun-den: *unverheiratet, ledig*
un-ge-bun-den: *nicht gebunden, ohne Einband*
Un-ge-bun-den-heit, die; -, keine Mehrzahl: *Freiheit, Ungebundensein*
un-ge-deckt: *ohne Dach*
un-ge-deckt: *nicht gedeckt, ohne Gegenwert, ohne Guthaben*
Un-ge-duld, die; -, keine Mehrzahl: *Mangel an Geduld*
un-ge-dul-dig: *nicht warten könnend, unruhig*
un-ge-eig-net: *nicht geeignet*
un-ge-fähr: *annähernd, etwa, rund, zirka*
un-ge-fähr-det: *nicht von Gefahr bedroht, sicher*
un-ge-fähr-lich: *gefahrlos, sicher*
un-ge-fäl-lig: *nicht entgegenkommend*
Un-ge-fäl-lig-keit, die; -, keine Mehrzahl: *ungefälliges Verhalten*
un-ge-fragt: *nicht gefragt, ohne gefragt zu sein*
un-ge-hal-ten: *ärgerlich, unwillig*
un-ge-heu-er: *riesig, gewaltig, außerordentlich*
un-ge-heu-er: *sehr, ungemein*
Un-ge-heu-er, das; -s,-: *grausamer Mensch*
Un-ge-heu-er, das; -s,-: *riesenhaftes, Furcht erregendes Fabeltier*
un-ge-heu-er-lich: *empörend*
Un-ge-heu-er-lich-keit, die; -,-en: *ungeheuerliches Verhalten, ungeheuerliches Geschehen*
un-ge-hö-rig: *unehrerbietig, respektlos*
un-ge-hor-sam: *nicht gehorsam*
Un-ge-hor-sam, der; -s, keine Mehrzahl: *ungehorsames Verhalten*
un-ge-küns-telt: *natürlich, einfach*
un-ge-le-gen: *unpassend, unerwünscht*
un-ge-leh-rig: *schwer lernend, nicht lernfähig*
un-ge-lenk: *unbeholfen, ungeschickt*

ungelenkig

un-ge-len-kig: *nicht gelenkig, steif*
Un-ge-len-kig-keit, die; -, keine Mehrzahl: *ungelenkige Beschaffenheit*
un-ge-lernt: *angelernt, ohne Lehrberuf*
Un-ge-mach, das; -s, keine Mehrzahl: *Unglück, Übel*
Un-ge-mach, das; -s, keine Mehrzahl: *Beschwernis, große Mühe*
un-ge-mein: *sehr groß, viel, außerordentlich*
un-ge-mein: *sehr, äußerst*
un-ge-müt-lich: *nicht gemütlich; unbehaglich, unangenehm*
un-ge-müt-lich: *unfreundlich, grob*
Un-ge-müt-lich-keit, die; -, keine Mehrzahl: *ungemütliche Beschaffenheit*
un-ge-nannt: *nicht genannt*
un-ge-nau: *ungefähr, nicht genau*
Un-ge-nau-ig-keit, die; -,-en: *ungenaue Beschaffenheit*
un-ge-niert [unscheniehrt]: *zwanglos, ungehemmt, freimütig*
un-ge-nieß-bar: *übellaunig, unerträglich*
un-ge-nieß-bar: *nicht genießbar, verdorben; giftig*
Un-ge-nieß-bar-keit, die; -, keine Mehrzahl: *ungenießbare Beschaffenheit*
un-ge-nü-gend: *nicht ausreichend, sehr mangelhaft*
un-ge-nutzt: *nicht genutzt*
un-ge-pflegt: *nicht, wenig gepflegt*
un-ge-ra-de: *Mathematik: nicht durch 2 teilbar*
un-ge-ra-de: *nicht gerade, krumm*
un-ge-ra-ten: *unerzogen*
un-ge-ra-ten: *missraten*
un-ge-recht: *nicht gerecht, nicht dem Rechtsgefühl entsprechend*
un-ge-recht-fer-tigt: *nicht gerechtfertigt*
Un-ge-rech-tig-keit, die; -,-en: *ungerechte Beschaffenheit, ungerechtes Verhalten, Fehlurteil*
un-ge-reimt: *töricht, unvernünftig, unsinnig*
un-ge-reimt: *ohne Reime*
Un-ge-reimt-heit, die; -,-en: *Unsinnigkeit, unlogische Behauptung*
un-gern: *nicht bereitwillig*
Un-ge-schick-lich-keit, die; -,-en: *Mangel an Geschicklichkeit, ungeschicktes Verhalten*
un-ge-schickt: *unklug, plump*
un-ge-schickt: *nicht geschickt, schwerfällig*

un-ge-schlacht: *unförmig, plump*
un-ge-schlif-fen: *unmanierlich, unerzogen*
un-ge-schlif-fen: *nicht geschliffen*
un-ge-schminkt: *offen, ehrlich, unbeschönigt*
un-ge-schminkt: *ohne Schminke*
un-ge-scho-ren: *nicht geschoren*
un-ge-scho-ren: *unbelästigt, nicht behelligt*
un-ge-schrie-ben: *nicht schriftlich festgelegt, durch Übereinkunft festgelegt*
un-ge-sel-lig: *einzelgängerisch, Geselligkeit meidend*
Un-ge-sel-lig-keit, die; -, keine Mehrzahl: *ungeselliges Verhalten, ungeselliges Wesen*
un-ge-setz-lich: *gegen das Gesetz verstoßend*
Un-ge-setz-lich-keit, die; -,-en: *Gesetzesverstoß*
un-ge-stalt: *verkrüppelt, unförmig*
un-ge-stal-tet: *noch nicht gestaltet, nicht gestaltet*
un-ge-stört: *ohne Störung*
Un-ge-stört-heit, die; -, keine Mehrzahl: *ungestörte Beschaffenheit*
un-ge-straft: *ohne Strafe*
un-ge-stüm: *ungeduldig, drängend*
un-ge-stüm: *heftig, schnell*
Un-ge-stüm, das; -s keine Mehrzahl: *ungestümes Wesen, ungestümes Verhalten, leidenschaftliche Ungeduld*
un-ge-sund: *schädlich, der Gesundheit abträglich; auch: kränklich*
un-ge-trübt: *nicht getrübt*
Un-ge-tüm, das; -s,-e: *riesiges, schweres Tier, riesiger, schwerer Gegenstand, Ungeheuer*
un-ge-wandt: *ungeschickt, unbeholfen*
un-ge-wiss: *unsicher, ungeklärt, unbestimmt*
Un-ge-wiss-heit, die; -,-en: *Unsicherheit, Zwiespalt*
un-ge-wöhn-lich: *ganz besonders*
un-ge-wöhn-lich: *außergewöhnlich, unüblich, ungebräuchlich*
un-ge-wöhn-lich: *erstaunlich*
un-ge-wohnt: *nicht gewohnt, nicht üblich*
un-ge-wollt: *nicht gewollt, unerwünscht*
Un-ge-zie-fer, das; -s, keine Mehrzahl: *Schädlinge*
un-ge-zo-gen: *frech, unartig*

unkenntlich

Un-ge-zo-gen-heit, die; -,-en: *ungezogene Bemerkung*
Un-ge-zo-gen-heit, die; -, keine Mehrzahl: *ungezogenes Benehmen*
un-ge-zwun-gen: *natürlich, nicht förmlich, ungeniert, freimütig*
un-gif-tig: *nicht giftig, unschädlich*
Un-glau-be, der; -ns,-n: *mangelnder Glaube, auch: falscher Glaube*
un-glaub-haft: *wenig glaubwürdig*
un-gläu-big: *zweifelnd*
un-gläu-big: *nicht glaubend*
un-glaub-lich: *unerhört*
un-glaub-lich: *unwahrscheinlich*
un-glaub-wür-dig: *wenig glaubwürdig, unzuverlässig*
Un-gleich-heit, die; -,-en: *ungleiche Beschaffenheit*
un-gleich-mä-ßig: *nicht gleichmäßig*
Un-glück, das; -s,-e: *Schicksalsschlag, Pech, schweres Missgeschick, schwerer Unfall*
un-glück-lich: *Unglück bringend*
un-glück-lich: *niedergeschlagen, betrübt, traurig*
un-glück-li-cher-wei-se: *zum Unglück*
Un-glücks-fall, der; -es, -fäl-le: *Unfall*
Un-gna-de, die; -, keine Mehrzahl: *Ungunst, Unwillen*
un-gnä-dig: *ungünstig gesinnt, übellaunig, unfreundlich, ungeduldig*
un-gül-tig: *nicht (mehr) gültig*
Un-gül-tig-keit, die; -, keine Mehrzahl: *ungültige Beschaffenheit*
Un-gunst, die; -, keine Mehrzahl: *Mangel an Gunst, Nachteil, Benachteiligung*
un-güns-tig: *nachteilig, nicht vorteilhaft*
un-gut: *nicht gut, unangenehm*
un-halt-bar: *nicht haltbar*
Un-halt-bar-keit, die; -, keine Mehrzahl: *unhaltbare Beschaffenheit*
un-hand-lich: *unpraktisch, schlecht, schwer zu handhaben*
un-har-mo-nisch: *nicht im Einklang, nicht übereinstimmend*
Un-heil, das; -s, keine Mehrzahl: *schlimmes Unglück, schlimmes Geschehen*
un-heil-bar: *nicht heilbar*
Un-heil-bar-keit, die; -, keine Mehrzahl: *unheilbare Beschaffenheit (Krankheit)*
un-heil-voll: *Unheil bringend, verhängnisvoll*
un-heim-lich: *Furcht erregend, sehr unbehaglich*
un-heim-lich: *umgangssprachlich für „sehr, sehr groß, sehr viel"*
un-höf-lich: *schroff, unfreundlich*
Un-höf-lich-keit, die; -,-en: *unhöfliches Benehmen, unhöfliche Bemerkung*
Un-hold, der; -es,-e: *böser Geist, Ungeheuer*
Un-hold, der; -es,-e: *bösartiger, grausamer Mensch*
un-hör-bar: *nicht hörbar, nicht wahrnehmbar*
un-hy-gi-e-nisch: *unsauber, nicht hygienisch*
u-ni [üni]: *einfarbig, nicht gemustert*
U-ni, die; -,-s: *Kurzwort für „Universität"*
u-nie-ren: *vereinigen*
u-ni-fi-zie-ren: *vereinheitlichen, vereinigen*
U-ni-form, die; -,-en: *einheitliche Dienstkleidung*
u-ni-for-mie-ren: *gleichförmig machen*
u-ni-for-mie-ren: *in Uniform kleiden*
U-ni-kat, das; -es,-e: *einzige Ausführung eines Werkes*
U-ni-kum, das; -s, Uni-ka: *seltsamer Mensch, Kauz*
U-ni-kum, das; -s, Uni-ka: *Einmaliges, Einzelexemplar*
u-ni-la-te-ral: *einseitig*
un-in-te-res-sant (auch un-in-ter-es-sant): *unwichtig, belanglos, langweilig, nicht fesselnd*
un-inte-res-siert (auch un-in-ter-es-siert): *nicht interessiert*
U-ni-on, die; -,-en: *Vereinigung, Verbindung, Bündnis, Zusammenschluss*
u-ni-so-no: *im Einklang, gleichzeitig, gemeinsam*
U-ni-so-no, das; -/-s,-s/ Uni-so-ni: *einstimmiger Gesang, einstimmiges Spiel*
u-ni-ver-sal: *gesamt, umfassend, allgemein*
U-ni-ver-sal-er-be, der; -n,-n: *Alleinerbe*
U-ni-ver-sal-ge-schich-te, die; -, keine Mehrzahl: *Weltgeschichte*
u-ni-ver-sell: *universal*
U-ni-ver-si-tät, die; -,-en: *Hochschule*
U-ni-ver-sum, das, -s, keine Mehrzahl: *Weltall*
Un-ke, die; -,-n: *Froschlurchart*
un-ken: *Unheil prophezeien, schwarzsehen*
un-kennt-lich: *nicht erkennbar, nicht identifizierbar*

Unkenntlichkeit

Un-kennt-lich-keit, die; -, keine Mehrzahl: *unkenntliche Beschaffenheit*
Un-kennt-nis, die; -, keine Mehrzahl: *Nichtwissen, Nichtkennen*
Un-ken-ruf, der; -es,-e: *pessimistische Vorhersage, Vermutung*
un-klar: *dunkel, verwickelt, verworren*
un-klar: *undeutlich, verschwommen, nicht verständlich*
un-klar: *trübe, unrein*
Un-klar-heit, die; -,-en: *unklare Beschaffenheit*
un-klug: *unvernünftig, unvorsichtig, unbesonnen*
un-kol-le-gi-al: *nicht kollegial*
Un-kos-ten, die; keine Einzahl: *Kosten, Auslagen*
Un-kos-ten-bei-trag, der; -es, -trä-ge: *Beitrag zur Kostendeckung*
Un-kraut, das; -es, -kräu-ter: *Pflanze, die keine Nutz- oder Zierpflanze ist*
un-kul-ti-viert: *nicht kultiviert, ungehobelt*
un-kul-ti-viert: *nicht bebaut, ungepflegt*
un-künd-bar: *nicht kündbar*
Un-künd-bar-keit, die; -, keine Mehrzahl: *unkündbare Beschaffenheit*
un-kun-dig: *nicht wissend, nicht könnend*
un-längst: *vor kurzem, kürzlich*
un-lau-ter: *nicht ehrlich, nicht anständig*
un-leid-lich: *schlecht gelaunt, unausstehlich, missgestimmt*
un-le-ser-lich: *nicht oder schlecht lesbar, schlecht geschrieben*
un-lieb-sam: *lästig, ärgerlich, unerwünscht*
Un-lo-gik, die; -, keine Mehrzahl: *das Unlogischsein, Trugschluss*
un-lo-gisch: *nicht folgerichtig, nicht wohldurchdacht, nicht logisch*
un-lös-bar: *nicht lösbar, nicht zu enträtseln, unentwirrbar*
un-lös-bar: *nicht trennbar*
un-lös-bar: *in einer Flüssigkeit nicht auflösbar*
Un-lös-bar-keit, die; -, keine Mehrzahl: *unlösbare Beschaffenheit*
un-lös-lich: *nicht löslich, sich nicht auflösend*
Un-lust, die; -, keine Mehrzahl: *Unbehagen, Lustlosigkeit, Widerwille, Abneigung*
un-lus-tig: *verdrossen, missmutig*

un-ma-nier-lich: *ungezogen, ohne Manieren*
Un-mas-se, die; -,-n: *umgangssprachlich für „große Menge, große Anzahl"*
un-maß-geb-lich: *nicht kompetent, nicht maßgeblich*
un-mä-ßig: *maßlos, ohne jedes Maß, unbeherrscht*
Un-mä-ßig-keit, die; -, keine Mehrzahl: *unmäßiges Verhalten, unmäßiges Wesen, Mangel an Maß, Unbeherrschtheit*
un-me-lo-disch: *nicht wohlklingend*
Un-men-ge, die; -,-n: *nicht zählbare Menge, sehr große Menge*
Un-mensch, der; -en,-en: *grausamer Mensch, herzloser Mensch, Bösewicht*
un-mensch-lich: *grausam, herzlos*
Un-mensch-lich-keit, die; -,-en: *unmenschliches Verhalten, unmenschliches Wesen*
un-merk-lich: *kaum merklich, nicht spürbar*
un-miss-ver-ständ-lich: *eindeutig, nicht falsch zu verstehen*
un-mit-tel-bar: *ohne Umschweife, ohne Erklärung*
un-mit-tel-bar: *ohne Umweg, gleich daneben*
un-mit-tel-bar: *sofort, gleich darauf*
un-möb-liert (auch un-mö-bliert): *ohne Möbel, ohne Einrichtung*
un-mo-dern: *nicht modern, veraltet, nicht auf dem letzten Stand, altmodisch*
un-mög-lich: *nicht möglich, nicht durchführbar, ausgeschlossen*
un-mög-lich: *umgangssprachlich für „Anstoß erregend, gegen die Regeln verstoßend, fast komisch"*
Un-mög-lich-keit, die; -, keine Mehrzahl: *unmögliche Beschaffenheit, auch: unmögliches Wesen*
un-mo-ra-lisch: *gegen die Moral verstoßend, unsittlich*
un-mo-ti-viert: *unbegründet*
un-mo-ti-viert: *nicht motiviert*
un-mün-dig: *minderjährig, nicht fähig, eigene Entscheidungen zu treffen*
un-mu-si-ka-lisch: *nicht musikalisch*
Un-mut, der; -es, keine Mehrzahl: *Missmut, Ärger, schlechte Laune*
un-mu-tig: *missmutig, ärgerlich, schlecht gelaunt*
un-nach-ahm-lich: *nicht nachzuahmen*
un-nach-gie-big: *fest, starr, unerbittlich*

Unruhestifter

un-nach-gie-big: *nicht elastisch, nicht nachgiebig*
Un-nach-gie-big-keit, *die; -, keine Mehrzahl: unnachgiebige Beschaffenheit; unnachgiebiges Verhalten, unnachgiebiges Wesen*
un-nach-sich-tig: *nicht nachsichtig, nicht verzeihend*
un-nah-bar: *abweisend, verschlossen, unzugänglich*
un-na-tür-lich: *gespreizt, gestelzt, gekünstelt*
un-na-tür-lich: *nicht natürlich*
Un-na-tür-lich-keit, *die; -, keine Mehrzahl: unnatürliche Beschaffenheit, unnatürliches Verhalten, unnatürliches Wesen*
un-nö-tig: *überflüssig, nicht notwendig*
un-nö-ti-ger-wei-se: *nicht nötig, unnötig*
un-nütz: *unnötig, nutzlos*
un-nütz: *nichtsnutzig, unartig*
un-nüt-zer-wei-se: *unnütz*
UNO, *die; -, keine Mehrzahl: Abkürzung für „United Nations Organization", Vereinte Nationen*
un-or-dent-lich: *nicht ordentlich, unaufgeräumt, nachlässig*
Un-ord-nung, *die; -, keine Mehrzahl: Durcheinander, unordentlicher Zustand*
un-or-ga-nisch: *nicht organisch*
un-or-tho-dox: *außergewöhnlich, aus dem Rahmen fallend, nicht orthodox*
un-par-tei-isch: *neutral, objektiv, gerecht, unvoreingenommen*
Un-par-tei-ische, *der; -n,-n: Schiedsrichter*
un-par-tei-lich: *unparteiisch*
un-pas-send: *nicht passend, fehl am Platz, abwegig, nicht angebracht, unschicklich*
un-pas-sier-bar: *nicht befahrbar, nicht passierbar*
Un-pas-sier-bar-keit, *die; -, keine Mehrzahl: unpassierbare Beschaffenheit*
un-päss-lich: *unwohl, leicht erkrankt, nicht ganz gesund*
Un-päss-lichkeit, *die; -,-en: Unwohlsein*
un-per-sön-lich: *ohne Eigenart*
un-per-sön-lich: *sachlich, kühl, streng dienstlich, zurückhaltend*
un-po-li-tisch: *politisch nicht interessiert*
un-po-pu-lär: *unbeliebt, nicht populär*
un-prak-tisch: *nicht praktisch veranlagt*
un-prak-tisch: *schwer zu handhaben, schwer benutzbar, umständlich*
un-pro-duk-tiv: *nicht schöpferisch, nicht produktiv, unergiebig*
un-pro-por-ti-o-niert: *schlecht proportioniert, nicht ebenmäßig*
un-pünkt-lich: *nicht pünktlich*
un-qua-li-fi-ziert: *Mangel an Sachkenntnis beweisend*
un-qua-li-fi-ziert: *keine Qualifikation habend, nicht qualifiziert*
Un-rast, *die; -, keine Mehrzahl: Unruhe, Rastlosigkeit*
Un-rat, *der; -es, keine Mehrzahl: Abfall, Schmutz, Kehricht*
un-re-a-lis-tisch: *nicht realistisch*
un-recht: *falsch, nicht richtig*
un-recht: *nicht recht, ungelegen*
un-recht: *nicht rechtmäßig, ungerecht*
Un-recht, *das; -s, keine Mehrzahl: unrechte Tat, Ungerechtigkeit*
un-recht-mä-ßig: *ohne Recht, zu Unrecht*
un-red-lich: *unehrlich, betrügerisch*
Un-red-lich-keit, *die; -,-en: unredliches Verhalten, unredliches Wesen, unredliche Beschaffenheit*
un-re-ell: *nicht reell, nicht vertrauenswürdig*
un-re-gel-mä-ßig: *nicht regelmäßig, ungeregelt*
un-reif: *nicht reif, unfertig*
Un-rei-fe, *die; -, keine Mehrzahl: unreife Beschaffenheit, unreifes Wesen*
un-rein: *noch nicht endgültig*
un-rein: *unsauber, schmutzig*
un-rein-lich: *unsauber, schmutzig*
Un-rein-lich-keit, *die; -, keine Mehrzahl: unreinliche Beschaffenheit*
un-ren-ta-bel: *nicht rentabel, keinen Gewinn erbringend*
Un-ren-ta-bi-li-tät, *die; -, keine Mehrzahl: unrentable Beschaffenheit*
un-rich-tig: *falsch*
Un-ruh, *die; -,-en: schwingende Spiralfeder in Uhrwerken*
Un-ru-he, *die; -, keine Mehrzahl: Unrast, Ruhelosigkeit, innere Erregung, Besorgnis*
Un-ru-he, *die; -, keine Mehrzahl: Aufregung, Störung, Aufruhr*
Un-ru-he-herd, *der; -es,-e: Ausgangspunkt der Unruhe*
Un-ru-he-stif-ter, *der; -s,-: jemand, der Unruhe stiftet*

unruhig

un-ru-hig: *stark bewegt, erregt (Meer)*
un-ru-hig: *nervös, rastlos, besorgt*
un-ru-hig: *laut, geräuschvoll*
un-rühm-lich: *nicht rühmlich*
un-rund: *nicht rund*
uns: *persönliches Fürwort, Dativ und Akkusativ von „wir"*
un-sach-ge-mäß: *nicht sachgemäß*
un-sach-lich: *beleidigend, ausfallend, persönlich*
un-sag-bar: *unsäglich*
un-säg-lich: *unaussprechlich, außerordentlich*
un-sanft: *grob*
un-schäd-lich: *nicht schädlich, harmlos, nicht gefährlich*
un-scharf: *nicht scharf*
Un-schär-fe, die; -, keine Mehrzahl: *Mangel an Schärfe, Verschwommenheit*
un-schätz-bar: *unermesslich, sehr groß, sehr wertvoll*
un-schein-bar: *schlicht, nicht auffällig, einfach, bescheiden*
un-schick-lich: *unsittlich, unanständig, unpassend, ungehörig*
un-schlüs-sig: *ratlos, unentschieden, schwankend*
Un-schuld, die; -, keine Mehrzahl: *Schuldlosigkeit, sittliche Reinheit*
un-schul-dig: *sittlich rein, unverdorben; veraltet auch für „jungfräulich"*
un-schul-dig: *schuldlos, ohne Schuld*
un-schwer: *leicht*
un-selbst-stän-dig (auch un-selb-stän-dig)**:** *nicht selbstständig*
Un-selbst-stän-dig-keit (auch Un-selb-stän-dig-keit), die; -, keine Mehrzahl: *unselbstständiges Verhalten, unselbstständiges Wesen*
un-se-lig: *unglücklich, verhängnisvoll*
un-se-li-ger-wei-se: *leider*
un-ser: *besitzanzeigendes Fürwort; unser Haus, unsere Tochter, unser Sohn*
un-ser: *veraltet: persönliches Fürwort; Vater unser, erbarme dich unser*
un-ser-ei-ner: *jemand wie wir*
un-ser-eins: *unsereiner*
un-se-rer-seits: *von uns aus*
un-si-cher: *nicht sicher, schwankend, zweifelnd*
un-si-cher: *zweifelhaft, gefährlich*
Un-si-cher-heit, die; -,-en: *unsicheres Verhalten, unsicheres Wesen, unsichere Beschaffenheit*
Un-si-cher-heits-fak-tor, der; -s,-en: *etwas, das Unsicherheit verursacht*
un-sicht-bar: *nicht sichtbar, mit dem Auge nicht erfassbar*
Un-sicht-bar-keit, die; -, keine Mehrzahl: *unsichtbare Beschaffenheit*
Un-sinn, der; -s, keine Mehrzahl: *dummes Zeug, Dummheit, Quatsch, Torheit*
un-sin-nig: *sinnlos, widersinnig, unlogisch, falsch, töricht*
Un-sin-nig-keit, die; -,-en: *unsinniges Verhalten, unsinnige Beschaffenheit*
Un-sit-te, die; -,-n: *schlechte Angewohnheit*
un-sitt-lich: *gegen die Sitten verstoßend, unmoralisch, sittenlos, unanständig, anstößig*
Un-sitt-lich-keit, die; -,-en: *unsittliche Bemerkung, unsittliches Verhalten*
un-so-zial: *nicht sozial*
un-sport-lich: *nicht sportlich*
Un-sport-lich-keit, die; -, keine Mehrzahl: *unsportliches Wesen*
un-statt-haft: *nicht erlaubt, nicht zulässig*
un-sterb-lich: *ewig lebend, nicht sterblich*
Un-sterb-lich-keit, die; -, keine Mehrzahl: *unsterbliche Beschaffenheit, ewiges Leben, unsterbliches Wesen*
un-stet: *flüchtig, ruhelos, rastlos*
un-still-bar: *nicht stillbar*
un-stim-mig: *nicht übereinstimmend, nicht passend, nicht folgerichtig*
Un-stim-mig-keit, die; -,-en: *Widerspruch, Verschiedenheit, Fehler*
Un-stim-mig-keit, die; -,-en: *Meinungsverschiedenheit, Streit, mangelnde Harmonie*
un-strei-tig: *unbestreitbar, zweifellos, sicher*
Un-sum-me, die; -,-n: *hoher Geldbetrag*
un-sym-me-trisch: *nicht symmetrisch, nicht deckungsgleich*
un-sym-pa-thisch: *nicht angenehm, Abneigung hervorrufend*
un-sys-te-ma-tisch: *planlos, ohne System*
un-ta-de-lig: *einwandfrei, tadellos*
Un-tat, die; -,-en: *Verbrechen, Missetat*
un-tä-tig: *müßig, nichts tuend, nicht tätig, beschäftigungslos*
Un-tä-tig-keit, die; -, keine Mehrzahl: *Müßiggang, das Untätigsein*

Untergärung

un-taug-lich: *unbrauchbar, nicht tauglich*
Un-taug-lich-keit, die; -, keine Mehrzahl: *untaugliche Beschaffenheit*
un-teil-bar: *nicht teilbar, nicht zerlegbar, nicht aufteilbar*
Un-teil-bar-keit, die; -, keine Mehrzahl: *unteilbare Beschaffenheit*
un-ten: *tief, tiefer gelegen, am unteren Ende*
un-ten-an: *am unteren Ende, zuunterst*
un-ten-her: *von unten, aus der Tiefe*
un-ten lie-gend: *unter etwas liegend*
un-ten ste-hend: *unter etwas stehend, am unteren Ende stehend*
un-ter: *verdeckt, versteckt von*
un-ter: *zwischen, inmitten, bei*
un-ter: *niedriger, tiefer als*
un-ter: *mit, bei bestimmten Bedingungen, möglicherweise, vielleicht*
un-ter: *weniger als*
Un-ter, der; -s,-: *Bube im deutschen Kartenspiel*
Un-ter-arm, der; -es,-e: *Teil des Armes zwischen Hand und Ellenbogen*
Un-ter-bau, der; -es,-ten: *Fundament, Grundmauern, Sockel*
un-ter-be-legt: *nicht ausgelastet, nicht voll belegt*
un-ter-be-lich-ten: *zu kurz belichten*
Un-ter-be-lich-tung, die; -,-en: *zu kurze Belichtung*
un-ter-be-schäf-tigt: *nicht ausreichend beschäftigt, nicht ausgelastet*
un-ter-be-wer-ten: *zu gering bewerten*
Un-ter-be-wer-tung, die; -,-en: *zu geringe Bewertung*
un-ter-be-wusst: *im Unterbewusstsein, nicht bewusst*
Un-ter-be-wusst-sein, das; -s, keine Mehrzahl: *vom Menschen nicht bewusst gesteuerte, ihm nicht bewusste seelisch-geistige Vorgänge*
un-ter-bie-ten, unterbot, unterboten: *einen geringeren Preis fordern*
Un-ter-bi-lanz, die; -,-en: *einen Verlust ausweisende Bilanz*
un-ter-bin-den, unterband, unterbunden: *drosseln, abbinden, abschnüren*
un-ter-bin-den, unterband, unterbunden: *verhindern, abschaffen, verbieten*
un-ter-blei-ben, unterblieb, unterblieben: *nicht geschehen, nicht getan werden*
un-ter-bre-chen, unterbrach, unterbrochen: *stören, aufhalten*
un-ter-bre-chen, unterbrach, unterbrochen: *pausieren, vorübergehend aufhören*
Un-ter-bre-chung, die; -,-en: *Pause, Störung, das Unterbrechen*
un-ter-brei-ten: *vorlegen, darlegen*
un-ter-brin-gen, brachte unter, untergebracht: *verstauen, Platz finden; auch: Quartier bieten*
Un-ter-brin-gung, die; -,-en: *das Unterbringen*
un-ter-but-tern: *unterdrücken, nicht zur Geltung kommen lassen*
un-ter-but-tern: *umgangssprachlich für „zusätzlich verbrauchen (Geld)"*
un-ter-des: *unterdessen*
un-ter-des-sen: *inzwischen, mittlerweile, seitdem*
Un-ter-druck, der; -es, keine Mehrzahl: *geringerer Luftdruck als in der Umgebung*
un-ter-drü-cken: *beherrschen, unterjochen, knechten, zurückhalten*
Un-ter-drü-ckung, die; -,-en: *das Unterdrücken, Zwang*
un-ter-ei-nan-der (auch un-ter-ein-an-der): *miteinander, gemeinsam*
un-ter-ei-nan-der (auch un-ter-ein-an-der): *eins unter dem anderen*
un-ter-ent-wi-ckelt: *zurückgeblieben, nicht ausreichend, normal entwickelt*
Un-ter-ent-wick-lung, die; -, keine Mehrzahl: *unterentwickelte Beschaffenheit, das Unterentwickeltsein*
un-ter-er-nährt: *nicht ausreichend ernährt*
Un-ter-er-näh-rung, die; -, keine Mehrzahl; *nicht ausreichende Ernährung, schlechter körperlicher Zustand*
un-ter-füh-ren: *Verkehrsweg unterirdisch anlegen*
Un-ter-füh-rung, die; -,-en: *unterirdisch angelegter Verkehrsweg*
Un-ter-funk-tion, die; -,-en: *ungenügende Funktion*
Un-ter-gang, der; -es, -gän-ge: *Sinken, das in Flüssigkeit Verschwinden*
Un-ter-gang, der; -es, -gän-ge: *Verfall, Ruin, das Zugrundegehen, Scheitern*
Un-ter-gang, der; -es, -gän-ge: *das Untergehen unter den Horizont*
un-ter-gä-rig: *mit niedriger Temperatur gegoren*
Un-ter-gä-rung, die; -, keine Mehrzahl: *Gärung mit sich absetzender Hefe*

un-ter-ge-ben: *unterstellt, untergeordnet*
Un-ter-ge-be-ne, der; -n,-n: *jemand, der einem Vorgesetzten untergeordnet ist*
un-ter-ge-hen, ging unter, untergegangen: *vernichtet werden, zerstört werden, aussterben, nicht mehr in Erscheinung treten*
un-ter-ge-hen, ging unter, untergegangen: *sinken, versinken, unter den Horizont sinken*
un-ter-ge-ord-net: *untergehen, unterstellt*
Un-ter-ge-wicht, das; -es, keine Mehrzahl: *zu geringes Gewicht*
un-ter-glie-dern: *unterteilen, gliedern*
Un-ter-glie-de-rung, die; -,-en: *das Untergliedern*
un-ter-gra-ben, grub unter, untergegraben: *mit Erde bedecken, beim Graben im Boden verschwinden lassen*
un-ter-gra-ben, untergrub, untergraben: *unterwaschen, von unten her aushöhlen*
un-ter-gra-ben, untergrub, untergraben: *unmerklich zerstören, sabotieren*
Un-ter-grund-bahn, die; -,-en: *unterirdisch geführtes Verkehrsmittel*
Un-ter-grund-be-we-gung, die; -,-en: *geheime Widerstandsbewegung*
Un-ter-grup-pe, die; -,-n: *Teilmenge, untergeordnete Einheit*
un-ter-ha-ken: *einhaken, unterfassen*
un-ter-halb: *darunter, niedriger gelegen*
Un-ter-halt, der; -es, keine Mehrzahl: *Instandhaltung, laufende Kosten*
Un-ter-halt, der; -es, keine Mehrzahl: *Aufwendungen für die Lebensführung, Lebenshaltungskosten*
un-ter-hal-ten, unterhielt, unterhalten: *instand halten, laufende Kosten bestreiten*
un-ter-hal-ten, sich; unterhielt sich, sich unterhalten: *miteinander sprechen*
un-ter-hal-ten, sich; unterhielt sich, sich unterhalten: *sich belustigen, sich die Zeit vertreiben*
un-ter-halt-sam: *unterhaltend*
Un-ter-halts-kla-ge, die; -,-n: *Klage auf Unterhalt*
Un-ter-halts-pflicht, die; -, keine Mehrzahl: *Pflicht, für den Unterhalt aufzukommen*
un-ter-halts-pflichtig: *zum Unterhalt verpflichtet*

Un-ter-halts-zah-lung, die; -,-en: *Zahlung, um den Unterhalt zu gewährleisten*
Un-ter-hal-tung, die; -,-en: *Gespräch*
Un-ter-hal-tung, die; -,-en: *Instandhaltung, Bestreitung der laufenden Kosten*
Un-ter-hal-tung, die; -,-en: *Belustigung, Zeitvertreib*
Un-ter-hal-tungs-li-te-ra-tur, die; -, keine Mehrzahl: *Literatur zur Unterhaltung, leichte Literatur*
Un-ter-hal-tungs-mu-sik, die; -, keine Mehrzahl: *Musik zur Unterhaltung, leichte Musik*
Un-ter-händ-ler, der; -s,-: *Vermittler*
un-ter-höh-len: *aushöhlen, untergraben*
Un-ter-holz, das; -es, keine Mehrzahl: *Gestrüpp, Strauchwerk, niedriger Baumbestand*
Un-ter-ho-se, die; -,-n: *Unterbekleidungsstück*
un-ter-ir-disch: *unter der Erdoberfläche*
un-ter-jo-chen: *unterdrücken, knechten, bezwingen*
un-ter-kel-lern: *einen Keller ausheben*
Un-ter-kie-fer, der; -s,-: *unterer Knochen des Kiefers*
Un-ter-kleid, das; -es,-er: *Unterbekleidung*
un-ter-kom-men, kam unter, untergekommen: *Obdach finden*
Un-ter-kom-men, das; -s,-: *Zuflucht, Obdach*
un-ter-krie-gen: *umgangssprachlich für "unterdrücken, besiegen, bezwingen"*
un-ter-küh-len: *stark abkühlen*
Un-ter-küh-lung, die; -,-en: *das Unterkühlen, das Unterkühltsein*
Un-ter-kunft, die; -, -künf-te: *Obdach, Behausung, Quartier*
Un-ter-lass, der; -es, keine Mehrzahl: *in der Wendung: ohne Unterlass, unaufhörlich, ständig, in einem fort*
un-ter-las-sen, unterließ, unterlassen: *versäumen, nicht tun, bleiben lassen*
Un-ter-las-sung, die; -,en: *das Unterlassen*
Un-ter-las-sungs-sün-de, die; -,-n: *Fehler, der im Unterlassen einer Handlung besteht*
Un-ter-lauf, der; -es, -läu-fe: *unterer Teil eines Flusslaufes*
un-ter-lau-fen, unterlief, unterlaufen: *irrtümlich unterkommen, aus Versehen geschehen*

Unterschied

un-ter-lau-fen, unterlief, unterlaufen: *unwirksam machen, Ausübung einer Funktion verhindern*
un-ter-lau-fen, unterlief, unterlaufen: *unterhalb der Deckung angreifen, auch: hochgesprungenen Gegner zu Fall bringen*
un-ter-le-gen: *unter etwas legen*
un-ter-le-gen: *besiegt*
un-ter-le-gen: *untermalen*
un-ter-le-gen: *nicht so gut, minderwertig, nicht ebenbürtig*
Un-ter-leg-schei-be, die; -,-n: *durchbohrtes Metallplättchen, das zum Schutz einer Schraubenmutter unterlegt wird*
Un-ter-leib, der; -es,-e: *Unterkörper*
Un-ter-leibs-ope-ra-tion, die; -,-en: *Operation im Unterkörper*
un-ter-lie-gen, unterlag, unterlegen: *besiegt werden, verlieren*
un-ter-ma-len: *mit etwas unterlegen*
un-ter-ma-len: *grundieren*
Un-ter-ma-lung, die; -,-en: *das Untermalen*
un-ter-mau-ern: *mit einem festen Fundament versehen, mit Grundmauern versehen*
un-ter-mau-ern: *begründen, mit Argumenten stützen*
Un-ter-mau-e-rung, die; -,-en: *Fundament, Grundmauer, stützende Mauer*
Un-ter-mau-e-rung, die; -,-en: *das Untermauern*
Un-ter-mie-te, die; -,-n: *Weitervermietung, das Untervermieten*
Un-ter-mie-ter, der; -s,-: *jemand, der zur Untermiete wohnt*
un-ter-mi-nie-ren: *untergraben, unmerklich zerstören, Stellung schwächen*
Un-ter-mi-nie-rung, die; -,an: *das Unterminieren*
un-ter-mi-schen: *etwas mit anderem vermischen, unter etwas mischen*
un-ter-neh-men, unternahm, unternommen: *beginnen, machen, tun, handeln*
Un-ter-neh-men, das; -s,-: *Firma, Geschäft, Betrieb*
Un-ter-neh-men, das; -s,-: *Handlung, Tat, Vorhaben*
Un-ter-neh-mer, der, -s,-: *Geschäfsmann*
Un-ter-neh-mung, die; -,-en: *das Unternehmen, Handlung*
Un-ter-neh-mungs-geist, der; -es, keine Mehrzahl: *Mut, Tatkraft*
un-ter-neh-mungs-lus-tig: *handlungsfreudig, tatkräftig*
Un-ter-of-fi-zier, der; -s,-e: *militärischer Dienstgrad*
un-ter-ord-nen, sich: *sich einordnen, sich einfügen, sich fügen*
Un-ter-ord-nung, die; -,-en: *Untergruppe*
Un-ter-ord-nung, die; -,-en: *das Unterordnen, Gehorsam*
Un-ter-pfand, das; -es, -pfän-der: *Sicherheit, Pfand, Gewähr*
un-ter-pflü-gen: *beim Pflügen untermischen, unter die Erde bringen*
un-ter-pri-vi-le-giert: *wenig oder keine gesellschaftlichen Privilegien besitzend*
un-ter-re-den: *bereden, aussprechen, besprechen*
Un-ter-re-dung, die; -,-en: *Gespräch, Unterhaltung*
Un-ter-richt, der; -es,(-e): *Lehren, Lernen, Information*
un-ter-rich-ten: *belehren, lehren, informieren, in Kenntnis setzen*
Un-ter-richts-ge-gen-stand, der; -es, -stän-de: *Thema des Unterrichts*
Un-ter-richts-stunde, die; -,-n: *Unterricht*
Un-ter-rich-tung, die; -,-en: *das Unterrichten*
Un-ter-rock, der, -es, -rö-cke: *Unterbekleidungsstück*
un-ter-sa-gen: *verbieten*
Un-ter-satz, der; -es, -sät-ze: *Sockel, Platte, auch: Bierfilz*
Un-ter-satz, der; -es, -sät-ze: *in der Wendung: ein fahrbarer Untersatz, ein Auto, ein Fahrzeug*
un-ter-schät-zen: *zu gering einschätzen*
un-ter-schei-den, unterschied, unterschieden: *trennen, Unterschied erkennen, auseinander halten*
Un-ter-schei-dung, die; -,-en: *das Unterscheiden*
Un-ter-schei-dungs-merk-mal, das; -s,-e: *kennzeichnendes Merkmal*
Un-ter-schicht, die; -, keine Mehrzahl: *Schicht der gesellschaftlich Unterprivilegierten, untere Gesellschaftsschicht*
Un-ter-schicht, die; -,-en: *untere Schicht*
Un-ter-schied, der; -es,-e: *Trennung, Einteilung*
Un-ter-schied, der; -es,-e: *Abweichung, Verschiedenheit, Gegensatz*

unterschiedlich

un-ter-schied-lich: *verschieden, wechselnd*
un-ter-schla-gen, schlug unter, untergeschlagen: *kreuzen*
un-ter-schla-gen, unterschlug, unterschlagen: *veruntreuen, verheimlichen*
Un-ter-schla-gung, die; -,-en: *Veruntreuung*
Un-ter-schlupf, der; -es,-e: *Zuflucht, Obdach, Schutz, Versteck*
un-ter-schrei-ben, unterschrieb, unterschrieben: *Namen unter ein Schriftstück setzen*
un-ter-schrei-ten, unterschritt, unterschritten: *unter einer Grenze liegen, unter einem festgelegten Maß bleiben*
Un-ter-schrei-tung, die; -,-en: *das Unterschreiten*
Un-ter-schrift, die; -,-en: *Namenszug*
Un-ter-schrif-ten-map-pe, die; -,-n: *Mappe für Geschäftsbriefe, die zu unterschreiben sind*
Un-ter-schrif-ten-samm-lung, die; -,-en: *das Sammeln von Unterschriften*
un-ter-schwel-lig: *unbewusst wahrgenommen, wahrnehmbar, verdeckt*
Un-ter-see-boot, das; -es,-e: *Tauchschiff, Tauchboot*
Un-ter-set-zer, der; -s,-: *Bastdecke, Teller, Platte*
un-ter-setzt: *gedrungen, dick*
Un-ter-set-zung, die; -,-en: *Vorrichtung zum Untersetzen; auch: das Untersetzen*
un-ter-sin-ken, sank unter, untergesunken: *in Flüssigkeit versinken*
Un-ter-stand, der; -es, -stän-de: *Schutzraum im Stellungskrieg*
Un-ter-stand, der; -es, -stän-de: *Schutzraum gegen schlechtes Wetter*
un-ter-ste-hen, stand unter, untergestanden: *sich unter etwas stellen*
un-ter-ste-hen, understand, unterstanden: *untergeordnet sein*
un-ter-ste-hen, sich; understand sich, sich unterstanden: *wagen, ein Verbot zu übertreten*
un-ter-stel-len: *unter etwas stellen, unterbringen*
un-ter-stel-len, sich: *sich unter etwas stellen*
un-ter-stel-len: *etwas annehmen, behaupten, verdächtigen*
Un-ter-stel-lung, die; -,-en: *Annahme, Beschuldigung, Verdächtigung*

un-ter-strei-chen, unterstrich, unterstrichen: *einen Strich darunter ziehen*
un-ter-strei-chen, unterstrich, unterstrichen: *hervorheben, betonen*
Un-ter-strei-chung, die; -,-en: *das Unterstreichen*
un-ter-stüt-zen: *behilflich sein, helfen, beistehen, fördern*
Un-ter-stüt-zung, die; -,-en: *Hilfe, Beistand, Förderung*
Un-ter-stüt-zung, die; -,-en: *geldliche Hilfe, Zuwendung, Rente; Subvention*
un-ter-su-chen: *prüfen, erforschen*
Un-ter-su-chung, die; -,-en: *Prüfung, Erforschung, Beweisaufnahme, das Untersuchen*
Un-ter-su-chungs-aus-schuss, der; -schus-ses, -schüs-se: *zur Untersuchung eines Vorgangs oder eines Falles eingesetzter Ausschuss*
Un-ter-su-chungs-ge-fan-ge-ne, der/die; -n,-n: *jemand, der im Untersuchungsgefängnis bis zur Prozesseröffnung einsitzt*
Un-ter-su-chungs-ge-fäng-nis, das; -ses,-se: *Gefängnis für Untersuchungsgefangene*
Un-ter-su-chungs-haft, die; -, keine Mehrzahl: *Haft eines Tatverdächtigen bis zur Prozesseröffnung*
Un-ter-su-chungs-rich-ter, der; -s,-: *Richter, der Voruntersuchungen leitet*
Un-ter-ta-ge-bau, der; -s, keine Mehrzahl: *unterirdisches Bergbauwesen*
un-ter-tan: *beherrscht, ergeben, dienstbar, hörig*
Un-ter-tan, der; -s/-en,-en: *von einem Fürsten, Beherrschter, Höriger, Leibeigener*
un-ter-tä-nig: *unterwürfig, demütig*
Un-ter-tas-se, die; -,-n: *Teller, der unter eine Tasse gestellt wird*
un-ter-tau-chen: *untergehen, versinken, tauchen*
un-ter-tau-chen: *verschwinden, in den Untergrund gehen, sich verbergen*
Un-ter-teil, der/das; -es,-e: *unteres Teil, unterer Teil*
un-ter-tei-len: *einteilen, zerlegen, gliedern*
Un-ter-tei-lung, die; -,-en: *das Unterteilen, Gliederung*
Un-ter-ti-tel, der; -s,-: *ergänzender Titel*
Un-ter-ton, der; -es, -tö-ne: *versteckter Tonfall, unterschwellige Meinung*

Unverbindlichkeit

un-ter-trei-ben, untertrieb, untertrieben: *abwiegeln, zu gering angeben*
Un-ter-trei-bung, die; -,-en: *das Untertreiben*
un-ter-tun-neln: *einen Tunnel unter etwas hindurchgraben*
un-ter-ver-mie-ten: *weitervermieten*
un-ter-wan-dern: *nach und nach in Positionen eindringen und dadurch Verhältnisse ändern*
Un-ter-wan-de-rung, die; -,-en: *das Unterwandern*
Un-ter-wä-sche, die; -, keine Mehrzahl: *Unterbekleidung*
Un-ter-was-ser-mas-sa-ge, die; -, keine Mehrzahl: *Massieren unter Wasser*
un-ter-wegs: *auf dem Weg, der Reise*
un-ter-wei-sen, unterwies, unterwiesen: *lehren, anleiten, unterrichten*
Un-ter-wei-sung, die; -,-en: *Unterricht, Anleitung, das Unterweisen*
Un-ter-welt, die; -, keine Mehrzahl: *Verbrecherwelt*
Un-ter-welt, die; -,-en: *Totenreich*
un-ter-wer-fen, unterwarf, unterworfen: *besiegen, erobern, unterjochen*
un-ter-wer-fen, sich; unterwarf sich, sich unterworfen: *sich ergeben, sich fügen*
Un-ter-wer-fung, die; -,-en: *das Unterwerfen, Besiegen, das Sichunterwerfen*
un-ter-wür-fig: *ehrerbietig, kriecherisch*
Un-ter-wür-fig-keit, die; -, keine Mehrzahl: *unterwürfiges Verhalten, unterwürfiges Wesen*
un-ter-zeich-nen: *unterschreiben*
Un-ter-zeich-ner, der; -s,-: *jemand, der etwas unterzeichnet*
Un-ter-zeug, das; -s, keine Mehrzahl: *Unterwäsche, Unterbekleidung*
un-ter-zie-hen, zog unter, untergezogen: *unter Oberbekleidung anziehen*
un-ter-zie-hen, unterzog, unterzogen: *prüfen, einer Prüfung unterziehen*
un-ter-zie-hen, sich; unterzog sich, sich unterzogen: *dulden, mit sich geschehen lassen, auf sich nehmen*
un-tief: *seicht, flach*
Un-tie-fe, die; -,-n: *seichte Stelle*
Un-tier, das; -es,-e: *Ungeheuer, Ungetüm*
un-trag-bar: *unerträglich, nicht tragbar, nicht zumutbar*
Un-trag-bar-keit, die; -, keine Mehrzahl: *untragbarer Zustand, untragbare Beschaffenheit*

un-trenn-bar: *nicht trennbar*
un-treu: *abtrünnig, treulos*
Un-treue, die; -, keine Mehrzahl: *untreues Verhalten, Treuebruch*
un-tröst-lich: *verzweifelt, keinem Trost zugänglich*
un-trüg-lich: *ganz sicher, nicht trüglich*
un-tüch-tig: *nicht viel könnend, nicht viel leistend, nicht tüchtig, faul*
Un-tu-gend, die; -,-en: *Laster, schlechte Angewohnheit*
un-ü-ber-brück-bar: *nicht überbrückbar, nicht zu beseitigen*
Un-ü-ber-brück-bar-keit, die; -, keine Mehrzahl: *unüberbrückbare Beschaffenheit*
un-ü-ber-legt: *unbesonnen, voreilig*
Un-ü-ber-legt-heit, die; -,-en: *unüberlegtes Verhalten, unüberlegte Handlung*
un-ü-ber-schreit-bar: *nicht zu überqueren, zu tief, zu groß, zu weit*
un-ü-ber-seh-bar: *ins Auge fallend, sehr groß*
un-ü-ber-seh-bar: *sehr, ungeheuer, nicht zu überblicken*
un-ü-ber-setz-bar: *nicht zu übersetzen*
Un-ü-ber-setz-bar-keit, die; -, keine Mehrzahl: *unübersetzbare Beschaffenheit*
un-ü-ber-sicht-lich: *ungeordnet, verworren, teilweise verdeckt*
Un-ü-ber-sicht-lich-keit, die; -, keine Mehrzahl: *unübersichtliche Beschaffenheit*
un-ü-ber-treff-lich: *nicht zu übertreffen, einmalig, hervorragend*
un-ü-ber-wind-lich: *nicht überwindbar*
un-üb-lich: *nicht üblich*
un-um-gäng-lich: *nicht zu vermeiden, unbedingt erforderlich*
un-um-wun-den: *ohne Umschweife, direkt*
un-un-ter-bro-chen: *ständig, ohne Pause, dauernd*
un-ver-än-der-lich: *nicht veränderlich*
un-ver-än-dert: *gleich*
un-ver-ant-wort-lich: *fahrlässig, nicht zu verantworten*
un-ver-äu-ßer-lich: *nicht zu verkaufen*
un-ver-bes-ser-lich: *nicht zu ändern, keines Besseren belehrbar*
un-ver-bind-lich: *nicht verbindlich*
Un-ver-bind-lich-keit, die; -, keine Mehrzahl: *unverbindliche Beschaffenheit, unverbindliches Verhalten*

unverblümt

un-ver-blümt: *offen, direkt, ohne Umschweife*
un-ver-brüch-lich: *ganz fest, unbedingt*
un-ver-bürgt: *nicht bestätigt*
un-ver-dau-lich: *nicht verdaulich*
un-ver-daut: *nicht verdaut*
un-ver-dient: *ungerechtfertigt*
un-ver-dor-ben: *frisch, sauber, rein*
un-ver-dros-sen: *unermüdlich, emsig*
Un-ver-dros-sen-heit, die; -, keine Mehrzahl: *unverdrossenes Verhalten, unverdrossenes Wesen*
un-ver-ein-bar: *nicht vereinbar*
Un-ver-ein-bar-keit, die; -, keine Mehrzahl: *unvereinbare Beschaffenheit*
un-ver-fälscht: *echt, lauter, rein*
un-ver-fäng-lich: *ungefährlich, keinen Verdacht erregend, unbedenklich*
un-ver-fro-ren: *dreist, frech, unverschämt*
Un-ver-fro-ren-heit, die; -, keine Mehrzahl: *unverfrorenes Verhalten, unverfrorenes Wesen*
Un-ver-fro-ren-beit, die; -,-en: *unverfrorene Bemerkung*
un-ver-gäng-lich: *ewig*
Un-ver-gäng-lich-keit, die; -, keine Mehrzahl: *unvergängliche Beschaffenheit*
un-ver-gess-lich: *bleibend, im Gedächtnis bleibend*
un-ver-gleich-lich: *einmalig, unübertrefflich*
un-ver-hält-nis-mä-ßig: *in keinem Verhältnis stehend*
un-ver-hei-ra-tet: *ledig*
un-ver-hofft: *nicht erwartet, unvorhergesehen, plötzlich*
un-ver-hoh-len: *nicht verborgen, offensichtlich*
un-ver-käuf-lich: *nicht zu verkaufen*
un-ver-kenn-bar: *eindeutig, nicht zu verwechseln*
un-ver-letz-lich: *nicht verletzlich, tabu*
Un-ver-letz-lich-keit, die; -, keine Mehrzahl: *unverletzliche Beschaffenheit*
un-ver-letzt: *nicht verletzt, unversehrt*
un-ver-mählt: *unverheiratet, ledig*
un-ver-meid-bar: *nicht vermeidbar, unabänderlich*
un-ver-meid-lich: *nicht vermeidbar, nicht zu umgehen, unabwendbar*
un-ver-mit-telt: *plötzlich, jäh*
Un-ver-mö-gen, das; -s, keine Mehrzahl: *Mangel an Fähigkeit, Unfähigkeit*
un-ver-mö-gend: *arm, ohne Vermögen, mittellos*
un-ver-mö-gend: *unfähig*
un-ver-mu-tet: *nicht erwartet, unerwartet, plötzlich*
Un-ver-nunft, die; -, keine Mehrzahl: *unvernünftiges Verhalten, unvernünftiges Wesen, Mangel an Vernunft*
un-ver-nünf-tig: *töricht, uneinsichtig, vernunftwidrig*
un-ver-rich-te-ter Dinge: *ohne etwas erreicht zu haben*
un-ver-rich-te-ter Din-ge: *österr. für erfolglos*
un-ver-schämt: *frech, dreist, schamlos*
Un-ver-schämt-heit, die; -,-en: *unverschämtes Verhalten, Frechheit, Schamlosigkeit*
un-ver-schul-det: *schuldlos, unschuldig*
un-ver-se-hens: *plötzlich, überraschend*
un-ver-sehrt: *unverletzt, heil*
Un-ver-sehrt-heit, die; -, keine Mehrzahl: *unversehrte Beschaffenheit, Unverletztheit*
un-ver-söhn-lich: *nicht zur Versöhnung bereit*
Un-ver-söhn-lich-keit, die; -, keine Mehrzahl: *unversöhnliche Haltung*
Un-ver-stand, der; -es, keine Mehrzahl: *Torheit, Sturheit*
un-ver-stan-den: *nicht verstanden*
un-ver-stän-dig: *nicht einsichtig, stur, töricht, einfältig*
un-ver-ständ-lich: *nicht zu verstehen, unbegreiflich*
Un-ver-ständ-lich-keit, die; -, keine Mehrzahl: *unverständliche Beschaffenheit*
Un-ver-ständ-nis, das; -ses, keine Mehrzahl: *Mangel an Verständnis*
un-ver-steu-ert: *nicht versteuert*
un-ver-träg-lich: *nicht verträglich, streitsüchtig*
un-ver-träg-lich: *nicht bekömmlich*
un-ver-träg-lich: *unvereinbar*
Un-ver-träg-lich-keit, die; -, keine Mehrzahl: *unverträgliche Beschaffenheit, unverträgliches Verhalten*
un-ver-wandt: *ohne sich abzuwenden, unbeirrt*
un-ver-wech-sel-bar: *nicht zu verwechseln*
un-ver-wund-bar: *unverletzbar*
Un-ver-wund-bar-keit, die; -, keine Mehrzahl: *unverwundbare Beschaffenheit*

Unzahl

un-ver-wüst-lich: *haltbar, stabil, strapazierfähig, widerstandsfähig*
Un-ver-wüst-lich-keit, *die; -, keine Mehrzahl: unverwüstliche Beschaffenheit*
un-ver-zagt: *unerschrocken, tapfer*
Un-ver-zagt-heit, *die; -, keine Mehrzahl: unverzagtes Verhalten, unverzagtes Wesen*
un-ver-zeih-lich: *nicht zu verzeihen, nicht entschuldbar*
un-ver-zins-lich: *zinslos, nicht verzinslich, keine Zinsen bringend*
un-ver-züg-lich: *sofort, gleich, ohne zu zögern*
un-voll-kom-men: *nicht vollkommen, nicht vollendet*
Un-voll-kom-men-heit, *die; -,-en: Mangel, unvollkommene Beschaffenheit*
un-voll-␣stän-dig: *nicht vollständig, lückenhaft, nicht vollendet, nicht vollzählig*
Un-voll-stän-dig-keit, *die; -, keine Mehrzahl: unvollständige Beschaffenheit*
un-vor-be-rei-tet: *nicht vorbereitet*
un-vor-ein-ge-nom-men: *vorurteilsfrei, nicht beeinflusst, sachlich*
Un-vor-ein-ge-nom-men-heit, *die; keine Mehrzahl: unvoreingenommenes Verhalten, unvoreingenommenes Wesen*
un-vor-her-ge-se-hen: *unerwartet, plötzlich*
un-vor-sich-tig: *unbedacht, leichtsinnig*
Un-vor-sich-tig-keit, *die; -,-en: unvorsichtiges Verhalten, unvorsichtiges Wesen, Leichtsinn*
un-wäg-bar: *nicht abwägbar*
Un-wäg-bar-keit, *die; -, keine Mehrzahl: das Unwägbarsein*
un-wahr: *falsch, erlogen*
Un-wahr-heit, *die; -,-en: unwahre Aussage, Lüge, Unaufrichtigkeit*
un-wahr-schein-lich: *nicht wahrscheinlich, unglaubhaft*
Un-wahr-schein-lich-keit, *die; -,-en: unwahrscheinliche Beschaffenheit, Mangel an Wahrscheinlichkeit*
un-weg-sam: *schwer gangbar, mit schlechten Wegen ausgestattet*
Un-weg-sam-keit, *die; -, keine Mehrzahl: unwegsame Beschaffenheit*
un-wei-ger-lich: *bestimmt, unbedingt*
un-weit: *nah, nicht weit*
Un-we-sen, *das; -s, keine Mehrzahl: schlimmes Treiben*

un-we-sent-lich: *kaum, ohne Bedeutung, nicht wichtig, nebensächlich*
Un-wet-ter, *das; -s,-: Sturm und Regen, Gewitter*
un-wi-der-leg-bar: *nicht anfechtbar, nicht zu widerlegen*
un-wi-der-ruf-lich: *endgültig*
un-wi-der-steh-lich: *hinreißend, verlockend, sehr anziehend*
un-wie-der-bring-lich: *für immer verloren*
Un-wil-le, *der; -ns, keine Mehrzahl: Verdruss, Ärger*
Un-wil-len, *der; -s, keine Mehrzahl: Unwille*
un-wil-lig: *ärgerlich, verdrossen, unlustig*
un-will-kür-lich: *ohne Absicht, unbewusst*
un-wirk-lich: *nicht real, nicht wirklich*
Un-wirk-lich-keit, *die; -, keine Mehrzahl: unwirkliche Beschaffenheit, Irrealität*
un-wirk-sam: *erfolglos, ohne Wirkung*
un-wirk-sam: *ungültig, nicht wirksam (Vertrag)*
Un-wirk-sam-keit, *die; -, keine Mehrzahl: unwirksame Beschaffenheit*
un-wirsch: *unwillig, ärgerlich, barsch*
un-wirt-lich: *öde, leer, einsam*
un-wirt-lich: *ungastlich*
Un-wirt-lich-keit, *die; -, keine Mehrzahl: unwirtliche Beschaffenheit*
un-wirt-schaft-lich: *nicht wirtschaftlich*
Un-wirt-schaft-lich-keit, *die; -, keine Mehrzahl: unwirtschaftliche Beschaffenheit, Mangel an Wirtschaftlichkeit*
un-wis-send: *nicht unterrichtet, ahnungslos, ohne Wissen*
Un-wis-sen-heit, *die; -, keine Mehrzahl: Mangel an Wissen, Unkenntnis*
un-wis-sen-schaft-lich: *nicht wissenschaftlich*
Un-wis-sen-schaft-lich-keit, *die; -, keine Mehrzahl: unwissenschaftliches Vorgehen, Mangel an Wissenschaftlichkeit*
un-wis-sent-lich: *ohne Wissen, ohne Kenntnis*
un-wohl: *übel, unpässlich*
Un-wohl-sein, *das; -s, keine Mehrzahl: Unpässlichkeit, leichte Krankheit*
un-wür-dig: *nicht gemäß, ehrenrührig*
Un-wür-dig-keit, *die; -, keine Mehrzahl: das Unwürdigsein*
Un-zahl, *die; -, keine Mehrzahl: unzählbare Menge, große Menge*

un-zähl-bar: nicht zählbar, sehr viel
un-zäh-lig: sehr viel
Un-ze, die; -,-n: alte Gewichtseinheit
Un-zeit, die; -, keine Mehrzahl: unpassende Zeit, falscher Zeitpunkt
un-zeit-ge-mäß: veraltet
un-zer-brech-lich: bruchfest
Un-zer-brech-lich-keit, die; -, keine Mehrzahl: Bruchfestigkeit
un-zer-reiß-bar: reißfest
Un-zer-reiß-bar-keit, die; -, keine Mehrzahl: Reißfestigkeit
un-zer-stör-bar: nicht zerstörbar, unverwüstlich
Un-zer-stör-bar-keit, die; -, keine Mehrzahl: unzerstörbare Beschaffenheit
un-zer-trenn-lich: innig verbunden, stets zusammen
un-ziem-lich: nicht geziemend, ungehörig
un-zi-vi-li-siert: nicht zivilisiert, barbarisch
Un-zucht, die; -, keine Mehrzahl: sexuelles Vergehen
un-züch-tig: sittenlos, unsittlich
un-zu-frie-den: missmutig, enttäuscht
Un-zu-frie-den-heit, die; -, keine Mehrzahl: Missmut, Enttäuschung, Mangel an Zufriedenheit
un-zu-gäng-lich: nicht erreichbar, nicht zugänglich
un-zu-gäng-lich: verschlossen, abweisend
un-zu-läng-lich: nicht ausreichend, mangelhaft, ungenügend
Un-zu-läng-lich-keit, die; -,-en: Mangel, das Unzulänglichsein
un-zu-läs-sig: verboten, nicht erlaubt, nicht gestattet
un-zu-rech-nungs-fä-hig: nicht zurechnungsfähig
Un-zu-rech-nungs-fä-hig-keit, die; keine Mehrzahl: Mangel an Zurechnungsfähigkeit
un-zu-rei-chend: nicht ausreichend
un-zu-stän-dig: nicht zuständig
un-zu-tref-fend: nicht zutreffend, falsch, unrichtig
un-zu-ver-läs-sig: nicht vertrauenswürdig, nicht zuverlässig, nicht pflichtbewusst
Un-zu-ver-läs-sig-keit, die; -,-en: unzuverlässiges Verhalten, unzuverlässiges Wesen, unzuverlässige Beschaffenheit

un-zwei-deu-tig: eindeutig
un-zwei-fel-haft: unbestreitbar
Up-per-cut [Apperkat], der; -s,-s: von unten nach oben geführter Boxhieb
üp-pig: rundlich, dick
üp-pig: reich, blühend (Fantasie)
üp-pig: reichlich, gehaltvoll, überreich
Üp-pig-keit, die; -, keine Mehrzahl: üppige Beschaffenheit, Dicke
Ur, der; -es,-e: Auerochse
Ur-ab-stim-mung, die; -,-en: unmittelbare Abstimmung aller Mitglieder
Ur-ahn, der; -en,-en: Vorfahr
Ur-ah-ne, der; -n,-n: Urgroßvater
Ur-ah-ne, die; -,-n: Urgroßmutter
ur-alt: sehr alt
U-rä-mie (auch Ur-ä-mie), die; -, keine Mehrzahl: Harnvergiftung
u-rä-misch (auch ur-ä-misch): auf Urämie beruhend, die Urämie betreffend
U-ran, das; -s, keine Mehrzahl: radioaktives Metall, Zeichen: U
ur-auf-füh-ren: zum erstenmal aufführen
Ur-auf-füh-rung, die; -,-en: Erstaufführung
ur-ban: weltmännisch, gebildet
ur-ban: die Stadt betreffend
ur-ba-ni-sie-ren: verstädtern; auch: verfeinern, kulturell verbessern
Ur-ba-ni-tät, die; -, keine Mehrzahl; Weltmännischkeit, Bildung, Weltoffenheit
ur-bar: anbaufähig, nutzbar
Ur-bar-ma-chung, die; -,-en: das Urbarmachen, Bodenerschließung
Ur-be-völ-ke-rung, die; -, keine Mehrzahl: ursprüngliche Bevölkerung
Ur-ein-woh-ner, der; -s,-: Angehöriger der ursprünglichen Bevölkerung
Ur-en-kel, der; -s,-: Sohn des Enkels oder der Enkelin
Ur-en-ke-lin, die; -,-nen: Tochter des Enkels oder der Enkelin
Ur-fas-sung, die; -,-en: erste Fassung, ursprüngliche Fassung
Ur-form, die; -,-en: ursprüngliche Form, erste Form
ur-ge-müt-lich: sehr gemütlich
Ur-ge-schich-te, die; -, keine Mehrzahl: Vorgeschichte
Ur-ge-stein, das; -s,-e: Gestein, das sich nach seiner Entstehung nicht verändert hat
Ur-ge-walt, die; -,-en: Naturgewalt, ungebrochene Kraft

urweltlich

Ur-groß-el-tern, die; -, keine Einzahl: *Eltern der Großeltern*
Ur-groß-mut-ter, die; -, -müt-ter: *Mutter der Großmutter, des Großvaters*
Ur-groß-va-ter, der; -s, -vä-ter: *Vater der Großmutter, des Großvaters*
Ur-he-ber, der; -s,-: *Verursacher, jemand, der etwas veranlasst hat; Autor, Verfasser, Schöpfer*
Ur-he-ber-recht, das; -es,-e: *Verfügungsgewalt des Autors über sein Werk*
ur-he-ber-recht-lich: *das Urheberrecht betreffend*
Ur-he-ber-schaft, die; -, keine Mehrzahl: *das Urhebersein*
Ur-he-ber-schutz, der; -es, keine Mehrzahl: *gesetzlicher Schutz, den ein Urheber für ein Werk genießt*
U-ri-an, der; -s,-e: *unerwünschter Gast*
U-ri-an, der; -s, keine Mehrzahl: *Teufel*
U-ri-as-brief, der; -es,-e: *Brief, der dem Empfänger Unangenehmes bringt*
u-rig: *urwüchsig, originell, komisch*
U-rin, der; -s, keine Mehrzahl: *Harn*
u-ri-nie-ren: *Harn lassen*
ur-ko-misch: *sehr komisch*
Ur-kun-de, die; -,-n: *amtliches Schriftstück, Beweisstück, Zeugnis*
Ur-kun-den-fäl-schung, die; -,-en: *Fälschung einer Urkunde*
ur-kund-lich: *die Urkunde betreffend, auf einer Urkunde beruhend*
Ur-laub, der; -es,-e: *Ferien*
Ur-lau-ber, der; -s,-: *jemand, der einen Urlaub verlebt*
Ur-laubs-geld, das; -es, keine Mehrzahl: *für den Urlaub gespartes Geld, im Urlaub zur Verfügung stehendes Geld*
Ur-laubs-geld, das; -es, keine Mehrzahl: *Geld, das vom Arbeitgeber zum Urlaub zusätzlich gezahlt wird*
Ur-laubs-schein, der; -es,-e: *schriftliche Bewilligung des Urlaubs*
Ur-laubs-tag, der; -es,-e: *Tag des Urlaubs*
Ur-laubs-zeit, die; -,-en: *Urlaub; auch: Hauptsaison*
Ur-mensch, der; -en,-en: *erster Mensch*
Ur-ne, die; -,-n: *Wahlurne*
Ur-ne, die; -,-n: *Gefäß, Krug, der die Asche eines Verstorbenen aufnimmt*
Ur-nen-grab, das; -es, -grä-ber: *Grab, in dem eine Urne untergebracht wird*
U-ro-lo-ge, der; -n,-n: *Facharzt der Urologie*
U-ro-lo-gie, die; -, keine Mehrzahl: *Lehre von den Krankheiten der Harnwege*
u-ro-lo-gisch: *die Urologie betreffend*
U-ros-ko-pie (auch U-ro-sko-pie), die; -,-n: *Harnuntersuchung*
ur-plötz-lich: *ganz plötzlich, völlig unerwartet*
Ur-pro-dukt, das; -es,-e: *Rohstoff*
Ur-sa-che, die; -,-n: *Grund, Anlass, Beweggrund, Ursprung*
ur-säch-lich: *die Ursache betreffend*
Ur-schrift, die; -,-en: *Erstschrift, Original, Handschrift, Konzept*
ur-schrift-lich: *im Original*
Ur-sprung, der; -es, -sprün-ge: *Herkunft, Beginn, Ausgangspunkt, Entstehung; auch: Quelle*
ur-sprüng-lich: *anfangs, zuerst, am Anfang, zu Beginn*
ur-sprüng-lich: *einfach, natürlich, ungekünstelt*
Ur-sprungs-land, das; -es, -län-der: *Herkunftsland*
Ur-teil, das; -s,-e: *Meinung, Ansicht, Urteilsfähigkeit*
Ur-teil, das; -s,-e: *Rechtsspruch, Richterspruch*
Ur-teil, das; -s,-e: *Gutachten*
ur-teils-fä-hig: *fähig, ein Urteil zu fällen*
Ur-teils-fä-hig-keit, die; -, keine Mehrzahl: *Fähigkeit, ein Urteil zu fällen*
Ur-teils-kraft, die; -, keine Mehrzahl: *Urteilsfähigkeit*
Ur-teils-spruch, der; -es, -sprü-che: *Urteil*
Ur-teils-ver-kün-dung, die; -,-en: *Verkündung des Urteils*
Ur-teils-voll-stre-ckung, die; -, keine Mehrzahl: *Vollstreckung des Urteils*
Ur-tier, das; -s,-e: *ausgestorbenes, urweltliches Tier*
ur-tüm-lich: *urwüchsig, unberührt*
Ur-tüm-lich-keit, die; -, keine Mehrzahl: *urtümliche Beschaffenheit*
Ur-typ, der; -s,-en: *Urform, ursprünglicher Typ*
Ur-viech, das; -s,-er: *regional für Urvieh*
Ur-vieh, das; -s, keine Mehrzahl: *umgangssprachlich für „Unikum, komischer Mensch"*
Ur-wald, der; -es, -wäl-der: *Dschungel, Wald im ursprünglichen Zustand*
Ur-welt, die; -, keine Mehrzahl: *Welt der Vorzeit, frühere Erdzeitalter*
ur-welt-lich: *die Urwelt betreffend*

urwüchsig

ur-wüch-sig: *naturhaft, bodenständig, unverbildet*
Ur-wüch-sig-keit, die; -, keine Mehrzahl: *urwüchsige Beschaffenheit, urwüchsiges Wesen*
Ur-zu-stand, der; -es, -stän-de: *ursprünglicher Zustand*
U-sam-ba-ra-veil-chen, das; -s,-: *Blumenart*
U-san-ce [Üsañß], die; -,-n: *Handelsbrauch, Brauch, Geschäftsgebaren, Gepflogenheit*
U-ser [Juhser], der; -s,-: *umgangssprachlich für „Drogenabhängiger", Benutzer von EDV-Systemen, Anwender*
U-so, der; -s, keine Mehrzahl: *Handelsbrauch, Gewohnheit*
U-sur-pa-ti-on, die; -,-en: *gewaltsame Aneignung, gewaltsame Übernahme der Herrschaft*
U-sur-pa-tor, der; -s,-en: *jemand, der widerrechtlich die Herrschaft an sich reißt*
u-sur-pie-ren: *rauben, durch Usurpation in Besitz bringen*
U-sus, der; -s, keine Mehrzahl: *Brauch, Sitte, Gewohnheit*

U-ten-si-li-en, die; -, keine Einzahl: *Werkzeug, kleine, notwendige Gegenstände*
U-te-rus, der; -, U-te-ri: *Gebärmutter*
u-ti-li-sie-ren: *etwas gebrauchen, einen Nutzen aus etwas ziehen, nutzbar machen*
U-ti-li-ta-ris-mus, der; -, keine Mehrzahl: *Nützlichkeitsprinzip*
U-ti-li-ta-rist, der; -en,-en: *Anhänger des Utilitarismus*
u-ti-li-ta-ris-tisch: *den Utilitarismus betreffend*
U-to-pie, die; -,-n: *Schilderung eines erdachten zukünftigen Zustandes oder einer Gesellschaft, Wunschtraum*
u-to-pisch: *die Utopie betreffend, nur in der Vorstellung existierend; auch: nach Unmöglichem strebend*
U-to-pis-mus, der; -, keine Mehrzahl: *Hang zu Utopien*
U-to-pis-mus, der; -s, U-to-pis-men: *unrealistische utopische Vorstellungen*
U-to-pist, der; -en,-en: *jemand, der Utopien nachhängt*
Uz, der; -es,-e: *umgangssprachlich für Ulk, Neckerei*
u-zen: *necken, verulken, foppen*

Vasall

v, V, das; -,-: *zweiundzwanzigster Buchstabe des Alphabets, Konsonant, Mitlaut*
V: *Abkürzung für „Volt"*
V: *Abkürzung für „Volumen"*
v.: *Abkürzung für „vom, von, vor"*
V.: *Abkürzung für „Vers"*
v. a.: *Abkürzung für „vor allem"*
Va-banque-spiel [Vaboñkspiel], das; -es, -e: *Wagnis, risikoreiches Handeln*
Va-de-me-kum, das; -s,-s: *veraltet für „Leitfaden, kleines Nachschlagewerk in Taschenbuchformat, Ratgeber"*
Va-ga-bund, der; -en,-en: *Herumtreiber, Landstreicher*
va-ga-bun-die-ren: *sich herumtreiben, als Vagabund leben, rastlos umherstreifen*
va-ge: *unbestimmt, unsicher, ungenau*
Vag-heit, die; -, keine Mehrzahl: *vage Beschaffenheit, Unbestimmtheit*
Va-gi-na, die; -, Va-gi-nen: *Scheide*
va-gi-nal: *die Vagina betreffend*
Va-gi-nis-mus, der; -, keine Mehrzahl: *Scheidenkrampf*
Va-gus, der; -, keine Mehrzahl: *Hauptnerv des Nervensystems*
va-kant: *frei, unbesetzt, offen*
Va-kanz, die; -,-en: *freier Posten*
Va-ku-um, das; -s, Va-ku-en: *luftleerer Raum, annähernd luftleerer Raum*
Va-ku-um-pum-pe, die; -,-n: *Pumpe zur Erzeugung eines Vakuums*
Vak-zin, das; -s,-e: *Vakzine*
Vak-zi-na-ti-on, die; -,-en: *Impfung mit Vakzinen*
Vak-zi-ne, die; -,-n: *Impfstoff*
vak-zi-nie-ren: *mit Vakzinen impfen*
Va-lenz, die; -,-en: *Chemie: Wertigkeit*
Va-let [Waleh], das; -s,-s: *Abschied, Lebewohl*
Va-let [Waleh], der; -s,-s: *Bube im französischen Kartenspiel*
va-lid: *zuverlässig, wirkungsvoll*
Va-li-di-tät, die; -, keine Mehrzahl: *Zuverlässigkeit*
Va-lo-ren, die; -,-n keine Einzahl: *Wertpapiere, Wertsachen*
va-lo-ri-sie-ren: *den Preis von etwas künstlich anheben*
Va-lu-ta, die; -, Va-lu-ten: *Warenwert, Wertstellung*
Va-lu-ta, die; -, Va-lu-ten: *ausländische Währung*
Va-lu-ta, die; -, Va-lu-ten: *Datum, an dem eine Transaktion für einen Kunden erfolgt*
va-lu-tie-ren: *bewerten, Termin festsetzen*
Val-va-ti-on, die; -,-en: *Wertschätzung, Wertbestimmung (Wertgegenstände)*
Vamp [Wähmp], der; -s,-s: *verführerische Frau, erotische, kalt berechnende Frau (Film)*
Vam-pir, der; -s,-e: *sagenhaftes blutsaugendes Fledermausgespenst, Blutsauger*
Va-na-di-um, das; -s, keine Mehrzahl: *chemisches Element, Metall, Zeichen: V*
Van-da-le, der; -n,-n: *Wandale*
Va-nil-le, die; -, keine Mehrzahl: *pflanzliches Süßspeisenaroma*
Va-nil-le-eis, das; -es, keine Mehrzahl: *Speiseeis mit Vanillegeschmack*
Va-nil-le-zu-cker, der; -s, keine Mehrzahl: *Zucker mit Vanillearoma*
Va-po-ri-sa-ti-on, die; -,-en: *Verdampfung*
va-po-ri-sie-ren: *verdampfen*
Va-ria, die; -, keine Einzahl: *Verschiedenes, Vermischtes, Mannigfaltiges*
va-ri-a-bel: *veränderlich, wandelbar*
Va-ri-a-bi-li-tät, die; -, keine Mehrzahl: *Veränderlichkeit, Wandelbarkeit*
Va-riab-le (auch Va-ri-a-ble), die; -n,-n: *veränderbare Größe*
Va-ri-an-te, die; -,-n: *Abwandlung, Abart*
Va-ri-a-ti-on, die; -,-en: *Abwandlung, Veränderung, Abweichung*
Va-ri-a-ti-ons-brei-te, die; -,-n: *Gesamtheit der Variationsmöglichkeiten*
Va-ri-e-tee (auch Va-ri-e-té) [Warieteh], das; -s,-s: *Kleinkunstbühne*
va-ri-ie-ren: *abweichen, verändern, abwandeln*
va-ri-kös: *mit Krampfadern behaftet, Krampfadern betreffend*
Va-ri-ko-si-tät, die; -,-en: *Bildung von Varizen*
Va-ri-o-me-ter, das; -s,-: *Messgerät für Magnetfelder*
Va-ri-o-me-ter, das; -s,-: *Höhenanzeiger im Flugzeug*
Va-ri-ze, die; -,-n: *Krampfader*
Va-sall, der; -en,-en: *Gefolgsmann*

Vasallenstaat

Va-sal-len-staat, der; -es,-en: *von einer Großmacht abhängiger Staat*
Va-se, die; -,-n: *Zier- oder Blumengefäß*
Va-sek-to-mie (auch Vas-ek-to-mie), die; -,-n: *operative Entfernung von Gefäßen; auch: Entfernung der Samenleiter*
Va-se-line, die; -, keine Mehrzahl: *Salbengrundstoff*
Vas-ku-la-ri-sa-ti-on, die; -,-en: *Neubildung von Blutgefäßen*
vas-ku-lös: *reich an Blutgefäßen*
Va-so-mo-to-ren, die; -, keine Einzahl: *Gefäßnerven*
va-so-mo-to-risch: *die Gefäßnerven betreffend*
Va-so-to-mie, die; -,-n: *Vasektomie*
Va-ter, der; -s, Vä-ter: *männlicher Elternteil*
Vä-ter-chen, das; -s,-: *Kosewort zu „Vater"*
Va-ter-haus, das; -es, -häu-ser: *Elternhaus*
Va-ter-land, das; -es, -län-der: *Heimat, Land, in dem man geboren wurde*
Va-ter-lands-lie-be, die; -, keine Mehrzahl: *Liebe zum Vaterland*
vä-ter-lich: *wie ein Vater, den Vater betreffend*
vä-ter-li-cher-seits: *von der Seite des Vaters her*
Va-ter-schaft, die; -,-en: *das Vatersein*
Va-ter-stadt, die; -, -städ-te: *Heimatstadt*
Va-ter-un-ser, das; -s,-: *christliches Gebet*
Va-ti-kan, der; -s, keine Mehrzahl: *Residenz des Papstes*
va-ti-ka-nisch: *den Vatikan betreffend*
Ve-du-te, die; -,-n: *naturgetreue Abbildung einer Landschaft oder Stadt*
Ve-du-ten-ma-le-rei, die; -,-en: *naturgetreue Malerei*
ve-ge-ta-bil: *vegetabilisch*
Ve-ge-ta-bi-li-en, die; -, keine Einzahl: *pflanzliche Nahrungsmittel*
ve-ge-ta-bi-lisch: *pflanzlich*
Ve-ge-ta-ri-er, der; -s,-: *jemand, der nur pflanzliche Nahrungsmittel zu sich nimmt*
ve-ge-ta-risch: *auf pflanzlicher Ernährung beruhend*
Ve-ge-ta-ris-mus, der; -, keine Mehrzahl: *Ernährung mit pflanzlichen Nahrungsmitteln*
Ve-ge-ta-ti-on, die; -,-en: *Gesamtheit der Pflanzen eines Gebietes*
Ve-ge-ta-ti-ons-pe-ri-o-de, die; -,-n: *Jahreszeit des pflanzlichen Wachstums*

ve-ge-ta-tiv: *die Pflanzen betreffend*
ve-ge-ta-tiv: *unbewusst, nicht dem Willen unterliegend*
ve-ge-ta-tiv: *ungeschlechtlich (Fortpflanzung)*
ve-ge-tie-ren: *kümmerlich, kärglich leben*
ve-he-ment: *heftig, ungestüm*
Ve-he-menz: die; -, keine Mehrzahl: *Heftigkeit, Ungestüm, Nachdruck*
Ve-hi-kel, das; -s,-: *Mittel zum Zweck*
Ve-hi-kel, das; -s,-: *Fahrzeug, Fortbewegungsmittel*
Veil-chen, das; -s,-: *Blumenart*
veil-chen-blau: *blauviolett*
Veits-tanz, der; -es, keine Mehrzahl: *Nervenerkrankung*
Vek-tor, der; -s,-en: *Mathematik: in eine bestimmte Richtung verlaufende Strecke*
vek-to-ri-ell: *den Vektor betreffend*
Ve-lo, das; -s,-s: *schweizer. für „Fahrrad"*
Ve-lours [Weluhr], der; -, keine Mehrzahl: *Gewebeart*
Ve-lours-tep-pich [Weluhrteppich], der; -s,-e: *Florteppich*
Ve-lum, das; -s, Ve-la: *Schultertuch katholischer Priester*
Vel-vet [Wellwett], der/das; -s,-s: *Baumwollsamt*
Ven-det-ta, die; -, Ven-det-ten: *Blutrache*
Ve-ne, die; -,-n: *Ader, in der das Blut zurückfließt*
Ve-nen-ent-zün-dung, die; -,-en: *Entzündung der Venen*
ve-ne-risch: *in der Wendung: venerische Krankheit, Geschlechtskrankheit*
Ve-ne-ro-lo-ge, der; -n,-n: *Facharzt für Geschlechtskrankheiten*
Ve-ne-ro-lo-gie, die; -, keine Mehrzahl: *Lehre von den Geschlechtskrankheiten*
ve-ne-ro-lo-gisch: *die Venerologie betreffend*
ve-nös: *die Vene betreffend*
Ven-til, das; -s,-e: *Absperrvorrichtung für Flüssigkeiten und Gase*
Ven-ti-la-ti-on, die; -,-en: *Belüftung, Bewegung von Gasen, Lüftung*
Ven-ti-la-tor, der; -s,-en: *Belüfter, Vorrichtung zur Ventilation*
ven-ti-lie-ren: *lüften, belüften*
ven-ti-lie-ren: *sorgfältig überlegen, prüfen*
Vent-ri-kel (auch Ven-tri-kel), die; -,-n: *Herzkammer, Hohlraum im Körper*

Verarbeitung

vent-ri-ku-lar (auch ven-tri-ku-lar): *den Ventrikel betreffend*
ver-ab-fol-gen: *verabreichen, übergeben*
ver-ab-re-den, sich: *vereinbaren, ausmachen*
Ver-ab-re-dung, die; -,-en: *Vereinbarung, Absprache*
ver-ab-rei-chen: *geben*
Ver-ab-rei-chung, die; -,-en: *das Verabreichen*
ver-ab-scheu-en: *nicht leiden können, Abscheu vor etwas empfinden*
ver-ab-schie-den: *entlassen, zum Gehen veranlassen*
ver-ab-schie-den: *erlassen, rechtskräftig machen*
ver-ab-schie-den, sich: *Abschiedsworte sagen, aufbrechen*
Ver-ab-schie-dung, die; -,-en: *das Verabschieden*
ver-ab-so-lu-tie-ren: *als absolut setzen, uneingeschränkte Gültigkeit beimessen*
ver-ach-ten: *für gering ansehen, verschmähen*
ver-ach-tens-wert: *Verachtung verdienend*
ver-ach-tens-wür-dig: *verachtenswert*
Ver-äch-ter, der; -s,-: *jemand, der etwas verachtet*
ver-ächt-lich: *geringschätzig, herabsetzend, voller Verachtung*
Ver-ach-tung, die; -, keine Mehrzahl: *Geringschätzung, Missachtung*
ver-al-bern: *lächerlich machen, foppen, necken*
Ver-al-be-rung, die; -,-en: *das Veralbern*
ver-all-ge-mei-nern: *übertragen, generalisieren*
Ver-all-ge-mei-ne-rung, die; -,-en: *Generalisierung, Übertragung*
ver-al-ten: *alt werden, unmodern werden*
ver-al-tet: *unmodern, überholt, altmodisch*
Ve-ran-da, die; -, Ve-ran-den: *überdachter Balkon, Vorbau, Anbau*
ver-än-der-lich: *variabel, wechselnd*
Ver-än-der-lich-keit, die; -,-en: *veränderliche Beschaffenheit, Variabilität*
ver-än-dern: *umwandeln, ändern, umgestalten, umarbeiten*
ver-än-dern, sich: *anders werden; auch: eine andere Stellung annehmen*
Ver-än-de-rung, die; -,-en: *Wechsel, Abwandlung, das Verändern, Schwankung*
ver-ängs-ti-gen: *Angst machen, verschüchtern, einschüchtern*
ver-an-kern: *festlegen, befestigen, sichern*
Ver-an-ke-rung, die; -,-en: *das Verankern*
ver-an-la-gen: *einschätzen, festsetzen*
ver-an-lagt: *mit Eigenschaften versehen*
Ver-an-la-gung, die; -,-en: *Erbanlage, ererbte Eigenschaft, Begabung*
Ver-an-la-gung, die; -,-en: *Steuerfestsetzung*
ver-an-las-sen: *in die Wege leiten, bewirken, hervorrufen*
Ver-an-las-sung, die; -,-en: *Grund, Ursache, Beweggrund, Anlass*
ver-an-schau-li-chen: *anschaulich machen, erklären*
Ver-an-schau-li-chung, die; -,-en: *das Veranschaulichen*
ver-an-schla-gen: *schätzen, berechnen*
Ver-an-schla-gung, die; -,-en: *das Veranschlagen, Schätzen*
ver-an-stal-ten: *durchführen, unternehmen, stattfinden lassen*
Ver-an-stal-ter, der; -s,-: *jemand, der etwas veranstaltet, Organisator*
Ver-an-stal-tung, die; -,-en: *Ereignis, das veranstaltet wird, Fest, Schau*
ver-ant-wor-ten: *haften, bürgen*
ver-ant-wort-lich: *die Verantwortung tragend*
Ver-ant-wor-tung, die; -, keine Mehrzahl: *Verpflichtung*
ver-ant-wor-tungs-be-wusst: *sich der Verantwortung bewusst*
Ver-ant-wor-tungs-be-wusst-sein, das; -s, keine Mehrzahl: *Bewusstsein der Verantwortung, Verantwortungsgefühl*
ver-ant-wor-tungs-los: *leichtfertig, ohne Verantwortungsbewusstsein*
Ver-ant-wor-tungs-lo-sig-keit, die; -, keine Mehrzahl: *verantwortungsloses Verhalten, verantwortungsloses Wesen*
ver-ant-wor-tungs-voll: *Verantwortung verlangend, mit Verantwortungsgefühl*
ver-äp-peln: *umgangssprachlich für „veralbern"*
ver-ar-bei-ten: *bearbeiten*
ver-ar-bei-ten: *nachdenken, mit etwas innerlich fertig werden*
Ver-ar-bei-tung, die; -, keine Mehrzahl: *Art des Verarbeitens, Herstellung*

ver-ar-gen: übel nehmen
ver-är-gern: erzürnen
Ver-är-ge-rung, die; -,-en: *das Verärgertsein, das Verärgern*
ver-ar-men: arm werden
Ver-ar-mung, die; -, keine Mehrzahl: *das Verarmen*
ver-arz-ten: ärztlich behandeln; auch: bedienen, abfertigen
ver-äs-teln, sich: *sich teilen, sich gabeln*
Ver-äs-te-lung, die; -,-en: *das Sichverästeln*
ver-ät-zen: ätzen
ver-aus-ga-ben, sich: *alle Kräfte, alle Möglichkeiten aufbieten, alles Geld ausgeben*
Ver-aus-ga-bung, die; -,-en: *das Sichverausgaben*
ver-äu-ßern: verkaufen
Ver-äu-ße-rung, die; -,-en: *das Veräußern, das Verkaufen*
Verb, das; -s,-en: *Tätigkeitswort, Zeitwort*
ver-bal: durch Worte, mündlich
Ver-bal-in-ju-rie, die; -,-n: *Beleidigung durch Worte*
ver-ba-li-sie-ren: mit Worten ausdrücken
ver-ba-li-sie-ren: zu einem Verb umwandeln
ver-ball-hor-nen: einen Ausdruck entstellen, obwohl man ihn verbessern will
Ver-ball-hor-nung, die; -,-en: *das Verballhornen*
Ver-band, der; -es,-bän-de: *Binde, Wundverband*
Ver-band, der; -es,-bän-de: *Zusammenschluss, Interessengemeinschaft*
Ver-bands-kas-ten, der; -s, -käs-ten: *Kasten mit Verbandszeug*
Ver-bands-lei-ter, der; -s,-: *Leiter eines Verbandes*
Ver-bands-stoff, der; -es,-e: *Stoff zum Verbinden*
Ver-bands-zeug, das; -es, keine Mehrzahl: *Material zum Verbinden*
ver-ban-nen: ausweisen, zwangsweise einen anderen Wohnort zuweisen
Ver-ban-nung, die; -,-en: *das Verbannen, auch: Ort der Verbannung*
ver-bar-ri-ka-die-ren: verrammeln, mit Barrikaden versperren
Ver-bar-ri-ka-die-rung, die; -,-en: *das Verbarrikadieren*
ver-bau-en: beim Bauen verbrauchen, ausgeben

ver-bau-en: durch einen Bau versperren
ver-bau-en: Möglichkeit nehmen, Absichten durchkreuzen
ver-bau-en: unzweckmäßig bauen
ver-bei-ßen, sich; verbiss sich, sich verbissen: *sich etwas versagen*
ver-bei-ßen, sich; verbiss sich, sich verbissen: *nicht merken lassen, zurückhalten, unterdrücken*
ver-bei-ßen, sich; verbiss sich, sich verbissen: *hartnäckig an etwas festhalten*
ver-bel-len: dem Jäger durch Bellen den Weg, das Wild zeigen
Ver-be-ne, die; -,-n: *Eisenkraut, Blumenart*
ver-ber-gen, verbarg, verborgen: *verstecken, verheimlichen*
ver-bes-sern: berichtigen, richtig stellen, besser machen, steigern, vervollkommnen
Ver-bes-se-rung, die; -,-en: *das Verbessern, Berichtigung*
ver-bes-se-rungs-be-dürf-tig: eine Verbesserung nötig habend
Ver-bes-se-rungs-vor-schlag, der; -es, -schlä-ge: *Vorschlag einer Verbesserung*
ver-beu-gen, sich: *sich verneigen*
Ver-beu-gung, die; -,-en: *Verneigung*
ver-beu-len: eine Beule anbringen
ver-bie-gen, verbog, verbogen: *krümmen, aus der ursprünglichen Form bringen*
Ver-bie-gung, die; -,-en: *das Verbiegen*
ver-bies-tern: mürrisch werden
ver-bie-ten, verbot, verboten: *untersagen*
ver-bild-li-chen: bildlich, anschaulich machen
Ver-bild-li-chung, die; -,-en: *das Verbildlichen*
ver-bil-li-gen: billiger machen
Ver-bil-li-gung, die; -,-en: *das Verbilligen*
ver-bin-den, verband, verbunden: *eine Telefonverbindung herstellen*
ver-bin-den, verband, verbunden: *zusammen fügen, passend machen*
ver-bin-den, verband, verbunden: *einen Verband anlegen*
ver-bin-den, verband, verbunden: *verknüpfen*
ver-bin-den, sich; verband sich, sich verbunden: *heiraten*
ver-bin-den, sich; verband sich, sich verbunden: *Chemie: sich vereinigen, eine Verbindung eingehen, reagieren*

ver-bind-lich: *liebenswürdig, zuvorkommend, entgegenkommend*
ver-bind-lich: *verpflichtend*
Ver-bind-lich-keit, die; -, keine Mehrzahl: *verbindliches Verhalten*
Ver-bind-lich-keit, die; -, keine Mehrzahl: *Verpflichtung*
Ver-bind-lich-keit, die; -,-en: *Schulden*
Ver-bin-dung, die; -,-en: *Telefonverbindung*
Ver-bin-dung, die; -,-en: *Beziehung, Ehe, Bekanntschaft*
Ver-bin-dung, die; -,-en: *Verkehrsverbindung*
Ver-bin-dung, die; -,-en: *Vereinigung, Mischung*
Ver-bin-dungs-mann, der; -es, -leu-te: *Kontaktmann*
Ver-bin-dungs-of-fi-zier, der; -es,-e: *Offizier als Kontaktmann, Vermittler*
Ver-bin-dungs-stück, das; -es,-e: *verbindendes Bauteil*
Ver-bin-dungs-tür, die; -,-en: *Durchgangstür*
ver-bis-sen: *zäh, stur, hartnäckig*
ver-bis-sen: *verkniffen, verkrampft*
Ver-bis-sen-heit, die; -, keine Mehrzahl: *verbissenes Verhalten, verbissenes Wesen*
ver-bit-ten, sich; verbat sich, sich verbeten: *untersagen, ablehnen, nicht wünschen*
ver-bit-tern: *unzufrieden werden, zynisch werden*
ver-bit-tert: *enttäuscht, zornig*
Ver-bit-te-rung, die; -, keine Mehrzahl: *verbitterter Zustand, Groll, Enttäuschung*
ver-blas-sen: *blass werden, an Farbintensität verlieren*
ver-blas-sen: *nachlassen, schwächer werden*
ver-blas-sen: *sterben*
Ver-bleib, der; -es, keine Mehrzahl: *Aufenthaltsort*
ver-blei-ben, verblieb, verblieben: *verharren, sich befinden, sich aufhalten*
ver-blei-ben, verblieb, verblieben: *vereinbaren, bleiben*
ver-blei-chen, verblich, verblichen: *verblassen*
ver-blen-den: *töricht beharren, die Einsicht rauben*
ver-blen-den: *verkleiden, bedecken*
Ver-blen-dung, die; -,-en: *das Verblenden*

Ver-blen-dung, die; -, keine Mehrzahl: *Mangel an Einsicht, an Überlegung; Unvernunft*
ver-bleu-en: *verhauen, prügeln*
ver-blö-den: *schwachsinnig werden, abstumpfen*
Ver-blö-dung, die; -, keine Mehrzahl: *das Verblöden*
ver-blüf-fen: *verwundern, sehr überraschen*
Ver-blüf-fung, die; -, keine Mehrzahl: *das Verblüfftsein*
ver-blü-hen: *verwelken, mit der Blüte aufhören*
ver-blu-ten: *durch Blutverlust sterben*
Ver-blu-tung, die; -, keine Mehrzahl: *das Verbluten*
ver-bo-cken: *umgangssprachlich für „verderben, falsch machen"*
ver-boh-ren, sich: *hartnäckig, unbelehrbar an etwas festhalten*
ver-bohrt: *stur, eigensinnig*
Ver-bohrt-heit: *verbohrtes Verhalten, verbohrtes Wesen*
ver-bor-gen: *versteckt, heimlich, insgeheim*
ver-bor-gen: *ausleihen*
Ver-bor-ge-ne, das; -n,-n: *etwas Geheimes, etwas Verstecktes*
Ver-bor-gen-heit, die; -, keine Mehrzahl: *verborgene Beschaffenheit*
Ver-bot, das; -es,-e: *Untersagung*
ver-bo-te-ner-wei-se: *trotz eines Verbotes*
Ver-bots-schild, das; -es,-er: *Verkehrsschild*
ver-brä-men: *ausschmücken, umsäumen, verzieren*
ver-brä-men: *verhüllend umschreiben*
Ver-brä-mung, die; -,-en: *das Verbrämen*
Ver-brauch, der; -es, keine Mehrzahl: *Konsum, Verzehr, das Verbrauchen*
Ver-brau-cher, der; -s,-: *jemand, der etwas verbraucht*
Ver-brau-cher-ge-nos-sen-schaft, die; -,-en: *Konsumverein*
Ver-brau-cher-or-ga-ni-sa-ti-on, die; -,-en: *Verbraucherverband*
Ver-brau-cher-ver-band, der; -es, -verbän-de: *Verband, der die Interessen der Verbraucher vertritt und schützt*
Ver-brauchs-gut, das; -es, -gü-ter: *Waren, die verbraucht werden*

Verbrauchssteuer

Ver·brauchs·steu·er, die; -,-n: *Steuerart*
ver·bre·chen, verbrach, verbrochen: *ein Verbrechen begehen*
Ver·bre·chen, das; -s,-: *Missetat, gesetzeswidrige oder verantwortungslose Handlung, Straftat*
Ver·bre·cher, der; -s,-: *jemand, der ein Verbrechen begeht*
ver·bre·che·risch: *verwerflich, in der Art eines Verbrechers*
ver·brei·ten: *bekannt geben, weitererzählen*
ver·brei·ten, sich: *sich ausbreiten, übergreifen, sich ausdehnen*
ver·brei·tern: *breiter machen*
Ver·brei·te·rung, die; -,-en: *das Verbreitern*
ver·bren·nen, verbrannte, verbrannt: *durch Feuer zerstören, abbrennen*
Ver·bren·nung, die; -,-en: *das Verbrennen, das Verbranntwerden; auch: Brandverletzung*
Ver·bren·nungs·mo·tor, der; -s,-en: *Motor, der Energie durch die Verbrennung von Kraftstoff erzeugt und in Bewegung umsetzt*
ver·brieft: *beurkundet*
ver·brin·gen, verbrachte, verbracht: *zubringen, verleben*
ver·brin·gen, verbrachte, verbracht: *bringen, transportieren*
ver·brü·dern, sich: *Brüderschaft schließen*
ver·bu·chen: *buchen, eine Buchung vornehmen*
Ver·bu·chung, die; -,-en: *das Verbuchen*
Ver·bum, das; -s, Ver-ba/Ver-ben: *Verb*
ver·bum·meln: *leichtfertig verzögern, faulenzen, Zeit nutzlos vergehen lassen, vergessen*
Ver·bund, der; -es, -bün·de: *Verbindung*
ver·bün·den, sich: *gemeinsame Sache machen*
Ver·bun·den·heit, die; -, keine Mehrzahl: *Zusammengehörigkeit*
Ver·bün·de·te, der; -n,-n: *jemand, der mit einem anderen ein Bündnis eingegangen ist*
Ver·bund·fens·ter, das; -s,-: *Fenster mit zwei festverbundenen Glasscheiben*
Ver·bund·glas, das; -es,-glä·ser: *splitterfreies Glas*
Ver·bund·netz, das; -es,-e: *von mehreren Kraftwerken gespeistes Stromnetz*

ver·bür·gen, sich: *für etwas bürgen, garantieren*
ver·bü·ßen: *eine Strafe ableisten*
Ver·bü·ßung, die; -, keine Mehrzahl: *das Verbüßen*
ver·chro·men: *mit einer Chromschicht überziehen*
Ver·chro·mung, die; -,-en: *das Verchromen*
Ver·dacht, der; -es,-e: *Vermutung, Argwohn*
ver·däch·tig: *in einem Verdacht stehend, Misstrauen erregend*
ver·däch·ti·gen: *beschuldigen, bezichtigen, für schuldig erachten*
Ver·däch·ti·gung, die; -,-en: *das Verdächtigen, Bezichtigung*
Ver·dachts·mo·ment, das; -es,-e: *Indiz*
ver·dam·men: *verfluchen*
ver·dam·mens·wert: *wert, dass man es verdammt*
Ver·damm·nis, die; -, keine Mehrzahl: *Fluch, ewige Strafe*
ver·dammt: *verflucht*
Ver·dam·mung, die; -,-en: *das Verdammen*
ver·damp·fen: *in Dampf umwandeln*
Ver·damp·fer, der; -s,-: *Gerät zum Verdampfen*
Ver·damp·fung, die; -,-en: *das Verdampfen*
ver·dan·ken: *Dank schulden*
ver·dat·tert: *verwirrt, verdutzt*
ver·dau·en: *Nahrung umsetzen*
ver·dau·en: *geistig verarbeiten*
ver·dau·lich: *so beschaffen, dass man verdauen kann*
Ver·dau·lich·keit, die; -, keine Mehrzahl: *verdauliche Beschaffenheit*
Ver·dau·ung, die; -, keine Mehrzahl: *Vorgang des Verdauens*
Ver·dau·ungs·spa·zier·gang, der; -es, -gän·ge: *Spaziergang nach einem Essen*
Ver·dau·ungs·stö·rung, die; -,-en: *Störung der Verdauung*
Ver·deck, das; -s,-e: *Wagendach*
ver·de·cken: *zudecken, verhüllen, bedecken*
ver·den·ken, verdachte, verdacht: *verargen, übel nehmen, verübeln*
Ver·derb, der; -s, keine Mehrzahl: *veraltet für „Verderben"*
ver·der·ben, verdarb, verdorben: *zugrunde gehen*

verehren

ver-der-ben, verdarb, verdorben: *schlecht werden, ranzig werden, faul werden, ungenießbar werden*
ver-derb-lich: *nicht haltbar, leicht verderbend*
ver-derb-lich: *nachteilig, ins Unglück führend, unheilvoll, schädlich*
Ver-derb-lich-keit, die; -, keine Mehrzahl: *verderbliche Beschaffenheit*
ver-deut-li-chen: *deutlich machen, erklären*
Ver-deut-lichung, die; -,-en: *das Verdeutlichen*
ver-dich-ten: *komprimieren*
Ver-dich-tung, die; -,-en: *Kompression*
ver-di-cken: *dicker machen*
ver-di-cken, sich: *dicker werden*
Ver-di-ckung, die; -, -en: *verdickte Stelle*
ver-die-nen: *erwerben, bekommen*
ver-die-nen: *ein Anrecht haben, zustehen*
Ver-die-ner, der; -s,-: *jemand, der den Lebensunterhalt verdient*
Ver-dienst, der; -es,-e: *besondere, anerkennenswerte Leistung*
Ver-dienst, der; -es,-e: *Entlohnung, Einkommen, Gehalt*
Ver-dienst-or-den, der; -s,-: *Auszeichnung*
Ver-dienst-span-ne, die; -,-n: *Gewinn*
ver-dien-ter-ma-ßen: *dem Verdienst entsprechend*
ver-dien-ter-wei-se: *verdientermaßen*
Ver-dikt, das; -es,-e: *Entscheidung, Urteil*
ver-din-gen, sich; verdingte/verdang sich, sich verdingt/verdungen: *eine Arbeit annehmen*
Ver-dol-met-schung, die; -,-en: *Übersetzung*
ver-don-nern: *umgangssprachlich für „verurteilen"*
ver-dop-peln: *verzweifachen, doppelt machen*
Ver-dopp-lung, die; -,-en: *das Verdoppeln*
ver-dor-ben: *charakterlich verkommen*
Ver-dor-ben-heit, die; -, keine Mehrzahl: *verdorbenes Wesen, verdorbene Beschaffenheit*
ver-dor-ren: *vertrocknen, dürr werden*
ver-drän-gen: *unterdrücken, vergessen*
ver-drän-gen: *zur Seite schieben*
Ver-drän-gung, die; -,-en: *das Verdrängen*

ver-dre-hen: *unrichtig darstellen, falsch deuten*
Ver-dre-hung, die; -,-en: *das Verdrehen*
ver-drei-fa-chen: *mal drei nehmen, die dreifache Menge erreichen*
Ver-drei-fa-chung, die; -,-en: *das Verdreifachen*
ver-dre-schen: *umgangssprachlich für „verprügeln"*
ver-drie-ßen, verdross, verdrossen: *missmutig machen, ärgern*
ver-drieß-lich: *ärgerlich, unangenehm; mürrisch, verärgert*
ver-dros-sen: *mürrisch, verärgert*
Ver-dros-sen-heit, die; -, keine Mehrzahl: *verdrossenes Verhalten, verdrossenes Wesen*
ver-drü-cken: *essen, verspeisen*
ver-drü-cken: *zerknittern*
ver-drü-cken, sich: *sich unauffällig entfernen*
Ver-druss, der; -drus-ses, keine Mehrzahl: *Ärger, Missmut*
ver-duf-ten: *umgangssprachlich für „sich entfernen, verschwinden"*
ver-dum-men: *abstumpfen, dumm werden*
ver-dum-men: *dumm machen*
Ver-dum-mung, die; -,-en: *das Verdummen*
ver-dun-keln: *Licht abschirmen*
ver-dun-keln, sich: *dunkel werden, verfinstern*
Ver-dun-ke-lung, die; -,-en: *das Verdunkeln*
Ver-dunk-lungs-ge-fahr, die; -, keine Mehrzahl: *Gefahr des Untertauchens, Fluchtgefahr*
ver-dün-nen: *dünner machen*
Ver-dün-nung, die; -,-en: *das Verdünnen*
ver-duns-ten: *verdampfen*
Ver-duns-tung, die; -,-en: *das Verdunsten*
ver-durs-ten: *vor Durst sterben*
ver-düs-tern, sich: *verfinstern*
ver-dutzt: *verblüfft*
ver-eb-ben: *abklingen*
ver-e-deln: *besser, wertvoller machen*
Ver-e-de-lung, die; -,-en: *das Veredeln*
ver-e-he-li-chen, sich: *heiraten*
Ver-e-he-li-chung, die; -,-en: *Heirat*
ver-eh-ren: *anbeten, bewundern, lieben, achten*

Verehrer

Ver-eh-rer, der; -s,-: *Bewunderer*
Ver-eh-rung, die; -,-en: *das Verehren, Respekt*
ver-eh-rungs-wür-dig: *würdig, verehrt zu werden*
ver-ei-di-gen: *unter Eid nehmen, Eid leisten lassen*
Ver-ei-di-gung, die; -,-en: *das Vereidigen*
Ver-ein, der; -es,-e: *Verbindung, Interessensgemeinschaft*
ver-ein-bar: *so beschaffen, dass man es vereinbaren kann*
ver-ein-ba-ren: *verabreden, ausmachen, festlegen*
Ver-ein-bar-keit, die; -, keine Mehrzahl: *vereinbarte Beschaffenheit*
Ver-ein-ba-rung, die; -,-en: *Abmachung, Verabredung*
ver-ein-ba-rungs-ge-mäß: *einer Vereinbarung entsprechend*
ver-ei-nen: *zusammen fügen*
ver-ein-fa-chen: *einfacher gestalten*
Ver-ein-fachung, die; -,-en: *das Vereinfachen*
ver-ein-heit-li-chen: *einheitlich gestalten*
Ver-ein-heit-li-chung, die; -,-en: *das Vereinheitlichen*
ver-ei-ni-gen, sich: *zusammenfließen*
ver-ei-ni-gen, sich: *zusammenbringen, zusammenschließen*
Ver-ei-ni-gung, die; -,-en: *Gemeinschaft, Verbindung, Zusammenschluss*
ver-ein-nah-men: *einnehmen, ganz beanspruchen*
Ver-ein-nah-mung, die; -,-en: *das Vereinnahmen*
ver-ein-sa-men: *einsam werden*
Ver-ein-sa-mung, die; -,-en: *das Vereinsamen*
Ver-eins-haus, das; -es, -häu-ser: *Haus eines Vereins*
Ver-eins-lei-tung, die; -,-en: *Leitung eines Vereins*
Ver-eins-mei-er, der; -s,-: *jemand, der seine Erfüllung im Vereinsleben findet*
Ver-eins-mei-e-rei, die; -, keine Mehrzahl: *übertriebenes Ausüben des Vereinswesens*
Ver-eins-we-sen, das; -s, keine Mehrzahl: *Gesamtheit der Vereine*
ver-ein-zeln: *voneinander trennen, auslichten*

ver-ein-zelt: *einzeln, allein, manchmal, selten*
Ver-ein-ze-lung, die; -,-en: *das Vereinzeln*
ver-ei-sen: *örtlich betäuben*
ver-ei-sen: *zu Eis werden, sich mit Eis bedecken*
Ver-ei-sung, die; -,-en: *das Vereisen*
ver-ei-teln: *verhindern, durchkreuzen, zunichte machen*
Ver-ei-te-lung, die; -,-en: *das Vereiteln*
ver-ei-tern: *eitrig werden*
Ver-ei-te-rung, die; -,-en: *das Vereitern*
ver-e-len-den: *verarmen, ins Elend abrutschen*
Ver-e-len-dung, die; -,-en: *das Verelenden*
ver-en-den: *sterben*
Ver-en-dung, die; -,-en: *das Verenden*
ver-en-gen, sich: *enger werden*
Ver-en-gung, die; -,-en: *das Sichverengen*
ver-er-ben: *eine Erbschaft hinterlassen, überlassen*
ver-er-ben, sich: *als Erbanlage weitergehen*
Ver-er-bung, die; -, keine Mehrzahl: *das Vererben, das Sichvererben*
Ver-er-bungs-leh-re, die; -,(-n): *Lehre von der Vererbung*
ver-ewi-gen: *unvergesslich machen, lang andauernde Spuren hinterlassen*
Ver-ewi-gung, die; -,-en: *das Verewigen*
ver-fah-ren, verfuhr, verfahren: *handeln, vorgehen*
ver-fah-ren, sich; verfuhr sich, sich verfahren: *falsch fahren, sich verirren*
Ver-fah-ren, das; -s,-: *Vorgehensweise, Handlungsweise*
Ver-fah-ren, das; -s,-: *Gerichtsverhandlung, Rechtsweg*
Ver-fah-rens-wei-se, die; -,-n: *Art des Verfahrens*
Ver-fall, der; -s, keine Mehrzahl: *Abnahme der Lebenskraft, der Leistungsfähigkeit*
Ver-fall, der; -s, keine Mehrzahl: *Ablauf einer Frist, einer Geltungsdauer*
Ver-fall, der; -s, keine Mehrzahl: *Ruin*
Ver-fall, der; -s, keine Mehrzahl: *das Verfallen, Baufälligwerden*
ver-fal-len, verfiel, verfallen: *hörig werden, abhängig werden*
ver-fal-len, verfiel, verfallen: *baufällig werden, einstürzen*

Verfolgungswahn

ver-fal-len, verfiel, verfallen: *Gültigkeit verlieren*
ver-fal-len, verfiel, verfallen: *gebrechlich werden*
Ver-falls-da-tum, das; -s, -da-ten: *Datum, bis zu dem ein Produkt genießbar ist; auch: Tag, an dem ein Wechsel fällig wird*
Ver-falls-er-schei-nung, die; -,-en: *Anzeichen des Verfalls*
ver-fäl-schen: *falsch darstellen, falsch wiedergeben*
ver-fäl-schen: *in einen schlechteren Zustand versetzen, nachteilig verändern*
Ver-fäl-schung, die; -,-en: *das Verfälschen*
ver-fan-gen, verfing, verfangen: *wirken, nützen*
ver-fan-gen, sich; verfing sich, sich verfangen: *sich verheddern, sich verwickeln*
ver-fäng-lich: *peinlich, bloßstellend*
Ver-fäng-lich-keit, die; -,-en: *verfängliche Situation, verfängliche Beschaffenheit*
ver-fär-ben: *durch Färben eine falsche Farbe geben*
ver-fär-ben, sich: *die Farbe wechseln, bleich oder rot werden*
Ver-fär-bung, die; -,-en: *das Verfärben, das Sichverfärben*
ver-fas-sen: *schreiben, formulieren*
Ver-fas-ser, der; -s,-: *Urheber, Autor*
Ver-fas-sung, die; -,-en: *Grundgesetz*
Ver-fas-sung, die; -,-en: *Zustand, Lage, Stimmung*
Ver-fas-sungs-be-schwer-de, die; -,-n: *Klage beim Bundesgerichtshof*
ver-fas-sungs-ge-bend: *die Verfassung schaffend*
Ver-fas-sungs-recht, das; -es, keine Mehrzahl: *Verfassung*
Ver-fas-sungs-schutz, der; -es, keine Mehrzahl: *Schutz der Verfassung; auch: Bundesamt für Verfassungsschutz*
ver-fas-sungs-wid-rig: *gegen die Verfassung verstoßend*
ver-fau-len: *faul werden, vermodern*
ver-fech-ten: *für etwas einstehen, verteidigen*
Ver-fech-ter, der; -s,-: *jemand, der etwas verficht*
ver-feh-len: *danebentreffen, nicht treffen, versäumen*
Ver-feh-lung, die; -,en: *Versäumnis, Vergehen, Verstoß*
ver-fein-den, sich: *zu Feinden werden*
Ver-fein-dung, die; -,-en: *das Sichverfeinden*
ver-fei-nern: *veredeln, besser machen*
Ver-fei-ne-rung, die; -,-en: *das Verfeinern*
ver-fe-men: *verurteilen, ächten*
ver-fet-ten: *übermäßig dick werden*
Ver-fet-tung, die; -, keine Mehrzahl: *Fettsucht*
ver-feu-ern: *verbrennen; auch: beim Feuern, beim Schießen verbrauchen*
ver-fi-chen [verfieschen]: *auf Mikrofiches kopieren*
ver-fil-men: *zu einem Film machen*
ver-fins-tern, sich: *sich verdunkeln, verdüstern*
Ver-fins-te-rung, die; -,-en: *das Verfinstern*
ver-fit-zen: *umgangssprachlich für „verwirren, verknoten"*
ver-fla-chen: *oberflächlich werden*
ver-fla-chen: *flach werden, seicht werden*
ver-flech-ten, verflocht, verflochten: *durch Flechten verbinden; auch: innig verbinden*
Ver-flech-tung, die; -,-en: *das Verflechten, das Verflochtensein*
ver-flie-gen, verflog, verflogen: *verdunsten, verschwinden, vorübergehen*
ver-flixt: *verdammt*
Ver-floch-ten-heit, die; -, keine Mehrzahl: *verflochtene Beschaffenheit, das Verflochtensein*
ver-flos-sen: *vergangen, früher*
ver-flu-chen: *verdammen, verwünschen, schmähen*
ver-flüch-ti-gen, sich: *verdampfen, verdunsten*
Ver-flu-chung, die; -,-en: *das Verfluchen*
ver-flüs-si-gen: *in einen flüssigen Zustand überführen, schmelzen*
Ver-flüs-si-gung, die; -,-en: *das Verflüssigen*
ver-fol-gen: *zu verwirklichen suchen*
ver-fol-gen: *nacheilen, nachlaufen, aufspüren*
Ver-fol-ger, der; -s,-: *jemand, der etwas verfolgt*
Ver-fol-gung, die; -,-en: *das Verfolgen*
Ver-fol-gungs-wahn, der; -es, keine Mehrzahl: *Zwangsvorstellung, verfolgt zu werden*

verformen

ver-for-men: *in eine andere Form bringen, die Form verändern*
Ver-for-mung, die; -,-en: *das Verformen*
ver-frach-ten: *abschicken, unterbringen, verladen*
Ver-frach-tung, die; -,-en: *das Verfrachten*
ver-fran-zen, sich: *sich verfahren*
ver-frem-den: *etwas Bekanntes so verändern, daß es unvertraut, neuartig wird*
Ver-frem-dung, die; -,-en: *das Verfremden*
ver-fres-sen: *umgangssprachlich für „für Essen verbrauchen"*
ver-fres-sen: *umgangssprachlich für „gefräßig"*
Ver-fres-sen-heit, die; -, keine Mehrzahl: *umgangssprachlich für „Gefräßigkeit"*
ver-fro-ren: *ständig frierend*
ver-frü-hen, sich: *zu früh eintreffen*
ver-früht: *zu früh, übereilt*
ver-füg-bar: *zur Verfügung stehend*
Ver-füg-bar-keit, die; -, keine Mehrzahl: *verfügbare Beschaffenheit*
ver-fü-gen: *zur Verfügung haben, in Anspruch nehmen können*
ver-fü-gen: *anordnen, bestimmen*
Ver-fü-gung, die; -,-en: *Anordnung, Erlass, Verordnung*
Ver-fü-gungs-ge-walt, die; -, keine Mehrzahl: *Recht, über etwas zu verfügen*
ver-füh-ren: *verleiten, verlocken*
Ver-füh-rer, der; -s,-: *jemand, der verführt*
ver-füh-re-risch: *äußerst reizvoll*
Ver-füh-rung, die; -,-en: *das Verführen*
Ver-füh-rungs-kunst, die; -, -küns-te: *Kunst des Verführens*
ver-füt-tern: *als Futter verwenden*
Ver-füt-te-rung, die; -, keine Mehrzahl: *das Verfüttern*
Ver-ga-be, die; -,-n: *das Vergeben*
ver-gäl-len: *verbittern, ungenießbar machen; auch: mies machen*
Ver-gäl-lung, die; -,-en: *das Vergällen*
ver-ga-lop-pie-ren, sich: *umgangssprachlich für „einen Fehler machen"*
ver-gam-meln: *umgangssprachlich für „verbummeln, sich gehen lassen"*
ver-gam-meln: *umgangssprachlich für „faulenzen, ungenießbar werden"*
ver-gan-gen: *vorbei, vorüber*
Ver-gan-gen-heit, die; -, keine Mehrzahl: *das Vergangene, Geschichte*
Ver-gan-gen-heit, die; -,-en: *Grammatik: Verbform, die vergangenes Geschehen ausdrückt*
Ver-gan-gen-heits-form, die; -,-en: *Grammatik: Vergangenheit*
ver-gäng-lich: *nicht von Bestand*
Ver-gäng-lich-keit, die; -, keine Mehrzahl: *vergängliche Beschaffenheit*
ver-gä-ren: *durch Gärung zersetzen*
Ver-gä-rung, die; -, keine Mehrzahl: *das Vergären*
ver-ga-sen: *durch Gas töten*
ver-ga-sen: *in Gas umwandeln*
Ver-ga-ser, der; -s,-: *Vorrichtung zur Herstellung eines Kraftstoff-Luft-Gemischs für Verbrennungsmotoren*
Ver-ga-sung, die; -,-en: *das Vergasen*
ver-gat-tern: *einen Soldaten auf die Wachvorschriften verpflichten*
Ver-gat-te-rung, die; -,-en: *das Vergattern*
ver-ge-ben, vergab, vergeben: *verteilen, abgeben, austeilen*
ver-ge-ben, vergab, vergeben: *verzeihen*
ver-ge-ben, vergab, vergeben: *übertragen (Auftrag)*
ver-ge-ben, sich; vergab sich, sich vergeben: *falsch austeilen*
ver-ge-bens: *vergeblich*
ver-geb-lich: *umsonst, erfolglos, nutzlos*
Ver-geb-lich-keit, die; -, keine Mehrzahl: *Nutzlosigkeit*
Ver-ge-bung, die; -, keine Mehrzahl: *Nachsicht, Verzeihung, Gnade*
ver-ge-gen-wär-ti-gen, sich: *sich vor Augen führen, sich etwas vorstellen*
Ver-ge-gen-wär-ti-gung, die; -,-en: *das Vergegenwärtigen*
ver-ge-hen, verging, vergangen: *vorbeigehen, verstreichen*
ver-ge-hen, verging, vergangen: *sich verflüchtigen*
ver-ge-hen, verging, vergangen: *aufhören, nachlassen (Schmerz)*
ver-ge-hen, sich; verging sich, sich vergangen: *ein Sittlichkeitsverbrechen begehen, gegen Gesetze verstoßen*
Ver-ge-hen, das; -s,-: *Straftat, Rechtsbruch*
ver-gel-ten, vergalt, vergolten: *sühnen, rächen, heimzahlen*
ver-gel-ten, vergalt, vergolten: *entgelten, lohnen*

Ver-gel-tung, die; -,-en: *das Vergelten*
Ver-gel-tungs-maß-nah-me, die; -,-n: *Maßnahme zur Vergeltung*
ver-ges-sen, vergaß, vergessen: *etwas aus dem Gedächtnis verlieren, an etwas nicht denken, etwas versäumen*
ver-ges-sen, sich; vergaß sich; sich vergessen: *unüberlegt handeln*
Ver-ges-sen-heit, die; -, keine Mehrzahl: *das Vergessen, das Vergessensein*
ver-gess-lich: *ein schlechtes Gedächtnis habend*
Ver-gess-lich-keit, die; -, keine Mehrzahl: *vergessliches Wesen*
ver-geu-den: *verschwenden, nicht nutzen, sinnlos verwenden*
Ver-geu-dung, die; -,-en: *das Vergeuden*
ver-ge-wal-ti-gen: *zum Geschlechtsverkehr zwingen, notzüchtigen*
ver-ge-wal-ti-gen: *zwingen, seinen Willen aufzwingen, unterdrücken*
Ver-ge-wal-ti-gung, die; -,-en: *das Vergewaltigen*
ver-ge-wis-sern, sich: *sich genau erkundigen, Gewissheit erlangen*
Ver-ge-wis-se-rung, die; -,-en: *das Sichvergewissern*
ver-gie-ßen, vergoss, vergossen: *ausschütten, verschütten*
ver-gie-ßen, vergoss, vergossen: *fließen lassen*
ver-gif-ten: *schädigen, stören*
ver-gif-ten: *durch Gift töten, durch Gift schädigen*
Ver-gif-tung, die; -,-en: *das Vergiften*
ver-gil-ben: *verblassen, gelb werden*
ver-gip-sen: *mit Gips ausbessern, mit Gips füllen*
Ver-giss-mein-nicht, das; -s,-/-e: *Blumenart*
ver-git-tern: *mit Gittern versehen*
ver-gla-sen: *mit Glas versehen*
Ver-gla-sung, die; -,-en: *das Verglasen, Glasscheiben*
Ver-gleich, der; -es,-e: *gütliche Beilegung eines Rechtsstreits, Einigung, Kompromiss*
Ver-gleich, der; -es,-e: *das Abwägen von Eigenschaften, Prüfung*
Ver-gleich, der; -es,-e: *vergleichende, bildhafte Redewendung*
ver-gleich-bar: *so beschaffen, dass man es vergleichen kann*
Ver-gleich-bar-keit, die; -, keine Mehrzahl: *vergleichbare Beschaffenheit*

ver-glei-chen, verglich, verglichen: *abwägen, prüfen, gegenüberstellen*
Ver-gleichs-mög-lich-keit, die; -,-en: *Möglichkeit zum Vergleichen*
Ver-gleichs-stu-fe, die; -,-n: Grammatik: *Komparativ*
Ver-gleichs-ver-fah-ren, das; -s,-: *gerichtliches Verfahren zur Abwendung eines Konkurses*
ver-gleichs-wei-se: *im Vergleich, relativ*
ver-glim-men, verglomm, verglommen: *langsam erlöschen*
ver-glü-hen: *langsam zu glühen aufhören*
ver-glü-hen: *durch Reibungshitze vernichtet werden*
Ver-gnü-gen, das; -s,-: *Unterhaltung, Erheiterung, Spaß, Freude*
ver-gnü-gen, sich: *sich unterhalten, sich amüsieren*
ver-gnüg-lich: *erheiternd, Freude bereitend*
ver-gnügt: *heiter*
Ver-gnü-gung, die; -,-en: *das Vergnügen*
Ver-gnü-gungs-sucht, die; -, keine Mehrzahl: *vergnügungssüchtiges Verhalten, übertrieben vergnügungssüchtiges Wesen*
ver-gnü-gungs-süch-tig: *auf Spaß und Unterhaltung aus*
ver-gol-den: *mit Gold überziehen, belegen*
Ver-gol-dung, die; -,-en: *das Vergolden*
ver-gön-nen: *erlauben, zugestehen, gewähren, gestatten*
ver-göt-tern: *übermäßig verehren*
Ver-göt-te-rung, die; -,-en: *das Vergöttern*
ver-gra-ben, vergrub, vergraben: *eingraben, mit Erde bedecken*
ver-grä-men: *verärgern, kränken*
ver-grät-zen: umgangssprachlich für „verärgern"
ver-grei-fen, sich; vergriff sich, sich vergriffen: *einen unangemessenen Ausdruck gebrauchen*
ver-grei-fen, sich; vergriff sich, sich vergriffen: *jemanden misshandeln*
ver-grei-fen, sich; vergriff sich, sich vergriffen: *danebengreifen, auch: stehlen*
ver-grei-sen: *zum Greis werden*
Ver-grei-sung, die; -,-en: *das Vergreisen, Alterung*
ver-grif-fen: *nicht mehr lieferbar, ausverkauft*

vergröbern

ver-grö-bern: *gröber machen, gröber darstellen*
ver-grö-bern, sich: *gröber werden*
Ver-grö-be-rung, die; -,-en: *das Vergröbern, das Sichvergröbern*
ver-grö-ßern: *größer machen, erweitern, vermehren, anwachsen*
ver-grö-ßern: *eine höhere Vergrößerung nehmen*
ver-grö-ßern, sich: *expandieren, ausweiten*
Ver-grö-ße-rung, die; -,-en; *das Vergrößern, das Sichvergrößern; auch: vergrößertes Bild*
Ver-grö-ße-rungs-glas, das; -es, -glä-ser: *Lupe*
ver-güns-ti-gen: *günstiger gestalten, verbilligen*
Ver-güns-ti-gung, die; -,-en: *Bevorzugung, Vorrecht, besonderer Vorteil*
ver-gü-ten: *durch Oberflächenbehandlung verbessern*
ver-gü-ten: *Kosten erstatten, entlohnen*
Ver-gü-tung, die; -,-en: *Entlohnung, das Vergüten*
Ver-gü-tung, die; -,-en: *Schutzschicht*
ver-haf-ten: *festnehmen*
Ver-haf-tung, die; -,-en: *das Verhaften, Festnahme*
ver-ha-geln: *durch Hagel zerstören*
ver-hal-ten, verhielt, verhalten: *zurückhalten, unterdrücken*
ver-hal-ten, sich; verhielt sich, sich verhalten: *handeln, sich benehmen*
Ver-hal-ten, das; -s,(-): *Vorgehen, Handeln, Benehmen, Gebaren*
Ver-hal-tens-for-schung, die; -, keine Mehrzahl: *wissenschaftliche Erforschung des Verhaltens*
Ver-hal-tens-maß-re-gel, die; -,-n: *Regel für das Verhalten in bestimmten Situationen*
Ver-hal-tens-wei-se, die; -,-n: *Art des Verhaltens*
Ver-hält-nis, das; -ses,-se: *Zustand, Lage, Umstände*
Ver-hält-nis, das; -ses,-se: *Proportion, messbare Beziehung zueinander*
Ver-hält-nis, das; -ses,-se: *Beziehung, Freundschaft*
ver-hält-nis-mä-ßig: *vergleichsweise, den Umständen entsprechend*
Ver-hält-nis-mä-ßig-keit, die; -,(-en): *Angemessenheit*
Ver-hält-nis-wahl-recht, das; -es, keine Mehrzahl: *Art des Wahlrechts*
Ver-hält-nis-wort, das; -es, -wör-ter: *Grammatik: Präposition, Wort, das ein Verhältnis zwischen Sachen, Personen oder Begriffen ausdrückt*
ver-han-deln: *besprechen, erörtern, beraten, aushandeln*
Ver-hand-lung, die; -,-en: *das Verhandeln*
Ver-hand-lung, die; -,-en: *Gerichtssitzung*
ver-hand-lungs-be-reit: *zu Verhandlungen bereit*
Ver-hand-lungs-part-ner, der; -s,-: *Partner bei Verhandlungen*
ver-han-gen: *bedeckt*
ver-hän-gen: *verordnen, veranlassen, verfügen*
ver-hän-gen: *zuhängen, verdecken*
Ver-häng-nis, das; -ses,-se: *Schicksalsschlag, Unheil*
ver-häng-nis-voll: *Unheil bringend, folgenschwer*
ver-harm-lo-sen: *harmloser darstellen, als es in Wirklichkeit ist*
Ver-harm-lo-sung, die; -,-en: *das Verharmlosen*
ver-härmt: *elend, kummervoll, vom Kummer gezeichnet*
ver-har-ren: *auf etwas bestehen, bleiben*
ver-har-ren: *einhalten, stillstehen, pausieren*
ver-har-schen: *zu Harsch werden, sich mit einer Kruste überziehen*
ver-här-ten: *hart werden, hart machen*
ver-här-ten, sich: *verbittern, sich ablehnend verhalten*
Ver-här-tung, die; -,-en: *das Verhärten, das Verhärtetsein*
ver-hasst: *verabscheut, gehasst*
ver-hät-scheln: *verzärteln, übermäßig verwöhnen*
Ver-hät-sche-lung, die; -,-en: *das Verhätscheln*
Ver-hau, der; -es,-e: *Verschlag*
ver-hau-en: *jemanden prügeln*
ver-hau-en: *umgangssprachlich für „etwas völlig falsch machen"*
ver-hau-en, sich: *sich gegenseitig prügeln, sich schlagen*
ver-he-ben, sich; verhob sich, sich verhoben: *sich beim Heben verletzen*
ver-hed-dern, sich: *sich verwirren, auch: sich nicht zurechtfinden*

ver-hee-ren: *verwüsten, zerstören*
ver-hee-rend: *fürchterlich*
Ver-hee-rung, die; -,-en: *das Verheeren, Zerstörung*
ver-heh-len: *verbergen, verschweigen, verheimlichen*
ver-hei-len: *heilen, genesen*
ver-heim-li-chen: *verhehlen, verschweigen*
Ver-heim-li-chung, die; -,-en: *das Verheimlichen*
ver-hei-ra-ten: *vermählen*
ver-hei-ra-tet: *verehelicht*
Ver-hei-ra-tung, die; -,-en: *das Verheiraten, Vermählung*
ver-hei-ßen, verhieß, verheißen: *versprechen, ankündigen, prophezeien*
Ver-hei-ßung, die; -,-en: *Prophezeiung, Versprechung*
ver-hei-ßungs-voll: *viel versprechend*
ver-hei-zen: *beim Heizen verbrauchen*
ver-hel-fen, verhalf, verholfen: *verschaffen, behilflich sein*
ver-herr-li-chen: *glorifizieren*
Ver-herr-li-chung, die; -,-en: *das Verherrlichen*
ver-het-zen: *aufwiegeln*
Ver-het-zung, die; -,-en: *das Verhetzen*
ver-he-xen: *verzaubern, stark beeinflussen*
ver-hin-dern: *nicht zulassen, unmöglich machen, unterbinden, abwehren*
Ver-hin-de-rung, die; -, keine Mehrzahl: *das Verhindern*
ver-hoh-len: *verstohlen, heimlich*
ver-höh-nen: *verspotten, lächerlich machen*
ver-hoh-ne-pi-peln: *umgangssprachlich für „verhöhnen, lächerlich machen, an der Nase herumführen"*
Ver-höh-nung, die; -,-en: *das Verhöhnen*
ver-hö-kern: *umgangssprachlich für „verkaufen"*
Ver-hör, das; -es,-e: *Vernehmung, Befragung*
ver-hö-ren: *vernehmen, befragen*
ver-hö-ren, sich: *etwas Falsches hören*
ver-hül-len: *zudecken, verdecken, einhüllen*
Ver-hül-lung, die; -,-en: *das Verhüllen*
ver-hun-gern: *an Hunger sterben*
ver-hun-zen: *umgangssprachlich für „verderben, verpfuschen"*

ver-hü-ten: *verhindern, vermeiden, vorbeugen*
ver-hüt-ten: *Metall aus Erz gewinnen*
Ver-hüt-tung, die; -,-en: *das Verhütten*
Ver-hü-tung, die; -,-en: *das Verhüten*
Ver-hü-tungs-mit-tel, das; -s,-: *empfängnisverhütendes Mittel*
ver-hut-zelt: *eingeschrumpft, runzelig, klein und krumm*
Ve-ri-fi-ka-ti-on, die; -,-en: *das Verifizieren*
ve-ri-fi-zier-bar: *nachweisbar*
Ve-ri-fi-zier-bar-keit, die; -, keine Mehrzahl: *verifizierbare Beschaffenheit*
ve-ri-fi-zie-ren: *die Wahrheit nachweisen, die Existenz nachweisen, beglaubigen, bestätigen*
Ve-ri-fi-zie-rung, die; -,-en: *das Verifizieren*
ver-in-ner-li-chen: *geistig verarbeiten, seelisch durchdringen*
Ver-in-ner-li-chung, die; -,-en: *das Verinnerlichen*
ver-ir-ren, sich: *sich verlaufen, vom richtigen Weg abkommen*
Ver-ir-rung, die; -,-en: *das Verirren*
ve-ri-ta-bel: *echt, wirklich*
ver-jäh-ren: *nach einer Frist die Gültigkeit verlieren*
Ver-jäh-rung, die; -,-en: *das Verjähren, das Verjährtsein*
Ver-jäh-rungs-frist, die; -,-en: *Zeitraum, nach dem etwas verjährt ist*
ver-ju-beln: *umgangssprachlich für „restlos ausgeben"*
ver-jün-gen: *den Altersdurchschnitt senken*
ver-jün-gen, sich: *schmaler, enger werden*
Ver-jün-gungs-kur, die; -,-en: *Erholungskur*
ver-ju-xen: *umgangssprachlich für „verschwenden, vergeuden"*
ver-kal-ken: *umgangssprachlich für „senil werden"*
ver-kal-ku-lie-ren, sich: *sich verrechnen, falsch kalkulieren*
Ver-kal-kung, die; -, keine Mehrzahl: *das Verkalken, das Verkalktsein, Senilität*
ver-kan-ten: *auf die Seite legen, kippen*
ver-kan-ten, sich: *schräg einpassen*
ver-kappt: *getarnt, versteckt, unaufrichtig*
ver-kap-seln: *mit einer Kapsel umgeben*

verkapseln

ver-kap-seln, sich: *sich absondern, sich zurückziehen*
Ver-kap-se-lung, die; -,-en: *das Verkapseln*
ver-kars-ten: *zu einer Karstlandschaft werden*
Ver-kars-tung, die; -,-en: *das Verkarsten*
ver-kä-sen: *zu Käse werden*
Ver-kä-sung, die; -,-en: *das Verkäsen*
ver-ka-tert: *umgangssprachlich für „übernächtigt, einen Kater habend"*
Ver-kauf, der; -s, keine Mehrzahl: *Verkaufsabteilung*
Ver-kauf, der; -es, -käu-fe: *das Verkaufen*
ver-kau-fen: *veräußern*
Ver-käu-fer, der; -s,-: *jemand, der verkauft*
ver-käuf-lich: *zu verkaufen*
ver-kaufs-för-dernd: *den Verkauf fördernd, begünstigend*
Ver-kaufs-för-de-rung, die; -,-en: *verkaufsfördernde Maßnahmen*
Ver-kaufs-lei-ter, der; -s,-: *Leiter des Verkaufs*
ver-kaufs-of-fen: *in der Wendung: verkaufsoffener Sonntag, Sonntag, an dem Geschäfte geöffnet sind*
Ver-kaufs-schla-ger, der; -s,-: *Artikel, der sich gut verkaufen lässt*
Ver-kehr, der; -s, keine Mehrzahl: *menschliche Beziehungen, Umgang*
Ver-kehr, der; -s, keine Mehrzahl: *Kurzwort für „Geschlechtsverkehr"*
Ver-kehr, der; -s, keine Mehrzahl: *Kurzwort für „Zahlungsverkehr, Geldtransaktionen"*
Ver-kehr, der; -s, keine Mehrzahl: *Befördern von Personen und Sachen*
Ver-kehr, der; -s, keine Mehrzahl: *Bewegung von Menschen und Fahrzeugen*
ver-keh-ren: *Umgang haben, zusammenkommen*
ver-keh-ren: *regelmäßig fahren (Verkehrsmittel)*
ver-keh-ren: *verdrehen, Sinn entstellen*
Ver-kehrs-ader, die; -,-n: *Hauptverkehrsstraße, große Verbindungsstraße*
Ver-kehrs-am-pel, die; -,-n: *Ampel*
Ver-kehrs-be-trie-be, die; -, keine Einzahl: *städtisches Verkehrsunternehmen*
Ver-kehrs-bü-ro, das; -s,-s: *Verkehrsverein*
Ver-kehrs-de-likt, der; -es,-e: *Verstoß gegen die Straßenverkehrsordnung*

Ver-kehrs-dich-te, die; -,-n: *Dichte des Verkehrs*
Ver-kehrs-er-zie-hung, die; -, keine Mehrzahl: *Erziehung zur Verkehrssicherheit*
Ver-kehrs-flug-zeug, das; -es,-e: *ziviles Passagierflugzeug*
Ver-kehrs-hin-der-nis, das; -ses,-se: *Hindernis auf der Straße*
Ver-kehrs-kno-ten-punkt, der; -es, -e: *wichtiger Treffpunkt von Verkehrslinien*
Ver-kehrs-mit-tel, das; -s,-: *Fortbewegungsmittel, Fahrzeug*
Ver-kehrs-netz, das; -es,-e: *Gesamtheit aller Verkehrslinien*
Ver-kehrs-pla-nung, die; -,-en: *Planung von Verkehrslinien*
Ver-kehrs-po-li-tik, die; -, keine Mehrzahl: *Gesamtheit, Konzept der Verkehrsplanung*
Ver-kehrs-re-gel, die; -,-n: *den Verkehr regelnde Vorschrift*
ver-kehrs-reich: *viel Verkehr aufweisend*
Ver-kehrs-schild, das; -es,-er: *den Verkehr regelndes Schild*
ver-kehrs-si-cher: *für den Verkehr geeignet*
Ver-kehrs-si-cher-heit, die; -, keine Mehrzahl: *Sicherheit im Verkehr*
Ver-kehrs-sto-ckung, die; -,-en: *Stockung im Verkehr*
Ver-kehrs-sün-der, der; -s,-: *umgangssprachlich für „jemand, der eine Verkehrsregel nicht beachtet hat"*
Ver-kehrs-teil-neh-mer, der; -s,-: *Teilnehmer am Straßenverkehr*
Ver-kehrs-un-fall, der; -es,-fäl-le: *Unfall*
ver-kehrt: *falsch, unrichtig, verdreht*
Ver-keh-rung, die; -,-en: *das Verkehren*
ver-kei-len: *verkanten*
ver-ken-nen, verkannte, verkannt: *falsch einschätzen, falsch beurteilen, missdeuten*
Ver-ken-nung, die; -,-en: *das Verkennen*
ver-ket-ten: *aneinander reihen, verbinden, zusammenfügen*
ver-ket-ten: *mit einer Kette befestigen*
Ver-ket-tung, die; -,-en: *feste Verbindung, das Verketten*
ver-kit-ten: *mit Kitt ausbessern, mit Kitt befestigen*
ver-kla-gen: *Klage gegen jemanden erheben*
ver-klap-pen: *eine Verklappung durchführen*

Verkörperung

Ver-klap-pung, die; -,-en: *das Versenken von (meist giftigen) Abfällen durch Schiffe auf See*
Ver-klap-pungs-ge-biet, das; -es,-e: *Meeresregion, in der regelmäßig verklappt wird*
ver-klä-ren: *verherrlichen*
ver-klärt: *glückselig, selig*
Ver-klä-rung, die; -,-en: *das Verklären*
ver-klat-schen: *umgangssprachlich für „verraten, petzen, anschwärzen"*
ver-klau-su-lieren: *umständlich, schwer verständlich ausdrücken, schwierig formulieren*
Ver-klau-su-lie-rung, die; -,-en: *das Verklausulieren*
ver-klei-den: *umhüllen, auskleiden*
ver-klei-den, sich: *das Äußere verändern, sich unkenntlich machen*
Ver-klei-dung, die; -,-en: *unkenntlich machende Kleidung, Maskerade*
Ver-klei-dung, die; -,-en: *Umhüllung, Auskleidung*
ver-klei-nern: *in einem geringeren Maßstab darstellen*
ver-klei-nern: *herabsetzen, schmälern*
ver-klei-nern: *kleiner machen, verringern*
ver-klei-nern, sich: *den Umfang eines Geschäftes verringern*
Ver-klei-ne-rung, die; -,-en: *das Verkleinern*
Ver-klei-ne-rungs-form, die; -,-en: *Grammatik: eine Ableitung eines Hauptwortes, die eine Verkleinerung ausdrückt*
ver-kleis-tern: *verkleben, zukleben*
ver-klem-men, sich: *sich verbiegen, klemmen*
ver-klemmt: *gehemmt, verkrampft, gestört*
Ver-klemmt-heit, die; -, keine Mehrzahl: *verklemmtes Verhalten, verklemmtes Wesen*
Ver-klem-mung, die; -,-en: *verklemmte Beschaffenheit*
Ver-klem-mung, die; -,-en: *verklemmtes Verhalten, verklemmtes Wesen*
ver-klin-gen, verklang, verklungen: *allmählich leiser werden*
ver-klop-pen: *umgangssprachlich für „verkaufen"*
ver-klop-pen: *regional für „verprügeln"*
ver-kna-cken: *umgangssprachlich für „verurteilen"*
ver-knack-sen: *umgangssprachlich für „vertreten, umknicken, verstauchen"*
ver-knal-len, sich: *umgangssprachlich für „sich heftig verlieben"*
ver-knap-pen, sich: *selten werden, knapp werden*
ver-knap-pen: *knapper werden lassen*
Ver-knap-pung, die; -,-en: *das Knappwerden*
ver-knei-fen, sich: *umgangssprachlich für „auf etwas verzichten, sich etwas versagen"*
ver-knif-fen: *verbittert, verärgert*
Ver-knif-fen-heit, die; -,-en: *das Verkniffensein, verkniffenes Verhalten, verkniffenes Wesen*
ver-knö-chert: *unbeweglich, starr werden*
Ver-knö-che-rung, die; -,-en: *das Verknöchern, das Verknöchertsein*
ver-knor-peln: *zu Knorpel werden*
Ver-knor-pe-lung, die; -,-en: *das Verknorpeln*
ver-knüp-fen: *verknoten, miteinander verbinden*
Ver-knüp-fung, die; -,-en: *das Verknüpfen*
ver-knu-sen, nicht: *umgangssprachlich für „etwas oder jemanden nicht leiden können"*
ver-ko-chen: *zu lange kochen*
ver-koh-len: *zu Kohle werden, in Kohle umwandeln*
ver-koh-len: *umgangssprachlich für „zum Narren halten"*
Ver-koh-lung, die; -,-en: *das Verkohlen*
ver-ko-ken: *zu Koks werden, zu Koks umwandeln*
Ver-ko-kung, die; -,-en: *das Verkoken*
ver-kom-men, verkam, verkommen: *verwahrlosen, moralisch absinken, verderben*
Ver-kom-men-heit, die; -, keine Mehrzahl: *verkommene Beschaffenheit*
ver-kon-su-mie-ren: *verbrauchen*
ver-kop-peln: *verbinden*
Ver-kop-pe-lung, die; -,-en: *das Verkoppeln*
ver-kor-ken: *mit einem Korken verschließen*
ver-kork-sen: *umgangssprachlich für „falsch machen, verpfuschen"*
ver-kör-pern: *darstellen*
Ver-kör-pe-rung, die; -,-en: *das Verkörpern*

verköstigen

ver-kös-ti-gen: *mit Nahrung versehen*
Ver-kös-ti-gung, die; -,-en: *das Verköstigen*
ver-kra-chen: *zusammenbrechen, scheitern*
ver-kra-chen, sich: *sich entzweien*
ver-kraf-ten: *bewältigen, aushalten*
ver-kramp-fen, sich: *sich zusammenziehen, gehemmt werden*
ver-krampft: *gehemmt*
Ver-krampft-heit, die; -, keine Mehrzahl: *verkrampfte Beschaffenheit, verkrampftes Verhalten, verkrampftes Wesen*
Ver-kramp-fung, die; -,-en: *das Verkrampftsein, das Verkrampfen*
ver-krie-chen, sich; verkroch sich, sich verkrochen: *sich verstecken*
ver-krü-meln: *Krümel umherstreuen, zerbröseln*
ver-krü-meln, sich: *umgangssprachlich für „sich leise, heimlich entfernen"*
ver-krüm-men: *krümmen*
ver-krüm-men, sich: *krumm werden*
Ver-krüm-mung, die; -,-en: *das Verkrümmen*
ver-krüp-peln: *versehren, zum Krüppel werden*
ver-küm-mern: *absterben, eingehen, in der Entwicklung zurückbleiben*
Ver-küm-me-rung, die; -,-en: *das Verkümmern*
ver-kün-den: *bekannt machen, ausrufen, kundtun*
Ver-kün-dung, die; -,-en: *das Verkünden*
ver-kup-peln: *zusammenbringen, Ehe stiften*
Ver-kupp-lung, die; -,-en: *das Verkuppeln*
ver-kür-zen: *kürzer machen*
ver-kür-zen: *die Tor- oder Punktedifferenz in einem Spiel verkleinern*
Ver-kür-zung, die; -,-en: *das Verkürzen*
ver-la-chen: *auslachen*
ver-la-den, verlud, verladen: *umgangssprachlich für „einladen, umladen"*
ver-la-den, verlud, verladen: *täuschen, betrügen*
Ver-la-de-ram-pe, die; -,-n: *Rampe, an der verladen wird*
Ver-la-dung, die; -,-en: *das Verladen*
Ver-lag, der; -es,-e: *Betrieb zur Herstellung von Druckschriften*
ver-la-gern: *anders lagern, den Standort, die Lage verändern*

Ver-la-ge-rung, die; -,-en: *das Verlagern*
ver-lan-den: *zugeschwemmt werden*
Ver-lan-dung, die; -,-en: *das Verlanden*
ver-lan-gen: *fordern, beanspruchen*
Ver-lan-gen, das; -s,-: *Forderung, Wunsch; auch: Sehnsucht*
ver-län-gern: *verdünnen*
ver-län-gern: *länger machen, ausdehnen*
Ver-län-ge-rung, die; -,-en: *das Verlängern*
Ver-län-ge-rungs-ka-bel, das; -s,-: *Kabel zum Verlängern einer elektrischen Leitung*
Ver-län-ge-rungs-schnur, die; -, -schnüre: *Verlängerungskabel*
ver-lang-sa-men: *Tempo drosseln, Geschwindigkeit verringern*
Ver-lang-sa-mung, die; -,-en: *das Verlangsamen*
Ver-lass, der: *in der Wendung: auf ihn ist Verlass, man kann sich auf ihn verlassen*
ver-las-sen, verließ, verlassen: *fortgehen, allein lassen*
ver-las-sen: *einsam, öde, unbewohnt, leer*
ver-las-sen, sich; verließ sich, sich verlassen: *auf etwas vertrauen*
Ver-las-sen-heit, die; -, keine Mehrzahl: *verlassene Beschaffenheit, Einsamkeit, Öde, Leere*
ver-läss-lich: *zuverlässig*
Ver-läss-lich-keit, die; -, keine Mehrzahl: *verlässliches Wesen*
Ver-lauf, der; -es, keine Mehrzahl: *Ablauf, Entwicklung*
ver-lau-fen, verlief, verlaufen: *sich erstrecken, weiterlaufen*
ver-lau-fen, verlief, verlaufen: *ablaufen, vergehen*
ver-lau-fen, sich; verlief sich, sich verlaufen: *sich verirren*
ver-lau-fen, sich; verlief sich, sich verlaufen: *auseinander gehen, auseinander laufen*
ver-laust: *voller Läuse*
ver-laut-ba-ren: *bekannt geben, bekannt machen*
Ver-laut-ba-rung, die; -,-en: *Bekanntmachung*
ver-lau-ten: *bekannt geben*
ver-le-ben: *zubringen, verbringen*
ver-lebt: *verbraucht, früh gealtert*

ver-le-gen: *verlieren, etwas nicht mehr finden*
ver-le-gen: *herausbringen, veröffentlichen*
ver-le-gen: *zeitlich verschieben*
ver-le-gen: *den Platz wechseln*
ver-le-gen: *befangen, gehemmt, unsicher, peinlich berührt*
ver-le-gen: *installieren*
Ver-le-gen-heit, die; -, keine Mehrzahl: *verlegenes Verhalten, verlegenes Wesen*
Ver-le-gen-heits-lö-sung, die; -,-en: *Notlösung*
Ver-le-ger, der; -s,-: *jemand, der Drucksachen verlegt, Verlagsinhaber*
ver-le-ge-risch: *den Verleger betreffend*
Ver-le-gung, die; -,-en: *das Verlegen, Orts- oder Zeitverschiebung*
ver-lei-den: *die Freude nehmen*
Ver-leih, der; -s,-e: *Unternehmen, das verleiht*
ver-lei-hen, verlieh, verliehen: *auszeichnen, übertragen*
ver-lei-hen, verlieh, verliehen: *borgen, ausleihen*
Ver-lei-her, der; -s,-: *jemand, der etwas verleiht*
Ver-lei-hung, die; -,-en: *das Verleihen, Übertragung*
ver-lei-men: *mit Leim befestigen*
Ver-lei-mung, die; -,-en: *das Verleimen*
ver-lei-ten: *überreden, verführen*
ver-ler-nen: *vergessen, aus der Übung kommen*
ver-le-sen, verlas, verlesen: *vorlesen*
ver-le-sen, verlas, verlesen: *aussortieren*
ver-letz-bar: *verwundbar, leicht zu kränken*
Ver-letz-bar-keit, die; -, keine Mehrzahl: *verletzbare Beschaffenheit*
ver-let-zen: *verwunden; auch: kränken*
ver-letz-lich: *empfindlich, empfindsam*
Ver-letz-lich-keit, die; -, keine Mehrzahl: *verletzliche Beschaffenheit*
Ver-let-zung, die; -,-en: *Verwundung; auch: Kränkung*
ver-leug-nen: *abstreiten, ableugnen, bestreiten*
Ver-leug-nung, die; -,-en: *das Verleugnen*
ver-leum-den: *falsch, böswillig verdächtigen*
Ver-leum-der, der; -s,-: *jemand, der Verleumdungen ausspricht*
ver-leum-de-risch: *in der Art einer Verleumdung*
Ver-leum-dung, die; -,-en: *das Verleumden*
Ver-leum-dungs-kla-ge, die; -,-n: *Klage gegen eine Verleumdung*
ver-lie-ben, sich: *lieb gewinnen*
Ver-liebt-heit, die; -, keine Mehrzahl: *Verliebtsein*
ver-lie-ren, verlor, verloren: *Verlust erleiden*
ver-lie-ren, verlor, verloren: *einbüßen, unterliegen*
Ver-lie-rer, der; -s,-: *jemand, der verliert*
Ver-lies, das; -es,-e: *Kerker*
ver-lo-ben, sich: *sich die Heirat versprechen, eine Verlobung eingehen*
Ver-löb-nis, das; -ses,-se: *Verlobung*
Ver-lob-te, der/die; -n,-n: *jemand, der verlobt ist*
Ver-lo-bung, die; -,-en: *feierliches Versprechen der Ehe*
Ver-lo-bungs-ring, der; -es,-e: *Ring, der eine Verlobung anzeigt*
ver-lo-cken: *locken, verführen*
Ver-lo-ckung, die; -,-en: *das Verlocken*
ver-lo-gen: *lügnerisch, häufig lügend*
ver-lo-gen-heit, die; -,-en: *das Verlogensein*
ver-lo-ren ge-ben, gab verloren, verloren gegeben: *aufgeben*
ver-lo-ren ge-hen, ging verloren, verloren gegangen: *abhanden kommen*
ver-lö-schen: *auslöschen, erlöschen, zu glühen, zu brennen aufhören*
ver-lo-sen: *durch Lose verteilen*
Ver-lo-sung, die; -,-en: *Lotterie*
ver-lö-ten: *durch Löten verbinden*
ver-lot-tern: *verkommen, nachlässig werden, verwahrlosen*
Ver-lust, der; -es,-e: *Einbuße*
ver-ma-chen: *hinterlassen, vererben*
Ver-mächt-nis, das; -ses,-se: *Erbschaft, Hinterlassenschaft, Auftrag*
ver-mäh-len: *verheiraten, heiraten*
Ver-mäh-lung, die; -,-en: *Heirat, Trauung*
ver-ma-le-dei-en: *verfluchen*
ver-männ-li-chen: *Wesen oder Äußeres eines Mannes annehmen*
ver-mark-ten: *auf dem Markt zum Verkauf vorbereiten*
ver-mas-seln: *umgangssprachlich für „verderben, falsch machen"*

vermehren

ver-meh-ren: *vergrößern, ausweiten*
ver-meh-ren, sich: *sich fortpflanzen*
Ver-meh-rung, die; -, keine Mehrzahl: *das Vermehren*
ver-meid-bar: *zu vermeiden*
ver-mei-den, vermied, vermieden: *umgehen, ausweichen*
Ver-mei-dung, die; -, keine Mehrzahl: *das Vermeiden*
ver-meint-lich: *fälschlich angenommen, fälschlich vermutet*
ver-men-gen: *vermischen*
ver-mensch-li-chen: *als Menschen darstellen*
ver-mensch-li-chen: *menschliche Eigenschaften annehmen*
Ver-mensch-li-chung, die; -,-en: *das Vermenschlichen*
Ver-merk, der; -es,-e: *Notiz, Anmerkung*
ver-mer-ken: *notieren, anmerken*
ver-mes-sen: *genau ausmessen*
ver-mes-sen: *anmaßend, überheblich*
ver-mes-sen, sich: *sich erdreisten*
Ver-mes-sen-heit, die; -,-en: *das Vermessensein, Anmaßung, Überheblichkeit*
Ver-mes-ser, der; -s,-: *Landvermesser*
Ver-mes-sung, die; -,-en; *das Vermessen*
ver-mie-sen: *umgangssprachlich für „verleiden, verderben"*
ver-mie-ten: *gegen Mietzins zur Benutzung überlassen*
Ver-mie-ter, der; -s,-: *jemand, der etwas vermietet*
Ver-mie-tung, die; -,-en: *das Vermieten*
ver-min-dern: *verkleinern, verringern*
Ver-min-de-rung, die; -,-en: *das Vermindern*
ver-mi-nen: *mit Minen versehen*
Ver-mi-nung, die; -,-en: *das Verminen*
ver-mi-schen: *vermengen*
Ver-mi-schung, die; -,-en: *das Vermischen*
ver-mis-sen: *Verlust, das Fehlen bemerken*
Ver-miss-te, der/die; -n,-n: *jemand, der vermisst wird*
ver-mit-teln: *ausgleichen, eine Einigung herbeiführen, versöhnen*
ver-mit-teln: *makeln*
Ver-mitt-ler, der; -s,-: *jemand, der vermittelt; auch: Makler*
Ver-mitt-lung, die; -,-en: *das Vermitteln*
Ver-mitt-lung, die; -,-en: *Telefonzentrale*

Ver-mitt-lungs-ge-bühr, die; -,-en: *Maklerprovision*
ver-mö-beln: *umgangssprachlich für „verhauen, verprügeln"*
ver-mo-dern: *verfaulen*
ver-mö-gen: *können, imstande sein*
Ver-mö-gen, das; -s,-: *Reichtum, Besitz*
Ver-mö-gen, das; -s,-: *Können, Fähigkeit*
ver-mö-gend: *reich, wohlhabend*
Ver-mö-gens-bil-dung, die; -,-en: *Sparen*
ver-mum-men, sich: *sich verhüllen, verkleiden*
Ver-mum-mung, die; -,-en: *das Vermummen*
ver-mu-ten: *mutmaßen, annehmen, glauben*
ver-mut-lich: *wahrscheinlich, vielleicht*
Ver-mu-tung, die; -,-en: *Mutmaßung, Annahme, Glaube*
ver-nach-läs-si-gen: *nicht pflegen*
Ver-nach-läs-si-gung, die; -, keine Mehrzahl: *das Vernachlässigen*
ver-na-dern: *österreichisch für verraten, dementieren*
ver-na-geln: *zunageln, mit Nägeln befestigen, verschließen*
ver-na-gelt: *borniert, beschränkt*
ver-nä-hen: *durch Nähen befestigen, verschließen*
ver-nä-hen: *beim Nähen verbrauchen*
ver-nar-ben: *unter Bildung einer Narbe verheilen*
Ver-nar-bung, die; -,-en: *das Vernarben*
ver-narrt: *eine starke Vorliebe hegend*
Ver-narrt-heit, die; -,-en: *vernarrtes Verhalten, vernarrtes Wesen, das Vernarrtsein*
ver-na-schen: *naschen, beim Naschen verbrauchen*
ver-ne-beln: *einnebeln, mit Nebel verhüllen*
ver-nehm-bar: *hörbar*
ver-neh-men, vernahm, vernommen: *befragen, verhören*
Ver-neh-mung, die; -,-en: *Verhör, das Vernehmen, Befragen*
ver-neh-mungs-fä-hig: *imstande, vernommen zu werden*
ver-nei-gen, sich: *sich verbeugen*
Ver-nei-gung, die; -,-en: *das Sichverneigen*
ver-nei-nen: *mit Nein beantworten, ablehnen, leugnen*
Ver-nei-nung, die; -,-en: *das Verneinen*

ver-nich-ten: *zerstören, ausrotten, töten, zugrunde richten*
Ver-nich-tung, die; -,-en: *das Vernichten, Zerstörung*
ver-nied-li-chen: *verharmlosen*
Ver-nied-li-chung, die; -,-en: *das Verniedlichen*
Ver-nunft, die; -, keine Mehrzahl: *klarer Verstand, Einsicht, Besonnenheit*
ver-nünf-tig: *einsichtsvoll, verständig, besonnen, überlegt*
ver-nünf-ti-ger-wei-se: *der Vernunft gemäß*
ver-nunft-wid-rig: *gegen die Vernunft*
ver-ö-den: *stilllegen, verschwinden lassen*
ver-ö-den: *öde werden*
ver-öf-fent-li-chen: *bekannt geben, herausgeben, publizieren*
Ver-öf-fent-li-chung, die; -,-en: *das Veröffentlichen*
ver-ord-nen: *verfügen, anordnen, verschreiben*
Ver-ord-nung, die; -,-en: *Erlass, Anordnung; auch: Verschreibung*
ver-pach-ten: *gegen Pacht zur Nutzung überlassen*
Ver-päch-ter, der; -s,-: *jemand, der etwas verpachtet*
Ver-pach-tung, die; -,-en: *das Verpachten*
ver-pa-cken: *einpacken, versandfertig machen*
Ver-pa-ckung, die; -,-en: *das Verpacken, Material zum Verpacken, Umhüllung*
Ver-pa-ckungs-ma-te-ri-al, das; -s, -ma-te-ri-a-lien: *Verpackung, Hülle, Umhüllung*
ver-pas-sen: *versäumen*
ver-pas-sen: *anpassen*
ver-pas-sen: *umgangssprachlich für „verprügeln"*
ver-pat-zen: *umgangssprachlich für „verderben, einen Fehler machen"*
ver-pes-ten: *verseuchen, verschmutzen*
Ver-pes-tung, die; -,-en: *das Verpesten*
ver-pet-zen: *umgangssprachlich für „verraten, anschwärzen"*
ver-pfän-den: *als Pfand geben, beleihen*
Ver-pfän-dung, die; -,-en: *das Verpfänden*
ver-pflan-zen: *umpflanzen, umsetzen*
ver-pfle-gen: *mit Nahrung versorgen, beköstigen*
Ver-pfle-gung, die; -, keine Mehrzahl: *Kost, Nahrung*
ver-pflich-ten: *jemanden einstellen*
ver-pflich-ten: *eine Pflicht auferlegen*
ver-pflich-ten, sich: *eine Pflicht auf sich nehmen*
Ver-pflich-tung, die; -,-en: *Pflicht, Aufgabe*
ver-pfu-schen: *umgangssprachlich für „verderben"*
ver-pla-nen: *planen*
Ver-pla-nung, die; -,-en: *das Verplanen*
ver-plap-pern, sich: *aus Versehen verraten*
ver-plem-pern: *umgangssprachlich für „vergeuden"*
ver-pö-nen: *mit Strafe belegen, untersagen*
ver-pras-sen: *vergeuden*
ver-prel-len: *verschrecken, abschrecken, verärgern*
ver-pro-vi-an-tie-ren: *für Proviant sorgen, mit Vorrat eindecken*
Ver-pro-vi-an-tie-rung, die; -,-en: *das Verproviantieren*
ver-prü-geln: *schlagen, jemanden prügeln*
ver-puf-fen: *explodieren*
ver-puf-fen: *erfolglos, wirkungslos bleiben*
Ver-puf-fung, die; -,-en: *das Verpuffen*
ver-pul-vern: *umgangssprachlich für „sinnlos ausgeben, vergeuden, verprassen"*
ver-pup-pen, sich: *zur Puppe werden (Insekt)*
Ver-pup-pung, die; -, keine Mehrzahl: *das Verpuppen, das Sichverpuppen*
ver-pus-ten, sich: *umgangssprachlich für „Pause machen, verschnaufen"*
Ver-putz, der; -es, keine Mehrzahl: *Putz, Mauerbewurf*
ver-put-zen: *mit Putz versehen, mit Mörtel bewerfen*
ver-put-zen: *umgangssprachlich für „essen"*
ver-qual-men: *mit Qualm füllen*
ver-qui-cken: *vermengen, verbinden*
Ver-qui-ckung, die; -,-en: *das Verquicken*
ver-quol-len: *zugequollen*
ver-ram-meln: *umgangssprachlich für „fest verschließen, verriegeln"*
ver-ram-schen: *zu Schleuderpreisen verkaufen*

Verrat

Ver-rat, der; -es,-e: *Treuebruch, Mitteilung von Geheimnissen*
ver-ra-ten, verriet, verraten: *preisgeben, Treue brechen, unberechtigt mitteilen*
Ver-rä-ter, der; -s,-: *jemand, der Verrat übt*
ver-rä-te-risch: *Verdacht erweckend, erkennen lassend*
ver-rau-chen: *verfliegen*
ver-räu-chern: *mit Rauch füllen*
ver-rech-nen: *gutschreiben, ausgleichen*
ver-rech-nen, sich: *falsch rechnen, einen Rechenfehler begehen; falsche Erwartungen hegen*
Ver-rech-nung, die; -,-en: *das Verrechnen*
Ver-rech-nungs-scheck, der; -s,-s: *Scheck, dessen Betrag einem Konto gutgeschrieben wird*
ver-re-cken: *umgangssprachlich für „elend sterben"*
ver-reg-nen: *ständig regnen*
ver-rei-ben, verrieb, verrieben: *verstreichen, gleichmäßig verteilen*
ver-rei-sen: *eine Reise antreten*
ver-rei-ßen, verriss, verrissen: *abfällig beurteilen, schlecht machen*
ver-ren-ken: *ein Glied aus dem Gelenk drehen*
ver-ren-ken, sich: *sich sehr strecken, sich sehr biegen*
Ver-ren-kung, die; -,-en: *das Verrenken, das Sichverrenken*
ver-ren-nen, sich; verrannte sich, sich verrannt: *hartnäckig an etwas Falschem festhalten*
ver-rich-ten: *eine Tätigkeit ausüben, erledigen*
Ver-rich-tung, die; -,-en: *Handeln, Tätigkeit, Arbeit*
ver-rie-geln: *fest verschließen, mit einem Riegel verschließe*
ver-rin-gern: *vermindern, geringer machen*
Ver-rin-ge-rung, die; -,-en: *Minderung, das Verringern*
ver-ro-hen: *grob werden, brutal werden*
Ver-ro-hung, die; -,-en: *das Verrohen*
ver-ros-ten: *durch Rost zerstören*
ver-rot-ten: *verfaulen, vermodern*
Ver-rot-tung, die; -,-en: *das Verrotten*
ver-rucht: *ruchlos, schändlich*
Ver-rucht-heit, die; -,-en: *verruchte Beschaffenheit, verruchtes Wesen*

ver-rü-cken: *zur Seite schieben, wegrücken*
ver-rückt: *geisteskrank*
ver-rückt: *absonderlich, merkwürdig, unsinnig, stark von der Norm abweichend*
Ver-rückt-heit, die; -,-en: *verrücktes Verhalten, verrücktes Wesen*
Ver-ruf, der; -es, keine Mehrzahl: *schlechter Ruf, schlechter Leumund*
ver-ru-fen: *einen schlechten Ruf besitzend*
ver-ru-ßen: *mit Ruß beschmutzen*
ver-rut-schen: *aus der Lage rutschen, die Lage verändern, rutschen*
Vers, der; -es,-e: *Gedichtzeile, auch: Strophe*
ver-sach-li-chen: *sachlich werden lassen, objektivieren*
Ver-sach-li-chung, die; -,-en: *das Versachlichen*
ver-sa-cken: *umgangssprachlich für „moralisch absinken"*
ver-sa-gen: *nicht gewähren, nicht genehmigen, abschlagen, verweigern*
ver-sa-gen: *die Erwartungen nicht erfüllen, den Anforderungen nicht genügen, scheitern*
ver-sa-gen, sich: *sich etwas nicht gestatten, verzichten*
Ver-sa-ger, der; -s,-: *jemand, der versagt; auch: etwas, das versagt*
Ver-sal, der; -s, Ver-sa-li-en: *Großbuchstabe*
ver-sal-zen: *mit zu viel Salz versehen*
ver-sam-meln: *zusammenführen, zusammenrufen*
ver-sam-meln, sich: *sich treffen*
Ver-samm-lung, die; -,-en: *Zusammenkunft, das Versammeln*
Ver-samm-lungs-frei-heit, die; -, keine Mehrzahl: *Freiheit, sich zu Versammlungen zusammenzufinden*
Ver-sand, der; -es, keine Mehrzahl: *das Versenden; auch: Kurzwort für „Versandhandel"*
Ver-sand-ab-tei-lung, die; -,-en: *Abteilung, die für den Versand zuständig ist*
ver-san-den: *durch angeschwemmten Sand verlanden*
Ver-sand-haus, das; -es, -häu-ser: *Unternehmen, das Versandhandel betreibt*
Ver-sand-kos-ten, die; -, keine Einzahl: *Kosten für den Versand*
ver-sa-til: *beweglich, wandelbar, wendig*

Verschleimung

Ver-sa-ti-li-tät, die; -, keine Mehrzahl: *Beweglichkeit, versatile Beschaffenheit*
Ver-satz-amt, das; -es,-äm-ter: *Leihhaus*
ver-sau-en: *umgangssprachlich für „verderben, beschmutzen, unbrauchbar machen"*
ver-sau-ern: *sauer werden*
ver-sau-ern: *keine geistige Anregung bekommen, Interessen verlieren*
ver-sau-fen, versoff, versoffen: *umgangssprachlich für „beim Saufen verbrauchen"*
ver-säu-men: *verpassen*
Ver-säum-nis, das; -ses,-se: *Unterlassung*
ver-scha-chern: *umgangssprachlich für „verkaufen"*
ver-schach-telt: *kompliziert, ineinander geschachtelt*
ver-schaf-fen: *besorgen, verhelfen, in Besitz bringen*
ver-scha-len: *mit einer Schalung umgeben, verkleiden*
Ver-scha-lung, die; -,-en: *Verkleidung, Schalung*
ver-schämt: *gehemmt, verlegen*
Ver-schämt-heit, die; -,-en: *verschämtes Verhalten, verschämtes Wesen*
ver-schan-deln: *ruinieren, verunstalten*
Ver-schan-de-lung, die; -,-en: *das Verschandeln*
ver-schan-zen, sich: *eine Deckung, eine Schanze errichten, sich hinter einer Deckung verbergen*
Ver-schan-zung, die; -, keine Mehrzahl: *das Verschanzen*
ver-schär-fen: *verstärken verschlimmern*
Ver-schär-fung, die; -,-en: *das Verschärfen*
ver-schar-ren: *oberflächlich vergraben*
ver-schät-zen, sich: *sich verrechnen, sich täuschen*
ver-schei-den, verschied, verschieden: *sterben*
ver-schen-ken: *zum Geschenk machen*
ver-scher-beln: *umgangssprachlich für „verkaufen, zu billig verkaufen"*
ver-scher-zen: *verlieren, sich um etwas bringen*
ver-scheu-chen: *verjagen, wegjagen*
ver-scheu-ern: *umgangssprachlich für „zu Geld machen, unter der Hand verkaufen"*
ver-schi-cken: *versenden*
Ver-schi-ckung, die; -,-en: *das Verschicken*

ver-schieb-bar: *so beschaffen, dass man es verschieben kann*
ver-schie-ben, verschob, verschoben: *an einen anderen Platz schieben, wegschieben*
ver-schie-ben, verschob, verschoben: *verlegen, aufschieben, einen späteren Zeitpunkt festsetzen*
ver-schie-den: *unterschiedlich, anders, andersartig*
ver-schie-den-ar-tig: *unterschiedlich, verschieden*
Ver-schie-den-ar-tig-keit, die; -,-en: *verschiedenartige Beschaffenheit*
ver-schie-de-ne Mal: *mehrmals, öfter, zu verschiedenen Gelegenheiten*
ver-schie-dent-lich: *mehrmals, öfter*
ver-schie-ßen, verschoss, verschossen: *beim Schießen verbrauchen, verfeuern*
ver-schif-fen: *mit dem Schiff transportieren*
Ver-schif-fung, die; -,-en: *das Verschiffen*
ver-schim-meln: *durch Schimmelpilzbefall verderben*
ver-schla-fen: *müde, unausgeschlafen*
ver-schla-fen, verschlief, verschlafen: *zu lange schlafen*
ver-schla-fen, verschlief, verschlafen: *versäumen*
Ver-schla-fen-heit, die; -, keine Mehrzahl: *Müdigkeit, Unausgeschlafenheit*
Ver-schlag, der; -es, -schlä-ge: *Schuppen, Anbau*
ver-schla-gen: *listig, tückisch, heimtückisch, hinterhältig*
Ver-schla-gen-heit, die; -, keine Mehrzahl: *verschlagenes Verhalten, verschlagenes Wesen*
ver-schlam-pen: *durch Unachtsamkeit verlieren*
ver-schlam-pen: *unordentlich werden*
ver-schlech-tern: *verschlimmern*
ver-schlech-tern, sich: *schlimmer werden, schlechter werden*
Ver-schlech-te-rung, die; -,-en: *das Verschlechtern, das Sichverschlechtern*
ver-schlei-ern: *über einen Tatbestand hinwegtäuschen, etwas nicht wahrhaben wollen*
ver-schlei-ern: *mit Schleiern verhüllen*
ver-schlei-men: *mit Schleim füllen*
Ver-schlei-mung, die; -,-en: *das Verschleimen*

Verschleiß

Ver-schleiß, der; -es, keine Mehrzahl: *Abnutzung, Verbrauch*
ver-schlei-ßen, verschliss, verschlissen: *abnutzen, verbrauchen, abtragen*
ver-schlep-pen: *verzögern, hinauszögern, in die Länge ziehen*
ver-schlep-pen: *entführen*
Ver-schlepp-te, der/die; -n,-n: *jemand, der verschleppt wird*
Ver-schlep-pung, die; -,-en: *das Verschleppen*
ver-schleu-dern: *unter Wert verkaufen*
ver-schleu-dern: *vergeuden*
ver-schlie-ßen, verschloss, verschlossen: *abschließen, zumachen, zuschließen*
ver-schlie-ßen, sich; verschloss sich, sich verschlossen: *nicht beachten, nicht wahrhaben wollen, ablehnen*
ver-schlim-mern: *verschlechtern, schlimmer werden*
Ver-schlim-me-rung, die; -,-en: *das Verschlimmern, das Sichverschlimmern, Verschlechterung*
ver-schlin-gen: *verschlucken*
Ver-schlin-gung, die; -,-en: *das Verschlingen*
ver-schlos-sen: *unzugänglich, in sich gekehrt, abweisend*
Ver-schlos-sen-heit, die; -, keine Mehrzahl: *verschlossenes Verhalten, verschlossenes Wesen*
Verschluss, der; -schlus-ses, -schlüs-se: *Schloss, Deckel, Vorrichtung zum Verschließen*
ver-schlüs-seln: *kodieren*
Ver-schlüs-se-lung, die; -,-en: *das Verschlüsseln, Kodierung*
ver-schmä-hen: *ablehnen, zurückweisen*
Ver-schmä-hung, die; -,-en: *das Verschmähen*
ver-schmel-zen, verschmolz, verschmolzen: *eine Verbindung eingehen, eng miteinander verbinden*
Ver-schmel-zung, die; -,-en: *das Verschmelzen*
ver-schmer-zen: *verwinden, darüber hinwegkommen, überwinden*
ver-schmie-ren: *verreiben, breitschmieren*
ver-schmie-ren: *beschmutzen, beflecken*
ver-schmie-ren: umgangssprachlich für *„Loch verschließen"*
ver-schmitzt: *listig, schelmisch*

Ver-schmitzt-heit, die; -,-en: *verschmitztes Verhalten, verschmitztes Wesen*
ver-schmut-zen: *verunreinigen, beschmutzen*
Ver-schmut-zung, die; -,-en: *das Verschmutzen*
ver-schnau-fen: umgangssprachlich für *„ausruhen, pausieren"*
Ver-schnauf-pau-se, die; -,-n: *Pause, Erholungspause*
ver-schnei-den, verschnitt, verschnitten: *mit Wasser oder Spirituosen vermischen*
ver-schnei-den, verschnitt, verschnitten: *stutzen, beschneiden*
ver-schnei-den, verschnitt, verschnitten: *kastrieren*
ver-schnei-den, verschnitt, verschnitten: *falsch zuschneiden*
Ver-schnitt, der; -es, keine Mehrzahl: *Abfall beim Verschneiden von Gehölzen*
Ver-schnitt, der; -es,-e: *Ergebnis des Verschneidens*
ver-schnör-keln: *mit Schnörkeln versehen, verzieren*
ver-schnup-fen: *verärgern, kränken*
ver-schnup-fen: *sich erkälten*
ver-schnü-ren: *mit Schnüren befestigen, mit Schnüren umwickeln*
ver-schol-len: *unauffindbar verschwunden, längst vergangen*
ver-scho-nen: *schonen, nicht behelligen*
ver-schö-nern: *schön machen*
ver-schö-nern: *schmücken, verzieren, schöner machen*
Ver-schö-ne-rung, die; -,-en: *das Verschönern*
ver-schor-fen: *mit Schorf überziehen, zu Schorf werden*
ver-schos-sen: umgangssprachlich für *„verliebt"*
ver-schos-sen: *ausgebleicht*
ver-schrän-ken: *kreuzen, kreuzweise übereinanderlegen*
ver-schrau-ben: *mit Schrauben befestigen, durch Schrauben verschließen*
Ver-schrau-bung, die; -,-en: *das Verschrauben*
ver-schre-cken: *verängstigen, erschrecken*
ver-schrei-ben, verschrieb, verschrieben: *ein Rezept ausstellen*
ver-schrei-ben, verschrieb, verschrieben: *beim Schreiben verbrauchen*

versetzen

ver-schrei-ben, verschrieb, verschrieben: *übereignen*
ver-schrei-ben, sich; verschrieb sich, sich verschrieben: *einen Fehler beim Schreiben machen*
Ver-schrei-bung, die; -,-en: *das Verschreiben*
ver-schrei-en, verschrie, verschrieen: *verleumden, in schlechten Ruf bringen*
ver-schrie-en: *bekannt*
ver-schro-ben: *eigenartig, wunderlich, überspannt*
Ver-schro-ben-heit, die; -,-en: *verschrobenes Verhalten, das Verschrobensein*
ver-schro-ten: *als Altmetall verwerten*
ver-schrum-peln: *einschrumpfen, runzelig, faltig werden*
ver-schüch-tern: *einschüchtern, ängstlich machen*
ver-schul-den: *schuldhaft verursachen*
ver-schul-den, sich: *in Schulden stürzen, Schulden machen*
Ver-schul-dung, die; -, keine Mehrzahl: *Schuldenbelastung*
ver-schüt-ten: *vergießen*
ver-schüt-ten: *zuschütten, mit etwas bedecken*
ver-schütt ge-hen, ging verschütt, verschütt gegangen: *umgangssprachlich für „verloren gehen"*
ver-schwä-gert: *durch Heirat verwandt*
ver-schwei-gen: *verheimlichen, nichts sagen*
ver-schwei-ßen: *durch Schweißen verbinden*
Ver-schwei-ßung, die; -,-en: *das Verschweißen*
ver-schwen-den: *vergeuden, leichtsinnig ausgeben, verbrauchen*
Ver-schwen-der, der; -s,-: *jemand, der etwas verschwendet*
ver-schwen-de-risch: *überreich*
Ver-schwen-dung, die; -,-en: *das Verschwenden*
ver-schwie-gen: *schweigen könnend, Geheimnisse bewahrend*
ver-schwie-gen: *ruhig, verborgen, einsam*
Ver-schwie-gen-heit, die; -, keine Mehrzahl: *verschwiegenes Verhalten, verschwiegenes Wesen*
ver-schwin-den, verschwand, verschwunden: *abhanden kommen, unauffindbar werden*
ver-schwin-den, verschwand, verschwunden: *umgangssprachlich für „sich entfernen"*
ver-schwis-tert: *als Geschwister verbunden*
ver-schwit-zen: *durchschwitzen*
ver-schwit-zen: *umgangssprachlich für „versäumen, verpassen, vergessen"*
ver-schwom-men: *schlecht erkennbar, unscharf, undeutlich*
ver-schwö-ren, sich; verschwor sich, sich verschworen: *eine Verschwörung anzetteln*
Ver-schwö-rer, der; -s,-: *Teilnehmer an einer Verschwörung*
Ver-schwö-rung, die; -,-en: *geheimer Plan, geheime Absprache, geplanter Umsturz*
ver-se-hen, versah, versehen: *besorgen, erledigen, erfüllen*
ver-se-hen, versah, versehen: *versorgen, ausstatten*
ver-se-hen, sich; versah sich, sich versehen: *sich irren, falsch deuten*
Ver-se-hen, das; -s,-: *Irrtum, Fehler*
ver-se-hent-lich: *irrtümlich, unbeabsichtigt, aus Versehen*
ver-seh-ren: *verletzen, beschädigen*
Ver-sehr-te, der/die; -n,-n: *Körperbeschädigte(r)*
Ver-sehrt-heit, die; -, keine Mehrzahl: *versehrte Beschaffenheit*
ver-selbst-stän-di-gen (auch ver-selbstän-di-gen), sich: *selbstständig werden*
Ver-selbst-stän-di-gung (auch Ver-selb-stän-di-gung), die; -,-en: *das Verselbstständigen*
ver-sen-den, versandte, versandt: *verschicken, senden*
Ver-sen-dung, die; -,-en: *das Versenden*
ver-sen-gen: *anbrennen, verkohlen*
ver-sen-ken: *zum Sinken bringen, untergehen lassen*
ver-sen-ken: *verschwinden lassen*
ver-sen-ken, sich: *sich in etwas einarbeiten, in etwas vertiefen*
Ver-sen-kung, die; -,-en: *das Versenken*
ver-ses-sen: *erpicht, mit Eifer dabei*
Ver-ses-sen-heit, die; -, keine Mehrzahl: *das Versessensein*
ver-set-zen: *eine Verabredung nicht einhalten, jemand vergeblich warten lassen*
ver-set-zen: *etwas an eine andere Stelle bringen*

versetzen

ver-set-zen: *an einen anderen Ort, einem anderen Arbeitsplatz einsetzen*
ver-set-zen: *verpfänden, beleihen*
ver-set-zen: *antworten, erwidern*
ver-set-zen: *für die nächste Schulklasse zulassen*
Ver-set-zung, die; -,-en: *das Versetzen*
ver-seu-chen: *vergiften, infizieren*
Ver-seu-chung, die; -,-en: *das Verseuchen*
Ver-si-che-rer, der; -s,-: *jemand, der versichert*
ver-si-chern: *eine Versicherung abschließen*
ver-si-chern: *beteuern, als wahr erklären*
ver-si-chern, sich: *sich Gewissheit verschaffen, sich überzeugen*
Ver-si-che-rung, die; -,-en: *Schadensabsicherung*
Ver-si-che-rung, die; -,-en: *Beteuerung*
Ver-si-che-rungs-bei-trag, der; -es, -trä-ge: *Versicherungsprämie*
Ver-si-che-rungs-be-trug, der; -es, keine Mehrzahl: *Betrug an einer Versicherung*
Ver-si-che-rungs-neh-mer, der; -s,-: *jemand, der sich versichert*
ver-si-che-rungs-pflich-tig: *der Versicherungspflicht unterliegend*
Ver-si-che-rungs-po-li-ce, die; -,-n: *Urkunde über eine abgeschlossene Versicherung*
Ver-si-che-rungs-ver-tre-ter, der; -s,-: *Vertreter einer Versicherung*
Ver-si-che-rungs-we-sen, das; -s, keine Mehrzahl: *Gesamtheit der Versicherungen*
ver-si-ckern: *allmählich einsinken, allmählich aufgesogen werden*
ver-sie-ben: *umgangssprachlich für „vergeben, vergeblich versuchen"*
ver-sie-ben: *umgangssprachlich für „vergessen, verlegen"*
ver-sie-geln: *durch ein Siegel sichern, mit einem Siegel verschließen*
ver-sie-geln: *mit einer Schutzschicht versehen*
Ver-sie-ge-lung, die; -,-en: *das Versiegeln*
ver-sie-gen: *austrocknen*
ver-siert: *bewandert, beschlagen, erfahren, gut unterrichtet, geübt*
Ver-siert-heit, die; -, keine Mehrzahl: *das Versiertsein*
ver-si-fi-zie-ren: *in Verse bringen*
ver-sil-bern: *umgangssprachlich für „verkaufen, zu Geld machen"*
ver-sil-bern: *mit einer Silberschicht überziehen*
ver-sinn-bild-li-chen: *symbolisieren, sinnbildlich darstellen*
Ver-sinn-bild-li-chung, die; -,-en: *das Versinnbildlichen, Symbolisieren*
Ver-si-on, die; -,-en: *Fassung, Lesart*
ver-sip-pen: *umgangssprachlich für „verwandt werden"*
ver-sit-zen, versaß, versessen: *durch Sitzen Falten bekommen (Kleidungsstück)*
ver-sit-zen, versaß, versessen: *umgangssprachlich für „Zeit durch Sitzen verbringen"*
ver-skla-ven: *als Sklaven unterdrücken, zu Sklaven machen*
Ver-skla-vung, die; -,-en: *das Versklaven*
ver-sof-fen: *umgangssprachlich für „an Alkoholismus leidend, trunksüchtig"*
ver-soh-len: *umgangssprachlich für „verprügeln"*
ver-söh-nen: *Frieden stiften, vermitteln, aussöhnen*
ver-söh-nen, sich: *Streit beenden, aussöhnen, Frieden schließen*
ver-söhn-lich: *nicht nachtragend, friedfertig, zum Nachgeben bereit*
Ver-söhn-lich-keit, die; -, keine Mehrzahl: *versöhnliches Verhalten, versöhnliches Wesen*
Ver-söh-nung, die; -,-en: *das Versöhnen, Aussöhnen*
ver-son-nen: *nachdenklich*
Ver-son-nen-heit, die; -, keine Mehrzahl: *versonnenes Verhalten, versonnenes Wesen*
ver-sor-gen: *mit allem Notwendigen versehen*
ver-sor-gen, sich: *sich beschaffen, sich verschaffen*
Ver-sor-ger, der; -s,-: *Ernährer*
Ver-sor-gung, die; -, keine Mehrzahl: *Alterssicherung, Sicherung des Lebensunterhaltes*
Ver-sor-gung, die; -, keine Mehrzahl: *das Versorgen*
Ver-sor-gungs-an-spruch, der; -es, -sprü-che: *Anspruch auf Versorgung*
ver-sor-gungs-be-rech-tigt: *Versorgungsanspruch besitzend*
ver-span-nen: *verkrampfen, versteifen*
Ver-span-nung, die; -,-en: *das Verspannen, Versteifung*
ver-spä-ten, sich: *zu spät kommen*

Ver-spä-tung, die; -,-en: *das Sichverspäten*
ver-spei-sen: *essen, aufessen*
ver-sper-ren: *zusperren, zuschließen, verschließen*
ver-sper-ren: *den Durchgang verwehren, unzugänglich machen*
ver-spie-len: *beim Spiel verlieren; auch: sich leichtfertig um etwas bringen*
ver-spot-ten: *lächerlich machen, mit Spott bedenken*
Ver-spot-tung, die; -,-en: *das Verspotten*
ver-spre-chen, versprach, versprochen: *zusichern, in Aussicht stellen*
ver-spre-chen, sich; versprach sich, sich versprochen: *hoffen, glauben*
ver-spre-chen, sich; versprach sich; sich versprochen: *beim Sprechen einen Fehler machen*
Ver-spre-chen, das; -s,-: *Beteuerung, Zusage, Versicherung*
Ver-spre-cher, der; -s,-: *falsche Aussprache*
Ver-spre-chung, die; -,-en: *das Versprechen*
ver-spü-ren: *spüren, merken*
ver-staat-lichen: *in das Eigentum des Staates überführen*
Ver-staat-lichung, die; -,-en: *das Verstaatlichen*
ver-städ-tern: *die städtische Lebensform annehmen, städtisch machen*
Ver-städ-te-rung, die; -,-en: *das Verstädtern, Urbanisierung*
Ver-stand, der; -es, keine Mehrzahl: *Vernunft, Intelligenz, Denkvermögen*
ver-stän-dig: *klug, einsichtig, besonnen*
ver-stän-di-gen: *benachrichtigen*
ver-stän-di-gen, sich: *sich unterhalten, sich verständlich machen*
Ver-stän-di-gung, die; -,-en: *Ausgleich, Kompromiss, Einigung*
Ver-stän-di-gung, die; -, keine Mehrzahl: *das Sichverständigen, Kommunikation*
Ver-stän-di-gung, die; -,-en: *das Verständigen, Benachrichtigen*
ver-ständ-lich: *begreiflich, erfassbar, klar, gut zu verstehen*
Ver-ständ-lich-keit, die; -, keine Mehrzahl: *das Verständlichsein, verständliche Beschaffenheit*
Ver-ständ-nis, das; -ses,-se: *das Verstehen, Einfühlungsvermögen*
ver-ständ-nis-los: *ohne Verständnis*
Ver-ständ-nis-lo-sig-keit, die; -, keine Mehrzahl: *das Nichtverstehenkönnen, das Fehlen des Verständnisses*
ver-ständ-nis-voll: *voller Verständnis*
ver-stär-ken: *stärker machen*
ver-stär-ken: *vergrößern, vermehren*
ver-stär-ken: *stärker werden*
Ver-stär-ker, der; -s,-: *Gerät zum Verstärken von elektromagnetischen Schwingungen und Impulsen*
Ver-stär-kung, die; -,-en: *Nachschub, Ersatz, Zuwachs*
Ver-stär-kung, die; -,-en: *das Verstärken*
ver-stau-ben: *sich mit Staub bedecken*
ver-stau-chen: *sich eine Verstauchung zuziehen*
Ver-stau-chung, die; -,-en: *Zerrung von Gelenksehnen*
ver-stau-en: *unterbringen, einpacken*
Ver-steck, das; -s,-e: *Ort, an dem etwas oder jemand versteckt ist, Schlupfwinkel*
ver-ste-cken: *verbergen*
ver-ste-cken, sich: *sich verbergen, Unterschlupf finden, untertauchen*
Ver-steck-spiel, das; -es,-e: *Kinderspiel*
ver-ste-hen, verstand, verstanden: *begreifen, erfassen*
ver-ste-hen, verstand, verstanden: *akustisch richtig wahrnehmen*
ver-ste-hen, sich; verstand sich, sich verstanden: *selbstverständlich sein*
ver-ste-hen, sich; verstand sich, sich verstanden: *gut miteinander auskommen, harmonieren*
ver-stei-fen: *verstärken, abstützen, steif machen*
ver-stei-fen, sich: *steif werden, starr werden, sich verkrampfen*
ver-stei-fen, sich: *unnachgiebig werden, auf etwas beharren*
Ver-stei-fung, die; -,-en: *das Versteifen, das Sichversteifen*
ver-stei-gen, sich; verstieg sich, sich verstiegen: *sich im Gebirge verirren, einen falschen Weg klettern*
ver-stei-gen, sich; verstieg sich, sich verstiegen: *sich anmaßen, sich erdreisten*
ver-stei-gern: *meistbietend verkaufen*
Ver-stei-ge-rung, die; -,-en: *das Versteigern, Auktion*
ver-stei-nern: *zu Stein werden, erstarren*
Ver-stei-ne-rung, die; -,-en: *versteinertes Lebewesen, Petrefakt; das Versteinern*

verstellbar

ver-stell-bar: *so beschaffen, dass man es verstellen kann*
ver-stel-len: *umstellen, anders einstellen, in eine andere Stellung bringen*
ver-stel-len: *verbauen, versperren*
ver-stel-len, sich: *vortäuschen, heucheln*
Ver-stel-lung, die; -,-en: *das Verstellen*
Ver-stel-lung, die; -,-en: *Täuschung, das Sichverstellen*
ver-step-pen: *zur Steppe werden*
Ver-step-pung, die; -,-en: *das Versteppen*
ver-steu-ern: *Steuern zahlen, mit einer Steuer belegen*
Ver-steu-e-rung, die; -,-en: *das Versteuern*
ver-stim-men: *ärgern, in schlechte Laune versetzen*
ver-stim-men: *falsch stimmen, keinen reinen Klang ergeben*
ver-stimmt: *verärgert, schlecht gelaunt*
Ver-stimmt-heit, die; -,-en: *das Verstimmtsein, verstimmtes Verhalten*
Ver-stim-mung, die; -,-en: *das Verstimmen, das Verstimmtsein*
ver-stockt: *missmutig, trotzig, uneinsichtig, unbelehrbar*
Ver-stockt-heit, die; -, keine Mehrzahl: *verstocktes Verhalten, verstocktes Wesen, das Verstocktsein*
ver-stoh-len: *heimlich, unauffällig*
ver-stop-fen: *zustopfen, verschließen*
Ver-stop-fung, die; -, keine Mehrzahl: *das Verstopfen, das Verstopftsein*
Ver-stop-fung, die; -, keine Mehrzahl: *unregelmäßiger Stuhlgang, Darmträgheit*
ver-stor-ben: *gestorben, tot*
Ver-stor-be-ne, der/die; -n,-n: *jemand, der gestorben ist, Tote(r)*
ver-stö-ren: *erschrecken, verwirren, tief beunruhigen*
Ver-stört-heit, die; -, keine Mehrzahl: *verstörtes Verhalten, verstörtes Wesen, das Verstörtsein*
Ver-stoß, der; -es, -stö-ße: *Verfehlung, Regelwidrigkeit, Zuwiderhandlung*
ver-sto-ßen, verstieß, verstoßen: *ausstoßen, fortjagen, hinauswerfen*
ver-sto-ßen, verstieß, verstoßen: *regelwidrig handeln, zuwiderhandeln*
ver-strei-chen, verstrich, verstrichen: *vorübergehen, ablaufen*
ver-strei-chen, verstrich, verstrichen: *breitstreichen, verteilen, verreiben*

ver-stri-cken: *beim Stricken verbrauchen*
ver-stri-cken, sich: *sich verwickeln, verschlingen*
ver-stüm-meln: *entstellen, schwer verletzen*
Ver-stüm-me-lung, die; -,-en: *das Verstümmeln, das Verstümmeltsein*
ver-stum-men: *stumm werden, verklingen, in Schweigen verfallen*
Ver-such, der; -es,-e: *Probe, Experiment*
ver-su-chen: *kosten, schmecken*
ver-su-chen: *ausprobieren, prüfen, zu erreichen suchen*
ver-su-chen: *jemanden auf die Probe stellen*
Ver-su-cher, der; -s,-: *Verführer; auch: Teufel*
Ver-suchs-ka-nin-chen, das; -s,-: *Kaninchen, an dem Versuche vorgenommen werden; auch: jemand, an dem ein Versuch vorgenommen wird*
Ver-suchs-per-son, die; -,-en: *Person, an der ein Versuch vorgenommen wird*
Ver-suchs-rei-he, die; -,-n: *Anzahl von zusammengehörenden Versuchen*
ver-suchs-wei-se: *als Versuch*
Ver-su-chung, die; -,-en: *Charakterprobe, Verleitung*
ver-sump-fen: *zum Sumpf werden*
ver-sump-fen: *umgangssprachlich für „herunterkommen, verbummeln"*
Ver-sump-fung, die; -,-en: *das Versumpfen*
ver-sün-di-gen, sich: *schuldig werden, eine Sünde begehen*
Ver-sün-di-gung, die; -,-en: *das Sichversündigen*
Ver-sun-ken-heit, die; -,-en: *versunkenes Verhalten, das Versunkensein*
ver-sü-ßen: *angenehmer machen*
ver-sü-ßen: *süßen*
ver-ta-gen: *verschieben*
Ver-ta-gung, die; -,-en: *das Vertagen*
ver-tän-deln: *Zeit verschwenden, Zeit mit unnützen Dingen vertun*
ver-täu-en: *mit Tauen festmachen*
ver-tausch-bar: *so beschaffen, dass man es vertauschen kann*
Ver-tausch-bar-keit, die; -, keine Mehrzahl: *vertauschbare Beschaffenheit*
ver-tau-schen: *austauschen, wechseln, verwechseln*
Ver-tau-schung, die; -,-en: *das Vertauschen*

Verträumtheit

ver-te-bral: *die Wirbel, die Wirbelsäule betreffend*
Ver-te-brat, der; -en,-en: *Wirbeltier*
ver-tei-di-gen: *Angriff abwehren, vor einem Angriff schützen*
ver-tei-di-gen, sich: *sich schützen, sich rechtfertigen*
Ver-tei-di-ger, der; -s,-: *jemand, der verteidigt; auch: Rechtsanwalt des Angeklagten vor Gericht*
Ver-tei-di-ger, der; -s,-: *Abwehrspieler*
Ver-tei-di-gung, die; -, keine Mehrzahl: *das Verteidigen, Abwehr von Angriffen*
Ver-tei-di-gung, die; -, keine Mehrzahl: *Gesamtheit der Abwehrspieler einer Mannschaft*
ver-tei-len: *austeilen, aufteilen*
Ver-tei-lung, die; -, keine Mehrzahl: *das Verteilen*
ver-teu-ern: *teurer machen*
ver-teu-ern, sich: *teurer werden*
Ver-teu-e-rung, die; -, keine Mehrzahl: *das Verteuern, Preisanstieg*
ver-teu-feln: *jemanden als Unmenschen darstellen, schlecht machen*
Ver-teu-fe-lung, die; -,-en: *das Verteufeln*
ver-tie-fen: *tiefer machen*
ver-tie-fen: *vergrößern, ausweiten (Wissen)*
ver-tie-fen, sich: *sich verstärken*
ver-tie-fen, sich: *sich eingehend mit etwas beschäftigen*
Ver-tie-fung, die; -,-en: *Senke, Mulde, Kuhle*
Ver-tie-fung, die; -,-en: *das Vertiefen*
ver-tie-ren: *verrohen, verwildern, tierische Sitten annehmen*
ver-ti-kal: *senkrecht, lotrecht, aufrecht*
Ver-ti-ka-le, die; -,-n: *Senkrechte, Lotrechte*
Ver-ti-ko, das; -s,-s: *Zierschrank*
ver-til-gen: *völlig verzehren; ausrotten*
Ver-til-gung, die; -, keine Mehrzahl: *das Vertilgen*
ver-tip-pen, sich: *sich beim Tippen verschreiben*
ver-to-nen: *komponieren, zu einem Lied machen*
ver-tö-nen: *verklingen, verhallen*
Ver-to-nung, die; -,-en: *das Vertonen*
ver-trackt: *verzwickt, unangenehm*
Ver-trag, der; -es,-trä-ge: *Übereinkunft, Rechtsgeschäft*
ver-tra-gen, vertrug, vertragen: *aushalten, ertragen*
ver-tra-gen, sich; vertrug sich, sich vertragen: *mit jemandem gut auskommen*
ver-trag-lich: *den Vertrag betreffend, auf einem Vertrag beruhend*
ver-träg-lich: *umgänglich, friedlich*
ver-träg-lich: *bekömmlich*
Ver-träg-lich-keit, die; -, keine Mehrzahl: *verträgliche Beschaffenheit, verträgliches Wesen*
Ver-trags-bruch, der; -es, -brü-che: *Zuwiderhandlung gegen eine Vereinbarung, Nichteinhalten eines Vertrages*
ver-trags-brü-chig: *einen Vertrag nicht einhaltend*
Ver-trags-stra-fe, die; -,-n: *Strafe bei Nichteinhaltung eines Vertrages*
ver-trags-wid-rig: *gegen einen Vertrag verstoßend, gegen Abmachungen verstoßend*
ver-trau-en: *Zutrauen, Vertrauen haben*
ver-trau-en: *hoffen, erwarten*
Ver-trau-en, das; -s, keine Mehrzahl: *Zuversicht, Glaube an die Zuverlässigkeit, Zutrauen*
Ver-trau-en er-we-ckend: *einen vertrauenswürdigen Eindruck machend*
Ver-trau-ens-arzt, der; -es, -ärz-te: *Arzt, der im Auftrag einer Krankenkasse oder eines Rentenversicherungsträgers tätig ist*
Ver-trau-ens-be-weis, der; -es,-e: *Beweis des Vertrauens*
Ver-trau-ens-fra-ge, die; -,-n: *Frage des Vertrauens, Sache, in der das Vertrauen zu jemandem entscheidend ist*
Ver-trau-ens-per-son, die; -,-en: *Person, die das Vertrauen besitzt, der man vertraut*
Ver-trau-ens-sa-che, die; -,-n: *Vertrauensfrage*
ver-trau-ens-se-lig: *naiv, jemandem kritiklos vertrauend*
ver-trau-ens-wür-dig: *Vertrauen verdienend*
ver-trau-lich: *geheim, unter dem Siegel der Verschwiegenheit*
Ver-trau-lich-keit, die; -,-en; *vertrauliches Verhalten*
ver-träu-men: *mit Träumen, mit Tagträumen verbringen*
Ver-träumt-heit, die; -, keine Mehrzahl: *verträumtes Verhalten, verträumtes Wesen*

ver-traut: *wohlbekannt, eng verbunden, zutraulich*
Ver-trau-te, *der/die; -n,-n: jemand, dem man vertraut, Freund(in)*
Ver-traut-heit, *die; -, keine Mehrzahl: das Vertrautsein*
ver-trei-ben, *vertrieb, vertrieben: wegjagen, verjagen, verscheuchen*
Ver-trei-bung, *die; -,-en: das Vertreiben, Ausweisung*
ver-tret-bar: *ertragbar, so beschaffen, dass man es vertreten kann*
ver-tre-ten, *vertrat, vertreten: für jemanden einspringen, seine Rechte wahren*
ver-tre-ten: *die Produkte einer Firma, die Firma selbst repräsentieren*
ver-tre-ten, *vertrat, vertreten: für etwas eintreten, verteidigen, rechtfertigen*
Ver-tre-ter, *der; -s,-: Handlungsreisender, Außendienstmitarbeiter, jemand, der die Produkte einer Firma verkauft*
Ver-tre-tung, *die, -,-en: das Vertreten*
ver-tre-tungs-wei-se: *zur Vertretung, aushilfsweise*
Ver-trieb, *der; -es, keine Mehrzahl: das Verkaufen, das Vertreiben, Warenverkauf*
ver-trock-nen: *austrocknen, welken, versiegen*
ver-trö-deln: *umgangssprachlich für „Zeit vergeuden"*
ver-trös-ten: *hinhalten, auf später hinweisen, mit Versprechungen abspeisen*
ver-trot-teln: *umgangssprachlich für „verdummen"*
ver-tun, *vertat, vertan: Geld für nutzlose Dinge ausgeben*
ver-tun, *vertat, vertan: Zeit mit nutzlosen Beschäftigungen verbringen*
ver-tun, *sich; vertat sich, sich vertan: sich irren*
ver-tu-schen: *verheimlichen, unterdrücken, Bekanntwerden verhindern*
ver-ü-beln: *übel nehmen*
ver-ü-ben: *begehen, ausüben, ausführen*
ver-un-glimp-fen: *Ruf schädigen, schmähen*
Ver-un-glimp-fung, *die; -,-en: das Verunglimpfen*
ver-un-glü-cken: *misslingen*
ver-un-glü-cken: *einen Unfall erleiden*
ver-un-rei-ni-gen: *beschmutzen*
Ver-un-rei-ni-gung, *die; -,-en: das Verunreinigen, Beschmutzung, Verschmutzung*

ver-un-si-chern: *unsicher machen*
ver-un-stal-ten: *entstellen*
Ver-un-stal-tung, *die; -,-en: das Verunstalten*
ver-un-treu-en: *unterschlagen*
Ver-un-treu-ung, *die; -,-en: das Veruntreuen*
ver-ur-sa-chen: *hervorrufen, die Ursache für etwas sein*
Ver-ur-sa-cher, *der; -s,-: jemand, der etwas verursacht*
Ver-ur-sa-chung, *die; -,-en: das Verursachen*
ver-ur-tei-len: *eine Strafe verhängen*
ver-ur-tei-len: *streng ablehnen, ablehnen*
Ver-ur-tei-lung, *die; -,-en: das Verurteilen*
Ver-ve [Werw], *die; -, keine Mehrzahl: Schwung, Begeisterung*
ver-viel-fa-chen: *multiplizieren; auch: vermehren, vergrößern*
ver-viel-fäl-ti-gen: *mehrfach herstellen*
Ver-viel-fäl-ti-gung, *die; -,-en: das Vervielfältigen*
ver-voll-komm-nen: *besser machen*
Ver-voll-komm-nung, *die; -,-en: das Vervollkommnen*
ver-voll-stän-di-gen: *ergänzen, vollständig machen*
Ver-voll-stän-di-gung, *die; -,-en: das Vervollständigen*
ver-wach-sen: *bucklig, körperbehindert*
ver-wach-sen: *verwuchs, verwachsen: zusammenwachsen, wuchern*
ver-wach-sen, *sich: zusammenwachsen, verheilen*
Ver-wach-se-ne, *der/die; -n,-n: Körperbehinderte(r)*
ver-wa-ckeln: *durch Zittern unscharf werden lassen (Foto)*
ver-wah-ren: *in Sicherheit bringen, sicher aufbewahren*
ver-wah-ren, *sich: energisch ablehnen, von sich weisen, protestieren*
ver-wahr-lo-sen: *verkommen, ungepflegt werden, vernachlässigt werden*
Ver-wahr-lo-sung, *die; -,-en: das Verwahrlosen*
Ver-wah-rung, *die; -,-en: das Verwahren*
ver-wai-sen: *Waise werden*
ver-wai-sen: *verlassen werden, veröden*
ver-wal-ten: *organisieren, Abläufe überwachen, betreuen*

verwinden

Ver-wal-ter, der; -s,-: *jemand, der etwas verwaltet*
Ver-wal-tung, die; -,-en: *das Verwalten*
Ver-wal-tung, die; -,-en: *Abteilung oder Behörde, die etwas verwaltet*
Ver-wal-tungs-be-zirk, der; -es,-e: *Bezirk, der einer Verwaltung untersteht*
Ver-wal-tungs-ge-richt, das; -es,-e: *Gericht, das über Streitfälle mit Verwaltungen zu entscheiden hat*
ver-wan-deln: *umändern, umgestalten, umformen*
Ver-wand-lung, die; -,-en: *das Verwandeln*
ver-wandt: *zur gleichen Familie gehörend, mit der gleichen Abstammung*
Ver-wand-te, der/die; -n,-n: *jemand, der mit einem anderen verwandt ist, Familienangehörige(r)*
Ver-wandt-schaft, die; -,-en: *Familie, Gesamtheit aller Verwandten*
ver-wandt-schaft-lich: *die Verwandtschaft betreffend*
ver-wanzt: *voller Wanzen*
ver-war-nen: *eine Verwarnung erteilen, ermahnen*
Ver-war-nung, die; -,-en: *das Verwarnen, Zurechtweisung*
ver-wa-schen: *ausgebleicht*
ver-wäs-sern: *mit Wasser vermischen, zu wässrig machen, zu sehr verdünnen*
Ver-wäs-se-rung, die; -,-en: *das Verwässern, das Verdünnen*
ver-we-ben, verwob, verwoben: *verflechten*
ver-wech-seln: *irrtümlich vertauschen, für jemand anderen halten*
Ver-wechs-lung, die; -,-en: *das Verwechseln, das Verwechseltwerden*
ver-we-gen: *mutig, kühn, keck*
ver-weh-ren: *hindern, ablehnen*
Ver-we-hung, die; -,-en: *zusammengewehter Schnee*
ver-weich-li-chen: *verzärteln*
Ver-weich-li-chung, die; -, keine Mehrzahl: *das Verweichlichen*
ver-wei-gern: *sich weigern, ablehnen*
Ver-wei-ge-rung, die; -,-en: *das Verweigern*
ver-wei-len: *bleiben, sich aufhalten*
Ver-weis, der; -es,-e: *Tadel, Zurechtweisung, Verwarnung*
ver-wei-sen, verwies, verwiesen: *rügen, tadeln, verbieten*
ver-wei-sen, verwies, verwiesen: *an jemand anderen weisen*
ver-wei-sen, verwies, verwiesen: *ausweisen, zum Verlassen zwingen*
ver-wend-bar: *so beschaffen, dass man es verwenden kann*
Ver-wend-bar-keit, die; -, keine Mehrzahl: *verwendbare Beschaffenheit*
ver-wen-den: *anwenden, benutzen, gebrauchen*
ver-wen-den, sich: *sich einsetzen*
Ver-wen-dung, die; -,-en: *das Verwenden*
Ver-wen-dungs-zweck, der; -s,-e: *Zweck*
ver-wer-fen, verwarf, verworfen: *ablehnen, zurückweisen*
ver-wer-fen, sich; verwarf sich, sich verworfen: *sich verziehen, krumm werden*
ver-werf-lich: *tadelnswert, unsittlich, verdammenswert*
Ver-wer-fung, die; -,-en: *Bruch, Sprung, Verschiebung*
Ver-wer-fung, die; -,-en: *das Verwerfen, Ablehnen*
ver-wert-bar: *so beschaffen, dass man es verwerten kann*
Ver-wert-bar-keit, die; -, keine Mehrzahl: *verwertbare Beschaffenheit*
ver-wer-ten: *gebrauchen, verwenden, nutzen*
Ver-wer-tung, die; -,-en: *das Verwerten*
ver-we-sen: *verfaulen, vermodern*
Ver-we-sung, die; -,-en: *das Verwesen*
Ver-we-sungs-ge-ruch, der; -s, keine Mehrzahl: *Geruch nach Verwesendem*
ver-wet-ten: *beim Wetten einsetzen und verlieren*
ver-wich-sen: *umgangssprachlich für „prügeln"*
ver-wi-ckeln: *verwirren, verdrehen*
ver-wi-ckeln: *in eine Angelegenheit hineinziehen*
ver-wi-ckelt: *kompliziert, unklar, undurchsichtig, schwierig*
Ver-wick-lung, die; -,-en: *Schwierigkeit, Komplikation*
ver-wil-dern: *wild wachsen, verkommen, unordentlich werden*
Ver-wil-de-rung, die; -,-en: *das Verwildern*
ver-win-den, verwand, verwunden: *überwinden, darüber hinwegkommen, verschmerzen*
ver-win-den, sich; verwand sich, sich verwunden: *verdrehen*

Ver-win-dung, die; -,-en: *Torsion*
Ver-win-dung, die; -,-en: *das Verwinden, das Überwinden*
ver-wir-ken: *verscherzen, sich schuldhaft etwas verderben*
ver-wirk-li-chen: *realisieren*
ver-wirk-li-chen, sich: *Wirklichkeit werden*
Ver-wirk-li-chung, die; -,-en: *das Verwirklichen, Realisation*
ver-wir-ren: *durcheinander bringen*
ver-wir-ren: *jemanden verunsichern, aus der Fassung bringen*
ver-wir-ren, sich: *in Unordnung geraten*
ver-wirrt: *durcheinander*
Ver-wir-rung, die; -, keine Mehrzahl: *das Verwirren, Durcheinander, Unordnung*
ver-wit-tern: *von Witterungseinflüssen angegriffen werden*
Ver-wit-te-rung, die; -, keine Mehrzahl: *das Verwittern*
ver-wit-wet: *Witwe(r) geworden*
ver-wöh-nen: *verzärteln, verziehen, verweichlichen*
Ver-wöhnt-heit, die; -, keine Mehrzahl: *das Verwöhnen, das Verwöhntsein*
Ver-wöh-nung, die; -, keine Mehrzahl: *das Verwöhnen*
ver-wor-fen: *unsittlich, moralisch verkommen*
Ver-wor-fen-heit, die; -, keine Mehrzahl: *verworfene Beschaffenheit, verworfenes Wesen*
ver-wor-ren: *wirr, unklar, verwickelt*
Ver-wor-ren-heit, die; -, keine Mehrzahl: *verworrenes Verhalten, verworrenes Wesen*
ver-wund-bar: *verletzbar*
Ver-wund-bar-keit, die; -, keine Mehrzahl: *verwundbare Beschaffenheit*
ver-wun-den: *verletzen, versehren*
ver-wun-der-lich: *erstaunlich*
ver-wun-dern: *erstaunen, wundern*
Ver-wun-de-rung, die; -,-en: *das Wundern, das Verwundern*
Ver-wun-de-te, der/die; -n,-n: *jemand, der verwundet ist*
Ver-wun-dung, die; -,-en: *Wunde*
ver-wün-schen: *verfluchen, verdammen*
ver-wün-schen: *verzaubern, verhexen*
Ver-wün-schung, die; -,-en: *Fluch*
ver-wur-zeln: *bodenständig werden, heimisch werden*
ver-wur-zeln: *Wurzeln ziehen*

Ver-wur-ze-lung, die; -,-en: *das Verwurzeln*
ver-wüs-ten: *zur Wüste machen, zerstören, vernichten*
Ver-wüs-tung, die; -,-en: *das Verwüsten*
ver-za-gen: *resignieren, ängstlich werden, mutlos werden*
Ver-zagt-heit, die; -, keine Mehrzahl: *verzagtes Verhalten, verzagtes Wesen*
ver-zäh-len, sich: *falsch zählen*
ver-zah-nen: *ineinander fügen, ineinander greifen lassen*
Ver-zah-nung, die; -,-en: *das Verzahnen*
ver-zär-teln: *verweichlichen, verziehen*
Ver-zär-te-lung, die; -,-en: *das Verzärteln*
ver-zau-bern: *bezaubern, verhexen*
Ver-zau-be-rung, die; -,-en: *das Verzaubern*
Ver-zehr, der; -s, keine Mehrzahl: *das Verzehrte, Verbrauch*
ver-zeh-ren: *aufessen, verbrauchen*
ver-zeich-nen: *aufschreiben, notieren*
ver-zeich-nen: *verzerren, entstellen*
Ver-zeich-nis, das; -ses,-se: *Liste, schriftliche Aufzeichnung, Register, Übersicht*
ver-zei-hen, verzieh, verziehen: *vergeben, entschuldigen*
ver-zeih-lich: *entschuldbar*
Ver-zei-hung, die; -, keine Mehrzahl: *das Verzeihen, Vergebung, Entschuldigung*
ver-zer-ren: *verziehen, verzeichnen, falsch darstellen*
Ver-zer-rung, die; -,-en: *das Verzerren*
ver-zer-rungs-frei: *ohne Verzerrung*
ver-zet-teln, sich: *Zeit mit vielen kleinen Beschäftigungen vertun*
Ver-zicht, der; -s, -e: *Entsagung, Rücktritt*
ver-zich-ten: *entsagen, zurücktreten*
ver-zie-hen, verzog, verzogen: *verzerren*
ver-zie-hen, verzog, verzogen: *schlecht erziehen, verwöhnen*
ver-zie-hen, verzog, verzogen: *umziehen, den Wohnort wechseln*
ver-zie-hen, sich; verzog sich, sich verzogen: *umgangssprachlich für „sich entfernen"*
ver-zie-hen, sich; verzog sich, sich verzogen: *die Form verändern, verkrümmen, schief werden*
ver-zie-ren: *schmücken, ausschmücken*
Ver-zie-rung, die; -,-en: *das Verzieren*
Ver-zie-rung, die; -,-en: *Schmuck*

Vielfraß

ver-zin-sen: *Zins zahlen*
ver-zin-sen, sich: *Zins abwerfen*
ver-zins-lich: *Zinsen bringend*
Ver-zin-sung, die; -, keine Mehrzahl: *das Verzinsen, Zinsertrag*
ver-zö-gern: *hinauszögern, aufschieben, verlangsamen*
Ver-zö-ge-rung, die; -,-en: *das Verzögern, das Sichverzögern*
ver-zol-len: *Zoll zahlen, Zoll erheben*
Ver-zol-lung, die; -,-en: *das Verzollen*
ver-zü-cken: *begeistern, entrücken, hinreißen, in Verzückung versetzen*
Ver-zü-ckung, die; -,-en: *das Verzücken, das Verzücktsein, Ekstase*
Ver-zug, der; -es, keine Mehrzahl: *Verzögerung, Rückstand*
ver-zwackt: *verzwickt*
ver-zwei-feln: *verzagen, Hoffnung aufgeben*
Ver-zweif-lung, die; -, keine Mehrzahl: *Hoffnungslosigkeit, Niedergeschlagenheit*
Ver-zweif-lungs-tat, die; -,-en: *aus Verzweiflung begangene Tat*
ver-zwei-gen, sich: *sich gabeln, sich aufspalten*
ver-zwickt: *kompliziert, vertrackt, schwierig, verwickelt*
Ver-zwickt-heit, die; -, keine Mehrzahl: *verzwickte Beschaffenheit*
Ves-per, die; -,-n: *Gebetsstunde*
Ves-per, die; -,-n: *Nachmittagsmahlzeit*
Ves-per-got-tes-dienst, der; -es,-e: *Abendandacht*
Ves-ti-bül, das; -s,-e: *Vorhalle, Vorraum, Empfangshalle*
Ve-te-ran, der; -en,-en: *altgedienter Soldat, Kriegsteilnehmer*
Ve-te-ri-när, der; -s,-e: *Tierarzt*
Ve-te-ri-när-me-di-zin, die; -, keine Mehrzahl: *Tiermedizin*
Ve-to, das; -s,-s: *Einspruch, Einspruchsrecht*
Ve-to-recht, das; -s, keine Mehrzahl: *Recht, das Veto einzulegen, Einspruchsrecht*
Vet-tel, die; -,-n: *liederliche alte Frau*
Vet-ter, der; -s,-n: *Sohn des Onkels oder der Tante*
Vet-tern-wirt-schaft, die; -, keine Mehrzahl: *Begünstigung von Verwandten und Freunden beim Verleihen von Ämtern und Würden*
Ve-xier-bild, das; -es,-er: *Bilderrätsel*

ve-xie-ren: *necken, quälen*
via: *über*
Vi-a-dukt, der/(das); -es,-e: *Brücke, Überführung*
Vib-ra-fon (auch Vi-bra-phon), das; -s,-e: *elektronisches Musikinstrument*
Vib-ra-ti-on (auch Vi-bra-ti-on), die; -,-en: *Schwingung, das Vibrieren*
Vib-ra-to (auch Vi-bra-to), das; -s,-s: *leichtes Beben der Stimme*
vib-rie-ren (auch vi-brie-ren): *schwingen, erzittern, beben*
Vi-de-o-clip, der; -s,-s: *kurze, aufgezeichnete Szene, die in einer Live-Sendung oder Werbesendung abgespielt wird*
Vi-de-o-ka-me-ra, die; -,-s: *kleine, tragbare Fernsehkamera*
Vi-de-o-kas-set-te, die; -,-n: *ein Magnetband enthaltende, austauschbare Kassette für Videorecorder*
Vi-de-o-re-kor-der (auch Vi-de-o-re-cor-der), der; -s,-: *Aufnahme und Wiedergabegerät für Fernsehsendungen*
Vi-de-o-thek, die; -,-en: *Sammlung von bespielten Videokassetten*
Vieh, das; -s, Vie-cher: *umgangssprachlich für „Tier"*
Vieh, das; -s, keine Mehrzahl: *Haustiere*
Vieh-fut-ter, das; -s, keine Mehrzahl: *Futter*
Vieh-her-de, die; -,-n: *Herde*
vie-hisch: *roh, grausam*
Vieh-zeug, das; -s, keine Mehrzahl: *Kleinvieh*
Vieh-zucht, die; -,-en: *Zucht von Nutztieren; auch: Zuchtbetrieb*
viel, mehr, am meisten: *eine große Menge, zahlreich, eine Fülle, mancherlei, reichlich*
viel be-schäf-tigt: *sehr beschäftigt*
viel-deu-tig: *mehrdeutig, nicht eindeutig*
Viel-deu-tig-keit, die; -, keine Mehrzahl: *vieldeutige Beschaffenheit*
Viel-eck, das; -s,-e: *geometrische Figur mit drei oder mehr Ecken*
vie-ler-lei: *mancherlei, mannigfaltig*
viel-fach: *häufig, viele Male, oft*
Viel-falt, die; -, keine Mehrzahl: *Mannigfaltigkeit*
viel-fäl-tig: *mannigfaltig*
Viel-fraß, der; -es,-e: *Marderart*
Viel-fraß, der; -es,-e: *umgangssprachlich für „jemand, der viel isst"*

viel-ge-stal-tig: *mannigfaltig, in vielen Gestalten vorhanden*
viel-leicht: *eventuell, möglicherweise*
viel-mals: *häufig, oft, viele Male, sehr, ganz besonders*
viel-mehr: *eher, richtiger, besser*
viel sa-gend (auch viel-sa-gend): *bedeutungsvoll*
viel-schich-tig: *kompliziert, heterogen*
Viel-schich-tig-keit, die; -, keine Mehrzahl: *vielschichtige Beschaffenheit*
viel-sei-tig: *umfassend, auf vielen Gebieten bewandert*
Viel-sei-tig-keit, die; -, keine Mehrzahl: *vielseitiges Wesen, vielseitige Beschaffenheit*
viel ver-spre-chend (auch viel-ver-sprechend): *verheißungsvoll, aussichtsreich*
Viel-zahl, die; -, keine Mehrzahl: *große Anzahl, große Menge*
vier: *Zahlwort*
vier-bei-nig: *mit vier Beinen*
vier-blätt-rig: *mit vier Blättern*
Vier-eck, das; -s,-e: *von vier Seiten begrenzte Fläche*
vier-e-ckig: *mit vier Ecken*
vier-fach: *viermal*
Vier-fü-ßer, der; -s,-: *Säugetier mit vier Füßen*
vier-schrö-tig: *plump, grob, gedrungen*
Vier-tak-ter, der; -s,-: *Kurzwort für „Viertaktmotor"*
Vier-takt-mo-tor, der; -s,-en: *Verbrennungsmotor mit vier Arbeitstakten*
Vier-tel, das; -s,-: *vierter Teil von etwas*
Vier-tel-jahr, das; -es,-e: *drei Monate*
vier-tel-jäh-rig: *drei Monate dauernd*
vier-tel-jähr-lich: *im Abstand von drei Monaten*
Vier-tel-stun-de, die; -,-n: *fünfzehn Minuten*
vier-tel-stün-dig: *eine Viertelstunde dauernd*
vier-tel-stünd-lich: *alle fünfzehn Minuten wiederkehrend*
vier-zy-lind-rig: *mit vier Zylindern*
vif [wief]: *lebhaft, aufgeweckt*
Vi-kar, der; -s,-e: *junger Geistlicher*
Vil-la, die; -, Vil-len: *Landhaus, großes, prachtvolles Haus*
Vi-o-la, die; -, Vio-len: *Streichinstrument*
vi-o-lett: *veilchenfarbig*
Vi-o-lett, das; -s, keine Mehrzahl: *violette Farbe*

Vi-o-li-ne, die; -,-n: *Streichinstrument, Geige*
Vi-o-li-nist, der; -en,-en: *Musiker, der eine Violine spielt*
Vi-o-lon-cel-list, der; -en,-en: *Musiker, der ein Violoncello spielt*
Vi-o-lon-cel-lo, das; -s,-cel-li: *Streichinstrument, Cello*
Vi-per, die; -,-n: *Giftschlange*
vi-ril: *männlich*
Vi-ri-li-tät, die; -, keine Mehrzahl: *Männlichkeit, Manneskraft*
vir-tu-ell: *möglich, der Möglichkeit nach vorhanden; auch: scheinbar*
vir-tu-os: *meisterhaft, kunstfertig*
Vir-tu-o-se, der; -n,-n: *Künstler, Meister einer Kunst*
Vir-tu-o-si-tät, die; -, keine Mehrzahl: *meisterhafte Technik, Meisterschaft*
vi-ru-lent: *ansteckend, giftig*
vi-ru-lent: *sich gefahrvoll auswirkend*
Vi-ru-lenz, die; -, keine Mehrzahl: *Ansteckungsfähigkeit*
Vi-rus, der; -, Vi-ren: *Krankheitserreger*
Vi-sa-ge [Wisahsche], die; -,-n: *Gesicht, Fratze*
Vi-sa-gist [Wisahschist], der; -en, -en: *Kosmetiker, Maskenbildner*
Vi-sa-gis-tin [Wisahschistin], die; -, -nen: *Kosmetikerin, Maskenbildnerin*
Vi-sier, das; -s,-e: *Sichtöffnung beim Helm*
Vi-sier, das; -s,-e: *Zielvorrichtung*
vi-sie-ren: *anpeilen*
Vi-sier-li-nie, die; -,-n: *Linie zwischen Kimme und Korn*
Vi-si-on, die; -,-en: *Trugbild, Einbildung, Traumbild, Erscheinung*
vi-si-o-när: *traumhaft, seherisch*
Vi-si-ta-ti-on, die; -,-en: *Durchsuchung, Nachprüfung*
Vi-si-te, die; -,-n: *prüfende Besichtigung*
Vi-si-te, die; -,-n: *Krankenbesuch*
Vi-si-ten-kar-te, die; -,-n: *Adressenkarte*
vi-si-tie-ren: *prüfend besichtigen, durchsuchen*
vis-kos: *zähflüssig*
Vis-ko-se, die; -, keine Mehrzahl: *Zellstoff*
Vis-ko-si-tät, die; -, keine Mehrzahl: *Zähigkeit*
Vis-ta, die; -, keine Mehrzahl: *Sicht, Vorzeigen*
Vis-ta-wech-sel, der; -s,-: *Sichtwechsel*
vi-su-a-li-sie-ren: *bildlich darstellen, in ein Bild umsetzen*

Volkskammer

Vi-su-a-li-zer [Wisjualaiser], der; -s,-: *Fachmann für Werbegrafik*
vi-su-ell: *das Sehen betreffend*
Vi-sum, das; -s, Vi-sa: *Einreiseerlaubnis, Sichtvermerk im Pass über die Einreise*
Vi-ta, die; -, Vi-ten: *Lebensbeschreibung*
vi-tal: *das Leben betreffend, lebenswichtig*
vi-tal: *lebenskräftig, lebhaft*
Vi-ta-li-tät, die; -, keine Mehrzahl: *Lebenskraft*
Vi-ta-min (auch Vit-a-min), das; -s,-e: *organischer Wirkstoff*
vi-ta-min-reich (auch vit-a-min-reich): *reich an Vitaminen*
Vit-ri-ne (auch Vi-tri-ne), die; -,-n: *Schaukasten, Ausstellungskasten*
Vit-ri-ol (auch Vi-tri-ol), das; -s, keine Mehrzahl: *Salz der Schwefelsäure*
vi-va-ce [wiwatsche]: *Musik: lebhaft*
Vi-vat, das; -s,-s: *Hochruf*
Vi-vi-sek-ti-on, die; -,-en: *chirurgischer Eingriff am lebenden Tier*
vi-vi-se-zie-ren: *eine Vivisektion vornehmen*
Vi-ze-kanz-ler, der; -s,-: *stellvertretender Kanzler*
Vlies, das; -es,-e: *Fell, Schaffell*
Vo-gel, der; -s, Vö-gel: *fliegendes Wirbeltier*
Vo-gel, der; -s, Vö-gel: *umgangssprachlich für „leichte Verrücktheit"*
Vo-gel-bau-er, das; -s,-: *Vogelkäfig*
Vo-gel-beer-baum, der; -es, -bäu-me: *Eberesche*
Vo-gel-flug-li-nie, die; -, keine Mehrzahl: *kürzeste Verkehrsverbindung zwischen Hamburg und Kopenhagen*
vo-gel-frei: *geächtet, ohne rechtlichen Schutz*
Vo-gel-kä-fig, der; -s,-e: *Vogelbauer*
Vo-gel-kun-de, die; -, keine Mehrzahl: *Ornithologie*
vö-geln: *umgangssprachlich für „Geschlechtsverkehr ausüben"*
Vo-gel-per-spek-ti-ve, die; -, keine Mehrzahl: *Vogelschau, Sicht von oben*
Vo-gel-schau, die; -, keine Mehrzahl: *Vogelperspektive*
Vo-gel-scheu-che, die; -,-n: *Lumpenpuppe zur Vogelabwehr*
Vo-gel-scheu-che, die; -,-n: *umgangssprachlich für „hässlicher, zerlumpt angezogener Mensch"*
Vo-gel-war-te, die; -,-n: *Beobachtungsstation für Vögel*
Voile [Woahl], der; -,-s: *schleierartige Gewebeart*
Vo-ka-bel, die; -,-n: *einzelnes Wort, Wort einer fremden Sprache*
Vo-ka-bu-lar, das; -s,-e: *Wortschatz; auch: Wörterverzeichnis*
vo-kal: *die Stimme betreffend, den Gesang betreffend*
Vo-kal, der; -s,-e: *Selbstlaut*
vo-ka-lisch: *selbstlautend*
Vo-kal-mu-sik, die; -, keine Mehrzahl: *Musik für Singstimmen*
Vo-lant [Wolañ], der; -s,-s: *veraltet für „Lenkrad des Autos"*
Vo-lant [Wolañ], der; -s,-s: *Besatz an Kleidungsstücken*
Vo-li-e-re [Woljehre], die; -,-n: *Vogelkäfig*
Volk, das; -es, keine Mehrzahl: *Gesamtheit der unteren Bevölkerungsschichten*
Volk, das; -es, Völ-ker: *große, durch gemeinsame Kultur und Sprache verbundene Menschengemeinschaft*
Völk-chen, das; -s,-: *lustige Leute*
Völ-ker-ball, der; -s, keine Mehrzahl: *Ballspiel*
Völ-ker-kun-de, die; -, keine Mehrzahl: *Ethnologie*
völ-ker-kund-lich: *die Völkerkunde betreffend*
Völ-ker-recht, das; -es, keine Mehrzahl: *Gesamtheit der rechtlichen Vorschriften, die die Koexistenz der Völker regeln*
Völ-ker-wan-de-rung, die; -,-en: *Umsiedlung, Wanderung von Völkern*
Volks-ab-stim-mung, die; -,-en: *Abstimmung der Wahlberechtigten*
Volks-ar-mee, die; -, keine Mehrzahl: *Armee der ehemaligen DDR*
Volks-ar-mist, der; -en,-en: *Angehöriger der Volksarmee*
Volks-be-fra-gung, die; -,-en: *Befragung durch Volksabstimmung*
Volks-be-geh-ren, das; -s,-: *Antrag auf eine Volksbefragung*
Volks-ein-kom-men, das; -s,-: *Einkommen des gesamten Volkes, Sozialprodukt*
Volks-herr-schaft, die; -, keine Mehrzahl: *Demokratie*
Volks-hoch-schu-le, die; -,-n: *Schule für Erwachsenenbildung*
Volks-kam-mer, die; -, keine Mehrzahl: *Parlament der ehemaligen DDR*

Volkslied

Volks-lied, das; -es,-er: *einfaches, überliefertes Lied*
Volks-mund, der; -es, keine Mehrzahl: *üblicher Gebrauch von Wörtern und Redewendungen, allgemeiner Sprachgebrauch*
Volks-mu-sik, die; -, keine Mehrzahl: *volkstümliche Musik*
Volks-stück, das; -es,-e: *volkstümliches Theaterstück*
Volks-tanz, der; -es,-tän-ze: *folkloristische Tanzart*
volks-tüm-lich: *dem Volk eigen, aus dem Volk stammend*
Volks-ver-mö-gen, das; -s,-: *Gesamtheit der Werte einer Volkswirtschaft*
Volks-ver-tre-ter, der; -s,-: *Parlamentarier*
Volks-wirt, der; -es,-e: *Kurzwort für „Volkswirtschaftler"*
Volks-wirt-schaft, die; -,-en: *Gesamtheit der Wirtschaft eines Volkes*
Volks-wirt-schaft-ler, der; -s,-: *Wissenschaftler der Volkswirtschaft*
Volks-wirt-schafts-leh-re, die; -, keine Mehrzahl: *Wissenschaft der Ökonomie*
Volks-zäh-lung, die; -,-en: *Erfassung der Daten der Bevölkerung*
voll: *dicklich, rundlich*
voll: *gefüllt, erfüllt von*
voll: *besetzt*
voll: *umgangssprachlich für „betrunken"*
voll la-den, lud voll, voll geladen: *ganz beladen*
voll-auf: *völlig, reichlich*
voll lau-fen, lief voll, voll gelaufen: *sich ganz füllen*
voll-au-to-ma-tisch: *völlig automatisiert*
Voll-bad, das; -es, -bä-der: *Bad*
Voll-bart, der; -es, -bär-te: *Bart*
Voll-be-schäf-ti-gung, die; -, keine Mehrzahl: *Beschäftigungslage ohne Arbeitslose*
Voll-blut, das; -es, keine Mehrzahl: *reinrassiges Pferd*
Voll-blü-ter, der; -s,-: *Vollblut*
voll-brin-gen, vollbrachte, vollbracht: *schaffen, durchführen, erledigen, leisten*
Voll-dampf, der; -es, keine Mehrzahl: *Höchstgeschwindigkeit, größte Kraft*
vol-len-den (auch voll-en-den): *fertig machen*
vol-lends (auch voll-ends): *völlig, ganz*
Vol-len-dung (auch Voll-en-dung), die; -,-en: *Komplettierung, das Vollenden, Vollkommenheit*
Völ-le-rei, die; -,-en: *unmäßiges Essen und Trinken*
Vol-ley-ball [Wollehball], der; -s, keine Mehrzahl: *Ballspiel*
voll-füh-ren: *ausführen, vollbringen, durchführen*
Voll-gas, das; -es, keine Mehrzahl: *stärkste Beschleunigung*
Voll-ge-fühl, das; -es, keine Mehrzahl: *Hochgefühl*
voll gießen, goss voll, voll gegossen: *völlig füllen*
völ-lig: *vollständig, gänzlich*
voll-jäh-rig: *mündig*
Voll-jäh-rig-keit, die; -, keine Mehrzahl: *Mündigkeit, volle Rechtsfähigkeit*
voll-kas-ko-ver-si-chert: *mit einer Vollkaskoversicherung versichert*
Voll-kas-ko-ver-si-che-rung, die; -,-en: *Versicherung gegen alle Schäden*
voll-kom-men: *makellos, tadellos, unübertrefflich, meisterhaft*
voll-kom-men: *umgangssprachlich für „völlig, ganz und gar"*
Voll-kom-men-heit, die; -, keine Mehrzahl: *vollkommene Beschaffenheit*
voll ma-chen: *voll füllen, füllen*
voll ma-chen: *umgangssprachlich für „beschmutzen"*
Voll-macht, die; -,-en: *Ermächtigung, Erlaubnis, Handlungsvollmacht*
Voll-mond, der; -es,-e: *völlig erleuchteter Mond*
voll-mun-dig: *voll im Geschmack*
Voll-pen-sion, die; -, keine Mehrzahl: *Unterkunft mit voller Verpflegung*
voll pfrop-fen: *voll stopfen*
voll sau-gen, sich: *Flüssigkeit aufnehmen*
voll-schlank: *dicklich*
voll-stän-dig: *ganz, völlig, lückenlos*
Voll-stän-dig-keit, die; -, keine Mehrzahl: *vollständige Beschaffenheit*
voll-stre-cken: *ausführen, vollziehen*
Voll-stre-ckung, die;-,-en: *das Vollstrecken, das Ausführen*
voll tan-ken: *einen Tank füllen*
voll-trun-ken: *völlig betrunken*
Voll-ver-samm-lung, die; -,-en: *Versammlung aller Betroffener*
Voll-wai-se, der/die; -n,-n: *Kind ohne Eltern*
voll-wer-tig: *den vollen Wert enthaltend*

Vorbau

voll-wer-tig: *gleichwertig*
Voll-wer-tig-keit, die; -, keine Mehrzahl: *vollwertige Beschaffenheit*
Voll-wert-kost, die; -, keine Mehrzahl: *Nahrungsmittel, deren voller Gehalt an Inhaltsstoffen erhalten ist*
voll-zäh-lig: *alle, ausnahmslos alle, alles vorhanden*
Voll-zäh-lig-keit, die; -, keine Mehrzahl: *vollzählige Beschaffenheit*
voll-zie-hen, vollzog, vollzogen: *durchführen, vollstrecken*
Voll-zug, der; -es, keine Mehrzahl: *das Vollziehen*
Voll-zugs-ge-walt, die; -, keine Mehrzahl: *Berechtigung, etwas zu vollziehen*
Vo-lon-tär, der; -s,-e: *jemand, der sich gegen geringes Entgelt in einen Beruf einarbeitet*
Vo-lon-ta-ri-at, das; -es,-e: *Ausbildungszeit eines Volontärs; auch: Stelle eines Volontärs*
vo-lon-tie-ren: *ein Volontariat ableisten*
Volt, das; -s/-,-: *Einheit der elektrischen Spannung, Zeichen: V*
Vol-te, die; -,-n: *Kunstgriff beim Kartenspiel*
Vol-te, die; -,-n: *Kreisfigur beim Reiten*
vol-ti-gie-ren: *eine Volte schlagen, auf einem Pferd turnen*
Volt-me-ter, das; -s,-: *Messgerät für die elektrische Spannung*
Vo-lu-men, das; -s,-: *Rauminhalt eines Körpers*
Vo-lu-men-pro-zent, das; -es,-e: *Anteil eines Stoffes in einer Lösung*
vo-lu-mi-nös: *umfangreich, massig*
Vo-lun-ta-ris-mus, der; -, keine Mehrzahl: *Lehre, dass der Wille das bestimmende Element des Lebens sei*
vom: *von dem*
vo-mie-ren: *sich erbrechen*
Vo-mi-tiv, das; -es,-e: *Brechmittel*
von: *irgendwann beginnend*
von: *aus einer Richtung, von einer Seite, von einer Person*
von: *jemandem gehörend, von jemandem stammend*
von: *aus (auch bei Adelstiteln)*
von-ei-nan-der (auch von-ein-an-der): *einer vom anderen*
von-nö-ten: *nötig*
vor: *zuerst, bevor, eher*
vor: *gegenüber, an*
vor: *wegen, aus*
vor-ab: *zunächst, im Voraus, zuerst*
vo-ran (auch vor-an): *voraus, vorneweg, als Erste(r/s)*
vo-ran (auch vor-an): *vorwärts*
vo-ran-ge-hen (auch vor-an-ge-hen), ging voran, vorangegangen: *als erster gehen, vorn gehen*
vo-ran-kom-men (auch vor-an-kommen), kam voran, vorangekommen: *vorwärts kommen*
vor-an-mel-den, sich: *sich ankündigen, sich anmelden*
Vor-an-mel-dung, die; -,-en: *das Voranmelden*
Vor-an-schlag, der; -es, -schlä-ge: *Kostenschätzung*
Vor-ar-beit, die; -,-en: *vorbereitende Arbeit*
vor-ar-bei-ten: *vorbereiten*
Vor-ar-bei-ter, der; -s,-: *Aufsicht führender Arbeiter*
vo-rauf (auch vor-auf): *voran, voraus*
vo-raus (auch vor-aus): *vorn, voran*
vo-raus-be-stim-men (auch vor-aus-bestim-men): *vorher bestimmen*
vo-raus-fah-ren (auch vor-aus-fah-ren), fuhr voraus, vorausgefahren: *zuerst fahren, voranfahren*
vo-raus-ha-ben (auch vor-aus-ha-ben): *im Vorteil sein*
vo-raus-lau-fen (auch vor-aus-lau-fen), lief voraus, vorausgelaufen: *voranlaufen*
vo-raus-neh-men (auch vor-aus-nehmen), nahm voraus, vorausgenommen: *vorwegnehmen*
Vo-raus-sa-ge (auch Vor-aus-sa-ge), die; -,-n: *Vorhersage*
vo-raus-sa-gen (auch vor-aus-sa-gen): *vorhersagen*
vo-raus-schi-cken (auch vor-aus-schicken): *vorher sagen*
vo-raus-se-hen (auch vor-aus-se-hen), sah voraus, vorausgesehen: *vorhersehen*
vo-raus-set-zen (auch vor-aus-setzen): *erfordern, erwarten*
Vo-raus-set-zung (auch Vor-aus-setzung), die; -,-en: *Annahme, Bedingung*
vo-raus-sicht-lich (auch vor-aus-sichtlich): *vermutlich, wahrscheinlich*
Vo-raus-zah-lung (auch Vor-aus-zahlung), die; -,-en: *das Vorauszahlen*
Vor-bau, der; -s,-ten: *vorspringender Gebäudeteil*

vor-bau-en: *vorne anbauen*
vor-bau-en: *vorsorgen*
Vor-be-dacht, der; -es, keine Mehrzahl: *Überlegung, Absicht*
Vor-be-din-gung, die; -,-en: *Voraussetzung, Bedingung*
Vor-be-halt, der; -es,-e: *Einschränkung*
vor-be-halt-lich: *unter Vorbehalt*
vor-be-halt-los: *ohne Vorbehalte*
vor-bei: *vorüber, vergangen*
vor-bei-fah-ren, fuhr vorbei, vorbeigefahren: *vorüberfahren*
vor-bei-ge-hen, ging vorbei, vorbeigegangen: *vorübergehen*
vor-bei-kom-men, kam vorbei, vorbeigekommen: *kurz besuchen*
vor-bei-las-sen, ließ vorbei, vorbeigelassen: *vorbeigehen lassen*
vor-be-las-tet: *von Anfang an belastet*
Vor-be-mer-kung, die; -,-en: *Einleitung, Vorwort*
vor-be-rei-ten, sich: *sich einarbeiten, für etwas arbeiten, sich bereitmachen*
vor-be-rei-ten: *zurechtmachen, vorher fertig machen, bereitmachen*
Vor-be-rei-tung, die; -,-en: *das Vorbereiten, vorausgegangene Arbeit*
Vor-be-spre-chung, die; -,-en: *das Vorbesprechen*
vor-be-stel-len: *vorher bestellen*
Vor-be-stel-lung, die; -,-en: *das Vorbestellen*
vor-be-straft: *mit einer Vorstrafe versehen*
vor-beu-gen: *verhüten*
vor-beu-gen, sich: *nach vorn beugen*
Vor-beu-gung, die; -, keine Mehrzahl: *das Vorbeugen*
Vor-bild, das; -es,-er: *Idol, Muster, nachahmenswertes Beispiel*
vor-bild-lich: *wie ein Vorbild, in der Art eines Vorbildes*
Vor-bo-te, der; -n,-n: *Vorläufer, Anzeichen, Vorzeichen*
Vor-der-ach-se, die; -,-n: *vordere Achse*
Vor-der-an-sicht, die; -,-en: *Ansicht von vorn*
vor-de-re (-r/-s): *vorn, vorn befindlich*
Vor-der-grund, der; -es, keine Mehrzahl: *dem Betrachter am nächsten Gelegenes, vorderer Teil eines Raumes, eines Motivs*
vor-der-grün-dig: *oberflächlich, ohne tiefere Bedeutung*
vor-der-grün-dig: *im Vordergrund*

vor-der-hand: *zuerst, einstweilen*
Vor-der-haus, das; -es, -häu-ser: *vorderes Haus, Haus direkt an der Straße*
Vor-der-mann, der; -es, -leu-te: *jemand, der sich vor jemandem befindet*
Vor-der-rad, das; -es, -rä-der: *vorderes Rad, Rad an der Vorderachse*
Vor-der-sei-te, die; -,-n: *vordere Seite*
Vor-der-teil, das; -es,-e: *vorderes Teil*
vor-drin-gen, drang vor, vorgedrungen
vor-dring-lich: *besonders wichtig, besonders dringend*
Vor-dring-lich-keit, die; -, keine Mehrzahl: *vordringliche Beschaffenheit*
Vor-druck, der; -es,-e: *Formular*
vor-ehe-lich: *vor der Ehe*
vor-ei-lig: *übereilt, vorschnell*
Vor-ei-lig-keit, die; -,-en: *voreiliges Handeln, voreilige Beschaffenheit*
vor-ei-nan-der (auch vor-ein-an-der): *einer, eines vor dem anderen*
vor-ein-ge-nom-men: *befangen, nicht vorurteilsfrei*
Vor-ein-ge-nom-men-heit, die; -, keine Mehrzahl: *voreingenommenes Wesen, voreingenommenes Verhalten*
vor-ent-hal-ten, enthielt vor/vorenthielt, vorenthalten: *verweigern*
vor-ent-schei-dend: *die Vorentscheidung bedeutend*
Vor-ent-schei-dung, die; -,-en: *frühe Entscheidung, vorentscheidendes Geschehen*
vor-erst: *zunächst, erst einmal, vorläufig*
Vor-fahr, der; -en,-en: *Verwandter*
vor-fah-ren, fuhr vor, vorgefahren: *nach vorn fahren*
Vor-fahrt, die; -,-en: *Vorrang*
Vor-fahrts-stra-ße, die; -,-n: *vorrangige Straße*
Vor-fall, der; -es, -fäl-le: *Ereignis, Geschehen*
Vor-feld, das; -es,-er: *Vorgelände*
vor-fi-nan-zie-ren: *mit einem Kredit finanzieren*
Vor-fi-nan-zie-rung, die; -,-en: *das Vorfinanzieren*
vor-fin-den, fand vor, vorgefunden: *finden, antreffen*
Vor-freu-de, die; -, keine Mehrzahl: *Freude auf ein künftiges Ereignis*
vor-füh-len: *sich erkundigen, herauszufinden suchen*
Vor-führ-da-me, die; -,-n: *Mannequin*
vor-füh-ren: *zeigen*

Vorlesungsverzeichnis

Vor-füh-rung, die; -,-en: *das Vorführen*
Vor-ga-be, die; -,-n: *Vergünstigung bei einem schwächeren Gegner*
Vor-gang, der; -es, -gän-ge: *Gesamtheit der Akten, die über eine Sache oder eine Person angelegt wurden*
Vor-gang, der; -es, -gän-ge: *Geschehen, Ablauf, Hergang*
Vor-gän-ger, der; -s,-: *jemand, der einen Posten vorher innehatte*
Vor-gar-ten, der; -s, -gär-ten: *kleiner Garten vor einem Haus*
vor-gau-keln: *vorspiegeln, vortäuschen*
vor-ge-ben, gab vor, vorgegeben: *vorspiegeln, etwas Falsches behaupten*
vor-ge-ben, gab vor, vorgegeben: *Vorsprung gewähren*
Vor-ge-bir-ge, das; -s,-: *vorgelagertes Gebirge*
vor-geb-lich: *angeblich*
vor-ge-fasst: *als Vorurteil gebildet*
Vor-ge-fühl, das; -es,-e: *Ahnung*
vor-ge-hen, ging vor, vorgegangen: *vorrücken, nach vorn gehen*
vor-ge-hen: *vorrangig sein*
vor-ge-hen, ging vor, vorgegangen: *handeln*
vor-ge-la-gert: *sich vor etwas befinden*
Vor-ge-schich-te, die; -, keine Mehrzahl: *Zeit vor Beginn der geschichtlichen Aufzeichnungen*
Vor-ge-schich-te, die; -,-n: *Geschehen vor einem Ereignis*
Vor-ge-schmack, der; -s, keine Mehrzahl: *Probe*
Vor-ge-setz-te, der/die; -n,-n: *Höhergestellter, Chef*
vor-ges-tern: *vor zwei Tagen*
vor-ha-ben, hat vor, vorgehabt: *beabsichtigen, planen*
Vor-ha-ben, das; -s,-: *Plan, Absicht*
vor-hal-ten, hielt vor, vorgehalten: *Vorhaltungen machen, vor Augen führen*
Vor-hal-tung, die; -,-en: *Vorwurf*
Vor-hand, die; -, keine Mehrzahl: *vor dem Kartengebenden sitzender Spieler*
Vor-hand, die; -, keine Mehrzahl: *Schlag rechts vom Körper (Tennis, Squash)*
vor-han-den: *greifbar, anwesend; vorrätig, auf Lager*
Vor-hang, der; -es, -hän-ge: *Stoffbahn vor einer Öffnung*
Vor-hän-ge-schloss, das; -schlos-ses, -schlös-ser: *Sicherheitsschloss*

Vor-haut, die; -, -häu-te: *Haut, die die Eichel des Penis bedeckt*
Vor-haut-ver-en-gung, die; -, keine Mehrzahl: *Phimose*
vor-her: *füher, zuvor, davor, zuerst*
vor-her-be-stim-men: *vorausbestimmen*
vor-he-rig: *früher, vorher*
Vor-herr-schaft, die; -, keine Mehrzahl: *Vorrang, Herrschaft, Macht, Übergewicht*
vor-herr-schen: *überwiegen*
Vor-her-sa-ge, die; -,-n: *Prognose*
vor-her-sa-gen: *prophezeien, voraussagen*
vor-hin: *soeben, kürzlich*
Vor-hut, die; -,-en: *vorausgeschickte Einheit*
vo-rig: *vorherig, früher*
Vor-jahr, das; -es,-e: *vergangenes Jahr*
vor-jäh-rig: *aus dem vergangenen Jahr, das Vorjahr betreffend*
Vor-kämp-fer, der; -s,-: *Pionier*
Vor-kaufs-recht, das; -es,-e: *Recht, eine Sache zuerst angeboten zu bekommen*
Vor-keh-rung, die; -,-en: *vorsorgliche Maßnahme, Vorbereitung*
Vor-kennt-nis-se, die; -, keine Einzahl: *bereits vorhandene Kenntnisse*
vor-kom-men, kam vor, vorgekommen: *geschehen, sich ereignen*
vor-kom-men, kam vor, vorgekommen: *nach vorn kommen*
vor-kom-men, kam vor, vorgekommen: *vorhanden sein*
Vor-kom-men, das; -s,-: *das Vorhandensein*
Vor-komm-nis, das; -ses,-se: *Ereignis, Geschehenes, Vorfall*
Vor-la-ge, die; -,-n: *Pass (Fußball)*
Vor-la-ge, die; -,-n: *Vorschlag, Entwurf, Muster*
vor-las-sen, ließ vor, vorgelassen: *vorangehen lassen*
vor-läu-fig: *zunächst, einstweilen, provisorisch*
vor-laut: *naseweis*
Vor-le-ben, das; -s,-: *das Leben vor einem Zeitpunkt*
Vor-le-ger, der; -s,-: *Matte, kleiner Teppich*
vor-le-sen, las vor, vorgelesen: *laut lesen*
Vor-le-sung, die; -,-en: *Lehrveranstaltung*
Vor-le-sungs-ver-zeich-nis, das; -ses,-se: *Verzeichnis der Lehrveranstaltungen einer Hochschule*

vor-letzt: zweitletzt
Vor-lie-be, die; -,-n: Neigung
vor-lieb neh-men, nahm vorlieb, vorlieb genommen: sich zufrieden geben, sich begnügen
vor-lü-gen: lügen
vor-ma-chen: etwas zeigen
vor-ma-chen: betrügen, täuschen, vorspiegeln
Vor-macht, die; -, keine Mehrzahl: Vorherrschaft
Vor-macht-stel-lung, die; -,-en: die Vormacht verleihende Stellung
vor-mals: einmal, einst, ehemals, früher
Vor-marsch, der; -es, -mär-sche: das Vordringen
vor-mer-ken: vorbestellen, notieren
Vor-mer-kung, die; -,-en: das Vormerken
Vor-mit-tag, der; -es,-e: Tageszeit zwischen Morgen und Mittag
vor-mit-täg-lich: am Vormittag
vor-mit-tags: am Vormittag
Vor-mund, der; -es,-e/Vor-mün-der: mündlich bestellter Erziehungsberechtigter, amtlich bestellter Fürsorger
Vor-mund-schaft, die; -,-en: Erziehungsberechtigung, gesetzliche Vertretung
vorn: vorne
Vor-na-me, der; -ns,-n: Rufname
vor-ne: an erster Stelle, im Vordergrund, an der Vorderseite
vor-nehm: elegant, geschmackvoll, fein
vor-neh-men, sich; nahm sich vor, sich vorgenommen: einen Entschluss fassen
Vor-nehm-heit, die; -, keine Mehrzahl: vornehmes Verhalten, vornehmes Wesen
vorn-ü-ber: nach vorn
vorn-ü-ber-ge-beugt: nach vorn gebeugt
Vor-ort, der; -es,-e: äußerer Stadtteil
Vor-pro-gramm, das; -s,-e: Veranstaltung vor dem Hauptereignis
Vor-rang, der; -es, keine Mehrzahl: größere Bedeutung
vor-ran-gig: wichtiger
Vor-rat, der; -es,-rä-te: Aufgehobenes, Aufgespeichertes, Warenlager
vor-rä-tig: auf Vorrat, am Lager
Vor-rats-kam-mer, die; -,-n: Raum für Vorräte
Vor-raum, der; -es, -räu-me: vor einem anderen Raum gelegener Raum
vor-rech-nen: mit jemandem zusammen rechnen

Vor-recht, das; -es,-e: Sonderrecht
Vor-rich-tung, die; -,-en: Gerät, Maschinenteil
vor-rü-cken: nach vorn rücken, nach vorn verlegen
Vor-run-de, die; -,-n: erste Spielrunde, Ausscheidungsrunde
vor-sa-gen: soufflieren
Vor-satz, der; -es, -sät-ze: Absicht, Plan
vor-sätz-lich: absichtlich, willentlich, mit Vorsatz
Vor-schau, die; -,-en: Ausblick
Vor-schein, der; -s, keine Mehrzahl: in der Wendung: zum Vorschein kommen, erscheinen, sichtbar werden
vor-schie-ßen, schoss vor, vorgeschossen: aushelfen, leihen
Vor-schlag, der; -es, -schlä-ge: Angebot, Rat
vor-schla-gen, schlug vor, vorgeschlagen: einen Vorschlag machen
Vor-schlag-ham-mer, der; -s, -häm-mer: Schmiedehammer
Vor-schlags-recht, das; -es, keine Mehrzahl: Recht, einen Kandidaten vorzuschlagen
Vor-schluss-run-de, die; -,-n: Spielrunde vor der Endrunde
vor-schme-cken: allzu stark schmecken, im Geschmack überwiegen
vor-schnell: übereilt
vor-schrei-ben, schrieb vor, vorgeschrieben: anordnen, befehlen
Vor-schrift, die; -,-en: Anweisung, Richtlinie, Regel
vor-schrifts-mä-ßig: der Vorschrift entsprechend
Vor-schu-le, die; -,-n: Einrichtung zur Vorschulerziehung
Vor-schul-er-zie-hung, die; -,-en: schulische Erziehung vor der Grundschule
vor-schu-lisch: die Vorschule betreffend, vor der Grundschule
Vor-schuss, der; -schus-ses, -schüs-se: im Voraus geleistete Zahlung, Vorauszahlung
Vor-schuss-lor-bee-ren, die; -, keine Einzahl: Lob, das im Voraus verteilt wird
vor-schüt-zen: vortäuschen, vorgeben
vor-schwe-ben: sich etwas vorstellen
vor-se-hen, sich; sah sich vor, sich vorgesehen: sich in Acht nehmen
Vor-se-hung, die; -, keine Mehrzahl: Schicksal, schicksalhafte Fügung

Vortragsreihe

Vor-sicht, die; -, keine Mehrzahl: *Besonnenheit, Bedachtsamkeit, das Achtgeben*
vor-sich-tig: *mit Vorsicht, bedacht, besonnen, behutsam, auf Gefahr achtend*
vor-sichts-hal-ber: *der Vorsicht wegen*
Vor-sichts-maß-re-gel, die; -,-n: *Vorsichtsmaßnahme*
Vor-sil-be, die; -,-n: *Grammatik: Silbe, die vor den Wortstamm gesetzt wird*
vor-sint-flut-lich: *völlig veraltet*
Vor-sitz, der; -es,-e: *Leitung*
Vor-sit-zen-de, der/die; -n,-n: *Leiter, Vorstehender, Präsident*
Vor-sor-ge, die; -, keine Mehrzahl: *vorbeugende Maßnahme, vorausschauende Planung, Fürsorge*
vor-sor-gen: *Vorsorge treffen*
Vor-sor-ge-un-ter-su-chung, die; -,-en: *Untersuchung zur Früherkennung einer Krankheit*
Vor-spann, der; -es,-e: *Einleitung eines Artikels*
Vor-spann, der; -es,-e: *Einleitung eines Filmes mit Angaben zu den Darstellern*
Vor-spei-se, die; -,-n: *Speise vor dem Hauptgericht*
vor-spie-geln: *vortäuschen*
Vor-spie-ge-lung, die; -,-en: *Täuschung, Irreführung, das Vorspiegeln*
Vor-spiel, das; -es,-e: *Einleitung*
vor-spie-len: *vor Zuhörern musizieren*
vor-spie-len: *darstellen, aufführen*
vor-spre-chen, sprach vor, vorgesprochen: *soufflieren, vorsagen*
vor-spre-chen, sprach vor, vorgesprochen: *jemanden aufsuchen, mit jemandem sprechen, sich vorstellen*
vor-sprin-gen, sprang vor, vorgesprungen: *nach vorn springen*
Vor-sprung, der; -es, -sprün-ge: *herausragendes, vorspringendes Bauteil*
Vor-sprung, der; -es, -sprün-ge: *Abstand zu Nachfolgenden*
Vor-stand, der; -es, -stän-de: *Leitung*
Vor-stands-mit-glied, das; -es,-er: *Mitglied eines Vorstandes*
Vor-stands-sit-zung, die; -,-en: *Sitzung eines Vorstandes*
Vor-stands-vor-sit-zen-de, der/die;-n,-n: *Vorsitzende(r) eines Vorstandes*
vor-ste-hen, stand vor, vorgestanden: *leiten, an der Spitze stehen*
vor-ste-hen, stand vor, vorgestanden: *hinausragen über etwas*

Vor-ste-her, der; -s,-: *Leiter, Vorsitzender*
Vor-steh-hund, der; -es,-e: *Jagdhund*
vor-stell-bar: *denkbar, so beschaffen, dass man es sich vorstellen kann*
Vor-stell-bar-keit, die; -, keine Mehrzahl: *vorstellbare Beschaffenheit*
vor-stel-len: *bedeuten, sein*
vor-stel-len: *nach vorn stellen*
vor-stel-len: *bekannt machen*
vor-stel-len, sich: *sich ausdenken, sich vor Augen halten*
vor-stel-len, sich: *seinen Namen nennen, sich bekannt machen*
Vor-stel-lung, die; -,-en: *Aufführung, Darstellung*
Vor-stel-lung, die; -,-en: *Begriff, Gedanke*
Vor-stel-lung, die; -,-en: *Vorhaltung, Vorwurf*
Vor-stel-lung, die; -,-en: *das Sichvorstellen, Miteinander-Bekanntmachung*
Vor-stel-lungs-kraft, die; -, keine Mehrzahl: *Phantasie*
Vor-stel-lungs-ver-mö-gen, das; -s, keine Mehrzahl: *Vorstellungskraft*
Vor-stoß, der; -es, -stö-ße: *Angriff, das Vordringen*
vor-sto-ßen, stieß vor, vorgestoßen: *vordringen, angreifen*
Vor-stra-fe, die; -,-n: *bereits erhaltene Strafe*
vor-stre-cken: *leihen, aushelfen*
Vor-stu-fe, die; -,-n: *Entwicklungsstadium*
Vor-tag, der; -es, keine Mehrzahl: *vorangehender Tag*
vor-täu-schen: *vorspiegeln*
Vor-täu-schung, die; -,-en: *das Vortäuschen*
Vor-teil, der; -es,-e: *Vorzug, Überlegenheit, Begünstigung*
Vor-teil, der; -es,-e: *Punktgewinn in einem Spiel*
Vor-teil, der; -es,-e: *Gewinn, Nutzen*
vor-teil-haft: *von Vorteil, günstig, gewinnbringend*
Vor-trag, der; -es, -trä-ge: *Rede, Ansprache*
vor-tra-gen, trug vor, vorgetragen: *mitteilen, darstellen*
vor-tra-gen, trug vor, vorgetragen: *darbieten, aufführen, vorspielen*
Vor-trags-rei-he, die; -,-n: *Reihe zusammengehöriger Vorträge*

vortrefflich

vor-treff-lich: *ausgezeichnet, hervorragend*
Vor-treff-lich-keit, *die; -, keine Mehrzahl: vortreffliche Beschaffenheit*
Vor-tritt, *der; -s, keine Mehrzahl: das Vorausgehenlassen*
vo-rü-ber (auch vor-ü-ber): *vorbei, vergangen*
vo-rü-ber-ge-hen (auch vor-ü-ber-gehen), ging vorüber, vorübergegangen: *vorbeigehen, vergehen*
vo-rü-ber-ge-hend (auch vor-ü-ber-gehend): *zeitweilig, nicht ständig*
Vor-ur-teil, *das; -s,-e: Voreingenommenheit, vorgefaßte Meinung*
vor-ur-teils-frei: *ohne Vorurteile*
vor-ur-teils-los: *ohne Vorurteile*
Vor-ver-gan-gen-heit, *die; -, keine Mehrzahl: Grammatik: Plusquamperfekt*
Vor-ver-kauf, *der; -es, -käu-fe: Verkauf vor der Veranstaltung, vorzeitiger Verkauf*
vor-ver-le-gen: *einen früheren Termin ansetzen*
Vor-wahl, *die; -,-en: Telefonnummer, die das Ortsnetz bestimmt*
vor-wäh-len: *die Vorwahl wählen*
Vor-wand, *der; -es, -wän-de: Ausrede, vorgetäuschter Grund*
vor-wärts: *nach vorn*
vor-weg: *im Voraus, vorher*
Vor-weg-nah-me, *die; -,-n: das Vorwegnehmen*
vor-weg-neh-men, nahm vorweg, vorweggenommen: *vorher sagen, vorher erwähnen*
vor-wei-sen, wies vor, vorgewiesen: *vorzeigen*
vor-wer-fen, warf vor, vorgeworfen: *vorhalten, zum Vorwurf machen*
vor-wer-fen, warf vor, vorgeworfen: *hinwerfen*
Vor-werk, *das; -es,-e: kleines, vom Hauptgut entfernt liegendes Gut*
vor-wie-gend: *hauptsächlich, überwiegend, vorherrschend*
vor-wit-zig: *vorlaut, keck, naseweis*
Vor-wit-zig-keit, *die; -,-en: vorwitziges Verhalten, vorwitziges Wesen*
Vor-wo-che, *die; -,-n: vergangene Woche*
Vor-wort, *das; -es,-e: Einleitung*
Vor-wurf, *der; -s, -wür-fe: Anklage, Tadel, Rüge, Beschuldigung*
vor-wurfs-voll: *anklagend, tadelnd*

Vor-zei-chen, *das; -s,-: Omen, Anzeichen*
Vor-zei-chen, *das; -s,-: Musik: die Tonart bestimmendes Zeichen*
Vor-zei-chen, *das; -s,-: Mathematik: Zeichen für die Wertigkeit einer Zahl (+,−)*
vor-zei-gen: *darbieten, vorweisen, zeigen*
Vor-zeit, *die; -,-en: vorgeschichtliche Zeit, Vergangenheit*
vor-zei-tig: *früher als geplant, verfrüht*
vor-zeit-lich: *vorgeschichtlich, die Vorzeit betreffend*
vor-zie-hen, zog vor, vorgezogen: *bevorteilen, bevorzugen, begünstigen*
vor-zie-hen, zog vor, vorgezogen: *lieber mögen, lieber tun*
vor-zie-hen, zog vor, vorgezogen: *nach vorn ziehen*
Vor-zim-mer, *das; -s,-: Anmeldezimmer, Wartezimmer*
Vor-zugs-preis, *der; -es,-e: besonders günstiger Preis*
vor-zugs-wei-se: *besonders, hauptsächlich*
vo-tie-ren: *wählen, seine Stimme abgeben, stimmen für, abstimmen, beschließen*
Vo-tum, *das; -s, Vo-ten/Vo-ta: Stimmabgabe, Meinungsäußerung, Gutachten*
Vo-yeur [Wojöhr], *der; -s,-e: jemand, der triebhaft Fremde bei sexuellen Handlungen beobachtet*
vul-gär: *gewöhnlich, ordinär, gemein, niedrig*
Vul-ga-ri-tät, *die; -,-en: vulgäre Bemerkung, Zote*
Vul-ga-ta, *die; -, keine Mehrzahl: lateinische Bibelübersetzung*
Vul-kan, *der; -s,-e: Lava speiender, durch Vulkanismus entstandener Berg*
Vul-kan-aus-bruch, *der; -es,-brüche: Ausbruch eines Vulkans*
vul-ka-nisch: *den Vulkan betreffend, aus einem Vulkan kommend*
vul-ka-ni-sie-ren: *Gummi elastisch machen, Kautschuk mit Schwefel bearbeiten*
Vul-ka-nis-mus, *der; -, keine Mehrzahl: Gesamtheit vulkanischer Erscheinungen*
vul-ne-ra-bel: *verletzlich, verletzbar, verwundbar*
Vul-ne-ra-bi-li-tät, *die; -, keine Mehrzahl: Verletzlichkeit, vulnerable Beschaffenheit*
Vul-va, *die; -, Vul-ven: äußere weibliche Geschlechtsteile*

Wadenbein

w, W, das; -,-: *dreiundzwanzigster Buchstabe des Alphabets, Konsonant, Mitlaut*
W: *Abkürzung für „Watt"*
W: *Abkürzung für „West, Westen"*
Waa-ge, die; -,-n: *Gerät zur Gewichtsbestimmung*
waa-ge-recht: *eben, horizontal*
Waa-ge-rech-te, die; -n,-n: *Horizontale, waagerechte Linie*
Waag-scha-le, die; -,-n: *Schale einer Waage*
wab-be-lig: *umgangssprachlich für „gallertartig, weich, schwammig"*
wab-beln: *sich gallertartig, wabbelig bewegen*
Wa-be, die; -,-n: *aus Wachs aufgebaute Zellenstruktur in Bienenstöcken*
Wa-ben-ho-nig, der; -s, keine Mehrzahl: *Honig in den Waben*
wa-bern: *flackern, lohen, flammen*
wach: *munter, bewusst, aufmerksam*
Wach-ab-lö-sung, die; -,-en: *Wachwechsel*
Wach-dienst, der, -es,-e: *Wache, Dienst als Wache*
Wa-che, die; -,-n: *Wachdienst*
Wa-che, die; -,-n: *Wachstube, Polizeidienststelle*
Wa-che, die; -,-n: *Wachtposten, Wächter*
wa-chen: *bewachen, Wache halten, aufpassen, wach sein*
wach hal-ten, sich; hielt sich wach, sich wach gehalten: *sich im wachen Zustand halten*
Wach-hund, der; -es,-e: *zum Wachen abgerichteter Hund*
Wach-lo-kal, das; -es,-e: *Dienststelle der Wache*
Wach-mann, der; -es, -leu-te/-män-ner: *Wächter*
Wach-mann-schaft, die; -,-en: *Mannschaft von Wachleuten*
Wa-chol-der, der; -s,-: *Nadelbaum*
Wa-chol-der-schnaps, der; -es, -schnäp-se: *Branntwein*
Wach-pos-ten (auch Wacht-pos-ten), der; -s,-: *Wache stehender Soldat*

wach-ru-fen, rief wach, wachgerufen: *sich ins Gedächtnis rufen*
wach-rüt-teln: *unsanft, durch Rütteln wecken*
Wachs, das; -es,-e: *Bienenwachs, Kerzenrohstoff*
wach-sam: *aufmerksam*
Wach-sam-keit, die; -, keine Mehrzahl: *wachsames Verhalten, wachsames Wesen*
wach-sen: *größer werden, mehr werden, steigen, zunehmen*
wach-sen: *mit Wachs einreiben*
wäch-sern: *aus Wachs, wie Wachs*
Wachs-fi-gur, die; -,-en: *Figur aus Wachs*
Wachs-fi-gu-ren-ka-bi-nett, das; -s,-e: *Ausstellung von Wachsfiguren*
Wachs-ker-ze, die; -,-n: *Kerze aus Wachs*
Wachs-tuch, das; -es, -tü-cher. *mit Kunststoff imprägniertes Gewebe*
Wachs-tum, das; -es, keine Mehrzahl: *das Wachsen, das Zunehmen, Entwicklung*
Wachs-tums-stö-rung, die; -,-en: *Störung im Wachstum, in der Entwicklung*
wachs-weich: *weich wie Wachs*
Wacht, die; -, keine Mehrzahl: *Wache, Wachdienst*
Wäch-te, die; -,-n: *überhängende Schneemasse*
Wach-tel, die; -,-n: *Vogelart*
Wäch-ter, der; -s,-: *Aufpasser*
Wacht-meis-ter, der; -s,-: *veraltet für „Polizist"*
Wacht-pos-ten (auch Wach-pos-ten), der; -s,-; *Wache stehender Soldat*
Wach-traum, der; -es, -träu-me: *Träumerei im wachen Zustand*
Wacht-turm, der; -es, -tür-me: *Turm für Wachtposten*
Wach-turm, der; -es,-tür-me: *Wachtturm*
Wa-cke, die; -,-n: *brüchiger Basaltart*
Wa-cke-lei, die; -,-en: *anhaltendes Wackeln*
wa-cke-lig: *wackelnd, nicht stabil*
Wa-ckel-kon-takt, der; -es,-e: *schadhafte elektrische Verbindung*
wa-ckeln: *schwanken, locker sein, zittern*
Wa-ckel-pe-ter, der, -s,-: *Wackelpudding*
wa-cker: *bieder, rechtschaffen*
wa-cker: *kräftig, tüchtig, sehr tapfer*
wack-lig: *wackelig*
Wa-de, die; -,-n: *hinterer Teil des Unterschenkels*
Wa-den-bein, das; -es,-e: *Unterschenkelknochen*

Wadenkrampf

Wa-den-krampf, der; -es, -kräm-fe: Krampf in der Wade
Wa-di, das; -s,-s: Flussbett, das nur in der Regenzeit Wasser führt
Waf-fe, die; -,-n: Gerät zum Kämpfen
Waf-fel, die; -,-n: Backwerk
Waf-fel-ei-sen, das; -s,-: Gerät zum Waffelbacken
Waf-fen-ge-walt, die; -, keine Mehrzahl: Gewaltanwendung mit Waffen
waf-fen-los: ohne Waffen, unbewaffnet
Waf-fen-ru-he, die; -,-n: Kampfpause
Waf-fen-schein, der; -es,-e: Berechtigung, eine Waffe zu tragen
Waf-fen-schmie-de, die; -,-n: Waffenfabrik
Waf-fen-still-stand, der; -es, -stän-de: Waffenruhe, Kampfpause
wäg-bar: abwägbar
Wäg-bar-keit, die; -,-en: wägbare Beschaffenheit
Wa-ge-mut, der; -es, keine Mehrzahl: Kühnheit, Risikobereitschaft
wa-ge-mu-tig: kühn, mutig
wa-gen: Mut haben, sich getrauen
Wa-gen, der; -s,-: Fahrzeug, Auto
Wa-gen-burg, die; -,-en: im Kreis zusammengestellte Planwagen
Wa-gen-he-ber, der; -s,-: Gerät zum Aufbocken von Autos
Wa-gen-la-dung, die; -,-en: Fracht, die mit einem Wagen befördert wird
Wa-gen-park, der; -s,-s: Gesamtheit der Fahrzeuge eines Unternehmens
Wa-gen-rad, das; -es, -rä-der: Rad eines Wagens
Wa-gen-ren-nen, das; -s,-: Autorennen
Wa-gen-schlag, der; -es, -schlä-ge: Autotür
wag-hal-sig: wagemutig, tollkühn, risikoreich, riskant
Wag-hal-sig-keit, die; -, keine Mehrzahl: waghalsiges Verhalten, waghalsiges Wesen
Wag-nis, das; -ses,-se: gefährliches Unternehmen, Abenteuer
Wa-gon (auch Wag-gon), der; -s,-s: Eisenbahnwagen
Wahl, die; -,-en: das Wählen, Abstimmung
Wahl, die; -,-en: Güteklasse, Güte
Wahl, die; -,-en: das Auswählen, Auswahl
wähl-bar: so beschaffen, dass man es wählen kann; imstande, gewählt zu werden
wahl-be-rech-tigt: zum Wählen berechtigt
Wahl-be-rech-ti-gung, die; -, keine Mehrzahl: Berechtigung zum Wählen
Wahl-be-zirk, der; -es,-e: Bezirk eines Wahlkreises
wäh-len: eine Telefonnummer wählen
wäh-len: auswählen, entscheiden, aussuchen
wäh-len: eine Wahl abhalten, abstimmen, Stimme abgeben
Wäh-ler, der; -s,-: jemand, der wählt
wäh-le-risch: anspruchsvoll
Wäh-ler-schaft, die; -,-en: Gesamtheit der Wähler
Wahl-fach, das; -es, -fä-cher: wählbares Unterrichtsfach
wahl-frei: freigestellt, fakultativ
Wahl-gang, der; -es, -gän-ge: Wahl, Stimmenabgabe
Wahl-ge-heim-nis, das; -ses, keine Mehrzahl: Recht, die Stimmabgabe geheim zu vollziehen
Wahl-ge-setz, das; -es,-e: Gesetz, das die Wahl regelt
Wahl-hei-mat, die; -, keine Mehrzahl: freiwillig gewählter Wohnsitz
Wahl-kampf, der; -es, -kämp-fe: Propaganda, Wählerwerbung vor einer Wahl
Wahl-kreis, der; -es,-e: Gebiet, in dem gewählt wird
Wahl-lo-kal, das; -es,-e: Raum, Gebäude der Stimmabgabe
wahl-los: blindlings, ohne zu wählen, ohne Überlegung
Wahl-recht, das; -es, keine Mehrzahl: Recht zu wählen; auch: Gesamtheit der Wahlvorschriften, Wahlgesetz
Wahl-re-de, die; -,-n: Rede eines Politikers während des Wahlkampfes
Wahl-sieg, der; -es,-e: Sieg bei einer Wahl
Wahl-spruch, der; -es, -sprü-che: Leitsatz, Devise
Wahl-ur-ne, die; -,-n: Urne, Behälter für Stimmzettel
Wahn, der; -es, keine Mehrzahl: Einbildung, Irrglaube, Selbsttäuschung
Wahn, der; -es, keine Mehrzahl: Wahnsinn
wäh-nen, sich: annehmen, glauben, vermuten, sich einbilden
Wahn-idee, die; -,-n: Wahnvorstellung
Wahn-sinn, der; -s, keine Mehrzahl: Wahnwitz, Unsinn, Torheit

Waldwirtschaft

Wahn-sinn, der; -s, keine Mehrzahl: *umgangssprachlich für "Geisteskrankheit"*
wahn-sin-nig: *abwegig, töricht, wahnwitzig*
wahn-sin-nig: *umgangssprachlich für "sehr, außerordentlich"*
wahn-sin-nig: *umgangssprachlich für "geistig krank, geistesgestört"*
Wahn-vor-stel-lung, die; -,-en: *Wahnidee*
Wahn-witz, der; -es, keine Mehrzahl: *Wahnsinn*
wahn-wit-zig: *wahnsinnig, verrückt*
wahr: *wirklich, tatsächlich, zutreffend*
wah-ren: *bewahren, schützen, verteidigen, erhalten*
wäh-ren: *dauern, bestehen*
wäh-rend: *wohingegen*
wäh-rend: *zu der Zeit, als*
wäh-rend-des-sen: *zu dieser Zeit, während dieser Zeit, unterdessen*
wahr-ha-ben: *in der Wendung: etwas (nicht) wahrhaben wollen, etwas einsehen*
wahr-haft: *wirklich, tatsächlich*
wahr-haf-tig: *tatsächlich, wirklich*
wahr-haf-tig: *wahrheitsliebend, ehrlich*
Wahr-haf-tig-keit, die; -, keine Mehrzahl: *wahrhafte Beschaffenheit, wahrhaftes Wesen*
Wahr-heit, die; -,-en: *Tatsache, das Wahre*
wahr-heits-ge-mäß: *der Wahrheit entsprechend*
wahr-heits-ge-treu: *der Wahrheit entsprechend*
Wahr-heits-lie-be, die; -, keine Mehrzahl: *Ehrlichkeit*
wahr-heits-lie-bend: *ehrlich*
wahr-nehm-bar: *fühlbar, hörbar, sichtbar*
Wahr-nehm-bar-keit, die; -, keine Mehrzahl: *wahrnehmbare Beschaffenheit*
wahr-neh-men, nahm wahr, wahrgenommen: *bemerken, mit den Sinnen erfassen*
Wahr-neh-mung, die; -,-en: *das Wahrnehmen*
Wahr-neh-mungs-ver-mö-gen, das; -s, keine Mehrzahl: *Vermögen, etwas wahrzunehmen*
wahr-sa-gen: *prophezeien, vorhersagen*
Wahr-sa-ger, der; -s,-: *Prophet*
Wahr-sa-ge-rei, die; -,-en: *das Wahrsagen*
Wahr-sa-gung, die; -,-en: *Prophezeiung*
wahr-schein-lich: *vermutlich, annehmbar*

Wahr-schein-lich-keit, die; -, keine Mehrzahl: *das Wahrscheinlichsein*
Wahr-schein-lich-keits-rech-nung, die; -, keine Mehrzahl: *Berechnung der Wahrscheinlichkeit*
Wah-rung, die; -, keine Mehrzahl: *das Wahren*
Wäh-rung, die; -,-en: *Zahlungssystem, Zahlungsmittel*
Wäh-rungs-po-li-tik, die; -, keine Mehrzahl: *die Währung betreffende Politik*
Wäh-rungs-re-form, die; -,-en: *Neuordnung einer Währung*
Wahr-zei-chen, das; -s,-: *Merkmal, Symbol*
Wai-se, die; -,-n: *elternloses Kind*
Wai-sen-haus, das; -es, -häu-ser: *Heim für Waisen*
Wai-sen-kind, das; -es,-er: *Kind ohne Eltern*
Wai-sen-kna-be, der; -n,-n: *elternloser Junge*
Wai-sen-kna-be, der; -n,-n: *umgangssprachlich für "mit vergleichsweise geringen Fähigkeiten ausgestatteter Mensch"*
Wal, der; -es,-e: *Meeressäugetier*
Wald, der; -es, Wäl-der: *Gesamtheit der Bäume, größere Fläche mit dichtem Baumbestand*
Wald-brand, der; -es, -brän-de: *Brand des Waldes*
Wäld-chen, das; -s,-: *kleiner Wald*
Wald-erd-bee-re, die; -,-n: *wildwachsende Erdbeere*
Wald-fre-vel, der; -s,-: *unerlaubtes Fällen von Bäumen*
Wald-gren-ze, die; -,-n: *Grenze des Baumwuchses*
Wald-horn, das; -es, -hör-ner: *Blasinstrument*
wal-dig: *mit Wald bedeckt*
Wald-meis-ter, der; -s, keine Mehrzahl: *Pflanzenart*
Wald-rand, der; -es, -rän-der: *Rand des Waldes*
wald-reich: *mit viel Wald versehen*
Wald-reich-tum, der; -s, keine Mehrzahl: *Reichtum an Wald*
Wald-ster-ben, das; -s, keine Mehrzahl: *massenhaftes Absterben von Bäumen durch Luftverschmutzung*
Wal-dung, die; -,-en; *Wald*
Wald-wirt-schaft, die; -, keine Mehrzahl: *Forstwirtschaft*

Walfänger

Wal-fän-ger, der; -s,-: *jemand, der Wale fängt; auch: Schiff zum Walfang*
Wal-fisch, der; -es,-e: *Wal*
wal-ken: *kneten, schlagen, stoßen*
Wal-kie-Tal-kie [Wohkie-Tohkie], das; -s,-s: *kleines Sprechfunkgerät*
Wal-kü-re, die; -,-n: *umgangssprachlich für „stattliche Frau"*
Wall, der; -es, Wäl-le: *Erdaufschüttung, Bollwerk, Schutzmauer*
Wal-lach, der; -s,-e: *kastrierter Hengst*
wal-len: *sieden, sprudeln*
wall-fah-ren, wallfahrte, gewallfahrt: *eine Wallfahrt machen*
Wall-fah-rer, der; -s,-: *jemand, der eine Wallfahrt macht*
Wall-fahrt, die; -,-en: *Pilgerfahrt*
Wall-fahrts-kir-che, die; -,-n: *Kirche, zu der Wallfahrten unternommen werden*
Wall-fahrts-ort, der; -es,-e: *Ort, zu dem Wallfahrten unternommen werden*
Wal-lung, die; -,-en: *das Wallen*
Walm, der; -es,-e: *Dachschräge über einem Giebel*
Walm-dach, das; -es, -dä-cher: *Dachart*
Wal-nuss, die; -, -nüs-se: *Nussart*
Wal-nuss-baum, der; -es, -bäu-me: *Baumart*
Wal-pur-gis-nacht, die; -, -näch-te: *Nacht vor dem 1. Mai*
Wal-ross, das; -es,-e: *Robbenart*
wal-ten: *herrschen, wirken, gebieten*
Wal-ze, die; -,-n: *zylindrischer Körper zum Glätten, Maschinenteil*
Wal-ze, die; -, keine Mehrzahl: *Wanderschaft der Handwerksgesellen*
wal-zen: *glätten, auswalzen*
Wal-zer, der; -s,-: *Tanzart*
Wäl-zer, der; -s,-: *dickes Buch*
Walz-stahl, der; -es, -stäh-le: *gewalzter Stahl*
Walz-werk, das; -es,-e: *Werk, in dem Stahl gewalzt wird*
Wam-me, die; -,-n: *Falte an der Kehle mancher Tiere*
Wam-me, die; -,-n: *regional für „dicker Bauch"*
Wam-pe, die; -,-n: *umgangssprachlich für „dicker Bauch"*
Wand, die; -, Wän-de: *senkrechter Hang*
Wand, die; -, Wän-de: *Mauer, Trennungsmauer, Raumbegrenzung*
Wan-da-le (auch Van-da-le), der; -n,-n: *zerstörungswütiger Mensch*

wan-da-lisch (auch van-da-lisch): *die Wandalen betreffend*
Wan-da-lis-mus (auch Van-da-lis-mus), der; -s, keine Mehrzahl: *Zerstörungswut*
Wan-del, der; -s, keine Mehrzahl: *Veränderung, Wechsel, Wandlung*
wan-del-bar: *so beschaffen, dass es verändert werden kann, veränderlich*
Wan-del-bar-keit, die; -, keine Mehrzahl: *wandelbare Beschaffenheit, wandelbares Wesen*
Wan-del-hal-le, die; -,-n: *große Halle*
wan-deln: *gemächlich gehen*
Wan-del-stern, der; -es,-e: *Planet*
Wan-de-rer, der; -s,-: *jemand, der wandert*
Wan-der-kar-te, die; -,-n: *Karte, auf der Wanderwege eingezeichnet sind*
Wan-der-le-ben, das; -s,-: *Wanderschaft*
Wan-der-lied, das; -es,-er: *Lied, das beim Wandern gesungen wird*
Wan-der-lust, die; -, keine Mehrzahl: *Lust zu Wandern*
wan-der-lus-tig: *gern wandernd*
wan-dern: *zu Fuß reisen*
Wan-der-preis, der; -es,-e: *Preis, der dem Sieger eines regelmäßig ausgetragenen Wettkampfes übergeben wird*
Wan-der-schaft, die; -,-en: *das Wandern*
Wan-ders-mann, der; -s, -leu-te: *Wanderer*
Wan-de-rung, die; -,-en: *das Wandern*
Wand-ge-mäl-de, das; -s,-: *Gemälde an einer Wand*
Wand-ka-len-der, der; -s,-: *aufhängbarer Kalender*
Wand-leuch-ter, der; -s,-: *an einer Wand befestigter Leuchter*
Wand-lung, die; -,-en: *das Sichwandeln, das Wandeln, Veränderung*
wand-lungs-fä-hig: *verwandelbar, anpassungsfähig*
Wand-lungs-fä-hig-keit, die; -, keine Mehrzahl: *Fähigkeit, sich zu wandeln*
Wand-ma-le-rei, die; -,-en: *Malerei auf der Wand*
Wand-schmuck, der; -s, keine Mehrzahl: *Dinge, die zur Verzierung an die Wand gehängt werden*
Wand-schrank, der; -s, -schrän-ke: *an der Wand aufgehängter, an der Wand stehender Schrank*
Wand-ta-fel, die; -,-n: *an der Wand befestigte Tafel*

Warnung

Wand-tep-pich, der; -es,-e: *Teppich, der als Wandschmuck dient*
Wand-zei-tung, die; -,-en: *an eine Wand geheftete Nachrichten*
Wan-ge, die; -,-n: *Backe*
Wan-kel-mo-tor, der; -s,-en: *Drehkolbenmotor*
Wan-kel-mut, der; -es, keine Mehrzahl: *Unbeständigkeit, Unzuverlässigkeit*
wan-kel-mü-tig: *unbeständig, unzuverlässig*
Wan-kel-mü-tig-keit, die; -, keine Mehrzahl: *wankelmütiges Verhalten, wankelmütiges Wesen*
wan-ken: *schwankend gehen, schwankend stehen*
wann: *zu welcher Zeit, um welche Zeit, zu welcher Uhrzeit*
Wänn-chen, das; -s,-: *kleine Wanne*
Wan-ne, die; -,-n: *Trog, Badewanne*
Wanst, der; -es, Wäns-te: *dicker Bauch; auch: dicker Mensch*
Want, die; -,-en/das; -s,-en: *Tau, Tauwerk*
Wan-ze, die; -,-n: *umgangssprchlich für „Abhörgerät"*
Wan-ze, die; -,-n: *Insekt*
Wa-pi-ti, der; -s,-s: *Hirschart*
Wap-pen, das; -s,-: *Abzeichen*
Wap-pen-kun-de, die; -, keine Mehrzahl: *Heraldik*
Wap-pen-tier, das; -es,-e: *in einem Wappen abgebildetes Tier*
wapp-nen, sich: *sich bereit machen, sich auf etwas gefasst machen*
Wa-ran, der; -s,-e: *Echsenart*
Wa-re, die; -,-n: *Verkäufliches, Handelsgut*
Wa-ren-auf-zug, der; -es, -zü-ge: *Lastenaufzug*
Wa-ren-be-gleit-schein, der; -es,-e: *Konnossement, Frachtbrief*
Wa-ren-haus, das; -es, -häu-ser: *großes Kaufhaus*
Wa-ren-la-ger, das; -s,-: *Lager für Waren*
Wa-ren-la-ger, das; -s,-: *Gesamtheit der gelagerten Waren*
Wa-ren-pro-be, die; -,-n: *Muster, Warenmuster*
Wa-ren-test, der; -s,-s: *Qualitätsprüfung bei Waren*
Wa-ren-zei-chen, das; -s,-: *Handelsmarke*
warm: *herzlich, freundlich*
warm: *wohltemperiert; auch: heiß, glühend; die Suppe warm halten*
Warm-blut, das; -es, -blü-ter: *Tier mit verhältnismäßig hoher Körpertemperatur*
Warm-blü-ter, der; -s,-: *Lebewesen, das eine hohe Körpertemperatur besitzt*
warm-blü-tig: *zu den Warmblütern gehörend*
Wär-me, die; -, keine Mehrzahl: *hohe Temperatur*
Wär-me, die; -, keine Mehrzahl: *Herzlichkeit, Freundlichkeit*
Wär-me-ein-heit, die; -,-en: *Kalorie*
Wär-me-leh-re, die; -, keine Mehrzahl: *Wissenschaftszweig, der sich mit der Wärme befasst*
wär-men: *heizen, erwärmen*
Wär-me-pum-pe, die; -,-n: *Gerät zur Wärmegewinnung aus der Eigenwärme von Flüssigkeiten oder Stoffen*
Wär-me-spei-cher, der; -s,-: *Anlage zum Speichern von Wärme*
Wärm-fla-sche, die; -,-n: *Behälter, der mit warmem Wasser gefüllt als Wärmespender dient*
Warm-front, die; -,-en: *warme Luft, Wetter*
warm hal-ten, sich; hielt sich warm, sich warm gehalten: *umgangssprachlich für „sich die Gunst erhalten"*
warm-her-zig: *gutmütig, hilfsbereit, herzlich*
Warm-her-zig-keit, die; -, keine Mehrzahl: *warmherziges Verhalten, warmherziges Wesen*
warm lau-fen, sich; lief sich warm, sich warm gelaufen: *vor einer sportlichen Anstrengung Lockerungsübungen machen*
Warm-luft, die; -, keine Mehrzahl: *warme, angewärmte Luft*
Warm-was-ser, das; -s, keine Mehrzahl: *warmes, angewärmtes Wasser*
Warm-was-ser-be-rei-ter, der; -s,-: *Durchlauferhitzer*
Warm-was-ser-hei-zung, die; -,-en: *Zentralheizung, die mit warmem Wasser heizt*
Warn-an-la-ge, die; -,-n: *Alarmanlage*
war-nen: *ermahnen, verweisen*
war-nen: *auf eine Gefahr hinweisen*
Warn-schuss, der; -es, -schüs-se: *zur Warnung abgegebener Schuss*
Warn-streik, der; -s,-s: *Streik, der die Kampfbereitschaft der Arbeitnehmer signalisieren soll*
War-nung, die; -,-en: *Ermahnung, Verweis*

Warnung

War-nung, die; -,-en: *das Warnen, Hinweis*
Warn-zei-chen, das; -s,-: *Zeichen, das als Warnung dient*
War-te, die; -,-n: *Beobachtungsstandpunkt, hoher Aussichtsturm*
War-te, die; -,-n: *erhöhter Standpunkt, überlegener Standpunkt*
Wär-ter, der; -s,-: *Wächter, Aufseher, Pfleger, Betreuer*
War-te-raum, der; -es, -räu-me: *Wartezimmer*
War-te-saal, der; -es, -sä-le: *Wartezimmer*
War-te-zeit, die; -,-en: *Zeit, die beim Warten vergeht*
War-te-zim-mer, das; -s,-: *Aufenthaltsraum*
War-tung, die; -,-en: *das Warten, Pflegen, Instandhalten*
wa-rum (auch war-um): *Fragewort: weshalb, aus welchem Grund*
War-ze, die; -,-n: *gutartige Hautwucherung*
was: *Fragewort: welche Sache, welches Geschehen*
was: *Fragewort: umgangssprachlich für „warum, wie, wieviel"*
was: *unbestimmtes Fürwort: etwas*
wasch-bar: *so beschaffen, daß man es waschen kann*
Wasch-bär, der; -en,-n: *Bärenart*
Wasch-be-cken, das; -s,-: *Becken für Waschwasser*
Wasch-ben-zin, das; -s, keine Mehrzahl: *Benzin, das zur Reinigung dient*
Wä-sche, die; -, keine Mehrzahl: *das Waschen*
Wä-sche, die; -, keine Mehrzahl: *Kleidungsstücke, alles, was gewaschen wird*
wasch-echt: *farbecht, sich beim Waschen nicht verändernd*
Wä-sche-klam-mer, die; -,-n: *Klammer, mit der die Wäsche an der Wäscheleine befestigt wird*
Wä-sche-lei-ne, die; -,-n: *Leine, an der Wäsche zum Trocknen befestigt wird*
wa-schen, wusch, gewaschen: *etwas säubern, reinigen*
wa-schen, sich; wusch sich, sich gewaschen: *sich säubern*
Wä-sche-rei, die; -,-en: *Betrieb, der gewerbsmäßig Wäsche reinigt*
Wasch-kü-che, die; -,-n: *Raum zum Waschen*

Wasch-lap-pen, der; -s,-: *Lappen zum Waschen*
Wasch-lap-pen, der; -s,-: *umgangssprachlich für „Feigling, Schwächling"*
Wasch-ma-schi-ne, die; -,-n: *Gerät zum Waschen*
Wa-schung, die; -,-en: *das Waschen, das Sichwaschen*
Wasch-was-ser, das; -s, keine Mehrzahl: *Wasser, das beim Waschen benutzt wird*
Wasch-weib, das; -s,-er: *umgangssprachlich für „klatschsüchtiger Mensch"*
Wasch-zet-tel, der; -s,-: *kleiner, Büchern beigelegter Prospekt*
Wasch-zeug, das; -s, keine Mehrzahl: *Sachen, die zur Körperpflege benötigt werden*
Was-ser, das; -s, keine Mehrzahl: *Flüssigkeit*
Was-ser ab-sto-ßend: *kein Wasser aufnehmend*
Was-ser-ader, die; -,-n: *unterirdischer Wasserlauf*
was-ser-arm: *arm an Wasser*
Was-ser-bad, das; -es, -bä-der: *Bad in Wasser*
Was-ser-bad, das; -es, -bä-der: *Spülung von Filmen*
Was-ser-bad, das; -es, -bä-der: *Technik der Speisezubereitung*
Was-ser-ball, der; -s, keine Mehrzahl: *Ballspiel*
Was-ser-burg, die; -,-en: *von einem Gewässer umgebene Burg*
Wäs-ser-chen, das; -s,-: *Bach*
Wäs-ser-chen, das; -s,-: *umgangssprachlich für „stark alkoholhaltiges Getränk"*
Was-ser-dampf, der; -es, keine Mehrzahl: *verdampftes Wasser, Nebel, Dampfschwaden*
was-ser-dicht: *dicht, wasserundurchlässig*
Was-ser-flug-zeug, das; -es,-e: *Flugzeug, das auf einer Wasseroberfläche landen kann*
Was-ser-glas, das; -es,-glä-ser: *Trinkgefäß*
wäs-se-rig: *fade, verwässert, viel Wasser enthaltend, wie Wasser*
Wäs-se-rig-keit, die; -, keine Mehrzahl: *wässrige Beschaffenheit*
Was-ser-kopf, der; -es, keine Mehrzahl: *Aufblähung der Bürokratie*
Was-ser-kopf, der; -es, -köp-fe: *krankhafte Erweiterung des Gehirns*

Was-ser-kraft, die; -, keine Mehrzahl: *durch Strömung erzeugte Kraft*
Was-ser-kraft-werk, das; -es,-e: *Kraftwerk, das Energie aus Wasser gewinnt*
Was-ser-lauf, der; -es, -läu-fe: *fließendes Gewässer, Bach- oder Flussbett*
Was-ser-lei-tung, die; -,-en: *Rohrleitung zur Wasserversorgung*
Was-ser-lin-se, die; -, keine Mehrzahl: *Wasserpflanze*
was-ser-lös-lich: *sich im Wasser auflösend*
Was-ser-lös-lich-keit, die; -, keine Mehrzahl: *wasserlösliche Beschaffenheit*
Was-ser-me-lo-ne, die; -,-n: *Melonenart*
was-sern: *auf der Wasseroberfläche niedergehen*
wäs-sern: *mit Wasser tränken, gießen*
Was-ser-not, die; -, keine Mehrzahl: *Wassermangel*
Was-ser-pfei-fe, die; -,-n: *Pfeifenart*
Was-ser-pflan-ze, die; -,-n: *im Wasser lebende Pflanze*
Was-ser-po-li-zei, die; -, keine Mehrzahl: *für die Wasserwege zuständige Polizei*
Was-ser-rat-te, die; -,-n: *umgangssprachlich für „jemand, der gerne schwimmt"*
Was-ser-rat-te, die; -,-n: *am Wasser lebende Rattenart*
Was-ser-rat-te, die; -,-n: *Wühlmausart*
was-ser-reich: *reich an Wasser*
Was-ser-reich-tum, der; -s, keine Mehrzahl: *Reichtum an Wasser*
Was-ser-schei-de, die; -,-n: *Stromsysteme trennender Höhenzug*
was-ser-scheu: *Angst vor Wasser, Abneigung gegen Wasser habend*
Was-ser-scheu, die; -, keine Mehrzahl: *wasserscheues Verhalten, wasserscheues Wesen*
Was-ser-spie-gel, der; -s,-: *Wasseroberfläche, Höhe des Wasserstandes*
Was-ser-sport, der; -es, keine Mehrzahl: *Gesamtheit der auf oder im Wasser ausgeübten Sportarten*
Was-ser-spü-lung, die; -,-en: *Spülung mit Wasser*
Was-ser-stand, der; -es, -stän-de: *Pegel, Höhe des Wasserspiegels*
Was-ser-stands-mel-dung, die; -,-en: *Meldung des Wasserstandes*
Was-ser-stoff, der; -es, keine Mehrzahl: *einfachstes, gasförmiges chemisches Element, Zeichen: H*

Was-ser-stoff-bom-be, die; -,-n: *Atombombenart mit besonders verheerender Sprengkraft*
Was-ser-stoff-su-per-o-xid (auch Wasser-stoff-su-per-o-xyd), das; -es, keine Mehrzahl: *zum Bleichen verwendete Flüssigkeit*
Was-ser-stra-ße, die; -,-n: *schiffbarer Wasserlauf*
Was-ser-sucht, die; -, keine Mehrzahl: *krankhafte Wasseransammlung im Körpergewebe*
was-ser-süch-tig: *an Wassersucht leidend*
Was-se-rung, die; -,-en: *das Landen auf Wasser*
Was-ser-vo-gel, der; -s, -vö-gel: *auf dem Wasser lebender Vogel, Schwimmvogel*
Was-ser-waa-ge, die; -,-n: *Gerät zum Bestimmen der Waagerechten*
Was-ser-werk, das; -s,-e: *Anlage zur Trinkwassergewinnung*
Was-ser-zei-chen, das; -s,-: *Muster in Papier*
wäss-rig: *wäs-se-rig*
Wäss-rig-keit, die; -, keine Mehrzahl: *Wäs-se-rig-keit*
wa-ten: *durch Wasser oder Schlamm schreiten*
Wa-ter-kant, die; -, keine Mehrzahl: *regional für „Nordseeküstengebiet"*
wa-ter-proof [wohterpruhf]: *wasserdicht*
Wa-ter-proof [Wohterpruhf], der; -s,-s: *Stoff, Regenmantel*
Wat-sche, die; -,-n: *süddeutsch für „Ohrfeige"*
wat-scheln: *schwerfällig gehen*
Watt, das; -s,-en: *seichter Küstenstreifen, der nur während der Flut überschwemmt ist*
Watt, das; -s,-: *Maßeinheit der elektrischen Leistung, Zeichen: W*
Wat-te, die; -,-n: *Baumwollfasern*
Wat-te-bausch, der; -es, -bäu-sche: *Bausch aus Watte*
Wat-ten-meer, das; -es, keine Mehrzahl: *flacher Küstenstreifen der Nordsee*
wat-tie-ren: *mit Watte polstern*
Wat-tie-rung, die; -,-en: *Wattefutter*
we-ben, wob, gewoben: *ein Gewebe herstellen*
we-ben: *mit dem Kopf schaukeln (Pferd)*
We-ber, der; -s,-: *Handwerker, der Gewebe herstellt*

Weberei

We-be-rei, die; -,-en: *das Weben; auch: Fabrik, in der Gewebe hergestellt werden*
We-ber-knecht, der; -es,-e: *Spinnenart*
We-ber-schiff-chen, das; -s,-: *beim Weben verwendetes Gerät*
Web-kan-te, die; -,-n: *verstärkter Gewebesaum*
Web-stuhl, der; -es, -stüh-le: *Maschine zum Weben*
Web-wa-ren, die; -, keine Einzahl: *Gewebe*
Wech-sel [Wecksel], der; -s,-: *das Wechseln, Wandel, Veränderung, Tausch*
Wech-sel [Wecksel], der; -s,-: *Urkunde über eine Zahlungsverpflichtung*
Wech-sel [Wecksel], der; -s,-: *Wildwechsel, von Wild benutzter Pfad*
Wech-sel-bad, das; -es,-bä-der: *heiße und kalte Bäder in schnellem Wechsel*
Wech-sel-balg, der; -es,-bäl-ger: *vermeintlich untergeschobenes Kind*
Wech-sel-be-zie-hung, die; -,-en: *gegenseitige Einflußnahme, Wechselwirkung*
Wech-sel-fie-ber, das; -s, keine Mehrzahl: *Malaria*
Wech-sel-geld, das; -es, keine Mehrzahl: *Kleingeld*
wech-sel-haft: *unbeständig*
Wech-sel-jah-re, die; -, keine Einzahl: *Klimakterium*
Wech-sel-kurs, der; -es,-e: *Kurs, zu dem Währungen umgerechnet werden*
wech-seln: *tauschen, ändern, verändern*
Wech-sel-re-de, die; -,-n: *Gespräch, Dialog*
wech-sel-sei-tig: *gegenseitig*
Wech-sel-strom, der; -es, -strö-me: *Strom, dessen Stärke und Richtung periodisch wechselt*
Wech-sel-stu-be, die; -,-n: *Laden, in dem man Geld wechseln kann*
wech-sel-wei-se: *abwechselnd*
Wech-sel-wir-kung, die; -,-en: *Wechselbeziehung*
Wechs-ler, der; -s,-: *jemand, der Geld wechselt*
Weck, der; -s,-en: *regional für „Wecken, Brötchen"*
we-cken: *aufwecken, wachmachen*
we-cken: *erwecken, hervorrufen*
We-cker, der; -s,-: *Uhr mit Alarmglocke*
Weck-glas, das; -es, -glä-ser: *Einmachglas*
We-del, der; -s,-: *Schweif, Schwanz*
We-del, der; -s,-: *großes, gefiedertes Blatt*
We-del, der; -s,-: *Handbesen, Büschel*
we-deln: *den Schweif, einen Gegenstand, eine Hand hin- und herbewegen*
we-deln: *die Skier hin- und herbewegen*
we-der ... noch: *nicht das eine und auch nicht das andere, keines von beiden*
weg: *fort*
Weg, der; -es,-e: *Pfad, Straße*
Weg, der; -es,-e: *Strecke, Entfernung*
Weg, der; -es,-e: *Entwicklungsgang, Karriere, Laufbahn*
Weg, der; -es,-e: *Möglichkeit, Verfahren*
weg-be-kom-men, bekam weg, wegbekommen: *beseitigen*
Weg-be-rei-ter, der; -s,-: *Vorkämpfer, Pionier, Neuerer*
weg-blei-ben, blieb weg, weggeblieben: *nicht teilnehmen, nicht erscheinen*
weg-blei-ben, blieb weg, weggeblieben: *aussetzen, versagen*
weg-brin-gen, brachte weg, weggebracht: *beseitigen, entfernen, fortbringen*
We-ge-la-ge-rer, der; -s,-: *Straßenräuber, Strauchdieb*
we-gen: *auf Grund, zufolge*
We-ge-recht, das; -es,-e: *Recht, einen Weg zu benutzen*
We-ge-rich, der; -s, keine Mehrzahl: *Pflanzenart, Unkraut*
weg-es-sen, aß weg, weggegessen: *verzehren*
weg-fah-ren, fuhr weg, weggefahren: *abfahren, fortfahren, abreisen*
weg-fal-len, fiel weg, weggefallen: *entfallen, nicht mehr in Frage kommen, nicht mehr verwendet werden*
weg-fe-gen: *wegkehren*
weg-flie-gen, flog weg, weggeflogen: *abfliegen, mit dem Flugzeug abreisen*
weg-flie-gen, flog weg, weggeflogen: *weggeweht werden, an einen anderen Ort geweht werden*
weg-fres-sen, fraß weg, weggefressen: *abweiden, durch Fressen verbrauchen*
weg-ge-hen, ging weg, weggegangen: *sich entfernen*
weg-ho-len: *abholen, holen*
weg-ja-gen: *verjagen, verscheuchen*
weg-kom-men, kam weg, weggekommen: *verloren gehen, abhanden kommen*
weg-kom-men, kam weg, weggekommen: *sich entfernen, entkommen, davonkommen*

Wehrfähigkeit

Weg-kreu-zung, die; -,-en: *Kreuzung*
weg-krie-gen: *umgangssprachlich für „beseitigen, wegbekommen"*
weg-las-sen, ließ weg, weggelassen: *streichen, nicht berücksichtigen*
weg-las-sen, ließ weg, weggelassen: *gehen lassen, fortlassen*
weg-lau-fen, lief weg, weggelaufen: *sich laufend entfernen*
weg-le-gen: *beiseite legen, aus der Hand legen*
weg-los: *ohne Weg, unwegsam*
weg-ma-chen: *beseitigen, entfernen*
weg-mü-de: *müde, ermüdet*
Weg-nah-me, die; -,-n: *das Wegnehmen*
weg-neh-men, nahm weg, weggenommen: *abnehmen, beseitigen*
weg-ra-die-ren: *ausradieren*
Weg-rand, der; -es, -rän-der: *Rand des Weges*
weg-räu-men: *beseitigen, aufräumen, zur Seite räumen*
weg-rei-ßen, riss weg, weggerissen: *zur Seite reißen; auch: abreißen, beseitigen*
weg-schaf-fen: *fortschaffen*
weg-schi-cken: *abschicken, fortschicken*
weg-schlie-ßen, schloss weg, weggeschlossen: *sicher einschließen, verschließen*
weg-schmei-ßen, schmiss weg, weggeschmissen: *umgangssprachlich für „wegwerfen"*
weg-schnap-pen: *schnell wegnehmen*
weg-schüt-ten: *ausgießen*
weg-se-hen, sah weg, weggesehen: *den Blick abwenden*
weg-set-zen: *an einen anderen Ort setzen*
weg-set-zen, sich: *sich auf einen anderen Platz setzen*
weg-ste-cken: *einstecken*
weg-steh-len, sich; stahl sich weg, sich weggestohlen: *sich heimlich entfernen*
weg-ster-ben, starb weg, weggestorben: *sterben*
weg-sto-ßen, stieß weg, weggestoßen: *beiseite stoßen*
Weg-stre-cke, die; -,-n: *Strecke, Entfernung*
weg-strei-chen, strich weg, weggestrichen: *streichen, durchstreichen, durch Streichung ungültig machen*
weg-tre-ten, trat weg, weggetreten: *abtreten, zurücktreten, sich entfernen*
weg-tre-ten, trat weg, weggetreten: *eine Ohnmacht erleiden, geistig kurzzeitig verwirrt sein*
Weg-war-te, die; -, keine Mehrzahl: *Pflanzenart*
weg-wei-send: *richtungweisend, beispielhaft*
Weg-wei-ser, der; -s,-: *Reiseführer*
Weg-wei-ser, der; -s,-: *Hinweisschild*
weg-wer-fen, warf weg, weggeworfen: *fortwerfen*
weg-wer-fend: *ablehnend, verächtlich, geringschätzig*
weg-wi-schen: *auswischen*
Weg-zeh-rung, die; -,-en: *Proviant*
Weg-zei-chen, das; -s,-: *Zeichen, das den Weg kennzeichnet*
weg-zie-hen, zog weg, weggezogen: *durch Ziehen entfernen*
weg-zie-hen, zog weg, weggezogen: *umziehen, an einen anderen Ort ziehen*
Weg-zug, der; -es, -zü-ge: *Umzug, Wohnungswechsel*
weh: *schmerzend, wund, verletzt*
weh: *in der Wendung: weh tun, schmerzen*
Weh, das; -es,(-s): *Leid, Schmerz*
We-he, die; -,-n: *Geburtsschmerz*
We-he, die; -,-n: *vom Wind zusammengetriebener Schnee*
we-hen: *blasen, stürmen*
Weh-kla-ge, die; -,-n: *Klage, das Klagen*
weh-kla-gen: *klagen, jammern*
weh-lei-dig: *überempfindlich, schnell jammernd*
Weh-lei-dig-keit, die; -, keine Mehrzahl: *wehleidiges Wesen, Verhalten*
Weh-mut, die; -, keine Mehrzahl: *Trauer, schmerzliche Sehnsucht*
weh-mü-tig: *voller Wehmut*
Wehr, das; -s,-e: *Staumauer*
Wehr-be-auf-trag-te, der; -n,-n: *Bundestagsabgeordneter, der die Einhaltung persönlicher Rechte von Soldaten überwachen soll*
Wehr-dienst, der; -es, keine Mehrzahl: *Militärdienst*
wehr-dienst-pflich-tig: *militärdienstpflichtig*
weh-ren, sich: *sich verteidigen, sich schützen*
wehr-fä-hig: *diensttauglich*
Wehr-fä-hig-keit, die; -, keine Mehrzahl: *wehrfähige Beschaffenheit*

wehrhaft

wehr-haft: *kampftüchtig*
Wehr-haf-tig-keit, die; -, keine Mehrzahl: *kampftüchtige Beschaffenheit*
wehr-los: *hilflos, unfähig, sich zu wehren*
Wehr-lo-sig-keit, die; -, keine Mehrzahl: *Unfähigkeit, sich zu verteidigen*
Wehr-pass, der; -es, -päs-se: *Urkunde eines Soldaten*
Wehr-pflicht, die; -, keine Mehrzahl: *Verpflichtung, den Wehrdienst abzuleisten*
wehr-pflich-tig: *verpflichtet, den Wehrdienst abzuleisten*
Weib, das; -es,-er: *abfällig für „Frau"*
Wei-ber-feind, der; -es,-e: *Frauenfeind*
Wei-ber-held, der; -en,-en: *umgangssprachlich für „Frauenheld"*
wei-bisch: *wie ein Weib*
weib-lich: *fraulich, weiblichen Geschlechts*
Weib-lich-keit, die; -, keine Mehrzahl: *Fraulichkeit, weibliches Verhalten, weibliches Wesen*
Weibs-bild, das; -es,-er: *abwertend umgangssprachlich für „Frau"*
Weibs-leu-te, die; -, keine Einzahl: *veraltet, abwertend umgangssprachlich für „Frauen"*
Weibs-stück, das; -es,-e: *abfällig für „liederliche Frau"*
weich: *formbar, nicht fest, nachgiebig*
weich: *gar, gekocht*
weich: *empfindsam, gutmütig*
Weich-bild, das; -es,-er: *Stadtgebiet*
Wei-che, die; -,-n: *Abzweigung bei Schienen*
Wei-che, die; -,-n: *Seite, Flanke des Körpers*
wei-chen: *einweichen, weich werden*
wei-chen, wich, gewichen: *ausweichen, weggehen, nachgeben*
weich ge-kocht: *gar*
weich-her-zig: *gutmütig, mitfühlend, mild*
Weich-her-zig-keit, die; -, keine Mehrzahl: *weichherziges Verhalten, weichherziges Wesen*
Weich-kä-se, der; -s,-: *Käseart*
weich-lich: *zimperlich, verweichlicht*
weich ma-chen: *umgangssprachlich für „überreden"*
Weich-ma-cher, der; -s,-: *Chemikalie, die Kunststoffen zugesetzt wird, um sie weich zu erhalten*
Weich-sel: *österr. für: Sauerkirsche*
Weich-tei-le, die; -, keine Einzahl: *knochenlose Körperteile, Eingeweide*
Weich-tier, das; -es,-e: *Molluske*
Weich-zeich-ner, der; -s,-: *Vorsatzlinse für Fotoapparate*
Wei-de, die; -,-n: *Grasfläche*
Wei-de, die; -,-n: *Baumart*
wei-den, sich: *sich ergötzen, genießen, sich freuen*
wei-den: *grasen*
Wei-den-kätz-chen, das; -s,-: *Blüte der Weide*
weid-lich: *ordentlich, ausgiebig, reichlich*
Weid-werk (auch Waid-werk), das; -es, keine Mehrzahl: *die Jagd*
weid-wund (auch waid-wund): *tödlich verletzt (Tier)*
wei-gern, sich: *verweigern, ablehnen, nicht ausführen wollen*
Wei-ge-rung, die; -,-en: *das Sichweigern, Ablehnung*
Weih-bi-schof, der; -s, -schö-fe: *hoher geistlicher Würdenträger*
Wei-he, die; -,-n: *Einweihung, feierliche Inbetriebnahme*
Wei-he, die; -,-n: *Raubvogelart*
Wei-he, die; -,-n: *Segnung, Segen*
Wei-he, die; -,-n: *Feierlichkeit, feierliche Stimmung*
wei-hen: *die Weihe erteilen*
Wei-her, der; -s,-: *Teich, Tümpel*
Wei-he-stun-de, die; -,-n: *Gedenkstunde, Feierstunde*
wei-he-voll: *feierlich*
Weih-nacht, die; -, keine Mehrzahl: *Weihnachten*
Weih-nach-ten, (das) -,-: *Geburt Christi*
weih-nacht-lich: *Weihnachten betreffend*
Weih-nachts-baum, der; -es, -bäu-me: *geschmückter Tannenbaum*
Weih-nachts-fest, das; -es,-e: *Weihnachten*
Weih-nachts-lied, das; -es,-er: *Lied, das Weihnachten gesungen wird*
Weih-nachts-mann, der; -es, (-män-ner): *Nikolaus, Knecht Ruprecht*
Weih-nachts-markt, der; -es, -märk-te: *Markt zur Weihnachtszeit*
Weih-nachts-tag, der; -es,-e: *Weihnachten*
Weih-nachts-zeit, die; -, keine Mehrzahl: *Zeit vom 1. Advent bis zum 2. Weihnachtsfeiertag*

Weißmacher

Weih-rauch, der; -es, keine Mehrzahl: *Räuchermittel*
Wei-hung, die; -,-en: *das Weihen*
Weih-was-ser, das; -s,-: *geweihtes Wasser*
Weih-we-del, der; -s,-: *Wedel, mit dem Weihwasser versprengt wird*
weil: *aus dem Grunde, zu diesem Zweck*
wei-land: *veraltet für „einst"*
Wei-le, die; -, keine Mehrzahl: *kurzer Zeitabschnitt*
Wei-len: *sich aufhalten, sich befinden*
Wei-ler, der; -s,-: *kleiner Ort, kleines Dorf*
Wein, der; -es,-e: *Weinstock, Rebe*
Wein, der; -es,-e: *gegorener Traubensaft; auch aus anderen Früchten*
Wein-bau, der; -es, keine Mehrzahl: *Anbau von Weinreben*
Wein-bau-er, der; -n,-n: *Winzer*
Wein-berg, der; -es,-e: *Wingert, Rebhang*
Wein-brand, der; -es, -brän-de: *Branntwein*
wei-nen: *heulen, Tränen vergießen*
wei-ner-lich: *wehleidig, zum Weinen neigend; tränenerstickt, rührselig, kläglich*
Wein-es-sig, der; -s,-e: *aus Wein gewonnener Essig*
Wein-fla-sche, die; -,-n: *Flasche, in der sich Wein befindet*
Wein-geist, der; -es, keine Mehrzahl: *Spiritus*
Wein-glas, das; -es, -glä-ser: *Glas, aus dem Wein getrunken wird*
Wein-gut, das; -es, -gü-ter: *Gut mit Weinbergen*
Wein-kar-te, die; -,-n: *Karte, auf der die in einer Gaststätte erhältlichen Weine aufgeführt sind*
Wein-krampf, der; -es, -krämp-fe: *krampfhaftes Weinen*
Wein-lau-ne, die; -, keine Mehrzahl: *durch Weintrinken hervorgerufene Übermütigkeit, Unbeschwertheit*
Wein-le-se, die; -,-n: *Ernte der Weintrauben*
Wein-pro-be, die; -,-n: *Probe von Weinsorten*
Wein-re-be, die; -,-n: *Weinstock, Rebstock*
wein-rot: *rot*
Wein-säu-re, die; -, keine Mehrzahl: *Säureart*
Wein-stein, der; -es, keine Mehrzahl: *Salz der Weinsäure*
Wein-stock, der; -s, -stö-cke: *Rebstock*

Wein-trau-be, die; -,-n: *Traube aus Weinbeeren*
wei-se: *klug, erfahren, reif*
Wei-se, die; -,-n: *Lied, Melodie*
Wei-se, der/die; -n,-n: *jemand, der weise ist*
Wei-sel, der; -s,-, auch die; -,-n: *Bienenkönigin*
wei-sen, wies, gewiesen: *schicken, lenken, führen. hindeuten, anordnen*
Weis-heit, die; -, keine Mehrzahl: *Klugheit, Lebenserfahrung*
Weis-heits-zahn, der; -es, -zäh-ne: *hinterster Backenzahn*
weis-ma-chen: *täuschen, vorspiegeln, vormachen*
weiß: *Farbe*
weiß: *bleich, blass*
weis-sa-gen: *vorhersagen, prophezeien*
Weis-sa-gung, die; -,-en: *das Prophezeien*
Weiß-bier, das; -es,-e: *Bierart*
Weiß-blech, das; -es,-e: *verzinntes Eisenblech*
weiß-blond: *hellblond*
Weiß-brot, das; -es,-e: *Brot aus Weizen- und Maismehl*
Weiß-buch, das; -es, -bü-cher: *amtliche Veröffentlichung*
Weiß-dorn, der; -es, keine Mehrzahl: *Strauchart*
Wei-ße, die; -, keine Mehrzahl: *das Weißsein, Bleichheit*
Wei-ße, die; -n,-n: *der hellhäutigen Rasse angehörende Frau*
Wei-ße, die; -n,-n: *Weizenbierart*
Wei-ße, der; -n,-n: *der hellhäutigen Rasse angehörender Mensch*
wei-ßen: *mit weißer Farbe streichen, tünchen*
Weiß-fisch, der; -es,-e: *Fischart*
Weiß-glut, die; -, keine Mehrzahl: *beim starken Erhitzen entstehende Farbe*
Weiß-glut, die; -, keine Mehrzahl: *große Wut, großer Zorn*
weiß-haa-rig: *mit weißen Haaren versehen*
Weiß-kä-se, der, -s,-: *Quark*
Weiß-kohl, der; -s, keine Mehrzahl: *Kohlart*
weiß-lich: *blass, fast weiß*
Weiß-ling, der; -es,-e: *Schmetterlingsart*
Weiß-ma-cher, der; -s,-: *Waschmittelbestandteil*

weißwaschen

weiß-wa-schen, sich; wusch sich weiß, sich weißgewaschen: *sich von einem Verdacht befreien*
Weiß-wein, der; -es,-e: *Wein aus hellen Trauben*
Weiß-wurst, die; -, -würs-te: *Wurst aus Kalbfleisch*
Wei-sung, die; -,-en: *Anweisung, Anordnung, Befehl*
wei-sungs-ge-bun-den: *an Weisungen gebunden*
wei-sungs-ge-mäß: *einer Weisung entsprechend*
weit: *lose, groß (Kleidung)*
weit: *geräumig, groß, ausgedehnt*
weit: *lang, entfernt, groß (Strecke)*
weit-ab: *weit entfernt*
weit-aus: *bei weitem*
Weit-blick, der; -s, keine Mehrzahl: *Voraussicht*
Wei-te, die; -,-n: *Ferne, Entfernung, Größe, räumliche Ausdehnung*
Wei-te, die; -,-n: *Durchmesser, Umfang, Öffnung*
Wei-te, die; -,-n: *Größe, Umfang (Kleidung)*
wei-ten: *weiter machen, dehnen*
wei-ten, sich: *sich erweitern*
wei-ter: *hinzukommend, außerdem, sonst, noch*
wei-ter-ar-bei-ten: *fortfahren zu arbeiten*
wei-ter be-ste-hen, bestand weiter, weiter bestanden: *fortbestehen, weiter existieren*
wei-ter-bil-den, sich: *fortbilden, lernen*
Wei-ter-bil-dung, die; -, keine Mehrzahl: *Fortbildung*
wei-ter-brin-gen, brachte weiter, weitergebracht: *fördern, vorwärts bringen*
wei-ter-emp-feh-len, empfahl weiter, weiterempfohlen
wei-ter-ent-wi-ckeln: *fortentwickeln, ausreifen*
wei-ter-ent-wi-ckeln, sich: *Fortschritte machen*
Wei-ter-ent-wick-lung, die; -,-en: *das Weiterentwickeln*
wei-ter-er-zäh-len: *berichten, jemandem erzählen*
wei-ter-fah-ren, fuhr weiter, weiter gefahren: *vorbeifahren, nicht anhalten*
Wei-ter-fahrt, die; -,-en: *das Weiterfahren*
wei-ter-füh-ren: *fortführen, weiter machen*
Wei-ter-ga-be, die; -,-n: *das Weitergeben*
wei-ter-ge-ben, gab weiter, weiter gegeben: *dem Nächsten geben*
wei-ter-ge-hen, ging weiter, weiter gegangen: *vorbeigehen, ohne zu halten fortgehen*
wei-ter-ge-hen, ging weiter, weiter gegangen: *fortdauern, sich fortsetzen*
wei-ter-hel-fen, half weiter, weiter geholfen: *helfen*
wei-ter-hin: *in Zukunft, künftig*
wei-ter-kom-men, kam weiter, weiter gekommen: *vorankommen, sich fortentwickeln*
wei-ter-kön-nen, konnte weiter, weitergekonnt: *weiter einer Tätigkeit nach gehen können*
wei-ter-lau-fen, lief weiter, weiter gelaufen: *vorbeilaufen, nicht anhalten*
wei-ter-lei-ten: *weitergeben*
Wei-ter-lei-tung, die; -,-en: *das Weiterleiten*
wei-ter-ma-chen: *eine Tätigkeit fortsetzen*
Wei-ter-rei-se, die; -,-n: *das Weiterreisen*
wei-ter-rei-sen: *die Reise fortsetzen*
wei-ter-sa-gen: *weitererzählen*
wei-ters: *österreichisch für: weiterhin, ferner*
wei-ter-schi-cken: *fortschicken, weiterbefördern*
wei-ter-spie-len: *nicht mit dem Spielen aufhören, ein Spiel nicht unterbrechen*
Wei-te-rung, die; -,-en: *Schwierigkeit*
wei-ter-ver-kau-fen: *wieder verkaufen*
wei-ter-ver-mie-ten: *untervermieten*
wei-ter-zah-len: *eine Zahlung fortsetzen*
wei-test-ge-hend: *in höchstem Maße*
weit-ge-hend: *fast völlig, großzügig, umfangreich*
weit ge-reist: *vielgereist*
weit-her: *aus weiter Ferne*
weit her-ge-holt: *abwegig, nicht treffend*
weit-her-zig: *großmütig, großzügig*
weit-hin: *in großer Entfernung*
weit-läu-fig: *ausgedehnt*
Weit-läu-fig-keit, die; -, keine Mehrzahl: *Größe, große Ausdehnung, weitläufige Beschaffenheit*
weit-ma-schig: *mit weiten Maschen versehen*

Weltkarte

weit rei-chend: *umfangreich, umfassend*
weit-schwei-fig: *langatmig, umständlich*
Weit-schwei-fig-keit, die; -, keine Mehrzahl: *weitschweifige Beschaffenheit*
Weit-sicht, die; -, keine Mehrzahl: *Voraussicht*
weit-sich-tig: *vorausdenkend, vorausschauend*
weit-sich-tig: *an Weitsichtigkeit leidend*
Weit-sprung, der; -es, -sprün-ge: *Sportart*
weit tra-gend: *große Reichweite habend*
weit ver-brei-tet: *sehr verbreitet, bekannt, häufig*
Wei-zen, der; -s, keine Mehrzahl: *Getreideart*
Wei-zen-mehl, das; -s, keine Mehrzahl: *Mehl aus Weizen*
welch: *Kurzwort für „welcher, welche, welches"*
wel-che(r/s): *Relativpronomen: der, die, das*
wel-che(r/s): *unbestimmtes Fürwort (umgangssprachlich): einige, manche, etwas*
wel-che(r/s): *Fragefürwort: was für ein, wer, was*
wel-cher-art: *wie auch immer*
welk: *verblüht, vertrocknet*
wel-ken: *verblühen, vertrocknen*
Well-blech, das; -s,-e: *gewelltes Blech*
Wel-le, die; -,-n: *Achse*
Wel-le, die; -,-n: *schwingende Bewegung*
Wel-le, die; -,-n: *Locke*
Wel-le, die; -,-n: *Mode, Bewegung, geistige Strömung*
Wel-le, die; -,-n: *Woge*
wel-len: *in Wellen formen*
wel-len, sich: *sich in Wellen bewegen*
Wel-len-bad, das; -es, -bä-der: *Schwimmbad, in dem Wellen künstlich erzeugt werden*
Wel-len-be-reich, der; -es,-e: *Bereich von Wellenlängen, Teil des Spektrums*
Wel-len-bre-cher, der; -s,-: *Damm*
Wel-len-kamm, der; -es, -käm-me: *höchster Teil einer Welle*
Wel-len-län-ge, die; -,-n: *Länge, Farbe des Lichtes, der elektromagnetischen Schwingungen*
Wel-len-li-nie, die; -,-n: *in Wellen verlaufende Linie*
Wel-len-rei-ten, das; -s, keine Mehrzahl: *Surfen*
Wel-len-sit-tich, der; -es,-e: *Vogelart, Papageienvogel*
Wel-len-tal, das; -es, -tä-ler: *tiefer Teil einer Welle*
Well-fleisch, das; -es, keine Mehrzahl: *gekochtes Fleisch*
wel-lig: *in Wellen, wellenförmig, gewellt*
Well-pap-pe, die; -,-n: *gewellte Pappe*
Wel-pe, der; -n,-n: *junger Hund*
Wels, der; -es,-e: *Fischart*
welsch: *veraltet für „romanisch"*
Welt, die; -,-en: *die Erde*
Welt, die; -,-en: *Universum, Weltall*
Welt, die; -,-en: *Gesamtheit der Menschen*
Welt, die; -,-en: *Lebensbereich, Erfahrungsbereich, Gesamtheit der Vorstellungen*
Welt-all, das; -s, keine Mehrzahl: *Universum, Raum, Weltraum*
welt-an-schau-lich: *die Weltanschauung betreffend*
Welt-an-schau-ung, die; -,-en: *Philosophie, Verhältnis zur Umwelt, Denkweise*
Welt-aus-stel-lung, die; -,-en: *internationale Ausstellung*
Welt-bank, die; -, keine Mehrzahl: *internationale Bank*
welt-be-kannt: *weltberühmt*
welt-be-rühmt: *weltbekannt*
Welt-best-leis-tung, die; -,-en: *Weltrekord*
welt-be-we-gend: *sehr wichtig*
Welt-bild, das; -es,-er: *Gesamtheit des Wissens, System der Weltanschauung*
Wel-ter-ge-wicht, das; -es, keine Mehrzahl: *Gewichtsklasse in der Schwerathletik*
welt-fern: *weltfremd*
welt-fremd: *naiv, unbedarft*
Welt-fremd-heit, die; -, keine Mehrzahl: *Naivität, weltfremdes Wesen*
Welt-gel-tung, die; -,-en: *weltweite Anerkennung*
Welt-ge-schich-te, die; -,-n: *Universalgeschichte*
Welt-ge-schich-te, die; -, keine Mehrzahl: *umgangssprachlich für „Fremde, fremde Länder"*
welt-ge-schicht-lich: *die Weltgeschichte betreffend*
Welt-han-del, der; -s, keine Mehrzahl: *weltweiter Handel*
Welt-herr-schaft, die; -, keine Mehrzahl: *Herrschaft über die Welt*
Welt-kar-te, die; -,-n: *Karte der gesamten Erde*

Weltklasse

Welt-klas-se, die; -, keine Mehrzahl: *internationale Spitzenklasse*
Welt-krieg, der; -es,-e: *die Welt umfassender Krieg*
welt-lich: *die Welt betreffend, nicht kirchlich*
Welt-macht, die; -, -mäch-te: *Großmacht*
Welt-mann, der; -es, -män-ner: *gewandter Mann*
welt-män-nisch: *souverän, geschickt, überlegen*
Welt-meer, das; -es,-e: *Ozean*
Welt-meis-ter, der; -s,-: *Sieger der Weltmeisterschaft*
Welt-meis-ter-schaft, die; -,-en: *Wettkampf, bei dem ein Weltmeister ermittelt wird*
Welt-raum, der; -es, keine Mehrzahl: *Raum, Weltall*
Welt-raum-fahrt, die; -,-en: *Raumfahrt*
Welt-raum-fahr-zeug, das; -es,-e: *Raumfahrzeug*
Welt-raum-for-schung, die; -, keine Mehrzahl: *Erforschung des Weltraums, Astronautik*
Welt-raum-la-bor, das; -s,-s/-e: *Labor, das im Weltraum zur Durchführung von Experimenten dient*
Welt-raum-sta-ti-on, die; -,-en: *Station im Weltraum*
Welt-reich, das; -es,-e: *Imperium*
Welt-rei-se, die; -,-n: *Reise um die Welt*
Welt-re-kord, der; -es,-e: *beste Leistung, die auf der Welt erzielt wurde*
Welt-re-kord-ler, der; -s,-: *jemand, der einen Weltrekord erzielt*
Welt-ruf, der; -es, keine Mehrzahl: *weltweit anerkannter Ruf*
Welt-ruhm, der; -es, keine Mehrzahl: *weltweiter Ruhm*
Welt-sprache, die; -,-n: *weltweit gesprochene Sprache*
Welt-stadt, die; -, -städ-te: *Großstadt*
welt-städ-tisch: *die Weltstadt betreffend*
Welt-um-se-ge-lung, die; -,-en: *Umsegelung der Welt*
welt-um-span-nend: *die ganze Erde erfassend*
Welt-un-ter-gang, der; -es, keine Mehrzahl: *Apokalypse*
Welt-ver-bes-se-rer, der; -s,-: *jemand, der gesellschaftliche Zustände in der Welt verbessern möchte*

welt-weit: *die ganze Welt betreffend*
Welt-wirt-schaft, die; -, keine Mehrzahl: *Gesamtheit der wirtschaftlichen Beziehungen von Staaten*
Welt-wirt-schafts-kri-se, die; -,-n: *Krise der Wirtschaft in der ganzen Welt*
Welt-wun-der, das; -s,-: *außergewöhnliche Sehenswürdigkeit*
wem: *Fragefürwort*
Wem-fall, der; -es, keine Mehrzahl: *Dativ*
wen: *Fragefürwort*
Wen-de, die; -,-n: *Umschwung, Neubeginn*
Wen-de, die; -,-n: *das Wenden, Umkehr, Drehung*
Wen-de-kreis, der; -es,-e: *Durchmesser des Kreises, den ein Fahrzeug beim Wenden benötigt*
Wen-de-kreis, der; -es,-e: *Breitenkreis zwischen den Tropen und den gemäßigten Zonen*
Wen-del, die; -,-n: *spiralförmige Wicklung*
Wen-del-trep-pe, die; -,-n: *Treppenart*
wen-den: *herumdrehen, umwenden, ein Auto in die entgegengesetzte Richtung manövrieren, drehen*
wen-den, wendete/wandte, gewendet/gewandt: *in eine andere Richtung drehen; abwenden*
wen-den, sich; wandte sich, sich gewandt: *jemanden ansprechen, an jemanden richten*
wen-den, sich; wandte sich, sich gewandt: *gegen etwas eintreten*
Wen-de-punkt, der; -es,-e: *Zeitpunkt oder Ort, an dem eine Wende eintritt*
wen-dig: *beweglich, flink*
Wen-dig-keit, die; -, keine Mehrzahl: *wendige Beschaffenheit*
Wen-dung, die; -,-en: *das Wenden, Drehung, Umkehr*
Wen-dung, die; -,-en: *feste Redensart*
Wen-fall, der; -es, keine Mehrzahl: *Akkusativ*
we-nig: *gering, spärlich, kleine Menge, kleine Anzahl, nicht viel*
we-ni-ger: *minus*
We-nig-keit, die; -, keine Mehrzahl: *Kleinigkeit, kleine Anzahl*
we-nigs-tens: *mindestens*
wenn: *falls, im Falle, dass*
wenn: *sooft, sobald*
wenn-gleich: *obwohl, obgleich*

wertbeständig

wenn-schon: *umgangssprachlich für „das macht nichts, gleichgültig"*
wer: *unbestimmtes Fürwort: derjenige, jeder, jemand*
wer: *Relativpronomen*
wer: *Fragefürwort: welcher Mensch*
Wer-be-fern-se-hen, das; -s, keine Mehrzahl: *Werbesendung im Fernsehen*
Wer-be-film, der; -es,-e: *Film, mit dem für etwas geworben wird*
Wer-be-funk, der; -s, keine Mehrzahl: *Werbesendung im Rundfunk*
wer-ben, warb, geworben: *Werbung betreiben*
Wer-ber, der; -s,-: *jemand, der wirbt*
Wer-be-schrift, die; -,-en: *Druckschrift, mit der für etwas geworben wird*
Wer-be-slo-gan, der; -s,-s: *einprägsamer, kurzer Werbetext*
Wer-be-tex-ter, der; -s,-: *jemand, der Werbetexte verfasst*
Wer-be-trom-mel, die; -, keine Mehrzahl: *in der Wendung: die Werbetrommel rühren, werben*
wer-be-wirk-sam: *wirkungsvoll in der Werbung*
Wer-be-wirk-sam-keit, die; -, keine Mehrzahl: *werbewirksame Beschaffenheit*
Wer-bung, die; -,-en: *das Werben, Reklame*
Wer-bungs-kos-ten, die; -, keine Einzahl: *steuerlich absetzbare Kosten*
Wer-de-gang, der; -es, -gän-ge: *Entwicklung, Karriere, Lebenslauf*
wer-den, wurde, geworden: *Hilfsverb; in einen bestimmten Zustand kommen, eine Entwicklung nehmen*
Wer-der, der; -s,-: *Flussinsel, entwässertes Land*
Wer-fall, der; -es, keine Mehrzahl: *Nominativ*
wer-fen, warf, geworfen: *gebären (Tier)*
wer-fen, warf, geworfen: *hervorbringen, verursachen (Schatten)*
wer-fen, warf, geworfen: *schleudern*
wer-fen, sich; warf sich, sich geworfen: *sich biegen, sich verziehen, sich krümmen*
Wer-fer, der; -s,-: *jemand, der wirft*
Werft, die; -,-en: *Anlage zum Schiffsbau*
Werft, der; -es,-e: *Gewebskette*
Werg, das; -s, keine Mehrzahl: *Flachsfaser, Hede*
Werk, das; -es,-e: *Arbeit, Geschaffenes, Schöpfung*
Werk, das; -es,-e: *Schrift, Buch*
Werk, das; -es,-e: *Handlung, Tat*
Werk, das; -es,-e: *Fabrik, Betrieb*
Werk-bank, die; -, -bän-ke: *Arbeitstisch eines Handwerkers*
werk-ei-gen: *dem Werk gehörend*
wer-keln: *süddeutsch für „arbeiten"*
wer-ken: *praktisch arbeiten*
Wer-ken, das; -s, keine Mehrzahl: *handwerklicher Unterricht*
werk-ge-treu: *dem Werk genau entsprechend*
Werk-hal-le, die; -,-n: *Fabrikhalle*
Werk-meis-ter, der; -s,-: *Leiter einer Werkstatt oder einer Abteilung*
werks-ei-gen: *werkeigen*
Werk-spi-o-na-ge, die; -, keine Mehrzahl: *Auskundschaften von Betriebsgeheimnissen*
Werk-statt, die; -, -stät-ten: *Arbeitsraum, Arbeitsstätte*
Werk-stät-te, die; -,-n: *Werkstatt*
Werk-stoff, der; -es,-e: *festes Material*
Werk-stück, das; -s,-e: *Gegenstand im Herstellungsprozess*
Werks-woh-nung, die; -,-en: *werkseigene Wohnung*
Werk-tag, der; -es,-e: *Arbeitstag*
werk-tags: *am Werktag*
werk-tä-tig: *arbeitend*
Werk-tä-ti-ge, der; -n,-n: *jemand, der arbeitet*
Werk-treue, die; -, keine Mehrzahl: *werktreue Wiedergabe eines Musikstücks*
Werk-ver-trag, der; -es, -trä-ge: *Vertrag über die Herstellung eines Werkes*
Werk-zeug, das; -s,-e: *Gerät, Arbeitsgerät*
Werk-zeug-kas-ten, der; -s, -käs-ten: *Kasten, in dem Werkzeug aufbewahrt wird*
Wer-mut, der; -es, keine Mehrzahl: *Bitterkeit, Leid*
Wer-mut, der; -s, keine Mehrzahl: *Pflanzenart; auch: Kurzwort für „Wermutschnaps"*
Wer-muts-trop-fen, der; -s,-: *Bitterkeit, Leid*
Wer-mut-wein, der; -es,-e: *Wermutschnaps*
wert: *teuer, kostbar, geehrt*
wert: *bedeutungsvoll, wichtig*
Wert, der; -es,-e: *Preis, Bedeutung, Wichtigkeit*
Wert-ar-beit, die; -,-en: *Qualitätsarbeit*
wert-be-stän-dig: *den Wert bewahrend*

Wertbeständigkeit

Wert-be-stän-dig-keit, die; -, keine Mehrzahl: *wertbeständige Beschaffenheit*
Wert-brief, der; -es,-e: *versicherter Brief*
wer-ten: *einen Wert beimessen, schätzen, beurteilen*
Wer-tig-keit, die; -,-en: *Eigenschaft eines Atoms, eine bestimmte Anzahl an Atomen zu binden*
wert-los: *ohne Wert*
Wert-lo-sig-keit, die; -, keine Mehrzahl: *wertlose Beschaffenheit*
Wert-mar-ke, die; -,-n: *Marke, die für einen aufgedruckten Gegenwert steht*
Wert-pa-pier, das; -es,-e: *Börsenpapier, Aktie*
Wert-sa-chen, die; -, keine Einzahl: *wertvolle Gegenstände*
wert-schät-zen: *hochschätzen, lieben, achten*
Wert-schät-zung, die; -,-en: *Anerkennung, Respekt*
Wer-tung, die; -,-en: *das Werten*
Wert-ur-teil, das; -s,-e: *wertendes Urteil, Urteil über den Wert*
wert-voll: *kostbar, bedeutend*
Wert-zu-wachs, der; -es, keine Mehrzahl: *Wertsteigerung*
Wer-wolf, der; -es, -wöl-fe: *sagenhafter Wolfsmensch*
We-sen, das; -s,-: *Geschöpf*
We-sen, das; -s, keine Mehrzahl: *Charakter, Eigenart, Natur, Art und Weise*
We-sens-art, die; -,-en: *Wesen, Charakter, Natur*
we-sens-fremd: *dem eigenen Wesen fremd*
we-sens-gleich: *von gleichem Wesen*
We-sens-gleich-heit, die; -, keine Mehrzahl: *wesensgleiche Beschaffenheit*
We-sens-zug, der; -es, -zü-ge: *Charakterzug*
we-sent-lich: *bedeutsam, sehr wichtig, grundlegend*
Wes-fall, der; -es, keine Mehrzahl: *Wessenfall*
wes-halb: *Fragewort: warum*
We-sir, der; -s,-e: *Minister islamischer Staaten*
Wes-pe, die; -,-n: *Insekt*
Wes-pen-nest, das; -es,-er: *Bau der Wespen*
Wes-pen-tail-le [Wespentallje], die; -,-n: *sehr schlanke Taille*
wes-sen: *Fragefürwort*
Wes-sen-fall, der; -es, keine Mehrzahl: *Genitiv*
Wes-te, die; -,-n: *ärmelloses Oberbekleidungsstück*
Wes-ten, der; -s, keine Mehrzahl: *Himmelsrichtung*
Wes-ten, der; -s, keine Mehrzahl: *Abendland, Westeuropa und Amerika*
Wes-tern, der; -s,-: *Wildwestfilm*
Wes-ting-house-brem-se [Westinghausbremse], die; -,-n: *Druckluftbremse*
west-lich: *im Westen liegend*
west-lich: *den Westen betreffend*
Wes-tover (auch West-o-ver) [Westouver], der; -s,-: *ärmelloser Pullover*
west-wärts: *nach Westen, gen Westen*
West-wind, der; -es,-e: *Wind, der aus Westen weht*
wes-we-gen: *Fragefürwort: weshalb*
Wett-be-werb, der; -es,-e: *Konkurrenz, Wettkampf*
Wett-be-wer-ber, der; -s,-: *jemand, der an einem Wettbewerb teilnimmt*
Wett-bü-ro, das; -s,-s: *Büro, bei dem man Wetten abschließen kann*
Wet-te, die; -,-n: *Glücksspiel*
Wett-ei-fer, der; -s, keine Mehrzahl: *Wunsch, etwas besser zu machen als ein Konkurrent, ihn zu übertreffen*
wett-ei-fern: *versuchen, jemanden zu übertreffen*
wet-ten: *eine Wette abschließen*
Wet-ter, der; -s,-: *jemand, der wettet*
Wet-ter, das; -s, keine Mehrzahl: *klimatischer Zustand*
Wet-ter-amt, das; -es, -äm-ter: *Dienststelle des Wetterdienstes*
Wet-ter-be-richt, der; -es,-e: *Wettervorhersage*
wet-ter-be-stän-dig: *wetterfest*
Wet-ter-fah-ne, die; -,-n: *die Windrichtung anzeigende Fahne*
wet-ter-fest: *wetterunempfindlich*
wet-ter-füh-lig: *an Wetterfühligkeit leidend*
Wet-ter-füh-lig-keit, die; -, keine Mehrzahl: *Empfindlichkeit gegen Wetteränderungen*
Wet-ter-hahn, der; -es, -häh-ne: *Wetterfahne in Form eines Hahnes*
Wet-ter-kar-te, die; -,-n: *Karte, auf der das Wetter eines Bereiches dargestellt ist*
Wet-ter-kun-de, die; -, keine Mehrzahl: *Meteorologie*

wet-ter-kund-lich: *meteorologisch*
Wet-ter-la-ge, die; -,-n: *großräumiger Stand des Wetters und seine Entwicklungstendenzen*
Wet-ter-leuch-ten, das; -s, keine Mehrzahl: *Widerschein eines weit entfernten Gewitters*
wet-tern: *schimpfen*
Wet-ter-pro-gno-se, die; -,-n: *Wettervorhersage*
Wet-ter-re-gel, die; -,-n: *Bauernregel*
Wet-ter-sei-te, die; -,-n: *Seite der vorherrschenden Windrichtung*
Wet-ter-sturz, der; -es, -stür-ze: *plötzliche Wetterverschlechterung*
Wet-ter-vor-her-sa-ge, die; -,-n: *Wetterprognose*
Wet-ter-war-te, die; -,-n: *Wetterbeobachtungsstation*
wet-ter-wen-disch: *unbeständig, veränderlich*
Wett-kampf, der; -es,-käm-fe: *sportlicher Kampf, Meisterschaft*
Wett-käm-fer, der; -s,-: *jemand, der an einem Wettkampf teilnimmt*
Wett-lauf, der; -es, -läu-fe: *Wettrennen*
Wett-läu-fer, der; -s,-: *jemand, der an einem Wettlauf teilnimmt*
wett-machen: *ausgleichen, sich revanchieren, wiedergutmachen*
Wett-ren-nen, das; -s,-: *Wettlauf*
Wett-streit, der; -es, keine Mehrzahl: *Bemühung um den Sieg*
wet-zen: *schärfen, schleifen*
wet-zen: *umgangssprachlich für „schnell laufen"*
Wetz-stein, der; -es,-e: *Stein zum Schärfen*
Whis-key, der; -s,-s: *irischer oder amerikanischer Gerstenbranntwein*
Whis-ky, der; -s,-s: *schottischer Gerstenbranntwein*
Whist, das; -s, keine Mehrzahl; *Kartenspiel*
Wich-se, die; -,-n: *wachsartiges Putzmittel*
Wich-se, die; -, keine Mehrzahl: *umgangssprachlich für „Prügel"*
wich-sen: *mit Wachs oder Wichse einreiben*
wich-sen: *umgangssprachlich für „onanieren"*
Wicht, der; -es,-e: *Zwerg, Kobold; auch: kleines Kind*
Wich-tel-männ-chen, das; -s,-: *Zwerg*

wich-tig: *einflussreich*
wich-tig: *wesentlich, bedeutend*
Wich-tig-keit, die; -, keine Mehrzahl: *Bedeutung, wichtige Beschaffenheit*
Wich-tig-tu-er, der; -s,-: *Angeber*
Wich-tig-tu-e-rei, die; -,-en: *wichtigtuerisches Gehabe*
wich-tig-tu-e-risch: *angeberisch*
Wi-cke, die; -,-n: *Blumenart*
Wi-ckel, der; -s,-: *Packung, Umschlag*
Wi-ckel, der; -s,-: *zusammengerolltes Knäuel, Spule, Rolle*
wi-ckeln: *rollen, verschlingen, herumlegen*
Wick-lung (auch Wi-cke-lung), die; -,-en: *Windung, Aufgewickeltes*
Wid-der, der; -s,-: *Schafbock*
wi-der: *gegen*
wi-der-bors-tig: *widerspenstig*
Wi-der-bors-tig-keit, die; -, keine Mehrzahl: *widerborstiges Verhalten, widerborstiges Wesen*
wi-der-fah-ren, widerfuhr, widerfahren: *geschehen, zustoßen*
Wi-der-ha-ken, der; -s,-
Wi-der-hall, der, -s, keine Mehrzahl: *Aufnahme, Resonanz*
Wi-der-hall, der; -s, keine Mehrzahl: *Echo*
wi-der-hal-len: *ein Echo ergeben, dröhnen*
Wi-der-kla-ge, die; -,-n: *Gegenklage*
Wi-der-la-ger, das; -s,-: *Bauteil, das tragende Teile stützt*
wi-der-leg-bar: *als falsch beweisbar*
Wi-der-leg-bar-keit, die; -, keine Mehrzahl: *widerlegbare Beschaffenheit*
Wi-der-le-gen: *das Gegenteil beweisen*
Wi-der-le-gung, die; -,-en: *das Widerlegen*
wi-der-lich: *abstoßend, ekelhaft, hässlich, gemein*
Wi-der-lich-keit, die; -, keine Mehrzahl: *widerliche Beschaffenheit, das Widerlichsein*
wi-der-na-tür-lich: *gegen die Natur verstoßend*
Wi-der-na-tür-lich-keit, die; -,-en: *widernatürliche Beschaffenheit*
Wi-der-part, der; -es,-e: *Gegner, Widersacher*
wi-der-recht-lich: *ungesetzlich*
Wi-der-recht-lich-keit, die; -,-en: *widerrechtliche Beschaffenheit, Ungesetzlichkeit*

Widerrede

Wi-der-re-de, die; -,-n: *Gegenrede, Widerspruch*
Wi-der-ruf, der; -es,-e: *Ungültigkeitserklärung*
wi-der-ru-fen, widerrief, widerrufen: *zurücknehmen, nachträglich als falsch bezeichnen*
Wi-der-sa-cher, der; -s,-: *Gegner, Feind*
Wi-der-schein, der; -es,-e: *Abglanz, zurückgestrahltes Licht*
wi-der-schei-nen, schien wider, widergeschienen: *reflektieren, zurückstrahlen*
wi-der-set-zen, sich: *Widerstand leisten, Einspruch erheben*
wi-der-setz-lich: *widerspenstig, sich wehrend*
Wi-der-setz-lich-keit, die; -,-en: *widersetzliches Verhalten*
Wi-der-sinn, der; -es, keine Mehrzahl: *Unlogik*
wi-der-sin-nig: *unsinnig, unlogisch*
Wi-der-sin-nig-keit, die; -, keine Mehrzahl: *widersinnige Beschaffenheit*
wi-der-spens-tig: *schwer zu handhaben*
wi-der-spens-tig: *eigensinnig, störrisch, unangepasst*
Wi-der-spens-tig-keit, die; -, keine Mehrzahl: *widerspenstiges Verhalten, widerspenstiges Wesen*
wi-der-spie-geln: *als Spiegelbild zurückwerfen*
wi-der-spie-geln: *zeigen*
Wi-der-spie-ge-lung, die; -,-en: *Spiegelung, das Widerspiegeln*
wi-der-spre-chen, widersprach, widersprochen: *Einspruch erheben, das Gegenteil behaupten*
Wi-der-spruch, der; -es, -sprü-che: *unvereinbare Tatsache, unstimmige Behauptung*
Wi-der-spruch, der; -es, -sprü-che: *Einwand, Einspruch, gegenteilige Behauptung*
wi-der-sprüch-lich: *unstimmig, unvereinbar*
Wi-der-sprüch-lich-keit, die; -,-en: *widersprüchliche Beschaffenheit*
Wi-der-spruchs-geist, der; -es, keine Mehrzahl: *Mut zu widersprechen, Querulantentum*
wi-der-spruchs-los: *ohne zu widersprechen*
wi-der-spruchs-voll: *voller Widersprüche*
Wi-der-stand, der; -es, -stän-de: *elektrisches Bauelement*
Wi-der-stand, der; -es, -stän-de: *Gegenwehr, Abwehr*
Wi-der-stand, der; -es, -stän-de: *Kraft, die einer Bewegung entgegenwirkt*
Wi-der-stands-be-we-gung, die; -,-en: *Widerstand*
wi-der-stands-fä-hig: *kräftig, unempfindlich; fähig, Widerstand zu leisten*
Wi-der-stands-fä-hig-keit, die; -, keine Mehrzahl: *widerstandsfähige Beschaffenheit*
Wi-der-stands-käm-pfer, der; -s,-: *jemand, der in einer Widerstandsbewegung mitkämpft*
Wi-der-stands-kraft, die; -, -kräf-te: *Durchhaltevermögen, Fähigkeit, Widerstand zu leisten*
wi-der-stands-los: *ohne Widerstand*
wi-der-ste-hen, widerstand, widerstanden: *Widerstand leisten*
wi-der-stre-bend: *ungern, gezwungenermaßen*
Wi-der-streit, der; -es, keine Mehrzahl: *Konflikt*
wi-der-strei-ten, widerstritt, widerstritten: *im Gegensatz stehen, widersprechen*
wi-der-wär-tig: *ekelhaft*
Wi-der-wär-tig-keit, die; -, keine Mehrzahl: *widerwärtige Beschaffenheit*
Wi-der-wil-le, der; -ns, keine Mehrzahl: *starke Abneigung, Abscheu, Ekel*
wi-der-wil-lig: *sehr ungern, mit Widerwillen*
wid-men: *zueignen, schenken*
wid-men, sich: *sich kümmern, sich mit etwas beschäftigen*
Wid-mung, die; -,-en: *Zueignung*
Wid-mungs-e-xem-plar (auch Widmungs-ex-em-plar), das; -es,-e: *Ausgabe mit Widmung*
wid-rig: *hemmend, hinderlich, ungünstig*
Wid-rig-keit, die; -,-en: *Unannehmlichkeit, widrige Beschaffenheit*
wie: *Fragewort, Vergleichswort*
Wie-de-hopf, der; -es,-e: *Vogelart*
wie-der: *aufs Neue, noch einmal*
wie-der: *umgangssprachlich für „zurück"*
Wie-der-auf-bau, der; -s, keine Mehrzahl: *neuer Aufbau von Zerstörtem*
wie-der auf-bau-en: *neu aufbauen*
Wie-der-auf-füh-rung, die; -,-en: *erneute Aufführung*

Wie‌der‌auf‌nah‌me, die; -,-n: *erneute Aufnahme*
Wie‌der‌auf‌nah‌me‌ver‌fah‌ren, das; -s,-: *Verfahren mit dem Zweck, einen Prozess erneut durchzuführen*
Wie‌der‌auf‌rich‌tung, die; -,-en: *das Wiederaufrichten, erneutes Aufrichten*
Wie‌der‌be‌ginn, der; -s, keine Mehrzahl: *erneuter Beginn, Beginn nach einer Pause*
wie‌der‌be‌kom‌men, bekam wieder, wiederbekommen: *wiedererhalten, zurückbekommen*
wie‌der be‌le‌ben: *wieder zum Leben erwecken, zu neuem Leben erwecken*
Wie‌der‌be‌le‌bung, die; -,-en: *das Wiederbeleben*
Wie‌der‌be‌le‌bungs‌ver‌such, der; -es,-e: *Versuch der Lebensrettung, der Wiederbelebung*
wie‌der be‌schaf‌fen: *erneut beschaffen*
Wie‌der‌be‌schaf‌fung, die; -,-en: *das Wiederbeschaffen*
wie‌der‌brin‌gen, brachte wieder, wiedergebracht: *zurückbringen*
Wie‌der‌ein‌set‌zung, die; -,-en: *das Wiedereinsetzen*
wie‌der ent‌de‌cken: *erneut entdecken*
wie‌der‌er‌hal‌ten, erhielt wieder, wiedererhalten: *wiederbekommen*
wie‌der er‌ken‌nen, erkannte wieder, wieder erkannt: *aufs Neue erkennen*
wie‌der‌er‌lan‌gen: *wiederbekommen, aufs Neue erlangen*
wie‌der er‌öff‌nen: *neu eröffnen*
Wie‌der‌er‌öff‌nung, die; -,-en: *das Wiedereröffnen*
wie‌der‌er‌zäh‌len: *nacherzählen*
wie‌der fin‌den, fand wieder, wieder gefunden: *von Neuem finden, Verlorenes entdecken*
wie‌der‌for‌dern: *zurückfordern*
Wie‌der‌ga‌be, die; -, keine Mehrzahl: *Wiedergeben, Reproduktion*
wie‌der‌ge‌ben, gab wieder, wiedergegeben: *darstellen, darbieten, berichten, erzählen, schildern*
wie‌der‌ge‌ben, gab wieder, wiedergegeben: *zurückgeben*
wie‌der ge‌bo‌ren: *erneuert*
wie‌der ge‌bo‌ren: *nochmals geboren*
Wie‌der‌ge‌burt, die; -,-en: *Reinkarnation*
Wie‌der‌ge‌burt, die; -,-en: *Erneuerung*

wie‌der‌ge‌win‌nen, gewann wieder, wiedergewonnen: *zurückgewinnen*
Wie‌der‌ge‌win‌nung, die; -, keine Mehrzahl: *das Wiedergewinnen, Recycling*
wie‌der gut‌ma‌chen: *ersetzen, erstatten*
Wie‌der‌gut‌ma‌chung, die; -,-en: *das Gutmachen*
wie‌der‌ha‌ben, hat wieder, wiedergehabt: *zurückhaben*
wie‌der‌her‌stel‌len: *in den alten Zustand versetzen*
Wie‌der‌her‌stel‌lung, die; -,-en: *das Wiederherstellen, Restauration*
wie‌der‌ho‌len: *noch einmal sagen oder tun, repetieren*
wie‌der‌ho‌len: *zurückholen*
wie‌der‌holt: *mehrmals, mehrmalig*
Wie‌der‌ho‌lung, die; -,-en: *das Wiederholen*
Wie‌der‌ho‌lungs‌fall, der; -es, -fäl‌le: *Handlung*
Wie‌der‌ho‌lungs‌zei‌chen, das; -s,-: *Musik: Zeichen, dass eine Tonfolge wiederholt werden soll*
Wie‌der‌in‌stand‌set‌zung, die; -,-en: *Reparatur*
Wie‌der‌in‌stand‌set‌zungs‌ar‌beit, die; -,-en: *das Reparieren*
wie‌der‌käu‌en: *umgangssprachlich für „immer wieder sagen"*
wie‌der‌käu‌en: *noch einmal kauen*
Wie‌der‌käu‌er, der; -s,-: *Tiergruppe*
Wie‌der‌kehr, die; -, keine Mehrzahl: *Rückkehr, das Wiederkommen*
wie‌der‌keh‌ren: *wieder eintreten, sich wiederholen*
wie‌der‌keh‌ren: *zurückkommen*
wie‌der‌kom‌men, kam wieder, wiedergekommen: *zurückkommen*
wie‌der‌se‌hen, sich; sah sich wieder, sich wieder gesehen: *sich wieder treffen*
wie‌der se‌hen, sah wieder, wieder gesehen: *nochmals sehen*
Wie‌der‌se‌hen, das; -s,-: *Treffen nach längerer Zeit; auch: Abschiedsgruß*
wie‌de‌rum (auch wie‌der‌um): *erneut*
wie‌de‌rum (auch wie‌der‌um): *andererseits*
wie‌der ver‌ei‌ni‌gen: *erneut vereinigen*
Wie‌der‌ver‌ei‌ni‌gung, die; -,-en: *das Wiedervereinigen*
wie‌der ver‌hei‌ra‌ten: *erneut heiraten*

Wiederverheiratung

Wie-der-ver-hei-ra-tung, die; -,-en: *das Wiederverheiraten*
Wie-der-ver-kauf, der; -es, -käu-fe: *erneuter Verkauf*
wie-der ver-kau-fen: *erneut verkaufen*
Wie-der-vor-la-ge, die; -,-n: *erneute Vorlage einer Akte zu einem späteren Datum*
Wie-der-wahl, die; -,-en: *erneute Wahl derselben Person*
wie-der wäh-len: *erneut wählen*
Wie-ge, die; -,-n: *schaukelndes Kinderbett*
Wie-ge-mes-ser, das; -s,-: *Hackmesser*
wie-gen: *mit dem Wiegemesser zerkleinern*
wie-gen, wog, gewogen: *Gewicht haben, schwer sein*
wie-gen, wog, gewogen: *Gewicht feststellen*
wie-gen: *sanft, leicht schaukeln*
wie-gen, sich; wog sich, sich gewogen: *sich auf die Waage stellen*
Wie-gen-fest, das; -es,-e: *Geburtstag*
Wie-gen-lied, das; -es,-er: *Einschlaflied*
wie-hern: *umgangssprachlich für „unangenehm, laut lachen"*
wie-hern: *Laut geben (Pferd)*
Wie-se, die; -,-n: *Grasland*
Wie-sel, das; -s,-: *kleiner Marder*
wie-seln: *sich eilig bewegen*
Wie-sen-blu-me, die; -,-n: *wild wachsende Blume*
wie-so: *Fragefürwort: warum, weshalb*
wie-so: *Fragewort: warum*
wie viel: *Fragefürwort: welche Anzahl, welche Menge*
wie-viel-mal: *Fragefürwort: wie oft*
wie-weit: *inwieweit, bis zu welchem Grade*
wie-wohl: *obwohl*
Wig-wam, das; -s,-s: *Indianerzelt, Tipi*
Wi-kin-ger, der; -s,-: *Normanne*
wi-kin-gisch: *die Wikinger betreffend*
wild: *ungebärdig, ungestüm, zornig, heftig, wütend*
wild: *im Naturzustand, ungezähmt, nicht angebaut, unbearbeitet, unzivilisiert*
Wild, das; -es, keine Mehrzahl: *jagdbare Tiere, Wildbret*
Wild-bad, das; -es, -bä-der: *Badeort mit warmer Quelle*
Wild-bahn, die; -, keine Mehrzahl: *Jagdgebiet*
Wild-bret, das; -s, keine Mehrzahl: *Fleisch vom Wild*

Wild-dieb, der; -es,-e: *Wilderer*
Wil-de, der/die; -n,-n: *Angehöriger eines Naturvolkes*
Wild-en-te, die; -,-n: *wild lebende Entenart*
Wil-de-rer, der; -s,-: *Wilddieb*
wil-dern: *ohne Erlaubnis jagen*
Wild-fang, der; -es, -fän-ge: *ausgelassenes Kind*
wild-fremd: *völlig fremd*
Wild-gans, die; -, -gän-se: *wild lebende Gänseart*
Wild-heit, die; -, keine Mehrzahl: *wildes Verhalten, wildes Wesen*
Wild-kat-ze, die; -,-n: *wild lebende Katzenart*
wild le-bend: *ungezähmt, im Naturzustand lebend*
Wild-le-der, das; -s, keine Mehrzahl: *Leder mit rauer Oberfläche*
Wild-nis, die; -,-se: *Land im Naturzustand*
Wild-park, der; -s,-s: *im Naturzustand belassenes, geschütztes Gebiet*
Wild-pferd, das; -es,-e: *wild lebende Pferdeart*
wild-reich: *reich an Wild, mit viel Wild ausgestattet*
Wild-reich-tum, der; -s, keine Mehrzahl: *Reichtum an Wild*
wild-ro-man-tisch: *romantisch*
Wild-sau, die; -, -sau-en/(-säue): *Wildschwein, wild lebende Schweineart*
Wild-scha-den, der; -s, -schä-den: *von Wild verursachter Schaden*
Wild-schwein, das; -es,-e: *Schwarzwild*
wild wach-send: *im Naturzustand wachsend*
Wild-wech-sel, der; -s,-: *vom Wild ständig benutzter Pfad*
Wild-west-film, der; -es,-e: *Western*
Wild-wuchs, der; -es, keine Mehrzahl: *nicht eingeschränktes, naturbelassenes Pflanzenwachstum*
Wil-le, der; -ns,-n: *Einwilligung*
Wil-le, der; -ns,-n: *feste Absicht, Vorsatz*
Wil-le, der; -ns,-n: *Entschlossenheit, Wollen*
wil-len-los: *ohne Willen*
Wil-len-lo-sig-keit, die; -, keine Mehrzahl: *willenloses Verhalten, willenloses Wesen*
wil-lens: *gewillt*
Wil-lens-äu-ße-rung, die; -,-en: *Äußerung des Willens*

Windrose

Wil·lens·er·klä·rung, die; -,-en: *Erklärung des Willens, Absichtserklärung*
Wil·lens·kraft, die; -, keine Mehrzahl: *Entschlusskraft*
wil·lens·schwach: *mit wenig Willenskraft ausgestattet*
Wil·lens·schwä·che, die; -,-n: *Mangel an Willenskraft*
wil·lens·stark: *einen starken Willen besitzend*
Wil·lens·stär·ke, die; -, keine Mehrzahl: *hohes Maß an Willenskraft*
wil·lent·lich: *gewollt, absichtlich*
will·fäh·rig: *gefügig, gehorsam*
Will·fäh·rig·keit, die; -, keine Mehrzahl: *willfähriges Verhalten, willfähriges Wesen*
wil·lig: *bereitwillig, guten Willens*
will·kom·men: *in der Wendung: jemanden willkommen heißen, jemanden begrüßen*
will·kom·men: *erwünscht, gern gesehen, gern angenommen*
Will·kom·men, das; -s,-: *freundlicher Empfang, Begrüßung*
Will·kom·mens·gruß, der; -es, -grü·ße: *Gruß, Empfang*
Will·kür, die; -, keine Mehrzahl: *Handeln nach Gutdünken, Selbstherrlichkeit*
Will·kür·herr·schaft, die; -,-en: *Gewaltherrschaft, rücksichtslose Herrschaft*
will·kür·lich: *selbstherrlich, ungerechtfertigt, gesetzlos*
wim·meln: *sich in großer Anzahl durcheinander bewegen*
wim·mern: *leise jammern, klagen*
Wim·pel, der; -s,-: *kleine dreieckige Fahne*
Wim·per, die; -,-n: *kurzes Haar am Augenlid*
Wim·pern·tu·sche, die; -,-n: *Kosmetikum*
Wim·per·tier·chen, das; -s,-: *Kleinstlebewesen*
Wind, der; -es,-e: *Blähung*
Wind, der; -es,-e: *Luftbewegung, Luftzug*
Wind·beu·tel, der; -s,-: *umgangssprachlich für „leichtsinniger Mensch"*
Wind·beu·tel, der; -s,-: *Kleingebäck*
Wind·bruch, der; -es, keine Mehrzahl: *Schaden an Bäumen durch zu starken Wind*
Win·de, die; -,-n: *Kletterpflanze*
Win·de, die; -,-n: *Hebevorrichtung*
Wind·ei, das; -s,-er: *nur mit einer dünnen Schale umgebenes Ei*

Wind·ei, das; -s,-er: *unbrauchbare Idee*
Win·del, die; -,-n: *Säuglingswindel*
win·den, wand, gewunden: *drehen, drehend bewegen, wickeln, schlingen*
win·den, wand, gewunden: *flechten*
win·den, wand, gewunden: *mit einer Winde heben*
win·den, sich; wand sich, sich gewunden: *ranken*
win·den, sich; wand sich, sich gewunden: *sich krümmen*
win·den, sich; wand sich, sich gewunden: *Ausflüchte machen, nicht die Wahrheit sagen*
win·den, sich; wand sich, sich gewunden: *sich schlängeln, in Windungen verlaufen*
Win·des·ei·le, die; -, keine Mehrzahl: *Hast, große Geschwindigkeit, große Eile*
Wind·fang, der; -es, -fän·ge: *Vorraum; auch: Schutzvorrichtung am Schornstein*
Wind·hauch, der; -es, keine Mehrzahl: *schwache Luftbewegung*
Wind·ho·se, die; -,-n: *Wirbelwind*
Wind·hund, der; -es,-e: *Hundeart*
Wind·hund, der; -es,-e: *umgangssprachlich für „leichtsinniger Mensch"*
win·dig: *mit starker Luftbewegung*
win·dig: *umgangssprachlich für „nicht überzeugend, nicht glaubhaft"*
Wind·ja·cke, die; -,-n: *Regenjacke*
Wind·jam·mer, der; -s,-: *Segelschiff*
Wind·ka·nal, der; -es, -ka·nä·le: *Gerät, in dem zu Testzwecken starke Windströmungen erzeugt werden*
Wind·licht, das; -es,-er: *gegen Wind geschützte Kerzen- oder Petroleumlampe*
Wind·mes·ser, der; -s,-: *Anemometer, Gerät zum Messen der Windgeschwindigkeit*
Wind·müh·le, die; -,-n: *durch Wind angetriebene Mühle*
Wind·müh·len·flü·gel, der; -s,-: *Flügel der Windmühle, Rotor*
Wind·po·cken, die; -, keine Einzahl: *Kinderkrankheit*
Wind·rad, das; -es, -rä·der: *Turbine, die aus der Windkraft Energie gewinnt, kleine Windmühle*
Wind·rich·tung, die; -,-en: *Richtung, aus der der Wind weht*
Wind·rös·chen, das; -s,-: *Anemone, Blumenart*
Wind·ro·se, die; -,-n: *Scheibe, die die Himmelsrichtung anzeigt*

Windsack

Wind-sack, der; -s, -sä-cke: *Windrichtungsanzeiger*
Wind-schat-ten, der; -s,-: *windgeschützte Seite*
wind-schief: *nicht im richtigen Winkel, schief*
wind-schlüpf-rig: *windschnittig*
wind-schnit-tig: *stromlinienförmig*
Wind-schutz-schei-be, die; -,-n: *Frontscheibe des Autos*
Wind-spiel, das; -es,-e: *Windhund*
Wind-stär-ke, die; -,-n: *Stärke des Windes, Windgeschwindigkeit*
wind-still: *ohne Wind, ohne Luftbewegung*
Wind-stil-le, die; -,-n: *Kalme, keine Luftbewegung*
Wind-stoß, der; -es, -stö-ße: *Bö, plötzlicher, heftiger Wind*
Wind-sur-fer [Windsörfer], der; -s,-: *jemand, der mit einem Surfbrett segelt*
Wind-sur-fing [Windsörfing], das; -s, keine Mehrzahl: *Wassersportart, Segeln mit einem Surfbrett*
Win-dung, die; -,-en: *Biegung, Gewinde*
Wind-zug, der; -es, -zü-ge: *stetige Luftbewegung*
Win-gert, der; -s,-e: *Weinberg*
Wink, der; -es,-e: *Hinweis, Zeichen, Andeutung*
Win-kel, der; -s,-: *heimliches Plätzchen, abgelegene Stelle*
Win-kel, der; -s,-: *Ecke*
Win-kel-ei-sen, das; -s,- *Eisenprofil*
Win-kel-funk-ti-on, die; -,-en: *Mathematik: Funktion eines Winkels im rechtwinkligen Dreieck*
win-ke-lig: *verwinkelt*
Win-kel-maß, das; -es,-e: *Maßeinheit des Winkels*
Win-kel-mes-ser, der; -s,-: *geometrisches Gerät*
Win-kel-zug, der; -es, -zü-ge: *undurchsichtiges, taktisches Vorgehen*
win-ken: *ein Zeichen geben, zuwinken*
wink-lig: *winkelig*
Win-se-lei, die; -,-en: *anhaltendes Winseln*
win-seln: *kläglich weinen, wimmern*
Win-ter, der; -s,-: *kalte Jahreszeit*
Win-ter-an-fang, der; -s, -fän-ge: *Beginn des Winters*
Win-ter-fahr-plan, der; -es, -plä-ne: *Fahrplan, der im Winter gilt*

Win-ter-gar-ten, der; -s, -gär-ten: *verglaste Veranda*
Win-ter-ge-trei-de, das; -s, keine Mehrzahl: *im Herbst ausgesätes Getreide*
Win-ter-land-schaft, die; -,-en: *Landschaft im Winter*
win-ter-lich: *im Winter, wie im Winter*
Win-ter-ling, der; -s,-e: *Blumenart*
Win-ter-mo-nat, der; -es,-e: *Monat des Winters*
Win-ter-rei-fen, der; -s,-: *Reifen mit starkem Profil*
Win-ter-schlaf, der; -es, keine Mehrzahl: *herabgesetzte Körperfunktion mancher Tiere im Winter*
Win-ter-schluss-ver-kauf, der; -es, -käu-fe: *Räumungsverkauf am Ende des Winters*
Win-ter-spie-le, die; -, keine Einzahl: *Teil der Olympischen Spiele, der die Wintersportdisziplinen umfasst*
Win-ter-sport, der; -es, keine Mehrzahl: *Gesamtheit der Sportarten, die im Winter betrieben werden*
Win-ter-zeit, die; -, keine Mehrzahl: *Winter*
Win-zer, der; -s,-: *Weinbauer*
win-zig: *sehr klein*
Win-zig-keit, die; -,-en: *Kleinigkeit, Kleinheit, winzige Beschaffenheit*
Wip-fel, der; -s,-: *Baumkrone*
Wip-pe, die; -,-n: *zweiarmiger Hebel, Schaukel*
wip-pen: *schaukeln*
wir: *persönliches Fürwort, Mehrzahl von „ich"*
Wir-bel, der; -s,-: *schnelle, kreisende Bewegung*
Wir-bel, der; -s,-: *Trommelwirbel*
Wir-bel, der; -s,-: *Strudel*
Wir-bel, der; -s,-: *Durcheinander, Aufregung, Aufruhr*
Wir-bel, der; -s,-: *Wirbelknochen*
Wir-bel, der; -s,-: *Haarwirbel*
wir-be-lig: *drehend, wirbelnd*
wir-bel-los: *ohne Wirbel, ohne Knochen*
wir-beln: *(sich) schnell drehen, sich wirr durcheinander bewegen*
Wir-bel-säu-le, die; -,-n: *Rückgrat*
Wir-bel-wind, der; -es,-e: *Wirbelsturm*
Wir-bel-wind, der; -s,-: *umgangssprachlich für „lebhaftes Kind"*
wir-ken: *arbeiten, schaffen, wirksam sein*
wir-ken: *Wirkung ausüben*

Wirtspflanze

wir-ken: *einen bestimmten Eindruck erwecken*
wirk-lich: *tatsächlich, echt*
Wirk-lich-keit, die; -, keine Mehrzahl: *Realität*
wirk-lich-keits-fern: *wirklichkeitsfremd*
Wirk-lich-keits-form, die; -,-en: *Grammatik: Indikativ*
wirk-lich-keits-fremd: *lebensfremd, den tatsächlichen Umständen nicht entsprechend, nicht angemessen*
Wirk-lich-keits-sinn, der; -es, keine Mehrzahl: *Sinn für die Realität*
wirk-sam: *erfolgreich tätig, Wirkung ausübend*
Wirk-sam-keit, die; -,-en: *wirksame Beschaffenheit, das Wirksamsein*
Wirk-stoff, der; -es,-e: *Substanz, die auf den Körper wirkt*
Wir-kung, die; -,-en: *Folge, Einfluss, Eindruck, Effekt*
Wir-kungs-be-reich, der; -es,-e: *Bereich der Wirksamkeit, Einflussbereich*
Wir-kungs-grad, der; -es,-e: *Grad der Wirksamkeit*
Wir-kungs-kreis, der; -es,-e: *Wirkungsbereich*
wir-kungs-los: *ohne Wirkung, nutzlos*
Wir-kungs-lo-sig-keit, die; -, keine Mehrzahl: *wirkungslose Beschaffenheit, das Wirkungslossein*
wir-kungs-voll: *gut wirkend*
Wir-kungs-wei-se, die; -,-n: *Art und Weise der Wirkung*
Wirk-wa-re, die; -,-n: *Strickware*
wirr: *ungeordnet, durcheinander, unklar, verworren*
Wir-ren, die; -, keine Einzahl: *Unruhen, Umsturz*
Wirr-heit, die; -, keine Mehrzahl: *wirres Verhalten, wirres Wesen, wirre Beschaffenheit*
Wirr-kopf, der; -es, -köp-fe: *Mensch mit wirren Gedanken*
Wirr-warr, der; -s, keine Mehrzahl: *Durcheinander*
Wir-sing, der; -s, keine Mehrzahl: *Kohlart*
Wirt, der; -es,-e: *von Parasiten befallener Organismus*
Wirt, der; -es,-e: *Gastwirt*
Wirt-schaft, die; -,-en: *planmäßige Tätigkeit zur Güterversorgung*
Wirt-schaft, die; -,-en: *umgangssprachlich für „Durcheinander, Umstände"*
Wirt-schaft, der; -,-en: *kleiner Landwirtschaftsbetrieb*
Wirt-schaft, die; -,-en: *Gaststätte*
Wirt-schaft, die; -,-en: *Haushalt*
wirt-schaf-ten: *haushalten, eine Wirtschaft sinnvoll führen*
wirt-schaft-lich: *sparsam*
wirt-schaft-lich: *die Wirtschaft betreffend*
Wirt-schaft-lich-keit, die; -, keine Mehrzahl: *wirtschaftliche Beschaffenheit*
Wirt-schafts-ab-kom-men, das; -s,-: *Abkommen über Wirtschaftsbeziehungen*
Wirt-schafts-ge-bäu-de, das; -s,-: *Gebäude eines Bauernhofes, das nicht Wohngebäude ist*
Wirt-schafts-jahr, das; -es,-e: *Geschäftsjahr*
Wirt-schafts-kri-se, die; -,-n: *Krise der Wirtschaft, Rezession*
Wirt-schafts-la-ge, die; -,-n: *Zustand der Wirtschaft*
Wirt-schafts-ord-nung, die; -,-en: *Wirtschaftssystem*
Wirt-schafts-po-li-tik, die; -, keine Mehrzahl: *politische Maßnahmen zur Beeinflussung der Wirtschaft*
wirt-schafts-po-li-tisch: *die Wirtschaftspolitik betreffend*
Wirt-schafts-prü-fer, der; -s,-: *Bilanzprüfer*
Wirt-schafts-prü-fung, die; -,-en: *das Prüfen des Jahresabschlusses eines Unternehmens*
Wirt-schafts-prü-fungs-ge-sell-schaft, die; -,-en: *Unternehmen, das Wirtschaftsprüfungen vornimmt*
Wirt-schafts-teil, der; -es,-e: *Teil einer Zeitung, der Nachrichten aus der Wirtschaft enthält*
Wirt-schafts-wis-sen-schaf-ten, die; keine Einzahl: *Wissenschaft von der Wirtschaft*
Wirt-schafts-wis-sen-schaft-ler, der; -s,-: *Wissenschaftler der Wirtschaftswissenschaft*
Wirt-schafts-wun-der, das; -s,-: *erstaunlicher wirtschaftlicher Aufstieg*
Wirts-haus, das; -es, -häu-ser: *Gasthaus*
Wirts-leu-te, die; keine Einzahl: *Wirt und Wirtin*
Wirts-pflan-ze, die; -,-n: *Pflanze, die einem Parasiten als Wirt dient*

Wirtsstube

Wirts-stu-be, die; -,-n: *Schankraum, Raum eines Gasthauses*
Wirts-tier, das; -es,-e: *Tier, das einem Parasiten als Wirt dient*
Wisch, der; -es,-e: *wertloses Schriftstück*
wi-schen: *mit einem Lappen säubern*
Wi-sent, der; -s,-e: *Wildrind*
Wis-mut, das; -s, keine Mehrzahl: *chemisches Element, Schwermetall, Zeichen: Bi*
Wiss-be-gier, die; -, keine Mehrzahl: *Wunsch, Wissen zu erlangen*
Wiss-be-gier-de, die; -, keine Mehrzahl: *Wissbegier*
wiss-be-gie-rig: *lernfreudig, voller Wissbegier*
wis-sen, weiß, wusste, gewusst: *Kenntnis haben, das Wissen haben*
Wis-sen, das; -s, keine Mehrzahl: *Kenntnis, Kenntnisse, Summe des Erlernten*
Wis-sen-schaft, die; -,-en: *methodisch gesicherte Erkenntnisse hervorbringende Forschung*
Wis-sen-schaft-ler, der; -s,-: *Forscher*
wis-sen-schaft-lich: *in der Art einer Wissenschaft, den Ansprüchen der Wissenschaft entsprechend*
Wis-sen-schaft-lich-keit, die; -, keine Mehrzahl: *wissenschaftliche Beschaffenheit*
Wis-sens-drang, der; -es, keine Mehrzah: *Drang, Wissen zu erwerben*
Wis-sens-durst, der; -es, keine Mehrzahl: *Wissensdrang*
wis-sens-durs-tig: *neugierig*
Wis-sens-ge-biet, das; -es,-e: *Gebiet des Wissens*
wis-sens-wert: *wichtig zu wissen*
Wis-sens-zweig, der; -es,-e: *Wissensgebiet*
wis-sent-lich: *mit Wissen, absichtlich, bewusst*
wit-tern: *riechen; auch: ahnen, vermuten*
Wit-te-rung, die; -, keine Mehrzahl: *das Wetter*
Wit-te-rung, die; -,an: *das Wittern, Geruch aufnehmen*
Wit-te-rungs-um-schlag, der; -es, -schlä-ge: *plötzlicher Wechsel des Wetters*
Wit-te-rungs-ver-hält-nis-se, die; keine Einzahl: *Wetter, Witterung*
Wit-we, die; -,-n: *Frau, deren Ehemann gestorben ist*
Wit-wen-ren-te, die; -,-n: *Rente, die eine Witwe erhält*
Wit-wen-stand, der; -es, keine Mehrzahl: *das Witwesein*
Wit-wer, der; -s,-: *Mann, dessen Ehefrau gestorben ist*
Witz, der; -es,-e: *Schlagfertigkeit, Humor*
Witz, der; -es,-e: *Spaß, Ulk*
Witz-blatt, das; -es, -blät-ter: *Zeitung oder Zeitschrift mit humorvollem Inhalt*
Witz-bold, der; -es,-e: *Spaßmacher*
Wit-ze-lei, die; -,-en: *ständiges Witzeln, witzige Anspielung*
wit-zeln: *sich lustig machen, spötteln*
Witz-fi-gur, die; -,-en: *abwertend für „jemand, der sich lächerlich macht, der sich albern benimmt"*
Witz-fi-gur, die; -,-en: *Figur, die in Witzen oder Comics auftritt*
wit-zig: *lustig, spaßig*
wit-zig: *humorvoll, brillant, geistreich*
Wit-zig-keit, die; -, keine Mehrzahl: *witziges Verhalten, witziges Wesen, witzige Beschaffenheit*
witz-los: *umgangssprachlich für „sinnlos, zwecklos"*
wo: *umgangssprachlich in der Wendung „ach wo, i wo"*
wo: *der Ort, an dem; der Ort, in dem*
wo: *Fragefürwort: an welchem Ort, an welcher Stelle*
wo-an-ders: *an einem anderen Ort*
wo-bei: *bei welcher Sache, währenddessen, während*
Wo-che, die; -,-n: *Zeitabschnitt von sieben Tagen, Tage von Sonntag bis Samstag*
Wo-chen-bett, das; -es,-en: *Kindbett*
Wo-chen-blatt, das; -s, -blät-ter: *wöchentlich erscheinende Zeitung*
Wo-chen-en-de, das; -s,-n: *Samstag und Sonntag*
Wo-chen-end-haus, das; -es, -häu-ser: *vorwiegend am Wochenende genutztes Haus*
Wo-chen-kar-te, die; -,-n: *Fahrkarte, die eine Woche lang gültig ist*
wo-chen-lang: *Wochen dauernd*
Wo-chen-lohn, der; -es, -löh-ne: *Lohn einer Woche*
Wo-chen-markt, der; -es, -märk-te: *regelmäßig stattfindender Markt*
Wo-chen-schau, die; -,-en: *Nachrichtensendung über Ereignisse der vergangenen Woche*
Wo-chen-tag, der; -es,-e: *Arbeitstag*

Wohnraum

wo-chen-tags: *am Wochentag*
wö-chent-lich: *jede Woche*
Wo-chen-zei-tung, die; -,-en: *wöchentlich erscheinende Zeitung*
Wöch-ne-rin, die; -,-nen: *Frau nach der Entbindung*
Wod-ka, der; -s,-s: *Branntwein*
wo-durch: *Fragefürwort: durch welche Sache, durch welche Ursache*
wo-durch: *durch das*
wo-für: *Fragefürwort: zu welchem Zweck*
Wo-ge, die; -,-n: *große Welle*
wo-ge-gen: *Fragefürwort: gegen was oder wen*
wo-gen: *sich hin- und herbewegen, sich wellenartig bewegen*
wo-her: *Fragefürwort: von welchem Ort, von wo*
wo-hin: *Fragefürwort: in welche Richtung*
wo-hin-ge-gen: *andererseits, während*
wohl: *gut, angenehm*
wohl: *wahrscheinlich, sicher, etwa*
Wohl, das; -es, keine Mehrzahl: *Nutzen, Gedeihen, Förderung, gutes Befinden*
wohl-an-stän-dig: *gesittet, anständig*
wohl-auf: *gesund*
wohl-auf: *nun denn*
wohl be-dacht: *durchdacht, überlegt*
Wohl-be-ha-gen, das; -s, keine Mehrzahl: *Behagen*
wohl-be-hal-ten: *heil, gesund*
wohl be-kannt: *allgemein bekannt*
wohl er-zo-gen (auch wohl-er-zo-gen): *gut erzogen, brav*
Wohl-fahrt, die; -, keine Mehrzahl: *Fürsorge*
Wohl-fahrts-pfle-ge, die; -, keine Mehrzahl: *Sozialarbeit, Fürsorge*
Wohl-fahrts-staat, der; -es,-en: *Sozialstaat*
wohl-feil: *veraltet für „preiswert, billig"*
Wohl-ge-fal-len, das; -s, keine Mehrzahl: *Freude, Befriedigung*
wohl-ge-fäl-lig: *befriedigt, erfreut, mit Wohlgefallen*
wohl-ge-formt: *gut proportioniert*
wohl ge-meint: *in guter Absicht*
wohl-ge-merkt: *als Einschub: betont*
wohl-ge-mut: *guter Dinge, froh, zuversichtlich*
wohl ge-nährt (auch wohl-ge-nährt): *gut genährt, dick*
Wohl-ge-ruch, der; -es, -ge-rü-che: *Duft*
Wohl-ge-schmack, der; -s, keine Mehrzahl: *kulinarischer Genuss, guter Geschmack*
wohl-ha-bend: *reich*
woh-lig: *behaglich, angenehm*
Wohl-klang, der; -es, keine Mehrzahl: *harmonischer Klang*
wohl-klin-gend: *angenehm klingend*
Wohl-le-ben, das; -s, keine Mehrzahl: *gutes Leben, Leben in Luxus*
wol-mei-nend: *in guter Absicht*
wohl-rie-chend: *angenehm riechend, duftend*
wohl schme-ckend (auch wohl-schme-ckend): *angenehm schmeckend*
Wohl-stand, der; -es, keine Mehrzahl: *Reichtum*
Wohl-stands-ge-sell-schaft, die; -, keine Mehrzahl: *Überflussgesellschaft*
Wohl-tat, die; -,-en: *gute Tat, Annehmlichkeit, Labsal*
Wohl-tä-ter, der; -s,-: *jemand, der anderen Wohltaten erweist*
wohl-tä-tig: *karitativ*
Wohl-tä-tig-keit, die; -,-en: *wohltätiges Verhalten, Fürsorge*
wohl-tu-end: *angenehm, lindernd*
wohl tun, tat wohl, wohl getan: *angenehm sein, gut tun*
wohl über-legt: *gut durchdacht*
wohl un-ter-rich-tet: *gut informiert*
wohl-ver-dient: *verdient, zustehend*
wohl-ver-stan-den: *recht begriffen, wohlgemerkt*
wohl ver-wahrt: *gut verwahrt, sicher untergebracht*
wohl-weis-lich: *mit gutem Grund*
Wohl-wol-len, das; -s, keine Mehrzahl: *freundliches Entgegenkommen, Geneigtheit*
Wohn-block, der; -s,-s/-blö-cke: *Häuserblock, Hochhaus*
woh-nen: *ansässig sein, leben*
wohn-haft: *ansässig*
Wohn-haus, das; -es, -häu-ser: *Wohngebäude*
Wohn-heim, das; -es,-e: *Heim*
wohn-lich: *gemütlich, behaglich*
Wohn-lich-keit, die; -, keine Mehrzahl: *wohnliche Beschaffenheit*
Wohn-ort, der; -es,-e: *ständiger Aufenthaltsort*
Wohn-raum, der; -s, -räu-me: *Raum zum Wohnen*

Wohnsitz

Wohn-sitz, der; -es,-e: *ständiger Aufenthaltsort*
Woh-nung, die; -,-en: *Gesamtheit der bewohnten Räume*
woh-nungs-los: *ohne Wohnung, obdachlos*
Woh-nungs-mak-ler, der; -s,-: *Makler, der Wohnraum vermittelt*
Woh-nungs-markt, der; -es, keine Mehrzahl: *Markt für Wohnungen*
Woh-nungs-not, die; -, keine Mehrzahl: *Mangel an Wohnungen*
Woh-nungs-su-che, die; -, keine Mehrzahl: *Suche nach Wohnungen*
woh-nungs-su-chend: *auf Wohnungssuche*
Woh-nungs-wech-sel, der; -s,-: *Umzug*
Wohn-vier-tel, das; -s,-: *Stadtgebiet, in dem hauptsächlich Wohnhäuser stehen*
Wohn-wa-gen, der; -s,-: *Caravan, zum Wohnen geeigneter Autoanhänger*
Wohn-zim-mer, das; -s,-: *Wohnzimmereinrichtung, Möbel für ein Wohnzimmer*
Wohn-zim-mer, das; -s,-: *Zimmer, in dem man sich aufhält*
wöl-ben, sich: *sich runden, gewölbt spannen*
Wöl-bung, die; -,-en: *Ausbuchtung, Rundung, Gewölbe*
Wolf, der; -es, Wöl-fe: *Raubtierart*
Wöl-fin, die; -,-nen: *weiblicher Wolf*
wöl-fisch: *wie ein Wolf*
Wolf-ram, das; -s, keine Mehrzahl: *chemisches Element, Metall, Zeichen: W*
Wolfs-hun-ger, der; -s, keine Mehrzahl: *starker Hunger*
Wolfs-milch, die; -, keine Mehrzahl: *Pflanzenart*
Wolfs-ra-chen, der; -s,-: *Missbildung des Gaumens*
Wolfs-spin-ne, die; -,-n: *Spinnenart*
Wölk-chen, das; -s,-: *kleine Wolke*
Wol-ke, die; -,-n: *Gebilde aus Wasserdampf*
Wol-ken-bruch, der; -es, -brü-che: *Platzregen, plötzlicher, heftiger Regenguss*
Wol-ken-krat-zer, der; -s,-: *Hochhaus*
Wol-ken-ku-ckucks-heim, das; -es,-e: *Luftschloss, Hirngespinst*
wol-ken-los: *ohne Wolken, klar*
wol-kig: *bedeckt, voller Wolken*
Wol-le, die; -, keine Mehrzahl: *Tierhaare, versponnene Schafshaare*
wol-len: *aus Wolle*
wol-len: *gewillt sein, die Absicht haben, den Willen haben*
wol-len: *mögen, wünschen*
wol-lig: *wie Wolle, dicht*
Wol-lust, die; -, keine Mehrzahl: *Lust, Wonne*
wol-lüs-tig: *voller Wollust*
wo-mit: *mit dem*
wo-mit: *Fragefürwort: mit was*
wo-mög-lich: *wenn möglich*
wo-mög-lich: *umgangssprachlich für „am Ende, möglicherweise"*
wo-nach: *Relativpronomen: nach dem*
wo-nach: *Fragefürwort: nach was*
Won-ne, die; -,-n: *Genuss, große Freude, Beglückung*
Won-ne-mo-nat, der; -s,-e: *Mai*
Won-ne-mond, der; -es,-e: *Mai*
won-nig: *voller Wonne, entzückend*
wo-ran (auch wor-an): *Fragefürwort: an was*
wo-ran (auch wor-an): *an dem*
wo-rauf (auch wor-auf): *Fragefürwort: auf was*
wo-rauf (auch wor-auf): *auf das, darauf, danach*
wo-rauf-hin (auch wor-auf-hin): *worauf*
wo-raus (auch wor-aus): *aus was, aus welcher Sache*
wo-raus (auch wor-aus): *aus dem*
Worces-ter-so-ße [Wustersoße], die; -, keine Mehrzahl: *pikante Soße*
wor-feln: *Körner von der Spreu trennen*
wo-rin (auch wor-in): *Fragefürwort: in was*
wo-rin (auch wor-in): *in dem, darin*
Work-shop [Wöhrkschop], der; -s,-s: *Arbeitstreffen, Seminar*
Wort, das; -es, keine Mehrzahl: *Ehrenwort, Versprechen*
Wort, das; -es, keine Mehrzahl: *Rederecht, Rede*
Wort, das; -es, Wör-ter, auch Wor-te: *kleinster Redeteil, Vokabel*
Wort, das; -es,-e: *Ausspruch, Ausdruck, Bemerkung; die Worte des Vorsitzenden Mao*
Wort-art, die; -,-en: *Art des Wortes*
Wort-bruch, der; -es, -brü-che: *Bruch des Versprechens, Verletzung des Ehrenwortes*
wort-brü-chig: *Versprechen nicht haltend*
Wört-chen, das; -s,-: *kleines Wort*

Wunderkerze

Wör-ter-buch, das; -es, -bü-cher: *alphabetisches Wörterverzeichnis*
Wör-ter-ver-zeich-nis, das; -ses,-se: *Wörterbuch*
Wort-füh-rer, der; -s,-: *Sprecher*
Wort-ge-fecht, das; -es,-e: *Auseinandersetzung mit Worten, heftige Diskussion*
wort-ge-treu: *wortwörtlich*
wort-karg: *still, schweigsam*
Wort-karg-heit, die; -, keine Mehrzahl: *wortkarges Verhalten, wortkarges Wesen*
Wort-klau-ber, der; -s,-: *spitzfindiger Mensch*
Wort-klau-be-rei, die; -,-en: *Haarspalterei*
Wort-laut, der; -es, keine Mehrzahl: *wörtlicher Text*
Wört-lein, das; -s,-: *Wörtchen*
wört-lich: *im Wortlaut*
wort-los: *sprachlos, schweigend*
Wort-mel-dung, die; -,-en: *Meldung zum Sprechen*
wort-reich: *mit vielen Worten*
Wort-schatz, der; -es, -schät-ze: *Gesamtheit der Wörter einer Sprache*
Wort-schwall, der; -es,(-e): *ununterbrochenes Reden*
Wort-wech-sel, der; -s,-: *Streit*
Wort-witz, der; -es,-e: *Wortspiel*
wort-wört-lich: *wortgetreu, wörtlich*
wo-rü-ber (auch wor-über): *Fragefürwort: über was*
wo-rü-ber (auch wor-über): *über das*
wo-rum (auch wor-um): *Relativpronomen: um das*
wo-rum (auch wor-um): *Fragefürwort: um was*
wo-run-ter (auch wor-un-ter): *Fragefürwort: unter welcher Sache*
wo-run-ter (auch wor-un-ter): *Relativpronomen: unter dem*
wo-run-ter (auch wor-un-ter): *unter dem*
wo-von: *von dem*
wo-von: *Fragefürwort: von was*
wo-vor: *Relativpronomen: vor dem*
wo-vor: *Fragefürwort: vor was*
wo-zu: *zu dem*
wo-zu: *Fragefürwort: zu welchem Zweck*
Wrack, das; -s,-s: *körperlich verbrauchter, kranker Mensch*
Wrack, das; -s,-s: *ausgedientes, zerstörtes Schiff*
Wra-sen, der; -s,-: *regional für „Nebel, Dampf"*

wrin-gen, wrang, gewrungen: *auswinden, auspressen*
Wu-cher, der; -s, keine Mehrzahl: *Erzielung eines überhöhten Gewinns, Ausbeutung einer Notlage*
Wu-che-rer, der; -s,-: *jemand, der Wucherpreise oder -zinsen verlangt*
wu-chern: *ein Geschwür bilden*
wu-chern: *üppig wachsen*
wu-chern: *einen Wucherzins erzielen*
Wu-cher-preis, der; -es,-e: *überhöhter Preis*
Wu-che-rung, die; -,-en: *das Wuchern, auch: Geschwulst, Geschwür*
Wu-cher-zins, der; -es,-en: *zu hoher Zins, überhöhte Zinsforderung*
Wuchs, der; -es, keine Mehrzahl: *das Wachsen, Wachstum*
Wuchs, der; -es, keine Mehrzahl: *Gestalt, Figur*
Wucht, die; -, keine Mehrzahl: *umgangssprachlich für „erfreuliches, erstaunliches Ereignis"*
Wucht, die; -, keine Mehrzahl: *kinetische Energie, Kraft, Schwung*
wuch-ten: *mit Wucht heben, bewegen*
wuch-tig: *mit Wucht, kraftvoll*
Wuch-tig-keit, die; -, keine Mehrzahl: *wuchtige Beschaffenheit*
wüh-len: *durcheinander bringen*
wüh-len: *graben*
Wüh-ler, der; -s,-: *jemand, der wühlt, eifriger Arbeiter*
Wüh-le-rei, die; -,-en: *anhaltendes Wühlen*
Wühl-maus, die; -, -mäu-se: *Mäuseart*
Wulst, der; -es, Wüls-te: *längliche Verdickung, Aufgeworfenes*
wuls-tig: *verdickt, aufgeworfen, angeschwollen*
wum-mern: *dumpf dröhnen*
wund: *verletzt, aufgescheuert*
Wun-de, die; -,-n: *Verletzung*
Wun-der, das; -s,-: *unbegreifliches Geschehen*
wun-der-bar: *wie ein Wunder, sehr gut, erstaunlich*
wun-der-ba-rer-wei-se: *wie durch ein Wunder, wunderbar*
Wun-der-glau-be, der; -ns,-n: *Glaube an Wunder*
wun-der-hübsch: *sehr hübsch*
Wun-der-ker-ze, die; -,-n: *beim Abbrennen Funken sprühender Draht*

Wunderkind

Wun-der-kind, das; -es,-er: *Kind, das außergewöhnliche Leistungen vollbringt, das außergewöhnliche Begabungen zeigt*
wun-der-lich: *eigenartig, verschroben, sonderbar*
Wun-der-lich-keit, die; -,-en: *wunderliches Verhalten, wunderliches Wesen*
wun-dern, sich: *erstaunt sein, überrascht sein, staunen*
wun-der-schön: *sehr schön*
Wun-der-tä-ter, der; -s,-: *jemand, der scheinbar Wunder vollbringt*
wun-der-voll: *wunderbar*
Wun-der-werk, das; -es,-e: *wunderbare Tat, wunderbares Werk*
Wund-fie-ber, das; -s, keine Mehrzahl: *nach Verwundung auftretendes Fieber*
wund lau-fen, sich; *lief sich wund, sich wund gelaufen: sich beim Laufen wund scheuern*
Wund-mal, das; -es,-e: *Narbe*
wund scheu-ern, sich: *sich wund reiben*
Wund-starr-krampf, der; -es, keine Mehrzahl: *Tetanus*
Wunsch, der; -es, Wün-sche: *Verlangen, Begehren, Anliegen, Erhofftes*
Wunsch, der; -es, Wün-sche: *Kurzwort für „Glückwünsche"*
Wunsch-bild, das; -es,-er: *Traumbild, Vorstellung*
Wunsch-den-ken, das; -s, keine Mehrzahl: *Annahme, die einem Wunsch entspringt*
Wün-schel-ru-te, die; -,-n: *gegabelter Zweig, mit dem angeblich Bodenschätze erspürt werden*
wün-schen: *fordern, verlangen*
wün-schen: *gern wollen, mögen, den Wunsch hahen*
wün-schens-wert: *erforderlich*
wunsch-ge-mäß: *einem Wunsch entsprechend*
wunsch-los: *ohne Wünsche*
Wunsch-traum, der; -es, -träu-me: *ersehntes Ziel, Wunsch*
Wür-de, die; -,-n: *Ehrenstellung, Ehrenamt, Titel*
Wür-de, die; -,-n: *Achtung, Ansehen*
wür-de-los: *ohne Würde, unehrenhaft*
Wür-de-lo-sig-keit, die; -, keine Mehrzahl: *würdeloses Verhalten, würdelose Beschaffenheit*
Wür-den-trä-ger, der; -s,-: *Träger eines Ehrentitels, Inhaber eines hohen Amtes*

wür-de-voll: *voller Würde*
wür-dig: *wert*
wür-dig: *mit Würde, würdevoll*
wür-di-gen: *schätzen, anerkennen*
Wür-di-gung, die; -,-en: *das Würdigen*
Wurf, der; -es, Wür-fe: *das Werfen, das Schleudern*
Wurf, der; -es, Wür-fe: *Weite, Ergebnis des Wurfs*
Wurf, der; -es, Wür-fe: *von einem Säugetier auf einmal zur Welt gebrachte Jungtiere*
Wür-fel, der; -s,-: *von sechs gleich großen Seiten begrenzter Körper; auch: Spielstein*
Wür-fel-be-cher, der; -s,-: *Becher, mit dem gewürfelt wird*
wür-fe-lig: *wie ein Würfel, würfelförmig*
wür-feln: *mit Würfeln spielen, Würfel werfen*
Wür-fel-spiel, das; -es,-e: *Spiel mit Würfeln*
Wür-fel-zu-cker, der; -s, keine Mehrzahl: *würfelförmiger Zucker*
Wurf-ge-schoss, das; -es: *etwas, das geworfen wird*
Wurf-sen-dung, die; -,-en: *Reklamebroschüren, die an Haushalte verteilt werden*
Wür-ge-griff, der; -es,-e: *Griff, bei dem die Kehle zugedrückt wird*
wür-gen: *schwer schlucken*
wür-gen: *die Kehle zudrücken*
Wür-ger, der; -s,-: *Vogelart*
Wür-ger, der; -s,-: *jemand, der würgt; auch: der Tod*
Wurm, der; -es, Wür-mer: *wirbelloses Tier*
Wurm, der; -es, Wür-mer: *umgangssprachlich für „kleines, bedauernswertes Kind, Geschöpf"*
Würm-chen, das; -s,-: *kleiner Wurm*
Würm-chen, das; -s,-: *umgangssprachlich für „kleines Kind"*
wur-men: *ärgern*
Wurm-fort-satz, der; -es, -sät-ze: *Blinddarmfortsatz, Appendix*
Wurm-fraß, der; -es, keine Mehrzahl: *Schaden durch Würmer*
wur-mig: *voller Würmer, von Würmern befallen*
wurm-sti-chig: *von Würmern befallen, morsch*
wurscht: *regional umgangssprachlich für „wurst, egal, gleichgültig"*
wurst: *umgangssprachlich für „egal, gleichgültig"*

wutschnaubend

Wurst, die; -, Würs-te: *Fleischmasse im Darm*
Wurst-blatt, das; -es, -blät-ter: *kleine, schlechte Zeitung*
Würst-chen, das; -s,-: *kleine Wurst*
Würs-tel, das; -s,-: *bayrisch, österr. für „Wurst, Würstchen"*
Wurs-te-lei, die; -,-en: *ständiges Wursteln*
wurs-teln: *langsam und ungeschickt arbeiten*
wurs-ten: *Wurst herstellen*
wurs-tig: *umgangssprachlich für „gleichgültig, abgebrüht"*
Wurs-tig-keit, die; -,-en: *wurstiges, ungehobeltes Verhalten*
Wurst-sup-pe, die; -,-n: *Brühe, in der Würste bei der Herstellung gekocht werden*
Wurst-wa-ren, die; -, keine Einzahl: *Würste*
Wurst-zip-fel, der; -s,-: *Ende einer Wurst*
Wür-ze, die; -, keine Mehrzahl: *Reiz, das Besondere*
Wür-ze, die; -,-n: *Gewürz, Geschmack verfeinerndes Mittel*
Wur-zel, die; -,-n: *Zahnwurzel*
Wur-zel, die; -,-n: *Mathematik: Zahl, die einer Potenz zugrunde liegt*
Wur-zel, die; -,-n: *Kern, Sinngehalt, Ursache*
Wur-zel, die; -,-n: *unterirdischer Pflanzenteil*
wur-zel-los: *ohne Wurzeln, ohne Bindung*
Wur-zel-lo-sig-keit, die; -, keine Mehrzahl: *Bindungslosigkeit, wurzellose Beschaffenheit*
wur-zeln: *seinen Ursprung haben, beruhen auf*

wur-zeln: *im Boden Wurzeln ziehen*
Wur-zel-stock, der; -s, -stö-cke: *Rhizom, Gesamtheit der Wurzeln einer Pflanze*
Wur-zel-werk, das; -es, keine Mehrzahl: *Suppengrün*
Wur-zel-werk, das; -es, keine Mehrzahl: *Gesamtheit der Wurzeln einer Pflanze*
wür-zen: *mit Gewürzen versehen*
wür-zig: *aromatisch, kräftig, gut gewürzt*
Wür-zig-keit, die; -, keine Mehrzahl: *das Würzigsein*
wu-sche-lig: *strubbelig, lockig*
Wu-schel-kopf, der; -es, -köp-fe: *mit strubbeligem Haar bedeckter Kopf*
wu-se-lig: *lebhaft, flink, unruhig*
wu-seln: *sich geschäftig bewegen*
wüst: *schlimm, roh, widerlich*
wüst: *öde, unschön, wirr*
Wust, der; -es, keine Mehrzahl: *Durcheinander, Ungeordnetes*
Wüs-te, die; -,-n: *großes unfruchtbares, trockenes Gebiet*
Wüs-ten-kö-nig, der; -s,-e: *Bezeichnung für Löwe*
Wüst-ling, der; -s,-e: *Mensch mit ausschweifendem, wüstem Lebenswandel, sittenloser Mensch*
Wut, die; -, keine Mehrzahl: *Zorn, Entrüstung*
Wut-aus-bruch, der; -es, -brü-che: *Ausbruch von Wut, cholerischer Anfall*
wü-ten: *toben, rasen*
wü-ten: *zerstörerisch wirken*
wü-tend: *zornig, voller Wut*
wut-ent-brannt: *voller Wut, wütend*
Wü-te-rich, der; -s,-e: *grausamer Mensch, Unheil Anrichtender*
wut-schnau-bend: *voller Wut, äußerst wütend*

X

Y

x, X, [icks] das; -,-: *vierundzwanzigster Buchstabe des Alphabets, Konsonant, Mitlaut*
x: *Abkürzung für „zig, mehrere, viele"*
X: *Abkürzung für „Irgendjemand, Jemand oder etwas Unbestimmtes"*
x: *Mathematik: unbestimmter Faktor in einer Gleichung*
X-Ach-se [Icksackse], die; -,-n: *Waagerechte in einem Koordinatensystem*
Xan-thip-pe, die; -,-n: *zänkische Frau*
X-Bei-ne [Icksbeine], die; keine Einzahl: *Beine, die nach innen gekrümmt sind*
x-bei-nig (auch X-bei-nig) [icksbeinig]: *mit X-Beinen behaftet*
x-be-lie-big [icksbeliebig]: *beliebig, irgendwie, irgendein*
Xe-nie, die; -,-n: *Sinngedicht*
Xe-ni-on, das; -s, Xe-ni-en: *Xenie*
Xe-non, das; -s, keine Mehrzahl: *chemisches Element, Edelgas, Zeichen: Xe*
Xe-non-lam-pe, die; -,-n: *mit Xenon gefüllte, lichtstarke Lampe*
Xe-ro-gra-fie (auch Xe-ro-gra-phie), die; -,-n: *Vervielfältigungs- und Druckverfahren*
xe-ro-gra-fie-ren (auch xe-ro-gra-phieren): *xerografisch vervielfältigen*
xe-ro-gra-fisch (auch xe-ro-gra-phisch): *die Xerografie betreffend*
Xe-ro-ko-pie, die; -,-n: *xerografisch hergestellte Kopie*
xe-ro-ko-pie-ren: *xerografieren*
x-fach [icksfach]: *sehr oft, sehr häufig, vielfach*
x-mal [icksmal]: *umgangssprachlich für „sehr oft, sehr häufig, vielmals"*
X-Strah-len: *Röntgenstrahlen*
Xy-lo-graf (auch Xy-lo-graph), der; -en, -en: *Holzschneider*
Xy-lo-gra-fie (auch Xy-lo-gra-phie), die; -,-n: *Holzschneidekunst, auch: Holzschnitt*
xy-lo-gra-fisch (auch xy-lo-gra-phisch): *die Xylographie betreffend*
Xy-lol, das; -s, keine Mehrzahl: *Lösungsmittel, Treibstoffzusatz*
Xy-lo-fon (auch Xy-lo-phon), das; -s,-e: *Holzschlaginstrument*

y, Y [Üpsilon], das; -,-: *fünfundzwanzigster Buchstabe des Alphabets, Konsonant (als j) und Vokal (als ü, i)*
y.: *Abkürzung für „Yard"*
y-Ach-se [Üpsilonackse], die; -,-n: *senkrechte Achse im Koordinatensystem, Ordinate*
Ya-gi-an-ten-ne, die; -,-n: *Richtantenne für Kurzwellen- und Ultrakurzwellenempfang*
Yan-kee [Jänkieh], der; -s,-s: *umgangssprachlich für „US-Amerikaner"*
Yan-kee Doodle [Jänkiehduhdl], der; -s, keine Mehrzahl: *amerikanisches Nationallied*
Yard [Jahd], das; -s,-s: *englisches und amerikanisches Längenmaß*
Ye-ti, der; -s,-s: *sagenhafter tibetanischer Schneemensch*
Yo-ga (auch Jo-ga), der/das; -s, keine Mehrzahl: *indische Philosopie; auch: Körperübungen, die der Meditation und Entspannung dienen*
Yo-ga-ü-bung (auch Jo-ga-ü-bung), die; -,-en: *Übung des Yoga*
Yo-gi (auch Jo-gi), der; -s,-s: *Anhänger des Yoga*
Youngs-ter [Jangster], der; -s,-: *Nachwuchssportler*
Yp-si-lon [Üpsilon], das; -s,-s: *griechischer Buchstabe*
Y-sop [Isohp], der; -s,-e: *Gewürzpflanze*
Y-tong [Ihtong], der; -s,-s: *Gasbetonstein*
Yt-ter-bi-um, das; -s, keine Mehrzahl: *chemisches Element, Zeichen: Yb*
Yt-ter-er-den, die; -, keine Einzahl: *seltene Erden, chemische Grundstoffe*
Ytt-ri-um (auch Yt-tri-um), das; -s, keine Mehrzahl: *chemisches Element, Zeichen: Y*
Yuc-ca [Jucka], die; -,-s: *Palmlilie*

z, Z, das; -,-: *sechsundzwanzigster Buchstabe des Alphabets, Konsonant, Mitlaut*
Z, das; -, keine Mehrzahl: *Jargon für „Zuchthaus"*
Z.: *Abkürzung für „Zahl"*
Z.: *Abkürzung für „Zeile"*
Za-cke, die; -,-n: *Spitze, Zinke, Zahn*
za-cken: *mit Zacken versehen*
Za-cken, der; -s,-: *Zacke*
za-ckig: *mit Zacken besetzt, gezackt*
za-ckig: *militärisch straff, schneidig*
Za-ckig-keit, die; -, keine Mehrzahl: *zackige Beschaffenheit*
Za-ckig-keit, die; -, keine Mehrzahl: *zackiges Verhalten*
zag: *zaghaft*
zag-haft: *scheu, schüchtern, furchtsam*
Zag-haf-tig-keit, die; -, keine Mehrzahl: *zaghaftes Verhalten, zaghaftes Wesen*
zäh: *dickflüssig*
zäh: *ausdauernd, widerstandsfähig*
zäh: *fest, faserig*
zäh-flüs-sig: *zäh, dickflüssig*
Zä-hig-keit, die; -, keine Mehrzahl: *zähe Beschaffenheit*
Zahl, die; -,-en: *Wert, Zahlenwert, zählbare Größe, Anzahl*
Zahl, die; -,-en: *Ziffer*
zahl-bar: *zu zahlen*
zähl-bar: *so beschaffen, dass man es zählen kann*
Zahl-bar-keit, die; -, keine Mehrzahl: *zahlbare Beschaffenheit*
Zähl-bar-keit, die; -, keine Mehrzahl: *zählbare Beschaffenheit*
zäh-le-big: *zäh, widerstandsfähig*
Zäh-le-big-keit, die; -, keine Mehrzahl: *zählebige Beschaffenheit*
zah-len: *bezahlen, Entgelt entrichten*
zäh-len: *die Anzahl feststellen*
Zah-len-ge-dächt-nis, das; -ses,-se: *Gedächtnis für Zahlen*
Zäh-ler, der; -s,-: *Zahl über dem Bruchstrich*
Zahl-kar-te, die; -,-n: *Einzahlungsschein*
zahl-los: *sehr viel, unzählbar*
zahl-reich: *in großer Anzahl, viel*

Zähl-rohr, das; -es,-e: *Geigerzähler*
Zahl-stel-le, die; -,-n: *Kasse*
Zahl-tag, der; -es,-e: *Stichtag, Fälligkeitsdatum*
Zah-lung, die; -,-en: *das Zahlen, das Geldentrichten*
Zäh-lung, die; -,-en: *das Zählen*
Zah-lungs-an-wei-sung, die; -,-en: *Zahlkarte, Anweisung für eine Überweisung*
Zah-lungs-auf-for-de-rung, die; -,-en: *Aufforderung zur Zahlung, Mahnung*
Zah-lungs-be-din-gung, die; -,-en: *Bedingung der Bezahlung, Geschäftsbedingung*
Zah-lungs-be-fehl, der; -es,-e: *gerichtliche Zahlungsaufforderung*
zah-lungs-fä-hig: *solvent*
Zah-lungs-fä-hig-keit, die; -, keine Mehrzahl: *Solvenz, zahlungsfähiger Zustand*
zah-lungs-un-fä-hig: *insolvent, pleite*
Zah-lungs-un-fä-hig-keit, die; -, keine Mehrzahl: *Insolvenz, Pleite, zahlungsunfähiger Zustand*
Zah-lungs-ver-kehr, der; -s, keine Mehrzahl: *Gesamtheit aller Geldbewegungen, aller Zahlungen*
Zähl-werk, das; -es,-e: *Vorrichtung, die Einheiten zählt*
Zahl-wort, das; -es, -wör-ter: *Wort, das eine Zahl bedeutet, bezeichnet*
zahm: *gezähmt, gebändigt*
zäh-men: *bändigen, gefügig machen*
Zahm-heit, die; -, keine Mehrzahl: *zahmes Verhalten, zahmes Wesen*
Zäh-mung, die; -,-en: *das Zähmen*
Zahn, der; -es, Zäh-ne: *Zacke, Spitze*
Zahn, der; -es, Zäh-ne: *Kauwerkzeug, Teil des Gebisses*
Zahn-arzt, der; -es, -ärz-te: *Zahnmediziner*
zahn-ärzt-lich: *den Zahnarzt betreffend*
Zahn-bürs-te, die; -,-n: *Bürste, mit der die Zähne gesäubert werden*
zäh-ne-flet-schend: *die Zähne zeigend*
zäh-ne-knir-schend: *mit den Zähnen knirschend*
zah-nen: *Zähne bekommen*
Zahn-er-satz, der; -es, keine Mehrzahl: *Zahnprothese*
Zahn-fäu-le, die; -, keine Mehrzahl: *Karies*
Zahn-kli-nik, die; -,-en: *Klinik für Zahnheilkunde*

zahn-los: ohne Zähne
Zahn-lo-sig-keit, die; -, keine Mehrzahl: zahnloser Zustand, zahnlose Beschaffenheit
Zahn-lü-cke, die; -,-n: Lücke im Gebiss
Zahn-pas-ta, die; -, -pas-ten: Zahnpaste
Zahn-pas-te, die; -,-n: Paste zum Zähnereinigen
Zahn-pfle-ge, die; -, keine Mehrzahl: Pflege der Zähne
Zahn-rad, das; -es, -rä-der: Rad, das am Rand gezahnt ist
Zahn-rad-bahn, die; -,-en: Bergbahnart
Zahn-schmelz, der; -es, keine Mehrzahl: äußere Schicht des Zahnes
Zahn-schmerz, der; -es,-en
Zahn-stein, der; -es, keine Mehrzahl: Kalkablagerung an Zähnen
Zahn-sto-cher, der; -s,-: Holzstäbchen zum Säubern der Zähne
Zahn-tech-ni-ker, der; -s,-: Handwerker, der Zahnersatz herstellt
Zäh-re, die; -,-n: veraltet für „Träne"
Zan-der, der; -s,-: Fischart
Za-nel-la, der; -s,-s: Gewebe, Futterstoff
Zan-ge, die; -,-n: Werkzeug zum Greifen
Zan-ge, die; -, keine Mehrzahl: heftige Bedrängnis, Kreuzverhör
Zan-gen-ge-burt, die; -,-en: Geburt mit Unterstützung durch die Geburtszange; auch: auf diese Weise zur Welt gekommenes Kind
Zan-gen-griff, der; -es,-e: Umklammerung
Zank, der; -s, keine Mehrzahl: Streit, Auseinandersetzung
Zank-ap-fel, der; -s, -äp-fel: Streitursache
zan-ken, sich: sich streiten
Zan-ke-rei, die; -,-en: ständiges Zanken
zän-kisch: ständig zankend, zum Streit neigend
Zäpf-chen, das; -s,-: kleiner Zapfen; auch: Medikament in Form eines Zapfens
zap-fen: Flüssigkeit entnehmen, einem Fass entnehmen (Bier)
Zap-fen, der; -s,-: Tannenzapfen
Zap-fen, der; -s,-: abgesetztes Wellenende
Zap-fen, der; -s,-: Pflock, Stöpsel
Zap-fen-streich, der; -es,-e: Ende der Ausgehzeit (Soldaten); der Große Zapfenstreich
Zapf-säu-le, die; -,-n: Anlage zum Zapfen bei Tankstellen

zap-pe-lig: ständig zappelnd, unruhig
zap-peln: sich lebhaft, heftig bewegen
zap-pen-dus-ter: umgangssprachlich für „völlig finster"
Zar, der; -en,-en: früherer russischer Herrscher
Za-re-witsch, der; -s,-e: Sohn des Zaren
Za-rew-na, die; -,-s: Tochter des Zaren
Zar-ge, die; -,-n: Türeinfassung
Za-rin, die; -,-nen: weiblicher Zar, Frau des Zaren
Za-ris-mus, der; -, keine Mehrzahl: Zarenherrschaft
za-ris-tisch: den Zarismus betreffend
Za-ri-za, die; -,-s/Za-ri-zen: Zarin
zart: weich, jung (Lebensmittel)
zart: fein, empfindlich, schwach
zart: liebevoll, taktvoll, rücksichtsvoll
zart: glatt, weich (Haut)
zart füh-lend (auch zart-füh-lend): mit Zartgefühl, Taktgefühl habend
Zart-ge-fühl, das; -s, keine Mehrzahl: Taktgefühl
Zart-heit, die; -, keine Mehrzahl: zarte Beschaffenheit
zärt-lich: mit Zärtlichkeit, liebevoll
Zärt-lich-keit, die; -,-en: Liebkosung, zärtliches Verhalten
Zas-ter, der; -s, keine Mehrzahl: umgangssprachlich für „Geld"
Zä-sur, die; -,-en: Einschnitt
Zau-ber, der; -s, keine Mehrzahl: Magie
Zau-ber, der; -s, keine Mehrzahl: anziehendes Wesen, Reiz
Zau-be-rei, die; -,-en: das Zaubern
Zau-be-rer, der; -s,-: jemand, der zaubert, Magier, Zauberkünstler
Zau-ber-for-mel, die; -,-n: Beschwörungsformel
zau-ber-haft: lieblich, bezaubernd, wunderschön
Zau-ber-kraft, die; -, -kräf-te: angebliche Fähigkeit zu zaubern
Zau-ber-künst-ler, der; -s,-: Zauberer; jemand, der Zaubertricks aufführt, Taschenspieler
Zau-ber-kunst-stück, das; -s,-e: Zaubertrick
zau-bern: angeblich etwas durch Zaubern bewirken
Zau-ber-spruch, der; -es, -sprü-che: Zauberformel, Beschwörungsformel
Zau-de-rer, der; -s,-: jemand, der sich nicht entscheiden kann

Zeiger

zau-dern: zögern
Zaum, der; -es, Zäu-me: *Riemenzeug zum Lenken von Pferden*
zäu-men: *Zaumzeug anlegen*
Zaum-zeug, das; -s, keine Mehrzahl: *Zaum*
Zaun, der; -es, Zäu-ne: *Einfriedung, Umzäunung*
Zaun-gast, der; -es, -gäs-te: *Zuschauer*
Zaun-kö-nig, der; -s,-e: *Vogelart*
Zaun-pfahl, der; -es, -pfäh-le: *Pfahl eines Zaunes*
Zau-sel, der; -s,-: *regional, abwertend für „alter Mann"*
zau-sen: *zupfen, zerren*
Zeb-ra (auch Ze-bra), das; -s,-s: *afrikanisches Huftier*
Zeb-ra-strei-fen (auch Ze-bra-strei-fen), der; -s,-: *markierter Fußgängerüberweg*
Ze-bu, das; -s,-s: *afrikanische Rinderart*
Zech-bru-der, der; -s, -brü-der: *jemand, der in Gesellschaft zecht*
Ze-che, die; -,-n: *Menge des Verzehrten im Wirtshaus*
Ze-che, die; -,-n: *Bergwerk*
ze-chen: *ausgiebig Alkoholika trinken*
Ze-cher, der: *-s,-: jemand, der zecht*
Zech-ge-la-ge, das; -s,-: *ausgiebiges Zechen, Trinkgelage*
Zech-kum-pan, der; -s,-e:
Zech-prel-ler, der; -s,-: *jemand, der die Zeche nicht bezahlt*
Ze-cke, die; -,-n: *Milbenart*
Ze-dent, der; -en,-en: *Gläubiger, der eine Forderung abtritt*
Ze-der, die; -,-n: *Baumart*
ze-die-ren: *Anspruch oder Forderung abtreten*
Zeh, der; -s,-en: *Zehe*
Ze-he, die; -,-n: *Fußglied*
Ze-he, die; -,-n: *Teil einer Knoblauchzwiebel*
Ze-hen-spit-ze, die; -,-n: *Fußspitze*
zehn: *Zahl*
Zehn, die; -,-en: *die Zahl, Ziffer 10*
Zeh-ner, der; -s,-: *Zehnpfennigstück, Groschen*
Zeh-ner, der;-s,-: *Zehnmarkschein*
Zehn-kampf, der; -es, keine Mehrzahl: *Leichtathletikdisziplin, die zehn Einzeldisziplinen umfasst*
Zehn-kämp-fer, der; -s,-: *Sportler, der den Zehnkampf betreibt*
Zehn-mark-schein, der; -es,-e: *Geldschein im Wert von zehn Mark*

Zehn-me-ter-brett, das; -s,-er: *Sprungbrett in Höhe von zehn Metern*
Zehn-pfen-nig-stück, das; -es,-e: *Groschen*
Zehn-tel, das; -s,-: *zehnter Teil eines Ganzen*
Zehn-tel-se-kun-de, die; -,-n: *zehnter Teil einer Sekunde*
zeh-ren: *verbrauchen, langsam zerstören*
zeh-ren: *nachträglich an etwas Freude haben*
Zei-chen, das; -s,-: *Merkmal, Kennzeichen*
Zei-chen, das; -s,-: *Signal, Hinweis*
Zei-chen, das; -s,-: *Beweis, Probe*
Zei-chen, das; -s,-: *international vereinbartes Kürzel für einen Begriff*
Zei-chen, das; -s,-: *Symbol, Sinnbild*
Zei-chen-block, der; -s,-s: *Block, Zeichenpapier*
Zei-chen-brett, das; -s,-er: *verstellbarer Tisch zum Zeichnen*
Zei-chen-set-zung, die; -, keine Mehrzahl: *Grammatik: Interpunktion*
Zei-chen-spra-che, die; -,-n: *Verständigungsmöglichkeit durch Zeichen, Taubstummensprache*
Zei-chen-stun-de, die; -,-n: *Malunterricht*
Zei-chen-trick-film, der; -es,-e: *Film, der aus gezeichneten Einzelbildern besteht*
zeich-nen: *kennzeichnen, bezeichnen*
zei-ch-nen: *unterzeichnen, unterschreiben*
zeich-nen: *zeichnerisch, grafisch darstellen*
Zeich-ner, der; -s,-: *jemand, der zeichnet*
zeich-ne-risch: *grafisch*
Zeich-nung, die; -,-en: *Darstellung, Schilderung*
Zeich-nung, die; -,-en: *Musterung einer Oberfläche*
Zeich-nung, die; -,-en: *Gezeichnetes, bildliche Darstellung*
Zeich-nung, die; -,-en: *Verpflichtung, Unterzeichnung, Abnahmeverpflichtung*
Zei-ge-fin-ger, der; -s,-: *Finger neben dem Daumen*
zei-gen: *hinweisen, deuten*
zei-gen: *vorführen, ausstellen, zur Schau stellen*
zei-gen: *deutlich machen, erklären, verständlich machen*
zei-gen: *beweisen*
zei-gen: *deutlich werden lassen*
Zei-ger, der, -s,-: *Uhrzeiger*

Z

Zeigestock

Zei-ge-stock, der; -s, -stö-cke: *Hinweisstab*
Zei-le, die; -,-n: *Linie von Rasterpunkten, aus denen ein Fernsehbild aufgebaut wird*
Zei-le, die; -,-n: *Reihe, Häuserzeile*
Zei-le, die; -,-n: *Wörterreihe*
Zei-len-ab-stand, der; -es, -stän-de: *Abstand der Druck- oder Schreibmaschinenzeilen voneinander*
zei-len-wei-se: *pro Zeile*
Zei-sig, der; -s,-e: *Vogelart*
zeit: *während*
Zeit, die; -,-en: *Jahreszeit*
Zeit, die; -,-en: *Grammatik: Tempus, grammatische Zeitform*
Zeit, die; -,-en: *Termin, Datum, Zeitpunkt, Uhrzeit*
Zeit, die; -,-en: *Zeitraum, Ablauf des Geschehens*
Zeit-ab-schnitt, der; -es,-e: *Zeitraum, Zeitspanne*
Zeit-al-ter, das; -s,-: *Epoche, Ära*
Zeit-an-sa-ge, die; -,-n: *Ansage der Zeit*
Zeit-druck, der; -s, keine Mehrzahl: *Zeitknappheit, zeitliche Bedrängnis*
Zeit-form, die; -,-en: *Grammatik: Tempus*
Zeit-fra-ge, die; -, keine Mehrzahl: *ein Problem der zur Verfügung stehenden Zeit*
Zeit-ge-fühl, das; -es, keine Mehrzahl: *Gefühl für die vergangene Zeitdauer*
Zeit-geist, der; -es, keine Mehrzahl: *charakteristische Gesinnung eines Zeitalters*
zeit-ge-mäß: *der Zeit entsprechend, modern*
Zeit-ge-nos-se, der; -n,-n: *zur gleichen Zeit lebender Mensch*
zeit-ge-nös-sisch: *zur gleichen Zeit lebend*
Zeit-ge-schich-te, die; -,-n: *Geschichte der Gegenwart und jüngsten Vergangenheit*
zeit-ge-schicht-lich: *die Zeitgeschichte betreffend*
Zeit-ge-winn, der; -es,-e: *Aufschub*
zeit-gleich: *zur gleichen Zeit, gleichzeitig*
zei-tig: *früh*
Zeit lang, die; -, keine Mehrzahl: *kurze Zeit, eine Weile*
zeit-le-bens: *ein Leben lang*
zeit-lich: *die Zeit betreffend*
Zeit-lohn, der; -es, -löh-ne: *von der Arbeitszeit abhängende Entlohnung*
zeit-los: *nicht zeitgebunden*

Zeit-lo-sig-keit, die; -, keine Mehrzahl: *zeitlose Beschaffenheit, zeitloses Wesen*
Zeit-lu-pe, die; -,-n: *Filmverfahren, mit dem Bewegungen verlangsamt wiedergegeben werden*
Zeit-raf-fer, der; -s,-: *Filmverfahren, mit dem Bewegungen beschleunigt wiedergegeben werden*
Zeit rau-bend (auch zeit-rau-bend): *zeitaufwändig*
Zeit-raum, der; -es, -räu-me: *Zeitspanne*
Zeit-rech-nung, die; -,-en: *Kalender*
Zeit-schrift, die; -,-en: *Illustrierte*
Zeit-schrif-ten-auf-satz, der; -es, -sät-ze: *Aufsatz, der in einer Zeitschrift abgedruckt ist*
Zeit-span-ne, die; -,-n: *Zeitraum*
Zeit spa-rend (auch zeit-spa-rend): *weniger Zeit in Anspruch nehmend*
Zei-tung, die; -,-en: *regelmäßig erscheinendes Mitteilungsblatt*
Zei-tungs-an-zei-ge, die; -,-n: *Anzeige, die in einer Zeitung erscheint*
Zei-tungs-ar-ti-kel, der; -s,-: *Artikel, der in einer Zeilung abgedruckt ist*
Zei-tungs-ki-osk, der; -s,-e: *Kiosk, an dem Zeitungen verkauft werden*
Zei-tungs-le-ser, der; -s,-: *jemand, der eine Zeitung liest*
Zeit-ver-treib, der; -es,-e: *Hobby, Tätigkeit, mit der man sich zerstreut*
zeit-wei-se: *eine Zeit lang dauernd*
Zeit-wert, der; -es,-e: *Wert, den eine Ware zu einem bestimmten Zeitpunkt besitzt*
Zeit-wort, das; -es, -wör-ter: *Grammatik: Verb*
Zeit-zei-chen, das; -s,-: *Morsezeichen, das die genaue Zeit anzeigt*
Zeit-zün-der, der; -s,-: *Zünder, der zu einer bestimmten Zeit eine Sprengladung auslöst*
ze-leb-rie-ren (auch ze-le-brie-ren): *feierlich begehen, feiern*
Ze-leb-ri-tät (auch Ze-le-bri-tät), die; -,-en: *berühmte Persönlichkeit*
Ze-leb-ri-tät (auch Ze-le-bri-tät), die; -, keine Mehrzahl: *Feierlichkeit*
Zel-le, die; -,-n: *Teil einer Bienenwabe*
Zel-le, die; -,-n: *kleine Gruppe in einer Organisation*
Zel-le, die; -,-n: *kleinster Baustein alles organischen Lebens*
Zel-le, die; -,-n: *Batterie*
Zel-le, die; -,-n: *Telefonzelle*

zentrifugieren

Zel-le, die; -,-n: *Gefängnisraum*
Zel-le, die; -,-n: *Wohnraum eines Mönches*
Zell-ge-we-be, das; -s,-: *organisches Gewebe*
Zell-glas, das; -es, keine Mehrzahl: *klare Folie*
Zell-kern, der; -es,-e: *Zytoblast*
Zell-plas-ma, das; -s, -plas-men: *Zytoplasma*
Zell-stoff, der; -es, keine Mehrzahl: *Produkt aus Zellulose*
zel-lu-lär: *die Zelle betreffend, aus Zellen bestehend*
Zel-lu-li-tis, die; -, Zel-lu-li-ti-den: *Degenerierung des Zellgewebes, „Orangenhaut"*
Zel-lu-loid, das; -s, keine Mehrzahl: *durchsichtiger Kunststoff, Filmgrundlage*
Zel-lu-lo-se, die; -, keine Mehrzahl: *Bestandteil pflanzlicher Zellen*
Zell-wol-le, die; -, keine Mehrzahl: *Zellulosefaser*
Ze-lot, der; -en,-en: *religiöser Eiferer*
ze-lo-tisch: *den Zelotismus betreffend*
Ze-lo-tis-mus, der; -s, keine Mehrzahl: *religiöses Eifern*
Zelt, das; -es,-e: *Gewölbe, Himmelszelt*
Zelt, das; -es,-e: *Behausung aus Stoff*
Zelt-bahn, die; -,-en: *Plane*
zel-ten: *in einem Zelt übernachten*
Zel-ter, der; -s,-: *veraltet für „Reitpferd"*
Zelt-la-ger, das; -s,-: *Lager aus Zelten*
Zelt-pla-ne, die; -,-n: *wasserdichte Stoffbahn*
Zelt-platz, der; -es, -plät-ze: *Platz, auf dem gezeltet wird, Campingplatz*
Ze-ment, der; -s, keine Mehrzahl: *Bindemittel, Baustoff*
ze-men-tie-ren: *begründen, untermauern, festigen*
ze-men-tie-ren: *mit Zement befestigen*
Ze-men-tie-rung, die; -,-en: *das Zementieren*
Ze-nit, der; -s,-e: *Scheitelpunkt, Punkt senkrecht über dem Aufenthaltsort*
zen-sie-ren: *eine Zensur ausüben*
zen-sie-ren: *Noten geben, benoten*
Zen-sor, der; -s,-en: *amtlich bestellter Prüfer von Kunstwerken*
Zen-sur, die; -,-en: *Note*
Zen-sur, die; -, keine Mehrzahl: *Kontrolle und inhaltliche Einschränkung von Druckerzeugnissen, Schriftstücken, Filmen, Nachrichten*

Zen-sus, der; -,-: *Volkszählung*
Zen-ti-fo-lie, die; -,-n: *Rosenart*
Zen-ti-me-ter, der; -s,-: *Maßeinheit, zehn Millimeter, ein hundertstel Meter*
Zen-ti-me-ter-maß, das; -es,-e: *Maßstab, Maßband*
Zent-ner, der; -s,-: *Gewichtseinheit, fünfzig Kilogramm, hundert Pfund*
Zent-ner-last, die; -,-en: *sehr schwere Last*
zent-ner-schwer: *sehr schwer*
zent-ner-wei-se: *in Zentnern*
zent-ral (auch zen-tral): *inmitten, im Mittelpunkt*
Zent-ra-le (auch Zen-tra-le), die; -,-n: *zentrale Organisationseinheit, Hauptgeschäftsstelle*
Zent-ra-le (auch Zen-tra-le), die; -,-n: *Telefonvermittlung*
Zent-ral-ein-heit (auch Zen-tral-ein-heit), die; -,-en: *zentrale Einheit einer EDV-Maschine, Prozessor*
Zent-ral-ge-walt (auch Zen-tral-ge-walt), die; -,-en: *höchste Staatsgewalt*
Zent-ral-hei-zung (auch Zen-tral-heizung), die; -,-en: *Sammelheizung*
Zent-ra-li-sa-ti-on (auch Zen-tra-li-sa-ti-on), die; -,-en: *das Zentralisieren*
zent-ra-li-sie-ren (auch zen-tra-li-sieren): *zusammenfassen, in einem Punkt sammeln*
Zent-ra-lis-mus (auch Zen-tra-lis-mus), der; -, keine Mehrzahl: *Streben nach einer zentralen Verwaltung*
zent-ra-lis-tisch (auch zen-tra-lis-tisch), *den Zentralismus betreffend*
Zent-ral-ko-mi-tee (auch Zen-tral-ko-mi-tee), das; -s,-s: *Führungsgremium*
Zent-ral-ner-ven-sys-tem (auch Zen-tral-ner-ven-sys-tem), das; -es, -e: *von Gehirn und Rückenmark gebildetes und bestimmtes Nervensystem*
zent-rie-ren (auch zen-trie-ren), *justieren, auf ein Zentrum ausrichten*
zent-ri-fu-gal (auch zen-tri-fu-gal), *vom Mittelpunkt weggerichtet*
Zent-ri-fu-gal-kraft (auch Zen-tri-fu-gal-kraft), die; -, keine Mehrzahl: *vom Mittelpunkt weggerichtete Kraft, Fliehkraft*
Zent-ri-fu-ge (auch Zen-tri-fu-ge), die; -,-n: *Schleuder*
zent-ri-fu-gie-ren (auch zen-tri-fu-gieren): *mit einer Zentrifuge trennen*

zentripetal

zent-ri-pe-tal (auch zen-tri-pe-tal): *auf einen Mittelpunkt zustrebend*
Zent-ri-pe-tal-kraft (auch Zen-tri-pe-tal-kraft), die; -, -kräf-te: *auf einen Mittelpunkt gerichtete Kraft, Gravitation*
zent-risch (auch zen-trisch): *mittig, im Mittelpunkt, zum Mittelpunkt*
Zent-rum (auch Zen-trum), das; -s, Zentren: *Innenstadt*
Zent-rum (auch Zen-trum), das; -s, Zentren: *Mitte, Mittelpunkt*
Ze-phir (auch Ze-phyr), der; -s, -e: *Baumwollgewebe*
Ze-phir-wol-le (auch Ze-phyr-wol-le), die; keine Mehrzahl: *Wollart*
Zep-pe-lin, der; -s, -e: *Luftschiff*
Zep-ter (auch Szep-ter), das; -s, -: *Herrscherstab, Zeichen königlicher Macht*
zer-bei-ßen, zerbiss, zerbissen: *durchbeißen, entzweibeißen*
Zer-be-rus, der; -, -se: *scherzhaft für unfreundlicher Wächter*
zer-bre-chen, zerbrach, zerbrochen: *entzweibrechen, durchbrechen*
zer-brech-lich: *leicht zerbrechend*
Zer-brech-lich-keit, die; -, keine Mehrzahl: *zerbrechliche Beschaffenheit, Zartheit*
zer-brö-ckeln: *in Brocken zerbrechen, zerfallen*
Ze-re-a-li-en, die; keine Einzahl: *Sammelbegriff für Getreidearten*
ze-reb-ral (auch ze-re-bral): *das Gehirn betreffend*
Ze-re-mo-nie, die; -, -n: *rituelle Handlung*
ze-re-mo-ni-ell: *das Zeremoniell betreffend, förmlich, in der Art einer Zeremonie*
Ze-re-mo-ni-ell, das; -s, -e: *Gesamtheit der Zeremonien*
Ze-re-mo-ni-en-meis-ter, der; -s, -: *Leiter des Zeremoniells*
zer-fah-ren: *aufgewühlt*
zer-fah-ren: *verwirrt, fahrig, unkonzentriert*
Zer-fah-ren-heit, die; -, keine Mehrzahl: *zerfahrenes Verhalten, zerfahrenes Wesen*
Zer-fall, der; -s, keine Mehrzahl: *das Zerfallen, Verfall*
zer-fal-len, zerfiel, zerfallen: *unter Aussendung radioaktiver Strahlen in ein anderes Element übergehen*
zer-fal-len, zerfiel, zerfallen: *auseinander fallen*

zer-fal-len, zerfiel, zerfallen: *verwesen, verfaulen*
Zer-falls-pro-dukt, das; -es, -e: *Produkt einer Kernspaltung*
zer-fet-zen: *zerreißen, in Fetzen reißen*
zer-fled-dert: *zerlesen, zerrissen*
zer-flei-schen: *mit den Zähnen zerfetzen*
Zer-flei-schung, die; -, -en: *das Zerfleischen*
zer-flie-ßen, zerfloss, zerflossen: *auseinander fließen*
zer-fres-sen: *durch Fressen beschädigt; auch: verrostet, verwittert*
zer-fur-chen: *mit Furchen durchziehen*
zer-ge-hen, zerging, zergangen: *sich auflösen, sich verflüssigen*
zer-ha-cken: *in Stücke hacken, zerstückeln*
Zer-ha-cker, der; -s, -: *Gerät, das Impulse zerhackt*
zer-kau-en: *durch Kauen zerkleinern*
zer-klei-nern: *in kleine Stücke zerlegen*
Zer-klei-ne-rung, die; -, -en: *das Zerkleinern*
zer-klüf-tet: *rau, mit Tälern, Rissen, Spalten durchzogen*
zer-knirscht: *reuig, schuldbewusst*
Zer-knirscht-heit, die; -, keine Mehrzahl: *zerknirschtes Verhalten, zerknirschtes Wesen*
Zer-knir-schung, die; -, keine Mehrzahl: *Niedergeschlagenheit, Reue*
zer-knit-tern: *knittern, falten, knicken, zerdrücken*
zer-ko-chen: *durch Kochen zerfallen*
zer-krat-zen: *durch Kratzen beschädigen, mit Kratzern versehen*
zer-krü-meln: *zerbröckeln*
zer-las-sen, zerließ, zerlassen: *schmelzen (Fett)*
zer-lau-fen, zerlief, zerlaufen: *zerfließen*
zer-leg-bar: *so beschaffen, dass man es zerlegen kann*
zer-le-gen: *auseinander nehmen*
Zer-le-gung, die; -, -en: *das Zerlegen*
zer-lö-chern: *mit Löchern versehen*
zer-lumpt: *in Lumpen, in Lumpen gekleidet*
zer-mah-len: *durch Mahlen zerkleinern*
zer-mal-men: *zerquetschen, vernichten*
zer-mar-tern: *in der Wendung: sich das Hirn zermartern, angestrengt nachdenken*
zer-mür-ben: *mürbe machen, Widerstandskraft brechen*

Zertrümmerung

Ze-ro [Sehro], die; -,-s/das; -s,-s: *Null, Nichts*
zer-pflü-cken: *peinlich genau untersuchen, in die Bestandteile zerlegen*
zer-pflü-cken: *zerrupfen, zerteilen*
zer-pul-vern: *pulverisieren*
zer-rau-fen: *durcheinander bringen, zerpflücken*
Zerr-bild, das; -es,-er: *Karikatur, verzerrtes Bild, verzerrte Darstellung*
zer-rei-ben, zerrieb, zerrieben: *durch Reiben zerkleinern, rebeln*
zer-reiß-bar: *so beschaffen, dass man es zerreißen kann*
zer-rei-ßen, zerriss, zerrissen: *in Stücke reißen, auseinander reißen*
zer-rei-ßen, zerriss, zerrissen: *ein Loch bekommen, ein Loch reißen*
Zer-reiß-pro-be, die; -,-n: *äußerste Belastung*
zer-ren: *heftig ziehen, schleppen, reißen*
Zer-re-rei, die; -,-en: *ständiges Zerren*
zer-rin-nen, zerrann, zerronnen: *zerfließen, sich auflösen*
Zer-ris-sen-heit, die; -, keine Mehrzahl: *zerrissene Beschaffenheit, zerrissenes Wesen*
Zer-rung, die; -,-en: *Sehnenzerrung*
Zer-rung, die; -,-en: *das Zerren*
zer-rüt-ten: *schädigen*
Zer-rüt-tung, die; -,-en: *das Zerrüttetsein*
zer-schel-len: *zerbrechen, Schiffbruch erleiden*
zer-schla-gen, zerschlug, zerschlagen: *entzweischlagen, zerstören*
zer-schla-gen, sich; zerschlug sich, sich zerschlagen: *scheitern, nicht zustande kommen*
Zer-schla-gung, die; -,-en: *das Zerschlagen, die Zerstörung*
zer-schlei-ßen, zerschliss, zerschlissen: *verbrauchen, abnutzen*
zer-schlis-sen: *verbraucht, abgeschabt, abgenutzt, fadenscheinig*
zer-schmet-tern: *zerschlagen, entzweischlagen*
zer-schnei-den, zerschnitt, zerschnitten: *durch Schneiden zerkleinern, durchschneiden*
zer-schram-men: *durch Schrammen beschädigen, zerkratzen, mit Schrammen versehen*
zer-schrammt: *mit Schrammen versehen, zerkratzt*

zer-set-zen: *auflösen, spalten; auch: untergraben*
zer-set-zen, sich: *modern, verfaulen, verwittern*
Zer-set-zung, die; -,-en: *das Zersetzen, Fäulnis*
Zer-set-zungs-pro-dukt, das; -es,-e: *Fäulnisprodukt*
zer-split-tern: *in Splitter zerspringen, in Stücke zerfallen*
Zer-split-te-rung, die; -,-en: *das Zersplittern*
zer-sprin-gen, zersprang, zersprungen: *bersten, zerbrechen, zerreißen*
zer-stamp-fen: *durch Stampfen zerkleinern*
zer-stäu-ben: *versprühen, fein verteilen*
Zer-stäu-ber, der; -s,-: *Gerät zum Zerstäuben*
Zer-stäu-bung, die; -,-en: *das Zerstäuben*
zer-stör-bar: *so beschaffen, dass man es zerstören kann*
zer-stö-ren: *vernichten, verwüsten, zertrümmern*
Zer-stö-rer, der; -s,-: *Kriegsschiff*
Zer-stö-rer, der; -s,-: *jemand, der etwas zerstört*
Zer-stö-rung, die; -,-en: *das Zerstören*
Zer-stö-rungs-wut, die; -, keine Mehrzahl: *Wandalismus*
zer-streu-en: *verteilen*
zer-streu-en, sich: *sich unterhalten, sich die Zeit vertreiben*
zer-streu-en, sich: *auseinander gehen*
zer-streut: *abwesend, unkonzentriert*
Zer-streut-heit, die; -, keine Mehrzahl: *zerstreutes Verhalten, zerstreutes Wesen, Vergesslichkeit*
Zer-streu-ung, die; -,-en: *Ablenkung, Vergnügen, Unterhaltung*
zer-stü-ckeln: *in Stücke schneiden, teilen*
Zer-stü-cke-lung, die; -,-en: *das Zerstückeln*
Zer-ti-fi-kat, das; -es,-e: *Urkunde, Bescheinigung, Bestätigung*
zer-ti-fi-zie-ren: *ein Zertifikat ausstellen, bescheinigen, beurkunden*
zer-tram-peln: *zertreten*
zer-tre-ten, zertrat, zertreten: *zertrampeln, durch Treten zerstören*
zer-trüm-mern: *entzweischlagen, zerschlagen*
Zer-trüm-me-rung, die; -,-en: *das Zertrümmern*

Zervelatwurst

Zer-ve-lat-wurst (auch Ser-ve-lat-wurst), die; -, -würs-te: *Wurstart*
Zer-würf-nis, das; -ses,-se: *Streit, Verfeindung*
zer-zau-sen: *verwirren, durcheinander bringen*
Zes-si-on, die; -,-en: *Anspruchsabtretung*
Ze-ter-ge-schrei, das; -es, keine Mehrzahl: *lautes Zetern, lautes Schimpfen*
ze-tern: *schimpfen, laut jammern*
Zet-tel, der; -s,-: *Papierstück, loses Blatt*
Zet-tel-kas-ten, der; -s, -käs-ten: *Kartei*
Zeug, das; -s, keine Mehrzahl: *Unsinn, Geschwätz*
Zeug, das; -s, keine Mehrzahl: *Kleidung, Wäsche*
Zeug, das; -s, keine Mehrzahl: *Plunder, wertloser Kram, wertloses Material*
Zeug, das; -s, keine Mehrzahl: *Geräte, Material*
Zeu-ge, der; -n,-n: *Aussagender*
Zeu-ge, der; -n,-n: *Beobachter, jemand, der etwas gesehen hat*
zeu-gen: *erzeugen, hervorbringen, eine Zeugung vornehmen*
zeu-gen: *unter Eid, als Zeuge aussagen*
Zeu-gen-aus-sa-ge, die; -,-n: *Aussage eines Zeugen*
Zeu-gen-bank, die; -, -bän-ke: *Sitzplatz der Zeugen vor Gericht*
Zeug-haus, das; -es, -häu-ser: *Arsenal*
Zeu-gin, die; -,-nen: *weiblicher Zeuge*
Zeug-nis, das; -ses,-se: *Bescheinigung, Beglaubigung*
Zeug-nis, das; -ses,-se: *Bewertung, Benotung, Gutachten*
Zeug-nis, das; -ses,-se: *Zeugenaussage*
Zeu-gung, die; -,-en: *das Zeugen*
Zeu-gungs-akt, der; -es,-e: *Begattung, Zeugung*
zeu-gungs-fä-hig: *fähig, Kinder zu zeugen*
Zeu-gungs-fä-hig-keit, die; -, keine Mehrzahl: *zeugungsfähiger Zustand, Fähigkeit, Kinder zu zeugen*
zeu-gungs-un-fä-hig: *unfähig, Kinder zu zeugen*
Zeu-gungs-un-fä-hig-keit, die; -, keine Mehrzahl: *Unfähigkeit, Kinder zu zeugen*
Zib-be, die; -,-n: *Muttertier*
Zi-be-be: *Rosine*
Zi-bet-kat-ze, die; -,-n: *Katzenart*
Zi-cho-rie, die; -,-n: *Wegwarte, Pflanzenart*

Zi-cke, die; -,-n: *weibliche Ziege*
Zi-cke, die; -,-n: *abwertend für „weibliche Person"*
Zi-cken, die; keine Einzahl: *Torheit, Schwierigkeiten*
zi-ckig: *verklemmt, prüde, schwierig*
Zick-zack, das; -s, keine Mehrzahl: *unregelmäßig verlaufende Linie, Zickzacklinie*
Zick-zack-kurs, der; -es,-e: *im Zickzack verlaufender Kurs, unsichere, unstete Bewegung*
Zick-zack-li-nie, die; -,-n: *unregelmäßig verlaufende Linie*
Zie-ge, die; -,-n: *Haustierart*
Zie-gel, der; -s,-: *gebrannter Tonstein, Backstein*
Zie-ge-lei, die; -,-en: *Fabrik, in der Ziegel hergestellt werden*
Zie-gel-stein, der; -es,-e: *Ziegel*
Zie-gen-bart, der; -es, -bär-te: *Pilzart*
Zie-gen-bart, der; -es, -bär-te: *Bart der Ziege, Bart, der dem einer Ziege ähnelt*
Zie-gen-kä-se, der; -s,-: *Käse aus Ziegenmilch*
Zie-gen-milch, die; -, keine Mehrzahl: *Milch von Ziegen*
Zie-gen-pe-ter, der; -s, keine Mehrzahl: *Mumps*
Zieh-brun-nen, der; -s,-: *Brunnenart*
Zieh-el-tern, die; keine Einzahl: *Pflegeeltern*
zie-hen, zog, gezogen: *zeichnen*
zie-hen, zog, gezogen: *dehnen, strecken*
zie-hen, zog, gezogen: *zerren, herziehen*
zie-hen, zog, gezogen: *feierlich schreiten*
Zieh-har-mo-ni-ka, die; -,-s/-har-mo-ni-ken: *Harmonika mit Blasebalg*
Zieh-kind, das; -es,-er: *Pflegekind*
Zie-hung, die; -,-en: *das Ziehen, Auslosung*
Ziel, das; -es,-e: *angestrebtes Ende, Ende des Weges, Bestimmungsort*
Ziel, das; -es,-e: *Absicht*
Ziel, das; -es,-e: *Frist, Zahlungsfrist*
Ziel-band, das; -es, -bän-der: *Band, das über eine Ziellinie gespannt ist*
ziel-be-wusst: *entschlossen, unbeirrt strebend*
zie-len: *anvisieren, ausrichten*
zie-len: *deuten, hinweisen, etwas meinen*
Ziel-fern-rohr, das; -es,-e: *Fernrohr zum Anvisieren*
Ziel-ge-ra-de, die; -,-n: *die letzten hundert Meter vor dem Ziel*

Zinken

Ziel-li-nie, die; -,-n: *Ziel*
ziel-los: *ohne Ziel, orientierungslos, unentschlossen*
Ziel-lo-sig-keit, die; -, keine Mehrzahl: *zielloses Verhalten, ziellose Beschaffenheit*
Ziel-schei-be, die; -,-n: *Scheibe für Schießübungen*
Ziel-set-zung, die; -,-en: *Plan, Vorhaben*
ziel-si-cher: *unbeirrt, zielstrebig*
Ziel-si-cher-heit, die; -, keine Mehrzahl: *zielsicheres Verhalten, Zielstrebigkeit*
ziel-stre-big: *zielbewusst, entschlossen, eifrig*
Ziel-stre-big-keit, die; -, keine Mehrzahl: *zielstrebiges Verhalten, Zielsicherheit*
zie-men, sich: *sich gehören, sich schicken*
Zie-mer, der; -s,-: *Schlagstock, Ochsenziemer*
Zie-mer, der; -s,-: *Wildrücken*
ziem-lich: *umgangssprachlich für „recht groß, lang, weit"*
ziem-lich: *annähernd, beinahe, einigermaßen*
zie-pen: *schmerzhaft an den Haaren ziehen*
zie-pen: *schmerzen*
Zier, die; -, keine Mehrzahl: *Zierde*
Zier-de, die; -,-n: *Schmückendes, Verzierung*
zie-ren: *schmücken*
Zier-gar-ten, der; -s, -gär-ten: *Garten mit Zierpflanzen*
zier-lich: *zart, klein, anmutig*
Zier-lich-keit, die; -,-en: *zierliche Beschaffenheit*
Zier-pflan-ze, die; -,-n: *Pflanze, die zur Zierde dient*
Zier-pup-pe, die; -,-n: *umgangssprachlich für „eitler, eingebildeter Mensch"*
Zier-rat der; -s,-e: *Schmuck, Zierde, Schmückendes*
Zier-strauch, der; -es, -sträu-cher: *Strauch, der der Zierde dient*
Zif-fer, die; -,-n: *Zeichen einer Zahl*
Zif-fer, die; -,-n: *Gesetzesabsatz*
Zif-fer-blatt, das; -es, -blät-ter: *Zahlenscheibe einer Uhr*
Zi-ga-ret-te, die; -,-n: *Rauchwerk*
Zi-ga-ret-ten-län-ge, die; -,-n: *Zeitraum, der beim Rauchen einer Zigarette vergeht*
Zi-ga-ret-ten-län-ge: *Länge einer Zigarette*

Zi-ga-ret-ten-pa-pier, das; -s, keine Mehrzahl: *Papier, das Zigaretten umhüllt*
Zi-ga-ret-ten-pau-se, die; -,-n: *Pause zum Rauchen einer Zigarette*
Zi-ga-ret-ten-stum-mel, der; -s,-: *Rest einer gerauchten Zigarette*
Zi-ga-ril-lo, der; -s,-s: *Rauchwerk*
Zi-gar-re, die; -,-n: *Rauchwerk*
Zi-gar-re, die; -,-n: *umgangssprachlich für „Verweis, Rüge"*
Zi-gar-ren-kis-te, die; -,-n: *Kiste, die Zigarren enthält*
Zi-geu-ner, der; -s,-: *umgangssprachlich für „Landfahrer, Roma, Sinti"*
Zi-geu-ner, der; -s,-: *umgangssprachlich für „unruhig umherziehender Mensch"*
Zi-geu-ner-le-ben, das; -s,-: *unstetes Wanderleben*
Zi-geu-ner-mu-sik, die; -, keine Mehrzahl: *Musik der Zigeuner*
Zi-ka-de, die; -,-n: *Grillenart*
Zil-le, die; -,-n: *flacher Flusskahn*
Zim-bel, die; -,-n: *Schlaginstrument, Glockenspiel*
Zim-mer, das; -s,-: *Raum*
Zim-mer-chen, das; -s,-: *kleines Zimmer*
Zim-mer-flucht, die; -,-en: *Anzahl von miteinander verbundenen Zimmern*
Zim-mer-kell-ner, der; -s,-: *Kellner, der in Hotelzimmern serviert*
Zim-mer-laut-stär-ke, die; -, keine Mehrzahl: *gedämpfte Lautstärke, die nicht außerhalb des Zimmers vernommen wird*
Zim-mer-mann, der; -es, -leu-te: *Handwerker, Bauschreiner*
zim-mern: *aus Holz errichten, bauen*
Zim-mer-pflan-ze, die; -,-n: *Zierpflanze, die im Zimmer gehalten wird*
zim-per-lich: *empfindlich, prüde*
Zim-per-lich-keit, die; -, keine Mehrzahl: *zimperliches Verhalten, zimperliches Wesen*
Zimt, der; -es, keine Mehrzahl: *Gewürz*
zimt-far-ben: *rotbraun*
Zimt-stan-ge, die; -,-n: *Gewürzrinde*
Zink, das; -s, keine Mehrzahl: *chemisches Element, Metall, Zeichen: Zn*
Zink-blech: *Blech aus Zink*
Zink-blen-de, die; -, keine Mehrzahl: *Mineral*
Zin-ke, die; -,-n: *Zacke, Spitze*
zin-ken: *Spielkarten kennzeichnen*
Zin-ken, der; -s,-: *umgangssprachlich für „große Nase"*

Zinksalbe

Zink-sal-be, die; -,-n: *Salbenart*
Zink-weiß, das; -, keine Mehrzahl: *Malerfarbe*
Zinn, das; -s, keine Mehrzahl: *chemisches Element, Metall, Zeichen: Sn*
Zin-ne, die; -,-n: *zackenförmiger Maueraufsatz*
zin-nen: *aus Zinn*
Zin-nie, die; -,-n: *Blumenart*
Zin-no-ber, der; -s,-: *Quecksilbersulfid, rote Farbe*
Zin-no-ber, der; -s, keine Mehrzahl: *umgangssprachlich für „Unsinn, Gerede, Redensarten"*
Zin-no-ber-rot, das; -s, keine Mehrzahl: *rote Malerfarbe*
Zinn-sol-dat, der; -en,-en: *Figur aus Zinn*
Zins, der; -es,-en: *Kapitalertrag, Leihvergütung*
Zins, der; -es,-en: *Abgabe, Steuer, Pacht, Miete*
Zin-ses-zins, der; -es,-en: *Zins des verzinsten Betrages*
zins-frei: *ohne Zinsen*
Zins-fuß, der; -es, -fü-ße: *Zinssatz*
zins-los: *ohne Zinsen*
zins-pflich-tig: *verpflichtet, Zins zu entrichten*
Zins-rech-nung, die; -,-en: *Errechnen von Zinsen*
Zins-satz, der; -es, -sät-ze: *Höhe der Zinsen, Prozentsatz, Zinsfuß*
Zi-o-nis-mus, der; -, keine Mehrzahl: *Bestrebung, einen israelischen Staat unter Einschluss Palästinas zu errichten*
Zi-o-nist, der; -en,-en: *Anhänger des Zionismus*
zi-o-nis-tisch: *den Zionismus betreffend*
Zip-fel, der; -s,-: *Ende, Endstück, Eck, spitz auslaufender Saum*
Zip-fel-müt-ze, die; -,-n: *spitze Mütze*
Zip-per-lein, das; -s, keine Mehrzahl: *umgangssprachlich für „Gicht"*
Zir-bel, die; -,-n: *Kiefernart*
Zir-bel-drü-se, die; -,-n: *im Zwischenhirn liegende Drüse*
Zir-bel-kie-fer, die; -,-n: *Kiefernart*
zir-ka: *ungefähr, etwa*
Zir-kel, der; -s,-: *Zeichengerät*
Zir-kel, der; -s,-: *Kreis*
Zir-kel, der; -s,-: *Interessentenkreis*
Zir-kel-kas-ten, der; -s, -käs-ten: *Aufbewahrungskasten für Zeichengeräte*
zir-keln: *einen Kreis ziehen*

Zir-kel-schluss, der; -schlus-ses, -schlüs-se: *Beweis, bei dem das zu Beweisende bereits Voraussetzung für den Beweis ist*
Zir-ko-ni-um, das; -s, keine Mehrzahl: *chemisches Element, Metall, Zeichen: Zr*
zir-ku-lar: *zirkulär*
zir-ku-lär: *kreisförmig*
Zir-ku-lar, das; -s,-e: *Rundschreiben*
Zir-ku-la-ti-on, die; -,-en: *das Zirkulieren, Kreislauf*
zir-ku-lie-ren: *kreisen, im Umlauf sein*
Zir-kum-flex, der; -es,-e: *Dehnungszeichen*
Zir-kum-po-lar-stern, der; -es,-e: *Stern, der für eine bestimmte geographische Breite nicht untergeht*
Zir-kus, der; -,-se: *Tier- und Akrobatenschau*
zir-pen: *schrille Töne erzeugen (Grille)*
Zir-rho-se, die; -,-n: *Drüsenschädigung*
Zir-rus, der; -, Zir-ren: *Cirrus, Schleierwolke, Federwolke*
Zir-rus-wol-ke, die; -,-n: *Federwolke*
Zi-sche-lei, die; -,-en: *anhaltendes Zischeln*
zi-scheln: *scharf flüstern, zischen*
zi-schen: *einen scharfen Laut von sich geben*
zi-schen: *umgangssprachlich für „schnell trinken, kippen"*
Zisch-laut, der; -es,-e: *scharfer, stimmloser Laut*
Zi-se-leur [Ziselöhr], der; -s,-e: *Graveur, Metallstecher*
zi-se-lie-ren: *mit Gravuren verzieren, Muster in Metall stechen*
Zis-ter-ne, die; -,-n: *Wasserspeicher, Regenspeicher*
Zi-ta-del-le, die; -,-n: *Festung, Verteidigungsanlage*
Zi-tat, das; -es,-e: *wörtlich angeführte Textstelle*
Zi-ther, die; -,-n: *Saiteninstrument*
zi-tie-ren: *ein Zitat gebrauchen, eine Textstelle wörtlich anführen*
zi-tie-ren: *vorladen, zum Erscheinen auffordern*
Zi-tie-rung, die; -,-en: *das Zitieren*
Zit-ro-nat (auch Zi-tro-nat), das; -s, keine Mehrzahl: *kandierte Zitronenschale*
Zit-ro-ne (auch Zi-tro-ne), die; -,-n: *Limone, Zitrusfrucht*
Zit-ro-nen-fal-ter (auch Zi-tro-nen-falter), der; -s,-: *Schmetterlingsart*

Zornesader

zit-ro-nen-gelb (auch zi-tro-nen-gelb): hellgelb
Zit-rus-frucht (auch Zi-trus-frucht), die; -, -früch-te: *Südfrucht*
Zit-ter-aal, der; -es,-e: *elektrische Ströme erzeugende Fischart*
Zit-ter-gras, das; -es, -grä-ser: *Grasart*
zit-te-rig: *unsicher, wackelig, zitternd*
zit-tern: *beben, schwingen*
Zitt-rig-keit, die; -, keine Mehrzahl: *zittriger Zustand*
Zit-ze, die; -,-n: *Saugwarze weiblicher Säugetiere*
zi-vil: *angemessen, erschwinglich*
zi-vil: *bürgerlich, nicht militärisch*
Zi-vil, das; -s, keine Mehrzahl: *zivile, bürgerliche Kleidung, keine Uniform*
Zi-vil-be-völ-ke-rung, die; -,-en: *nicht dem Militär angehörende Bevölkerung*
Zi-vil-cou-ra-ge [Ziwielkurahsche], die; -, keine Mehrzahl: *Mut, seine Überzeugungen öffentlich zu vertreten*
Zi-vi-li-sa-ti-on, die; -,-en: *technisch fortgeschrittene Lebensweise*
Zi-vi-li-sa-ti-ons-krank-heit, die; -,-en: *Krankheit, die als Folge der Zivilisation auftritt*
zi-vi-li-sa-to-risch: *die Zivilisation betreffend*
zi-vi-li-sie-ren: *bei einem Volk die westliche Zivilisation einführen*
Zi-vi-li-sie-rung, die; -,-en: *das Zivilisieren*
Zi-vi-list, der; -en,-en: *Bürger, jemand, der nicht Soldat ist*
Zi-vil-klei-dung, die; -, keine Mehrzahl: *bürgerliche Kleidung, keine Uniform*
Zi-vil-per-son, die; -,-en: *Bürger, jemand, der nicht dem Militär angehört*
Zi-vil-recht, das; -es, keine Mehrzahl: *bürgerliches Recht*
zi-vil-recht-lich: *das Zivilrecht betreffend*
Zo-bel, der; -s,-: *Pelztier*
Zo-bel, der; -s,-: *Pelzware aus dem Fell des Zobels*
Zo-bel, der; -s,-: *Fischart*
zo-ckeln: *sich langsam fortbewegen*
zo-di-a-kal: *den Tierkreis betreffend*
Zo-di-a-kal-licht, das; -es, keine Mehrzahl: *schwacher Lichtschimmer entlang des Tierkreises*
Zo-di-a-kus, der; -, keine Mehrzahl: *Tierkreis, Ekliptik*
Zo-fe, die; -,-n: *Dienerin*

Zoff, der; -s, keine Mehrzahl: *umgangssprachlich für „Streit, Ärger"*
zö-gern: *zaudern, sich nicht entschließen können, schwanken*
Zög-ling, der; -s,-e: *Pflegekind; auch: Internatsschüler*
Zö-li-bat, der/das; -s, keine Mehrzahl: *Keuschheitsgebot katholischer Priester*
zö-li-ba-tär: *das Zölibat betreffend*
Zoll, der; -s, keine Mehrzahl: *Dienststelle, die die Zollabfertigung vornimmt*
Zoll, der; -s, Zöl-le: *Einfuhrsteuer*
Zoll, das; -s,-: *englisches und amerikanisches Längenmaß (Inch), 2,54 cm*
zol-len: *gewähren, spenden (Beifall)*
zoll-frei: *ohne Zoll*
Zoll-kon-trol-le, die; -,-n: *Kontrolle des Gepäcks beim Überschreiten einer Grenze*
Zöll-ner, der; -s,-: *Zollbeamter*
zoll-pflich-tig: *verpflichtet, Zoll zu entrichten*
Zoll-stock, der; -s, -stö-cke: *zusammenklappbarer Maßstab*
zo-nal: *eine Zone betreffend*
Zo-ne, die; -,-n: *Gebietsstreifen, Gegend, Gebiet*
Zoo, der; -s,-s: *Tiergarten*
Zo-o-lo-ge, der; -n,-n: *Wissenschaftler der Zoologie*
Zo-o-lo-gie, die; -, keine Mehrzahl: *Tierkunde*
zo-o-lo-gisch: *die Zoologie betreffend; zoologischer Garten*
Zoom [Suhm], das; -s,-s: *Kurzwort für „Zoomobjektiv"*
Zoom-ob-jek-tiv [Suhmobjektiv], das; -s,-e: *Gummilinse, in der Brennweite verstellbares Objektiv*
Zopf, der; -es, Zöp-fe: *Haargeflecht, Haarstrang*
Zopf, der; -es, Zöp-fe: *Veraltetes, überholte Ansicht, rückständige Anschauung*
Zopf, der; -es, Zöp-fe: *Garnstrang*
Zo-res, das; -, keine Mehrzahl: *regional für „Pack, Pöbel"*
Zo-res, der; -, keine Mehrzahl: *umgangssprachlich für „Bedrängnis"*
Zo-res, der; -, keine Mehrzahl: *süddeutsch für „Streit, Ärger, Durcheinander"*
Zorn, der; -es, keine Mehrzahl: *Wut, Empörung, Ärger*
Zor-nes-ader, die; -,-n: *bei Zorn anschwellende Stirnader*

Z

zor-nig: *voller Zorn, ärgerlich, wütend, empört*
Zo-te, die; -,-n: *unanständiger Witz, gemeine Redensart*
zo-tig: *unanständig, schlüpfrig, obszön*
Zot-te, die; -,-n: *Haarbüschel, Zottel*
Zot-te, die; -,-n: *regional für „Kannenschnauze, Ausgießer"*
Zot-tel, die; -,-n: *Haarsträhne*
zot-te-lig: *voller Zotteln, zerzaust, ungekämmt*
zot-teln: *unachtsam schlendern*
zot-tig: *voller Zotten, zottelig*
zu: *Beifügung zu Verben, zu Infinitiven, zu Partizipien*
zu: *gegenüber*
zu: *noch, dazu, außerdem*
zu: *geschlossen*
zu: *in, im*
zu: *nach, hin*
zu: *in, an*
zu-al-ler-erst: *zuerst*
zu-al-ler-letzt: *zuletzt*
Zu-be-hör, das; -s, keine Mehrzahl: *Zusatzteile, Bestandteile*
zu-bei-ßen, biss zu, zugebissen: *zuschnappen, beißen*
zu-be-kom-men, bekam zu, zubekommen: *umgangssprachlich für „schließen können"*
Zu-ber, der; -s,-: *Wanne, Holzbehälter*
zu-be-rei-ten: *fertig stellen, kochen*
Zu-be-rei-tung, die; -,-en: *das Zubereiten*
zu-bil-li-gen: *gewähren, anerkennen, zugestehen*
zu-blei-ben, blieb zu, zugeblieben: *umgangssprachlich für „geschlossen bleiben"*
zu-brin-gen, brachte zu, zugebracht: *verleben*
zu-brin-gen, brachte zu, zugebracht: *bringen, hinbringen, hinschaffen*
zu-brin-gen, brachte zu, zugebracht: *heimlich mitteilen, verraten*
Zu-brin-ger, der; -s,-: *Autobahnzubringer*
Zu-brin-ger, der; -s,-: *Verkehrsmittel*
Zucht, die; -, keine Mehrzahl: *Disziplin, strenge Erziehung, Sitte*
Zucht, die; -,-en: *das Züchten, Aufzucht*
Zucht-bul-le, der; -n,-n: *zur Zucht verwendeter Stier*
Zucht-e-ber, der; -s,-: *zur Zucht verwendeter Eber*
züch-ten: *durch Kreuzen veredeln, durch besondere Verfahren ziehen*

Züch-ter, der; -s,-: *jemand, der züchtet*
Zucht-haus, das; -es, -häu-ser: *Gefängnis, auch: Zuchthausstrafe*
Zucht-häus-ler, der; -s,-: *umgangssprachlich für „jemand, der eine Freiheitsstrafe verbüßt"*
Zucht-haus-stra-fe, die; -,-n: *verschärfte Freiheitsstrafe*
Zucht-hengst, der; -es,-e: *zur Zucht verwendeter Hengst*
züch-tig: *gesittet, tugendhaft*
züch-ti-gen: *eine körperliche Strafe vollziehen*
Züch-ti-gung, die; -,-en: *das Züchtigen*
zucht-los: *disziplinlos, ohne Zucht*
Zucht-lo-sig-keit, die; -, keine Mehrzahl: *zuchtloses Verhalten, zuchtloser Zustand*
Zucht-meis-ter, der; -s,-: *strenger Erzieher*
Zucht-ru-te, die; -,-n: *Schlagstock; übertragen auch: strenge Erziehungsmethoden*
Züch-tung, die; -,-en: *das Züchten, das Gezüchtete*
Zucht-vieh, das; -s, keine Mehrzahl: *zur Zucht verwendetes Vieh*
zu-ckeln: *umgangssprachlich für „zotteln, sich langsam fortbewegen"*
Zu-ckel-trab: der; -s, keine Mehrzahl: *langsamer Trab, langsame Fortbewegung*
zu-cken: *flackern, lodern, plötzlich aufleuchten*
zu-cken: *sich plötzlich bewegen, plötzlich zusammenfahren*
zü-cken: *hervorziehen*
Zu-cker, der; -s,-: *Süßstoff*
Zu-cker, der; -s, keine Mehrzahl: *umgangssprachlich für „Diabetes"*
Zu-cker-guss, der; -es, -güs-se: *Überzug aus Zucker auf Backwerk*
Zu-cker-hut, der; -es, -hü-te: *in Kegelform gepresster Zucker*
zu-cke-rig: *gesüßt, sehr süß, voller Zucker*
zu-cker-krank: *an Diabetes leidend*
Zu-cker-krank-heit, die; -, keine Mehrzahl: *umgangssprachlich für „Diabetes"*
Zu-ckerl, das; -s,-n: *bayrisch, österr. für „Bonbon"*
zu-ckern: *mit Zucker süßen*
Zu-cker-rohr, das; -es, keine Mehrzahl: *Grasart, aus dem Zucker gewonnen wird*
Zu-cker-rü-be, die; -, -n: *Rübe, aus der Zucker gewonnen wird*
zu-cker-süß: *sehr süß*

Zügel

zuck-rig: *kitschig, sentimental*
zuck-rig: *zuckerig*
Zu-ckung, die; -,-en: *das Zucken*
Zu-de-cke, die; -,-n: *Bettdecke*
zu-de-cken: *verdecken, bedecken*
zu-dem: *auch noch, dazu, überdies*
zu-dring-lich: *aufdringlich, lästig, belästigend*
Zu-dring-lich-keit, die; -,-en: *zudringliches Verhalten*
zu-drü-cken: *durch Drücken schließen*
zu-ei-nan-der (auch zu-ein-an-der): *das eine zum anderen*
zu-erst: *als Erstes, zunächst*
zu-fah-ren, fuhr zu, zugefahren: *weiterfahren, losfahren*
zu-fah-ren, fuhr zu, zugefahren: *in eine Richtung fahren*
Zu-fahrt, die; -,-en: *Einfahrt, Fahrtmöglichkeit, Zufahrtsstraße*
Zu-fahrts-stra-ße, die; -,-n: *Zufahrt, zu etwas führende Straße*
Zu-fall, der; -s, -fäl-le: *Unvorhergesehenes*
zu-fäl-lig: *unvorhergesehen, dem Zufall überlassen, durch Zufall*
zu-fäl-li-ger-wei-se: *zufällig*
Zu-falls-tref-fer, der; -s,-: *zufälliger, unerwarteter Treffer*
zu-fas-sen: *zugreifen*
Zu-flucht, die; -,-en: *Schutz, Hilfe*
Zu-fluchts-ort, der; -es,-e: *Zuflucht, Schutz*
Zu-fluchts-stät-te, die; -,-n: *Obdach, Asyl, Schutz, Zufluchtsort*
Zu-fluss, der; -es, -flüs-se: *Nebenfluss*
Zu-fluss, der; -es, -flüs-se: *das Zufließen, das Gespeistwerden*
zu-flüs-tern: *leise sagen*
zu-fol-ge: *gemäß, nach*
zu-frie-den: *wunschlos, befriedigt*
zu-frie-den ge-ben, sich; gab sich zufrieden, sich zufrieden gegeben: *sich begnügen, sich einverstanden erklären*
Zu-frie-den-heit, die; -, keine Mehrzahl: *das Zufriedensein*
zu-frie-den las-sen, ließ zufrieden, zufrieden gelassen: *in Ruhe lassen*
zu-frie-den stel-len: *befriedigen*
Zu-frie-den-stel-lung, die; -, keine Mehrzahl: *das Zufriedenstellen*
zu-frie-ren, fror zu, zugefroren: *völlig gefrieren, sich mit einer Eisschicht bedecken*

zu-fü-gen: *antun*
zu-fü-gen: *hinzufügen, dazutun*
Zu-fuhr, die; -, keine Mehrzahl: *Versorgung, Nachschub*
Zug, der; -es, Zü-ge: *Drang, Neigung*
Zug, der; -es, Zü-ge: *Lastzug*
Zug, der; -es, Zü-ge: *geordnete Menschenmenge mit einem gemeinsamen Ziel*
Zug, der; -es, Zü-ge: *das Ziehen, das Rücken*
Zug, der; -es, Zü-ge: *Eisenbahnzug*
Zug, der; -es, Zü-ge: *militärische Einheit, Abteilung*
Zug, der; -es, Zü-ge: *das Saugen, das Einsaugen (Zigarettenzug)*
Zug, der; -es, Zü-ge: *Eigenschaft, Charakterzug*
Zug, der; -es, Zü-ge: *Schornstein, Kaminzug*
Zug, der; -es, Zü-ge: *Schrift, Schriftzug*
Zug, der; -es, Zü-ge: *Luftzug, leichte Luftbewegung*
Zu-ga-be, die; -,-n: *zusätzliche Leistung, zusätzliches Musikstück*
Zu-gang, der; -es, -gän-ge: *Zutritt*
Zu-gang, der; -es, -gän-ge: *Neuerwerb, Neuanschaffung*
Zu-gang, der; -es, -gän-ge: *Eingang*
zugäng-lich: *freundlich, entgegenkommend, umgänglich, aufgeschlossen*
zu-gäng-lich: *verfügbar*
zu-gäng-lich: *erreichbar*
Zug-be-gleit-per-so-nal, das; -s, keine Mehrzahl: *Gesamtheit der Schaffner eines Zuges*
Zug-brü-cke, die; -,-n: *hochziehbare Brücke*
zu-ge-ben, gab zu, zugegeben: *eingestehen, gestehen*
zu-ge-ben, gab zu, zugegeben: *dazugeben*
zu-ge-ge-be-ner-ma-ßen: *wie man zugeben muss*
zu-ge-gen: *anwesend, dabei*
zu-ge-hö-rig: *dazugehörend*
zu-ge-knöpft: *mit Knöpfen verschlossen*
zu-ge-knöpft: *verschwiegen*
Zu-ge-knöpft-heit, die; -, keine Mehrzahl: *zugeknöpfte Beschaffenheit*
Zu-ge-knöpft-heit, die; -, keine Mehrzahl: *zugeknöpftes Verhalten, Verschwiegenheit*
Zü-gel, der; -s,-: *Teil des Zaumzeugs, Lenkriemen*

zügellos

zü-gel-los: *ungehemmt, hemmungslos*
Zü-gel-lo-sig-keit, die; -, keine Mehrzahl: *zügelloses Verhalten, zügelloses Wesen*
zü-geln: *mäßigen, lenken*
zü-geln, sich: *sich beherrschen, sich mäßigen*
Zu-ge-ständ-nis, das; -ses,-se: *Erlaubnis, Entgegenkommen*
zu-ge-ste-hen, gestand zu, zugestanden: *erlauben, zubilligen*
zu-ge-tan: *freundlich gesinnt, geneigt*
Zug-fe-der, die; -,-n: *Federart*
zug-fest: *widerstandsfähig gegen Dehnung*
Zug-fes-tig-keit, die; -, keine Mehrzahl: *zugfeste Beschaffenheit*
Zug-füh-rer, der; -s,-: *einen Zug führender Offizier*
Zug-füh-rer, der; -s,-: *Zugschaffner*
zu-gig: *windig*
zü-gig: *flott, ununterbrochen*
Zug-kraft, die; -, -kräf-te: *Anziehungskraft*
zug-kräf-tig: *anziehend, lockend*
zug-kräf-tig: *mit Zugkraft versehen*
zu-gleich: *gleichzeitig, miteinander*
Zug-luft, die; -, keine Mehrzahl: *Zug, leichte, stetige Luftbewegung*
Zug-ma-schi-ne, die; -,-n: *Schlepper, Lokomotive, Trecker*
Zug-num-mer, die; -,-n: *Glanzstück, Knüller, beliebteste Darstellung*
Zug-per-so-nal, das; -s, keine Mehrzahl: *Zugbegleitpersonal*
Zug-pferd, das; -es,-e: *Pferd, das Lasten oder Fahrzeuge zieht*
Zug-pferd, das; -es,-e: *jemand, der bei Veranstaltungen große Anziehungskraft besitzt*
zu-grei-fen, griff zu, zugegriffen: *zupacken*
Zu-griff, der; -s,-e: *das Zugreifen, das Ergreifen*
Zu-griffs-zeit, die; -,-en: *Zeit, die benötigt wird, bis einer EDV-Anlage Daten von einem bestimmten Speicher zur Verfügung stehen*
zu Grun-de (auch zu-grun-de): *in der Wendung: zu Grunde gehen, vernichtet werden, sterben*
Zug-tier, das; -es,-e: *Tier, das Lasten und Fahrzeuge zieht*
zu Guns-ten (auch zu-guns-ten): *zum Vorteil*

zu-gu-te: *in der Wendung: jemandem etwas zugute kommen lassen, jemandem zukommen lassen; auch: jemandem etwas zugute halten, als Entschuldigung anführen*
Zug-ver-bin-dung, die; -,-en: *Verkehrsverbindung mit Zügen*
Zug-ver-kehr, der; -s, keine Mehrzahl: *Eisenbahnverkehr*
Zug-vo-gel, der; -s, -vö-gel: *Vogel, der zum Überwintern in den Süden fliegt*
Zug-zwang, der; -es, -zwän-ge: *Zwang beim Schachspiel, einen bestimmten Zug zu tun*
Zug-zwang, der; -es, -zwän-ge: *Zwang zu handeln, zu reagieren*
zu-hal-ten, hielt zu, zugehalten: *verschließen, geschlossen halten*
Zu-häl-ter, der; -s,-: *jemand, der Zuhälterei betreibt*
Zu-häl-te-rei, die; -, keine Mehrzahl: *Ausbeutung von Prostituierten*
Zu-hau-se, das; -, keine Mehrzahl: *Heim, Wohnung*
zu-hö-ren: *lauschen*
Zu-hö-rer, der; -s,-: *jemand, der zuhört, Lauschender*
zu-keh-ren: *zudrehen, zuwenden*
zu-knöp-fen: *mit Knöpfen verschließen*
zu-kom-men, kam zu, zugekommen: *gewähren, zuschicken, schenken*
zu-kom-men, kam zu, zugekommen: *näher kommen*
zu-kom-men, kam zu, zugekommen: *zustehen*
Zu-kunft, die; -, keine Mehrzahl: *die kommende Zeit, Künftiges*
zu-künf-tig: *in der Zukunft liegend, später, bevorstehend*
Zu-kunfts-hoff-nung, die; -, keine Mehrzahl: *Optimismus*
Zu-kunfts-mu-sik, die; -, keine Mehrzahl: *in der Gegenwart nicht realisierbares Projekt*
Zu-kunfts-plä-ne, die; keine Einzahl: *zukünftiges Vorhaben, Pläne für die Zukunft*
zu-kunfts-reich: *viel versprechend, zukunftsträchtig*
zu-lä-cheln: *anlächeln*
Zu-la-ge, die; -,-n: *Gehaltserhöhung, Geldzuwendung*
zu-lan-gen: *umgangssprachlich für „zugreifen"*

zurechnen

zu-läng-lich: *hinlänglich, ausreichend*
zu-las-sen: *genehmigen, dulden, erlauben, gestatten*
zu-läs-sig: *gestattet, erlaubt*
Zu-las-sung, die; -,-en: *das Zulassen, das Zugelassenwerden*
Zu-lauf, der; -s, -läu-fe: *Zufluss*
Zu-lauf, der; -s, keine Mehrzahl: *Andrang*
zu-lau-fen, lief zu, zugelaufen: *als herrenlos auffinden*
zu-lau-fen, lief zu, zugelaufen: *in eine Richtung laufen*
zu-lau-fen, lief zu, zugelaufen: *hineinlaufen, zufließen*
zu Lei-de (auch zu-lei-de): *in der Wendung: jemandem etwas zu Leide tun, jemandem Schmerz, Schaden zufügen*
zu-lei-ten: *weiterleiten, übermitteln*
Zu-lei-tung, die; -,-en: *das Zuleiten*
zu-letzt: *als Letzte(r,s), zum Schluss*
zu-lie-be: *in der Wendung: etwas jemandem zuliebe tun, etwas machen, um jemandem einen Gefallen zu tun*
zum: *zu dem*
zu-machen: *umgangssprachlich für „verschließen"*
zu-mal: *da, weil*
zu-meist: *meistens*
zu-min-dest: *wenigstens, mindestens*
zu-mut-bar: *so beschaffen, dass man es zumuten kann*
Zu-mut-bar-keit, die; -, keine Mehrzahl: *zumutbare Beschaffenheit*
zu-mu-te: *sich fühlen*
zu-mu-ten: *über Gebühr fordern, verlangen*
Zu-mu-tung, die; -,-en: *unbillige Forderung, rücksichtsloses Benehmen*
zu-nächst: *nahebei, dicht dabei, nicht weit entfernt*
zu-nächst: *zuerst, zuvor*
Zu-nah-me, die; -,-n: *Vermehrung, Erhöhung, das Zunehmen*
Zu-na-me, der; -ns,-n: *Familienname, Nachname*
zün-deln: *mit Feuer spielen*
zün-den: *anzünden; auch: zur Explosion bringen*
zün-den: *begeistern*
Zun-der, der; -s, keine Mehrzahl: *umgangssprachlich für „Prügel"*
Zun-der, der; -s, keine Mehrzahl: *trockenes Material zum Anzünden*
Zün-der, der; -s,-: *Zündvorrichtung*

Zünd-holz, das; -es, -höl-zer: *Streichholz*
Zünd-ker-ze, die; -,-n: *elektrischer Funkengeber bei Verbrennungsmotoren*
Zünd-schlüs-sel, der; -s,-: *Schlüssel zum Betätigen der Zündung*
Zünd-schnur, die; -, -schnü-re: *Lunte*
Zünd-stoff, der; -es,-e: *Anlass für Streit*
Zün-dung, die; -,-en: *das Zünden*
Zün-dung, die; -,-en: *Vorrichtung zum Zünden von Antriebstakten beim Verbrennungsmotor*
zu-neh-men, nahm zu, zugenommen: *vergrößern, ausweiten*
zu-neh-men, nahm zu, zugenommen: *dicker werden*
zu-neh-men, nahm zu, zugenommen: *mehr Maschen aufnehmen (Stricken)*
Zu-nei-gung, die; -,-en: *Liebe, Wohlwollen, Freundschaft*
Zunft, die; -, Zünf-te: *berufliche Vereinigung, Innung, Gilde*
zünf-tig: *fachgemäß, fachmännisch*
zünf-tig: *ordentlich, gehörig*
Zun-ge, die; -,-n: *Organ im Mund zum Schmecken und Sprechen*
Zun-ge, die; -,-n: *Schwingungsplättchen bei Blasinstrumenten*
Zun-ge, die; -,-n: *Schuhlasche*
Zun-ge, die; -,-n: *übertragen für „Sprache"*
Zun-ge, die; -,-n: *Zeiger*
zün-geln: *schnellen, sich zuckend bewegen*
zun-gen-fer-tig: *redegewandt*
Zun-gen-fer-tig-keit, die; -, keine Mehrzahl: *Beredsamkeit, Redegewandtheit*
Züng-lein, das; -s,-: *kleine Zunge*
zu-nich-te: *verhindert, vereitelt*
zu-nich-te: *zerstört, verdorben*
zu Nut-ze (auch zu-nut-ze): *in der Wendung: sich etwas zu Nutze machen, etwas zu seinen Gunsten verwenden*
zu-oberst: *ganz oben*
zu-ord-nen: *einordnen, hinzufügen*
Zu-ord-nung, die; -,-en: *das Zuordnen*
zup-fen: *sanft herausziehen, sanft ziehen*
zup-fen: *anreißen*
Zupf-in-stru-ment, das; -es,-e: *Musikinstrument, bei dem Saiten angerissen werden*
zu-pros-ten: *jemandem zutrinken*
zur: *zu der*
zu-rech-nen: *addieren*
zu-rech-nen: *zuschreiben*

zurechnungsfähig

zu-rech-nungs-fä-hig: *im Vollbesitz der geistigen Kräfte*
Zu-rech-nungs-fä-hig-keit, die; -, keine Mehrzahl: *zurechnungsfähige Beschaffenheit, zurechnungsfähiger Zustand*
zu-recht-bie-gen, bog zurecht, zurechtgebogen: *so biegen, dass es gebraucht werden kann*
zu-recht-fin-den, sich; fand sich zurecht, sich zurechtgefunden: *sich nicht verirren, Schwierigkeiten überwinden*
zu-recht-kom-men, kam zurecht, zurechtgekommen: *umgangssprachlich für „sich zurechtfinden"*
zu-recht-le-gen, sich: *vorformulieren, sich ausdenken*
zu-recht-le-gen, sich: *sich bereitlegen*
zu-recht-ma-chen, sich: *sich vorbereiten, sich schminken*
zu-recht-rü-cken: *in die richtige Lage rücken, auch: richtigstellen*
zu-recht-stut-zen: *auf das gewünschte Maß bringen; auch: zurechtweisen*
zu-recht-wei-sen, wies zurecht, zurechtgewiesen: *tadeln, rügen*
Zu-recht-wei-sung, die; -,-en: *das Zurechtweisen*
zu-re-den: *beeinflussen, ermuntern, trösten*
zu-rei-chen: *bedienen, hinreichen, geben*
zu-rei-ten, ritt zu, zugeritten: *in eine Richtung reiten*
zu-rei-ten, ritt zu, zugeritten: *ein Pferd an einen Reiter gewöhnen*
zu-rich-ten: *beschädigen, in einen schlechten Zustand bringen*
zu-rich-ten: *einrichten, zur Bearbeitung vorbereiten*
Zu-rich-ter, der; -s,-: *jemand, der Werkstücke zurichtet*
zür-nen: *grollen, böse sein*
zur-ren: *festbinden, anbinden, straffen*
Zur-schau-stel-lung, die; -,-en: *das Zurschaustellen*
zu-rück: *rückwärts, nach hinten*
zu-rück: *zurückgeblieben*
zu-rück: *wiedergekehrt*
zu-rück-be-hal-ten, behielt zurück, zurückbehalten: *übrig behalten, nicht wegnehmen*
zu-rück-be-kom-men, bekam zurück, zurückbekommen: *zurückerhalten*
zu-rück-bil-den, sich: *sich zurückentwickeln, schrumpfen*

Zu-rück-bil-dung, die; -,-en: *das Sichzurückbilden*
zu-rück-blei-ben, blieb zurück, zurückgeblieben: *sich nicht normal entwickeln, nicht Schritt halten*
zu-rück-blei-ben, blieb zurück, zurückgeblieben: *nicht weitergehen, zurückfallen, in Rückstand geraten*
zu-rück-blei-ben, blieb zurück, zurückgeblieben: *als Rückstand übrig bleiben*
zu-rück-bli-cken: *nach hinten blicken; sich erinnern*
zu-rück-brin-gen, brachte zurück, zurückgebracht: *an den Ausgangspunkt bringen, zum Besitzer bringen*
zu-rück-drän-gen: *eindämmen, nach hinten drängen*
zu-rück-dre-hen: *rückwärts drehen*
zu-rück-er-hal-ten, erhielt zurück, zurückerhalten: *zurückbekommen*
zu-rück-er-obern: *wiedererobern*
zu-rück-er-stat-ten: *wiedererstatten*
zu-rück-fah-ren, fuhr zurück, zurückgefahren: *an den Ausgangsort fahren, nach hinten fahren*
zu-rück-fal-len, fiel zurück, zurückgefallen: *zurückbleiben, nicht mitkommen*
zu-rück-fin-den, fand zurück, zurückgefunden: *den Ausgangsort wiederfinden*
zu-rück-flie-gen, flog zurück, zurückgeflogen: *an den Ausgangspunkt fliegen*
zu-rück-for-dern: *wiederhaben wollen*
zu-rück-fra-gen: *rückfragen*
zu-rück-füh-ren: *zu erklären versuchen*
zu-rück-füh-ren: *zum Ausgangsort führen*
Zu-rück-ga-be, die; -,-n: *das Zurückgeben*
zu-rück-ge-ben, gab zurück, zurückgegeben: *wiedergeben, aushändigen*
zu-rück-ge-hen, ging zurück, zurückgegangen: *zum Ausgangsort gehen, nach hinten gehen*
zu-rück-ge-zo-gen: *einsam, allein, abgeschieden*
Zu-rück-ge-zo-gen-heit, die; -, keine Mehrzahl: *zurückgezogene Beschaffenheit, Abgeschiedenheit*
zu-rück-grei-fen, griff zurück, zurückgegriffen: *im Notfall Gebrauch machen*
zu-rück-ha-ben, hat zurück, zurückgehabt: *zurückerhalten haben*
zu-rück-hal-ten, hielt zurück, zurückgehalten: *nicht hergeben, nicht aushändigen*

zu-rück-hal-ten, hielt zurück, zurückgehalten: *aufhalten, bändigen, hindern*
zu-rück-hal-ten, sich; hielt sich zurück, sich zurückgehalten: *sich beherrschen, sich zügeln*
zu-rück-hal-tend: *beherrscht, unaufdringlich*
Zu-rück-hal-tung, die; -, keine Mehrzahl: *zurückhaltendes Verhalten, zurückhaltendes Wesen*
zu-rück-keh-ren: *wiederkehren*
zu-rück-kom-men, kam zurück, zurückgekommen: *zurückkehren*
zu-rück-las-sen, ließ zurück, zurückgelassen: *dalassen*
zu-rück-le-gen: *sparen*
zu-rück-le-gen: *hinter sich bringen*
zu-rück-le-gen, sich: *nach hinten legen*
zu-rück-leh-nen, sich: *sich nach hinten lehnen*
zu-rück-lie-gen, lag zurück, zurückgelegen: *hinten liegen, auf einem hinteren Platz liegen; auch: in der Vergangenheit liegen*
zu-rück-mel-den, sich: *sich wieder melden*
Zu-rück-mel-dung, die; -,-en: *das Sichzurückmelden*
Zu-rück-nah-me, die; -,-n: *das Widerrufen, das Zurücknehmen*
zu-rück-neh-men, nahm zurück, zurückgenommen: *nach hinten nehmen, nach hinten verlegen*
zu-rück-neh-men, nahm zurück, zurückgenommen: *widerrufen, rückgängig machen*
zu-rück-neh-men, nahm zurück, zurückgenommen: *wieder in Empfang nehmen, wiedernehmen*
zu-rück-ru-fen, rief zurück, zurückgerufen: *wieder anrufen*
zu-rück-ru-fen, rief zurück, zurückgerufen: *zur Rückkehr auffordern*
zu-rück-schau-dern: *schaudernd zurückweichen*
zu-rück-schau-en: *zurückblicken*
zu-rück-schi-cken: *an den Ausgangsort schicken*
zu-rück-schla-gen, schlug zurück, zurückgeschlagen: *umklappen, nach hinten klappen*
zu-rück-schla-gen, schlug zurück, zurückgeschlagen: *ebenfalls schlagen, vergelten*

zu-rück-schla-gen, schlug zurück, zurückgeschlagen: *abwehren, in die Gegenrichtung schießen (Fußball)*
zu-rück-schre-cken: *zurückweichen, meiden, sich abwenden*
zu-rück-seh-nen, sich: *sich nach etwas Vergangenem sehnen*
zu-rück-sen-den, sandte zurück/(sendete zurück), zurückgesandt/(zurückgesendet): *zurückschicken*
zu-rück-set-zen: *nach hinten setzen, vernachlässigen*
Zu-rück-set-zung, die; -,-en: *Benachteiligung, Nichtachtung*
zu-rück-ste-cken: *verzichten*
zu-rück-ste-cken: *an den alten Ort stecken*
zu-rück-stel-len: *an den alten Ort stellen, nach hinten stellen*
zu-rück-tre-ten, trat zurück, zurückgetreten: *den Dienst quittieren, den Rücktritt erklären*
zu-rück-tre-ten, trat zurück, zurückgetreten: *nach hinten treten*
zu-rück-ver-fol-gen: *bis zum Ursprung verfolgen*
zu-rück-ver-lan-gen: *zurückfordern*
zu-rück-wei-chen, wich zurück, zurückgewichen: *nach hinten ausweichen, ausweichen, auch: fliehen*
zu-rück-wei-sen, wies zurück, zurückgewiesen: *abweisen, ablehnen*
Zu-rück-wei-sung, die; -,-en: *das Zurückweisen, das Zurückgewiesen werden*
zu-rück-wer-fen, warf zurück, zurückgeworfen: *an den Ausgangsort werfen, in die Gegenrichtung werfen*
zu-rück-wer-fen, warf zurück, zurückgeworfen: *widerspiegeln, reflektieren*
zu-rück-wer-fen, warf zurück, zurückgeworfen: *in ein früheres Stadium, in einen schlechteren Zustand geraten/gebracht werden*
zu-rück-zah-len: *Geld zurückgeben*
zu-rück-zie-hen, zog zurück, zurückgezogen: *nach hinten, beiseite ziehen*
zu-rück-zie-hen, sich; zog sich zurück, sich zurückgezogen: *sich absondern, sich nicht mehr beteiligen*
zu-rück-zie-hen, zog zurück, zurückgezogen: *widerrufen*
Zu-ruf, der; -es,-e: *Ruf, das Zurufen*
zu-ru-fen, rief zu, zugerufen: *durch Rufen mitteilen*

Zusage

Zu-sa-ge, die; -,-n: *Annahme, Bestätigung, Bejahung*
zu-sa-gen: *angenehm sein, gefallen*
zu-sa-gen: *versprechen*
zu-sa-gen: *annehmen, bestätigen, gewähren*
zu-sam-men: *im Ganzen, vereint, insgesamt*
zu-sam-men: *gleichzeitig*
zu-sam-men: *miteinander, gemeinsam*
Zu-sam-men-ar-beit, die; -, keine Mehrzahl: *das Zusammenarbeiten, Kooperation*
zu-sam-men-ar-bei-ten: *kooperieren, miteinander arbeiten*
zu-sam-men-bal-len: *klumpen*
zu-sam-men-bal-len, sich: *sich zusammenrotten*
zu-sam-men-bau-en: *aufbauen, zusammenfügen, montieren*
zu-sam-men-bei-ßen, biß zusammen, zusammengebissen: *aufeinander beißen*
zu-sam-men-brau-en: *mischen, brauen*
zu-sam-men-brau-en, sich: *sich zusammenziehen, im Entstehen begriffen sein*
zu-sam-men-bre-chen, brach zusammen, zusammengebrochen: *einen Kollaps erleiden, ineinander fallen*
Zu-sam-men-bruch, der; -s, -brü-che: *Kollaps*
Zu-sam-men-bruch, der; -s, -brü-che: *Ruin, Pleite, Verfall*
zu-sam-men-drän-gen: *quetschen, zusammenpressen*
zu-sam-men-drü-cken: *zusammenpressen*
zu-sam-men-fal-ten: *knicken, zusammenlegen*
zu-sam-men-fas-sen: *gedrängt wiedergeben, in einer Zusammenfassung wiedergeben*
Zu-sam-men-fas-sung, die; -,-en: *Exzerpt, zusammengefasste Wiedergabe, Inhaltsangabe*
zu-sam-men-ge-hö-ren: *eng verbunden sein*
zu-sam-men-ge-hö-rig: *zusammengehörend*
Zu-sam-men-ge-hö-rig-keit, die; -, keine Mehrzahl: *das Zusammengehören*
Zu-sam-men-ge-hö-rig-keits-ge-fühl, das; -es, keine Mehrzahl: *Gefühl der Zusammengehörigkeit*

Zu-sam-men-halt, der; -es, keine Mehrzahl: *das Verbundensein*
zu-sam-men-hal-ten, hielt zusammen, zusammengehalten: *haften, kleben*
zu-sam-men-hal-ten, hielt zusammen, zusammengehalten: *einander beistehen, helfen*
Zu-sam-men-hang, der; -es, -hän-ge: *Beziehung, Verbindung*
zu-sam-men-hän-gen, hing zusammen, zusammengehangen: *in Verbindung stehen, verbunden sein*
zu-sam-men-hän-gen, hing zusammen, zusammengehangen: *aneinander hängen*
zu-sam-men-hang-los (auch zu-sam-men-hangs-los): *ohne Zusammenhang*
zu-sam-men-keh-ren: *zusammenfegen*
zu-sam-men-klapp-bar: *so beschaffen, dass man es zusammenklappen kann*
zu-sam-men-klap-pen: *zusammen legen*
zu-sam-men-kom-men, kam zusammen, zusammengekommen: *sich begegnen, sich versammeln, sich treffen*
Zu-sam-men-kunft, die; -, -künf-te: *Treffen, Begegnung*
zu-sam-men-lau-fen, lief zusammen, zusammengelaufen: *einen Menschenauflauf verursachen*
zu-sam-men-lau-fen, lief zusammen, zusammengelaufen: *sich vermischen*
zu-sam-men-lau-fen, lief zusammen, zusammengelaufen: *sich vereinigen (Flüsse)*
zu-sam-men-le-ben: *miteinander leben*
Zu-sam-men-le-ben, das; -s, keine Mehrzahl: *gemeinsames Leben, Lebensgemeinschaft*
zu-sam-men-leg-bar: *so beschaffen, dass man es zusammenlegen kann*
zu-sam-men-le-gen: *zusammenklappen, zusammenfalten*
zu-sam-men-le-gen: *vereinigen, auf einen Platz legen*
zu-sam-men-lü-gen, log zusammen, zusammengelogen: *umgangssprachlich für „hemmungslos lügen"*
zu-sam-men-nä-hen: *durch Nähen verbinden*
zu-sam-men-neh-men, sich; nahm sich zusammen, sich zusammengenommen: *sich zusammenreißen, sich beherrschen*
zu-sam-men-pas-sen: *passen*
Zu-sam-men-prall, der; -es,-e: *das Zusammenprallen, Zusammenstoß*

zusehen

zu-sam-men-pral-len: *zusammenstoßen, aufeinander prallen*
zu-sam-men-rau-fen, sich: *sich aneinander gewöhnen*
zu-sam-men-rech-nen: *addieren*
zu-sam-men-rei-men, sich: *vermuten*
zu-sam-men-rei-ßen, sich; riss sich zusammen, sich zusammengerissen: *sich zusammennehmen, sich beherrschen*
zu-sam-men-rot-ten, sich: *sich zusammenballen*
Zu-sam-men-rot-tung, die; -,-en: *Massierung, das Sichzusammenrotten*
zu-sam-men-schar-ren: *an eine Stelle scharren*
zu-sam-men-schla-gen, schlug zusammen, zusammengeschlagen: *niederschlagen, zertrümmern*
zu-sam-men-schlie-ßen, sich; schloss sich zusammen, sich zusammengeschlossen: *sich vereinigen*
Zu-sam-men-schluss, der; -schlüs-se: *das Sichzusammenschließen, Vereinigung*
zu-sam-men-schre-cken, schrak zusammen, zusammengeschreckt: *zusammenzucken*
zu-sam-men-set-zen, sich: *nebeneinander setzen*
zu-sam-men-set-zen, sich: *aus Bestandteilen bestehen*
Zu-sam-men-set-zung, die; -,-en: *das Zusammengesetztsein, das Zusammensetzen*
Zu-sam-men-spiel, das; -s,-e: *aufeinander abgestimmt sein*
zu-sam-men-spie-len: *miteinander spielen*
zu-sam-men-stel-len: *zusammensetzen*
Zu-sam-men-stel-lung, die; -,-en: *das Zusammenstellen*
Zu-sam-men-stoß, der; -es, -stö-ße: *das Zusammenstoßen, Zusammenprall*
zu-sam-men-sto-ßen, stieß zusammen, zusammengestoßen: *zusammenprallen*
zu-sam-men-su-chen: *suchen, sammeln*
zu-sam-men-tra-gen, trug zusammen, zusammengetragen: *sammeln*
zu-sam-men-tref-fen, traf zusammen, zusammengetroffen: *aufeinander treffen, begegnen*
zu-sam-men-tun, sich; tat sich zusammen, sich zusammengetan: *sich zusammenschließen*
zu-sam-men-wach-sen, wuchs zusammen, zusammengewachsen: *heilen, sich eng verbinden*
zu-sam-men-zäh-len: *addieren*
zu-sam-men-zie-hen, zog zusammen, zusammengezogen: *sammeln*
zu-sam-men-zie-hen, sich; zog sich zusammen, sich zusammengezogen: *kontrahieren*
Zu-satz, der; -es, -sät-ze: *Beimischung*
Zu-satz, der; -es, -sät-ze: *Nachtrag, Ergänzung, Erweiterung*
Zu-satz-ge-rät, das; -es,-e: *zusätzliches Gerät*
zu-sätz-lich: *als Zusatz, hinzugefügt, hinzukommend*
Zu-satz-zahl, die; -,-en: *zusätzlich gezogene Zahl beim Lotto*
zu Schan-den (auch zu-schan-den): *kaputt, erledigt, zerstört*
zu-schan-zen: *zugute kommen lassen*
zu-schau-en: *zusehen*
Zu-schau-er, der; -s,-: *jemand, der zusieht, Betrachter, Augenzeuge*
Zu-schau-er-raum, der; -es, -räu-me: *Raum, in dem Zuschauer sitzen*
Zu-schau-er-tri-bü-ne, die; -,-n: *Tribüne, auf der sich Zuschauer befinden*
zu-schi-cken: *zusenden*
zu-schie-ben, schob zu, zugeschoben: *jemandem hinschieben*
Zu-schlag, der; -es, -schlä-ge: *Aufschlag, zusätzlicher Preis*
Zu-schlag, der; -es, -schlä-ge: *Auftragserteilung, Angebotsannahme*
zu-schlag-frei: *ohne Zuschlag*
zu-schlag-pflich-tig: *verpflichtet, Zuschlag zu zahlen*
zu-schlie-ßen, schloss zu, zugeschlossen: *verschließen*
zu-schnap-pen: *zubeißen, zufallen, durch Schnappen festhalten*
zu-schnei-den, schnitt zu, zugeschnitten: *einen Stoff nach einer Vorlage schneiden*
zu-schnei-en: *durch Schneien von der Außenwelt abschneiden*
Zu-schnitt, der; -es,-e: *Schnitt, das Zuschneiden*
zu-schrei-ben, schrieb zu, zugeschrieben
Zu-schrift, die; -,-en: *Brief, schriftliche Benachrichtigung, Mitteilung*
zu Schul-den (auch zu-schul-den): *in der Wendung: sich etwas zu Schulden kommen lassen, etwas verschulden*
Zu-schuss, der; -es, -schüs-se: *finanzielle Beihilfe, geldliche Sonderleistung*
zu-se-hen, sah zu, zugesehen: *zuschauen*

zu-se-hends: *merklich, rasch, schnell*
zu-sen-den, *sandte zu, zugesandt: zuschicken*
Zu-sen-dung, *die; -,-en: das Zusenden*
zu-set-zen: *jemandem zusetzen, jemanden zu beeinflussen suchen*
zu-si-chern: *versichern, versprechen*
Zu-si-che-rung, *die; -,-en: festes Versprechen*
zu-sper-ren: *verschließen*
Zu-spiel, *das; -s,-e: Pass, Vorlage*
zu-spie-len: *einen Pass spielen, eine Vorlage geben*
zu-spit-zen, *sich: sich verschärfen*
Zu-spit-zung, *die; -,-en: Verschärfung*
Zu-spruch, *der; -es, keine Mehrzahl: Anklang, Interesse, reichliche Besucherzahl*
Zu-spruch, *der; -es, -sprü-che: Trost, Ermunterung*
Zu-stand, *der; -es, -stän-de: Verfassung, Lage, Beschaffenheit*
zu Stan-de (auch **zu-stan-de**): *in der Wendung: etwas zu Stande bringen, etwas schaffen, etwas fertigbringen*
zu-stän-dig: *verantwortlich, zur Bearbeitung verpflichtet, amtlich berufen*
Zu-stän-dig-keit, *die; -,-en: das Zuständigsein, Ermächtigung*
zu-stän-dig-keits-hal-ber: *der Zuständigkeit wegen*
zu-ste-cken: *jemandem etwas heimlich geben*
zu-stel-len: *zuschicken, Postsendung bringen*
zu-stel-len: *etwas verschließen, indem man etwas davorstellt*
Zu-stel-ler, *der; -s,-: Postbote*
Zu-stell-ge-bühr, *die; -,-en: Gebühr für die Zustellung*
Zu-stel-lung, *die; -,-en: das Zustellen*
zu-stim-men: *beipflichten, einverstanden sein*
Zu-stim-mung, *die; -,-en: das Zustimmen, Einverständniserklärung*
zu-sto-ßen, *stieß zu, zugestoßen: durch einen Stoß schließen*
zu-sto-ßen, *stieß zu, zugestoßen: geschehen, widerfahren*
zu-stre-ben: *in eine Richtung streben*
Zu-strom, *der; -es, -strö-me: Zufluss*
Zu-tat, *die; -,-en: Bestandteil, Hinzugefügtes*

zu-tei-len: *rationieren, verteilen, bewilligen*
Zu-tei-lung, *die; -,an: Portion, Ration, Anteil*
zu-tiefst: *sehr, völlig, sehr tief*
zu-tra-gen, *trug zu, zugetragen: heimlich erfahren, erzählen*
zu-tra-gen, *sich; trug sich zu, sich zugetragen: sich ereignen, geschehen*
Zu-trä-ger, *der; -s,-: jemand, der etwas heimlich weitererzählt*
zu-träg-lich: *bekömmlich, förderlich, vorteilhaft*
Zu-träg-lich-keit, *die; -,-en: das Zuträglichsein*
zu-trau-en: *jemandem etwas zutrauen, befürchten, dass jemand zu etwas imstande ist*
zu-trau-en, *sich: sich für fähig halten, etwas zu tun*
Zu-trau-en, *das; -s, keine Mehrzahl: Vertrauen*
zu-trau-lich: *voller Vertrauen, vertrauensvoll*
Zu-trau-lich-keit, *die; -,-en: das Zutraulichsein*
zu-tref-fen: *richtig sein, stimmen*
Zu-tritt, *der; -s, keine Mehrzahl: Einlass, Erlaubnis, hereinzukommen*
zu-tun, *tat zu, zugetan: zumachen, schließen*
Zu-tun, *das; -s, keine Mehrzahl: Mitwirkung*
zu-un-terst: *ganz unten*
zu-ver-läs-sig: *verbürgt, glaubwürdig*
zu-ver-läs-sig: *vertrauenswürdig*
Zu-ver-läs-sig-keit, *die; -, keine Mehrzahl: zuverlässige Beschaffenheit, zuverlässiges Wesen*
Zu-ver-sicht, *die; -, keine Mehrzahl: zuversichtliche Haltung, feste Hoffnung, Glaube an die Zukunft*
zu-ver-sicht-lich: *hoffnungsfroh, guten Mutes*
Zu-ver-sicht-lich-keit, *die; -, keine Mehrzahl: zuversichtliches Verhalten, zuversichtliches Wesen*
zu viel: *übermäßig viel, mehr als genug*
zu-vor: *vorher, als Erstes, zuerst*
zu-vor-kom-men, *kam zuvor, zuvorgekommen: schneller sein*
zu-vor-kom-mend: *höflich, umgänglich, verbindlich, entgegenkommend*

Zweckmäßigkeit

Zu-vor-kom-men-heit, die; -, keine Mehrzahl: *zuvorkommendes Verhalten, zuvorkommendes Wesen*
Zu-wachs, der; -es, keine Mehrzahl: *Vermehrung, Wachstum*
zu-wach-sen, wuchs zu, zugewachsen: *sich durch Wachsen schließen, auch: verheilen*
Zu-wachs-ra-te, die; -,-n: *Rate des Wachstums*
zu We-ge (auch zu-we-ge): *zustande, fertig*
zu-wei-len: *manchmal, gelegentlich*
zu-wei-sen, wies zu, zugewiesen: *zuteilen*
Zu-wei-sung, die; -,-en: *das Zuweisen*
Zu-wen-dung, die; -,-en: *Liebe, Interesse, Pflege*
Zu-wen-dung, die; -,-en: *finanzielle Hilfe, Unterstützung, Geschenk, Almosen*
zu we-nig: *weniger als erforderlich, nicht genug*
zu-wer-fen, warf zu, zugeworfen: *jemandem etwas hinwerfen*
zu-wer-fen, warf zu, zugeworfen: *zuschlagen*
zu-wi-der: *entgegen*
zu-wi-der: *widerwärtig, unangenehm*
zu-wi-der-han-deln: *gegen etwas handeln, gegen etwas verstoßen*
Zu-wi-der-hand-lung, die; -,-en: *das Zuwiderhandeln*
zu-wi-der-lau-fen, lief zuwider, zuwidergelaufen: *nicht nach Plan verlaufen*
zu-win-ken: *winken*
zu-zäh-len: *addieren*
zu-zei-ten: *zuweilen, manchmal*
zu-zie-hen, zog zu, zugezogen: *in eine Ortschaft ziehen*
zu-zie-hen, zog zu, zugezogen: *festzurren, festknoten, zusammenziehen*
zu-zie-hen, sich; zog sich zu, sich zugezogen: *erhalten, bekommen, erkranken*
zu-zie-hen, zog zu, zugezogen: *mit Vorhängen verschließen*
Zu-zug, der; -es, -zü-ge: *das Zuziehen von neuen Bürgern, Erhöhung der Einwohnerzahl*
zu-züg-lich: *plus, mit*
zwa-cken: *kneifen, zwicken*
Zwang, der; -es, Zwän-ge: *Druck, Gewalt*
Zwang, der; -es, Zwän-ge: *Notwendigkeit, Verpflichtung, Gebot*
zwän-gen: *quetschen, drücken*

zwang-haft: *wie unter Zwang*
zwang-los: *ohne Zwang, freizügig*
Zwang-lo-sig-keit, die; -, keine Mehrzahl: *zwangloses Verhalten, zwangloses Wesen, zwanglose Beschaffenheit*
Zwangs-ar-beit, die; -,-en: *schwere Freiheitsstrafe*
Zwangs-ein-wei-sung, die; -,-en: *zwangsweise erfolgte Einweisung*
Zwangs-ja-cke, die; -,-n: *völlig verschließbare Jacke, mit der Tobende handlungsunfähig gemacht werden*
Zwangs-la-ge, die; -,-n: *Notlage, Bedrängnis*
zwangs-läu-fig: *folgerichtig, unabwendbar*
Zwangs-ver-stei-ge-rung, die; -,-en: *zwangsweise erfolgte Versteigerung*
Zwangs-voll-stre-ckung, die; -,-en: *Geldeintreibung, Zwangsbeitreibung*
Zwangs-vor-stel-lung, die; -,-en: *Wahnvorstellung, geistige Störung*
zwangs-wei-se: *erzwungen, aufgrund einer behördlichen Anweisung*
zwan-zig: *Zahl*
Zwan-zi-ger, die; keine Einzahl: *Jahre zwischen 1920 und 1929; auch: Lebensjahre zwischen 20 und 29*
Zwan-zi-ger, der; -s,-: *Mensch zwischen 20 und 29 Jahren*
Zwan-zi-ger, der; -s,-: *Zwanzigmarkschein*
Zwan-zig-mark-schein, der, -es,-e: *Geldschein im Wert von 20 Mark*
zwar: *dennoch, allerdings, jedoch*
Zweck, der; -s,-e: *Sinn, Absicht, Grund, Ziel*
zweck-dien-lich: *dem Zweck dienend, hilfreich, nützlich*
Zwe-cke, die; -,-n: *Reißnagel, Reißzwecke*
zweck-ent-frem-det: *zu einem anderen Zweck gebraucht, als es vorgesehen war*
Zweck-ent-frem-dung, die; -,-en: *das zweckentfremdete Gebrauchen*
zweck-ge-bun-den: *nur für einen bestimmten Zweck zu gebrauchen*
zweck-los: *nutzlos, unnötig, sinnlos, vergeblich*
Zweck-lo-sig-keit, die; -,-en: *zwecklose Beschaffenheit*
zweck-mä-ßig: *zweckdienlich, nützlich, praktisch*
Zweck-mä-ßig-keit, die; -, keine Mehrzahl: *zweckmäßige Beschaffenheit*

zwecks

zwecks: *wegen, für*
Zweck-ver-band, der; -es, -bän-de: *Interessengemeinschaft*
zwei: *Zahl*
Zwei-bei-ner, der; -s,-: *Mensch*
Zwei-bett-zim-mer, das; -s,-: *Fremdenzimmer mit zwei Betten*
zwei-deu-tig: *schlüpfrig, obszön, zotig*
zwei-deu-tig: *unklar, mehrdeutig*
Zwei-deu-tig-keit, die; -,-en: *Obszönität, Schlüpfrigkeit, Mehrdeutigkeit*
zwei-ei-ig: *aus zwei Eiern entstanden*
zwei-fach: *doppelt*
Zwei-fa-mi-li-en-haus, das; -es, -häu-ser: *Wohnhaus für zwei Familien*
Zwei-fel, der; -s,-: *Bedenken, Unsicherheit, Unglaube*
zwei-fel-haft: *unsicher, fraglich, ungewiss*
zwei-fel-haft: *fragwürdig, verdächtig*
zwei-fel-los: *ohne Zweifel, sicher*
zwei-feln: *Zweifel hegen, bezweifeln*
zwei-fels-oh-ne: *unzweifelhaft, gewiss, sicher*
Zweif-ler, der; -s,-: *jemand, der zweifelt*
Zweig, der; -es,-e: *Ast*
Zweig, der; -es,-e: *Subunternehmen, Tochterunternehmen, Produktionszweig, Branche*
Zweig, der; -es,-e: *Nebenlinie, Seitenlinie*
Zweig-ge-schäft, das; -es,-e: *Filiale, Tochtergesellschaft*
zwei-glei-sig: *mit zwei Gleisen versehen*
Zweig-nie-der-las-sung, die; -,-en: *Filiale*
Zweig-stel-le, die; -,-n: *Zweigniederlassung*
zwei-händig: *mit beiden Händen, beide Hände erfordernd*
Zwei-kampf, der; -es, -kämp-fe: *Duell*
zwei-mal: *doppelt*
zwei-ma-lig: *zweimal stattfindend, zweimal vorhanden*
Zwei-mark-stück, das; -es,-e: *Münze im Wert von zwei Mark*
Zwei-rad, das; -es, -rä-der: *Fahrzeug mit zwei Rädern*
Zwei-rei-her, der; -s,-: *Oberbekleidungsstück, Anzug*
Zwei-sam-keit, die; -, keine Mehrzahl: *Leben zu zweit*
zwei-schnei-dig: *mit zwei Schneiden versehen*
zwei-schnei-dig: *sowohl Nutzen als auch Schaden bringend*

Zwei-sit-zer, der; -s,-: *Fahrzeug für zwei Personen*
Zwei-spän-ner, der; -s,-: *Kutsche mit zwei Zugpferden*
zwei-spra-chig: *mit zwei Sprachen*
Zwei-spra-chig-keit, die; -, keine Mehrzahl: *zweisprachige Beschaffenheit*
zwei-spu-rig: *mit zwei Spuren ausgestattet*
zwei-stö-ckig: *mit zwei Stockwerken ausgestattet*
zwei-stün-dig: *zwei Stunden dauernd, zwei Stunden lang*
zwei-stünd-lich: *alle zwei Stunden*
Zwei-takt-mo-tor, der; -s,-en: *Verbrennungsmotor mit zwei Arbeitstakten*
Zweit-aus-fer-ti-gung, die; -,-en: *Duplikat*
zwei-tei-lig: *aus zwei Teilen*
Zwei-tei-lung, die; -,-en: *das Zweiteilen, das Zweigeteiltsein*
Zweit-ge-rät, das; -es,-e: *ein zweites Gerät im selben Haushalt*
zweit-klas-sig: *mittelmäßig*
Zweit-klas-sig-keit, die; -,-en: *das Zweitklassigsein, zweitklassige Beschaffenheit*
zweit-ran-gig: *nicht so wichtig*
Zweit-schrift, die; -,-en: *Duplikat, Durchschrift*
Zweit-stim-me, -,-n: *zweite Stimme bei der Wahl*
zwei-tü-rig: *mit zwei Türen ausgestattet*
Zweit-wa-gen, der; -s,-: *ein zweiter Wagen im selben Haushalt*
Zweit-woh-nung, die; -,-en: *zweite Wohnung*
Zwei-zei-ler, der; -s,-: *zweizeiliges Gedicht*
Zwei-zim-mer-woh-nung, die; -,-en: *Wohnung mit zwei Zimmern*
Zwerch-fell, das; -s,-e: *Brustfell*
zwerch-fell-er-schüt-ternd: *sehr komisch*
Zwerg, der; -es,-e: *Gnom, sagenhaftes kleines Wesen; auch: kleiner Mensch*
zwer-gen-haft: *kleinwüchsig, wie ein Zwerg*
zwerg-haft: *zwergenhaft*
Zwerg-huhn, das; -es, -hüh-ner: *Hühnerart*
Zwerg-staat, der; -es,-en: *sehr kleiner Staat*
Zwerg-wuchs, der; -es, keine Mehrzahl: *Kleinwuchs*

zwitschern

Zwet-sche, die; -,-n: *Pflaume*
Zwetsch-ge, die; -,-n: *süddeutsch, schweizer. für „Zwetsche"*
Zwi-ckel, der; -s,-: *keilförmiger Einsatz in Kleidungsstücken*
zwi-cken: *kneifen, drücken, leicht schmerzen*
Zwi-cker, der; -s,-: *Kneifer, bügellose Brille*
Zwick-müh-le, die; -,-n: *Stellung im Mühlespiel*
Zwick-müh-le, die; -,-n: *peinliche Lage, ausweglose Lage*
Zwie-back, der; -s, keine Mehrzahl: *geröstetes Backwerk*
Zwie-bel, die; -,-n: *Lauchgewächs*
Zwie-bel, die; -,-n: *Knolle, verdickter, unterirdischer Pflanzenspross*
Zwie-bel-fisch, der; -es,-e: *Buchstabe mit falscher Schrifttype*
Zwie-bel-mus-ter, das; -s,-: *Porzellanmalerei*
zwie-beln: *umgangssprachlich für „ärgern, quälen"*
Zwie-bel-turm, der; -es, -tür-me: *Turm mit zwiebelförmigem Dachaufsatz*
zwie-fach: *zweifach*
zwie-ge-näht: *doppelt genäht*
Zwie-ge-spräch, das; -es,-e: *Unterhaltung*
Zwie-licht, das; -es, keine Mehrzahl: *Dämmerung, Beleuchtung aus zwei unterschiedlichen Lichtquellen*
zwie-lich-tig: *undurchschaubar, verdächtig*
Zwie-spalt, der; -es,-e: *seelischer Konflikt, innere Unsicherheit, Uneinigkeit*
zwie-späl-tig: *schwankend, unentschieden*
Zwie-spra-che, die; -,-n: *Unterhaltung, Beratung, Aussprache zu zweit*
Zwie-tracht, die; -, keine Mehrzahl: *Streit, Uneinigkeit*
Zwil-le, die; -,-n: *Schleuder*
Zwil-ling, der; -s,-: *eines von zwei gleichzeitig von einer Mutter geborenen Kindern*
Zwil-ling, der; -s,-e: *Gewehr mit zwei Läufen*
Zwil-lings-bru-der, der; -s, -brü-der
Zwil-lings-for-schung, die; -, keine Mehrzahl: *Forschung, die sich mit Zwillingen beschäftigt*
Zwil-lings-paar, das; -es,-e: *Zwillinge*

Zwil-lings-schwes-ter, die; -,-n
Zwin-ge, die; -,-n: *Hülse am unteren Ende eines Krückstockes*
Zwin-ge, die; -,-n: *Werkzeug zum Einspannen von Werkstücken*
zwin-gen, zwang, gezwungen: *bewältigen, schaffen*
zwin-gen, zwang, gezwungen: *gewaltsam veranlassen, etwas zu tun*
Zwin-ger, der; -s,-: *Rundgang einer Burg*
Zwin-ger, der; -s,-: *Tierkäfig*
zwin-kern: *blinzeln*
zwir-beln: *drehen, zusammendrehen*
Zwirn, der; -es,-e: *fester Faden, festes Garn*
Zwirns-fa-den, der; -s, -fä-den: *Zwirn; auch übertragen für „Kleinigkeit"*
zwi-schen: *mitten hinein*
zwi-schen: *inmitten, dazwischen*
Zwi-schen-akt, der; -es,-e: *Pause zwischen zwei Akten eines Theaterstücks*
Zwi-schen-be-scheid, der; -es,-e: *vorläufiger Bescheid*
Zwi-schen-deck, das; -s,-s: *Deck unter dem Hauptdeck*
zwi-schen-drin: *dazwischen*
zwi-schen-durch: *dazwischen*
Zwi-schen-fall, der; -es, -fäl-le: *unvorhergesehenes Ereignis, unbeabsichtigtes Geschehen*
Zwi-schen-han-del, der; -s, keine Mehrzahl: *Großhandel*
Zwi-schen-händ-ler, der; -s,-: *Grossist*
Zwi-schen-lan-dung, die; -,-en: *Landung bei einem Flug vor dem Ziel*
Zwi-schen-lö-sung, die; -,-en: *vorläufige Lösung*
zwi-schen-mensch-lich: *zwischen den Menschen*
Zwi-schen-raum, der, -es, -räu-me: *Abstand, freier Raum*
Zwi-schen-ruf, der; -es,-e: *Unterbrechung, störender Ruf*
Zwi-schen-run-de, die; -,-n: *Spielrunde*
Zwi-schen-zeit, die; -,-en: *Zeitraum, der zwei Ereignisse trennt*
zwi-schen-zeit-lich: *in der Zwischenzeit*
Zwist, der; -es,-e: *Streit, Uneinigkeit, Zwietracht*
Zwis-tig-keit, die; -,-en: *Meinungsverschiedenheit, Streit*
zwit-schern: *trillern*
zwit-schern: *umgangssprachlich für „alkoholhaltige Getränke trinken"*

Z

Zwitter

Zwit-ter, der; -s,-: *beidgeschlechtliches Wesen, Hermaphrodit*
Zwit-ter-ding, das; -es,-e: *Zwischending*
zwo: *umgangssprachlich für „zwei"*
zwölf: *Zahl, ein Dutzend*
Zwölf-tel, das; -s,-: *zwölfter Teil eines Ganzen*
Zwölf-ton-mu-sik, die; -, keine Mehrzahl: *Musiktechnik*
Zy-an, das; -s, keine Mehrzahl: *giftiges Gas*
Zy-a-ne, die; -,-n: *Kornblume*
Zy-an-ka-li, das; -s, keine Mehrzahl: *giftiger Stoff*
Zy-a-no-se, die; -, keine Mehrzahl: *Blausucht, Krankheitsart*
Zyk-la-men (auch Zy-kla-men), das; -s,-: *Alpenveilchen*
zyk-lisch (auch zy-klisch): *den Zyklus betreffend, in der Art eines Zyklus*
Zyk-lon (auch Zy-klon), der; -s,-e: *Wirbelsturm*
Zyk-lo-ne (auch Zy-klo-ne), die; -,-n: *Tiefdruckgebiet*
Zyk-lop (auch Zy-klop), der; -en,-en: *sagenhafter einäugiger Riese*
zyk-lo-pisch (auch zy-klo-pisch), *gigantisch, riesig, riesenhaft*
Zyk-lo-tron (auch Zy-klo-tron), das; -s,-e: *Elementarteilchenbeschleuniger*
Zyk-lus (auch Zy-klus), der; -, Zyk-len: *Kreislauf, Wiederkehr, Kreis*
Zy-lin-der, der; -s,-: *walzenförmiger Körper*
Zy-lin-der, der; -s,-: *Teil eines Motors, in dem sich ein Kolben bewegt*
Zy-lin-der, der; -s,-: *hoher Hut*
zy-lin-drisch: *in der Form eines Zylinders, walzenförmig*
Zy-ma-se, die; -, keine Mehrzahl: *Hefeprodukt, Gärstoff*
Zyn-e-ge-tik (auch Zy-ne-ge-tik), die; -, keine Mehrzahl: *Technik des Abrichtens von Hunden*
Zy-ni-ker, der; -s,-: *zynischer Mensch*
zy-nisch: *beißend, spöttisch*
Zy-nis-mus, der; -, keine Mehrzahl: *bissige Art, scharfer Spott*
Zyp-res-se (auch Zy-pres-se), die; -,-n: *Nadelbaumart*
Zys-te, die; -,-n: *blasenförmiger, mit Flüssigkeit gefüllter Hohlraum in Körpergewebe*
zys-tisch: *eine Wucherung bildend*
zys-tisch: *die Harnblase betreffend*
Zys-ti-tis, die; -, keine Mehrzahl: *Blasenkatarrh*
Zys-tos-kop (auch Zys-to-skop), das; -es,-e: *Gerät für Harnblasenspiegelungen*
Zys-tos-ko-pie (auch Zys-to-sko-pie), die; -,-n: *Blasenspiegelung*
Zy-to-blast, der; -es,-e: *Zellkern*
Zy-to-lo-gie, die; -, keine Mehrzahl: *Lehre von den Zellen*
zy-to-lo-gisch: *die Zytologie betreffend*
Zy-to-plas-ma, das; -s, -plas-men: *Zellplasma*